1 MONTH OF
FREE
READING

at

www.ForgottenBooks.com

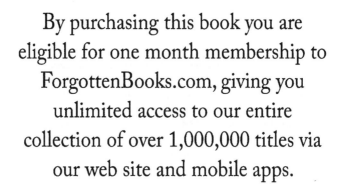

By purchasing this book you are eligible for one month membership to ForgottenBooks.com, giving you unlimited access to our entire collection of over 1,000,000 titles via our web site and mobile apps.

To claim your free month visit:

www.forgottenbooks.com/free1210970

ISBN 978-0-428-70386-8
PIBN 11210970

Laboratoire de Psychologie physiologique de la Sorbonne
(HAUTES ÉTUDES)

L'ANNÉE
PSYCHOLOGIQUE

PUBLIÉE PAR

ALFRED BINET

Docteur es sciences, Lauréat de l'Institut (Académie des Sciences
et Académie des Sciences morales.)
Directeur du Laboratoire de Psychologie physiologique de la Sorbonne (Hautes Études)

AVEC LA COLLABORATION DE

H. BEAUNIS   &   **TH. RIBOT**
Directeur honoraire du Laboratoire   Professeur
de Psychologie de la Sorbonne.   au Collège de France.

———

SECRÉTAIRE DE LA RÉDACTION : **VICTOR HENRI**

———

CINQUIÈME ANNÉE

———

PARIS
LIBRAIRIE C. REINWALD
SCHLEICHER FRÈRES, ÉDITEURS
15, RUE DES SAINTS-PÈRES, 15
1899

LISTE DES COLLABORATEURS

BIERVLIET (J. van). — *Professeur à l'Université* : Gand.

BLUM (E.). — *Professeur au Lycée* : Nimes.

BOURDON (B.). — *Professeur à la Faculté des lettres de l'Université* : Rennes.

CLAPARÈDE (Ed.). — *Docteur en médecine* : Genève.

CLAVIÈRE (J.). — *Professeur au Collège* : Château-Thierry.

DELAGE (Yves). — *Professeur à la Faculté des sciences* : Paris

DEMENY (G.). — *Chargé de cours à l'Hôtel de Ville* : Paris.

DRUAULT (A.) — *Docteur en médecine.*

JOTEYKO (Mⁱˡᵉ J.). — *Docteur en médecine.*

LARGUIER. — *Élève du laboratoire de psychologie physiologique* : Paris.

MANOUVRIER (L.). — *Professeur à l'École d'anthropologie* : Paris.

MARAGE. — *Docteur ès sciences et en médecine* : Paris.

MARBE. — *Priv. Docent de philosophie à l'Université* : Wurzbourg.

OBERSTEINER. — *Professeur de psychiatrie à l'Université* : Vienne.

TSCHERNING. — *Directeur adjoint du laboratoire d'ophtalmologie de la Sorbonne* : Paris.

ZWAARDEMAKER (H.). — *Professeur de physiologie à l'Université* : Utrecht.

L'ANNÉE PSYCHOLOGIQUE

1898

PREMIÈRE PARTIE

MÉMOIRES ORIGINAUX

ET REVUES GÉNÉRALES

I

REVUE GÉNÉRALE SUR LA FATIGUE MUSCULAIRE

I. — INTRODUCTION

Les Grecs assimilaient la fatigue à la douleur. C'est pousser trop loin la généralisation du sentiment de la fatigue, fait remarquer Léon Dumont : toutefois il paraît convenable de rapporter à la fatigue, à l'épuisement et à l'abattement qui en résulte, toutes les peines qui ont pour origine un effort soit volontaire, soit conscient, soit inconscient, en un mot toutes les peines à caractère positif. Peu importe que l'effort ait pour but l'accomplissement d'un travail extérieur ou qu'il aboutisse simplement à la production d'une pensée. La fatigue s'accumule graduellement pendant toute la durée de l'effort et du travail ; dans un effort très considérable, elle se déclare d'une manière brusque qui la fait ressembler à une douleur aiguë. L'organisme éprouve un malaise plus ou moins pénible dans tous les cas où il a été déterminé à user une certaine quantité de matériaux plus rapidement qu'ils ne peuvent être réparés suivant le cours ordinaire de la circulation et de l'assimilation. (Voy bibliogr. Dumont, p. 125 et 126.)

Nous devons distinguer en effet dans la fatigue deux phénomènes : l'un est le phénomène *physiologique*, qui consiste dans la perte graduelle de l'excitabilité des organes soumis à

un excès de travail (perte, qui est elle-même sous la dépendance des lois physico-chimiques de la nutrition cellulaire), ils
faiblissent petit à petit pour s'arrêter complètement, malgré
que les centres nerveux ne cessent de leur envoyer un ordre
à intensité constante ; ou bien ils se maintiennent longtemps
à la hauteur de leur tâche, mais alors il faut que les centres
nerveux leur envoient des impulsions à intensité croissante ; *il*
faut que l'effort augmente, mais comme l'effort est lui-même
une source importante de fatigue, comme nous le verrons dans
la suite de ce travail, il s'ensuit que, quand nous sommes
entraînés, quand nous prolongeons outre mesure un travail
physique ou intellectuel, en retardant ainsi les manifestations
de la fatigue, celle-ci n'en sera pas moins évidente ; elle se présentera sous une autre forme : le temps nécessaire à la réparation intégrale sera accru. Nous resterons ainsi incapables de
produire un autre travail pendant un temps fort long, si nous
avons travaillé jusqu'à épuisement complet de la force musculaire et nerveuse. Ces phénomènes de la fatigue se présentent
avec les mêmes caractères quand nous les étudions dans les
laboratoires de physiologie ; la fatigue expérimentale, obtenue
en excitant les muscles et les nerfs par le courant électrique,
suit les mêmes lois que la fatigue étudiée chez l'homme. Nous
voyons également l'excitabilité décroître progressivement si
l'intensité de l'excitant reste la même ; pour produire le même
effet que lors des premières contractions du muscle, il faut user
d'une intensité d'excitation beaucoup plus grande. Mais le
muscle ainsi épuisé demande beaucoup de temps pour se
réparer, il est voué à une longue inaction. Ainsi, l'étude de
ces faits purement physiologiques nous amène déjà à la conclusion que, pour obtenir le maximum de travail mécanique
en considérant un temps de longue durée, il ne faut jamais
travailler jusqu'à épuisement complet de la force musculaire
et nerveuse.

   A côté du phénomène physiologique, il existe dans la
fatigue un second phénomène qui est d'ordre *psychologique* :
c'est le sentiment de la fatigue. A l'inverse du précédent, il
apparaît d'une façon soudaine. On pourrait dire, sans s'exposer
à des erreurs, que la fatigue s'accumule progressivement dans
l'organisme ; de phénomène local elle devient phénomène général, et ce n'est que quand elle retentit sur l'ensemble de l'être
vivant, qu'elle arrive à la conscience. Un long travail intérieur
précède l'apparition du sentiment de lassitude, laquelle est

l'expression de la fatigue, de l'épuisement organique, devenu conscient à un moment donné.

En nous plaçant à un point de vue biologique, nous aurions le droit de considérer le sentiment de lassitude comme une défense de l'organisme vis-à-vis des excitations trop longtemps répétées. Il est vrai que, même la fatigue physique peut être envisagée comme une défense, vu que les organes qui travaillent activement perdent graduellement leur excitabilité, et aux phénomènes de mouvement succèdent des phénomènes d'arrêt. En étudiant expérimentalement les phénomènes morphologiques de la fatigue nous voyons quelles graves lésions peuvent produire les excitations trop longtemps répétées ou trop intenses. Il en serait de même pour l'organisme physiologique, s'il n'avait en sa disposition un puissant mécanisme d'arrêt, qui intervient au moment nécessaire. Il est vrai que nous sommes loin de connaître le siège et le mode d'action de ce mécanisme d'arrêt, mais nous savons que son fonctionnement est réglé par l'intervention de deux facteurs : le premier, c'est la limite d'excitabilité propre à chaque organe ou tissu considéré (muscle, nerf, glande, etc.), qui fait que l'organe ou le tissu cesse de répondre à l'excitation qui lui est envoyée ; le second, c'est le sentiment de fatigue qui apparaît tardivement, mécanisme d'origine centrale et conscient, qui entre en jeu quand le mécanisme périphérique n'a pas été suffisamment écouté. Il est de fait que la limite d'excitabilité propre à chaque tissu n'est pas toujours suffisante pour produire les phénomènes d'arrêt, vu que le tissu considéré, devenu inexcitable pour une intensité donnée d'irritant, est capable de fonctionner quand cette intensité (effort) est augmentée. Pour peu que l'entrainement entre en jeu, nos efforts grandissent et avec eux nous voyons les phénomènes désastreux de la fatigue se produire. C'est alors qu'intervient le mécanisme central de défense, lequel n'est autre chose que le sentiment de fatigue.

Nous le voyons surgir brusquement dans la grande majorité des cas ; dans certains états pathologiques il peut être exagéré et ne correspond nullement à une faiblesse organique (neurasthénie) ; dans d'autres affections il peut faire complètement défaut.

Nous voyons par cet exposé que si c'est principalement le sentiment de la fatigue qui intéresse le psychologue, ses facteurs constituants sont du domaine de la physiologie. Aussi de nombreuses incursions dans le domaine physiologique sont elles indispensables pour quiconque veut se livrer à une étude complète de la fatigue. Et en parlant de physiologie nous n'avons pas uniquement en vue les expériences faites sur l'homme, mais nous croyons de première nécessité l'étude faite sur des animaux pour l'intelligence de ces phénomènes. Les vivisections présentent ici un intérêt qu'il serait superflu de préciser. Et non seulement celle des animaux supérieurs, mais aussi l'étude des animaux inférieurs s'impose au physiologiste. C'est en réduisant les phénomènes à leur plus simple expression que nous parvenons à les comprendre ; telle particularité inintelligible chez l'homme et les animaux supérieurs, devient facilement explicable quand nous nous adressons à un organisme simple.

En abordant cette revue générale de la fatigue, étudiée chez l'homme et les animaux, nous nous limiterons uniquement aux phénomènes de la fatigue musculaire. Il est facilement compréhensible que toute activité, fût-elle d'ordre mécanique, sensoriel, émotif, intellectuel et moral, est susceptible de fatigue. Une étude systématique de la fatigue devrait suivre cette marche. Nous commençons par la fatigue de la *motilité*, vu que cette étude présente un grand intérêt et que les recherches dans ce domaine ont été poussées fort loin. Mais ici encore, nous laisserons de côté tout ce qui a trait à la fatigue propre du système nerveux, en n'envisageant uniquement que la fatigue musculaire, obtenue soit en employant l'excitant artificiel (électricité), soit l'excitant naturel (influx nerveux).

II. — INSTRUMENTATION

Pour l'étude de la fatigue musculaire on se sert de plusieurs instruments, dont les principaux sont : le myographe, le dynamomètre, l'ergographe, le ponomètre et le collecteur de travail. Tous ces appareils donnent la mesure du travail accompli, et, à l'exception du dynamomètre (qui indique la contraction isométrique), ils évaluent le travail mécanique (contraction isotonique) et le représentent graphiquement.

Peu importe le genre de *myographe* auquel on a recours : myographe simple ou double de Marey, celui de Fredericq, etc., tous ces instruments sont bons en ce sens, qu'ils inscrivent la contraction d'un muscle isolé ; nous pouvons ainsi mesurer exactement la décroissance de la force musculaire et évaluer celle-ci en travail mécanique ou effet utile. Malheureusement, pour isoler un muscle des tissus environnants, il faut le mettre à découvert, et un muscle exposé ainsi à l'air, traumatisé, en partie anémié, travaille dans des conditions bien défectueuses. En outre, il ne sert que pour une seule expérience, les recherches comparatives sur le même muscle sont donc impossibles à faire. Cela explique pourquoi les conditions du travail mécanique étudiées sur les muscles d'animaux sont à peine ébauchées, tandis que nous sommes fort bien renseignés sur tout ce qui a trait à la forme de la contraction musculaire et sur les différentes variations qu'elle subit sous l'influence des facteurs physiques et chimiques. La contractilité est étroitement liée à l'étude de la fatigue, il est vrai, mais elle ne peut suffire à mesurer le travail accompli ; tel facteur augmente sensiblement l'excitabilité du muscle, mais cette augmentation n'est souvent que passagère ; souvent après se produit une dépression, et, somme toute, la quantité de travail n'est pas accrue. Nous signalons ces inconvénients et causes d'erreur de la méthode myographique, tout en lui accordant la supériorité sur tous les autres moyens d'étude de la contraction musculaire (comme par exemple l'enregistrement des contractions d'une patte entière non traumatisée).

Quand il s'agit de l'étude de la fatigue chez l'homme, les difficultés de l'expérimentation deviennent encore beaucoup plus grandes que chez les animaux, auxquels on fait subir les opérations nécessaires pour isoler un muscle. L'instrument auquel on avait presque exclusivement recours, c'était le *dynamomètre* de Regnier. Or, il présente plusieurs inconvénients sérieux, dont le principal est de ne pas fournir des indications constantes, vu le nombre considérable des muscles qui agissent quand nous fermons le poing. A. Binet et N. Vaschide, dans leur examen critique du dynamomètre ordinaire, ont décrit toutes les causes d'erreur inhérentes à l'emploi de cet instrument. Il produit dans la paume de la main une douleur de pression, qui empêche le sujet de donner toute sa force ; on ignore quels sont les muscles qui ont une part active dans la pression manuelle dynamométrique ; à cause du nombre considérable des muscles de l'avant-bras et de la main, on ne sait lesquels peuvent entrer en jeu comme agents actifs du mouvement ou comme antagonistes, et on peut admettre que, quand un groupe de muscles est fatigué, un autre vient le renforcer.

Pour remédier à ces inconvénients, Angelo Mosso a imaginé

un appareil ingénieux, appelé par lui *ergographe*, qui enregistre les contractions des muscles fléchisseurs d'un seul doigt,
de manière qu'aucun autre muscle ne vienne les aider quand
ils sont fatigués. Nous ne donnerons pas ici la description de
l'ergographe, qui est devenu aujourd'hui un appareil classique
dans tous les laboratoires : ajoutons seulement que les recherches faites avec l'aide de cet instrument possèdent une véritable précision, parce qu'elles s'adressent à un muscle normal,
non traumatisé, capable de réparation, et qu'elles donnent la
possibilité de faire des expériences comparatives sur la même
personne. En outre, l'ergographe a le grand avantage de donner
une évaluation directe du travail mécanique en kilogrammètres.
Dans leur examen critique de l'ergographe de Mosso, Alfred
Binet et N. Vaschide disent avec juste raison qu'il est la réalisation de deux idées nouvelles : l'une est de traduire exactement le travail musculaire en travail mécanique ; la seconde
est d'assurer l'unité de la partie du corps qui travaille. Nous
renvoyons le lecteur au mémoire de ces deux auteurs pour tout
ce qui a trait à la technique ergographique. L'ergographe de
Mosso n'est évidemment pas à l'abri de tout reproche et on a
même formulé de nombreuses critiques pour ce qui concerne
l'isolement du travail d'un muscle (Binet et Vaschide) ; au début,
c'est la *première* articulation du médius qui travaille le plus ;
quand la fatigue survient, l'articulation *métacarpo-phalangienne* vient au secours de la première phalange, toutes les
deux travaillent ; dans la troisième partie du travail, la métacarpo-phalangienne travaille seule, le doigt se fléchit tout
entier vers la paume de la main comme une barre rigide.
Enfin, elle s'immobilise à son tour, et c'est la main, le poignet
et le bras qui suppléent aux mouvements des doigts. Une
seconde objection non moins importante, formulée par A. Binet
et N. Vaschide est relative à la difficulté de choisir un poids convenable. S'il existe un poids optimum avec lequel on exécute
le maximum de travail, il varie avec les personnes ; à moins de
tâtonnements très nombreux on choisit un poids arbitraire pour
l'ergographe de Mosso, un poids trop lourd ou trop léger pour
le sujet en expérience, et en travaillant avec une charge non
appropriée à ses forces il ne fournira pas le maximum de travail
mécanique. Aussi Binet et Vaschide ont-ils construit un nouvel
ergographe, dit *à ressort*, qui donne la mesure de toutes les
forces, grandes ou petites, dont il subit l'action ; il s'adapte
par conséquent à l'individu. L'ergographe de Binet et Vaschide

diffère essentiellement de celui de Mosso par la substitution
d'un ressort au poids que le doigt médian soulevait en se fléchissant. (Pour la description voy. Mémoire de Binet et Vaschide.)
Son avantage est de permettre au sujet qui travaille de donner
toute sa force, de mesurer son épuisement réel, et d'exécuter
un travail proportionnel à l'état de ses forces. Il est une preuve
de ce fait : combien féconde en résultats a été l'idée de Mosso
de construire un ergographe, puisque avec les perfectionnements qu'on y a introduits cet instrument est devenu capable
de fournir des indications très précises sur la somme de travail
mécanique produit.

Le *ponomètre* de Mosso, instrument destiné à inscrire la
courbe de l'effort nerveux pendant la fatigue, s'adapte à l'ergographe ; sa description se trouve dans le mémoire de Mosso
sur les lois de la fatigue étudiées dans les muscles de l'homme
(voy. Bibliogr.).

Enfin il existe encore un appareil qui rend de très grands
services dans les recherches myo et ergographiques ; c'est le
Collecteur de Travail de Fick. Quand un poids a été soulevé
par la contraction musculaire, comme cela a lieu dans les
expériences myo et ergographiques, il retombe de nouveau
quand l'excitation a cessé d'agir ; il en résulte une perte considérable d'effet utile (travail mécanique), une certaine quantité de travail se transformant en chaleur. Pour obtenir le
maximum d'effet utile, on emploie le collecteur de travail, qui
retient le poids à la hauteur à laquelle il a été soulevé pour
que la contraction suivante puisse l'élever d'une nouvelle quantité, et ainsi de suite. Le modèle le plus employé est celui de
Fick (pour la description détaillée, voir bibliographie Fick,
Hermann, Beaunis) ; il se compose d'une roue sur l'axe de
laquelle est enroulé le fil qui supporte la charge ; le tendon
du muscle s'attache à un levier qui fait tourner la roue quand
le muscle se contracte et la laisse immobile dans l'intervalle
des contractions. A chaque contraction musculaire la roue
tourne d'une petite quantité et soulève le poids. A la fin de
l'expérience, la hauteur totale de soulèvement du poids multi-
pliée par le poids soulevé donne la somme du travail mécanique
total accompli pendant l'expérience. Pour avoir l'inscription
graphique des contractions, on met le collecteur en rapport
avec un myographe. Le collecteur de travail possède par conséquent deux avantages : 1° il permet au muscle de donner le
maximum d'effet utile ; 2° il permet, par un calcul très simple

d'évaluer en grammètres la somme de travail mécanique accompli, ce qui est un vrai avantage pour les études myographiques, où l'amplification du tracé rend difficile le calcul de la somme de travail mécanique. Cette dernière difficulté n'existant pas pour l'ergographe à poids, il ne servira dans ces cas que pour les expériences où l'on se propose d'obtenir le travail mécanique optimum.

III. — Dissociation apparente de la fatigue périphérique

La fatigue du muscle a été longtemps confondue avec celle des nerfs qui s'y rendent. Le tronc nerveux paraît infatigable et s'il ne l'est pas dans le sens strict du mot, au moins est-il très résistant à la fatigue, de manière que dans toutes les expériences son épuisement n'entre pas eu jeu. Comment se comportent les terminaisons motrices à l'égard de la fatigue ? Quand on excite un muscle frais, la contraction indirecte (excitation du nerf) est toujours plus intense que la contraction directe (excitation du muscle). Mais après la mort, ou sous l'influence de causes perturbatrices, l'excitabilité indirecte se perd toujours avant l'excitabilité directe, ce qui est sous la dépendance de l'altération précoce des plaques motrices. Or, certains auteurs, tels que Rossbach et Harteneck, Waller, Abelous, Sañtesson ont remarqué que quand le muscle semble être épuisé par excitation prolongée du nerf, il donne une série de contractions très sensibles quand il est excité directement. Waller et Abelous en ont conclu que l'autocurarisation se manifeste à une certaine période de la fatigue. A une phase plus avancée de la fatigue, le muscle lui-même est frappé.

Dans des expériences encore inédites, j'ai eu l'occasion de constater à maintes reprises ce phénomène, la figure 1 en est une preuve. Dans ce tracé, la première partie des contractions indirectes n'a pas été figurée, nous ne voyons que la seconde moitié (nerl) ; quand le muscle semble être fatigué par l'excitation du nerf, on applique directement les électrodes sur le muscle gastrocnémien et on s'aperçoit que sa fatigue n'était qu'apparente : il fournit encore une belle série de contractions, analogue comme travail à la partie figurée précédemment, donc équivalente environ au tiers du travail total accompli.

Mais en poussant plus loin ces recherches, il m'a été facile

de me convaincre, que si l'excitation du nerf devient rapidement inefficace, cet effet n'est nullement dû à l'épuisement des
terminaisons motrices, mais il est vraisemblablement le résul

tat de l'altération du
nerf par l'application
des électrodes. En
effet, si on dispose
l'expérience de ma-
nière à fatiguer le
nerf *sans le toucher*
par les électrodes (par
exemple en l'excitant
par l'intermédiaire de
la moelle ou bien en
tétanisant le muscle
directement) et si on
examine son excitabi-
lité avant et après
l'expérience, on s'aper-
çoit que cette préten-
due action curarisante
ne se manifeste plus
dans ces conditions :
le même rapport entre
la hauteur de la con-
traction indirecte et
directe , qui a été
constaté avant l'expé-
rience, se maintient
après, quoique l'exci-
tabilité soit notable-
ment diminuée après
la fatigue. Je consi-
dère donc la préten-
due action curarisante
de la fatigue comme
un résultat erroné ,
malgré que notre es-
prit s'accommode bien

Fig. 1. — Dissociation apparente de la fatigue périphérique en fatigue des terminaisons nerveuses et fatigue du muscle.

à entrevoir une analogie nouvelle entre les effets de la fatigue
et ceux des poisons nerveux périphériques. La fatigue arrive au
même moment si le muscle est excité directement ou par l'in-

termédiaire du nerf, pourvu que l'excitabilité du nerf fatigué
soit examinée en aval (et à une certaine distance) du point
touché par les électrodes. Nous voyons ainsi se manifester
les phénomènes de la fatigue névro-musculaire, analogues
dans les deux cas. Ces recherches avec tous les développements qu'elles comportent seront prochainement l'objet d'un
mémoire publié dans les *Travaux de l'Institut Solvay de
Bruxelles.*

IV. — REPRÉSENTATION GRAPHIQUE DE LA FATIGUE

Depuis que les éléments constituants de la contraction
musculaire ont été analysés et connus, grâce à. la construction du premier myographe par Helmholtz en 1850, une
nouvelle méthode, la méthode graphique, fut créée, pour
étudier l'influence de la fatigue sur l'amplitude, la durée
et la forme de la secousse. Marey, un des premiers, s'est
occupé des modifications que fait subir la fatigue aux caractères de la contraction musculaire, et il a reconnu que la
durée de la secousse s'accroît avec les progrès de la fatigue,
tandis que son amplitude diminue. Les graphiques obtenus
sont les mêmes, si on excite le muscle directement ou si on
excite le nerf.

C'est surtout à Volkmann que nous devons les expériences
les plus nombreuses à ce sujet. Cet auteur a trouvé plusieurs
faits importants relatifs aux modifications que la fatigue imprime
aux caractères de la courbe musculaire. D'une manière générale, il est permis d'affirmer que la fatigue diminue l'irritabilité musculaire; cette diminution d'irritabilité se traduit par un
allongement de la période d'excitation latente du muscle (temps
perdu), laquelle peut doubler et même tripler dans certains cas,
par une *diminution* d'amplitude et par une *augmentation* de
durée de la secousse. Plus la fatigue est avancée, moins hautes
deviennent les contractions inscrites sur le cylindre enregistreur
et leur durée est d'autant plus grande. Cette augmentation de
durée est surtout manifeste pour la ligne de descente, qui
devient démesurément longue. Toutefois, pendant l'extrême
fatigue, quand le muscle est presque épuisé, à une diminution
d'amplitude correspond une diminution de durée. Suivant Volkmann, l'inspection de la secousse suffit pour se rendre immé-

diatement compte du degré de fatigue auquel est arrivé le muscle. Dans le schéma de Volkmann se trouvent retracés les cinq principaux degrés de fatigue observés par cet auteur: on y voit nettement que l'amplitude décroît avec la fatigue; la durée croît jusqu'à une certaine limite, pour diminuer graduellement.

Ces faits très intéressants en physiologie ne nous renseignent cependant en rien sur la somme de travail mécanique accomplie par le muscle. Or, une des questions les plus importantes du problème de la fatigue, c'est la possibilité d'évaluer en termes précis la somme de travail que peut fournir le muscle en un temps donné, ainsi que les modifications que peut subir cette quantité de travail suivant qu'on fait varier les conditions extérieures ou intérieures de son activité. On serait en droit de demander à la physiologie une formule suivant laquelle on puisse produire le maximum d'effet utile tout en se fatiguant le moins possible. Si la méthode graphique a été jusqu'à présent impuissante à résoudre ces questions en ce qui concerne le travail musculaire étudié expérimentalement chez les animaux auxquels on fait subir différentes mutilations et qui ne peuvent de ce fait servir à plusieurs expériences, elle nous a jusqu'à un certain point fourni des données très précises relativement au travail de l'homme, et ces considérations présentent pour nous le plus vif intérêt. Certes, la méthode graphique ne peut nous dévoiler la nature des phénomènes chimiques s'accomplissant dans nos tissus et accompagnant les progrès de la fatigue, mais elle nous révèle tous les changements survenus dans la contractilité des muscles, et ces deux phénomènes, diminution de l'excitabilité et auto-intoxication par les déchets de la nutrition cellulaire, sont des phénomènes contigus et parallèles.

A partir de 1871 date une époque importante dans l'étude de la fatigue. C'est en cette année que parut le travail de Kronecker sur la fatigue et la réparation des muscles striés. Les progrès accomplis par Kronecker dans la connaissances des phénomènes de la fatigue sont dus à une modification apportée dans les appareils graphiques employés pour cette étude. Jusqu'à ce jour, on avait utilisé des cylindres enregistreurs tournant avec une grande vitesse, et les lignes de la contraction s'inscrivaient sous la forme de lignes courbes. Kronecker eut le premier l'idée, aussi ingénieuse que simple, d'imprimer au cylindre une rotation très lente pour avoir à chaque contraction

une ligne verticale sur le cylindre enregistreur. L'évaluation du
travail mécanique en kilogrammètres devient donc possible,
mais il faut tenir compte de l'amplification du tracé, inhérente
au myographe même et d'ailleurs indispensable pour l'étude de
la contraction musculaire des petits animaux. Après avoir dé-
truit l'axe cérébro-spinal, on met le gastrocnémien à découvert
et on le relie au myographe. Le nerf mis également à nu est
excité par des forts courants induits; on n'utilise que les chocs
de rupture, une excitation toutes les quatre secondes ; excitations maximales, ce qui permet de donner le maximum de raccourcissement du muscle. Le gastrocnémien soulève un poids
variant entre 20 et 50 grammes. La vitesse du cylindre noirci
est très lente. Dans ces conditions, les contractions s'inscrivent
successivement sur le cylindre sous forme de lignes verticales, et leur hauteur décroît proportionnellement au degré
de fatigue du muscle. En joignant par une ligne le sommet
de toutes ces lignes verticales, on obtient la *courbe de la
fatigue*.

Suivant Kronecker, la courbe de la fatigue est *une ligne
droite* (première loi de la fatigue), mais cette loi n'est exacte
que dans le cas où le muscle est excité par des courants
induits à intensité constante, à intervalles égaux, la vitesse
de rotation du cylindre restant uniforme, et encore faut-il
que le muscle soit en surcharge (*Ueberlastung*), c'est-à-dire
que pendant les intervalles des excitations, le poids repose
sur un support et ne soit soulevé qu'au moment de l'excitation. Pour le muscle travaillant en charge (le muscle est
constamment tendu), la courbe de la fatigue est une droite
jusqu'à une certaine limite, c'est-à-dire jusqu'au moment où
la hauteur des contractions est devenue égale à l'élongation
du même muscle produite à l'état de repos par le même poids
(quatrième loi de la fatigue). A partir de ce point, la courbe
de la fatigue devient une hyperbole pour le muscle travaillant
en charge.

La deuxième loi de la fatigue formulée par Kronecker
découle de la première : la différence de soulèvement entre
deux contractions successives est une constante, appelée par
Kronecker *la différence de fatigue*. La différence de fatigue
diminue à mesure que les intervalles des excitations augmentent, autrement dit, la fatigue est proportionnelle au
nombre d'excitations en un temps donné. La différence de
fatigue reste constante, même pour des poids variables (troi-

sième loi), les courbes correspondant aux différents poids sont parallèles entre elles.

Rien de plus variable que la somme de travail fournie par différentes grenouilles. Le triceps fémoral chargé de 20 grammes peut exécuter un nombre de contractions variant entre 250 (janvier) et 2.700 (octobre), et j'ai eu maintes fois l'occasion d'observer que non seulement les grenouilles d'été se comportent tout différemment des grenouilles d'hiver, mais que même des grenouilles de même taille, vivant dans des conditions identiques, peuvent fournir une somme de travail comme 1 à 2. Bien plus, les deux pattes postérieures d'une même grenouille se comportent un peu différemment : c'est généralement la patte droite, qui est un peu plus forte, donne des secousses plus grandes et se fatigue moins vite.

Dans un travail accompli avec Gotsch en 1880, le même auteur a étudié les lois de la fatigue du muscle tétanisé et a reconnu que le muscle tétanisé obéit aux mêmes lois de la fatigue que le muscle donnant des contractions isolées ; en particulier, la ligne du tétanos est une droite, et il y a ascension de la ligne lorsque les excitations augmentent d'intensité, tandis que la fatigue est proportionnelle au nombre d'excitations.

Les recherches de Kronecker ont été le point de départ d'expériences très nombreuses entreprises par différents physiologistes, qui ont appliqué à l'étude de la fatigue la méthode générale du professeur de Berne. Parmi ces travaux, citons celui de Rossbach ainsi que celui de Rossbach et Harteneck sur les animaux à sang chaud. Ces auteurs ont trouvé une méthode, qui leur a permis de faire des expériences très précises et de longue durée sur les homéothermes (chien, chat, lapin), afin que cette étude ne présentât pas plus de difficulté que celle sur les muscles et les nerfs des animaux à sang froid. Ils y parvinrent en immobilisant les animaux par section transversale de la moelle. Les animaux étaient trachéotomisés en vue de la respiration artificielle ; le tendon était relié au myographe de Marey ; courants de rupture toutes les secondes ; excitation maximale. Au commencement de l'excitation du nerf, on observe une augmentation d'excitabilité qui dure trois à cinq minutes chez le lapin, dix à quinze minutes chez le chien, vingt minutes chez le chat, de manière que les excitations les plus hautes peuvent atteindre le double de leur hauteur du début ; le maximum d'excitabilité est plus vite atteint chez les herbivores que chez les carnivores ; chez les premiers, après 60 à 100 contractions, chez les seconds, après 200 contractions. Cette augmentation d'excitabilité s'observe aussi pour le muscle fatigué, après chaque phase de repos et de réparation. A cette phase d'excitabilité augmentée succède bientôt une phase de diminution de l'excitabilité, pendant laquelle la courbe de la fatigue est une droite (avec certaines réserves de la part des auteurs). Quand la circulation est arrêtée (ligature de l'aorte), on n'observe pas l'augmentation d'excitabilité du début, constatée pour un muscle recevant du sang. Un muscle soustrait à la circulation se fatigue en deux ou quatre minutes, et, après 120 à 140 contractions, l'excitation du nerf devient inefficace. En somme, ces auteurs arrivent à la conclusion que, chez les animaux à sang chaud, la courbe de la fatigue est représentée par une *ligne droite*.

Tiegel a repris l'étude de Kronecker sur les grenouilles pour les excitations sous-maximales et est arrivé exactement aux mêmes lois. De même pour le muscle curarisé, la courbe de la fatigue est une ligne droite.

Certains auteurs se sont élevés contre différentes parties des conclusions de Kronecker, ainsi Valentin a trouvé que les premières contractions du gastrocnémien non seulement ne diminuent pas de hauteur, mais augmentent sensiblement. Cependant la contradiction est plutôt apparente que réelle, puisque lors de ses premières contractions le muscle n'était pas encore fatigué, et même Kronecker a fait la remarque qu'il ne fallait pas tenir compte des premières contractions pour apprécier la courbe de la fatigue. D'ailleurs, cette augmentation d'excitabilité du début semble s'observer dans tous les cas et a été étudiée avec détails par Ch. Richet. Nous ne nous arrêterons pas non plus aux objections formulées par Ivo Novi, directeur de l'Institut pharmacologique de Bologne ; cet auteur, en expérimentant dans des conditions absolument différentes de celles de Kronecker, a obtenu des résultats contradictoires avec ceux du physiologiste allemand.

Dans le laboratoire de physiologie de Ch. Richet, j'ai fait de nombreuses expériences sur la fatigue du gastrocnémien de grenouille. Dans la grande majorité des cas j'ai obtenu en apparence une ligne droite comme courbe de la fatigue, mais une analyse plus minutieuse permet de distinguer trois parties dans la courbe : 1° *Phase d'entrainement* ou d'excitabilité augmentée, représentée par une ligne à convexité supérieure, qui elle-même est composée d'une phase d'ascension et d'une phase de descente ; 2° *Première phase de la fatigue*, à partir du moment où les contractions sont descendues à la valeur qu'elles avaient au début, phase de descente rapide, représentée par une ligne droite, la différence de fatigue est considérable ; 3° *Deuxième phase de la fatigue* ou de descente ralentie, représentée par une seconde ligne droite, la différence de fatigue est diminuée. Ces deux lignes droites forment entre elles un angle ouvert en haut, et comme les transitions ne s'opèrent pas d'une façon aussi tranchée que sur notre schéma (fig. 2), il en résulte

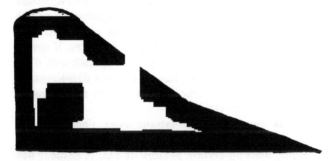

Fig. 2. — Schéma de la courbe de la fatigue normale (grenouille).
Travail en charge, excitations maximales.

une ligne légèrement concave en bas. Ce tracé peut être rapproché des courbes de Mosso obtenues pour les muscles de l'homme, mais en même temps il est presque identique aux tracés de Kronecker pour le muscle travaillant en charge, et après avoir retranché la première phase.

Le tracé ci-joint (fig. 3) a en apparence l'aspect d'une ligne droite unique ; cependant les trois phases précédemment décrites y peuvent être facilement distinguées. Très fréquemment, j'ai même obtenu des différences bien plus tranchées entre les trois phases de la fatigue.

Nous n'avons parlé jusqu'à présent que de la courbe de la fatigue chez les vertébrés. Quel est l'aspect de la courbe de la fatigue chez les invertébrés ? Je me suis servi de la pince d'écrevisse détachée du corps, dont la branche fixe est solidement attachée à une planchette de liège ; un excitateur est placé dans la patte à l'endroit de la section, l'autre pénètre dans le bout de la pince fixe par une petite échancrure. On attache un fil à la branche mobile et on la relie au levier enregistreur d'un myographe ordinaire (procédé de Ch. Richet). A chaque passage du courant induit, la branche mobile va se rapprocher de la branche fixe et ce mouvement sera enregistré sur le cylindre en rotation. L'étude de la fatigue de la pince de l'écrevisse est rendue assez difficile par sa tendance d'entrer en contracture et même en tétanos ; même avec des excitations assez espacées et à intensité moyenne, les secousses isolées font bientôt place à un tétanos physiologique, qui se transforme en rigidité cadavérique quand on prolonge l'expérience ; on ne peut par conséquent en tirer aucune conclusion relativement à la fatigue. Les contractions de la pince de l'écrevisse sont loin de présenter le même degré de régularité que les secousses du gastrocnémien de grenouille et on n'a ici rien d'analogue à une ligne droite de la fatigue. En outre, il arrive fréquemment que l'excitabilité de la pince disparaît tout d'un coup, sans présenter des contractions à hauteur décroissante. La figure 4 représente la courbe de la fatigue et de la réparation de la pince de l'écrevisse.

Quelle est la courbe de la fatigue chez l'homme ? En employant l'ergographe pour ces recherches, il est facile de se convaincre que, dans un certain nombre de cas, la hauteur des contractions va en décroissant d'une manière régulière et le sommet de toutes ces contractions se trouve sur une ligne droite, quoique l'irrégularité soit beaucoup plus grande que pour les muscles de grenouille. Ce type de la courbe de fatigue à décroissance continue ne se rencontre pas très fréquemment ; aussi joignons-nous à cet exposé un tracé ergographique où la courbe de la fatigue est une ligne droite (fig. 5). Dans d'autres cas, surtout avec des poids lourds, la courbe présente une convexité tournée en haut ou en bas ; quelquefois elle forme une double courbe (S italique). L'essentiel pour les expériences ergographiques est de faire d'emblée le maximum d'effort et d'assurer la fixité de l'avant-bras. Le profil de la fatigue change pour bien des causes : influence du poids, fréquence des contractions, fatigue précédente ou repos, différence de saison, de régime, l'influence des émotions, etc. Mais, chose remarquable, chaque individu a sa courbe de fatigue qui lui est propre, les tracés se reconnaissent facilement les uns des autres, même après des années. La quantité de travail mécanique peut toutefois varier dans de très grandes limites.

En analysant la courbe ergographique, A. Binet et Vaschide

Fig. 3. — Courbe de la fatigue normale (grenouille). Travail en charge, excitations sous-maximales.

Fig. 4. — Tracé des contractions de la pince de l'écrevisse.

ont reconnu qu'il y avait lieu de considérer trois éléments :
1° le nombre de soulèvements ; 2° la hauteur maxima des soulèvements ; 3° la forme générale de la courbe, qui est donnée par
le contour des sommets de tous les soulèvements. Comme le
profil de la courbe ergographique paraît très difficile à apprécier, on peut dans certains cas le remplacer par une donnée
plus simple, qui est la hauteur de soulèvement prise au
milieu du travail ergographique (soulèvement médian) ; ainsi,
dans un travail composé de 36 soulèvements, cette hauteur est

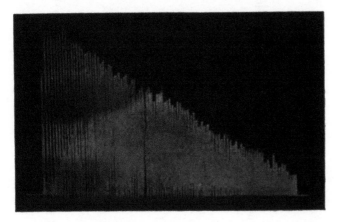

Fig. 5. — Tracé ergographique. La courbe de la fatigue est une ligne droite.

celle du dix-huitième soulèvement ; cette donnée permet de
savoir si un sujet a maintenu longtemps la force qu'il avait au
début de l'expérience ou si, au contraire, ses forces ont diminué
rapidement.

Pour éliminer l'action psychique dans les phénomènes de la
fatigue chez l'homme, Mosso a excité directement le nerf médian
ou les muscles de l'avant-bras au moyen de deux boutons métalliques, recouverts d'une éponge imbibée d'eau légèrement aci-
dulée et reliés à un appareil électrique. Le muscle suit la même
courbe, s'il est excité par la volonté ou par l'électricité, mais
en irritant le nerf, on obtient une quantité de travail mécanique
supérieure à celle qui s'obtient au moyen de la volonté. Avec
la volonté, dit Mosso, nous pouvons faire des efforts plus grands
et soulever des poids plus lourds, mais l'aptitude au travail
s'épuise vite et l'excitation nerveuse volontaire devient inefficace, tandis que l'excitation nerveuse artificielle agit encore. La

quantité plus grande de travail fournie par un muscle excité par l'électricité dépend, suivant Mosso, de ce que la fatigue des centres nerveux manque dans ce cas, tandis que dans les mouvements volontaires, celle-ci vient nous rendre incapables de travail avant que le muscle soit épuisé. En effet, lorsque le muscle est fatigué par les excitations électriques, *il réagit* encore sous l'empire de la volonté ; après qu'il est épuisé par la volonté, il fournit encore des contractions par l'électricité. L'excitation électrique du nerf, continuée jusqu'à épuisement de la force du muscle, laisse donc encore chez celui-ci un reste d'énergie qui peut être utilisé par la volonté et inversement. Dans ces expériences la fatigue centrale apparaît avec évidence ; pendant l'excitation du nerf, les centres se reposent et, excités à leur tour, fournissent encore une certaine somme de travail.

Grâce à l'emploi du ponomètre, Mosso est arrivé à la conclusion, que l'excitation nerveuse que l'on envoie à un muscle pour en produire la contraction est beaucoup plus grande quand il est fatigué que quand il est reposé. Autrement dit, l'*effort croît avec la fatigue*. Le muscle fatigué a besoin d'une excitation nerveuse beaucoup plus intense pour se contracter. Ces expériences démontrent que l'épuisement ne croît pas en proportion directe du travail effectué. Le travail exécuté par un muscle déjà fatigué agit d'une manière plus nuisible sur le muscle qu'un travail plus grand accompli dans les conditions normales. Supposons que trente contractions suffisent pour épuiser le muscle ; deux heures de repos seront nécessaires pour faire disparaître les signes de la fatigue. Si l'on ne fait que quinze contractions, il suffira d'une demi-heure. Et si l'on calcule le travail produit, on arrive à la conclusion que le travail effectué est bien plus considérable, si l'on n'arrive jamais à l'épuisement. Notre corps, dit Mosso, ne peut être assimilé à une locomotive qui brûle une quantité de charbon donnée pour chaque kilomètre de chemin parcouru. Chez nous, quand le corps est fatigué, une faible quantité de travail produit un effet désastreux. Le muscle, ayant déjà dépensé l'énergie ordinaire disponible, se trouve obligé, pour produire un nouveau travail, de faire appel aux forces qu'il tenait en réserve, et le système nerveux doit, dans ces conditions, entrer en jeu plus activement.

L'action paralysante de la fatigue psychique a été étudiée par Mosso et par ses élèves. La fatigue intellectuelle diminue la force musculaire, à une légère surexcitation succède bientôt un état de dépression. Chez Maggiora, qui avait fait passer des examens, on a constaté une grande diminution de la force musculaire, même en excitant les muscles par l'électricité.

Toutefois, comme le font justement remarquer A. Binet et V. Henri dans leur livre *La Fatigue intellectuelle*, ces fortes dépenses d'activité intellectuelle s'accompagnent de beaucoup d'émotions et aussi de mouvements. Nous ne nous occuperons pas ici de l'influence du travail intellectuel sur la force musculaire ; les documents relatifs à cette question se trouvent dans le livre précédemment cité (ch. vi. p. 167-195).

Pour ce qui est du travail physique exagéré, les marches forcées, les veilles et l'action du jeûne, Maggiora s'est livré à des recherches fort instructives. Les tracés obtenus après le jeûne ressemblent, à s'y méprendre, à ceux obtenus après de grandes fatigues. Il y a cependant une différence importante qui les sépare : la faiblesse du muscle provenant du jeûne se distingue par la rapidité avec laquelle elle disparaît dès qu'on prend de la nourriture, tandis que, dans la fatigue, après une marche forcée ou l'insomnie, la prise d'aliments n'a qu'une faible influence restauratrice, un temps bien plus considérable est nécessaire à la réparation : le repos du système nerveux au moyen du sommeil est indispensable. Et même, d'après Manca, les variations de force du jour de jeûne ne sortent pas des limites des variations normales.

V. — INFLUENCE DE LA CHARGE, DE L'INTENSITÉ ET DU RYTHME DES EXCITATIONS SUR LES PHÉNOMÈNES DE LA FATIGUE

On a beaucoup étudié l'action de la charge et de l'intensité des excitations sur l'excitabilité musculaire, mais relativement peu de recherches précises ont été faites sur l'influence qu'exercent ces facteurs sur la somme de travail mécanique. Bien plus, l'accord n'est pas complet entre les auteurs.

Suivant Rosenthal, il y a pour chaque muscle une charge déterminée avec laquelle ce muscle accomplit le maximum de travail utile. Cet effet utile correspond plutôt à un poids moyen qu'à un poids fort. Ainsi un muscle de grenouille produit plus d'effet utile avec un poids de 100 grammes qu'avec un poids de 200 grammes et le maximum est produit avec un poids de 150 grammes. De même Ch. Richet a trouvé que, pour l'écrevisse, l'effet utile maximum coïncide avec le soulèvement d'un poids moyen. Tout cela ne s'applique qu'à une excitation donnée. Si nous faisons travailler le muscle jusqu'à extrême fatigue, nous voyons que, toutes conditions égales, un muscle travaillant avec un poids fort se fatigue plus vite que s'il travaille avec un poids léger, ce qui revient à dire que la hauteur des contractions d'un muscle très chargé décroît plus rapidement que celle d'un muscle moins chargé (Volkmann). Mais le travail mécanique est-il égal dans les deux cas ? Kronecker et Tiegel sont d'accord sur ce fait important, à savoir, que les courbes de la fatigue d'un muscle travaillant avec des poids différents sont des lignes parallèles : la plus élevée d'entre elles correspond au poids le plus faible, la plus basse correspond au poids le plus lourd.

Il y a un rapport intime entre l'intensité de l'excitation et le travail produit, et même, suivant Kronecker, la hauteur des secousses est exactement proportionnelle à l'intensité du courant. Mais quelle est l'influence de l'intensité de l'excitation sur la marche de la fatigue? Le muscle fournit-il une somme de travail moindre quand il est excité par des courants très forts? Il semble qu'il n'est pas possible aujourd'hui de répondre catégoriquement à ces questions et c'est en vain qu'on a cherché à démontrer pour le rapport entre l'excitation et le travail musculaire l'existence d'une loi myophysique analogue à la loi psychophysique de Fechner-Weber. Suivant Ch. Richet, pour obtenir l'effet utile maximum, il faudra tendre le muscle avec un poids d'autant plus grand que l'excitation sera plus forte. Ces questions se présentent avec plus de précision étudiees chez l'homme à l'ergographe.

Si l'influence des deux facteurs précédemment décrits, poids et intensité des excitations, n'est pas encore complètement élucidee en ce qui concerne le travail mécanique, il n'en est pas de même pour la *fréquence* (rythme) des excitations. Tous les auteurs sont d'accord pour attribuer à une grande fréquence des excitations l'influence la plus funeste sur la fatigue. L'influence la plus considérable exercée sur la fatigue est certainement due à la fréquence des excitations, dit Funke ; plus les intervalles des excitations sont rapprochés et plus vite survient la fatigue, se traduisant par une diminution de hauteur de la contraction et par un allongement de la secousse. La fatigue est proportionnelle à la fréquence des excitations, dit Kronecker ; la courbe de la fatigue fait avec la ligne des abscisses un angle d'autant plus grand que les intervalles des excitations sont plus courts, la différence de fatigue augmentant à mesure que les intervalles des excitations diminuent.

Ce **résultat** possède une grande importance. Les intervalles
entre les excitations, ce sont les moments de repos entre les
contractions successives ; plus ils sont grands, moins le muscle
se fatigue ; après chaque contraction le muscle peut *se reparer*
en partie, en se débarrassant des produits toxiques engendrés
pendant le travail et dont l'accumulation est l'origine de la
fatigue. Cette loi de proportionnalité entre la fatigue et les intervalles des excitations est incontestablement en rapport avec un
processus toxique s'accomplissant durant la fatigue.

Dans des expériences faites sur lui-même Maggiora a étudié
l'action du poids et de la fréquence des excitations sur la courbe
ergographique. Le travail accompli avec 2 kilogrammes est supérieur au travail accompli avec 4 kilogrammes, et celui-ci est
supérieur au travail accompli avec 8 kilogrammes (fréquence
des contractions 2″). Avec 2 kilogrammes, l'auteur a pu produire 2.662 kilogrammètres : avec 4 kilogrammes, 1.892 kgm. ;
avec 8 kilogrammes, 1.040 kgm. Travaillant avec un poids de
1 kilogramme il n'a pu fournir que 2.238 kgm. Il semblerait
donc qu'il existe un poids déterminé avec lequel on obtient le
maximum de travail. Pour Maggiora, ce poids est de 2 kilogrammes. Si l'on fait travailler le muscle avec différents poids,
on obtient des lignes descendant presque parallèlement vers
l'abscisse, résultat en tout semblable à celui obtenu par Kronecker pour le muscle de grenouille. Les mêmes faits se produisent pour un muscle excité par l'électricité.

Pour ce qui concerne la *fréquence* des excitations, c'est-à-
dire le rythme des contractions, nous voyons que, quand la fréquence est de 10″, les contractions des fléchisseurs atteignent
leur maximum de hauteur et se tiennent toutes au même
niveau ; la fatigue ne se produit pas ; dans ces conditions, le
muscle peut travailler indéfiniment, et soulevant un poids de
6 kilogrammes, il accomplit par heure le travail de 34.560 kgm.
C'est un travail de beaucoup supérieur à celui qui est fait par le
muscle alors qu'il soulève le même poids avec une fréquence
de 4″ ; dans ce cas, il a besoin de deux heures de repos, et la
production de travail mécanique est seulement de 1.074 kilogrammes à l'heure, c'est-à-dire un travail 32 fois moindre.
Mêmes résultats obtenus avec un poids de 2 kilogrammes. D'une
manière générale, la quantité de travail est d'autant plus
grande et la fatigue d'autant plus lente à se manifester que la
fréquence des contractions est moindre, résultat absolument
semblable à celui obtenu pour les muscles des animaux à sang

froid et à sang chaud. C'est donc une loi générale qui ne souffre pas d'exceptions. Il existe donc pour les muscles périphériques certaines conditions de travail, dans lesquelles la contraction peut se répéter indéfiniment sans produire de fatigue. Le repos de 10″ entre les contractions est suffisant pour la réparation intégrale.

L'auteur a étudié les variations simultanées dans le poids et la fréquence des excitations. Quand les poids croissent, il ne suffit pas de faire croître dans les mêmes rapports les intervalles de repos entre chaque contraction ; mais la pause de repos doit croître dans une mesure beaucoup plus large. Étant donné $R = 2″$ (rythme) et $P = 3$ kilogrammes, si nous doublons le poids, il faudra tripler les intervalles pour obtenir la même quantité de travail. L'auteur fit aussi varier simultanément le rythme des contractions et les périodes de repos entre les expériences. Il est arrivé ainsi à la conclusion que la quantité la plus considérable de travail mécanique est produite avec la fréquence de $2″$ et des pauses de $1′$ après trente contractions. On peut arriver, grâce à l'ergographe, à la connaissance du procédé le plus économique d'utilisation de la force du muscle.

Il nous reste encore à parler de plusieurs travaux récemment parus. Treves a fait des expériences sur des lapins, dont les gastrocnémiens ont fourni des courbes ergographiques : excitations électriques maximales appliquées sur la peau de la région du nerf sciatique, travail en surcharge (avec appui dans l'intervalle des contractions). Ses conclusions sont les suivantes : 1° le maximum de travail dont un muscle est capable correspond toujours à un poids déterminé, et 2° les contractions que le muscle exécute avec un poids donné à toute charge sont plus hautes que celles qui sont exécutées avec le même poids en surcharge.

A. Broca et Ch. Richet ont fait des expériences sur eux-mêmes afin de préciser dans quelles conditions un muscle donné peut effectuer sans fatigue notable un travail continu, régulier et maximum. Pour résoudre cette question ils n'ont pas étudié les conditions de la fatigue, mais ils cherchaient à faire un effort modéré, ne fatiguant pas le muscle outre mesure. Certaines expériences ont duré deux heures et demie. A l'ergographe était adapté un collecteur de travail, donnant l'évaluation de l'effet utile. Ces auteurs sont arrivés à trouver les meilleures conditions de travail pour le muscle fléchisseur de l'index : *poids* très fort 1.500 grammes ; *fréquence* très

grande 200 par minute ; *intermittences* de 2″ de repos alternant avec 2″ de travail. Avec les périodes de repos la puissance
du muscle a pu atteindre le double de la puissance à laquelle
il a pu arriver par le travail continu, et cela au prix d'un effort
beaucoup moindre et d'une souffrance presque nulle. Cette
nécessité des intermittences pour produire le maximum d'effet
utile est expliquée par A. Broca et Ch. Richet par l'afflux san-
guin énorme dans le muscle qui se fait après le travail et
grâce auquel s'effectue la restauration du muscle. La vaso-
dilatation *post laborem* (Chauveau) fournit aux fibres musculaires l'oxygène indispensable pour détruire les produits nocifs
de la contraction musculaire.

VI. — Influence de la température sur les phénomènes
de la fatigue

Examinons maintenant l'influence de la *température* sur
l'apparition et les progrès de la fatigue. Les phénomènes
observés possèdent une grande valeur à un point de vue général. Nous savons que les phénomènes chimiques de l'organisme sont plus actifs à une température élevée qu'à une température basse. Le froid conserve l'irritabilité musculaire,
tandis que les muscles isolés du corps meurent très vite en
été ou dans un milieu artificiellement chauffé. Or, Ch. Richet a
démontré que, comme les actions toxiques ne sont autres
que des actions chimiques, il s'ensuit qu'à basse température
les poisons sont moins actifs qu'à des températures élevées.
Pour une grenouille, par exemple, plongée dans de l'eau chlo-
roformée ou alcoolisée, à 0° les effets toxiques sont presque
nuls ; à 32°, ils sont immédiats. En empoisonnant des poissons
par des injections de sels alcalins, Ch. Richet a constaté que
la dose toxique était notablement plus élevée en hiver. Dans
des expériences faites avec Langlois, il a vu que la même loi
pouvait être appliquée aux homéothermes. A la température
de 39°, la quantité de cocaïne suffisante pour déterminer des
convulsions chez un chien s'élève à 2 centigrammes par kilogramme d'animal. Si le chien est échauffé à 42°, la dose est de
0,01 centigramme de cocaïne, tandis que si l'on refroidit le chien
jusqu'à 32°, on n'observe jamais de convulsions, quelle que
soit la dose de cocaïne. Ces recherches ont été en tous points
confirmées par Saint-Hilaire dans sa thèse publiée dans le premier volume des travaux du laboratoire de physiologie de

Ch. Richet. C'est donc une loi générale, que cette activité plus grande des substances toxiques quand elles agissent sur un organisme surchauffé. Or, l'action de la fatigue est en tout semblable à celle des poisons, si l'on considère ses effets en faisant varier la température.

Schmulevitch avait déjà remarqué, en 1867, que la somme de travail que peut fournir un muscle de grenouille est plus grande à une température basse qu'à une température élevée. En 1890, Gad et Heymans constatèrent que la contraction diminue d'intensité avec la température, et ils ont démontré la fâcheuse complication de la chaleur et de la fatigue. Enfin, en 1897, Mlle Pompilian constata qu'un muscle de grenouille chauffé s'épuise bien plus vite qu'un muscle refroidi ; la fatigue survient d'autant plus vite que la température est plus élevée.

Des résultats absolument semblables ont été signalés pour l'homme. C'est à Patrizi que nous devons des recherches sur l'action de la chaleur et du froid sur la fatigue des muscles chez l'homme. La température du muscle était élevée ou abaissée par l'immersion de l'avant-bras dans l'eau d'un bassin métallique, pourvu d'un thermomètre et d'un agitateur ; le fond du bassin était chauffé au gaz ou bien on mettait des morceaux de glace à dissoudre à l'intérieur. Les résultats obtenus sont intéressants en ce sens qu'ils sont en concordance parfaite avec ceux obtenus sur les animaux ; l'élévation de la température est défavorable au travail musculaire, ce qui prouve une fois de plus que les poisons possèdent une activité plus grande quand ils agissent sur des organes surchauffés, et il est permis de supposer que la puissance toxique des produits de la fatigue augmente dans les muscles à une température élevée.

Toutefois, il serait intéressant de refaire ces expériences sur un nombre plus considérable d'individus. L'expérimentation faite sur soi-même est sujette à de nombreuses causes d'erreur ; elle présente certaines analogies avec la méthode d'observation intérieure et, à ce point de vue, elle mériterait le nom de méthode d'*expérimentation intérieure*. Elle est bonne, mais à condition d'être vérifiée sur d'autres personnes.

Patrizi a aussi étudié les oscillations quotidiennes du travail musculaire en rapport avec la température du corps. Il a constaté une marche parallèle des courbes quotidiennes du travail musculaire et de la température. Le maximum d'énergie a été observé vers 2 heures et demie de l'après-midi (température 37°.78), le minimum le matin (37°), une légère augmentation

le soir (37°,56) et une diminution vers minuit (37°.3). La courbe
quotidienne de l'énergie de l'homme est donc semblable à sa
température. En outre, on observe une indépendance des variations quotidiennes de l'énergie musculaire et de la température
à l'égard de la nourriture et du sommeil. Pendant les heures
qui précèdent ou qui suivent l'introduction d'aliments, la quantité de travail mécanique est à peu près la même. Il existe également une indépendance des variations quotidiennes de
l'énergie musculaire et de l'excitation des centres nerveux. On
pourrait croire en effet que, le matin, le cerveau n'est pas assez
éveillé. Mais, même pour l'excitation artificielle, le maximum
d'énergie a toujours été observé dans les premières heures de
l'après-midi. Les variations quotidiennes de la température,
conclut Patrizi, nous apprennent que notre organisme, à certaines heures, est sujet à un travail chimique plus actif qu'en
d'autres moments; dans cette période de la journée, où la chaleur du corps monte, nous trouvons une accélération des battements cardiaques et des mouvements respiratoires, ainsi qu'une
augmentation d'élimination de l'acide carbonique, de l'urée et
peut-être même de l'acide phosphorique; et tout cela en dehors
de l'alimentation. En même temps augmente la force musculaire.

La conclusion de ce chapitre est qu'il existe une liaison intime
entre les phénomènes chimiques de l'organisme, la température
et la force musculaire. La force musculaire est accrue quand
augmente la température de l'organisme physiologique, qui est
sous la dépendance d'un déploiement plus considérable d'énergie chimique. Mais quand nous augmentons artificiellement la
température dans de très grandes limites, nous provoquons
une accélération notable des mutations organiques, et ce chimisme intense produit des substances toxiques en nombre suffisant pour paralyser le mouvement.

VII. — CONTRACTURE

La courbe de la fatigue présente souvent quelques irrégularités dues à des phénomènes de différents ordres, dont les principaux ont été décrits sous le nom de contracture, d'addition
latente et de lignes ondulées.

Le nom de contracture a été donné par Tiegel et par Ch. Richet à un phénomène signalé déjà par Kronecker et par Ran-

vier, et étudié ensuite par Funke, Frey, Rossbach, Mosso. La contracture consiste essentiellement en un allongement démesuré de la période de relâchement du muscle, consécutive à une contraction, et souvent ce relâchement s'accomplit en deux temps (écrevisse). Le muscle n'a pas le temps de se détendre convenablement, la contraction suivante vient le surprendre au moment où il n'est pas complètement relâché; il en résulte que, pendant la contracture les contractions s'élèvent au-dessus de la ligne des abscisses. Tiegel et Frey avaient observé que la contracture n'est pas également forte chez toutes les grenouilles et dans toutes les saisons de l'année (Tiegel ne l'a jamais vue se produire en été), et que souvent elle fait défaut. La contracture est très rare chez le chat (Rossbach et Harteneck). D'après Tiegel. elle n'apparaît que pendant l'excitation directe du muscle; on l'a observée depuis pendant l'excitation indirecte, mais dans ce cas, elle est généralement moins accentuée. Il s'agit cependant d'un phénomène de nature exclusivement musculaire, comme le prouve le fait que la contracture se produit même dans le muscle curarisé. Le phénomène de la contracture n'est pas encore complètement élucidé et paraît bien plus compliqué qu'on ne l'avait cru tout d'abord. Ch. Richet trouva que, chez les écrevisses qui sont restées longtemps en captivité et qui avaient par conséquent une excitabilité diminuée, il n'était pas possible de provoquer la contracture, même en employant des courants extrêmement forts. Il semblerait qu'il en est tout autrement pour les grenouilles. Tiegel l'a observée plus souvent chez des grenouilles à nutrition languissante, ainsi que chez des grenouilles fatiguées. Chez les grenouilles récemment captivées, dit Funke, la contracture n'apparaît qu'à une phase très avancée de la fatigue, tandis que chez les grenouilles ayant séjourné longtemps dans l'aquarium. elle a lieu avec une extrême facilité, même lorsque les excitations sont très espacées. Plus la fatigue est avancée, et plus les intervalles doivent être éloignés pour ne pas produire de contracture. Si les intervalles des excitations restent les mêmes. la contracture s'accentue progressivement avec la fatigue. et le tracé obtenu acquiert une grande ressemblance avec celui du tétanos. De même Rossbach et Harteneck ont vu la contracture se produire sur les muscles fatigués.

La grande différence qui sépare dans leur fonctionnement les muscles de l'écrevisse de ceux des animaux supérieurs, est digne d'attirer notre attention. D'ailleurs, cette différence peut

s'observer sur différents muscles du même animal. Ch. Richet
a trouvé que la queue de l'écrevisse possède des contractions
extrêmement brèves, analogues à celles du gastrocnémien de
grenouille, tandis que la secousse de la pince est très allongée
et persiste longtemps. Par suite de la brièveté des contractions
de la queue, le tétanos complet ne se produit qu'avec des excitations très rapprochées, tandis que le muscle de la pince a
un tétanos complet, même alors que les excitations sont très
éloignées. Cette différence dans la forme de la contraction, dit
Ch. Richet, tient à ce que les destinations fonctionnelles des
deux muscles sont tout à fait différentes. L'écrevisse a besoin
de faire avec sa queue des mouvements répétés, successifs,
pour nager dans l'eau, tandis qu'avec la pince, il faut soutenir
des mouvements forts et persistants.

En effet, en envisageant le nombre de secousses isolées que
peuvent faire par seconde (sans se tétaniser) les muscles dans
la série animale, nous arrivons à des différences colossales !
Les muscles des ailes des insectes donnent plus de 300 secousses
isolées par seconde ; ceux de la tortue 2 secousses ! Le nombre
de secousses est strictement adapté aux destinations fonctionnelles des différents muscles. La pince de l'écrevisse est un
instrument destiné pour la lutte pour l'existence, et le mouvement de broyer exige une contraction énergique et prolongée,
fût-elle la contracture, fût-elle le tétanos même. Chez d'autres
êtres, les membres sont principalement des organes de locomotion et de préhension, et ici les secousses isolées sont la conséquence d'un perfectionnement physiologique. Ces raisons me
font croire que la contracture pourrait être envisagée comme
un indice de force et de vigueur pour la pince de l'écrevisse ;
nous ne la rencontrons pas chez les écrevisses captivées depuis
longtemps, tandis qu'elle apparait comme un signe de fatigue
et de déchéance chez la grenouille. C'est à ce titre que nous
faisons entrer la contracture dans le cadre des phénomènes
de la fatigue.

En tout cas, il est hors de doute que l'apparition de la contracture est sollicitée par l'action de trois facteurs : 1° influence
de l'intensité des excitations ; 2° influence de leurs intervalles ;
3° influence du poids. La contracture apparait avec la fréquence
plus grande des excitations, avec leur intensité plus grande et
avec des poids légers. Elle semble être fonction de l'intensité
d'excitation (Tiegel).

Mosso a vérifié les mêmes lois pour la contracture de l'homme.

La partie descendante de la courbe devient deux fois plus longue que la partie ascendante. Dans les contractions volontaires, la contracture est si forte chez certaines personnes, qu'elle tient soulevé un poids de 3 kilogrammes. Elle apparaît au commencement d'une série de contractions et atteint vite son maximum pour diminuer ensuite, mais chez certaines personnes elle ne disparaît pas complètement avec la fatigue. Elle est beaucoup plus forte chez les personnes excitables et ayant les réflexes vasculaires intenses ; elle ne se produit que pour des efforts excessifs. Nous devons en conclure, dit Mosso, que la contracture est un phénomène anormal et presque pathologique, dénotant une espèce de fatigue, qui se manifeste dans le muscle au commencement de son action ; il semble étrange d'admettre que dans un premier instant il se produit dans le muscle une manifestation de fatigue, par suite d'une excitation nerveuse trop forte, mais les faits observés se prêtent à cette interprétation.

Avec la contracture, Mosso a observé l'irrégularité dans la hauteur des contractions, le muscle ne répond plus régulièrement par des contractions égales à l'excitation constante, qui lui est transmise par le nerf.

Parmi les irrégularités observées dans la courbe de la fatigue chez les animaux, notons l'apparition de contractions isolées, s'élevant notablement au-dessus du niveau de la courbe, dues probablement à un phénomène *d'addition latente* (sommation des auteurs allemands). ainsi que l'existence de plusieurs secousses plus grandes, auxquelles succède une série de secousses plus petites, ce qui donne à la courbe l'aspect d'une *ligne ondulée* (Wellenlinie), observée à toutes les phases de la fatigue et attribuée à une diminution de l'élasticité musculaire.

VIII. — INFLUENCE DE L'AGE SUR LES PHÉNOMÈNES DE LA FATIGUE

Au cours de ses recherches sur la fatigue faites sur lui-même au moyen de l'ergographe de Mosso, Arnoldo Maggiora a été à même de constater un phénomène très intéressant : en comparant ses tracés pris pendant plusieurs années successives. il remarqua qu'avec l'âge sa force avait augmenté dans de très larges limites. Déjà dans une note publiée dans les *Arch. f. Physiol.*, il faisait observer que l'augmentation considérable rencontrée dans la valeur des efforts et dans la production du

travail mécanique ne dépendait pas de l'exercice, mais probablement de l'âge et d'une amélioration dans les conditions
générales de sa santé, survenue à son insu, car il n'avait
jamais été malade. D'autre part, ce qui rend ces conclusions
particulièrement dignes de foi, c'est que le poids de l'auteur
n'avait pas varié durant ces quelques années. Zoth, ayant fait
ressortir l'importance de la première observation de Maggiora,
le professeur italien revient sur ce sujet dans les *Archives italiennes de Biologie*. Il faut désormais considérer l'âge comme
l'un des facteurs pouvant dans une large mesure modifier l'aspect de la courbe de la fatigue et la quantité de travail mécanique effectué. Maggiora a pris en considération une période
de quatorze ans, correspondant à l'âge de vingt-deux à trente-
cinq ans, pendant laquelle il a toujours mené le même genre
de vie, avec le poids du corps de 66 kilogrammes. En 1886, à
l'âge de vingt-quatre ans et demi, il était en mesure de donner
à l'ergographe pour le doigt médius 1.703 kilogrammes, correspondant à 31 efforts maximum.

En 1890, dans sa vingt-neuvième année, il pouvait produire
un travail de 5.394 kilogrammes, correspondant à 46 efforts
maximum.

En 1893, dans sa trente-deuxième année, = 7.386 kilogrammes = 53 efforts maximum.

En 1896, dans sa trente-cinquième année, = 11.544 kilogrammes = 136 efforts maximum, ce qui prouve quels notables
changements peut présenter l'appareil neuro-musculaire volontaire dans le cours des années. Outre la quantité de travail mécanique et le nombre des contractions, il y a encore à relever des
particularités dans la forme de la courbe ergographique. Les tracés précédents de l'auteur avaient tous la forme d'un *S* italique ;
on y distingue trois parties : 1° première partie, dans laquelle
le décroissement des contractions est régulier et très évident ;
2° deuxième partie, plus longue que la première, dans laquelle
l'abaissement des contractions est très ralenti et où l'on trouve
plus d'irrégularités ; 3° troisième partie, décroissance rapide et
progressive. En nous servant du langage de Kronecker nous
dirons que, dans la première partie du tracé, la différence de
fatigue est considérable, elle diminue dans la deuxième partie
pour augmenter dans la troisième partie. Mais si l'on s'adresse
à des tracés pris à des âges plus avancés, on constate que
quoique la forme du tracé soit toujours restée un *S* italique, la
décroissance des contractions de la première partie du tracé

est devenue plus lente (diminution de la différence de fatigue),
en outre, on constate un plus grand nombre de contractions
dans la deuxième et la troisième partie, enfin une hauteur plus
grande unie à une décroissance plus lente de contractions dans
la deuxième partie (diminution de la différence de fatigue).
Tous ces caractères réunis (augmentation du nombre de contractions, leur hauteur plus grande et diminution de la différence de fatigue) ont contribué à augmenter notablement la
quantité de travail mécanique qui, progressivement avec
l'âge, est devenu sept fois plus considérable qu'il ne l'était
avant quatorze ans.

L'augmentation de force, attribuée avec raison par Maggiora
à un accroissement de résistance physiologique due à l'âge,
est la démonstration expérimentale de ce fait d'observation,
que le passage du jeune âge à l'âge adulte est accompagné
d'un renforcement d'énergie de tout l'organisme.

Ayant fait cette constatation, Maggiora se demande à quoi
est due cette augmentation d'énergie ; est-ce une amélioration
des organes périphériques de la contraction ou des centres
nerveux ou de tout le mécanisme du travail musculaire ? Comme
la quantité de travail mécanique est sensiblement augmentée
même en excluant l'élément volontaire, c'est-à-dire en excitant directement les muscles par l'électricité, nous sommes en
droit de conclure, que les organes périphériques de la contraction ont largement participé à l'amélioration de la production
de travail. D'autre part, des phénomènes que nous analyserons
ultérieurement et connus sous le nom de périodicité, démontrent
que les centres nerveux ne sont pas non plus restés étrangers à
cet accroissement de force. Par conséquent, Maggiora affirme
que le renforcement est sous la dépendance des modifications
générales de l'organisme.

Cette augmentation de force peut encore être mise en évidence par la période de repos nécessaire pour que la réparation
puisse s'effectuer ; précédemment, il fallait deux heures à
Maggiora pour que la fatigue se dissipe ; après quatorze ans,
une période de une heure et demie est devenue suffisante.

La question relative à l'influence de l'âge sur la force musculaire est toute nouvelle en psycho-physiologie, aussi peu considérable est le nombre d'auteurs qui s'en sont occupés. A. Binet
et N. Vaschide ont largement contribué à cette étude par leurs
expériences sur la force musculaire chez les jeunes garçons et
les jeunes gens, expériences qui ont cet avantage de s'adresser

à un grand nombre de sujets. En se servant du dynamomètre de Regnier, ils ont étudié les divers types de développement de la force musculaire dans une expérience donnée. Ils ont reconnu, que les pressions successives exécutées sur le dynamomètre n'avaient pas la même valeur, même en écartant la possibilité de toute fatigue. Chez les jeunes garçons ils ont constaté quatre types principaux de développement de la force musculaire : 1° type de la décroissance brusque puis stationnaire ; l'enfant développe par la première pression un effort très vigoureux, après lequel il y a une chute brusque qui se maintient à la même valeur pendant les pressions suivantes ; 2° type stationnaire, la force se maintient sans changements notables pendant les cinq pressions, le graphique obtenu se rapproche de la ligne droite. Type très fréquent ; 3° type de la décroissance continue, se trouve principalement chez les enfants vigoureux, la somme des pressions est très supérieure à celle des types précédents ; 4° type de la croissance continue, très rare chez les jeunes enfants. Or, en répétant les mêmes expériences chez les jeunes gens, ces auteurs ont constaté, que chez l'adulte le type de la *croissance continue* est de beaucoup plus fréquent que chez l'enfant. La fatigue arrive plus vite chez l'enfant que chez l'adolescent (Binet et Vaschide), chez l'adolescent plus vite que chez l'adulte (Maggiora).

IX. — TRACÉ PÉRIODIQUE

Lombard P. Warren a observé une forme de courbe de la fatigue non constatée par les auteurs précédents. Dans la contraction volontaire, étudiée par l'ergographe de Mosso, il vit très fréquemment l'aptitude au travail diminuer et s'accroître successivement plusieurs fois dans la même expérience. Durant les intervalles de décroissance de la force, la contraction des muscles allait presque jusqu'à disparaître complètement, tandis que dans les périodes d'augmentation, la force devenait égale à celle qui avait été déployée au commencement. Ce phénomène n'est d'ailleurs pas constant, on ne l'observe que sur certaines personnes. Le tracé périodique, caractérisé par une perte périodique et par un accroissement successif des forces, apparaît seulement après qu'on a accompli un travail considérable, avec des poids lourds et une grande fréquence des contractions. La perte périodique et le rétablissement de l'action de la volonté

sur le muscle ne dépendent pas des changements dans la nutrition du muscle (ils ne sont pas empêchés par le massage). Ils
ne dépendent pas non plus des variations dans l'excitabilité
des nerfs ni des muscles, puisque au moment où la contraction volontaire est presque impossible, le muscle répond à l'excitation directe ou indirecte. Les altérations qui produisent la
périodicité doivent être placées, suivant Lombard Warren, dans
quelque mécanisme central nerveux qui se trouve entre les
régions du cerveau d'où part l'impulsion de la volonté et les
nerfs centrifuges.

Le tracé périodique, constaté pour la première fois par Lombard Warren dans le laboratoire de Mosso à Turin et étudié
ensuite dans celui de la Clarck University, vient d'être l'objet
de recherches spéciales de la part de Maggiora. Nous avons dit,
dans le paragraphe précédent, que Maggiora avait constaté sur
lui-même une augmentation considérable de forces, due au
passage de l'adolescence à l'âge adulte Or, ses tracés de 1896,
qui se distinguent par une somme de travail mécanique très
considérable, sont encore caractérisés par une autre particularité : le tracé est devenu périodique. Les courbes précédentes
avaient la forme d'un *S* italique, celles prises en 1896 sont com-
posées de plusieurs parties : première portion, composée de
56 contractions, qui donnent un *S* italique ; les dernières contractions de cette première partie ne sont pas descendues à
zéro, mais après s'être réduites à 5 millimètres commencent à
se renforcer. Dans la deuxième portion du tracé on voit les
contractions augmenter peu à peu jusqu'à atteindre 40 millimètres au-dessus de l'abscisse, pour recommencer à décroître,
se relever encore, puis s'abaisser de nouveau : dans les intervalles d'élévation et d'abaissement elles présentent des irrégularités assez fréquentes, tantôt descendent à zéro, tantôt se
tiennent élevées de plusieurs millimètres. C'est bien là le phénomène des périodes du travail musculaire volontaire, tel que
Lombard Warren l'avait décrit. Maggiora a également pu mettre
en évidence que les périodes ne se manifestent pas quand les
muscles se contractent par l'irritation électrique appliquée aux
troncs nerveux ou directement sur les muscles. Le tracé périodique est donc un phénomène d'ordre central, mais les deux
auteurs qui l'ont étudié le localisent au-dessous des centres de
la volition, lesquels chaque fois envoient aux organes périphériques un ordre également énergique, c'est-à-dire celui de la
contraction maximum. Les périodes sont un effet de la fatigue

et consécutivement, d'un défaut de coordination fonctionnelle ; mais au point de vue du travail mécanique, ils présentent un gain considérable et peuvent être considérés comme une preuve d'augmentation de force.

D'autre part, il semblerait fort probable que, comme le veulent Lombard Warren et Maggiora, le tracé périodique soit sous la dépendance d'un mécanisme central non volontaire. J'en ai trouvé une preuve en étudiant les phénomènes de fatigue chez la grenouille. Les innombrables expériences faites sur les

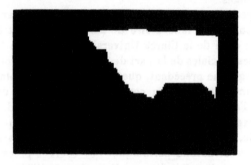

Fig. 6. — Tracé périodique obtenu chez une grenouille par excitation de la moelle cervicale.

muscles de grenouille, soit en les excitant directement, soit en excitant les nerfs n'ont jamais démontré l'existence du tracé périodique. Pas un seul auteur, que je sache, n'en fait mention. J'ai pour ma part étudié des centaines de grenouilles sans jamais observer une périodicité quelconque dans le tracé de la fatigue périphérique. De nombreuses irrégularités peuvent se produire, mais il n'y a jamais d'abaissement notable des contractions, suivi d'un renforcement. Or, j'ai obtenu le tracé périodique à l'Institut Solvay de Bruxelles en excitant directement par le courant induit la moelle cervicale d'une grenouille ; les contractions du gastrocnémien d'un côté ont été enregistrées sur le cylindre noirci (fig. 6). Non que la périodicité y soit tout aussi nette que pour les muscles de l'homme, mais nous savons combien est régulier le tracé normal de la fatigue d'un muscle isolé de grenouille, et pour peu qu'on soit familiarisé avec ce genre de recherches on trouvera facilement la périodicité dans ce tracé. Dans cette expérience le gastrocnémien d'une grenouille de taille moyenne soulevait un poids de 10 grammes *en charge* (muscle constamment tendu). Nous voyons que les secousses,

qui au début s'élevaient à 25 ^{mm} (chiffre qui ne correspond
pas à la réalité, puisque le tracé est très amplifié, mais la
mesure de comparaison reste la même pendant toute l'expérience), après 40 contractions sont descendues à 4 ^{mm}, puis
ont remonté successivement pour atteindre 10 ^{mm}, après quoi
elles sont redescendues presque à zéro, sans se renforcer cette
fois-ci.

Le tracé périodique semblerait donc être bien démontré en
tant que phénomène d'origine centrale. Toutefois les expériences
toutes récentes de Treves combattent cette opinion. Cet auteur
a constaté en effet une périodicité des plus nettes dans le tracé
de la fatigue du gastrocnémien de lapin travaillant en *surcharge* par l'excitation artificielle (électrique) périphérique. Les
tracés qu'il joint à son mémoire sont absolument démonstratifs.
Selon Treves, la périodicité serait due aux oscillations de rapports dans lesquelles se trouve le muscle relativement aux conditions mécaniques dans lesquelles nous le faisons travailler.
On sait que le muscle en se fatiguant subit des modifications
d'élasticité : quand celle-ci diminue, le muscle exécute moins
de travail ; or, dans le travail en surcharge, c'est-à-dire dans les
conditions du poids avec appui dans l'intervalle des excitations,
le muscle ne sera pas tendu constamment, il pourra se reposer
en partie dans l'intervalle des excitations, son élasticité se rapprochera de la normale, et alors apparaîtra une nouvelle période
de travail plus considérable, qui tendra à l'abaisser de nouveau
graduellement. Si, au contraire, nous faisons travailler le
muscle en conditions de charge complète et, par conséquent,
de tension constante, les périodes n'apparaîtront plus ni chez
le lapin, ni chez l'homme.

Telle est l'interprétation de Treves. Mais alors on pourrait
se demander si le tracé périodique, qui paraissait être une
acquisition toute récente, ne serait pas autre chose que le
phénomène de « lignes ondulées » (Wellenlinien), fort bien
connu des auteurs anciens et dont parle Funke en 1874 en
ces termes : « La courbe de la fatigue qui touche à sa fin,
présente souvent des « lignes ondulées », caractérisées par
plusieurs secousses plus hautes, auxquelles succède une série
de secousses plus petites, phénomène dont on s'est beaucoup
occupé et qui est dû à des oscillations de l'élasticité musculaire. » Toutefois, il serait intéressant d'étudier plus à fond ce
phénomène afin de déterminer s'il existe une périodicité périphérique pour le muscle travaillant en surcharge à côté d'une

périodicité d'origine centrale pour le muscle travaillant à charge.

X. — Action des agents chimiques sur la fatigue

L'inscription graphique des lignes de la fatigue a été utilisée comme une des méthodes pour étudier l'action que certaines substances exercent sur les muscles et les nerfs. Ce procédé est surtout en vogue chez les physiologistes allemands dans leurs recherches sur l'action curarisante des différents poisons (Voy. (*Archiv. für experim. Pathologie und Pharmacologie*). Dans ce cas, les plaques motrices terminales de l'animal se paralysent, l'excitation du nerf ne provoque plus de contractions, tandis que les muscles conservent leur irritabilité propre. J'ai pour ma part appliqué cette méthode à la recherche des propriétés toxiques de la neurine. L'étude de cette base présente en effet un vif intérêt, vu que de tous les produits issus de la vie normale des tissus, la neurine est le plus toxique et qu'on lui avait fait jadis jouer un certain rôle dans les phénomènes de la fatigue. La neurine possède des propriétés curarisantes très manifestes. On prend le tracé de la fatigue du gastrocnémien de grenouille d'un côté (gauche), on voit qu'il se fatigue au bout de 30 minutes (fig. 7). Si maintenant on laisse la grenouille se reposer quelques minutes, qu'on injecte sous la peau du dos 2 milligrammes de neurine et qu'on prenne le tracé du côté opposé (fig. 7, tracé inférieur), qui n'a pas encore travaillé, on voit une diminution notable de l'excitabilité et les phénomènes de la fatigue survenir au bout de 20 minutes.

Si dans une autre expérience on attend plus longtemps, les plaques motrices se paralysent complètement et l'excitation du nerf ne provoque plus de contractions. Par contre l'irritabilité propre du muscle n'est nullement atteinte; le tracé ci-joint (fig. 8) a été obtenu en excitant *directement* les muscles d'une grenouille neurinisée alors que le nerf sciatique était devenu complètement inexcitable pour des courants de même intensité. Or, une analyse plus minutieuse démontre, que ce n'est pas le tronc nerveux qui est paralysé, mais bien les plaques motrices terminales du nerf. La neurine se comporte donc exactement comme le curare, si l'on ne considère que ces effets périphériques.

Abelous et Langlois ont démontré l'action curarisante du sang et de l'extrait musculaire des animaux auxquels on avai

pratiqué l'ablation des capsules surrénales. Funke a étudié
l'action que le curare exerce sur la fatigue. Rossbach et Harte-
nech ont démontré l'action de la vératrine, de la caféine et de la
guanidine. Vito Capriati a fait l'examen de la force musculaire
et nerveuse chez l'homme au moyen de l'ergographe après des
injections de liquide testiculaire et trouva cette force sensiblement accrue. Guareschi et Mosso ont pu signaler, grâce à l'enregistrement des courbes de la fatigue, l'action curarisante

Fig. 9. — Courbe de la fatigue du côté droit.

qu'exercent certaines ptomaïnes extraites des cerveaux et de la
fibrine putréfiés. J'ai étudié l'action excitante qu'exerce le sérum
normal de chien injecté à une grenouille, comme on peut s'en

Fig. 10. — Courbe de la fatigue du côté gauche après injection de sérum
(même grenouille).

convaincre par l'inspection des tracés ci-joints. J'ai pris successivement la courbe de la fatigue des gastrocnémiens des deux
côtés ; la figure 9 représente la courbe normale, le gastrocnémien se contracte pendant 10 minutes. Après l'injection d'un
demi-centigramme de sérum de chien on prend le tracé du côté
opposé (fig. 10). La fatigue n'est pas retardée après l'injection,
mais l'excitabilité est considérablement augmentée, le muscle
fournit une somme de travail mécanique bien supérieure à la
normale. En étudiant l'action de différentes substances sur les
muscles et les nerfs, on arrive à la conclusion, que certaines
d'entre elles produisent des effets paralysants, elles accélèrent

la fatigue, tandis que pour d'autres il y a augmentation d'excitabilité et retard de la fatigue. Enfin un troisième groupe n'augmente pas le travail mécanique, mais il ne se comporte pas
indifféremment, en ce sens qu'à une excitabilité augmentée au
début succèdent bientôt des effets parétiques. C'est ici le cas de
déplorer l'impossibilité de faire plusieurs expériences sur le
même muscle et forcément les indications fournies par la
méthode myographique doivent rester incomplètes, ne nous
renseignant en rien sur les effets tardifs de la substance injec-
tée. Il faut donc refaire les expériences sur un grand nombre
d'individus avant de pouvoir arriver à quelques conclusions.

Pour l'homme cette difficulté cesse d'exister, mais il en surgit une autre : c'est l'impossibilté d'avoir recours aux substances
fortement toxiques. Aussi n'a-t-on étudié que les substances
relativement inoffensives. Vaughan Harley fit des expériences
pour voir l'influence qu'exerce le sucre sur la force musculaire
chez l'homme. Une alimentation composée exclusivement de
sucre ne paraît pas augmenter sensiblement la force musculaire,
mais 250 grammes de sucre joints à un régime ordinaire augmentent le nombre des contractions.

Rossi expérimenta l'action des poisons nerveux sur la fatigue
des muscles chez l'homme et constata une action hyperkiné-
tique pour l'alcool, l'atropine, la caféine, le camphre, l'éther
sulfurique et la strychnine ; une action hypokinétique pour le
bromure de potassium, l'hydrate de chloral, l'hyoscyamine, la
morphine, l'opium.

L'action de l'alcool sur la force musculaire a été dernièrement l'objet d'un travail très intéressant de la part de E. Destrée, professeur à l'Université libre de Bruxelles. Dans ce mémoire, présenté au Congrès antialcoolique de Bruxelles, l'auteur s'est posé la question si l'alcool est vraiment avantageux
comme on le soutient encore, et s'il amène un rendement plus
considérable en kilogrammètres produits ? Diminue-t-il la
fatigue, rend-il le travail plus productif ? Ou bien n'est-ce là
qu'une illusion et même une illusion funeste ? La question méritait en effet d'être réexaminée à nouveau, car jusqu'à présent
on n'avait envisagé que les effets immédiats de l'alcool sur la
force musculaire, sans se préoccuper de ses effets tardifs.

C'est encore l'ergographe qui a tranché ce problème délicat,
qui intéresse à juste titre le physiologiste comme l'économiste
et le médecin. L'alcool exerce en effet une action favorable sur
le rendement en travail, mais cette action, qui est presque im-

médiate, est très momentanée. Consécutivement, l'alcool a un
effet paralysant très marqué ; cet effet paralysant compense
l'excitation momentanée et, somme toute, le rendement obtenu
avec l'emploi des alcooliques est inférieur à celui que l'on obtient en se privant d'alcool. Les effets paralysants ne s'observent pas consécutivement à l'emploi du thé, du café, du kola.
Ces conclusions expérimentales, ajoute Destrée en terminant
son importante étude, viennent donc appuyer une fois de plus,
par des données scientifiques, la légitimité de la lutte entre-
prise contre l'alcoolisme, pour le plus grand bien de la société.

Ajoutons, en terminant ce chapitre, que M. H. Mossé a constaté avec l'emploi du dynamomètre et de l'ergographe une augmentation d'amplitude et de durée de la courbe du travail au
début du traitement thyroïdien et une atténuation assez rapide
de cette influence tonique. Cette augmentation de force est tout
aussi nette avec l'emploi de l'iodothyrine qu'avec celui de la
glande thyroïde fraiche. Or, nous voyons que cette action
tonique est provoquée aussi par des sucs organiques autres
que le suc thyroïdien (extrait orchitique, surrénal, etc.). Il
semble donc, conclut Mossé, qu'on puisse trouver ici la preuve
de l'hypothèse émise par l'auteur au Congrès de Montpellier
pour expliquer les effets de l'opothérapie : « Les sucs et extraits
organothérapeutiques introduisent dans l'organisme, en même
temps que la substance ou les substances spécifiques de la
sécrétion interne qui les fournit, des principes communs à
divers éléments des tissus (ferments, diastases, etc.). Ainsi
s'explique ce fait que des sucs et extraits organiques différents
puissent provoquer, en dehors de leur action spécifique particulière, certains effets communs. »

XI. — Action de la circulation et de l'oxydation
sur la fatigue et la réparation

On sait depuis l'ancienne expérience de Ranke, qu'une patte
de grenouille, fatiguée jusqu'à épuisement complet par des
excitations électriques, est rendue capable d'une nouvelle série
de contractions par un simple lavage, c'est-à-dire le passage
d'eau salée par l'artère principale du membre. Le lavage
exerce une influence réparatrice sur le muscle en entrainant
au dehors les substances toxiques produites pendant le travail
musculaire. Kronecker a répété la même expérience, mais il a

trouvé qu'il existe des grenouilles complètement réfractaires
à l'action du lavage. En revanche, un muscle complètement
épuisé devient excitable par l'injection d'une petite quantité
de sang oxygéné dans le torrent circulatoire, et le même effet
est produit par l'injection de l'hypermanganate de potasse.
Cependant l'oxygène apporté au moyen de l'hypermanganate
n'est pas toujours efficace, tandis que l'oxygène des globules
rouges l'est dans tous les cas. Dans une expérience très instructive, Kronecker injecta successivement une solution d'hypermanganate et une de sel marin. Le lavage au moyen du sel
marin exerça une influence minime sur la hauteur des contractions du gastrocnémien, tandis que la grenouille s'est
montrée très sensible à l'action de l'hypermanganate. Le résultat fut tellement évident dans cette expérience, qu'on pourrait
le comparer pleinement à l'action du sang artériel. La courbe
de la fatigue, au lieu de rester une ligne droite, a présenté une
série de lignes à convexité supérieure correspondant à la circulation artificielle de l'hypermanganate. Le même auteur a vu
un fait semblable se produire sur les muscles du chien.
Ludwig et Alexander Schmidt ont réussi à conserver l'irritabilité des muscles du chien longtemps après la mort, grâce à la
circulation du sang défibriné.

Les expériences de Kronecker semblent démontrer que si le
sang est un facteur très important pour la réparation de la
fatigue, il agit principalement grâce à l'oxygène qu'il contient
et non pas comme véhicule de substances nutritives. La réparation peut tout aussi bien se produire par l'injection d'une
substance qui cède son oxygène aux tissus. Il existe en outre
plusieurs autres faits qui confirment cette opinion.

Déjà enfin, Édouard Weber, Valentin et parmi les auteurs
modernes Charles Richet, avaient observé que la réparation de
la fatigue pouvait se faire même en l'absence de circulation,
fait en apparence paradoxal, si l'on admet la théorie toxique
de la fatigue. Il est de fait, que même un muscle séparé du
corps fatigué jusqu'à épuisement complet, récupère en partie
sa force si nous le laissons reposer pendant quelque temps. Ce
fait a dû intriguer les physiologistes et nous en trouvons
la preuve dans les traités de physiologie de Verworn et de
Cyon. Voici l'explication que donne Verworn de ce phénomène. Le fait qu'un muscle extrait du corps peut se réparer
après une grande fatigue dénote que la substance musculaire,
sans sang pouvant lui apporter les matériaux de la

nutrition et entraîner au loin les produits de
déchet, possède en elle-même les facteurs essentiels de la réparation. » Cette interprétation est
erronée. Le muscle ne possède pas dans sa
substance les éléments nécessaires à la réparation, mais grâce à la respiration élémentaire
de ses fibres, il a le pouvoir de fixer directement l'oxygène contenu dans le milieu ambiant.
L'existence de cette respiration élémentaire (ou
survivale) est un fait admis aujourd'hui par tous
les physiologistes. (Voir Tissot.) C'est l'oxygène
de l'air qui intervient ici comme élément réparateur. J'ai démontré ce phénomène dans ma
thèse inaugurale. La preuve en est fournie par
ce fait, qu'un muscle sans circulation, se contractant jusqu'à extrême fatigue dans un milieu
privé d'oxygène (hydrogène pur) *ne se répare
pas*; la perte d'excitabilité est irrévocable dans
ces conditions. Mais la réparation ne s'effectuant pas dans l'hydrogène, a lieu lorsqu'on
introduit de l'oxygène sous la cloche à expériences; elle est due par conséquent aux
échanges gazeux s'effectuant entre le muscle
et l'oxygène ambiant. Je reproduis un de mes
tracés, dont la première partie (de gauche à
droite) a été prise dans l'hydrogène (fig. 11,
grenouille sans circulation). La fatigue survient. On laisse reposer pendant quarante minutes; au bout de ce temps, on reprend l'excitation. Pas de contractions. On introduit de
l'oxygène sous la cloche. La seconde moitié du
tracé est une démonstration de la réparation de
la fatigue dans l'oxygène.

Ces faits prouvent une fois de plus l'impérieuse, l'absolue nécessité de l'oxygène pour les
phénomènes de la vie. L'excitabilité, le travail,
la réparation de la fatigue sont dans certaines
limites indépendantes de la circulation, ils
peuvent s'accomplir sans l'afflux du sang, mais
les éléments anatomiques sont voués à une
mort rapide, quand ils sont privés d'oxygène.
Le muscle anémié n'est pas complètement privé

d'oxygène, mais sa réserve est vite épuisée et; quand la fatigue survient, elle est définitive, si nous opérons dans un milieu dépourvu de gaz entretenant la vie. Et non seulement un muscle sans circulation, mais même un muscle dont les capillaires ont été complètement lavés de sang se répare à l'air après une grande fatigue (Voy. ma Communication à la Société de Biologie). Il semblerait dans le cas de la réparation de la fatigue, que l'oxygène indispensable au recouvrement de l'irritabilité joue avant tout un rôle antitoxique sur les produits la fatigue; autrement, on ne se rendrait pas compte pourquoi un muscle fatigué, dans le cas même où il aurait brûlé toutes ses réserves hydrocarbonées, n'attaquerait pas ces réserves albuminoïdes, dont la désassimilation est un acte anaérobie.

Graves pour le muscle doivent être les conséquences d'un travail accompli dans un milieu privé d'oxygène (vie anaérobie). Comme exemple, je peux citer *la rigidité cadavérique précoce*, que j'ai constatée pour un muscle sans circulation ayant fourni une série de contractions dans l'hydrogène jusqu'à extrême fatigue; quand une grenouille dont le cœur a été enlevé est introduite dans une cloche d'hydrogène pour une heure ou deux, la patte qui n'a pas travaillé garde son excitabilité pendant quarante-huit heures (en hiver) tandis que l'autre patte, qui a fourni des contractions, entre en rigidité cadavérique au bout de vingt heures.

Il existe encore d'autres procédés pour démontrer l'action de l'oxygène comme élément réparateur : dans l'asphyxie expérimentale, le cœur continue à battre, la circulation n'est donc pas empêchée, mais la respiration est arrêtée, par conséquent le sang charrié est presque dépourvu d'oxyhémoglobine. Les troubles de l'excitabilité musculaire observés lors de l'asphyxie peuvent donc être attribués presque exclusivement au manque d'oxygène.

A. Broca et Ch. Richet ont étudié la contraction anaérobie chez le chien, dont l'asphyxie était déterminée au moyen de l'oblitération momentanée de la trachée. Au moment où les mouvements respiratoires commencent à se ralentir, les contractions provoquées par l'électricité s'affaiblissaient pour disparaître en peu de temps. Dès qu'on désobstruait la trachée, on voyait revenir la contractilité, mais elle ne revenait jamais à son état primitif; le muscle qui avait donné une série de contractions anaérobies était épuisé pour longtemps. Il fallait attendre quelquefois trois heures pour que la réparation pût s'effectuer. Ce qui fatigue surtout le muscle, c'est la contraction complètement et rigoureusement anaérobie. L'asphyxie seule ne suffit pas à épuiser un muscle, parce que les muscles qui n'ont pas travaillé ont gardé leur excitabilité ; seul le jambier, soumis à des excitations, a perdu sa contractilité. Probablement quand le muscle se contracte, il produit des substances toxiques, mais dans les conditions normales de l'existence elles sont détruites aussitôt par l'oxygène, tandis que, pendant l'asphyxie, elles ne sont pas détruites et peuvent alors se fixer sur les éléments musculaires, qu'elles intoxiquent gravement. Telle est l'hypothèse formulée par A. Broca et Ch. Richet. Ce qui doit attirer l'attention dans ces expériences, ce n'est pas tant l'épuisement momentané du muscle sous l'influence de l'asphyxie, que sa longue durée. Même quand l'asphyxie a cessé, lorsque le sang est devenu oxydable, il n'y a pas retour de la contractilité. Il y a donc eu altération profonde des fibres musculaires par le fait des contractions anaérobies.

Nous voyons les mêmes phénomènes se produire dans l'asphyxie du cœur. Le ralentissement du cœur observé pendant l'asphyxie exerce une action protectrice remarquable ; et ce ralentissement est dû à l'action des pneumogastriques (Dastre et Morat). Si on sectionne les vagues, comme l'a fait Ch. Richet, le cœur s'accélère immédiatement et alors l'asphyxie est bien plus rapide. Quand la quantité d'oxygène est en petite proportion, comme c'est le cas dans l'asphyxie, alors il faut que la consommation en soit réduite au minimum, et c'est pour cela que le cœur bat plus lentement. Si le cœur ne ralentit pas ses mouvements, l'asphyxie survient très vite, la contraction musculaire détermine la production de certains poisons, qui ne peuvent être détruits que par l'oxygène (Ch. Richet). Ce n'est pas tout ; si au moment où l'asphyxie a déterminé le ralentissement du cœur, on fait la respiration artificielle, l'animal revit immédiatement. Mais si le cœur a accéléré ses mouvements par destruction des vagues, on a beau rétablir l'hématose par respiration artificielle, elle est absolument impuissante à ranimer le cœur : il s'arrête bientôt après qu'on a fait la respiration artificielle. « Nous assistons, écrit Ch. Richet, à ce phénomène d'un cœur qui continue à battre, qui reçoit du sang oxygéné, puisque l'hématose a été rétablie, et qui cependant dans quelques secondes va mourir malgré la circulation du sang oxygéné. Tout se passe comme s'il était empoisonné d'une manière durable par des contractions fréquentes s'étant produites au sein d'un liquide peu oxygéné. Le poison qui s'est formé alors a intoxiqué définitivement les cellules ganglionnaires du cœur. C'est, en un mot, un effet de fatigue névro-musculaire. »

La toxicité du sang asphyxique a d'ailleurs été directement démontrée dans les expériences de Ottolenghi et Mosso a prouvé que le sang d'un chien surmené ou tétanisé est toxique : injecté à un autre chien il produit les symptômes de la fatigue.

En résumant tout ce qui a été dit dans ce chapitre, nous voyons qu'en l'absence d'oxygène (asphyxie, anémie, gaz inerte) la vie des tissus produit des substances nuisibles, qui nées anaérobiquement ont besoin d'oxygène pour être dissociées et pour perdre leur toxicité. Mais si nous imposons aux êtres ou aux tissus dont nous avons déterminé l'existence anaérobie un surcroît de travail, en excitant les muscles par l'électricité, en accélérant les battements cardiaques par section des vagues, l'intoxication devient bien plus grave, elle peut aller jusqu'à la mort malgré le rétablissement de l'hématose. Or, même dans la fatigue d'un animal ou d'un tissu respirant librement il y a anaérobisme partiel, en ce sens que l'oxygène fixé par les tissus n'est probablement pas en quantité suffisante pour la combustion totale : de là la formation de produits toxiques, qui perdent leur activité par oxydation.

Les recherches ergographiques sont également très intéressantes à cet égard. En produisant l'anémie par compression de l'artère humérale, Maggiora a vu la force musculaire décroître sensiblement. Avant l'anémie, il a pu produire 2,736 kilogrammètres, après l'anémie 0,630 kilogrammètre. En outre la courbe de l'anémie a été une hyperbole (*courbe de l'anémie*). Mais l'aptitude à exécuter une première contracture maximum n'est pas perdue. Lorsque l'anémie cesse, les contractions augmentent très rapidement de hauteur.

Après avoir étudié l'action de l'anémie, Maggiora a fait des recherches sur la force musculaire après l'augmentation de la circulation. A cet effet, il s'est servi du massage. Déjà Zabloudovsky avait observé que le massage active d'une façon remarquable la réparation des muscles fatigués. Telle est également la conclusion à laquelle arrive l'auteur italien : on obtient du muscle qui travaille avec des périodes de quinze minutes de massage un effet utile quadruple de celui que donne le muscle auquel on accorde des périodes équivalentes de repos.

Zenoni prit des tracés ergographiques dans l'air comprimé

(une atmosphère) et remarqua une légère augmentation de force pour les contractions volontaires ; la fatigue n'est pas retardée, mais les premières contractions surtout se maintiennent élevées. Pour l'excitation artificielle, la force musculaire reste invariable à la pression de + une atmosphère.

XII. — LA FATIGUE DANS LES ÉTATS PATHOLOGIQUES

Certains auteurs ont pris des courbes ergographiques dans divers états pathologiques. Pantanetti a étudié un cas d'hystérie, plusieurs cas de neurasthénie et d'ictère. L'hystérique après quelques dizaines de contractions fut pris d'un accès tétaniforme très douloureux au bras et les contractions se dessinaient entrelacées et superposées. A un individu affecté de légère forme de neurasthénie furent appliquées six injections sous-cutanées d'extrait capsulaire et on obtint ainsi un travail mécanique bien supérieur à celui qui avait été obtenu avant les injections. Une femme affectée de neurasthénie grave a fourni des tracés bas et longs avec périodicité très nette ; le tracé se régularisait après les injections sous-cutanées de strychnine. Chez deux ictériques l'auteur constata une augmentation très sensible de force ; l'un des malades, qui était syphilitique et hystérique, après l'apparition de l'ictère catarrhal exécutait sans s'épuiser plus de mille contractions, tandis qu'avant l'ictère il n'arrivait pas à cent. Roncoroni et Diettrich ont pris des courbes chez les aliénés et ont noté une variabilité très grande de la force, dont le maximum est le matin. Zeñoñi et Treves ont constaté une extraordinaire longueur de la courbe de la fatigue chez les diabétiques. Treves, qui a étudié ce phénomène avec détails, combat l'interprétation généralement admise, à savoir que dans les différents états pathologiques, les impulsions motrices célébrales, par la diminution de leur énergie, sont incapables dès le commencement de faire exécuter au muscle tout l'effort dont il est capable, c'est pourquoi il resterait toujours un résidu qui serait précisément la cause de la durée indéfinie de la courbe. Ce phénomène serait dû à une cause tout autre. L'auteur remarqua une extensibilité très grande des muscles chez les diabétiques, une partie des contractions s'exé-·te chez eux à vide, avec rapide abaissement de l'ergogramme. n éloignant la vis d'appui de l'ergographe, il rétablissait une in opportune (travail en surcharge), l'ergogramme recom-

mençait. Ainsi, les causes du tracé sans fin sont dues à l'élasticité imparfaite des muscles chez certains malades et non à
un phénomène d'origine cérébrale. Dailleurs le tracé sans fin
s'observe aussi chez certaines personnes normales (Mosso).
Treves en tire la conclusion que le travail en surcharge peut
servir à donner une idée de la marche de la fatigue, mais il
n'est pas précis en ce qui concerne le travail mécanique. Pour
étudier le travail mécanique il est de beaucoup préférable de
faire travailler le muscle en charge.

Abelous, Charrin et Langlois ont pris des tracés ergographiques des addisoniens, chez lesquels, comme on le sait, on
observe une fatigue, une asthénie motrice, qui n'est nullement
en rapport avec les lésions trouvées d'habitude à l'autopsie.
Cette étude présente un grand intérêt, vu que dans la maladie
d'Addison les capsules surrénales sont presque constamment le
siège de divers troubles (tuberculose, cancer, etc.) et le rôle de
ces capsules (Langlois, Abelous, Albanèse) est d'élaborer des
substances capables de neutraliser les poisons fabriqués au cours
du travail musculaire. Le tracé d'un addisonien a été comparé
à celui d'un tuberculeux, les deux malades ayant des lésions
pulmonaires au même degré. L'addisonien est devenu rapidement impuissant, tandis que le sujet témoin a fourni un travail
bien plus considérable.

Les recherches ergographiques dans différentes maladies sont
encore peu nombreuses, et jusqu'à présent elles n'ont révélé
rien de très particulier, mais nul doute que dans l'avenir elles
ne deviennent un élément précieux de diagnostic. La psycho-
physiologie morbide pourra s'enrichir ainsi de faits nouveaux.

XIII. — LA FATIGUE DU CŒUR

Nous avons vu qu'il existe pour les muscles périphériques
certaines conditions de travail, dans lesquelles la contraction
peut se répéter indéfiniment sans produire de fatigue. Le repos
de 10″ entre les contractions du médius est suffisant pour que
la réparation intégrale puisse se faire, et c'est en travaillant
avec ce rythme qu'on produit le maximum de travail mécanique.
Cette étude intéressante serait à reprendre pour d'autres
muscles dans la série des êtres, car, en la poursuivant comparativement sur un grand nombre d'individus on arriverait peut-
être à établir la part qui revient à l'individualité propre du

muscle considéré et celle qui revient à l'individualité propre de
l'organisme en expérience. Ces recherches de biologie comparée faites suivant les êtres et suivant les différents ordres de
muscles (striés et lisses : muscle des membres, intestin, cœur,
utérus, muscle ciliaire, etc.) pourraient aboutir à des résultats
très importants, nous montrant la liaison qui doit nécessairement exister entre la structure interne et la forme de la fibre
musculaire d'une part et la forme de la contraction musculaire de l'autre. Il n'y a pas que le système nerveux qui règle la
vitesse, la force et la forme de la contraction, mais nul doute
que ces phénomènes doivent trouver leur explication dans la
cellule musculaire même. La différence dans la contraction qui
existe entre la queue et la pince de l'écrevisse ne prouve-t-elle
pas, que même chez le même animal, les différents muscles
peuvent réagir différemment aux mêmes ordres venus du système nerveux ? Cette différence dans la réaction doit être en
relation avec une structure différente des fibres musculaires.

Le cœur, qui a une structure différente des muscles périphériques, se comporte aussi différemment vis-à-vis de la fatigue.
Le cœur est infatigable, il bat pendant toute la vie de l'individu
sans jamais s'arrêter et produit un travail énorme de 62.000 kilogrammètres par jour chez l'homme, ce qui représente le cinquième du travail mécanique total de l'organisme (évalué à
300.000 kilogrammètres pour une journée de huit heures de travail physique).

Les recherches de Maggiora, relatives au rythme optimum
des contractions des muscles périphériques, ont jeté une vive
lumière sur le phénomène de l'infatigabilité du cœur. Par analogie, nous sommes autorisés à admettre que normalement, le
cœur bat suivant un rythme optimum qui est suffisant pour sa
réparation intégrale, les changements chimiques survenus au
moment de la contraction étant exactement compensés pendant
la période de repos. L'alternance des systoles et des diastoles
est réglée de manière à restaurer complètement le muscle cardiaque dans les intervalles de repos. Le cœur est cependant
fatigable quand il est soumis à des excitations trop fortes ou
trop souvent répétées, comme cela a lieu dans les cas pathologiques. Dans les maladies organiques du cœur, à la suite
d'un obstacle au jeu régulier du muscle cardiaque, celui-ci est
tenu à accomplir un travail bien plus considérable que normalement ; il change de rythme, ses battements augmentent d'intensité, et pendant un certain temps, grâce à ce renforcement,

le débit du sang dans les tissus n'est pour-ainsi dire pas modifié.
Pour pouvoir exécuter ce supplément de tâche, le cœur a suivi
la loi générale pour les muscles soumis à un excès de travail :
il s'est hypertrophié. Cette hypertrophie compensatrice (appelée
encore, par les médecins, providentielle), assure pendant un
certain temps le bon fonctionnement de l'organisme. Mais
bientôt l'équilibre est rompu. Le cœur ne pouvant plus suffire
au travail exagéré qui lui est imposé se relâche. C'est la phase
de la fatigue du cœur. Il ne se remet pas de cette fatigue,
n'ayant plus les moyens de se reposer. A l'hypertrophie succède
la dilatation et la distension de cet organe, lequel finit bientôt
par être hors d'état de tout travail. C'est ainsi que meurt le
cœur dans les maladies valvulaires : il meurt par excès de
fatigue.

Il est à remarquer que dans l'étiologie des maladies du cœur
nous trouvons fréquemment les grandes fatigues et l'effort qui
en exagérant l'activité propre du cœur, ont amené son hypertrophie et sa déchéance consécutive. De même les émotions
morales répétées qui accélèrent le rythme cardiaque ainsi que
les palpitations d'origine nerveuse produisent à la longue son
hypertrophie.

Feilchenfeld a récemment attiré l'attention sur les phénomènes de la fatigue cardiaque, dont la forme préliminaire,
caractérisée par une excitabilité augmentée, est encore susceptible de traitement ; sa prophylaxie devrait occuper une place
aussi importante que celle de la tuberculose, parce que même
les formes prodromiques de l'épuisement cardiaque quand
elles ne sont l'objet d'aucun traitement rendent l'homme incapable de tout travail.

J. JOTEYKO.

BIBLIOGRAPHIE[1]

1846. (1) WEBER. *Wagner's Handwörterbuch der Physiologie*, III.
1847. (2) KILIAN. *Ueber die Restitution der Nervenerregbarkeit nach dem Tode*. Weimar.
— (3) VALENTIN. *Lehrbuch der Physiologie*. Braunschweig.
1865. (4) RANKE. *Tetanus*. Leipzig.

(1) Cette bibliographie de la fatigue musculaire ne contient (à part quelques exceptions) que les travaux dont il a été question dans cet article.

1866. (5) MAREY. *Etude graphique sur la nature de la contraction musculaire* (Journ. de l'Anat. et de la Physiol., p. 225).

1867. (6) SCHMULEVITCH. *Recherches sur l'influence de la chaleur sur le travail mécanique du muscle de la grenouille* (Compt. rend. de l'Acad. des Sciences, p. 358).

1868. (7) SCHMULEVITCH. *Ueber den Einfluss des Erwarmes auf die mechanische Leistung des Muskels* (Wiener med. Jahrbücher).

— (8) MAREY. *Du mouvement dans les fonctions de la vie*. Paris.

— (9) HERMANN. *Untersuchungen zur Physiologie der Muskeln und Nerven*. Berlin.

1869. (10) PICK. *Untersuch aus dem phys. Labor. der Zürcher Hochschule*.

1870. (11) VOLKMANN. *Die Ermüdungsverhältnisse der Muskeln* (Arch. de Pflüger, III, p. 372).

— (12) KRONECKER (Hugo). *Monatsber. d. Königl* (Akad. zu Berlin).

1871. (13) KRONECKER (Hugo). *Ueber die Ermüdung und Erholung der quergestreiften Muskeln* (Berichte der sächs. Gesel. d. Wissenschaft. zu Leipzig, et Trav. du Labor. de Ludwig, 1872).

1874. (14) FUNKE (Otto. *Ueber den Einfluss der Ermüdung auf den zeitlichen Verlauf der Muskelthätigkeit* (Arch. de Pflüger, VIII, p. 213).

1875. (15) TIEGEL. *Ueber den Einfluss einiger willkürlich veränderlichen auf die Zuckungshöhe der untermaximal gereizten Muskeln*. (Ber. de Sächs. Gesel. d. Wissensch.)

— (16) DUMONT (Léon). *Théorie scientifique de la sensibilité*. Paris.

1876. (17) ROSSBACH. *Muskelversuche an Warmblüter* (Arch. de Pflüger, XIII, p. 607.

— (18) TIEGEL. *Die Zuckungshöhe des Muskeln als Function der Lastung* (Arch. de Pflüger, XII, p. 133).

— (19) TIEGEL. *Ueber Muskelcontractur im gegensatz zu Contraction* (Arch. de Pflüger, XIII, p. 71).

1877. (20) ROSSBACH et HARTENECK. *Muskelversuche an Warmblüter II. Ermüdung und Erholung des lebenden Warmblütermuskels* (Arch. de Pflüger, XV).

1879. (21) HERMANN. *Handbuch der Physiologie*, I. Leipzig.

1880. (22) KRONECKER et GOTSCH. *Ueber die Ermüdung tetanisirter quergertreiften Muskeln* (Arch. de Dubois-Reymond).

— (23) ROSENTHAL. *Ueber die Arbeitslastung der Muskeln* (Arch. de Dubois-Reymond, p. 187).

1882. (24) VALENTIN. *Einiges über Ermüdungscurven quergestreifter Muskelfasern* (Arch. de Pflüger).

— (25) RICHET (Ch.). *Physiologie des muscles et des nerfs*. Paris.

— (26) GUARESCHI et MOSSO. *Les ptomaïnes* (Arch. ital. de Biologie, II, p. 367).

1883. (27) GUARESCHI et MOSSO. *Les ptomaïnes* (Arch. ital. de Biologie, III, p. 241).

1883. (28) ZABLOUDOVSKY. *Ueber die physiologische Bedeutung der Massage* (Centralbl. f. d. med. Wiss.).

1888. (29) BEAUNIS. *Nouveaux éléments de physiologie humaine*, vol. 1 p. 575. Paris.

1889. (30) RICHET (Ch.). *La chaleur animale.* Paris.

1890. (31) GAD et HEYMANS. *Ueber den Einfluss der Temperatur auf die Leistungsfähigkeit der Muskelsubstanz* (Arch. de Dubois-Reymond, vol. supplém., p. 59).

— (32) MOSSO (A.). *Les lois de la fatigue étudiées dans les muscles de l'homme* (Arch. ital. de Biol., XIII, p. 123).

1890. (33) MOSSO (A.). *Influence de la fatigue psychique sur la force des muscles* (Arch. ital. de Biol., XIII, p. 153).

— (34) MOSSO (A.). *Ueber die gesetze der Ermüdung* (Arch. de Dubois-Reymond, vol. supplém., p. 89).

— (35) MAGGIORA (A.). *Les lois de la fatigue étudiées dans les muscles de l'homme* (Arch. ital. de Biol., XIII, p. 187).

— (36) MAGGIORA (A.). *Anhang über die gesetze der Ermüdung* (Arch. f. Physiologie).

— (37) WARREN P. LOMBARD. *Effets de la fatigue sur la contraction musculaire volontaire* (Arch. ital. de Biol., XIII, p. 372).

— (38) WARREN P. LOMBARD. *The effect of Fatigue on voluntary muscular Contractions* (Amer. Journ. of Psychol.).

1891. (39) WALLER. *The sense of effort.* (Brain, XIV, p. 218).

— (40) MAGGIORA (A.). *De l'action physiologique du massage* (Arch. ital. de Biologie, XVI, p. 225).

1892. (41) BROWN-SEQUARD. *Remarques sur les expériences de Vito Capriati* (Arch. de physiologie).

— (42) PATRIZI. *Oscillations quotidiennes du travail musculaire en rapport avec la température du corps* (Arch. ital. de Biol., XVII, p. 134).

— (43) VAUGHAN HARLEY. *The value of Sugar and the effect of Smoking on muscular Work* (Journ. of Physiology, p. 97).

— (44) ABELOUS, CHARRIN et LANGLOIS. *La fatigue chez les Addisoniens* (Arch. de Physiol.).

1893. (45) RICHET (Ch.). *Travaux du laboratoire de physiologie*, vol. I.

— (46) SAINT-HILAIRE. *Trav. du labor. de physiol. de Ch. Richet*, vol. I.

— (47) ABELOUS. *Contribution a l'étude de la fatigue* (Arch. de Physiol., p. 437).

— (48) PATRIZI. *Action de la chaleur et du froid sur la fatigue des muscles chez l'homme* (Arch. ital. de Biol., XIX, p. 105).

— (49) LOMBARD P. WARREN. *Alterations in the strenght which occur during fatiguing voluntary muscular Work* (Journ. of Physiol.).

1894. (50) MOSSO (A.). *La fatigue intellectuelle et physique.* Edition française. Paris.

1894. (51) Manca. *Influence du jeûne sur la force musculaire* (Arch. ital. de Biol., XXI, p. 220).

— (52) Richet (Ch.). *La mort du cœur dans l'asphyxie chez le chien* (Arch. de Physiol., p. 653).

— (53) Binet (A.). *Introduction à la Psychologie expérimentale.* Paris (Bibl. de Phil. contemp.).

1895. (54) Santesson. *Einige Beobachtungen über die Ermüdbarkeit der motorischen Nervenendigungen und der Muskelsubstanz* (Skandin. Archiv f. Physiol., V, p. 394, Leipzig).

— (55) Verworn (M.). *Allgemeine Physiologie.* Iéna.

— (56) Cybulski. *Physiol. humaine* (en polonais), t. I, p. 120, Cracovie.

— (57) Ottolenghi. *La toxicité du sang asphyxique* (Arch. ital. de Biol., XXIII, p. 117).

— (58) Rossi. *Rech. expér. sur la fatigue des muscles humains sous l'action des poisons nerveux* (Arch. ital. de Biol., XXIII, p. 49).

— (59) Pantanetti. *Sur la fatigue musculaire dans certains états pathologiques* (Arch. ital. de Biol., XXII, p. 17).

— (60) Roncoroni et Diettrich. *L'ergographie des aliénés* (Arch. ital. de Biologie, XXIII, p. 172).

— (61) Mosso (A.). *L'éducation physique de la jeunesse*, Paris.

— (62) Tissot. *Etude des phénomènes de survie dans les muscles après la mort générale.* Thèse de la Fac. des sciences de Paris.

1896. (63) Broca (A.) et Richet (Ch.). *De la contraction musculaire anaérobie.* (Arch. de Physiologie, p. 829).

— (64) Joteyko (J.) et Richet (Ch.). *Réparation de la fatigue par la respiration élémentaire du muscle* (Soc. de Biologie).

— (65) Joteyko (J.). *La fatigue et la respiration élémentaire du muscle.* Thèse de la Fac. de méd. de Paris (et Travaux du labor. de Ch. Richet, vol. IV).

— (66) Zoth. *Zwei ergographische Versuchsreihen über die Wirkung orchitischen Extracts* (Arch. de Pflüger, LXII, p. 335).

— (67) Maggiora (H.) et Lévi (É.) *Untersuch über die physiol. Wirkung der Schlammbäder.* Chapitre : *Durch elektrische Reizung. erhaltene Curven* (Arch. f. Hygiene, XXVI, p. 285).

— (68) Keiffer (J. H.) *Recherches sur la physiologie de l'utérus.* Bruxelles.

— (69) Zenoni. *Ricerche cliniche sull' affaticamento muscolari nei diabetici* (Policlinico, III).

1897. (70) Novi (Ivo). *Die graphische Darstellung der Muskelermüdung* (Centralbl. f. Physiologie, XI, p. 377).

— (71) Pompilian (Mlle). *La contraction musculaire et les transformations de l'énergie* (Th. de la Fac. de méd. de Paris).

— (72) Joteyko (J.). *Action toxique curarisante de la neurine* (Soc. de Biologie).

— (73) Langlois (P.). *Sur les fonctions des capsules surrénales* (Thèse de la Fac. des sciences. Paris).

1897. (74) Destrée (E.). *Influence de l'alcool sur le travail musculaire* (Journ. méd. de Bruxelles, n⁰ˢ 44 et 47).

— (75) Zenoni. *Rech. expér. sur le travail musculaire dans l'air comprimé* (Arch. ital. de Biologie, XXVII, p. 46).

— (76) Tissié (Ph.). *La fatigue et l'entraînement physique*, Paris.

1898 (77) Joteyko (J.). *Action de la neurine sur les muscles et les nerfs* (Archives de Pharmacodynamie, IV).

(78) — Joteyko (J.). *La vie anaérobie du muscle* (Journ. méd. de Bruxelles, 8 août).

— (79) Joteyko (J.), *La méthode graphique appliquée à l'étude de la fatigue* (Revue scientifique., p. 486 et 516).

— (80) Joteyko (J.). *La fatigue et la réparation du muscle lavé de sang* (Soc. de Biologie, p. 420).

— (81) Maggiora (A.). *Influence de l'âge sur quelques phénomènes de la fatigue* (Arch. ital. de Biol., XXIX, p. 267).

— (82) Binet (A.) et Vaschide (N.). *Expériences de force musculaire et de fond chez les jeunes garçons* (Année psychol., IV, p. 15).

— (83) Binet (A.) et Vaschide (N.). *La mesure de la force musculaire chez les jeunes gens* (Année psychol., IV, p. 173).

— (84) Binet (A.) et Vaschide (N.). *Critique du dynamomètre ordinaire* (Année psychol., IV, p. 295).

— (85) Binet (A.) et Vaschide (N.). *Réparation de la fatigue musculaire* (Année psychol., IV, p. 295).

— (86) Binet (A.) et Vaschide (N.). *Examen critique de l'ergographe de Mosso* (Année psychol., IV, p. 253).

— (87) Binet (A.) et Vaschide (N.). *Un nouvel ergographe, dit ergographe à ressort* (Année psychol., IV, p. 303).

— (88) Binet (A.) et Henri (V.). *La fatigue intellectuelle*, Paris (Bibl. de Pédagogie et de Psychologie).

— (89) Morpurgo (B.). *Sur l'hypertrophie fonctionnelle des muscles volontaires.* (Arch. ital. de Biol., XXIX, p. 65).

— (90) Feilchenfeld (L.). *Ueber die Erschlaffung des Herzens* (Berl. Klin. Woch., n° 9).

— (91) Waller (A.). *Éléments de Physiologie humaine.* Edition française de Herzen, p. 458, Paris.

— (92) Mossé (M. A.). *Influence du suc thyroïdien sur l'énergie musculaire et la résistance à la fatigue* (Arch. de Physiol., p. 792).

— (93) Broca (A.) et Richet (Ch.). *Expériences ergographiques pour mesurer la puissance maximum d'un muscle en régime régulier* (Comp. rend. Acad. des Sciences, CXXVI, p. 356).

— (94) Broca (A.) et Richet (Ch.). *De l'influence de la fréquence des mouvements et du poids soulevé sur la puissance maximum du muscle en régime régulier* (Compt. rend. Acad. des Sciences, CXXVI, p. 485).

— (95) Broca (A.) et Richet (Ch.). *De l'influence des intermittences de repos et de travail sur la puissance moyenne du muscle* (Compt. rend. Acad. des Sc., CXXVI, p. 656).

1898. (96) BROCA (A.) et RICHET (Ch.). *De quelques considérations du travail musculaire chez l'homme* (Arch. de Physiol., p. 225).

— (97) TREVES (Z.). *Sur les lois du travail musculaire* (Arch. ital. de Biol., XXIX, p. 157).

— (98) TREVES (Z.). *Sur les lois du travail musculaire* (Arch. ital. de Biologie, XXX, p. 1).

J. JOTEYKO.

II

LES OBJETS PARAISSENT-ILS SE RAPETISSER
EN S'ÉLEVANT AU-DESSUS DE L'HORIZON ?

La lune, le soleil, les constellations, les nuages[1] paraissent
se rapetisser à mesure qu'ils s'élèvent au-dessus de l'horizon.
On peut donc se poser la question de savoir si des objets autres
que ces objets célestes paraîtraient se rapetisser aussi dans le
même cas.

Stroobant[2] a fait des recherches méthodiques dans le but,
après avoir résolu d'abord cette question, d'expliquer l'illusion
qui nous fait paraître les objets célestes plus grands à l'horizon
qu'au zénith.

Voici son expérience : « Dans une salle complètement obscure
on produisait, près du plafond, deux étincelles électriques,
séparées l'une de l'autre de 20 centimètres. Au niveau de l'œil
de l'observateur, on en produisait deux autres dont on pouvait
augmenter ou diminuer l'intervalle à volonté et l'on faisait mouvoir l'une d'elles jusqu'à ce que son écartement de l'autre parût
le même que celui des étincelles du plafond. On avait soin que
la distance de l'œil aux étincelles horizontales et zénithales fût
la même[3]. »

L'intervalle des étincelles zénithales étant posé égal à 100,

---

(1) L'illusion est très marquée en effet. de jour. pour les nuages, comme
je l'ai constaté par de nombreuses observations, dont une partie importante ont été accompagnées de mensurations. Elle est moins marquée pour
les constellations et pour les distances des étoiles entre elles.

(2) *Sur l'agrandissement apparent des constellations, du soleil et de la
lune à l'horizon*, dans *Bulletins de l'Académie royale de Belgique*, 3e série,
1884. t. VIII, p. 719-731 : second article à peu près du même titre, même
recueil, 3e série, 1885, t. X, p. 315-325.

(3) 1er article, p. 723. — Stroobant n'indique pas par quel moyen il a
maintenu constante la distance de l'œil aux étincelles.

celui des étincelles horizontales qui lui paraissait égal a été trouvé en moyenne (d'après 30 observations) pour Stroobant de 81,5 et, pour une autre personne (d'après 10 observations), de 79,5. Des observations faites par d'autres personnes ont confirmé ces résultats[1].

Stroobant a fait la même expérience en changeant la position du corps; il s'est placé sur le dos « de manière à regarder les étincelles électriques du plafond en ayant la tête placée dans la même position, par rapport au corps, que lorsqu'on se trouve debout et qu'on regarde l'horizon ». Le résultat est resté le même que précédemment; les distances horizontales ont été trouvées alors pour lui, en moyenne, de 82,6 et pour un autre observateur de 81,1.

Enfin il a comparé non plus simplement une distance horizontale et une distance zénithale, mais une distance zénithale et des distances situées à 15°, 30°, etc., du zénith. Les résultats qu'il a trouvés sont rapportés dans le tableau suivant :   -

```
Zénith. . . . . . . . . . . . . . . . . 100
A 15° du zénith . . . . . . . . . . . .  98,4
A 30°    —       . . . . . . . . . . . .  94,9
A 45°    —       . . . . . . . . . . . .  94,1
A 60°    —       . . . . . . . . . . . .  89,9
A 75°    —       . . . . . . . . . . . .  85,4
A 90°    —       . . . . . . . . . . . .  81,5
```

Ainsi donc, d'après ces résultats, un objet, simplement parce qu'il s'élèverait au-dessus de l'horizon, nous paraîtrait se rapetisser. Stroobant ne propose d'ailleurs aucune explication du fait, et se borne à le considérer comme tenant à une cause « essentiellement subjective ».

J'ai fait, dans le même but que Stroobant, des expériences analogues aux siennes, mais dans lesquelles les positions considérées n'ont pas dépassé 45° au-dessus de l'horizon. La position de 45° est en effet amplement suffisante, lorsqu'on se propose d'expliquer l'agrandissement des objets célestes à l'horizon. En effet, il ne nous arrive pas souvent de regarder dans le ciel plus haut que 45°, et d'ailleurs l'illusion de l'agrandissement ne commence à être sensible que pour des positions beaucoup plus voisines de l'horizon que 45°.

Ces expériences ont été faites d'abord avec un seul œil. Les

(1) 1er article, p. 723 et 724.
(2) 2e article, p. 320.

observations dont je vais rapporter les résultats avaient été précédées de plus de 300 observations analogues et faites avec la même attention ; par conséquent, l'influence de l'entrainement doit être nulle ou à peu près dans les résultats qui vont être cités.

Les observations monoculaires (œil droit) ont eu lieu de la manière suivante : je me suis servi de deux cercles lumineux ayant chacun 29^{mm},5 de diamètre et apparaissant simultanément ; ces cercles étaient produits au moyen de papier blanc ordinaire placé derrière une ouverture découpée dans du papier noir et éclairé pour l'un des cercles par une veilleuse et pour l'autre par une lampe électrique. Ils étaient portés par de petites boites noircies et dans ces boites, à 2 ou 3 centimètres en arrière des cercles, étaient placées la veilleuse et la lampe électrique. Ces mêmes boites glissaient le long de tiges quadrangulaires en bois, longues de 3 mètres et graduées en centimètres. L'un des cercles est resté constamment à l'horizon de l'œil ; c'est celui qui était éclairé par la veilleuse ; son intensité, grâce à l'emploi de la veilleuse, dont la mèche était d'ailleurs fréquemment renouvelée, a été maintenue sensiblement constante pendant tout le cours des expériences ; le nombre de feuilles de papier blanc traversées par la lumière était de deux. Je réglais l'intensité de l'autre cercle d'après celle du précédent et de manière qu'ils parussent avoir même intensité pour une distance de 2 mètres.

La boite contenant la lampe électrique était close ; l'autre devait laisser quelque passage pour l'air ; mais comme ce passage se trouvait par derrière, aucune autre lumière n'arrivait de cette boite à l'œil que celle qui traversait le cercle de papier blanc. Bref, dans la pièce complètement obscure où avaient lieu les expériences, on n'apercevait, au moment de l'observation, rien autre chose que les deux cercles lumineux.

Le cercle éclairé par une veilleuse était mobile ; l'autre était fixe et placé à 2 mètres de mon œil. Au moyen d'une ficelle attachée à la boite contenant le cercle mobile et passant sur des poulies, je pouvais, sans bouger la tête, faire avancer ou reculer le cercle mobile. Il s'agissait dans l'expérience d'avancer, par exemple, ce cercle jusqu'à ce qu'il me parût avoir même grandeur que l'autre.

On remarquera combien l'expérience prêtait à la production, si elles eussent dû se produire, d'illusions de grandeur analogues à celles qui se produisent, par exemple, pour la lune ;

en effet, les objets lumineux avaient la forme de la lune ; de
plus, leur grandeur angulaire n'était pas très différente, à la
distance de 2 mètres, de celle de la lune.

La perception des différences de grandeur, lorsqu'on se sert
d'objets un peu grands, étant très délicate, il fallait que la
mesure des distances fût faite avec beaucoup d'exactitude.
Pour mesurer la distance de 2 mètres, je me suis servi d'une
règle de 2 mètres de long, terminée par deux pointes ; l'une
des pointes étant en contact avec le milieu de la surface antérieure de l'œil fermé, l'autre devait toucher le milieu soit du
cercle fixe, soit du cercle mobile. Ici, comme dans la mesure
des erreurs dont il sera question ci-dessous, j'ai tenu compte
des millimètres.

D'après ce qui précède, les distances ont été comptées à partir de la surface antérieure de l'œil.

La tige qui portait le cercle mobile était exactement horizontale et avait une direction parallèle à celle du regard ; par conséquent, le cercle se déplaçait horizontalement et sans changer
de position, sauf en profondeur, par rapport à l'œil.

En raison des précautions précédentes, on peut utiliser les
chiffres qui vont être rapportés pour se rendre compte de la
délicatesse avec laquelle l'œil perçoit les différences de grandeur.

Les tiges pouvaient tourner autour d'un axe commun traversant l'une de leurs extrémités, et autour de cet axe était
fixé un cercle divisé en degrés. J'ai pu ainsi facilement placer l'un des cercles à diverses hauteurs au-dessus de l'horizon.
La tête était fixée dans une position telle que les yeux se trouvaient à environ 10 centimètres au-dessus du plan horizontal
passant par l'axe de rotation des tiges et à environ 10 centimètres également du plan vertical passant par le même axe. J'ai
négligé ce défaut de coïncidence entre l'axe transversal de l'œil
et l'axe de rotation des tiges et considéré simplement l'inclinaison de la tige mobile par rapport à la tige fixe. L'erreur
ainsi commise a été minime et n'a pas d'importance [1]. En

---

(1) Lorsque le regard est perpendiculaire au centre du cercle, le rayon
du cercle apparaît à 2 mètres sous un angle de 25' 21". Lorsque la tige
mobile est inclinée de 15° et que l'œil se trouve à 10 centimètres des
plans vertical et horizontal passant par l'axe, le regard, supposé dirigé
vers le centre du cercle lumineux, fait alors avec le rayon inférieur du
cercle un angle de 93° 44' 18" et par conséquent un angle de 86° 15' 42" avec
le rayon supérieur : dans ces conditions, le rayon supérieur est vu sous
un angle de 25' 19" et l'inférieur sous un angle de 25' 17", soit pour le dia-

outre, la position des yeux a été légèrement modifiée, comme
on va le voir, par rapport à celle de l'axe des tiges, dans les
expériences où la tige mobile a été inclinée de 30° ou de 45°
par rapport à l'autre [1].

J'ai considéré quatre positions de la tige mobile. D'abord
elle a été placée horizontalement, comme la tige fixe ; elle formait alors avec celle-ci un angle de 3°. Cet angle a été obtenu
sans que les deux tiges aient cessé d'avoir le même axe, en
imprimant une légère flexion à la tige mobile ; cette flexion
n'avait aucune importance par rapport à la distance où le
cercle que supportait la tige se trouvait de l'œil, puisque cette
distance était toujours mesurée directement et restait invariable pendant chaque série d'expériences. Ensuite la tige
mobile a été placée de manière à former successivement avec
l'autre des angles de 15°, de 30° et de 45°.

Déjà avec inclinaison de 30°, l'effort pour fixer, sans bouger
la tête, le cercle lumineux le plus élevé eût été, surtout en se
répétant dans une série d'observations, très désagréable. J'ai
donc alors modifié la position de la tête, en inclinant la planchette que je tenais entre les dents de 25° par rapport à l'horizon. L'œil avait alors à tourner de 5°, par rapport à la
position primaire du regard, pour fixer le cercle fixe, et de
25° pour fixer le cercle mobile. J'ai conservé la même inclinaison de la tête lorsque le point fixe a été placé à 45° au-
dessus de l'horizon ; dans ce cas, l'œil tournait toujours de 25°
vers le bas et vers le haut il tournait de 20°. A chaque changement de position de la tige mobile ou de la tête, j'ai mesuré
à nouveau la distance de 2 mètres entre chacun des cercles et
la surface antérieure de l'œil.

Dans le but d'éliminer les sensations de profondeur, j'ai
d'abord observé avec un seul œil. Et, en effet, ces sensations
sont restées, pendant toutes les séries d'observations monoculaires, très confuses et n'ont jamais sollicité l'attention ; ce
qui confirme le fait que la perception monoculaire de la profondeur, alors même qu'il s'agit de la différence de profondeur
entre deux objets présents simultanément, n'existe à peu près

---

mètre 30' 36". La différence entre le diamètre ainsi placé et le diamètre exactement perpendiculaire à la direction du regard n'est donc que de 6", soit
$$\frac{6"}{2042^{11}} = \frac{1}{30'}.$$

(1) Il faut remarquer, pour éviter toute confusion, que la *tige mobile*,
c'est-à-dire celle qui sera placée dans diverses positions par rapport à
l'autre, est celle qui porte le *cercle fixe*.

pas. La différence de grandeur apparente entre les deux cercles lumineux, sauf quelques hésitations qui ont vite disparu, s'est manifestée très nettement pour des différences même assez peu marquées de profondeur entre les deux cercles. Bref, la comparaison des grandeurs apparentes, dans ces observations mono-culaires, se faisait avec beaucoup de facilité, sans être troublée par l'intervention d'autres sensations.

Pour chaque position des cercles lumineux par rapport à l'horizon, il a été fait deux séries de 100 observations chacune. Dans l'une de ces séries, le cercle mobile était placé au début de l'observation plus loin que le cercle fixe ; dans l'autre il était placé plus près. Dans toutes les séries, j'ai gardé la même position de départ pour le cercle mobile : la position éloignée était, dans la première série d'expériences, à 2 m. 94 de l'œil, et la position rapprochée à 1 m. 33 ; ces chiffres ont pu varier de 2 à 3 centimètres lorsque la tête a été placée dans une position inclinée.

Dans le tableau suivant sont rapportés les résultats. La première colonne indique la position du cercle fixe par rapport à l'horizon ; la deuxième et la quatrième, la profondeur moyenne à laquelle a été placé le cercle mobile pour paraître égal au cercle fixe ; celui-ci était exactement à 2 mètres de l'œil ; la troisième et la cinquième colonnes (VM) rapportent la variation moyenne ; et enfin les chiffres de la. dernière colonne (moyenne finale) ont été obtenus en prenant la moyenne de ceux de la deuxième et de la quatrième.

	De loin à près.		De près à loin.		
	Profondeur moyenne.	VM.	Profondeur moyenne	VM.	Moyenne finale.
0°	2m,026	0m,014	1m,947	0m,020	1m,986
15°	2m,043	0m,027	1m,969	0m,032	2m,006
30°	2m,014	0m,028	1m,968	0m,024	1m,991
45°	1m,998	0m.029	1m,951	0m,030	1m,974

On voit que les séries de résultats diffèrent très peu. Même les chiffres de la dernière série, où les deux cercles étaient distants de 45°, diffèrent à peine de ceux de la première où les deux cercles étaient à l'horizon. Le chiffre de la moyenne finale qui diffère le plus de 2 mètres n'en diffère pas de 3 centimètres ; ce chiffre est de 1m,974. A la profondeur de 1m,974, le diamètre du cercle lumineux apparaît sous un angle de 51' 22", tandis qu'à la profondeur de 2 mètres il apparaît sous un angle de 50' 42" ; la différence n'est donc que de 40". Le cercle lumineux qui, placé à 2 mètres, serait vu sous un angle de 51' 22" aurait un· diamètre de 29mm,88 ; la différence entre ce chiffre et

29ᵐᵐ,5 est 1/74 de celui-ci. Si, au lieu des diamètres, on considère les surfaces, la surface de ce cercle de 29ᵐᵐ,88 de diamètre différerait de la surface du cercle employé de 1/38. Rien n'autorise d'ailleurs à affirmer que la différence constatée ne soit pas purement accidentelle et qu'elle n'aurait pas fini par disparaître avec un nombre de plus en plus grand d'observations.

Il faut donc conclure que, jusqu'à 45° du moins, un objet regardé avec un œil et s'élevant sur l'horizon, ne change pas de grandeur apparente.

Les quelques remarques intéressantes que j'ai eu l'occasion de faire pendant le cours des observations dont il vient d'être parlé sont les suivantes :

L'influence de la fatigue se fait fortement sentir quand de nombreuses observations ont lieu consécutivement : on éprouve alors une certaine difficulté à comparer les grandeurs des cercles et les erreurs commises peuvent alors devenir beaucoup plus considérables que celles qui résultent des chiffres rapportés ci-dessus : ainsi on peut, sous l'influence de la fatigue, se tromper à l'égard de la position du cercle mobile de 20 centimètres et même plus. J'ai évité, en conséquence, de trop prolonger les observations.

Dans la série où les deux cercles étaient à l'horizon, j'ai constaté incidemment que la perception binoculaire des différences de profondeur était plus délicate que la perception monoculaire des différences de grandeur. Alors, en effet, que je voyais avec un œil les deux cercles égaux, je constatais dans la plupart des cas sans difficulté, en regardant avec les deux yeux, qu'ils n'étaient pas tout à fait à la même profondeur. Cette remarque ne s'applique, bien entendu, que dans les conditions actuelles de l'expérience.

J'ai constaté parfois des changements apparents de position du cercle mobile, bien que la tige qui le supportait fût immobilisée à ses deux extrémités ; il est probable qu'il s'en produisait de semblables pour le cercle fixe. Le cercle mobile, comme il a été dit, se déplaçait non pas dans le plan médian de la tête, mais dans un plan parallèle à ce dernier et passant par l'œil droit ; objectivement il se trouvait donc toujours à droite ; or, parfois, je le voyais en effet un peu à droite, parfois au contraire il me paraissait se rapprocher du plan médian. Il est probable qu'il paraissait se rapprocher ou s'écarter du plan médian, suivant qu'il était vu plus ou moins éloigné ; peut-être aussi s'agissait-il de phénomènes autokinétiques.

J'ai plusieurs fois constaté des changements de grandeur apparente des cercles. D'une part, les cercles me paraissaient parfois dans une expérience sensiblement plus grands l'un et l'autre que dans d'autres ; d'autre part, la différence apparente de grandeur entre eux changeait parfois : ainsi il m'est arrivé, surtout pendant les premières observations, de les percevoir presque égaux, alors que le cercle mobile était cependant à l'une de ses positions extrêmes. Dans le premier cas, il s'agissait sans doute d'idées confuses de profondeur qui intervenaient dans les observations et qui me faisaient voir les deux cercles d'autant plus grands qu'ils me paraissaient plus éloignés. Dans le second cas, c'était probablement la connaissance préalable que j'avais de l'égalité réelle de grandeur des cercles qui faisait sentir son influence : le plus souvent, d'ailleurs, cette égalité apparente de grandeur disparaissait facilement. Dans les expériences binoculaires dont il va être parlé je n'ai pas constaté ce dernier phénomène, mais j'ai constaté encore des changements de grandeur apparente des deux cercles à la fois.

Pendant les expériences dont il vient d'être rendu compte, j'avais cru observer quelquefois, en regardant avec les deux yeux après avoir regardé avec un seul, que le cercle le plus élevé me paraissait alors plus petit que l'autre. J'ai donc jugé nécessaire de faire de nouvelles observations méthodiques, mais en employant cette fois les deux yeux.

Ces expériences ont été d'ailleurs essentiellement les mêmes que les précédentes et les distances ont été mesurées avec le même soin. Ces distances sont rapportées à la ligne tangente aux surfaces antérieures des deux yeux ; pour la détermination exacte des distances, j'ai appuyé l'une des extrémités de la règle contre le nez, entre les deux yeux et j'ai tenu compte ensuite de la distance du nez à la ligne citée.

Le cercle mobile se déplaçait suivant une direction médiane.

Pour 30° et 15° il n'a été fait ici que 50 observations de loin à près et 50 de près à loin. Ces nombres, vu l'entrainement considérable que j'avais acquis alors, m'ont paru suffisants pour établir les moyennes. Je n'ai pas fait d'expériences avec deux cercles à l'horizon parce que, lorsque je plaçais ces cercles aussi près l'un de l'autre que je l'avais fait dans les expériences monoculaires, je percevais mieux les différences de profondeur que celles de grandeur, et, en conséquence, ma comparaison des grandeurs était troublée par la perception des profondeurs. Avec 45°, 30° et même 15° je faisais au contraire aisément abs-

traction des profondeurs, et d'ailleurs je percevais avec plus
d'exactitude alors les différences de grandeur que celles de
profondeur, c'est-à-dire que, lorsque les cercles me paraissaient
à la même profondeur, je pouvais encore remarquer parfois
qu'ils n'avaient pas la même grandeur apparente.

	De loin à près.		De près à loin.		
	Profondeur moyenne	VM.	Profondeur moyenne	VM.	Moyenne finale.
15°	2m,028	0m,020	1m,981	0m,021	2m,004
30°	2m,051	0m,036	2m,013	0m,028	2m,032
45°	2m,047	0m,041	1m,942	0m,031	1m,994

Ces résultats confirment ceux des expériences monoculaires ;
ils prouvent que dans la vision binoculaire non plus, du moins
jusqu'à 45°, un objet ne change pas de grandeur apparente en
s'élevant sur l'horizon.

Voici quelques observations que j'ai eu l'occasion de faire
pendant ces expériences binoculaires. Avec cercle fixe à 45°, je
compare très aisément les grandeurs sans être influencé par
aucune perception de profondeur; de même avec cercle fixe
à 30°. Lorsque deux cercles sont distants de 30° et qu'on fixe
l'un d'eux, la profondeur de l'autre n'est perçue que très confu-
sément ; lorsqu'ils sont distants de 45°, je crois qu'il est impossible de percevoir la profondeur, quelle qu'elle soit, de celui
qu'on ne fixe pas. Lorsqu'on meut le regard de l'un à l'autre
cercle, les profondeurs relatives sont mieux perçues que lorsqu'on fixe l'un d'eux. Quand le cercle fixe est à 15° seulement ,
je perçois sans mouvements des yeux, en fixant l'un des cercles, que celui qui se trouve à 2 mètres de moi est plus rapproché que celui qui est à 3 mètres ; mais les mouvements des
des yeux jouent encore ici un rôle évident pour faciliter la perception des différences de profondeur; des différences qui ne
sont pas perceptibles quand on fixe un des points le deviennent
quand on meut les yeux. Avec la même position du cercle fixe
(15°), la perception des différences de grandeur est plus délicate que celle des différences de profondeur, même si les yeux,
pour percevoir ces dernières, se meuvent ; la comparaison des
grandeurs apparentes se fait encore très facilement ici, de
même que l'abstraction des sensations de profondeur. J'avais
songé, le cercle fixe étant à 15°, à faire des expériences spéciales
pour étudier comparativemeut la perception des profondeurs
selon qu'il y a ou qu'il n'y a pas mouvements des yeux ; j'ai
renoncé à ces expériences parce que, après une fixation même

assez peu prolongée de l'un des cercles, je cessais de percevoir l'autre.

J'ai fait quelques expériences binoculaires en plaçant les deux cercles à l'horizon ; mais il se produisait ici, comme je l'ai déjà signalé, des sensations nettes de profondeur qui troublaient un peu ma comparaison des grandeurs. Il me semble certain toutefois, d'après les observations faites, que la perception des différences de grandeur est moins parfaite, dans les conditions où l'expérience avait lieu, que celle des différences de profondeur. J'ai remarqué en outre que, dans ce cas encore, on perçoit mieux les différences de profondeur en mouvant les yeux que sans les mouvoir ; cependant les deux cercles n'étaient distants que de 3° ; d'ailleurs il en est de même pour les différences de grandeur : ici encore, en effet, le regard va de l'un à l'autre cercle lorsqu'on veut comparer avec soin les deux grandeurs.

Il ne faudrait pourtant pas conclure des remarques précédentes que la perception des grandeurs résulte soit de mouvements des yeux soit de la sensibilité musculaire des yeux. Il me semble au contraire que les résultats qui ont été rapportés ci-dessus fournissent une preuve convaincante que la perception des grandeurs est avant tout un phénomène rétinien ; en effet, malgré la différence considérable qui existait pour certaines positions du cercle fixe dans l'état de l'appareil musculaire des yeux et dans l'innervation, selon que je regardais le cercle le plus bas ou que je regardais le plus élevé, les deux cercles ne cessaient pas de me paraître égaux, lorsque leurs images rétiniennes étaient égales.

Les cercles étant tous deux à 2 mètres de moi et étant placés l'un à l'horizon, l'autre 45° plus haut, j'ai fait, avec les deux yeux, plusieurs observations pour voir si je constaterais une différence de grandeur apparente ; je n'en ai pas constaté. J'ai fait en outre, dans les mêmes conditions, plusieurs observations avec cercles vus successivement et non plus simultanément ; je n'ai pas davantage constaté de différence. Enfin j'ai diminué considérablement l'éclat du cercle placé à l'horizon et donné à l'autre son éclat maximum ; le premier, en même temps qu'obscurci, paraissait rougeâtre ; mais, soit avec un œil, soit avec les deux, je n'ai pas constaté qu'il parût agrandi ; au contraire il me paraissait plutôt légèrement rapetissé.

B. Bourdon.

PERCEPTION STÉRÉOGNOSTIQUE ET STÉRÉO-AGNOSIE

Il faut se défier des mots nouveaux ; ils ne servent souvent qu'à voiler l'ignorance où l'on est à l'endroit des phénomènes auxquels on les applique. En créant, il y a soixante et dix ans son fameux « muscular sense », et donnant ainsi un mot clair à une chose obscure, Ch. Bell ne se doutait pas que cette expression ferait fortune à ce point que l'on se dispenserait pendant plus d'un demi-siècle d'analyser les phénomènes distincts qu'elle désigne. Or, depuis quelques années, un terme nouveau est entré dans le langage clinique : *sens stéréognostique ;* il est peut-être utile d'en fixer la valeur.

Pour rendre plus clair cet exposé nous le subdiviserons en deux chapitres :

I. — PERCEPTION DES FORMES

§ 1. *Conditions périphériques.* — Le mot « stéréognostique » a été introduit dans la terminologie médicale par H. Hoffmann dans sa thèse [1], en 1883 : « Les expériences qui sont instituées dans le but de fixer la façon selon laquelle l'homme est en état de reconnaître les corps par le toucher (Gefühlssinn) peuvent être désignées tout court par *stéréognostiques* (du grec το στερεον, le corps, neutre de στερεος, solide, ferme, dur.) » En d'autres termes, la perception stéréognostique est la perception de la corporalité des objets ; elle se

_____

(1) Herm. Hoffmann. *Stereognostische Versuche, angestellt zur Ermittlung der Elemente des Gefühlssinns, aus denen die Vorstellungen der Körper im Raume gebildet werden.* Diss. inaug. Strassburg, 1883. Reproduit presque *in extenso* dans *Deutsch. Archiv f. klin. Med.,* XXXV, 1884 et XXXVI, 1885.

manifeste dans notre esprit par la perception de la *forme*.
Ajoutons ici que le sens de la vue est capable, lui aussi,
d'enregistrer la forme dans l'espace, le relief des corps ; mais
il existe déjà un mot pour désigner cette propriété : stéréo-
scopie. Réservons donc le mot stéréognostique pour l'appréciation de la forme *par le toucher*.

Il est curieux de voir revenir sur le tapis la question de
l'origine de cette notion de forme fournie par la palpation.
Depuis longtemps déjà, l'attention des médecins avait été
attirée par ce fait que certains malades, bien qu'étant en possession de leur sensibilité cutanée, étaient incapables de
reconnaitre par le toucher les objets qu'on leur plaçait dans la
main, et l'on avait même été jusqu'à attribuer la faculté de
percevoir les formes à un sens spécial fournissant des *sensations de forme et de volume*. Landry, en 1852, protestait déjà
contre l'abus qu'on faisait de celles-ci : « Un peu de réflexion,
disait-il, fait reconnaitre qu'elles n'existent réellement pas. Il
n'est aucun état des nerfs de sensibilité tactile qui soit perçu
comme impression spéciale de forme ou de volume... Il faut
que les surfaces tactiles entrent dans des rapports multiples
avec le corps tangible pour apprécier ces qualités... Ce que
l'on considère comme sensation, en pareil cas, n'est réellement
qu'un résultat de l'éducation, qui nous a appris à rapporter
certaines associations de sensations à certaines idées [1]. »

Les psychologues de l'école associationniste trouvaient, de
leur côté, une origine rationnelle à la perception de solidité,
de forme, dans un complexus de sensations unies, intimement
soudées par l'exercice et l'expérience. Pour Bain, par exemple,
tout se ramène, on le sait, à « l'union du tact et de la muscu-
larité [2] », c'est-à-dire que le sens musculaire joue un rôle
important dans la palpation : n'entre-t-il pas pour une bonne
part dans le complexus qui nous fournit la notion de position,
celle de mouvement, d'étendue et de résistance ? Spencer, de
son côté, fait remarquer que bien que « l'analyse (psychologique) prouve que cette solidité est connue immédiatement »,
en réalité nous *inférons* la solidité et la forme d'un objet de
certaines sensations élémentaires : « L'interprétation de tout
groupe de sensations implique des inférences. Tous les psychologues s'accordent sur cette doctrine : que beaucoup des élé-

(1) Landry. *Recherches sur les sensations tactiles*. Arch. gén. de médecine, XXIX, 1852, p. 261.

(2) Bain. *Les Sens et l'Intelligence*, trad. Cazelles, p. 133 et suiv.

ments qui contribuent à former la connaissance d'un objet observé, ne sont pas connus immédiatement par les sens, mais médiatement par un raisonnement inconscient et instantané... Le processus d'interprétation de nos sensations devient si rapide que nous paraissons percevoir directement leurs objets[1] ». Pour Taine[2] également, « la forme est désignée et reconnue grâce aux mêmes sensations d'étendue ou de parcours... l'idée de forme se ramène à l'idée de position », qui relève à son tour du tact et du sens musculaire. Wernicke fait de la notion de forme une *unité* consistant en la somme des sensations élémentaires du tact et du sens musculaire qu'évoque la palpation d'un objet[3], etc. Quelle que soit la théorie que l'on adopte sur la nature et l'origine de la notion d'espace, il faut admettre que la forme des corps est connue par les expériences successives qui permettent aux divers signes sensitifs que provoquent les objets d'avoir une signification pour nous en se rattachant à des idées de position, de grandeur et de dimension acquises d'autre part ou antérieurement.

Dans la palpation d'un objet, toutes les modalités de la sensibilité générale sont en jeu : le sens du tact nous informera plus spécialement de la nature de la surface, des accidents, des angles, des rugosités ; le sens du lieu de la peau (le *Raumsinn* de Weber) nous informera de la forme de la surface, enfin le sens musculaire[4] fournira les notions d'épaisseur, de volume, en un mot, la troisième dimension de l'espace ; par la sensation de résistance, nous serons informés de la consistance de l'objet. Cette façon de voir est d'ailleurs confirmée par les expériences les plus simples ; il est à peine besoin de les indiquer ici : que l'on prie une personne de fermer les yeux et de décrire la forme de l'objet que l'on va poser sur la paume de sa main ouverte. Cet objet, est, par exemple, un prisme quadrangulaire à base carrée. Si l'on met en contact avec la main cette surface carrée, il est bien évident que le sujet ne pourra dire s'il s'agit d'un prisme, d'une pyramide, ou de tout autre solide à base carrée. Il sentira une surface carrée, et

(1) Spencer. *Psychologie*, trad. franç., t. II, p. 135 et 137.

(2) Taine. *De l'Intelligence*, t. II, p. 85.

(3) Wernicke. *Grundriss der Psychiatrie*. (Psycho-physiologische Einleitung. p. 54.) Leipzig, 1894.

(4) Nous comprenons sous ce terme générique les sensations nous procurant la notion de position, celle de mouvement actif et passif et celle de résistance ou d'effort. Voy. notre travail *Du sens musculaire*, Genève, 1897.

c'est tout. Pour avoir une notion plus complète de l'objet, il faut que la main se ferme sur lui. Enfin, la palpation, en multipliant les signes sensitifs, sera éminemment propre à faire connaître la forme en question. Par suite de l'habitude et de l'expérience, nous enregistrons ces signes avec une grande facilité, c'est-à-dire que l'image totale surgit presque instantanément pour des objets usuels. Au contraire, les objets biscornus et nouveaux demanderont un certain temps pour être appréciés — de même un mot nouveau ou étranger n'est pas lu immédiatement ; — palper, c'est épeler la forme.

Mais, en réalité, les choses se passent plus simplement : il est impossible en pratique d'ignorer ce que l'on sait. Nous avons déjà, casés dans notre cerveau et gravés dans notre mémoire, toutes les formes imaginables et les caractères principaux qui les rappellent. Un indice suffit à évoquer une forme bien avant que nous l'ayons perçue réellement, au moyen de toutes les expériences sensitives qu'elle comporte. Ce qui fait reconnaître un carré de carton que l'on place sur la main étendue, c'est bien plus les quatre piqûres que causent les quatre angles du carré pressé contre la peau qu'une perception réelle de surface carrée. On *sait* que quatre piqûres sont la caractéristique d'un carré ou d'un rectangle. Si l'on répète la même expérience avec un corps carré, mais à *angles mousses*, le sujet répondra généralement, comme j'ai eu l'occasion de le remarquer, que l'objet que l'on imprime sur la paume de sa main est *rond*. L'absence d'angles évoque donc l'idée d'un cercle bien plus que l'impression sensible que produit directement cette forme géométrique. Si l'on place une petite boule, une bille, sur la surface de la main, on perçoit un point, un simple contact. Si l'on souffle sur la bille, de façon qu'elle se déplace, le sujet s'écrie : « Ça roule, c'est une boule ! » Il pense : ça roule, *donc* c'est une boule. Mais de perception stéréognostique positive, il n'en a pas eu. Un des sujets d'Hoffmann prenait pour des dodécaèdres les boules qu'on lui faisait rouler, avec la plante des pieds, sur une surface inégale. Ajoutons que la température, le poids, la matière dont l'objet est fabriqué, etc., éléments qui n'ont rien à faire avec la forme, peuvent nous la faire connaître médiatement, en éveillant directement en nous l'image de l'objet que nous touchons. Nous pensons alors à l'objet avant de penser à sa forme.

Je suis donc porté à croire que ce n'est que dans les premières années de notre vie que nous avons fait de réelles expé-

riences stéréognostiques, et que, plus tard, nous nous bornons
à vivre sur nos provisions; nous possédons sur toutes choses
un amas de clichés numérotés; un numéro suffit à évoquer le
cliché, nous sautons les intermédiaires. D'autre part, nous
complétons avec les images déposées dans notre mémoire les
impressions sensorielles, en sorte que, *en fait*, une perception
est le résultat tout autant de l'apport de notre réserve psychique
que de l'apport des éléments du dehors. (Ceci est frappant, par
exemple, lorsque nous regardons une caricature : ce zig-zag
évoque l'idée d'une main, ce point est un œil, ce gribouillage,
une perruque. C'est parce que nous avons déjà acquis l'idée
nette d'une main, d'un œil, d'une chevelure, que ces signes
peuvent nous la rappeler, — mais jamais eux seuls n'auraient
suffi à nous en créer l'idée.)

En pratique, donc, nous ne percevons pas tant la forme des
objets que nous ne la *devinons* parce que nous *savons* que tel
ou tel élément sensible correspond à telle ou telle forme. Il est
bon de se le rappeler lorsque l'on examine un malade.

Quoi qu'il en soit, la perception stéréognostique dépend, en
fin de compte, de la sensibilité générale (tact et sens musculaire) dans tous ses modes.

Le but du travail de Hoffmann est précisément de déterminer
quelles sont les modalités du *Gefühlssinn* qui sont le plus
nécessaires à la formation d'un jugement sur les dimensions
des objets dans l'espace. Voici les conclusions importantes de
ses minutieuses recherches, basées sur 16 cas cliniques d'anesthésie ou d'hémianesthésie (de causes diverses) :

I. *Importance du mouvement de l'objet sur la surface tactile* :

1° Le mouvement actif seul ne produit pas la perception stéréognostique si le tact (Gefühlssinn) est aboli.

2° Le mouvement facilite la perception stéréognostique, lorsque
certaines portions de la main sont anesthésiées (en permettant à l'objet d'atteindre les parties sensibles).

3° L'abolition des mouvements actifs *empêche* la perception stéréognostique, mais ne l'*abolit* pas.

4° Lorsque le Gefühlssinn est émoussé, le mouvement de l'objet
dans la main et les doigts est un élément essentiel pour sa reconnaissance.

5° L'emploi des deux mains pour la palpation facilite la reconnaissance de l'objet.

II. *Importance des modalités du Gefühlssinn pour la perception
stéréognostique* :

A. Un certain nombre de modalités de la sensibilité générale (sensations simples ou liées à des jugements et considérées par les auteurs comme des sens spéciaux) peuvent être parfaitement intactes, bien que la perception stéréognostique soit abolie. Ce sont :

1º Le sens des températures ;

2º Le sens de la douleur ;

3º La sensation du contact ;

4º Le sens de la localisation (*Ortssinn*) ;

5º Le sens du poids.

B. Il n'existe pas non plus de rapport absolu entre la perception stéréognostique et les « sens » suivants :

1º Sens du lieu de la peau (*Raumsinn* de Weber) ;

2º Sens de la pression cutanée (*Drucksinn*) ;

3º Sensations de mouvements articulaires ;

4º Sens de l'attitude (*Raumorientirungsvermögen*).

Voici les conclusions déduites de l'examen minutieux des cas pathologiques :

1º Dans aucun cas le pouvoir stéréognostique n'était aboli lorsqu'un seul de ces quatre sens était intact ; il s'est trouvé cependant quelquefois affaibli ;

2º L'affaiblissement d'un seul de ces sens n'entraîne pas un affaiblissement parallèle du pouvoir stéréognostique ;

3º Le trouble de tous ces sens n'abolit pas nécessairement le pouvoir stéréognostique.

Il résulte de ces expériences fort bien conduites, ce que l'on en pouvait attendre *a priori*, à savoir que la notion de forme, acquise par l'exercice et l'habitude, si elle ne dépend d'aucun des modes de la sensibilité en particulier, est le résultat du concours de plusieurs de ces sensibilités. Si l'une ou l'autre de celles-ci font défaut, elles se suppléeront mutuellement, mais leur abolition totale sera nécessairement suivie de l'abolition de toute perception stéréognostique. De même, la lecture ne dépend d'aucune couleur en particulier, mais la cécité empêchera la perception des mots imprimés.

Redlich, dans un mémoire sur les troubles de la sensibilité dans les hémiplégies cérébrales, rassemble un grand nombre de faits qui confirment les résultats de Hoffmann[1]. Aba, dans sa thèse[2], arrive aussi aux mêmes conclusions.

Des expériences du même genre que nous avons faites chez

---

(1) Redlich. *Ueber Störungen des Muskelsinnes und des Stereog. Sinnes bei der cerebralen Hemiplegie.* Wien. klin. Woch., 1893, p. 429-552.

(2) Aba. *Etude clinique sur les troubles de la sensibilité générale.* Thèse de Paris, 1896.

ises, notamment chez une ataxique, dont
t aboli, tandis que la sensibilité superfi-
male, nous ont montré toute l'importance
s musculaire pour la perception stéréo-

ie » est une abstraction, et, dans chaque
aire à une forme différente. Il est donc
l'une façon absolue que la perception de
surtout de telle ou telle modalité de la
ue ; chacune de ces modalités est à la fois
oir certaines formes, et la moins apte à

cas sur lesquels Hoffmann s'appuie pour
is périphériques de la perception des
absolument probants, puisque plusieurs
it des malades dont le cerveau est atteint,
à nécessité de l'intégrité des centres eux-
ception.
on peut dire qu'il n'existe pas de « sens »
is une « perception » stéréognostique.
ité d'un tel sens, il faudrait trouver un
ue) capable de reconnaitre l'objet qu'il a
il soit *absolument* dépourvu de sensibilité
. Or, on n'a pas encore vu de cas sem-
rra sans doute jamais. La perception sté-
conditionnée par la sensibilité générale.

ntrales de la perception des formes et
is avons rappelé plus haut que le phéno-
i est dû non seulement aux impressions
actuellement à notre conscience, mais
de notre esprit lui-même. C'est là un fait
ouvent : « la perception est le processus

hes Vermögen » de Hoffmann a été traduit en
ognostique ». M. Gasné dit par exemple : « Il
ibilité spéciale qu'on peut appeler *sens stéréo-*
dans l'appréciation de la forme des objets, »
r., 1898, 46). Il est regrettable, à mon avis, de
propres, et de considérer comme un sens spé-
ésultat d'une synthèse toute psychique. Cf. Ray-
du syst. nerv. IIIᵉ serie. 1898. p. 268 : « On dis-
e proprement dit... le sens stéréognostique, en
cions par le toucher la forme géométrique des

par lequel l'esprit complète une impression des sens par une
escorte d'images (Binet[1]) ». Dans le cas de la perception tactile,
les images musculo-tactiles acquises antérieurement viennent
compléter et renforcer l'ébauche esquissée par les sensibilités
afférentes et donnent un sens, en les associant, à des signes
élémentaires qui, par eux-mêmes, ne signifient rien. Un enfant
qui sait son alphabet peut cependant ne pas savoir *lire*, c'est-à-
dire associer les lettres qu'il a sous les yeux en un tout qui est
le mot. De même pour associer en une image de forme les
données sensitives que nous fournit la palpation, nous devons
avoir en réserve, acquises par l'éducation, une foule de représensations tactiles prêtes à se fusionner avec les sensations
actuelles.

Les images évoquées par les sensations appartiennent en
général à plusieurs sens différents : les images tactiles, notamment, sont étroitement associées à des images visuelles. Pour
les clairvoyants, on peut dire que celles-ci sont prédominantes
et se substituent aux premières : les images tactiles sont véritablement traduites en images visuelles. Pour faciliter notre
exposé, cependant, ne considérons que les images musculo-
tactiles (stéréognostiques) seules et faisons abstraction de toutes
les liaisons qu'elles peuvent avoir avec d'autres centres de représentations.

La perception purement stéréognostique d'un corps sera
donc le processus par lequel l'esprit complétera l'impression
sensible reçue par une escorte d'images musculo-tactiles provenant des expériences antérieures. Si la perception nouvelle,
comparée aux images déjà déposées dans la mémoire est trouvée identique, il y a *reconnaissance de la forme*, c'est-à-dire
que l'esprit identifie la sensation nouvelle aux images semblables qu'il a déjà emmagasinées ; mais il ne s'agit là que
d'une *reconnaissance sensorielle*, si l'on peut dire, d'une reconnaissance au premier degré. M. Wernicke a parfaitement caractérisé ce premier acte de l'esprit en le nommant *identification
primaire*[2]. Nous verrons tout à l'heure que l'identification
secondaire, qui est la condition de la reconnaissance proprement dite de l'objet, c'est-à-dire sa compréhension, repose sur
l'association d'une foule d'images des divers sens.

L'identification primaire repose donc sur l'association des

(1) Binet. *La psychologie du raisonnement*, p. 13.
(2) Wernicke. *Grundriss der Psychiatrie*. (Psycho-physiologische Einlei-
t ng.) Leipzig, 1894, p. 8. 21.

diverses sensations élémentaires (d'un seul sens) et sur le fait
que nous reconnaissons que ces divers éléments correspondent
à un tout, à une unité.

Un exemple, tiré de la pathologie, fera bien saisir la différence entre ces deux degrés d'identification.

Pour certains aphasiques, les paroles que l'on prononce sont
perçues comme de simples sons, comme de simples bruits ; les
mots écrits que l'on place devant leurs yeux ne sont que de
simples arabesques. Ils entendent, ils voient, mais sans comprendre qu'il s'agit de *mots*. Chez eux, l'identification primaire
n'a pas lieu. Il en est de même pour nous lorsqu'on nous parle
chinois ou turc : nous entendons des sons, mais nous ne percevons aucun mot.

D'autres aphasiques, au contraire, comprennent *qu'on parle*,
mais ne comprennent pas *ce qu'on leur dit* ; ils reconnaissent
les mots comme mots, mais n'en saisissent pas le sens. De
même, il peut nous arriver, en entendant une langue étrangère
que nous connaissons, d'avoir oublié le sens d'un mot ; mais
le mot lui-même nous est familier par sa consonance. Dans
ces cas, l'identification primaire a lieu et c'est la secondaire
qui ne se fait pas.

La pathologie peut-elle dissocier les associations qui président à l'identification primaire des figures de palpation comme
elle le fait pour les images du langage ? Nous avons réuni ici
quelques observations qui semblent favorables à cette conclusion. Il s'agit de malades qui, bien que doués d'une bonne ou
relativement bonne sensibilité périphérique, sont incapables,
les yeux fermés, de reconnaître la forme des objets qu'on leur
place dans la main. C'est Wernicke qui, le premier, a attiré
l'attention sur ce qu'il appelle *Tastlähmung*, c'est-à-dire « la
perte de la faculté de reconnaître des objets par la palpation,
bien que les troubles de la sensibilité fassent complètement
défaut ou soient trop peu prononcés pour expliquer la chose [1] ».

---

[1] Wernicke. *Arbeit. aus der Psychiatr. Klinik in Breslau*, Heft II. 1895,
p. 49.

Puchelt, en 1844, avait déjà signalé de pareils cas dans un important
mémoire (*Ueber partielle Empfindungslähmung*, Medizin. *Annalen*, Bd. X,
Heidelberg, 1844) qui débute ainsi : « Il y a certains cas dans lesquels certaines impressions sont seules abolies ou ne sont perçues qu'à un degré
moindre que d'autres. J'ai notamment observé dans plusieurs cas que le
pouvoir de palper (*Tastvermögen*) de la main était plus ou moins diminué
sans que la perception (*Empfindungsvermögen*) pour d'autres impressions
fût altérée au même point. » Puis l'auteur relate cinq observations de
malades incapables, les yeux fermés, de reconnaître ce qu'ils ont dans la

CAS I (WERNICKE[1]). — Il s'agit d'un jeune homme qui a reçu un
violent coup qui lui fracture le crâne. Des esquilles pénètrent dans
les circonvolutions rolandiques gauches, au niveau du tiers moyen
de la circonvolution pariétale postérieure. Le malade est opéré ; le
bras, d'abord paralysé, se rétablit. Voici l'état de sa sensibilité, 15 jours
plus tard : les sensations de *contact* et de *pression* sont normales.
« La *localisation* des contacts à la main et aux doigts est si parfaite
que l'on ne remarque pas la moindre différence entre le membre
droit et le gauche ; pour l'examen au compas de Weber non plus. »
Les mouvements passifs de la main et des doigts sont bien perçus.
   La main a par contre, perdu la faculté d'exécuter des mouvements
délicats. Les yeux fermés, le malade est incapable de reconnaître les
objets qu'on lui place dans la main.

CAS II (WERNICKE[2]). — Homme de trente-six ans ; à la suite d'une
chute de cheval, il perd connaissance ; outre divers symptômes, il présente une faiblesse du bras droit. L'affaiblissement léger des *sensibilités* ne semble pas pouvoir expliquer l'absence complète de perception stéréognostique pour la main droite. Peu à peu la sensibilité
s'améliore, mais la stéréo-agnosie reste complète.
   La trépanation montre un foyer hémorragique localisé à droite et
à gauche du sillon de Rolando.

CAS III (DUBBERS[3]). — A la guerre de 1870, le malade reçut une
balle dans la tête (région de Rolando et de la pariétale ascendante), qui
détermina une paralysie gauche. L'examen qui suit a été pratiqué
en 1896 : les membres gauches présentent un léger degré de rigidité
et font des mouvements incoordonnés, maladroits ; la force muscu-

Sensibilité ; *contact* : normal ; *douleur* : affaiblie ; *localisation* : inexacte ; *notion de position* : affaiblie ; *mouvements passifs* : bien perçus.

Perception stéréognostique absolument abolie à gauche, même si l'on promène sous les doigts du malade les objets à reconnaître ; tandis qu'à droite les objets simplement posés sur la main sont reconnus aussitôt.

Cas VII. (Gasne[1]) — Homme de trente-six ans, supposé hystérique. A la suite d'un mouvement trop brusque, son bras gauche devient immobile. Force musculaire conservée. *Sensibilité (et sens musculaire)* intacts dans tous ses modes.

Un objet mis dans la main gauche est déclaré « chaud, froid, lisse » mais n'est pas reconnu.

L'auteur rapporte un second cas, semblable au premier. (Ces cas ne

[1] Williamson. On « touch paralysis » or the inability to recognise the nature of objects by tactile impressions. Brit. med. Journ., 1897, II, 787.

[2] Baudicand-Dumay. Recherches cliniques sur les troubles de la sensibilité générale, du sens musculaire et du sens stéréognostique. Thèse de Paris, 1897, chap. VII, 42.

[3] Bonhöffer. Monatschrift f. Psychiatrie u. Neurologie, 1898, III, p. 309.

[4] Gasne. Sens stéréognostique et centres d'association. Nouvelle Iconographie de la Salpêtrière, 1898, p. 46.

doivent, d'ailleurs, être considérés qu'avec réserve; il faut se défier de l'esprit capricieux et bizarre de l'hystérique.)

Cas VIII (personnel). — Mme B. cinquante trois ans, malade du service de M. le docteur Dejerine, à la Salpêtrière [1], ancienne épilept. jacksonnienne (syphilis), aveugle depuis vingt-six ans.

Son bras droit jouit d'une mobilité complète, bien qu'elle le trouve « comme engourdi ».

Sensibilité de la main droite au *contact :* très fine ; perçoit le moindre contact ; on ne remarque aucune différence entre les deux mains. Les sensations de *piqûre* et de *température* sont normales. La *localisation* est bonne et précise. Notion d'*attitude :* certaines attitudes des doigts sont mal reconnues.

Sensations de mouvement passif dans les phalanges : normales ; de *résistance :* normale. *Sens du lieu* de la peau (compas de Weber) : les pointes doivent être légèrement plus écartées à droite qu'à gauche pour être distinguées. Sensations *de poids :* affaiblies.

La malade est incapable de décrire la forme des objets placés dans sa main. Elle les trouve *durs* ou *mous ;* elle reconnaît les angles à ce que « ça pique » ; et les objets ronds à ce que « ça ne pique pas » ; elle cherche à se diriger d'après le poids ou la température ou encore d'après le bruit que font certains objets lorsqu'on les palpe, mais n'a aucune perception stéréognostique réelle.

Ce cas est d'autant plus frappant que, par suite de sa cécité, la malade a constamment exercé son sens du tact et distingue instantanément les objets placés dans sa main gauche (saine), et souvent (pour les objets usuels) sans même exécuter le moindre mouvement de palpation.

Cas IX (personnel). — V. Ch. quarante-neuf ans. Ancienne hémiplégie gauche et hémiataxie posthémiplégique. Rire et pleurer spasmodique.

Bras gauche ataxique, mais les doigts se meuvent normalement. Sensibilité au *contact :* très peu affaiblie. Tous les autres modes de la sensibilité (sens musculaire compris) sont normaux. *Sens du lieu* de la peau (compas de Weber) : les pointes doivent être un peu plus écartées à gauche qu'à droite pour être perçues doubles.

Les objets placés dans la main gauche ne sont désignés qu'après hésitation ; souvent la forme exacte n'est pas reconnue, bien que le malade sente que « c'est rond, c'est dur, c'est plat, c'est mince, c'est carré ».

Ces quelques observations, qui semblent avoir toutes été prises exactement sous le rapport de la sensibilité, montrent que

---

(1) Je saisis cette occasion pour remercier M. le Dr Dejerine de sa bienveillante hospitalité.

la faculté d'associer en un tout des impressions élémentaires, et de les identifier à une image connue peut être abolie, alors que ces impressions sont elles-mêmes conservées. Ces cas ne rappellent-ils pas ceux, cités plus haut, de ces aphasiques sensoriels qui n'entendent les mots que comme une série de bruits ?

Il découle encore de ces observations que les images stéréognostiques, ainsi que Wernicke l'a remarqué, sont déposées à double dans le cerveau, et qu'elles dépendent de l'hémisphère gauche ou du droit selon qu'elles ont été acquises par une main ou par l'autre [1].

Nous avons remarqué chez notre malade (cas VIII), et le même fait est noté dans une des observations de Wernicke (cas I), que les mouvements délicats du palper avaient absolument disparu. Cela ne tient nullement à une paralysie ou à de la parésie. La raison en est probablement dans le fait que les images motrices de palpation faisant elles-mêmes partie intégrante des groupes d'images constituant la mémoire des formes, la disparition de celle-ci entraine nécessairement celle de ces images motrices. Voici une observation qui appuie cette manière de voir :

Cas X. Un garçon de dix ans, G. R. qui avait été atteint, en très bas âge, d'hémiplégie cérébrale infantile, vient dans le courant de janvier 1899 à la Salpêtrière consulter M. Dejerine pour son bras et sa jambe gauches qui ont subi un léger arrêt de développement. Le père raconte que l'enfant ne se sert presque jamais de sa main gauche. Le bras lui-même est faible, bien qu'il puisse accomplir tous les mouvements (avec maladresse). Pour la main gauche la sensibilité au *contact* est excellente, ainsi que la *localisation*. La *notion de position* est bonne ; les *mouvements passifs* des doigts sont tantôt bien sentis, tantôt perçus à faux, s'ils sont très faibles. Le *sens du lieu* de la peau est légèrement affaibli comparativement à la main droite. En somme, troubles de sensibilité extrêmement faibles.

Or, la perception stéréognostique est absolument abolie pour la main gauche ; de plus, cette main ne sait pas exécuter seule des mouvements délicats de palpation. Elle ne peut y arriver que si la main droite (saine) palpe de son côté à vide (syncinésie). Mais, même dans ce dernier cas, il est impossible au petit malade de reconnaître la forme de l'objet.

(1) Cf. Allen Starr. *Apraxia and Aphasia*. Medical record, oct. 1888, p. 497, qui suppose au contraire que les images d'objets (memory pictures) ne sont localisées que dans un hémisphère (dans celui qui préside au langage, l'hémisphère droit chez les gauchers, le gauche chez les droitiers).

Voici, par exemple, quelques-unes des réponses faites par G. R.,
lorsque l'on plaçait dans sa main un des objets suivants :

Un couteau : *c'est rond;*

Un crayon : *c'est un couteau;*

Un porte-monnaie : *un thermomètre;*

Un œuf en bois : *c'est rond;*

Une bille : *c'est une gomme;* etc., etc.

Avec la main droite, la perception stéréognostique est normale.

L'explication de ce fait est que l'enfant, sentant son bras
gauche plus faible, a pris l'habitude de le négliger complètement;
il ne l'a pas *éduqué*, autrement dit, il n'a pas acquis, par l'exercice, des images de mouvement. Cette main gauche et le terri-
toire cortical qui lui correspond sont, pour ainsi dire, vierges
de toute impression et réalisent en quelque sorte l'état de ceux
d'un nouveau-né. L'hémisphère droit, n'ayant jamais recueilli
des images musculo-tactiles, est maintenant incapable d'accomplir des mouvements délicats de palpation dont l'exécution
suppose la présence de ces images ; la main gauche, lorsqu'elle
veut palper, doit donc emprunter ces images à l'hémisphère
gauche, qui les possède, d'où la syncinésie.

Les cas cliniques ont-ils permis jusqu'ici de localiser la mémoire stéréognostique?

Dana, se basant sur un grand nombre d'observations em-
pruntées pour la plupart à la chirurgie cérébrale, localise la
mémoire musculaire dans le lobe pariétal inférieur. Une lésion
à cet endroit se manifesterait spécialement par la perte du
toucher actif[1]. Dans les cas de Wernicke, Riegner, Dubbers,
Bonhöffer, la lésion s'est trouvée être dans les circonvolutions
rolandiques, notamment à l'union des tiers moyen et inférieur
de la pariétale ascendante. Si de nouvelles recherches confir-
maient ces observations, on pourrait utiliser l'abolition de la
perception stéréognostique pour établir le diagnostic anatomique de la lésion.

Les faits cliniques ci-dessus rapportés ne permettent pas, par
contre, de trancher la question de savoir si les sensations et
les images (de mémoire) relèvent des mêmes éléments anatomiques ou au contraire correspondent à des cellules différentes.
Wernicke reste attaché à la première hypothèse[2]. Pour lui,

(1) Dana. *Localisation of cutaneous and muscular sensations and memories.* Journ. of nerv. and ment. dis., 1894, 781.

(2) *Grundriss der Psychiatrie.* Psycho-phys. Einleitung, p. 24, 25, 26.

l'image (*Erinnerungsbild*) n'est rien autre qu'une association
acquise des éléments perceptifs (*wahrnehmende Elemente*) de
la corticalité. Selon cette manière de voir, les cas de stéréo-agnosie seraient dus à une dissociation des cellules, tandis que les
cellules mêmes continueraient à fonctionner isolées. Pour ceux
qui admettent, au contraire, que la cellule où va résider le souvenir d'une impression est autre que celle où cette impression
est reçue[1], les cas de stéréo-agnosie se conçoivent encore plus
aisément.

Les quelques observations que nous avons réunies ici montrent bien le rôle relativement effacé que jouent les impressions périphériques auprès de celui que remplissent nos
images cérébrales. A ce point de vue, elles forment une contribution à l'étude de la perception. On oublie trop, en effet,
combien celle-ci diffère de la sensation brute, de quelle élabo-
ration, de quel travail intime elle est le fruit.

II. — RECONNAISSANCE DES OBJETS PAR LE TOUCHER ; ASYMBOLIE TACTILE.

En clinique, on examine la perception stéréognostique en
priant le malade de désigner l'*objet* qu'on lui place dans la
main, et non *sa forme*. Il faut toutefois remarquer que la reconnaissance de l'objet est un processus notablement différent
de la reconnaissance de la forme.

La reconnaissance proprement dite, ou, si l'on préfère, la
compréhension, l'intelligence d'un objet, est due en effet au
processus de l'identification secondaire, dont nous avons déjà
parlé.

En quoi consiste la compréhension d'un objet ?

Lorsque je considère ce crayon, si je sais que c'est un crayon
et si je comprends son usage, c'est que son image éveille
en moi une foule d'autres images, qui se pressent sur le seuil
de ma conscience, et qui me rappellent l'emploi du crayon, la
manière de s'en servir, etc.; le mot « crayon » est faiblement
évoqué. La somme de ces images conscientes ou subconscientes
constitue ma notion de crayon.

Si un trouble pathologique vient détruire les associations qui

---

[1] Hypothèse que rendent plausible certaines observations de Wilbrand. *Die Seelenblindheit*, 1887, p. 66.

relient l'image visuelle d'un objet à toutes les autres images
qui lui donnent sa signification, l'identification secondaire n'aura
plus lieu et nous aurons la *cécité psychique* ou *asymbolie*. Un
malade atteint de cécité psychique verra le crayon, mais ne
saura ce que c'est et le portera peut-être à sa bouche, croyant
avoir sous les yeux un morceau de pain.

Une lésion séparant le centre auditif des autres centres
d'images, produira la surdité psychique. Une lésion peut-elle
produire de même de *l'asymbolie tactile*, c'est-à-dire un état où
les objets, bien que perçus stéréognostiquement, quant à leur
forme, ne soient pas *reconnus* par le toucher seul, alors qu'ils le
sont par la vue ?

En général, lorsque nous palpons un objet les yeux fermés,
l'image visuelle en est aussitôt évoquée, et c'est grâce à
celle-ci que nous reconnaissons l'objet. L'image stéréognostique n'a servi que d'intermédiaire, d'agent évocateur momentané ; une fois l'image visuelle présente, son rôle est terminé.
Ainsi que le remarque Heilbronner[1], « les impressions que
nous avons acquises par le toucher cèdent instantanément la
place aux images acoustiques ou optiques qui leur correspondent, et ce n'est que par l'intermédiaire de ces dernières que les
réactions (d'association avec d'autres centres) ont lieu ». Mais,
dans certains cas aussi, l'image tactile agit par elle-même ; chez
les aveugles-nés, d'abord, la série des idées qui constitue la
notion des objets est directement associée à leur image tactile.
Souvent aussi chez les clairvoyants, le toucher vient nous renseigner là où la vision est impuissante : un négociant sera peut-
être incapable de reconnaître et d'apprécier telle étoffe s'il ne
la palpe pas. Bien que d'ordinaire nous nous servions surtout de
nos images visuelles, nos images stéréognostiques semblent
pouvoir les suppléer. C'est ce qui ressort de certaines observations de cécité psychique dans lesquelles les objets, non reconnus par la vue, le sont par le toucher[2]. A vrai dire, ces observations, encore peu nombreuses, sont loin d'avoir élucidé cette
question. Dans beaucoup de cas de cécité psychique, les images
visuelles sont conservées, et la lésion ne porte que sur les tra-

---

(1) Heilbronner. *Ueber Asymbolie.* Psychiat. Abhandl. Breslau. 1897,
Heft 3, 4, p. 46.

(2) Cf. Wilbrand. *Seelenblindheit,* p. 58, 97 ; Rabus. *Zur Kenntniss der
sog. Seelenblindheit.* Diss. Erlangen, 1894 ; Pick. *Beiträge zur Pathologie
des Centralnervensystems,* 1898, p. 3, Lissauer. Siemerling. *Arch. f. Psychiatrie,* XXI, etc., etc.

i qui les rattachent au centre de la **vision**
nd alors que l'image visuelle, qui ne **surgit**
dividu regarde un objet, puisse être **encore**
le palpe; l'identification secondaire **se fait**
édiaire de l'image visuelle.

able que la plupart du temps l'asymbolie tac-
lement de la *cécité tactile* (rupture des asso-
entre stéréognostique et le centre des images
urs, l'intéressante question de savoir jusqu'à
uction des images musculo-tactiles en images
spensable pour qu'elles soient saisies par l'in-
np encore inexploré, et il appartient à la fois
expérimentale et à la pathologie de le défri-

as à insister ici sur le phénomène de l'asym-
is semble qu'il doit être bien distingué de la
tion stéréognostique; au point de vue psycho-
est un trouble de l'identification primaire,
le de la secondaire. Au point de vue physio-
·agnosie est due à une dissociation des images
némoire musculo-tactile; l'asymbolie tactile,
re le centre musculo-tactile (lui-même intact)
nages des autres sens.

résumons par un tableau les différents cas de
ce des objets par le toucher, qui peuvent se
a pratique :

		Par troubles moteurs (parésie, ataxie, chorée) des doigts et de la main.
sie	}	Par trouble de la sensibilité afférente (nerfs, moelle, etc.).
e forme).		Proprement dite : Par trouble de l'identification primaire (lésion corticale).
ictile	}	Par trouble de l'identification secondaire (lésion transcorticale).
d'objet).		

ED. CLAPARÈDE.

IV

LA SUGGESTIBILITÉ
AU POINT DE VUE DE LA PSYCHOLOGIE INDIVIDUELLE

Un livre récent de Sidis sur la psychologie de la suggestion, et quelques articles parus dans des revues américaines, quelques expériences citées dans un opuscule italien, m'ont donné la pensée d'écrire des réflexions sur la suggestion à l'état normal; j'y joindrai des expériences inédites que j'ai faites il y a environ trois ans dans des écoles primaires, expériences qui, bien entendu, n'ont aucune relation avec l'hypnotisme, puisque la pratique de l'hypnotisme est, avec raison, sévèrement interdite dans les écoles. L'objet de cette revue est la suggestion à l'état normal, — plus exactement encore : la suggestion dans la vie.

C'est un sujet qui a été rarement traité avec le sérieux qu'il mérite. La question qui s'en rapproche le plus, parmi celles dont parlent les auteurs compétents de l'hypnotisme, est celle de la *suggestion pendant l'état de veille*, mais ce n'est absolument pas la même chose. Les expériences de suggestion pendant l'état de veille consistent bien à travailler sur une personne non endormie, mais les procédés qu'on emploie pour l'influencer sont absolument les mêmes que si on l'avait endormie; on ne l'endort pas au préalable, voilà toute la différence. Au lieu de lui répéter d'abord pendant longtemps : « dormez! dormez! vos yeux se ferment, le sommeil vient, etc. », on la prend à l'état de veille, et sans préparation apparente, on lui donne la série de suggestions qu'on ferait sur une personne réellement hypnotisée; cette manœuvre réussit, entre des mains habiles, pour suggestionner à l'état de veille non seulement des sujets dressés à l'hypnotisme, mais encore des sujets qui n'ont jamais été endormis avant ce premier essai de captation. Charles Richet et Bernheim, si je ne m'abuse, sont les premiers initiateurs de cette méthode rapide.

sont demandé s'il y a une très grande
tre ces suggestions à l'état de veille et les
tisme. Beaucoup de réserves sont à faire.
allure, par leur aspect général, par leur
genres d'expérience s'équivalent; il n'y
etite différence de technique : le sommeil
t pas encore bien d'accord sur la nature
iologique de cet état particulier de som-
ypnotisme. Pour ceux — et ils sont nom-
qui se rattachent aux idées de ce qu'on
icy, cet état d'hypnotisme, en tant qu'état
suggestion et de la suggestibilité, n'existe
pnotisme, il n'y a que de la suggestion[2] ».
cette doctrine, la suggestion à l'état de
dans l'état de sommeil sont deux mêmes
elles différentes : tout au plus pourrait-
espèce de suggestion est seulement plus
te, car avant de suggérer telles ou telles
s, on fait une suggestion préliminaire de
de repos et de sommeil, qui prépare les
ets.

eurs qui soutiennent que l'état d'hypno-
défini, ayant des caractères psycholo-
s une diminution de résistance et de sens
ettre que lorsqu'une suggestion à l'état
exactement que pendant le sommeil hyp-
e que le sujet était dans des dispositions
a résistance et son sens critique ont pu
d'un coup, et que par conséquent une
lique a pu se produire.

onsidérations pour bien montrer que les
veille, telles qu'elles ont été pratiquées
usant de leur méthode habituelle, se rat-
ux suggestions de l'hypnotisme, et font
question d'ensemble.

ment de la suggestion à l'état normal.
ion avis, à peine ébauchée, et cependant
ir. Les traités ordinaires d'hypnotisme,
nagnétisme animal en parlent peu; on y

---

e à Bernheim et à Delbœuf, a été développée
Revue de l'hypnotisme, Janvier 1888, p. 211.

trouve sans doute des considérations générales sur ce sujet,
mais pas d'expériences ; tous les développements qu'on expose
semblent avoir uniquement pour but de montrer que la vie
normale renferme les germes de toutes ces expériences brillantes d'hypnotisme qui ont excité l'enthousiasme du vulgaire
et le scepticisme des savants; on a donc cherché à citer et analyser tous les cas possibles où il se produit dans la vie réelle
des faits comparables à ceux des expériences de suggestion.
Si légitime que soit ce rapprochement — dont on a, du reste,
un peu exagéré la portée — il me parait certain que c'est là
examiner les faits de la vie normale sous un point de vue très
étroit. La vie normale est autrement vaste et complexe que
toutes les suggestions d'hypnotisme; elle mérite bien, ce me
semble, qu'on la prenne comme point de départ d'une étude, et
c'est ce que de récents auteurs ont compris. Ils ont fait des
recherches, des expériences sur la suggestibilité à l'état normal,
sans avoir la préoccupation d'y retrouver les particularités révé-
lées par l'hypnotisme, et c'est ainsi que des observations toutes
récentes sont entrées dans la science. C'est une nouvelle voie
qui s'est ouverte.

Les avantages de ces recherches si originales sont multiples :
d'abord, elles auront le mérite de nous faire connaitre un jour
les caractères précis de l'état mental qu'on appelle la suggestibilité, caractères qui seront décrits en utilisant régulièrement
l'introspection de sujets intelligents et exercés. En second lieu
— et c'est là le point auquel je tiens le plus — elles permettront
de mesurer la suggestibilité de chaque personne; par là elles
rendront un grand service à la psychologie individuelle. Le
degré de suggestibilité est une des caractéristiques les plus
importantes de l'individu. Des études déjà anciennes de V. Henri
et de moi dans les écoles nous ont montré qu'on peut diviser
les élèves en trois catégories : 1° ceux qui exercent une suggestion ; 2° ceux qui la subissent ; 2° ceux qui se tiennent à l'écart,
n'exerçant pas la suggestion et ne la subissant pas. Toutes les
fois qu'on cherche à classer les caractères d'une manière utile,
d'après des observations réelles et non d'après des idées a priori,
on est amené à faire une large part à la suggestibilité. Tissié,
utilisant les remarques qu'il a faites dans le monde des sports,
sur les entraîneurs et les entraînés, divise les caractères en
trois catégories, qui ne sont au fond que des catégories de suggestibilité : 1° les automatiques, ceux qui obéissent passivement
et sans répliquer, les modèles de la discipline aveugle ; 2° les

catégorie est formée pour une bonne part de nerveux et de dégénérés. Un auteur italien, Vitali, assure que les incorrigibles des écoles présentent un plus grand nombre de stigmates physiques de dégénérescence que les élèves normaux.

Un auteur américain, Bolton, a donné, en passant, il y a quelques années, une classification de caractères, dans lesquels on retrouve encore une préoccupation de la suggestibilité des individus[1]. Il faisait une expérience sur le rythme, expérience longue et minutieuse, dans laquelle il était obligé de rester longtemps en relation avec ses sujets, et de les examiner de très près. Il fut frappé de la manière dont chacun se prêtait à l'expérience, et il les classa tous en trois catégories : 1° d'abord, ceux qui s'empressent d'accepter toutes les suggestions de l'opérateur; ils n'ont aucune idée à eux, adoptent celle qu'on leur suggère avec une docilité surprenante; ce sont les automatiques ou passifs de la classification précédente; 2° ceux qui cherchent à se faire une opinion personnelle; leur attitude est celle d'un scepticisme modéré et raisonnable; ils donnent leurs impressions avec exactitude, ce sont les meilleurs sujets. L'opinion à laquelle ils arrivent sur la question n'est pas toujours juste, car elle repose le plus souvent sur des données incomplètes; 3° les contredisants; c'est l'espèce détestable, le désespoir des expérimentateurs. Ce sont des gens qui poussent l'esprit de contradiction jusqu'à la mauvaise foi; ils critiquent tout, le but de l'expérience, les conditions où l'on opère; ils sont subtils; ils refusent de donner leur opinion, tant qu'ils ne connaissent pas celle des autres sujets ou celle de l'expérimentateur; dès qu'ils la connaissent, ils s'empressent d'en prendre le contrepied, avec un grand entrain d'ergotage. Si on ne livre à leur critique aucune opinion, ils refusent de dire la leur et se renferment dans un silence dédaigneux.

Cette seconde classification des caractères — quoique l'auteur

(1) Voir Année psychol., I, p. 360.

n'ait pas eu le moins du monde la prétention d'en faire une —
ressemble beaucoup à la première, avec les différences obligées;
et soit dit en passant, c'est de cette manière-là seulement — en
classant les réactions des sujets d'après une série de points de
vue, qu'on arrivera à établir une théorie générale des caractères,
et non en faisant des classifications théoriques, véritables châ-
teaux bâtis en l'air. Mais ce n'est point, pour le moment, le
sujet que nous avons en vue. Nous avons voulu simplement
montrer, en reproduisant les deux classifications précédentes,
que la suggestibilité en forme le fond, et qu'on ne peut pas étudier le caractère sans tenir compte de cet élément essentiel.

Être suggestible ou être suggestionneur (le mot manque, je
suis obligé de le forger) voilà un dilemme qui se pose à propos
de chaque individu : c'est une des principales chances de succès
que peut posséder un enfant; et on peut bien dire que les sug-
gestionneurs — toutes choses égales d'ailleurs, c'est-à-dire si la
mauvaise fortune, l'inconduite, etc., ne se mettent pas en travers — ont bien plus de chance d'arriver dans la vie que les
suggestibles. On ne pourrait pas citer beaucoup d'individus
ayant atteint de hautes situations qui ne seraient pas des sugges-
tionneurs. La suggestion, ou pour parler en termes plus clairs
pour tout le monde, l'autorité peut remplacer toutes les autres
qualités intellectuelles; dans un cercle, quel est celui que l'on
écoute? ce n'est pas le plus intelligent, celui qui pourrait dire
les choses les plus curieuses ; c'est celui qui a le plus d'autorité,
dont le regard est volontaire, dont la parole, pleine, sonore,
articule lentement des phrases interminables, dont tout le
monde supporte respectueusement l'ennui. Il y a plaisir à analyser, témoin invisible, une conversation de cinq ou six personnes, à laquelle on ne prend aucune part; on voit de suite
quel est celui qui fait de la suggestion ; celui-là guide la conversation, en règle l'allure, impose son opinion, développe ses
idées; puis il y a parfois lutte; un autre, plus serré sur un certain terrain, prend l'avantage et réussit à se faire écouter. Un
interlocuteur nouveau peut changer complètement l'état des
forces, car, chose surprenante, l'autorité et une qualité toute
relative; une personne A en exerce sur B, qui en exerce sur C,
et C à son tour tient A sous son autorité.

La manière d'affirmer, le ton de voix, la forme grammaticale peuvent révéler celui qui a de l'autorité : il y a des phrases
modestes comme : « je ne sais pas », ou « je vous demande
pardon », qu'un homme, d'autorité affirme avec éclat. Certaines

qualités physiques augmentent l'autorité ; la conscience de sa
force en donne beaucoup. Un sportsman de mes connaissances,
qui fait le courtier de commerce, disait que le secret de son
aplomb réside dans sa conviction de ne jamais rencontrer des
poings plus forts que les siens. Le costume ajoute aussi à l'autorité, le costume militaire surtout, ainsi du reste que tout ce
cérémonial dont Pascal s'est moqué, mais dont il a parfaitement compris le sens. Le nombre est aussi un facteur important : douze individus en groupe qui regardent un individu
isolé exercent sur lui une autorité énorme ; malheur à celui
qui est seul. On a parfaitement ce sentiment quand on croise,
isolé, dans une rue de village, une compagnie de militaires
qui vous regardent ; il faut beaucoup d'autorité pour soutenir
tous ces regards, et l'homme timide se détourne. Cette influence
de masse, nous l'avons vue et en quelque sorte mesurée,
M. Vaschide et moi, dans des expériences que nous faisions
récemment dans les écoles sur la mémoire des chiffres. Ces
expériences avaient lieu collectivement ; nous réunissions dans
une classe dix élèves ou davantage, et après une explication,
nous dictions des chiffres que les élèves devaient écrire de mémoire, sans faire de bruit, sans plaisanter et sans tricher. Nous
étions deux, et seuls pour maintenir la discipline ; les jeunes
gens avaient de seize à dix-huit ans, parisiens, et passablement
bruyants ; nous n'avions sur eux aucune autorité matérielle, ne
pouvant pas leur infliger de punition ; enfin, l'épreuve était
monotone et assez fatigante. Il nous fut très facile de constater
que nous pouvions tenir en respect une dizaine de ces jeunes
gens ; mais dès que ce nombre était dépassé, la discipline se
relâchait, les élèves étaient plus bruyants, et quelques triche-
ries se déclaraient.

Les considérations précédentes ont surtout pour but de montrer que l'étude de la suggestion peut se faire ailleurs que dans
des séances factices d'hypnotisme et sur des malades à qui on
fait manger des pommes de terre transformées en oranges ;
dans les milieux de la vie réelle, les phénomènes d'influence,
d'autorité morale prennent un caractère plus compliqué ; et je
renvoie le lecteur curieux d'exemples à un chapitre fort intéressant [1] du livre du regretté professeur Marion sur l'*Education
dans l'Université.*

Il faut maintenant se demander comment cette suggestibilité

[1] Pages 310 et seq.

de la vie normale pourrait être étudiée scientifiquement. Il ne s'agit point de dresser un programme théorique d'expériences, mais de montrer ce que les auteurs ont déjà tenté, sans toujours se rendre compte de la signification de leur recherche. Il y a eu plusieurs études, déjà publiées : mais personne, à ma connaissance, ne les a encore reliées les unes aux autres.

Tout d'abord, comment devons-nous définir, à ce point de vue nouveau, la suggestion ? Quand est-ce que la suggestion commence ? A quel caractère la distingue-t-on des autres phénomènes normaux qui ne sont point de la suggestion ? Cette définition est tout un problème, et on a dit depuis longtemps que la plupart des gens qui emploient le mot de suggestion n'en ont pas une idée claire. Il faut évidemment reconnaître comme erronée l'opinion de tout un groupe de savants pour lesquels la suggestion est une *idée qui se transforme en acte*[1]; à ce compte, la suggestion se confondrait avec l'association des idées et tous les phénomènes intellectuels, et le terme aurait une signification des plus banales, car la transformation d'une idée en acte est un fait psychologique régulier, qui se produit toutes les fois que l'idée atteint un degré suffisant de vivacité. Au sens étroit du mot, dans son acception pour ainsi dire technique, la suggestion est une pression morale qu'une personne exerce sur une autre : la pression est morale, ceci veut dire que ce n'est pas une opération purement physique, mais une influence qui agit par idées, qui agit par l'intermédiaire des intelligences, des émotions et des volontés : la parole est le plus souvent l'expression de cette influence, et l'ordre donné à haute voix en est le meilleur exemple ; mais il suffit que la pensée soit comprise ou seulement devinée pour que la suggestion ait lieu ; le geste, l'attitude, moins encore, un silence, suffit souvent pour établir des suggestions irrésistibles. Le mot pression doit à son tour être précisé, et c'est un peu délicat. Pression veut dire violence ; par suite de la pression morale l'individu suggestionné agit et pense autrement qu'il le ferait s'il était livré à lui-même. Ainsi, quand après avoir reçu un renseignement, nous changeons d'avis ou de conduite, nous n'obéissons point à une suggestion, parce que ce changement se fait de plein gré, il est l'expression de notre volonté, il a été décidé par notre raisonnement, notre sens critique, il est le résultat d'une adhé-

(1) Voici une phrase cueillie dans un ouvrage tout récent : la suggestion n'est-elle pas l'art d'utiliser l'aptitude que présente un sujet à transmer l'idée reçue en acte ?

sion à la fois intellectuelle et volontaire. Quand une suggestion
a réellement lieu, celui qui la subit n'y adhère pas de sa pleine
volonté, et de sa libre raison ; sa raison et sa volonté sont sus-
pendues pour faire place à la raison et à la volonté d'un autre ;
c'est ce que Sidis exprime dans un langage très clair, mais un
peu schématique, quand il dit qu'il existe en chacun de nous
des centres d'ordre différent : d'abord les centres inférieurs,
idéo-moteurs, centres réflexes et instinctifs, et ensuite les
centres supérieurs, directeurs, sièges de la raison, de la critique,
de la volonté. L'effet de la suggestion est d'imprimer le mouvement aux centres inférieurs, en paralysant l'action des
centres supérieurs ; la suggestion crée par conséquent, ou
exploite, un état de désagrégation mentale. Il y a beaucoup de
vrai dans cette conception, quoique la distinction des centres
inférieurs et supérieurs soit un peu grossière. Je ne pense pas
qu'il soit nécessaire de faire intervenir dans l'explication,
même sous forme d'image, une idée anatomique sur les centres
nerveux ; je préférerais, quant à moi, distinguer un mode d'activité simple, automatique et un mode d'activité plus complexe,
plus réfléchi, et admettre que dans l'état mental de suggestion,
c'est le mode d'activité simple qui se manifeste, le mode complexe étant plus ou moins altéré.

Enfin, pour achever cette rapide définition de la suggestion,
il faut tenir compte d'un élément particulier, assez mystérieux,
dont nous ne pouvons pas donner l'explication, mais dont nous
connaissons de science certaine l'existence, c'est l'action morale
individuelle. Le sujet suggestionné n'est pas seulement une
personne qui est réduite temporairement à l'état d'automate,
c'est en outre une personne qui subit une action spéciale émanée
d'un autre individu ; on peut appeler cette action spéciale de
différents noms, qui seront vrais ou faux suivant les circonstances : on peut l'appeler peur, ou amour, ou fascination, ou
charme, ou intimidation, ou respect, admiration, etc., peu
importe : il y a là un fait particulier, qu'il serait oiseux de mettre
en doute, mais qu'on a beaucoup de peine à analyser. Dans les
expériences d'hypnotisme proprement dit, ce fait se produit
surtout par ce que l'on appelle l'*électivité* ou le *rapport* ; c'est une
disposition particulière du sujet qui concentre toute son attention
sur son hypnotiseur, au point de ne voir et de n'entendre que ce
dernier, et de ne souffrir que son contact. M. Janet a du reste
décrit longuement les effets de l'électivité non seulement pendant
les scènes d'hypnotisme, mais encore en dehors des séances.

Après ces quelques mots préliminaires, nous pouvons indiquer sous quelle forme la suggestibilité a été étudiée à l'état normal. Nous allons voir que les points de départ des études qui ont été faites jusqu'ici sont assez différents, et plusieurs de ces études se classent même difficilement sous la rubrique de suggestibilité. Nous proposons de les classer de la manière suivante :

1º Suggestibilité proprement dite, dans le sens d'obéissance ou de confiance.

2º Attention expectante, erreurs d'imagination.

3º Tendance aux mouvements sub-conscients, à l'écriture automatique, au spiritisme pratique et aux phénomènes analogues.

4º Absence d'esprit critique, et disposition à se laisser tromper par la routine.

5º Développement de la vie automatique.

Un simple coup d'œil jeté sur les divisions que nous venons de faire montre combien la question est complexe ; certaines parties rentrent certainement dans l'histoire de la suggestion, mais d'autres s'en écartent ; cependant il me semble bien que le sujet a une certaine unité.

SUGGESTIBILITÉ PROPREMENT DITE, OU OBÉISSANCE

Les faits et expériences que nous allons relater font le passage avec les phénomènes d'hypnotisme, tels qu'ils sont pratiqués surtout par l'École de Nancy, qui tire un si grand parti de l'action morale. Les premières expériences méthodiques, de moi connues, qui ont été faites sur des sujets normaux pour établir les effets de la suggestion en dehors de tout simulacre d'hypnotisme, sont celles du zoologiste Yung, de Genève. Cet auteur les a décrites un peu brièvement dans un petit livre sur le Sommeil hypnotique. Il raconte que dans son laboratoire, ayant à exercer des étudiants à l'usage du microscope, il mettait sur le porte-objet une préparation quelconque, il décrivait d'avance des détails purement imaginaires, puis il priait les débutants de regarder, de décrire à leur tour ce qu'il voyaient ; très souvent, dit-il, les étudiants ont attesté qu'ils voyaient les détails annoncés par leur professeur ; quelques-uns même les ont dessinés. Le fait est intéressant, sans doute ; mais on voudrait savoir au juste ce que ces étudiants ont pensé de l'expérience ; peut-être n'ont-ils fait le dessin que par pure complaisance, parce qu'ils voulaient faire plaisir à leur futur examinateur, et il n'est pas certain qu'ils aient cru voir ce qu'ils ont dessiné. Il n'y a pas si longtemps que nous avons été étudiant nous-même, et nous avons remarqué parmi nos camarades plus de sceptiques que de croyants ; nous avons encore dans l'oreille l'écho des rires complaisants dont on saluait les mots d'esprit du professeur ; mais à part soi, on se moquait souvent de lui. On trouvera dans le livre de Yung d'autres exemples analogues, dont quelques-uns sont suceptibles de la même critique.

Sidis [1] a fait dans le laboratoire de Münsterberg, à Harvard, des recherches du même genre. Il faisait asseoir son sujet devant une table, et le priait de regarder fixement un point d'un écran : cette fixation avait lieu durant vingt secondes ; pendant ce temps-là, le sujet devait chasser toute idée et s'efforcer de ne penser à rien ; puis, brusquement, on enlevait l'écran, découvrant une table sur laquelle divers objets étaient posés, et il était convenu que lorsque l'écran serait enlevé, le sujet devait exécuter, aussi rapidement que possible, un acte quelconque laissé à son choix. L'expérience se déroulait en effet dans l'ordre indiqué ; seulement, quand l'écran était enlevé, l'opérateur donnait à haute voix une suggestion, comme de prendre un objet placé sur la table, ou de frapper trois coups sur la table. Cette suggestion de mouvement et d'actes n'a pas été infaillible, puis qu'elle s'adressait à des personnes éveillées ; cependant Sidis rapporte qu'elle réussissait dans la moitié des cas. Ceux même qui n'obéissaient pas paraissaient parfois impressionnés, car il en est quelques-uns qui restaient immobiles, comme frappés d'inhibition, incapables d'exécuter le plus petit mouvement. Parmi ceux qui obéissaient, il s'en est trouvé un, jeune homme très intelligent, qui exécutait à la manière d'un mouvement réflexe l'acte commandé. Quant aux autres, on les voyait bien exécuter l'acte, mais il était difficile de se rendre compte de la façon dont ils avaient été impressionnés ; si on les interrogeait, si on leur demandait pourquoi ils avaient obéi, ils répondaient en général que c'était par simple politesse. L'auteur a raison de douter qu'une telle explication soit valable pour un si grand nombre de cas [2]. Analysant son expérience, il

(1) *The Psychology of Suggestion*. Appleton. New-York, 1898.
(2) Page 35. *op. cit.*

a cherché à se rendre compte des raisons pour lesquelles elle restait obscure. Pour qu'une suggestion réussisse à l'état de veille, il faut réunir un certain nombre de conditions qui ont pour but de procurer au sujet un état de calme physique et moral et de diminuer son pouvoir de résistance. Or, lorsqu'on adresse à haute voix une injonction à une personne, on emploie la suggestion directe, qui a toujours le tort d'éveiller la résistance ; de là les insuccès fréquents. L'auteur pense que ce sont surtout les suggestions indirectes qui réussissent pendant l'état de veille, et les suggestions directes pendant l'état d'hypnotisme.

Cette formule présente une netteté très curieuse, mais nous doutons qu'elle soit absolument juste, et puisse convenir à tous les cas. Ce qui me paraît entièrement vrai, c'est que la résistance du sujet peut faire échouer les suggestions directes. Cette cause d'échec est moins à craindre pendant l'état d'hypnotisme, mais elle n'y subsiste pas moins, et je me rappelle plus d'un sujet rebelle qui a mis dans un grand embarras son opérateur ; un jour que Charcot montrait quelques-unes de ses malades à des étrangers, il voulut faire écrire à l'une d'elles une reconnaissance de dette égale à un million ; l'énormité du chiffre provoqua de la part de l'hypnotisée une résistance invincible, et pour la décider à donner sa signature il fallut se borner à lui faire souscrire une dette de quelques francs. D'autre part, j'ai bien constaté que pendant l'état d'hypnotisme, les suggestions données sous une forme indirecte sont très effectives ; au lieu de dire à une malade rebelle : « Vous allez vous lever ! » on obtient un effet qui quelquefois est plus sûr, en se contentant de dire à demi-voix à un assistant : « Je crois qu'elle va se lever. » Suivant les cas, tel mode de suggestion réussit et tel autre mode échoue.

Mais revenons à l'étude de l'état normal. Il faut distinguer les suggestions de sensations et d'idées et les suggestions d'actes ; ces dernières sont toujours difficiles à réaliser, car elles impliquent d'une part commandement et d'autre part obéissance, et il est bien vrai qu'un ordre donné sur un ton autoritaire a quelque chose d'offensant qui excite un sujet à la résistance. Il y aurait donc lieu d'imaginer une forme d'expérience un peu différente de celle de Sidis.

Un petit détail, assez insignifiant en apparence, est à relever dans les descriptions de cet auteur. Avant de donner sa suggestion, dit-il, il avait soin d'engager la personne à regarder un

petit point pendant vingt secondes. Il ne dit pas pourquoi il a
employé cette fixation du regard, ni si les sujets qui n'avaient
pas eu soin de regarder fixement un point étaient plus suggestibles que les autres. Je pense que cette pratique, qui rappelle
beaucoup le procédé de Braid pour hypnotiser, devrait être
étudiée avec soin dans ses conséquences psycho-physiologiques..

Un autre auteur, Bérillon, qui s'est beaucoup occupé de
l'hypnotisation des enfants comme méthode pédagogique, vient
de publier un opuscule [1] où il rapporte plusieurs exemples de
suggestion donnée à l'état de veille.

Ces observations ne rentrent pas absolument dans le cadre.
de notre article, car, ainsi que nous l'avons dit, nous ne nous
occuperons point des suggestions dites de l'état de veille, lorsqu'elles sont données d'après les mêmes méthodes que la suggestion de l'hypnotisme ; cependant nous croyons devoir dire
un mot des recherches de Bérillon, à cause de la curieuse assertion dont il les accompagne.

D'après son expérience, des enfants imbéciles, idiots, hystériques, sont beaucoup moins facilement hypnotisables et suggestibles que « les enfants robustes, bien portants, dont les antécédents héréditaires n'ont rien de défavorable ». Ces derniers
seraient « très sensibles à l'influence de l'imitation. Ils s'endor-
ment souvent, lorsqu'on a endormi préalablement d'autres personnes devant eux, d'une façon presque spontanée. Il suffit de
leur affirmer qu'ils vont dormir pour vaincre leur dernière résistance. Leur sommeil a toutes les apparences du sommeil normal , ils reposent tranquillement les yeux fermés [2] ».

Voici maintenant ce que l'auteur pense de ceux qui résistent
aux suggestions : « Au point de vue purement psychologique,
la résistance aux suggestions est aussi intéressante à constater
qu'une extrême suggestibilité. Elle dénote un état mental particulier et souvent même un esprit systématique de contradiction
dont il faut neutraliser les effets. Parfois cette résistance est
inspirée par des motifs dont il y a lieu de ne pas tenir compte.
Le plus fréquent de ces motifs est la peur de l'hypnotisme, que
nous arrivons assez facilement à dissiper.

« Le degré de suggestibilité n'est nullement en rapport avec
un état névropathique quelconque. La *suggestibilité, au contraire, est en rapport direct avec le développement intellectuel*

_____

(1) *L'hypnotisme et l'orthopédie mentale*, par E. Bérillon, Paris, Rueff,
1886.

(2) *Op. cit.*, p. 10.

et la puissance d'imagination du sujet. Suggestibilité, à notre avis, est synonyme d'éducabilité.

« *Le diagnostic de la suggestibilité.* — Ce diagnostic peut être fait à l'aide d'une expérience des plus simples. Cette expérience a pour objet d'obtenir chez le sujet la réalisation d'un acte très simple, suggéré à l'état de veille. Voici comment je procède :

« Après avoir fait le diagnostic clinique et interrogé l'enfant avec douceur, je l'invite à regarder avec une grande attention un siège placé à une certaine distance, au fond de la salle, et je lui fais la suggestion suivante : « Regardez attentivement cette « chaise ; vous allez éprouver malgré vous le besoin irrésistible « d'aller vous y asseoir. Vous serez obligé d'obéir à ma sugges- « tion, quel que soit l'obstacle qui vienne s'opposer à sa réali- « sation. »

« J'attends alors le résultat de l'expérience. Au bout de peu de temps (une ou deux minutes) on voit ordinairement l'enfant se diriger vers la chaise indiquée, comme poussé par une force irrésistible, quels que soient les efforts qu'on fasse pour le retenir. Dès lors je puis poser mon pronostic, et déclarer que cet enfant est intelligent, docile, facile à instruire et à éduquer et qu'il a de bonnes places dans sa classe. Je puis ajouter qu'il sera très facile à hypnotiser.

« Si l'enfant reste immobile, et déclare qu'il n'éprouve aucune attraction vers le siège qui lui est désigné, je puis conclure de ce résultat négatif qu'il est mal doué au point de vue intellectuel et mental, et qu'il sera facile de retrouver chez lui des stigmates accentués de dégénérescence. L'opinion des maîtres et des parents vient toujours confirmer ce diagnostic. »

On sera sans doute étonné, de prime abord, qu'un auteur voie dans la suggestibilité des signes d'éducabilité ; les hypno-tiseurs nous ont du reste habitué aux affirmations tranchantes et inattendues. Delbœuf n'a-t-il pas soutenu que l'hypnotisme exalte la volonté humaine ? Nous pensons inutile de décrire à nouveau ce que nous entendons par état de suggestibilité, état dans lequel il y a une suspension de l'esprit critique, et une manifestation de la vie automatique, et par conséquent nous n'insisterons pas pour prouver qu'un développement anormal de l'automatisme ne saurait en aucune façon être une preuve d'intelligence. En somme, ce sont là des discussions théoriques, qui n'engendrent pas toujours la conviction, et il vaut bien mieux traiter la question sous une forme expérimentale.

Sur ce dernier point, je crois intéressant de remarquer que Bérillon se contente d'affirmer sans rien prouver. On aurait été curieux d'avoir sous les yeux une statistique de bons élèves et de mauvais élèves, et d'étudier le pourcentage des hypnotisables dans ces deux catégories. C'est ainsi que nous procédons en psychologie expérimentale, nous donnons nos chiffres, et nous les laissons parler. L'habitude maintenant est si bien prise que lorsque nous rencontrons une affirmation sans preuves, nous la considérons comme une impression subjective, sujette à des erreurs de toutes sortes. Voilà ce qu'aurait dû se rappeler un auteur américain, M. Luckens, qui a été très frappé, dans une visite faite à Bérillon, de cette assimilation de la suggestibilité à l'éducabilité ; il aurait dû demander des preuves, et jusqu'à ce qu'elles lui essent été fournies, suspendre son jugement[1].

J'ai fait il y a cinq ans environ, en collaboration avec V. Henri, des expériences de suggestion qui rentrent dans cette catégorie, c'est-à-dire qui sont la mise en œuvre de l'autorité morale ; ce n'étaient point des suggestions d'actes ou de sensations ; la suggestion était dirigée de manière à influencer seulement un acte de mémoire. Une ligne modèle de 40 millimètres de longueur étant présentée à l'enfant, il devait la retrouver, par mémoire ou par comparaison directe, dans un tableau composé de plusieurs lignes, parmi lesquelles se trouvait réellement la ligne modèle. Au moment où il faisait sa désignation, on lui adressait régulièrement, et toujours sur le même ton, la phrase suivante : « En êtes-vous bien sûr ? N'est-ce pas la ligne d'à côté ? » Il est à noter que sous l'influence de cette suggestion discrète, faite d'un ton très doux, véritable suggestion scolaire, la majorité des enfants abandonne la ligne d'abord désignée et en choisit une autre. La répartition des résultats montre que les enfants les plus jeunes sont plus sensibles à la suggestion que leurs ainés ; en outre, la suggestion est plus efficace quand l'opération est faite de mémoire que quand elle est faite par comparaison directe (c'est-à-dire le modèle et le tableau de lignes se trouvant simultanément sous les yeux de l'enfant) ; voici quelques chiffres :

NOMBRE DES CAS OU LES ENFANTS ONT CHANGÉ LEUR RÉPONSE

	Dans la mémoire.	Dans la comparaison directe.	Moyenne.
Cours élémentaire.	89 p. 100	74 p. 100	81,5 p. 100
— moyen . . .	80 —	73 —	76,5 —
— supérieur . .	54 —	48 —	51 —

(1) Luckens. *Notes abroad.* Ped. Seminary, 10, 1898.

Dans ces chiffres sont confondus les enfants qui, avant la suggestion, ont fait une désignation exacte de la ligne égale au
modèle, et les enfants qui ont fait une désignation fausse. Il
faut maintenant distinguer ces deux groupes d'enfants, dont
chacun présente un intérêt particulier. Les enfants qui se sont
trompés une première fois font en général une désignation plus
exacte, grâce à la suggestion ; ainsi, si l'on compte ceux dont
la seconde désignation se rapproche plus du modèle que la
première, on en trouve 81 p. 100, tandis que ceux qui s'en
éloignent davantage forment une petit minorité de 19 p. 100.
Quant aux enfants qui ont vu juste la première fois, ils sont
remarquables par la fermeté avec laquelle ils résistent à la suggestion, qui, dans leur cas, est perturbatrice ; 56 p. 100 seulement abandonnent leur première opinion, tandis que dans le
cas d'une réponse inexacte, il y en a 72 p. 100 qui changent de
désignation [1]. »

Je ferai remarquer que cette étude de M. Henri et de moi a
été conçue dans un esprit un peu différent de celui qu'on trouve
dans d'autres travaux du même genre. Nous ne nous sommes
pas simplement proposé de montrer que les enfants, ou que
tels et tels enfants sont suggestibles, mais nous avons cherché
à préciser le mécanisme de cette suggestibilité, en étudiant les
conditions mentales où la suggestion réussit le mieux ; on a vu
que la suggestion réussit le mieux dans les cas où la certitude
de l'enfant, sa confiance est la plus faible, par exemple lorsqu'il fait sa comparaison de mémoire au lieu de faire une comparaison directe, ou lorsqu'il a fait une première comparaison
erronée ; d'où l'on pourrait déduire cette règle provisoire que :
la suggestibilité d'une personne sur un point est en raison
inverse de son degré de certitude relativement à ce point.

Dernièrement, un anthropologiste italien, Vitale Vitali [2], a
reproduit nos expériences dans les écoles de la Romagne, et il
est arrivé à des résultats encore plus frappants que les nôtres.
Il a constaté comme nous que les changements d'opinion se font
bien plus facilement dans l'opération de mémoire que dans la
comparaison directe ; le nombre de ceux qui changent d'opinion
est à peu près le double dans le premier cas ; il a vu aussi que
cette suggestibilité diminue beaucoup avec l'âge, et enfin qu'elle
est moins forte chez ceux qui ont vu juste la première fois que

---

(1) Nous empruntons ce résumé à l'*Année psychologique*, I, p. 101-105.
(2) *Studi antropologici*, Forli, 1896, p. 97.

chez ceux qui s'étaient trompés. Nos chiffres étaient les suivants : pour ceux ayant vu juste la première fois, les suggestibles étaient de 56 p. 100, tandis que pour ceux qui s'étaient trompés, les suggestibles étaient de 88 p. 100. Les résultats de Vitale Vitali sont encore plus nets ; pour le premier groupe, il trouve 32 p. 100, et pour le second 80 p. 100. C'est donc une confirmation sur tous les points.

Le même auteur a imaginé une variante curieuse de l'expérience susdite, en appliquant deux pointes de compas sur la peau d'un élève, et en lui demandant, lorsque l'élève avait accusé une pointe ou deux : « En êtes-vous bien sûr ? » Les élèves de moins de quinze ans ont changé d'avis sous l'influence de cette suggestion, dans le rapport de 65 p. 100, et les élèves de plus de quinze ans ont changé dans le rapport de 44 p. 100 ; c'est une nouvelle démonstration de l'influence de l'âge sur la suggestibilité. Comme l'auteur le fait remarquer, cette méthode renferme une plus grande cause d'erreur que les exercices sur la mémoire visuelle des lignes, parce que le sens du toucher se perfectionne rapidement au cours des expériences et en change les conditions.

Ainsi que nous l'avons fait nous-mêmes, Vitali insiste sur l'importance de la personnalité de l'expérimentateur, personnalité qui fait beaucoup varier les résultats. Il déclare même qu'ayant répété après quelque temps les mêmes tests sur les mêmes sujets, il a trouvé des variations énormes. Nous pensons qu'il eût été utile d'étudier ces variations et d'en rechercher les causes.

M. Victor Henri a fait avec M. Tawney [1] quelques expériences sur la sensibilité tactile, pour étudier l'influence de l'attente et de la suggestion sur la perception de deux pointes lorsqu'on ne touche qu'un seul point de la peau ; avant chaque expérience on montrait au sujet le compas avec les deux pointes présentant un écart bien déterminé ; puis le sujet fermait les yeux, et on touchait sa peau avec une seule pointe ; sous l'influence de cette suggestion, les appréciations du sujet sont profondément troublées ; le plus souvent, il perçoit deux pointes au lieu d'une, et de plus, il juge l'écart d'autant plus grand que l'écart réel qu'on lui a montré est plus grand. Cela est très curieux, et on pourrait bien, de cette manière, mesurer la suggestibilité du sujet par le nombre de fois qu'il perçoit une pointe au lieu de deux ; mais il aurait aussi été très intéressant de savoir s'il y avait quelque relation entre la suggestibilité de la personne et

(1) Voir *Année Psychologique*, II, p. 295 et seq.

L'ANNÉE PSYCHOLOGIQUE. V.

la finesse de sa sensibilité tactile ; c'est ce qui malheureusement n'a pas été examiné.

Les expériences de MM. Henri et Tawney sont des expériences de suggestion ; voici pourquoi : il n'y a pas, à proprement parler, d'ordre donné sur un ton impératif; mais l'idée
préconçue de deux pointes est acceptée par le sujet pendant
toute la séance parce qu'il a confiance dans la parole de l'opérateur, et parce qu'il croit que l'opérateur est incapable de le
tromper ; en effet, comme dans les laboratoires de psychologie
on ne fait guère d'expériences de suggestion, les élèves ne sont
point habitués à des expériences de mensonge, et ils ne songent
pas à se méfier de ce qu'on leur dit. C'est donc de la suggestion
dans le sens de confiance plutôt que dans le sens d'obéissance.
Ce sont de petites nuances qui se préciseront sans doute dans
les études ultérieures.

J'ai repris dernièremnnt, avec M. Vaschide, sur 86 élèves
d'école primaire élémentaire, la recherche de suggestion que
j'avais commencée avec M. V. Henri ; seulement, nous avons
employé une méthode un peu plus rapide. L'expérience avait
été confiée à M. Michel, directeur de l'école; c'était lui seul qui
parlait et expliquait, nous restions simples témoins. M. Michel
se rendait donc avec nous dans les classes, il faisait distribuer
aux élèves du papier et des plumes, il faisait écrire sur chaque
feuille les noms des élèves, la classe, le nom de l'école, la date
du jour et l'heure; puis, après ces préliminaires obligés de toute
expérience collective, il annonçait qu'il allait faire une expérience sur la mémoire des lignes, des longueurs; une ligne
tracée sur un carton blanc serait montrée pendant trois secondes
à chaque élève, et chaque élève devait, après avoir vu ce
modèle, s'empresser de tracer sur sa feuille une ligne de longueur égale. M. Michel allait ensuite de banc en banc, et montrait à chaque élève la ligne tracée ; par suite de la discipline
parfaite que notre distingué collaborateur sait faire régner dans
son école, les élèves restaient absolument silencieux, et aucun
ne voyait la ligne deux fois. Il fallait environ une minute et dix
secondes pour montrer la ligne à tous les élèves de la classe.
Ceci terminé, M. Michel remontait en chaire et annonçait qu'il
allait montrer une seconde ligne *un peu plus grande* que la
première ; cette affirmation était faite d'une voix forte et bien
timbrée, avec l'autorité naturelle d'un directeur d'école; mais
l'affirmation n'avait lieu qu'une fois, et collectivement, M. Michel s'adressant à toute la classe. Or, la seconde ligne n'avait

que 4 centimètres de longueur, alors que la première en avait 5.
La seconde ligne était montrée à chaque élève, exactement
comme on avait fait pour la première fois. Entre ces deux
expériences s'écoulait pour chaque élève un temps moyen de
deux à trois minutes. Cette épreuve a été faite sur 86 élèves,
comprenant les trois premières classes de l'école primaire.

Quels ont été les résultats? Notons tout d'abord que la reproduction de la première ligne — ce qui est une pure expérience
de mémoire, sans suggestion d'aucune sorte — donne lieu à
d'énormes différences individuelles ; elles sont comprises, pour
la première classe, entre ces deux extrêmes : 60 millimètres et
28 millimètres ; la ligne avait en réalité 50 millimètres ; or, il y
a eu seulement trois élèves sur vingt-cinq qui ont dessiné une
ligne égale ou supérieure au modèle ; tous les autres ont dessiné une ligne plus petite ; par conséquent, on peut affirmer qu'il
y a bien (comme nous l'avons vu autrefois), une tendance des
enfants à diminuer la longueur des lignes de 60 millimètres en
les reproduisant dans la mémoire. Dans la deuxième classe, il
y a eu 3 élèves reproduisant une ligne supérieure à 50 ; tous les
autres élèves ont reproduit des lignes plus courtes ; enfin, sem-
blablement, dans la troisième classe, nous n'en trouvons que
2 dessinant une ligne plus longue que le modèle, tous les autres
ont fait plus court.

En examinant quelle différence les élèves ont indiquée entre
la première ligne (50 centimètres), et la seconde (40 centimètres),
on trouve que bien peu d'élèves ont tracé la seconde ligne plus
petite que la première ; par conséquent, la suggestion a été très
efficace ; 9 élèves seulement, sur les 86 élèves des trois classes,
ont dessiné une seconde ligne plus courte ; on peut donc dire
que 9 élèves seulement ont résisté à la suggestion d'allongement
et ont cru au témoignage de leur mémoire plus qu'à la parole
de leur maître ; et encore, cette remarque comporte une
réserve ; il est probable que ces réfractaires ont quand même
été un peu influencés par la suggestion, car un seul a rendu la
seconde ligne plus petite de 10 millimètres, ce qui était l'écart
réel ; tous les autres ont amoindri cette différence ; 2 l'ont faite
de 7 millimètres, 2 l'ont faite de 5, etc. Ils ont composé entre
le témoignage de leur mémoire et la parole du maitre. Quant à
ceux qui, obéissant à la suggestion, ont dessiné la seconde ligne
plus grande que la première, ils présentent des degrés très
différents de suggestibilité. Les écarts ont pu atteindre
10 millimètres assez fréquemment, et une fois même, l'écart a

dépassé 20 millimètres, ce qui veut dire qu'au lieu de faire la seconde ligne plus courte de 10 millimètres, le sujet a été tellement docile à la suggestion qu'il a fait la seconde ligne plus longue de 20 millimètres ; en d'autres termes, la suggestion a produit dans ce cas extrême, une erreur de 30 millimètres, erreur énorme si on considère qu'elle a porté sur une longueur totale de 50 millimètres. En moyenne, on a fait la seconde ligne plus grande de 6 millimètres environ, et comme elle était en réalité plus petite de 10 millimètres, l'erreur totale est de 1 cm. 6 environ.

Il est à remarquer que les enfants les plus jeunes se sont montrés plus suggestibles. Nous trouvons en effet, dans la première classe, que 7 élèves seulement ont tracé la seconde ligne plus longue de 5 millimètres ; au contraire, dans la troisième classe, le nombre d'élèves qui sont dans ce cas est de 16. Du reste, dans nos expériences antérieures avec M. Henri sur la suggestibilité scolaire, nous avions aussi constaté que les plus jeunes enfants ont plus de suggestibilité que les enfants plus âgés.

La description que nous avons donnée de notre expérience de suggestion n'est pas complète ; nous l'avons poussée plus loin. Lorsque tous les élèves eurent reproduit de mémoire la ligne de 40 centimètres, le directeur de l'école leur présenta une troisième ligne, longue de 50 centimètres, et il leur dit avant de la présenter : « Je vais vous présenter une troisième ligne qui est *un peu plus longue que la seconde.* » En faisant cette nouvelle tentative de suggestion, nous avions deux raisons ; la première était de chercher à vérifier l'épreuve précédente ; la seconde était de savoir s'il est possible de donner successivement plusieurs suggestions du même genre sans nuire au résultat.

Cette seconde suggestion a été moins efficace que la première ; les élèves semblent s'être mieux rendu compte de la longueur vraie des lignes ; tandis que la première fois, 5 élèves seulement avaient fait un tracé de ligne en sens contraire de la suggestion, on en trouve 16 dans le même cas à la seconde reprise ; de plus, tandis qu'à la première fois, l'écart inexact indiqué entre les deux lignes était, pour 33 élèves, supérieur à 5 centimètres, ici, nous ne trouvons plus cet écart considérable indiqué que par 23 élèves ; dans son ensemble, le groupe d'élèves a donc opposé une plus grande résistance à la parole du maître ; et cela confirme du reste un principe de prestidigitation (la prestidigitation n'est-elle point, pour une bonne part, de la suggestion ?), à savoir qu'il ne faut jamais recommencer deux fois de suite le même tour.

Nous trouvons également, à cette seconde épreuve, que les
élèves les plus jeunes ont été les plus dociles ; tandis que 3 élèves
seulement de la première classe ont dessiné une troisième
ligne plus courte de plus de 5 millimètres, 11 élèves de la troisième classe sont dans le même cas. C'est encore une confirmation des recherches que nous avons faites il y a environ
cinq ans avec M. Victor Henri.

Il nous a paru nécessaire d'examiner nos résultats de plus
près, et de rechercher si chaque élève avait présenté pendant
les deux épreuves la même suggestibilité ou la même résistance. On se rappelle que dans la première épreuve, 9 élèves
ont résisté, tandis que dans la seconde épreuve il y en a eu 16 ;
retrouve-t-on ces 9 parmi les 16 ? On en retrouve seulement 7,
mais c'est une bonne moyenne. Autre question : les 9 qui
restent, comment s'étaient-ils comportés à la première épreuve ?
étaient-ils du nombre de ceux qui par une docilité extrême ont
fait un écart supérieur à 7 millimètres ? 1 seul était dans ce
cas ; les autres faisaient des écarts moindres. Ces petites
remarques préliminaires suffisent déjà à nous montrer que
dans les deux épreuves successives les élèves ont montré une
suggestibilité analogue ; mais il faut serrer la question de plus
près. Nous allons diviser tous nos sujets en cinq groupes :
1° ceux qui ont fait à la première épreuve une seconde ligne
moindre que la première (ce sont les élèves les plus exacts) ;
2° ceux qui ont fait à la première épreuve une seconde ligne
égale à la première, ou supérieure de 1, 2 à 4 millimètres ;
3° ceux qui ont fait à la première épreuve une seconde ligne
supérieure de 4 à 8 millimètres ; 4° ceux qui ont fait à la première épreuve la seconde ligne supérieure de 8 à 14 millimètres et au delà. On voit que ce groupement exprime l'ordre
de la suggestibilité, les élèves du quatrième groupe se sont
montrés plus suggestibles que ceux du troisième groupe, et
ainsi de suite jusqu'au premier groupe. Or voici les résultats
donnés par ce calcul :

RAPPORT ENTRE LA SUGGESTIBILITÉ DES SUJETS DANS DEUX SÉRIES
SUCCESSIVES D'EXPÉRIENCES

Ordre des groupes.	Nombre de sujets.	Suggestion d'allonge-ment de la ligne.	Suggestion de rac-courcissement de la ligne.
1°	10	— 4.6	+ 2
2°	28	+ 3.07	— 2.35
3°	31	+ 5.99	— 3.06
4°	15	+ 12.9	— 8.66

Ces chiffres, pour être clairs, exigent une courte explication. Dans la première épreuve, rappelons-le, la seconde ligne présentée était plus courte que la première de 10 millimètres, mais la suggestion donnée était que cette seconde ligne était la plus longue. Par conséquent, les élèves qui l'ont dessinée plus courte, comme ceux de notre premier groupe qui l'ont dessinée avec une longueur moindre de $4^{mm},6$, ont été plus exacts que ceux du deuxième groupe, qui ont donné à cette ligne une longueur plus grande que la première, plus grande de $3^{mm},07$; à leur tour, les sujets du second groupe ont été plus exacts que ceux du troisième et ceux du quatrième groupe, puisque ceux-ci ont allongé encore davantage la seconde ligne, qui était cependant plus courte. Il est donc bien clair que nous avons établi nos quatre groupes dans l'ordre de la suggestibilité croissante. Or, qu'on comprenne bien ce point, ce sont les sujets formant chacun de ces quatre groupes dont on a cherché à apprécier les résultats dans la seconde épreuve ; nous avons voulu savoir si les élèves A, B, C, etc., formant le premier groupe, le meilleur, le plus résistant à la suggestion de la première épreuve, ont manifesté les mêmes qualités d'exactitude et de résistance à la suggestion dans la seconde épreuve ; et pour cela, nous avons calculé les écarts de lignes présentés par ces sujets dans cette seconde épreuve. Seulement, il faut se souvenir que dans la seconde épreuve, la suggestion donnée était une suggestion de raccourcissement; et que la ligne qu'on présentait à dessiner était réellement plus grande que la précédente; par conséquent, les élèves les plus exacts à cette seconde épreuve sont ceux qui ont dessiné la ligne plus grande que la précédente ; et parmi ceux qui l'ont dessinée plus courte, les plus exacts sont ceux qui ont le moins exagéré cette différence en moins. Ces explications feront comprendre les oppositions de signe algébrique que l'on rencontre dans les résultats des épreuves pour un même groupe de sujets. Il est clair maintenant qu'il existe une concordance bien remarquable entre les deux épreuves; on voit en effet, que les élèves du premier groupe, qui avaient résisté à la suggestion d'allongement de la première épreuve, ont également résisté à la suggestion de raccourcissement de la seconde épreuve, puis qu'ils ont dessiné la troisième ligne avec 2 millimètres en plus tandis que la suggestion tendait à la faire dessiner plus petite ; de même, on voit dans les groupes suivants que plus un groupe a obéi à la suggestion d'allongement de la première épreuve,

plus il a obéi à la suggestion de raccourcissement de la seconde.
Le résultat est aussi net qu'on peut le souhaiter [1].

Qu'est-ce que ces expériences nous apprennent de plus sur la
suggestibilité des enfants ? C'est là une question utile, qu'on
devrait se poser à propos de chaque étude nouvelle. Nos expériences fournissent un nouveau moyen, d'une efficacité vérifiée,
pour mesurer la suggestibilité des enfants ; et le procédé nous
paraît recommandable, puisqu'il fait apparaître de très grandes
différences individuelles. Nous avons pu constater en outre que
les enfants les plus suggestibles sont ceux de la troisième classe,
c'est-à-dire les plus jeunes. Cette épreuve nous a montré encore
la possibilité de faire à la suite l'une de l'autre deux épreuves
de suggestibilité, dans lesquelles les enfants se comportent à
peu près de la même manière, et gardent chacun leur degré
propre de suggestibilité ; cette confirmation est très importante ; elle nous montre que la suggestibilité présente un certain caractère de constance, au moins lorsque l'expérience est
bien conduite. Enfin, nous avons eu à noter qu'une suggestion
répétée a moins d'efficacité la seconde fois que la première ; cet
affaiblissement est sans doute spécial à ces suggestions indirectes
de l'état de veille, qui ne constituent point à proprement parler
des mainmises sur l'intelligence des individus ; dans les expériences d'hypnotisme, au contraire, la suggestibilité de l'individu hypnotisé croît avec le nombre des hypnotisations.

Voilà à peu près quelles sont les études qui ont été faites
jusqu'ici sur la suggestibilité ou suggestion à l'état de veille et
chez les sujets normaux.

Il semble que quand elle est réduite à sa forme la plus
simple, l'épreuve de la suggestion à l'état de veille constitue
un test de docilité ; et il est vraisemblable que des individus
dressés à l'obéissance passive s'y conformeront mieux que les
indépendants. Rappelons-nous ce fait si curieux, que d'après
les statistiques de Bernheim les personnes les plus sensibles à
l'hypnotisme — c'est-à-dire à la suggestion autoritaire — ne
sont pas, comme on pourrait le croire, les femmes nerveuses,
mais les anciens militaires, les anciens employés d'administra-
tion, en un mot tous ceux qui ont contracté l'habitude de la

---

(1) Nous ne calculons pas les variations moyennes ni les erreurs pro-
bables de nos chiffres parce que nous avons l'intention de reprendre très
prochainement ces études, pour en faire un examen approfondi. Nous
avons en portefeuille beaucoup d'autres expériences du même genre : et
sans vouloir prendre aucun engagement ferme, nous espérons publier
un jour un ouvrage sur la suggestibilité.

discipline. Il faudra voir si les expériences de suggestion à l'état de veille fourniront des résultats concordants.

II

SUGGESTION ET PRESTIDIGITATION

Comme appendice à la section précédente, je désire dire quelques mots de certains tours de prestidigitation qui font directement partie de notre sujet, car ils consistent dans une pesée exercée par le prestidigitateur sur l'esprit et la volonté d'un spectateur. Ces observations vont beaucoup nous changer de milieu, et cela est bien, car nous aurons ainsi l'avantage de comprendre par quelle très grande variété de moyens on peut arriver à la même fin. Au cours de notre description, nous chercherons à donner l'analyse psychologique des moyens employés par le prestidigitateur.

Les tours où s'exécute cette hardie tentative de mainmise sur l'intelligence d'une personne sont nombreux et variés ; ils se présentent d'ordinaire sous la forme suivante : une certaine quantité d'objets, des cartes par exemple, sont placés sous les yeux d'un spectateur, que l'on prie de choisir à son gré la carte ou l'objet qu'il désire ; c'est cette opération de choix, qui, selon l'analyse des psychologues, est une des manifestations les plus éclatantes de notre liberté, que l'opérateur dirige subtilement, en employant un tour de main particulier ; l'artifice consiste simplement à opposer une légère résistance aux divers partis que le spectateur peut prendre ; le spectateur, sans comprendre de quelle manœuvre il s'agit, et tout en conservant son illusion de libre arbitre, perçoit vaguement la résistance qu'on lui oppose dans une certaine direction, et il prend une direction différente. L'expérience me paraît être une merveille de délicatesse ; elle est faite avec des riens ; mais elle n'est point inventée à plaisir, elle a été longuement éprouvée, et voilà plus de deux cents ans qu'elle réussit entre les mains de tous les opérateurs habiles.

Le *tour de la carte forcée*, qui constitue le type de ces expériences, n'est point d'invention nouvelle. M. Pierre, un érudit, a fait des recherches historiques, d'où il ressort que le principe de la carte forcée ne remonte pas au delà du xviii⁰ siècle ; le fameux Pinnetti en est peut-être l'inventeur.

Le tour consiste, comme le terme l'indique, à forcer un spectateur devant lequel on développe un jeu de cartes, à prendre dans le jeu une carte désignée d'avance, et celle-là seulement ; si c'est le dix de pique qui est nécessaire au tour, on force cette carte, et le spectateur la prend à l'exclusion des cinquante et une autres qui forment le jeu complet. Cette action est d'autant plus curieuse qu'elle est ignorée de celui qui l'éprouve ; la personne à qui l'on force la carte croit garder toute sa liberté pour choisir une carte que l'on pourrait cependant lui nommer d'avance, avant qu'elle ait étendu la main pour la saisir.

J'ai vérifié de mes yeux l'exactitude parfaite de cette expérience ; elle a été faite sur moi et aussi, en ma présence, sur différentes personnes que je connais, et quand le prestidigitateur opère habilement, on ne se doute pas qu'il force la carte. Tous les prestidigitateurs m'ont déclaré qu'il est très facile de faire ce tour et que toutes les cartes qu'ils font prendre au public sont des cartes forcées.

L'opération qu'il faut faire pour que le tour réussisse est assez compliquée ; elle exige non seulement l'adresse des doigts, mais celle de l'esprit. Il n'y a pas un procédé unique pour forcer la carte, mais un ensemble de procédés qu'il faut savoir mettre en exercice simultanément, ou varier suivant les circonstances. J'essaierai de les décrire à peu près tous, bien que quelques-uns suffisent d'ordinaire à la réussite. Je vais résumer ici les descriptions de Decremps, Poncin, Robert Houdin, etc., descriptions qui du reste diffèrent très peu les unes des autres.

Les anciens auteurs ont parlé de ce tour en termes vagues, sans indiquer les moyens de l'exécuter ; ils se contentent de dire qu'on peut forcer une carte en s'y prenant adroitement. Mais ils n'expliquent pas en quoi consiste l'adresse. Guyot enseigne qu'on doit employer la carte longue ; il dit simplement : « On fait tirer adroitement à une personne la carte longue qu'on a mise dans le jeu et que l'on connait. » Decremps, un peu plus explicite, indique comment il faut tenir le jeu ; Poncin ajoute des détails nouveaux, fort utiles à connaitre ; et enfin Robert Houdin, traitant la question avec les développements qu'elle mérite, parait avoir donné une description définitive. C'est surtout ce dernier auteur que nous prendrons pour guide.

Quand on veut forcer une carte, la première précaution est de ne jamais la perdre de vue, pour ne pas risquer de la confondre avec une autre. On met au-dessous du jeu la carte qu'on

alerte le praticable, s'avance vers le spectateur le plus proche, et le prie de prendre une carte dans le jeu qu'il lui présente. Une certaine vivacité de mouvement peut être utile, et couper court aux résistances d'un spectateur récalcitrant ; quand on est surpris, on est plus docile.

Il ne faut pas présenter le jeu étalé en éventail, mais fermé. Ce n'est qu'au moment où le spectateur avance la main — quelquefois même un peu surpris de voir toujours le jeu fermé — qu'on ouvre celui-ci ; et en même temps, on ne tient pas les cartes immobiles ; on fait filer une douzaine de cartes rapidement devant les yeux du spectateur ; c'est dans cette douzaine, qui occupe le milieu du jeu, que se trouve la carte à forcer. Le spectateur, dans cette succession rapide de cartes qui passent devant son regard, n'a pas le temps d'en choisir une en particulier, mais il avance toujours la main, avec le pouce et l'index écartés pour prendre une carte quelconque. On suit sa main et on épie son regard ; tout doucement, on avance le paquet vers lui et on met soi-même la carte entre ses deux doigts ; la personne, machinalement, serre les doigts et prend la carte, croyant la tirer au hasard parmi toutes celles qu'on étale devant elle. Dès que la carte est pincée, pour éviter toute détermination contraire, on retire doucement le jeu. L'habileté que l'on déploie dans cette circonstance, dit Robert Houdin, peut être comparée à celle usitée dans les passes de l'escrime ; on lit dans les yeux de son adversaire, on devine son incertitude, sa détermination, et d'un tour de main l'on se rend maître de sa volonté.

Pour la réussite du tour, quelques prestidigitateurs ne prennent indistinctement tout le monde. Quelques-uns choisissent les dames ou les jeunes filles. Robert Houdin que'il vaut mieux avoir affaire à un spectateur mal disposé qu'à une personne trop timide. Celle-ci se trouble, avance une main incertaine, n'ose prendre la carte forcée dans la crainte d'embarrasser l'artiste, et parfois elle s'arrête sans avoir fixé son choix. Les paroles prononcées ont aussi quelque importance. Avant de développer les cartes, on prie une personne de *prendre* une carte dans le jeu ; on évite d'employer le mot *choisir*, afin de ne pas éveiller inutilement des idées d'indépendance.

Les habiles, dit Robert Houdin, font quelquefois tirer une carte d'une seule main ; pour y arriver, ils présentent le jeu étalé sous forme d'éventail à feuillets égaux et rapprochés, en laissant un peu plus d'espace sur la carte que l'on désire faire prendre. Il est rare que le spectateur ne soit pas influencé par cet espacement. On doit en outre serrer fortement les cartes du jeu, excepté la carte à forcer. Le spectateur, sans se rendre compte de l'intention du prestidigitateur, sent une résistance, et se laisse aller à prendre la carte forcée qu'il tire plus facilement.

Malgré ces précautions le tour peut échouer, parce qu'il repose sur un phénomène de psychologie ; il faut parer à cette éventualité, prévoir un échec et se tracer d'avance une ligne de conduite. Quand une personne a évité, par malice, de prendre la carte forcée, et a choisi une autre carte au milieu du jeu, on fait remettre la carte dans le jeu ; par le saut de coupe, on la fait passer sur le dessus ; par l'opération de la carte à l'œil, on la regarde ; puis, s'adressant au spectateur, on lui dit : « Voyez comme je suis consciencieux ; je dois vous prévenir que lorsque vous avez remis votre carte dans le jeu, vous ne l'avez pas bien cachée et je l'ai vue ». En effet, on la nomme. On recommence alors le même tour près de la même personne ou d'une autre.

Il ne me parait pas difficile de faire l'analyse psychologique de ce tour, et de montrer l'utilité des différents procédés nécessaires pour le réussir. Bien que la théorie de la carte forcée n'ait pas encore été établie, je ne crois pas beaucoup me tromper en la ramenant aux points suivants : 1° on présente d'abord le jeu fermé, pour empêcher le spectateur de faire son choix avant que l'opérateur lui ait mis les cartes sous les yeux ; en effet, si le spectateur apercevait déjà à 2 mètres les cartes étalées en éventail, il pourrait fixer son regard sur l'une d'elles et s'y tenir, par malice ou timidité. Pour éviter cet écueil, on n'ouvre le jeu que lorsqu'on est devant le spectateur, et qu'il a déjà étendu la main avec l'intention de prendre une carte ; 2° si on fait défiler devant lui seulement les douze à vingt cartes du milieu du paquet, c'est pour lui indiquer que c'est dans ces cartes seulement qu'il doit faire son choix ; ce sont les seules qu'on lui présente, et il est tout naturel qu'il ne pense pas à prendre les autres, que l'opérateur garde tassées en paquet sous sa main ; le choix n'a donc pas lieu sur les 32 ou les 52 cartes du jeu, mais sur un nombre beaucoup plus restreint ; 3° on fait passer les cartes dans un mouvement incessant, d'abord parce que cette manœuvre fait croire au spectateur qu'on met plusieurs cartes à sa disposition, et ensuite parce que le regard du spectateur ne peut se fixer sur aucune.

Tous ces petits moyens ingénieux sont autant d'obstacles qu'on pose devant le spectateur pour l'empêcher de prendre autre chose que la carte forcée. Le tour consiste, en somme, à rendre particulièrement difficile le choix des autres cartes, et à faciliter au contraire le choix de la carte forcée. Les prestidigitateurs semblent s'être dit, et en tout cas ils ont compris d'instinct, que lorsque nous sommes sur le point de choisir entre plusieurs actes possibles, dont aucun ne présente un intérêt particulier, c'est la facilité d'exécution qui détermine notre choix. Notre pensée suit tout naturellement la ligne de moindre résistance.

Il faut rapprocher de la carte forcée un second tour qui repose sur le même principe ; c'est celui de la *carte pensée* ; la seule différence est que le choix est fait par l'esprit au lieu de l'être avec la main. On s'adresse à une personne qui n'est point experte dans l'art de faire les tours ; on en a la preuve par l'admiration que cette personne a manifestée pour les tours précédents ; on lui dit de fixer secrètement son choix sur une carte du jeu, et en même temps, on fait passer rapidement sous ses yeux le jeu en éventail. L'artifice du tour consiste à faire défiler les cartes si rapidement que la personne ne peut pas les voir distinctement, sauf une, que l'on écarte un peu plus des autres ; grâce à cet écartement, la carte est plus facilement perçue, elle saute aux yeux et il y a beaucoup de chances pour que la personne choisisse celle-là. En même temps, on surveille son regard. Si la personne conserve un regard incertain jusqu'à l'arrivée de la carte plus écartée, et qu'à cet instant ses yeux, après s'être fixés sur cette carte, abandonnent le reste du jeu, à coup sûr elle a pensé à la carte

à remarquer que lorsque le tour réussit, il ne
)lus ici que pour la carte forcée une véritable
)ix, si l'on entend par là une oscillation de la
s partis différents ; on s'engage dans le che-
,e sans hésitation.

tateurs ont une habileté merveilleuse à agir
)ssorts de notre volonté. Il parait qu'on arrive
une personne un chiffre inférieur à dix, par la
)loie pour lui demander ce chiffre. Si on veut
: chiffre 5, on énumère rapidement les pre-
,n accentuant un peu le 5, et en faisant là une
,fin d'arrêter légèrement l'attention sur ce
eaucoup de tact et de mesure ; si on accentue
un sentiment de défiance et l'esprit de contra-
'accentue pas assez, on ne suggestionne rien ;
,tre ces deux limites : ni trop, ni trop peu.

hiffres est soumis à une curieuse influence qui
e par plusieurs prestidigitateurs. Je ne l'ai
liquée dans les livres ; je la cite, sans rien
,itrait que lorsqu'une personne est invitée à
quelconque, inférieur à dix, tous les chiffres
me chance d'être indiqués ; le calcul des pro-

babilités indique pour chacun d'eux un dixième de chance, ce
qui signifie que sur un grand nombre d'épreuves de ce genre,
chaque chiffre sera cité un nombre égal de fois ; l'observation
prouve que certains chiffres ne sont jamais ou presque jamais
cités, tandis que d'autres le sont presque toujours. On a
remarqué que le chiffre qu'on ne cite jamais est 1, et que
celui qu'on cite dans la majorité des cas est 7. On n'explique
pas ce choix singulier, on le constate. L'expérience réussit
encore mieux si on demande à la personne à qui on s'adresse
d'indiquer un chiffre entre 1 et 9 ; la forme de la demande
suppose implicitement que le neuf et l'unité ne doivent pas
être choisis, et la personne n'a plus à sa disposition que sept
chiffres ; presque toujours, nous assure-t-on, le choix tombe
sur le sept. Une affirmation aussi singulière a excité mes
doutes, et j'ai été curieux de savoir ce que donnerait entre
mes mains cette petite expérience, qui ne présente aucune difficulté d'exécution. J'ai posé la question à 36 personnes, en
les priant simplement de désigner au hasard un chiffre au-
dessous de 10 ; quelques gens demandent toujours des explications pour les choses les plus simples ; nous les laisserons
de côté, ne retenant que ceux qui se sont prêtés à la question
sans arrière-pensée ; en relisant ma liste de réponses, je vois
que les prestidigitateurs ne m'ont pas trompé ; les 7 sont en
majorité, ils ont été choisis 17 fois sur 36, par conséquent
dans la moitié des cas ; les autres chiffres n'ont été l'objet
d'aucune préférence marquée, et quant à l'unité, elle n'a
jamais été indiquée. Cette petite expérience, qui mériterait
d'être répétée dans des milieu différents, me paraît contenir
un renseignement utile, elle montre l'imprudence commise
par ceux qui appliquent sans discernement le calcul des probabilités aux phénomènes psychologiques, par exemple dans
les expériences de télépathie ; le calcul des probabilités
explique bien comment, s'il y a par exemple 20 boules dans
un sac, chacune de ces boules a un vingtième de chance de
sortir, mais on ne devrait pas comparer l'éclosion des idées à
des boules qu'on tire d'un sac ; l'image est par trop grossière.

En analysant les exemples de suggestion que nous venons de
donner, il est clair qu'on ne peut pas les expliquer par les
mêmes raisons qu'on explique les suggestions de l'état normal
et de l'état d'hypnotisme. Certes, ce n'est pas en exploitant la
confiance et l'estime qu'il inspire que le prestidigitateur réussit
son tour de la carte forcée ; au contraire, pourrait-on dire, du

moment qu'il est prestidigitateur, tout le monde se défie de lui ; les mobiles qu'il fait agir sont, ce me semble : 1° la timidité naturelle d'un spectateur pris à partie ; 2° la retenue des personnes de bon goût, qui ne peuvent et ne veulent entrer en discussion avec un professionnel gagnant sa vie ; 3° la brusquerie des mouvements, qui suspend et enlève le temps à toute réflexion ; 4° certaines conditions matérielles précises qui font que le sujet rencontre moins de résistance dans un sens que dans l'autre. En un mot, si les suggestions scolaires sont surtout des suggestions de confiance, celles de la prestidigitation sont surtout des suggestions de surprise.

III

ERREURS D'IMAGINATION

Il fut une époque, dans l'histoire de l'hypnotisme, où l'on a prononcé souvent les mots *d'attention expectante* ; c'était l'époque où l'on cherchait à découvrir sur les malades l'influence des métaux et des aimants. On avait prétendu qu'en appliquant certains métaux, de l'or, du fer, de l'étain par exemple, sur les téguments d'une malade hystérique, on pouvait soit provoquer de l'anesthésie dans la région de l'application, soit provoquer des contractures, soit faire passer (transfert) dans l'autre moitié du corps un symptôme hystérique qui n'en occupait qu'une moitié. Beaucoup d'auteurs restaient sceptiques, et supposaient que ces effets qu'on observait sur les hystériques dans les séances de métallothérapie n'étaient point dus à l'action directe des métaux, mais à l'imagination des malades, qui étaient mises en état d'attention expectante, et qui se donnaient à elles-mêmes, par idée, par raisonnement, les symptômes divers que d'autres attribuaient au métal. Aujourd'hui la terminologie a un peu changé, et au lieu d'attention expectante, on dirait auto-suggestion, mais les mots importent peu, quand on est d'accord sur le fond des choses. Il est certain que chez les suggestibles, l'imagination constructive est toujours en éveil, et fonctionne de manière à duper tout le monde, le sujet tout le premier ; car ce qu'il y a de spécial à ces malades, c'est qu'ils sont les premières victimes du travail de leur imagination ; ainsi que l'a dit si justement Féré, ceux qu'on appelle des malades imaginaires sont bien réellement malades, ce sont des malades par imagination.

Il m'a semblé que l'étude de cette question rentre dans notre
sujet, bien qu'elle soit un peu distincte, théoriquement, de la
suggestibilité. Il s'agit ici d'une disposition à imaginer, à
inventer, sans s'apercevoir qu'on imagine, et en attachant la
plus grande importance et tous les caractères de la réalité aux
produits de son invention. A ce trait chacun peut reconnaître
plus d'une de ses connaissances, et Alphonse Daudet a dans un
de ses romans peint de pied en cap un personnage, qui est
sans cesse la victime d'une imagination à la fois trop riche
et trop mal gouvernée.

Je me demande s'il ne serait pas possible de faire une étude
régulière de cette disposition mentale ; je suis même très étonné
qu'aucun auteur n'en ait encore eu l'idée. Ce serait cependant
plus utile que beaucoup de chinoiseries auxquelles on a eu le
tort d'attribuer tant d'importance. Quelle méthode faudrait-il
prendre? La plus simple vaudrait le mieux. Je me rappelle qu'il
y a une quinzaine d'années, M. Ochorowicz, auteur qui a écrit un
ouvrage plein de finesse sur la suggestion mentale, vint à la
Salpêtrière pour montrer à Charcot un gros aimant en forme de
bague, qu'il appelait l'hypnoscope ; il disait qu'il mettait cet
aimant au doigt d'une personne, qu'il l'interrogeait ensuite sur
ce qu'elle éprouvait, qu'il recherchait si l'aimant avait produit
quelque petit changement dans la motilité ou la sensibilité du
doigt ou de la main, et qu'il pouvait juger très rapidement si une
personne était hypnotisable ou non. Dans le cabinet de Charcot
on fit venir, l'une après l'autre, une vingtaine de malades, et
M. Ochorowicz leur appliqua l'instrument et déclara pour chacune d'elles s'il la croyait hypnotisable ou non ; il était convenu
qu'on prendrait note de ses observations, et qu'on chercherait à
les vérifier ; mais je doute fort que l'affaire ait eu une suite quelconque, l'attention du Maître était ailleurs. Je crois qu'on pourrait adopter, pour l'étude de l'attention expectante, un dispositif
analogue à celui que je viens de signaler ; par exemple un tube
dans lequel le sujet devrait laisser son doigt enfoncé pendant
cinq minutes ; on prendrait des mesures pour donner à l'expérience un caractère sérieux, et surtout on réglerait d'avance les
paroles à adresser au sujet ; après quelques tâtonnements inévitables, il me parait certain qu'on arriverait très vite à un résultat.

De telles recherches montreraient surtout si l'état mental de
suggestibilité (c'est-à-dire d'obéissance passive) a quelque analogie avec l'état mental d'attention expectante (c'est-à-dire la
disposition aux erreurs d'imagination).

INCONSCIENCE, DIVISION DE CONSCIENCE ET SPIRITISME

Nous arrivons maintenant à une grande famille de phénomènes, qui ont une physionomie bien à part, et dont l'analogie avec des phénomènes d'hypnotisme et de suggestion n'a été démontrée avec pleine évidence que dans ces dernières années, par Gurney et Myers en Angleterre, et par Pierre Janet en France; je veux parler des phénomènes auxquels on a donné les noms d'*automatisme*, d'*écriture automatique*, et qui prennent un grand développement dans les séances de spiritisme.

Dans un tout récent et très curieux article qui vient d'être publié par *Psychological Review* [1], G. T. W. Patrick décrit longuement un cas typique d'automatisme ; et comme ce cas n'est ni trop ni trop peu développé et qu'il correspond assez exactement à la moyenne de ce qu'on peut observer chaque jour, je vais l'exposer avec détails, pour ceux qui ne sont pas au courant de ces questions.

La personne qui s'est prêtée aux expériences est un jeune homme de vingt-deux ans, étudiant à l'Université, paraissant jouir d'une excellente santé, ne s'étant jamais occupé de spiritisme, et n'ayant jamais été hypnotisé. Cependant, ces deux assertions ne sont pas tout à fait exactes ; s'il n'a pas fait de spiritisme, il a cependant causé, quatre ans auparavant, avec une de ses tantes, qui est spirite, et il a lu probablement quelques livres de spiritisme ; mais ces lectures n'ont fait aucune impression sur lui ; et il a jugé tous les phénomènes spirites comme une superstition curieuse. Pour l'hypnotisme, il a assisté à deux ou trois séances données par un hypnotiseur de passage, et il s'est offert à lui servir de sujet; on a trouvé qu'il était un bon sujet.

Un jour, ayant lu quelques observations sur les suggestions post-hypnotiques, il en causa avec l'auteur, M. W. Patrick, qui, sur sa demande, l'hypnotisa et lui donna pendant le sommeil l'ordre d'exécuter au réveil certains actes insignifiants, comme de prendre un volume dans une bibliothèque ; ces ordres furent

[1] Some pecularities of the secondary personality. *Psych. Review*, nov. 1898. vol. 5. n° 6. p. 555.

exécutés de point en point, et comme c'est l'habitude, ils ne laissèrent après eux aucun souvenir.

Quelque temps après, le sujet, — nous l'appellerons Henri W., — apprit à l'auteur que lorsqu'il tenait un crayon à la main et pensait à autre chose, sa main était continuellement en mouvement et traçait avec le crayon des griffonnages dénués de sens. C'était un rudiment d'écriture automatique. Patrick se décida à étudier cette écriture automatique, et il le fit dans six séances, dont les trois dernières furent séparées des premières par deux ans d'intervalle. L'étude se fit de la manière suivante : on se réunissait dans une pièce silencieuse, le sujet tenait un crayon dans sa main droite et appuyait le crayon sur une feuille de papier blanc ; il ne regardait pas sa main, il avait la tête et le corps tournés de côté, et il tenait dans sa main gauche un ouvrage intéressant, qu'il devait lire avec beaucoup d'attention. Naturellement, comme ces expériences étaient faites en partie sur sa demande et excitaient vivement sa curiosité, il se préoccupait beaucoup de ce que sa main pouvait écrire, mais il ignorait absolument ce qu'elle écrivait ; on lui permit quelquefois, pas toujours, de relire ce que sa main avait écrit ; il avait autant de peine que n'importe quelle autre personne à déchiffrer sa propre écriture. Dans quelques cas, on le pria de quitter la lecture de son livre et de surveiller attentivement les mouvements de sa main, sans la regarder ; il eut alors conscience des mouvements qu'elle exécutait : mais sauf ces cas exceptionnels, l'écriture était tracée automatiquement. Maintenant, comment l'opérateur entrait-il en communication avec cette main ? Je ne le vois pas clairement dans l'article. Il est très probable que Patrick a employé la méthode usuelle et la plus commode ; il adressait à demi-voix les questions à Henry W.; celui-ci ne répondait pas, et n'entendait pas, son attention étant distraite par la lecture du livre ; mais sa main écrivait la réponse. C'est de cette manière qu'on a dû obtenir toute une série de demandes et réponses qui sont publiées dans l'article. Il est important d'ajouter que le sujet est un jeune homme dont la sincérité et la loyauté sont au-dessus de tout soupçon, car il serait assez facile de simuler des phénomènes de ce genre, feindre de lire, écouter et répondre par écrit ; mais nous avons comme garantie contre la fraude non seulement les références données par l'auteur (ce qui serait peu de chose), mais encore ce fait important que ces dédoublements de conscience sont aujourd'hui bien connus et ont été observés dans des conditions d'une précision irréprochable par des auteurs dignes de foi[1].

La première séance commença ainsi :

QUESTION. — *Qui êtes-vous ?*

RÉPONSE. — *Laton.*

Cette première réponse était illisible et Henry W. fut autorisé à lire son écriture : il déchiffra le mot Satan et rit ; mais d'autres questions montrèrent que la vraie réponse était Laton.

Q. — *Quel est votre premier nom ?*

R. — *Bart.*

Q. — *Quelle est votre profession ?*

R. — *Professeur.*

Q. — *Êtes-vous homme ou femme ?*

R. — *Femme.*

Cette réponse est inexplicable, car dans la suite Laton a toujours manifesté le caractère d'un homme.

D. — *Êtes-vous vivant ou mort ?*

R. — *Mort.*

D. — *Où avez-vous vécu ?*

R. — *Illinois.*

D. — *Dans quelle ville ?*

R. — *Chicago.*

D. — *Quand êtes-vous mort ?*

R. — 1883.

Les questions suivantes furent faites pour connaître un peu de la biographie de ce Bart Laton Il se trouva que certaines de ses réponses étaient justes, et d'autres fausses, et que ses connaissances étaient à peu près celles de Henry W. Voici encore un échantillon de ces dialogues.

Q. — *Avez-vous des connaissances surnaturelles, ou bien cherchez-vous à deviner ?*

R. — *Quelquefois je devine, mais souvent les esprits connaissent; quelquefois ils mentent.*

Deux jours après :

Q. — *Qui écrit ?*

R. — *Bart Laton.*

(1) Il y a déjà plusieurs années que j'ai traité longuement cette question de la simulation, à propos du dédoublement de conscience chez les hystériques, et j'ai montré que l'anesthésie de ces malades peut devenir une démonstration expérimentale de ces phénomènes.

Q. — *Qui était major à Chicago quand vous êtes mort?*
R. — *Harrisson* (exact).
Q. — *Combien avez-vous vécu à Chicago?*
R. — *Vingt ans.*
Q. — *Vous devez bien connaître la ville?*
R. — *Oui.*
Q. — *Commencez par Michigan-Avenue, et nommez les rues dans l'ouest.*
R. — *Michigan, Wabash, State, Clark* (hésitation)... *j'ai oublié.*

Henry W. interrogé connaissait seulement trois de ces noms.

Q. — *Voyons! Votre nom n'est pas Bart Laton du tout. Votre nom est Frank Sabine, et vous avez vécu à Saint-Louis, et vous êtes mort le 16 novembre 1843. Répondez, qui êtes-vous?*
R. — *Frank Sabine.*
Q. — *Où êtes-vous mort?*
R. — *A Saint-Louis.*
Q. — *Quand êtes-vous mort?*
R. — *14 septembre 1847.*
Q. — *Quelle était votre profession à Saint-Louis?*
R. — *Banquier.*
Q. — *Combien de mille dollars valiez-vous?*
R. — *750.000.*

Une semaine après :

Q. — *Qui écrit?*
R. — *Bart Laton.*
Q. — *Où avez-vous vécu?*
R. — *Chicago.*
Q. — *Quand êtes-vous né?*
R. — *1845.*
Q. — *Quel âge avez-vous?*
R. — *Cinquante ans.*
Q. — *Où êtes-vous maintenant?*
R. — *Ici.*
Q. — *Mais je ne vous vois pas.*
R. — *Esprit.*
Q. — *Bien, mais où êtes-vous comme esprit?*
R. — *Dans moi, dans l'écrivain.*
Q. — *Multipliez 23 par 22.*
R. — *3546.*

Q. — *C'est faux. Comment expliquez-vous votre réponse?*

R. — *Deviné.*

Q. — *Maintenant, l'autre jour, vous avez répondu que vous étiez quelqu'un d'autre. Qui êtes-vous?*

R. — *Stephen Langdon.*

Q. — *De quel pays?*

R. — *Saint-Louis.*

Q. — *Quand êtes-vous mort?*

R. — *1846.*

La question de l'opérateur avait pour but de donner une suggestion que le sujet a très naïvement acceptée. On a vu du reste qu'il avait accepté aussi un autre nom, celui de Frank Sabine. Ce personnage qui guide l'écriture de la main est donc très suggestible.

Q. — *Quelle est votre profession?*

R. — *Banquier.*

Q. — *Mais qui s'appelait Frank Sabine?*

R. — *Je me suis trompé. Son nom était Frank Sabine.*

Q. — *Je voudrais savoir comment vous avez pris le nom de Laton.*

R. — *C'est le nom de mon père.*

Q. — *Mais d'où est venu ce nom de Laton? Comment Henry W. l'a-t-il appris?*

R. — *Pas Henry W., mais mon père.*

Q. — *Mais expliquez-nous comment vous en êtes venu à écrire le nom de Laton?*

R. — *Je suis un esprit!* (Cette réponse est écrite en appuyant fortement le crayon.)

Q. — *Quelle est votre relation avec Henry W.?*

R. — *Je suis un esprit, et je contrôle Henry W.*

Q. — *Parmi tous les esprits, pourquoi est-ce vous qui contrôlez Henry W.?*

R. — *J'étais près quand il commença à se développer.*

Deux ans après :

Q. — *Qui êtes-vous?*

R. — *Bart Lagton.* (L'orthographe a changé.)

Q. — *Qu'avez-vous à nous dire?*

R. — *Heureux de vous voir!*

Q. — *Quand avez-vous déjà écrit pour nous? Donnez l'année, le mois et le jour.*

R. — *Je ne sais.*

Q. — *Quel mois?*

R. — *Je ne sais. En avril, je me souviens.* (C'était en juin.)

Q. — *Parlez-nous davantage de vous.*

R. — *J'ai vécu à Chicago.*

Q. — *Y vivez-vous encore?*

R. — *Maintenant je suis ici.*

Q. — *Combien de temps avez-vous vécu à Chicago?*

R. — *Vingt ans.*

Q. — *Pourquoi êtes-vous parti?*

R. — *Ce n'est pas votre affaire.*

Q. — *Qui était Stephen Langdon?*

R. — *Un ami de Chicago.*

Q. — *Avez-vous écrit : un ami de Chicago?*

R. — *Oui. Ne pouvez-vous pas le lire?*

Une autre fois, on a cherché à mettre Laton en colère.

Q. — *Qui écrit?*

R. — *Bart Lagton.*

Q. — *Bonjour, monsieur Laton. Heureux de vous voir. Je voudrais mieux faire votre connaissance.*

R. — *Je n'y tiens pas.*

Q. — *Maintenant, monsieur Laton, voulez-vous nous donner une communication?*

R. — *De qui?*

Q. — *Mais, de vous-même.*

R. — *Je veux bien.*

Q. — *De qui pourriez-vous nous donner une communication?*

R. — *Qui connaissez-vous?*

Q. — *J'ai beaucoup d'amis. Êtes-vous en communication avec mes amis?*

R. — *George White.*

De toutes les réponses de Laton celle-ci est la seule qui dénote ce que l'auteur appelle une faculté d'intuition. M. Patrick a eu un oncle de ce nom, mort dans la guerre civile et dont il porte le nom mêlé au sien de la manière suivante : George-Thomas-White Patrick. Henry W. ignorait ce fait, quoiqu'il ait eu l'occasion de voir le nom de M. Patrick écrit en détail : interrogé sur George White, Laton fit une foule d'erreurs sur son genre de mort, la date de sa mort, etc.

Q. — *Quelle était l'occupation de M. Laton à Chicago?*

R. — *Charpentier.*

Q. — *Il y a deux ans, vous avez dit qu'il était un professeur.*

R. — *Eh bien, il — moi j'avais l'habitude d'enseigner.*

Q. — *Dansez-vous?*

R. — *Nous ne dansons plus quand nous avons quitté la terre.*

Q. — *Pourquoi?*

R. — *Vous ne pouvez pas comprendre; nous ne sommes plus que partiellement matériels.*

Q. — *Quand vous êtes à écrire, comme en ce moment, que fait la partie de vous-même qui n'est pas matérielle?*

R. — *Elle est quelque part ou nulle part.*

Q. — *Montez-vous à bicyclette?*

R. — *Seulement par l'intermédiaire de Henry W.*

Q. — *Il y a deux ans, vous écriviez votre nom : Laton. Comment rendez-vous compte de ce changement d'orthographe?*

R. — *Trop de Latons : c'est mieux comme le dernier.*

Q. — *Vous êtes un effronté simulateur. Qu'avez-vous à répondre à cela?*

R. — *Taisez-vous, pauvre vieil idiot. Croyez-vous que je suis obligé de répondre exactement à toutes vos damnées questions? Je puis mentir toutes les fois que cela peut me plaire.*

Divers autres essais furent faits pour savoir si ce Laton avait quelque pouvoir télépathique; mais on ne put rien obtenir.

Résumons d'après les conversations précédentes la psychologie de ce personnage qui s'est donné le nom de Laton. Ce personnage s'est développé, défini et caractérisé sous l'influence des questions adressées par Patrick, et il s'est développé, remarquons-le bien, à l'insu de Henry W., qui ne sait de lui que ce qu'il a pu apprendre quand on lui a permis de relire quelques échantillons d'écriture automatique. Si surprenant que ce fait puisse paraître, il faut cependant l'admettre comme absolument réel, car il est surabondamment prouvé. Ce personnage secondaire, subconscient, existe donc, et chose curieuse, il présente un certain nombre de caractères qu'on reconnaît à presque toutes les incarnations du même genre. D'abord, il est très suggestible; on a vu avec quelle facilité Patrick l'a débaptisé, et lui a imposé le nom de Frank Sabine; ensuite ce personnage est au courant de tout ce qui s'est dit et fait pendant que Henry W. était hypnotisé. Nous avons rapporté plus haut que Henry W. a été hypnotisé par Patrick et ne se rappelait pas au réveil les divers incidents de son sommeil; cet oubli au réveil n'existe point pour Laton. Ce fait important, qui a été constaté pour la première fois, par Gurney, jette quelque jour sur la nature de ces personnages qui s'expriment par l'écriture automatique; il y a un lien entre les manifestations spirites de la veille, et les séances d'hypnotisme, plus qu'un lien, une continuité, et c'est la mémoire qui prouve cette continuité. Patrick insiste aussi, avec raison, sur le caractère vulgaire des réponses, sur la pauvreté d'imagination et de raisonnement qu'elles nous montrent, sur le manque d'attention et d'effort, Laton étant incapable même de faire une opération correcte d'arithmétique. Autres faits curieux à relever, les prétentions de Laton, son ton emphatique, ses efforts ridicules pour donner des réponses profondes, et la grossièreté de ses expressions quand on le taquine ou qu'on le met en colère. Tout cela indique un pauvre esprit. Mais ce pauvre esprit paraît avoir de temps en temps un rudiment de belles et brillantes facultés intuitives; il semble connaître des choses que Henry W. ignore et n'a pas pu apprendre. Patrick a étudié de près ce côté de la question, il a fait des enquêtes pour vérifier avec le plus grand soin les affirmations de Laton. Le plus souvent, ces affirmations se sont trouvées erronées; mais parfois il y a eu quelque chose qui semble dépasser les moyens ordinaires de connaissance. Patrick ne cherche point à expliquer cette faculté d'intuition, mais il pense qu'on ne peut la nier complètement, car on la retrouve dans beaucoup d'observations analogues et elle est comme un trait de caractère du personnage qui se manifeste par l'écriture automatique. L'opinion de Patrick paraît être que cette faculté d'intuition est une faculté naturelle, perdue par l'homme civilisé, comme cette acuité des sens qu'on observe encore, paraît-il, chez les sauvages. Enfin, cette obsession qu'a eue le personnage subconscient de se considérer comme un esprit, comme l'esprit d'un individu ayant vécu autrefois, comment faut-il la comprendre? Il est à supposer que la manière dont les questions ont été posées explique un peu ce résultat. On a demandé : « Qui êtes-vous? » ce qui suggère un dédoublement de la personnalité, car il est facile de comprendre que cette demande appelait comme réponse un nom autre que celui de Henry W. La question suivante : « Êtes-vous vivant ou mort? » suggère aussi, probablement, l'idée

e morte, mais vivant encore sous forme d'esprit.
eux d'employer d'autres interrogations ; au lieu
i êtes-vous ? », on aurait pu dire : « Écrivez votre
om écrit avait été, même dans ce cas, Bart Laton,
exprimer de la surprise que ce nom ne fût pas
r W, et on aurait ainsi évité toute allusion même
pothèse de l'esprit. Ces réflexions sont de Patrick,
paraissent très judicieuses. Nous pensons que
W. avait lu des livres sur le spiritisme, il devait
connaitre la théorie des esprits s'incarnant, et
que ce sont ces notions antérieurement acquises
)onne part ont opéré la suggestion de l'esprit.
d'essentiel dans les observations et expériences
'est le fait même de la division de conscience ; le
iffaire d'orientation des idées, et varie avec les
individus, avec les récits qu'ils entendent faire,
ions courantes ; dans nos sociétés modernes, la
nscience conduira à la désincarnation ou à la
de l'esprit des morts ; dans les couvents du
seront les démons qui viendront agiter les corps
ises religieuses ; ailleurs encore — et c'est là un
lus surprenants qu'on puisse imaginer — cette
nscience devient un instrument de travail pour
iraire : c'est un phénomène naturel que l'auteur
e.
trick est un peu passif ; son sujet ne se livre à
natique que dans les séances dont nous venons
e récit ; en dehors de ces séances le personnage
parait pas, il n'agit pas, il fait le mort. Aussi ne
rec ce seul exemple, se faire une idée juste du
sonnage secondaire peut remplir. Je crois utile
ci une observation que Flournoy vient de publier
t ; elle complète la précédente [1].

Til, quarante-huit ans. Professeur de comp-
vers établissements d'instruction. Tempérament
lente santé. Caractère expansif et plein de bon-
juelques mois, sous l'influence d'amis spirites, il
iture automatique, un vendredi, et obtient des
ajuscules, enfin des phrases de lettres bâtardes,
de son écriture ordinaire, et agrémentées d'or-

ophique. février 1899.

nements tout à fait étrangers à ses habitudes. Il continue avec
succès le samedi et le dimanche matin. Ayant encore recommencé le dimanche soir, sur la sollicitation de sa famille,
l'esprit écrivant par sa main donne beaucoup de réponses
imprévues et fort drôles aux questions posées, mais le résultat
en fut une nuit troublée par un développement inattendu de
l'automatisme verbal, sous forme auditive et graphomotrice,
comme en témoigne son récit :

« Les impressions si fortes pour moi de cette soirée prirent
bientôt le caractère d'une obsession inquiétante. Lorsque je me
couchai, je fis les plus grands efforts pour m'endormir, mais
en vain ; j'entendais une voix intérieure qui me parlait, me
faisant les plus belles protestations d'amitié, me flattant et me
faisant entrevoir des destinées magnifiques, etc. Dans l'état de
surexcitation où j'étais, je me laissais bercer de ces douces
illusions... Puis l'idée me vint qu'il me suffirait de placer mon
doigt sur le mur pour qu'il remplît l'office d'un crayon ; effectivement, mon doigt placé contre le mur commença à tracer
dans l'ombre des phrases, des réponses, des exhortations que
je lisais en suivant les contours que mon doigt exécutait contre
le mur. *Michel*, me faisait écrire l'esprit, *tes destinées sont
bénies, je serai ton guide et ton soutien*, etc. Toujours cette
écriture bâtarde avec enroulements qui affectaient les formes
les plus bizarres. Vingt fois je voulus m'endormir, inutile...
ce n'est que vers le matin que je réussis à prendre quelques
instants de repos. »

« Cette obsession le poursuit pendant la matinée du lundi en
allant à ses diverses leçons : « Sur tout le parcours du tramway,
l'esprit continuant à m'obséder me faisait écrire sur ma serviette, sur la banquette du tram, dans la poche même de mon
pardessus, des phrases, des conseils, des maximes, etc. Je faisais de vrais efforts pour que les personnes qui m'entouraient
ne pussent s'apercevoir du trouble dans lequel j'étais, car je
ne vivais plus pour ainsi dire pour le monde réel, et j'étais
complètement absorbé dans l'intimité de la Force qui s'était
emparée de moi. »

« Une personne spirite de sa connaissance, qu'il rencontra

init par catégoriser l'accusation suivante : *Édouard a pris des cigarettes dans la boîte de son patron M. X..., celui-ci s'en est aperçu, et dans son ressentiment lui a adressé une lettre de remerciement, en l'avertissant qu'il serait remplacé très prochainement; mais déjà Édouard et son ami B... l'ont arrangé de la belle façon dans une vermineuse (sic) épître orale.*

« On conçoit dans quelle angoisse M. Til alla donner ses leçons de l'après-midi, pendant lesquelles il fut de nouveau en butte à divers automatismes graphomoteurs qui, entre autres, lui ordonnaient d'aller voir au plus vite le patron de son fils. Il y courut dès qu'il fut libre. Le chef de bureau, auquel il s'adressa tout d'abord en l'absence du patron, ne lui donna que de bons renseignements sur le jeune homme, mais l'obsession accusatrice ne se tint pas pour battue, car tandis qu'il écoutait avec attention ces témoignages favorables, « mon doigt, dit-il, appuyé sur la table se mit à tracer avec tous les enroulements habituels et qui me paraissaient en ce moment ne devoir jamais finir : *Je suis navré de la duplicité de cet homme.* Enfin cette terrible phrase est achevée ; j'avoue que je ne savais plus que croire ; me trompait-on ? Ce chef de bureau avait un air bien franc, et quel intérêt aurait-il eu à me cacher la vérité ? Il y avait là un mystère qu'il me fallait absolument éclaircir... »

« Le patron, M. X..., rentra heureusement sur ces entrefaites, et il ne fallut pas moins que sa parole décisive pour rassurer le pauvre père et amener le malin esprit à résipiscence : « M. X... me reçut très cordialement et me confirma en tous points les renseignements donnés par le chef de bureau ; il y ajouta même quelques paroles des plus aimables à l'égard de mon fils... Pendant qu'il parlait, ma main sollicitée écrivait sur le bureau, toujours avec cette même lenteur exigée par les enroulements qui accompagnaient les lettres : *Je l'ai trompé, Michel, pardonne-moi.* Enfin ! Quel soulagement ! mais aussi, le dirai-je, quelle déception ! Comment, cet esprit qui m'avait paru si bienveillant, que dans ma candeur j'avais pris pour mon guide, pour ma conscience même, me trompait pareillement ! C'était indigne ! »

« M. Til résolut alors de bannir ce méchant esprit en ne s'inquiétant plus de lui. Il eut toutefois à subir plus d'un retour offensif de cet automatisme (mais ne portant plus sur des faits vérifiables) avant d'en être délivré. Il s'est mis depuis lors à écrire des communications d'un ordre plus relevé, des réflexions religieuses et morales. Ce changement de contenu

s'est accompagné, comme c'est souvent le cas, d'un changement
dans la forme psychologique des messages : ils lui viennent
actuellement en images auditives et d'articulation, et sa main
ne fait qu'écrire ce qui lui est dicté par cette parole intérieure.
Mais cette médiumité lui paraît moins probante, et il se méfie
que tout cela ne jaillisse de son propre fond. Au contraire, le
caractère absolument mécanique de ses automatismes graphomoteurs du début, dont il ne comprenait la signification qu'en
suivant les mouvements de ses doigts (par la vue ou la sensibilité kinesthétique), au fur et à mesure de leur exécution involontaire, lui semblait une parfaite garantie de leur origine
étrangère. Aussi reste-t-il persuadé qu'il a été la victime
momentanée d'un mauvais génie indépendant de lui ; il trouve
d'ailleurs à cet épisode pénible de sa vie l'excellent côté qu'il a
raffermi ses convictions religieuses, en lui faisant comme
toucher au doigt la réalité du monde des esprits et l'indépendance de l'âme. »

M. Flournoy, commentant cette observation, remarque :

« Toute l'aventure s'explique de la façon la plus simple, au
point de vue psychologique, si on la rapproche des deux incidents suivants qui renferment à mes yeux la clef de l'affaire.

« 1° A ce que M. Til m'a raconté lui-même, sans paraître
d'ailleurs en comprendre l'importance, il avait remarqué,
deux ou trois semaines avant son accès de spiritisme, que son
fils fumait beaucoup de cigarettes, et il lui en avait fait l'observation. Le jeune garçon s'excusa en disant que ses camarades
de bureau en faisaient autant, à l'exemple du patron lui-même,
qui était un enragé fumeur et laissait même trainer ses cigarettes partout, en sorte que rien ne serait plus facile que de
s'en servir si l'on voulait. Cette explication ne laissa pas que
d'inquiéter un peu M. Til, qui est la probité en personne, et
qui se rappelle avoir pensé tout bas : Pourvu que mon fils
n'aille pas commettre cette indélicatesse !

« 2° Un second point, que m'a par hasard révélé Mᵐᵉ Til
au cours d'une conversation, et que son mari m'a confirmé
ensuite, c'est que le lundi en question, en allant de bonne
heure à ses leçons, M. Til rencontra un de ses amis qui lui dit :
« A propos, est-ce que ton fils quitte le bureau de M. X... ? Je
viens en effet d'apprendre qu'il cherche un employé. » (Il cherchait en réalité un surnuméraire.) M. Til, qui n'en savait rien,
en demeura perplexe et se demanda si M. X... serait mécontent de son fils et songerait à le remplacer. En rentrant à midi

conta la chose à sa femme, mais sans en parler à
une heure plus tard qu'arriva le message calom-

la série de ses messages ne fait qu'exprimer —
n scène et l'exagération dramatique que prennent
ns les cas où l'imagination peut se donner libre
s, idées fixes, délires, états hypnoïdes de tout
uccession parfaitement naturelle et normale des
tendances qui devaient agiter. M. Til en cette
vagues insinuations, puis l'accusation catégo-
et l'ordre d'aller voir le patron, correspondent
d'abord indécis, puis prenant corps sur un sou-
et aboutissant à la nécessité de tirer la chose au
ment avec lequel l'automatisme graphique répon-
accusation de duplicité, aux bons témoignages
ureau, trahit clairement cette arrière-pensée de
ncrédulité qui nous empêche de nous abandonner
ux nouvelles les plus rassurantes, tant qu'elles
encore absolument confirmées. Enfin, quand le
rsonne a calmé M. Til, le regret subconscient
ses inquiétudes sans fondement sérieux, trouve
a dans les excuses de l'esprit farceur : le *je t'ai*
onne-moi, de ce dernier, est bien l'équivalent,
blement médiumique, de ce que nous penserions
le circonstance : « Je me suis trompé et je ne
pas d'avoir été aussi soupçonneux. »

ndera peut-être comment il est possible de trouver
idu normal des signes de cette divisibilité de
ette recherche intéresse peu les spirites et la
hypnotiseurs, qui se contentent d'étudier les cas
mplets. Je crois bien être le premier qui ait fait
ie de cette question[1], et j'ai été fort aise de voir
ières études, qui datent d'une dizaine d'années,
s, contrôlées dans des laboratoires américains
et Stein, qui du reste ont négligé de me citer. Il
n que si on se contente de mettre un crayon dans
personne, et de lui faire lire attentivement un
lui adresser une question, comme le faisait Pa-
choses l'une : ou bien la personne n'entendra

nt d'abord paru dans le *Mind*, et je les ai ensuite résu-
livre sur les *Altérations de la personnalité*.

pas et son crayon restera immobile, ou bien la personne entendra la question et répondra elle-même de vive voix. Voilà ce
qui se produit le plus souvent. Il faut que le phénomène de
l'écriture automatique soit déjà un peu développé pour apparaître dès la première heure, au premier appel, comme chez
Henry W. Quand on a affaire à des individus normaux, il est
nécessaire de prendre plus de détours; on ne peut songer à des
procédés directs qui, lorsqu'ils ne réussissent pas, ont l'inconvénient de couvrir l'opérateur de confusion.

Voici la méthode que je préconise : elle est lente, et exige un
peu de patience; c'est son principal inconvénient.

On s'assied à côté du sujet, devant une table ; on le prie de
s'abstraire dans une lecture intéressante, ou dans un calcul
mental compliqué, et surtout de distraire son attention, d'abandonner sa main, et de ne pas s'occuper de ce qu'on va faire
avec cette main. La main tient un crayon ; elle est cachée au
sujet par un écran. On s'empare donc de cette main, sans brusquerie, par des mouvements doux, et on imprime à la main
et au crayon un mouvement quelconque, par exemple on fait
dessiner des barres, des boucles, marquer des petits points. Au
premier essai, l'expérimentateur avisé s'aperçoit à qui il a
affaire; certains sujets raidissent la main, elle est comme en
bois, elle résiste à tous les efforts; et quoiqu'on recommande
au sujet de se laisser aller, de ne pas penser à sa main, celle-ci
n'obéit point aux mouvements qu'on lui imprime. D'ordinaire,
ces sujets-là sont peu éducables. Un autre obstacle vient s'opposer fréquemment à la continuation de l'expérience; il y a des
personnes qui, lorsqu'on prend leur main ne peuvent pas continuer à lire ; malgré elles, leur attention quitte le livre, se
porte sur ce qu'elles ressentent dans la main. Les meilleurs
sujets sont ceux dont la main docile exécute avec intelligence
tous les mouvements qu'on imprime. Il y a là une sensation
particulière qui apprend à l'opérateur que l'expérience aura du
succès. De plus, pour empêcher le sujet de trop s'occuper de sa
main, j'use souvent d'un artifice très simple, qui produit une
distraction plus forte qu'une conversation avec un tiers, une
lecture intéressante ou un calcul compliqué. Cet artifice consiste
à faire croire au sujet que sa main restera, pendant toute l'expérience, continuellement inerte et passive, et que c'est l'expérimentateur qui, de temps en temps, pour les besoins d'une
expérience qu'on n'explique pas, imprime à la main un mouvement. Cela suffit pour tranquilliser le sujet qui, dès lors, aban-

nain sans résistance. s'en désintéresse, et se trouve
conditions mentales excellentes pour que sa cons-
lévise.

. de quelque temps, la distraction devenant plus con-
us profonde, voici les signes qu'on peut relever.

lbord l'anesthésie par distraction. La personne dis-
t point devenue absolument insensible comme une
e distraite, dont on peut traverser la peau ou lever le
qu'elle s'en aperçoive; sa sensibilité n'est pas détruite,
lesse de certaines de ses perceptions est bien dimi-
t difficile, du reste, d'explorer cette sensibilité à un
i faible de distraction.

st le plus facile à provoquer, ce sont les mouvements
répétition. Le crayon étant placé entre les doigts du
est prié de le tenir comme s'il voulait écrire, on dirige
on lui fait exécuter un mouvement uniforme, choi-
lui qu'elle exécute avec le plus de facilité, des hachu-
oncles ou des petits points. Après avoir communiqué
neut pendant quelques minutes, on abandonne dou-
main à elle-même, ou on reste en contact avec elle,
la personne ne s'aperçoive de rien; mais on cesse
une action directrice sur les mouvements. La main
ée à elle-même fait quelques légers mouvements. On
expérience d'entrainement, on la répète avec patience,
lusieurs minutes; le mouvement de répétition su per-
au bout de quatre séances. j'ai vu chez une jeune fille
on si nette que la main ne traça pas moins de quatre-
icles sans s'arrêter; puis la personne eut un mouve-
que et secoua ses épaules en disant : « Il me semble
s m'endormir ! »

ence de ces mouvements subconscients de répétition
end qu'il y a là un personnage inconscient, que l'ex-
ient de dégager; mais il est clair que ce personnage
avoir le même développement qne Bart Laton. La
n éprouve à lui faire répéter des mouvements en est
L'expérimentateur ne peut pas imprimer des mouve-
hasard; il est obligé de choisir ceux qui réussissent le
général, ceux qu'on peut exécuter d'un seul trait, sans
nt de direction et sans arrêt, se répètent assez bien.
uvements graphiques, par suite de leur délicatesse,
oins l'attention du sujet que des mouvements de
d'extension des membres; ceux-ci cependant peuvent

être répétés par l'inconscient, et à ce propos, il est **curieux de** remarquer que la flexion du poignet se répète **mieux que la** flexion isolée d'un doigt.

Le caractère tout à fait rudimentaire de cet **inconscient est** bien marqué par la facilité avec laquelle on lui donne **certaines** habitudes. Lorsqu'on fait écrire plusieurs **fois des boucles, la** main s'accoutume à ce mouvement, et le reproduit **à tort et à** travers ; car si on veut ensuite lui faire tracer des **hachures,** les mouvements se déforment bien vite et se **changent en** boucles. La mémoire de cet inconscient est si peu étendue qu'il n'est même pas capable de conserver le souvenir de plusieurs espèces de mouvements.

L'inconscient n'a pas seulement de la mémoire, il peut encore recevoir et exécuter quelques suggestions qui **sont, il** est vrai, d'un ordre absolument élémentaire. Ces **suggestions** peuvent être données au moyen du toucher. Avec une **simple** pression, on agit sur la main, et on la fait mouvoir dans toutes les directions. Ce n'est point une impulsion mécanique, c'est bien une suggestion tactile. Si avec une pression, on fait mouvoir la main, une autre pression, tout aussi légère, **l'arrête,** l'immobilise ; une autre pression, d'un genre un peu différent, la fait écrire. Il est difficile de dire la différence de ces pressions ; mais l'expérimentateur, en les faisant, a une certaine intention, et cette intention est souvent comprise avec beaucoup de finesse par la main en expérience. Rien n'est plus curieux que cette sorte d'hypnotisation partielle ; la personne croit être et se trouve en effet complètement éveillée et en possession d'elle-même, tandis que sa main obéit docilement aux ordres mécaniques de l'expérimentateur.

Une autre manifestation de l'écriture automatique, plus connue que les précédentes, car on en a fait un jeu de société, consiste à prier la personne de penser à son nom, son âge, son pays, un mot quelconque, puis on prend sa main, comme il a été décrit ci-dessus, et cette main, à l'insu de la personne, écrit le nom pensé ; en général, quand on fait cette expérience dans un salon, on déclare à la personne qu'on va deviner sa pensée, quoique en réalité ce soit la personne elle-même qui l'écrive. A ce genre d'expérience se rattachent les différents exercices de prestidigitateurs et d'hypnotiseurs qui devinent les secrets, se font conduire vers l'endroit où un objet est caché, et ainsi de suite. Ce sont des expériences qui, pour réussir, ont besoin d'un opérateur très habile.

Voilà à peu près tous les phénomènes de division de conscience que j'ai réussi à provoquer, en étudiant l'écriture automatique chez cinq personnes (femmes), jouissant d'une bonne
santé ; ces personnes ont été étudiées chacune pendant deux
séances d'une demi-heure au plus ; une seule l'a été pendant
quatre séances ; c'est très peu pour la culture des phénomènes de double conscience, qui demandent beaucoup de
temps et de patience ; mais notre but était précisément de
savoir ce qu'on pouvait observer après un minimum d'entraînement.

Depuis la publication de mes recherches, deux autres auteurs,
Solomons et Stein, [1] se sont engagés exactement dans la même
voie pour rechercher ce qu'on obtiendrait sur des sujets sains
en poussant l'entraînement aussi loin que possible. Je reproduis
ici l'analyse très détaillée que j'en ai donnée antérieurement.

Le but des auteurs a été de chercher à développer l'automatisme de la vie normale jusqu'à son maximum de complexité.
Ils se sont pris comme sujets ; ils se disent d'excellente santé.
Leurs expériences se groupent sous quatre chefs : 1° tendance
générale au mouvement, sans impulsion motrice consciente ;
2° tendance d'une idée à se dépenser en mouvement, involontairement et inconsciemment ; 3° tendance d'un courant sensoriel à se dépenser en réaction motrice inconsciente ; 4° travail
inconscient de la mémoire et de l'invention.

1° La main est mise sur une planchette, analogue à celle des
spirites (c'est une planche glissant sur des billes de métal et
armée d'un crayon ; on met la planchette sur une table, sur du
papier, et le crayon écrit tous ses mouvements). L'esprit du
sujet est occupé à lire une histoire intéressante. Dans ces conditions, il se produit facilement, quand le sujet a pris l'habitude de ne pas surveiller sa main, des mouvements spontanés,
qui dérivent d'ordinaire de stimuli produits par une position
fatigante ; en outre, des excitations extérieures (par exemple
si on remue la planchette), produisent dans la main des mouvements de divers sens, dont on peut provoquer la répétition,
et qui alors se continuent assez longtemps. La distraction de
l'attention est une condition importante ; mais il ne faut pas
que l'histoire lue pour distraire soit trop émouvante, car cette
émotion peut produire des mouvements réflexes ou une tension
musculaire qui nuisent aux mouvements inconscients.

(1) *Normal Motor Automatism.* Psychol. Rev., sept. 1896, 492-512.

2° Le sujet lit à haute voix en tenant un crayon à la main ; parfois il écrit un mot qu'il lit, surtout lorsque ce mot est court ; les mots longs sont seulement commencés ; cette écriture se fait souvent sans que le sujet le sache.

3° Le sujet lit à haute voix, et écrit les mots que pendant sa lecture une personne lui dicte à voix basse. A ces expériences on n'arrive qu'après beaucoup d'entrainement. Au début, c'est très pénible ; on s'arrête de lire dès qu'on entend un mot. Il faut apprendre à retenir son attention sur la lecture. On arrive bientôt à continuer la lecture sans l'interrompre, même quand il y a des dictées chaque 15 ou 20 secondes : l'écriture devient inconsciente. La lecture inconsciente se fait plus facilement ; le sujet lit un livre qui ne présente aucun intérêt, et pendant ce temps on lui raconte une histoire très intéressante ; quand l'expérience est bien en train, il peut lire même une page entière, sans en avoir conscience et sans rien se rappeler ; la lecture ne manque pas entièrement d'expression, mais elle est monotone ; elle contient des erreurs, des substitutions de mot. La lecture est bonne surtout quand elle roule sur des sujets familiers.

4° Ici les expériences sont plus difficiles et n'ont réussi que parce que les sujets étaient bien exercés par les expériences précédentes. D'abord, ils ont fait de l'écriture automatique spontanée ; par exemple en lisant, leur main écrivait ; puis, ils ont même pu se dispenser de lire pour détourner l'attention ; chez l'un des sujets, Miss Stein, la distraction était suffisante quand elle lisait les mots que sa main venait d'écrire quelque temps auparavant ; l'écriture spontanée de la main était involontaire, inconsciente ; les paroles écrites étaient parfois dénuées de sens ; il y avait surtout des répétitions de mots et de phrases. Les auteurs ont pu également, par la même méthode, reproduire inconsciemment des passages qu'ils savaient par cœur, mais n'avaient jamais écrits. La condition essentielle de toute cette activité automatique est une distraction de l'attention obtenue volontairement ; il ne faut pas cependant que l'attention distraite soit sollicitée avec trop de force ; si, par exemple, on relit un passage d'une histoire qu'on n'avait pas compris d'abord, et qui est nécessaire pour l'intelligence du reste, alors, sous l'influence de ce surcroit d'attention, toute l'activité automatique est suspendue.

Ces expériences ne diffèrent nullement de celles que j'ai publiées moi-même il y a plusieurs années dans le *Mind* (je les

ai résumées dans mes *Altérations de la personnalité*) ; elles
sont seulement un peu plus complexes, ce qui tient à ce que
les deux auteurs se sont longuement entraînés ; ainsi, ils ont
pu avoir de l'écriture automatique spontanée, ce que je n'ai
pu faire sur mes sujets. Mais la nouveauté de leur étude ne doit
pas être cherchée là ; elle consiste plutôt en ce qu'étant psychologues, ils ont pu analyser de très près ce qui se passait
dans leur conscience pendant les expériences ; c'est cette auto-
analyse qui donne un très grand intérêt à leurs études. Nous
allons rendre compte des observations qu'ils ont faites.

Tout d'abord, ils ont eu souvent le sentiment, quand ils ont
eu l'occasion de percevoir leur activité automatique, que cette
activité a un caractère *extra-personnel*, c'est-à-dire leur est
étrangère. Ainsi, s'ils s'aperçoivent que, pendant une lecture,
leur main fait remuer la planchette, ce mouvement leur apparaît comme produit par une cause extérieure ; ils n'en ont conscience que par les sensations qui accompagnent ce mouvement
produit. Quand le sujet lit à haute voix, en écoutant une autre
personne, le bruit de sa propre voix, s'il l'entend, lui paraît
étranger.

C'est surtout dans l'expérience de l'écriture automatique sous
dictée pendant une lecture consciente qu'on a pu se rendre
compte du mécanisme de cette inconscience. L'écriture sous
dictée comprend 4 éléments : 1° audition du mot dicté ; 2° formation d'une impulsion motrice ; 3° sensation d'effort ; 4° sensation centripète, venant du bras, et avertissant que le mouvement graphique a été exécuté. L'impulsion motrice est difficile
à décrire ; elle se compose de représentations visuelles et motrices du mouvement à exécuter, et d'autre chose encore. Dans
les expériences, on a vu se produire par degrés l'inconscience
de l'opération entière. Ce qui devient d'abord inconscient,
c'est le sentiment de l'effort. On entend le mot dicté, on a une
idée d'écrire, et cela se trouve écrit ; on n'a pas le sentiment de
la difficulté, de « quelque chose d'accompli ». L'acte paraît
encore volontaire. Ce sentiment de l'effort revient quand le bras
se fatigue.

Le second degré est la disparition de l'impulsion motrice ;
l'écriture cesse de paraître volontaire. On entend le mot et on
sait qu'on l'a écrit ; c'est tout. L'écriture est consciente et
devient cependant *extra-personnelle*. Le sentiment que l'écriture est *notre* écriture semble disparaître avec l'impulsion
motrice. Parfois le sujet gardait un élément de l'impulsion

motrice, la représentation visuelle du mouvement à exécuter, et cependant le mouvement lui paraissait étranger. Les auteurs pensent, — mais ils avancent cette hypothèse avec beaucoup de réserve, — qu'il y a dans une impulsion motrice la conscience d'un courant moteur centrifuge, et que c'est cette conscience qui est le fait capital. qui permet d'attribuer un acte à notre personnalité, ou qui le fait considérer comme étranger. L'inconscience peut faire encore des progrès, et alors le sujet n'a plus conscience d'entendre le mot dicté, ni conscience de l'avoir écrit ; cette dernière conscience se perd la dernière ; le sujet peut être devenu inconscient d'avoir entendu le mot, et rester conscient de l'avoir écrit. Mais ce n'est pas sur ce fondement que repose le sentiment de la personnalité, puisque le sujet peut entendre le mot, savoir qu'il l'a écrit et cependant juger que le mouvement ne vient pas de lui.

Cette analyse curieuse, les auteurs l'ont poussée plus loin encore dans l'écriture automatique spontanée ; ils ont vu qu'ils peuvent non seulement surveiller leur main, mais prévoir ce qu'elle doit écrire, et cependant, même dans ces conditions, le mouvement d'écriture reste étranger à la personne. Si réellement leur hypothèse est juste, si le sentiment de la personnalité repose sur la conscience de la décharge motrice, ce serait une solution tout à fait nouvelle et curieuse à un problème qui, jusqu'à présent, a été discuté très longuement [1].

Les résultats obtenus semblent montrer que l'automatisme normal, en se développant, peut devenir presque aussi complexe que la vie subconsciente des hystériques. C'était là le but proposé aux recherches, et les auteurs pensent l'avoir atteint. Ils remarquent que ce qui distingue ici l'hystérique du sujet normal. c'est que l'hystérique est distraite parce qu'elle ne *peut* pas faire autrement, tandis que le sujet normal réalise l'état de distraction parce qu'il le *veut*. L'hystérie est donc bien, au moins en partie, une maladie de l'attention. A propos du rôle de l'attention dans ces phénomènes d'inconscience, signalons dans l'article, trois observations curieuses. que les auteurs n'ont pas rapprochées, et dont ils n'ont peut-être pas vu la portée. Ces trois faits sont les suivants : 1° quand l'histoire qu'on lit pour se distraire devient très émouvante, les mouve-

(1) Je renvoie sur ce point à mon étude sur *M. de Curel*, où l'on trouvera cette idée que la séparation des personnalités vient très probablement d'un phénomène d'inconscience portant sur une partie des processus psychologiques (*Année psych.*, I, p. 147).

ents cessent : 2° ils cessent également, s'il
ort intellectuel considérable pour comprendre
dans le cas où l'on écrit automatiquement sous
dictée se fait à voix très basse, exigeant un
prendre, la conscience reparaît. Cela montre
sion mental ne se maintient que si l'attention
, pas son maximum. Il y a lieu de rapprocher
observation ingénieuse de Mercier (*Année*
I, p. 889-890).
ent, G. Stein a publié dans *Psychological*
8) une étude sur la culture de l'automatisme
ude a été faite avec un instrument imaginé par
l'enregistrement des mouvements incons-
rayait le sujet, puis on donnait une certaine
main, et on cherchait si le sujet continuait
et sans s'en rendre compte le mouvement
en somme mon expérience première ; l'auteur
ombien de sujets elle réussissait, et il a cons-
bre est très élevé, environ 36 sur 41 hommes
mes. Par conséquent, l'épreuve peut servir de
ychologie individuelle, du moment que les
donne sont si fréquents.

s de Solomons et Stein forment une transition
et celles de Patrick ; elles montrent leur conti-
études, nous n'avons eu que de l'écriture auto-
ition ; Solomons et Stein ont obtenu, rien que
ment plus prolongé, un peu d'écriture auto-
ée ; et enfin Patrick a obtenu très facilement,
disposé, non seulement de l'écriture automa-
, mais un système d'états de conscience se
ersonnalité principale et constituant une per-
bien définie. Il n'est pas douteux que tous ces
rent seulement en degrés.
que dans une étude complète sur la suggesti-
du, il faut faire une petite place à la recherche
nes de la division de conscience. Pour ne pas
mps, on pourrait procéder ainsi : après avoir
dans la main du sujet, derrière l'écran, on
est possible d'obtenir, en cinq minutes d'essai,

ailleurs sur cet article.

des mouvements passifs de répétition. Si ces mouvements sont nets, on recherchera s'il peut se produire, quand le sujet pense à son nom, de l'écriture spontanée ; si celle-ci se produit encore, on cherchera si l'écriture peut répondre à des questions posées à demi-voix. Ce sont les trois degrés principaux de la division de conscience ; mais chacun de ces degrés est susceptible de très nombreuses subdivisions. Je me contente pour le moment d'indiquer une méthode à suivre, sans entrer dans les détails ; les expérimentateurs qui s'occuperont de ces recherches s'apercevront vite qu'il y a un grand avantage à avoir un fil conducteur. On demandera ensuite au sujet s'il est spirite, médium, s'il a reçu des communications, etc.

Il sera intéressant de savoir s'il existe quelques rapports entre la disposition à l'écriture automatique et la suggestibilité ; nous supposons que ce rapport existe, car le personnage de l'écriture automatique est très suggestible, et ces divers phénomènes de subconscience et de division de conscience forment le fond de l'hypnotisme ; mais en somme, tout ceci n'a pas encore été étudié clairement sur des individus normaux, et on ne sait pas au juste quelle signification la psychologie individuelle doit attacher à l'écriture automatique.

La division de conscience peut s'exprimer par des manifestations autres que l'automatisme des mouvements ; elle peut se produire de telle sorte que le sujet en ait la perception assez claire ; dans ce cas, il n'est pas inutile de faire des expériences sur le sujet, mais le plus simple est de l'interroger et de lui demander une description aussi complète que possible des impressions qu'il a ressenties. Il est bien entendu que l'expérimentateur doit le mettre sur la voie, car les personnes qui ont éprouvé les phénomènes de ce genre ne se rendent pour ainsi dire jamais compte de leur nature. Voici à peu près dans quelles conditions une personne remarque de légers signes de division de conscience : elle a le sentiment que le monde extérieur est étrange ; les objets qui l'entourent, quoique familiers, lui paraissent nouveaux, bizarres, indéfinissables ; on les regarde d'un œil curieux comme si on ne les connaissait pas, mais en même temps on se rend bien compte que c'est une illusion. Parfois, les objets paraissent éloignés. Cette impression d'étrangeté, on peut l'éprouver dans la perception de son propre corps ; on se demande : « est-ce là ma jambe ? je ne reconnais pas mes bras. Mon corps me paraît drôle. Est-ce moi qui suis assis en ce moment sur cette chaise ? » etc., etc.

re-ssaui la même impression pour sa propre
: sens des paroles qu'on vient de prononcer ;
é, prononcé à haute voix plusieurs phrases,
1s un dîner, on écoute sa voix, le timbre en
il semble que ce soit la voix d'un autre ; de
nait difficilement sa propre pensée dans les
prononcées ; on croirait que la phrase a été
ne autre pensée et dite par une autre bouche.
'aine a longuement cité dans son *Intelligence*[1],
e nom de névropathie cérébro-cardiaque, beau-
i de ces phénomènes de dissociation ; et cette
rnard Leroy vient de publier une utile mono-
1sion de fausse reconnaissance, et il ressort
que cet auteur a réunis, que l'illusion de
ssance est souvent liée à des phénomènes
1lement de conscience.

V

1e catégorie de recherches n'a rien de commun
nte ; elle part d'un principe tout spécial. Ce
1uivant : Dans toutes les opérations que nous
notre intelligence, comme de voir, d'agir, de
endre un parti, etc., nous présentons deux ten-
1s ; la première représente l'habitude, la rou-
i représente la réflexion personnelle, l'esprit
:te physique ou mental que nous faisons res-
moins à un de nos actes antérieurs, il ren-
êquent devant lui un commencement d'adap-
profite, et on a une tendance à se répéter, à
a déjà fait, parce que c'est plus facile, parce
1de moins de réflexions. Mais d'autre part,
1nstances ne sont jamais identiquement les
il y a entre la circonstance de l'acte nouveau
s ancien, une petite différence, nous devrions
:te nouveau une petite modification pour mieux
constances nouvelles, mais cela exige un effort

in fine, note sur les éléments et la formation de l'idée

d'attention et par conséquent une fatigue dont nous cherchons tout naturellement à nous dispenser.

Les expériences dont nous allons parler ont pour but de réaliser sous une forme expérimentale les conditions dont nous venons de parler ; on a imaginé des dispositifs spéciaux qui permettent de voir avec quel degré de routine une personne répète une même opération, quand les circonstances qui ont expliqué la première opération changent un peu, et exigeraient un acte différent. L'idée de ces recherches est venue, d'une manière tout à fait indépendante, à M. Henri et à moi, d'une part, et à M. Scripture et à ses élèves d'autre part.

Voici l'idée qui nous était personnelle. Nous faisions faire à des enfants d'école des expériences sur la mémoire visuelle des lignes. Ces expériences se faisaient par la méthode de reconnaissance. On montrait d'abord à l'enfant une ligne isolée, puis on laissait écouler un certain intervalle de temps, puis on faisait passer sous les yeux de l'enfant un grand carton sur lequel étaient tracées une série de lignes parallèles, de longueur croissante ; l'enfant devait reconnaître dans la série la ligne égale à celle qu'on lui montrait. Cette opération se faisait deux fois ; la première fois la ligne modèle se trouve dans la série ; la seconde fois elle ne s'y trouve pas : ainsi, la ligne modèle étant de 40 millimètres, le second tableau ne contient pas de ligne plus longue que 36 millimètres. Un œil exercé s'aperçoit de cette lacune ; mais la première épreuve a déjà créé une routine grâce à laquelle l'enfant ayant trouvé la ligne modèle dans le premier tableau, s'attend à la retrouver dans le second. Voici le résumé de nos résultats :

NOMBRE D'ENFANTS TROMPÉS PAR LA ROUTINE

	Mémoire.	Comparaison directe (moyenne des 3 cours).
Cours élémentaire (7 à 9 ans) . .	88 p. 100	38 p. 100
— moyen (9 à 11 ans)	60 —	—
— supérieur (11 à 13 ans) . .	47 —	—

Ces chiffres montrent l'influence de l'âge sur la suggestibilité ; ils montrent aussi que dans l'acte de comparaison, qui est plus facile et donne plus de sécurité à l'esprit que l'acte de mémoire, on est moins suggestible.

Il est à remarquer que bien que ce genre de suggestion provienne du dispositif même de l'expérience, et non de la présence de l'expérimentateur, cependant l'autorité morale de celui-ci exerce incontestablement une influence sur le résultat ; c'est

a recherche à l'école, il est l'ami du Direc-
que l'enfant; toutes ces circonstances
nfiance, et il faut que l'enfant soit bien
ir déclarer que la ligne qu'on lui dit de
n n'y est pas. Il est toujours très difficile.
des épreuves de suggestibilité en sup-
lépend de l'action morale de l'expéri-
:ut tout au moins diminuer la part de ce

is dit, et après lui Gilbert et Seashore,
recherches du même genre, ou du moins
ès analogues. Le travail de Seashore,
nt, a pour titre : La mesure des illusions
tat normal. Les auteurs ont du reste eu
i'ils inauguraient une méthode nouvelle,
de la suggestion hypnotique; il est seu-
cette conscience de leur originalité se soit
ait mépris pour les études d'hypnotisme,
irs, qu'ils ont traités de jongleurs et de

eashore¹ ont été faites sur des élèves de
ìière vue on aurait pu croire que ces
dont l'âge est d'ordinaire de 20 ans,
iles à duper que les enfants d'école pri-
l'est trouvé que tous les dispositifs de
dupes ; et même, on a pu observer un
s élèves qui avaient été mis d'avance au
de la recherche s'y sont laissé prendre.
tion était augmentée par le silence du
le, l'obscurité, le signal donné avant le
:lques-unes des expériences de Seashore ;
i une expérience sincèrement, plusieurs
bitude est née, on fait une expérience
n prévenu y répond comme si elle était

— On fait passer le courant électrique
iate dans un fil d'argent tendu entre
chauffe, et le sujet est invité à pincer le
ndex et à se rendre compte de la chaleur

a partie notre analyse parue déjà dans l'*Année*

ne voit pas le mouvement de l'expérimentateur ; on commence par faire tourner réellement le second carton, après un signal, et le sujet dit quand il perçoit le changement ; puis on refait le même signal, mais on laisse le carton immobile, et le sujet croit percevoir comme avant le changement de clarté, qui lui paraît se produire à peu près au bout du même temps après le signal.

Illusion de son. — Après beaucoup d'essais infructueux, l'auteur s'est arrêté au dispositif suivant : après un signal donné, on augmente graduellement l'intensité d'un son en rapprochant les deux bobines d'un appareil à chariot, et le sujet doit réagir dès qu'il entend le son, qu'il sait devoir être très faible au début, puis augmenter ; tantôt on fait l'expérience réellement, tantôt on fait le signal sans rapprocher ensuite les bobines.

Pour le toucher, on a provoqué des excitations minima en posant des corps très légers sur la main du sujet, derrière un écran ; le contact était fait après un signal : puis on a continué le signal sans faire de contact ; le sujet devait réagir. Les expériences sur l'odorat, le goût, etc., sont si faciles à imaginer que nous n'insistons pas ; toujours une excitation réelle, mais faible, produite d'abord avec un certain dispositif, qui impressionne un peu le sujet, puis on conserve le même dispositif, par exemple le même signal, et on supprime l'excitation réelle. Notons, pour terminer sur ces points, l'hallucination d'un objet, qui a été produite de la manière suivante : dans une chambre peu éclairée, on montre au sujet un objet peu visible, une petite balle se détachant sur fond noir, et on cherche à quelle distance le sujet distingue cet objet ; on fait l'expérience plusieurs fois ; chaque fois le sujet part d'une assez grande distance, se rapproche lentement en regardant, puis s'arrête quand il voit la balle : à ce moment, il jette les yeux sur le parquet où les distances sont marquées, et lit la distance où il se trouve de la mire ; puis, il se retourne et s'éloigne, pour refaire la même expérience ; pendant qu'il se retourne, l'expérimentateur peut supprimer la balle ; le sujet revient, et quand il se trouve à peu près à la même distance que la première fois, il croit qu'il perçoit encore la balle.

Ainsi que nous l'avons dit plus haut, la possibilité de provoquer des illusions ou même des hallucinations n'ayant nullement besoin d'être démontrée, ces expériences seraient peu intéressantes si elles ne nous apprenaient rien de nouveau sur le mécanisme de la suggestion. C'est cette étude du mécanisme qui seule donne de l'intérêt à l'étude. Seashore paraît ne pas l'avoir toujours bien compris ; car les détails qu'il nous donne sur ce point sont assez maigres. Nous noterons seulement les quelques remarques qui suivent : Il est aussi facile, dans les expériences sur la lumière, de donner des illusions sur l'augmentation de clarté que sur la diminution. — L'illusion se produit à peu près avec la même rapidité que la perception correspondante. — Alors même que le sujet n'est pas en attente d'un seul stimulus, mais de deux, et doit choisir entre les deux (par exemple il doit se produire soit plus, soit moins de lumière), l'illusion est possible, car le sujet peut fixer son attention principalement sur l'idée d'un seul stimulus, et être convaincu par quelque circonstance banale que c'est. bien ce stimulus-là qui va se produire. — Il est arrivé parfois que certains sujets étaient avertis par d'autres que les expériences étaient illusoires ; malgré leur scepticisme, ils n'en ont pas moins subi l'illusion, au bout de quelques répétitions des stimulus réels ; il en a été de même pour un sujet qu'on avait formellement averti de l'illusion qu'on allait produire. Il suffit de

imulus réel pour écarter l'effet de
— La force de la suggestion a été
laboratoire, la solitude, l'obscurité.
mulus, les observations spontanées
 des appareils, la régularité ryth-
ions, la synesthésie de sensations
uggérées.
es sur le goût, on déposait toutes
utte d'eau ; il y avait donc une sen-
tôt était associée à une sensation de
it pas associée, mais la suggérait.
aquelle l'auteur n'insiste pas assez,
ions ne peuvent porter que sur des
 expériences visuelles, par exemple,
eulement des perceptions de minima
es minima, et ces expériences sont
ves, puisqu'elles montrent, soit dit
ines méthodes de psycho-physique
uand le sujet sait d'avance ce qu'il
sations du toucher, pour la percep-
le même ; les sensations ont été très
s ; pour les sensations de tempéra-
un détail, on ne sait pas si réelle-
courant électrique était très chaud.
ent songé à mesurer l'intensité de
nt intéressant de savoir pour quelle
personne est suggestible ; telle per-
l'attention expectante d'un contact
onnée, tandis qu'une autre personne
le d'un contact beaucoup plus faible.
de savoir si tous les sens sont sug-
é. En somme, beaucoup de points,
mportants de tous, restent à exami-
 n'en est pas moins une étude très
ont l'auteur doit être chaudement

le que si cette forme particulière de
té l'objet de beaucoup d'études, il
rand'chose pour la psychologie indi-

VI

bre catégorie d'expériences se distingue de la pré-
ette particularité qu'on ne cherche point à pro-
lusion ou une hallucination et à la mesurer ; on
implement à réunir des circonstances telles que le
ıns ces circonstances, est en quelque sorte obligé,
ı doute, d'exécuter un certain acte ; et cet acte,
ı le même pour tous les sujets, peut être prévu

es expériences de ce genre intéressent-elles la
suggestibilité? Elles ne semblent rien avoir de
la suggestibilité entendue dans le sens ordinaire ;
ıntrent l'importance qu'a pour chacun de nous
matique ; or l'analyse que nous avons faite plus
ɡgestion, comme mécanisme psychologique, nous
ılle consiste dans le triomphe de la vie automati-
ıe réfléchie et raisonnante ; c'est par là que ces
uvelles se rattachent aux précédentes.
cerai par présenter une courte analyse des expé-
dis a faites dans le laboratoire de psychologie de
à Harvard. Ces expériences ont eu pour but de
rsonne à choisir dans un certain sens, alors que
vait l'illusion de faire un choix libre. C'est vrai-
ʃaisante de constater que cette faculté de choix,
sophes ont presque toujours considérée comme
remptoire du libre arbitre, est au contraire si
ıée et déterminable que l'on peut prévoir presque
ʃans l'immense majorité des cas, dans quel sens
ʃercera. Sidis¹ présentait à ses sujets, qui furent
ʃe 19, un grand carton blanc sur lequel étaient
ʃs de couleur, ayant chacun une dimension de
, sur 3 centimètres. Le tout était recouvert d'un
ʃ sujet était prié de fixer son attention sur l'écran
ʃ secondes ; puis, on enlevait l'écran et le sujet
ʃer immédiatement un des carrés de couleurs,
ʃulait. Les 6 carrés étaient placés sur la même

ligne. Il s'agissait d'influencer le choix du sujet : les artifices suivants ont été employés : 1° position anormale : un des carrés n'était pas sur l'alignement des autres ; ou bien, il était un peu incliné ; 2° forme anormale ; on changeait la forme d'un des carrés, on le taillait en triangle, en étoile ; 3° l'écran servant à couvrir les carrés n'était pas noir, mais de la couleur de l'un d'eux ; 4° couleur suggérée verbalement. On montrait un des carrés de couleur avant l'expérience, ou on le nommait, ou bien le sujet était chargé de décrire sa couleur ; et ensuite on voyait si ce carré avait été préféré aux autres ; 5° place suggérée verbalement. Au moment où on enlevait l'écran, on prononçait un numéro, par exemple 3, afin de voir si le sujet choisirait le 3° carré plutôt qu'un autre ; 6° encadrement ; un des carrés était entouré, encadré d'une bande de couleurs.

En décrivant ses résultats, l'auteur distingue les cas où la suggestion a pleinement réussi, par exemple où le sujet a désigné le carré de forme et de position anormales et les cas où le sujet a désigné le carré voisin ; pour les premiers cas il leur donne le nom de suggestion immédiate ; les autres cas sont ceux de suggestion médiate. Voici maintenant le pourcentage des réussites.

Table de suggestibilité.	Suggestibilité immédiate.	Suggestibilité médiate.
Position anormale.	47.8	22.2
Forme étrange.	43	13.6
Ecran coloré.	38.1	5.8
Encadrement	30.4	5.3
Couleur suggérée verbalement. . . .	28.8	4.4
Rang suggéré verbalement.	19.4	0.5

Ces chiffres montrent que la suggestion immédiate a toujours été plus forte que la suggestion médiate. Ils montrent aussi que la suggestion verbale, qui est directe, a toujours été moins efficace que la suggestion provenant des circonstances de forme et de position. Sidis en conclut qu'à l'état normal, la suggestion directe a moins de succès que la suggestion indirecte ; cela est vrai pour le cas présent. Il est à regretter que Sidis n'ait point interrogé ses sujets après les expériences pour leur faire rendre compte pourquoi ils avaient été sensibles à telle suggestion et non à telle autre.

Nous ne savons pas encore quel parti on pourrait tirer de tout cela pour la psychologie individuelle.

Les prestidigitateurs, que Sidis ne cite pas, font depuis long-temps des expériences analogues aux siennes.

eurs ont le secret d'un moyen qui permet
x d'une personne à son insu ; mais l'effet
e,est, paraît-il, si inconstant qu'on com-
en y comptant trop ; on opère de la manière
s rangés à côté les uns des autres, trois cartes,
is œufs, enfin trois objets quelconques, sont
rsonne pour qu'elle en désigne un ; on n'a-
erce aucune pression avec le geste ou la
ont eu l'occasion de présenter souvent des
plus souvent c'est l'objet du milieu qui est
le n'ai pas pu en deviner la raison. Un pres-
nould, m'a proposé l'explication suivante,
ieuse. On désigne le plus souvent l'objet
rce que c'est l'objet le plus facile à désigner.
ice, l'opérateur et le spectateur sont face à
e l'objet de gauche, il faudra ajouter qu'on
la gauche de l'opérateur ou de la vôtre
ne lui demande qu'un mot, il désigne le
ommode.
at prévoir le choix s'exerçant entre vingt à
nts : la difficulté paraît cependant beaucoup
nps nous en fournit un exemple. Cet ancien
ur dans lequel on étale sur une table quinze
rtes chacun, et on prie les spectateurs de
aquet au hasard ; peu importe que plusieurs
non. Or, remarque bien ingénieuse, si l'on
le deux cartes notables et de même couleur,
reine de cœur, on est presque assuré que sur
rs, il y en aura deux ou trois qui penseront à
i? Parce qu'ils trouveront, dit Decremps, plus
ns leur mémoire le roi et la dame de cœur,
tes mal accouplées, telles que le sept de car-
e. On voit que c'est toujours le même prin-
rs actes possibles, quand tous sont indiffé-
ui qui présente le plus de facilité d'exécution.
exposant, pour la première fois, une série
ai faites individuellement sur des adultes (8)
le, relativement à des mouvements et à des
qui peuvent être prévus d'avance. Ce sont
s analogues à celles de Sidis ; elles ont été
n quatre ans, et je n'avais pas encore eu
de les faire paraître.

1° *La ligne droite.*

Si on prie une personne de tracer une ligne droite sur une feuille de papier, sans ajouter d'autre indication à cette invitation, on pourra constater déjà, dès cette première expérience si simple, que les individus sont soumis à un grand nombre d'habitudes communes ; tous ou presque tous se comportent de la même façon ; la ligne droite demandée sera tracée de la main droite (par tous les droitiers) ; elle sera tracée le plus souvent dans le sens horizontal et non dans le sens vertical ; ou pour être plus exact, nous dirons que le sens suivi est légèrement oblique de gauche en haut ; elle sera tracée de gauche à droite, sens ordinaire de notre écriture et de notre lecture ; tout cela est fait machinalement, sans volonté délibérée. La longueur de la ligne tracée, quoiqu'elle paraisse dépendre entièrement des caprices de notre volonté, est au contraire soumise à des conditions aussi étroites que la direction de la ligne ; seulement quelques-unes de ces conditions varient avec : 1° l'âge des individus ; 2° la position de leur corps ; 3° la grandeur du papier. Je ne veux parler ici que de la position du corps. Pour se rendre compte de son influence sur la grandeur de la ligne et des lettres tracées, je citerai seulement l'expérience suivante : le sujet est assis sur une table, la main appuyée, il trace une lettre ou une ligne ; on le prie, sans changer la position de sa main et de son avant-bras, de rapprocher ses yeux du papier, aussi près que possible, et on lui fait écrire la même lettre ; ensuite, on lui fait éloigner autant que possible la tête du papier, il la porte en arrière, la position de la main restant invariable, et on lui fait écrire de nouveau la même lettre ; dans ce cas on observe que le deuxième spécimen d'écriture est plus petit que le premier, et que le troisième est beaucoup plus grand ; la différence de grandeur dépend de l'état d'esprit du sujet, il peut soit écrire machinalement sans se préoccuper de la grandeur qu'il donne à sa lettre ou à son trait, soit faire un effort pour conserver dans toutes les positions la même amplitude ; dans ce dernier cas la différence de grandeur est moins considérable, mais elle subsiste, ce qui prouve qu'il y a là un fait d'adaptation qui ne peut pas être complètement supprimé par la volonté. Je ne me rends pas un compte exact du mécanisme de cette adaptation. Il faut remarquer qu'on peut disposer l'expérience de manière à ce que ce soient les mêmes muscles de l'avant-bras qui entrent en jeu dans tous les cas ; ce n'est donc pas une différence dans la nature des muscles qui explique les différences de grandeur ; l'effet tendrait plutôt à une adaptation à la distance de vision ; on écrirait en donnant aux lettres la grandeur nécessaire pour qu'elles puissent être lues à la distance où se trouve la tête du scripteur ; par conséquent on ferait de plus grandes lettres quand on écrit de loin, le bras tendu.

2° Une ligne droite coupée en travers
par une autre ligne droite.

Je trace sur une feuille de papier une ligne épaisse, de

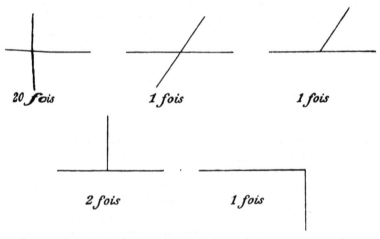

Fig. 12. — Expérience de suggestion consistant à tracer une seconde ligne en travers de la première. Au-dessous de chaque figure est noté le nombre de fois qu'elle a été réalisée par des personnes différentes.

gauche à droite ; je donne à cette ligne horizontale une longueur de 2 à 3 centimètres ; puis, je me tourne vers une personne présente, qui a suivi mon mouvement, et je la prie « de tracer une autre ligne en travers de la première ». La plupart des personnes tracent la seconde ligne de manière à former une croix avec la première (fig. 12). En réalité, on aurait pu obéir à la demande de l'expérimentateur en faisant une figure tout à fait différente. Or, remarquons à combien de suggestions le sujet a obéi sans s'en douter : 1° il fait la seconde ligne au milieu de la première ; 2° il la fait perpendiculaire à la première ; 3° de longueur égale à la première, en général un peu

plus courte ; 4° les deux moitiés de la ligne ajoutée sont égales
entre elles. Toutes ces suggestions n'opèrent pas constamment
en bloc ; certaines peuvent faire défaut ; ainsi, il est arrivé
deux fois seulement qu'on a fait une oblique au lieu d'une
perpendiculaire ; une fois aussi l'oblique s'est arrêtée à la
ligne sans la couper ; dans tous les cas l'oblique était dirigée
de haut à gauche.

L'état mental des sujets dans les expériences, de ce genre est
facile à décrire d'une manière générale ; quand on leur
demande pourquoi ils ont dessiné une croix plutôt que telle
autre figure, ils ont en général l'une ou l'autre de ces deux
réponses : « Vous m'aviez dit de faire une croix », ou bien : « J'ai
tracé la croix machinalement, sans y penser, parce que cela
m'était plus commode. » Dans les autres expériences que nous
décrirons, l'état mental du sujet est de même nature ; c'est, en
somme, un état de subconscience, d'automatisme. Comment
expliquer cette uniformité des dessins ? J'ai imaginé deux explications :

a. La première est une tendance à la symétrie.

Nos yeux sont habitués dès l'enfance à la symétrie des
formes ; notre corps, celui de la plupart des animaux, les
organes des plantes, les objets que nous fabriquons et dont
nous nous servons habituellement présentent à des degrés
divers, une symétrie bilatérale ou radiaire ; nous sommes en
outre habitués à attacher une idée de beauté à la symétrie. En
fin de compte, l'explication tirée de la symétrie peut se formuler de la manière suivante : on réalise une figure symétrique
parce que l'habitude a fourni notre mémoire d'un grand
nombre de figures de ce genre, et qu'en outre nous attachons à
ces sortes de figures un sentiment de plaisir esthétique. Cette
première explication est un peu vague. En voici une seconde
qui me paraît plus précise.

b. La première ligne, tracée par l'expérimentateur, rappelle
le premier bras d'une croix, et donne la suggestion de cette
figure, qui est connue de tout le monde ; on a une tendance
à réaliser l'image évoquée, puisqu'il n'y a pas de motif spécial
pour la repousser, et par conséquent on trace la seconde ligne
de manière à ce qu'elle forme une croix avec la première.

L'incertitude sur le vrai mobile de l'acte montre à quel point
nos actes habituels se produisent en dehors de notre conscience
claire.

3° *Un point dans un cercle.*

Je fais tracer un cercle au crayon, en suivant le contour d'une pièce de monnaie ; puis je demande à ce qu'on trace dans le cercle un point aussi léger que possible, à peine visible. Quatorze sujets sur quinze ont tracé leur point au centre, ou rapproché du centre. Ils ont obéi, je suppose, à un besoin de symétrie, peut-être aussi à l'habitude qui nous représente un point marqué au centre du cercle. Beaucoup de personnes avant de marquer le point demandent s'il faut le marquer au centre ; au lieu de répondre directement on insiste sur la nécessité de faire un point à peine visible.

4° *Lignes dans un carré.*

On trace un carré ayant 3 centimètres de côté, puis on demande à une personne de tracer une ligne droite dans ce carré ; la ligne faite, on en demande une seconde, et ainsi de suite jusqu'à cinq (fig. 13). Pour comprendre les résultats qu'on obtient, il faut d'abord se rendre compte des suggestions que présente l'aspect d'un carré : on pense le plus facilement à des lignes passant par le milieu du carré, c'est-à-dire à une ligne verticale, à une ligne horizontale partant toutes deux du milieu d'un côté, ou à une diagonale. Dans la majorité des cas, les sujets tracent une ligne verticale ou une ligne horizontale pour commencer, et non une diagonale ; et cela se comprend, car l'une ou l'autre des deux premières lignes donne à la figure un aspect satisfaisant, tandis que la diagonale donne une impression de figure inachevée. Telle est donc la première suggestion à laquelle on obéit, et il faut remarquer que cette suggestion résulte d'une tendance à la symétrie. Les quatre autres lignes qu'on trace sont également le développement d'une idée de symétrie ; mais le type choisi varie avec les individus ; les uns se bornent à des lignes parallèles, les autres font un quadrillé, les autres font intervenir les diagonales. Ce qu'il y a de curieux, c'est que lorsque l'idée de symétrie qui a dirigé les premières lignes est épuisée, le sujet s'arrête avec embarras ; nous l'avons observé notamment dans le cas de symétrie des figures sous lesquelles le chiffre 1 est marqué ; la cinquième ligne est dans ce cas difficile à trouver parce qu'il faut adopter une idée différente.

Deux personnes seulement ont fait des lignes au hasard, semble-t-il, dans l'intérieur du carré ; mais on trouve encore dans ces lignes quelques traces de symétrie ; quelques-unes en effet sont parallèles. Si on interroge les personnes qui ont fait ces dessins de type aberrant, elles avouent le plus souvent que leur première idée a été de faire un dessin symétrique, mais que pour une raison ou une autre elles ont résisté à cette idée,

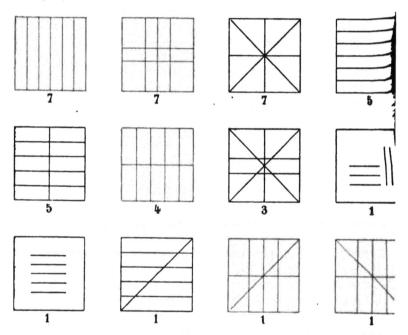

Fig. 13. — Expérience de suggestion, consistant à tracer des lignes droites dans un carré. Au-dessous de chaque carré est un chiffre indiquant le nombre de fois que la figure a été réalisée par des personnes différentes.

au lieu de s'y conformer. Leur cas n'est donc pas une négation de l'habitude.

Comme il est tout à fait vraisemblable que l'idée de la symétrie a guidé la main des sujets, j'ai voulu savoir comment se comporteraient des personnes auxquelles l'idée de la symétrie ne serait pas imposée par les habitudes de l'écriture et du dessin. Je me suis adressé à une classe de 43 enfants d'école primaire, ayant en moyenne six ans, et ne sachant pas encore écrire autre chose que des barres. Je leur fais tracer un carré, et ensuite 5 lignes dans le carré, successivement ; l'expérience est faite collectivement. Or, dans toutes les figures, sauf deux, le dessin des lignes traduit la symétrie la plus nette ; les lignes

sont tracées d'un bout à l'autre du carré ; dans 36 figures, il y a
des horizontales, dans 38 des verticales, et dans 13 seulement
des diagonales (ce qui prouve que l'idée de la diagonale est plus
complexe que celle de l'horizontale et de la verticale). Ces expériences démontrent par conséquent que la tendance à la symétrie dans les dessins est antérieure à la période d'instruction.
Nous donnons la série de figures qui ont été dessinées ; nous
indiquons en dessous le nombre d'enfants qui ont dessiné
chaque figure.

Pour compléter nos renseignements sur cette expérience,
ajoutons que les feuilles de papier sur lesquelles les enfants ont
fait leurs expériences avaient 16 centimètres sur 10 centimètres ; les carrés qu'ils ont tracés ont eu en moyenne 2 centimètres de côté.

5° Les deux cercles.

On trace un petit cercle d'un centimètre de diamètre, et on
prie le sujet de tracer, exactement à 3 centimètres de distance,
un second cercle. La tendance spontanée et presque universelle
est de tracer un second cercle égal au premier. On recommence
en faisant un cercle assez grand, de 6 centimètres de diamètre,
et la personne, en cherchant à garder cette même distance de
3 centimètres, se conforme de nouveau au modèle qu'on lui
fournit et fait un cercle de 6 centimètres environ ; rien n'est
plus curieux et comique que ces changements que le sujet fait
subir au cercle qu'il trace pour imiter l'expérimentateur. Si on
analyse avec grand soin son état mental, on voit qu'il ne s'est
pas imaginé nettement qu'on lui avait dit de faire des cercles
semblables ; il peut le soutenir à tort ; en réalité, il n'a pas cru
se conformer à une demande expresse, il a fait cela machinalement, en se laissant impressionner sans s'en rendre compte par
l'image du cercle qu'il avait sous les yeux. C'est de la même
façon qu'on élève la voix pour parler à quelqu'un qui parle fort
ou qu'au contraire on se met à l'unisson de quelqu'un qui
parle bas et lentement, ou qu'on racle sa gorge dans une bibliothèque quand on entend quelqu'un en faire autant.

Notons en passant que la copie se fait d'ordinaire à droite du
modèle, et que la distance laissée entre les deux cercles croît
avec la grandeur de ceux-ci ; mais ce sont là des effets tenant
à d'autres causes que l'imitation ; nous les examinerons
ailleurs.

6° *Le choix d'un carré.*

On prend une feuille de papier de dimensious ordinaires (17 sur 22 centimètres), on la divise en seize carrés égaux en la pliant ; on montre la feuille dépliée à une personne, et on lui demande de marquer un point au crayon dans le centre de l'un

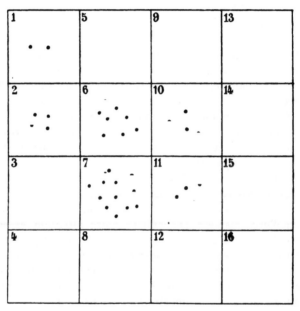

Fig. 14. — Expérience de suggestion consistant à marquer un point au centre d'un des 16 carrés au choix. Les chiffres inscrits à la gauche et en haut de chaque carré donnent le moyen de reconnaître les carrés ; c'est une notation artificielle faite après les expériences, et qui par conséquent n'a pas pu guider les sujets.

des carrés ; peu importe le carré, lui dit-on, l'essentiel est que le point en occupe exactement le centre.

A priori on pourrait supposer que le sujet a seize carrés qui sont tous également à sa disposition, et qu'il peut, à son choix, prendre le premier, ou le septième, enfin l'un quelconque de ces seize carrés ; mais, en fait, si on fait l'expérience, on trouve que la plupart des personnes choisissent les carrés du milieu ; en numérotant les carrés de haut en bas, par colonnes descendantes, et en commençant par les colonnes gauche, on trouve que les carrés choisis le plus souvent sont le sixième, le septième, le dixième, le onzième, c'est-à-dire les quatre du centre (fig. 14)[1]. Voici quelques chiffres ; nous indiquons, en face de chaque carré, par combien d'élèves il a été choisi.

```
12 sujets. . . . . . . . . . . . . .   7° carré
 8   —  . . . . . . . . . . . . . .   6°  —
 4   —  . . . . . . . . . . . . . .  11°  —
 5   —  . . . . . . . . . . . . . .  10°  —
 2   —  . . . . . . . . . . . . . .   1°°  —
 4   —  . . . . . . . . . . . . . .   2°  —
```

Les carrés centraux ont été choisis le plus souvent, et parmi ceux-là ceux qui se trouvent à gauche du centre. Il y a donc eu une sorte d'attraction exercée par le centre de la figure. Probablement aussi on a marqué les carrés du centre parce qu'ils offrent plus de commodité à la main. Notons aussi la tendance à écrire sur la partie latérale gauche de la feuille, ce qui provient certainement de l'habitude qu'on a d'écrire en commençant par la gauche de son papier.

Les expériences précédentes montrent qu'il existe un déterminisme de nos actes habituels, automatiques, c'est-à-dire des actes que nous exécutons avec une demi-conscience, sans exercer d'une manière particulière notre attention et notre volonté. Le hasard des recherches m'a mis sous les yeux toute une série d'expériences qui montrent avec une pleine évidence que ces actes, en apparence capricieux et sans règle, s'exécutent avec une telle uniformité qu'on peut le plus souvent les prévoir d'avance. La démonstration expérimentale de ce que j'avance tient dans la proposition suivante : tout individu placé dans certaines conditions, et croyant agir librement, se comporte en réalité de la même manière que les autres individus ; ce qu'ils ont en commun, c'est l'activité automatique. Mais précisément parce que cette activité automatique est commune aux individus, elle ne peut servir à la psychologie individuelle, qui recherche les caractéristiques de l'individu, et non ses caractères génériques.

En résumé, nous venons de voir qu'il existe aujourd'hui un nombre assez grand de travaux que l'on peut grouper sous la

(1) La figure 14 est explicative, rien de plus : il est évident que lorsqu'on a fait l'expérience, tous les carrés étaient vides, aucun n'était pointillé : de plus, les points marqués sur la figure 14 indiquent seulement le nombre de fois que tel carré a été choisi ; ils ne reproduisent pas la position des points qui ont été réellement marqués.

rubrique générale de suggestibilité de l'état normal. Ces travaux contiennent l'indication de plusieurs méthodes dont
quelques-unes ont déjà fait leurs preuves, et je pense qu'on
pourrait tirer parti de ces méthodes pour les progrès de la
psychologie individuelle.

ALFRED BINET

V

QUELQUES APPLICATIONS
DU CALCUL DES PROBABILITÉS A LA PSYCHOLOGIE

Dans un article assez long que j'ai publié dans le deuxième volume de l'*Année psychologique*, pages 466-500, sur le calcul des probabilités en psychologie, j'avais étudié d'une manière générale les différents cas où on pouvait avoir à calculer une probabilité ; cet article était en grande partie théorique et j'avais omis de donner un nombre suffisant d'exemples, de sorte que certaines personnes qui ont voulu appliquer les règles indiquées dans cet article ne pouvaient pas facilement se débrouiller dans les développements théoriques souvent trop longs et peu pratiques. Une des questions que l'on a constamment à appliquer en psychologie lorsqu'on fait des mesures et qu'on cherche à les interpréter, c'est de savoir exactement ce que signifie cette *erreur probable* dont on parle si souvent ; quel parti peut-on tirer du calcul de la valeur de cette erreur probable ? Est-ce que la variation moyenne que l'on calcule toujours en psychologie peut remplacer le calcul de l'erreur probable ? etc. Voici exactement comment le problème se pose en psychologie : On fait des mesures d'une certaine fonction ou d'une certaine qualité physique de l'individu ou d'un groupe d'individus : par exemple, on mesure la taille de 100 personnes d'un certain groupe ; on obtient par le calcul la valeur de la moyenne arithmétique et de la variation moyenne, soient dans l'exemple présent 450 centimètres la moyenne des tailles et 10 centimètres la variation moyenne. Ensuite, une autre fois, par d'autres méthodes ou dans un autre milieu, ou sous d'autres conditions, on mesure de nouveau la même faculté : par exemple, on mesure la taille de 80 personnes, et on obtient de nouveau une moyenne arithmétique et une variation moyenne ; par exemple on obtient 155 centimètres comme moyenne et 8 centimètres comme variation moyenne. Cette nouvelle moyenne est différente de celle que l'on avait obtenue précédemment. On demande à quoi tient cette différence ? Est-elle due au hasard ou bien peut-on affirmer qu'il y a une cause spéciale qui a influé, c'est-à-dire que les conditions différentes dans lesquelles on a fait les deux ordres de mesures ont entraîné cette différence des moyennes ? Je précise encore plus par un exemple tout à fait concret. On veut étudier si la force physique des élèves va parallèlement à leur développement intellectuel, on fait des expériences avec le dynamomètre dans les différentes écoles. Dans ces écoles, on choisit 100 bons élèves pris parmi les premiers des classes, on mesure leur force et on trouve une moyenne de 30 kilogrammes avec une variation moyenne de 3 kilogrammes ; ensuite on choisit 80 élèves parmi les derniers des classes, on mesure leur force au dynamomètre et ou trouve 28 kilogrammes avec une variation moyenne de $2^{k}, 5$. Que peut-on conclure ? A-t-on le droit de dire que les meilleurs élèves des classes sont plus forts que les mauvais ? Les différences trouvées suffisent-elles pour dire que la force physique va parallèlement au développement intellectuel ? Ou bien faut-il conclure que, vu la grandeur des variations moyennes, les différences entre les moyennes sont trop faibles, de sorte que c'est le hasard probablement qui les a produites ? Tel est le problème que l'on a constamment à résoudre en psychologie.

Je donnerai ci-après une règle qu'il faut suivre dans ces cas ; j'indiquerai d'abord la démonstration de cette règle pour que toute personne familière avec le calcul des probabilités puisse en contrôler elle-même l'exactitude, et puis je donnerai des exemples pratiques. Donc pour appliquer les formules on n'a pas besoin de lire les démonstrations qui suivent, on pourra directement se reporter au paragraphe *Application*.

I. — DÉMONSTRATION THÉORIQUE

Supposons qu'on fasse d'une part n mesures, qui donnent une moyenne arithmétique égale à m et une variation moyenne égale à v. D'autre part, n_1 mesures donnent une moyenne m_1 et une variation moyenne v_1. Soit de plus d la différence entre les deux moyennes arithmétiques, c'est-à-dire $m_1 - m = d$.

Pour décider si c'est une cause spéciale ou simplement le

rminé cette différence entre les deux
bord supposer qu'aucune cause spéciale
probabilité pour que le hasard seul pro-
. Si cette probabilité est très petite, on
de probabilité pour que la différence d
que, par conséquent, il est très probable
fluence d'une certaine cause particulière
férence des conditions dans lesquelles on
es de mesures. Rappelons ici que toutes
'on peut tirer d'observations de ce genre
udes absolues; elles ont chacune une cer-
re vraies, et cette probabilité variera plus
'autre.

omme nous venons de le dire, que les
es sont faites dans des conditions qui les
re homogènes, c'est-à-dire dans des con-
pas d'une manière constante dans un sens
l'autre de ces groupes de mesures. Nous
dre les deux groupes de mesures, et nous
s d'une même fonction; mais ces mesures
ites avec la même précision, puisque pour
ation moyenne est v et pour n_1 la variation
nous avons montré dans le travail de
e, tome II, page 493, que la précision k est
ient à $\dfrac{1}{v\sqrt{\pi}}$ où π est le rapport de la cir-
e = 3,1416. De même la précision dans le
ures est égale à $k_1 = \dfrac{1}{v_1\sqrt{\pi}}$.

ndant sur ces $n + n_1$ mesures on voulait
générale, il ne faudrait pas additionner
iser par leur nombre total $n + n_1$, mais
sure par le *poids* correspondant, c'est-à-
a précision; cette moyenne serait donc
$\dfrac{+ n_1.m_1.k_1^2}{+ n_1 k_1^2}$; nous ne donnons pas ici la
tte formule, on la trouvera par exemple
obabilités de *J. Bertrand*, page 219.
iant que, ayant une grandeur M on la
la précision de ces mesures soit égale
quelle sera la probabilité pour que la
iesures faites ainsi soit égale à m. Nous

savons que par définition n mesures de poids k^2 sont équivalentes à *une* mesure de poids nk^2, le problème se transforme
donc de la façon suivante : Quelle est la probabilité pour qu'en
mesurant *une* fois une grandeur M avec un poids égal à nk^2,
c'est-à-dire avec une précision égale à $k\sqrt{n}$, on obtienne une
valeur égale à m ? Cette probabilité est facile à calculer avec les
formules indiquées dans l'*Année psychologique*, t. II, p. 491.
En effet, l'erreur commise dans cette mesure hypothétique faite
avec une précision égale à $k\sqrt{n}$ est égale à $M - m$, calculons
cette différence en substituant M par sa valeur, nous obtenons :

$$M - m = \frac{n.m.k^2 + n_1 m_1 k_1^2}{n k^2 + n_1 k_1^2} - m = \frac{n_1.k_1^2 (m_1 - m)}{n k^2 + n_1 k_1^2} =$$
$$= \frac{n_1 k_1^2.d}{n k^2 + n_1 k_1^2} \ldots \ldots \quad (1)$$

puisque $m_1 - m = d$, comme nous l'avons posé au début.

Pour chercher la valeur de la probabilité, il faut d'abord
calculer l'expression t qui est le produit de l'erreur par la précision (voy. *Année psych.*, t. II, p. 492), on aura dans le cas
présent :

$t = k\sqrt{n}. (M - m)$ c'est-à-dire en se rapportant à la formule (1) :

$$t = \frac{2_1. \sqrt{n}. k. k_1^2. d.}{n k^2 + n_1 k_1^2} \ldots \ldots \quad (2)$$

Ceci étant fait, on cherchera dans la table, qui se trouve
à la page 500 de l'*Année psych.*, t. II, la valeur de θ qui
correspond à la valeur de T égale à t ; cette valeur de θ
retranchée de 1 sera précisément la probabilité demandée ; par
exemple, si l'on trouve $t = 0,80$, la probabilité d'avoir une
mesure égale à m sera égale à $1 - 0,92$ ou $0,08$, cette probabilité est la même que celle de tirer une boule blanche dans un
sac qui sur 100 boules contient 92 boules noires et 8 blanches.

Par conséquent, nous avons obtenu la probabilité pour que
en faisant sur une grandeur M une mesure avec la précision
$k\sqrt{n}$ on obtienne une mesure égale à m, cette probabilité sera
la même que celle d'un groupe de n mesures de M faites avec
une précision k et donnant en moyenne m. Désignons par h
cette probabilité et voyons ce qu'elle peut nous apprendre.

Si cette probabilité h est supérieure à $\frac{1}{2}$, nous pourrons dire
que le groupe des n mesures donnant une moyenne m est fait

à peu près dans les mêmes conditions que celui des n, mesures qui ont donné une moyenne m_1, que seulement la précision des mesures dans les deux groupes n'est pas la même et que la différence des moyennes m et m_1 est probablement due au hasard. Au contraire, si h est inférieur à $\dfrac{1}{2}$, nous dirons que les différences dans les précisions k et k_1 des deux groupes de mesures ne suffisent pas pour expliquer la différence des moyennes obtenues, que cette différence entre m et m_1 n'est probablement pas due au hasard, mais qu'une cause étrangère a influé et l'a produite. La certitude de ces affirmations sera d'autant plus grande que h se rapprochera plus de l'unité dans le premier cas ou plus de zéro dans le second cas.

Tout revient donc en pratique à calculer la valeur de t donnée par la formule (2) et à chercher dans la table la probabilité correspondante. Cette formule (2) contient les valeurs k et k_1, or d'une manière générale on calcule la variation moyenne, il faut donc transformer cette formule de façon à abréger autant que possible les calculs.

Nous avons $k = \dfrac{1}{v\sqrt{\pi}}$ et $k_1 = \dfrac{1}{v_1\sqrt{\pi}}$; remplaçons dans la formule (2) k et k_1 par ces valeurs, nous obtenons :

$$n_1 \sqrt{n}.\, d.\ \frac{1}{v.\,v_1{}^2.\,\pi\sqrt{\pi}} \cdot \frac{1}{\dfrac{n}{\pi v^2} + \dfrac{n_1}{\pi v_1{}^2}} \quad \text{c'est-à-dire après réduction :}$$

$$t = \frac{n_1.\sqrt{n}.\, d.\, v}{\sqrt{\pi}.\, (n\, v_1{}^2 + n_1\, v^2)} \ \ldots \tag{3}$$

et pour ne pas avoir à calculer chaque fois le facteur $\sqrt{\pi}$, on peut remplacer t par le produit $t\sqrt{\pi}$ et se reporter alors non pas à la table donnée à la page 500 de l'*Année psycholog.*, t. II, mais à celle qui se trouve à la fin de cette note et où j'ai calculé les probabilités correspondantes à différentes valeurs de $t\sqrt{\pi}$; je montrerai plus loin comment on doit procéder dans la pratique.

Une remarque encore : nous avons supposé qu'on prend n mesures de précision k et nous avons cherché la probabilité pour que ces n mesures donnent une moyenne m ; on aurait pu prendre n_1 mesures de précision k_1 et chercher la probabilité d'une moyenne m_1. On aurait ainsi obtenu une formule très analogue à la formule (3). Le cas ne présente aucune difficulté.

II. — APPLICATION PRATIQUE

Problème. — On a fait n mesures, a_1, a_2, a_3, ... a_n; on calcule leur moyenne arithmétique $m = \dfrac{a_1 + a_2 + a_3 + \dots + a_n}{n}$, puis on calcule leur variation moyenne

$$v = \frac{(m-a_1) + (m-a_2) + (m-a_3) + \dots + (m-a_n)}{n};$$

d'autre part, on a fait n_1 mesures b_1, b_2, b_3 ... b_{n_1}, on calcule de de la même manière leur moyenne arithmétique m_1 et leur variation moyenne v_1. On calcule ensuite la différence entre les deux moyennes obtenues, soit $d = m_1 - m$ cette différence.

On demande avec quelle probabilité on peut affirmer que cette différence des moyennes n'est pas due au hasard, mais qu'elle est produite par une cause déterminée.

Pour trouver cette possibilité on calculera l'expression suivante :

$$T = \frac{n_1 \sqrt{n} . d . v}{n v_1{}^2 + n_1 v^2} \dots \tag{4}$$

et on cherchera dans la table qui suit la valeur de la probabilité h qui se trouve en face de cette valeur de T que l'on a calculée ; cette probabilité h sera précisément la probabilité de l'assertion que la différence des moyennes m et m_1 est due non au hasard, mais à une cause déterminée.

Donnons d'abord la table des valeurs de h qui correspondent aux différentes valeurs de T :

Valeurs de T.	Probabilités correspondantes.	Valeurs de T.	Probabilités correspondantes.
0,035	0,02	1,302	0,70
0,079	0,05	1,60	0,80
0,158	0,10	2,06	0,90
0,40	0,25	2,45	0,95
0,83	0,50	3,22	0,99
1,056	0,60		

Donnons maintenant quelques exemples numériques.

1. On mesure sur 100 élèves la taille, on trouve comme moyenne 150 centimètres et comme variation moyenne 8 centimètres. Dans un autre cas, on mesure de nouveau la taille de 100 élèves, on trouve comme moyenne 155 centimètres et

comme variation moyenne 10 centimètres. Quelle est la probabilité pour que la différence des deux groupes de mesures soit
due à une cause particulière ?

Nous avons $n = 100$, $m = 150$, $v = 8$; $n_1 = 100$, $m_1 = 155$,
$r = 10$, $d = 155 - 150 = 5$.

$$\text{Donc } T = \frac{100 . \sqrt{100} . 5 . 8}{100 . 100 + 100 . 64} = \frac{400}{164} = \frac{100}{41} = 2,44.$$

Conclusion : Nous affirmons avec une probabilité égale à
$\frac{95}{100}$ que la différence obtenue n'est pas due au hasard, mais
qu'elle est produite par une cause spéciale résidant dans la
différence des groupes ou des conditions d'expériences.

2. On mesure la force musculaire de 100 élèves et on trouve
comme moyenne 30 kilogrammes et comme variation moyenne
3 kilogrammes ; dans d'autres conditions, sur un autre groupe
on mesure la force sur 80 élèves et on trouve 28 kilogrammes
avec une variation moyenne de $2^{kg},5$. La différence de la force
musculaire trouvée dans ces deux cas est-elle due au hasard
ou est elle produite par une cause spéciale ?

On a ici $n = 100$, $m = 30$, $v = 3$; $n_1 = 80$, $m_1 = 28$, $v_1 = 2,5$.
Nous calculons la différence $m - m_1 = 2$.

D'après la formule (4), nous calculons T, on a :

$$T = \frac{80 . \sqrt{100} . 2 . 3}{100 . 6,25 + 80 . 9} = \frac{4800}{1345} = 3.7.$$

Conclusion : avec une probabilité supérieure à $\frac{99}{100}$ nous affirmons que la différence observée est due à une cause déterminée autre que le hasard.

3. On mesure 100 temps de réaction et on trouve comme
moyenne 24 cent^{es} de seconde et comme variation moyenne 5.
Dans d'autres expériences on mesure 25 temps de réaction et
on trouve la moyenne 26 avec une variation moyenne de 8.
Quelle est la conclusion à tirer ?

On a $n = 100$, $m = 24$, $v = 5$; $n_1 = 25$, $m_1 = 26$, $v_1 = 8$.
Donc $d = 26 - 24 = 2$.

$$T = \frac{25 . \sqrt{100} . 2 . 5}{100 . 64 + 25 . 25} = \frac{1}{89} = 0,01.$$

rions affirmer que cette différence est produite par une cause
spéciale, donc nous dirons que cette différence est produite par
le hasard et notre affirmation a une probabilité d'exactitude
supérieure à $\frac{98}{100}$, c'est-à-dire supérieure à la probabilité que l'on
aurait de tirer une boule blanche d'un sac qui sur 100 boules
contiendrait 98 noires et seulement 2 blanches.

Je crois que ces trois exemples suffisent pour montrer nettement comment il faut dans chaque cas faire les calculs et quel
parti on peut tirer de ces calculs. Si j'ai été trop long c'est seulement afin de rendre les développements aussi clairs que possible.

VICTOR HENRI.

VI

L'AUDITION COLORÉE

.rreries de notre « imagerie mentale », il faut
.ssociations, certaines correspondances entre
nature différente. On constate, par exemple,
:nt, qu'une image de couleur fausse toujours,
.pagne une sensation visuelle, auditive, gusta-
lc. Ces phénomènes prennent, à juste titre, le
:sies. Ceci dit, l'*audition colorée* s'entend assez
.n retient que, dans la plupart des cas, les deux
e correspondent sont l'une auditive (lettres de
, phrases, bruits, sons musicaux, etc...), l'autre
:x, chromatique.
voyant surtout dans ce phénomène une hyper-
s des couleurs, l'appelle *hyperchromatopsie*.
.ppelle *voix colorée*. Chabalier (18), Krohn
.ilton Calkins (115, 124), le désignent sous le
--*chromoesthésie :* ce mot d'ailleurs fut inséré
.ns le dictionnaire de médecine de Littré et
.mer (23) parle de *phonopsie*. Bleuler et
.ésignent la correspondance des sensations par
l de sensations secondaires et adoptent le mot
: cas où l'impression lumineuse est due à autre
.itation du nerf optique et le mot *phonisme*
.ation de son produit par l'excitation d'un nerf
f acoustique. Un article, publié par le *London*
de décembre 1881, article d'ailleurs emprunté à
Neuigkeiten et à la *Lancet* de Cincinnati, prit
not *Colour-Hearing :* nous l'avons simplement

traduit dans l'expresion : Audition colorée. Suarez de Mendoza
(87) considère surtout que les pseudo-sensations secondaires,
et par là, il entend « la perception mentale, fausse mais physiologique, de couleurs, de sons, d'odeurs, de saveurs, etc...
qui n'ont rien de réel, » peuvent être et ont été observées dans
le domaine des cinq sens. Vauthier (16) cite, en effet, un cas
où un son produit non une pseudo-sensation de couleur, mais
une rage de dents. Aussi Suarez de Mendoza catalogue dans
les cinq classes suivantes les cinq modalités d'un seul phénomène : la *pseudesthésie physiologique :*

La *pseudo-photesthésie*, pour les pseudo-sensations secondaires visuelles ;

La *pseudo-acouesthésie*, pour les pseudo-sensations secondaires acoustiques ;

La *pseudo-phrésesthésie*, pour les pseudo-sensations secondaires olfactives ;

La *pseudo-gousesthésie*, pour les pseudo-sensations secondaires gustatives.

La *pseudo-apsiesthésie*, pour les pseudo-sensations secondaires tactiles.

De plus, chacune des cinq classes précédentes, il la divise à
son tour en six sous-classes, et pour ne prendre que la pseudo-
photesthésie, Suarez de Mendoza distingue :

La pseudo-photesthésie d'origine visuelle ;

—	—	auditive ;
—	—	olfactive ;
—	—	gustative ;
—	—	tactile ;
—	—	purement psychique.

Cette dernière classe désignant les cas où l'on prête des couleurs aux jours de la semaine, aux mois de l'année, aux
époques de l'histoire, aux phases de la vie humaine etc. Ainsi
donc le phénomène d'une correspondance entre les sensations
de sons et de couleur prend dans la nomenclature de Suarez de
Mendoza le nom de pseudo-photesthésie d'origine auditive. Nous
n'insisterons pas sur la bizarrerie des mots employés par cet
auteur, nous préférons les expressions de Flournoy (118).

Flournoy, après avoir donné au phénomène général de la
correspondance des sensations le nom de *synesthésie*, ajoute à
la classification de Suarez de Mendoza, les synesthésies d'origine thermale, musculaire, viscérale, etc... Parmi ces synesthésies, la *synesthésie visuelle* est tout indiquée pour désigner les

phénomènes qu'il se propose d'étudier, mais il lui préfère par motif de brièveté le mot *synopsie*. Il distingue alors trois classes de phénomènes de synopsie :

1° Les *photismes* lorsque les fausses sensations sont spécifiquement optiques ;

2° Les *schèmes* lorsque ces fausses sensations sont plutôt des représentations spatiales qu'en l'absence de l'œil le sens du toucher et du mouvement suffit à nous procurer. Selon leur complexité, ces figures, ces dessins peu ou point colorés, prennent le nom de *Symboles* et de *Diagrammes* ;

3° Les *personnifications* lorsque ces fausses sensations comprennent non seulement la couleur comme les photismes, la forme comme les schèmes, mais encore s'enrichissent, se compliquent de façon à aboutir à la représentation d'êtres concrets, parfois même animés.

II

« Je vous suis très reconnaissant de l'offre que vous me faites de citer dans (ici le nom d'une revue) l'enquête que j'ai essayé de faire ; vous lui donnerez ainsi un caractère scientifique que beaucoup de personnes à X... refusent de lui reconnaître. J'ai, en effet, reçu quelques réponses de ce genre : « Je n'ai rien trouvé d'*anormal* chez moi. » — « Je n'ai aucun des *troubles* sur lesquels porte l'enquête. » — « J'avoue qu'il faut être *fou* pour s'occuper de choses pareilles, etc. » Nous pourrions rapprocher de cet extrait de lettre le conseil que Nüssbaumer recevait de son professeur Bénédickt de ne plus s'occuper de ce sujet qui pourrait bien le mener aux Petites Maisons, et le passage suivant de Flournoy : « Je n'oublierai jamais la gravité solennelle mêlée de sollicitude touchante, avec laquelle un de mes anciens condisciples, excellent praticien, me répondit quand je lui parlai de ce sujet : « J'espère bien, mon cher, que tu n'as pas toi-même de pareils phénomènes. »

C'est en effet par le scepticisme ou par un sentiment de profonde commisération que la plupart des gens accueillent les récits d'audition colorée. Qu'il faille n'accueillir qu'avec une extrême prudence les déclarations des « colour bearer », c'est là affaire de méthode pour celui qui se propose de les étudier, mais rien ne nous autorise en fait à identifier avec Nordau (126) l'audition colorée et la dégénérescence, et à déclarer pathologique un fait qui est étrange surtout parce qu'il est peu connu [1].

Ce qui a fait à l'audition colorée une si mauvaise réputation, c'est que ses manifestations ont été posées comme principes fondamentaux de la régénération de l'art par des littérateurs, des poètes, des artistes suffisamment connus sous les noms de décadents, de symbolistes, d'évoluto-instrumentistes, etc., et que l'on a qualifiés soit des *dévoyés de l'art* et des *névrosés*, soit tout simplement des *fumistes*.

Arthur Rimbaud (20) faisait paraître vers 1871 son fameux sonnet des voyelles :

> A noir, E blanc, I rouge, U vert, O bleu, voyelles.
> Je dirai quelque jour vos naissances latentes.
> A, noir corset velu des mouches éclatantes
> Qui bombillent autour des puanteurs cruelles,
>
> Golfes d'ombres ; E, candeur des vapeurs et des tentes,
> Lances des glaciers fiers, rois blancs, frissons d'ombelles ;
> I pourpre, sang craché, rire des lèvres belles.
> Dans la colère ou les ivresses pénitentes ;
>
> U, cycles, vibrements divins des mers virides,
> Paix de pâtis semés d'animaux, paix des rides
> Que l'alchimie imprime aux grands fronts studieux ;
>
> O, suprême clairon plein de strideurs étranges,
> Silences traversés des Mondes et des Anges,
> — O, l'oméga, rayon violet de Ses Yeux !

Et tandis qu'un caricaturiste représentait Arthur Rimbaud peignant avec un énorme pinceau des voyelles de bois, René Ghil discutait sérieusement ces alliances de sensations et ripos-

---

[1] Outre que les relations sur l'audition colorée sont relativement peu nombreuses, elles ne remontent guère au delà du XIXᵉ siècle. Au siècle dernier, Hoffmann (1) dans un ouvrage sur la chromatique cite le cas d'un Suisse, magistrat et peintre, qui colorait les sons des instruments. Pour lui, le son du violoncelle était indigo bleu ; celui de la clarinette, jaune ; celui de la trompette, rouge clair ; du hautbois, rose ; du flageolet, violet. Avant lui, un jésuite, le R. P. Castel, saisissait une correspondance entre les sept notes de la gamme et les sept couleurs du spectre ; il s'était fait d'ailleurs construire un clavecin dont les touches étaient systématiquement coloriées. Peut-être la première trace de l'audition coloriée remonterait-elle à Leibniz. On lit, en effet, dans les *Nouveaux Essais* : « Or, s'il se trouve des gens qui n'aient pas ces idées distinctes, mais les confondent et n'en fassent qu'une, je ne vois pas comment ces personnes puissent s'entretenir avec les autres. Ils sont comme un aveugle serait à l'égard d'un autre homme, qui lui parlerait de l'écarlate, pendant que cet aveugle croirait qu'elle ressemble au son d'une trompette ». (Leibniz, *Nouv. Ess.*, liv. II, ch. IV. De la solidité.)

tait : « I n'est aucunement rouge ; qui ne voit qu'I est bleu ? Et
n'est-ce point péché de trouver de l'azur dans la voyelle O ?
O est rouge comme le sang. Pour U, c'est jaune qu'il eût fallu
écrire et Rimbaud n'est qu'un âne, ayant voulu peindre U en
vert. » Puis tirant de ces correspondances d'images une esthétique en forme, René Ghil concluait : « Or, si le son peut être
traduit en couleur, la couleur peut se traduire en son. et
aussitôt en timbre d'instrument ; toute la trouvaille est là. »
Et le 11 décembre 1891, au théâtre d'art, on mettait à la scène
une traduction du Cantique des Cantiques de Salomon « symphonie d'amour spirituelle en huit devises mystiques et trois
paraphrases », de Paul Roinard, adaptations musicales de
Flamen de Labrely, et projections auditives, chromatiques et
odorantes. Aussi les voyelles I et O dominaient dans le récitatif,
la symphonie était en *ré*, le décor était orangé clair et durant
la représentation la salle fut parfumée à la violette blanche au
moyen de vaporisateurs placés dans les loges et au trou du
souffleur. L'originale description par laquelle J. K. Huysmans
(59) dans *A Rebours* [1], nous montre son héros Jean des Esseintes,

---

(1) « ..... Il appelait cette réunion de barils à liqueurs son orgue à bouche...
Chaque liqueur correspondait, selon lui, comme goût, au son d'un instrument. Le curaçao sec, par exemple, à la clarinette dont le chant est
aigrelet et velouté ; le kummel, au hautbois dont le timbre sonore nasille ;
la menthe et l'anisette, à la flûte, tout à la fois sucrée et poivrée, piau-
lante et douce ; tandis que pour compléter l'orchestre, le kirsch sonne
furieusement de la trompette ; le gin et le whisky emportent le palais avec
leurs stridents éclats de pistons et de trombones ; l'eau-de-vie de marc
fulmine avec les assourdissants vacarmes des tubas, pendant que roulent
les coups de tonnerre de la cymbale et de la caisse frappés à tour de bras,
dans la peau de la bouche, par les rachis de Chio et les mastics !

« Il pensait aussi que l'assimilation pouvait s'étendre, que des quatuor,
d'instruments à cordes pouvaient fonctionner sous la voûte palatine, avec
le violon représentant la vieille eau-de-vie fumeuse et fine, aiguë et frêle ;
avec l'alto simulé par le rhum plus robuste, plus ronflant, plus sourd ;
avec le vespétro déchirant et prolongé, mélancolique et caressant comme
le violoncelle ; avec la contrebasse corsée, solide et noire comme un pur
et vieux bitter. On pouvait même, si l'on voulait former un quintette,
adjoindre un cinquième instrument, la harpe, qui imitait, par une vraisemblable analogie, la saveur vibrante, la note argentine, détachée et
grêle du cumin sec.

« La similitude se prolongeait encore ; des relations de tons existaient
dans la musique des liqueurs ; ainsi, pour ne citer qu'une note, la béné-
dictine figure, pour ainsi dire, le ton mineur de ce ton majeur des alcools
que les partitions commerciales désignent sous le signe de chartreuse verte.

« Ces principes une fois admis, il était parvenu, grâce à d'érudites expériences, à se jouer sur la langue de silencieuses mélodies, de muettes
marches funèbres à grand spectacle, à entendre dans sa bouche des solis
de menthe, des duos de vespétro et de rhum.

« Il arrivait même à transférer dans sa mâchoire de véritables morceaux

atteint de gustation sonore, n'était pas ~~faite pour décourager~~
crédit aux synesthésies en général et à ~~l'audition colorée~~ en
particulier. Si nous rappelons le sonnet de ~~Baudelaire (15) qui~~
a pour titre Correspondances :

> La nature est un temple où de vivants piliers
> Laissent parfois sortir de confuses paroles ;
> L'homme y passe à travers des forêts de symboles
> Qui l'observent avec des regards familiers.
>
> Comme de longs échos qui de loin se confondent
> Dans une ténébreuse et profonde unité,
> Vaste comme la nuit et comme la clarté
> Les parfums, les couleurs et les sons se répondent.
>
> Il est des parfums frais comme des chairs d'enfants,
> Doux comme les hautbois, verts comme les prairies,
> — Et d'autres corrompus, riches et triomphants,
>
> Ayant l'expansion des choses infinies
> Comme l'ambre, le musc, le benjoin et l'encens,
> Qui chantent les transports de l'esprit et des sens.

> BAUDELAIRE, *les Fleurs du mal*, IV.

Rêverie de poète, paradoxe esthétique, nous dira-t-on. Si
nous citons l'article de Théophile Gautier dans la *Presse*, le
10 juillet 1843 : « Mon ouïe s'était prodigieusement développée ;
j'entendais le bruit des couleurs. Des sons verts, rouges, bleus,
jaunes, m'arrivaient par ondes parfaitement distinctes. Un
verre renversé, un craquement de fauteuil, un mot prononcé
tout bas, vibraient et retentissaient en moi comme des roule-
ments de tonnerre. Chaque objet effleuré rendait une note d'har-
monica ou de harpe éolienne, — « Hallucination de hachichin »,
nous objectera-t-on, et cette fois, on aura pleinement raison.

de musique, suivant le compositeur pas à pas, rendant sa pensée, ses
effets, ses nuances, par des unions ou des contrastes voisins de liqueurs,
par d'approximatifs et savants mélanges.
« D'autres fois, il composait lui-même des mélodies, exécutait des pasto-
rales avec le bénin cassis qui lui faisait rouler dans la gorge des chants
emperlés de rossignol ; avec le tendre cacao-chouva qui fredonnait de
sirupeuses bergerades, telles que « les romances d'Estelle » et les « Ah !
vous dirai-je maman » du temps jadis.
« Mais ce soir-là, des Esseintes n'avait nulle envie d'écouter le goût de la
musique ; et il se borna à enlever une note au clavier de son orgue, en
emportant un petit gobelet qu'il avait préalablement rempli de véridique
wisky d'Irlande... » (J.-K. HUYSMANS, *A rebours*. Paris, Charpentier, p. 62,
63 et 64.)

Les déclarations de Maupassant (88) dans la Vie errante [1], de Léon Gozlan (10) dans le Droit des Femmes [2] ne convaincront guère davantage et l'on pourra toujours nous objecter le dédaigneux verdict de G. Itelson (117) déclarant « qu'il ne peut pas accorder à toute cette affaire l'importance que les auteurs de ces travaux croient devoir lui attribuer, » et sourire de l'enthousiasme bizarre de Grüber (80, 111, 116) qui dans l'audition colorée ne voit rien moins que la manifestation de faits inconscients « régis par des lois mathématiques très simples, écho de la mathématique extérieure du Cosmos ».

On trouvera à coup sûr plus dignes de foi les déclarations de Gœthe qui dans sa théorie de couleurs parle de l'audition colorée, — de Meyerbeer qui désigne dans une conversation certains accords de Weber dans la chasse de Lutzow sous le nom d'accords pourprés, — de Louis Ehlert (14) qui, dans une lettre à une amie sur la musique, au sujet de ses impressions à l'audition de la symphonie en do majeur de Schubert, s'exprime ainsi : « Non ! en vérité, si le la majeur ne dit pas vert, je n'entends rien à la coloration des sons », — et de tant d'autres qui par les détails très précis qu'ils nous donnent sur les manifestations et les débuts du phénomène permettent d'écarter toute idée de super-cherie. Je puis d'ailleurs donner ici un exemple qui m'est per-sonnel. En 1895, au collège de Château-Thierry, je dictais un jour, en classe de philosophie, à mes élèves, une partie d'un questionnaire que je tenais du laboratoire de médecine légale de la faculté de Lyon. Ce questionnaire a été composé par M. le Dr Lacassagne au sujet de recherches statistiques sur les relations entre l'intégrité des appareils sensoriels, la qualité de la mémoire et le mode de fonctionnement des centres du lan-gage et de l'idéation. Je considérais les réponses à ces questions comme d'excellents exercices pratiques. A l'une d'elles : « Avez-

(1) « Je demeurai haletant, si grisé de sensations, que le trouble de cette ivresse fit délirer mes sens. Je ne savais plus vraiment si je respirais de la musique ou si j'entendais des parfums, ou si je dormais dans les étoiles... » (GUY DE MAUPASSANT, La vie errante.)

(2) « Comme je suis un peu fou, j'ai toujours rapporté, je ne sais pour-quoi, à une couleur ou à une nuance, les sensations diverses que j'éprouve. Ainsi, pour moi, la piété est bleu tendre ; la résignation est gris perle ; la joie, vert pomme ; la satiété, café au lait ; le plaisir, rose velouté ; le som-meil, fumée de tabac ; la réflexion, orange ; l'ennui, chocolat ; la pensée d'avoir un billet à payer est mine de plomb ; l'argent à recevoir est rouge, chatoyant ou diabolique. Le jour du terme est couleur de Sienne, vilaine cou-leur. Aller à un premier rendez-vous, couleur thé léger : à un vingtième, thé chargé ; quant au bonheur, couleur que je ne connais pas ! » (L. GOZLAN, Le droit des femmes.) Cité d'après la thèse de Millet, cf. Bibliogr. N° 104.

vous une tendance à vous représenter sous une forme concrète
les notions abstraites ? Comment vous représentez-vous les
notions d'infini, d'éternité, de parfait? » l'un des élèves répondit dans son travail de la manière suivante : « Tous les mots
auxquels je pense ont une telle tendance à s'accompagner
d'images que je me représente sous une forme concrète les
idées abstraites. C'est ainsi que je me représente les notions
d'infini, d'éternité et de parfait sous une certaine forme et une
certaine couleur. La forme de ces images est trop vague pour
que je puisse la décrire. Quant à la couleur, je la vois assez distinctement. La notion d'infini m'apparaît rouge, celle d'éternité
grise, celle de parfait blanche et rouge pâle. Cela tient, il me
semble, à ce que je vois les voyelles sous une certaine couleur. »
Or cet élève n'avait jamais entendu parler d'audition colorée,
de plus il croyait éprouver des choses communes à tout le
monde; enfin, en janvier 1899, c'est-à-dire quatre ans après,
je l'ai interrogé de nouveau et ses réponses, je les ai trouvées
identiques aux notes que j'avais prises en 1895 sur lui avec
d'autant plus de soins et de détails que c'était le premier
cas d'audition colorée que j'avais la bonne fortune d'étudier
personnellement.

Cela suffira à prouver que l'audition des couleurs se rencontre
ailleurs que dans le monde des lettres. Elle n'est plus une simple
curiosité mais un fait qu'une méthode scrupuleuse peut faire
entrer définitivement dans le domaine scientifique.

III

Au premier abord, il ne semble pas facile de faire entrer dans
le domaine scientifique des convenances d'images qui présentent les divergences les plus nombreuses et qui paraissent
relever du seul caprice individuel ; les couleurs varient en effet
selon la nature du son et l'individualité du sujet. Flournoy (118),
a rapproché les 1076 jugements portés sur les voyelles *a*, *e*, *i*,
o, *u*, et *ou* par 247 personnes, et qu'avait recueillis Claparède
dans son enquête, de la statistique insérée par Fechner dans la
Vorschule der Æsthetic et des tableaux de Bleuler et Lehmann.
Si l'on examine attentivement le tableau ci-joint, où pour la
facilité de la comparaison les chiffres sont traduits en pourcentage, et si l'on tient compte de ce que l'enquête Claparède a été
faite en pays de langue française, et celle de Fechner et de

Comparaison des statistiques de Fechner (F), de Binder et Lehmann (BL), et de Claparède (C).

	i			e			o			a			u	ou		
	P	BL	C	P	BL	C	F	BL	C	F	BL	C	C	F	BL	C
Nombre de cas. . .	64	53	496	61	51	186	53	50	178	53	55	209	174	59	50	133
1° Couleur																
Incolore. . . .	7,8	1,9	6,1	1,6	2,0	3,2	»	»	5,0	49,0	10,0	4,3	4,0	»	»	6,7
Blanc.	9,4	67,9	21,9	12,3	7,8	15,6	»	»	9,0	»	»	24,9	0,6	»	»	0,8
Gris.	4,6	»	3,0	6,6	5,9	14,5	7,5	2,0	3,4	»	»	»	4,0	1,7	16,0	12,8
Noir.	»	»	8,2	»	»	5,9	13,2	14,0	11,8	1,9	27,3	21,3	7,3	40,7	20,0	7,5
Achromatiques. .	18,8	69,8	39,2	20,5	15,7	39,3	20,7	16,0	32,0	50,9	38,2	52,6	16,1	12,4	36,0	27,8
Chromatiques. .	81,2	30,2	60,8	79,5	84,3	60,7	79,3	84,0	68,0	49,1	61,8	47,4	83,9	57,6	61,0	72,2
Brun.	14,8	5,7	4,0	1,6	3,9	3,2	9,4	18,0	9,6	»	5,5	2,9	12,1	22,9	11,0	25,6
Rouge.	41,6	13,2	25,0	3,3	5,9	7,5	30,2	24,0	21,3	28,3	23,6	23,9	6,9	1,7	22,0	13,5
Jaune.	18,7	7,5	41,3	31,4	51,0	20,4	3,8	26,0	23,6	»	12,7	5,3	8,6	»	8,0	6,8
Vert.	3,1	3,8	9,7	21,3	9,8	21,1	9,4	»	6,7	4,9	1,8	1,4	30,5	5,0	8,0	8,3
Bleu.	»	»	9,7	15,6	9,8	19,4	20,8	14,0	3,4	18,9	18,2	12,5	13,8	13,6	8,0	9,0
Violet.	»	»	1,0	3,3	»	1,1	5,7	2,0	3,4	»	»	1,4	12,1	14,4	4,0	9,0
2° Clarté																
Brillant. . .	7,8	»	14,8	»	»	3,2	»	»	1,7	»	»	1,9	4,0	»	»	»
Clair.	»	90,6	58,2	»	72,5	54,3	»	22,0	37,1	»	29,1	36,9	22,4	»	8,0	20,3
Moyen.	»	5,7	32,6	»	19,6	36,0	»	46,0	36,5	»	30,9	32,0	56,3	»	34,0	42,1
Foncé.	»	3,7	9,2	»	7,9	9,7	»	32,0	26,4	»	40,0	31,1	21,3	»	58,0	37,6

u et *ou* sont *sombres*, elles ne sont claires en effet que dans le cinquième ou le quart des cas environ.

Au point de vue de la fréquence des couleurs associées à une voyelle, il y a des couleurs *fréquentes*, le rouge, le jaune et le blanc, avec comme couleur favorite le rouge dans le pays de langue française, le jaune dans le pays de langue allemande. En queue, comme couleurs *rares*, le violet, le gris, le brun. Dans le groupe *intermédiaire*, le bleu, le vert, et le noir. Enfin, et c'est là une remarque de M. Binet, parmi les couleurs il en est une souvent qui paraît plus vive que les autres, or cette couleur plus vive est presque toujours la rouge.

Les diphtongues revêtent parfois une couleur propre que ne peuvent expliquer les voyelles composantes, et cette couleur (dans la majorité des cas, dit Flournoy,) se rattache à celles des couleurs composantes soit par juxtaposition, soit par mélange, soit par adoption de l'une de préférence à l'autre.

Les consonnes, prononcées séparément, éveillent presque toujours, lorsqu'elles en éveillent une, une teinte plate, terne, grisâtre, achromatique.

Dans les syllabes, les mots, les phrases, la partie colorée est ordinairement une syllabe accentuée, c'est-à-dire une syllabe sur laquelle on provoque l'attention de l'auditeur, ou la syllabe sur laquelle l'auditeur porte bénévolement son attention, car

La synesthésie prouve de vue que l'audition ou la vision ne sont pas suffisantes pour provoquer le phénomène.

Sous le nom de photismes non alphabétiques, Flournoy range les images colorées provoquées par les noms, par les jours et les mois, par les nombres (sans que rien dans le son ou l'articulation des syllabes composantes ne puisse rendre compte de la coloration), par les odeurs, les saveurs, les données des sens tactile, thermique, etc... Il existe naturellement des photismes musicaux. Chez les uns, les notes de musique se colorent conformément aux sons et à l'articulation du mot *do, ré, mi,* etc... qui les désigne. Chez les autres, cette couleur en est absolument distincte. Chez ceux-ci, chaque note a sa couleur et la conserve malgré les différents instruments. Chez ceux-là, c'est le timbre de l'instrument, indépendamment de la note émise, qui entraine la coloration. Ce n'est pas tout, car l'influence chromatique appartient tantôt à la hauteur, tantôt au volume, tantôt enfin à l'intensité du son. Bref, les divergences les plus complètes. Les sons graves toutefois sont généralement sombres, les sons aigus clairs.

Et maintenant, que veut dire un sujet quand il s'exprime ainsi :

a est noir, *e* est blanc, *i* est rouge, etc...

En d'autres termes, de quelle façon se manifestent les couleurs ? On peut distinguer les quatre cas suivants :

A. Sous la rubrique : Photismes négatifs, Flournoy range les sujets qui ont une hostilité marquée pour la convenance de telle couleur et de tel son. Ils s'expriment ainsi : En tout cas, si *o* avait une couleur, il ne serait pas blanc. Ou bien : *i* n'est rien du tout, mais encore moins rouge qu'autre chose.

B. Pour les sujets de cette catégorie, telle lettre leur « donne l'idée » de la couleur correspondante, l'un d'eux déclare : « Quand je vois telle lettre, les choses se passent comme si on prononçait devant moi le mot rouge ». Un autre (voy. Beaunis et Binet) (105) soulignerait volontiers cette lettre dans un texte avec un crayon de la couleur correspondante. « Ainsi, dit-il, si dans un texte j'avais à souligner un mot contenant un *a*, comme bataille, micrographe, bactérie, etc., je le soulignerais volontiers au crayon rouge, et je trouverais que c'est la couleur qu'il convient d'employer. Si j'avais à souligner un mot ne contenant pas cette voyelle, je ferais usage d'une autre couleur. Autre exemple : « Je suis marin pendant mes loisirs d'été et j'ai un bateau ; je trouve *très naturelle* et *très logique* la conven-

leur reponse.

D. Il y a enfin des sujets qui *extériorisent* leur image chromatique. Ils se rendent parfaitement compte qu'elle est « hors d'eux-mêmes », mais cela ne ressemble en rien à un état primaire et c'est plutôt une représentation mentale extériorisée. Les uns la voient à un mètre ou deux devant leurs yeux. D'autres la localisent à l'endroit d'origine du son entre les cordes d'un violon, sur la tête de la personne qui parle, au-dessus des touches du clavier. D'autres enfin voient cette image derrière eux, à travers des murs, hors de la portée de leurs yeux. Quoi qu'il en soit, cette extériorisation prend les formes suivantes :

a. La lettre est vue colorée, avec une forme déterminée mais sans aucun fond.

b. La lettre est vue colorée, avec une forme déterminée, et de plus il se produit une sorte d'irradiation qui sert de fond, et qui est généralement d'une teinte plus pâle que la lettre.

c. La lettre est vue noire avec une forme déterminée sur un fond coloré mais de forme indéterminée.

d. La lettre est vue noire avec une forme déterminée sur un fond coloré et de contours nettement dessinés.

On le voit, ce sont presque toutes les combinaisons possibles.

IV

Nous résumerons ici brièvement les principales théories.

La première en date est celle de Cornaz (6,11). L'oculiste de Neufchâtel y voit une maladie de l'appareil visuel, due à quelque lésion oculaire et il n'hésite pas à lui donner le nom significatif : hyperchromatopsie. Wartmann (7) et Marcé (15) adoptent la même explication et ce dernier range de plus l'hyperchromatopsie entre le daltonisme et l'anorthopsie.

Perroud (17) et Chabalier (18) s'empressent de s'inscrire en faux contre le caractère pathologique attribué par les auteurs précédents à l'audition colorée, et la considèrent plutôt comme une anomalie liée à un léger trouble des idées.

Avec Urbantschisch (77), nouvelle conception. Il considère, en effet, les pseudo-sensations secondaires comme des réflexes sensoriels dus à des excitations soit d'un sens, soit des branches sensitives du trijumeau.

La plupart des auteurs invoquent au contraire soit des rapports de voisinage des centres cérébraux sensoriels, soit l'anastomose entre leurs différentes fibres, soit une action réciproque de leurs cellules. Ces relations physiologiques Pedrono (34), de Rochas (55, 56, 57), avec des différences de détails, Lussana (22, 44, 45, 46), les admettent entre les centres sensoriels des sons et des couleurs, et ce dernier, citant le cas de Théophile Gautier, qui éprouva de l'audition colorée à la suite d'une absorption de haschich, reconnait que « certains excitants pourraient arriver à établir, entre ces deux genres de cellules, des relations qui n'existent pas à l'état ordinaire ». Pouchet et Tourneux (28) parlent d'un trajet anormal de certaines fibres des centres sensoriels, et Baratoux (40) émet l'hypothèse que le centre chromatique peut être excité non seulement par une impression venant de la rétine, mais par des perceptions d'autres organes des sens. Citons encore l'opinion de Nuel (25) en vertu de laquelle l'ébranlement produit dans le centre auditif cérébral pourrait, chez certains sujets, s'irradier vers les centres voisins. Millet (104) reprend pour son compte cette irradiation qui devient pour lui l'engrenage des centres corticaux que Luciani formulait dès 1880, et déclare que les sujets privilégiés chez lesquels elle se produit, appartiennent tous au type visuel.

Féré (64, 68, 69, 70), Flournoy (118) supposent que des excitations du nerf optique, du nerf auditif, du nerf olfactif, etc., peuvent produire les mêmes effets, le premier dans les phénomènes physiologiques de tonicité musculaire, d'énergie, de circulation, etc., le second dans l'état émotif. L'association des sensations par leur côté physiologique d'une part, par leur côté émotionnel de l'autre, mérite à ces théories le nom, proposé déjà par Féré, d'équivalence des excitations sensorielles.

Notons enfin que presque tous les auteurs ont reconnu qu'il fallait faire une certaine place à l'association des idées sans admettre toutefois que l'audition colorée puisse être le résultat d'une simple simultanéité d'une perception sonore et d'une perception auditive.

Nous n'avons pas insisté davantage sur les explications proposées : aucune ne saurait satisfaire complètement. Nous n'avons pas même essayé de les apprécier, n'ayant voulu donner ici aux lecteurs de l'*Année Psychologique*, sous forme de revue générale, qu'un moyen d'orientation préalable à travers l'ensemble assez vaste de matériaux consacrés à l'audition colorée. En ce moment, nous nous livrons à des expériences systématiques sur sept cas d'audition colorée que nous venons de découvrir, c'est ce qui explique pourquoi nous n'avons pas pris position dans le débat.

Jean Clavière

BIBLIOGRAPHIE [1]

1. L. Hoffmann. *Versuch einer Geschichte der malerischen Harmonie überhaupt*, etc. Halle, 1786.

2. Goethe. *Théorie des couleurs*, 1810.

3. G. T. L. Sachs. *Dissertatio inauguralis historia naturalis duorum leucæthiopum auctoris ipsius et sororis ejus.* Erlangen, 1812.

4. J. H. G. Schlegel. *Neue Materialen für die Staatsarzneikunde.* Meiningen, 1824.

5. Th. Gautier. *La Presse*, 10 juillet 1843. — Actuellement *Le club des Haschichins* dans *Romans et Contes*. Paris, Charpentier.

6. Ch. Cornaz. *Des abnormités congénitales des yeux et de leurs annexes.* Lausanne, 1848.

7. Wartmann. *Deuxième mémoire sur le Daltonisme*, 1849.

8. X... *Oppenheim's Zeitschrift*, vol. XL, 4° cahier, 1849.

9. G. Keller. *Zuricher Novellen*, 1850.

10. Léon Gozlan. *Le droit des femmes*, 1850.

11. Ch. Cornaz. *Annales d'Oculistique*, 1851, n° 1.

12. De La Moussaye. Deux articles dans l'*Artiste*, 1853.

16. VAUTHIER. *Gazette des Hôpitaux*, 1860.

17. PERROUD. *Mémoires de la Société des Sciences médicales de Lyon*, 1863.

18. CHABALIER. *Journal de Médecine de Lyon*, août 1864.

19. VERGA. *Archiv. ital. per le malattie nervose*. Milan, 1865.

20. A. RIMBAUD. *Le sonnet des voyelles*. Paris, Vanier, 1871.

21. H. KAISER. *Compendium de physiol. optik*. Wiesbaden, 1872.

22. LUSSANA. *Fisiologia dei colori*. Padoue, 1873.

23. NÜSSBAUMER. *Ueber Subjectiv Farbenempfindungen. Medec. Vochenschrift*, n°s 1, 2, 3. Vienne, 1873.

24. BENEDICKT. *Mittheilungen des Arztlichen Vereins in Wien*, 1873, vol. II, n° 5, p. 49.

25. J. NUEL. *Dictionnaire encyclopédique des Sciences médicales*. Article *Rétine*, vol. 83.

26. WUNDT. *Physiologische Psychologie*, 1874, pp. 452, 668, 850.

27. FECHNER. *Vorschule der Æsthetic*. Leipzig, 1876, II, p. 315.

28. POUCHET et TOURNEUX. *Précis d'histologie humaine et d'histogénie*, 1878, 2e édition.

29. F. GALTON. *Nature*, 1880, vol. XXI, p. 252.

30. BLEULER et LEHMANN. *Zwangsmässige Lichtempfindungen durch Schall und verwandte erscheinfungen*, etc. Leipzig, 1881.

31. SCHENKL. *Beitrage zur Association der Worte mit Farben. Prag. Med. Wochenschrift*, 1881, n° 48.

32. Article sur *Color Hearing* vide *Hearing in the 1881 annual of Appleton's Encyclopedia*.

33. *London Medical record. Colour hearing*, déc. 1881.

34. PEDRONO. *De l'audition colorée. Annales d'oculistique*. Bruxelles, nov.-déc. 1882.

35. MAYERHAUSEN. *Ueber Association der Klänge, speciell der Worte mit Farben. Klinische Monatsblätter für Augenheilkunde*, nov. 1882, p. 383.

36. E. ALGLAVE. *De l'audition des couleurs. Recueil d'ophtalmologie*. 1882, n° 9.

37. SCHENKL. *Ueber Association der Worte mit Farben. Prag. Med. Wochenschrift*, 1883, X, 94 et XI, 101.

38. DE PARKVILLE. *Association of Color with Sounds. Pop. Sci. Mon.*, 1883, vol. XXIII, p. 490.

39. F. GALTON. *Inquiries into the human faculty*. Macmillan and Co.. 1883.

40. BARATOUX. *Revue de Laryngologie, d'Otologie et de Rhinologie*, 1883, n° 3.

41. STINDE. *Fartige Tönen und Tönende Farben*, dans *Von Fels zum Meer*, mars, 1883.

42. GRAZZI et FRANCESCHINI, *Bolletino della malattie dell' orecchio*, 1883, mai et juillet.

43. BAREGGI. *Gazetta degli ospedali*, 1883, n° 50.

44. LUSSANA. *Gazetta medica ital. Provincie Venete*, XXVI, n° 39.

45. LUSSANA. *Archives italiennes de biologie*, 1883, t. IV, fasc. 3, p. 289.

46. LUSSANA. *Giornale internazion. del. Sci. med.*, 1884, n° 9.

47. R. HILBERT. *Ueber Association Geschmalks und Geruchsempfindungen mit Farben u. s. w. Separat Abdruck d. Klinische Monatblätter für Augenheilkunde.* Janvier 1884.

48. R. HILBERT. *Intermédiaire des chercheurs et des curieux*, 25 juin 1884.

49. R. HILBERT. *Intermédiaire des chercheurs et des curieux*, 25 septembre 1884.

50. KOWALESKY. *Zur Lehre von den Mitempfindungen*, 1884.

51. UGHETTI. *La Nature.* Milan, 1884.

52. VELARDI. *Giornale internazion. del. Sci. Med.*, 1884, n° 7.

53. PHILIPPI. *Di alcuni fenomeni prodotti dai suoni musicali sull' organisma umano.* Florence, 1884.

54. HOLDEN. *Science*, 1885, vol. VI, p. 252.

55. DE ROCHAS. *La Nature*, 18 avril 1885, n° 620.

56. DE ROCHAS. *La Nature*, 20 mai 1885, n° 626.

57. DE ROCHAS. *La Nature*, 3 octobre 1885, n° 644.

58. GIRAUDEAU. *De l'Audition colorée. Encéphale*, 1885, p. 589.

59. J. K. HUYSMANS. *A Rebours.* Paris, Charpentier, 1885.

60. LAURET. *Gazette hebdomadaire des Sciences médicales.* Montpellier, 1885, n°ˢ 46 et 47.

61. LAURET. *Gazette de médecine et de chirurgie*, 1885. n° 52.

62. LAURET. *Annales des maladies de l'oreille*, 1886, n° 4.

63. LAURET. *Revue générale d'ophtalmologie*, 1886, n° 7.

64. Ch. FÉRÉ. *Société de Biologie*, 1836, p. 384.

65. STEINBRUGGE. *Ueber Secondare Sinnesempfindungen.* Wiesbaden, 1887.

66. RENÉ GHIL. *Traité du verbe.* Paris, 1887.

67. LAURET et DUCHAUSSOY. *Sur un cas héréditaire d'audition colorée. Revue philosophique*, 1887, t. I, p. 222.

68. Ch. FÉRÉ. *Société de Biologie*, 1887, p. 791.

69. Ch. FÉRÉ. *Le Bulletin médical*, 1887, n° 83.

70. Ch. FÉRÉ. *Le Bulletin médical*, 1887, n° 87.

71. BARATOUX. *De l'audition colorée. Progrès médical*, 1888.

72. BARATOUX. *L'audition colorée.* Paris, Delahaye et Lecrosnier, 1888.

73. *Revue générale d'Ophtalmologie*, 1888, n° 3.

74. *Revue de Laryngologie*, 1888, n° 6.

75. DAREIX. *Gazette médicale de l'Algérie*, 1888, n°ˢ 3 et 4.

76. GRUTZNER. *Ueber den Einfluss einer Sinneserregung auf die übrigen Sinnesempfindungen. Deutsche Med. Wochenschrift*, 1888, n° 44.

77. URBANTSCHITSCH. *Pflügers Archiv*, 1888, vol. XLII, 154.

78. RAYMOND. *Gazette des Hôpitaux*, 1889, n° 74.

79. ~~Debierre. Le Bulletin médical~~, 1889, n° 3.

80. GRUBER. *Congrès international de Psychologie physiologique* Paris, 1889.

81. DE VARIGNY. *Congrès internat. de Psychol. physiol.* Paris, 1889.

82. BENEDICK et NEIGLICKI. *Congrès international de Psychologie physiologique.* Paris, 1889.

83. ALBERTONI. *Ueber Beziehungen zwischen Farben und Tönen.* *Centralblatt für Physiologie*, 1889, 26 octobre.

84. RAYMOND. *Gazette des Hôpitaux*, 1890. Juillet, n° 2.

85. *London Musical Times.* Novembre 1890.

86. WAHLSTEDT. *Deux cas d'audition colorée. Verhandl des biol. Vereins in Stockholm*, 1890, III.

87. SUAREZ DE MENDOZA. *L'audition colorée.* Paris, Doin, 1890.

88. GUY DE MAUPASSANT. *La vie errante.* Paris, Ollendorff, 1890.

89. *Le Figaro*, 17 septembre 1890.

90. FLOURNOY. *Archives des sciences physiques et naturelles*, 1890. t. XXIII, p. 333.

91. NIMIER. *Gazette de médecine et de chirurgie*, 1890, n° 12.

92. QUINCKE. *Ueber Mitempfindungen und Verwandte Vorgänge. Zeitschrift. für Klin. Med.*, 1890, XVII. 5.

93. Edw. SPENCER. *Word Color. Proceedings Indiana College association.* Publ. in Déc. 1890.

94. *Annales des maladies de l'oreille*, 1890, n° 1.

95. *Revue générale d'Ophtalmologie*, 1890, n° 3.

96. Président JORDAN *The color of Letters.* Pop. Sci. Mo. July, 1891.

97. *Annales des maladies de l'oreille*, 1891, n° 6.

98. *Le Petit Marseillais*, 25 février 1891.

99. *Le Temps*, 3 juin 1891, 15 juin 1891.

100. NIMIER. *Gazette hebdomadaire de médecine et de chirurgie.* 21 mars 1891.

101. SOLLIER. *Un cas de gustation colorée. Société de biologie*, 14 novembre 1891.

102. J. M. BALDWIN. *Handbook of psychology.* London, 1891, t. II, p. 387.

103. STEVENS. *Colors of Letters.* Pop. Sci. Mo. Mars 1892.

104. J. MILLET. *L'audition colorée*, thèse de doctorat en médecine. Paris, 1892.

105. BEAUNIS et BINET. *Étude expérimentale sur deux cas d'audition colorée. Revue philosophique*, 1892, t. I. p. 448.

106. BINET et PHILIPPE. *Un cas d'audition colorée. Revue philosophique*, 1892, t. I, p. 461.

107. EMERSON. *Atlantic Monthly*, juin 1892.

108. BINET. *L'audition colorée. Revue des Deux-Mondes*, 1er octobre 1892.

109. FLOURNOY et CLAPARÈDE. *Enquête sur l'audition colorée. Archives des sciences physiques et naturelles*, t. XXVIII, novembre 1892, p. 505.

110. KROHN. *Pseudo-chromesthesia or the association of colors with*

.... *annali*. *American Journal of Psychology*, octobre 1892.

111. GALLÉE. *L'..* .. *....* *Congrès international de psychologie expérimentale*. London. 1892.

112. V. HENRI. *... .. .. cas d'audition colorée*. *Revue philosophique*, 1893. t. I, p. 554.

113. PHILIPPE. *Une observation d'audition colorée*. *Revue philosophique* 1893. t. II. p. 339.

115. BINET. *Application de la psychométrie à l'étude de l'audition colorée*. *Revue philosophique*. 1893. t. II. p. 336.

115. MARY WHITON CALKINS. *Étude statistique sur la pseudo-chromesthésie*. *American Journal of Psychology*. avril 1893.

116. GRUBER. *Psychologischer Fragebogen über Gehörfarben. Gehörfiguren and Gehörhelligkeiten*. Leipzig. février 1893. — Sa traduction dans *Revue Philos.*, 1893. t. I. mai.

117. ITELSON. *Zeitschrift für Psychol. und Physiol. d. Sinnesorgane*, t. IV. p. 419. février 1893.

118. FLOURNOY. *Des phénomènes de synopsie*. Paris. Alcan. 1893.

119. ASTIER. *Observation sur un cas d'audition colorée*. *Gazette hebdomadaire de médecine et de chirurgie*. 16 décembre 1893, p. 600.

120. STARR. *Note sur l'audition colorée*. *American Journal of Psychology*. 1893. vol. V. p. 416.

121. COLMANN. *Sur l'audition colorée*. *Lancet* (Londres). 31 mars et 7 avril 1894.

122. PHILIPPE. *L'audition colorée chez les aveugles*. *Revue scientifique*, 30 juin 1894.

123. THORP. *Audition colorée et sa relation avec la voix*. *Edimb. Med. Journ.*, 1894. juillet. p. 24.

124. M. W. CALKINS. *Synaesthesia*. *Amer. Journ. of Psychology*. VII, p. 90.

125. HOLDEN. *Color association with Numeral*, etc. *Science*, 1895. N. S. I.. p. 576.

126. NORDAU. *Dégénérescence*. Paris, Alcan, 1895, vol. I, p. 247.

127. LAY. *Trois cas de synesthésie*. *Psycholog. Review*. 1896, III. p. 92.

128. SOKOLOW. *Faits et théorie d'audition colorée*, 1896, VIII.

129. BURTON. *Nouveau cas d'audition colorée*. *Rev. génér. de clin. et de thérapeutique*, 1897, XI, p. 279.

130. DE VESCOVI. *Visione cromatizzata delle parole (audizione colorata)*. *Archiv. ital. d. otol.*, 1897, V, p. 273.

131. GRAVEL. *Note sur un nouveau cas d'audition colorée*. *Revue de médecine*. 1897, XVII, p. 192.

Hammond, Byasson, Wood, Mairet, Thorion, etc. [1].) C'est ainsi que j'avais entrepris l'étude de l'influence du travail intellectuel sur les échanges nutritifs.

Pour déterminer complètement les échanges nutritifs, il faut étudier d'une part les échanges gazeux représentés par la respiration, et d'autre part les échanges des solides et liquides. Les résultats publiés par un grand nombre d'auteurs sur l'influence des mouvements sur les échanges gazeux, m'ont fait renoncer complètement à l'étude de l'influence produite par le travail intellectuel sur le chimisme respiratoire ; en effet, « de légers mouvements, de simples changements de position des membres, des contractions musculaires involontaires, provoquées par des attitudes incommodes, le simple fait d'ouvrir ou de fermer plusieurs fois les mains, et même des frissonnements à peine sensibles, tels que les provoque le refroidissement, suffisent pour provoquer l'ascension de la consommation d'oxygène ». (C. von Noorden, Pathologie des Stoffwecshels, p. 105.) Or, il est impossible de faire exécuter un travail intellectuel sans qu'il soit accompagné de mouvements, on ne pourrait donc jamais être très sûr que les modifications que l'on aurait observées seraient dues au travail intellectuel et non aux mouvements qui l'accompagnent.

Je me suis donc adressé aux échanges des solides et des liquides. En étudiant l'historique de la question, on voit bien que les auteurs ont trouvé des modifications de la composition de l'urine sous l'influence du travail intellectuel, mais on voit en même temps combien ces études sont peu précises. Il existe toute une série de recherches sur les échanges nutritifs faites par des physiologistes éminents dans le but de résoudre différentes questions théoriques et pratiques de l'alimentation ; il semblerait donc naturel de puiser dans ces recherches les renseignements généraux sur les méthodes à employer pour étudier l'influence du travail intellectuel sur les échanges nutritifs ; on est pourtant étonné de voir qu'aucun auteur (sauf Stcherbak) ne l'a fait, les médecins qui ont voulu étudier l'influence du travail intellectuel sur les échanges nutritifs ne se sont pas occupés des règles générales qu'il faut suivre dans ces recherches scientifiques, règles qui ont été élaborées par un grand nombre de savants ; le résultat d'une pareille négligence est que tout

(1) On trouvera un résumé des résultats obtenus par ces auteurs dans le livre de Binet et Henri, La fatigue intellectuelle, 1898, p. 200.

et à recommencer et que les efforts de ces médecins ont été vains.

Bien que je n'aie pas mené à bout les expériences, pour des raisons qui seront exposées plus loin, je crois qu'il est utile d'exposer ici les méthodes à suivre dans une recherche de ce genre et de faire une critique des travaux faits jusqu'ici sur cette question ; peut-être quelqu'un voudra-t-il entreprendre une étude de cette question, et alors les renseignements que j'ai pu recueillir pendant mes expériences lui seront, peut-être, utiles.

La marche générale des expériences doit être la suivante :

1° Choisir un régime alimentaire fixe, ce régime doit être facilement supporté par le sujet pendant un temps assez long, il ne doit pas faire varier le poids du corps, il doit être fixe au point de vue de sa composition chimique et, dans les cas où il peut y avoir des variations journalières dans la composition chimique des aliments, il faudra, par des analyses spéciales, déterminer ces variations ; il faudra avoir soin de préparer les mets toujours de la même manière (même degré de cuisson, etc.) ; enfin il faudra autant que possible manger de la même manière (la durée des repas devra être la même, il faudra boire aux mêmes moments, etc.).

2° Recueillir tous les excréments et en faire l'analyse chimique ; il ne faudra pas se contenter d'analyser seulement l'urine comme l'ont fait tous les auteurs excepté Stcherbak, il est aussi important de faire des analyses des excréments solides.

3° Il faut mener une vie aussi régulière que possible, se coucher à la même heure, dormir toujours le même nombre d'heures ; faire autant que possible la même quantité de mouvements tous les jours, cette condition est très difficile à remplir, elle a été négligée par la plupart des auteurs, c'est pourtant là un point capital. Les expériences devront durer un certain nombre de jours et elles devront comprendre au moins quatre périodes : a. période préliminaire dans laquelle le sujet doit s'habituer au régime alimentaire, et où on doit déterminer la composition chimique des aliments ingérés, on devra fixer exactement le régime de façon qu'il soit bien supporté par le sujet et qu'il puisse être considéré comme normal ; la durée de cette période sera très variable suivant les cas ; chez moi, par exemple, elle a été de plus d'un mois ; b. période de repos ; le sujet devra pendant cette période faire aussi peu de travail intellectuel que possible ; cette condition est très difficile à réaliser, en effet, il est impossible de rester dans un repos absolu, notre esprit est toujours occupé, on pense constamment à quelque chose, de sorte que l'on est bien embarrassé de rester dans un état de repos intellectuel ; il faudrait choisir un travail intellectuel très simple et facile, un passe-temps, consistant par exemple à regarder des images, à lire de petites nouvelles ou des descriptions de voyages, l'essentiel dans le choix d'une pareille occupation est d'obtenir une uniformité de travail intellectuel facile n'exigeant pas de réflexion et de tension forte de l'attention ; la durée de cette période sera de quelques jours, quatre ou cinq suffiraient ; *c*. période de travail intellectuel intense ; le sujet doit faire pendant plusieurs heures par jour un travail intellectuel difficile nécessitant une forte concentration de l'attention, ce travail doit avoir lieu aux mêmes heures que le repos de la période précédente ; quant au reste de la journée, elle doit être occupée de la même manière que dans la période de repos. Cette période de travail doit durer aussi quelques jours, quatre à cinq par exemple ; *d*. période de repos ; il est important de faire encore une période de repos pour voir d'une part combien de temps durent les modifications apportées par la période de travail intellectuel et puis pour être sûr que les différences entre la deuxième et la troisième période sont bien dues à l'influence du travail intellectuel ; on ne pourra en effet être sûr des résultats obtenus que si cette quatrième période donne les mêmes résultats que la deuxième période. La durée de cette période de repos ne peut pas être fixée d'avance, tout dépendra des conditions d'expériences.

Il est évident que ces quatre périodes doivent se suivre sans interruption, par conséquent si on ne compte pas la période de préparation, dont la durée est très variable, la durée des expériences sera environ de quinze à vingt jours. Pendant ces expériences on devra noter exactement ce que fait le sujet, comment il se sent, il faudra noter le poids du corps, la température, le pouls, puis il faudra aussi faire attention à la température ambiante, il est préférable de faire des expériences en automne lorsque la température est modérée pour éviter une forte perte d'eau par évaporation, comme cela arrive en été.

On voit, en somme, que toutes ces conditions sont très difficiles à réaliser d'une manière complète, elles exigent du sujet une surveillance de soi-même continue et sévère ; il est certain qu'on ne peut pas demander à un sujet étranger de pareilles

été obligé d'interrompre les expériences.

Voyons maintenant quelles sont les règles générales à suivre dans le choix du régime alimentaire et comment on peut réduire le nombre d'analyses chimiques au minimum.

On peut s'attendre d'avance que les variations de la composition chimique des excréments seront faibles, les travaux faits jusqu'ici montrent bien que si le travail intellectuel exerce une influence sur les échanges nutritifs, cette influence sera faible, par conséquent la constance du régime alimentaire devra être déterminée avec beaucoup de précision. D'autre part dans les excréments on peut se contenter dans une première recherche de doser seulement deux substances chimiques : l'azote et le phosphore, la première puisqu'elle représente la quantité de matières azotées décomposées dans l'organisme, et le seconde puisqu'elle entre en partie assez considérable dans la composition de la substance cérébrale ; le problème se trouve donc déjà considérablement réduit. Il est évident que le nombre d'analyses à faire sera d'autant plus faible que le régime alimentaire sera simple ; il faut autant que possible employer des aliments qui varient peu au point de vue de leur composition chimique. Examinons donc les différents aliments ;

nous suivrons en partie les conseils donnés par *C. von Noorden*.

Viande. — Dans chaque régime alimentaire normal entre en général la viande, or on sait que la viande varie beaucoup comme composition chimique, cette variation est due surtout à une plus ou moins grande quantité de graisse contenue dans la viande ; même en prenant toujours le même morceau de viande dégraissée et débarrassée des aponévroses et des tendons, on a des variations journalières en azote qui atteignent 10 à 12 p. 100, et comme dans un régime moyen c'est la viande qui apporte la moitié environ de tout l'azote ingéré, l'emploi de la viande pourra produire des variations journalières de l'azote atteignant 5 ou même 6 p. 100 ; ces variations sont plus fortes que celles qui ont été signalées par les auteurs à la suite du travail intellectuel, où elles atteignent à peine 2 p. 100, ces auteurs n'ont pas analysé chaque jour la viande qu'ils mangeaient, donc leurs résultats ne peuvent pas être considérés comme certains. Il faudra donc tous les jours analyser la viande que l'on mange, de plus la cuisson doit être toujours la même.

Pain. — Le pain varie moins que la viande, surtout si on le prend toujours chez le même boulanger et si on a soin de manger seulement la mie de pain ; de plus comme la quantité d'azote apportée par le pain est moindre qu'un dixième de la quantité totale, l'erreur introduite par les variations journalières du pain sera faible. Il est tout de même bon de faire de temps en temps, tous les trois jours par exemple, des analyses du pain.

Légumes. — Les différents auteurs qui ont étudié l'influence du travail intellectuel ont employé comme légumes soit des haricots, soit des pommes de terre ; on pourrait, à la rigueur encore, admettre les haricots, à condition certainement d'en faire d'avance une grande provision dans laquelle on puiserait tous les jours, de cette manière la constance serait obtenue ; mais il y a un inconvénient, puisque une partie de l'azote des haricots provient des substances amidées, ce qui gênerait les calculs si on voulait compter la quantité de substance albuminoïde ingérée. Les pommes de terre doivent être rejetées, puisque leur composition varie considérablement avec l'âge, la taille et l'espèce de la pomme de terre, et puis une grande partie de leur azote provient des substances amidées. Le mieux est de remplacer ces légumes par le riz.

Riz. — Le riz remplace très bien les légumes et on s'y habi-

pain.

A *midi* : bouillon 300 cc., ce bouillon est préparé avec 300 cc.
d'eau bouillante, 5 gr. de sel, 3 gr. de bouillon Liebig (toujours
le même) et 3 gr. de beurre; viande de bœuf rôtie 150 gr., elle
était préparée toujours de la même manière : un morceau
(tranche dégraissée sans os) de 1 kgr. était rôti jusqu'à ce que
le poids devienne égal à 780 gr., de ce morceau je prenais au
milieu un morceau de 150 gr.; riz 50 gr. qui était préparé ainsi
qu'il suit : 50 gr. de riz, 5 gr. de sel, 7 gr. de beurre, 3 gr. d'extrait de Liebig et 360 cc. d'eau chaude étaient bouillis jusqu'à
ce que le poids total soit égal à 235 gr.; pain 120 gr.; fromage
de gruyère 40 gr. (toujours le même morceau); eau 200 cc.;
thé faible 300 cc.; sucre 20 grammes.

Le *soir* à 8 heures : bouillon pareil au précédent 300 cc.;
viande rôtie 150 gr.; riz 50 gr.; pain 110 gr.; fromage 40 gr.;
thé faible 450 cc.; sucre 20 grammes.

Ce régime alimentaire était complètement suffisant pour moi;
la proportion des différentes substances a été établie par tâtonnement en se rapportant d'une part à l'appétit, d'autre part au
calcul des substances alimentaires et au nombre de calories
apportées par les aliments à l'organisme; le poids du corps
était resté constant et égal à 66 kilogrammes.

Si on calcule pour ce régime les quantités de matières albuminoïdes, de graisse, et d'hydrate de carbone en se servant des tables données par König, on trouve qu'il contient 133 gr. 7 de matières albuminoïdes, 67 gr. 8 de graisse, et 350 gr. d'hydrates de carbone, ce qui fait une somme d'énergie égale environ à 2.600 calories. On voit que ce nombre correspond bien à ceux qui sont donnés par différents physiologistes.

Pour savoir exactement les quantités d'azote et de phosphore ingérées chaque jour, j'ai analysé tous les jours la viande, le pain a été analysé tous les deux jours, le fromage tous les huit jours, le lait condensé tous les quatre jours, le riz deux fois, l'extrait de Liebig deux fois. Chacune de ces analyses a été faite en double, de cette manière on acquiert beaucoup plus de sûreté dans les résultats. Par conséquent, pour les aliments je faisais en moyenne quatre analyses d'azote et autant de phosphore par jour.

Les déterminations de l'azote ont été faites par la méthode de Kjeldahl modifiée par Henninger et Borodine qui est très bien décrite dans la thèse de médecine de *Moreigne* (Paris, 1895). J'indique ici seulement les quantités de différentes substances qu'il faut prendre pour doser l'azote, ce renseignement manque dans la thèse précédente et il est rarement indiqué. On prendra pour doser l'azote : 1 gr. de viande rôtie que l'on chauffera avec 10 cc. d'acide sulfurique jusqu'à décoloration, ce qui nécessite environ six à huit heures ; pour le pain on prendra 10 gr. avec 15 cc. d'acide sulfurique, chauffer environ dix à douze heures ; le lait 10 cc. avec 10 cc. d'acide sulfurique, chauffer six heures ; fromage 2 gr. avec 15 cc. d'acide sulfurique. Pour les autres détails de l'opération je renvoie à la thèse de Moreigne.

Pour doser le phosphore je prenais une certaine quantité de substance desséchée à l'étuve, je l'incinérais dans une capsule en ajoutant à la fin soit un peu de salpêtre, soit un peu d'acide azotique et je dosais volumétriquement l'acide phosphorique par l'acétate d'urane ; pour le phosphore il faut prendre 10 gr. de viande rôtie, 60 gr. de mie de pain, 50 cc. de lait, et 8 gr. de fromage.

Ces analyses m'ont montré que le régime alimentaire variait pour l'azote entre 19 gr. 72 et 21 gr. 12 par jour, ce qui fait une variation maximum de 7 p. 100, on voit que cette variation est plus forte que les modifications qui d'après les auteurs sont produites par le travail intellectuel ; or, le régime que j'ai suivi est plus précis que ceux qui ont été suivis par tous les auteurs (sauf Stchestohoff); de plus, ces auteurs n'ont pas analysé leur régime alimentaire, par conséquent les résultats trouvés par eux ne peuvent pas être admis sans épreuve nouvelle.

Pour ce qui concerne l'analyse de l'urine, il faut, je crois, analyser séparément l'urine des différentes périodes du jour et de la nuit et non pas réunir toute l'urine excrétée pendant vingt-quatre heures, comme l'ont fait tous les auteurs qui se sont occupés de cette question. Il m'a semblé profitable de prendre l'urine de quatre périodes : 1° urine de la nuit et du matin à 8 heures, 2° urine de 10 heures et de midi ; 3° urine de 2 heures et de 5 heures de l'après-midi ; 4° urine de 8 heures et de 11 heures du soir. Les variations produites par différentes causes s'observent alors beaucoup plus nettement que dans le cas où on réunit toute l'urine des vingt-quatre heures. Dans l'urine j'ai analysé l'azote total, l'urée et le phosphore, les méthodes sont partout décrites, je renvoie surtout au travail de Moreigne[1].

Pour élucider la question de l'influence du travail intellectuel sur les échanges nutritifs il ne suffit pas d'analyser les aliments et l'urine, il faut aussi faire l'analyse des excréments solides, qui contiennent une certaine partie de l'azote et du phosphore non assimilés par l'organisme ; les opérations chimiques ne sont pas agréables, mais elles sont relativement simples ; voici comment j'ai procédé : les excréments sont délayés avec une quantité d'eau distillée 8 à 10 fois supérieure à celle des excréments, on mélange soigneusement de façon à avoir une solution homogène ; on prend 20 à 30 gr. de cette solution, on met avec 20 cc. d'acide sulfurique et on chauffe jusqu'à décoloration, le reste se fait comme d'habitude ; la quantité d'azote que l'on trouve ainsi dans les excréments solides est égale environ à 2 gr. 5, 2 gr. par jour ; c'est une quantité qui ne peut être négligée. On trouvera dans la *Zeitschrift für Biologie*, 1897 (vol. 35) une série d'articles dans lesquels sont décrites les méthodes d'analyse des excréments solides.

On voit donc en somme qu'une étude de ce genre, en se limitant seulement à l'azote et au phosphore, nécessite par jour : 4 analyses d'azote pour les aliments, 8 analyses d'azote pour l'urine, 8 analyses d'urée, 2 analyses d'azote pour les excréments solides, puis 4 analyses de phosphore pour les aliments, 8 analyses de phosphore pour l'urine et 2 analyses de

(1) Moreigne. *Étude sur les méthodes de dosage de quelques éléments importants de l'urine*. Thèse de médecine de Paris, 1895.

phosphore pour les excréments solides, ce qui fait en tout 14 analyses d'azote, 14 analyses de phosphore et 8 analyses d'urée ; ces analyses exigent au moins cinq à six heures de travail assidu au laboratoire, on voit donc bien qu'il est impossible dans ces conditions d'être en même temps sujet, puisque la fatigue produite par le travail du laboratoire est assez considérable.

Tels sont les renseignements pratiques que j'ai pu recueillir pendant les deux mois que j'ai consacrés à ces expériences faites au laboratoire de physiologie générale de la Sorbonne ; je me fais le plaisir de présenter ici mes remerciments à mon maitre M. Dastre, pour l'hospitalité qu'il m'a donnée dans son laboratoire.

En résumé, on peut dire que l'étude de l'influence du travail intellectuel sur les échanges nutritifs est encore à faire ; la recherche de *Stcherbak* est la seule qui soit faite d'après les méthodes scientifiques, mais l'auteur faisait les expériences dans des conditions tellement artificielles qu'on ne peut pas en déduire l'influence du travail intellectuel ; en effet, pendant les jours de repos, il travaillait au laboratoire depuis 9 heures du matin jusqu'à 8 heures du soir, puis ne faisait rien et dormait pendant sept heures un quart ; pendant la période de travail, après le même temps passé au laboratoire, l'auteur travaillait avec assiduité de 9 heures du soir à 1 ou 2 heures du matin et puis dormait pendant cinq heures trois quarts. Chez tous les autres auteurs le régime alimentaire n'était pas assez constant, de sorte que leurs résultats sont douteux. La question est pourtant très importante et on peut être sûr d'avance qu'en l'étudiant avec toutes les précautions indiquées plus haut on arrivera à des résultats intéressants aussi bien au point de vue pratique qu'au point de vue théorique.

Les personnes qui voudraient entreprendre une étude de ce genre devraient commencer par étudier les travaux de C. von Noorden et de ses élèves publiés dans les quatre fascicules des *Beiträge zur Lehre vom Stoffwechsel des gesunden und kranken Menschen* (Berlin, 1892-5), le travail de C. von Noorden, *Pathologie des Stoffwechsels* (Berlin, 1893), le travail de Lambling, *Les échanges nutritifs* dans l'*Encyclopédie chimique de Fremy*, t. IX, 2ᵉ sect., 2ᵉ fasc., IIIᵉ partie, II, 1897 (un fasc. de 1400 p.), le travail de Argutinsky dans *Pflüger's Arch. f. Physiologie*, vol. LV, 1893, p. 345, l'article *Aliments* du Dictionnaire de physiologie de Richet, et enfin la thèse de Moreigne citée plus haut.

Quant à la littérature de la question de l'influence du travail intellectuel et d'une manière générale du système nerveux sur les échanges nutritifs, on la trouvera réunie dans les mémoires suivants :

MAIRET. *Recherches sur l'élimination de l'acide phosphorique chez l'homme sain, l'aliéné, l'épileptique et l'hystérique.* Paris, Masson, 1884.

BEAUNIS. *Recherches expérimentales sur les conditions de l'activité cérébrale.* Paris, Baillière, 1884.

THORION. *Influence du travail intellectuel sur les variations de quelques éléments de l'urine à l'état physiologique.* Paris, Baillière, 1893.

STCHERBAK. *Contribution à l'étude de l'influence de l'activité cérébrale sur l'échange d'acide phosphorique et d'azote.* Archives de médecine expérimentale, 1893, p. 309.

BELMONDO. *Contributo critico e sperimentale allo studio dei rapporti tra le funzioni cerebrali e il ricambio.* Rivista sperimentale di Freniatria, vol. XXII, fasc. IV, 1896, p. 657-748.

BINET et HENRI. *La fatigue intellectuelle.* Paris, Schleicher, 1898, p. 200-217.

HEGER. *De la valeur des échanges nutritifs dans le système nerveux.* Institut Solvay, travaux du laboratoire, t. II, fasc. 2, Bruxelles, 1898, p. 1-68.

VICTOR HENRI

VIII

ESSAI DE COMPARAISON SUR LES DIFFÉRENTES MÉTHODES PROPOSÉES POUR LA MESURE DE LA FATIGUE INTELLECTUELLE

La question de la fatigue intellectuelle a été abordée de bien des côtés ; pour la résoudre, on a mis à contribution les méthodes les plus diverses ; mais il s'en faut que les résultats obtenus soient aussi satisfaisants qu'on aurait pu l'espérer. Le problème, d'une importance évidemmment capitale, est extrêmement complexe et il est peut-être utile de s'en tenir, pour le moment, aux études préliminaires qu'il comporte[1]. On trouvera, dans la présente note, le résumé de quelques recherches que j'ai faites sur moi-même, pour déterminer la méthode la plus propre à déceler et à mesurer la fatigue intellectuelle.

I. — CIRCULATION

Les modifications que subit le pouls radial sous l'influence de la fatigue intellectuelle n'ont été l'objet que d'un petit nombre de recherches. Nous rappellerons ici les travaux publiés dans l'*Année psychologique* par MM. A. Binet et J. Courtier[2]. Voici un résumé très bref de ces travaux. « Les

---

(1) Voir : A. Binet et V. Henri. *La fatigue intellectuelle.*
(2) *Année psychol*, III, p. 58.

effets du travail intellectuel prolongé, disent les auteurs, ont été étudiés sur deux personnes ; chacune d'elles a consacré une après-midi au travail. Pendant les jours qui ont précédé et suivi l'expérience, les sujets ont passé l'après-midi au laboratoire dans un désœuvrement complet ; ils avaient la liberté de causer, de marcher, etc. Pour rendre les résultats comparables, ils ont pris chaque fois la même quantité d'aliments, à la même heure. Dans ces conditions, on a pu constater que le ralentissement du pouls était plus considérable après le travail qu'après le repos. Il faut noter que, dans le premier cas, à la fatigue intellectuelle s'ajoutait la fatigue résultant de l'immobilité du corps ; c'est là une cause d'erreur. »

Nous commencerons par décrire une fois pour toutes la façon dont nous avons procédé dans nos expériences[1] sur la fatigue ; de brèves notes donneront, s'il y a lieu, les indications complémentaires. La plupart des observations qu'on trouvera ici, ont été prises le soir ; les journées étaient toutes remplies à peu près de la même manière ; le diner avait lieu à 6 heures (potage, côtelette ou beefsteak aux pommes, brie, confiture d'abricots, 3 sous de pain, demi-verre de vin). Le travail[2], commencé à 8 heures, était prolongé sans interruption jusqu'à 10 heures ou jusqu'à minuit ; je restais assis. Les soirées de repos alternaient autant que possible avec les soirées de travail ; je les passais assis également, et en conservant une immobilité relative ; ainsi était éliminée la cause d'erreur signalée plus haut. Le désœuvrement était complet ; je regardais quelques gravures choisies de façon à n'exciter aucune émotion sérieuse. Le matin, je prenais les mêmes précautions ; levé à 8 heures, je déjeunais à 8 heures et demie de deux tasses de café au lait et je me mettais au travail à 9 heures et quart. Les matinées de repos s'écoulaient comme les soirées de repos.

Voici maintenant le résumé de nos observations :

(1) Le sujet — moi-même — est né en 1876, à Lausanne (Suisse) ; taille 1m,76 : santé excellente ; force mesurée au dynamomètre, main droite : 48 kg ; main gauche : 40 kg. Licencié es lettres.

(2) Le travail que j'avais choisi (calcul différentiel, intégral, application) présentait toujours à peu près les mêmes difficultes ; quoiqu'il ne fût pas absolument nouveau, il exigeait une attention soutenue.

I. — *Influence du travail intellectuel sur le pouls radial, pendant la soirée.*

Les chiffres indiquent le nombre de pulsations par minute.

OBSERVATION I   OBSERVATION II   OBSERVATIONS III et IV

HEURES	TRAVAIL	REPOS	HEURES	TRAVAIL	REPOS	HEURES	TRAVAIL	REPOS
8	85	91	8	89	89	8	94	71
0,15	80	85	0,15	87	87	0,15	80	82
0,30	77	79	0,30	84	82	0,30	80	76
0,45	73	75	0,45	77	80	0,45	79	77
9	72	77	9	75	73	9	76	71
0,15	72	69	0,15	75	68	0,15	76	73
0,30	72	70	0,30	69	67	0,30	76	67
0,45	72	69	0,45	69	67	0,45	73	71
10	70	70	10	64	67	10	68	71
0,15	69	65	0,15	66	67	0,15	67	•
0,30	70	65	0,30	66	64			
0,45	69	63	0,45	65	65	8	80	87
11	69	68	11	63	65	0,15	80	75
0,15	64	68	0,15	62	65	0,30	77	74
0,30	59	64	0,30	62	64	0,45	75	73
0,45	62	64	0,45	»	»	9	73	70
12	62	65	12	»	»	0,15	71	69
						0,30	69	69
						0,45	65	67
						10	63	66

REMARQUES. — *Observation I.* — Les 5 et 6 décembre 1898. « Le travail n'a pas été excellent ; je suis distrait par les mesures à prendre ; la fatigue physique commence à se faire sentir vers 10 heures et demie ; à la fin de la soirée, la tête est lourde, la fatigue physique accentuée ; la fatigue intellectuelle, appréciable, est peu marquée. Au cours de la soirée de repos, la fatigue physique apparaît vers 10 heures et demie plus forte, sans doute parce que je n'en suis pas distrait. »

Observation II. — Les 8 et 12 décembre. « Le travail a été sérieux ; à la fin, la fatigue intellectuelle était nette ; la fatigue physique a commencé vers 10 heures et demie dans les deux cas. »

Observation III. — Les 20 et 23 janvier 1899. « Le travail a été prolongé deux heures ; pas de fatigue intellectuelle ni physique bien marquées. »

Observation IV. — Les 26 et 27 janvier. « Travail de deux heures ; pas de fatigue. »

En calculant les moyennes des chiffres précédents, nous obtenons le tableau suivant (1) :

TABLEAU I. — *Nombre de pulsations par minute; moyennes.*

Heures. . .	8 10,15	8,15 10,30	8,30 10,45	8,45 11	9 11,15	9,15 11,30	9,30 11,45	9,45 12	10 »
Travail. . .	87 67,33	81,75 68	78,75 67	76 66	74 63	73,50 60,5	71,50 62	69,75 62	66,25 »
Repos . . .	85,25 66	82,25 61,50	77,75 64	76,25 66,50	72,75 66,50	69,75 64	68,25 64	68,50 65	68,50 »

Ces deux séries de moyennes diffèrent notablement; au cours

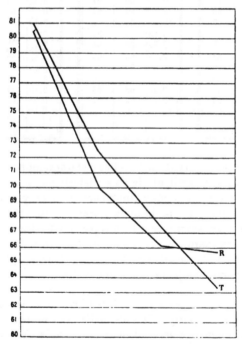

Fig. 15. — Graphique de ralentissement du pouls sous l'influence du travail intellectuel. (R. repos, T. travail intellectuel)

de la soirée de repos, le pouls tombe rapidement au niveau où il restera jusqu'à la fin ; sous l'influence de la fatigue intellectuelle, ce niveau est dépassé, la circulation est nettement ralentie ; mais cette période de dépression est précédée par une période d'excitation ; si dès lors, on considère la variation du pouls dans son ensemble pendant la soirée de travail, elle paraît plus lente et plus régulière. Ces effets sont bien traduits dans le graphique de la figure 15. construit avec les moyennes de quatre chiffres consécutifs du tableau suivant, c'est-à-dire avec les moyennes horaires (voir tableau II).

TABLEAU II. — *Nombre de pulsations par minute: moyennes horaires.*

Heures.	8-9	9-10	10-11	11-12
Travail.	80,875	72,1875	67,145	62,875
Repos	80,375	69,8125	65,75	65,25

II. — *Influence du travail intellectuel sur le pouls, pendant la matinée.* — Quoique faites dans les conditions indiquées plus haut, les deux séries d'observations qu'on trouvera ici ne sont pas exactement comparables ; les premières ont été prises en Suisse, les secondes à Paris. Il était, par suite, inutile de combiner les chiffres obtenus et de donner un graphique ; la courbe eût d'ailleurs été tout à fait analogue.

OBSERVATION V   OBSERVATION VI

HEURES	TRAVAIL	REPOS
9,25	90	90
0,35	81	81
0,45	76	73
10	72	69
0,15	70	67
0,30	67	66
0,45	64	66
11	64	65
0,15	63	64
0,30	65	64
0,45	64	63
12	61	65

HEURES	TRAVAIL	REPOS	HEURES	TRAVAIL	REPOS
9,20	70	69	11	68	62
0,25	69	69	0,10	65	61
0,30	70	69	0,20	60	64
0,40	70	69	0,30	61	64
0,50	64	70	0,40	60	63
10	63	65	0,50	61	63
0,10	64	65	12	64	63
0,20	65	64	0,05	63	.
0,30	62	62	0,10	62	63
0,40	65	62	0,20	62	.
0,50	68	60			

REMARQUES. — *Observation V.* — « Les 17 et 19 janvier avant le commencement du travail, dix minutes de marche pour me

rendre de chez moi au laboratoire de la Sorbonne. Vers 11 h.
25 minutes environ, sensation de faim, qui s'accentue et persiste quelque temps, puis disparaît. Le 19, matinée de repos ;
la faim ne se fait sentir que vers midi. »

Observation VI. — « Les 30 et 31 décembre 1898, expériences
faites chez moi ; le 30, matinée de travail sérieux ; à la fin, légère
fatigue intellectuelle ; pas de fatigue physique. A 10 heures
15 minutes, sensation de faim qui se calme immédiatement ;
à midi, faim intense, qui s'atténue peu à peu, reste perceptible
et grandit vers midi et demi. Le 31, matinée de repos ; pas de
fatigue physique ; vers 11 heures faim très légère, qui disparaît
rapidement, et qui ne réapparaît pas. »

Il est intéressant de faire remarquer l'accélération du pouls
qui accompagne la sensation de faim un peu vive.

II. — Température

Mosso, Gley ont étudié l'influence du travail intellectuel sur
la température du corps ; ils se sont surtout occupés de son
élévation à la suite d'un travail intense et court. Si celui-ci est,
au contraire, continué pendant quelque temps, on note une
diminution constante. Les chiffres que nous donnons ici le
montrent assez nettement ; ils résultent d'une double série de
mesures prises dans les mêmes conditions et avec les mêmes
précautions que celles du pouls. Le thermomètre était placé
sous la langue maintenue à peu près immobile ; la salivation
n'était pas fort abondante, et s'il peut y avoir là quelque cause
d'erreur, elle importe assez peu, puisqu'elle s'est reproduite
dans tous les cas. L'instrument restait en place 5 minutes, la
bouche étant naturellement fermée. On observait la température sublinguale avant et après les périodes de travail ou de
repos, et l'on notait en même temps celle de la chambre. Les
résultats obtenus sont consignés dans le tableau III.

TABLEAU III

N°°	TRAVAIL			REPOS		
	Heures.	Température sublinguale.	Température de la chambre.	Heures.	Température sublinguale.	Température de la chambre.
1	9,15 12,30	36,55 36,45	13,5 13	9,15 12	36,48 36,48	13 14
2	9,15 12	36,80 36,40	14 15	9,15 12	36,60 36,70	13 15
3	3 6,30	36,80 36,50	13 15	3 6,30	36,85 36,60	13 14
4	3,30 5	36,95 36,80	» »	3,30 5	36,80 36,60	• •
5	8 10	36,85 36,30	14 16	8 10	36,75 36,55	13 15
6	8 10	37 36,55	14 16	8 10	36,95 36,50	13 16

En calculant la modification que subit la température du corps dans les deux cas, on trouve les chiffres suivants (voir le tableau IV).

TABLEAU IV

N°°	APRÈS LE TRAVAIL	APRÈS LE REPOS
1	0,10	•
2	0,40	— 0,10
3	0,30	0,25
4	0,15	0,20
5	0,55	0,20
6	0,45	0.45

On voit d'une part, qu'à la suite d'un travail intellectuel suffisamment prolongé, la température diminue nettement ; d'autre part, qu'à la fin d'une période de repos comparable elle n'a pas

varié, ou qu'elle a augmenté, ou enfin que, si elle a diminué, c'est
dans une proportion moindre. On constate l'inverse dans un seul
cas (n° 4) ; remarquons, sans y insister — car bien des causes perturbatrices peuvent expliquer de telles différences — que le
travail avait été ce jour-là un peu moins prolongé que d'habitude
(1 h. 3/4 environ).

III. — Force musculaire

Pour étudier les modifications qu'apporte à la puissance
musculaire le travail intellectuel prolongé, nous nous sommes
servi de l'ergographe de Mosso, auquel était adapté le doigtier
que M. Binet a fait construire [1]. L'appareil ainsi modifié isole
suffisamment l'action des muscles du médius, qui, par des contractions répétées jusqu'à épuisement, soulèvent un poids
(dans nos expériences, de 3 kilogrammes).

Les expériences ont eu lieu le 23 janvier, après deux heures de
repos complet, et le 24, après deux heures de travail soutenu
(mathématiques, voir plus haut) ; comme il m'était difficile
d'introduire l'index dans le tube destiné à le maintenir immobile, le doigt restait libre au cours d'une première série de contractions ; au bout de dix minutes de repos, je recommençais
l'exercice, mais cette fois en tenant l'index avec l'autre main.

Nous ne reproduirons pas les graphiques de l'ergographe ; fort
étendus, ils ne présentent pas à l'œil de différences immédiatement appréciables. En mesurant les 60 premiers tracés successifs
du soulèvement, nous avons obtenu quatre séries de chiffres dont
on trouvera la moyenne dans les tableaux V et VI (moyennes de
dix chiffres consécutifs).

TABLEAU V. — *Après le repos.*

1°.	17,75	14,95	12,95	9,75	7,45	4,60
2°.	15,90	22,35	13,65	6,90	5,50	2,40

TABLEAU VI. — *Après le travail.*

1°.	19,30	17,65	14,55	13,25	9,35	6,40
2°.	22,65	21,40	16,45	12,40	8,75	6,15

(1) Voy. *Année psychol.*, IV, 260.

La somme de travail musculaire fourni est, on le voit, plus considérable dans le second cas que dans le premier. Ces résultats semblent en contradiction avec ceux que Mosso a exposés dans son livre sur la fatigue intellectuelle ; mais il convient de remarquer que celui-ci opérait sur des sujets épuisés par une journée consacrée à faire passer des examens [1]. Or, on sait que le premier effet de l'effort intellectuel est une excitation du système nerveux, dont la répercussion se fait sentir sur tout l'organisme. On peut supposer que dans nos expériences, après deux heures de travail intellectuel, l'excitation du début n'avait pas encore été annulée par la fatigue.

IV. — Sensibilité tactile

Griessbach a, le premier à notre connaissance, étudié les modifications qui surviennent dans la sensibilité tactile, à la suite du travail intellectuel prolongé. Il se servait pour ses recherches du compas de Weber et chez les élèves de différentes écoles il constata un affaiblissement de la sensibilité après les leçons qui exigeaient un certain effort d'attention. Son travail a été repris par M. Vannod [2], dont nous allons résumer brièvement les observations. L'auteur a répété les expériences de Griessbach sur 15 élèves des écoles de Berne ; il examinait leur sensibilité le matin à 8 heures avant l'entrée en classe, à 10h., à midi, à 2 h. et à 4 h. ; enfin le dimanche à 11 h. A midi la sensibilité était émoussée ; elle redevenait plus fine après le repos du milieu de la journée et surtout après une après-midi de liberté. Il faut remarquer, d'autre part, qu'après deux heures de travail (le matin de 8 à 10) la variation est beaucoup moins nette ; nous avons compté que dans le 25 p. 100 des cas, la sensibilité n'a pas varié ou a augmenté. On trouvera des faits analogues dans les observations que nous donnons ci-contre [3].

(1) Voy. Keller. *Bioloy. centralblatt*, 1894, Bd. XIV. L'auteur expérimentait sur un enfant de quatorze ans, *peu vigoureux;* il a obtenu des résultats analogues à ceux de Mosso. Des causes très différentes peuvent naturellement produire, chez des sujets très différents, le même épuisement relatif.
Kemsies : *Samml. v. Abh. über pädag. Psych. und Phys.* vol. II. fasc. 1. Kemsies expérimentait sur des enfants de 10 ans environ ; résultats analogues.

(2) Voy. *Revue méd. de la Suisse romande*, XVII. 21.

(3) Wagner, plus récemment, a confirmé les résultats de Griessbach. Voyez : *Samml. v. Abh. ü pädag. Psych, und Phys.* vol. I fasc. 4.

TABLEAU VII. — *Observations le 20 (travail) et le 23 (repos); à 10 h. s.*
Les chiffres entre parenthèses donnent les moyennes.

	APRÈS 2 HEURES Travail.		APRÈS 2 HEURES Repos.		APRÈS 2 HEURES Travail.		APRÈS 2 HEURES Repos.
Poignet .	0,7	A	0,7	Nuque. .	2,9	A	2,3
	0,7	D	1,2		3,5	A	2,5
	0,7	A	1,1		3,2	D	2,2
	(0,7)	»	(1)		3,8	A	1,9
					2,9	D	1,9
					2,0	A	2,9
					(3,03)	»	(2,28)
Joue. . .	0,9	A	1,5				
	0,4	D	0,8				
	0,6	A	0,7	Pouce . .	1,0	A	0,7
	0,7	D	0,5		1,2	D	0,9
	0,5	A	1,1		1,1	A	0,9
	1,5	D	0,9		0,8	D	1,1
	1,7	A	0,9		1,2	D	0,8
	(0,886)	»	(0,915)		(1,06)	»	(0,88)
Front . .	0,5	D	1,3		1,5	A	0,5
	1,7	D	1,1		1,4	D	1,2
	1	A	0,8	Pouce ¹ .	1,6	A	1,1
	1,7	D	1,1		1,6	D	1,3
	0,3	A	1,3		1,5	A	1,2
	0,9	A	1,1		1,7	A	1,2
	(1,02)	»	(1,116)		(1,53)	»	(1,08)

(1) Les mesures sur le pouce ont été prises le 26 (repos) et le 27 (travail), après toute une série d'autres: l'attention était un peu fatiguée.

Nous ne revenons pas sur les conditions dans lesquelles nos expériences ont été faites; elles restent les mêmes. Les mesures qui sont consignées dans les tableaux VII et suivants ont été prises avec le plus grand soin par M. Claparède. Elles sont de deux sortes : les premières (tableau VII) donnent simplement l'écartement des pointes de l'esthésiomètre Verdin, nécessaire pour produire une sensation nettement double. L'expérimentateur partait d'un écartement soit trop grand, soit trop petit, qu'il diminuait ou augmentait jusqu'à ce qu'elle apparût. Les lettres A — en augmentant — et D — en diminuant — désignent dans les tableaux ces deux façons de procéder.) Les autres (tableaux VIII et IX) donnent plus complètement et plus précisément l'état de la sensibilité après les périodes de repos et de travail. La difficulté consistait ici à décrire les sensations éprouvées : il y a entre la sensation d'une pointe et la sensation de deux pointes toute une série d'intermédiaires qu'il est malaisé de définir.

Voici, indiquées aussi fidèlement que possible, les sensations que j'ai éprouvées : d'abord, sensation nette d'une pointe (dans les tableaux ci-joints, on la désignera par le chiffre 1) ; puis, sensation diffuse comme d'un cercle, dont le centre serait plus vivement excité (C) ; ensuite d'une ellipse, dont les foyers seraient excités, sans que cependant la localisation soit parfaite (E) ; enfin, sensation de deux pointes (2).

Tableau VIII.
Observation le 26 janvier (repos); à 10 h. s. Nuque.

ÉCARTEMENT	SENSIBILITÉ	ÉCARTEMENT	SENSIBILITÉ	ÉCARTEMENT	SENSIBILITÉ	ÉCARTEMENT	SENSIBILITÉ
1	1	22	2	17	C	30	2
2	1	23	2	12	1	22	E
3	1	24	2	10	1	21	2
4	1	25	E	5	1	20	2
6	C	26	2	"	-	19	E
8	E	27	2	(1 p.)	(1)	18	E
9	2	30	2		C	17	C
10	2	35	2	19	2	15	E
11	E	"	"	16	E	16	E
12	E	30	2	20	E	19	E
13	E	28	2	25	E	35	2
14	C	27	2	25	E	18	E
15	1	26	2	(1 p.)	(1)	15	E
16	2	25	E	30	E	10	C
17	2	26	E	19	E	30	2
(1 p.)	(1)	25	C	9	C	19	E
18	2	24	E	20	C	15	E
19	2	22	2	14	2	25	2
20	2	21	C	40	2	20	E
21	C	19	C	14	E	22	2

Tableau IX.
Observation le 27 janvier (travail); à 10 h. s. Nuque.

25	E	15	C	(1 p.)	1	4	E
25	E	14	E	2	1	23	E
15	C	13	E	1	1	30	2
10	C	12	E	2	E	27	E
5	C	11	E	4	2	30	2
10	E	10	E	15	E	28	E
20	E	9	C	10	C	27	E
25	2	8	C	(1 p.)	1	19	E
30	2	7	1	25	2	25	E
28	2	6	1	27	2	20	E
22	E	5	1	23	2	19	E
18	E	4	1	10	E	23	E
16	C	.	.	19	E	.	.

Il reste à parler des régions dont la sensibilité a été étudiée.
Il nous a semblé qu'il y avait tout avantage, puisque le travail
n'était prolongé que pendant quelques heures, à choisir un
endroit relativement peu sensible ; et, en conséquence, les
mesures ont été prises de préférence sur la nuque et sur le
dos de la première phalange du pouce gauche (longitunale-
ment) ; cette région est particulièrement commode. Le pouce
est fléchi et la phalangette retenue dans le poing légèrement
formé ; de cette façon, la tension de la peau reste la même
dans chaque expérience et l'on a une surface bien plane dont
l'attaque simultanée par les deux pointes de l'instrument est
facile. Le dos du poignet gauche (transversalement), le milieu du
front, la joue gauche (région malaire), ont été également étudiés.

Le tableau VII montre qu'après deux heures de travail, la
sensibilité est diminuée en certaines régions peu sensibles
(pouce, nuque) ; qu'elle est augmentée sur d'autres (joue, front,
poignet). On a trouvé des résultats analogues dans le travail de
Vannod (voir plus haut). Il est plus délicat d'interpréter les
chiffres contenus dans les tableaux VIII et IX. La diminution
de la sensibilité apparait cependant vaguement. Tandis qu'après
le travail, l'écartement nécessaire pour produire la sensation
double varie généralement entre 23 et 30 millimètres, il varie.
après le repos, entre 16 et 22 millimètres.

Il est donc permis de conclure que probablement le travail
intellectuel prolongé a pour effet une diminution de la sensibilité tactile (Griessbach) ; les régions obtuses subiraient les
premières cette modification.

V

Les observations présentées ici sont en trop petit nombre
pour qu'on soit autorisé à formuler des conclusions assurées.
Nous nous bornerons à quelques remarques :

Après un travail assez prolongé pour que le sujet eût conscience d'une certaine fatigue intellectuelle .

La sensibilité ne s'est trouvée diminuée que sur certaines
régions ;

La puissance musculaire a été excitée ;

La température a régulièrement baissé.

Enfin, la circulation a subi une modification caractéristique.

J. LARGUIER DES BANCELS
(de Lausanne).

IX

LES SENSATIONS OLFACTIVES
LEURS COMBINAISONS ET LEURS COMPENSATIONS

L'odorat, sens supérieur déjà dans la classe des Vertébrés inférieurs [1], domine la fonction cérébrale d'une partie des mammifères, c'est-à-dire des osmotiques [2]. Chez l'homme, il a été relégué au second plan, cédant la place à la vue.

Cependant le plus ancien [3] de nos sens joue encore chez nous un rôle qui n'est pas sans importance, comme il résulte de l'extrême acuité [4] de l'odorat. Un sens en désuétude se serait bien vite émoussé. Néanmoins nous n'avons pas conscience de son usage fréquent. Cela tient, je crois, à une cause psychologique. Ce n'est pas seulement le matérialiste qui sent en mangeant ou en buvant, c'est aussi le flâneur dans les champs, la mère de famille entourée de ses enfants : de même le fabriquant qui circule dans ses magasins pleins de tissus récemment sortis des métiers, l'ouvrier dans son atelier, à l'arrivée de nouveaux matériaux. Tous, sans le savoir, ressentent le charme produit dans leur organe olfactif. Eh bien, en faisant attention, on remarque qu'une odeur, quelque faible qu'elle soit, fait rarement défaut ; l'eau dans son conduit, les pierres dans nos rues, l'air dans nos chambres, tout a une odeur particulière. Nous vivons dans un monde d'odeur, comme dans un monde de

---

(1) Buffon, plus récemment Edinger se fondant sur de nouvelles recherches en majeure partie originales (.Ibh. der Senckenberger Naturforschenden Gesellschaft in Frankfort am Main. Bd. XIX, p. 313. Separatabdruke, Uebersi cht der Resultate.)

(2, E Zuckerkandl. Ueber das Riechcentrum. Stuttgart, 1887.

(3) G. Retzius. Biologische Untersuchungen. N. F. IV, 49, 1892.

(4) Fischer et Penzoldt. Biolog. Cbl. Bd VI, p. 61, 1886.

lumière et de bruit. Mais l'odorat ne nous donne pas des idées distinctes qui se groupent en ordre régulier et moins encore se fixent dans la mémoire en discipline grammaticale. Les sensations olfactives éveillent des perceptions vagues et à moitié comprises, qui sont accompagnées d'une très forte émotion. Cette émotion nous domine, mais la sensation qui en a été la cause reste inaperçue.

On commence à tenir compte de cette puissance émotionnelle en littérature et nombre d'auteurs ne considèrent évidemment leurs descriptions comme achevées, qu'après avoir déterminé le plus exactement possible les odeurs émanant d'une personne, d'un appartement, d'un jardin, etc.[1]. Les odeurs ont leur rôle dans l'action dramatique où elles apparaissent comme ayant une grande influence sur les penchants, sur les faits et gestes des personnages[2]. Et jusqu'à un certain point ils ont raison, car les perceptions olfactives sont capables de produire de grands changements dans les dispositions d'esprit. Qui, dit *Cloquet*[3] quelque part dans sa *Osphrésiologie*, n'a éprouvé comme *J.-J. Rousseau* une sorte de bien-être spirituel et physique en humant dans le grand air le parfum des fleurs, et, pour citer un auteur moderne, *Joal*[4] ne vient-il pas de réunir une série de contes charmants qui prouvent l'influence du parfum des fleurs et des odeurs sur la voix de quelques chanteurs contemporains? De nos jours où la psychologie expérimentale a acquis une grande importance comme base scientifique de bien des problèmes, il n'est guère étonnant de voir la doctrine des sentiments attirer toute notre attention. De même, dans de pareilles conditions, l'étude de l'organe que nous a légué le règne animal et sur lequel le sentiment se produit si fortement ne pourrait être négligée.

Giessler[5] a tâché d'élaborer une psychologie de l'odorat. Si la moisson n'a pas été très riche, rien d'étonnant pour quiconque sait que le champ de la psychologie de l'odorat reste encore à défricher. Avant d'aborder l'étude de la per-

---

(1) L. Bernard. *Les odeurs dans les romans de Zola*, Montpellier. 1889. — Cabanès. *Gazette des hôpitaux*. 1894, p. 425. — F. Nique. *Anosmies. Thèse Lyon*, 1891.

(2) Göthe. *Faust*, voy. pour plusieurs exemples Al. *Nordau Entartung*. 2 Aufl. *Berlin*, 1893, II, p. 449.

(3) Cloquet. *Osphrésiologie*, Paris, 1821, p. 112.

(4) Joal. *Revue de laryngologie*, 1894, n° 25.

(5) C. M. Giessler. *Psychologie des Geruches*, Hamburg. 1894.

ception il faudra qu'on connaisse le fonctionnement de l'organe périphérique. On devra savoir contrôler, non seulement l'intensité, mais aussi la qualité de l'excitant. Il est donc nécessaire que des observations physiologiques précèdent.

Les perceptions que notre organe olfactif saisit sont toujours liées à la présence directe d'odeurs proprement dites. La perception n'est possible que lorsque ces odeurs sont amenées dans la cavité supérieure du nez par l'air atmosphérique dans un état de division extrême. Cependant la présence de molécules odoriférantes ne peut être démontrée chimiquement que dans des cas exceptionnels.

Pour l'ammoniaque et l'acide sulfhydrique, la chose est cependant possible [1], mais ces odeurs sont relativement faibles. Par contre, la dilution dans les parfums peut être tellement ample, qu'il est impossible de constater leur présence si ce n'est par l'organe olfactif. Or, pour expliquer certains faits, nous devons bien admettre la présence de molécules odoriférantes. Jadis, par exemple, l'odeur aromatique des épices était perceptible en pleine mer à mille lieues des Moluques. Haller [2] nous certifie la même chose par rapport à Ceylan et à l'Arabie, et aujourd'hui encore, on reconnaît des phénomènes analogues pour le voisinage de certaines fabriques de produits chimiques. Et la fumée provenant des mottes de bruyère, mises en feu, ne se sent elle pas à une distance de plusieurs journées ? Tous ces phénomènes ne sont explicables qu'en admettant que les particules odoriférantes nous sont amenées par le vent après s'être détachées d'une manière quelconque des objets odorants [3]. Pour les parfums artificiels et la plupart de nos boissons et de nos aliments, cela se fait simplement par évaporation [4], mais dans la nature les procès se compliquent. Quant aux fleurs, par exemple, l'oxygène de l'air joue souvent un rôle à cet égard (l'expérience célèbre de Huygens et de Papin).

---

(1) *Physiologie des Geruchs*, traduite par le Dr A. Junker von Langegg. Leipzig, W. Engelmann, 1895.

(2) Haller. *Elem. physiologiæ*, lib. XIV, sect. II, § 3.

(3) Longet. *Physiologie*, 2e édit., t. II, p. 192. L'exemple du musc dont le poids ne diminue pas pendant des semaines en plein air, ne prouve rien contre cette manière de voir, car Valentin, *Phys.*, Bd. II, p. 539, démontra que le musc est hygroscopique et ne se laisse pas peser sans séchage préalable.

(4) C. Henry. *Les odeurs*. Conférence du 14 mars, 1891. Paris, 1892, p. 40.

Beaucoup de médicaments végétaux et minéraux ne sentent que lorsqu'ils sont humides.

Probablement qu'alors ont lieu des séparations hydrolytiques par lesquelles les parties odoriférantes se dégagent et s'échappent [1]. Cependant, indépendamment de la manière dont ces particules se produisent, on peut étudier par la simple voie physiologique, les lois de l'affranchissement des particules odoriférantes, et alors il est démontré que, *ceteris paribus*, cet affranchissement est en raison composée de la superficie et du temps [2]. Ainsi qu'une goutte d'encre s'écoule dans un verre d'eau, ainsi les molécules odoriférantes, une fois libres, se dispersent régulièrement dans l'air. Seulement, la vitesse de cette diffusion varie beaucoup pour les différentes odeurs, comme la pratique nous le démontre journellement. Tandis que deux ou trois pieds de réséda se font sentir à grande distance, on passera à côté d'un parterre de roses sans qu'on s'en aperçoive. C'est un nuage d'odeurs, nous dit Cloquet [3], qui entoure ces plantes et un fait analogue nous est prouvé par le phénomène qu'on peut voir s'enflammer l'air qui entoure le « Dictamnus » quand, un soir d'été, on en approche une lumière (Cloquet).

Si l'on veut des chiffres exacts pour démontrer les différences que, par rapport à la diffusion des particules minuscules, offrent les substances aromatiques, nous pouvons citer des expériences qui ont fait voir que dans l'air parfaitement en repos, l'odeur de la térébenthine se répand dans son entourage deux fois plus vite que celle du suif, que l'odeur de l'huile de clous

(1) Pour un mécanisme spécial que je ne crois pas sans importance dans la gustation olfactive ou olfaction gustative, comme je l'ai nommée dans ma *Physiologie de l'olfaction*, p. 75, voy. Liégois, *Archives de physiologie*, 1868, p. 35 et Van der Mensbrugghe, *Mémoires couronnés par l'Académie royale de Belgique*, t. XXXIV, 1870.

(2) On se rend compte de cette loi en se servant d'un petit appareil que j'ai fait construire en 1888. Une couche odorante traverse très rapidement un tube par lequel on aspire tranquillement. En augmentant la vélocité du passage, on finit par atteindre le temps le plus court pendant lequel doit être exposée la source odorante. A ce moment, nous mesurons le temps d'exposition par un diapason écrivant son mouvement sur le revers de la couche odorante au moment même de l'expérience. De cette manière j'ai trouvé, par exemple, pour une couche de cire jaune d'une superficie de 94ᵐᵐ un temps d'exposition de 0,1 seconde en moyenne et pour une superficie de 19ᵐᵐ, un temps de 0,5 secondes en moyenne. Dans les deux cas, le résultat était sensiblement le même, c'est-à-dire 9,5ᵐᵐ secondes. Une autre personne atteinte d'une légère anosmie trouva un chiffre correspondant parfaitement au degré de son anosmie (voy. ma *Physiologie des Geruchs*, p. 26).

(3) *Osphrésiologie*, éd. III, Paris, 1821, p. 47.

de girofle demande environ 5 minutes pour se faire sentir, à quatre mètres de l'endroit où elle se trouve [1] et que le gaz de naphte dont l'odeur se répand encore moins vite, demande des jours entiers pour s'étendre jusqu'à quelques mètres [2]. La vitesse de propagation par la diffusion seule se chiffre ainsi suivant mes observations :

Éther acétique	10	cm. par seconde
Éther sulfurique	4,4	— —
Suif	4,0	— —
Paraffine	2,2	— —
Camphre	2,1	— —
Cire jaune	2,0	— —
Térébenthine	1,8	— —
Huile et clous de girofle	1,3	— —
Caoutchouc vulcanisé	0,9	— —

Le tout bien entendu pour le cas où les courants d'air ne viennent pas favoriser la dispersion indépendamment de la diffusion. Or, dans la nature, cette coïncidence a toujours lieu. Là, le courant d'air s'unit à la diffusion et contribue largement au déplacement, quoique l'importance de la diffusion ne doive pas être méconnue puisqu'elle agrandit le nuage odoriférant pendant qu'il est poussé par le vent. Pour cette raison, le navire qui s'approche de la côte par un vent d'amont, finit toujours par entrer dans la sphère odoriférante, émanant de la terre, et l'animal persécuté sent facilement l'approche de son persécuteur, à cause de la diffusion même, dans un cercle d'une extension plus grande que le nuage odoriférant primitif émanant du persécuteur. Il n'est donc pas étonnant, vu la tendance de développement phylogène, que chez les animaux le sens de l'odorat s'aiguise de plus en plus et la même argumentation nous apprend que les gaz objectifs à diffusion lente sont d'une plus grande utilité pour la conservation de l'espèce, puisque, grâce à leur lenteur, l'ennemi persécutant est senti plus sûrement que par les gaz odoriférants se dispersant vite et devenant trop promptement lâches et imperceptibles par leur ténuité.

Cet attribut utilitaire est agrandi par le fait que les gaz olfactifs à diffusion lente ont relativement une grande pesanteur spécifique, et restent par là plus longtemps à proximité du sol pendant qu'ils sont mus parallèlement par le vent.

(1) *Physiologie des Geruchs*, p. 37.

(2) Lehmann. *Molekularphysik*, Bd. II, p. 5.

Non-seulement les animaux sujets à être traqués par leurs persécuteurs en cherchant leur proie à l'aide du sens olfactif, ont dû adapter ce sens aux gaz à diffusion lente et à grande pesanteur spécifique, mais aussi les animaux cherchant des végétaux doivent avoir préféré ces gaz qui les aident à reconnaître plus sûrement leur nourriture parce qu'ils entourent en extension modérée les herbes et les plantes d'où ils s'évaporent et dont ils ont besoin pour leur existence. En effet, dans la nature on ne rencontre presque exclusivement comme odeurs que des matières volatiles dont les molécules relativement volumineuses ont une pesanteur spécifique plus grande que celle de l'air où ils se répandent lentement. Or, le but phylogène même du phénomène exclut tout rapport plus direct entre l'odeur et la grandeur de ses molécules, et il n'est donc nullement étonnant de rencontrer dans le laboratoire des matières qui, à une forte odeur, joignent une diffusion prompte.

Le courant d'air et la diffusion donc nous amènent les gaz odoriférants. La respiration s'en saisit et leur fait parcourir, en voie arquée[1], la fosse nasale sans qu'ils atteignent, quand la respiration est calme, le véritable organe olfactif; cet organe est trop bien gardé dans une crypte du toit de cette cavité nasale, à l'abri de la poussière, du froid et de la dessiccation. Chez les mammifères osmotiques[2] on trouve même une partie de l'organe refoulée dans les courbes du frontal et du sphénoïdal.

Par contre quand nous portons notre attention sur une odeur et reniflons avec les narines relevées, l'air se presse par chocs dans la cavité nasale et pousse verticalement en haut, de sorte qu'une partie du souffle aboutit dans la fissure, siège de l'organe.

De cette manière on est protégé contre les impressions trop fortes et trop brusques, puisque l'action de sentir à dessein doit se conformer à la volonté et devient indépendante de la respiration calme et inconsciente. Celle-ci cependant nous donne aussi des perceptions olfactives faibles parce que la diffusion des gaz règne aussi dans la fosse nasale et s'y poursuit même à

(1) E. Paulsen. *Sitzber der Wiener Akad. Wissenschaften*, 131, 1882, Bd. 8, S. 348. — *Physiologie des Geruchs*. Leipzig, 1895, S. 48. — G. Franke. *Arch. f. Laryng. u. Rhin.* Bd. 1, 1893, S. 230. — R. Kayser. *Zeitsch. f. Ohrenh.* Bd. XX, S. 96, 1889. — G. Scheff. *Ref. Cbl. f. Laryng.* Bd. XI, p. 380 et 419. — Demiger. *Ref. Zeitsch. f. Ohrenh.* Bd. XXX, p. 59.

(2) E. Zuckerkandl. *Das periphere Geruchsorgan der Säugethiere*. Stuttgart, 1887.

un plus haut degré à cause de la température élevée qui y

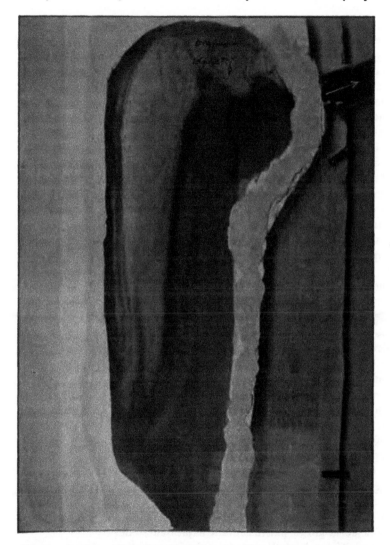

Fig. 16. — Section médiane d'une tête de cheval (modèle en plâtre), démontrant la voie arquée de l'air respiré passant au-dessous du siège du sens olfactif (dans l'ethmoïde). L'air est rendu visible en y mêlant la fumée épaisse d'une lampe. Pour plus de détails, voy. ma *Physiologie de l'olfaction*, p. 50.

règne[1]. Des molécules odoriférantes en petite quantité s'élèvent

(1) Bloch. *Zeitsch. f. Ohrenheilkunde*, Bd. XVIII, 1888.

ient et successivement de la voie olfactive vers le
gane.

ue le souffle de la respiration discontinue, notre
lfactive cesse et de cette manière nous pensons
oustraire à la perception d'une puanteur en rete-
aleine, le même arrêt soudain se produit lorsqu'on
irectement en guise d'expérience un jet de gaz odo-
s le nez ; dans ce cas la discontinuation de la
oïncide avec la cessation de l'insufflation. La meil-
rétation[1] est celle-ci : la voie dont se sert l'air res-
ort étroite en comparaison de l'étendue de la cavité
rte que presque au même moment où l'étroite colonne
est réduite au repos, les gaz odoriférants sont dis-
une vitesse extrême par les tournants minuscules qui
t à ce moment et par là sont soudainement emme-
manière que l'excitation de l'organe olfactif est
possible. Jadis on a tâché d'éclaircir le phénomène
nt que les molécules odoriférantes se dissolvaient
che microscopique de mucus qui se trouve sur la
muqueuse et empêchait l'organe olfactif d'être
s cette interprétation n'est pas parfaitement plau-
que toutes les odeurs que l'on rencontre, soit
re, soit dans les parfums artificiels, sont compo-
ères peu solubles. Des expériences[2], tendant à
que de pareilles solutions, introduites dans le nez,
omme telles, produire une perception olfactive,
ister à une critique sévère[3].

t on aurait tort de croire que nous ne sentons l'air
ant. Du moment que l'odeur est un peu forte nous
rcevons de même par l'expiration, ainsi que nous
l'expérience chaque jour soit en mangeant, soit en
rs toute l'étendue de la surface muqueuse de la
rosée de matières odoriférantes qui sont emportées
ier souffle expirateur, soit volatilisées, soit suivant
ion de Liégois, sous la forme de gouttelettes bien
ortées de la gorge par le courant expirateur, elles
ns la cavité nasale où elles produisent une perception
la même manière que cela se fait par l'aspiration.

hanisme van het ruiken, Ned Tydschrift v. Geneesk., 1888, oct.
l.

sohn. Exp. Untersuch. z. Physiol. des Geruches, 1886.
de Hermann et de Wundt.

De même que dans toute perception sensorielle, on distingue dans les perceptions olfactives leur intensité et leur qualité. De plus, leur manifestation est accompagnée d'une émotion qui nous fait distinguer les odeurs en odeurs agréables et désagréables. Sans nous arrêter à cette puissance affective qui cependant, suivant *Giessler*, n'est rien moins que prépondérante, nous voulons fixer toute notre attention sur l'intensité et la qualité des perceptions olfactives comme formant les principes de toute connaissance précise de notre sujet.

L'acuité olfactive se détermine facilement non en recherchant les quantités absolues de matières correspondant au minimum perceptible, mais en déterminant les intensités relatives des stimulants qui chez différents sujets occasionnent le minimum de sensation [1]. Pour la pratique on a à choisir entre deux méthodes : 1° la méthode indiquée en 1892 par *Passy* [2], 2° la méthode que j'ai publiée pour la première fois dans le recueil dédié en 1888 à Donders par les naturalistes hollandais.

La méthode de *Passy* consiste à verser goutte à goutte la substance aromatique dans un flacon de capacité connue. On attend quelques instants pour permettre à l'odeur de se diffuser ; on découvre alors le flacon et le sujet présente son nez à l'ouverture ; s'il ne perçoit rien, on répète l'expérience avec une solution plus concentrée ou en augmentant le nombre des gouttes et l'on continue ainsi jusqu'à ce que la perception apparaisse.

La méthode de 1888 [3] se sert d'un instrument spécial, bien simple du reste, qui porte le nom d'*olfactomètre*. Il est composé de trois pièces : un tube de verre à aspirer, un cylindre enduit intérieurement d'une doublure odoriférante et un petit écran. On met le tube dans la partie antérieure de la narine pendant que l'autre narine reste largement ouverte ; alors on aspire par le tube soit au moyen d'aspirations courtes comme en reniflant, soit d'une seule respiration prolongée. A cette fin le tube est recourbé à l'une des extrémités. En même temps glisse à l'extérieur du tube le cylindre odoriférant à frottement doux. Tandis qu'on éloigne le cylindre, on aperçoit une perception olfactive plus forte à mesure qu'on découvre une

(1) *Zur methodik der klinischen olfactometrie. Neurologisches Centralblatt.* 1893, n° 21.

(2) J. Passy. *C. R. des séances de la Soc. de biologie* du 20 février 1892.

(3) *Over het meten van den reukzin. Nederl. Mil. Geneesk. Archie f.* 1888, afl. 2.

plus grande partie de l'intérieur odoriférant. Partant, l'éloignement du cylindre affranchit une partie plus ou moins
grande de la source odorante dont l'odeur nous est apportée
par l'air respiré qui passe par le tube intérieur. Ainsi il est
évident que dans certaines limites la quantité de gaz odorant
qui forme l'excitant du sens est proportionnelle à la longueur
du cylindre découverte[1].

Partant de là, il est intéressant d'observer chez différents
individus bien portants ou malades[2] la sensibilité des organes

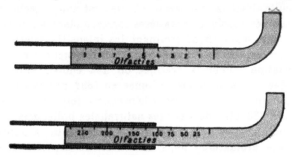

Fig. 17. — Olfactomètre dans sa forme de 1888 (l'échelle est en olfacties;
quand on se sert de solutions, une échelle en centimètres est plus pratique).

olfactifs et d'examiner quelle influence la fatigue[3] peut avoir
sur elle. Dans la physiologie et la pathologie de l'olfaction, de
telles expériences forment des chapitres essentiels, où des faits
surprenants par leur nouveauté attendent l'observateur, mais
dont un plus ample développement nous détournerait de notre
chemin[4].

Au premier abord on serait tenté de croire que toute matière
aromatique a son odeur propre et qu'il y a autant de qualités
d'odeurs qu'il y a d'aromes ; mais, tout bien considéré, on
s'aperçoit bien vite que des groupes entiers de ces odeurs offrent
des analogies qui paraissent justifier l'indication d'un qualifi-

1) Plus tard, M. Ch. Henry a fait une application du principe. On trouve
cette modification de mon olfactomètre avec quelques calculs décrits
dans les C. R. des séances de l'Acad. des Sciences du 16 févr. 1891.

(2) Arch. f. Laryng., Bd. IV, p. 56. F. Niqué. Anosmies. Thèse Lyon,
1897.

(3) Physiologie des Geruchs. Leipzig, 1898, p. 203. Verhandlungen der
Gesell. deutscher Naturforscher und Aerzte, sept. 1896, Bd. II, 2, p. 423.

(4) M. Reuter a repris cet hiver dans notre laboratoire l'étude de la
fatigue du sens olfactif en cas de maladie et a fait aussi une série d'expé-

catif commun. Le langage ordinaire en use ainsi depuis longtemps. Dans la vie journalière, dans l'industrie des parfums et
même dans les livres purement scientifiques, on fait continuellement usage de ces termes ; entend-on parler d'une odeur de
cuisine, tout le monde comprendra qu'il s'agit de l'odeur émanant d'une quantité de mets préparés ; parle-t-on, entre parfu-
meurs, d'une odeur de fruit, tous nous comprendrons et de
même on sait dans le monde scientifique quelle est l'idée généralement émise par le terme « aromatique ». *Linné* et *Haller*
n'ont pas dédaigné d'entreprendre un essai de classification
ample et sévèrement systématique de toutes les odeurs, tandis
que *Frölich* et *Rimmel* ont fait dans leurs publications des
essais incomplets mais non sans mérite. Somme toute, quoique
tombé en désuétude, le système de Linné, qu'il faut compléter
en y ajoutant nombre de produits composés par la chimie mo-

riences sur l'anosmie qui accompagne l'intoxication cocaïnique. Notre
collaborateur a été frappé en trouvant une hyperesthésie remarquable.
non seulement celle qui précède à la période d'anesthésie (parfaitement
connue depuis nos recherches antérieures), mais aussi celle qui la suit.
Voici le petit tableau que M. Reuter a dressé à ma demande et qui se
rapporte à une de ces expériences :

Hyperesthésie, anesthésie, hyperesthésie cocaïnique.

	ACUITÉ OLFACTIVE en centimètres de l'olfactomètre.		
	Narine droite.	Narine gauche.	
Avant l'expérience.	3	8	
Après 5 minutes .	0,5	3	Olfactomètre avec
— 10 — . .	0,2	4,5	doublure de caout-
— 20 — . .	2	5	chouc vulcanisé
— 25 — . .	2	5,5	(1 olf. = 1 cm.).
— 30 — . .	0	»	
— 30 — . .		2	
— 35 — . .	1	3	
— 40 — . .	2,5	6,5	Olfactomètre avec
— 50 — . .	2	6	doublure d'ammo-
— 55 — . .	2,5	6,5	niacum-gutta-per-
— 1 heure. .	2	6,5	cha (25 olf. = 1 cm.)
— 2 — . .	1	2,5	
— 2 h. 1 4. . . .	»	2	
— 3 heures . . .	»	1	
— 2 h. 1 4. . . .	0	»	Olfactomètre avec
— 3 heures . . .	5	»	doublure de caout-
— 6 h. 1 2. . . .	2	6	chouc vulcanisé
— 8 h. 1 4. . . .	6	2	(1 olf. = 1 cm.).

derne, est encore ce que nous avons de mieux [1]. En effet, l'ordre
des choses de ce genre exigera toujours, dans les subdivisions,
des améliorations et des suppléments, qui, résultant d'expériences de détails, devront être enregistrés.

De cette manière se produit une disposition ordinale en neuf
classes, de tout ce qui, dans la nature, ou dans la vie commune,
est odeur ou puanteur. Chaque classe a ses transitions, de
sorte que la fin de chaque série forme graduellement et par
affinité mutuelle le passage au domaine de la classe voisine.

Une telle organisation est un système naturel, c'est-à-dire
qu'il s'est développé historiquement par la collaboration d'une
série d'auteurs d'opinions divergentes et sans idées préconçues.
Parmi les matières odoriférantes dont les odeurs sont classées
dans ce système, il y en a plusieurs qui, outre leur caractère
olfactif, produisent une impression tactile, et d'autres qui
éveillent un goût doux, amer, salé ou aigre. Nous négligerons
ces qualités particulières et accessoires afin de pouvoir mieux
fixer notre attention sur les odeurs proprement dites.

L'homme fait surtout usage de l'organe olfactif pour se mettre
au courant de la composition chimique de sa nourriture et de
tout ce qui l'entoure. Ni les nerfs sensitifs de la membrane
muqueuse, ni le sens du goût ne fonctionnent dans une telle
perfection et l'on se demande donc avec raison, si la classification des odeurs et son développement historique ne correspond
pas à certains traits caractéristiques de la chimie. A priori cela

---

(1) La classification que j'ai adoptée dans ma *Physiologie de l'olfaction*
est la suivante :

I.   Odeurs éthériques (série fruitée de Rimmel).

II.   Odeurs aromatiques (terpènes, camphres et de plus les séries
         épicées, herbacées, rosées, amandées ; les subdivisions de cette
         classe ont pour type chimiquement bien déterminé : cinéol,
         eugénol, anéthol, géraniol, benzaldéhyde).

III.   Odeurs balsamiques, dites « fragantes » par Linné, qui embras-
         sent les séries jasminées, violacées, balsamiques de Rimmel ;
         les subdivisions ont pour type : terpinéol, ionon, vanilline.

IV.   Odeurs ambrosiaques (ambre, musc).

V.   Odeurs alliacées, qui embrassent aussi le groupe cacodylique.
         Types de cette classe sont : le caoutchouc vulcanisé, le mélange
         de gummi-ammoniacum et de gutta-percha que nous employons
         en olfactométrie, l'asa fœtida, l'ichthyol. Nous avons fait cons-
         truire de ces matières une série d'olfactomètres qui deviennent
         de plus en plus forts et permettent une graduation entre 1 et
         10 000 olfactives.

VI.   Odeurs empyreumatiques.

VII.   Odeurs valérianées, dites « hircini » par Linné.

VIII.   Odeurs narcotiques, dites « tetri » par Linné.

IX.   Puanteurs.

n'est pas invraisemblable et en tout cas cela vaut la peine d'être examiné, surtout parce que Haycraft a découvert dans les derniers temps un rapport frappant entre l'odorat et le chimisme. Par exemple, il lui apparut qu'en classant, dans le système dit périodique, les éléments suivant le poids atomique et la valeur moléculaire, ceux qui entrent dans des combinaisons fortement odorantes se présentent à des places régulières. En outre, ces éléments causent dans leurs combinaisons par leur seule présence une certaine ressemblance d'odeur entre les combinaisons dont ils font partie. Nous pouvons encore ajouter que seulement trois groupes du système périodique possèdent des éléments qu'on peut regarder comme déterminants par rapport à l'odeur.

Dans le domaine de la chimie organique on trouve de même un rapport entre l'odeur et la composition de ses molécules ; une ressemblance d'arome règne dans les séries homologues comme dans celle des alcools et des benzols et le caractère commun à tous les termes de la série se conserve même lorsque la constitution primitive est modifiée par quelques substitutions. De plus, il est remarquable que les termes extrêmes d'une telle série n'aient pas d'odeur, et que le pouvoir odorant qui augmente dans une série s'accroît excessivement jusqu'aux termes supérieurs, après quoi ils deviennent insensiblement inodores. Par rapport à la série d'acides gras normaux, les expériences de *Passy* paraissent avoir démontré que dans la limite de la série même la force odorante est de plus une fonction périodique. Il est vraisemblable alors que l'arome est un attribut physico-chimique des molécules et cette vraisemblance s'affermit quand une étude provisoire nous apprend que des groupes entiers d'aromes sont caractérisés simplement par un seul groupe d'atomes. On n'a qu'à penser par exemple aux éthers de fruits qui tous sont des esters; aux aromes basalmiques qui sont presque tous des aldéhydes. La combinaison qui est spécifique pour ces aromes une fois rompue, l'odeur, quelque intense qu'elle ait été, disparaît, tandis que par contre en changeant les autres atomes on peut varier l'odeur sans lui enlever l'arome balsamique. Le groupe NO^2 qui entre dans la molécule du musc artificiel de Baur, le groupe S^2 ou SH, caractérisé par i'odeur d'oignon, le groupe As^2 ou AsO^2, remarquable par l'affreuse puanteur qui suggéra le mot « kakodyl », etc., sont des « odoriphores », comme on connaît des chromophores.

Entre la propriété physique des matières qui forment l'arome et cette autre propriété physique qui occasionne la couleur, on reconnaît alors une analogie intime. De plus, pour la chaleur rayonnante aussi on a trouvé des groupes d'atomes déterminants. Des séries homologues unissent des rayons de chaleur qui ont une même longueur d'onde, tout en laissant passer d'autres rayons. L'analogie nous porte à supposer dans l'arome

Fig. 18. — L'olfactomètre double.

des vibrations d'éther, dont la période est déterminée par la structure de la molécule. Mais de même qu'il n'existe aucun rapport entre une odeur quelconque et la puissance d'absorption de la chaleur rayonnante, de même aucun rapport direct ne se montre entre l'odeur et la couleur des matières odoriférantes ou l'inverse. Il en résulte que les vibrations éthériques de l'odeur ne peuvent être identifiées ni avec celles de la chaleur, ni avec celles de la lumière, et qu'il se peut très bien que celles de l'odeur aient une longueur d'onde inférieure à 0,2 micron attribuée *ad minimum* à la lumière, ou plus grande que 20 microns, celle *ad minimum* de la chaleur rayonnante. Si donc nous considérons l'odeur comme émanant

un attribut inséparable de la matière. De là sa grande importance lorsqu'il s'agit de discerner une nourriture, de trouver la trace du butin, de distinguer le genre de l'espèce, etc. Partout où l'on rencontre une odeur particulière, on peut être sûr de trouver une quantité, quelque minuscule qu'elle soit, de matière qui, d'après l'expérience, dégage cette odeur. La raison pour laquelle les vibrations éthériques de l'odeur ne se répandent pas d'une manière perceptible dans leur enti… reste pour nous dans l'obscurité. *J. D. van Plaats* …… la puissance absorbante de l'air en est la cause, comme c'est le cas pour la lumière à très petite longueur d'onde.

Pour l'étude scientifique de la compensation et du …… des odeurs, l'emploi des méthodes olfacto-métriques est …… pensable. Par elles seules il est possible de doser exactement les excitations olfactives. Quand il s'agit du mélange des couleurs, tout le monde se sert d'une méthode rigoureusement quantitative, et il y a lieu de s'étonner lorsqu'on voit des physiologues de mérite se servir de méthodes vieillies et inexactes pour expérimenter le mélange d'odeurs. Croirait-on, par exemple, que pour bien mélanger deux odeurs, il suffise de verser quelques gouttes d'une essence odoriférante dans de l'eau en y ajoutant quelques gouttes d'une autre essence ? De cette manière un mélange ne se produirait qu'au cas où les substances odorantes se dissoudraient directement et d'une manière absolue et en plus que la solution une fois acquise la diffusion des deux substances se ferait également vite[1]. Pour résoudre de pareils problèmes d'une manière satisfaisante, on devra nécessairement mélanger les gaz odoriférants eux-mêmes en quantités exactement connues et soumettre ce mélange au sens olfactif. On atteint ce but le plus facilement en plaçant deux

(1) Et encore négligeons-nous plusieurs moments entravants tels que : 1° la diffusion dissemblable des deux gaz odorants vaporisés qui fait qu'une sphère à diffusion rapide enveloppe une autre à diffusion lente ; 2° l'irisation d'une couche d'odeur insoluble à la surface de l'eau qui s'évapore bien plus vite qu'une odeur dissolute ; 3° l'action irritante du gaz odoriférant sur les extrémités du nerf trijumeau dans le cas que l'odeur ne fonctionne pas exclusivement comme excitant olfactif, mais aussi comme excitant sensitif; 4° la fatigue produite par la sensation permanente de l'odeur, ayant la diffusion la plus rapide et se dispersant en quelques secondes dans l'appartement.

olfactomètres à côté l'un de l'autre et en sentant aux deux à la fois moyennant un tube en forme de T.

Naturellement de telles expériences n'auront de valeur décisive que lorsque les olfactomètres en question seront armés de

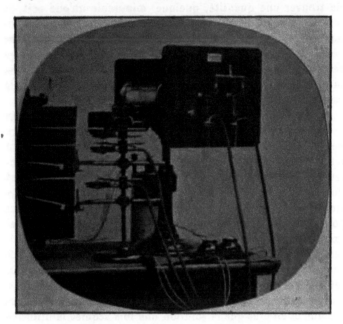

Fig. 19. — L'olfactomètre double, avec enregistreur.

matières chimiquement pures. Qu'on se figure, pour fixer les idées, le cylindre poreux de l'un imprégné d'une solution paraffineuse d'eucalyptol 1 : 1.000 et de l'autre d'une solution paraffineuse d'allyl-bisulfide 1 : 100.000. Alors on aura une combinaison propre au but. Un odorat normal recevra du premier olfactomètre une perception distincte d'eucalyptus en le découvrant de deux millimètres, tandis qu'il distingue déjà l'odeur d'oignon à l'autre dès que le cylindre est découvert seulement d'un millimètre. De cette façon, on est à même d'expérimenter avec des excitants qui sont d'une intensité dix fois, vingt fois, trente fois plus forte que celle qui est à peine perceptible. En découvrant plus ou moins la couche odorante de l'un ou de l'autre des olfactomètres, on peut combiner toutes les proportions voulues.

Ce qu'on ne sait guère évaluer, c'est la manière d'aspirer,

parce qu'elle peut avoir lieu soit vite, soit lentement, de sorte qu'on pourrait mettre en doute si, dans les différentes observations, les quantités de gaz odorants ont été égales, alors même que l'échelle de l'un et de l'autre olfactomètre aurait indiqué les mêmes chiffres. Ce doute peut être facilement enlevé en accouplant chacun des tubes de l'olfactomètre à l'aide d'un tube de caoutchouc à un tambour enregistreur de *Marey* qu'on fait écrire sur un cylindre tournant. La manière d'aspirer se dessine alors nettement pour chacun des olfactomètres en particulier et, dès lors, on n'a plus, pour être à l'abri de toute critique, qu'à comparer les expériences qui ont eu lieu dans des circonstances absolument identiques.

Reste à supprimer l'odeur du caoutchouc, qui emmené du tube pour le transport d'air, peut s'offrir comme obstacle pour l'observation exacte. Si on ne veut pas qu'il vous gène, il sera nécessaire d'appliquer à l'olfactomètre dans le passage un petit flacon servant à empêcher qu'on ne prenne, en aspirant, l'air renfermé dans le tube du caoutchouc, mais en partie celui de l'olfactomètre et en partie celui qui se trouve dans le petit receptaculum, attaché par une pièce en T au tube de verre de l'olfactomètre. On peut se passer de renouveler à chaque expérience le contenu d'air, puisque la quantité sentant le caoutchouc, qui pourrait entrer d'un côté dans le flacon et la quantité de gaz olfactif qui pourrait se frayer un passage de l'autre côté, sont évidemment si insignifiants qu'il n'y a pas lieu d'en tenir compte.

Dans les figures on trouve représentés les résultats d'expériences de ce genre, en premier lieu de celles que, pour connaître le minimum perceptible des odeurs simples, on a fait précéder à l'investigation des effets de combinaisons d'odeur. La ligne supérieure marque le moment qu'on sent l'odeur d'eucalyptus, immédiatement là-dessous s'écrit le signal pour la sensation d'allyl, si elle a lieu ; la troisième et la quatrième ligne indiquent l'aspiration, la troisième celle qui passe par l'olfactomètre à l'eucalyptus, la quatrième celle de l'olfactomètre à l'allylbisulfide. Enfin la ligne la plus inférieure reproduit le temps en vingt-cinquièmes de seconde.

L'expérience qui nous sert d'exemple et qui est enregistrée dans la figure, se rapporte à deux sensations olfactives se succédant immédiatement, observées par une même personne. Le stimulant qui causa la perception d'eucalyptus était huit fois plus intense que le minimum perceptible normal, celui qui

Fig. 20. — Résultats de deux expériences avec l'olfactomètre simple, une fois pourvu d'une on par c se
d'eucalyptol 1 : 1.000, l'autre fois pourvu d'une solution paraffineu 'allylbisulfide, 00.000.

causa la perception d'allyl, dix fois plus intense que le minimum perceptible normal. Cette valeur peut être déterminée avec exactitude pour chaque odeur chimiquement connue, c'est pourquoi j'ai proposé de l'indiquer par le nom propre *olfactie*. Ce terme est aujourd'hui généralement admis et dès lors il est permis de parler d'un stimulant dans le cas d'eucalyptus de huit olfacties, dans le cas de l'allyl de dix olfacties environ. La possibilité reste cependant que la valeur d'une olfactie d'allyl-bisulfide en solution paraffineuse 1 : 100 000 est un peu plus grande que celle que nous avions trouvée auparavant et alors la grandeur des stimulants en olfacties doit être évaluée non précisément à dix, mais peut-être à neuf olfacties. Nous donnons ces chiffres afin que le lecteur puisse juger les limites dans lesquelles la certitude est restreinte sur ce terrain psycho-physique.

Quand on fait des combinaisons d'odeurs en quantités mesurées, on a besoin de l'installation complète reproduite sur notre photographie. Dans le cas qu'on se doute de ce qu'on sent ou qu'on se trouve devant une perception vague dans laquelle on ne reconnaît ni l'eucalyptus ni l'allyl, les signaux pour les deux sensations sont donnés simultanément. Si toute perception reste absente, même après des aspirations réitérées, un signal prolongé marque la fin de l'expérience.

Dans notre exemple les olfactomètres ont été remplis avec des solutions paraffineuses. L'emploi d'une solution glycérineuse, quand elle est possible, facilite les observations, parce qu'une glycérine parfaitement inodore se trouve mieux que la paraffine qui a la même qualité [1]. Par contre, bien des odeurs dissolubles dans les paraffines ne le sont pas dans la glycérine.

Si l'on choisit la glycérine comme moyen de dissolution, il faut que le tube poreux en porcelaine qui doit être imbibé, afin qu'il perde l'odeur de pierre propre à tout cylindre, soit mis d'abord assez longtemps dans de l'eau qu'on aura soin de renouveler souvent. En le sortant de l'eau on le place immédiatement, sans séchage préalable, dans l'olfactomètre pendant deux ou trois semaines en contact avec la solution odorante, afin que tous les pores de la porcelaine se remplissent... Si l'appareil est bien construit et que le tube s'ajuste exactement dans le cylindre olfactométrique, on n'a pas besoin de prendre d'autres précautions que de le laisser en repos à l'abri du soleil et dans un espace libre où ne règnent pas des odeurs, qui pourraient s'attacher à l'instrument. Surtout les odeurs de tabac et de parfumerie sont à éviter, même pour le cas qu'elles n'ont accès qu'à l'extérieur de l'instrument. A plus forte raison elles seraient d'une influence funeste à l'intérieur. Il se forme contre les parois intérieures du tube poreux en porcelaine une couche capillaire de glycérine[1] qui doit rester en contact avec le grand réceptacle de la solution colorante, contenue dans le manteau de l'olfactomètre, mais qu'on doit tenir séparée de toute autre odeur. En glissant le tube à aspirer dans le tube poreux, l'instrument est mis de côté, parfaitement fermé[2], on n'aura pas à craindre l'écoulement de liquide, ni l'échappement de substance odoriférante, ni l'infection d'une odeur de l'entourage, par l'arrangement de l'instrument même.

Les expériences de mélange et de compensation ne doivent pas se succéder trop vite, parce qu'en général on doit se servir d'excitants forts : évidemment la fatigue se fait alors sentir. L'émoussement qui s'ensuit ne se rapporte qu'à la classe d'odeurs dont on a fait usage. Dans les limites d'une classe pareille elle ne se produira pas également vite pour toutes les odeurs, et lorsque les odeurs qui doivent être combinées appartiennent à des classes différentes, on pourra prédire presque avec certitude que la fatigue se montrera plus vite pour l'une que pour l'autre. A la rigueur, on devrait donc connaître pour chaque odeur dont on se sert les courbes de la fatigue, dans le genre de celles qu'on trouvera page 205 de ma *Physiologie des Geruchs*. On parvient à la construction de telles lignes en apprêtant un olfactomètre double pourvu de la même odeur des deux côtés. La moitié gauche sert de stimulant de fatigue et la moitié droite de stimulant de mesure, c'est-à-dire l'une doit occasionner la fatigue, l'autre permet de constater l'acuité olfactive qui reste directement après une fatigue de quelque durée. On ne peut se passer de tracer ces courbes que lorsqu'on

(1) Si l'on a choisi la paraffine comme dissolvant, on ne mettra pas d'abord le cylindre poreux en porcelaine dans l'eau, mais au contraire on le séchera soigneusement dans l'exsiccateur ; puis on remplit de même le manteau de l'olfactomètre avec la solution paraffineuse sans plus s'en inquiéter. Après deux ou trois semaines on peut s'en servir.

(2) Si les disques en liège qui servent de fermoir ne sont pas assez élastiques et si par suite de ce défaut le manteau vient à suinter, il faut les remplacer par d'autres afin d'éviter que l'entourage se ressente de l'odeur dont on se sert et l'expérience se trouve entravée.

fait durer les expériences très peu de temps. A plus forte raison
on peut s'en passer si chaque fois on recommence avec un
organe parfaitement bien reposé.

Le temps de se remettre se trouve amplement, car entre deux
expériences il faut soigneusement enlever les gaz odoriférants
qui adhèrent à la paroi du tube aspirateur de l'olfactomètre. On
y aboutit de deux manières, soit en nettoyant les tubes à l'aide
d'une petite bourre de ouate comme jadis on écouvillonnait
l'âme d'un canon, soit en faisant passer, ce qui, dans la plupart des cas est plus facile, un courant d'air sec par les tubes
et par la pièce en forme de T à condition que l'air employé
soit inodore.

Nous faisons usage de l'olfactomètre double surtout pour nous
mettre au courant de l'effet des combinaisons d'odeurs. En ce
cas une partie des observations se rapportent aux odeurs de
la même classe dont on se sert dans la parfumerie. Mais une
autre série d'observations sera des plus intéressantes ; celle de
faire de pareilles expériences avec des odeurs de classes différentes parce qu'alors on voit se produire une suppression
entière ou partielle, quelquefois une rivalité d'impressions.
Pour en finir nous allons donner les résultats de quelques-unes
de ces expériences.

Tandis qu'en théorie il serait plus attrayant de faire fonctionner les deux stimulants chacun sur une des moitié du nez
— car même par cet arrangement on obtient des compensations [1], on obtient techniquement les résultats les plus simples
en introduisant au moyen de la pièce en T les deux sortes de
gaz olfactifs dans la même narine. On sait que dans ce cas
le tube d'aspiration doit être placé dans la partie antérieure
de la narine.

De préférence ce seront des odeurs purement olfactives dont
nous nous servirons, puisque autrement la perception tactile
ou la sensation de froid ou de chaleur s'il y a lieu, reste, même
en cas des compensations parfaites. De même nous devrons
chercher un degré convenable de délayement, ce qui n'est pas
toujours facile, parce que souvent l'intensité d'odeur augmente
avec le délayement pour diminuer ensuite. Le tableau ci-dessous reproduit le rapport de ces proportions. On y verra noté

(1) Selon mon opinion, c'est une des preuves de l'existence d'un chiasma
olfactif. Voyez pour plus amples détails une communication sur la pathologie de l'olfaction, à la section de laryngologie de l'Association allemande
de naturalistes et de médecins, en septembre 1896, II, 2, p. 122.

presque sans odeur
10   cm. de la longueur du cylindre
0,4 —
0,1 —
0,3 —

, degré de délayement qui produit l'excita-
ie a été dépassé, la puis-
a solution diminue par
rsuivi.

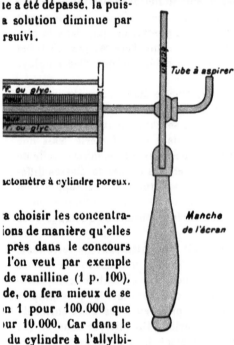

Tube à aspirer

ictomètre à cylindre poreux.

Manche
de l'écran

a choisir les concentra-
ions de manière qu'elles
près dans le concours
l'on veut par exemple
de vanilline (1 p. 100),
de, on fera mieux de se
n 1 pour 100.000 que
ur 10.000. Car dans le
du cylindre à l'allylbi-
)0), compense 10 cm. du cylindre à la
e dans le second cas 0,1 cm. (1 p. 10.000)
isant. Eh bien, le résultat se mesure plus
ue sur 1 dixième de l'échelle, pourvu que
idhésion extérieure le compliquent dans
de l'orifice du tube poreux en porcelaine
ne source odorante.

Voici une petite série d'observations constituant ensemble une expérience de compensation :

COMBINAISONS DES ODEURS D'EUCALYPTUS ET D'OIGNON AU MOYEN
D'UN OLFACTOMÈTRE DOUBLE EN T

cm.				cm.			
1,5 eucalyptol 1 p. 1 000 combiné à			1,0 allylbisulfide 1 : 100000			= 0
1,4	—	—	—	1,0	-	—	= allyl.
1,5	—	—	—	1,0	—	→	= eucalypt
1,5	—	—	—	0,9	—	—	= eucalypt
1,5	—	—	—	1,1	—	←	= indécis.
1,5	—	—	—	1,2	—	—	= allyl.
1,5	—	—	—	1,1	—	—	= allyl.

Lorsque immédiatement après une telle expérience nous aspirons séparément par chacun des tubes, nous percevons une odeur distincte, ce qui prouve que la fatigue n'est pas ici la cause de la disparition de toute sensation. On peut donc conclure que les odeurs en question se balancent et s'annihilent en les combinant en quantités convenables. Celles-ci sont déterminées exactement par les observations que réunit le tableau. De plus, le graphique donne le mode d'aspiration par lequel les résultats ci-dessus sont obtenus.

La figure 22 représente une expérience de compensation comme elle se fera entre une solution d'eucalyptol 1 p. 1.000 et une solution d'allylbisulfide ($C^3 H^5$) S^2 1 p. 100.000, tous les deux en paraffine liquide. En haut on trouve les deux signaux annonçant par leur action prolongée le résultat de l'expérience à la fin d'une série d'aspirations. En dessous de ces lignes, le mode d'aspiration est écrit pour chaque olfactomètre séparément tandis qu'en bas est indiqué le temps en vingt-cinquièmes de seconde.

Reste à savoir si l'on obtiendrait tout aussi sûrement et dans la même proportion une compensation en augmentant l'intensité des deux stimulants. Nous ne le croyons pas ; au contraire, les faits que nous avons observés déjà rendent plausible que la proportion des quantités mesurées en olfacties sera tout autre pour les stimulants forts que pour les stimulants faibles. Seulement, travaillant avec des odeurs intenses, les expériences deviennent très difficiles parce que alors un allongement involontaire de l'aspiration suffit pour procurer une prépondérance à une des deux odeurs. C'est précisément pour cette raison que nous insistons, pour la respiration, sur l'application de la méthode graphique, même quand il s'agit de stimulants olfactifs relativement faibles ; car seulement en contrôlant de tout près les facteurs d'où dépendent l'intensité et la durée de l'excita-

X

LES PHONOGRAPHES ET L'ÉTUDE DES VOYELLES

En France on étudie les vibrations de la parole au moyen d'une foule de méthodes qui pour la plupart n'ont plus qu'un intérêt historique. Certains observateurs ont même introduit dans les appareils inscripteurs des électro-aimants, alors qu'on ne sait pas le genre des vibrations qui se produisent dans un téléphone ou dans un microphone.

Et tout cela, tandis qu'en Allemagne on emploie, depuis plusieurs années, un dispositif aussi simple que précis et qui peut, avec de légères modifications, donner des résultats indiscutables. C'est M. le professeur Marcy, qui le premier a fait connaitre en France d'une façon complète la méthode type que nous décrirons plus loin. Le but de cet article est d'éviter aux observateurs futurs les tàtonnements inséparables d'un premier début, il sera donc surtout pratique et comprendra quatre parties :

I. Choix de la méthode,
II. Description d'un phonographe type,
III. Étude des tracés,
IV. Avantages et inconvénients des phonographes du commerce.

CHOIX DE LA MÉTHODE

Les méthodes se divisent en deux grandes classes : la méthode auditive, et les méthodes graphiques. Pour se servir de la première, il faut être doué d'une oreille tout à fait spéciale, ce qui est rare, plus rare qu'on ne croit généralement ; de plus, les résultats obtenus ne sont pas contrôlables et ce que l'on a dit sur les goûts et les couleurs est encore plus vrai pour les sons.

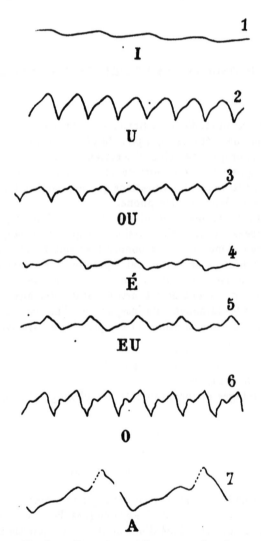

Fig. 23. — Tracé des voyelles sans embouchure.
Grossissement : 5 diamètres.

Kœnig et Helmholtz n'ont jamais pu s'entendre sur certains sujets, et cependant chacun d'eux possédait une oreille parfaite : nous n'insisterons pas.

Les méthodes graphiques sont excessivement nombreuses :

INFLUENCE DE L'EMBOUCHURE. (Grossissement : 5 diamètres.)

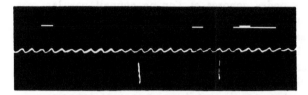

Fig. 24. — *La₃*, sans embouchure (870).

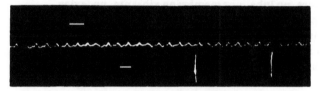

Fig. 25. — *La₃*, avec embouchure.
La note est représentée par le nombre de groupes.

Fig. 26. — OU, avec embouchure.

Fig. 27. — O, avec embouchure.

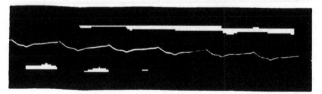

Fig. 28. — A, avec embouchure.

la plus simple est celle que M. Doumer a employée et que j'ai

sans la connaître, dans le laboratoire de M. Marey :
de la photographie des flammes manométriques ;
nent écarter toutes les causes d'erreurs, et l'on
ir toutes les vibrations avec leurs groupements [1] ;
nconvénient d'indiquer seulement le nombre et
des ondes sonores et l'on ne connaît pas la
courbe obtenue. La photographie des flammes
s est donc un excellent moyen de contrôle, et
'elle peut encore rendre de grands services. J'ar-
des qui inscrivent directement les vibrations.
areils se ramènent à un tambour de Marey plus
ifié, et par conséquent ils se composent des par-

hure, un tube, une membrane vibrante, un levier,
pressionnable.
'influence de chacune de ces parties ; j'y insiste
s retrouverons les mêmes éléments dans le pho-
ue je vais dire s'appliquera donc à ces instru-

ures. — Il faut absolument supprimer toutes les
ayant des parties courbes ; elles servent de réso-
fient complètement ce que l'on cherche, le grou-
ibrations ; je l'ai démontré [2] au laboratoire de
faisant l'étude des cornets acoustiques. Il suffit
re compte de comparer les figures 23, 24, 25, 26,

Il faut supprimer le tube ; c'est un véritable tuyau
difie plus ou moins tous les sons. On peut véri-
ence néfaste d'une façon très simple : on prend
anche analogue à celui qu'emploient les musi-
ant le *la* $_2$; on le fait vibrer à l'extrémité d'un
chouc ; en coupant graduellement ce tube on
s sons possibles (fig. 29). Non seulement la hau-
t changée, mais encore le timbre est modifié ; car
groupements tout à fait variables.
rane. — Ce qui réussit le mieux pour les cap-
étriques, c'est une membrane en baudruche
ue possible et absolument sans aucune tenue l'on trouve chez les fabricants de produits

n *à l'étude des voyelles par la photographie des flammes*
Masson, édit.
ornets acoustiques. Masson, édit.

chimiques ne valent rien, et sont bonnes à faire des mirlitons;
il faut s'adresser à des fabricants spéciaux et prendre la première qualité.

Dans le cas de l'inscription avec un levier, la membrane doit
être un peu tendue, si on prend de la baudruche, elle mirlitonne;
il vaut mieux se servir de caoutchouc *soufflé* analogue à celui
des ballons du Louvre, on en trouvera également chez les fabri-

INFLUENCE DU TUBE. (Grossissement : 10 diamètres.)
La₂, avec un tube de plus en plus court.

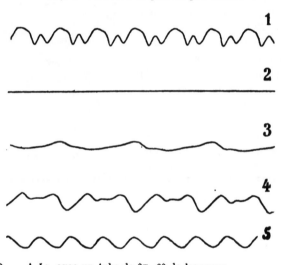

Fig. 29. — 1 *La₃* avec un tube de 0ᵐ, 60 de longueur.
     2   —   0ᵐ, 30   —
     3   —   0ᵐ, 15   —
     4   —   0ᵐ, 075   —
     5 Sans tube (870 vibrations simples).
La hauteur et le timbre du son se trouvent donc changés.

cants spéciaux de baudruche ; on a essayé toutes sortes de substances (bois, métal, verre, etc.,); les divers auteurs ont étudié
leur influence. Les expériences que M. Cauro vient de déterminer prouvent qu'une membrane mince en caoutchouc transmet toutes les vibrations, sans introduire ni supprimer aucun
harmonique.

4° *Le levier*. — Le levier est la grande cause d'erreur; en effet,
les vibrations agissent sur le petit bras, la plume est à l'extrémité
du grand ; donc, si faible que soit le frottement, on a une résistance considérable. Si le levier est court et léger, les tracés

sont microscopiques ; s'il est plus long, on doit compter sur ses
vibrations propres.

De plus, le levier doit suivre tous les mouvements de la
membrane. S'il est articulé au
moyen d'une petite lame métallique formant ressort (disposition de Schneebeli), on peut
craindre que la pression ne varie
avec la position de la membrane ;
quoi qu'il en soit, cet appareil est
encore le plus simple et le meilleur (fig. 30).

Schneebeli a dit que la masse
du levier n'avait aucune influence
sur la nature de la courbe (fig. 31) ;
pour le prouver, il chargeait l'extrémité inscrivante d'une petite
masse de cire, et les tracés restaient les mêmes ; seulement
Schneebeli n'avait pas introduit
dans ces expériences la notion de

Fig. 30. — Style inscripteur
de Schneebeli.

temps et les plaques de verre noirci étaient tirées à la main.

J'ai refait ces expériences au laboratoire de physiologie de

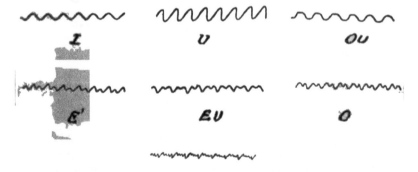

Fig. 31. — Tracé des voyelles d'après Schneebeli.

la Sorbonne, et j'ai constaté qu'en effet, en faisant varier la
masse du levier, les groupements semblaient rester les mêmes,
mais leur nombre diminuait à mesure que la masse du levier
augmentait.

J'ai pu ainsi inscrire avec le diapason *la*₂ un nombre quelconque de vibrations (fig. 32, 33, 34) ; j'en obtenais depuis 45 à la seconde jusqu'à 870 en diminuant progressivement la longueur du levier ; par conséquent si, avec la méthode précédente, on

INFLUENCE DU LEVIER. (Grossissement : 5 diamètres.)

Fig. 32. — *La*₂, 45 vibrations (levier : 0ᵐ,09 de long).
On retrouve 870 vibrations en faisant la somme des vibrations partielles.

Fig. 33. — *La*₂, 50 vibrations (levier : 0ᵐ,06 de long).
On retrouve 870 vibrations en faisant la somme des vibrations partielles.

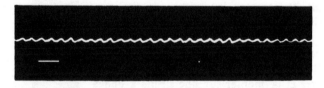

Fig. 34. — *La*₂, 870 vibrations (levier de 0ᵐ,04 à vibrations amorties).

inscrivait le timbre du son, ce qui n'est pas sûr, on n'obtenait pas sûrement sa hauteur (fig. 35).

Étant donné que plus la résistance du levier diminue, plus on inscrit de vibrations, à la limite, on devait les inscrire toutes ; c'est ce qui se présente dans les capsules manométriques de Kœnig et dans le phonographe.

Pour obtenir ce résultat pratiquement, j'ai employé la disposition suivante :

Le levier mobile dans un plan horizontal était aussi court et aussi léger que possible ; la membrane vibrait dans un plan vertical, il fallait forcer le levier à suivre tous les mouvements sans introduire d'articulation ni de ressort à pression ; pour cela je collais sur le levier une petite feuille de papier et, par un tube, je faisais arriver un courant d'air sous pression constante ; cet air repoussait le levier au contact de la membrane et s'échappait par une ouverture latérale large ; le ressort métallique à pression variable était donc remplacé par un ressort aérien à pression constante aussi faible que je le voulais, un simple robinet réglait l'arrivée de l'air.

J'ai ainsi obtenu toutes les vibrations très régulières du diapason la_2 et les tracés caractéristiques des voyelles, semblables à ceux de Schneebeli (fig. 23 et 31). Ces tracés ont une amplitude moyenne de 2 millimètres, mais variant avec chaque voyelle ; ils sont très visibles dans leurs détails avec un grossissement de 5 (diamètre).

Mais suis-je sûr ainsi d'avoir le vrai tracé ? Non malheureusement, il faut une dernière opération assez dispendieuse.

La hauteur est facilement mesurée, il suffit de compter le nombre de groupes, mais le timbre, c'est-à-dire le groupement, ne peut être regardé comme exact qu'en faisant l'opération suivante :

Il faut découper le tracé sur une lame de cuivre et la monter sur une sirène à ondes (fig. 36). On fera arriver, au moyen d'une soufflerie, un courant d'air sur le bord découpé. La vitesse de rotation devra être telle que la somme totale des vibrations soit dans le voisinage de la vocable correspondant à la voyelle en expérience ; si on entend la voyelle, le tracé est bon, sinon tout est à recommencer.

5° *Le cylindre noirci.* — La vitesse la plus grande qu'on obtienne dans les laboratoires, avec les instruments ordinaires, est de 40 tours à la minute, elle n'est pas suffisante ; il faut au moins

Fig. 35. — Tracé de O avec un levier donnant des vibrations propres. (Non grossi.) Les vibrations partielles, très visibles au microscope sur l'original, sont beaucoup moins apparentes sur le cliché.

60 tours pour que les groupements ne chevauchent pas les uns
sur les autres. Mais alors il est très difficile de ne pas inscrire
sur la même section droite ; il faut, ou que la tige qui soutient
l'appareil vibrant puisse se déplacer rapidement et parallèlement à l'axe du cylindre, ou bien que ce soit le cylindre noirci
qui se déplace sur une vis ; le pas devrait avoir au moins un

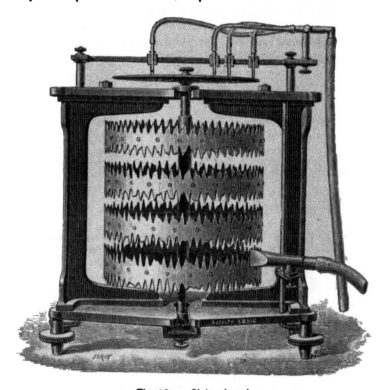

Fig. 36. — Sirène à ondes.

demi-centimètre, ce n'est pas pratique, il vaut mieux prendre
une des dispositions suivantes :

a. Une plaque de verre noircie glissant entre deux rainures
est fixée à un ressort en caoutchouc ; on lâche la plaque au
moment où le levier entre en vibration ; il est indispensable
d'inscrire en même temps et à chaque expérience les vibrations d'un diapason chronographe.

b. J'ai obtenu également de bons résultats avec une longue
feuille de papier noircie passant entre deux laminoirs dont le

supérieur est évidé de manière à ne pas enlever le noir de
fumée ; un mouvement d'horlogerie entraîne le tout ; comme
on connaît le débit constant de l'appareil, on peut supprimer
le diapason chronographe et avoir des tracés d'une longueur
quelconque.

Quoi qu'il en soit, on voit combien cette méthode d'inscription directe est délicate, puisque l'appareil, si simple qu'il
soit, présente autant de causes d'erreur qu'il renferme de
parties différentes ; par conséquent, il faut prendre une autre
méthode, qui du reste dérive directement de celle-ci.

II

DESCRIPTION D'UN PHONOGRAPHE TYPE

En effet, qu'est-ce qu'un phonographe ? C'est un instrument qui inscrit les vibrations de l'air comme celui que nous

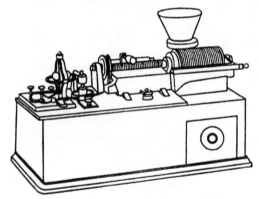

Fig. 37. — Phonographe Edison modifié.
L'embouchure est fixe ; le cylindre se déplace sur la vis.

venons de décrire et qui les répète ensuite, comme le fait la
sirène à ondes ; par conséquent il permet de vérifier immédiatement si le tracé obtenu est bon ; il suffira ensuite d'amplifier
ce tracé par une méthode quelconque.

C'est donc au phonographe qu'il faut s'adresser ; nous allons
étudier successivement les différentes parties qui composent un
de ces instruments.

Tout phonographe est formé de deux parties : la première qui
inscrit, la deuxième qui répète (fig. 37.)

La partie qui inscrit présente à étudier les mêmes éléments que l'appareil précédent : une embouchure, un tube, une membrane vibrante munie d'un style et d'un cylindre impressionnable sur lequel on imprime en creux ce qu'on inscrit latéralement sur le cylindre noirci.

. On comprendra facilement, si on se reporte aux pages précédentes, que l'embouchure et le tube doivent être supprimés : l'idéal serait de parler directement devant la plaque, mais, dans ce cas, on n'inscrit rien : il faut donc l'entourer d'un tronc de cône dont la petite base soit la plaque vibrante (fig. 37). *Il faut éviter d'inscrire des poussées d'air*, ce qui arrive si on parle trop près de l'appareil.

Cette plaque est munie en son centre d'un style incliné sur la surface de la plaque ; on l'amène au contact du cylindre impressionnable ; sous l'influence des vibrations, le style enlève un long copeau du cylindre impressionnable dans lequel il pénètre plus ou moins profondément.

Si le style et le cylindre étaient animés d'un seul mouvement, l'un de vibrations, l'autre de translation, les vibrations se superposeraient lorsque le cylindre aurait fait un tour complet; il faut donc ou que l'appareil soit animé d'un mouvement de translation, ou que le cylindre sensible soit animé d'un double mouvement, l'un de rotation, l'autre de translation.

Le tracé ayant été obtenu, il s'agit de voir s'il est bon ; pour cela il faut le faire parler. On revient alors au début du sillon que l'on a tracé et on remplace la pointe inscrivante par une pointe répétitrice qui suit tous les tracés de la première, lorsque le cylindre tourne avec la même vitesse qu'au moment de l'inscription. Les vibrations sont communiquées à une plaque vibrante, qui les transmet à l'air ambiant.

Le tracé obtenu est microscopique et imprimé *en creux* sur le cylindre ; il s'agit maintenant de le transformer en courbe ; c'est ce que nous allons faire.

III

ÉTUDE DES TRACÉS

Quatre méthodes peuvent être employées :
1° Le microscope ; 2° la photographie ; 3° le levier ; 4° le miroir.
1° On étudie directement le tracé à la loupe ou au microscope

e dessine *soi-même* à la chambre claire ; je dis soi-même,
m prend un dessinateur de profession, on peut être sûr
nsciemment il altérera le tracé en lui donnant au air
que.

océdé a été employé en France par M. Marichelle, pro-
à l'Institut national des
-Muets (fig. 38) : *La parole*
t *le tracé du phonographe*
ave). M. Gellé a repris ré-
nt le même sujet. *L'audi-*
élix Alcan).

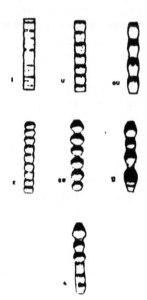

a photographie directe des
présente les avantages de la
le précédente, et elle en éli-
:s causes d'erreur, elle a été
ée en France par MM. Ma-
: et Hémardinquer, les ré-
ne sont pas très satisfai-
Ces deux méthodes ont
rénient de ne pas transfor-
. courbes les tracés du pho-
he, et par conséquent, elles
ifficilement interprétables ;
ouve évidemment la période
us difficilement qu'avec les
:s que nous allons décrire
nant.

Fig. 38. — Tracés des voyelles
d'après M. Marichelle.

méthode du levier permet de transformer assez faci-
, en courbe, le tracé phonographique :

consiste simplement à remplacer le reproducteur du
raphe par un levier dont le petit bras suit le sillon du
raphe, et dont le grand bras inscrit sur un cylindre
noirci. Le phonographe doit tourner avec une vitesse
à 500 fois plus petite qu'au moment de l'inscription.
lière que l'inertie du levier n'introduise aucune cause
r.

faire de bonnes expériences, il est indispensable, en
sionnant le cylindre, de bien séparer les voyelles les
:s autres, c'est-à-dire de laisser au moins dix tours non
entre chaque vibration particulière que l'on veut étu-

le système doit reposer sur une table en maçonnerie,

autrement on inscrit toutes les vibrations du parquet et de la rue ; il vaut mieux faire les expériences quand il n'y a pas de bruit aux environs ; de même que pour faire de l'optique on se met dans l'obscurité, pour faire de l'acoustique on se place dans le silence.

Quoi qu'il en soit, cette méthode ne vaut pas celle de Hermann que nous allons décrire maintenant.

MÉTHODE DE HERMANN. — M. Marey a bien voulu me communiquer le travail que L. Hermann lui avait envoyé ; je ne crois pouvoir faire mieux que de citer textuellement :

« L'inscription des mouvements acoustiques sera toujours le plus sûr moyen de les analyser, malgré l'ingénieuse invention des flammes sensibles par M. Kœnig et l'invention des résonateurs par Helmholtz.

« Cependant cette inscription a rencontré des difficultés sérieuses par les qualités des membranes artificielles qui s'éloignent beaucoup de celles de notre tympan, et par l'inertie des leviers inscripteurs. M. Hensen de Kiel a vaincu une partie considérable de ces difficultés en employant une membrane fort petite et fortement tendue par un léger levier à ressort qui s'attache au centre de la membrane. La pointe du levier ne fait que des excursions très minces, mais très fidèles, et en les inscrivant sur verre au moyen d'un diamant, on peut étudier les tracés par le microscope. Si je ne me trompe pas, c'était M. Marey, qui a recommandé le premier d'amoindrir l'extension des inscriptions pour diminuer les influences de l'inertie. Avec son appareil qu'il a nommé « Inscripteur de la parole » (Sprachzeichner), M. Hensen et ses élèves ont reçu de beaux résultats qui s'accordent en grande partie très bien avec les miens[1]. »

« Moi-même j'ai essayé depuis 1889 d'éviter l'inertie des leviers inscripteurs en les remplaçant par un rayon de lumière qui écrit par photographie.

« J'ai employé deux méthodes d'inscription de la parole, l'une directe, l'autre indirecte, en traduisant les inscriptions glyphiques du phonographe Edison en tracés graphiques.

« *Méthode directe*[2]. — La membrane employée dans les recherches de la première méthode était une imitation de celle du

(1) Voir *Zeitschrift für Biologie*, vol. 23, 25, 27, 31.
(2) *Archives de Pflüger*, vol. 45, 47.

phonographe, c'était une lame de verre (épaisseur 1/8, diamètre
33 mm.), ou de mica. Une petite plaque élastique radiale est
fixée sur le bord du support (la pièce annulaire qui contient la
membrane) de la membrane et sur son centre ; on a collé sur
sa surface un mince miroir en verre argenté (diamètre 6-8 mm.).
Pour amortir les mouvements d'inertie de la membrane, on remplit de coton l'espace entre celle-ci et la plaque radiale. Devant
le miroir dont les mouvements sont angulaires autour du point
fixe de la plaque, se trouve une lentille achromatique très faible
(foyer 1/2-1 mètre).

« Une fente verticale illuminée par une lampe électrique (appareil semblable à la lanterne Duboscq) émet une bande de lumière
qui est réfléchie par le petit miroir et qui passe deux fois (avant
et après la réflexion), par la lentille.

« Ainsi se forme une image réelle, verticale de la fente. Cette
image oscille parallèlement à elle-même quand on chante
contre la membrane. L'image est reçue par une lame noircie
qui a une fente horizontale ainsi que seulement un point lumineux pénètre la lame et arrive au papier sensible.

« Celui-ci (papier au bromure d'argent d'une sensibilité
extrême, fabrique Stolze à Charlottenburg, près Berlin) enveloppe un cylindre tournant avec une vitesse suffisante autour
d'un axe-horizontal. Après développement on obtient des tracés
d'une netteté admirable.

« L'horlogerie et le cylindre étant soigneusement préservés
de l'accès de la lumière hors le rayon inscripteur, il est permis
de faire les expériences dans une chambre éclairée au gaz.

« Pour bien réussir il faut être en état d'adapter aisément la
position de la fente horizontale au niveau de la fente verticale,
c'est-à-dire de hausser et baisser l'horlogerie doucement, au
besoin. A cet usage il est extrêmement commode de placer l'appareil sur un support construit pour les grands caméras d'atelier. Ce support à trois colonnes peut supporter de lourds appareils et se hausse et baisse par une manivelle. L'horlogerie était
la bien connue de Baltzar à Leipzig, qui permet une infinité de
vitesses différentes, et qui peut tourner le cylindre à volonté sur
axe vertical ou horizontal. Le cylindre peut être avancé sur son
axe à l'aide d'une vis à manivelle ; ainsi l'on peut photographier
successivement dix à vingt lignes de tracés sur la même feuille
de papier. Pour ces recherches, il faut la vitesse maxima. La
vitesse étant accélérée au commencement d'un simple tour, on
arrange la feuille telle qu'elle ne passe la fente qu'après un

quart de la vitesse de la rotation entière. Du reste il n'importe
pas que la vitesse soit uniforme (constante) parce qu'on chante
toujours les voyelles sur des sons définis, ainsi que les périodes elles-mêmes fournissent l'indication des temps.

« Je parlerai plus bas des résultats de cette méthode.

« *Méthode indirecte*[1]. — Puisque l'inertie des leviers inscripteurs a été entièrement évitée dans la méthode phono-photo-
graphique, on ne pouvait être sûr que la membrane suivait
exactement et sans les déformer, les mouvements sonores malgré la petitesse de ses élongations et l'action amortissante du
coton.

« Le phonographe Edison fournit des inscriptions glyphiques
de la parole dont la fidélité et l'exactitude se prouvent aisément
par la reproduction sonore. Il est évident que le travail gly-
phique entraîne un amortissement complet des effets d'inertie.
On a avant moi tâché de traduire en courbes graphiques ces
inscriptions à l'aide de leviers et appareils semblables, cependant les résultats n'avaient pas de valeur parce qu'on n'avait à
sa disposition que l'ancien phonographe à feuille d'étain dont
l'effet est très insuffisant. Je me suis servi du nouveau phonographe à cylindre de cire, dont un exemplaire me fut généreu-
sement procuré par le *Elisabeth Thompson science Tund* de
Boston.

« Tout le monde connaît les effets merveilleux et saisissants
de cet admirable appareil du grand inventeur américain. Après
avoir inscrit à l'aide du « recorder » de l'appareil les voyelles
chantées sur les sons voulus, il s'agissait de parcourir les sillons
glyphiques avec un appareil semblable au *reproducer*, mais
qui, au lieu de faire osciller une lame de verre produirait des
mouvements angulaires d'un petit miroir. J'ai construit un
système de leviers extrêmement légers qui répondait parfaitement à la tâche. Pour l'étude des consonnes dont les inscriptions sont extrêmement superficielles, il fallait un plus haut
agrandissement du mouvement angulaire, c'est-à-dire trois
leviers au lieu de deux comme pour les voyelles.

« Pour m'assurer contre tout effet d'inertie, j'ai fait la reproduction avec une vitesse de rotation incomparablement inférieure à celle de l'inscription principale. Le ralentissement allait
jusqu'au $1/300^e$ ou au $1/450^e$ de la vitesse originale. Le cylindre
fut tourné par une horloge de Eichens de Paris, tandis que l'ins-

---

(1) Voir *Archives de Pflüger*, vol. 53, 58, 61.

cription principale se faisait par l'électro-moteur du phono-graphe.

« La manière d'enregistrer était du reste la même que dans la première méthode. Le plan du reproducteur étant oblique, il fallait donner au phonographe une position oblique (à l'aide d'un support spécial) pour arriver à une position verticale du reproducteur et du miroir.

« Le reproducteur avance le long du cylindre pendant la re-

Fig. 39. — Voyelle A d'après Hermann.

Fig. 40. — Voyelle A d'après M. Rousselot.

production, c'est pourquoi il faut suivre un mouvement avec la lumière et avec le cylindre ou plutôt avec le point de la fente sur lequel l'image doit rester toujours. Pour ce but, l'horlogerie était montée sur une espèce de chariot qui pouvait être aisé-ment manié sur un chemin de fer (le même dont M. Marey s'est servi pour ses inscriptions à imbrications).

« La reproduction étant extrêmement lente, il faut une rota-tion très lente du cylindre et on peut se servir de l'appareil spécial construit par Baltzar par lequel le cylindre avance auto-matiquement et continuellement sur l'axe ; ainsi on peut inscrire sur une feuille de 13 centimètres de hauteur et 50 centimètres de longueur un graphique continu d'une chanson ou d'une lecture. »

Les graphiques des voyelles obtenus par cette méthode sur-

qui a fait dire à Guillemin [1] que Hermann avait encore accru les divergences qui existaient entre les expérimentateurs. Ces expériences sont donc à reprendre en remplaçant le rouleau Edison par un rouleau Lioret, ou par tout autre sur lequel on n'aurait inscrit que les vibrations de la parole ; on obtiendrait alors des résultats absolument certains. Il est peu probable que cela se fasse en France ; chez nous les laboratoires sont pauvres et il est inutile de commencer des expériences aussi délicates si l'on n'a pas une bonne installation.

IV

AVANTAGES ET INCONVÉNIENTS DES PHONOGRAPHES DU COMMERCE

1° *Graphophone ; avantages* : bon marché [2] (150 fr. au plus), bon mouvement d'horlogerie se réglant à volonté.

Inconvénient : inscrit mal, parce qu'il faut une embouchure et un tube, parle plus mal encore.

2° *Phonographe Edison ; avantages* : bon mouvement électrique ; on peut parler directement devant la membrane en supprimant le tube et l'embouchure (fig. 37).

Inconvénient : très cher (1.000 fr. à peu près).

3° *Phonographe Edison avec diaphragme* Bettini (98, rue Richelieu) : même appareil que précédemment, la seule différence consiste en ceci : la tige qui transmet les vibrations à la plaque est fixée à celle-ci en plusieurs points différents : j'ignore les avantages de cette disposition.

Tous les rouleaux impressionnables de ces instruments

(1) *Étude des voyelles par la photographie des flammes manométriques* par le Dr Marage. Masson, édit.

(2) *Génération de la voix et du timbre*, société d'éditions scientifiques,

sont en cire, par conséquent très fragiles et s'usant très vite.

4° *Phonographe Lioret; avantages* : c'est le seul qui présente réellement un perfectionnement sur les appareils Edison. Les rouleaux sont en celluloïd inusable, cet appareil parle beaucoup mieux que celui d'Edison, l'articulation est très nette quand on écoute directement sans cône augmentant l'intensité du son ; appareil très bon marché.

Inconvénients. Le procédé qui sert à impressionner les cylindres est tenu secret de manière qu'il faut aller chez le constructeur (16, rue Thibaut, Paris) pour impressionner le celluloïd.

5° *Appareil à miroir de Hermann.* Cet appareil a été exécuté en deux modèles différents : l'un à deux leviers pour l'inscription des voyelles et l'autre à trois leviers pour celle des consonnes ; le premier est décrit dans les *Archives de Pflüger*, vol. 53, p. 10, et représenté par les figures 5 et 6 de la table I ; le second est décrit dans les mêmes archives, vol. 58, p. 256, et représenté par la figure 1 de la table II.

Les appareils ont été construits par les mécaniciens Wipprecht et von Walentynowicz, tous les deux à Kœnigsberg. Le prix ne peut pas bien être précisé, parce que beaucoup de petits changements ont été faits dans le cours de cette année ; la plus importante des corrections a été que les trous d'axe des leviers ont été exécutés, il y a un an ou deux, en pierre dure (rubis). Je crois que von Walentynowicz fournirait l'appareil à trois leviers avec rubis et avec le mince miroir et la lentille achromatique au prix de 50 à 60 marks environ (c'est-à-dire 63 à 75 francs). Il faudrait avoir soin d'envoyer au mécanicien « les lunettes » du phonographe (la partie qui tient le « recorder » et le « reproducer »), parce que l'appareil à miroir prend la place du « reproducer ». Il suffirait peut-être d'indiquer très exactement le diamètre du reproducer et l'épaisseur de la pièce qui entre dans le sillon.

L'adresse du mécanicien serait : M. von WALENTYNOWICZ, mécanicien, Kœnisberg, Steindamm (*Prusse*).

(1) *Remarques.* — Il est indispensable, dans *chaque expérience*, d'introduire la notion du temps, soit au moyen d'un diapason chronographe, soit au moyen de la vitesse de rotation du cylindre. La note sur laquelle on a chanté la voyelle ne suffit pas. Tout tracé, au-dessous duquel le temps n'est pas indiqué, peut être regardé comme incomplet. On peut employer la disposition suivante : à une extrémité du cylindre de cire on inscrit la parole, à l'autre extrémité on inscrit le temps.

Pour cela on place sur la vis du phonographe un deuxième chariot portant un inscripteur qui reçoit les vibrations du diapason chronographe par l'intermédiaire d'un tambour de Marey : à chaque spire parlée correspond une spire chronométrique.

OUVRAGES A CONSULTER

Si on veut avoir une idée des travaux faits sur les voyelles,
on pourra lire en plus des ouvrages de MM. Marichelle et Gellé,
les deux livres de GUILLEMIN, *l'Acoustique* et la *Génération de la
voix et du timbre* [1], qui sont ce qui a paru de plus intéressant et
de plus clair depuis de longues années. C'est une critique serrée
de tout ce qui a été fait jusqu'ici ; malheureusement les idées
très originales de l'auteur ne s'appuient pas sur assez d'expériences ; c'est d'autant plus regrettable que M. Guillemin possède toutes les qualités d'un bon physiologiste ; le temps lui a
fait défaut jusqu'ici, espérons qu'il n'en sera pas toujours ainsi.

Résumé.

Si l'on veut étudier d'une façon scientifique les **vibrations**
de la parole, il faut se placer dans les conditions **suivantes** :
1° Avoir un laboratoire isolé des bruits extérieurs.
2° Mettre dans ce laboratoire un support ou une **table en**
maçonnerie à l'abri des vibrations accessoires.
3° Avoir un atelier de photographie très bien **monté.**
4° Acheter un phonographe Edison à mouvement **électrique.**
5° Le modifier de manière à écarter les causes d'erreur.
6° Un phonographe Lloret.
7° Un appareil Hermann.
8° Un diapason chronographe vibrant électriquement (**Kœnig**).
On pourrait à la rigueur se contenter de :
1° Un graphophone modifié comme je l'ai indiqué.
2° Un phonographe Lioret.
3° Un appareil à miroir de Hermann.
4° Un diapason chronographe, vibrant électriquement (**Kœnig**).
Pour la reproduction des courbes, on monterait les **cylindres**
Lioret sur le graphophone.
En chiffres ronds, 1.000 francs, au moins, me semblent nécessaires, car on aura sûrement des frais accessoires et **imprévus.**

Dr MARAGE.

(1) *Société d'études scientifiques*, 4, r. Antoine-Dubois.

XI

HISTORIQUE DES RECHERCHES SUR LES RAPPORTS·
DE L'INTELLIGENCE
AVEC LA GRANDEUR ET LA FORME DE LA TÊTE

Limitons d'abord notre sujet. Nous avons l'intention de résumer seulement les recherches qui ont été faites sur le vivant ; par conséquent, nous devons éliminer tout ce qui concerne les relations de l'intelligence avec le poids de l'encéphale, son volume, sa forme, la forme de ses circonvolutions ; nous éliminerons aussi les études faites sur le cubage du crâne, sur la mensuration linéaire du crâne, sur les moules et les bustes en plâtre, sur la forme d'ouverture des chapeaux, etc. Si nous faisons allusion plus loin à quelques-unes de ces recherches , notamment à celles qui ont trait à la quantité cérébrale, ce sera d'une manière accessoire, pour confirmer ou infirmer les résultats obtenus par la céphalométrie sur la tête vivante.

Les recherches faites sur le vivant sont, en somme, peu nombreuses, bien que la plupart des anthropologistes en aient vanté l'importance ; le nombre des sujets qui ont été examinés et mesurés n'a jamais été bien grand, quand la série de mensurations de la tête était un peu longue, et comprenait plus de cinq mesures ; et de même, le nombre de mesures prises a été réduit au minimum, à trois par exemple, quand les sujets mesurés s'élevaient à plusieurs centaines. La question n'a donc pas été approfondie comme elle le méritait ; les chiffres des mesures publiés sont en petit nombre, et ils n'ont pas été suffisamment travaillés. Quoi qu'il en soit, nous en avons déjà assez pour entrevoir quelques-uns des aspects de la question, et pour nous faire une idée d'ensemble sur la conformation que présente en moyenne une tête intelligente.

Aristote, qui se faisait une idée si singulière sur les fonctions

du cerveau, puisqu'il y voyait, non l'organe de la pensé
un appareil de réfrigération destiné à combattre la
produite par le cœur[1], Aristote, rapporte Parchappe, s'
mandé si ce n'est pas parce qu'il a la plus petite tête, r
ment au corps, que l'homme est le plus intelligent des an
Suivant lui, même parmi les hommes, les individus à
tête sont plus intelligents que les individus à grosse tête
son traité de physiognomonie, il assimile à l'âne et
stupides les hommes qui ont une grosse tête.

Cette opinion, malgré l'autorité du Maître, n'a point f
tune, et le bon sens populaire a refusé d'admettre que le
leures têtes sont les plus petites. « On a en général ren
dit Vogt[2], que les hommes doués et développés intelle
ment possédaient un crâne proportionnellement grand,
remarquable combien, en France surtout, le sentiment
a consacré cette observation. Les expressions de *bon*
forte tête, qu'on emploie constamment, ne se rapportent
ment aux actes des individus, mais seulement à la confor
extérieure de leur crâne, et prouvent qu'on conclut gé
ment de la capacité intérieure du crâne et de son ap
extérieure, du front surtout, à la puissance intellectu
l'individu. »

Depuis Gallien, nous dit Parchappe, les auteurs ont e
que le rapport entre le volume de la tête et le degré de
ligence est un rapport assez vague et assez lointain,
dimension de la tête n'a de signification que parce qu'
présupposer la dimension du cerveau. On a pensé que le
très petites, comme les têtes très grosses, sont d'ordinaire
sives de l'intelligence; celle-ci se rencontrerait le plus
dans une tête qui est proportionnée avec le reste du co
qui présente une conformation régulière. Gall[3] a form
termes beaucoup plus précis, à propos de l'idiotie, les r
entre la petitesse de la tête et l'état d'idiotie. Il adm
lorsque la circonférence horizontale de la tête est au-
de 297 millimètres, et lorsque l'arc antéro-postérieur
de la racine du nez au bord postérieur de l'occipital est
de 216 millimètres, cette petitesse de tête est incompatib
l'exercice entier des facultés intellectuelles.

(1) Voir J. Boury. **Article** : *Cerveau* du *Dictionnaire de physi*
Richet.

(2) *Leçons sur l'homme*, **p. 102.**

(3) *Fonctions du cerveau*, t. II.

Ce nom de Gall est celui qu'on rencontre au seuil de ces études ; il nous semble que Gall, comme initiateur de la cranioscopie, doit être comparé à un autre initiateur célèbre, Mesmer ; tous deux médecins, tous deux ayant eu des démêlés avec les corps savants, et ayant soulevé le scepticisme de leurs confrères, mais tous deux ayant pris leur revanche de ce scepticisme en provoquant l'enthousiasme de la foule ; tous deux ont donné des leçons publiques et ont parcouru l'Europe en faisant partout des élèves zélés ; enfin les études auxquelles ils ont touché ont cela de commun qu'elles renferment une grande part de mysticisme et qu'elles ont séduit tous les amateurs du merveilleux ; les petits bustes portant dessinées sur la tête les protubérances de Gall ont eu un succès commercial immense, et on en vend encore aujourd'hui. Décriées par les uns, exaltées par les autres, les œuvres de ces deux précurseurs contenaient cependant une petite trace de vérité ; longtemps après leur mort, des savants à l'esprit précis ont examiné de près les questions que Mesmer et Gall avaient agitées avec bruit ; ce fut Braid, puis Charcot, qui reprirent l'étude du mesmérisme et lui donnèrent une forme scientifique ; pour la phrénologie, ce rôle fut dévolu à Parchappe, dont le nom est trop rarement cité, et ensuite à Broca ; mais ces éminents savants ne poussèrent pas assez loin l'étude de ces questions, ils se contentèrent de les effleurer.

Nous ne parlerons pas longuement de l'œuvre de Gall et de Spurzheim ; Gall l'a exposée avec une foule de détails inutiles dans les six volumes qu'il a consacrés aux *Fonctions du cerveau*[1], volumes qui contiennent en outre beaucoup de digressions curieuses sur d'autres questions. L'idée maîtresse de Gall est dans la signification des protubérances du crâne. Il partait de cette hypothèse, aujourd'hui du reste devenue bien vraisemblable, que le cerveau n'est point un organe un, mais une réunion d'organes indépendants dont chacun a une fonction particulière ; ces organes ou localisations cérébrales, ajoutait-il,

(1) Plusieurs des six volumes ont un titre spécial : en voici quelques-uns : Influence du cerveau sur la forme du crâne, difficultés et moyens de déterminer les qualités et les facultés fondamentales et de découvrir le siège de leurs organes, par F.-J. Gall, Paris, 1823. Organologie ou exposition des instincts, des penchants, des sentiments et des talents, ou des qualités morales et des facultés intellectuelles fondamentales de l'homme et des animaux, et du siège de leurs fonctions. L'exemplaire de l'ouvrage qui est à la Faculté de médecine est revêtu de la signature de Gall.

présentent un développement en rapport avec les fonctions
dont ils sont le siège; de plus, l'atrophie ou l'hypertrophie de
ces organes ont un retentissement sur le développement du
crâne, qui se moule sur l'encéphale ; et par conséquent l'étude
des reliefs et des dépressions du crâne nous donne la connaissance du développement présenté localement par les différentes
parties sous-jacentes du cerveau ; et comme l'on connaît —
c'était aussi une hypothèse — les fonctions de ces organes
cérébraux, la cranioscopie peut nous apprendre quelles sont les
aptitudes intellectuelles et morales qui sont développées chez
un individu en particulier, et quelles sont celles qui lui
manquent. C'est là le but de la phrénologie ; elle prétendait,
d'un seul coup, trancher ces questions si délicates de l'intelligence et du caractère que l'on a reprises aujourd'hui, avec
toutes les ressources de la psychologie individuelle. L'engoue-
ment excité par Gall fut extraordinaire, et il n'y a que le mesmérisme dont la vogue puisse être comparée à celle de la phrénologie.

Certes, les objections au système de Gall n'ont point manqué,
et aucun savant sérieux n'est aujourd'hui le défenseur de ce
système discrédité. Mais il nous a paru curieux de constater
que parmi les objections qui ont été faites à Gall, s'il en est
de péremptoires, il en est au contraire de plus faibles ; et précisément ce sont les plus faibles qui ont été produites les plus
souvent, et qu'on trouve aujourd'hui encore sous la plume de
plusieurs représentants de la science officielle. Une de ces
objections, qu'on répète à satiété, est de dire que le crâne ne
peut pas reproduire exactement la forme du cerveau, parce que
la lame interne du crâne n'est pas parallèle à la lame externe ;
les circonvolutions cérébrales, remarque-t-on, se moulent en
creux dans la surface interne du crâne, mais elles ne reparaissent pas en relief dans la surface externe. Cette critique
était déjà connue de Gall, elle lui avait été faite par Bérard et
Montègre ; et pour y répondre, il suffirait de s'approprier les
paroles de Broca, qui a écrit que « lorsqu'un lobe s'accroît
d'une certaine quantité, il tend à dilater tout le crâne, mais la
dilatation qu'il produit est à son maximum dans la partie du
crâne qu'il recouvre [1] ». En réalité, on n'a pas encore établi
clairement les corrélations pouvant exister entre le développement de telle région du crâne et celui du cerveau. C'est une

_____

(1) *Topographie cranio-cérébrale*, p. 22.

question extrêmement obscure ; nous y reviendrons à la fin de cet article.

A notre avis, on doit faire au système de Gall une objection d'un tout autre ordre ; c'est qu'il n'a rien compris à la méthode expérimentale.

Tout d'abord, pour juger des protubérances d'un crâne, il se contentait de le regarder et de le palper avec les doigts, et il n'a jamais pris, croyons-nous, de mesures au compas. Voici du reste comment il décrit sa manière d'opérer :

« Les parties antérieures du front, les têtes chauves et les crânes n'ont pas besoin d'être palpés ; une vue exercée suffit pour juger le degré de développement du cerveau en général, de certaines de ses régions ou de certaines parties en particulier..... Lorsqu'il s'agit de toucher ou de palper, il est nécessaire d'employer un expédient dont j'ai toujours de la peine à faire convenir mes auditeurs. Croyant que l'exploration des organes exige un tact bien fin, ils les cherchent avec les bouts des doigts et les doigts écartés. De cette manière, on sentira certaines aspérités, des fissures, des petites gouttières, des exostoses, des loupes, etc., sur la tête ; mais jamais on ne s'apercevra des douces proéminences, larges, rondes, ovales, etc., que les différents développements des parties cérébrales produisent sur la surface des têtes ou des crânes. Il faut au contraire joindre les doigts et passer et repasser avec leur surface intérieure sur la surface de l'endroit où l'on cherche le signe extérieur d'un organe. On augmente ainsi les points de contact, et en promenant tout doucement la main sur la tête, on découvre facilement, même les proéminences qui échappent à l'œil [1]. »

On comprend que cet examen subjectif peut donner lieu à bien des erreurs, surtout de la part d'une personne prévenue ; mais ce qu'il y a de beaucoup plus grave, c'est que Gall ne s'est jamais soucié de donner de nombreuses preuves à l'appui de ses assertions. Il a la sobriété du chiromancien ; il cite une ou deux anecdotes, et passe outre ; et cependant il se réclame de la méthode expérimentale ! qu'il y a loin de cette manière de la comprendre, avec celle qui a cours aujourd'hui ! Il faut faire quelques citations pour donner une idée de son incroyable légèreté d'esprit. Dans son livre sur les *Fonctions du cerveau*, il a un paragraphe qui s'intitule ainsi : *Historique de la décou-*

[1] *Op. cit.*, p. 223.

il lui avait été impossible de résister à un besoin impérieux, et que dans les moments où ses désirs étaient les plus pressants, la tension et la sensation de chaleur brûlante dans la nuque l'incommodaient le plus.

« Ces circonstances réveillèrent mon attention..... L'idée ne put m'échapper qu'il pouvait bien exister une connexion entre les fonctions de l'amour physique et les parties cérébrales placées dans la nuque. *En très peu de temps j'eus recueilli un nombre prodigieux de faits à l'appui de cette idée.* »

C'est nous qui soulignons cette dernière phrase, elle exprime très bien la manière de Gall ; c'est l'affirmation tranchante, péremptoire et vague. En relisant avec soin les six volumes de ses *Fonctions du cerveau*, on retrouve souvent des phrases du même genre. Citons quelques exemples. A propos de l'instinct du meurtre et de son organe, qu'il rencontrait, naturellement, dans les prisons, il écrit : « Dans les maisons de détention, nous avons examiné les criminels de toute espèce, lors même que nous ne connaissons pas encore l'organe dont l'activité vicieuse pouvait avoir donné lieu aux délits pour lesquels ils étaient détenus ; et *chez tous les individus* qui, par vengeance ou pour le seul plaisir de jouir du spectacle d'un incendie, avaient mis le feu quelque part, nous fûmes très étonnés d'apercevoir un développement considérable des mêmes parties cérébrales dont l'activité vicieuse produit un penchant impérieux au meurtre [1]. » Voici ce qu'il dit de l'organe du vol : « A Manheim, les voleurs les plus incorrigibles, et qui ont récidivé le plus souvent, sont renfermés dans le même établissement. *Nous trou-*

_____

[1] *Op. cit.*, p. 157, t. IV.

vâmes chez tous l'organe du sentiment de propriété fortement prononcé[1]. » Ces citations suffisent pour montrer à ceux qui connaissent la méthode expérimentale que ce sont là de simples hâbleries.

L'étude du crâne, dans ses rapports avec les aptitudes des individus, présente deux difficultés principales, dont l'exemple de Gall nous peut montrer l'importance ; la première difficulté est de préciser les formes et les dimensions de chaque crâne ; cette difficulté est aujourd'hui levée, au moins en partie, par la méthode des mensurations, qui diminue beaucoup tout le caractère arbitraire et subjectif de la simple palpation ; la seconde difficulté est de connaître d'une manière certaine les facultés et aptitudes des individus, pour mettre ces aptitudes en relation avec leurs conformations crâniennes ; il faut faire en sorte que l'examen psychologique de l'individu soit terminé avant les mensurations, et soit fait par une autre personne, aussi autorisée que possible, et c'est là une nécessité dont Gall ne s'est jamais douté. En somme, son œuvre a mérité de sombrer comme celle de Mesmer, et elle a sombré pour les mêmes raisons, par défaut de méthode[2].

Parchappe, professeur à l'école de médecine de Rouen, a publié en 1836 une série de mémoires sur la question qui nous intéresse ; le premier mémoire est contenu dans un volume qui porte le titre général de *Recherches sur l'encéphale, sa structure, ses fonctions, et ses maladies.* Ce premier mémoire porte le titre de : *Du volume de la tête et de l'encéphale chez l'homme.* L'esprit qui anime l'auteur est critique et un peu sceptique ; il semble avoir pris surtout pour tâche de combattre Gall et ses adeptes qui ont admis « qu'il y a entre le volume de la tête de l'homme et sa puissance intellectuelle, un rapport tellement étroit que l'une peut être approximativement appréciée au moyen de l'autre ». Sans être choqué outre mesure par cette proposition, Parchappe reproche avec juste raison à Gall de ne pas s'appuyer sur des faits scientifiques. Gall, nous l'avons dit, ne prenait pas de mesures exactes ; le plus souvent, c'est à l'aide de la vue et du toucher seulement qu'il appréciait le volume du crâne. Parchappe s'est astreint à plus de rigueur ; il a pris des mesures de diamètres, et des mesures de circonférences.

----

(1) *Op. cit.*, p. 240, t. IV.

(2) Il faut quand même porter à l'actif de Gall ses travaux d'anatomie, ses vues justes sur la théorie des localisations cérébrales, et sur la pluralité des mémoires.

Les mesures de diamètres sont :

1° Le diamètre antéro-postérieur, depuis la bosse nasale jusqu'à la partie la plus saillante de l'occipital.

2° Le diamètre latéral, largeur de la tête prise « depuis la portion du temporal immédiatement située au-dessus du trou auditif, jusqu'à la portion correspondante du temporal de l'autre côté ». Ce n'est pas là, à proprement parler, le diamètre transverse maximum des auteurs, car ce dernier diamètre peut être situé plus en arrière, au niveau des pariétaux.

3° La courbe antéro-postérieure, prise avec un ruban métrique depuis la naissance de la bosse du frontal jusqu'à la protubérance occipitale externe.

4° La courbe latérale. Mesure prise depuis le bord supérieur du trou auditif, en passant par-dessus la conque de l'oreille, jusqu'au point correspondant du côté opposé.

5° La courbe antérieure. Mesure prise depuis le bord antérieur du trou auditif, en passant le long des arcades sourcilières, jusqu'au point correspondant du côté opposé.

6° La courbe postérieure. Mesure prise depuis le bord postérieur du trou auditif jusqu'au point correspondant du côté opposé, en passant par la protubérance occipitale externe.

Ces six mesures sont celles auxquelles Parchappe s'est borné. On peut regretter qu'il ne se soit pas occupé de la face.

Le mémoire que nous analysons se divise en trois parties :

La première a pour objet le volume de la tête chez l'homme ; la seconde traite du volume de l'encéphale, et la troisième traite du rapport de volume entre la tête et l'encéphale. Toutes les questions sont examinées expérimentalement, et avec un soin visible ; les documents recueillis par Parchappe nous semblent dignes d'être encore utilisés à l'heure actuelle. D'après l'énumération précédente, on voit qu'il a compris son sujet d'une manière assez vaste, car il a cherché à mesurer l'influence qu'exerce sur le volume de la tête non seulement la puissance intellectuelle, mais encore le sexe (p. 16), l'âge (p. 19), la taille (p. 25), la race (p. 46) et le climat (p. 50), ce qui lui a permis d'évaluer l'importance relative des causes qui font varier le volume de la tête. Il nous semble bien que les successeurs de Parchappe n'ont pas rendu pleine justice à son travail si méthodique et si complet ; peut-être l'a-t-on souvent cité sans le lire.

L'étude de l'influence des divers états déterminés de l'intelligence sur le volume de la tête remplit le chapitre v, que nous allons résumer aussi exactement que possible. Parchappe se préoccupe avant tout dans ce mémoire du volume de la tête, et il laisse de côté l'influence de la forme. Pour apprécier le volume, il emploie une méthode arbitraire qui ne peut donner que des termes de comparaison et non le volume absolu. Cette méthode consiste à additionner ensemble toutes les mesures prises par lui, c'est-à-dire les deux diamètres et les trois courbes que nous avons indiqués plus haut.

Il a étudié successivement, comme états déterminés de l'intelligence, l'aliénation mentale, l'idiotie, le penchant au crime de vol par homicide, le développement de l'intelligence chez les hommes de lettre comparés à des ouvriers manuels. Ces mesures ont été faites, dans certaines catégories pour les hommes et les femmes, et dans d'autres catégories pour les hommes seuls. Les nombres de sujets varient aussi beaucoup pour chaque catégorie ; pour établir le type moyen de l'homme sain, par exemple, on a mesuré 50 individus ; pour les aliénés, on a mesuré 40 hommes et 40 femmes ; pour les criminels, le nombre est malheureusement très faible, il est de 7 ; pour les imbéciles et les idiots, il est de 9, ce qui est aussi insuffisant. Dans son texte, Parchappe donne seulement les moyennes ; tous les chiffres de mesure qu'il a pris sont reproduits en appendice, dans des tableaux. Nous réunissons en un tableau d'ensemble toutes les moyennes de Parchappe, de manière à faire saisir d'un coup d'œil ce qu'il y a de caractéristique dans chaque groupe.

MESURES CÉPHALOMÉTRIQUES DE PARCHAPPE

	50 hommes sains.	40 hommes aliénés.	9 idiots et imbéciles.	7 voleurs homicides.	10 hommes de lettres ou de sciences.	10 travailleurs manuels.	30 femmes saines.	40 femmes aliénées.
Age	37,2	46,3	20	31	36	39,1	38,5	46,2
Taille	1m,700	1m,665	1m,611	1m,673	1m,719	1m,701	»	»
Diamètre antéro-postérieur .	187	187,3	172	191	189,6	183,8	175,2	179,1
Diamètre latéral	142,4	142,6	128	150,4	144,3	141,1	135,3	133,9
Courbes ⎧ antéro-postérieure .	348,2	348,7	320	309,2	354,7	341,5	339,1	337,3
latérale . .	357	368,6	327	338,2	360,5	355,2	338,6	350,4
antérieure .	301	322	275	305,2	304,6	294,8	287,4	303,8
postérieure.	279,6	280,6	245	282	279,7	281,5	253,2	263,1
Total général .	1615,3	1650	1467	1576	1633,4	1597,9	1529	1568,1

Avant d'interpréter ce tableau, voyons comment les chiffres ont été recueillis. Les mesures des têtes de criminels ont été prises sur des plâtres, et ensuite ont été réduites de 1/40°, sans doute pour corriger la dilatation que le plâtre subit. Cette réduction est à discuter. Parchappe a également mesuré les crânes de 8 criminels, et sur ces 8 crânes, il y en a 4 dont il a également mesuré le moulage ; les chiffres pris sur le crâne et sur le moulage sont assez différents, et nous les donnons ici à titre de curiosité.

DIFFÉRENCES DES MESURES PRISES SUR DES CRANES ET SUR DES MOULAGES

			Diam. ant. p.		Diam. lat.	
	Age.	Taille.	Plâtre.	Crâne.	Plâtre.	Crâne.
Poulain . . .	36	1.624	188	180	153	130
Saval	36	1.610	198	183	154	127
Heurtand. . .	33	1.675	190	179	152	130
Thilloy. . . .	24	1.706	208	195	155	127

On voit par ces chiffres que la différence entre la mesure crânienne et la mesure sur le moulage est bien plus petite pour le diamètre antéro-postérieur que pour le diamètre transversal ; elle atteint dans la première mesure un maximum de 1^{cm},5, et pour le diamètre transversal un maximum de 3 centimètres ; nous aurons à tenir compte, dans un instant, de cet écart.

Les têtes d'hommes sains ont été mesurées sur des hommes de toutes professions ; on y trouve 10 médecins et élèves-médecins, 10 écrivains et littérateurs, 2 magistrats, 1 archéologue, 1 mathématicien, 1 chimiste ; tous ces individus représentent les professions libérales ; il y a ensuite 7 infirmiers, 11 soldats et marins, et le reste comprend des professions manuelles (menuisier, mouleur, etc.). Pour les aliénés, le nombre de professions libérales est beaucoup moindre ; il n'est plus que de 8, à la condition de compter comme telles les écrivains (?) ; le reste est fourni par de petits métiers. On voit par conséquent que le groupe des hommes aliénés n'est pas absolument comparable à celui des hommes sains, car ce dernier groupe renferme un plus grand nombre de professions libérales. Les 30 femmes saines se répartissent en 16 ouvrières, 4 domestiques et 10 rentières ; la proportion correspondant à la classe cultivée est certainement un peu plus faible que pour les hommes sains. Pour les 40 femmes aliénées, il y a 22 ouvrières, 5 rentières, 5 domestiques, et le reste est composé de professions diverses (marchandes, fermières) ; ici encore, le groupe est moins cultivé que pour les femmes saines. Revenons maintenant au tableau de Parchappe.

On est tout d'abord frappé de voir que « s'il existe une différence sensible de volume entre les têtes d'individus sains d'esprit et les têtes d'aliénés, cette différence serait à l'avantage des insensés ». Il est bien certain que cette conclusion a embarrassé Parchappe, et il a cherché à y échapper en remarquant que la moyenne des âges est plus élevée chez les aliénés, et en supposant que la différence de volume, ici constatée, exprime surtout l'influence de l'âge. Quel plaisant échappatoire ! Nous objectons que si ses aliénés sont plus âgés que les individus sains qu'il leur compare, ils sont en revanche plus petits en moyenne, et d'autre part ils appartiennent en moins grand nombre aux professions libérales, deux circonstances qui doivent contrebalancer la différence due à l'âge. Il nous parait donc bien certain que les têtes d'aliénés mesurées par Parchappe sont plus grosses que les têtes d'individus sains ; de plus, l'augmentation de volume se fait sentir particulièrement pour la courbe latérale (dimension de la tête en hauteur et largeur) et pour la courbe antérieure (dimension de la partie antérieure de la tête).

Pour les idiots, les résultats confirment l'opinion généralement accréditée, à savoir que le volume de la tête est moins considérable chez les idiots et chez les imbéciles que chez les individus à intelligence normalement développée. « Les différences, remarque Parchappe avec juste raison, sont surtout très grandes pour les mesures dans le plan vertical, qui expriment le développement du crâne au-dessus de sa base, et pour la courbe antérieure dans le plan horizontal, qui représente le développement de la partie antérieure. »

Parchappe, après avoir relevé les faits précédents, fait quelques réserves que nous croyons utile de transcrire : « Il ne faudrait pas conclure, dit-il (p. 34), que chez les individus il y a, comme l'a pensé Gall, une liaison nécessaire entre l'imbécillité ou l'idiotisme, et une petitesse déterminée de la tête.

« Une telle limite n'existe pas.

« En effet, sur les cinquante têtes d'homme à intelligence normale que j'ai mesurées, sept offrent des dimensions inférieures à celle de l'imbécile observé qui a les plus grandes dimensions ; treize ont des dimensions de très peu supérieures.

« Quant aux têtes d'idiots proprement dits, aucune tête d'homme par moi observée ne peut leur être comparée pour la petitesse.

« Mais, parmi les têtes de femme à intelligence normale que j'ai mesurées, il en est une dont les dimensions expriment un volume plus petit que celui de la plus petite des têtes d'idiots par moi mesurées ; il en est trois plus petites que la plus volumineuse des têtes d'idiots. L'intelligence peut donc se manifester à son degré normal dans une tête dont le volume est inférieur, égal ou à peine supérieur au volume des têtes d'idiots... »

Parchappe ajoute que parmi les imbéciles et les idiots, le degré de l'intelligence n'est pas proportionnel au volume de la tête ; il cite comme preuve à l'appui que celui des imbéciles qui a présenté aux mesures la tête la plus petite (moins de 460 millimètres de circonférence horizontale) est le plus intelligent et le plus actif du groupe. Seul parmi eux, cet imbécile parle avec facilité, connaît les lettres et la valeur de l'argent, tandis que les cinq autres imbéciles ont tous plus ou moins de difficulté à parler ; les trois idiots ne parlent pas, ne mangent pas seuls, et ils laissent aller sous eux leurs excréments.

Nous reconnaissons que ces remarques de Parchappe sont pleines d'esprit critique ; et nous sommes d'accord avec lui pour repousser l'idée d'une proportionnalité entre le volume de la tête et la puissance intellectuelle.

L'étude des têtes de criminels a été inspirée à Parchappe par le désir de contrôler l'hypothèse de Gall, qui plaçait au niveau de la tempe, en avant et au-dessus du pavillon de l'oreille, les organes de la destruction, du vol et de la ruse, et admettait par conséquent que les voleurs et les assassins ont un diamètre temporal plus considérable que celui des autres hommes. Lelut s'était déjà occupé de cette question et avait conclu de 4 mesures faites sur le vivant et de 6 mesures faites sur le crâne qu'il n'y a rien d'exceptionnel chez les voleurs homicides dans le développement relatif des deux parties antérieures et postérieures du cerveau, et surtout dans la prédominance de sa largeur sur sa longueur[1]. Parchappe critique Lelut d'avoir pris des mesures sur le crâne, mesures qui ne sont point comparables à celles qu'on prend sur des têtes revêtues de leurs parties molles. Il déduit de ses propres calculs que l'hypothèse de Gall est exacte, et que bien réellement les criminels ont la tête plus large que les autres individus ; il trouve en effet comme longueur de ce diamètre temporal 150 millimètres pour les criminels, et seulement 142 pour les normaux.

_____

(1) *Journal hebdomadaire*, 1831, n° 69. Nous citons d'après Parchappe.

Sans vouloir mettre cette assertion en doute, nous croyons pouvoir dire que Parchappe n'en a pas donné la preuve ; une foule d'objections sont à lui faire : la principale, c'est le petit nombre de sujets qu'il a mesurés ; la seconde, c'est qu'après avoir reproché à Lelut d'avoir pris ses mesures sur le crâne, il n'hésite pas, lui, à les prendre sur des moulages, ce qui est au moins aussi inexact. Enfin, il est plaisant de voir comment il cherche à interpréter les chiffres de Lelut pour leur faire exprimer une autre conclusion que celle de Lelut. Ainsi, Lelut trouve que le diamètre temporal varie de la manière suivante :

Chez les voleurs homicides, de 146 à 155 millimètres ;

Chez les autres hommes, de 135 à 162 millimètres.

« Donc, dit Parchappe, même suivant M. Lelut, la plus petite largeur de la tête, chez les voleurs homicides, aurait été de beaucoup plus considérable que la plus petite largeur de la tête chez les normaux. » C'est vrai, répondrons-nous ; mais on pourrait dire tout aussi bien que le maximum de largeur est bien plus grand chez les normaux que chez les criminels, d'où une conclusion qui est juste l'opposé de la précédente.

En dernier lieu, Parchappe a cherché à mettre en lumière l'influence d'un certain développement intellectuel sur le volume de la tête. C'est la partie de son travail qui a été citée le plus souvent. On a eu peut-être tort, en la citant, de l'isoler des autres recherches que l'auteur a faites sur des questions voisines. Parchappe a donc pris des mesures de tête sur « des hommes entièrement adonnés à l'étude des lettres et des sciences, professeurs et magistrats placés, par leur talent d'écrire et de parler, au-dessus de la médiocrité ». Il a pris comme terme de comparaison des mesures sur des têtes d'hommes « livrés, dès leur enfance et exclusivement, à des travaux manuels, et chez lesquels une intelligence médiocre n'a reçu aucune culture ». Les circonstances de taille et d'âge étant à peu près les mêmes de part et d'autre, la différence de volume de la tête doit être vraisemblablement attribuée à la différence de développement intellectuel. La supériorité de volume, remarque Parchappe, s'exprime par un chiffre plus élevé pour toutes les mesures, excepté pour celle qui représente le développement postérieur de la tête.

Voilà la partie du travail de Parchappe qui est la plus connue ; elle est très courte, et ne comprend dans le mémoire original de Parchappe qu'une seule page. De plus, l'auteur la fait suivre de remarques critiques qui donnent à ses résultats une

conclusion tout autre que celle des auteurs qui l'ont cité ; Parchappe a été très frappé de constater qu'en moyenne les
40 aliénés qu'il a mesurés ont un volume de tête supérieur à
celui des sujets les plus intelligents. « Donc, conclut-il avec
beaucoup de prudence, la plus grande somme d'intelligence ne
coïncide pas avec le plus grand volume de la tête. Et si le rapport du volume de la tête au développement de l'intelligence se
fait remarquer d'une manière sensible, au moins ne s'offre-t-il
pas avec les caractères d'une loi absolue [1]. »

Dans un autre chapitre de son mémoire, Parchappe examine
l'importance relative des causes qui font varier le volume de la
tête ; il a étudié les causes suivantes : le sexe, l'idiotie, la race, la
taille, l'aliénation mentale, l'âge, le développement intellectuel,
le penchant au vol. Il étudie successivement l'influence de ces
facteurs sur le volume total de la tête (ou plus exactement sur
le total des mesures prises), sur le diamètre de la tête en longueur, sur le diamètre en largeur. Nous reproduirons seulement les chiffres qui concernent le volume total. L'ordre d'importance assigné aux causes est le suivant :

1° Sexe	Différence en + ou −		12 centimètres
2° Idiotie	−		− 9	−
3° Race	−	+ ou −	5	−
4° Taille	−	+	− 3	−
5° Aliénation mentale	−	+	2	
6° Age	−	+ ou −	1	−
7° Développement intellectuel	−	+ ou −	1	−
8° Penchant au vol	--		0	

« Ainsi, des causes qui font varier le volume de la tête, les
plus intenses sont incomparablement le sexe, la race, l'idiotie.
L'influence de la taille est encore assez considérable. Les autres
causes ne manifestent leur action que par des effets minimes
ou nuls. C'est un résultat assez curieux que la plus faible de
ces causes soit le développement de l'intelligence, précisément
celle qui dans l'esprit de la doctrine phrénologique, devrait
être conçue à priori comme la plus énergique. » Parchappe
note encore que le développement intellectuel et l'âge sont les
deux causes qui agissent le plus fortement sur le développement
de la courbe horizontale antérieure : et il trouve que cette constatation est d'accord avec la doctrine phrénologique, d'après
laquelle cette courbe antérieure limite extérieurement les principaux organes des aptitudes littéraires et scientifiques.

(1) *Op. cit.*, p. 45.

Dans le livre second de son mémoire, Parchappe aborde une question dont nous n'avons pas à nous occuper ici, l'influence des diverses causes qui peuvent modifier le poids de l'encéphale. Il suffira pour nous de constater que Parchappe arrive à conclure de ses observations que les mêmes causes agissent de la même manière sur le poids de l'encéphale et sur le volume de de la tête ; « l'idiotie et le sexe, dit-il, sont au premier rang pour l'intensité d'action ; l'élévation des facultés intellectuelles au-dessus de la mesure commune est, des causes influentes, la moins énergique. »

D'après l'analyse que nous venons de présenter, on peut se faire une idée juste des recherches de Parchappe ; elles ont été très méthodiques, elles ont embrassé un très grand nombre de questions qui se rattachaient étroitement à la question principale, celle des rapports de l'intelligence et du volume cérébral. Parchappe a pris le temps d'étudier tout l'ensemble de son sujet, et on pourra lui emprunter bien des idées directrices pour des recherches ultérieures. Il n'est pas tombé dans le travers qui consiste à exagérer l'importance de son travail ; il reste prudent et quelque peu sceptique. L'objection qu'on peut lui adresser est de s'être contenté, souvent, d'un trop petit nombre de sujets ; il a négligé la mensuration de la face, et il n'a pris que 6 mesures du crâne, alors qu'un plus grand nombre serait nécessaire.

A la suite du travail de Parchappe, nous placerons celui de Broca, intitulé : *De l'influence de l'éducation sur le volume et la forme de la tête*. Ce mémoire est assez court pour être reproduit intégralement, avec ses tables. Nous le donnons à cause de l'autorité du nom de Broca. Il est certain que son étude a été moins approfondie que celle de son prédécesseur ; elle arrive du reste exactement à la même conclusion.

Voici cette étude :

« En 1861, pendant que j'étais chirurgien de l'hôpital de Bicêtre, je mesurai comparativement les têtes des internes et des infirmiers. Une grande discussion qui venait d'avoir lieu dans le sein de la Société d'anthropologie, sur le volume et la forme du cerveau, m'avait fourni l'occasion de citer les résultats céphalométriques publiés en 1836 par Parchappe. Cet auteur avait étudié le volume et la forme de la tête chez dix manœuvriers et chez dix savants ou hommes de lettres d'un talent reconnu. Les hommes distingués avaient en moyenne la tête beaucoup plus volumineuse, et les mesures partielles prou-

valent qu'iis devaient exclusivement cet avantage au grand
développement de la région frontale.

« Ce fait était d'autant plus intéressant que les recherches de
l'auteur étaient conçues dans un esprit assez peu favorable à la
phrénologie, qu'il ne distinguait peut-être pas suffisamment de
la cranioscopie de Gall. C'était un argument très valable à
l'appui de l'opinion de ceux qui considèrent le grand volume
du cerveau comme l'un des principaux éléments de la puissance intellectuelle. Sous ce rapport, les termes de comparaison
choisis par l'auteur étaient bons ; mais une autre question, non
moins importante, restait douteuse. Dans les différences
signalées par Parchappe, on ne pouvait faire la part respective
des dispositions innées et de l'éducation. A un groupe d'illettrés
réunis sans aucun choix, il avait opposé un groupe d'hommes,
non seulement éclairés, mais encore supérieurs à leur propre
classe, et choisis à cause de cette supériorité même. S'il avait
fait un triage analogue parmi les individus livrés aux professions manuelles, s'il avait réuni ceux d'entre eux qui lui auraient été signalés comme les plus intelligents, il aurait certainement obtenu des mesures supérieures à celles de ses dix
manouvriers, et ce groupe de choix l'aurait peut-être em-
porté sur un groupe d'individus pris au hasard dans la classe
éclairée.

« Deux éléments se trouvaient ainsi confondus dans son
parallèle, puisque l'une de ses deux catégories différait de
l'autre par deux conditions bien distinctes : d'une part, la
supériorité primordiale que la nature répartit avec égale parci-
monie dans toutes les classes, et, d'une autre part, la supériorité artificielle qui est la conséquence de l'éducation.

« Or, il importe beaucoup de distinguer ces deux éléments, car,
si le premier échappe à nos moyens d'action, il n'en est pas
de même de l'autre. Il n'est pas en notre pouvoir de forcer la
nature à produire des hommes supérieurs, pas plus que nous
ne pouvons lui interdire de rester quelquefois au-dessous d'elle-
même en produisant des idiots. Les conditions qui, dans les
premières périodes de la formation et du développement, modifient ainsi en plus ou en moins l'évolution de l'appareil cérébral, nous sont à peu près inconnues, et quand même nous les
connaîtrions, nous serions sans doute impuissants à les changer.
Mais nous pouvons étudier celles qui influent sur le développement du cerveau après la naissance. et si nous parvenons à les
déterminer, nous pourrons espérer d'en tirer profit pour notre

espèce. Autant il serait insensé d'aspirer à changer les lois naturelles, autant il est sage de chercher à en obtenir l'application
la plus favorable.

« L'expérience a déjà prouvé que ceci, du moins, est à la portée de nos forces. Nous savons que le fonctionnement régulier
des organes favorise leur développement, et la connaissance de
cette loi a permis non seulement d'introduire dans l'hygiène et
dans l'éducation physique des modifications utiles à l'économie
tout entière, mais encore d'augmenter par un *entraînement*
spécial la puissance de certains organes. Il s'agit de savoir
maintenant si le cerveau fait exception à la loi, et si le fonctionnement et l'éducation sont ou non capables d'exercer quelque influence sur son développement. Toutes les probabilités
tirées des analogies nous autorisent à considérer cette
influence comme réelle ; mais, en un sujet aussi grave, les
arguments *à priori* ne sauraient nous suffire. La preuve
directe, toujours nécessaire, l'est tout particulièrement ici.

« Les observations de Parchappe fournissaient-elles cette
preuve directe? Telle fut la question que je me posai lorsque
notre discussion de 1861 me conduisit à étudier le travail de
cet auteur distingué, et je pensai que les termes de comparaison qu'il avait choisis étaient trop disparates pour permettre
de distinguer l'influence des dispositions innées de celle de
l'éducation.

« Il me parut donc utile de reprendre les recherches de Parchappe sur des catégories plus comparables. Comme représentants de la classe illettrée, je pris les infirmiers de l'hospice de
Bicêtre, et je les mis en parallèle avec les internes, définitifs
ou provisoires, du service médical ou pharmaceutique de
l'établissement. Parmi ces derniers, quelques-uns se sont
depuis distingués dans leur carrière ; les autres ont montré des
aptitudes diverses et inégales. Ils formaient sans doute, tous
ensemble, une catégorie de choix, puisqu'ils devaient leur
nomination au concours, mais les positions qu'ils occupaient
sont accessibles à la plupart des étudiants laborieux et persé-
vérants, et ils représentaient très bien la catégorie des hommes
qui, après avoir reçu l'éducation du collège, continuent encore
à cultiver leur esprit.

« Les résultats que j'obtins furent très analogues à ceux de
Parchappe. Je me souviens parfaitement d'avoir eu plusieurs
fois l'occasion de les mentionner devant la Société d'anthropologie. Je croyais donc les avoir publiés ; mais j'ai sans doute

négligé de remettre mon relevé au secrétaire, car, tout dernièrement, ayant eu besoin d'y recourir, je l'ai vainement cherché dans nos *Bulletins*, et je me suis aperçu alors qu'il était resté sous la première page de mon registre céphalométrique.

« Il m'aurait paru superflu de revenir aujourd'hui sur une question qui se rattache à l'une de nos plus anciennes discussions, si une circonstance particulière n'était venue m'y obliger. Au mois de septembre dernier, dans une des séances de la section d'anthropologie de l'Association française pour l'avancement des sciences, à l'occasion d'un parallèle que j'établissais entre les crânes des troglodytes de la Lozère et ceux des Parisiens modernes, j'ai dit que des différences analogues existaient aujourd'hui entre les lettrés et les illettrés ; j'ai cité sommairement mes recherches sur les infirmiers et les internes de Bicêtre, et j'ai ajouté en toute confiance que mes résultats numériques étaient publiés dans les *Bulletins* de la Société. Mais depuis, en rédigeant ma communication, j'ai voulu y joindre un renvoi à mon ancien travail, et j'ai vu avec surprise qu'il n'était pas publié. Je suis donc obligé de vous prier de vouloir bien lui donner place dans le volume de cette année, pour que la citation que j'en ai faite dans la session bordelaise ne porte pas tout à fait à faux.

« En outre, comme il y a bientôt douze ans que j'ai présenté à la Société les chiffres de Parchappe[1], et que quelques-uns d'entre vous peuvent les avoir oubliés, je vous demanderai la permission de les reproduire à côté des miens. Le rapprochement de nos résultats ne manquera pas d'utilité ; mais les seuls chiffres qui doivent être pris en considération dans ce rapprochement sont les chiffres différentiels. Quant aux chiffres absolus, ils ne sont nullement comparables, ayant été recueillis, à vingt ans d'intervalle, par deux observateurs qui n'ont évidemment pas suivi les même procédés céphalométriques.

« J'ai exposé tout au long, dans les *Instructions générales pour les recherches anthropologiques*[2], mon procédé de céphalométrie. Je puis donc me dispenser d'y revenir ici. — Mais je dois donner quelques explications sur le procédé de Parchappe, tel qu'il l'a indiqué en tête de son ouvrage[3].

(1) Voir mon mémoire sur *Le Volume et la Forme du cerveau*. Bulletins de la Société d'anthropologie, 2ᵉ série, t. II, p. 173 et 201, 1861.

(2) *Mémoires de la Société d'anthropologie*, t. II, p. 161 et suiv.

(3) Parchappe. *Recherches sur l'encéphale*, 1ᵉʳ mémoire, p. 14-15. Paris, 1836, in-8ᵉ.

« Parchappe mesure le diamètre antéro-postérieur maximum
comme tout le monde ; mais, pour le diamètre transversal de
la tête, il ne cherche pas le maximum ; il applique les deux
branches du compas sur les tempes « immédiatement au-dessus
du trou auditif ». Ainsi non seulement il ne prend par la largeur maxima, qui correspond presque toujours à la partie postérieure des pariétaux, mais encore il ne prend même pas le
diamètre temporal maximum, qui aboutit en général à 5 ou
6 centimètres au-dessus du trou auditif. Il est donc tout naturel
que ses diamètres transverses soient inférieurs de près d'un
centimètre à ceux que j'ai mesurés, et que dès lors les indices
céphaliques que j'ai déduits de ces mesures soient inférieurs
aux miens de plus de quatre unités. — Sa *courbe antéro-posté-*
rieure correspond assez exactement à celle que j'appelle inio-
frontale ; toutefois son point de repère postérieur n'est pas
rigoureusement le même. Pour moi, ce point de repère est
l'inion (ou protubérance occipitale externe), qui, *chez l'homme,*
et dans notre race, est presque toujours assez saillant pour
qu'on puisse le sentir avec le doigt ; quelquefois cependant on
ne le trouve pas ; alors, comme on sait qu'il est situé sur la
ligne demi-circulaire supérieure, on cherche à déterminer le
niveau de cette ligne, non pas d'après sa saillie, qui est toujours inappréciable au toucher, mais d'après la disposition des
masses musculaires de la nuque, dont elle limite l'insertion.
On admet que la nuque commence là où l'on commence à sentir
entre le crâne et le doigt quelque chose de plus que le cuir
chevelu ; mais c'est seulement à quelques millimètres au-dessous de la ligne demi-circulaire supérieure que la couche musculaire devient assez épaisse pour être sensible au toucher, et
il en résulte que, dans ce cas, on s'expose à allonger de quelques millimètres la courbe médiane du crâne. Or ce qui n'est
pour moi qu'une ressource plus ou moins exceptionnelle, paraît
avoir été la règle même pour Parchappe, car il dit que le ruban
métrique doit aller « jusqu'à la protubérance occipitale externe,
ou *plutôt* jusqu'à la ligne circulaire supérieure qui limite l'insertion des muscles ». Il n'est donc pas étonnant que ses
courbes inio-frontales soient un peu plus grandes que les
miennes.

« Sa courbe transversale, étendue d'un conduit auditif à l'autre,
n'est pas autrement déterminée, elle passe évidemment par le
vertex, mais rien n'en assure la position. Aussi Parchappe a-t-il
jugé avec raison que le point où cette courbe coupe la ligne

médiane n'était pas assez fixe pour lui permettre de mesurer
séparément la partie antérieure et la partie postérieure de la
courbe inio-frontale ; en déterminant à l'aide de l'équerre la
direction du plan bi-auriculaire (qui est perpendiculaire au plan
horizontal de Camper), j'ai donné une position invariable au
ruban bi-auriculaire, et j'ai pu ainsi, d'une part, mesurer avec
plus d'uniformité la courbe transversale, d'une autre part, me
servir de cette courbe pour diviser en deux moitiés la courbe
inio-frontale [1].

« On trouvera sur mon tableau une seconde courbe transversale,
que j'appelle *sus-auriculaire* ; elle a la même direction que la
précédente, mais, au lieu de descendre jusqu'au centre des trous
auditifs, elle s'arrête de chaque côté au bas de l'écaille temporale,
sur le bord supérieur de la racine transverse de l'arcade zygoma-
tique ; en d'autres termes, elle correspond à la véritable courbe
bi-auriculaire supérieure que l'on mesure sur le crâne sec, et
elle a l'avantage de ne comprendre que la région crânienne,
tandis que l'autre courbe transversale comprend, en outre, une
partie de la face. Mais la détermination des points de repère de
de cette courbe sus-auriculaire est vraiment difficile. Je n'ai donc
pas cru devoir la mentionner dans les *Instructions générales* de
la Société d'anthropologie, et je la mesure rarement aujourd'hui.

« Enfin, la différence la plus grande entre le procédé de Parchappe et celui que j'ai suivi est relative à la circonférence
horizontale. Je mesure cette circonférence et ses deux parties
en une seule fois, en marquant de chaque côté le point d'inter-
section du ruban métrique et du cordon bi-auriculaire, préalablement placé ; par conséquent, ma courbe antérieure et ma
courbe postérieure sont dans un même plan, et leur somme
représente exactement la circonférence horizontale maxima de

(1) Le point où la courbe transversale bi-auriculaire coupe la ligne
médiane, sur le dessus de la tête, est toujours assez rapproché du bregma,
c'est-à-dire du sommet de l'écaille de l'os frontal, et est dès lors désigné
sous le nom de *bregma céphalométrique*. La détermination de ce point se
fait avec une précision parfaite à l'aide de l'*équerre flexible auriculaire*,
instrument fort simple, formé de deux lames minces et souples, en ressort d'acier, et fixées l'une sur l'autre à angle droit. Un petit tourillon de
bois, inséré sur le sommet de l'angle, est introduit dans le conduit auditif ;
l'une des lames, fléchissant sous une légère pression du doigt, est amenée
sous la sous-cloison du nez, et son bord supérieur se trouve ainsi placé
dans le *plan horizontal de Camper*. La seconde branche de l'équerre est
encore rectiligne ; on la fléchit à son tour et on l'amène sur le dessus de
la tête. Le point où elle coupe la ligne médiane est le bregma céphalométrique, et le cordon bi-auriculaire qui passe sur ce point établit la
séparation du crâne antérieur et du crâne postérieur.

1er TABLEAU. — *Relevés céphalométriques.*

CATÉGORIES	PARCHAPPE (1836).			BROCA (1861).		
	MANOUVRIERS	HOMMES distingués.	DIFFÉRENCES en faveur des hommes distingués.	INFIRMIERS de Bicêtre.	INTERNES de Bicêtre.	DIFFÉRENCES en faveur des internes.
Nombre	10	10	»	20	18	
Age	39 ans 1 mois	36 ans	— 3 ans	39 ans 6 mois	26 ans 4 mois	— 13 ans 2 mois
Taille	1,701mm	1,719mm	+ 18mm	1,643mm	1,689mm	+ 46mm
	mm.	mm.	mm.	mm.	mm.	mm.
Diamètre antéro-postérieur. { Maximum	183,80	189,60	+ 5,80	185,55	190,44	+ 4,89
Iniaque	»	»	»	181,35	187,22	+ 5,87
Diamètre transversal	141,10	144,30	+ 3,20	150,15	153,06	+ 2,91
Indice céphalique céphalométrique	76,76 p. 100	76,10 p. 100	— 0,66 p. 100	80,92 p. 100	80,37 p. 100	— 0,55 p. 100
Courbe inio-frontale. { Totale	341,50	354,60	+ 13,20	335,10	345	+ 9,90
Sa partie antérieure	»	»	»	149,75	159	+ 9,25
Sa partie postérieure	»	»	»	185,35	186	+ 0,65
Courbe horizontale. { Totale	576,30	584,30	+ 8	550,05	596,14	+ 16,06
Sa partie antérieure	294,80	304,60	+ 9,80	273,60	284,50	+ 10,90
Sa partie postérieure	281,50	279,70	+ 1,80	276,45	281,64	+ 5,16
Courbe transversale. { Bi-auriculaire	355,20	360,50	+ 5,30	355,60	369,50	+ 13,90
Sus-auriculaire	»	»	»	306,20	317,90	+ 11,70

la tête. Parchappe, au contraire, mesurait séparément ces deux courbes, les faisant partir toutes deux des trous auditifs, et, de là, faisant passer la première sur la base du front, la seconde sur l'occiput. Or, le conduit auditif est placé bien au-dessous du plan de la circonférence horizontale ; les deux courbes de Parchappe n'étaient donc pas dans un même plan, et leur somme était ainsi bien supérieure à la longueur réelle de la circonférence de la tête. Voilà pourquoi, sur le tableau de Parchappe, la courbe horizontale et ses deux parties sont toujours bien plus grandes qu'elles ne le sont sur mon tableau.

« On ne peut donc établir une comparaison directe entre les mesures de Parchappe et les miennes. Il faut tenir compte de la différence des procédés. Cet exemple s'ajoute à bien d'autres pour prouver combien il est indispensable, en céphalométrie comme en craniométrie, d'adopter des procédés uniformes. Mais les recherches de Parchappe n'en sont pas moins précieuses, et les résultats qu'il a obtenus sur ses deux séries n'en sont pas moins valables, parce qu'il a mesuré lui-même tous ses sujets et qu'il les a mesurés de la même manière.

« Je passe maintenant à l'examen du tableau et je commence par les résultats de Parchappe. (Voir le tableau ci-dessus.)

« L'âge moyen des manouvriers différait peu de celui des hommes distingués. Ceux-ci avaient trente-six ans, les autres trente-neuf. On sait que le poids moyen du cerveau continue à croître jusqu'à quarante ans. Toutes choses égales d'ailleurs, les manouvriers auraient donc dû avoir un certain avantage. Mais la taille des hommes distingués était un peu plus élevée, circonstance de nature à agir en sens inverse. Somme toute, ces deux différences pouvaient se compenser, et les deux catégories pouvaient être comparées avec sécurité.

« Si l'on jette maintenant un coup d'œil sur la colonne des différences, on verra que toutes les mesures d'ensemble donnent un avantage très notable aux hommes distingués. Mais la décomposition de la courbe horizontale nous offre un résultat bien autrement curieux. Quoique perdant 8 millimètres sur la courbe totale, les manouvriers gagnent $1^{mm},80$ sur la partie postérieure ; ils ont le crâne postérieur absolument plus grand que les hommes distingués, et il en résulte qu'ils ont le crâne antérieur beaucoup plus petit. C'est ainsi que, pour la seule courbe antérieure ou frontale, les hommes distingués ont une supériorité de $9^{mm},80$.

« Ces chiffres parlent d'eux-mêmes et me dispensent de tout

commentaire. Je passe donc immédiatement à la partie du tableau qui concerne mes propres recherches.

« Ici encore les conditions de l'âge et de la taille, conditions que j'appellerais volontiers prédisposantes, sont de nature à se compenser ; mais elles sont beaucoup plus différentes que dans les séries de Parchappe. L'âge moyen des internes n'est que de vingt-six ans quatre mois, et celui des infirmiers est de trente-neuf ans six mois ; or j'ai montré ailleurs que le poids moyen du cerveau des hommes d'Europe est de 1.344ᵍʳ,53, de vingt et un à trente ans, et de 1.410ᵍʳ,36 de trente et un à quarante ans [1]. L'âge est donc tout à l'avantage des infirmiers. Mais la taille, au contraire, est tout à l'avantage des internes. La différence s'élève à 46 millimètres ; elle s'explique facilement si l'on songe que la profession d'infirmier, peu séduisante et très mal, beaucoup trop mal rétribuée, n'est pas celle que choisissent généralement les hommes très grands et très forts, qui préfèrent des professions plus pénibles, mais plus lucratives. Il ne faudrait point, d'ailleurs, en conclure que mes infirmiers fussent des hommes chétifs et rabougris. Leur taille moyenne était de 1ᵐ,648, et c'est à peu près à ce chiffre qu'on peut évaluer la taille moyenne de nos conscrits.

« Ainsi, à ne considérer que les deux conditions prédisposantes de l'âge et de la taille, les probabilités céphalométriques seraient à peu près équivalentes chez les infirmiers et chez les internes. S'il en devait résulter des présomptions en faveur de l'une des catégories, ce serait plutôt en faveur des infirmiers, car une différence de treize ans me paraît de nature à influer sur le poids du cerveau plus qu'une différence de taille de 46 millimètres.

« Nous pouvons passer maintenant à l'examen du tableau. La colonne des différences nous montre tout de suite que toutes les mesures, générales ou partielles, sont plus grandes chez les internes, et ces différences ne sont pas légères, car elles s'élèvent à près de 5 millimètres sur le diamètre antéro-postérieur, et à plus de 16 millimètres sur la courbe horizontale. Le diamètre vertical est inconnu, il est vrai, mais si l'on considère que l'excédent du diamètre transversal n'est que de 2ᵐᵐ,91 tandis que celui de la courbe sus-auriculaire s'élève à 11ᵐᵐ,70, on reconnaîtra que la différence de largeur de la tête ne rendrait pas compte de l'inégalité des courbes transversales, et

---

(1) *Bulletins de la Société d'anthropologie*, 1ʳᵉ série, t. II, p. 156. — De quarante à cinquante ans, le poids du cerveau reste à peu près stationnaire. Il diminue ensuite peu à peu.

que par conséquent la tête des internes doit gagner sur la hauteur au moins autant que sur la largeur.

« Les internes ont donc la tête beaucoup plus volumineuse. L'éducation qu'ils ont reçue a fait fonctionner leur cerveau et en a favorisé le développement. Mais ce développement n'a pas été uniforme. Le travail intellectuel met surtout en jeu les lobes antérieurs du cerveau, et l'on va voir, en effet, que c'est surtout le crâne antérieur qui a bénéficié des conditions avantageuses de l'éducation.

« Notre cordon bi-auriculaire a décomposé en deux parties la courbe inio-frontale et la courbe horizontale. La courbe inio-frontale totale des internes offre un excédent de $9^{mm},90$, mais presque tout l'excédent ($9^{mm},25$) porte sur la partie frontale de cette courbe, dont la partie postérieure n'a pas même gagné 1 millimètre. Le contrôle est moindre pour les deux parties de la courbe horizontale ; sur les $16^{mm},06$ d'écart, il y a $5^{mm},16$ qui portent sur la partie postérieure ; mais la partie antérieure a gagné plus du double de ce chiffre.

« C'est donc au plus grand développement de leur région frontale que les internes doivent la plus grande partie de l'agrandissement de leur tête.

« Ces chiffres ne frappent pas l'œil autant que ceux de Parchappe ; nous ne voyons plus ici la courbe occipitale la plus grande coïncider avec le crâne le plus petit. Mais il faut reconnaître aussi que les termes de comparaison de Parchappe étaient bien plus disparates que les miens. Je rappelle en outre qu'il mesurait tout autrement que moi les courbes frontale et occipitale. On remarquera, en effet, que dans ses deux groupes, la courbe antérieure est notablement plus grande que la postérieure. Divisant la courbe horizontale par un autre procédé que je crois plus correct, j'ai trouvé les deux parties de cette courbe à peu près égales. Mais, par là même, les différences qu'elles présentent respectivement dans les deux séries sont devenues plus apparentes et plus démonstratives. Ainsi la courbe frontale, chez les infirmiers, est plus longue chez les internes.

« Parlons enfin des indices céphaliques. Celui des infirmiers approche de 81 p. 100, celui des internes est un peu plus faible. N'oublions pas qu'il s'agit ici d'indices céphalométriques et non d'indices craniométriques. J'ai montré ailleurs[1] que ceux-

(1) Voir le mémoire intitulé *Comparaison des indices céphaliques sur le vivant et sur le squelette*, dans *Bulletins de la Société d'anthropologie*, 2ᵉ série, t. III, p. 25, 1868.

ci sont toujours inférieurs à ceux-là d'une quantité qu'on peut
évaluer, en moyenne, à deux unités. L'indice céphalique cra-
niométrique serait donc d'environ 78,92 chez les infirmiers, et
d'environ 78,37 chez les internes, et si je rappelle que l'indice
céphalique moyen des Parisiens modernes est de 76 p. 100,
on verra que sous ce rapport mes deux séries diffèrent peu de
notre grande série des 125 crânes du cimetière de l'Ouest (dix-
neuvième siècle). Elles ne diffèrent pas non plus notablement
l'une de l'autre. Toutefois l'indice céphalométrique des infirmiers (80,92 p. 100) excède de 0,55 p. 100 celui des internes
(80,37 p. 100).

« Je n'aurais attaché aucune importance à cette faible différence, si je ne l'avais retrouvée dans les deux séries de Parchappe. J'ai déjà expliqué pourquoi les indices céphalométriques qui résultent des mesures de cet auteur sont beaucoup
trop petits ; mais s'ils ne sont pas comparables aux miens, ils
sont du moins parfaitement comparables entre eux, et l'on
peut voir que celui des manouvriers l'emporte de 0,66 p. 100 sur
celui des hommes distingués. Ce résultat coïncide d'une manière
très frappante avec celui qui précède. Je n'oserais toutefois en
tirer aucune conclusion, parce que sur des séries aussi courtes,
des différences aussi légères, comprises entre un demi et deux
tiers p. 100, peuvent être l'effet du hasard. Je dois être ici d'autant plus réservé que la conclusion qui semblerait découler de
ces chiffres serait contraire à une opinion assez répandue, car
on croit avoir remarqué que les hommes doués à la fois d'une
très grande intelligence et d'un cerveau très volumineux ont
souvent un indice céphalique supérieur à la moyenne de leur
race. On comprendrait, en effet, que la boîte crânienne, disten-
due par un très grand cerveau, eût une certaine tendance à
s'arrondir, c'est-à-dire à se rapprocher de la forme sphérique,
qui, à surface égale, donne le maximum de capacité, et que,
de la sorte, le diamètre transversal croissant plus rapidement
que le diamètre longitudinal, l'indice céphalique devînt plus
fort. C'est ce qu'on observe chez les jeunes enfants dont le
crâne est distendu par l'hypertrophie cérébrale et surtout par
l'hydrocéphalie ; mais c'est une question de savoir si plus tard,
lorsque les os sont plus épais, et que toutes les sutures sont
bien engrenées, les parois du crâne continuent à obéir à cette
cause mécanique. D'un autre côté, je signalerai une circonstance anatomique qui tend à agir en sens inverse. Le cartilage
basilaire, comparable au cartilage sus-épiphysaire des os

INIO-FRONTALE			HORIZONTALE			TRANSVERSALE	
Totale.	Anté-rieure.	Posté-rieure.	Totale.	Anté-rieure.	Posté-rieure.	Bi-auri-culaire.	Sus-auri-culaire.
333	172	161	545	296	249	358	302
357	157	200	576	262	284	370	313
350	186	164	553	318	235	377	326
370	196	180	550	287	263	363	303
333	170	163	563	307	256	390	326
337	163	174	553	286	269	305	314
355	167	188	555	278	277	366	310
335	167	168	557	304	253	382	317
341	151	191	558	270	288	365	307
350	150	200	576	277	299	373	320
348	150	148	576	288	299	386	342
308	145	163	536	277	259	346	297
332	160	172	581	286	300	363	313
354	147	207	592	292	300	385	350
355	153	202	586	274	312	359	312
340	153	187	605	272	293	358	343
361	163	218	603	270	333	374	328
350	138	212	572	287	305	372	329
6240	2892	3348	10190	5121	5069	6091	6132
18	18	18	18	18	18	18	18
345	159	186	566.11	284.50	281.61	360.50	347.9

1													
2	21	22											
3	22	45											
4	23	44											
5	24	37											
6	25	53											
7	26	35											
8	27	29											
9	28	27											
10	29	48											
11	30	28											
12	31	57											
13	32	42											
14	33	32											
15	34	39											
16	35	40											
17	36	33											
18	37	25											
19	38	60											
20	39	48											
Sommes . .		790	32,870	3 711	3 627	3 003		6 702	2 995	3 707	11 001	5 452	5 529	7 412
Nombres. .		20	20	20	20	23		20	20	20	20	20	20	20
Moyennes. .	39 ans et demi.		1,643	185,55	181,35	130,15	80,92	335,10	149,75	185,35	550,06	272,60	276,45	355,64

longs, est l'agent principal de l'accroissement longitudinal de la base du crâne. Or ce cartilage s'ossifie vers dix-huit ou vingt ans, à l'âge où l'éducation intellectuelle commence à porter ses fruits. Il ne serait donc pas étonnant que les causes qui favorisent l'accroissement du cerveau fussent capables de retarder quelque peu cette ossification, et de faciliter l'allongement du crâne. Ainsi les probabilités théoriques paraissent se contrebalancer, en même temps que les faits semblent se contredire. La question reste donc douteuse jusqu'à plus ample informé.

« Mais cette question de l'indice céphalique n'est ici que secondaire. Le point essentiel de ma communication, c'est *l'influence du développement de l'intelligence sur le volume du cerveau et sur l'agrandissement de la région frontale du crâne.* Les recherches, d'ailleurs si importantes, de Parchappe, avaient mis le fait en évidence, mais n'en avaient pas suffisamment distingué les causes, et rien ne permettait d'en conclure que l'éducation fût capable de modifier le développement du cerveau. C'est cette influence de l'éducation que je me suis proposé de déterminer, et je crois avoir démontré que, d'une part, la culture de l'esprit et le travail intellectuel augmentent le volume du cerveau, et que, d'une autre part, cet accroissement porte principalement sur les lobes frontaux, qui sont le siège des facultés les plus élevées de l'intelligence.

« L'éducation ne rend pas seulement l'homme meilleur ; elle ne constitue pas seulement en sa faveur cette supériorité relative qui lui permet d'utiliser tout ce que la nature a mis en lui d'intelligence ; elle le rehausse davantage encore ; elle a le merveilleux pouvoir de le rendre supérieur à lui-même, d'agrandir son cerveau et d'en perfectionner les formes. Ceux qui demandent que l'instruction soit donnée à tous invoquent avec raison l'intérêt social et l'intérêt national. Maintenant, nous pouvons invoquer en outre un intérêt plus haut peut-être : celui de la race. Répandre l'instruction, c'est améliorer la race. La société peut le faire, elle n'a qu'à le vouloir. »

En 1873, de Jouvencel[1] fit à la Société d'anthropologie une curieuse proposition. « Les conséquences des faits observés par MM. Parchappe et Broca, disait-il, peuvent être immenses pour l'anthropologie. Il me parait donc d'un intérêt puissant que l'étude de ces faits soit reprise sur une large échelle et avec méthode. » Il demandait en conséquence qu'on fit des mensu-

(1) *Bulletins de la Soc. d'anthrop.*, 2ᵉ série, 8, 1873, p. 12.

rations sur des enfants employés dans les fabriques, des enfants de paysans, des enfants d'ouvriers à métier intelligent, et enfin des enfants de familles où l'intelligence est cultivée. Ces enfants devaient être mesurées tous les sept ans jusqu'à l'âge de 42 ans. Pour les décider à venir se présenter à chaque septennaire, on organiserait une tontine à partager entre les derniers survivants, avec un petit avantage pécuniaire à avancer à chaque époque de mensuration. Cette proposition curieuse fut renvoyée à une commission, naturellement.

Nous n'avons reproduit cette communication que pour bien montrer que dès 1873, l'importance de ces études était déjà comprise, ce qui n'a pas empêché les anthropologistes de s'en désintéresser presque complètement. La proposition de Jouvencel, du reste, ne nous parait pas pratique; ces expériences à longue échéance réussissent bien rarement : il faudrait plus de trente ans pour les mener à bien; au bout de trente ans, combien des premiers mensurateurs seraient encore vivants? Il est beaucoup plus simple de ne pas suivre le même sujet dans son développement, et de prendre des groupes de sujets à différentes étapes de leur développement; en accumulant les observations, on élimine dans une large mesure les causes d'erreur.

En 1878, Lacassagne et Cliquet ont publié dans les Annales d'hygiène publique une étude intitulée : *Influence du travail intellectuel sur le volume et la forme de la tête.* Nous extrayons de leur travail la partie où ils exposent leurs recherches expérimentales. Les deux auteurs avaient pour but de contrôler les conclusions de Broca et de Parchappe, en opérant sur un nombre d'individus beaucoup plus grand. Ils se sont servis du conformateur des chapeliers pour prendre les mesures.

« Nous avons, dans nos recherches, disent-ils, cherché à confirmer les résultats fournis par ces deux savants, et nous avons pensé que les conclusions en seraient plus évidentes si l'on pouvait étendre l'expérience à une plus grande quantité d'individus. Il devenait en même temps indispensable de choisir ces individus dans des conditions sociales identiques, du même âge, de la même taille; en un mot, les recherches devaient se faire sur des sujets placés dans un milieu qui les rendît semblables sous le plus de rapports possible. De cette manière, il était facile de mettre en évidence ce qui pouvait être exclusivement le fait du travail cérébral. Notre position à l'école du Val-de-Grâce nous permettait d'avoir précisément sous la main tous les éléments de pareilles recherches.

« Pour nous, sans chercher à établir des indices céphalométriques ni à mesurer les divers diamètres du crâne, nous avons opéré sur un assez grand nombre d'individus avec le conformateur dont se servent les chapeliers pour faire leurs chapeaux. Cet instrument prend exactement la forme de la tête, qu'il traduit par un tracé de réduction toujours en rapport avec la véritable circonférence donnée par l'instrument.

« Deux pointes en ligne droite, correspondant toujours au vertex et marquant le diamètre antério-postérieur, se trouvent empiriquement placées en avant et en arrière à des points qui représentent, à quelques lignes près, deux diamètres ; nous les appellerons bi-frontal et bi-occipital. Il est évident que la position de ces diamètres change suivant la grosseur des têtes ; au début de nos recherches nous avons cru trouver là une cause notable d'erreur ; eh bien, nous avons pu nous assurer que cette position varie si peu qu'on n'a pas à tenir compte de la variation.

« D'ailleurs nous ne cherchons pas à établir tel ou tel diamètre : ce que nous comparons, ce sont des régions antérieures et des régions postérieures. Il est évident que plus ces régions seront larges en même temps que la longueur de la tête sera plus grande, plus le volume sera considérable. De plus, notre diamètre longitudinal correspondant toujours exactement au sommet, on voit, par la distance qui le sépare de la circonférence du tracé, le degré d'asymétrie qui existe chez tous les sujets. Il va sans dire qu'en coiffant les têtes avec le conformateur, nous avons toujours pris les mêmes points de repère. Il faut que l'appareil soit toujours mis dans la même position horizontale, car sans cette condition nous aurions des erreurs incalculables. Le bord de l'instrument s'arrête, en avant au milieu de l'espace qui sépare les sourcils de la ligne d'implantation des cheveux, en arrière au niveau d'un plan rasant la partie supérieure de la protubérance occipale externe. C'est, comme on le voit, la position d'un chapeau mis droit sur la tête.

« Tous nos calculs ont été effectués d'après les diamètres mesurés sur les tracés de réduction du conformateur : c'est donc en millimètres que se chiffreront nos moyennes.

« Nos mensurations ont été faites sur des militaires, c'est-à-dire sur des individus pris dans le même milieu et sortant de conditions sociales à peu près identiques. C'est ce qui nous permet d'éliminer les valeurs de la taille et d'âge, puisqu'elles sont en

moyenne les mêmes chez tous nos sujets. Tous portent les cheveux coupés courts, ce qui écarte une chance d'erreur, puisqu'un conformateur donne des indications variables selon
l'épaisseur de la chevelure.

« Nous avons comparé :

« 1° 190 docteurs en médecine ;

« 2° 133 soldats sachant lire, et ayant au moins une instruction primaire ;

« 3° 72 soldats ne sachant pas lire ;

« 4° 91 détenus.

« Parmi ces derniers, il y en a plus des trois quarts qui ont reçu
une instruction primaire. S'il en est parmi eux qu'on ne peut
guère rapprocher des détenus civils en considération du peu de
gravité de la faute, il y en a d'autres qui, pris dans n'importe
quelle condition, civile ou militaire, n'eussent jamais été que
des réfractaires à toute autorité.

« Nous avons calculé en premier lieu les diamètres longitudi-
naux, puis les diamètres transversaux antérieurs, enfin les diamètres transversaux postérieurs.

« Ces moyennes ont été dressées sous forme de tableau pour que
l'on puisse mieux saisir d'un coup d'œil les différences qui existent entre les diverses catégories.

« L'inspection du tableau montre que tous les diamètres sont
plus grands chez les docteurs ; mais si l'on compare entre elles

DIAMÈTRES	DOCTEURS en médecine.	SOLDATS sachant lire.	SOLDATS illettrés.	DÉTENUS	DIFFÉRENCES en faveur des docteurs.
Longitudinal.	85mm,29	81mm,97	79mm,13	81mm,10	4mm,56
Antérieur (bi-frontal).	48mm,91	43mm,65	42mm,35	41mm,62	6mm,37
Postérieur (bi-occipital).	52mm,58	49mm,06	50mm,27	49mm,96	2mm,82

toutes les catégories, on voit combien est relativement grande
la différence qui sépare la troisième (soldats illettrés), par exemple, de la première (docteurs). Laissons pour un moment le diamètre longitudinal pour ne nous occuper que des deux autres.
Nous voyons pour l'antérieur les docteurs dépasser les autres
catégories de 6mm,37, ce qui est énorme à côté du diamètre postérieur, puisque celui-ci ne diffère que de 2mm,82. Encore est-il
une catégorie, celle des soldats illettrés, qui a 50mm,27 de dia-

mètre postérieur, tandis que les docteurs ont 52^{mm},58. Si l'on
compare chez ces deux groupes le diamètre antérieur, on trouve
42^{mm},35 contre 48^{mm},91, soit une différence de 4^{mm},56, chiffre
élevé, qui n'est dépassé que par les détenus.

« Mais le tableau ci-dessus montre assez les différences entre
les moyennes, et il est facile de voir que, si ces régions postérieures de la tête sont un peu plus développées chez les docteurs que chez nos autres sujets, la différence à leur avantage
est beaucoup plus sensible pour la région frontale que pour la
région occipitale ; et nous voyons une gradation nettement
décroissante en commençant par la catégorie la plus instruite.
Nous sommes donc amenés à voir que la région antérieure de la
tête a été bien plus développée chez les gens instruits qui ont
continué à cultiver leur intelligence, que chez les illettrés ou les
détenus. Chez ces derniers, nous avons une moyenne considérable des diamètres postérieurs. Elle est, en effet, de 49^{mm},96
quand l'antérieure est de 41^{mm},62. Il est remarquable que, dans
cette dernière catégorie, le diamètre antérieur soit moins grand
que chez les illettrés. On pourrait trouver là un argument contre
ce que nous avançons d'une manière générale ; mais cet argument serait spécieux, car si, parmi les détenus, il y a un certain
nombre d'hommes plus intelligents, la plupart n'ont jamais
travaillé de façon à augmenter le volume de leur région frontale.
Il serait intéressant d'établir des moyennes pour calculer le
degré d'asymétrie qui doit exister entre les deux côtés du crâne.
Cette asymétrie, qui est le caractère des races et des individus
supérieurs, a été prouvée par des recherches antérieures.

« M. de Luca a trouvé que les os de la moitié droite du crâne
pesaient plus que la moitié ceux de gauche. Notre collègue, M. le
Dr Delaunay, l'a constaté expérimentalement. Il a comparé
l'une avec l'autre les rondelles au moyen desquelles les chapeliers représentent la tête de leurs clients. En calculant sur 272
de ces rondelles, il a trouvé que 76,47 fois sur 100 la région frontale était plus développée à droite, tandis que la partie gauche
l'était 15,80 fois. La région occipitale était, selon lui, plus développée à droite 45,58 p. 100 et à gauche 37,86 p. 100.

« Quoique cet examen de l'asymétrie reste un peu en dehors du
but que nous nous sommes proposé, nous avons remarqué que
la région frontale est plus développée à gauche chez les gens
instruits, tandis que, chez les illettrés ou les personnes dont
l'intelligence est restée inactive, c'est à droite que la région
postérieure du crâne s'est principalement accrue.

« Il faudrait dans les recherches tenir compte des gauchers, et l'on ferait certainement une étude bien intéressante en comparant entre eux les crânes de deux catégories de gens également instruits, les uns gauchers, les autres droitiers. On arrivera peut-être à des résultats établissant une sorte de loi d'asymétrie.

« Il y aurait tout à faire dans cette direction d'idées, que nous n'avons fait pour le moment qu'effleurer ; aussi, sans nous étendre davantage sur cette dernière partie de notre travail, nous tirerons les deux conclusions suivantes, qui nous semblent ressortir nettement de l'exposé de nos moyennes :

« 1° La tête est plus développée chez les gens instruits qui ont fait travailler leur cerveau, que chez les illettrés ou les individus dont l'intelligence est restée inactive ;

« 2° Chez les gens instruits, la région frontale est relativement plus développée que la région occipitale, et si la différence entre ces deux régions existe au profit de la dernière, cette différence est minime, alors que chez les illettrés elle est considérable.

« Nous n'avons pas eu, dans ce mémoire, la prétention de faire faire un pas de plus à l'anthropologie, à la craniométrie, encore moins de tirer de nos chiffres des déductions philosophiques ; nous avons seulement essayé d'appliquer un instrument répandu à des recherches qui tiennent une si grande place dans les travaux scientifiques actuels. Loin de consacrer notre travail exclusivement à une question d'anthropologie, nous avons pensé qu'il était aussi du domaine de l'hygiène.

« Après nos prédécesseurs, Parchappe et M. Broca, nous avons montré que l'éducation avait une influence sur le développement du cerveau. Le travail intellectuel produit une augmentation de volume du crâne, et cet accroissement porte surtout sur la partie frontale, ce qui semble bien indiquer que les lobes frontaux sont le siège des facultés les plus élevées de l'intelligence.

« L'éducation, l'instruction, l'exercice de ces facultés supérieures ne rendent pas seulement l'homme meilleur ; elles le modifient et le perfectionnent en agrandissant son cerveau, et ces développements successifs, répétés dans la longue série des générations, finissent par persister en devenant un caractère de race. La diffusion et la généralisation du travail intellectuel sont indispensables pour tous les membres d'une même collectivité. Quand les hommes s'instruisent, les nations se perfectionnent.

« C'est à ce point de vue que nos expériences ont un certain
intérêt et que notre travail nous a paru faire partie du programme d'études que s'est tracé la Société de médecine publique. »

Nous reproduisons ici les chiffres publiés par le Dr G. le Bon[1]
sur la circonférence de la tête mesurée chez diverses catégories
sociales. Ces recherches faites sur des mesures prises par un chapelier ont été très vivement critiquées ; les mensurations des
chapeliers ne jouissent pas d'une bonne réputation auprès des
anthropologistes ; les formes de tête, ou courbes horizontales
prises avec l'appareil appelé conformateur présenteraient deux
erreurs principales : 1° une erreur d'application ; le conformateur n'est pas toujours appliqué de la même façon sur une même
tête, on le place tantôt plus haut que l'inion, tantôt plus bas,
sans aucune règle, de sorte qu'une même tête n'a pas deux
courbes pareilles, même quand l'instrument est mis deux fois
de suite. De plus, la courbe du conformateur ne concorde pas
avec la courbe horizontale prise par l'anthropologiste, elle ne
passe pas par les mêmes points de repère ; elle est par exemple
prise en avant, au-dessus des bosses frontales, alors que la
courbe horizontale anthropométrique est prise au-dessous des
bosses frontales ; 2° la réduction opérée par certains confor-
mateurs n'est pas proportionnelle aux rayons de la courbe,
mais serait égale pour tous ces rayons, quelle que fût leur
longueur.

M. Le Bon ne s'est pas, il est vrai, servi des courbes prises
par le chapelier avec un conformateur ; il s'est servi des mesures prises sur l'ouverture des chapeaux ; le chapelier prenait avec une règle rentrante les diamètres antéro-postérieur
et transverse maximum du chapeau porté par chaque acheteur ;
Le Bon, à l'aide d'une formule empirique, a déduit de ces deux
diamètres la circonférence de la tête. On peut faire à ce procédé
d'observation plusieurs critiques : 1° l'ouverture du chapeau
doit dépendre de la coiffure de l'individu, et de sa quantité de
cheveux ; 2° elle doit dépendre de la manière d'enfoncer le
chapeau sur la tête, le degré d'enfoncement variant avec les
personnes ; 3° peut-être dépend-elle aussi de la nature du chapeau, de sa vétusté, etc. Parmi ces causes d'erreur, quelques-
unes doivent sans doute se compenser dans de fortes moyennes ;

---

(1) *Recherches anatomiques et mathématiques sur les lois des variations
du volume du cerveau.* Revue d'anthropologie, 1898.

mais ce qui ne se compense probablement pas, c'est le défaut
de coïncidence entre cette courbe chapelière et la courbe horizontale anthropologique ; de sorte qu'il est prudent de n'attacher
aux mesures données par Le Bon qu'une valeur relative ; ses
chiffres sont comparables entre eux, et ne le sont pas à ceux
d'autres observateurs [1]. Sous le bénéfice de ces réserves, nous
donnons ses chiffres :

COMPARAISON DE LA TÊTE DANS LES DIVERSES CATÉGORIES SOCIALES
D'UN MÊME PEUPLE (D'APRÈS LE BON) :

Circonférence de la tête en centimètres.	Savants et lettrés.	Bourgeois parisiens.	Nobles d'anciennes familles.	Domestiques parisiens.
	P. 100	P. 100	P. 100	P. 100
52 à 53	0,0	0,6	0,0	1,8
53 à 54	2,0	1,9	3,7	5,4
54 à 55	4,0	6,2	9,2	33,9
55 à 56	6,0	11,0	12,8	42,8
56 à 57	18,0	24,5	28,5	10,7
57 à 58	36,0	24,5	22,0	0,0
58 à 59	18,0	14,9	12,8	0,0
59 à 60	8,0	7,6	8,3	0,0
60 à 61	6,0	3,3	1,8	0,0
61 à 62	2,0	1,8	0,0	0,0
62 à 62,5	0,0	0,7	0,9	0,0

Le nombre des sujets sur lesquels le calcul a été fait est de
1.200 ; sur ce nombre les bourgeois étaient 1.000 ; c'étaient
des bourgeois riches, aisés ; les savants étaient 50. On ne
donne pas la proportion des autres catégories, et du reste
beaucoup de détails manquent ; c'est peut-être le chapelier
qui a exigé cette discrétion. On voit cependant que les savants
ont la circonférence de tête la plus forte, puis viennent les
bourgeois riches, puis après eux les nobles. On n'a trouvé
aucune tête inférieure à 52 centimètres [2].

En 1884, le Dr Bajénoff a publié dans le Bulletin de la Société
d'anthropologie une étude céphalométrique sur des bustes d'assassins suppliciés et de personnages distingués. Cette étude, qui
est une des rares recherches faites avec le céphalomètre d'An-

(1) Il est fâcheux que l'auteur n'ait pas fait lui-même la critique expérimentale de son procédé, en mesurant, pour les mêmes personnes, la
circonférence anthropologique de la tête et la circonférence chapelière.

(2) L'auteur en conclut qu'une tête ayant cette circonférence serait celle
d'un idiot ; nous ne pensons pas qu'il ait le droit de faire cette conclusion,
puisqu'il ignore, en somme, si parmi ses 1.200 individus il n'y avait pas
d'idiot.

thelme, ne rentrerait pas dans notre cadre, si l'auteur n'avait
pas fait également des mensurations sur les têtes des membres
de la Société d'anthropologie. Ces mensurations portaient sur
la courbe antéro-postérieure, et l'auteur a pu reproduire pour
chacun de ses groupes de sujets, une courbe moyenne, fort
analogue à celle qu'on peut obtenir avec une lame de plomb,
mais incontestablement plus précise. Il a trouvé que la courbe
antéro-postérieure montre une différence caractéristique entre
ses groupes; chez les hommes distingués, c'est surtout la
partie frontale de la courbe, en avant de bregma, qui est
bien développée; chez les assassins, c'est surtout la partie
postérieure de la courbe; le maximum de distance d'un point
de la courbe à l'axe passant par les conduits auditifs a une
longueur de 144 millimètres chez les personnages distingués,
et tombe entre les bosses frontales et le bregma, un peu plus
près des bosses frontales que du bregma; chez les assassins, il
n'est que de 140 millimètres, et il tombe entre le bregma et
l'obélion; la longueur du rayon situé entre le bregma et les
bosses frontales est seulement de 135 chez les assassins. Nous
attirons l'attention sur un dernier point, c'est que les membres
de la Société d'anthropologie sont beaucoup au-dessous des
hommes illustres[1]. M. Bajénoff semble avoir voulu, par politesse,
laisser ce point dans l'ombre, en remarquant que le rayon
maximum des membres de la Société d'anthropologie tombe en
avant du bregma; cela est exact; mais c'est un maximun bien
insignifiant, il est de 140^{mm},5, et en arrière du bregma on
trouve un rayon de 140 ; d'où nous concluons que la différence
de courbe si caractéristique que nous montre l'auteur doit surtout s'appliquer à des cas extrêmes.

Voici du reste le tableau de Bajénoff :

(1) Cette constatation inattendue paraît avoir excité une certaine surprise
parmi les membres de la Société, et l'un d'eux, pour chercher à l'expliquer,
a cru nécessaire de rappeler que le génie a la même source que la folie.

Moyennes céphalométriques pour tous les rayons de 5 en 5 degrés,
exprimées en millimètres (d'après Bajénoff).

DEGRÉS	PERSONNAGES DISTINGUÉS (19 bustes).	MEMBRES DE LA SOCIÉTÉ D'ANTHRO-POLOGIE (25 personnes).	ASSASSINS SUPPLICIÉS (55 bustes).	NÉO-HÉBRIDAIS (4 bustes).
0	114	109,5	110,5	103,5
5	122,5	116	113	107
Ophryon. 10	126	119,5	117	112
15	131	124	123	116
Bosses 20	135	128,5	126	119
frontales. 25	138	133	130	121,5
30	142,5	135	132	122,5
35	144,5	138	135	124
40	143	140,5	136	125
45	143	140	137	126,5
50	142,5	140	137,5	127,5
Bregma 55	142	139,5	138	128
60	142	140	138	128,5
65	141,25	140	138,5	130
70	141,25	140	139	131,2
75	140,25	139,5	140	133
80	139	139	140	134
85	137	137	139	134,5
90	134	133	136,5	132,5
95	129,5	130	133	128,5
100	125	125	128,5	125,5
Obélion. 105	121	120,5	124	121,5
110	116,5	116	120	120
115	111,5	110	115,5	115
Lambda. 120	106	105	111	109
125	101	100	106	104
130	96	94	102	99
135	90	88	98	94
140	84	82	93	89
145	78	77,5	88	84
Inion . . 150	72	72,5	84	78

Galton et Venn ont publié à deux reprises dans la « Nature de Londres » des notes concises sur les relations entre le volume de la tête et l'intelligence, chez les élèves de l'Université de Cambridge. La première note [1] est de Galton, et elle résume, avec tables et diagrammes, un travail de Venn lu le 24 avril de la même année à l'Institut anthropologique. L'auteur y compare le volume de la tête chez trois classes d'étudiants, différant par leur degré d'intelligence (sans doute d'après leur plus ou moins de succès à l'Université) ; le volume de la tête est obtenu en mul-

[1] *Nature*, 1888, vol. XXXVIII, p. 14.

tipliant la longueur de la tête par la largeur, et le produit par
la hauteur (l'article ne dit pas comment la hauteur a été mesurée). Le produit ne peut pas exprimer, évidemment, la capacité
crânienne, mais bien la capacité d'une boite rectangulaire qui
pourrait contenir le crâne. Il se trouve que chez les plus intelligents, ce volume crânien est plus grand que chez les moins
intelligents.

Tableau de Venn sur les capacités crâniennes des élèves de Cambridge.

AGES	1re CLASSE d'individus.	NOMBRE de sujets.	2e CLASSE d'individus.	NOMBRE de sujets.	3e CLASSE d'individus.	NOMBRE de sujets.
19	241.9	17	237.1	70	229.1	52
20	244.2	54	237.9	149	235.1	102
21	241	52	236.4	117	240.2	79
22	248.1	50	241.7	73	240	66
23	244.6	27	239	33	235	23
24	245.8	25	251.2	11	244.4	13
25 et au-dessus.	248.9	33	239.1	20	243.5	26
		258		476		361

Il résulte de ces tables qu'à 19 ans, la tête d'un homme intelligent, de la première classe, diffère de celle de la troisième
classe dans la proportion de 241 à 229, ou différence égale
environ à 5 p. 100 du volume total. A la fin de la carrière dans
l'Université, la différence devient moindre, car le crâne de
l'individu de la première classe augmente seulement de 241
à 249, tandis que celui de l'individu de troisième classe augmente beaucoup plus, de 229 à 244, la première augmentation est de 3 p. 100, la seconde est de 6 p. 100. D'où Galton
conclut que les premiers ont sur les seconds deux avantages,
un plus grand volume de tête et une plus grande précocité.

La seconde note est de M. Venn[1]; elle est suivie d'un court commentaire, signé par F. Galton, qui constate que les nouvelles
recherches ont produit précisément les mêmes résultats que les
recherches antérieures. Dans cette nouvelle note est rapportée
une série de tests sur le poids, la taille, la distance de perception
visuelle, la force musculaire, la capacité respiratoire, et Venn
établit qu'à part la force musculaire et la dimension de la tête,

(1) *Nature*, 1890, vol. XLI, p. 450-454.

on ne peut saisir aucune différence entre les individus d'intelligence différente, en ce qui concerne les autres tests physiques. Nous n'insisterons pas, et nous nous contenterons de résumer ici ce qui concerne la tête. Le volume de la tête a été mesuré comme dans la recherche antérieure. Le nombre des sujets mesurés est très grand. 487 sujets de la classe A (la plus distinguée au point de vue intellectuel) ont une capacité céphalique égale en moyenne à 243,6; 913 de la classe B (classe moyenne au point de vue intellectuel) ont seulement 237,3 comme capacité crânienne ; et enfin 734 sujets de la classe C (les moins intelligents) ont seulement 236,8, et par conséquent ne se distinguent pas du tout de la classe B. La différence entre la classe A et la classe B est de 7 inches, ce qui correspond à 3 p. 100 de la dimension réelle de la tête. Cette différence est-elle significative, ou bien doit-on la considérer comme due au hasard? L'auteur fait alors les remarques suivantes : « La théorie nous indique qu'il faut commencer par calculer l'erreur probable des volumes de tête individuels des hommes pris en général. Cette erreur probable, sur l'échelle en question, se trouve être de 17 inches. La formule usuelle pour la différence entre les moyennes de 734 et de 487 doit assigner à cette différence une erreur probable de $17 \times \sqrt{\frac{1}{734} + \frac{1}{487}}$, ce qui est à peu près 1 inch. La différence observée actuellement étant de 7 inches est par conséquent bien supérieure à l'erreur probable. »

Il y a une autre erreur probable, qui provient cette fois des erreurs de mesures commises par l'opérateur. Le Dr Venn, ayant pris plusieurs fois les mêmes mesures sur les mêmes personnes, a trouvé un écart moyen de 4 inches cubes par individu ; or la formule employée ci-dessus pour établir l'erreur probable quand on opère sur des nombres aussi grands que 487 et 734 sujets, montre que l'erreur probable serait encore inférieure à 1 inch.

Pour terminer, nous reproduisons les nombres exprimant (en inches) le volume de la tête dans les 3 classes d'individus

Age.	Classe A.	Classe B.	Classe C.
18	245.8	236.7	234.2
19	242.9	238.0	231.1
20	242.8	237.3	235.0
21	242.1	235.5	239.6
22	241.3	239.2	236.8
23	242.9	234.1	238.5
24	245.9	245.5	239.3
25	247.2	237.1	243.2

Il nous paraît probable que les auteurs auraient obtenu entre les têtes de leurs trois classes des différences bien plus grandes s'ils avaient pris d'autres mesures.

Galton et Venn insistent aussi sur ce fait, bien démontré, pensent-ils, par leurs chiffres, à savoir que le volume de la tête croît jusqu'à vingt-cinq ans. Cette conclusion ne peut pas passer pour nouvelle. Déjà Parchappe admettait que le volume de la tête augmente jusqu'à soixante ans, et cela chez l'homme comme chez la femme.

Parchappe, rappelons-le, a étudié l'influence de l'âge sur le volume de la tête ; il a surtout envisagé l'influence de l'âge chez l'homme fait, et ne parle point des enfants ; ses mesures ont été faites sur des hommes et des femmes, dont l'âge est compris entre vingt ans et soixante ans, et au-dessus ; et sa principale conclusion est que le crâne augmente de volume jusqu'à soixante ans, cette augmentation portant à peu près exclusivement sur le développement circulaire horizontal de la tête, et sur le développement de la partie antérieure ; elle serait due au développement des sinus frontaux, la table externe de l'os se portant en avant [1].

Le professeur Enrico Ferri a fait paraître en 1895, dans la Bibliothèque anthropologico-juridique de Bocca, à Turin, un important volume sur l'*Homicide*, dans lequel il traite accessoirement la question des rapports de l'intelligence avec le volume du cerveau.

Bien que peu de pages soient consacrées à cette question spéciale, l'étude anthropologique a été faite avec un soin qu'on retrouve dans tout le reste de l'ouvrage. Le but de l'auteur était de comparer les dimensions crâniennes d'une série de soldats à celles d'une série de criminels et d'une série d'aliénés.

Ayant trouvé parmi les soldats un certain nombre d'étudiants, ou des sujets ayant passé par le lycée et ayant bénéficié par conséquent d'une culture supérieure à la moyenne, il eut l'idée de calculer, par les méthodes de la moyenne et de la sériation, les mesures diverses de ce groupe de sujets d'élite, et de comparer les résultats avec ceux qui lui étaient fournis par les soldats. Le nombre des étudiants est malheureusement un peu petit, il n'est que de 20. Nous reproduisons, d'après l'auteur, un certain nombre de ses tables.

[1] Page 23, *op. cit*.

Diamètre antéro-postérieur. (D'après Ferri.)

mm.	SOLDATS	ÉTUDIANTS
	P. 100.	P. 100.
159-164	0.4	.»
165-170	0.4	»
171-176	9.6	5
177-182	24.1	15
183-188	37.9	50
189-194	21.2	25
195-200	6.4	5
201-206	1	»
Moyennes. . .	184	186

Les étudiants ont, en moyenne, le diamètre antéro-postérieur plus grand que les soldats ; de plus, les petits diamètres sont plus rares chez les étudiants. Or, en même temps qu'ils ont ce diamètre antéro-postérieur plus grand, les étudiants ont la demi-circonférence horizontale antérieure plus grande. Dans la table suivante se trouve indiqué, non la valeur absolue de cette demi-conférence antérieure, mais son rapport à la circonférence totale rendue égale à 100.

Rapport de la semi-circonférence antérieure. (D'après Ferri.)

	SOLDATS	ÉTUDIANTS
38-39	0.1	»
40-41	1.5	»
42-43	17.9	25
44-45	39.7	30
46-47	32.8	40
48-49	7	5
50-51	0.9	»
52-53	»	..
54-55	0.1	»
Moyennes. . .	44.6	45

Le chiffre de la moyenne, ainsi du reste que la sériation, montrent que la demi-circonférence antérieure est plus grande chez les étudiants ; la différence, à la vérité, n'est pas grande, puisqu'elle est égale à peu près à un demi-centième de la circonférence totale, soit en moyenne à 2 millimètres [1]. L'auteur reconnaît du reste que cette différence est insignifiante, mais il admet qu'elle est diminuée par ce fait que les soldats ont le diamètre antéro-postérieur plus court, et il pense que, toutes choses égales d'ailleurs, plus on a le diamètre antéro-postérieur court, plus on a la demi-circonférence horizontale antérieure grande (p. 125).

La capacité crânienne est également plus grande chez les étudiants ; les chiffres suivants sont obtenus avec la somme des deux diamètres et des deux courbes de la tête.

Capacité crânienne probable. (D'après Ferri.)

	SOLDATS	ÉTUDIANTS
1421-1460	2,8	»
1461-1500	18	»
1501-1540	37,7	40
1541-1580	31,9	25
1581-1620	7,9	20
1621-1660	1,6	15
1661-1700	0,1	»
Moyennes, . .	1 532	1 563

Il y a chez les étudiants non seulement une plus grande élévation de la moyenne, mais un plus petit nombre de microcéphales.

Une des mesures qui semblent le mieux différencier étudiants et soldats est celle du diamètre frontal minimum, surtout quand on le compare à une autre mesure, celle du diamètre transversal maximum qui diffère très peu dans les deux groupes. Voici les résultats de Ferri. Il nous paraissent surtout intéressants parce qu'ils ne montrent pas seulement un

[1] Cette appréciation nous est personnelle, et nous devons dire sur quelle considération nous la fondons. L'auteur donne la valeur de la circonférence antérieure par rapport à la circonférence totale égalée à 100 ; ainsi, lorsque le rapport est de 50, la demi-circonférence antérieure est la moitié de la circonférence totale ; lorsque le rapport est de 45, la circonférence antérieure est égale à la moitié de la circonférence totale, moins 5 centièmes de la circonférence totale. Or, les rapports de cette circonférence

développement supérieur quelconque de la tête d'étudiant, mais un accroissement particulier à certaines mesures.

DIAMÈTRE FRONTAL MINIMUM			DIAMÈTRE TRANSVERSAL MAXIMUM		
Millimètres.	Soldats.	Étudiants.	Millimètres.	Soldats.	Étudiants.
93-95	0,2	•	133-138	1,3	•
96-98	1,1	•	139-144	12,4	5,0
99-101	7,5	5,0	145-150	31,4	30,0
102-104	25,2	15,0	151-156	32,8	25,0
105-107	25,2	85,0	157-162	18,4	30,0
108-110	20,6	30,0	163-168	2,5	10,0
111-113	6,4	•	169-174	0,2	•
114-116	7,3	5,0			
117-119	3,5	20,0			
Moyenne .	105,5	109	Moyenne .	153,8	154

Enfin, l'observation la plus originale de Ferri, celle qui lui appartient en propre, est que la largeur mandibulaire (distance bigoniaque) est moindre chez l'étudiant que chez le soldat, bien que les 20 étudiants choisis fussent supérieurs comme taille, comme indice céphalique, comme circonférence horizontale totale de la tête. Ces quatre faits ressortent nettement de la sériation suivante.

DIAMÈTRE (largeur) de la mandibule.	SOLDATS (p. 100).	20 ÉTUDIANTS (p. 100).	CIRCONFÉRENCE horizontale.	SOLDATS (p. 100).	20 ÉTUDIANTS (p. 100).	INDICE céphalique.	SOLDATS (p. 100).	20 ÉTUDIANTS (p. 100).	TAILLE	SOLDATS (p. 100).	20 ÉTUDIANTS (p. 100).
89-92	0,3	»	500-515	1,1	»	70-72	2,4	»	156-159	9,1	5
93-96	1,9	15	516-525	7,5	»	73-75	7,4	»	160-163	21,3	10
97-100	12,2	10	526-535	20,5	10	76-78	13,1	16	164-167	24,6	40
101-104	21	35	536-545	29	20	79-81	26,1	25	168-171	23,9	15
105-108	31	25	546-555	23,7	35	82-84	24,6	25	172-175	16,6	20
109-112	18,1	5	556-565	13,8	5	85-87	17,1	25	176-179	3,6	10
113-116	9,4	5	566-575	3,5	15	88-90	6,4	5	180-183	0,8	»
117-120	6,3	»	576-585	0,8	15	91-93	8,4	»	184-187	0,1	»
121-124	1,1	»	586-595	0,1	»	94-96	0,5	»			
125-128	»	»									
129-132	0,2	»									

antérieure sont de 44,6 pour les soldats et 45,0 pour les étudiants ; il y a donc une différence égale à 0,4, c'est-à-dire à 4 millièmes de la circonférence totale. La valeur absolue de cette circonférence totale varie beaucoup, nous pouvons la fixer à 50 centimètres pour les commodités du

Otto Ammon a publié en 1893 un ouvrage[1] dans lequel il rapporte des mesures prises sur la dimension et sur la forme de la tète ; ses observations ont été faites en Allemagne sur plusieurs centaines d'individus appartenant aux catégories suivantes : élèves de gymnases — militaires d'un régiment de grenadiers de Karlsruhe — membres d'une société scientifique de Karlsruhe. Le nombre des mesures qui ont été prises est très petit, il se réduit à deux mesures crâniennes, le diamètre antéro-postérieur maximum, et le diamètre transverse maximum. Il ressort des observations et des calculs que les habitants des campagnes et que les élèves de gymnase ayant une origine campagnarde ont la tête plus ronde que les habitants des villes. Les membres de la société scientifique de Karlsruhe sont

Tableau des dimensions de la tête chez 30 savants et amis des sciences, d'après Otto Ammon[2].

	Têtes longues.	Têtes larges.	Indice céphalique.	Longueur supérieure à 19 cm.	Longueur inférieure à 18 cm.	Largeur supérieure à 16 cm.	Largeur inférieure à 15 cm.	Longueur moyenne.	Largeur moyenne.
	P. 100	P. 100	P. 100	P. 100	P. 100	P. 100	P. 100	cm.	cm.
Savants.	33,3	6,7	80,8	53,3	»	20,0	10,0	19,2	15,5
Elèves de gymnase *originaires de la ville* (3 classes supérieures)	41,1	16,1	81,0	37,5	12,5	5,4	12,9	18,6	15,1
Elèves de gymnase *originaires de la ville* (classes inférieures)	16,7	22,2	82,9	13,9	33,3	11,1	36,1	18,3	15,1
Conscrits, originaires de la campagne.	12,2	38,2	83,5	17,1	25,2	10,3	24,0	18,4	15,5

calcul, quoiqu'elle soit réellement supérieure de 3 à 6 centimètres ; or les 4 millièmes de la circonférence totale, celle-ci étant égale à 50 centimètres, ne dépassent pas 2 millimètres. C'est extrêmement peu ; et il nous semble que pour accepter une telle différence comme significative, il faudrait en calculer l'erreur probable.

(1) *Die natürliche Auslese beim Menschen.* Iéna, Fischer, 1893.

(2) Nous relevons dans l'estimable ouvrage de Otton Ammon une véritable perle de naïveté. Il raconte que la première fois qu'il a fait ses mesures dans la Société des Amis des Sciences, un violent orage venait d'éclater et seulement 12 membres de la Société avaient bravé le mauvais temps ; or il se trouva que ces 12 intrépides avaient la tête plus longue que les 18 autres membres qui étaient restés chez eux le soir de l'orage, et ne vinrent à la Société qu'à la séance suivante, où le temps était meilleur. Nous avions d'abord cru que l'auteur ne relevait un fait de ce genre que par plaisanterie ; mais il le donna avec beaucoup de sérieux, comme un fait très intéressant.

remarquables par la valeur absolue de la longueur de la tête [1] ;
cette longueur est en moyenne, en centimètres, de 19,2, tandis
que chez les élèves de gymnase et les conscrits, elle est en moyenne
de 18,3 à 18,6 ; la différence est donc de 6 à 9 millimètres en faveur
des hommes de science ; en ce qui concerne la largeur de la
tête, les hommes de science ont aussi une supériorité sur les
autres catégories d'individus, mais elle est moindre, seulement
de 1 à 4 millimètres ; il en résulte par conséquent que les
hommes de science sont plus dolicocéphales, ont un indice
céphalique moins élevé (80,8 au lieu de 81 à 83,5). Nous donnons les principaux résultats dans le tableau ci-dessus :

L'auteur cite à l'appui de ses conclusions celles de Lapouge,
qui mesurant les diamètres de crânes de gentilshommes et
de crânes de paysans, trouve pour les premiers un indice céphalique moyen de 75 à 77, et pour les derniers un indice
de 82,17 [2].

Le professeur Vitale Vitali a publié en 1896 et en 1898 deux
opuscules sur l'anthropologie au service de la pédagogie [3]. Dans
ces deux opuscules, il résume un très grand nombre de
recherches qu'il a faites dans les écoles sur la condition physique des enfants des Romagnes, et aussi sur leur condition
mentale ; il y a beaucoup à louer dans cette étude, et aussi beaucoup à critiquer, surtout en ce qui concerne la psychologie [4] ;
pour le moment, nous parlerons de ce qui concerne la céphalométrie.

L'auteur n'a pas pris un très grand nombre de mesures céphaliques ; et il n'indique pas toujours le nombre de sujets sur
lesquels ces mesures ont été prises ; nous sommes donc obligé
de donner simplement à titre de suggestion les détails suivants
que nous trouvons dans son livre.

Il a observé que dans les Romagnes l'indice céphalique est
de 84,9 en moyenne, et que le plus grand nombre de sujets
présente un indice compris entre 81 et 88 ; ce sont donc très

---

(1) Page 252, op. cit.

(2) Revue d'anthropologie, 1892 (cité par Ammon).

(3) Turin, librairie des frères Bocca.

(4) L'auteur a traité la plupart des questions de psychologie par des
questionnaires envoyés aux maîtres ; ces questionnaires étaient conçus de
la manière suivante ; l'esprit d'observation est-il développé beaucoup,
médiocrement ou peu chez vos élèves ? La mémoire est-elle bonne ou mauvaise ? etc., etc. Il est bien regrettable que l'auteur ait perdu du temps en
employant des méthodes aussi grossières, dont on ne peut presque rien
tirer de bon.

nettement des brachycéphales. L'auteur ajoute (p. 19) : « J'ai cherché à examiner s'il existe une loi quelconque de dépendance entre l'indice céphalique et les progrès (profitti) des élèves, mais je n'ai trouvé aucune relation. » On aurait voulu plus de détails.

Plus détaillées, sans l'être encore assez, sont les recherches sur le diamètre frontal minimum et sur l'indice frontal des jeunes gens. Nous traduisons le passage (p. 19 et seq.) :

« L'indice frontal oscille de 68 à 83 ; dans les séries, la valeur médiane peut être considérée comme comprise entre 65 et 77 centièmes ; la moyenne arithmétique générale est de 75,87, supérieure à celle des habitants de Bologne et de Modène.

« De nos observations, il résulte que le front commence à se développer dans les proportions notables pendant la quatorzième année, que le développement de la région frontale par rapport à la région pariétale continue à augmenter jusqu'à la seizième année ; et qu'il augmente ensuite, mais de peu de millimètres, jusqu'à dix-neuf ans. Le développement céphalique atteint son terme entre seize et dix-huit ans ; cette observation est de grande importance pour le développement intellectuel. »

Voici la table publiée par l'auteur :

Indice frontal suivant les âges, d'après Vitali.

Age des sujets.	Nombre des observations.	Diamètre transversal.	Diamètre frontal.	Indice frontal.
11	21	148,9	107,5	73,65
12	21	151,2	112,0	74,11
13	26	151,3	112,5	74,44
14	41	152,4	114,4	74,80
15	32	154,4	116,8	75,67
16	48	154,8	120,1	77,24
17	45	157,1	120,6	77,62
18	36	157,3	121,5	77,36
19	18	158,5	122,8	77,60
20	19	158,4	122,1	77,45

Cette table est très intéressante, elle montre que très brusquement, de treize ans à seize ans, la région frontale de la tête présente une augmentation dans le sens transversal ; cette augmentation apparaît surtout très nettement, lorsqu'on tient compte de l'indice frontal. L'auteur en conclut que cette augmentation de volume de la tête est due à l'exercice des fonctions intellectuelles.

L'auteur a également étudié la circonférence céphalique horizontale, et il constate que ses chiffres sont moins significatifs

que ceux du diamètre frontal, mais que cependant ils prouvent
qu'entre douze à seize ans il y a une forte augmentation de
la tête. Nous n'avons pas de peine à comprendre, du reste, pourquoi les chiffres de la courbe horizontale sont moins clairs
que ceux du diamètre frontal minimum ; à notre avis, c'est
tout simplement parce que la courbe combine deux dimensions, la longueur et la largeur de la tête, et que par conséquent, comme c'est surtout la largeur de la portion antérieure
de la tête qui est sous l'influence du développement intellectuel, la courbe horizontale ne doit pas marquer clairement
cette influence.

Vitali a cherché les rapports de la circonférence horizontale avec le degré d'intelligence des élèves ; il n'avait pas fait
cette étude pour le diamètre frontal minimum, et c'est vraiment un oubli fâcheux ; il a trouvé qu'il n'existe aucune relation entre l'intelligence et la courbe horizontale ; seulement
les meilleurs élèves ont une circonférence céphalique plus
grande, pendant leur onzième, quatorzième, quinzième et
seizième années ; « ce qui pourrait s'expliquer, dit-il, par
une précocité de développement des dimensions cérébrales »
(p. 22).

L'angle facial a été mesuré par Vitali sur ses jeunes sujets ;
nous pensons qu'il a mesuré l'angle avec le goniomètre de Broca.
Les chiffres qu'il a trouvés oscillent entre 74°,4 et 75°,7, ce sont
des chiffres qu'on trouve en employant le goniomètre de Broca ;
les mesures, avec le goniomètre de Topinard, donnent des
chiffres qui sont généralement un peu inférieurs. Vitali a
remarqué qu'à partir et au-dessus de onze ans, on rencontre
plus souvent l'angle facial petit qu'au-dessous de cet âge.

Voici quelques chiffres.

Ages.	Moyenne arithmétique de l'angle facial.	Ages.	Moyenne arithmétique de l'angle facial.
11	75	16	76,2
12	73,5	17	74,9
13	75,9	18	74,4
14	75,2	19	74,8
15	74,03	20	75,06

Bien que cette série de chiffres manque un peu de régularité,
il est incontestable qu'elle prouve que l'angle facial a une tendance à diminuer à partir de onze ans ; Vitali discute rapidement ce point ; il pense que la grandeur de l'angle facial chez

le petit enfant est due à la convexité du front et à d'autres caractères de dégénérescence.

D'autre part, Vitali reconnaît que l'angle facial est bien, selon l'opinion commune, un signe de valeur intellectuelle ; la contradiction apparente de ces deux conclusions montre assez combien la question est compliquée. L'auteur a fait le calcul suivant : sur 63 cas d'angle facial supérieur à la moyenne, il trouve 7 sujets d'intelligence obtuse, 13 d'intelligence inerte, 18 d'intelligence médiocre et 25 d'intelligence éveillée . Il remarque que l'angle facial très aigu est l'indice d'une pauvreté intellectuelle, quand il s'ajoute à d'autres caractères infantiles du crâne.

Cette étude sur les jeunes garçons se termine par des notes pédagogiques et une liste des caractères de dégénérescence qui se sont montrés le plus fréquemment. Sur 303 étudiants, 43, soit 16,10 p. 100, présentaient des anomalies céphaliques. Voici leur ordre de fréquence : Front convexe (caractère infantile), 8 fois ; disproportions des diverses parties du crâne, 10 fois ; asymétrie céphalique, 5 fois : asymétrie faciale, 4 fois ; plagiocéphalie, 4 fois ; caractères macrocéphaliques, 3 fois. Ces anormaux fournissent en outre un grand nombre d'élèves indisciplinés, 11,63 p. 100, alors que pour les normaux on ne trouve que 3,07 d'indisciplinés p. 100.

Dans le second fascicule de ses recherches, l'auteur a aussi un chapitre de céphalométrie, écrit sur le même plan que celui que nous venons d'analyser. Vitali y constate, après plusieurs autres auteurs, que le crâne de la femme est plus brachycéphale que l'homme, même dans une race brachycéphale. Ainsi, dans cette race des Romagnes, il a trouvé la brachycéphalie chez 87,1 hommes pour 100, et chez 94,5 femmes. Il trouve en outre une différence importante dans la précocité du développement du crâne ; ce développement atteint sa limite, pour l'homme, à 16 ans ; pour la femme, déjà à 12 ans, 13 ans ou 14 ans ; cette évolution rapide du crâne féminin va de pair avec le développement des facultés intellectuelles ; les professeurs que Vitali a interrogés s'accordent à dire que les jeunes filles sont, au point de vue intellectuel, plus avancées que les jeunes garçons jusqu'à la puberté, mais qu'à ce moment-là, elles subissent un arrêt de développement intellectuel, pour ne pas dire une régression (!). Le diamètre frontal minimum qui chez l'homme, au moment de la puberté, présente un accroissement si notable, ne s'accroît pas de la même manière chez la femme ;

il s'accroît plus tôt, et surtout il s'accroît beaucoup moins.
Voici des chiffres :

Age.	Diamètre frontal.		Indice frontal.	
	Hommes.	Femmes.	Hommes.	Femmes.
11	107,5	109,5	73,0	73.9
12	112	110,8	74,1	74,5
13	112,5	113,8	74,1	75,2
14	114,4	113,5	74,8	75,3
15	116,18	113,6	75,6	76,0
16	120,1	113,2	77,2	75,2
17	120,6	114,2	77,0	75,6
18	121,5	114,0	77,3	75,5
19	122,8	115,2	77,6	76,5
20	122,1	114,6	77,1	76,0

Les mesures de l'angle facial ont donné des résultats fort
importants. En moyenne, la femme a un angle facial plus grand
que l'homme ; c'est ce que nous pouvions déjà prévoir, ayant
vu plus haut que l'enfant a un angle facial plus grand que
l'adulte. Voici les chiffres de Vitali :

Angle facial, d'après Vitali.

Age.	Hommes.	Femmes.
11	75	75,6
12	75,5	76,6
13	75,9	76,5
14	75,2	76,3
15	74	75,9
16	76,2	75,5
17	74,9	75,7
18	74,4	76,4
19	74,8	75,5
20	75	76,3

Comme complément à cette étude, l'auteur a recherché les
rapports existant, chez les femmes, entre le développement
de l'intelligence et l'angle facial, et les résultats sont tout autres
que ceux qu'il a rencontrés chez les hommes ; les femmes qui
ont le plus grand angle facial sont loin d'être les plus intel-
ligentes. Voici les chiffres, ils sont bien significatifs.

Angle facial supérieur à la moyenne arithmétique.

	Hommes.	Femmes.
Intelligence vive	39,7 p. 100	22,5 p. 100
— médiocre	28,5 —	36,3 —
— inerte	20,6 —	28,7 —
— obtuse	11,1 —	12,4 —

Crochley Clapham[1], dans un article récent, a essayé de montrer

[1] *Journal of mental science*, avril 1898, p. 290.

que ce sont les lobes occipitaux qui sont particulièrement en
relation avec le développement de l'intelligence ; c'est une
affirmation qui est en désaccord, on peut le remarquer, avec
tous les travaux antérieurs que nous venons de citer, travaux
que l'auteur ne semble pas connaître. Il s'appuie sur des mesures
qu'il a faites sur 1.944 sujets non sains, et sur 183 sujets sains ;
ces mesures ont consisté à prendre la circonférence horizontale
de la tête, passant en avant au-dessus des sourcils, et en arrière
sur le point le plus proéminent de la région occipitale. Le
segment antérieur est pris d'un trou auditif à l'autre, autour
du front. La proportion moyenne de la demi-circonférence
antérieure, par rapport à la circonférence totale rendue égale
à 100 a été la suivante :

Sujets sains 52,15
Sujets non sains. 54,37
Idiots 52,30

Nous ferons remarquer que cette différence est extrêmement
petite, puisqu'elle est seulement de 15 dix-millièmes de la circonférence totale. En présence de différences aussi légères, on
ne doit pas être trop affirmatif. L'auteur a, il est vrai, d'autres
arguments à invoquer ; il rappelle que dans un article de lui,
publié par Hack Tuke dans le *Dictionary of Psychological Me-
decine,* il a donné les chiffres suivants indiquant le pourcentage
moyen du poids des lobes frontaux rapportés au poids total de
l'encéphale : Idiots : 37,15 ; imbéciles 37,21 ; le reste des aliénés :
35,99. Ces chiffres montreraient qu'à mesure que l'intelligence
diminue, les lobes frontaux présentent une augmentation de
poids, comparativement aux régions postérieures du cerveau.

En résumant l'ensemble de travaux que nous venons de citer,
nous arrivons aux propositions suivantes :

1° La relation cherchée entre l'intelligence des sujets et le
volume de la tête, telle qu'elle peut être appréciée au moyen de
mesures approximatives sur le vivant, est une relation bien
réelle, qui a été constatée par tous les investigateurs méthodiques, sans exception. Il y a un accord complet entre les
travaux de Parchappe, de Broca, de Lacassagne, de Galton et
Venn, de Otto Ammon, de Ferri, de Vitali, etc., etc., et comme
ces travaux comprennent des observations faites sur plusieurs
centaines de sujets, il en résulte que la proposition précédente
doit être considérée comme inattaquable ; on pourra l'interpréter de diverses manières, mais on ne pourra pas la nier.

entre l'intelligence et le volume de la tête n'a été étudiée jusqu'ici que dans les chiffres de moyennes ; c'est en comparant des groupes de sujets intelligents et cultivés à d'autres groupes moins intelligents et moins cultivés qu'on a pu constater à l'avantage des premiers un plus grand développement de la tête. Ces groupes comparés n'ont pas compris moins de dix sujets, et il en ont compris souvent un plus grand nombre.

3° Jusqu'ici, il n'a été fait aucune recherche qui permette de considérer la céphalométrie comme un procédé d'examen individuel, indiquant si une personne en particulier est intelligente ou non. Les auteurs qui se sont expliqués sur ce point admettent que les conditions autres que le volume crânien qui sont en relation avec l'intelligence peuvent bien se compenser dans une moyenne, mais donneraient lieu à bien des erreurs dans un cas particulier examiné isolément.

4° La relation découverte jusqu'ici, en opérant sur des moyennes, entre le développement de l'intelligence et celui de la tête, s'exprime sous la forme très simple d'un plus grand volume céphalique pour le groupe des intelligents ; c'est à cette constatation sommaire qu'on s'est borné ; et par conséquent, dès qu'on va au delà, on fait des hypothèses, et on dépasse les faits observés. Par exemple, ce serait faire une hypothèse que de supposer qu'il existe une proportion quelconque entre le degré de l'intelligence et la dimension de la tête, et que l'individu est d'autant plus intelligent que son volume cérébral est plus considérable. Cette interprétation a été déclarée ridicule par Broca.

5° Les recherches faites sur les moyennes indiquent que non seulement le volume de la tête, mais sa forme est en relation avec l'intelligence ; car les groupes les plus intelligents ont présenté aux mesures de Parchappe, de Broca et de Ferri une supériorité de développement qui se manifeste surtout dans la partie antérieure de la tête, partie qu'on a appelée le crâne antérieur, et qui comprend toute la région crânienne située en avant d'un plan vertical et transversal passant par les deux conduits auditifs.

Ces conclusions ont été atteintes par une méthode expérimentale, et par conséquent elles se suffisent à elles-mêmes ; mais il y a lieu de rechercher si elles sont d'accord avec les faits qui nous sont apportés par d'autres méthodes d'investigation. En somme, si la céphalométrie sur le vivant se borne à la mensuration du crâne revêtu de ses parties molles, c'est parce qu'elle ne peut pas faire autrement ; mais il est bien évident, dira-t-on, que le crâne étant une enveloppe du cerveau, toutes les interprétations reposant sur son volume et sur sa forme supposent que ce volume et cette forme sont l'expression de l'encéphale, qui seul est l'organe de la pensée. Il est donc logique de rechercher dans les cas où le cerveau a pu être mensuré directement, s'il a présenté, au point de vue de son volume, de son poids ou de sa forme, quelque relation saisissable avec l'intelligence.

Voilà une conclusion qui certes parait, à première vue, à l'abri de toute critique ; et cependant elle n'est pas absolument juste.

Il faut faire une distinction entre deux données que nous avons jusqu'ici réunies, la forme et le volume.

Parlons d'abord du volume ; sur ce point, la crâniométrie trouve dans les études faites directement sur le cerveau un appui considérable, car il est aujourd'hui démontré que le volume — ou plutôt — le poids de l'encéphale est plus grand chez les individus d'intelligence élevée que chez les individus d'intelligence moyenne. Cette relation entre la *quantité cérébrale* et le degré d'intelligence parait aujourd'hui admise par tous les anthropologistes ; elle est bien mise en lumière dans deux ouvrages récents ; l'un est un livre de Donaldson sur *The Growth of Brain;* l'autre est un article de Manouvrier sur le cerveau, article publié dans le Dictionnaire de physiologie de Richet. La démonstration a été faite en construisant une série avec les poids d'encéphale de 44 hommes distingués, comparés à nombre égal d'individus quelconques ; c'est du reste seulement de cette manière qu'on peut opérer, en agissant sur les chiffres donnés par les moyennes ; il est bien évident que les cas individuels, pris isolément, ne peuvent pas avoir autant de force probante, car l'intelligence n'est pas le seul facteur en relation avec la quantité cérébrale ; il y a encore la taille, la force musculaire ; il y a aussi des conditions de nutrition, de structure histologique, qui à l'heure actuelle nous échappent ; ce sont autant de causes d'erreur qui permettent de comprendre qu'un individu quelconque, d'intelligence insignifiante, comme tel briquetier de Londres, ait eu un poids d'encéphale (1.900) supérieur à celui de Cuvier (1.829) et qu'un homme qui avait certaines qualités géniales, comme Gambetta, ait eu un poids cérébral (1294) inférieur à la moyenne

(1360). Ces exceptions ne peuvent embarrasser que les gens du monde, qui ne savent pas approfondir les questions. Dans les moyennes, ces causes d'erreur se compensent et s'annulent, et on constate alors que la moyenne des poids de l'encéphale est plus élevée chez les individus les plus intelligents ; elle est de 1.430ᵍʳ,3, d'après la série formée par Manouvrier ; or la moyenne de poids cérébral de 44 Parisiens quelconques est de 1.360 grammes ; la moyenne de poids cérébral de 100 Parisiens exactement de même âge que les individus distingués est de 1.290 grammes ; enfin, une moyenne de 62 Parisiens ayant des tailles comprises entre 1ᵐ,71 et 1ᵐ,85 arrive à 1.365ᵍʳ,1. On voit que, de quelque manière que l'on compose la série témoin, son poids cérébral reste inférieur à celui de la série des individus distingués ; et les critiques qu'on a pu faire contre cette comparaison, par exemple de dire que les sujets n'appartenaient pas à la même condition sociale, ne sauraient supprimer la conclusion que la quantité cérébrale est en relation avec l'intelligence [1]. Les études de crâniométrie, nous l'avons vu, trouvent dans cette conclusion un ferme appui.

Passons maintenant à la question de forme. Elle nous a longuement occupé dans notre revue crâniométrique, et il nous parait établi avec beaucoup de force qu'en moyenne le développement de la région frontale du crâne est un signe d'intelligence ; or, on n'est pas encore arrivé, en découpant le cerveau et en pesant à part chacun de ses lobes, à constater qu'en moyenne, chez certains groupes d'individus, les lobes antérieurs du cerveau, ceux qui correspondraient au crâne antérieur, sont plus développés que dans d'autres groupes d'individus. Ce résultat est bien surprenant ; il faut cependant l'accepter tel quel, jusqu'à plus ample informé, puisqu'il représente le dernier mot de la science actuelle. Manouvrier est l'auteur qui s'est occupé avec le plus de soin de cette question, et il a eu à sa disposition ces fameux et inépuisables registres d'observation de Broca ; citons quelques-uns de ses chiffres ; les lobes frontaux représentent en moyenne les 42 à 43 centièmes du poids total des hémisphères ; or cette proportion de 43 p. 100

---

(1) Manouvrier a approfondi cette question, un peu théoriquement il est vrai ; nous ne pouvons que signaler ici deux de ses tentatives, fort curieuses : l'une consiste à rechercher quelles sont les qualités intellectuelles qui peuvent s'allier avec un cerveau de petite masse ; l'autre consiste à faire dans le cerveau une part à ce qui revient comme poids aux fonctions corporelles, et une part à ce qui revient comme poids à l'intelligence.

se maintient quel que soit le sexe de l'individu, quelle que soit sa taille, quel que soit le poids absolu de son cerveau, et enfin quel que soit son âge ; les oscillations de cette proportion centésimale ne portent que sur quelques millièmes [1].

On pourrait donc conclure de ces chiffres que lorsqu'un cerveau augmente de volume et de poids, cette augmentation se répartit d'une manière uniforme dans toutes ses parties.

Il est vrai que Manouvrier n'a pas fait entrer dans ses calculs les cerveaux ayant appartenu à des sujets particulièrement distingués, et il serait possible de soupçonner que cette proportion de 43 p. 100 des lobes cérébraux, qui est indépendante de la taille, du sexe, de l'âge et du poids absolu du cerveau, pourrait être augmentée sous l'influence d'un très grand développement intellectuel ; mais d'autres observations plus récentes, du même auteur, semblent ne pas permettre cet échappatoire ; Manouvrier nous apprend en effet qu'ayant mesuré les lobes frontaux des cerveaux dont les crânes présentaient un diamètre frontal transverse très grand, il n'a pas trouvé que ces lobes fussent plus développés que pour les cerveaux dont les crânes avaient un beaucoup plus petit développement de la région frontale (Voir *Intermédiaire des Biologistes* 1898, 21 et 22).

Si des observations ultérieures ne viennent pas renverser ces affirmations, il en résulterait qu'il n'existe point d'accord entre le développement de certaines régions du crâne et celui des régions correspondantes du cerveau ; il en résulterait en outre une conclusion beaucoup plus grave ; cette conclusion, c'est que le développement relatif de certaines régions du crâne serait beaucoup plus significatif que la proportion correspondante du cerveau. En d'autres termes, la craniométrie donnerait des résultats plus significatifs que l'encéphalométrie, l'étude de la boite serait plus instructive que celle de son contenu ; pour estimer la valeur intellectuelle d'un individu, il faudrait prendre en considération son crâne bien plus que son cerveau. Il est possible que ce soit là seulement une vérité transitoire, qui dépend de l'état actuel de nos connaissances ; elle résulte peut-être de ce que la craniométrie, grâce aux facilités d'études qu'elle offre. est plus avancée que la connaissance du cerveau.

Quoi qu'il en soit, cette conclusion n'est point faite pour diminuer l'intérêt de la craniométrie.

(1) Article *Cerveau* du Dictionnaire de Richet, p. 737.

XII

LA PÉDOLOGIE

L'IDÉE, LE MOT, LA CHOSE

Décrivant l'évolution des sciences, H. Spencer note qu'à la période de dissentiment entre les chercheurs, qui suit d'abord celle de l'unanimité entre les ignorants, succède celle « de l'unanimité des sages », au moins sur certains points importants désormais incontestés. Cette ère semble venue pour la science de l'éducation : sous le nom précis de pédologie elle paraît entrer dans la voie vraiment scientifique où tant de bons esprits s'efforçaient de la pousser depuis de nombreuses années.

Comme toutes les idées neuves, celle de la pédologie est très ancienne : dès 1847 Goltz, dans son « Buch der Kindheit » réclamait l'institution d'une véritable science de l'éducation, et de tous temps les esprits réfléchis ont compris l'importance de la question et tenté, ne fût-ce qu'en posant des problèmes, d'en préparer la solution. En France, l'idée semblait assoupie lorsque, sous l'influence de catastrophes inattendues, le mouvement ne fut pas seulement, comme l'écrivit très bien Marion, la suite d'une évolution : il eut « le caractère d'un réveil ». Subitement la pédagogie échange le rôle de Cendrillon contre celui de Reine et même de Reine despotique. On la met partout, dans les programmes, dans les examens. On l'installe en Sorbonne, où il était surprenant d'ailleurs qu'elle ne fût pas depuis longtemps enseignée, et, comme toujours en pareil cas, on lui demande, après tant de sacrifices et de preuves de confiance, de réaliser immédiatement les espérances les plus utopiques. Il faut même une pédagogie de la couture et on a dû sans doute publier une pédagogie culinaire. Sans doute elle

n'est pas encore à la mode et il est à craindre qu'elle ne le soit
jamais dans notre pays où l'on confond encore pédagogue et
pédant, mais elle est en honneur et même procure des hon-
neurs. Bien mieux, comme tout ce qui est puissant, elle suscite
oppositions et inimitiés. On lui reproche ses insuccès, sa stéri-
lité, ses palinodies et d'aucuns répètent encore que pour être
bon éducateur il faut surtout avoir évité la prétendue culture
pédagogique.

Il y a dans ces critiques une part de vérité que l'observateur
peut maintenant dégager : lorsqu'après une longue période
d'abandon ou tout au moins de négligence on réinventa la
pédagogie, il y eut nécessairement des exagérations commises.

De plus, il fallut recevoir les salutaires leçons de l'expérience
pour dissiper une dangereuse équivoque : on ne faisait pas
grand'chose tout en s'agitant beaucoup, parce qu'on n'avait pas
pu, dès le premier jour, préciser le champ d'action du savant
et du praticien, — les recherches du pédologue et l'œuvre du
pédagogue.

Sous l'influence des travaux accomplis en Allemagne et
surtout en Amérique, où des penseurs dégagés de tout lien
traditionnel et munis des instruments les plus positifs et les
plus nouveaux pouvaient immédiatement appliquer à la même
idée de l'éducation les méthodes expérimentales, on commence à
pressentir la différenciation qui va s'opérer : le célèbre rapport
de M. Buisson, les comptes rendus publiés sur les travaux
élaborés dans les Universités américaines, tout récemment la
mission de Chicago, révèlent les progrès accomplis. En Allemagne et en Italie, dans les laboratoires de psychologie ou
dans les séminaires pédagogiques, les problèmes sont posés
dans le même esprit et, dès 1892, le mouvement était assez
accentué en France pour pouvoir être nettement décrit : l'idée
de la science nouvelle se précisait de mieux en mieux[1].

On comprend que les progrès accomplis dans le sens expérimental par les sciences limitrophes avaient facilité et hâté
l'éclosion d'une théorie vraiment scientifique de l'éducation. On
venait de voir comment, en utilisant méthodiquement les données fournies par les sciences physiques, biologiques et pathologiques, s'était renouvelée et surtout élargie l'ancienne psychologie : à la période descriptive et empirique avait succédé la phase
explicative et générale. Le succès donne toujours du courage,

(1) E. Blum. *Le Mouvement pédagogique*. Revue philosophique, sept. 1892.

~~surestimer~~ qu'on exagère encore la portée, comme c'est le cas ~~aux mesures de réaction~~. Par une conséquence nécessaire, la psychologie expérimentale et la psycho-physiologie de laboratoire devaient produire une pédagogie positive et une pédiométrie. Comme on n'en saurait contester la réalité, puisqu'elles existent, il convient d'en préciser l'objet, d'en indiquer le développement actuel et d'en reconnaître la portée.

Annoncer une science nouvelle de l'éducation, n'est-ce pas céder aux préjugés de tous ceux qui, ayant saisi un aspect jusqu'alors obscur, croient découvrir le spectacle tout entier que d'autres avaient depuis longtemps décrit? On parle en effet de l'ancienne pédagogie comme on parlait il y a trente ans de la vieille psychologie : il faut la supprimer, elle est totalement faite de chic et on ne doit en attendre ni clarté ni utilité. Il serait pourtant nécessaire de tirer quelque profit de l'expérience acquise : le procès de la psychologie expérimentale n'est plus à gagner, mais il y a des arguments d'audience qui ont fait leur temps. Il est juste de reconnaître que la vieille psychologie, loin d'avoir disparu, rend journellement de précieux services à la psychologie expérimentale, qui lui emprunte ses cadres, ses descriptions et l'instrument qui reste l'outil nécessaire de toute recherche psychologique, — l'introspection.

La pédagogie telle qu'on l'a comprise et qu'on doit la cultiver pendant longtemps encore reste un art délicat ayant une portée d'autant plus grande qu'elle sera mieux définie. Réduite à être, comme le disait très bien M. Buisson dans sa leçon d'ouverture [1], « une science d'application et d'application de seconde main », elle a pour fonction « de suivre les autres sciences morales, et encore de les suivre d'assez loin pour ne s'engager après elles dans une voie que quand la voie est bien frayée, bien explorée, et parfaitement sûre ». Disons mieux : elle n'est pas une science, elle occupe un espace compris dans l'enceinte sacrée mais distinct du sanctuaire, « le parvis de la science ». D'un mot, elle est un art visant à la pratique, et par conséquent prudent : donnant des avis techniques et immédiatement réalisables, elle doit être dans une grande mesure misonéïste. La pédagogie traditionnelle ne fait pas de découvertes, elle n'a pas le droit de pousser à l'expérimentation *in anima puerili*. Elle recueille les données les mieux établies de

---

(1) F. Buisson. *Leçon d'ouverture*. Rev. int., 15 décembre 1896.

la science faite, les manie avec un doigté délicat, exerce ses
adeptes à les appliquer dans les circonstances usuelles de la
vie scolaire et domestique de l'enfant normal ou anormal, et
enfin, avant d'agir, elle pèse au trébuchet des notions morales
la qualité des applications qu'on lui propose. Quand celles-ci
sont réalisées, elle peut en d'intéressantes descriptions faire
connaître et aussi apprécier les résultats obtenus. Il y a là
toute une technique dont nul ne saurait exagérer l'importance
et la nécessité ; si l'on ajoute que sur bien des points on sera
réduit à la concevoir en partant d'opinions empiriques ou de
théories plus ou moins rationnelles, on accordera sans doute
que nous ne songeons ni à récuser le concours ni à contester la
nécessité pratique de la pédagogie traditionnelle.

Cependant elle est devenue insuffisante, et à l'art de l'éducation on cherche à substituer de tous côtés, et enfin en France depuis plusieurs années, une science véritable de l'éducation fondée, comme dit Binet, sur l'observation et l'étude expérimentale
dans l'acception scientifique du mot : aux généralités tradi-
tionnelles on veut substituer des lois explicatives et à défaut
d'autres preuves on pourrait citer la quantité considérable de
travaux analysés et critiqués, précisément dans le livre récent
de Binet et Henri, et consacrés à l'étude de « la Fatigue intellectuelle ».

Alors pourquoi appeler d'un même nom deux choses différentes, un art ancien, respectable et utile, une science récente
qui se cherche et commence à se trouver ? S'il est vrai que la
clarté des termes est un bon indice de la netteté des idées
et qu'en somme le mot a souvent grande valeur pour perpétuer
et développer la chose ; s'il est bon, pour maintes raisons, de donner à une discipline nouvelle une dénomination qui la diffé-
rencie d'un art qui en dépendra et qui sera distinct de la science
dans ses moyens et son but ; s'il importe toujours de préciser
l'esprit et la fin d'une recherche dans laquelle on s'engage,
pourquoi n'adopterait-on pas ce terme si clair et si simple de
pédologie ? Il exprime fort bien les aspirations qui se manifestent de tous côtés. Nous l'avons proposé nous-même l'an
dernier après Chrisman qui l'imprima pour la première fois,
à notre connaissance du moins, et fixa, en unissant les vues
générales de ses maîtres d'Iéna aux visées expérimentales de
ses compatriotes américains, le cadre général des recherches
pédologiques. Autant qu'on peut prévoir l'avenir dans la période
de gestation que nous traversons, il semble qu'il se constitue une

pédologie générale. comprenant la pédiatrie. la pédologie de laboratoire, et la pédologie introspective recourant directement ou indirectement aux moyens purement psychologiques.

A la pédiatrie [1] se rattacheront toutes les formes de la pédologie de l'enfant infirme. sourd-muet. aveugle. dégénéré. de l'enfant malade. épileptique. vicieux. érotique. idiot. Il faudra réserver un chapitre spécial a la grave et passionnante question de l'application de l'hypnotisme a l'éducation. question posée pour la première fois à Nancy en 1885 par le D Bérillon au Congrès de l'Association des Sciences. et à la solution de laquelle il n'a cessé de travailler avec un incontestable succès. Les cas de pédologie pathologique peuvent jeter sur la pédologie normale une lumière aussi profonde que ceux de psychologie morbide. dont Ribot a su tirer un si admirable parti. La pédologie de laboratoire comprendra la pédiométrie. la pédo-physiologie. la pédologie anthropologique. Quant à la pédologie introspective, elle pourra vérifier les données actuelles de la conscience enfantine par le recours aux témoignages historiques, linguistiques et juridiques ; on y joindra la reproduction artificielle des phénomènes par la mémoire et surtout les enquêtes locales et régionales, domestiques et scolaires, faites sur des documents empruntés aux écoles ou dans les écoles mêmes et qui ont donné déjà en Amérique, en Italie et en France. grâce aux travaux de Binet et Henri, des résultats remarquables. Par ce simple exposé on voit qu'il y a une science possible de l'éducation et que le terme pédologie a sa raison d'être. Seulement du possible au réel il y a loin, et s'il est facile à la rigueur d'inventer des mots il est fort malaisé de créer une science.

Les pédologues savent qu'une science ne s'improvise pas et qu'on fait déjà œuvre utile en donnant de solides raisons pour montrer, à la façon de Bacon, qu'elle est un désideratum. Quand la pédologie n'aurait abouti jusqu'à présent qu'à poser des problèmes. elle aurait fourni de précieuses indications. Le vrai savant voit partout des problèmes et il n'y a pas pour lui de faits insignifiants : à plus forte raison doit-on trouver des questions à résoudre quand il s'agit d'une science qui se propose de déterminer un objet aussi complexe et aussi important. Qu'on ne vienne donc pas dire que la pédologie repre-

1 Sur l'objet spécifique et l'importance de la pédiatrie voir la remarquable leçon d'ouverture du cours de pédiatrie professé à Montpellier par M. le professeur Baumel et dont nous citons plus loin quelques extraits.

sente seulement un mot suivi d'une série d'interrogations : il était nécessaire d'imposer l'un et de poser les autres pour arriver sinon à y répondre complètement, au moins à les examiner. Il y a eu et il y aura des exagérations : on tombera dans la minutie et la pédiométrie ne sera peut-être pas plus heureuse que la psychométrie. Vitali, dont l'admirable enquête sera plus loin détaillée, établit qu'il y a deux fois moins de nez aquilins chez les femmes que chez les hommes : il paraît aussi que les nez droits et même camus dominent dans la jeunesse féminine de la Romagne. Soit ; mais la question des nez et quelques autres du même genre ne semble pas devoir exercer sur l'avenir de la pédologie une influence énorme. La science nouvelle s'attachera donc parfois à des détails sans importance ou à des expériences qui risquent plutôt d'embarrasser que d'éclairer l'esprit. Mais cet inconvénient général ne saurait arrêter le progès de recherches vraiment utiles. Enfin le seront-elles ? Ne risquons-nous pas, au prix de longues et coûteuses expériences, de confirmer en un langage lourd et pédantesque les données que la pédagogie traditionnelle avait depuis longtemps établies et certifiées ?

On a fait souvent la même objection à la psychologie générale et on la formulait récemment contre la sociologie naissante. Il est évident qu'il faut toujours partir d'opinions, de data fournis par les associations mentales fondées sur l'utilité et la routine, et qui sont parfois incontestables. Rien d'étonnant à ce que la science positive les confirme, mais cette confirmation même est-elle sans intérêt et n'a-t-on réalisé aucun progès en passant de l'opinion automatique et routinière à la croyance vérifiée et motivée ? Si la pédologie confirme souvent les prescriptions de la pédagogie ancienne, il faudra s'en féliciter, d'abord parce qu'en pareille matière les changements ne sont ni faciles ni souhaitables, et ensuite parce que nous aurons la raison scientifique de certains procédés éducatifs. Nos programmes scolaires réservent l'étude des matières les plus importantes aux enfants de seize à dix-huit ans : n'a-t-on pas une bonne raison de maintenir cette règle si la céphalométrie vient la confirmer ? En ce qui concerne l'indice frontal qui oscille entre 68 et 83 centimètres, il résulte des observations faites par Vitali que le front commence à croître notablement dans le cours de la douzième année, que le développement de la région frontale s'opère surtout jusqu'à la seizième en augmentant ensuite de quelques millièmes jusqu'à la dix-neuvième : le développement céphalique atteint son com-

plètement de seize à dix-huit ans. On constatait depuis longtemps
la vivacité de la mémoire chez les jeunes enfants : sera-t-on
mécontent de posséder une statistique bien faite établissant que
cette faculté va en diminuant progressivement de onze à seize
ans ?

Les enfants, personne ne l'ignorait, ne brillent pas en général par de grandes qualités d'attention volontaire, mais trouvera-t-on inutile de connaître, après observation minutieuse
faite sur 242 sujets, que l'attention est surtout aisée de 14 à 18
ans inclusivement, avec cette réserve pourtant qu'elle demeure
toujours très pénible chez 142 enfants, ce qui prouve quels
efforts il faut déployer si on veut développer l'attention volontaire de l'élève ! Reprenant et développant avec un beau talent
descriptif la thèse populaire sur l'imagination enfantine et
l'agrémentant de faits aussi curieusement observés qu'agréa-
blement décrits, J. Sully, dans ses études sur l'enfance, l'a
dépeinte comme l'âge de l'imagination. Il faut pourtant reconnaître que Vitali trouve seulement 32 jeunes gens de 11 à
20 ans chez lesquels on note après des expériences très précises
une imagination vivace. Bien mieux, on prétend que l'imagination est la faculté caractéristique de l'esprit féminin : les expériences très curieuses de Vitali donnent un résultat tout opposé.
Hâtons-nous d'ajouter qu'elles visent uniquement la Romagne
et qu'une enquête régionale ne saurait justifier l'énonciation
d'une loi. Ainsi, qu'elle confirme ou qu'elle contredise les
preuves acquises par la pédagogie traditionnelle, la pédologie
vaudra déjà la peine qu'elle parait devoir coûter.

D'ailleurs, en posant des problèmes elle aura au moins le
mérite de nous en révéler l'existence : il en est des problèmes
de l'éducation plus encore que de beaucoup d'autres. Nous
passons maintes fois à côté sans seulement nous douter
qu'ils existent, ou même, comme nous l'apprennent de leur
côté les sociologistes, nous croyons les avoir résolus quand
nous n'avons même pas su en déterminer avec précision
les conditions élémentaires. Rien de plus instructif à ce propos
que la fameuse discussion sur le surmenage. Elle s'élevait entre
savants considérables et habitués de longue date aux rigoureux
procédés de l'investigation expérimentale. Tous ont procédé *a
priori*, *more geometrico*, en partant de ce principe pris comme
axiome que le surmenage existait et, sur cette première assertion gratuite promue au rang d'une proposition évidente, on
a greffé une erreur de méthode plus considérable encore. On

n'a même pas essayé de définir dans sa nature et dans ses formes le surmenage dont il était tant question.

Il faut lire dans la suggestive introduction du livre de Binet et Henri le récit critique de cette célèbre discussion pour voir à quel degré d'incohérence peuvent descendre des savants qui sortent du domaine où ils sont compétents et pour constater en même temps comment ils se laissent leurrer par les apparences dès qu'ils abordent les problèmes d'ordre pédologique ou sociologique. Les différents orateurs académiques prononcent des discours où abondent l'expression pittoresque, la déclamation oratoire, les mouvements passionnés. Quant à la question de fait, à celle qui dominait toutes les autres, « à savoir si bien réellement en 1887, les élèves des écoles et lycées étaient surmenés, personne ne l'élucide : c'était une affaire convenue ». N'a-t-on pas raison de souhaiter avec Binet et V. Henri que la science accomplisse ce que l'Académie n'a pas su faire et de rappeler ces recherches instituées pendant ces dix dernières années, les études rigoureusement expérimentales entreprises dans les laboratoires et les écoles pour déterminer les effets du travail intellectuel sur l'esprit et sur le corps? Au lieu de discuter des théories en l'air, on observera, et si l'on peut on mesurera des faits. Tous les problèmes devront être examinés dans le même esprit et la pédologie en précise les conditions en attendant qu'elle en fournisse la solution.

Veut-on de nouveaux exemples montrant comment elle vérifiera les vagues données de l'opinion traditionnelle? On avait depuis longtemps noté la précocité de la fillette comparée au jeune garçon : le professeur Vitale Vitali, continuant ses beaux travaux sur les enfants de la Romagne, et après l'examen méthodique de 280 sujets, établit que le développement céphalique de la femme se complète entre treize et quatorze ans, tandis que chez l'homme il s'achève seulement entre seize et dix-huit. Il est suivi chez la jeune fille d'un arrêt et même d'une régression mentale dont les plans d'études devraient tenir compte. N'est-ce pas là une donnée d'une importance capitale si d'autres statistiques la vérifient et n'y trouvera-t-on pas une raison scientifique de réformes scolaires et de lois protectrices vainement attendues jusqu'ici? C'est précisément à l'âge, vers dix-huit ans, où le jeune garçon atteint la pleine possession de ses moyens intellectuels et de ses facultés sensitives que la jeune fille subit une sorte de régression mentale. Au point de vue scolaire il faut la ménager, au point de vue moral il faut la protéger contre les effets de la passion qui triomphera d'autant mieux que les facultés d'analyse et les fonctions intellectuelles sont devenues plus faibles. On s'étonnerait moins de lamentables drames domestiques si on connaissait mieux l'époque et les formes de cet âge vraiment critique.

Citons d'autres faits : M. Fouillée avait déjà noté, en s'appuyant sur une série de statistiques, une plus grande proportion de cas anormaux chez l'homme que chez la femme. Vitali confirme cette vue ; son enquête spéciale l'amène à conclure que les anomalies céphaliques dépassent 16 p. 100 chez les jeunes gens et atteignent seulement 11 p. 100 chez les jeunes filles. N'est-ce pas là une précision qui doit vivement intéresser l'éducateur ? — On attache à l'éducation physique une importance considérable sans comprendre d'ailleurs la plupart du temps la différence qui sépare l'entraînement de la fatigue et l'exercice des sports intensifs. Mais comment doit-on la graduer, la distribuer pour les deux sexes et à quels caractères pourra-t-on reconnaître le profit ou la perte? Si la pédologie permet de donner sur ces points sinon une théorie au moins des indications précises confirmant telles ou telles données purement habituelles, nous aura-t-elle fait perdre notre temps ? Les pédagogues ont noté la plasticité du caractère féminin. Supposons qu'un pédologue partant de ce principe cherche dans quelle mesure il se modifie : il va recourir à des expériences de laboratoire, suivre l'enfant à la maison, dans la rue, dans ses jeux, dans ses querelles, dans les phases normales et anormales qu'il traverse depuis la vie utérine jusqu'à l'époque de son plein développement. Il notera les rapports réciproques du physique et du moral, comparera sur un nombre important de sujets l'évolution mentale à l'état de repos et d'action, de veille et de sommeil, de maladie et de santé, poisera enfin dans l'éthnologie, l'histoire, la mythologie et la littérature des exemples préalablement critiqués, recherchera encore au point de vue précis où il s'est placé les effets de la plasticité intellectuelle dans le présent aussi bien que dans le passé des peuples civilisés ou non. Est-ce qu'il n'aura pas recueilli des précisions de grande importance ? Quand bien même on aboutirait uniquement à confirmer l'opinion reçue déjà, faudrait-il dédaigner des éclaircissements et des explications ayant tous les degrés de probabilité auxquels peuvent prétendre les lois dans les sciences morales? On saura dans quelle mesure se modifie l'esprit féminin, l'esprit de la fillette et à quel âge l'adaptation se fait plus ou moins facilement, à quel âge enfin elle s'interrompt.

Et nous supposons jusqu'à présent que la pédologie, en transformant une opinion traditionnelle en problème scientifique méthodiquement traité, confirme les préjugés reçus. Mais cette hypothèse ne se réalisera pas toujours : on conçoit que le sens commun sera souvent en désaccord avec la science. On a vu plus haut les résultats obtenus en ce qui concerne l'imagination.

Il n'y a pas lieu sans doute de conclure, mais la question est à examiner. Il est probable aussi que dès maintenant les données de la pédologie pathologique sont suffisantes pour amener une transformation rationnelle du système disciplinaire dans les écoles : en tout cas le problème de la discipline ne sera jamais sérieusement examiné tant qu'on n'aura pas établi le diagnostic des enfants débiles, dégénérés et vicieux qui exercent dans une classe une influence si profonde, et tant qu'on ne connaîtra pas les lois de la suggestibilité, de la tendance à l'imitation, la portée et la limite de l'attention et de la distraction spontanée, leur évolution selon le sexe, l'âge et le milieu. Des travaux comme ceux que publie la Revue *Die Kinder Fehler* préparent les éléments indispensables d'un problème dont la solution assurera seule l'efficacité de l'enseignement.

Le champ est immense, le pédologue n'a que l'embarras du choix. Quels que soient la méthode qui aura ses préférences et le point de la science où il se cantonnera, il a un recueil considérable de fait précieux à observer. Le grand danger à courir, et que les néophytes évitent rarement, c'est l'excès de zèle : il ne faut pas et on ne peut pas encore conclure. En aucun point, l'ère de l'induction ne se trouve ouverte ; on doit s'en tenir à la période de l'observation et de l'expérimentation. La nouveauté des recherches, la confusion des questions, la complexité des éléments, l'incertitude relative des méthodes, l'influence des préjugés, interdisent provisoirement au pédologue l'énonciation des lois sous peine de jeter bientôt le discrédit sur la science nouvelle comme de regrettables impatiences l'ont fait pour la psychométrie. Empruntons un exemple au livre remarquable et jusqu'à présent unique en France où Binet et Henri, à propos de la fatigue intellectuelle, ont exposé la méthodologie presque complète de la pédologie.

Tout en reconnaissant que « les recherches ne sont pas encore assez avancées pour qu'on puisse en tirer une conclusion pratique directement applicable aux écoles », les auteurs ont voulu passer des indications à l'induction sur un point très

d'une enquête très intéressante, conduite dans quatre écoles normales et appliquée à la consommation d'un aliment type, le pain, M. Binet dresse un graphique spécial. Il constate que les courbures descendent graduellement d'octobre à juillet, c'est-à-dire pendant l'année scolaire, et il énonce la conclusion suivante : « Le travail intellectuel prolongé ralentit l'appétit et très probablement aussi la nutrition. »

A titre de suggestion et de vraisemblance, cette proposition serait en partie acceptable : si on la donne pour une loi, elle nous paraît infondée. D'abord les éliminations nécessaires n'ont pas été opérées : les relevés fournis à M. Binet comprenaient la consommation générale y compris celle des fonctionnaires et des domestiques. Ensuite, on ne saurait appliquer les mêmes règles aux élèves de troisième année, plus âgés que leurs camarades et préparant les épreuves du brevet supérieur, et aux élèves de première et de deuxième année uniquement préoccupés de l'examen de passage. Il faudrait donc, à notre sens, obtenir un relevé donnant uniquement la consommation faite par les élèves et par section d'élèves.

Malheureusement la comptabilité de nos établissements scolaires paraît rendre impossible une enquête de ce genre : on est réduit à utiliser des documents fort imparfaits, et les calculs se trouvent ainsi appuyés sur une base trop large. Le moyen de diminuer cette grave chance d'erreur est connu, il faut multiplier les exemples. Ainsi on aurait pu facilement comparer les données fournies par la consommation du pain dans une centaine d'écoles normales.

Mais cette large enquête est inutile si une critique plus complète des graphiques fournis par M. Binet, et auxquels nous ajouterons deux tableaux pris au hasard, permet de montrer qu'il n'est pas exactement établi que la consommation du pain diminue progressivement d'octobre en juillet, c'est-à-dire pendant l'année classique, et cela par suite de fatigue intellectuelle.

Nous disons d'abord, qu'en fait, la diminution progressive est discutable : aux tableaux publiés par M. Binet ajoutons deux autres relevés empruntés aux deux écoles normales de Montpellier pendant l'année scolaire 1896-1897 :

ÉCOLE NORMALE D'INSTITUTEURS

MOIS	CONSOMMATION TOTALE	CONSOMMATION PAR TÊTE D'ÉLÈVE
	kg.	kg.
Octobre	799	22,100
Novembre	1 081	23,150
Décembre	927	25,170
Janvier	1 134	25,330
Février	968	20,160
Mars	951	19,300
Avril	630	19,840
Mai	919	18,980
Juin	815	17,080
Juillet	613	16,200

ÉCOLE NORMALE D'INSTITUTRICES

MOIS	CONSOMMATION TOTALE	CONSOMMATION PAR TÊTE D'ÉLÈVE
	kg.	kg.
Octobre	749	16,9
Novembre	1 000	15
Décembre	791	15,3
Janvier	936	15
Février	896	14,11
Mars	867	13,70
Avril	538	13,4
Mai	845	13,2
Juin	790	12,2
Juillet	633	13,5

Joignons à ces deux tableaux la moyenne de la consommation du pain par jour et par personne pendant les années 1895, 1896, 1897 au lycée de Montpellier.

	1895		1896		1897	
	Petit lycée.	Grand lycée.	Petit lycée.	Grand lycée.	Petit lycée.	Grand lycée.
	kg.	kg.	kg.	kg.	kg.	kg.
. . .	0, 473	0, 582	0, 497	0, 612	0, 491	0, 633
. . .	0, 529	0, 606	0, 511	0, 623	0, 516	0, 644
. . .	0, 523	0, 605	0, 500	0, 586	0, 500	0, 624
. . .	0, 477	0, 569	0, 449	0, 588	0, 513	0, 659
. . .	0, 497	0, 572	0, 455	0, 584	0, 529	0, 587
. . .	0, 486	0, 556	0, 460	0, 569	0, 545	0, 542
. . .	0, 430	0, 525	0, 463	0, 490	0, 468	0, 488
. . .	»	0, 541	»	0, 558	»	0, 560
. . .	»	0, 484	»	0, 520	»	0, 520
. . .	0, 468	0, 516	0, 454	0, 567	0, 489	0, 627
. . .	0, 496	0, 586	0, 545	0, 619	0, 522	0, 667
. . .	0, 491	0, 582	0, 497	0, 598	0, 567	0, 690

coup d'œil semble confirmer la théorie de la dimis-
sive : d'octobre à juillet, dans deux écoles nor-
sges, la diminution de la quantité consommée
immes pour les garçons et 100 grammes pour les
De même dans les deux écoles normales de
consommation mensuelle du pain tombe de
ur les garçons et de 14 kg. 900 pour les jeunes
re — à 16 kg. 200 et en apparence à 13 kg. 500 en
ésultat aux petit et grand lycée dont les données
raisonnablement comparées à celles des écoles
que le système des compositions hebdomadaires,
umens de passage, de certificats, baccalauréats
ntretient une émulation et produit une fatigue
logue à celle qu'éprouvent les élèves-maîtres et
le tableau précédent montre la consommation
assant de

En octobre.		En juillet.
0kg,468	à	0kg,430
0, 546	—	0, 525
0, 454	—	0, 463
0, 567	—	0, 490
0, 489	—	0, 468
0, 627	—	0, 480

La loi proposée paraît donc vérifiée. Mais si on examine les chiffres et les faits de plus près, on voit que le point capital, c'est-à-dire le rapport entre la diminution de l'appétit et l'accroissement du travail, n'est pas établi.

A l'école normale de jeunes filles de l'Hérault, la consommation générale du pain en juillet est supérieure à celle d'avril, mai et juin. Les données du mois de mai sont d'autant plus remarquables que les élèves rentrées le 26 avril, après douze jours de congé, auraient dû avoir plus d'appétit à la fin du mois d'avril et dans le mois de mai que fin décembre, après trois mois de travail ininterrompu : c'est tout le contraire qui se présente. Et encore acceptons-nous pour le mois de juillet le chiffre de 13 kg. 5, inférieur à celui des mois de novembre, janvier, février et mars : mais il est inexact.

Le chiffre réel, qu'on ne nous fournit pas, serait de beaucoup supérieur, puisque dans ce chiffre brut il n'est tenu aucun compte des congés donnés les 14 et 15 juillet, du départ des élèves de troisième année le 12 et de l'entrée en vacances le 26. Par conséquent, pendant le mois de juillet, c'est-à-dire pendant la période des plus grandes fatigues, la consommation du pain a certainement dû être égale à celle des mois donnant la moyenne la plus élevée. « Chaque table, écrit la directrice, comprend des élèves de première, deuxième et troisième année ; les élèves de troisième année étant chefs de table, pour cette raison il est impossible d'établir une comparaison. Une seule constatation a pu être faite par la comparaison de la consommation de pain durant la première quinzaine de juillet et la deuxième à partir de laquelle les élèves de troisième ont quitté l'école. De cette comparaison il résulte qu'il y a probablement en troisième année une différence de consommation en moins presque insignifiante, 80 grammes par tête et par mois environ ». Donc il n'y a pas diminution progressive sur la consommation générale et si la consommation des élèves de troisième année est inférieure à celle des élèves de première et de deuxième, hypothèse d'ailleurs uniquement fondée sur une comparaison de quinze jours en juillet, cette diminution est insignifiante.

A l'école normale des garçons les trois mois de consommations les plus fortes sont novembre (23kg,150), décembre (25kg,170) et janvier (52kg,330).

En admettant que le maximum de janvier s'explique en partie par le repos qui a suivi les vacances, on n'en peut dire autant du chiffre de décembre, supérieur en moyenne de 3kg,070 à

celui d'octobre et qui le serait beaucoup plus encore si nous
avions le chiffre réel, défalcation faite des vacances commencées
le 24. La moyenne de juillet est en effet inférieure à celle de
tous les autres mois, et depuis avril semble se vérifier la proportion entre la diminution du pain et l'augmentation du travail
intellectuel. Mais un pareil raisonnement nous semble inaccep-
table. Pourquoi éliminer comme purement accidentels les facteurs concomitants tels que le climat, la substitution des
légumes frais aux conserves ou à la charcuterie, les sorties
plus fréquentes pendant la belle saison, etc., et pourquoi retenir comme seul antécédent inconditionnel l'accroissement de
travail intellectuel nécessité par la préparation des examens ?
De plus, on oublie que ce minimum brut de 16^{kg},200 doit être
augmenté puisqu'il faut tenir compte du départ de la troisième année, effectué le 21, et de la sortie générale qui a eu
lieu le 27. Un dernier chiffre prouvera que les élèves ne
mangent pas moins en juillet que pendant le reste de l'année.
Comparons la moyenne de la dépense par élève d'après les
chiffres suivants :

Octobre 1896.	. . . .	34 fr. 22
Novembre 1896.	. . . .	32 — 80
Décembre —	. . . .	35 — 82
Janvier 1897	. . . .	32 — 98
Février —	. . . .	27 — 70
Mars —	. . . .	31 — 85
Avril —	. . . .	31 — 32
Mai —	. . . .	30 — 94
Juin —	. . . .	30 — 85
Juillet —	. . . .	33 — 03

Ce tableau permet de supposer que dans l'hypothèse discutable où la consommation du pain aurait diminué en juillet,
les jeunes gens se seraient, comme on dit, rattrapés sur les
légumes et la viande, puisque leur entretien a coûté plus cher
en juillet qu'en février, au lendemain des vacances qu'en
novembre, presque immédiatement après la rentrée, et en mai
après le long repos de Pâques lequel avait duré du 15 au 26. Donc,
sans prétendre à notre tour incliner aux généralisations hâtives,
nous pouvons dire que les tableaux consultés ne permettent
d'affirmer ni la diminution progressive de la consommation du
pain ni même celle de l'appétit au cours de l'année classique, les
jeunes gens, comme on l'a souvent constaté, pouvant sous l'influence d'un travail intellectuel intensif, manger moins de pain
et beaucoup plus de viande. Ce dernier point a reçu récem-

ment une nouvelle confirmation à la suite de l'incident suivant
qui s'est passé à l'école de Woolwich. Le directeur notait à
la fin de l'année une progression si surprenante dans la consommation de la viande qu'il crut d'abord à des irrégularités.
Après une longue enquête il vérifia que tous les ans, à l'époque
de l'examen, la même augmentation se produisait, bien que les
cadets eussent à travailler au point de ne pouvoir réserver que
fort peu de temps à leurs exercices et jeux habituels en plein
air : l'appétit des jeunes gens augmentait chaque jour. Nous
avons nous-même constaté à plusieurs reprises sur nos élèves,
après quatre heures de composition, que le travail intellectuel
prolongé tendait à développer l'appétit du plus grand nombre
des concurrents. Faut-il conclure de là que le travail intellectuel
excite l'appétit presque autant que le travail physique ? Faut-il
admettre avec Trüper qu'il développe seulement l'appétit chez
les forts et le diminue chez les nerveux ? A notre sens il faut
se garder de conclure et attendre que des recherches de longue
haleine et entreprises par des médecins et des psychologues nous
fournissent de multiples documents qui nous permettent d'établir une loi entre le travail intellectuel prolongé et la nutrition.

Par contre, des travaux comme ceux de Binet, indépendamment du mérite qu'ils ont d'appeler l'attention sur un point
d'une importance considérable, sont utiles surtout en ce qu'ils
permettent d'exposer et de perfectionner les méthodes pratiques
assez sensibles pour révéler scientifiquement les effets de la
fatigue intellectuelle, décrire et critiquer avec le plus grand
soin les instruments enregistreurs et comparer les différentes
méthodes employées. La pédologie, si elle ne peut encore que
poser des problèmes et réunir des indications sérieuses, paraît
du moins, et c'est un point essentiel, avoir désormais conscience de la méthode qu'elle doit adopter. Jusqu'à présent il
fallait en chercher l'exposé à l'étranger : grâce au livre de
MM. Binet et Henri nous avons une méthodologie complète.
Nous savons quels sont les instruments à employer et à introduire immédiatement dans les laboratoires de pédologie qui
devront bientôt être annexés à chacune de nos universités.
Nous connaissons les méthodes de recherches imaginées
dans les laboratoires étrangers et avons ainsi les moyens de
coordonner des études éparses. Nous envisageons le moment où
les travaux d'ensemble pourront se substituer aux ébauches
partielles même dans les questions complexes comme celle de
la fatigue intellectuelle. Il n'est pas téméraire d'espérer qu'un

certain nombre de travailleurs pourront bientôt, se plaçant chacun au point de vue de leurs études spéciales, observer les effets des principales espèces de travail intellectuel sur les différentes fonctions du corps et sur les facultés de l'esprit, rechercher au bout de combien de temps apparaissent et disparaissent chez les enfants et les adultes les signes de fatigue, quelles circonstances favorisent ou entravent le repos, quelle est la vitesse de réparation et à partir de quel point il y a déperdition exceptionnelle exigeant réparation anormale, c'est-à-dire pathologique. On conçoit comment des travaux de ce genre pourraient seuls fixer une répartition scientifique des matières du programme et des heures de travail à imposer aux enfants selon l'âge et le sexe : la solution d'un pareil problème pourrait amener la plus salutaire réforme pédagogique du siècle.

Une science qui a un objet propre, que chacun sent nécessaire, qui a une détermination bien distincte, preuve de la conscience qu'elle a prise d'elle-même, qui pose une série de problèmes intéressants, vérifie d'une manière positive de respectables traditions et enfin paraît en possession d'une méthode active et féconde, n'est-elle pas sur la rive qui doit la conduire à la conquête de faits précieux et de lois empiriques d'où sortiront dans l'avenir de hautes et puissantes généralisations dont la pédagogie saura tirer grand profit? Telle est la position conquise désormais par le pédologue : elle suffirait déjà pour lui assurer des titres sérieux à l'admission dans le groupe des sciences d'avenir.

Mais on peut donner mieux qu'une définition, une vue générale et même une méthodologie de la pédologie : des exemples frappants et concluants permettent de la montrer à l'œuvre dans un des procédés appelés selon nous à donner les résultats les plus frappants, — celui des enquêtes régionales. Elles auront pour premier résultat de dissiper le scepticisme, d'ailleurs très naturel, de ceux qui pensent encore que la pédologie ne représente qu'un mot et encore un mot inutile et prétentieux.

On pourrait répondre que c'est précisément l'objection qu'on fit à Auguste Comte lorsqu'il parla de sociologie, mais il vaut mieux répliquer par des faits et des exemples. Prenons d'abord celui que nous offre le professeur Vitale Vitali dans ses *Studi antropologici in servizio della pedagogia* [1].

D'abord il a limité son enquête à une région bien déterminée

(1) Forli-Luigi Bordandini, Typografo Editore, 1896.

celle des Romagnes ; par contre, il l'a étendue aux enfants des
deux sexes dans les écoles secondaires et en appliquant toujours les mêmes procédés d'investigation. Ensuite, avec une largeur de vue qui fait le plus grand honneur à son esprit critique,
il a eu recours à toutes les sciences limitrophes sans dédaigner, bien qu'anthropologiste, les sciences morales. Le fascicule
consacré aux garçons comprend, indépendamment d'une introduction, une première partie divisée en trois sections : 1° anthropométrie (p. 6-17) ; 2° céphalométrie (p. 17-31) ; 3° l'éducation
physique (p. 41-55).

La seconde partie est divisée en deux sections, la première
consacrée à la constitution mentale (p. 55-93) et au caractère
(p. 93-114). Le fascicule consacré aux Romagnoles [1] se compose de trois parties : la première comprend l'anthropométrie
(p. 2-18), la céphalométrie (p. 33-44) ; (p. 18-33 ; les caractères
dégénérés, l'éducation physique (p. 44-54). Deux sections forment
la seconde partie, qui comporte la constitution morale (p. 54-70)
et l'éducation morale (p. 70-79). La constitution mentale (p. 79-
112) et l'éducation intellectuelle avec la conclusion (p. 112-124)
forment la troisième et dernière partie. Comme il s'agit ici,
non point de critiquer les vues générales, qui sont souvent
banales, mais de présenter surtout un cadre possible pour
des recherches futures, dont la solution sera longtemps dési-
rée, il faut entrer sans crainte dans le détail de l'enquête et des
résultats obtenus.

Les mesures anthropométriques portent d'abord sur la stature dont le développement moyen le plus rapide est atteint
de 15 à 16 ans ; le diamètre bi-acromial, le périmètre thoracique et la capacité pulmonaire présentent le même caractère,
mais cette dernière passe en un an de 2475 centimètres cubes
à 3143.

Que ce fait se représente constamment et n'aura-t-on pas
découvert une loi qui doit avoir sur la rédaction de tous les
plans d'étude une influence considérable ?

Voici d'ailleurs les deux tableaux publiés par l'auteur et qui
prêteraient à une multitude de considérations intéressantes.
Le premier de ces tableaux est relatif aux garçons, et le second
aux filles.

(1) Fratelli Bocca, Editori Torino, 1898.

AGE	STATURE	DIAMÈTRE BIACROMIAL	PÉRIMÈTRE THORACIQUE	CAPACITÉ PULMONAIRE	ACCROISSEMENTS MOYENS ANNUELS			
					Stature.	Diamètre biacromial.	Périmètre thoracique.	Capacité pulmonaire.
	cm.	cm.	cm.	cm³.	cm.	cm.	cm.	cm³.
11	136.9	31.3	65.0	1833	»	»	»	»
12	142.6	32.7	66.7	2190	5.5	1.4	1.7	357
13	145.6	33.2	69.2	2307	3.0	0.5	2.5	117
14	151.3	34.6	73.1	2463	5.7	1.4	3.9	156
15	156.4	36.9	75.7	2715	5.1	2.3	2.6	282
16	164.3	39.8	81.1	3143	7.9	2.9	5.4	698
17	164.8	38.8	82.1	3564	0.5	—1.0	1.0	121
18	167.4	40.6	84.7	3713	2.6	1.8	2.6	149
19	166.1	40.9	83.4	3781	—1.3	0.3	—1.3	68
20	166.4	41.4	84.5	3863	—1.3	0.5	1.1	82

NOMBRE des observés.	AGE	STATURE	DIAMÈTRE biacromial.	PÉRIMÈTRE thoracique.	CAPACITÉ pulmonaire.	POIDS	ACCROISSEMENTS MOYENS ANNUELS				
							Stature.	Diamètre biacromial.	Périmètre thoracique.	Capacité pulmonaire.	Poids.
30	11	132.9	31.9	64.1	1526	32.8	»	»	»	»	»
33	12	142	33.3	66	1777	35.7	9.1	1.4	3.9	251	2.9
42	13	148.5	36.2	71.5	2016	41.6	6.5	2.9	3.5	239	5.9
25	14	152.1	36.8	76.2	2112	47.3	3.6	0.6	4.7	96	5.7
40	15	151.4	38.5	78.8	2222	49.4	—0.7	1.7	2.6	110	2.1
36	16	152.9	37.5	82.3	2288	52.1	1.5	—1	3.5	66	2.7
41	17	153.6	38.2	86.7	2280	54.8	0.5	0.7	4.4	— 8	2.7
26	18	153.8	38.1	83.0	2383	55	0.2	—0.1	—2.8	3	0.2
23	19	155.3	37.8	84	2381	55.0	1.5	—0.3	0.1	— 2	0.6
24	20	154.3	38	84.2	2313	52.9	—1	0.2	0.2	— 68	—5.2

Viennent ensuite les mesures relatives au tronc et à la grande
ouverture des bras. En somme, en ce qui concerne le périmètre
thoracique, le diamètre bi-acromial et le poids, on trouve que
la période d'accroissement la plus active est la seizième année
pour continuer jusqu'à la dix-huitième année chez les jeunes
gens. Si maintenant on veut comparer les résultats obtenus
dans l'étude de la constitution physique des jeunes gens et des
jeunes filles, on voit que la période du développement maximum est pour la stature :

	Garçons	Filles
Pour la stature	de 13 à 16 ans	de 11 à 14 ans
— le diamètre biacromial. .	— 13 à 16 —	— 11 à 14 —
— le périmètre thoracique . .	— 14 à 16 —	— 12 à 17 —
— la capacité pulmonaire . .	— 14 à 17 —	— 12 à 15 —
— le poids.	— 14 à 18 —	— 13 à 16 —

ciales. Mais est-il inutile de vérifier par des enquêtes sérieuses les préjugés de l'une et les raisons de l'autre et d'y conformer ensuite les plans d'éducation ?

La céphalométrie fournit des tableaux qui autorisent l'auteur à énoncer les conclusions suivantes : Le développement céphalique se complète dans la période de 16 à 18 ans, le diamètre frontal, la courbe horizontale croissent surtout dans les années qui suivent la puberté et les éléments céphaliques atteignent leur complet développement plus tard que les autres. Chez les jeunes filles le développement céphalique se complète dans la période de 13 à 14 ans ; la courbe horizontale suit l'évolution du diamètre céphalique et le diamètre frontal se développe encore plus tôt. Si l'on ajoute que la majorité des échecs a été notée chez les jeunes filles de 14 à 15 ans on peut induire qu'entre autres causes de ce fait il faut signaler la maturité sexuelle qui détermine une régression mentale ou du moins un temps d'arrêt dans le développement psychique.

Mais il y a des remarques plus curieuses à faire à propos des rapports à établir entre les enfants dégénérés, la discipline et le progrès. Sur 303 élèves examinés on rencontre 43 cas d'anomalie céphalique. De ces 43 jeunes gens, 24, soit 58,81 p. 100 étaient disciplinés ; 14, soit 32,55 p. 100 étaient peu disciplinés ; 5, soit 11,63 p. 100 étaient indisciplinés. Par contre, parmi les normaux, les disciplinés figurent pour 75,77 p. 100 et les peu disciplinés pour 21,16 p. 100 les indisciplinés pour 3,07 p. 100.

Si on compare le développement de l'intelligence et les progrès chez les dégénérés et normaux on a les résultats suivants chez les dégénérés :

Chez les dégénérés.	Nombres.	
Intelligence éveillée	11	28.50 p. 100
— médiocre	10	23.25 —
— inerte	12	27.90 —
— obtuse	10	23.26 —
Progrès bon	8	18.60 —
— médiocre	11	25.58 —
— faible	20	46.52 —
— nul	4	9.30 —

Chez les normaux nous trouvons :

Intelligence éveillée	118	45.58 —
— médiocre	85	32.69 —
— inerte	28	10.77 —
— obtuse	29	11.15 —

céphalique : tandis que l'attention chez les normales est facile à maintenir dans la proportion de 67,1 p. 100, elle n'atteint que le 37 p. 100 chez les anormales. Les rapports de l'intelligence et des progrès donnent les chiffres suivants :

		Normales.	Anormales.
Intelligence éveillée	......	23.1 p. 100	9.7 p. 100
—	médiocre	44.2 —	39.0 —
—	inerte	19.8 —	26.8 —
—	obtuse	6.8 —	24.4 —

Pour les progrès :

Progrès bon	....	27.0 —	7.2 —
—	médiocre	42.7 —	43.9 —
—	faible	23.7 —	31.7 —
—	nul	6.5 —	17.0 —

Si l'on admet avec Spencer que l'homme agit plus souvent d'après ce qu'il sent que d'après ce qu'il pense, si l'on se rappelle que beaucoup d'enfants ont une mentalité débile, que leur volonté a une force inhibitoire très limitée et qu'enfin la contagion exerce ici une influence profonde, on comprendra la nécessité de déterminer les dégénérés qui se mêlent dans toutes les classes aux enfants normaux. S'il est impossible de les isoler et dangereux de les grouper entre eux, il ne faut pas pourtant que la collectivité souffre des causes de désordre qu'ils apportent et que leur action retarde l'œuvre éducative du maître et les progrès de toute une classe. D'autre part, il ne paraît guère utile ni même moral de réprimer par la violence la faute des anormaux et alors on voit quelle série de problèmes ouvrent des vues de ce genre à ceux qui veulent examiner scientifiquement les moyens d'assurer la discipline scolaire et de favoriser les progrès des élèves, selon les circonstances et l'auditoire.

Ainsi, l'effet des anomalies n'est nullement le même chez les garçons et chez les jeunes filles. Des observations de Vitali, il résulte que les Romagnoles ne présentent pas de divergences morales bien déterminées, mais un manque de volonté, une atonie intellectuelle et pour ainsi dire une déviation de l'énergie psychique. On constate chez elles, contrairement à ce qui se passe chez les garçons, un défaut dans

corps et celle de l'intellect. Les considérations développées par l'auteur ont pour base le tableau suivant où sont résumées les moyennes obtenues à la suite d'une série d'observations faites pendant quinze ans sur les jeunes Romagnoles.

AGE	POIDS		STATURE		DIAMÈTRE BIACROMIAL		PÉRIMÈTRE THORACIQUE	
	a	b	a	b	a	b	a	b
	kg.	kg.	cm.	cm.	cm.	cm.	cm.	cm.
15	48,5	47,7	153,1	149,1	37,1	35,5	76,1	79,0
16	51,8	51,0	153,6	151,2	36,6	38,0	82,0	82,9
17	57,1	51,9	151,9	151,0	37,0	37,1	84,9	85,3
18	55,3	54,0	154,3	153,7	38,3	37,8	85,0	79,4
19	56,0	55,4	155,5	152,6	39,0	37,5	83,8	82,8
20	55,2	54,0	156,6	150,2	38,2	38,4	85,4	87,2

L'enquête sur la constitution mentale de 303 jeunes gens examinés devait d'abord mettre en lumière les rapports de l'intelligence et des progrès. Il s'agissait d'étudier le degré de développement de la mémoire, de chercher si prédominait une mémoire spéciale, de déterminer la capacité d'attention volontaire au travail intellectuel, l'évolution de l'esprit, la portée de l'imagination et la présence d'aptitudes particulières pour un genre donné d'études. Un questionnaire rédigé par l'auteur et adressé à tous les professeurs des écoles secondaires de Romagne a permis d'établir l'uniformité méthodique des

5	2	1	7	5	4	1	4
4	5	.	6	7	4	.	7
2	3	3.	7	5	5	3	6
5	3	5	11	14	16	.	6
9	2	5	11	9	7	.	5
4	4	4	15	18	9	1	5
6	6	5	18	11	12	1	3
4	.	5	15	9	8	.	4
4	.	1	8	4	4	.	2
4	3	.	6	4	4	.	1
5	23	29	104	86	64	6	43

s des données relatives à l'intelligence et aux
:s chiffres suivants :

. . .	45.38 p. 100	Profit bon. . . .	40.00 p. 100
re . .	32,69 —	— médiocre .	33.08 —
. . .	10,77 —	— faible. . .	24.61 —
ble ou		— très faible	
. . .	11,75 —	nul. . . .	2.30 —

t donc pas adéquat à l'intelligence. Faut-il
l'amour exagéré des exercices physiques, ou
: de la puberté? En tout cas, de 14 à 17 ans
trouvent dans les classes où l'enseignement
à celui des cours précédents. La loi de gra-
r des pédagogues mal informés entraîne un
rable de forces, de redoublements forcés de
; : par conséquent les enquêtes de ce genre
mener des réformes scientifiques du plan
; questions posées et les principales réponses
rs des observations directes faites par l'au-
t premières classes du lycée et dans celles de
our l'intelligence le questionnaire comportait

les demandes suivantes : En général les jeunes gens comprennent-ils avec facilité? Est-ce l'intelligence vive ou inerte qui prédomine? 34 professeurs ont répondu : 27 signalent chez leurs élèves l'intelligence vive ; 5, l'intelligence inerte; 8, l'intelligence médiocre ; 24 déclarent les progrès médiocres; 9, bons et un, très bons.

La comparaison avec les jeunes filles est curieuse. Le progrès est en général proportionnel à l'intelligence, mais de 11 à 15 ans, le pourcentage des progrès satisfaisants est inférieur à celui de l'intelligence vive. Le fait le plus important qui ressort de la statistique est la fréquence de la médiocrité de l'intelligence coïncidant avec la médiocrité des progrès à partir de 18 ans.

AGE	NOMBRE DES OBSERVÉS	INTELLIGENCE				PROFIT				CAS D'ANOMALIE SEXUELLES
		Vive.	Médiocre	Inerte.	Très faible ou obtuse.	Bon.	Médiocre.	Faible.	Très faible ou nul.	
		P. 100	P. 100	P. 100	P. 100	P. 100	P. 100	P. 100	P. 100	
11	38	36	42	11	10	31	42	15	11	5
12	33	35	41	12	11	11	59	11	18	6
13	42	13	58	20	8	20	37	29	13	5
14	35	33	28	19	19	24	28	33	14	6
15	49	20	52	17	10	17	48	20	14	4
16	38	32	48	12	7	30	40	22	7	3
17	43	25	51	23	»	23	45	20	11	3
18	35	17	58	27	3	17	50	32	.	3
19	25	20	53	26	•	25	55	25	.	1
20	34	18	60	21	•	27	57	21	.	3

Les pourcentages comparés peuvent se résumer ainsi :

Jeunes gens.		Jeunes filles.	
Intelligence vive .	43,3 p. 100	Intelligence vive .	25,1 p. 100
Profit satisfaisant .	40,6 —	Profit satisfaisant .	27,0 —

Pour la mémoire, s'aidant des travaux de Binet, de Paulhan, Vitali, après avoir directement observé 303 jeunes gens et indirectement 270, établit que l'âge de la mémoire est la onzième année. Chose curieuse, la statistique aboutit à la même conclusion en ce qui concerne les jeunes filles.

Leur mémoire est pourtant beaucoup moins tenace, fidèle et logique, par suite de la prédominance de la vie sensitive et de l'inexpérience à lier les idées.

AGE	MÉMOIRE		
	Bonne.	Médiocre.	Faible.
	P. 100	P. 100	P. 100
11	41	37	21
12	41	35	23
13	29	42	28
14	35	35	29
15	39	41	20
16	40	36	24
17	34	42	23
18	25	50	25
19	30	45	25
20	25	53	21

A propos de l'attention il était demandé : 1° si elle était facile ou difficile ; 2° si on pouvait faire connaître le degré d'attention volontaire donnée au travail intellectuel ; 3° à quel âge on atteignait le maximum et le minimum.

Les réponses ont été assez variables ; en tout cas il est intéressant de retenir la statistique faite par l'auteur et qui porte comme tous les tableaux précédents sur les enfants qu'il a observés lui-même.

AGE	AVEC FACILITÉ	AVEC DIFFICULTÉ
11	10	10
12	8	13
13	6	14
14	13	24
15	14	18
16	20	25
17	16	19
18	19	14
19	8	5
20	9	5

Chose très curieuse chez les jeunes filles, soit qu'elles se portent naturellement vers la lumière[1], et que l'attention se manifeste alors spontanément, soit par l'effet d'une sensibilité plus vive et d'une puissance d'arrêt plus forte sur la respiration, les contrac-

(1) Binet. *Les altérations de la personnalité*, p. 127.

tions frontales et les mouvements oculaires, la force de l'attention est de beaucoup supérieure à celle que la statistique révèle pour les jeunes gens.

AGE	AVEC FACILITÉ	AVEC DIFFICULTÉ
	P. 100	P. 100
11	47	52
12	64	35
13	65	34
14	65	35
15	69	30
16	68	31
17	67	32
18	71	28
19	86	13
20	89	10

L'esprit d'observation est difficile à étudier et peut porter sur les objets les plus divers. Les épithètes par lesquelles le pédologue exprime son jugement en pareille matière sont particulièrement subjectives : les chiffres ont donc une valeur très discutable, pourtant l'auteur avait posé la question. Elle était formulée ainsi : Le développement de l'esprit d'observation est-il grand, médiocre ou faible ?

AGE	GRAND	MÉDIOCRE	FAIBLE
11	3	8	9
12	4	10	7
13	1	12	6
15	8	18	11
15	10	14	8
16	10	25	10
17	8	19	8
18	7	20	6
19	6	4	3
20	4	7	3

L'enquête statistique vérifie, en ce qui concerne les jeunes filles, les remarques si souvent faites par les littérateurs sur la supériorité de leur esprit d'observation.

AGE	ESPRIT D'OBSERVATION		
	Grand.	Médiocre.	Faible.
	P. 100	P. 100	P. 100
11	26	32	41
12	31	47	21
13	21	30	48
14	24	29	46
15	24	31	43
16	28	44	27
17	29	43	27
18	35	42	22
19	35	40	25
20	35	46	18

A cette question : l'imagination est-elle vive, médiocre ou faible ? 35 collègues consultés par l'auteur ont fait des réponses concordant pleinement avec les résultats obtenus auparavant en ce qui concerne la mémoire et ceux que l'enquêteur a trouvés lui-même et qu'il résume dans ce tableau :

AGE	IMAGINATION		
	Vivace.	Médiocre.	Faible.
11	2	10	8
12	2	9	10
13	.	8	12
14	4	13	20
15	4	11	18
16	5	17	23
17	5	11	19
18	6	9	18
19	2	3	8
20	2	7	5

Quelle idée vous vient à l'esprit, demandait Vitali à ses élèves du Gymnase, quand je prononce le mot sucre ? Je pense à une saveur douce, lui a-t-on répondu huit fois. Je vois le sucre dans la tasse où je prends le café, lui a-t-on répliqué deux fois. Mais cinq fois, aucune image ne s'est produite. L'idée de citron a évoqué

15 fois des images gustatives et trois fois aucune représentation n'a suivi. L'idée de tabac a provoqué deux fois la sensation de dégoût, une fois celle d'éternûment, huit fois celle de la fumée, six fois l'acte de fumer, trois fois elle n'a provoqué aucune image. Il a posé les mêmes questions aux élèves de l'Institut technique, et en poursuivant son enquête il s'est rendu compte de la pauvreté de l'imagination des jeunes Romagnols, exacts, patients, minutieux et subtils, dépourvus d'inspiration artistique. Utilisant la méthode de recherches de Bourdon[1], il a étudié expérimentalement la nature des images évoquées à l'audition d'une parole en choisissant des exemples propres à exciter des images sensibles. Et les observations faites sur les jeunes filles ont mis en lumière la grande influence des dispositions affectives sur le développement de l'imagination, mais les Romagnoles ont témoigné d'une faiblesse imaginative et associative considérable, d'une débilité abstractive très grande vérifiée encore par l'étude des devoirs d'élèves. L'association se fait le plus souvent par contraste ; enfin, détail frappant, les jeunes filles comme nous l'avons déjà noté, ont paru douées de moins d'imagination que les jeunes gens. Voici le tableau obtenu :

AGE	IMAGINATION		
	Vivace.	Médiocre.	Faible.
	P. 100	P. 100	P. 100
11	16	32	52
12	7	50	42
13	8	17	45
14	14	38	47
15	13	37	49
16	28	28	44
17	14	57	38
18	17	64	18
19	25	50	25
20	25	46	28

L'auteur fait porter ensuite son enquête et ses procédés statistiques sur les résultats des examens annuels, la relation entre le progrès et la discipline qui prouve que la conduite est toujours corrélative au développement de l'intelligence, enfin,

(1) Beaunis et Binet. *L'année psychologique*, Paris, Alcan, 1896.

sur le choix des carrières au sortir du lycée. De toutes ces observations il déduit la connaissance des principaux éléments dont se compose l'intellect moyen de la jeunesse Romagnole : défaut de mémoire et d'imagination, développement de l'esprit d'observation, aucune aptitude à l'originalité créatrice, un goût excessif pour la force musculaire et les exercices physiques, bref, une mentalité qui distingue nettement de leurs autres compatriotes italiens les jeunes gens étudiés par notre auteur. On devine aisément les applications pédagogiques à tirer de cette enquête pédologique.

L'expérience a révélé, non sur de vagues données plus ou moins subjectives, mais d'après une série de recherches minutieuses, l'absence ou la faiblesse d'éléments psychiques indispensables dans l'état de notre civilisation à un esprit harmonieusement développé. Il faut donc porter sur ces différents points l'effort de l'éducation intellectuelle pour rétablir l'équilibre dans la mesure du possible. On y arrivera en dressant un plan d'études et en choisissant des méthodes d'enseignement adaptées à la nature des enseignés telle que l'expérience la révèle : on pourra ainsi développer leurs qualités tout en corrigeant leurs défauts.

En ce qui concerne le caractère, notre auteur a étudié avec soin la suggestibilité naturelle, l'énergie, la persistance et la cohésion des tendances. Il a recherché les tendances fondamentales constituant le caractère régional qui persiste en dépit de tant de causes réductrices, et bien que sur ces points très délicats il s'en soit tenu souvent à des généralités, il a pourtant obtenu des résultats appréciables.

Là encore l'étude expérimentale a mis en lumière, dans la jeunesse étudiée, des éléments éthologiques à préserver avec soin pour maintenir la diversité des aptitudes indispensables à l'évolution progressive d'une grande nation, et en même temps des tendances atrophiées ou hypertrophiées qui réclament l'intervention immédiate de l'éducateur. Si on veut instituer un enseignement vraiment décentralisateur fondé non sur les nuages des théories mais sur le fond solide de la réalité, il faudra recourir à des enquêtes régionales dont celle de Vitali reste jusqu'à présent le type le plus complet. Alors on pourra faire de la décentralisation qui ne mettra pas en danger mais au contraire fortifiera l'unité nationale. On aura la diversité puisqu'il faudra ici ou bien aiguillonner ou refréner telles ou telles facultés, et on obtiendra finalement l'unité puisque le dévelop-

pement harmonieux de l'esprit restera partout le but unique
de l'éducation.

On paraît d'ailleurs avoir enfin compris la nécessité des
enquêtes pédologiques. On ne laisse plus en France aux seuls
médecins le soin de noter qu'il faut pour des enfants une pédiatrie spéciale. Il y a en effet une pathologie et une clinique
infantiles présentant un caractère spécifique ; le praticien se
trouve devant « la maladie survenant dans un organisme ou sur
des organes en pleine évolution, en plein développement[1] ».
« Les forces de l'enfant, beaucoup plus *in actu* qu'*in posse*,
étant nécessaires pour réparer les pertes normales et journalières, pour favoriser la restitution *ad integrum* dans les maladies, n'ont pas besoin d'être gaspillées par le thérapeute... Il
doit les ménager, au contraire, avec un soin jaloux pour éviter
leur résolution. »

De même on commence à comprendre, que ni les indications
du sens commun, ni les données de la psychologie générale
ne suffisent à l'étude des problèmes de l'éducation. Les
recherches pédologiques abandonnées depuis trop longtemps à
l'initiative des étrangers et faites en France dans le seul laboratoire de la Sorbonne commencent à se répandre dans nos
centres d'instruction supérieure. L'université de Lille vient de
créer sur la demande de M. Lefèvre un laboratoire des sciences
de l'éducation. Le directeur du nouveau laboratoire a parfaitement compris que l'ancienne pédagogie n'est plus de mise
pour traiter des questions dont l'examen s'impose et que par
exemple la méthode d'enquête seule peut résoudre. Tout en
regrettant que le fondateur du nouveau laboratoire paraisse
réduire la méthode pédologique aux seules investigations par
enquête sur les enfants normaux, alors que les recherches
anthropologiques[2], sociologiques[3] et pathologiques doivent
nécessairement corroborer et étendre les données obtenues

(1) *Aperçu général sur la pédiatrie.* Leçon d'ouverture faite par M. le professeur Baumel, professeur de clinique des maladies des enfants à l'Université de Montpellier, président de l'Académie des Sciences et Lettres.
Montpellier, 1899. De ce remarquable exposé, synthèse suggestive de la
pédiatrie actuelle, détachons encore cette curieuse remarque, éclaircis-
sant une des nombreuses erreurs commises à propos du surmenage intellectuel : « On a exagéré... quand on a qualifié de céphalalgie de croissance ce que d'autres attribuent plus volontiers au surmenage cérébral
et ce qui n'est, après tout, que de la névralgie dentaire. »

(2) Voir encore, L. Letourneau. *L'évolution de l'éducation dans les
diverses races humaines*, Paris, Viget. 1898.

(3) Paul Natorp. Sozialpädagogik, Stuggart, 1899.

par l'emploi des enquêtes régionales, nous ne pouvons qu'approuver le programme formulé par M. Lefèvre. Ayant l'avenir devant lui, il étendra naturellement ses recherches dans les voies que nous venons de tracer. « Ce que nous nous proposons de faire, écrit très justement M. Lefèvre, d'autres l'ont fait déjà, le font encore. Les Etats-Unis nous ont précédés dans cette voie. L'école normale de Worcester a, sous l'impulsion de Clark University, dans le Massachusetts, procédé à toute une série d'études dont les résultats ont été publiés en 1895, sous le titre *Child Observations*. En Californie, Standford University a publié en 1896 ses *Studies in Education*. A défaut d'autres raisons, on pourrait donc invoquer ici l'amour-propre national.

« Gardons-nous de croire d'ailleurs que l'on n'ait rien tenté en France dans le même sens. Quoique le Laboratoire de psychologie physiologique de la Sorbonne ait en vue principalement d'autres questions, il n'a cependant pas laissé de s'occuper de pédagogie. Mettant à part celles de ses recherches qui relèvent plutôt des sciences et de la médecine et qui ne se peuvent faire que dans des locaux appropriés, avec de coûteux appareils, nous ne signalerons que celles qui se rapportent à notre objet. Les travaux de MM. Binet et Henri sur *la Mémoire des mots* et sur *la Mémoire des phrases*[1], celui de M. Binet sur *la peur chez les enfants*[1], celui de MM. V. et C. Henri sur *les premiers souvenirs de l'enfance*[2], sont d'excellents exemples de ce que l'on peut obtenir à l'aide de procédés d'investigation purement psychologiques comme ceux auxquels nous entendons avoir recours. Citer ces essais et rappeler que leurs auteurs ne sont point suspects de faiblesse pour les méthodes qu'ils y ont employées, nous semble la meilleure réponse à faire à ceux qui douteraient de l'efficacité de ces méthodes.

« Nous sommes donc raisonnablement fondés à regarder comme viable une institution qui serait, dans la région du Nord, un centre d'études pédagogiques, non pas simplement une école où l'on viendrait s'instruire de la vérité déjà découverte, mais un atelier où, ayant conscience des fins à atteindre, on s'emploierait à poser et à résoudre une infinité de problèmes touchant la psychologie de l'enfance et ses applications immédiates à la pédagogie.

[1] *Année psychologique*, 1894. p. 1-23 et p. 24-59.
[2] *Année psychologique*. 1895. p. 223-251.

« Ce n'est pas ici le lieu de tracer le programme détaillé de
ces recherches, d'autant plus qu'une foule de question naî-
tront inopinément au cours du travail lui-même. Mais on entrevoit aisément tout l'intérêt spéculatif qui s'attacherait à l'exécution de ce dessein, comme aussi les avantages pratiques qui
en résulteraient le jour où, grâce à ces efforts, l'éducation.
opérant sur un terrain mieux connu, recueillerait, avec une
sûreté et une aisance croissantes, de fruits meilleurs et plus
abondants.

« Mais pour que la légion de travailleurs, sur la bonne volonté
desquels nous croyons pouvoir compter, fasse œuvre utile, il
faut qu'il y ait, en quelque sorte, une section centrale où s'éla-
boreront les projets et les plans, où viendront converger les
réponses aux questions posées, les observations et renseignements à exploiter. Parmi les étudiants et les auditeurs de la
Faculté qui se préparent à l'enseignement, il s'en trouvera
sans nul doute plusieurs qui ne dédaigneront pas cette tâche.
A un travail scientifique ils ne manqueront pas de prendre
goût. L'espèce de défaveur dont la pédagogie a — il faut bien
l'avouer — été frappée auprès de beaucoup de personnes intel-
ligentes, tendrait à disparaître dès que l'on y verrait une
affaire de critique et qu'elle cesserait d'apparaître à des yeux
prévenus comme un amas de lieux communs, ou un système
de solutions de commande nées d'une doctrine imposée.

« Quelques livres qu'il faudrait toujours avoir sous la main,
les périodiques de plus en plus nombreux consacrés en tous
pays, mais surtout en Allemagne et en Amérique, aux questions d'éducation : voilà avec les archives mêmes que les
enquêtes y accumuleraient peu à peu, le matériel du Laboratoire. Il existe, en France, assez de Revues disposées à insérer
l'exposé de tous les résultats dignes d'attention pour que nous
ne redoutions pas de voir nos efforts rendus inutiles faute de
publicité[1]. »

En attendant que chaque Université possède son laboratoire,
il importe en effet que les Revues et les Recueils soient largement ouverts comme ils le sont si complètement dans d'autres
pays, aux travaux, si modestes qu'ils soient, qui sont appelés à
constituer les matériaux sur lesquels doit s'édifier la pédologie,
et bien que le moment ne paraisse guère venu, pour une science
si récente, à qui beaucoup d'incrédules peuvent même refuser

(1) *Bulletin de l'Université de Lille*, novembre 1898.

l'existence, de formuler d'ambitieux programmes, on peut pourtant dire sans aucune exagération mais avec une conviction fondée sur de solides raisons que l'avenir sera fécond en résultats : la pédologie existe, et elle durera.

EUGÈNE BLUM.

XII

NOTE RELATIVE A L'INFLUENCE
DU TRAVAIL INTELLECTUEL SUR LA CONSOMMATI
DU PAIN DANS LES ÉCOLES

Je crois utile d'examiner brièvement les quelques critiq
que M. Blum a adressées, dans l'article précédent, à mon tra
sur la consommation du pain [1]. C'est une question que j'étu
encore actuellement, et que je viens de reprendre en dé
suivant une habitude que j'ai prise depuis longtemps, et
consiste à faire subir aux questions plusieurs étapes; la
mière étape consiste surtout à rechercher s'il y a quelque ¡
nomène utile à constater, et les études subséquentes ont p
but de déterminer, autant que possible, les conditions préc
de ce phénomène. Ainsi, après avoir établi que la courbe
consommation du pain dans les écoles présente une direc
descendante pendant l'année scolaire d'octobre à juillet
cherche maintenant, par une analyse du détail, à faire la par
chacun des facteurs qui peuvent influer sur cette consom
tion ; ces facteurs, dont j'ai du reste signalé quelques-
dans mon premier article, sont : 1° la nature des alime
2° la température; 3° l'état barométrique ; 4° l'état hygro
trique; 4° l'exercice physique; 5° le travail intellectuel. Voil
que l'on peut prévoir théoriquement. Dans des expériences
sont déjà en cours depuis plusieurs mois, notamment à l'é
normale de Versailles, où j'ai trouvé un collaborateur des ¡
dévoués, M. Provost, professeur et économe de ladite éc
on relève chaque jour ces différentes données, et en m
temps on fait chaque jour la critique des chiffres de cons
mation et on recherche s'il s'est produit dans la journée quel

(1) Voir *Année psychologique*, IV, p. 337.

événement exceptionnel dans la vie de l'école, qui aurait pu influer sur la consommation de pain. On voit que cette nouvelle étude sera loin de faire double emploi avec la précédente, elle est bien plus détaillée et plus attentive. M. Provost est à demeure dans l'école, il assiste de sa présence à tous les repas, surveille les élèves, et peut se rendre compte des causes d'erreur pouvant se produire [1].

Passons maintenant aux objections de M. Blum. 1° Je n'ai point éliminé la part de consommation des fonctionnaires et des domestiques. La raison en est bien simple : il m'a été *matériellement impossible* de faire cette élimination, parce que les chiffres de consommation sont toujours établis pour toute l'école. Cette cause d'erreur existe donc. Je l'ai du reste reconnue expressément. Mais je ne la crois pas très importante, d'abord à cause du petit nombre de ces éléments étrangers. A l'école normale de Versailles, il est de 1 sur 7. Or, il est beaucoup d'influences qui sont communes aux élèves et aux professeurs et domestiques, la température, l'état hygrométrique, l'état barométrique, la nature des aliments ; les différences sont seulement pour le travail intellectuel et pour le travail physique ; mais on peut se demander si la quantité de travail intellectuel et physique fournie par les professeurs et les domestiques varie beaucoup dans le cours de l'année ; il est probable que non, et par conséquent je suis disposé à admettre que l'erreur produite par l'adjonction de ces éléments étrangers peut être considérée comme à peu près constante ; puisque, d'autre part, elle porte seulement sur un septième des sujets en expérience, elle est fort petite.

2° Mes statistiques confondent les élèves de troisième année, préparant les épreuves de brevet supérieur, avec les élèves de première et de deuxième année, qui préparent les examens de passage. Il est probable que ces derniers travaillent moins fortement, en moyenne, que ceux de la troisième année. A cela je réponds encore que la comptabilité des écoles normales n'a pas permis d'établir une distinction entre la consommation du pain par les élèves des trois années. Mais je me refuse à voir là une cause d'erreur ; les élèves de première année et de deuxième année travaillent moins que ceux de troisième année, mais ils travaillent quand même, et je n'ai pas eu un moment l'idée

(1) Des recherches analogues se poursuivent actuellement à l'École normale d'instituteurs de Paris, et je pense pouvoir étendre mes investigations dans d'autres milieux.

d'étudier la consommation d'un groupe de sujets absolument homogène et fournissant la même quantité de travail intellectuel. Du reste, voudrait-on soutenir que les élèves de troisième année travaillent tous de la même façon? Je ne le crois pas. En somme, l'impossibilité où nous nous trouvons d'étudier séparément la consommation des élèves de troisième année est loin d'enlever à notre recherche toute sa signification, quoique sans doute si on pouvait faire cette étude séparée on obtiendrait, à mon sens, des résultats encore plus significatifs.

3° M. Blum a recueilli lui-même aux écoles normales d'institutrices de Montpellier les chiffres de consommation de pain : nous ne saurions assez le féliciter de comprendre ainsi la critique ; c'est la vraie manière de critiquer un auteur que de refaire, au moins partiellement, ses recherches. Ses chiffres de Montpellier sont bien d'accord avec les miens, ils expriment une décroissance générale d'octobre à juillet. Mais l'auteur pense qu'en les examinant de plus près, on voit que cette décroissance est souvent en défaut. Je réponds d'abord que si l'on veut étudier, point par point, chaque chiffre il faudrait employer la méthode à laquelle j'ai recours en ce moment, et qui consiste à tenir compte, *chaque jour*, des diverses influences qui ont pu s'exercer. Voyons maintenant les critiques de M. Blum. En avril, pour les élèves institutrices, la consommation de pain est de 13 kg. 14; il y a cependant eu dans ce mois douze jours de congé (du 14 au 26) et par conséquent elles devraient être moins fatiguées qu'en décembre, après deux mois de travail ininterrompu : cependant elles ont consommé moins qu'en décembre. — C'est possible; il est possible aussi que l'approche des examens ait provoqué plus de travail qu'en décembre, les conditions de température ont aussi pu influer; tout cela est trop vague pour pouvoir être discuté.

En ce qui concerne la consommation de juillet, je ne comprends pas les critiques de l'auteur. Il dit qu'on n'a pas tenu compte du congé du 14 et 15 juillet et du départ des élèves de troisième année le 12. Mais il est établi que ces élèves de troisième année ont moins consommé que les autres, par conséquent ce chiffre de consommation doit être abaissé. Mais je répète qu'il est impossible, avec des données aussi vagues, de faire une critique de détail.

3° M. Blum donne la dépense d'entretien des élèves ; notons que, comme la consommation du pain, elle diminue d'une manière générale d'octobre à juillet ; sur les irrégularités l'auteur s'appesantit avec la même insistance que pour la consommation du pain, mais je crois qu'il a vraiment tort : la dépense par tête d'élève est une quantité bien vague, pour pouvoir servir de base à une appréciation quelconque. Je cède la plume à M. Provost, qui est plus compétent que moi, et qui m'écrit à ce sujet :

« Tout d'abord et d'après les chiffres fournis, les frais d'entretien de l'École normale du midi dont il s'agit, sont plus élevés en octobre qu'en juin et juillet.

« Mais, qu'entend-on par frais d'entretien?

« L'entretien d'un élève-maître consiste dans l'ensemble de la dépense faite pour lui à l'École et porte sur la nourriture, le blanchissage, les fournitures classiques, le chauffage, l'éclairage. etc.

« Étant donné le peu d'élévation de la dépense par mois dans l'école en question, il semble plus probable qu'on n'a tenu compte que de la nourriture.

« Mais alors, il n'y a pas de base unique d'appréciation ; car la dépense générale de nourriture peut être plus élevée dans un mois que dans un autre, sans que cela prouve que les élèves ont mangé davantage : on peut. pendant les mois de forte chaleur , avoir donné la boisson en plus grande abondance ; — ou bien, pendant les mois d'examen, pour exciter l'appétit, avoir recours à des mets plus recherchés et, partant, plus chers ; — on peut encore (ce qui s'est fait jusqu'ici à Versailles , donner au moment du départ des élèves de troisième année, un dîner d'adieu qui augmente la moyenne de dépense par tête en juillet ; — d'autre part, l'apparition des légumes frais nouveaux occasionne un surcroît de dépense... Bref, il n'y a plus de point de comparaison, de base d'appréciation.

« Or, pour avoir ce point de comparaison, nous avons admis en principe que le pain représentait, au moins dans nos régions, la base de l'alimentation et que la consommation plus ou moins grande correspondait à la valeur nutritive de l'alimentation de l'individu. Nous n'avons pas d'autre point fixe de comparaison. et je crois qu'il faut nous y tenir.

« J'ajoute cependant que. pour d'autres régions. l'alimentation variant nécessairement avec la température, il y aurait peut-être lieu de tenir compte de facteurs autres que le pain. C'est un point qu'il y a lieu d'étudier, et c'est dans cet ordre d'idées que nous avons été amenés à rechercher l'influence que peuvent avoir sur la consommation du pain. les variations

de la température, de l'état barométrique et de l'état hygrométrique. »

Je résume donc les critiques de M. Blum en disant qu'elles
s'adressent surtout au détail des courbes, et que ce détail ne
peut être ni critiqué ni défendu contre les critiques avant d'avoir
étudié expérimentalement les faits au moyen des méthodes que
j'emploie actuellement. L'étude de M. Blum aura eu le mérite
de faire comprendre la nécessité de recherches nouvelles [1].

(1) Plusieurs des critiques de l'auteur, que je ne relève pas, tiennent, à
mon avis, à ce qu'il a lu un compte rendu sommaire de mes recherches
dans la *Fatigue intellectuelle*, au lieu de lire le compte rendu complet paru
dans l'*Année psychologique* de 1898. De même la conclusion, presque
opposée à la mienne, qu'il indique, vient de ce qu'il ignore des observations que j'ai faites pendant les périodes d'examen.

XIII

LE VOLUME DU BRAS ET LA FORCE MUSCULAIRE
MESURÉE AU DYNAMOMÈTRE

Plaçons un dynamomètre dans la main d'un sujet et prions-le
de le presser; il fait un effort et amène tel chiffre. Est-il possible
d'analyser cette opération, de séparer l'action des muscles de
l'action nerveuse et de se rendre compte de l'importance relative
de ces deux facteurs? Et si ce problème comporte une solution,
comment isoler et mesurer la première? Assurément la force
de pression varie avec le développement du bras; mais pour
donner à ce terme de développement un sens précis et plein, il
serait indispensable de considérer le volume du bras, la qualité
du muscle, l'éducation du membre, l'adresse de la main, etc.,
autant d'éléments dont la valeur n'apparait pas clairement dès
l'abord, dont il est même difficile, sinon impossible d'apprécier
quelques-uns avec approximation suffisante (l'adresse, par
exemple). J'étudierai surtout, dans le présent article, les rapports qui lient la force de pression et le volume du bras et je
chercherai à montrer que cet élément est remarquablement
significatif, et qu'en pratique, il suffit généralement à renseigner sur cette force.

Je donnerai d'abord quelques indications générales sur les
chiffres consignés dans les tableaux suivants. Il est naturellement impossible d'obtenir les volumes respectifs des muscles
et des os du bras, ou même de calculer avec exactitude leurs
sections en divers points et il faut se contenter des périmètres
du membre pris en des régions caractéristiques; on a choisi la
plus développée de l'avant-bras, près du coude, et le poignet.
Le premier périmètre donne une indication sur l'ensemble
des muscles [1] essentiels mis en jeu par l'effort de pression

(1) On sait que le poids soulevé par le travail du muscle est propor
tionnel à son épaisseur (Weber), et que la hauteur du soulèvement est
proportionnelle a sa longueur (Bernouilli). V. Landois. T—
ogie, trad. fr., 93, p. 562.

le second représente bien les os et les tendons de ces mus

La force a été mesurée au moyen du dynamomètre elliptí
de petit modèle. En juillet 1897, MM. Binet et Henri ont fai
les élèves de l'école primaire de Saint-Valery, un ense
d'observations qu'ils ont bien voulu me communiquer,
voici le résumé : « Les enfants étaient amenés deux par l
le matin ; ils pressaient le dynamomètre deux fois de ch
main, alternativement. On leur disait le chiffre obtenu ; l'
lation provoquée par la présence du camarade, excitée pa
encouragements des expérimentateurs, était fort grande,
mesurait ensuite le bras, au demi-centimètre près, avec
ruban. »

TABLEAU I. — *Rapports entre la force au dynamomètre et le péri
du bras. — Les chiffres à côté des noms dans la colonne I i
quent l'ordre de l'expérience.*

SUJETS	AGE	PRESSION AU DYNAMOMÈTRE				PÉRIMÈTRES	
		Main droite.	Main gauche.	Main droite.	Main gauche.	Poignet.	Avant-l
4. Don. .	11	14	18	16	15	13,5	19
5. Bas. .	12	22	20	20	20	14	20
6. Hel. .	12 1/2	15	11	16	10	13	19
7. Lec. .	10	17	12	15	11	13	19,1
8. Che. .	12	15	13	19	12	14	21
9. Hen. .	11	12	20	14	17	13	19
10. Fis. .	11	19	16	22	15	13,5	19
11. Jol. .	12	14	13	15	11	13	19
12. Mal. .	11 1,2	16	18	15	12	13	19,1
13. Lep. .	10	10	8	10	9	12,5	17
14. Den .	10	17	12	15	12	13	19
15. Pon .	10	19	15	23	22	14,5	21
16. Bra. .	10	19	14	17	15	13	19
17. Ret. .	8 1,2	25	20	22	18	15	21
18. Lab. .	12	18	10	18	10	13	17,1
19. Bon. .	12	17	14	16	11	13	18,1
20. Leve. .	11 1/2	14	11	15	14	12	18
21. Gas. .	11 1/2	11	13,5	14	10	12	17,1
22. Bar. .	11 1/2	19	20	20	13	13,5	19
23. Lus. .	11 1/2	25	23	23	20	15	21
24. Lev. A.	12 1/2	13	15	13	13	13,75	20
25. Mar. .	11	24	20	18	19	14	20
26. Clau. .	10 1,2	8	8	14	8	13	18
27. Gre. .	10 1,2	8	7	7	5	12	17

SUJETS	AGE	PRESSION AU DYNAMOMÈTRE												PÉRIMÈTRES			
		Main droite.	Main gauche.	Main droite.	Main gauche.	Main droite.	Main gauche.	Main droite.	Main gauche.	Main droite.	Main gauche.	Main droite.	Main gauche.	Poignet droit.	Poignet gauche.	Avant-bras droit.	Avant-bras gauche.
3. Rus..	17 1/2	47	38	45	35	50	40	50	35	52	38	49	39	16,5	16	22	26
4. Gen..	18	41	42	46	42	46	41	46	41	43	39	41	39	17	16	24	23
5. Cad. A.	20	47	52	50	52	41	47	48	45	50	45	46	47	17	16	22	25,5
6. Son..	19	33	37	43	41	41	42	39	36	40	30	42	29	16	16,5	22	25
7. Hon..	16	40	44	47	50	37	56	43	36	39	52	45	34	17	16	23	24
8. Mon..	17	38	32	40	30	49	27	49	38	38	35	35	33	16	17	24	27
9. Chr..	17	49	43	52	45	30	43	30	30	40	33	41	40	17	18	27	26
10. Henr..	18	30	40	52	38	55	36	44	37,5	34	38	31	34	17	16,5	25,5	24,5
11. Dom..	16	43	42	51	44	55	30	55	39	53	33	49	38	17	17	25,5	27
12. Jaq..	20	53	51	56	40	42	30	44	50	39	49	51	43	17	17	28	25
13. Cad. C.	16 1/2	42	36	45	40	42	36	38	38	41	37	49	40	17	16,5	25	26
14. Ben..	18	46	41	37	43	48	30	43	33	43	40	26	23	17	17	27	25
15. Bir..	16	37	31	40	41	64	36	43	43	63	48	38	59	16,5	16,5	27	26,5
16. Pic..	18	64	58	58	58	50	58	65,5	59	48	40	41	34	18	17,5	26,5	25
17. Ded..	20	48	46	49	49	59	30	48	54	58	42	40	54	16,5	16,5	26,5	25,5
18. Nic..	18	53	37	56	38	43	51	58	36	41	21	39	21	17	16	23,5	24
19. Anna.	17 1/2	35	30	38	38	38	45	45	26	40	36	29	36	16	17	26	21,5
20. Bel..	16 1/2	28	28	27	21	28	34	24	24	26	21	28	21	14,5	15	24	23
21. Kœ..	17	24	26	45	33	36	23	36	30	38	36	29	36	18,5	18	28	26
22. Del..	20	39	40	30	28	43	39	49	49	29	51	46	23	17,5	16,5	28	26,5
23. Bl. Pr.	17	39	29	42	41	56	21	55	45	46	45	52	43	16,5	18	23,5	25
24. Vim..	17 1/2	60	53	59	51	51	51	53	51	52	51	59	49	19	18,5	31	26,5
25. Sch..	18 1/2	62	50	51	51	39	32	39	32	40	30	40	30	16,5	18	28,5	25,5
26. Les..	18	48	41	51	42	50	42	48	42	41	41	43	43	17	17	25	24,5
27. Bl. Pl.	18 1/2																
28. Bon..	17																

J'ai procédé de la même façon dans une école secondaire de
Paris, où j'ai pris en février 1899 les mêmes observations. Je
connaissais déjà quelques-unes des élèves ; tous d'ailleurs avaient
été avertis des expériences, auxquelles ils se sont prêtés
de fort bonne grâce. Ils s'y intéressaient, questionnaient sur
leur objet et leur résultat et m'ont paru chercher constamment
à travailler le plus correctement possible. Les élèves venaient,
par petits groupes, dans le cabinet de leurs professeurs ; ils ne
manifestaient aucune appréhension et peu de timidité. Je leur
expliquais le maniement de l'instrument et après les avoir fait
asseoir, je les priais de presser dix fois, cinq fois de chaque main
alternativement. Je leur mesurais ensuite le bras. La plupart
m'ont semblé faire de sérieux efforts ; on disait à haute voix
les chiffres obtenus, qu'ils comparaient et commentaient ; on
les encourageait au besoin ; l'émulation était notable. Toutes
les expériences ont eu lieu après le déjeuner de midi, pendant la
récréation qui le suivait.

II

Tels sont les résultats ; comment les utiliser ? Il s'agit, je l'ai
dit, d'étudier les rapports qui peuvent exister entre la variation
des périmètres du bras et celle de la force ; cette force a été
mesurée dans une série d'épreuves qui n'ont pas toutes la même
valeur et il convient de déterminer maintenant celles qui permettront les comparaisons les plus instructives [2]. On pourrait
être tenté de prendre pour point de départ les moyennes des
chiffres de pression amenés par chaque sujet ; mais on n'obtiendrait pas de cette façon des résultats très nets, et on le
comprendra immédiatement si l'on examine de plus près les
tableaux I et II. On voit que les nombres contenus dans la
cinquième colonne sont presque toujours plus forts que ceux
contenus dans la troisième ; les mouvements les plus simples
exigent en effet un apprentissage, et beaucoup de gens sont
incapables de serrer d'emblée le dynamomètre d'une façon
correcte et de donner au premier essai tout ce qu'ils sont

(1) Je suis heureux d'exprimer ici toute ma reconnaissance au directeur
de l'école, M. de Visme, qui m'en a permis l'accès, ainsi qu'à MM. Guisan
et Trocmé dont l'obligeance a été extrême.

(2) Je ne pourrai considérer que les efforts fournis de la main droite ;
je n'ai pas, en effet, les périmètres gauches des élèves de Saint-Valery ; la
comparaison ne porterait donc que sur une vingtaine de sujets que j'ai
mesurés. Je reviendrai plus loin, à un autre point de vue, sur ces chiffres.

capables de donner. En général, la première épreuve est une mauvaise épreuve et elle fausserait les moyennes, surtout celles qu'on aurait calculées avec les deux mesures prises à Saint-Valery.

J'ai souvent, d'autre part, noté un peu de fatigue à la fin des expériences que j'ai faites à Paris.

Il reste donc le résultat maximum, qu'une autre raison, d'ordre théorique, engage d'ailleurs à adopter. Supposons, en effet, que l'excitation cérébrale augmente continuement ; le travail fourni par le bras augmentera jusqu'à une certaine limite qui correspond à celle du jeu de l'appareil physiologique

TABLEAU III. — *Ecole de Saint-Valery. Pour les numéros inscrits dans la première colonne, se reporter au tableau I.*

TABLEAU IV. — *Ecole de Paris. Pour les numéros inscrits dans la première colonne, se reporter au tableau II.*

SUJETS	FORCE	POIGNET	AVANT-BRAS
17	25	15	21
23	25	15	21
25	24	14	20
15	23	14,5	21
5	22	14	20
10	22	13,5	19
22	20	13,5	19
20	20	13	19,5
32	20	13	20
23	20	14,5	20
8	19	14	21
16	19	13	19
18	18	13	17,5
7	17	13	19,5
14	17	13	19
19	17	13	18,5
4	16	13,5	19
6	16	13	19
12	16	13	19,5
11	15	13	19
30	15	12	18
36	15	13	18
9	14	13	19
21	14	12	17,5
26	14	13	18
35	13	13,5	20
31	10	13	17,5
13	10	12,5	17
27	8	12	17
28	8	11	16

SUJETS	FORCE	POIGNET	AVANT-BRAS
16	65,5	17	27
25	60	17,5	25,5
18	59	18	26,5
26	59	19	28,5
12	56	17	29
10	52	19	28
3	52	16,5	29
9	52	17	27
11	51	17	25,5
28	51	17	26
5	50	17	26
17	50	16,5	27
7	50	17	25
24	49	18,5	28
15	48	17	26
4	46	16	24
14	46	17	28
13	45	17	25,5
19	45	16,5	25
22	45	17	26
27	43	16,5	25
6	42	16	25
8	40	16	24
20	40	17	26
23	30	14,5	21
21	27	16	23,5

mis en mouvement. Or le chiffre maximum se rapproche le plus
de celui qui mesurerait ce travail limite.

C'est en groupant, de ce point de vue, les sujets par ordre de
force décroissante et en inscrivant en regard les mesures des
périmètres, que nous avons obtenu les tableaux III et IV.

Ces tableaux montrent un certain parallélisme entre les séries
des nombres qui se trouvent dans les colonnes 2, 3 et 4. Mais il
ne se poursuit qu'à travers bien des irrégularités et pour la faire
apparaître nettement, il est bon de répartir les sujets en
divers groupes qu'on comparera plus facilement. Tenons-nous-
en à l'ordre de force décroissante et formons avec les sujets du
tableau III, trois groupes de 10 chacun, et avec les sujets du
tableau IV, trois groupes dont le dernier ne comprendra que
six sujets, et les deux autres 10. Dans chaque groupe, calculons
les moyennes des chiffres de pression et celles des périmètres
mesurés sur les sujets qu'il comprend. On trouvera ces moyennes
dans le tableau V.

TABLEAU V. — *Groupe par ordre de force.* — *Ecole de Saint-Valery :*
I, II, III. Ecole de Paris : IV, V, VI.

GROUPES	FORCE	POIGNET	AVANT-BRAS
I.	12,10	12,50	17,80
II.	17,00	13,15	19,10
III	22,10	14,00	20,05
IV	37,00	16,00	24,08
V.	47,40	16,75	26,05
VI	55,75	17,50	27,20

Ce tableau est fort net et l'on voit qu'à l'augmentation de la
force dans les deux séries de groupes, correspond une augmentation de la grosseur du poignet et de celle de l'avant-bras.
Mais il reste à chercher si les indications qui donnent ces deux
périmètres ont même valeur. Pour résoudre cette question, on
peut employer une méthode assez simple, dite des « résultats
numériques [1] ». On a groupé tout à l'heure les sujets par ordre
de force ; groupons-les maintenant par « ordre de bras », c'est-
à-dire, en prenant pour point de départ la série décroissante des

(1) *Année psychologique,* IV, 56, MM. Binet et Vaschide.

périmètres et en procédant comme plus haut. Supposons, par exemple, qu'on ait un premier groupe comprenant les plus gros bras; à côté des noms des sujets de ce groupe, on inscrira leur force au dynamomètre, ce qui permettra de calculer la force moyenne du type : gros bras. En partant de la série des mesures du poignet et de celle des mesures de l'avant-bras, on obtient les résultats consignés dans les tableaux suivants (VI et VII).

TABLEAU VI. — *Les sujets sont groupés par « ordre de poignet ».*

GROUPES	POIGNET	FORCE
I.	12,45	13,40
II. . . .	13,05	16,50
III. . .	14,17	21,10
IV. . . .	15,83	38,33
V. . . .	16,85	47,00
VI. . . .	17,70	55,35

TABLEAU VII. — *Les sujets sont groupés par « ordre d'avant-bras ».*

GROUPES	AVANT-BRAS	FORCE
I.	17,50	12,90
II. . . .	19,10	17,50
III. . . .	20,35	21,00
IV. . . .	23,75	40,50
V. . . .	25,65	46,60
VI. . . .	27,85	54,05

La comparaison de ces trois tableaux permet de constater un certain nombre de faits. D'abord, chez les enfants (groupes I, II, III), les périmètres du poignet et de l'avant-bras sont l'un et l'autre de bons signes de la force ; qu'on parte en effet de celle-ci ou de ceux-là, on retrouve à peu près les mêmes résultats. Il ne paraît pas en être ainsi chez les jeunes gens (groupes IV, V, VI), dont le poignet est plus significatif; si, en effet, les chiffres du tableau VI et ceux des colonnes 2 et 3 du tableau V sont très semblables, les chiffres du tableau VII et ceux des colonnes 2 et 4 du tableau V diffèrent notablement et l'on voit qu'à un gros bras ne correspond pas nécessairement une grande force ; cette anomalie s'explique aisément, si l'on réfléchit que dans bien des cas, le tissu graisseux fausse les mesures et que dans les groupements par « ordre de bras » les sujets gras viennent en tête; dans le groupement par « ordre de force », au contraire, ils sont répartis dans toute la série.

III

Revenons maintenant aux résultats bruts des expériences, et
nous verrons que dans bien des cas, on peut expliquer les irrégularités qu'on constate dans les tableaux III et IV.

Sans parler de l'épaisseur variable de la peau, il faudrait tenir compte du développement de la graisse. Ainsi Vim.
(24, tableau II) bien constitué, un peu gras, qui serre bien,
vient le quatrième, dans la série « par ordre de bras » ; il est
le quatorzième dans la série « par ordre de force ». Le désaccord
s'explique.

La considération de la qualité du muscle et de l'adresse du
sujet ne saurait être négligée non plus. Il est fort difficile de
mesurer la qualité du muscle ; sa fermeté m'a parfois frappé et
je l'ai notée ; elle explique la place de Dom., par exemple, qui,
dix-septième par ordre de bras, est neuvième par ordre de force.

Enfin, l'adresse joue un certain rôle ; il est pratiquement impossible de la mesurer et la lourde gaucherie exceptée, il est difficile
de la noter dans le maniement d'un instrument simple comme
le dynamomètre. Il est évident toutefois, que beaucoup de sujets
ne *savent* par presser au début ; il en est d'autres, qui ne peuvent
l'apprendre. Cependant, chez des individus normaux, d'éducation analogue, la main droite ne présente pas généralement
de différences bien accusées à cet égard. Il en est tout autrement
de la main gauche et les quelques mesures que j'ai prises de ce
côté du corps, présentent un certain intérêt (voy. tableau II).
Presque toujours le sujet (non gaucher, bien entendu) est nettement moins fort de la main gauche que de la droite ; or chez
tous ceux qui jouent d'un instrument exigeant quelque habileté
de la main gauche, tel que le violon, on constate une singulière
égalisation (V. Cad A. 5 et Hon. 7 Tab. II).

Quoi qu'il en soit, on peut reconnaître, je crois, la valeur particulièrement significative des volumes musculaires et osseux
du bras, puisque, même sans tenir compte des facteurs dont il
vient d'être question, les moyennes précédentes correspondent
avec une certaine précision et varient en même temps.

IV

J'ai cherché à exprimer, par une formule simple, le parallélisme de ces variations ; on peut écrire :

$$P = K + \frac{2}{10} F \qquad (1)$$

$$p = k + \frac{1}{10} F \qquad (2)$$

P, désignant le périmètre de l'avant-bras ; p, celui du poignet; K et k des constants ; F, la force de pression mesurée au dynamomètre. Il suffira, pour faire comprendre la signification qu'il faut attribuer à K et à k et la valeur qu'il convient de leur donner dans les calculs, d'exposer rapidement le procédé qui m'a permis d'obtenir (1) et (2). J'ai traduit en graphiques les moyennes du tableau V; puis j'ai modifié les axes des coordonnées auxquels ils étaient rapportés, jusqu'à coïncidence relative de ces graphiques ; les formules (1) et (2) ne sont autre chose que l'expression mathématique des figures obtenues de la sorte. K est la quantité dont un des axes a été déplacé au cours de l'opération ; de même k. Les coefficients de F indiquent que les chiffres qui mesuraient la force moyenne ont été transcrits à des échelles différentes.

On aurait pu trouver des expressions différentes des faits ; les formes choisies sont assez simples et l'on jugera du degré de précision avec lequel elles traduisent les phénomènes étudiés, en comparant les chiffres mesurés et les chiffres calculés ; on a donné à K les valeurs 15.60 pour les groupes I, II, III ; 16.50 pour les groupes IV, V, VI ; les valeurs correspondantes pour k sont 11.50 et 12.10.

	AVANT-BRAS		POIGNET	
	Chiffres mesurés.	Chiffres calculés.	Chiffres mesurés.	Chiffres calculés.
I....	17,80	18,02	12,50	12,71
II....	19,10	19,00	13,15	13,20
III....	20,05	20,02	14,00	13,70
IV....	24,08	23,90	16,00	15,80
V....	26,05	25,98	16,95	16,84
VI....	27,20	27,65	17,50	17,67

Il serait possible, à la rigueur, de faire varier K et *k*, qu'on considérerait comme fonctions des périmètres, mais l'introduction de ces quantités compliquerait fort les calculs et serait, d'autre part, sans utilité dans l'application pratique[1] qu'on pourrait faire des formules aux cas réels et particuliers. Les différences et les variations individuelles s'atténuent dans les moyennes qui ont permis de les établir ; ces moyennes elles-mêmes sont tirées de mesures dont la précision n'est pas considérable. Il faut se défier de l'exactitude factice et se rappeler que les mathématiques, moyens d'expression commode dans tel ou tel problème, ne sauraient modifier les résultats bruts de l'expérimentation.

J. LARGUIER DES BANCELS

[1] On tire de (1) et (2) $F = (P - K) \dfrac{10}{2}$ et $F = (p - k)\, 10$.

XIV

ÉTUDE SUR LES APPAREILS CHRONOPHOTOGRAPHIQUES

On sait que les appareils chronophotographiques à bandes pelliculaires ont été connus en France grâce aux travaux de M. Marey, qui en a multiplié les applications dans les sciences biologiques.

On sait aussi que le principe de ces appareils consiste à faire passer au-devant d'un objectif unique une bande sensible sur laquelle s'impriment les phases diverses d'un phénomène à analyser.

L'inscription de ce phénomène est discontinue, c'est une série d'images instantanées de l'objet en mouvement, vues d'un point unique. La qualité de l'appareil chronophotographique tient à deux choses essentielles : la netteté des images et leur fréquence.

Pour obtenir la netteté de l'image, la bande pelliculaire sensible est immobilisée pendant le temps très court du passage de la fenêtre d'un disque obturateur qui démasque l'objectif. La succession rapide des images est obtenue par le déplacement subit de la partie de la bande qui vient d'être impressionnée et qui est remplacée pendant l'éclipse du disque obturateur, par une portion voisine.

On conçoit que toute la qualité d'un chronophotographe réside dans la disposition mécanique la plus parfaite et la plus simple pour réaliser le mouvement intermittent de la pellicule sans la détériorer ni sans fatiguer les organes de l'appareil.

La bande pelliculaire est fragile, elle doit se déplacer et s'arrêter quinze à vingt fois en une seconde ; j'ai donc rejeté *a priori* toute solution du problème dans laquelle *un organe quelconque de l'appareil autre que la portion de pellicule qui reçoit l'image devant l'objectif, participerait au mouvement intermittent de*

avait décrits M. Marey dans son livre *le Mouvement*.

La question était donc résolue depuis longtemps dans les laboratoires, quand parut le cinématographe, et le public ne s'y est intéressé que lorsqu'elle a été exploitée commercialement dans des exhibitions où l'on vit produire comme des inventions nouvelles des appareils formés d'organes et de dispositions connus depuis longtemps.

De l'usage de toutes les variétés d'appareils il résulte que pour des mouvements aussi rapides, il ne faut employer aucun organe qui vibre, quelque petite que soit sa masse, et de plus que l'arrêt et le déplacement du ruban pelliculaire doivent s'effectuer progressivement et non brutalement.

C'est ce que j'obtiens très simplement par la disposition suivante :

La pellicule vient d'une bobine magasin, passe au-devant de l'objectif dans un couloir où elle se tend et s'aplanit pour s'enrouler de là sur un autre cylindre ou bobine qui la tire uniformément.

L'organe d'arrêt est une tige ou came, ronde ou ovoïde, sur laquelle se réfléchit la pellicule et qui, animée d'un mouvement convenable, augmente et diminue tour à tour la longueur du circuit développé entre les deux bobines magasin et réceptrice.

Lorsque la came allonge le circuit, cet allongement est pris sur la réserve du magasin et produit un accroissement dans la vitesse de déplacement de la partie de pellicule qui est devant l'objectif.

Lorsque la came diminue le circuit, cette diminution est égale à la quantité enroulée par la bobine réceptrice ou au débit du cylindre denté qui entraine la pellicule comme une chaine à la Vaucanson. La came rend autant de pellicule que la bobine réceptrice en absorbe ; il y a donc arrêt de la pellicule du côté de la bobine magasin, c'est-à-dire immobilité de la portion qui reçoit l'image de l'objectif.

A ce moment se présente la fenêtre du disque obturateur. Cette fenêtre, petite pour la prise du négatif, doit être ouverte

rgement lorsqu'on se sert de l'appareil pour la synthèse des
nages positives.

Aussi doit on avoir le moyen de prolonger à volonté le
emps d'arrêt de la pellicule au-devant de l'objectif.

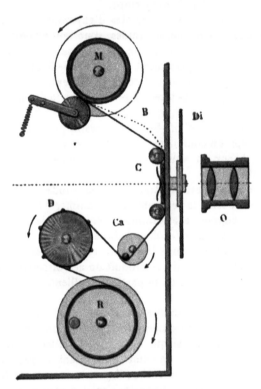

Fig. 41.

M, bobine magasin de la pellicule. — O, objectif. — C, couloir où passe la pellicule. —
R, Bobine réceptrice. — D, cylindre denté uniformément dans le débit de la pellicule. — Di,
disque obturateur. — Ca, came sur laquelle se réfléchit la pellicule et qui lui communique
le mouvement intermittent d'arrêt et de déplacement. — L, laminoir obligeant la bobine
magasin à débiter uniformément la pellicule. — B, boucle formée par le surplus de
pellicule déroulée pendant l'arrêt de la portion qui est dans le couloir.

On y parvient par la forme que l'on donne à la came ou par
le mouvement de cette came.

Avec une forme convenable, calculée spécialement, j'ai pu
obtenir un arrêt de la pellicule égal aux deux tiers de l'inter
valle de temps qui sépare deux images successives, le tiers res
tant servant à déplacer la pellicule. La pellicule n'abandonn
pas la lame pendant l'arrêt et l'on évite ainsi le fouettemer

qui se produit nécessairement quand la boucle déroulée à l'avance est reprise subitement par le mouvement excentrique de la came.

Un temps d'arrêt aussi long n'a d'utilité que dans les projections des images positives où l'on veut faire durer au maximum l'impression lumineuse sur l'œil.

Dans les appareils à analyse il est inutile et même mauvais de l'employer; inutile puisque le temps de pose pour les sujets en mouvement est toujours très petit, mauvais parce que plus le temps d'arrêt est long, plus la vitesse de déplacement de la pellicule devient rapide et l'équidistance des images sur la bande peut en souffrir.

On peut du reste facilement changer la forme de la came et son excentricité pour régler le temps d'arrêt à sa valeur convenable.

Le mouvement de la came peut aussi influer sur le temps d'arrêt de la pellicule.

Je me sers d'un mouvement de rotation, le plus simple, mais le mouvement pourrait être un mouvement d'oscillation ou un mouvement de va-et-vient.

Le mouvement intermittent de la pellicule une fois obtenu, voici la disposition générale des organes d'entraînement.

La bobine sur laquelle la bande pelliculaire a été préalablement enroulée à l'aide d'un bobinoir, comme il sera dit plus loin, est placée sur l'axe fixe A (fig. 42). Un galet entraîneur B, composé d'un cylindre recouvert d'un manchon de caoutchouc et commandé par une transmission placée à l'intérieur de l'appareil, a pour fonction de faire dérouler seulement une quantité déterminée de la bande pelliculaire de la bobine magasin et d'assurer la régularité du débit. Cette fonction peut être remplie par un laminoir lisse ou un cylindre denté.

Le laminoir a été employé par M. Marey, le cylindre denté par presque tous les constructeurs de cinématographes.

Cette portion de bande vient s'engager entre un guide C et un galet D tout le long d'un couloir E, garni de velours, dans lequel se trouve un cadre-frotteur H, placé en face de la fenêtre I et présentant un évidement identique à celui formant l'ouverture de cette fenêtre.

Ce cadre-frotteur, garni de velours comme le couloir, est mobile autour d'une charnière adaptée à l'un de ses côtés et, quand la pellicule est passée, on applique le cadre sur elle et il la maintient en pression douce et continue en venant s'enclancher dans le taquet à ressort K.

Après avoir passé sous le cadre H, la pellicule s'engage *sous* le galet L, puis également *sous* la came M, puis on la fait passer *sur* le cylindre denté N où, de là, elle ira finalement s'enrouler sur la bobine réceptrice préalablement placée sur l'axe entraîneur O.

Nous ferons remarquer que, dans sa course, l'entraînement de la bande pelliculaire n'est *nullement dépendant des dents*

Fig. 42.

du cylindre denté N. Les dents ne sont là que pour assurer le parfait repérage des images et la bonne régularité de fonctionnement du mouvement déroulant. *Cette remarque est d'une importance capitale.* Le mouvement, en effet, étant dû complètement au mécanisme intérieur, il en résulte que la bande pelliculaire ne supporte *aucun effort* en passant sur le cylindre denté N et se trouve dans les meilleures conditions de conservation possible. Du reste, les perforations de la bande, dans lesquelles les dents viennent s'appliquer, sont très espacées et par conséquent ne diminuent en rien la solidité de la matière dont cette bande est formée.

De plus, la bande pelliculaire se trouvant, soit toujours enroulée sur une bobine, soit maintenue dans le couloir par la pression douce et continue du cadre H, n'est jamais libre sur une partie notable de sa course, et demeure, de la sorte, moins susceptible de se couper, de se déchirer ou de recevoir des taches.

Nous ajouterons encore que la matière constituant la bande pelliculaire étant inflammable, le support étant constitué par du celluloïd, ce dispositif a le précieux avantage, en cas d'accident, de diminuer considérablement les risques d'incendie.

L'introduction de la bobine sur l'axe fixe A (fig. 42) s'effectue en enlevant le bouton qui termine l'extrémité libre de cet axe et dont la fonction consiste à maintenir la bobine dans sa position et à empêcher tout glissement sur le sens longitudinal de l'axe. Ce bouton doit donc être replacé aussitôt après l'introduction de la bobine.

Avant ce replacement, il est nécessaire encore, pour que la bobine soit bien et dûment à sa place, d'abaisser de droite à gauche et de haut en bas le galet entraîneur B qui, une fois la bobine introduite, viendra comprimer la bande pelliculaire, ainsi que le montre la figure 42.

La bobine réceptrice introduite sur l'axe O est percée sur ses joues de deux trous excentrés. Le plus *rapproché du centre* est destiné à recevoir la tête de vis P émergeant à la base de l'axe O. La bobine se trouve ainsi *rigoureusement* assujettie à son axe. Condition primordiale, puisque cet axe est celui qui commande tout le mouvement d'entrainement.

Cet assujettissement est rendu plus complet encore par le bouton de l'extrémité libre de l'axe O, semblable à celui de l'axe A et ayant même fonction.

En outre du rôle d'assujettisseur qu'elle joue, par rapport à la bobine réceptrice, la vis P possède une autre fonction intéressante. Montée sur le plateau d'un frein, elle se meut à la même vitesse que l'axe O, mais peut aussi, suivant le besoin, prendre une vitesse différente dont le but est d'empêcher les perforations de la bande pelliculaire, en passant sur le cylindre denté N, de se tendre trop sur les dents, ce qui amènerait infailliblement des déchirures.

A l'aide de la vis à tête carrée R il est très facile de régler la vitesse et la résistance que le frein peut opposer à la continuité du déroulement de la bande pelliculaire.

Pour le *bon fonctionnement* de l'appareil, il faut que les per-

forations de la bande pelliculaire reçoivent *exactement et sans
la moindre tension* les dents du cylindre N. On doit bien se
pénétrer, ainsi que nous l'avons fait remarquer, de la fonction
des dents du cylindre N, qui *servent à guider et non à entraîner*.

Donc, lorsqu'on amorce la bande pelliculaire, s'il fallait faire
subir à celle-ci *le moindre effort*, dans un sens ou dans l'autre,

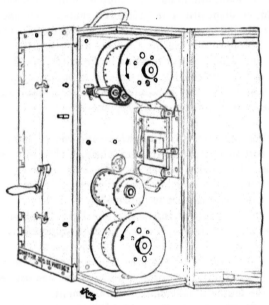

Fig. 43. — Disposition générale de l'appareil ouvert montrant la pellicul·
en place sur les organes d'entraînement.

pour amener l'exacte pénétration des **dents** dans les **perforations**, on aurait la certitude absolue que le **réglage** du **frein**
serait imparfait. Il faudrait immédiatement **procéder à** sa modification en serrant ou en desserrant, suivant le cas, la vis à tête
carrée R : serrer si les perforations ont une tendance à se placer
en arrière des dents; desserrer, au contraire, si elles ont une
tendance à se placer *en avant*.

Ce réglage, très simple et très facile au demeurant, se fait,
pour ainsi dire, une fois pour toutes, car toutes les bandes pelliculaires sont très exactement perforées de la même façon. Ce
ne sera donc que dans des cas très spéciaux que l'on aura à le
modifier, alors que, sous des influences climatologiques, hygro-

métriques ou **thermométriques, la** bande pellicu
subi de légères **contractions ou de** légères dilatatio

Pour produire le mouvement de la bande pell
embraye tout le mécanisme de l'appareil en poussat
à gauche le levier T et en tournant rapidement, **mai**
ment la manivelle S. Pour éviter un départ brusq
de faire sauter la pellicule des joues des bobines,, n
mandons de ne tourner la manivelle qu'au moment
l'embrayage par le levier T.

La régularité dans le mouvement de la manivell
pensable pour qu'il y ait chronographie.

Le levier T commande également un volet qui
ferme à volonté la fenêtre I.

On estime que la bande pelliculaire qui mesu

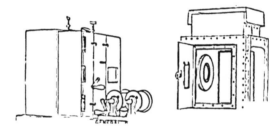

Fig. 44. — Disposition de l'appareil pour servir à la synthèse

20 mètres de long, doit être entièrement déroulé
espace de temps compris entre 40 à 45 secondes.
cependant qu'un *temps moyen.* On comprend, du
suivant les sujets, il peut y avoir avantage à ralenti
lérer le mouvement. La pratique des sujets projet
donc le meilleur guide que l'on ait pour régler la
mouvement de la manivelle S.

L'emploi des bandes d'une longueur de 23 mètre
indispensable ; on peut en utiliser de plus long
40 mètres, par exemple, ou de plus courtes, depu

Enfin, sur une même bande, on peut tirer un
nombre de sujets divers, puisqu'il suffit d'agir avec
le levier T (fig. 42) pour arrêter ou mettre en marche l

L'avantage du mécanisme précédent est de pe
grandes images en série, ce qui serait impossible si
vait d'organes animés de mouvements d'oscillation

mouvement de rotation. Les figures 45 sont des spécimens de
bandes de 6 centimètres de large. J'ai pu faire couramment
des bandes de 9 centimètres de large en poussant la vitesse
jusqu'à 25 images à la seconde.

Comme nous l'avons dit, cet appareil est réversible, c'est-à-

Fig. 46. — Disposition du mécanisme intérieur du chronophotographe Demeny pour la projection animée sans enroulement des bandes sur une
bobine réceptrice.

dire peut servir à obtenir la synthèse du mouvement après en
avoir donné l'analyse. Il suffit pour cela de prendre par contact
une bande d'images positives et de la faire passer dans
l'appareil au moyen du dispositif à projection (fig. 44).

Mais ce qui paraît si simple devient en pratique d'une très
grande difficulté quand on opère sur des bandes de grandes
dimensions. Les opérations de développement et de séchage
ont une action de retrait sur la matière de la bande et les
perforations du négatif et du positif ne coïncident plus.

)sé sur un pied pour la prise des bandes négatives.

denté CD et came C, l'obturateur DO

n générale est plus commode, l'appareil
mbrant, il peut se déplacer facilement et
lumière.
)t sort de la boîte fermée par deux fentes,
)tre inférieure, elle est enroulée sur elle-
e B¹ et lorsque l'on prend des négatifs, elle
nière dans une boîte MS (fig. 47) herméti-
·gée à l'avance, et que l'on adapte sur
1 d'un dispositif spécial. Une seconde

boite MI ou magasin inférieur reçoit la pellicule dévidée par l'appareil, et toujours à l'abri de la lumière. Ces magasins peuvent être détachés de l'appareil. Une pièce spéciale DE également mobile transmet le mouvement intérieur au noyau

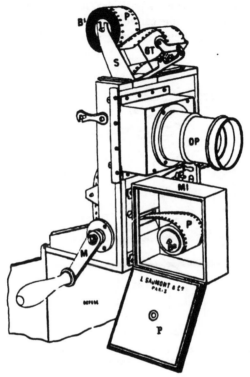

Fig. 48. — Disposition du chronophotographe Demeny pour la projection avec l'enroulement des bandes sur une bobine réceptrice

de la bobine réceptrice et permet cet enroulement avec une tension constante.

Pour se servir de l'appareil pour la projection des positifs, il n'est pas nécessaire de se servir du magasin supérieur, la pellicule P enroulée sur elle-même se réfléchit sur un rouleau GT rappelé par un ressort et s'en va sur le noyau B^2 de la boîte-magasin (fig. 48 et 49) ou tombe directement à terre dans un panier (fig. 46).

La disposition générale de l'appareil pour la projection est représentée figure 50. On place devant le condensateur de la lanterne une cuve à eau CE pour l'absorption des rayons calorifiques lorsqu'on se sert d'une lanterne électrique ou oxhydrique. Quand on se contente d'obtenir des projections à faible grossissement, une lanterne à pétrole, à flamme intensive, suffit et la disposition est celle de la figure 51.

Pour l'obtention des bandes positives, le chronophotographe est monté sur une grande caisse en bois (fig. 52) destinée à recevoir la bande pelliculaire impressionnée et non encore

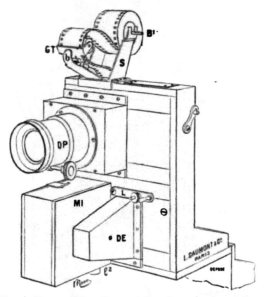

Fig. 49. — Vue de l'appareil fonctionnant pour la projection et l'emmagasinage des bandes.

fixée. L'appareil une fois monté sur cette boite, on dévisse le disque obturateur DO, on enlève le guide cintré N ou P et l'on substitue au volet-fenêtre un volet muni d'une fente étroite, soit 5 millimètres environ.

La boite renfermant la bande pelliculaire alimentaire est, dans le cas de l'obtention de la bande positive, remplacée par une boite à deux axes superposés et destinés à recevoir : l'axe supérieur, la bobine portant la pellicule négative formant cliché, et l'axe inférieur la bobine portant la pellicule non encore impressionnée, elles auront été enroulées de façon que les surfaces gélatinées soient en contact.

Quand on veut faire passer plusieurs fois la même bande positive après son déroulement complet dans l'appareil, la

bande pelliculaire se trouve enroulée sur la bobin
dans le cas où on aurait opéré comme pour la pris
tif, c'est-à-dire avec le magasin Ml.

La bobine réceptrice retirée de cet axe, ne saurait s

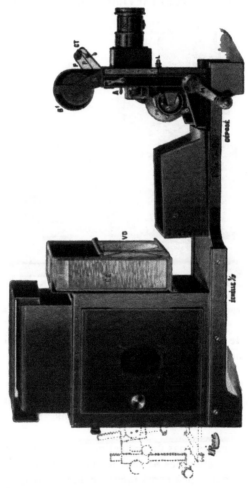

bobine de transmission telle qu'elle sort de l'appar
prend, en effet, que la bande pelliculaire qu'on dé
présenterait à rebours et que, dans le tableau mou
quel on donnerait naissance, bêtes et gens iraient à
la tête en bas, puisque la pellicule se déroulerait
sens derrière l'objectif.

Quand on voudra se servir à nouveau de la pellicule, il faudra donc procéder à un rebobinage de la bande pelliculaire.

Le bobinoir qui sert à cette opération est un petit appareil indépendant se composant de deux axes creux, mobiles et parallèles, dont l'un reçoit par l'intermédiaire d'un bracelet en

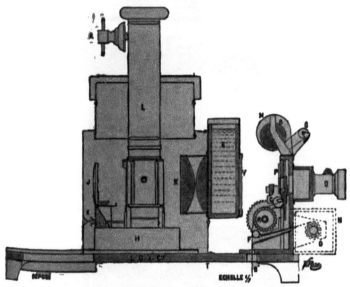

Fig. 51. — Dispositif pour l'éclairage au moyen d'une lampe à pétrole.

caoutchouc le mouvement de rotation d'une manivelle située sur le prolongement de l'autre (fig. 53).

APPAREIL CHRONOPHOTOGRAPHIQUE DE LABORATOIRE UTILISANT LES BANDES SANS PERFORATION

Tous ne s'occupent pas de projection animée, les représentations cinématographiques ne sont même encore que de simples récréations ; mais elles constituent un moyen trop séduisant d'enseignement populaire pour que, dans un temps très rapproché, les phénomènes naturels ne soient représentés par ce moyen dans les cours et conférences.

La synthèse des mouvements n'est intéressante que si l'on s'entoure de toutes sortes de précautions nécessaires à obtenir l'illusion complète.

L'analyse est moins difficile et peut être faite dans le laboratoire de physiologie avec facilité.

Je me sers depuis longtemps pour l'étude de la physionomie

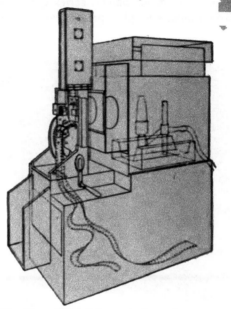

Fig. 52. — Dispositif pour le tirage des épreuves.

d'un appareil analyseur qui n'est pas réversible, mais emploie la pellicule sensible de 6 centimètres non perforée en bandes de 2 à 5 mètres de longueur (fig. 57).

Il ne faut pas avoir plus de prétention dans un laborato

Fig. 53. — Bobinoir.

où les frais ne peuvent être considérables et où les manipulations de longues bandes deviennent absolument impossibles

L'appareil permet d'impressionner la bande quand on

désire et de commencer la prise des images au moment intéressant, de la cesser et de la reprendre instantanément.

On peut ainsi obtenir la pose, la série continue, les séries
successives sur une même bande, séries qui peuvent se com-
poser de 3 ou 4 images au plus, prises néanmoins à un dixième

Fig. 54. — Appareil en vue de face $\left(\text{Échelle } \frac{1}{5}\right)$.

de seconde d'intervalle avec un temps de pose de un dixième à
un millième de seconde.

L'appareil peut être facilement braqué sur un objet quelconque et dans une direction quelconque.

La mise au point et la visée peut se faire sans ouvrir la
boîte de l'appareil qui reste chargé sans danger de coups
de lumière. Un compteur indique le nombre d'images obtenues et l'on peut changer la bande en pleine lumière (fig. 54
et 55).

A. — Bouton de prise des images. En l'enfonçant avec la
paume de la main gauche pendant que l'on tourne la manivelle,
la pellicule se déroule et la lumière pénètre dans l'appareil par
la fenêtre du disque qui s'entr'ouvre.

Cette fenêtre s'ouvre à des degrés divers, suivant la position

par rapport au repère R des traits
tée sur l'axe du bouton A:

M. — Manivelle qui communiqu
au disque obturateur. Chaque tou
4 tours du disque et par suite à

Fig. 55.

2 tours et demi de manivelle pou
seconde.

B. — Bouton d'arrêt du disqu
disque est libre ; tourné vers le
circonférence du disque et vient t
de façon à ce que la fenêtre soit er
on veut ainsi arrêter le disque d:
avoir soin de tourner la manivell

de ne *jamais* tourner le bouton d'arrêt quand le disque est en rotation.

G. — Cadre de celluloïde dépoli servant à la mise au point, pour cela on remplace l'écran opaque H par le cadre G. que l'on glisse entre les rouleaux et la paroi de la boite, les ressorts compresseurs de ce cadre appuyant contre celle-ci.

I. — Bobine-magasin chargée de pellicule sensible et placée sur son axe. Cet axe porte un frein à serrage gras.

K. — Bobine-réceptrice à laquelle s'agrafe l'extrémité de la pellicule. Cette bobine est entraînée par le disque lorsque l'on pousse le bouton A. Les bobines se fixent indifféremment sur l'une ou l'autre des broches qui leur servent d'axes. La bobine doit être présentée du côté du trou libre, et la goupille qui traverse le trou opposé doit venir s'engager dans l'encoche taillée à la partie supérieure de chaque broche. Il faut avoir soin de faire porter la goupille de la bobine au fond de l'encoche de la broche.

L. — Tige excentrique sur laquelle se réfléchit la pellicule et qui a pour fonction essentielle de communiquer à cette pellicule un mouvement intermittent.

NN'. — Compresseurs élastiques en baleine et que l'on doit abattre sur les bobines, une fois celles-ci placées sur leurs tiges. Ils ont pour but d'empêcher les extrémités des bandes de se dérouler avant et après la prise des images.

E. — Verrou d'embrayage. En le tirant à droite après avoir eu soin de donner un tour de manivelle, on met en prise les organes entraîneurs de la pellicule, sans ouvrir la fenêtre du disque, et l'on rend ainsi indépendants le passage de la lumière et le mouvement de la pellicule.

Ce verrou d'embrayage a son utilité :

1° Quand on veut mettre au point le disque arrêté dans son cran d'arrêt et éviter que les tocs de l'embrayage se rencontrent, ce qui pourrait arriver quelquefois et ce qui empêcherait d'ouvrir la fenêtre entièrement en poussant avec le bouton A.

2° Quand on veut prendre des successions d'images uniques, comme on le verra dans la suite de l'instruction.

F. — Compteur de tours de la tige excentrique ou du nombre d'images. Quand le verrou E n'est pas tiré, ce compteur se met en marche dès qu'on appuie sur le bouton A. On lit sur le cadran le numéro correspondant et on en déduit le nombre d'images, à moins que l'on ait eu le soin de le mettre tout d'abord à zéro, en tournant la manivelle et en appuyant sur le bouton A, jusqu'au passage de ce chiffre.

P. — Magasin renfermant les accessoires de l'appareil. objectif, manivelle, bobines chargées. tirées et non tirées.

QQ. — Boutons d'attache de la courroie qui sert à porter l'appareil sur l'épaule.

Ces boutons à vis se fixent dans des écrous au pas du Congrès. On peut donc, à leur place, y visser une clef et immobiliser ainsi l'appareil sur une de ses faces inférieure ou latérale. suivant que l'on veut prendre des vues dans le sens de la longueur ou de la largeur de l'épreuve.

V. — Viseur mobile à double effet.

X. — Réglette métallique permettant de fermer hermétiquement la partie supérieure de l'appareil formant chambre noire.

Fig. 56.

Z. — Cale maintenant les deux bobines-magasins I et K lorsque l'appareil est retourné.

Cet appareil peut servir à la prise des images successives posées; il peut aussi servir à enregistrer d'une façon continue la trajectoire sinueuse d'un point lumineux, c'est-à-dire devenir un appareil remplaçant l'enregistrement par la méthode graphique sur cylindre enfumé.

Il suffit, comme le montre la figure 56, de faire passer directement la pellicule sortant du couloir sur le cylindre K par le chemin ponctué au lieu de se réfléchir sur la tige excentrique LL.

La pellicule est alors animée d'un déroulement uniforme, et l'on conçoit que l'image d'un point lumineux animé d'un mouvement quelconque, rendu par exemple solidaire du battement d'une artère, laisse sa trace caractéristique sur la surface sensible. Si le disque obturateur est percé de plusieurs ouvertures, cette trajectoire sera même chronographiée.

Je ne prétends pas que c'est une nouvelle méthode destinée à remplacer totalement la méthode graphique, mais c'est surtout un moyen de contrôle de celle-ci, qui entre des mains inhabiles est quelquefois trompeuse, vu les déformations que les tracés subissent si l'on n'y prend garde. car on se laisse aller à la tentation d'augmenter la sensibilité des appareils en augmentant outre mesure la longueur des styles enregistreurs.

APPAREIL CHRONOPHOTOGRAPHIQUE AVEC PLAQUES DE VERRE

Quand on n'a que des phénomènes de courte durée à étudier, il peut être commode de se servir d'une disposition déjà employée depuis longtemps par M. Jansen et M. Marey dans le revolver et dans le fusil photographiques.

J'ai réussi à donner au moyen d'un mécanisme très simple un mouvement intermittent très rapide à un disque de verre de 20 centimètres de diamètre. Les images, formées par un excellent objectif de Steinheil, se peignent au nombre de 50 sur la couronne de ce disque, avec une finesse parfaite.

Un diaphragme limite la grandeur de l'image et un obturateur tout à fait spécial permet de démasquer l'objectif au moment précis

Fig. 57. — Suite de trois figures tirées d'une longue série et représentant le geste et le cri d'un acteur connu.

où on le désire et de le fermer automatiquement quand les 50 images successives sont prises, sans pour cela arrêter les organes entraîneurs du disque.

Ce petit appareil a cela d'intéressant qu'il est réversible, que

Les risques à images positives sont très faciles à obtenir par
suite, particulier que remis dans l'appareil, ils donnent la synthèse du mouvement.

Nous nous sommes borné dans cet article à passer en revue
les propres des chronophotographes en insistant sur le rôle
qu'ils peuvent maintenant jouer dans tous les laboratoires de
physiologie.

Les applications et les résultats qu'ils ont déjà fournis sont
si nombreux qu'ils doivent être l'objet d'une étude toute spéciale que nous ne pouvons entreprendre ici.

G. DEMENY

XV

REVUE D'APPAREILS

I. — DE L'OPHTALMOMÈTRE

L'ophtalmomètre est un instrument destiné à mesurer la courbure de la surface antérieure de la cornée. Le nom de kérato-
mètre aurait donc été préférable pour le désigner. Cette surface
est de beaucoup la plus importante dans la réfraction statique de
l'œil ; en effet, son action peut être estimée en moyenne à 45 dioptries, tandis que celle du cristallin n'est que de 16 dioptries.

La connaissance de la courbure de la cornée présente en
quelque sorte un double intérêt, d'abord pour le physiologiste et
le physicien pour l'étude de la formation des images dans l'œil,
et ensuite pour le médecin, qui a surtout besoin de connaître
les irrégularités de courbure de cette surface afin d'y remédier
par le port de verres appropriés. Aussi l'ophtalmomètre est-il
à la fois un instrument de laboratoire et un instrument médical.

Principe de la méthode. — C'est l'évaluation du rayon de
courbure d'un miroir d'après la grandeur relative des images
qu'il produit. Pratiquement elle consiste dans la mesure de
l'image formée par un objet d'une grandeur déterminée, placé à
une distance connue.

On démontre en physique que la grandeur de l'image I d'un
miroir convexe est à la grandeur de l'objet O comme la distance
focale du miroir est à la distance l de l'objet au foyer. D'autre
part, la distance focale étant égale à la moitié du rayon R, on a

$$\frac{I}{O} = \frac{R}{2l}$$

d'où l'on peut déduire la formule

$$R = \frac{2l\,I}{O}$$

qui est la base de l'ophtalmométrie.

La détermination du rayon cherché nécessite donc la connaissance de trois éléments : la grandeur de l'objet, sa distance au centre de la cornée et la grandeur de l'image. De nombreuses dispositions variant surtout dans les détails ont été employées pour arriver à ce but. Dans toutes, l'objet est représenté soit par deux points lumineux, soit par deux petites surfaces blanches bien éclairées. La distance qui les sépare entre seule dans le calcul comme grandeur de l'objet O. Dans toutes les dispositions également la grandeur de l'image I qui est examinée au moyen d'une lunette est mesurée au moyen d'un appareil optique adapté à la lunette et produisant le dédoublement des images.

Fig. 58.

Ce point mérite une explication. Il semblerait plus simple en effet de mesurer directement l'image ou plutôt la distance entre les deux images lumineuses au moyen d'un micromètre placé dans la lunette, mais l'œil examiné n'est jamais parfaitement immobile et les petits mouvements qu'il exécute produiraient des déplacements de l'image sur le micromètre. Au contraire, avec un appareil à dédoublement on cherche à faire coïncider ensemble deux images, celles-ci se déplacent toutes les deux en même temps, de sorte que si l'œil fait quelques petits mouvements, ceux-ci ne sont même pas perçus par l'observateur.

Le dédoublement doit être égal à la distance des deux images qu'il s'agit de mesurer. Soit par exemple les deux images a et b (1, fig. 58), un appareil à dédoublement en fera voir quatre a_1 et a_2, b_1 et b_2 (2, fig. 58) et pour amener a_2 à coïncider avec b_1, il faudra que a_1 et b_2 qui marchent parallèlement s'écartent de a, et b, d'une distance égale à ab (3, fig. 58).

L'appareil de dédoublement est ce qu'il y a de plus varié dans les différents types d'ophtalmomètres, il a été obtenu par une foule de dispositions de prismes, de lames de verre épaisses, de lentilles, de cristaux biréfringents.

De tous les modèles d'ophtalmomètres il en est deux particulièrement intéressants à différents titres.

Ophtalmomètre de Helmholtz. — C'est le premier ophtalmomètre introduit dans les laboratoires.

Les deux objets sont deux lumières immobiles. Généralement l'une d'elles est double (4, fig. 58) de façon à ce que, avec le dé-

Fig. 59.

doublement, on puisse voir l'image simple au milieu de l'image double, ce qui permet d'arriver à une plus grande exactitude.

Le dédoublement des images est obtenu au moyen de deux lames de verrre épaisses de 4 à 5 millimètres, placées devant l'objectif l'une au-dessus de l'autre de sorte que la ligne de séparation se trouve au niveau de l'axe de la lunette. Ces deux lames peuvent tourner autour d'un axe perpendiculaire à leur ligne de séparation. Elles sont mises en mouvement par un mécanisme qui les fait tourner en sens inverse. — Si elles sont toutes deux au 0, c'est-à-dire perpendiculaires à l'axe de la lunette, le faisceau lumineux les traverse perpendiculairement à leurs surfaces et n'est ni dévié ni dédoublé. Au contraire si les lames sont inclinées sur ce faisceau, les rayons qui les traversent sont déviés et d'autant plus que l'inclinaison est plus grande. Comme elles sont inclinées en sens inverse, les deux moitiés du faisceau lumineux reçues par chacun d'elles sont déviées en sens inverse, mais restent parallèles à leur direction antérieure.

Ophtalmomètre de Javal et Schiötz (fig. 59). — C'est un instrument très pratique, dont la manœuvre est beaucoup plus facile et plus rapide que dans celui de Helmholtz. Aussi, tandis que ce dernier était resté un instrument de laboratoire, l'appareil de MM. Javal et Schiötz est devenu en outre d'un emploi courant dans l'examen des yeux. A l'inverse de l'autre, la grandeur de l'objet est variable et le dédoublement fixe.

La lunette est formée de deux objectifs achromatiques et

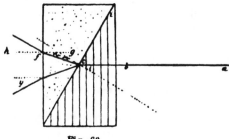

Fig. 60.

d'un oculaire de Ramsden avec un fil de réticule. Elle porte un arc métallique mobile autour de son axe et dont le centre de courbure est à son foyer. Sur cet arc glissent deux mires blanches dont l'écart variable constitue la grandeur de l'objet. Leur distance à l'œil examiné est toujours la même, puisque la distance de la lunette et par suite de l'arc à cet œil est réglée par la distance focale de la lunette.

Le dédoublement est produit par un prisme de Wollaston (fig. 60). Ce prisme est composé de deux prismes rectangulaires en quartz lesquels sont collés ensemble de manière à former une seule plaque plan parallèle très épaisse. Les deux prismes sont taillés différemment dans le cristal ; l'un a l'arête parallèle à l'axe du cristal, l'autre perpendiculaire. Chaque rayon qui traverse le prisme est divisé en deux, et chacun de ces deux nouveaux rayons est dévié un peu, de façon qu'ils sont presque symétriques par rapport au rayon incident. — Le prisme est placé de façon à dédoubler les images dans le sens de l'arc, et lorsqu'on fait tourner celui-ci il tourne en même temps.

Le dédoublement est constant pour un même prisme, mais chaque appareil comporte une série de prismes donnant des dédoublements de 1 à 4 millimètres pour la distance de la cornée. Cette série est suffisante pour toutes les mensurations faites sur la cornée.

L'appareil est placé sur une table spéciale dont l'une des extrémités présente un support au moyen duquel le menton et le front du sujet sont immobilisés.

Emploi de l'ophtalmomètre. — Pour faire une mensuration au moyen de l'appareil de MM. Javal et Schiötz, on place la tête du sujet convenablement appuyée dans le support. L'œil à examiner fixe l'ouverture de la lunette qui est tournée de son côté. L'autre œil est couvert.

L'oculaire est mis au point pour l'observateur qui doit voir nettement le fil du réticule. La lunette est dirigée sur la cornée à examiner et mise au point pour les images qui y sont formées. Ce réglage se fait en partie par glissement de l'appareil sur la petite table qui supporte la têtière, en partie au moyen d'une vis qui fait monter ou descendre l'un des pieds.

Les images des deux mires étant dédoublées, on en voit quatre. On établit alors le *contact*, c'est-à-dire que l'on rapproche ou qu'on écarte les mires l'une de l'autre, jusqu'à ce que les deux images du milieu se touchent par leur bord interne.

L'arc étant gradué en degrés, on y lit l'écart angulaire qui sépare les deux mires. On a alors tous les éléments nécessaires pour calculer le rayon de la cornée : l'écart des mires, leur distance à la cornée qui est toujours la même, la grandeur de l'image qui est donnée par le dédoublement. Habituellement on fait les calculs une fois pour toutes pour le dédoublement de chaque prisme. Dans la pratique médicale on se sert presque exclusivement d'un prisme dont le dédoublement de 2 mm. 94 a été calculé de telle façon qu'un des degrés de l'arc équivaut à une dioptrie de réfraction de la cornée. Si par exemple une des mires est à 22° de la ligne médiane et l'autre à 23°, on a affaire à une cornée dont la surface antérieure a l'action d'une lentille de + 45 dioptries. Ce rapport a été calculé au moyen de la formule

$$D = \frac{1}{F} = \frac{n-1}{R}$$

et en supposant l'indice de réfraction de la cornée et de

Fig. 61.

tions exactes à 1/10 de dioptrie près,
millimètre pour la longueur du rayon.

Détermination de la forme d'une
l'ophtalmomètre. — Quoique général
dans sa forme, la cornée est loin de r
d'une sphère parfaite, n'appartenant r
régulière. Pour déterminer exactement
rer la courbure d'un grand nombre de p
mesures peuvent se prendre suivant
complètent l'une par l'autre.

Supposons par exemple que nous ay
hyperbolique (fig. 61), l'axe de la cornée

en plaçant l'instrument dans différentes directions et en mesurant la courbure de chaque point sans changer de prisme ; un prisme à faible dédoublement étant d'ailleurs préférable dans ce cas. La première série de mesures nous donnera les *normales* aux différents points, la seconde nous donnera les *rayons* de courbure en ces points.

Récemment au laboratoire d'ophtalmologie de la Sorbonne, M. de Brudzewski a apporté une modification heureuse dans la disposition des mires pour la mesure des normales, il en a ajouté une troisième dont le bord utile est placé exactement au-dessus du milieu de la lunette. De cette façon, chaque normale est déterminée par rapport à l'axe et non par rapport à une autre normale plus ou moins symétrique. Les compensations entre deux points présentant des irrégularités contraires sont ainsi évitées.

Recherche de l'astigmatisme cornéen. — Généralement la cornée ne présente pas la même courbure dans tous ses méridiens. Le plus souvent c'est le méridien vertical qui présente le plus court rayon de courbure et le méridien horizontal qui présente le plus long. Il en résulte un astigmatisme qui souvent représente l'astigmatisme total de l'œil. Dans d'autres cas le cristallin modifie légèrement l'astigmatisme cornéen soit en

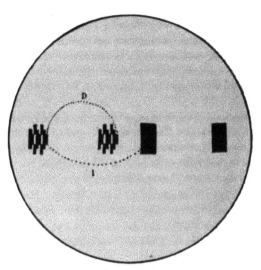

Fig. 62. — Les images (dédoublées) des mires de l'ophtalmomètre.

valeur de 2 dioptries en plus ou en moins, l'œil sera corrigé par une lentille cylindrique de 2 dioptries.

Mais les mires présentent une disposition qui dispense même de faire une lecture sur l'arc pour la simple détermination de l'astigmatisme, l'une d'elles est « en gradins » (fig. 62), répondant chacun à un degré de l'arc et par conséquent à une dioptrie. On établit le contact dans le méridien le moins réfringeant, on tourne l'arc de 90° et alors les images des deux mires empiètent l'une sur l'autre. Il suffit de voir quel est l'empiètement pour savoir immédiatement, à un quart de dioptrie près, quel est l'astigmatisme cornéen du sujet.

La recherche des deux méridiens principaux ayant le maximum et le minimum de courbure présentait de grandes difficultés avec l'appareil de Helmholtz, puisqu'ils n'étaient donnés

que par la comparaison des mesures obtenues péniblement
dans les différents méridiens. Dans l'appareil de MM. Javal et
Schiötz, ces deux méridiens sont indiqués immédiatement par
l'examen des images avant toute mesure.

Dans les méridiens principaux, l'axe des images des mires
reste parallèle à celui des mires, et comme le dédoublement se

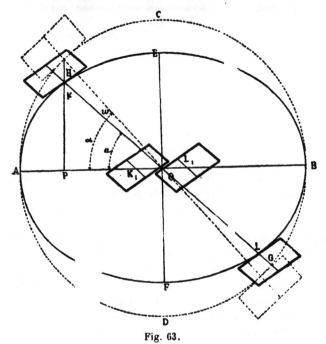

Fig. 63.

fait toujours dans le sens des mires, leurs bords supérieurs et
inférieurs restent au même niveau ; on dit qu'il n'y a pas de
dénivellement.

Au contraire, dans les méridiens intermédiaires, les images
deviennent plus ou moins losangiques en même temps que
leur axe se déplace, formant par exemple un angle a avec
l'horizontale AB, tandis que l'axe des mires forme un angle α
différent. Comme le dédoublement se fait parallèlement à l'axe
des mires quelle que soit la position des images, il se produit
un dénivellement dont il est facile de se rendre compte sur la
figure 63.

Littérature. — L'ophtalmomètre de la cornée a donné naissance à de nombreux mémoires. Les principaux ont été réunis

par M. JAVAL en un volume : *Mémoires d'ophtalmométrie*
(Paris, 1890). — En outre ,la question est étudiée d'une façon
très complète dans l'ouvrage suivant auquel nous avons emprunté les figures ci-jointes : TSCHERNING, *Optique physiologique* (Paris, 1898).

A. DRUAULT,

Interne des Hôpitaux de Paris.

II. — L'OPHTALMOPHALCOMÈTRE

Cet instrument (fig. 64) est destiné à déterminer la position
et la courbure du cristallin humain.

Il se compose d'une petite lunette qui repose sur un pied, et
d'un arc en cuivre, mobile autour de l'axe de la lunette et portant un échelle dont le zéro coïncide avec celui-ci. Le rayon de
l'arc est de 86°. La tête de l'observé est fixée par une têtière,
de façon que l'œil qu'on observe avec la lunette se trouve au
centre de l'arc.

Sur l'arc glissent trois curseurs ; l'un, A, porte une petite
lampe à incandescense, l'autre, B, en porte deux, placées sur une
même verticale, le troisième une tige sur laquelle glisse une
petite boule brillante. Cette boule sert comme point de fixation
pour l'observé. Chaque lampe est enfermée dans un tube, fermé
en avant par une lentille plan-convexe qui concentre la lumière
sur l'œil observé.

On sait que le système réfringent de l'œil se compose de
quatre surfaces, les deux surfaces cornéennes et les deux
surfaces cristalliniennes. Un rayon lumineux qui entre dans
l'œil subit donc quatre réfractions et comme il n'y a pas
de réfraction sans qu'il y ait aussi une réflexion d'une
partie de la lumière, il se forme, de chaque source lumineuse, quatre images de réflexions, connues sous le nom
des images de *Purkinje*. L'une d'elles, celle qui appartient
à la surface postérieure de la cornée, est très faible et n'est
visible que dans des circonstances spéciales. On peut se servir
de cette image pour déterminer la forme de la surface en question, mais comme elle n'a que peu d'intérêt pour la dioptrique
oculaire, je la néglige ici, ainsi que la substance même de la
cornée. J'admets donc que la surface antérieure de la cornée

sépare simplement l'air de l'humeur aqueuse. L'erreur qu'on commet ainsi n'est que très faible.

Parmi les trois images restantes celle de la cornée est de beaucoup la plus brillante ; les images cristalliniennes sont relativement faibles, celle de la surface antérieure grande et diffuse, celle de la surface postérieure petite et très nette. La force des lampes du curseur B est réglée de manière à ce que leurs images cornéennes soient seules visibles, les images cris-

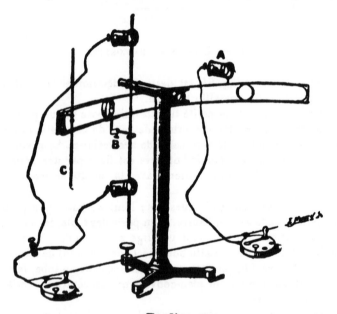

Fig. 64.

talliniennes étant trop faibles pour être aperçues. La lampe A doit au contraire être aussi brillante que possible, de manière à ce qu'on voie bien les images cristalliniennes. On exécute toutes les mensurations dont je parlerai dans la suite, en amenant l'une ou l'autre des images cristalliniennes de A à se trouver sur la même droite que les deux images cornéennes de B. Ce n'est que pour la première mensuration, la détermination de l'angle α, entre la ligne visuelle et l'axe du cristallin qu'il peut être avantageux de procéder autrement. Pour cette mensuration on ne se sert pas de la lampe A : on rend les lampes B suffisamment brillantes pour voir bien leurs images cristalliniennes.

1° *Détermination de l'angle α entre la ligne visuelle et l'axe optique de l'œil.*

On place l'arc horizontalement et on met le curseur de l'ins-

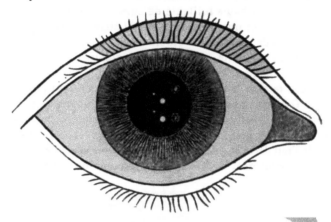

Fig. 65.

trument B au zéro de l'échelle lequel correspond à l'axe d[...]
la lunette ; on demande à l'observé de fixer le milieu de l'obje[...]

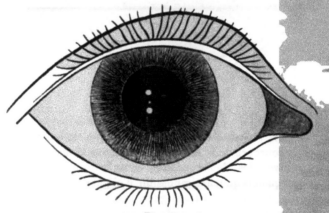

Fig. 66.

[...]f Si l'œil était centré autour de la ligne visuelle, il est clair
[...]u'on verrait dans ces circonstances toutes les six images ali-
[...]nées sur une même ligne verticale. Mais cela n'a jamais lieu.
[...]n voit toujours, comme dans la figure 65, les images de la cris-

talloïde antérieure d'un côté, celles de la cristalloïde postérieure de l'autre et les images cornéennes au milieu. On prie alors l'observé de fixer la boule brillante du curseur C et on déplace ce curseur jusqu'à ce que les images soient alignées (fig. 66).

L'axe optique de l'œil se trouve alors dans le plan vertical passant par l'axe de la lunette, et la distance angulaire du curseur C à la lunette indique combien la ligne visuelle dévie de l'axe optique dans le plan horizontal. — On trouve qu'il faut placer le curseur C du côté nasal à une distance de la lunette variant entre 5 et 7°. — Ensuite on place l'arc verticalement et on recommence pour déterminer la déviation dans le sens vertical. L'axe optique de l'œil dévie en général de deux ou trois degrés en bas.

Défaut de centrage. — Dans ce qui précède on a supposé

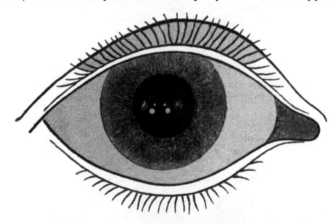

Fig. 67.

qu'il existe un véritable axe optique de l'œil, c'est-à-dire que le centre de courbure de la cornée se trouve sur la même droite que les centres des deux surfaces cristalliniennes. Mais on observe quelquefois qu'il est impossible d'aligner les trois paires d'images (fig. 67). On peut en aligner deux paires, celles qu'on veut, mais la troisième paire reste en dehors. Cela indique un défaut de centrage, le plus souvent de telle nature que le centre de la cornée soit placé, jusqu'à un quart de millimètre, au-dessous de l'axe du cristallin.

2° *Détermination de la position des surfaces du cristallin.*

J'entends par l'expression de *position* d'une surface sa distance à partir du sommet de la cornée. C'est cette distance que

nous allons déterminer, mais il est à remarquer que la mensuration ne nous donne pas la véritable distance, mais ce qu'on
désigne sous le nom de la *distance apparente*. La surface
antérieure du cristallin, en effet, est vue à travers la cornée; en
passant par cette membrane les rayons provenant de la surface
antérieure du cristallin subissent une réfraction qui fait que la
surface semble plus près de la cornée qu'elle ne l'est en réalité.
Si l'on connaît la forme de la cornée, on peut, après avoir déterminé la distance apparente, en déduire la distance réelle par un

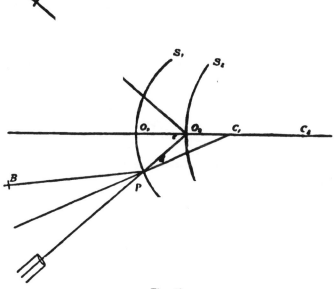

Fig. 68.

calcul. Ce que je viens de dire de la surface antérieure est, avec
les changements nécessaires, également vrai pour la surface
postérieure ainsi que pour les centres de courbure dont je parlerai plus loin. Ici aussi on détermine la position apparente
et on en déduit la position vraie par un calcul.

Pour exposer la manière dont on fait la mensuration, je
prends la surface antérieure du cristallin comme exemple, et je
suppose qu'on fasse la mensuration dans le méridien horizontal. Il est utile de dilater la pupille.

Je place l'arc de l'instrument horizontalement et je mets le
curseur A aussi loin que possible de la lunette. Ceci fait je

mets le curseur C qui porte la marque de fixation, à un endroit tel que l'axe optique de l'œil examiné soit bissectrice de la distance angulaire entre la lunette et A. Il faut donc préalablement avoir fait la mensuration mentionnée dans le paragraphe précédent. On déplace ensuite le curscur B jusqu'à ce que l'image cristallinienne de A se trouve exactement sur la même verticale que les images cornéennes de B. On lit sur l'arc les positions des curseurs A et B. En jetant un coup d'œil sur la figure 68 il est facile

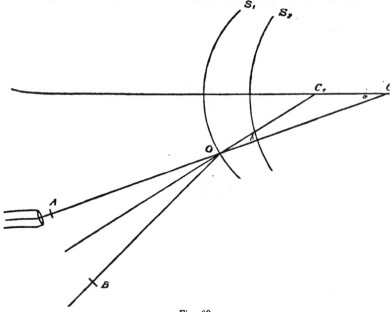

Fig. 69.

de voir qu'en supposant mesuré le rayon de courbure de la cornée R, on possède maintenant les éléments nécessaires pour calculer la distance cherchée, $O_1 O_2$, car l'angle c est la moitié de la distance angulaire de A à la lunette, et l'angle d est la moitié de la distance angulaire de B à la lunette. Le triangle $O_2 C_1 P$ nous donne la relation

$$O_2 C_1 = R_1 \frac{\sin d}{\sin c}$$

et on trouvera pour la distance cherchée

$$O_1 O_2 = R_1 - O_2 C_1 = R_1 \left(1 - \frac{\sin d}{\sin c} \right) = R_1 \frac{\sin c - \sin d}{\sin c}$$

3° *Déterminaion de la position des centres de courbur des surfaces cristalliniennes.*

On place A au-dessus de la lunette (au zéro) et on en éloigne avec la marque de fixation aussi loin que possible sans qu l'image disparaisse derrière l'iris ; après quoi on déplace B jus qu'à ce que les images cornéennes de ses deux lampes s trouvent sur la même verticale que l'image cristallinienne de A

Dans ces conditions l'axe de la lunette est normale à la sur face antérieure du cristallin. En effet, si l'on se figure la lamp placée au centre de l'objectif, le rayon qui arrive à l'œil obser vateur serait réfléchi exactement sur lui-même, ce qui ne peu avoir lieu que s'il rencontre normalement la surface apparente On trouve l'angle a (fig. 69) en ajoutant (soustrayant) l'angle à la distance angulaire de C à la lunette. L'angle b est la mo tié de la distance de B à la lunette. Le triangle C_1OC_2 nous donne la relation.

$$C_2C_1 = R_1 \frac{\sin b}{\sin a}$$

et la distance cherchée sera :

$$R_1 \left(1 + \frac{\sin b}{\sin a}\right) = R_1 \frac{\sin a + \sin b}{\sin a}$$

Ayant déterminé la position de la surface et celle de son centre, la différence entre les deux valeurs nous donnera le rayon. Mais comme je l'ai déjà fait remarquer, toutes ces gran deurs ne sont qu'apparentes ; il faut les réduire par un calcul pour trouver leur vraies valeurs.

4° *Déterminaion directe des rayons.*

Dans les figures 2, 3 et 4 le rapport entre les distances séparant les deux images de même espèce est égal au rapport entre les rayons (apparents). On peut en effet considérer la distance séparant les deux lampes comme un objet dont il se forme trois images dans la pupille ; ces images sont propor tionnelles aux rayons suivant la formule

$$\frac{O}{I} = \frac{2l}{R}$$

(voir le mémoire précédent du Dr *Druault*), puisque O et L sont les mêmes dans les trois cas.

On peut faire d'assez bonnes mesures des rayons, si l'on dispose de deux curseurs pareils à A et de deux pareils à B. On place les lampes A de manière à pouvoir bien observer les images produites par la surface cristallinienne qu'on veut mesurer. On déplace ensuite les curseurs B, jusqu'à ce que les images cornéennes des lampes de chacun se trouvent sur la même droite que l'une des images cristalliniennes de A. Le rayon de la surface est alors au rayon de la cornée comme la distance BB est à la distance AA.

5° Résultats.

Le petit tableau suivant montre les résultats pour un œil mesuré de cette manière.

	Cristalloïde antérieure.		Cristalloïde postérieure.	
	Apparent.	Réel.	Apparent.	Réel.
Position de la surface . .	2ᵐᵐ,97	3ᵐᵐ,54	7ᵐᵐ,27	7ᵐᵐ,60
— du centre. . . .	17,95	13,74	1,22	1,43
Rayon.	14,98	10,20	6,05	6,17
Epaisseur du cristallin. .	4,30	4,06		

On peut ainsi déterminer toutes les constantes optiques, excepté les indices, sur le vivant. Mais les mensurations du cristallin ne sont jamais très exactes. Les images sont faibles et celle de la surface antérieure très diffuse ; il y a aussi d'autres sources d'erreur, telles que celle faite en assimilant les surfaces à des surfaces sphériques. Je ne crois pas qu'on puisse garantir une exactitude de plus d'un demi-millimètre dans le résultat, de sorte que ces mensurations sont de beaucoup inférieures aux mesures cornéennes. Mais pour l'optique de l'œil, ce défaut d'exactitude ne présente pas une importance très grande à cause de la petite différence d'indice qu'il y a entre le cristallin et les liquides qui l'entourent. Pour la surface antérieure de la cornée une erreur d'un demi-millimètre correspondrait à environ trois dioptries, tandis que la même erreur dans la mesure de la cristalloïde antérieure ne correspond qu'à un tiers de dioptrie.

TSCHERNING.

III. — Appareil de Maxwell pour mélanger les couleurs (colour-box)

Cet ingénieux appareil consiste en une boite fermée et noircie intérieurement. La figure en donne une section. En E est une fente étroite. De la lumière passant par cette fente serait réfléchie par le miroir e vers les prismes P et P_t qu'elle traverse pour rencontrer le miroir concave S. Ce miroir réfléchit la lumière, qui traverse de nouveau les prismes pour aller former un spectre au fond de la boite AB. A cet endroit sont trois fentes mobiles x, y et z, ce qui permet de sortir de la boite de

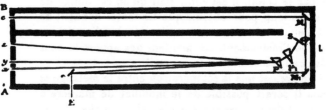

Fig. 70. — Appareil de Maxwell.

la lumière spectrale de n'importe quel ton, par chacune des fentes, en les déplaçant.

Admettons les fentes placées de sorte que x corresponde au rouge, y au vert et z au violet. Il est à remarquer que par suite de la réversibilité des processus optiques, si l'on éclaire la fente x du dehors avec de la lumière rouge, cette lumière passera par la fente E, mais si on l'éclaire avec de la lumière verte, cette lumière ne traversera pas la fente E, mais sera projetée à côté d'elle. Pour que la lumière verte sorte par E, il faut qu'elle passe par la fente y. Par conséquent, en éclairant les trois fentes x, y et z avec une source lumineuse *blanche*, un œil placé en E voit la surface du prisme P colorée par le mélange des trois couleurs qu'une flamme placée en E projetterait sur les fentes x, y et z. Le long de A, B est placée une échelle en longueurs d'onde ; la largeur de chaque fente est variable et peut être déterminée avec une exactitude très grande. Au fond de la boite se trouve encore l'ouverture c, par laquelle entre de la lumière blanche qui, après avoir été réfléchie par le miroir M et concentrée par la lentille L, rencontre

acé en E voit cette plaque à côté du prisme et peut
parer l'intensité et la couleur du mélange avec celle
ière blanche entrée par c. En plaçant et en ouvrant
convenablement, on peut de cette manière obtenir un
qui ne se distingue de la lumière blanche réfléchie
i quant à la couleur ni quant à l'intensité.

ie de l'instrument la plus difficile à construire est la
B. Il n'est pas facile de trouver une manière pratique
liser les trois fentes à la fois mobiles et variables de
Il faut une source lumineuse très large pour éclairer
fentes à la fois ; on peut bien diriger l'appareil vers le
on risque que son intensité et sa couleur varient pen-
périence. Maxwell se servait d'un papier blanc éclairé
nt par le soleil. Il est enfin clair qu'on est obligé de
D assez long pour obtenir que les fentes donnent de
e à peu près homogène, ce qui exige des dimensions
bles de l'instrument. Le meilleur des appareils dont
t Maxwell ressemblait à un cercueil.

reil ne permet que la comparaison entre le mélange et
mais il serait possible de le modifier de manière à
comparer deux mélanges. On n'aurait qu'à changer de
D de manière à la diviser pour ainsi dire en deux
vec trois fentes mobiles dans chaque étage. L'œil
eur verrait alors la moitié supérieure du prisme P
couleur produite par les trois fentes supérieures et la
férieure colorée par les trois fentes inférieures.

D' Tscherning.

<hr />

IV. — Le photoptomètre de Charpentier

ument de Charpentier se compose d'un tube long de
ètres, large de 5 centimètres, noirci intérieurement.
extrémités sont fermées par des verres dépolis, A, B.
u du tube sont placées deux lentilles, de 11 centimètres
ce focale, et, entre elles, un diaphragme carré à ouver-
able. En éclairant la plaque A, les lentilles en forment
ge sur la plaque B, image dont on peut faire varier
changeant l'ouverture du diaphragme. Une échelle
lire cette ouverture et d'obtenir ainsi une expression

numérique de l'éclairage de la surface B. En collant contre cette surface un morceau de papier noir qu'on découpe de différentes manières ,on peut aussi faire varier la forme de la surface éclairée.

On peut avec cet instrument faire une foule de déterminations concernant le sens lumineux et le sens chromatique. Pour la plupart de ces déterminations il est nécessaire de protéger l'œil observateur contre la lumière étrangère ; dans ce but on ajoute à l'extrémité B un second tube, dont la longueur correspond à la distance de la vision distincte. Un œilleton permet de l'adapter exactement aux bords de l'orbite.

Il est clair que l'ouverture minima du diaphragme qui permet de distinguer la surface B donnera une mesure pour le *seuil* (minimum lumineux), — qu'en éclairant la plaque A avec de la lumière spectrale on peut trouver l'ouverture qui permet juste de distinguer la couleur (minimum chromatique), — qu'en perçant le papier noir qui couvre la plaque B avec un groupe de petits points on peut déterminer l'éclairage qui permet de distinguer ces points (minimum visuel) et ainsi de suite.

La difficulté pour tout appareil de ce genre consiste surtout à réaliser une source lumineuse qui donne un éclairage constant et uniforme. Comme ceci n'est guère possible, il en résulte qu'on ne peut comparer que les résultats obtenus dans le cours d'une même expérience ; ils ne sont pas comparables d'une expérience à une autre.

Dr TSCHERNING.

V. — APPAREILS POUR L'ÉTUDE DU VERTIGE

Les instruments dont je me suis servi pour mes expériences sur les fonctions des canaux demi-circulaires sur les illusions visuelles sont si rudimentaires que je n'ai vraiment rien à décrire. Peut-on figurer une baguette tenue des deux mains et que l'on dirige selon ce que l'on croit être la verticale l'horizontale, etc.? Ou un cylindre carton entourant la tête comme la cornette d'une religieuse pour supprimer la vision périphérique?

Serait-il utile de décrire ma *planche à tourillons?* Une simple planche sur laquelle on s'attache et qui oscille auto-

ntal fixé au milieu. Ce n'est pas un instrument.
ur ma *balançoire à rotation*. C'est une balan-
comme celles de la foire aux pains d'épices,

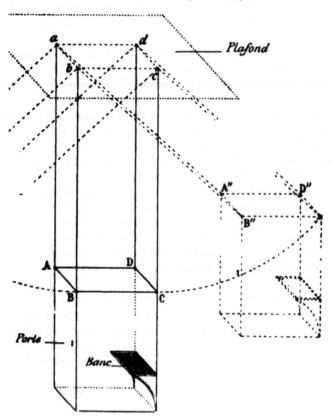

71. — Balançoire sans rotation de Delage.

chette sur laquelle ou s'assied est contenue dans
ée pour éviter l'impression du courant d'air.
r l'appareil dans lequel j'ai étudié le vertige de
une simple caisse dans laquelle on est assis les
non et suspendue par une unique longue corde
vant d'entrer dans l'appareil et qui, en se détor-
raîne dans un mouvement de rotation autour
al. Le seul intérêt de ce dispositif est sa simpli-
ses qu'il permet. Aussi les sensations sont-elles
quand on change brusquement l'inclinaison de

la tête pendant la rotation. Si les Chinois avaient connu ce supplice. ils n'auraient pas manqué de lui accorder un rang honorable dans la série.

Le seul appareil qui mériterait peut-être d'être figuré est ma *balançoire sans rotation*, car il résout un petit problème de mécanique d'une façon très simple et paraît n'avoir pas été bien compris. Je ne l'ai pas dessiné, en effet. dans le mémoire où je l'ai décrit. C'est une caisse, assez grande pour recevoir aisément un homme assis sur un banc fixé à ses parois et munie d'une porte que l'on referme sur l'expérimentateur. Cette caisse est suspendue par *quatre* longues cordes qui partent des quatre coins de sa base supérieure et vont se fixer à un plafond très élevé (hangar, salle de gymnastique) à quatre points situés verticalement au-dessus, de telle manière que les quatre points de suspension supérieurs forment une figure égale et parallèle à celle que forment les quatre points de suspension inférieurs. Dans l'espèce, ce sont deux carrés horizontaux. De la sorte, quand on imprime à la caisse un mouvement pendulaire, la base supérieure de la caisse est obligée de rester parallèle à la surface de suspension supérieure qui est horizontale, et la caisse elle-même reste verticale. Elle parcourt donc, *parallèlement à elle-même*, une trajectoire courbe: c'est le mouvement de *translation circulaire sans rotation*, nécessaire pour étudier les relations des canaux demi-circulaires avec les mouvements de translation. On constate que les canaux ne sont nullement impressionnés par cette sorte de mouvement, car ils ne donnent naissance à aucune illusion, quelle que soit l'attitude de la tête.)

Y. DELAGE.

BIBLIOGRAPHIE

YVES DELAGE. *Etudes expérimentales sur les illusions statiques et dynamiques de direction pour servir à déterminer les fonctions des canaux demi-circulaires de l'oreille interne.* Arch. de zool. exp., 2ᵉ série. vol. IV, 1886, sans figures. Traduit en allemand par HERMANN AUBERT sous le titre: *Physiologische Untersuchungen über die Orientirung unter Zugrundelegung von Yves Delage: Etudes expérimentales*, etc., avec plusieurs figures, entre autres. une figure de la balance sans rotation à la page 87, d'après un croquis de Y. DELAGE. Tubingen, 1888. 122

— YVES DELAGE. *Les méridiens de l'œil et les jugements sur la direction des objets.* Revue générale des sciences, III, p. 114-120, 1892.

Fig. 72.

dont le couvercle *k* peut tourner indépendamment de la boîte autour de l'axe *a*. A l'intérieur de cette boîte se trouve un ressort de montre en spirale dont une extrémité est fixée à l'axe et l'autre au couvercle de la boîte. Autour de la boîte est fixé un anneau en cuivre dont le bord antérieur *r* se trouve à $0^{mm},5$ derrière le couvercle *k*. Sur le bord de cet anneau se trouve un deuxième anneau *b* muni d'une division en degrés et qui porte une série de petites poulies en caoutchouc durci qui sont placées dans un plan parallèle au plan du couvercle, c'est-à-dire perpendiculaire à l'axe *a*. Sur le couvercle *k* est fixée une petite tige d'acier *l*, qui contourne à angle droit le bord de la boîte et porte un index Z_1, lequel se trouve juste en face des divisions de l'anneau *b*. Une corde de violon est attachée à l'extrémité de cette tige; lorsque le ressort n'est pas tendu, cette corde passe par-dessus toutes les poulies, puis se dirige vers l'axe *a*, passe par le centre de cet axe (qui est vide) et s'attache au chariot S, lequel peut se déplacer le long de la rainure B et peut être fixé à un endroit quelconque avec une vis h. Sur le chariot se trouve une lame verticale avec une ouverture centrale; c'est par cette ouverture que passe la corde s, un nœud fait sur cette corde ne lui permet pas d'être retirée par l'ouverture de la lame. Le chariot S porte un index Z_2, qui se déplace en face de la division Sk_2.

Lorsqu'on tire le chariot dans le sens de la flèche, la corde est tirée et elle fait tourner le couvercle k et avec lui la tige l; si on ramène le chariot dans sa position primitive, le couvercle tourne de nouveau par suite de l'action du ressort intérieur qui est dans la boite, cette action du ressort se transmet à la corde et la maintient constamment tendue. On fixe sur la plaque $k + r$ deux disques en papier embranchés l'un dans l'autre (d'après Maxwell). L'un de ces disques est fixé à la tige l par l'intermédiaire d'un prolongement en toile collé dessus, l'autre disque est fixé à l'anneau r. En déplaçant le chariot on fera donc varier la proportion des deux secteurs et cette variation pourra aussi être produite pendant la rotation de l'appareil; dans ce dernier cas, la corde tourne avec la boite; une rupture de la corde n'est pas à craindre.

On peut déplacer le chariot avec la main, mais on peut aussi le faire très lentement et régulièrement avec une vis ku. Les deux disques en papier étant fixés par leurs bords, la vis i se trouve inutile; on peut l'enlever et alors on voit une surface colorée homogène sans point central marqué d'une manière quelconque.

L'appareil est très commode puisqu'il épargne la perte de temps nécessitée dans les appareils ordinaires où on doit modifier le rapport des secteurs à la main après avoir arrêté l'appareil. Le rapport approximatif des deux secteurs peut être lu sur la division Sk_2, mais pour le savoir exactement, il faut arrêter la rotation et lire ce rapport sur la division Sk_1. L'index Z_1 et la graduation Sk_2 sont mobiles et on doit les installer au zéro avant les expériences. L'appareil est aussi commode pour la démonstration des couleurs complémentaires, de la saturation des couleurs, etc., enfin dernièrement Stern (*Psychologie der Veränderungsauffassung*, Breslau, 1898, p. 80) a montré qu'il peut être employé pour l'étude de la sensibilité de variation d'une couleur.

Pour faire tourner les disques on se sert d'un moteur à eau

ou d'un moteur électrique au moyen d'une transmission par
une ficelle. Sous la forme décrite plus haut l'appareil est livré
par le mécanicien Zimmermann à Leipzig, son prix est de
1 40 marks avec la vis *ku* et 100 marks sans elle.

KARL MARBE.

VII. — PRÉPARATION DE SURFACES GRISES ET COLORÉES PAR LA PHOTOGRAPHIE

On a souvent besoin d'avoir dans des expériences de psychophysique des surfaces grises de clarté différente. Pour obtenir ces
surfaces grises on se sert ordinairement du mélange de secteurs
blancs et noirs sur un disque rotatif; mais il y a souvent
avantage d'avoir des surfaces grises unies sans recourir au mélange par la rotation. On peut songer à faire peindre au pinceau
avec de l'encre de Chine des surfaces plus ou moins foncées,
mais c'est un procédé difficile à bien réaliser et surtout il est
très long. J'ai essayé d'employer la méthode photographique ;
après quelques tâtonnements le papier au platine anglais m'a
paru donner les meilleurs résultats. On expose ce papier à la
lumière pendant des durées variables et puis on fixe avec de
l'acide chlorhydrique étendu. Les papiers obtenus ainsi n'ont
aucune teinte colorée ; j'ai pu ainsi préparer une série de plus
de quatre-vingts nuances grises allant du noir au blanc, graduées de façon qu'on ne perçoit pas de différence entre deux
nuances voisines.

Par le même procédé photographique j'ai obtenu aussi des
séries de surfaces colorées en bleu, variant depuis le bleu saturé
jusqu'au gris et comprenant cinquante nuances différentes; ces
surfaces bleues sont obtenues avec le papier au fer que l'on
expose à la lumière pendant un temps variable et que l'on lave
ensuite avec de l'eau pure. Je me sers de ces papiers pour la
démonstration des degrés différents de saturation. Il me semble
qu'on pourrait s'en servir aussi pour des recherches scientifiques.

Je cherche maintenant un procédé permettant d'obtenir des
séries colorées pour les autres couleurs ; les résultats de ces
expériences seront rapportés plus tard. Le mécanicien Zimmermann (Leipzig, Emilienstrasse, 21) peut livrer des séries de
papiers gris ou colorés préparés d'après mes indications.

La méthode photographique avait été déjà décrite par moi dans le *Zeitschrfit für Psychologie u. Physiologie der Pinnesorgane*, vol. XII, p. 62. On se sert maintenant de papiers gris, préparés par cette méthode, dans un travail sur la sensibilité différentielle poursuivi au laboratoire de psychologie de l'Université de Würzburg.

KARL MARBE,
Privat docent à l'Université de Wützburg.

(Traduit par V. Henri.)

VIII. — PSYCHODOMÈTRE (OU NEURAMOEBOMÈTRE)
DE OBERSTEINER

Depuis longtemps j'avais l'intention de mesurer les temps de réactions psychiques chez des aliénés, pensant que ces recherches permettront de se faire une idée claire sur le mécanisme psychique, d'autant plus que personne n'avait fait d'expériences de ce genre avant moi. Pour ces recherches on avait besoin d'avoir un appareil facile à manier, solide et ne coûtant pas cher, pour qu'il puisse être répandu. Dans ce but j'entrai en collaboration avec mon ami le professeur Exner, et ce dernier construisit un appareil répondant aux conditions exigées. Cet appareil avait été appelé par Exner Neuramoebomètre (voy. le travail d'Exner *Experimentelle Untersuchungen der einfachsten psychischen Processe*. Pflüger's Arch. für Physiol., vol. VII) et par moi psychodomètre. (Voy. *Ueber eine neue einfache Methode zur Bertimmung der psychischen Leistungsfähigkeit der Gehirn Geisteskranker*. Virchow's Archiv. f. pathol. Anatom., vol. LIX, 1873.)

Le psychodomètre se compose de deux parties principales : d'un cadre A*a*, sur l'une des extrémités duquel en A se trouve placé l'axe de l'appareil et d'un chariot B*b* qui porte la plaque de verre enfumée T. Un ressort *f* forme le long bras d'un levier horizontal qui tourne autour de l'axe A et dont le court levier est formé par une tige en cuivre munie d'un bouton K sur lequel le sujet appuyera au moment de la réaction. L'axe autour duquel tourne ce levier peut être serré plus ou moins avec la vis S, ce qui rend le mouvement de ce levier plus ou moins facile.

Le ressort *f* est une lame en acier large de 1 centimètre e

zontale est attirée chaque fois qu'on lance le courant à travers les deux bobines. Au moment ou la masse P*b* descend, une tige mobile T fixée sur la tige horizontale plonge dans un godet rempli de mercure G, ce qui produit la fermeture du circuit passant par le chronoscope, et rend libres les aiguilles de celui-ci. Une clef intercalée en un autre point de ce même circuit permet d'interrompre le courant et de fixer les aiguilles ; c'est le sujet lui-même qui produit cette interruption du courant en réagissant.

La partie principale de l'appareil est le support mobile S composé de deux plaques en bois très dur. Ces plaques, longues de 15 centimètres et larges de 10 centimètres, s'engrènent par deux surfaces découpées en marches d'escalier d'un millimètre de hauteur. On peut élever graduellement la plaque supérieure de 1 millimètre à la fois pour que le doigt, quelle que soit son épaisseur, soit toujours placé à la même distance de la masse de plomb, quand l'appareil est au repos et par conséquent reçoive une percussion toujours de même intensité quand le courant fait tomber le percuteur. L'ensemble des deux plaques peut glisser en avant et en arrière, de manière à amener toujours le même point du doigt, quelle que soit sa longueur, sous la masse de plomb. Des vis de pression permettent d'immobiliser le support quand il est réglé.

L'avantage de cet appareil est de donner une percussion toujours identique d'intensité et portant dans toutes les expériences sur le même point du tégument.

J.-J. van Biervliet.

XVI

REVUE GÉNÉRALE SUR LE SENS MUSCULAIRE

Il y a environ dix ans les questions relatives au sens musculaire intéressaient tous les psychologues, les physiologistes et
les neurologistes; on faisait beaucoup d'expériences sur les
sujets normaux, on observait des malades, on discutait sur la
nature du sens musculaire; les uns lui attribuaient une origine
périphérique, d'autres affirmaient l'existence d'un sens d'innervation central, enfin on localisait ce sens soit dans la peau,
soit dans les muscles, soit dans les tendons et les articulations;
dans les sociétés savantes et les congrès on discutait beaucoup
sur le sens musculaire; ainsi en 1887 ont eu lieu des débats
très intéressants des principaux neurologistes anglais; en 1889,
au premier congrès de psychologie à Paris, on s'est beaucoup
occupé du sens musculaire; en somme, il y avait à cette
époque un mouvement général; mais, depuis, ces questions
ont été laissées de côté, on s'en est occupé beaucoup moins,
et les travaux qui paraissent maintenant sur le sens musculaire
sont relativement rares. Il y a pourtant lieu, je crois, de
reprendre complètement l'étude du sens musculaire : la psychologie a fait dans ces dernières dix années de grands progrès,
relatifs surtout aux méthodes d'études, et l'application de ces
nouvelles acquisitions à l'étude du sens musculaire fera certainement avancer la question et permettra de pousser l'analyse
psychologique de ce sens plus loin que cela n'a été fait jusqu'ici; de plus, les expériences physiologiques faites dans ces dernières années par *Ewald, Hering, Sherrington, Mott,* etc., sur
la coordination des mouvements donnent des renseignements
précieux pour l'étude du sens musculaire. Une pareille étude
d'ensemble ne peut pas être menée à bout rapidement: il faut
faire beaucoup d'expériences sur les sujets normaux, rassem-

bler des observations de cas pathologiques et faire des expériences physiologiques sur les animaux ; ce n'est qu'en menant
parallèlement ces trois ordres de recherches que l'on peut
espérer arriver à des résultats importants.

Il manque dans la littérature psychologique un exposé suc-
cinct des points acquis sur le sens musculaire ; c'est un exposé
de ce genre que je me suis proposé de donner ici ; je passe-rai
en revue très rapidement le développement historique de la
question, j'indiquerai quelles sont les expériences qui ont été
faites, leurs résultats et les expériences à faire ; je tâcherai de
résumer les données apportées par la pathologie nerveuse et
par la physiologie, enfin je donnerai une bibliographie du sens
musculaire et dans cette bibliographie, au lieu de donner
simplement les titres des mémoires, comme on le fait toujours, j'indiquerai. en quelques lignes, pour les mémoires que
j'ai lus, les points principaux qui y sont contenus ; une pareille
indication facilite beaucoup le travail, et j'espère que les personnes qui voudraient étudier le sens musculaire pourront en
profiter.

Définition et division du sujet. — Le terme « sens musculaire » que nous avons choisi pour le titre de cette étude est
très mauvais ; en effet, il induit facilement en erreur, puisqu'il
semble indiquer que c'est un sens qui appartient aux muscles,
ce qui ne peut plus être défendu maintenant, puisque c'est un
ensemble de sensations des muscles, des tendons, des articulations et peut-être aussi des membranes musculaires. Ce que
nous nous proposons d'étudier ici, c'est l'ensemble des sensations qui nous renseignent sur l'état de nos organes moteurs,
c'est cet ensemble de sensations que nous appelons par le
terme « sens musculaire », c'est là un terme qui nous a paru
meilleur que tous ceux qui ont été proposés jusqu'ici.

Le sens musculaire nous renseigne sur l'état de nos organes
moteurs ; or cet état peut être très variable ; nos organes peuvent être soit en mouvement soit rester immobiles ; ils peuvent
être tendus de façon à exercer une force ou bien être relâchés ;
on devra donc avant tout chercher à se débrouiller dans cet
ensemble complexe, établir des divisions uniformes permettant
d'analyser la nature du sens musculaire. Une telle division du
sujet est très difficile à faire, puisque nous ne rencontrons pas
d'états simples, c'est presque toujours à un ensemble complexe
de sensations et de représentations diverses que nous avons
affaire ; de plus, la difficulté d'analyse des sensations muscu-

plus grande par ce fait que dans la vie
courante notre attention n'est pas fixée sur ces sensations elles-
mêmes, mais sur les images et représentations diverses qui
sont évoquées par ces sensations ; je m'explique : si nous soulevons un poids et que nous jugions sa grandeur, notre attention est dirigée sur le poids et non pas sur les différentes sensations que nous éprouvons dans le bras et la main ; de même,
si par un mouvement de la main nous cherchons à apprécier
la longueur d'un espace, notre attention est dirigée sur l'ensemble des images visuelles, motrices ou autres, qui sont évoquées pendant le mouvement et non pas sur les sensations
musculaires produites dans le bras ou dans la main ; il peut
même arriver quelquefois que, pour un même état de nos
membres, nous portions l'attention sur des représentations
très différentes : ainsi, par exemple, appuyez la main contre
la table et fermez les yeux, vous pourrez soit chercher à vous
représenter la position de la main, à vous demander si elle est
étendue ou fléchie, si les doigts sont écartés ou rapprochés, etc.,
mais vous pouvez tout aussi bien vous demander avec quelle
force vous appuyez contre la table, et le genre d'images dans ces
deux cas sera tout à fait différent.

Il faut donc commencer par déterminer dans les différents cas
ce qui appartient vraiment au sens musculaire et éliminer les
associations d'ordre psychique, qui sont tellement nombreuses,
toutes les fois que l'on a affaire au sens musculaire. Une division logique du sens musculaire ne doit pas être fondée sur
ces différentes associations psychiques auxquelles il donne
lieu ; pourtant la plupart des auteurs ont établi des divisions
qui ne répondent pas à cette condition, on a par exemple distingué la perception de la position des membres, la perception du mouvement et la perception de résistance ; il est évident qu'une pareille division n'est pas homogène, elle n'est
pas logique ; en effet, la perception de la position des membres (*Lageempfindung*, comme disent les Allemands) contient
un ensemble de représentations visuelles et autres, qui viennent
s'ajouter aux sensations musculaires et qui nous permettent de nous représenter comment sont placés nos membres ;
ce sont des représentations qui ne sont pas inhérentes au sens
musculaire même, c'est quelque chose qui est venu se surajouter
dans le courant du développement de l'être ; au contraire, la
perception du mouvement d'un membre contient déjà beaucoup
moins de facteurs psychiques, étrangers au sens musculaire

et il en est de même de la perception de résistance. Une pareille division est à rejeter; il faut en construire une autre en essayant de bien se rendre compte de ce qui appartient au sens musculaire et de ce qui est surajouté par suite des associations très diverses acquises dans la vie.

Après avoir dégagé ce qui appartient au sens musculaire même, il faut, pour établir une classification rationnelle, indiquer quelles sont les différentes sensations élémentaires qui constituent ce que l'on appelle le sens musculaire, il faut montrer les relations entre ces différentes sensations élémentaires, indiquer comment elles se fusionnent et quels sont les complexus auxquels elles peuvent ainsi donner lieu; enfin analyser les perceptions provoquées par les différents états dans lesquels peuvent se trouver nos organes moteurs et montrer dans chaque cas la nature des sensations élémentaires qui se sont fusionnées pour former ces perceptions. Voilà le but vers lequel on doit tendre; mais il est évident qu'à l'époque présente on ne peut pas encore établir une classification aussi méthodique, qui exige une étude expérimentale approfondie du sens musculaire. On doit se contenter maintenant d'une classification provisoire qui doit servir pour diriger les recherches de façon à embrasser toutes les questions relatives au sens musculaire et à établir un ordre dans leur étude. Il m'a semblé qu'une pareille classification pouvait être établie en se fondant d'une part sur la distinction des différents états dans lesquels peuvent se trouver nos organes moteurs et d'autre part sur les données fournies par l'introspection.

Nos organes moteurs se trouvent soit dans l'état d'immobilité, soit en mouvement, et l'introspection nous montre constamment que nous distinguons immédiatement si nos organes sont immobiles ou s'ils se meuvent; sur quoi cette distinction est-elle fondée, peut-on affirmer qu'à l'état d'immobilité correspond une certaine sensation musculaire spéciale et qu'une autre sensation musculaire différente correspond au mouvement? Voilà des questions que nous ne pouvons pas trancher maintenant, elles ne pourront être résolues qu'après une étude expérimentale méthodique; dans tous les cas, que les sensations correspondantes au mouvement et à l'immobilité soient indépendantes les unes des autres ou qu'elles se trouvent dans une relation étroite, nous divisons pour la commodité, en nous fondant sur les données immédiates de l'introspection, toutes les sensations musculaires en deux groupes : 1° celles qui correspondent à l'immobilité des organes moteurs et 2° celles qui correspondent au mouvement.

Etudions maintenant de plus près chacun de ces deux groupes.

I. IMMOBILITÉ. — Lorsqu'un organe moteur se trouve dans l'immobilité, l'introspection nous apprend que les sensations correspondantes varient suivant la position dans laquelle se trouve cet organe; ainsi, par exemple, étendez la main et écartez les doigts, puis rapprochez les doigts et fléchissez-les, vous verrez que les sensations que vous localisez dans la main seront différentes dans ces deux cas; chez une personne normale les sensations tactiles viennent s'ajouter aux sensations musculaires et gênent l'analyse, mais chez les malades qui ont une anesthésie de la peau les sensations musculaires peuvent persister, et dans ce cas les malades perçoivent très bien une différence entre les sensations correspondant aux différentes positions de la main ou des membres.

D'autre part, lorsqu'un organe moteur est immobile, les muscles de cet organe peuvent être soit dans un état de relâchement, soit dans l'état de contraction plus ou moins forte; l'introspection nous montre que nous distinguons facilement ces différents états; il n'est pas nécessaire d'admettre que les sensations que l'on a dans ces différents cas proviennent seulement des muscles; on pourrait supposer tout aussi bien qu'il y a des sensations spéciales des articulations ou des tendons: je ne tranche pas la question ici; ce que je voulais seulement faire ressortir, c'est que nous avons des sensations qui varient avec le degré de contraction des muscles d'un organe moteur.

Par conséquent, on peut diviser les sensations correspondant à l'état d'immobilité en deux sous-groupes : 1° sensations correspondant aux différentes positions des organes moteurs; 2° sensations correspondant aux différents degrés de contraction des muscles. Examinons ces deux cas :

Dans le premier cas, nous avons les sensations, qui par suite d'associations nombreuses permettent de nous représenter la position des membres; nous étudierons plus loin ces questions en détail.

Dans le deuxième cas, il y a un certain nombre de subdivisions nouvelles à faire : en effet, lorsque les muscles se trouvent dans un état de contraction, cette contraction peut être produite soit par une cause externe, étrangère au sujet, par exemple par un courant électrique avec lequel on excite un nerf ou un

... ... contraire par une cause venant d.
... ... .mme on dit. on contracte volontai
... . .en d'étudier si ces deux cas différer
... ... .sations musculaires. comme le veule.
... ... .us le cas de la contraction volontaire
... ... .ertain sens d'effort. ou bien si la
... . ne tient qu'à des facteurs psychi.
... . pas partie du sens musculaire
... .;'un membre est immobile et que
... ... .eux cas peuvent se présenter : .
... ... .tagonistes sont contractés de f.
... ... .bre mutuel, et que c'est seul
... ... .re que le membre ne se dépla.
... ... .scles sont contractés de fa
... ... .re dans une certaine direction
... ... .le seulement parce qu'une c.
... ... on dit. empêche le mouve
... ... .ssaire : prenez une planch
... ... .zontalement, appuyez v.
... ... .ctez volontairement les n
... ... .ement deux cas différe
... ... .scles biceps, triceps, delto.
... ... .ue brusquement, sans q
... ... .che. le coude se déplace à
... ... .es différents muscles : d.
... ... .ment la planche. le coude b.
... ... .u constate l'existence de ce
... ... .s planche, mais le sujet sait .
... ... .sont en équilibre mutuel ou s'i
... ... .n'est pas apprécie uniquem.
... . les cas pathologiques nous .
... ... .aux sensations musculaires. N.
... ... .eux cas et à étudier si la per
... ... .ens musculaire lui-même ou bi
... . supérieur qui serait par e.
... ... .re comme le suivant : je cont
... ... .qu'il doit en résulter un mouv
... ... .done il y a une cause ex
... ... .qui s'oppose au mouvement
... ... .as l'etude des sensations corr
... ... .e contraction des muscles. il f.
... ... .suivants : a. contraction produi

bilité du membre produite par une résistance externe.

II. Mouvement. — Lorsqu'un organe moteur est en mouvement, l'introspection nous apprend qu'il y a des sensations qui correspondent à ce mouvement et qui nous renseignent sur ses différentes formes.

Le mouvement d'un membre peut être de deux sortes : passif ou actif; on aura donc à étudier les sensations qui se produisent dans ces deux cas.

1° *Mouvement passif.* — Si on déplace un membre dans un sens quelconque, nous sentons en général ce mouvement et nous pouvons en indiquer la direction, l'étendue et la vitesse; la sensibilité de ces différentes perceptions sera étudiée plus loin.

2° *Mouvement actif ou volontaire.* — Dans ce cas, le sujet déplace lui-même un membre, on se demande naturellement si dans ce cas les sensations sont les mêmes que dans le cas précédent et en quoi un mouvement actif diffère d'un mouvement passif; cette question devra être examinée avec soin. Le mouvement actif peut à son tour se présenter sous deux formes différentes : a) Mouvement actif libre, lorsque aucune résistance extérieure ne vient le modifier: b) mouvement actif avec résistance, par exemple dans le cas où on soulève un poids.

Dans tous les cas relatifs à la perception du mouvement, l'attention du sujet pourra être portée soit sur la direction, l'étendue et la vitesse du mouvement, soit sur ce fait que le mouvement est passif, actif libre ou actif avec résistance, et dans ce dernier cas le sujet peut aussi porter son attention sur la force de résistance, et arriver à juger la grandeur du poids soulevé; mais ce qui est essentiel, c'est que ces différentes perceptions ou représentations sont des processus psychiques supérieurs, surajoutés au sens musculaire et dus aux nombreuses associations acquises dans le courant de la vie. Dans un même cas, dans le soulèvement d'un poids de deux kilos à la hauteur de 30 centimètres par exemple, l'attention du sujet peut être dirigée sur les différentes propriétés du mouvement; il peut soit chercher à apprécier la hauteur à laquelle il soulève le poids, soit au contraire faire abstraction de cette hauteur et penser seulement à la grandeur du poids soulevé. Cette distinction n'est pas suffisamment mise en lumière par les auteurs: c'est pour cela que nous y insistons autant.

En dehors de ces sensations de mouvement et d'immobilité, il faut encore considérer les différentes sensations qui nous renseignent sur l'état intrinsèque des organes moteurs ; je désigne ainsi les sensations diverses qui nous apprennent que l'organe moteur est reposé ou qu'il est fatigué, surmené ou même malade ; c'est là que doit trouver place l'étude du sens de fatigue sur lequel il y a eu tant de discussions ; c'est encore là qu'on devra étudier la sensibilité propre des différentes parties de l'organe moteur, la sensibilité électro-musculaire, etc.

Dans la classification précédente nous avons laissé de côté un point très important, c'est l'étude de la différence des sensations musculaires des différents organes moteurs. Il est incontestable que les sensations musculaires varient d'un membre à l'autre ; elles varient peut-être même d'un muscle à l'autre ; elles sont, par exemple, différentes pour le bras et la jambe, et c'est là un fait de première importance au point de vue psychologique, puisqu'il entre en grande partie dans l'étude de perception de l'espace ; mais l'expérimentation sur ces différences est très difficile, et dans la littérature nous ne trouvons que des observations très vagues suivies de déductions théoriques ; par conséquent, au lieu de consacrer à cette question un chapitre spécial, comme son importance l'exigerait, nous sommes réduit à nous contenter de quelques observations générales.

La classification que je viens de proposer pour l'étude du sens musculaire ressemble à celle qui a été développée au commencement de ce siècle par les psychologues anglais : Brown, James et Stuart Mill, Bain, Spencer, etc. ; ces auteurs ont apporté beaucoup de précision dans l'étude méthodique du sens musculaire ; pourtant très souvent on ne les cite même pas.

Dans notre étude nous suivrons la classification que nous venons d'exposer ; pour chaque point nous indiquerons les recherches expérimentales correspondantes et nous rapporterons les principaux résultats obtenus. On verra que très souvent il y aura des lacunes, nous les indiquerons avec soin puisqu'une nouvelle étude du sens musculaire doit se proposer avant tout de combler ces lacunes. Pour plus de clarté, nous rappelons la classification précédente en la mettant sous forme de tableau.

Les études sur le sens musculaire peuvent être divisées en deux grandes catégories : études expérimentales et théoriques. Il est avantageux pour la clarté de l'exposition de réunir ensemble les études expérimentales et d'exposer à part les

SENSATIONS MUSCULAIRES CORRESPONDANT AUX DIFFÉRENTS ÉTATS DES ORGANES MOTEURS

SENSATIONS MUSCULAIRES INTRINSÈQUES A L'ÉTAT DES ORGANES MOTEURS

Sensations de repos et de fatigue, sensations produites par l'excitation des muscles, tendons et articulations.

IMMOBILITÉ

Sensation correspondant aux différentes positions des organes moteurs.

Sensations correspondant aux différents degrés de la contraction des muscles.

a. État de relâchement.

b. Contraction par une cause externe.

c. Contraction volontaire.

d. Équilibre mutuel des muscles contractes.

e. Résistance ne permettant pas le mouvement.

MOUVEMENT

Passif.

Actif.
  Libre.
  Avec résistance.

Perception de la direction, étendue, vitesse et durée du mouvement.

Perception de la force de résistance.

recherches théoriques ; dans le présent travail nous insisterons surtout sur les recherches expérimentales et nous ne parlerons des théories qu'autant que cela sera indispensable. En ce qui est des cas pathologiques et des expériences de physiologie, nous les exposerons aux endroits correspondant à notre classification. Enfin, avant d'aborder l'étude méthodique des différentes questions, relatives au sens musculaire, nous donnerons une courte introduction historique pour indiquer les principales étapes par lesquelles a passé l'étude du sens musculaire.

HISTORIQUE DES ÉTUDES SUR LE SENS MUSCULAIRE. — Presque tous les auteurs qui ont fait l'historique des études sur le sens musculaire affirment que c'est Ch. Bell qui le premier, en 1824, a établi l'existence d'un sens spécial qu'il nomme sens musculaire ; cette affirmation n'est pas exacte ; quelques auteurs ont bien cité Er. Darwin et Th. Brown comme ayant indiqué l'existence d'un sens musculaire, mais ce n'est pas à ces auteurs qu'il faut remonter.

Déjà chez Descartes dans sa dioptrique on trouve des indications sur l'existence de sensations spéciales correspondant aux différentes positions des muscles des yeux et des membres. De même, dans le mémoire de Berkeley[1] sur la vision on voit que ce philosophe admettait l'existence de sensations spéciales correspondant à l'effort des muscles des yeux et qu'il désigne par le nom de *sensation of staining*. Si on étudiait de près les différents auteurs du xviiiᵉ siècle, il est certain que l'on rencontrerait chez quelques-uns des remarques ou des observations sur le sens musculaire ; ainsi, pour ne citer qu'un exemple, on en trouve dans les ouvrages de Thomas Reid parus dans la deuxième moitié du siècle dernier (*Inquiry into the human mind on the principles of common sense* 1764 ; *Essay on the intellectual powers of men* 1785 ; *Essays on the active powers of man* 1788). Je ne m'arrête pas sur ces différents auteurs, puisque je ne les connais pas suffisamment ; je voulais seulement porter l'attention sur l'existence de renseignements relatifs au sens musculaire chez ces auteurs ; on trouve ces renseignements le plus souvent dans les chapitres consacrés à la vision de grandeur et de distance des objets, ainsi que dans les chapitres sur la volonté. Passons donc au xixᵉ siècle.

(1) Berkeley. *De la vision.*

Tout au commencement de ce siècle, nous trouvons dans un traité de Erasmus Darwin [1] des indications sur le sens musculaire ; en France, à peu près à la même époque, Bichat portait l'attention sur la sensibilité du tissu musculaire et sur l'existence des sensations de fatigue (v. *Anatomie générale* de Bichat, L. III, Système musculaire, art. 3°, § II, p. 264 de la 2° édition parue en 1812) ; nous citons le passage du traité de Bichat puisqu'il est d'une clarté et d'une précision parfaites. « La sensibilité animale est celle de toutes les propriétés vitales qui est la plus obscure dans ces organes (les muscles), au moins si on les considère dans l'état ordinaire. Coupés transversalement dans les amputations, dans les expériences sur les animaux vivants, ils ne font éprouver aucun sentiment pénible bien remarquable : ce n'est que lorsqu'un filet nerveux se trouve intéressé que la douleur se manifeste. Le tissu propre du muscle n'est que très peu sensible ; l'irritation par les stimulants chimiques n'y montre pas plus à découvert la sensibilité.

« Cependant il est un sentiment particulier qui, dans les muscles, appartient bien évidemment à cette propriété ; c'est celui qu'on éprouve après des contractions répétées, et qu'on nomme lassitude. A la suite d'une longue station, c'est dans l'épais faisceau des muscles lombaires que ce sentiment se rapporte surtout. Après la progression, la course, etc., si c'est sur un plan horizontal qu'elles ont lieu, ce sont tous les muscles des membres inférieurs ; si c'est sur un plan ascendant, ce sont surtout les fléchisseurs de l'articulation ilio-fémorale ; si c'est sur un plan descendant, ce sont les muscles postérieurs du tronc qui se fatiguent plus particulièrement. Dans les métiers qui exercent surtout les membres supérieurs, souvent on y éprouve ce sentiment d'une manière remarquable, lequel sentiment n'est certainement pas dû à la compression exercée par les muscles en contraction sur les petits nerfs qui les parcourent. En effet, il peut avoir lieu sans cette contraction antécédente, comme on l'observe dans l'invasion de beaucoup de maladies où il se répand en général sur tout le système musculaire, et où les malades sont, comme ils disent, fatigués, lassés, de même qu'à la suite d'une longue marche. Ce sentiment paraît dépendre du mode particulier de sensibilité animale des muscles, sensibilité que les autres agents ne développent point,

[1] Er. Darwin. *Zoolomia*, t. I.

et que la permanence de contraction rend ici très apparente. »
Un peu plus loin Bichat indique aussi que la répétition d'un
mouvement et un effort trop violent amènent une sensibilité
spéciale dans les ligaments.

En 1811 un médecin allemand, Steinbuch, publia un livre de
300 pages (*Beitrag zur Physiologie der Sinne*, Nürnberg, 1811),
qui contient des vues très originales sur les différentes sensations; ce livre est en général complètement méconnu; pourtant
on y trouve une théorie complète de la perception de l'espace
par le toucher et par la vue, et cette théorie ressemble beaucoup
à celles qui ont été développées plus tard par Lotze et Wundt;
c'est ainsi, par exemple, que la théorie bien connue des signes
locaux est exposée déjà chez Steinbuch; de même la théorie
générale de la « Chimie psychique » (*Psychische Chemie*) se
trouve développée dans le livre précédent; il en est encore de
même pour le sens musculaire, à l'étude duquel l'auteur con-
sacre la fin du premier chapitre et environ la moitié du second
chapitre, c'est-à-dire environ une quarantaine de pages. L'auteur développe très longuement qu'à chaque mouvement de
nos membres et même à tout mouvement de chaque muscle
isolé correspond une sensation spéciale, une *Bewegungsidee*,
comme il dit, mais que de plus cette sensation est d'origine
centrale, elle existe avant la production du mouvement; on voit
donc que c'est la théorie du sens de l'innervation telle qu'on la
trouve développée chez les auteurs postérieurs.

En 1820, Thomas Brown dans ses leçons de psychologie (*Lectures on the philosophy of the human mind*, vol. I, 1820,
p. 487-587) expose une théorie de la perception de l'espace,
théorie qui a été ensuite reprise et développée par James Mill,
Bain, J. St. Mill et Spencer; d'après cette théorie[1], la perception
de l'espace est due aux sensations musculaires; ces auteurs
font donc une étude méthodique des différentes sensations musculaires et distinguent ainsi : 1° les sensations de résistance qui
correspondent au degré de contraction des muscles; 2° les sensations de durée d'une action musculaire et 3° les sensations de
vitesse d'une action musculaire.

Ce n'est que maintenant que nous arrivons aux études de
Charles Bell, auquel presque tous les auteurs attribuent la
priorité dans l'étude du sens musculaire. Les observations de

---

(1) Voir pour plus de détails mon livre, *Ueber die Raumwahrnehmungen
des Tastsinnes*, 1898, p. 185-192.

Ch. Bell relatives au sens musculaire se trouvent dans ses deux communications faites en 1822 et 1823 à la Société royale de Londres sur les nerfs de la respiration, puis dans son livre *Exposition du système naturel des nerfs du corps humain,* paru en 1825 et traduit en français avec les deux communications précédentes par Genest en 1825 et enfin dans son livre *The hand, its mechanism and vital endowments as evincing design* (Londres, 1833). En général, on ne cite que les observations pathologiques rapportées par Bell, dans lesquelles le malade perd la sensibilité cutanée, mais conserve le mouvement, peut apprécier la position des membres et arrive à juger sur le poids et la consistance des corps externes (p. 24 de l'édition française, 1825). Mais il y a chez Bell un autre groupe de faits importants que l'on ne cite pas en général ; ce sont les expériences physiologiques faites sur des ânes, chez lesquels l'auteur sectionne un nerf sensitif (nerf maxillaire supérieur) et il remarque que l'animal ne peut pas prendre la nourriture qu'on lui présente ; de même les observations faites sur des singes qui, après section des nerfs sensitifs de la face, ne grimacent pas avec les muscles correspondants ; ces observations physiologiques ont été publiées en 1822 ; Bell explique les troubles moteurs en disant que la sensibilité est nécessaire pour la précision des mouvements [1] ; en 1833, Bell rapporte le cas d'une malade, qui par suite de la perte de « sensibilité musculaire » n'arrivait pas à régler les mouvements de son bras, lorsqu'elle ne le regardait pas. «Chaque nerf, dit Bell, qui, parti d'un muscle, traverse la moelle, la protubérance et l'encéphale pour aboutir à la couche grise du cerveau, exerce une action sur le muscle correspondant ; cependant sous ce rapport son action n'est pas parfaitement simple, car en même temps qu'il agit sur le muscle pour changer son état, que nous appellerons état de contraction ou de relâchement, il porte aussi au sensorium une sensation de l'état de ce muscle. » (*Exposition du système naturel des nerfs*, trad. française, 1825, p. 9.)

A partir de cette époque, le nombre d'observations très diverses augmente considérablement ; déjà, en 1823, Magendie, dans un rapport fait à l'Académie des sciences sur les récents progrès de la physiologie des nerfs, en exposant les recherches de Bell, dit avoir fait lui-même des expériences physiologiques

_____

(1) *Exposition du système naturel des nerfs du corps humain*, trad. franç., 1825, p. 63 ; l'explication des troubles se trouve aux pages 72 et 73.

du même genre ; l'exposé de ces expériences se trouve dans le
journal de physiologie expérimentale de Magendie et puis dans
le tome II des *Leçons sur les fonctions et les maladies du*
système nerveux (1839). Il serait trop long d'exposer en détail ls
ce que chaque auteur a apporté de nouveau dans l'étude du
sens musculaire ; nous nous contenterons d'indiquer les principales étapes par lesquelles a passé l'étude du sens musculaire.
Nous distinguons les groupes de recherches suivants :

1° Recherches physiologiques faites sur des animaux pour
observer d'une part les troubles du mouvement qui se produisent
après la perte de sensibilité musculaire, et d'autre part pour
étudier les voies de transmission du sens musculaire. Ce sont
les recherches de *Bell* sur les ânes et les singes, de *Magendie*
sur les ânes et les lapins, de *Claude Bernard* sur les grenouilles
et les chiens, de *Arnold* sur les grenouilles, puis toute une
série de travaux dans lesquels on répète les expériences de ces
auteurs sans apporter de données nouvelles importantes, e
enfin les recherches originales, ayant fait avancer la question
de l'influence du sens musculaire sur les mouvements, publiée
par Tschiriew (226), Filehne (181), Chauveau (173), Herin̂g
(190), Ewald, Bickel (172), Sherrington et Mott (303). Nous in-
querons les principaux résultats de ces expériences lorsque
nous parlerons de l'influence du sens musculaire sur la régularité des mouvements.

2° Recherches pathologiques. Ce sont d'une part des observations des malades qui ont une perte de la sensibilité de la
peau, mais peuvent quand même apprécier le poids et la consistance des corps, peuvent exercer un mouvement volontaire
déterminé et ont la conscience de la position de leurs membres ;
le nombre de ces observations est immense et il faudrait plusieurs pages pour citer seulement les noms des auteurs et les
mémoires dans lesquels on trouve ces observations ; je mention-
nerai ici seulement les observations de Bell, Longet (200). Duchenne de Boulogne (283), Brown-Séquart (338), Weir Mit-
chel (331), Charcot, etc. D'autre part, nous avons toute une
série d'observations sur les ataxies, dans lesquelles les auteurs
cherchent à résoudre la question de l'influence du sens musculaire sur la coordination des mouvements ; les premières études
importantes sur cette question sont celles de Duchenne de Boulogne (234), de Leyden (247), et de Topinard (258). Enfin nous
avons encore à signaler les recherches pathologiques sur les
troubles du sens musculaire se produisant dans différentes

maladies nerveuses et qui permettent d'établir les voies nerveuses de transmission du sens musculaire ; puis les observations du mouvement des membres non paralysés se produisant,
lorsque le malade veut faire un mouvement avec les membres
paralysés et les observations sur les images motrices des amputés ; ces recherches sont intéressantes au point de vue théorique ; on les a souvent invoquées pour défendre l'existence d'un
sens d'innervation. C'est encore à ce groupe de recherches qu'il
faut ajouter les observations nombreuses faites par les ophtal-
mologistes sur les illusions de mouvement des yeux chez des
malades qui ont une parésie des muscles des yeux.

Toutes ces observations seront rapportées brièvement aux
endroits correspondants.

3° Recherches expérimentales. Les premières études expérimentales sur le sens musculaire sont celles de E. H. Weber
(146) qui en 1834 publia un travail important sur l'appréciation
des poids, dans lequel il montre que le sens musculaire joue
dans l'appréciation d'un poids un rôle beaucoup plus considérable que les sensations de pression. Ces expériences ont été
reprises par Fechner, Müller et Schumann, par Jacobj et
beaucoup d'autres auteurs que nous citerons plus loin. Puis
viennent les recherches sur la perception du mouvement des
membres, dont les principales appartiennent à Goldscheider,
les études sur l'appréciation de l'espace par les mouvements
des membres, enfin les expériences sur la perception des mouvements des yeux. Je n'indique ici que les questions générales
qui ont été étudiées expérimentalement soit sur des sujets normaux, soit sur des malades.

4° Etudes théoriques. Tous les philosophes et les psychologues de ce siècle se sont occupés au point de vue théorique du
sens musculaire ; on a discuté si ce sens est d'origine périphérique ou s'il existe aussi un certain sens d'innervation centrale; quelques physiologistes et neurologistes ont pris part à
ces discussions. Ces vues théoriques feront l'objet d'une revue
générale que nous publierons plus tard.

Tel a été le développement historique de l'étude du sens
musculaire, nous n'avons voulu indiquer que les grandes lignes
de ce développement et nous avons insisté seulement sur les premières recherches relatives au sens musculaire, puisque ces
études sont en général méconnues. Passons maintenant à l'étude
des différentes questions relatives au sens musculaire.

ment due à son activité ; ainsi Duchenne rapporte beaucoup
de cas dans lesquels les muscles se contractent et le malade ne
sent pas l'excitation électrique portée sur ses muscles. Tous
ces faits conduisent Duchenne à admettre l'existence d'une
sensibilité électro-musculaire spéciale ; cette sensibilité fait,
d'après lui, défaut toutes les fois que le malade ne peut pas
apprécier la position et le mouvement d'un membre, et lorsqu'il ne peut pas apprécier le poids et la consistance des objets
extérieurs. De même il existe des cas (hémisection de la moelle
par exemple) où la sensibilité tactile persiste et le sens musculaire fait complètement défaut.

Après Duchenne, un grand nombre de médecins ont porté
l'attention sur cette sensibilité électro-musculaire et on l'a
explorée toutes les fois qu'on étudiait les malades ayant une
anesthésie musculaire. Mais l'étude théorique de cette sensibilité n'a pas été beaucoup avancée après les recherches de
Duchenne ; l'expérimentation méthodique sur cette sensibilité
est bien difficile. En effet, sur des sujets normaux on peut seulement constater l'existence de cette sensibilité particulière et,
encore, on n'est pas bien sûr des observations, puisque les sensations tactiles provoquées par le courant électrique gênent
l'analyse ; les quelques expériences faites par Schreuder (105)
dans lesquelles il déterminait l'intensité du courant électrique, capable de provoquer la sensibilité électro-musculaire,
ont peu appris sur ce sujet. Chez les malades ayant une anesthésie tactile complète, on voit bien la persistance ou l'absence
de la sensibilité musculaire et en étudiant si la perception de
la position des membres, la perception du mouvement et l'appréciation du poids des objets vont parallèlement à la sensibilité électro-musculaire, on peut déduire dans quelle mesure
les différentes sensations qui servent à ces perceptions dépendent de la sensibilité électro-musculaire. C'est ainsi, par
exemple, que Leyden (247) observa des tabétiques qui avaient
perdu la sensibilité électro-musculaire et qui pouvaient encore
apprécier la grandeur d'un poids ; des observations analogues
sont rapportées dans la 3ᵉ édition de l'*Électrisation localisée
de Duchenne* (1872), d'où ces auteurs concluent que dans la
perception des poids on a affaire à des sensations articulaires.
Il faudrait étudier méthodiquement ces différentes questions
sur les malades, en faisant des déterminations quantitatives et
ne se contentant pas d'observations générales, comme on le
fait ordinairement.

L'expérimentation sur les animaux est difficile, puisqu'on
n'est jamais sûr si l'animal sent ou ne sent pas ; on a pourtant
souvent étudié si, en excitant différents organes, l'animal avait
des signes de sensibilité, mais ces signes sont souvent très
incertains et ne prouvent pas que l'animal a eu une sensation ;
ainsi, par exemple, sur des grenouilles décérébrées on a cherché si l'excitation des muscles, des tendons ou des articulations (Ludwig, Sachs, Tschiriew. Goldscheider, etc.) provoquait
des mouvements réflexes et de la production de ces réflexes
quelques auteurs, par exemple Goldscheider (*Gesummelte
Abhandlungen* II, p. 283) concluent qu'il y a sensation produite
par l'excitation de ces organes ; de même encore Goldscheider
a étudié sur des lapins si les surfaces articulaires étaient sensibles ou non, il pratiquait la trachéotomie de l'animal, produisait une luxation d'un doigt, mettait à nu l'extrémité d'une
articulation et excitait cette surface articulaire par des chocs
mécaniques ou par des excitations avec le thermocautère ; il
observait l'état de la respiration de l'animal et concluait que
l'animal ressent l'excitation, lorsqu'il y a une réaction de la
respiration ; c'est ainsi qu'il trouva que les surfaces articulaires
des os sont sensibles et qu'elles sont encore sensibles lorsqu'on
enlève avec un bistouri le périoste. Toutes ces observations sont
importantes, puisqu'elles prouvent que l'excitation des muscles,
des tendons et des surfaces articulaires produit des réflexes
moteurs de même nature que les réflexes obtenus par l'excitation
de la peau ; ces excitations donnent lieu, comme on dit, à un
courant nerveux centripète qui se propage des organes excités (muscles, tendons ou articulations) vers les centres nerveux ; remarquons ici que les recherches histologiques ont montré l'existence de terminaisons nerveuses sensitives dans ces
organes moteurs ; mais ce que l'on ne peut pas conclure avec
certitude des observations sur les animaux, c'est que l'excitation de ces différents organes provoque vraiment des sensations ; lorsqu'on fait des expériences avec une grenouille décé-
rébrée et qu'on observe les réflexes, on ne peut rien conclure
relativement aux sensations ; il peut très bien y avoir des réactions motrices qui suivent une excitation des organes moteurs
sans qu'il y ait sensation, la clinique nerveuse nous en donne
un nombre considérable d'exemples.

Mais si les expériences sur les animaux ne nous renseignent
pas sur la sensibilité des diverses parties des organes moteurs,
la clinique vient en aide et nous donne la preuve que l'excita-

tion des muscles, tendons ou articulations, produit des sensations douloureuses ; indiquons brièvement les points essentiels fournis par ces cas pathologiques.

Dans certaines maladies qui ont leur siège dans les organes
moteurs ou dans les centres nerveux, on observe des sensations
douloureuses plus ou moins fortes, localisées dans les muscles
ou dans les articulations ; nous n'indiquons que comme exemple
les rhumatismes et les inflammations diverses qui amènent soit
des douleurs constantes dans les muscles et les articulations,
soit des douleurs fulgurantes, passagères, se produisant lorsqu'on touche même légèrement les organes moteurs ou lorsque
le malade les déplace un peu ; dans ces cas, il y a des causes
excitatrices qui se trouvent dans les organes moteurs mêmes.
Dans d'autres cas, ces douleurs musculaires et articulaires se
produisent par suite d'excitation des nerfs ou des centres nerveux ; je rappelle ici comme exemple les douleurs dans les
névrites, dans les maladies de la moelle (tabès par exemple) et
dans les maladies de l'encéphale (hémiplégie par exemple) ;
enfin Möbius (313) et beaucoup d'autres auteurs (Erb, Bechterew, etc.) [1] ont observé l'existence d'une sensibilité extrême des
organes moteurs qui empêchent les malades de faire un mouvement même très faible ; cette maladie a reçu le nom de
Akinesia algera ; nous le citons ici puisque l'origine de ces
douleurs atroces qui durent des mois n'est pas due à des excitations des organes moteurs ; elle n'est pas non plus due à des
dégénérescences ou destructions de différentes parties du
système nerveux ; elle est attribuée à des influences psychiques ou, comme on dit, fonctionnelles ; en effet, ces douleurs se
produisent en général chez des personnes nerveuses à la suite
d'un surmenage intellectuel et elles passent complètement après
un certain temps ; nous renvoyons au travail de Möbius pour
les détails. Ces différentes sensations douloureuses musculaires
et articulaires ont en général les mêmes caractères, quelle que
soit la cause qui les produit ; ainsi on a dans le tabès, dans
quelques cas d'hémiplégie et dans les amputations des douleurs qui sont identiques à celles que l'on éprouve dans le
rhumatisme ; ce fait est assez important puisqu'il nous montre
que ces douleurs ne sont pas produites nécessairement par une
excitation des terminaisons nerveuses sensitives qui se trouvent
dans les muscles, les tendons et les ligaments.

(1) On trouvera l'analyse des différents cas observés jusqu'en 1894 dans
le 2° fascicule des *Neurologische Beiträge* de Möbius, p. 50-55.

A côté de ces différentes sensations douloureuses on doit aussi mentionner les différentes sensations d'engourdissement et de fourmillement, les différentes paresthésies que l'on ressent dans les muscles et qui peuvent aussi être dues soit à des causes périphériques soit à des causes centrales.

Nous arrivons maintenant à des sensations musculaires plus importantes, ce sont celles qui se produisent après une répétition prolongée d'un certain mouvement ou après le maintien dans une position immobile d'un membre pendant un temps suffisamment long ; ce sont les *sensations de fatigue ou de lassitude*. Nous avons vu que Bichat en parle et qu'il attribue ces sensations à la sensibilité musculaire.

Si on étend le bras horizontalement et qu'on cherche à le maintenir dans la position immobile aussi longtemps que possible, déjà au bout d'une minute on ressent dans le bras près de l'épaule et quelquefois aussi dans le poignet une certaine lourdeur, puis vient une sensation obtuse assez désagréable qui augmente de plus en plus, devient douloureuse, s'irradie dans tous les sens et au bout de huit à dix minutes on ne peut plus supporter cette sensation désagréable ; le bras tombe pour ainsi dire de lui-même ; chacun peut facilement observer sur soi-même ces différentes sensations. De même si on soulève un poids un certain nombre de fois, par exemple en faisant des expériences avec l'ergographe de Mosso, on sent à un certain moment une douleur qui augmente de plus en plus et on arrive à un état de fatigue où on ne peut plus soulever le poids ; on a à ce moment des douleurs dans l'avant-bras, dans la main et dans les doigts. On a bien souvent étudié les effets de la fatigue sur les mouvements, on a déterminé la quantité maximum de travail qu'un individu peut fournir, on a suivi la courbe suivant laquelle se produit la fatigue, mais on n'a pas assez étudié les sensations qui se produisent dans cet état de fatigue ; c'est pourtant une question qui est très importante à étudier : en effet, on peut se demander, comme l'ont fait quelques auteurs, par exemple Waller (113), si la fatigue ressentie par le sujet est d'origine périphérique ou centrale. Ces sensations désagréables que nous sentons dans le bras étendu horizontalement sont-elles dues à une excitation particulière des terminaisons nerveuses sensitives dans les organes moteurs ou bien devons-nous les attri-

l'effort central ? Waller a cru résoudre ces questions en observant que, lorsque l'on ne peut plus soulever un poids par la volonté, en excitant électriquement le nerf ou le muscle on arrive à produire encore des soulèvements, d'où il tirait cette conclusion que ce n'est pas le muscle qui est fatigué, mais que c'est surtout notre volonté qui l'est. L'auteur a observé encore les faits suivants : si on soulève le poids en faisant contracter le muscle par des excitations électriques et qu'on arrive à la limite, c'est-à-dire à l'épuisement électrique du muscle, on peut encore soulever volontairement le poids ; si, après avoir fait quelques soulèvements volontaires, on produit un certain nombre de soulèvements par l'excitation électrique et qu'ensuite on fasse de nouveau des mouvements volontaires, ces derniers seront plus intenses que les soulèvements avant les contractions électriques; par conséquent, dit Waller, la volonté s'est reposée pendant que le muscle travaillait passivement. L'inverse n'a pas lieu : une série de soulèvements volontaires intercalés entre deux séries de soulèvements électriques n'augmente pas la force de ces derniers ; enfin il n'est pas possible d'obtenir par une excitation électrique une force de soulèvement aussi grande que par la volonté. Toutes ces expériences ont été longuement critiquées par G.-E. Müller (*Zeitschr. für Psychologie und Physiologie der Sinnesorgane*, vol. IV, 1893, p. 122-138); le seul point de cette critique que nous faisons ressortir ici, c'est que par le courant électrique on n'excite pas les mêmes muscles que ceux qui entrent en action dans le soulèvement volontaire d'un poids; si par exemple nous appliquons le courant électrique sur les fléchisseurs, nous n'exerçons pas sur les muscles antagonistes la même action que celle qui est produite par la volonté, cette dernière consiste d'après certains auteurs (Duchenne, Beaunis, Demeny, etc.), dans une contraction simultanée des muscles antagonistes et, d'après d'autres auteurs (Hering, Sherrington, etc.), dans un relâchement de ces muscles. On ne peut donc pas, en comparant l'action de la fatigue sur les soulèvements volontaires et sur les soulèvements passifs par le courant électrique, conclure, comme l'a fait Waller, que la fatigue dans les soulèvements volontaires est d'origine centrale et non périphérique. Mais ce qui nous intéresse ici, c'est la production de la sensation de fatigue des muscles; relativement à cette sensation, Waller ne rapporte pas d'observations ; il admet, on ne sait pas pourquoi, que cette sensation de fatigue a la même origine que la fatigue du

un rôle dans la production des sensations de fatigue ; je ne
vous pas affirmer que cette sensation de fatigue est déterminée
seulement par ces processus psychiques ; ce que je crois qu'on
peut défendre à l'époque présente, c'est que nous avons une
sensation de fatigue plus forte, lorsque nous portons notre
attention sur le membre fatigué que lorsque nous n'y pensons
pas ; Mosso[1] dans son dernier livre donne des observations
très intéressantes où il montre que, pendant une ascension
d'une montagne, ceux qui marchent en avant ont une sensation
de fatigue beaucoup plus forte que ceux qui suivent, et il l'explique par les effets de l'attention ; peut-être ce n'est là qu'un
simple effet de renforcement des sensations par l'attention,
comme cela se produit dans un grand nombre de cas. Ce ne
sont là que des hypothèses, il faut faire des expériences pour
résoudre ces questions.

Nous devons rappeler encore les observations faites sur des
malades qui n'avaient pas de sentiment de fatigue ; beaucoup
d'auteurs ont observé cette perte des sensations de fatigue
musculaire chez les hystériques : ainsi par exemple Binet a
observé une malade chez laquelle le bras anesthésique étendu
horizontalement a mis une heure vingt minutes à tomber ; « ce
n'est qu'au bout de ce temps de pose véritablement considérable que le coude, qui baissait lentement, est arrivé au contact
du corps, ce qui a mis fin à l'expérience. Chez une autre
femme, l'expérience n'a pu être prolongée jusqu'à la fin, mais
nous (Binet) avons constaté qu'au bout de trois quarts d'heure,
l'extrémité du membre supérieur droit, qui était étendu horizontalement, avait baissé à peine de 5 à 6 centimètres. « (*Altérations de la personnalité*, 1892, p. 101.) De même Pitres (*Leçons
cliniques sur l'hystérie et l'hypnotisme*, 1891, t. I, p. 113) rapporte les deux expériences suivantes : « La première a consisté
à faire exécuter à notre malade, avec le bras gauche d'abord,
puis avec le bras droit, un travail exigeant un certain déploiement de force. Paule a été conduite au laboratoire, et là, elle
a été mise en demeure de tourner avec la main gauche (côté
sensible) le volant de notre machine à électricité statique.
Après cinq minutes de cet exercice, la malade était épuisée ;
tout son membre supérieur gauche était courbaturé ; elle déclara
qu'il lui était impossible de continuer. Après un repos d'un
quart d'heure, Paule commença à tourner la roue de la *main*

(1) Mosso. *Der Mensch auf den Hochalpen*. 1899, p. 113.

droite (côté anesthésique). Elle le fit sans interruption pendant dix minutes consécutives. Au bout de ce temps, elle se plaignait d'un sentiment pénible dans le dos, mais elle ne ressentait, disait-elle, aucune fatigue dans le membre supérieur droit.

« La seconde expérience avait pour but de rechercher si les muscles anesthésiques étaient capables de rester, plus longtemps que les muscles normaux, en état de contraction soutenue. Pour cela, j'ai fait asseoir Paule sur un tabouret, et je lui ai fait placer les bras en croix, en la priant de rester dans cette position aussi longtemps que cela lui serait possible. Après deux minutes et demie, elle a déclaré qu'elle éprouvait des tiraillements très pénibles dans l'épaule du côté gauche (normal), et elle a abaissé le membre de ce côté. Le bras droit, au contraire, est resté étendu, sans fatigue pendant trente minutes consécutives. Au bout de ce temps, l'expérience a été interrompue parce que la malade prétendait ressentir une douleur assez vive dans un point très limité situé à la face antérieure de l'articulation scapulo-humérale. Mais cette douleur (dont je ne m'explique pas la nature) était, à son dire, tout à fait différente de la sensation de courbature qu'elle avait ressentie précédemment dans les muscles du bras et de l'épaule du côté opposé. »

Enfin, dans certaines maladies nerveuses on observe soit un sentiment de fatigue d'origine centrale, sans que les muscles aient été contractés, soit une absence de sensation de fatigue ; ainsi, par exemple, Frenkel (*Neurologisches Centralblatt*, 1893, p. 434-436) a observé un tabétique qui pouvait tenir les bras étendus horizontalement pendant vingt-cinq minutes sans éprouver de fatigue des muscles ; dans des cas de chorée où les malades font continuellement des mouvements avec les différents muscles, ils ne ressentent pas de sensation particulière de fatigue, telle que nous la ressentirions si nous faisions volontairement les mêmes mouvements, c'est là un fait qui n'a pas été suffisamment mis en lumière.

Toutes ces observations montrent que les sensations de fatigue musculaire ne sont pas uniquement le signe de la fatigue physiologique des muscles, que du fait qu'on a une sensation de fatigue très forte dans un certain nombre de muscles, on ne peut pas encore conclure que le muscle lui-même est fatigué, c'est-à-dire qu'il ne peut plus se contracter ni exercer un travail ; c'est pourtant là une conclusion qui a été faite par WALLER et par un certain nombre d'autres auteurs.

Enfin on peut conclure des observations précédentes que si, en faisant un travail musculaire ou en maintenant immobile le bras dans la position horizontale nous ressentons une sensation de fatigue qui augmente de plus en plus et devient très douloureuse et qu'enfin nous cessons le travail ou nous abaissons le bras, nous le faisons non pas parce que les muscles sont fatigués et ne peuvent plus continuer à travailler, mais parce que la sensation de fatigue devient trop forte et que nous ne pouvons plus la supporter.

Résumons maintenant brièvement les différents points contenus dans ce paragraphe. Les organes moteurs donnent lieu à des sensations spéciales qui se produisent lorsqu'on les excite ; l'excitation mécanique ou électrique faible produit une sensation obtuse qui est localisée par le sujet dans les organes excités ; l'excitation électrique forte donne lieu à une douleur ; les cas pathologiques apprennent que cette sensibilité des organes moteurs peut persister dans des cas où la sensibilité tactile est perdue et de même la sensibilité musculaire peut faire défaut, tandis que la sensibilité tactile persiste ; les expériences physiologiques sur les animaux montrent que l'excitation des muscles, tendons ou articulations donne lieu à un courant nerveux centripète qui provoque des réflexes. Dans différentes maladies siégeant dans les organes moteurs même, dans les nerfs, la moelle ou les centres nerveux supérieurs, les malades éprouvent quelquefois des douleurs diverses ou des sensations particulières d'engourdissement, de fourmillement, etc. ; ces sensations sont de même nature quel que soit l'endroit de l'excitation, elles peuvent se produire sans qu'il y ait 'excitation des terminaisons nerveuses dans les organes moteurs, par exemple dans les amputations. Après un travail musculaire prolongé ou après une longue position immobile d'un membre, on ressent une sensation spéciale obtuse au début, douloureuse après, qui est la sensation de fatigue musculaire ; la sensation de fatigue peut être extrêmement forte et douloureuse et il ne s'ensuit pas que les muscles ne peuvent plus exercer une action ; les processus psychiques divers, entre autres l'attention, jouent un grand rôle dans cette sensation de fatigue ; il existe des cas pathologiques où le sujet a perdu la sensation de fatigue ; dans ces cas, il peut exercer avec le membre insensible à la fatigue un travail ou maintenir le bras immobile pendant un temps beaucoup plus long qu'avec le membre sain.

On se demande quelle est l'explication de ces différentes sensations, quelles sont les parties des organes moteurs où elles
se produisent, par quelles voies nerveuses se propagent-elles
au cerveau et où sont-elles localisées sur la surface corticale?
On se demande aussi quelles sont les causes intimes qui déterminent ces sensations? sont-elles dues à des excitations mécaniques ou chimiques des terminaisons nerveuses sensitives qui
se trouvent dans les organes moteurs? Ce sont là des questions
très difficiles; nous ne les exposerons pas dans cette revue
générale, on trouvera seulement à la fin dans la bibliographie
quelques indications relatives à ces questions.

II

SENSATIONS PRODUITES PENDANT L'IMMOBILITÉ
DES ORGANES MOTEURS

Lorsqu'un organe moteur reste complètement immobile et
que l'on fixe son attention sur les différentes sensations qui se
produisent dans cet organe, on a bien des sensations tactiles de
pression, des sensations de tension de la peau, mais on n'est
pas certain d'avoir des sensations musculaires; il y a même des
auteurs, tels que Schiff, Vulpian, Trousseau, Bloch, etc., qui
ont prétendu qu'il n'existe pas de sens musculaire propre, que
tous les cas où on pensait observer un pareil sens s'expliquent
par les sensations de la peau; cette absence de sensations musculaires nettes dans un organe moteur immobile s'observe surtout très bien si cet organe reste sans mouvement pendant un
temps assez long. Nous rapporterons plus loin une observation
de Féré qui montre nettement ce fait. Deux hypothèses se présentent donc à l'esprit : a) Les sensations musculaires font
complètement défaut dans un organe moteur, qui reste immobile pendant un temps assez long; il n'y a de sensations musculaires que pendant le mouvement; nous distinguons qu'un
membre est immobile précisément parce que les sensations
musculaires de mouvement font défaut, et enfin nous pouvons
reconnaître la position dans laquelle se trouve un organe
moteur grâce à la mémoire des sensations de mouvement qui
ont été ressenties lorsque cet organe a été placé dans la position immobile; de sorte que, si par un artifice nous empêchons
la production de ces sensations de mouvement ou si nous lais-

maintenons ces deux théories ; il faut avant tout voir les faits
et les étudier minutieusement ; nous avons voulu indiquer la
possibilité de ces deux théories seulement pour porter l'attention sur ces questions afin qu'on puisse, en lisant les faits
rapportés plus loin, se faire petit à petit une opinion relativement à l'une ou à l'autre de ces deux hypothèses.

Si on se place en dehors de toute théorie, et si on ne se
rapporte qu'aux observations internes que chacun peut faire
sur soi-même, on remarque que l'étude des sensations qui
accompagnent l'état d'immobilité d'un membre doit être faite à
deux points de vue différents : 1° étendez le bras droit devant
vous, et maintenez-le immobile quelques instants, puis fléchis-
sez-le dans le coude et maintenez-le de nouveau immobile, vous
observerez que l'ensemble des sensations ressenties dans le
bras est différent dans les deux cas ; cet ensemble de sensations
vous permet de vous représenter la position dans laquelle se
trouve le bras. De même encore, étant dans une chambre complètement obscure, tournez les yeux à droite et laissez-les ainsi
immobiles, puis tournez-les à gauche, vous observerez nettement, en portant l'attention sur les sensations éprouvées dans
les orbites oculaires, que l'ensemble des sensations est différent dans les deux cas ; on doit donc étudier comment varient
les différentes sensations des organes moteurs avec la position
de ces organes ; 2° fléchissez votre bras dans le coude et laissez
les muscles relâchés, puis contractez les muscles du bras sans
produire mouvement avec le bras et en le maintenant toujours
dans la même position, vous observerez que les ensembles des
sensations dans les deux cas sont différents et que vous pouvez
bien reconnaître si les muscles sont relâchés ou s'ils sont
contractés ; donc on doit étudier les sensations qui corres-

pondent aux différents degrés de contraction des muscles, les
organes moteurs restant toujours immobiles. Nous étudierons
successivement les faits relatifs à ces deux points de vue
différents.

1° Sensations correspondant aux différentes positions des organes moteurs.

L'étude de ces sensations est très difficile : en effet, pour
les étudier, on est obligé de porter l'attention du sujet sur la
position qui est occupée par un organe moteur, par conséquent le sujet a une série de représentations visuelles, tactiles,
motrices, verbales, etc., qui lui viennent à l'esprit avec un
degré d'intensité différent, suivant les cas, et qui forment
ainsi, en se fusionnant aux sensations diverses, provenant de
l'organe moteur, un ensemble très complexe dans lequel
les sensations musculaires se trouvent obscurcies et cachées
par ces différents processus psychiques surajoutés en vertu
des associations ; l'attention du sujet se dirige précisément
sur ces représentations associées et non pas sur les sensations ressenties dans l'organe moteur, et il est très difficile,
peut-être même impossible, de faire abstraction de ces représentations et de ne porter son attention que sur les sensations
provoquées dans l'organe moteur. En somme, dans toute
étude sur les sensations qui correspondent aux différentes
positions des organes moteurs, on aura à considérer deux
ordres distincts de processus : d'une part, les sensations provoquées dans l'organe moteur, et d'autre part les différentes
représentations et idées qui sont associées à ces sensations.
L'analyse psychologique doit essayer de distinguer ces deux
ordres de processus et elle doit étudier d'une part les sensations, d'autre part les représentations associées. Or, comment
faire une pareille analyse? quels sont les procédés qu'il faut
employer ? Il est évident que ce sont seulement l'expérimentation méthodique et l'observation minutieuse des cas pathologiques qui peuvent permettre une analyse psychologique
exacte d'un ensemble aussi complexe que celui qui se présente
ici. Il faudra donc essayer de produire artificiellement des états
dans lesquels ce seront tantôt les sensations de l'organe
moteur, tantôt les représentations associées qui varieront ;
c'est, en somme, la règle générale employée dans toute expérimentation psychologique ; si on veut analyser un processus
complexe qui se compose de plusieurs processus a, b, c, d, on

cherche à provoquer des états dans lesquels a seul variera, puis des états où ce sera b qui variera, etc., je rappelle ici cette règle puisqu'elle est trop souvent méconnue dans les recherches de psychologie expérimentale et, qu'en particulier pour la question qui nous occupe ici, on l'a complètement oubliée : les observations et quelques expériences qui ont été faites par différents auteurs sur la perception de position des membres sont très imparfaites. Il n'existe pas encore d'étude méthodique de cette question, qui a pourtant une importance capitale, puisqu'elle fait partie du problème général de la perception de l'espace.

Avant d'exposer les faits observés par différents auteurs, je vais développer brièvement comment je crois qu'on devrait étudier expérimentalement cette question. Nous pouvons d'abord supposer que, lorsqu'un membre est immobile dans une certaine position, les sensations perçues dans ce membre seront toujours les mêmes, dans le courant d'une série d'expériences, à condition, bien entendu, qu'on amène le membre dans cette position toujours de la même manière ; on doit étudier les sensations perçues dans l'immobilité qui correspondent à la position du membre, on est donc amené à comparer entre elles les sensations éprouvées dans un membre lorsqu'il occupe des positions différentes ; cette comparaison doit fournir d'une part l'analyse de ces sensations, c'est-à-dire montrer le lieu où elles se produisent (est-ce dans la peau, les muscles, les tendons ou les articulations ?), étudier comment elles varient lorsque le membre reste immobile pendant un temps plus ou moins long, déterminer dans quel rapport elles se trouvent avec les différentes sensations de mouvement ; d'autre part, cette comparaison doit indiquer comment varient ces sensations, lorsque la position du membre varie ; peut-on distinguer des variations qualitatives et intensives de ces sensations ; enfin, quelle est la sensibilité de ces variations ? Or, comment arriver à comparer des sensations qui correspondent à des positions différentes d'un membre ? Nous avons déjà dit plus haut que cette comparaison ne peut pas être directe ; l'attention du sujet peut difficilement être dirigée sur ces sensations, puisqu'elles sont masquées par un grand nombre de représentations associées ; il faudra donc employer un détour, on devra considérer l'ensemble complexe de sensations et de représentations qui nous permet de reconnaître la position dans laquelle se trouve un membre et on devra faire varier les conditions d'expériences de sorte que les représentations associées se modifient et que les sensations restent les mêmes. Il est très facile de réaliser ces différentes conditions ; en effet, la reconnaissance de la position dans laquelle se trouve un membre peut être faite par plusieurs procédés différents.

On peut placer le membre du sujet dans une certaine position et le prier de se représenter cette position et de la décrire aussi complètement que possible : pour le bras, par exemple, le sujet indiquera s'il est étendu ou fléchi et de combien il l'est, comment se trouve la main, quel est l'écartement des doigts, de combien ils sont fléchis, etc. ; il est préférable de commencer par des positions simples, de ne faire varier que la position des doigts et de la main, etc. ; ce sont des détails d'expérience que chacun peut facilement développer lui-même. Ces descriptions de la position du membre sont souvent assez vagues ; on peut difficilement mesurer les erreurs commises, on ne peut faire par cette méthode qu'une étude qualitative et non quantitative. Au lieu de faire décrire la position d'un membre, on peut employer une méthode plus exacte en faisant comparer la position d'un membre avec une photographie ou mieux encore, avec un. modèle en plâtre ; on doit préparer d'avance une série de photographies ou de moulages du membre, par exemple de la main, placé dans des positions différentes ; l'expérience consisterait à donner au membre une certaine position sans que le sujet le voie ; le sujet regarderait les photographies (ou modèles) du membre et dirait si sa position correspond bien à celle qui est représentée sur la photographie ou bien s'il y a des écarts et dans quel sens ont lieu ces écarts ; il faudrait que le sujet ne fît pas de mouvement pendant ce temps, et puis il faut prier le sujet de dire exactement comment il arrive au jugement, quelles sont les représentations qu'il a, etc. Dans une autre série, on devrait faire l'expérience inverse, c'est-à-dire le sujet regarderait une photographie (ou un modèle) et devrait placer son membre dans la position qui est représentée sur la photographie. Ces expériences donneront certainement des résultats intéressants ; j'ai pu faire quelques observations isolées au laboratoire de Leipzig, lorsque je faisais des expériences sur la localisation des sensations tactiles sur un modèle en plâtre ; j'avais des modèles du bras avec les doigts écartés ; avant chaque expérience le sujet, qui avait son bras caché derrière un écran, devait placer la main exactement dans la position correspondant à celle du modèle placé devant ses yeux (chaque sujet avait un moulage de sa propre main, le moulage comprenant les doigts, la main et l'avant-bras jusqu'au coude) ; les sujets disaient, très souvent, qu'ils ne savaient pas exactement si leurs doigts étaient écartés autant que sur le modèle ; en les interrogeant, j'ai pu observer qu'il y avait souvent des erreurs assez notables et j'ai eu la conviction qu'il y a là une méthode nouvelle pour étudier les représentations de la position des membres.

Un procédé différent des précédents pour déterminer la position d'un membre est celui qui a été employé par LEYDEN (247) dans l'étude qu'il a faite sur des ataxiques : le sujet ayant les yeux fermés, on place un membre dans une certaine position et on le prie de placer le membre symétrique dans la position correspondante ; on peut facilement mesurer les écarts ; ce qui est important dans cette méthode, c'est que l'on a une comparaison de deux ensembles de sensations et de représentations ; il faudra donc comparer les résultats de cette méthode avec ceux qui sont obtenus par les méthodes précédentes ; on devra étudier deux cas distincts : d'abord faire placer le membre symétrique dans la position correspondante, les yeux restant fermés, et puis faire la même expérience, le sujet regardant l'un ou l'autre des deux membres.

Un autre procédé employé souvent en clinique pour déterminer si le malade se représente bien la position d'un membre, est de prier le malade de toucher avec un doigt une partie déterminée du membre, par exemple lorsqu'il y a anesthésie du côté gauche, on place le bras gauche dans une certaine position et on dit au malade de toucher avec l'index droit la main gauche ; dans les cas pathologiques, ce procédé est applicable, il donne des renseignements intéressants, comme nous le montrerons plus loin, mais sur des sujets normaux il présente beaucoup de difficultés ; on devra l'employer, mais on devra faire une analyse minutieuse du processus ; j'ai fait des expériences avec cette méthode, elles seront rapportées plus loin. Au lieu de faire décrire ou de faire indiquer sur une photographie la position d'un membre, on peut faire comparer deux positions différentes de deux membres symétriques : on place les deux mains dans des positions presque symétriques et on prie le sujet de dire si les deux mains lui paraissent être dans la même position ou bien s'il ressent un écart, et alors quel est cet écart. On peut facilement mesurer de combien les positions des deux membres s'écartent de la symétrie et on obtiendra ainsi des déterminations quantitatives des erreurs commises. Dans toutes ces expériences il s'agit de représentations diverses de la position même d'un membre; le sujet doit indiquer comment un membre est placé; on peut pourtant observer des cas où le sujet porte son attention sur la position d'un membre par rapport à un autre membre ou par rapport à un point quelconque du corps : par exemple on place l'index droit à une certaine distance du bout du nez et on prie le sujet d'indiquer à quelle distance du nez l'index lui semble être situé, l'observation interne montre que la réponse peut être donnée immédiatement sans qu'on ait une représentation nette de la position du bras et de la main, ce sont ces cas qu'il faudrait aussi étudier méthodiquement; Hoffmann (295) a employé une méthode analogue dans des expériences sur les malades, il avait des tubes de différentes longueurs et il plaçait ces tubes entre le pouce et un autre doigt de la main; le malade devait dire la longueur du cylindre; en d'autres termes, le malade devait indiquer à quelle distance le pouce semblait se trouver des autres doigts, mais chez les malades on ne peut pas savoir si le sujet se représente la position de sa main ou s'il juge immédiatement, tandis que sur des personnes normales, habituées à s'observer, on peut avoir des réponses précises à ces questions.

Telles sont les expériences qu'il faudrait faire pour étudier les sensations provoquées par différentes positions d'un organe moteur; dans toutes ces séries les sensations provoquées dans l'organe moteur sont les mêmes ou au moins présentent de faibles variations; au contraire, la manière dont le sujet indique la position du membre est très diverse, c'est-à-dire les représentations associées à ces sensations sont différentes dans toutes ces séries. Par conséquent si on compare entre eux les résultats obtenus dans ces différentes expériences, on pourra peut-être déterminer quelle est l'influence produite par les associations et dégager ainsi ce qui appartient aux sensations mêmes. D'autre part, il faudrait dans chaque cas faire des expériences diverses en modifiant les sensations provoquées dans l'organe moteur ; ainsi on étudiera comment varie la perception de position d'un organe avec la durée pendant laquelle cet organe reste immobile ; on peut en effet supposer que si un membre reste immobile pendant une minute, les sensations éprouvées dans ce membre seront différentes de celles qu'on éprouvera après dix ou vingt minutes d'immobilité; de même encore si avant de déplacer le membre dans une certaine position on fait un simple mouvement de translation, les sensations seront probablement différentes de celles qu'on aura lorsqu'on fera exécuter au membre plusieurs mouvements complexes; enfin, en se servant d'agents extérieurs, tels que le froid, l'électricité, la cocaïne et différents médicaments, on peut modifier plus ou moins fortement les sensations éprouvées dans l'organe moteur. En combinant d'une manière convenable ces différentes expériences, on arrivera certainement à une analyse psychologique assez précise du processus si complexe de la perception de position des membres. Ce n'est qu'en faisant ainsi méthodiquement ces expériences que l'on pourra résoudre les questions théoriques énoncées plus haut : y a-t-il des sensations musculaires qui correspondent à l'état d'immobilité des membres ou bien n'y a-t-il des sensations que pendant le mouvement? En faisant toutes ces expériences, on peut facilement déterminer quantitativement les erreurs commises par le sujet, mais il ne faut pas se contenter de toutes ces mesures; il faut que le sujet raconte longuement quels sont les procédés employés, quelles images et associations il a eues; a-t-il été sûr de sa réponse? etc.; l'introspection apprendra ici beaucoup plus que les nombres. Enfin il faudra faire ces différentes séries d'expériences sur les mêmes sujets pour pouvoir comparer les résultats obtenus dans les différentes séries. J'ai insisté sur ces différentes questions dans l'espoir que quelqu'un entreprendra un travail méthodique sur les représentations de position des membres; un pareil travail n'existe pas encore, et j'espère avoir montré que l'expérimentation est assez simple; c'est, en somme, un sujet d'étude très intéressant, qui pourra mener à des déductions très générales, d'une part pour le sens musculaire et d'autre part pour le problème de la perception de l'espace.

Passons maintenant en revue les faits obtenus jusqu'ici sur la perception de position des organes moteurs. Ce sont des observations isolées, rapportées par différents auteurs. Nous commençons d'abord par les observations sur les sujets normaux. Féré (77) rapporte l'expérience suivante : « J'ai fait de ma main droite quatre moules en creux séparables en une partie inférieure et une partie supérieure, et prenant les doigts, toujours assez séparés pour éviter le contact, dans différentes positions. Je me place latéralement contre une table sur laquelle mon avant-bras repose en traversant un large écran. Je lis à haute voix un livre inconnu. Cette lecture est assez

rapide, de manière à fixer l'attention. Au bout de quelques
minutes, pendant que je lis sans hésitation, deux aides s'em-
parent de ma main qui est derrière l'écran et la placent sur
l'étage inférieur du moule et la recouvrent avec l'étage supérieur. Si l'attention est bien fixée sur la lecture, je n'ai qu'une
notion très vague de la position dans laquelle on a mis ma
main. Je continue à lire pendant cinq ou dix minutes. Le moule
s'échauffe peu à peu et finit par ne donner qu'une sensation de
contact diffus. Lorsqu'on me demande de désigner la position
de mes différents doigts, à peu près constamment, cette désignation est erronée, et les erreurs peuvent porter sur tous les
doigts. Des dispositions bien caractéristiques, comme la flexion
ou l'extension du pouce, l'extension ou la flexion de la phalangette sont méconnues. La désignation n'est exacte que lorsqu'il
s'est produit un mouvement des doigts : et c'est justement
l'intérêt de cette disposition expérimentale de ne laisser ina-
perçu aucun mouvement, et en particulier des mouvements
subconscients qui passeraient inaperçus dans toute autre condition. Les moules ne closent pas sur la main d'une manière
hermétique ; en séchant, le plâtre se réduit et laisse un certain
espace libre, mais cet espace est très minime, et le moindre
mouvement, qui serait capable d'éveiller le soi-disant sens musculaire, si la main était à l'air libre, provoque une sensation de
contact ou de pression non douteuse. Ce n'est que lorsque ces
sensations ont été perçues qu'on a vraiment la notion de position bien précise ». Cette expérience est intéressante, elle
semble montrer que lorsqu'un membre reste immobile un temps
suffisamment long, il n'y a pas de sensations spéciales venant
du membre qui indiqueraient dans quelle position il se trouve ;
il faut ranger ici aussi les observations que l'on fait souvent
dans son lit lorsqu'on reste longtemps immobile ; on ne peut
pas dire comment est placée la main ou le pied, on ne les sent
pas, et cette notion de la position apparaît dès qu'on fait un
faible mouvement avec le membre ; il faudrait rapporter aussi
les observations sur l'engourdissement des parties isolées du
corps, lorsqu'on dit qu'un membre est endormi ; dans ces cas,
on ne le sent pas du tout et on ne peut même pas le mouvoir ;
il arrive quelquefois qu'on se réveille dans la nuit et qu'on
cherche un bras, on ne sait pas s'il est en haut ou en bas, s'il
est étendu ou fléchi ; on le prend avec l'autre main comme un
corps étranger, inerte ; il y aurait lieu de rassembler des observations méthodiques sur ces questions.

Une autre méthode pour étudier la notion de position des membres consiste à mettre un membre dans une certaine position sans le toucher, c'est-à-dire sans produire de sensations tactiles qui peuvent servir au sujet pour indiquer comment a été placé le membre ; on peut réaliser cette condition en excitant par le courant électrique un nerf ; j'ai souvent observé au laboratoire de G.-E. Müller, à Göttingue, que lorsqu'on excite le nerf médian ou le nerf radial dans la région du bras, le sujet ne se rend pas bien compte de la position dans laquelle se trouvent ses doigts ; il faut que la main soit placée au-dessus de la table sans la toucher ; alors avec un courant d'une certaine intensité on produit une flexion d'un ou de plusieurs doigts et on interroge le sujet sur la position que les doigts lui semblent occuper ; en général, le sujet croit que les doigts sont moins fléchis qu'en réalité ; ainsi, par exemple, pour l'annulaire dans plusieurs expériences, faites sur ma femme, le sujet disait qu'il était courbé à angle droit, et en réalité il était fléchi très fortement, de sorte que la pulpe du doigt se trouvait à 1 centimètre environ de la paume de la main ; remarquons que les sensations de fourmillement produites par l'excitation électrique du nerf ne sont pas fortes ; elles gênent certainement un peu, mais le sujet s'y habitue au bout de quelques expériences. Ces expériences avec le courant électrique ne sont pas tout à fait comparables aux expériences dans lesquelles le sujet place lui-même un doigt dans une certaine position ; en effet, lorsque le sujet exécute le mouvement de flexion volontairement, il agit non seulement sur les muscles fléchisseurs, mais il y a aussi une action qui se produit sur les extenseurs ; au contraire, en excitant électriquement le nerf, on agit surtout sur le fléchisseur : il y a là une différence qui n'a pas été suffisamment mise en lumière.

Goldscheider (*Gesammelte Abhandlungen*, t. II, p. 41 et 45) a observé qu'en faisant passer un courant assez fort par un doigt le sujet perdait complètement la notion de la position de ce doigt, il ne savait pas s'il était fléchi ou étendu ; dans cette expérience ce sont peut-être les sensations tactiles très intenses qui empêchent le sujet d'analyser les sensations musculaires.

Sternberg (109) a décrit une expérience très simple dans laquelle on a une représentation inexacte de la position d'un doigt : on place l'avant-bras et la main sur le bord d'une table, parallèlement à ce bord, de façon que le petit doigt, l'annulaire et le médius reposent sur la table et que l'index et le pouce soient en dehors ; on fléchit l'index aussi fortement qu'on le

... maintenant le pouce en abduction; il semble alors que
... complètement fléchi et qu'il y a une flexion de la
... phalange; en réalité, la troisième phalange n'est pas
... se trouve dans le prolongement de la deuxième
... augmente si intentionnellement on cherche
... troisième phalange : l'auteur a pensé tirer de cette
... un argument pour la théorie de l'innervation ...
... nous discuterons plus loin cette question.

... les expériences sur la localisation des sensations
... par le mouvement tout seul, j'ai été amené à étudier
... particulier la précision avec laquelle on se repré-
... position relative d'un bras par rapport à l'autre. Le
... étendu devant lui sur la table; il avait les
... mais l'index de la main libre, je faisais dans
... nombre de mouvements très complexes, puis je
... sujet au-dessus du bras immobile et je
... de me dire au-dessus de quel point de son
... lui semblait être placée. le sujet
... exactement que possible. Ces expériences
... dans mon livre *Über die Raumwahrneh-*
... p. 115 ont montré que dans le
... commises par les sujets étaient
... souvent 5 à 6 centimètres:
... exemple, au-dessus de l'angle du petit
... était au-dessus du médius: dans
... plus considérables : le sujet
... précise de la distance ver-
... que de la position dans le
... le sujet pensait que son doigt
... au-dessus de la surface du bras
... à 1 centimètre ; les obser-
... montre qu'ils avaient en géné-
... bras immobile: le bras et l
... pas représentés visuellement
... la direction générale du bra
... de la ligne qui réunit l'épau
... aux sensations musculaires. le
... faisaient pas attention : il fa
... et les faire plus méthodiqu
... en tant qu'elles se rapportent
... sensations tactiles et non pour étudier le
... elles-mêmes.

ns aux observations pathologiques. Pour déterminer
ielle mesure le sens de position est altéré chez des
i, on s'est servi de différents procédés. Le plus simple,
ii est employé le plus souvent, consiste à placer un
: du malade dans une certaine position et à demander
de comment le membre lui semble être situé; c'est ainsi
trouvé dans un grand nombre de maladies nerveuses
ibles plus ou moins forts ; ainsi, par exemple, dans le
e malade ne peut souvent pas indiquer comment sont
ses membres inférieurs ; il ne sait pas si la jambe est
iu étendue, il ne sait pas si elle est en adduction ou en
on ; il arrive quelquefois qu'une jambe pende en de-
lit sans que le malade s'en doute, il la cherche alors
ent dans le lit (voy. Leyden und Goldscheider, *Die
kungen des Rückenmarks und der Medulla oblongata,*
. 550) ; voici comment Marie (*Leçons sur les maladies de
e,* 1892, p. 166) décrit ces troubles chez un tabétique :
ends le pied de cet homme, qui depuis des années est
le de marcher, et après lui avoir communiqué quel-
uvements en haut et en bas, à droite et à gauche, pour
r le malade, je tiens cette extrémité en l'air par exemple,
mande à notre homme quelle est la position qu'occupe
ment son pied ; vous l'entendez me répondre qu'il
coté de l'autre, alors que plus de 50 centimètres les
it. On pourrait varier à l'infini cette épreuve, qui vous
suffisamment que les mouvements passifs ne sont pas
par les tabétiques. De même, quand ces malades sont
s, il leur arrive bien souvent de n'avoir plus aucune
la situation dans laquelle se trouvent leurs membres, à
de les regarder. En un mot, ils perdent leurs jambes
ur lit. » Des troubles analogues aux précédents peuvent
servés dans des cas où la sensibilité tactile est intacte.
illeurs exemples à ce sujet sont ceux qui sont fournis
cas d'hémisection de la moelle, qui donnent lieu à un
le de troubles désignés par le nom de syndrome de
-Sequart; c'est en effet ce physiologiste qui les décrivit
ier d'une manière systématique ; lorsque par un trau-
e une moitié de la moelle est sectionnée, on observe
partie du corps située au-dessous de la lésion du même
ie paralysie des mouvements et une absence du sens mus-
; le malade ne sait pas comment son membre est placé,
i sensibilité au toucher, à la douleur et à la tempéra-

ture est normale ou même quelquefois augmentée. Du côté
opposé à la lésion, il y a anesthésie de la peau et persistance
des mouvements et du sens musculaire. Ces observations ont
été faites un très grand nombre de fois ; nous n'en donnerons
pas d'exemple ici, on en trouve dans tous les traités de maladies nerveuses.

Une autre méthode employée par certains auteurs pour
déterminer si le malade a la notion de la position d'un membre
consiste à placer ce membre dans une certaine position et à
prier le malade de toucher avec le doigt une certaine partie de
ce membre ; cette méthode permet de reconnaitre l'existence
d'un trouble, lorsque celui-ci est assez considérable. Nous citerons ici comme exemples quelques observations faites par
Dumay sur des hémiplégiques. Chez un hémiplégique ayant
une hémiparésie droite marquée surtout au membre supérieur,
ayant une sensibilité de la peau considérablement diminuée du
côté droit, Dumay rapporte que « si l'on dit au malade de saisir
le pouce droit avec la main gauche, après avoir pris soin au
préalable d'imprimer divers mouvements aux deux membres
supérieurs, il n'y arrive qu'après avoir tâtonné, arrive à saisir
d'abord le coude droit et se dirige ensuite vers le pouce en
suivant l'avant-bras. S'il rencontre à ce moment une main
étrangère, il est tout à fait dérouté, palpe cette main et s'arrête
déconcerté en disant : « C'est drôle, ce n'est pas ma main. » Il la
reconnait à ce qu'elle n'est pas « aussi rugueuse » (p. 25). Dans
un autre cas d'hémiplégie du côté gauche, si on commande au
malade « de saisir le pouce gauche avec la main droite, il porte
d'abord cette main à 20 ou 30 centimètres du pouce indiqué,
tombe après plusieurs tâtonnements sur son avant-bras, qu'il
suit jusqu'à ce qu'il arrive à saisir le pouce. L'expérience
répétée avec d'autres doigts donne les mêmes résultats » (p. 36).
On trouvera plusieurs observations du même genre dans la
thèse de Dumay (270) et dans celle de Aba (261).

Leyden (247) en 1869, et beaucoup d'autres après lui, a
employé le procédé suivant pour déterminer si le malade a un
trouble dans la notion de la position d'un membre : on place le
membre malade dans une certaine position et on dit au sujet,
qui a les yeux bandés, de placer le membre symétrique dans
la position correspondante ; les expériences faites par Leyden
sur sept tabétiques ont montré qu'il y avait souvent des écarts
très considérables entre les positions des deux membres ; ainsi
le malade place une jambe beaucoup plus haut que l'autre et

hauteur; « on ne peut donc pas douter, dit l'auteur, que la précision de la sensation de position des membres est diminuée » (p. 342).

Nous avons déjà indiqué plus haut le procédé que Hoffmann (295) a employé pour déterminer la précision avec laquelle un malade se représente la position de sa main et de ses doigts, ce qu'il appelle la « faculté de l'orientation spatiale » (*Vermögen der Raumorientirung*), terme qui me paraît beaucoup trop général. Il avait dix tiges cylindriques de 1 à 10 centimètres de longueur, et il plaçait l'une de ces tiges entre le pouce et un autre doigt de la main du sujet; ce dernier devait indiquer la longueur de la tige placée entre les doigts; l'auteur a pu ainsi observer des troubles de degrés différents, quelques malades se trompaient seulement de 1 à 2 centimètres, d'autres, au contraire, ne pouvaient pas distinguer si c'était la tige de 1 centimètre ou bien celle de 10 centimètres qui était placée entre leurs doigts.

Telles sont les expériences qui ont été faites sur la perception de la position des organes moteurs; on voit que ce sont seulement des observations préliminaires, qu'il manque encore une étude méthodique de la question; ce qui est très étrange, c'est que pas un seul auteur n'a fait l'analyse détaillée du processus de la perception de position d'un membre; on a toujours considéré que ce processus était quelque chose de bien déterminé, qu'il n'y avait qu'une seule manière de se représenter la position d'un membre et que par conséquent il suffirait d'étudier cette représentation dans un cas particulier pour pouvoir faire des conclusions générales. Il est pourtant évident que l'on peut se représenter la position dans laquelle se trouve un membre de différentes manières; ainsi on peut : 1° se représenter cette position visuellement ou la décrire avec les mots; 2° sans avoir de représentation visuelle nette, toucher avec la main le membre; on ne pourra pas nier, je crois, que si on arrive à toucher avec la main directement sans tâtonnement le genou, quelle que soit la position de la jambe, que dans ce cas on a une certaine représentation (de nature motrice probablement) de la position du genou; 3° se représenter la position d'un membre sans porter spécialement son attention sur les représentations visuelles ou motrices, comme dans les cas précédents, mais en tâchant placer le membre symétrique dans la position correspondante, etc., etc.. Il y a certainement encore d'autres moyens de se représenter la position d'un organe moteur et on peut établir dans ces différentes manières une gradation successive en commençant par des actes automatiques et montant jusqu'aux associations très complexes: il y a, en somme, à faire ici une distinction analogue à celle que j'ai faite pour les différents modes de localisation des sensations tactiles localisation par le mouvement tout seul, localisation par le mouvement avec contact, localisations visuelles, localisation verbale [1].

Je ne vais pas donner ici une étude des différents modes de représentations de la position d'un membre: il faut qu'une pareille étude ressorte d'un travail expérimental méthodique. Le point sur lequel j'insiste ici, c'est que les méthodes employées par différents auteurs, pour déterminer le degré d'exactitude des représentations de la position d'un organe moteur, ne sont pas comparables entre elles. Si on fait toucher le bras anesthésique avec la main saine et qu'on observe les tâtonnements, ce n'est pas la même chose que si on prie le sujet de décrire avec les mots la position dans laquelle le membre malade lui semble être situé, et de même ces deux modes ne donnent pas la mesure du même processus que la méthode de Leyden. Cette confusion dans toutes les recherches expérimentales et théoriques, concernant la perception de la position des membres, provient de ce qu'on n'a pas suffisamment insisté sur la complexité du processus et sur la distinction de ses deux parties essentielles : sensations provoquées dans l'organe moteur et représentations surajoutées par association.

Nous n'avons pas encore mentionné les observations intéressantes au point de vue théorique, qui montrent qu'on peut avoir une certaine représentation inexacte de la position d'un membre par suite d'une excitation siégeant dans les centres nerveux ou dans les nerfs; c'est ainsi que les tabétiques ont quelquefois une sensation d'une position fausse de leur membre; cette sensation persiste quelquefois très longtemps. De même les amputés ont souvent une illusion de leur membre absent, qui leur semble être dans une certaine position : en général par la volonté ils arrivent à mouvoir ce membre imaginaire, mais il y a des cas où ils ne le peuvent pas: dans ces cas, Weir Michel (331) et surtout Pitres (165) ont montré qu'en faisant passer un courant électrique par le moignon, le malade avait

(1) Voir V. Henri, Ueber die Raumwahrnehmungen des Tastsinnes, p. 90, 200 et 208.

une sensation plus forte de son membre absent et celui-ci changeait quelquefois de position. Je cite, comme exemple, une observation recueillie par Abbatucci (149) dans le service de Pitres ; il s'agit d'un malade qui a été amputé au tiers supérieur de l'avant-bras gauche ; « quinze jours après l'amputation, l'opéré a vu reparaître la sensation de sa main perdue et jamais celle de la portion de son avant-bras intermédiaire à son moignon et à sa main. Dès le début, sa main s'est accolée au moignon, l'a pénétré et s'est confondue avec lui. Elle occupe actuellement dans le moignon la position normale de la main pendante, la face palmaire regardant en dedans. La main n'est pas entièrement ouverte, les doigts sont fléchis et le malade ne peut parvenir à les ouvrir malgré tous ses efforts. Le pouce est celui des doigts qu'il sent le mieux. Il occupe le point culminant de la cicatrice là où s'était produit un trajet fistuleux et où l'on constate actuellement encore une croûte. Les autres doigts sont moins sentis et localisés, non sur la cicatrice, mais à côté d'elle dans le lambeau interne du moignon. L'index est celui des doigts qui est le plus ouvert. En piquant le moignon au niveau des points où sont localisées les différentes parties de la main, l'amputé ressent la douleur dans la portion correspondante de la main fantôme. La main a conservé son volume normal. L'amputé n'y éprouve aucun phénomène douloureux, ni la sensation de froid. Il y a plutôt chaud. Les changements de température n'exercent aucune influence sur elle. En palpant le moignon, on provoque dans la main fantôme des mouvements plus ou moins étendus. La compression du cubital le long de la gouttière donne lieu à une sensation pénible d'engourdissement dans les trois derniers doigts.

« L'application d'un courant électrique sur le moignon pendant dix minutes produit les effets suivants :

« Courant faible, rien.

« Courant plus énergique : la main se déplace de trois travers de doigts environ de sa position primitive et ne va pas plus loin. Pendant l'électrisation, les doigts s'ouvrent peu à peu ; le pouce et l'index les premiers, le médius et l'annulaire ensuite. Le petit doigt réfractaire résiste davantage, finit par se défléchir légèrement, mais non tout à fait. L'amputé ne peut exécuter des mouvements isolés avec les doigts, à l'exception du mouvement d'opposition du pouce à l'index ». (Abbatucci, p. 54.)

Dans d'autres cas, Pitres et Abbatucci injectaient de la cocaïne dans le moignon et dans ce cas toute sensation du membre

absent disparaissait complètement. Il y a donc beaucoup de
probabilité pour que ces illusions des amputés soient provoquées par des excitations des nerfs dans le moignon.

Si maintenant nous nous demandons quelle est la conclusion
théorique qui ressort de toutes ces expériences et observations
sur la perception de la position des organes moteurs, nous
voyons qu'aucune théorie ne peut être affirmée avec certitude;
nous ne savons pas si à l'état d'immobilité correspondent certaines sensations spéciales ou bien s'il n'y a de sensations que
pendant le mouvement; il faudrait faire des expériences méthodiques suivant un plan analogue à celui que nous avons
indiqué précédemment; maintenant on ne peut émettre que
des théories incertaines, fondées sur des raisonnements; or, une
pareille théorie ne peut être utile qu'en tant qu'elle mène à de
nouvelles expériences, et comme dans le cas présent, déjà sans
théorie, nous savons exactement quelles sont les expériences
à faire, on peut se dispenser de construire une théorie qui
sera certainement fausse comme la plupart des théories, fondées sur des raisonnements et non sur des observations méthodiques.

*2° Sensations correspondant aux différents degrés de tension
des muscles.*

Les muscles d'un organe moteur peuvent être soit dans
un état de relâchement complet, soit, au contraire, tendus
plus ou moins fortement et dans ce cas, lorsque la tension des muscles est élevée, le membre reste immobile, soit
parce que les différents muscles antagonistes (fléchisseurs et
extenseurs, adducteurs et abducteurs, abaisseurs et releveurs)
se trouvent dans un équilibre mutuel, soit par suite d'un obstacle extérieur, d'une résistance ou d'une force, comme on dit,
qui arrête le mouvement du membre. Tels sont les différents
cas qui se présentent objectivement, que l'on peut observer sur
tout le monde et aussi sur les animaux.

Voyons maintenant ce que l'introspection nous apprend : elle
nous montre constamment que nous distinguons facilement dans
quel état se trouvent les muscles d'un membre quelconque ; nous
reconnaissons facilement s'il y a relâchement ou tension élevée
des muscles ; nous reconnaissons de plus si cette tension est produite par une cause indépendante de notre volonté (par exemple
courant électrique, excitation du nerf ou des fibres nerveuses des
centres nerveux, etc.), ou bien si elle est, comme on dit, volon-

taire ; enfin l'introspection nous apprend aussi pourquoi l'organe moteur, dont les muscles sont tendus, reste immobile : nous savons distinguer le cas où les muscles antagonistes se trouvent en équilibre mutuel, du cas où il y a résistance extérieure. Tous ces faits sont incontestables ; chacun peut les observer sur soi-même, il est donc important de se demander : Pourquoi arrivons-nous par l'introspection à connaître ces différents cas ? y a t-il des sensations spéciales provoquées dans chacun de ces cas, et alors quelles sont ces sensations ? Où sont-elles produites ? Comment conduisent-elles au jugement que nous émettons sur l'état de l'organe moteur, etc., etc. ? Les méthodes que l'on devra suivre pour répondre à ces différentes questions seront toujours les mêmes, c'est-à-dire méthode expérimentale et observation des cas pathologiques. Disons tout de suite que ces études sont loin d'être terminées ; il y a encore beaucoup de lacunes ; il faudrait entreprendre un travail méthodique pour résoudre ces différentes questions qui se trouvent en rapport avec des questions générales de psychologie, telles que la nature de l'effort volontaire, l'extériorisation des sensations, etc.

La plupart des faits qui se rapportent à la perception de l'état de tension ou de relâchement des muscles, ont été observés par Goldscheider ; les différents travaux de ce neurologiste relatifs au sens musculaire ont été publiés cette année sous forme de volume : *Gesammelte Abhandlungen* von Goldscheider, II Band, *Physiologie des Muskelsinnes*. (1 vol. in-8° de 323 p.)

La première question à résoudre était de savoir s'il y a une sensation spéciale qui accompagne l'augmentation de la tension d'un muscle. Déjà quelques auteurs, par exemple, Schaefer (102), Funke (25) avaient affirmé que l'augmentation de la tension d'un muscle était accompagnée d'une sensation spéciale et que même cette sensation est différente de celle qui accompagne la contraction, c'est-à-dire le raccourcissement d'un muscle ; mais c'est Goldscheider (p. 38 et 39) qui a fait le premier des expériences sur cette question. Pour éliminer les sensations de la peau, il faisait une injection sous-cutanée de cocaïne et il excitait le muscle par un courant électrique ; ainsi pour les extenseurs des doigts, il fait l'injection de cocaïne sur la face dorsale de l'avant-bras, cette injection rend complètement insensible la peau et peut-être aussi les couches superficielles du muscle ; puis il applique à cet endroit une électrode, l'autre étant placée à la nuque. Un courant faible produit des contractions, mais n'évoque aucune sensation. Si le courant est plus fort, on a une sensation obtuse localisée dans la profondeur, la contraction du muscle produit une extension du doigt et on sent ce mouvement des doigts ; cette sensation du mouvement est localisée dans les doigts. Si on empêche les doigts de se déplacer en priant quelqu'un de les maintenir immobiles, on a une sensation obtuse de tension, que l'on localise dans le muscle et qui n'évoque aucune représentation de mouvement. Si le courant est encore plus intense, la sensation augmente, elle devient douloureuse seulement lorsque le muscle se raccourcit, c'est-à-dire lorsqu'il y a mouvement du doigt ; s'il n'y a qu'une augmentation de la tension du muscle, le mouvement du doigt étant empêché, il n'y a pas de sensation de douleur. Donc, en résumé, l'augmentation de la tension d'un muscle provoque une sensation spéciale ; cette sensation est, d'après Goldscheider, de même nature que la sensation provoquée par une contraction (c'est-à-dire par un raccourcissement) du muscle ; elle est seulement plus faible que cette dernière, puisqu'elle ne peut pas devenir douloureuse, tandis que celle-là le devient. Ce dernier point ne me paraît pas suffisamment prouvé ; il faudrait étudier de plus près cette question.

Cette sensation, qui correspond à une augmentation de la tension d'un muscle, n'est certainement pas produite par des excitations de la peau, comme l'ont défendu certains auteurs (Schiff, Trousseau, Bloch, etc.), qui ont vu l'origine de ces sensations dans les tiraillements de la peau ; en effet, la cocaïne rend complètement insensible la peau, il est donc naturel de se demander où sont produites ces sensations : est-ce dans le muscle, ou dans les tendons, ou dans les articulations ? Goldscheider, s'appuyant sur des observations relatives à la perception de résistance et de poids, affirme que ces sensations sont produites dans les tendons et dans les articulations ; nous examinerons plus loin les arguments que l'auteur apporte pour cette théorie.

On n'a pas suffisamment profité de l'observation des· cas pathologiques pour l'étude de ces sensations qui accompagnent la tension des muscles ; il y aurait certainement des observations instructives à faire dans les différents cas de contractures produites, soit par une excitation du nerf, soit par une lésion dans la moelle ou dans les centres nerveux supérieurs ; dans les observations sur les contractures on néglige en général le côté sensitif ; on trouve bien des remarques générales disant que le malade avait des sensations de tiraillement ou de douleurs,

mais on n'a pas fait, à ma connaissance, de recherche méthodique sur les différentes sensations qui accompagnent les contractures ; je cite, comme exemple des observations que l'on
trouve le plus souvent, la remarque suivante de Descubes (277) :
« La raideur des muscles contracturés s'accompagne d'une
sensation de tiraillement désagréable aux malades, sans que
toutefois il y ait douleur véritable. Lorsque les membres contracturés sont anesthésiés, la rigidité ne s'accompagne d'aucune sensation » et l'auteur donne à l'appui deux observations
de malades (p. 24).

L'augmentation de la tension des muscles peut être produite
soit par une cause indépendante de la volonté, par exemple
excitation électrique du muscle ou du nerf correspondant, lésion
du nerf ou des différentes régions des centres nerveux, etc.,
soit au contraire par la volonté du sujet, lorsqu'il contracte
volontairement les muscles ; l'introspection nous apprend que
nous distinguons nettement ces deux cas. On se demande quelle
est la différence entre ces deux cas ? Les sensations qui accompagnent la tension des muscles sont-elles les mêmes dans les
deux cas, ou bien y a-t-il une différence déjà pour les sensations ? On n'a pas fait d'expériences à ce sujet et il serait même
difficile d'en faire, on s'est donc contenté de rassembler des
observations sur des malades et on a surtout fait beaucoup de
raisonnements théoriques. Quelques auteurs (par exemple,
Bain, Wundt, Jackson, etc.) ont soutenu que dans l'effort volontaire il y avait des sensations spéciales, d'origine centrale, correspondant à cet effort volontaire et qui en sont la marque
caractéristique ; ils ont appelé ces sensations « sens de l'innervation » (Innervation sempfindung) ; d'autres auteurs
(W. James, Münsterberg, etc.) ont défendu une théorie contraire, disant qu'il n'y avait pas de sensation spéciale due à
l'effort volontaire ; voici comment James s'exprime à ce sujet :
« Je soutiens que le sentiment de l'énergie musculaire déployée
est une sensation afférente complexe qui vient des muscles contractés, des ligaments tendus, des articulations comprimées, de
la poitrine fixée, de la glotte fermée, du sourcil froncé, des mâchoires serrées, etc., etc., etc. Qu'il y ait en outre un autre sentiment de l'effort, je ne le conteste pas ; mais ce dernier est
purement moral et n'a rien à faire avec la décharge motrice.
Nous l'étudierons à la fin de cet essai, et nous verrons qu'il est
essentiellement identique avec l'effort pour se souvenir, avec
l'effort pour prendre une décision, ou pour s'appliquer à une

tâche désagréable. » (*Le Sentiment de l'effort. Critique philosophique*, septembre 1880, p. 125.)

Cette question de l'existence d'un sentiment de l'effort étant d'ordre purement théorique, nous ne l'étudierons pas ici ; nous y reviendrons encore une fois à propos de l'étude des mouvements actifs.

Les expériences de Goldscheider ont montré que l'augmentation de la tension d'un muscle provoque une sensation spéciale ; or, quand par la volonté nous agissons sur les muscles d'un organe moteur la tension est augmentée non pas dans un muscle isolé, mais dans plusieurs ; il est donc tout naturel de se demander ce qui arrive dans ce cas, aura-t-on une sensation simple qui correspondra à l'augmentation de la tension de cet ensemble de muscles ou bien aura-t-on une sensation complexe décomposable par l'attention en ses parties élémentaires ? Théoriquement la question qui se pose est la suivante : Les différentes sensations (que nous appelons élémentaires) qui correspondent à l'augmentation de la tension de chacun des muscles se fusionnent-elles ensemble d'une manière si intime que l'attention ne peut plus faire l'analyse de la nouvelle sensation complexe, ou bien la fusion n'est-elle pas aussi forte ? Enfin, si on trouve que la fusion est intime, dans quel rapport se trouve la sensation complexe avec les sensations élémentaires qui la composent ? Ce sont des questions importantes qui ont été en général négligées, qu'on a même souvent oublié de mentionner ; on ne trouve pas dans la littérature d'expériences relatives à ces questions ; il y aurait pourtant lieu de faire des expériences méthodiques, ce qui ne serait pas très difficile, vu que l'on peut facilement exciter par l'électricité un ou plusieurs muscles simultanément ; on devrait étudier quelles sont les sensations provoquées par l'excitation simultanée de plusieurs muscles différents ; les muscles du bras et de l'avant-bras se prêtent très bien pour ces expériences. Les quelques expériences préliminaires que j'ai faites sur des muscles de l'avant-bras m'ont montré qu'en excitant simultanément deux muscles différents on avait une sensation complexe que l'on arrivait à dissocier par l'attention, à condition que les muscles excités ne soient pas voisins, mais ce sont là des expériences préliminaires qui m'ont convaincu que la question pourrait être étudiée par cette méthode.

Mais déjà en dehors de ces expériences méthodiques, qui sont les seules capables de donner une réponse sûre à la ques-

tion de fusion des sensations musculaires, l'introspection peut
donner un certain nombre de renseignements intéressants. Si
l'on contracte volontairement les muscles du bras et de l'avant-
bras sans faire de mouvement et en tenant, par exemple, l'avant-
bras fléchi de façon à former avec le bras un angle droit, on
sent, comme on dit, une raideur générale dans le bras et dans
l'avant-bras ; portons notre attention sur cette sensation complexe et cherchons à l'analyser, nous remarquons que nous
avons des sensations musculaires de tension aux différents
endroits ; ainsi nous en avons à l'épaule (muscle deltoïde), au-
dessous de l'aisselle (muscle grand dorsal, grand rond, grand
pectoral), au bras face antérieure et face postérieure ; nous
avons une sensation diffuse, très obtuse dans l'articulation du
coude, dans l'avant-bras nous avons vers la partie moyenne une
sensation de tension musculaire en haut et en bas, etc. ; en
somme, si nous portons notre attention sur différents endroits
de notre membre, nous y découvrons des sensations diffuses, très
obtuses, localisées dans la profondeur, analogues à celles que
nous percevons pendant la contraction d'un muscle par le courant électrique ; pour mieux percevoir ces différentes sensations,
il est bon de produire plusieurs fois successivement des tensions et des relâchements des muscles du bras et de l'avant-
bras (sans faire de mouvement), ces sensations deviennent alors
plus apparentes. Ces observations semblent donc montrer que
les différentes sensations élémentaires, qui correspondent à la
tension des différents muscles, ne se fusionnent pas très intimement et que nous pouvons par l'analyse interne les distinguer suivant les régions du corps. Cette conclusion ne doit pas
être émise comme définitive, il faut la contrôler par des expériences méthodiques.

Quel que soit le résultat sur la fusion des sensations musculaires, il est incontestable qu'à chaque état de tension générale
que nous imprimons aux muscles d'un membre, correspond un
ensemble de sensations différent ; ainsi, si nous fixons notre
bras avec l'avant-bras d'une manière quelconque et si ensuite
nous contractons les muscles en cherchant à déplacer l'avant-
bras en haut ou en bas, ou enfin en essayant de le maintenir
immobile, nous remarquons immédiatement que les ensembles
de sensations seront différents dans tous ces cas ; lorsque les
muscles sont tendus de façon qu'ils se trouvent dans un équilibre mutuel, l'ensemble de sensation est différent de celui que
l'on aura, lorsque le membre devrait faire un mouvement, si une

cause étrangère ne le retenait pas immobile : dans ce dernier
cas nous disons qu'il y a une résistance et nous pouvons même
apprécier la grandeur de cette résistance. On se demande donc
naturellement comment arrivons-nous à distinguer le cas où il
y a résistance de celui où il y a tension des muscles sans résistance externe ? Cette question a été souvent débattue, mais en
général on ne la pose pas comme je le fais ici, en effet la plupart des auteurs oublient de parler du cas où les muscles sont
tendus, et où il n'y a pas de mouvement par suite de l'équilibre
mutuel des muscles ; c'est pourtant un cas très important qu'il
faut étudier en même temps que l'on étudie la perception de
résistance.

La notion de l'équilibre mutuel des muscles tendus, ainsi que
celle de résistance, sont des notions très complexes, dans lesquelles les sensations forment seulement le point de départ et
qui consistent en grande partie en représentations et idées très
diverses associées à ces sensations : l'expérience journalière a
rendu ces associations tellement fortes qu'elles sont évoquées
immédiatement, dès que l'ensemble des sensations correspondantes est provoqué ; ainsi par exemple notre main étant posée
sur la table, si nous appuyons avec cette main contre la table,
immédiatement vient à l'esprit l'idée qu'il y a résistance, qu'il
y a un corps extérieur solide, et suivant la direction de notre
attention nous cherchons à dégager dans cette résistance tel ou
tel autre caractère ; mais il est certain qu'il n'en a pas été toujours ainsi, la notion de résistance, ainsi que celle d'équilibre
se sont développées et on se demande comment s'est fait ce
développement ? Peut-on affirmer que les sensations de mouvement ou plutôt l'absence de sensations de mouvement ont joué
un rôle important dans le développement de ces notions, ou
bien peut-on se contenter de ces ensembles de sensations qui
sont provoquées par la tension des muscles, tels que nous les
avons décrits plus haut ? La question est très difficile et elle est
purement théorique ; je ne vais pas entrer dans une discussion
approfondie de cette question, je me contenterai seulement de
citer l'analyse de la notion de résistance telle qu'elle est donnée
par Claparède dans un travail récent sur le sens musculaire (79).

« Si nous cherchons à déplacer un objet très lourd ou fixe, à
pousser, par exemple, la muraille d'une chambre, nous
aurons :

« 1° Une sensation de contact et de pression cutanée ;

« 2° La représentation d'un mouvement à exécuter ;

« 3° Des sensations de contraction musculaire, de pression
articulaire, etc., *spécialement intenses ;*

« 4° L'*absence* de la sensation kinesthésique qui a coutume
d'être associée à des impressions musculaires, etc., ainsi qu'à
l'image mentale qui la précède ;

« 5° Une tension de muscles en activité, tension beaucoup plus
considérable que celle qui accompagne le mouvement, puisque,
dans notre cas, *la contraction musculaire n'est pas accompagnée d'un rapprochement des parties sur lesquelles s'insèrent
les extrémités du muscle en action.*

« Négligeons la sensation de contact, et nous verrons que ce
qui caractérise les états dans lesquels le corps lutte contre une
résistance, c'est, d'une part, des sensations musculaires et articulaires d'une intensité *inusitée et non en rapport* avec le mouvement exécuté ; d'autre part, une tension musculaire d'une
intensité *inusitée et non en rapport* avec la contraction effectuée.

« La notion de résistance repose donc sur un *désaccord*, un
défaut de parallélisme, une désharmonie dans les associations
habituelles, un choc dans la conscience, sur quelque chose
d'inattendu, d'inusité, de disproportionné, d'insolite. » (P. 50
et 51.)

Cette explication est très ingénieuse et très attrayante, mais
il semble étrange, qu'une notion aussi commune et aussi fréquente que celle de résistance, puisse être fondée sur un
défaut de parallélisme, sur une *désharmonie* des associations
habituelles, sur une *absence* de sensations de mouvements,
c'est-à-dire, en somme, sur un jugement par négation et par
exclusion. Ne serait-il pas possible d'admettre qu'il y a un
jugement direct, affirmatif, à la base duquel se trouverait un
ensemble de sensations correspondant à une tension spéciale
des différents muscles ? Je ne veux pas décider ici cette question difficile ; il faudrait faire des expériences méthodiques
pour appuyer l'une ou l'autre de ces deux théories.

Goldscheider a fait un certain nombre d'expériences dans le
but de déterminer l'endroit où sont produites les sensations de
résistance. On se demande d'abord dans quelle mesure les sensations de pression de la peau sont nécessaires pour provoquer
la notion de résistance. Goldscheider trouve que si par un courant électrique fort on rend insensible la peau sur une partie
d'un doigt, on sent encore une résistance, lorsqu'on appuie
contre la table avec cette partie anesthésiée du doigt ; de même

dans une autre expérience on tient la main étendue horizontalement la face palmaire en haut, un poids repose sur la table et
une ficelle attachée à ce poids passe autour de la pulpe de l'index; si on soulève le bras, la ficelle se tend et on sent une résistance; mais la résistance est aussi sentie lorsqu'on entoure la
pulpe de l'index avec un anneau en caoutchouc qui serre fortement le doigt; dans ce cas, .on ne sent pas la ficelle qui presse
sur le doigt (p. 226). Enfin il existe beaucoup de cas pathologiques, dans lesquels les malades ont une anesthésie de la peau
et sentent pourtant bien une résistance.

De toutes ces expériences résulte cette conclusion, que les
sensations de pression de la peau ne sont pas absolument nécessaires pour provoquer la sensation de résistance. Par -consé-
quent, on est amené à chercher les sensations de résistance
dans les parties profondes; on a ici le choix entre les muscles,
les tendons et les articulations. Les expériences suivantes faites
par Goldscheider tendent à montrer que les sensations de résistance naissent dans les articulations et sont dues à la compression des surfaces articulaires les unes contre les autres. Voici
ces expériences.

On fléchit l'index gauche de façon que ses deuxième et troisième phalanges soient dirigées de haut en bas et que la première phalange se dirige de bas en haut, lorsqu'on tient la main
dans la position verticale; on place la main de façon que la
paume soit contre le bord d'une table et en la déplaçant en bas,
on appuie avec l'extrémité de l'index contre la surface de la
table, les autres doigts étant étendus dirigés en haut, on sent
alors nettement avec l'index une résistance; puis on applique
des électrodes (en forme de petites éponges) de part et d'autre
de la première articulation interphalangienne de l'index; lorsqu'on fait passer un courant fort et qu'on appuie, comme précédemment, contre la table, on ne sent plus de résistance, il
semble que l'index appuie sur un corps mou, flexible, non résistant. Sans changer la position des électrodes, on étend l'index
et on appuie avec sa pointe verticalement contre la table, on
sent alors très nettement la résistance; l'auteur explique ces
faits en disant que dans le premier cas la sensation de résistance est produite par suite de la compression dans la première
et la deuxième articulations interphalangiennes, tandis que
dans le dernier cas la sensation est produite dans les mêmes
articulations, plus dans l'articulation métacarpo-phalangienne
(p. 228).

Autre expérience. On étend la main horizontalement, la face dorsale étant tournée en haut, on fléchit l'index à angle droit dans la première articulation interphalangienne, de façon que la première phalange de l'index soit horizontale et que les deux autres soient verticales ; on appuie avec la pointe de l'index contre la table, il y a une sensation de résistance très nette, puis on applique les électrodes dans l'une des trois positions suivantes : 1° sur la troisième phalange de l'index, de façon que le courant passe de la pointe à la deuxième articulation interphalangienne ; 2° l'une des électrodes sur la première phalange et l'autre près de la pointe de l'index ; 3° les deux électrodes de part et d'autre de la première articulation interphalangienne. On observe que dans le premier cas la sensation de résistance n'est presque pas altérée ; dans le second cas elle l'est d'une façon nette, mais c'est surtout dans le troisième cas que la sensation de résistance est modifiée ; on ne sent plus la table comme solide, mais comme molle et flexible. L'explication est la même que précédemment : la sensation de résistance se produit par suite de la compression des surfaces articulaires de la première et de la deuxième phalanges.

Goldscheider rapporte plusieurs autres expériences du même genre, qui s'expliquent toutes de la même façon (voy. *Gesammelte Abhandlungen*, p. 229-232). L'importance du sens des articulations pour la perception de la résistance se trouve aussi démontrée par quelques observations pathologiques ; ainsi, par exemple, Hitzig (84) rapporte le cas d'un tabétique qui avait une anesthésie complète de la peau des pieds, il ne sentait rien lorsqu'on le pinçait ou le piquait, et pourtant il sentait bien la résistance ; cette sensation ne peut être produite, d'après Hitzig, chez ce malade que dans l'articulation du pied.

Une question très importante doit encore être résolue : lorsque nous avons une sensation de résistance, nous rapportons au dehors l'origine de cette résistance ; nous extériorisons la sensation, nous disons par exemple qu'il y a un corps solide ou un poids qui provoque la résistance ; on se demande donc comment se produit cette extériorisation. La question est très difficile, elle se rattache au problème général de la perception de l'espace ; on devra donc faire l'étude de cette question en même temps que celle de la perception de l'espace par le toucher et par la vue, et ce n'est qu'à cette condition que l'on pourra arriver à une solution satisfaisante de cette question ; je ne m'arrêterai pas longtemps sur ce sujet, auquel j'espère consacrer plus tard une étude spéciale ; ici je me contenterai de mentionner quelques observations intéressantes qui se rattachent à cette question. Lorsqu'on tient un bâton et qu'on appuie avec l'extrémité de ce bâton contre un objet quelconque, on transporte la sensation de résistance à l'extrémité du bâton, on dirait que l'on sent avec le bout du bâton ; cette illusion est, en général, appelée illusion de sensation double de Fechner, puisque E.-H. Weber, qui en parle dans son travail sur le sens du toucher, dit que c'est Fechner qui lui a indiqué cette illusion. Mais la priorité de la description de cette extériorisation de la sensation du toucher n'appartient pas à Fechner ; on trouve en effet déjà chez Descartes une description très claire de ce phénomène ; ce passage de Descartes paraît être ignoré de la plupart des auteurs qui ont étudié cette illusion ; nous le citerons donc ici :

« Il vous est bien sans doute arrivé quelquefois, en marchant, de nuit sans flambeau, par des lieux un peu difficiles, qu'il falloit vous ayder d'un baston pour vous conduire, et vous aués pour lors pû remarquer, que vous sentiés par l'entremise de ce baston, les divers obiects qui se rencontroyent autour de vous, et mesme que vous pouuiés distinguer s'il y auoit des arbres, ou des pierres, ou du sable, ou de l'eau, ou de l'herbe, ou de la boüe, ou quelqu'autre chose de semblable. Il est vray que cette force de sentiment est un peu confuse et obscure, en ceus qui n'en ont pas un long usage : mais considérés la en ceus qui, estant nés aueugles, s'en sont seruis toute leur vie, et vous l'y trouuerés si parfaitte, et si exacte, qu'on pourroit quasi dire qu'ils voyent des mains, ou que leur baston est l'organe de quelque sixjesme sens, qui leur a esté donné au défaut de la veuë. » (Descartes, *La Dioptrique*, discours premier, p. 3.)

Cette illusion devrait être étudiée de plus près, on devrait faire des expériences méthodiques dans lesquelles on déterminerait exactement les conditions nécessaires pour que la sensation de résistance soit localisée à l'extrémité du bâton avec lequel on appuie. Il n'existe que quelques observations générales de E.-H. Weber (146) et de Lotze (42) d'après lesquelles la sensation est transportée à l'extrémité du bâton, lorsque celui-ci n'est pas fixé d'une manière intime aux doigts ; si au contraire on l'attache aux doigts, l'illusion est moins forte ou disparaît même complètement ; *Lotze* a étudié les cas où le bâton est tenu par son milieu et où ses deux extrémités sont fixées plus ou moins solidement, comme par exemple dans une échelle dont les échelons seraient légèrement flexibles, et il trouve que la sensation de résistance est localisée aux deux extrémités du bâton ; Zernial (116) a fait quelques expériences dans lesquelles il s'agissait de déterminer la longueur du bâton avec lequel on appuyait contre la table ; ces expériences sont peu précises et surtout on cherche vainement les observations internes des sujets ; nous ne les rapporterons donc pas ici. Enfin Goldscheider rapporte quelques observations intéressantes, dont nous citerons ici les deux suivantes. 1° On fixe à la troisième phalange de l'index gauche une plaque de carton ; l'avant-bras et la main du sujet reposent sur un modèle en plâtre négatif ; en abaissant le doigt, le carton butte contre la table et le sujet sent une résistance qu'il localise sur le bord du carton ; on fait passer un fort courant par la première articulation interphalangienne ; ce courant est tellement fort que la peau devient insensible, on perd complètement la notion de la position occupée par le doigt ; si dans ce cas on appuie avec le carton contre la table, on sent une résistance, mais cette sensation est localisée dans l'articulation du doigt, elle n'est donc plus rapportée au dehors ; l'auteur explique ce fait en disant que pour qu'il y ait extériorisation de la sensation de résistance, il faut qu'on se représente la position occupée par le membre ; si cette représentation manque, la sensation sera localisée là où elle se produit, c'est-à-dire dans une articulation (p. 232).

2° La seconde expérience se rapporte à la sensation paradoxale de résistance dont nous parlerons encore plus loin : on lient entre les doigts une ficelle à laquelle est attaché un poids et on abaisse le bras ; à un certain moment, le poids repose sans bruit sur un coussin qu'un aide a placé à une hauteur quelconque ; à ce moment on sent une résistance, quelquefois même un choc, et ce qui est important, c'est que nous localisons dans quelques cas cette sensation de résistance dans le poids ; remarquons ici que la ficelle étant parfaitement flexible, elle ne transmet aux doigts aucune secousse (p. 233).

Je me contente de ces observations sans en donner d'explication, puisque cela nous entraînerait trop loin dans des raisonnements théoriques.

Il resterait encore une question à examiner : nous avons dit plus haut que nous pouvons non seulement reconnaître la présence d'une résistance, mais que de plus nous pouvons appré-

cier la grandeur de cette résistance ; on se demande donc comment nous arrivons à reconnaître le degré de tension des muscles, comment nous apprécions la grandeur d'une résistance.
Je ne connais pas d'expériences relatives à ces questions ; on a
bien étudié la perception de poids, lorsque ceux-ci sont soulevés, mais on n'a pas déterminé comment se fait l'appréciation
de la résistance lorsque le membre reste immobile, par exemple
lorsque nous appuyons avec la main plus ou moins fortement
contre la table ; il y aurait lieu de faire des expériences sur ces
questions ; en comparant les résultats de ces expériences avec
ceux que l'on obtient pour la perception des poids soulevés, on
pourrait, peut-être, arriver à déterminer le rôle que jouent les
sensations de mouvement dans la sensation de résistance.

Nous avons terminé l'étude des sensations musculaires qui se
produisent pendant l'immobilité des organes moteurs ; on voit
que le nombre de recherches expérimentales sur ces questions
est très petit ; notre étude n'est certainement pas complète ;
nous n'avons pas parlé, par exemple, des sensations musculaires
des yeux ; nous n'avons cherché à indiquer que les points principaux qui devraient être étudiés à fond. Passons maintenant
à l'étude des sensations musculaires qui accompagnent le mouvement des organes moteurs.

III

Sensations produites pendant le mouvement des organes moteurs.

Le mouvement d'un organe moteur peut être soit passif, soit
actif ; dans le premier cas l'organe moteur est déplacé passivement par une force extérieure, par exemple lorsque quelqu'un
prend votre main et la déplace dans un sens quelconque ; pendant ce mouvement passif le sujet peut se comporter de manières très différentes ; il peut soit laisser mouvoir l'organe moteur sans opposer aucune résistance, c'est-à-dire se comporter
passivement, soit au contraire s'opposer au mouvement passif
ou bien intervenir activement en aidant le mouvement passif ;
ainsi par exemple prenez la main de quelqu'un et déplacez-la
de gauche à droite ; le sujet peut rester indifférent, il permettra
de faire avec sa main le mouvement que vous voudrez ; il peut
au contraire s'opposer au mouvement et retenir plus ou moins

fortement sa main ; enfin, s'apercevant que vous déplacez sa main de gauche à droite, il peut aussi aider à ce mouvement. Le mouvement actif peut être à son tour de deux sortes : ou bien aucune cause extérieure ne s'opposera à ce mouvement, et alors nous disons qu'il est libre ; ou bien une force extérieure agit sur ce mouvement en l'arrêtant ou en l'accélérant, nous disons alors que le mouvement est influencé par une force externe ; par exemple, vous pouvez déplacer la main libre de gauche à droite, ou bien vous pouvez faire le même mouvement lorsqu'un poids sera attaché avec une ficelle à votre main et le tirera à gauche, il s'opposera donc à votre mouvement ; ou enfin vous pouvez faire le même mouvement pendant qu'un poids tirera votre main à droite et facilitera ainsi le mouvement. Telles sont les divisions des différentes formes du mouvement que nous obtenons en étudiant le côté objectif de la question. Si maintenant nous interrogeons le côté subjectif, si nous analysons d'abord grossièrement ce que l'introspection nous apprend, nous voyons les faits suivants, que chacun peut constamment vérifier sur lui-même :

1° Nous distinguons sans difficulté quel est l'organe moteur qui se déplace, nous savons par exemple si c'est la main entière ou seulement les doigts ou le bras qui se déplacent ; nous savons, par exemple, que c'est le médius et non pas un autre doigt qui exécute le mouvement, etc. ;

2° Nous savons si le mouvement est passif ou actif ;

3° Dans le cas du mouvement passif nous reconnaissons si nous nous comportons passivement ou bien si nous nous opposons à la force extérieure qui produit le mouvement ;

4° Dans le cas du mouvement actif nous savons s'il est libre ou s'il y a une force extérieure qui agit sur le membre déplacé ;

5° Si nous dirigeons notre attention sur le côté spatial d'un mouvement exécuté par un organe moteur, nous pouvons reconnaître l'amplitude, la direction et la vitesse du mouvement ;

6° Si nous dirigeons notre attention sur les forces qui interviennent dans le mouvement, nous pouvons juger, dans le cas d'un mouvement passif, de la force avec laquelle nous résistons au mouvement et, dans le cas du mouvement actif, nous pouvons apprécier la force extérieure qui s'oppose ou facilite notre mouvement.

On se demande naturellement comment nous arrivons à distinguer ces différents cas ; y a-t-il des sensations spéciales qui correspondent à chaque cas, ou bien les différences reposent-

elles surtout sur les nombreuses associations qui interviennent
dans ces perceptions ? Voilà d'une manière générale le problème
qu'il s'agit de résoudre ; il est évident que nous ne pourrons pas
arriver maintenant à une solution complète, le nombre de
recherches est trop petit et surtout on a complètement négligé
certaines questions importantes ; nous rapporterons les faits
qui ont été obtenus jusqu'ici, et pour plus de commodité nous
diviserons le sujet en trois parties, correspondant aux mouvements passifs, actifs libres, actifs avec force extérieure.

§ 1. — MOUVEMENTS PASSIFS

Lorsqu'un organe moteur est déplacé passivement, si l'amplitude de ce mouvement dépasse une certaine limite minimum
et si nous portons notre attention sur le membre déplacé, nous
percevons immédiatement qu'il y a mouvement, nous distinguons nettement à quel moment le mouvement commence et
quand il s'arrête. On se demande donc avant tout sur quoi est
fondée cette perception ; y a-t-il des sensations spéciales qui
correspondent au mouvement ou bien n'y en a-t-il pas ? En
effet, on pourrait supposer, comme l'ont fait certains auteurs,
que nous arrivons à la notion du mouvement d'un membre en
comparant la position initiale avec la position finale, et dans
ce cas il serait inutile d'admettre des sensations spéciales, liées
au mouvement, on pourrait se contenter d'admettre qu'à chaque
position d'un membre correspondent des sensations déterminées. Beaucoup d'auteurs admettent l'existence de sensations
spéciales de mouvement, certains d'entre eux (Exner, Vierordt,
Aubert, etc.) s'appuient sur les expériences faites pour la vision
d'un mouvement ou pour la perception d'un mouvement par
notre peau ; d'autres, entre lesquels il faut surtout citer Goldscheider, ont apporté des arguments, fondés sur l'étude des
sensations de mouvement des membres ; ces arguments pèchent
par beaucoup de défauts, comme nous le montrerons plus
loin.

L'observation interne montre que lorsqu'un mouvement est
produit, nous percevons immédiatement ce mouvement ; ce processus est pour notre conscience tellement simple et élémentaire qu'il est très difficile d'en faire l'analyse ; si nous portons
l'attention sur les sensations qui se produisent dans le membre
déplacé, nous distinguons bien des sensations tactiles, produites

par l'attouchement du corps étranger qui produit le mouvement du membre, puis nous avons des sensations très diffuses
dans la profondeur, surtout au niveau des articulations ; si le
mouvement est assez ample. ces sensations diffuses sont assez
nettes ; priez, par exemple, quelqu'un de prendre votre médius
et de le déplacer d'environ 45 degrés et portez votre attention
sur les sensations ressenties dans le médius ; vous observerez
nettement une sensation dans l'articulation métacarpo-phalangienne, puis dans la première articulation interphalangienne,
quelquefois vous sentirez une tension dans la partie moyenne
de la paume de la main et dans d'autres endroits de la main ;
faites maintenant l'expérience suivante : placez votre médius
immobile dans chacune des positions extrêmes qu'il occupait
pendant le mouvement, et le doigt restant immobile, portez
l'attention sur les sensations du médius. vous observerez bien
quelques sensations vagues dans les articulations, quelques
sensations tactiles de tension de la peau, mais ce qui apparaît
immédiatement, c'est que l'observation de ces sensations est
beaucoup plus difficile que celle des sensations pendant le
mouvement, puisque ces dernières sont beaucoup plus nettes,
sont plus intenses. Voilà un fait que chacun peut constamment observer sur lui-même et qui pourtant a été presque
complètement négligé par les auteurs qui ont étudié la question présente ; ainsi, par exemple, Goldscheider ne mentionne
même pas cette observation. Nous voyons donc en somme qu'à
un mouvement d'un membre correspondent des sensations plus
nettes, plus intenses, qu'à une position immobile du même
membre ; il est donc évident qu'à la base de toute perception de
mouvement se trouve un ensemble de sensations spécifiques et
qu'il est impossible d'admettre que la perception du mouvement est fondée sur une comparaison de deux groupes de sensations correspondant à l'état initial et à l'état final du mouvement ; c'est un fait qui nous est fourni par l'introspection.
Il me semble que cet argument est plus sûr que ceux qui ont
été donnés par les différents auteurs, en particulier par Goldscheider ; voici en effet les faits sur lesquels cet auteur s'appuie
pour démontrer l'existence de sensations spéciales pour le
mouvement. (Voy. l'exposition de ces faits dans les *Gesammelte Abhandlungen* de Goldscheider. t. II, p. 20, 44, 92 et
196.)

1° Si on fait passer un courant assez fort par un doigt. le
sujet perd complètement la notion de la position dans laquelle

se trouve son doigt, et pourtant, si on déplace le doigt passivement, il sent le mouvement, c'est-à-dire il a des sensations spéciales dans les articulations ; donc, conclut l'auteur, on doit admettre que le mouvement provoque des sensations spéciales, localisées, dans les articulations, et on n'a pas de comparaison entre des sensations différentes qui correspondent aux positions extrêmes du doigt. Cette conclusion ne me parait pas nécessaire ; en effet, l'auteur soutient à un autre endroit que les sensations de position du doigt (*Lageempflndung*) sont complexes, qu'elles se composent de sensations articulaires, tendineuses, etc.; pourquoi ne pas admettre que le courant électrique influe surtout sur une certaine de ces sensations, ce qui rend impossible la perception de la position du doigt, mais que, par exemple, les sensations provoquées dans les articulations subsistent, et que par conséquent dans les deux positions extrêmes du doigt, ces sensations persistantes peuvent être comparées entre elles et donner lieu à une perception de mouvement? Ce fait relatif à la faradisation du doigt nous montre donc que la perception du mouvement ne repose pas sur la comparaison de *toutes* les sensations, liées aux deux positions extrêmes du doigt ; mais il n'exclut pas la possibilité de la comparaison d'une *partie* de ces sensations.

2° Les expériences sur la perception de mouvements très faibles ont montré à Goldscheider que souvent on perçoit nettement qu'il y a mouvement, mais on ne peut pas indiquer la direction dans laquelle il a lieu ; ce fait est invoqué par l'auteur pour prouver que la perception de mouvement repose sur des sensations spécifiques et n'est pas due à une comparaison. Il est facile de voir que cet argument est encore moins probant que le précédent. En effet, la notion de la direction d'un mouvement est une notion très complexe, qui nécessite l'intervention de représentations diverses (visuelles, tactiles, motrices, verbales), associées à la perception du mouvement, laquelle est beaucoup plus simple ; de plus, lorsque l'on dit que la perception d'un mouvement repose sur une comparaison de certains groupes de *sensations*, on n'affirme pas du tout qu'il y a une comparaison entre deux *représentations* de positions, comme le suppose implicitement l'auteur ; enfin la psychologie expérimentale fournit beaucoup d'exemples où deux sensations sont perçues comme différentes sans que l'on puisse dire laquelle des deux est la plus intense ; par exemple deux bruits peuvent paraître d'intensités différentes sans que l'on sache lequel des

deux est le plus intense. Cet argument ne prouve donc rien
relativement à la présente question.

3° Le seuil de mouvement est tellement faible, dit Goldscheider (p. 92), que très probablement les positions limites de ce
mouvement ne pourraient pas « être distinguées l'une de
l'autre » ; cet argument repose sur une probabilité et non sur
un fait ; de ce que nous ne pouvons pas distinguer deux positions voisines d'un membre, lorsqu'elles sont occupées par le
membre à un intervalle de plusieurs secondes ou même de plusieurs minutes, on ne peut pas conclure que nous ne pourrons
pas distinguer ces mêmes positions lorsqu'elles seront occupées
à un intervalle de quelques centièmes de seconde.

4° Un mouvement est mieux perçu lorsqu'il est rapide que
lorsqu'il est lent ; cet argument pourrait servir plutôt pour montrer que la perception du mouvement repose sur une comparaison des états limites du membre ; en effet, plus le mouvement
sera rapide, plus l'intervalle de temps entre les deux états
limites sera court, et par suite leur comparaison sera plus
facile.

5° Pour des mouvements très faibles la durée du mouvement est de 2 à 3 centièmes de secondes, l'auteur en conclut
que cette durée est trop faible pour qu'il puisse y avoir un processus psychique de comparaison. Il est clair que cet argument
ne prouve pas non plus l'existence de sensations spécifiques de
mouvement ; en effet, on ne comprend pas pourquoi cet intervalle entre les deux groupes de sensation serait trop faible
pour permettre une comparaison.

On voit donc, en somme, que les cinq arguments donnés par
Goldscheider sont insuffisants pour décider la question de l'existence de sensations spécifiques de mouvement ; de sorte que l'on
est réduit à se servir de l'observation interne comme nous
l'avons montré plus haut. Le seul fait qui pourrait être invoqué,
c'est que lorsqu'un membre est engourdi, nous ne le sentons pas
du tout, et pourtant, si on le déplace fortement, on a une sensation assez nette dans les articulations ; j'ai souvent fait cette
observation sur moi-même. L'analyse physiologique du processus indique aussi que très probablement il y a des sensations
spéciales liées au mouvement des organes moteurs ; en effet
pendant le mouvement il se produit des raccourcissements de
muscles, des tensions de tendons, des frottements des surfaces
articulaires et des tensions de la peau ; dans tous ces tissus il
y a des terminaisons nerveuses sensitives ; il est donc natu-

rel d'admettre que ces différentes actions mécaniques provoquent des excitations nerveuses auxquelles correspondent des
sensations spéciales, ce n'est là qu'une hypothèse, mais elle
nous apparaît très vraisemblable.

La conclusion que nous tirons de cette discussion assez
longue est donc qu'il existe des sensations spéciales qui correspondent au mouvement des organes moteurs ; mais l'existence
de ces sensations spéciales n'exclut pas l'existence d'une comparaison des deux états limites du membre dans la perception
d'un mouvement, surtout dans la représentation de sa direction, de son amplitude et de sa vitesse.

Puisque à un mouvement d'un organe moteur correspondent
des sensations spéciales, on est conduit à étudier de plus près
ces sensations, et dans cette étude plusieurs questions se posent :
1° Où se produisent ces sensations : est-ce dans la peau, les
muscles, les tendons ou les articulations ? Ces sensations sont-
elles simples ou complexes ? 2° Quelle est la finesse de ces sensations, c'est-à-dire quel est leur seuil, leur sensibilité différentielle, leur mémoire, etc.? 3° Quelles sont les représentations
auxquelles peuvent donner lieu ces sensations ? ainsi, peuvent-
elles conduire directement à la perception de l'amplitude, de la
direction et de la vitesse d'un mouvement, ou bien doit-on
admettre dans ces perceptions l'adjonction de nouvelles sensations différentes des sensations de mouvement ? Telles sont les
principales questions que nous allons étudier dans la suite.

1° *Dans quelles parties des organes moteurs se produisent les sensations du mouvement ?*

On a beaucoup discuté sur cette question, il y a des auteurs
(par exemple Schill, Trousseau, etc.), qui ont soutenu que ces
sensations se produisent dans la peau, que ce sont les tractions
et compressions de différentes parties de la peau qui provoquent
des sensations tactiles spéciales, lesquelles renseignent sur le
mouvement du membre ; on trouve encore maintenant des
physiologistes qui défendent la même théorie. Mais déjà, vers
le milieu de ce siècle, on avait signalé des cas pathologiques
où le malade a complètement perdu la sensation tactile et où
il sent parfaitement les mouvements qui sont imprimés à son
membre anesthésique ; c'est ainsi que Duchenne de Boulogne
rapporte plusieurs cas de ce genre observés dans des maladies
du système nerveux. Brown-Séquard insiste aussi beaucoup sur

des cas analogues et ses observations sont particulièrement
intéressantes, puisque ce sont des cas d'hémisection traumatique de la moelle, par conséquent on a une lésion simple, bien
limitée et dont on connaît exactement l'étendue ; dans ce cas
on voit le malade perdre complètement la sensibilité tactile du
côté opposé à la lésion, et pourtant il sent très bien les mouvements imprimés à son membre et il peut les déplacer lui-même
dans n'importe quel sens, tandis que du côté de la lésion la
sensibilité de la peau est même un peu exagérée et les mouvements du membre ne sont pas sentis ; ces observations ont
été répétées un nombre immense de fois, de sorte qu'il est
absolument impossible d'admettre que les sensations de mouvement se réduisent à des sensations de la peau.

Pourtant on ne peut pas nier que les sensations tactiles
entrent dans une certaine mesure dans tout mouvement, surtout
lorsque celui-ci est assez étendu. Goldscheider a étudié cette
question expérimentalement ; il détermine le seuil du mouvement d'un doigt et fait passer un courant électrique par différentes parties du doigt ; ainsi en faisant passer le courant par
la deuxième et la troisième phalange, la sensibilité tactile de
ces phalanges est très diminuée, le sujet ne sent pas le contact
de la ficelle au moyen de laquelle on produit le déplacement, et
pourtant la sensibilité du mouvement n'est pas abolie, et même
plus, dans quelques cas cette sensibilité était rendue plus fine ;
ainsi, par exemple, le mouvement se produisant dans la première articulation interphalangienne l'auteur trouve comme
valeurs du seuil dans le cas normal (sans courant électrique) dans
trois séries différentes $1°,05$, $1°,3$, et $1°,28$; lorsque le courant
passe, comme nous l'avons indiqué plus haut, le seuil se trouve
abaissé. il n'est plus égal qu'à $0',75$ (p. 128). L'auteur conclut
de ces expériences que non seulement les sensations de mouvement sont différentes des sensations tactiles, mais que ces
dernières gênent même la perception du mouvement (p. 190).
Pour montrer l'indépendance des sensations de pression et des
sensations de mouvement, Goldscheider fait encore l'expérience
suivante : une bande de caoutchouc entoure les deux dernières
phalanges d'un doigt en exerçant une certaine compression, une
ficelle attachée à cette bande de caoutchouc sert à produire le
mouvement passif du doigt : lorsque l'excursion du doigt est de
$3°,78$ le sujet ne sent rien ; pour une excursion de $0°,86$, il sent
une pression de la ficelle contre le doigt, mais ne sent aucun
mouvement ; ce dernier commence à être perçu pour une excur-

sion de 1°,19, mais ici la sensation de pression prédomine sur
la sensation de mouvement ; enfin on a une sensation de mouvement qui prédomine sur la sensation de pression seulement
pour une excursion de 1°,27 (p. 22). On trouvera dans le livre
de Goldscheider d'autres expériences analogues aux précédentes.

Ces sensations de mouvement se produisent-elles dans les
muscles ? Cette question est plus difficile que la précédente : il
est en effet difficile d'isoler la sensibilité des muscles comme
on a pu le faire pour les sensations de la peau. En 1869,
Leyden (*Archives de Virchow*, vol. XLVII, p. 330) rapporte le cas
d'un malade qui avait une atrophie très prononcée des extenseurs de l'avant-bras, pareille à celle qui s'observe dans les
paralysies saturnines, toute trace de contraction musculaire
spontanée ou électrique avait disparu, et pourtant le malade
percevait très bien les mouvements passifs imprimés à ses
doigts et à sa main ; d'où l'auteur conclut que les sensations
de mouvement se produisent dans des organes autres que les
muscles, par exemple dans les articulations. Dix ans plus
tard, Lewinski (*Archives de Virchow*, vol. LXXVII, 1879, p. 142)
rapportait le cas d'un ataxique qui ne sentait pas les mouvements passifs lorsqu'on éloignait en tirant les surfaces articulaires l'une de l'autre et qui les sentait très bien lorsque, par
une compression artificielle, on rapprochait les surfaces articulaires. C'est encore Goldscheider qui fit les meilleures expériences à ce sujet. Il remarque que si les muscles interviennent
dans les sensations de mouvement passif, le seuil sera influencé
par le degré de raccourcissement des muscles ; ainsi, par
exemple, si nous considérons l'articulation du coude et que
nous déplacions l'avant-bras de quelques degrés (par exemple
de 5°), les raccourcissements des muscles du bras produits par
ce déplacement seront différents suivant la position de l'avant-
bras ; ce raccourcissement sera maximum lorsque l'angle formé
par le bras et l'avant-bras sera égal à 90° et il sera moindre
pour un angle obtus ou aigu. Or, les mesures du seuil montrent
qu'il est environ le même quelle que soit la position de l'avant-
bras, ainsi pour un angle droit le seuil est de 0°,50 à 0°,60 ;
pour un angle aigu de 55°, le seuil est égal à 0°,54 et pour un
angle obtus de 140°, il est de 0°,50 à 0°,55 (p. 127, 128).
L'auteur en conclut que les sensations de mouvement passif
sont indépendantes des sensations des muscles.

Cette conclusion me parait trop absolue : il y a des expériences

horizontale derrière les épaules, aux deux extrémités de la planche est attachée une ficelle, celle de gauche tire en avant, celle de droite en arrière ; on laisse écouler le liquide des vases, le sujet fait un très faible mouvement de rotation de droite à gauche et a l'illusion de faire un mouvement considérable ; on trouvera d'autres expériences analogues dans le livre de Mach (*Grundlinien der Lehre von den Bewegungsempfindungen*, 1875, p. 70-73). Dans toutes ces expériences, la tension des muscles, qui s'opposent à la force extérieure, varie d'une manière continue et produit une illusion de mouvement, c'est-à-dire produit des sensations analogues à celles qui ont lieu pendant le mouvement.

Mais ces expériences ont cette particularité que le sujet contracte volontairement les muscles afin de s'opposer à la force qui tend à produire un mouvement ; c'est donc un cas différent de celui qui se produit lorsque le sujet reste complètement inerte et permet d'exécuter avec son membre un mouvement quelconque. Voilà une distinction qui n'a pas été faite ; on a étudié seulement les cas où le mouvement était passif, le sujet restant complètement inerte ; mais il y aurait lieu d'étudier les cas où le sujet entre d'une manière active pendant le mouvement passif d'un membre, c'est-à-dire lorsqu'il contracte volon-

tairement ses muscles afin de s'opposer au mouvement ou bien
l'aider. Il est très probable que les sensations seront différentes dans ces deux cas. Il faudrait, je crois, distinguer la
manière dont les muscles entrent en jeu pendant le mouvement passif : en effet, si on prend le doigt et qu'on lui imprime
un mouvement de flexion, il n'y a pas de contraction proprement dite des muscles correspondants, il y a seulement une
action mécanique extérieure produite sur ces muscles par
l'intermédiaire des tendons. Si, au contraire, on fait exécuter
au doigt le même mouvement en excitant électriquement les
muscles fléchisseurs correspondants, on aura une contraction
de ces muscles ; si on excite le nerf, on aura aussi une contraction des mêmes muscles et peut-être aussi d'autres muscles,
enfin si par la volonté on produit le même mouvement, on
agit sur tout un groupe de muscles, non seulement les fléchisseurs seront contractés plus ou moins, mais aussi les antagonistes seront influencés. Il est très probable que les sensations
qui accompagnent le mouvement dans tous ces cas seront différentes. Les faits rapportés par Goldscheider s'appliquent seulement au cas où le sujet reste passif et où le mouvement est
produit par une force extérieure qui déplace le membre; ils
montrent bien que dans ces cas les sensations des muscles ne
sont probablement pas déterminatives pour la perception du
mouvement ; mais on ne devrait pas généraliser ce résultat et
dire que dans les autres cas, lorsque les muscles sont contractés (que ce soit par le courant électrique ou par la volonté),
il n'y a pas non plus de sensations des muscles dans la perception d'un mouvement. Goldscheider fait pourtant cette généralisation (voy. p. 48).

Quel est le rôle des articulations ? Nous avons vu précédemment que Leyden et Lewinski ont apporté des observations de
malades qui n'avaient pas de sensations des muscles et qui
percevaient les mouvements des membres grâce aux sensations
provoquées dans les articulations; plusieurs auteurs ont fait
ressortir l'importance des articulations pour la perception des
mouvements; c'est surtout Goldscheider qui apporta des preuves
nombreuses pour cette théorie (voy. le livre de Goldscheider
pages 5, 24, 25, 26; 27, 28, 63, 191, et 192). Cet auteur a déterminé
les valeurs du seuil de mouvement lorsqu'il faisait passer un
courant électrique par l'articulation dans laquelle se produisait le mouvement; il trouve ainsi que le seuil est augmenté

considérablement. Ainsi, par exemple, pour le mouvement dans la première articulation interphalangienne d'un doigt, le sujet perçoit le mouvement dans les conditions normales déjà pour des excursions passives de 54, 46 12″ et 45 36′ : lorsqu'on fait passer un courant faible par cette articulation, le seuil devient égal à 1° 33′ 36′ : pour un courant moyen, le seuil est de 2 36′ et enfin pour un courant fort le sujet ne perçoit le mouvement que pour une excursion de 3 49′ 48″. De même, dans une autre série d'expériences où on faisait des déterminations de seuil successivement sans courant électrique et avec courant, Gold-scheider trouve les valeurs suivantes :

Sans courant.	1°.74
Avec courant par l'articulation.	2°.86
Sans courant.	1°.48
Sans courant.	1°.49
Avec courant par l'articulation.	2°.50
Sans courant.	1°.95
Avec courant par l'articulation.	3°.80
Sans courant.	1°.89

On voit donc nettement que lorsque le courant passe par l'articulation, le seuil est augmenté : si on fait passer le même courant par une autre partie du membre déplacé, l'augmentation du seuil n'a pas lieu : nous l'avons déjà indiqué plus haut. Enfin, lorsqu'on porte l'attention sur les sensations ressenties pendant le mouvement passif d'un organe moteur, c'est surtout dans les articulations que l'on a des sensations. De tous ces faits Gold-scheider conclut, que les sensations de mouvement sont provoquées surtout dans les articulations et qu'elles sont produites par le frottement des surfaces articulaires l'une contre l'autre.

Il ne faudrait pourtant pas croire que toujours dans le cas d'un mouvement passif on a seulement des sensations articulaires ; ceci ne peut être défendu que dans le cas de mouvements très faibles, lorsque le sujet reste complètement inerte : au contraire, si le mouvement est assez étendu, il se produit des tensions et des compressions de différentes parties de la peau qui provoquent des sensations tactiles faciles à percevoir, de même ces mouvements étendus produisent une traction et un raccourcissement fort des muscles, ce qui probablement évoque aussi des sensations particulières, de sorte que, dans le cas d'un mouvement passif étendu, on a un ensemble de sensations se produisant et dans les articulations, et dans la peau, et dans les muscles. De toutes ces sensations, qui chez l'individu normal forment un complexe inséparable, ce sont les sensations arti-

culaires qui paraissent être les plus importantes: en effet, les
sensations tactiles seules ne suffisent par pour provoquer la
sensation d'un mouvement (observations pathologiques, voy.
plus haut), tandis que les sensations articulaires isolées permettent au sujet d'avoir une perception du mouvement. Enfin,
dans les cas où le mouvement d'un organe moteur est produit
par une excitation des muscles, des nerfs ou des centres nerveux, c'est-à-dire lorsqu'il y a une vraie contraction musculaire
qui produit le mouvement, il est très probable que les sensations des muscles jouent un rôle assez important dans la perception du mouvement: c'est ce qui se produit, par exemple,
dans les mouvements des yeux. et il est possible que nous
distinguons par la conscience comment le mouvement est produit précisément en nous appuyant sur ces sensations des muscles qui interviennent dans ce cas : ainsi, par exemple, on distingue nettement si un doigt est fléchi par une force extérieure
agissant sur le doigt ou bien par une excitation électrique
appliquée à l'avant-bras sur les fléchisseurs du doigt: cette distinction est peut-être due à la présence dans le dernier cas de
sensation de contraction des muscles qui font défaut dans le
mouvement produit par une force externe ; ce n'est là qu'une
hypothèse qu'il faudrait contrôler par des expériences méthodiques.

Les sensations de mouvement d'un organe moteur ne se produisent pas nécessairement dans l'organe moteur lui-même ;
elles peuvent être provoquées aussi par l'excitation de différentes parties du trajet nerveux depuis la périphérie jusqu'aux
centres ; on connaît en effet des maladies nerveuses où le
malade a des illusions de mouvement ; Goldscheider observe
qu'un courant électrique faible appliqué sur un tronc nerveux
provoque quelquefois la sensation d'une flexion forte d'un doigt,
tandis qu'en réalité il n'y a pas eu de mouvement des doigts
(p. 48) ; mais les meilleures observations sont celles qui ont
été faites chez les amputés ; voici comment Pitres résume ces
illusions de mouvement du membre fantôme : « Le membre
fantôme suit d'ordinaire tous les mouvements imprimés au segment du membre restant. Le pied semble s'élever si on élève le
moignon de la cuisse amputée. La main se porte à droite ou à
gauche, en haut ou en bas, selon que l'on porte dans l'un ou
l'autre sens le moignon succédant à l'amputation du bras ; dans
la marche, le malade la sent ballante à côté du tronc ; dans le
lit, il la sent étendue le long du corps, etc. » (P. 13.)

« Chez quelques sujets, il se produit spontanément, à l'extrémité fantôme, des mouvements auxquels la volonté n'a aucune part. Chez d'autres, enfin, la compression de la cicatrice détermine des mouvements involontaires dans le membre absent. Ainsi, chez un de nos amputés du bras, la compression d'un point limité de la cicatrice ou du paquet vasculo-nerveux de la face interne du bras provoque une flexion douloureuse et involontaire des doigts de la main fantôme. » (*Annales médico-psychologiques*, 1897, p. 14.) Pitres a de plus observé qu'en faisant une injection de cocaïne dans le moignon on faisait disparaître l'illusion du membre fantôme, et inversement chez des amputés qui depuis plusieurs années n'avaient plus d'illusions, on pouvait faire réapparaître le membre fantôme avec des mouvements en faisant passer un courant électrique par le moignon ; cette dernière expérience avait déjà été faite par Weir Mitchell.

2° *Quelle est la finesse des sensations de mouvement ?*

Nous devons maintenant étudier de plus près ces sensations, qui accompagnent un mouvement passif des membres et la première question qui se pose, c'est l'étude de la finesse de ces sensations, c'est-à-dire la détermination du seuil absolu, du seuil des différences et de la mémoire de ces sensations. Les expériences sur ces questions sont assez difficiles à faire ; en effet, dans un mouvement passif d'un membre, si on porte l'attention sur le mouvement, on n'a pas présent dans son esprit seulement les sensations de mouvement, on a en même temps tout un ensemble de représentations très diverses associées à ces sensations ; il est extrêmement difficile de faire la part de ce qui appartient aux sensations de mouvement et de ce qui est surajouté. L'expérience porte toujours sur une perception de mouvement, c'est-à-dire sur un complexus dans lequel seulement le point de départ est occupé par les sensations de mouvement et dans lequel l'attention du sujet est portée non pas sur ces sensations, mais sur les représentations associées. Les auteurs qui ont fait des expériences sur la perception des mouvements passifs n'ont pas suffisamment mis en lumière cette complexité de la question, il y aurait lieu de reprendre complètement cette étude et de chercher par des expériences méthodiques, analogues à celles que nous avons indiquées pour la perception de position des membres, à analyser ce processus complexe et

à dégager le rôle des sensations et celui des représentations
surajoutées.

Rapportons les faits, qui ont été obtenus jusqu'ici. Déjà Leyden a fait en 1869 des expériences sur le seuil du mouvement,
et il trouve qu'un mouvement passif de la jambe de 1/2 à 1 degré
est ressenti par un sujet normal. Les déterminations du seuil
ont été faites surtout par Goldscheider (voy. *Gesammelte Abhandlungen*, pages 1-3, 19, 99-187). Cet auteur a fait des expériences
avec les différents membres et pour les différentes articulations;
il a ainsi étudié les articulations des doigts, du poignet, du
coude, de l'épaule, de la hanche, du genou et du pied ; dans
plusieurs de ces articulations il a déterminé les valeurs de seuil
pour différentes positions du membre et puis, suivant que le
membre était déplacé de bas en haut et de haut en bas ; enfin il
a étudié le seuil du mouvement, lorsque celui-ci était produit
rapidement ou lentement. Il nous est impossible de rapporter
ici tous ces résultats; nous renvoyons pour les détails au
travail original ; ici nous indiquerons seulement les résultats
généraux.

La méthode employée est la suivante : pour les doigts ; l'avant-
bras, la main et la première phalange reposent sur un modèle
négatif en plâtre, un sac contenant du sable est mis par-dessus
la main et la rend ainsi immobile ; une large bande de caoutchouc entoure les deux dernières phalanges du doigt, une
ficelle est attachée au doigt; la pression produite par cette ficelle
n'est pas sentie par suite de la compression de la bande de
caoutchouc ; cette ficelle passe par une poulie en aluminium de
10 centimètres de diamètre, et un léger plateau est attaché à
l'extrémité de cette ficelle ; on commence par mettre des poids
sur ce plateau de façon que le doigt soit complètement équili-
bré et qu'il soit horizontal, la ficelle porte une plume dans sa
partie entre le doigt et la poulie ; cette plume écrit sur un
cylindre vertical tous les mouvements communiqués au doigt ;
par un jeu de leviers faciles à se représenter, on obtient un
tracé amplifié. Le doigt étant ainsi préparé, on place sur le
plateau des petits poids qui provoquent un mouvement du
doigt, le sujet doit décrire exactement ce qu'il ressent, et
sur le cylindre on lit avec beaucoup de précision la grandeur
du mouvement. On peut ensuite facilement calculer l'angle
dont le doigt a été déplacé ; de plus, la courbe du cylindre indique aussi si le mouvement a été régulier ou non et enfin
elle donne la vitesse du mouvement. Pour les autres membres,

le procédé est le même; ainsi, par exemple, pour l'articulation du poignet, l'avant-bras repose sur un modèle en plâtre négatif, la main est entourée d'un large bandeau en caoutchouc à double paroi, dans lequel on met une certaine quantité d'eau, de façon que le bandeau exerce une pression uniforme sur toute la main, le reste est identique à l'installation pour les doigts.

Les observations ont montré que pour un mouvement très faible le sujet a quelquefois une sensation très vague, diffuse, qui ne correspond pas à une représentation de mouvement; c'est seulement lorsque le mouvement est plus ample que le sujet sent un mouvement. De plus, quelquefois le sujet ressent une secousse dans tout le membre, sans qu'il y ait perception de mouvement; en somme, la détermination de la valeur du seuil n'est pas très sûre, il y a une zone intermédiaire pour laquelle les sensations sont très indéterminées; il serait intéressant d'étudier de plus près cette zone intermédiaire, peut-être trouverait-on là une dissociation des sensations mêmes produites dans le membre et des représentations de mouvement; elle semble indiquer qu'il peut y avoir des sensations qui sont encore trop faibles pour évoquer la représentation d'un mouvement, mais qui sont quand même perçues; c'est une question à reprendre.

Les valeurs du seuil obtenues dans différentes séries pour un même membre sont quelquefois très variables; on se demandait à quoi pouvaient tenir ces variations; l'auteur observe la vitesse du mouvement et il trouve qu'une même excursion peut être perçue ou non suivant la valeur de la vitesse; ainsi, par exemple, pour un mouvement dans l'articulation métacarpo-phalangienne, le sujet sent bien le mouvement lorsque l'excursion est égale à 0v,83 avec une vitesse égale à 2,7 et il ne sent plus ce déplacement pour une vitesse de 1,3. Pour calculer la vitesse d'un mouvement, l'auteur divise la grandeur de l'excursion par la durée de ce mouvement; ainsi, par exemple, si la valeur du seuil est trouvée égale à 0°,80 et que la durée de ce déplacement est de 0sec,25, la grandeur de la vitesse est égale à

$$\frac{0,80}{0,25} = 3,2.$$

Dans le tableau suivant nous donnons les valeurs du seuil trouvées par l'auteur pour les différentes articulations; la troisième colonne indique la vitesse avec laquelle avaient été exécutés tous ces mouvements. Chacun des chiffres du

tableau suivant est le résultat de plusieurs centaines de déterminations :

ARTICULATIONS	VALEURS DU SEUIL	VITESSE DU MOUVEMENT
2e articulation interphalan- gienne	1°,03-1°,26	»
1re articulation interphalan- gienne	0°,72-1°,05	12,4-12,8
Métacarpo-phalangienne. .	0°,34-0°,43	3,6
Poignet.	0°,26-0°,42	3,1-8,7
Coude	0°,40-0°,61	0,7-1,4
Épaule	0°,22-0°,42	0,5-1,0
Hanche.	0°,50-0°,79	1,6-3,2
Genou	0°,50-0°,70	1,0-2,5
Pied	1°,15-1°,30	1,9-3,5

Si on ordonne les différentes articulations en commençant
par celle pour laquelle le seuil est le plus grand et terminant
par celle qui présente la plus grande sensibilité, on obtient la
série suivante :

Articulation du pied ;

Deuxième articulation interphalangienne ;

Première articulation interphalangienne ;

Articulation de la hanche ;

Articulation du genou ;

Articulation du coude ;

Articulation métacarpo-phalangienne ;

Articulation du poignet ;

Articulation de l'épaule.

Il est difficile d'entrevoir une loi quelconque dans cet ordre :
ni la grandeur des surfaces articulaires, ni la mobilité des différents membres, ni la longueur du bras de levier ne semblent
influer sur cet ordre.

La mesure du seuil des mouvements passifs a été refaite par
plusieurs auteurs ; nous mentionnons ici seulement les recherches de Hocheisen qui a déterminé le seuil du mouvement chez
des aveugles ; l'auteur s'est servi d'un appareil assez simple se
composant d'un secteur gradué de 27° et d'un pendule qui
indique de combien on a déplacé le bras. Les expériences ont
été faites sur huit aveugles et quatre normaux ; les sujets étaient
des adultes de vingt à vingt-cinq ans et des enfants de douze à
quatorze ans ; les résultats ne sont pas très nets, puisqu'il y a

beaucoup de variations individuelles. Il semble se dégager que
le seuil est plus faible pour les enfants que pour les adultes, et
puis qu'il est plus faible chez les aveugles que chez les voyants;
mais ces différences sont petites.

Dans la clinique on a aussi employé quelquefois la détermination du seuil du mouvement passif, quoique en général on
se contente de déterminer d'une manière générale si le malade
sent un mouvement imprimé à un membre ou s'il ne le sent pas.
Il y a intérêt quelquefois à mesurer le seuil, et ceci est assez
facile au moyen de l'appareil de Goldscheider appelé « Bewegungsmesser », qui se compose d'un simple pendule et d'un
secteur gradué suspendus au membre étudié; les déplacements
du pendule donnent en degrés la grandeur du mouvement passif.
Goldscheider rapporte le cas d'un tabétique qui avait l'ataxie
et qui semblait à première vue ne pas présenter de troubles de
la sensibilité de mouvement ; un examen attentif avec mesure
du seuil montra que le malade percevait à peine un déplacement de 4° ,c'est-à-dire qu'il avait un seuil environ dix fois
plus élevé qu'une personne normale (voy. *Gesammelte Abhandl.*,
p. 296).

Ces expériences sur la détermination du seuil chez des personnes normales ont montré que l'on sent un mouvement passif extrêmement faible ne dépassant pas un degré; dans ces cas,
le sujet sent le mouvement, mais il ne peut pas indiquer le sens
dans lequel a lieu ce mouvement, nous en donnerons plus loin
des exemples ; pour un déplacement aussi faible il semble que
les sensations prédominent sur les représentations associées,
ainsi le mouvement est si faible qu'il évoque seulement l'idée
qu'il y a mouvement ou qu'il n'y a pas de mouvement, tandis
que si le mouvement est plus grand, à côté de la représentation
de mouvement on aura toute une suite d'autres représentations
relatives à la direction, à l'amplitude et à la vitesse du déplacement. C'est à un ensemble aussi complexe que l'on a affaire
lorsqu'on étudie des mouvements plus amples, par exemple,
dans la détermination du seuil de différence.

Lorsqu'on produit un mouvement passif assez étendu, on
peut se demander comment varient les sensations de mouvement avec l'amplitude du mouvement, ainsi par exemple, si on
fait un déplacement de 10° et puis un autre de 12°, les sensations correspondantes seront-elles différentes? Cette question
est importante puisqu'elle nous permet de déterminer avec
quelle précision nous pouvons apprécier un mouvement passif;

mais nous avons déjà indiqué plus haut que dans tout mouvement assez étendu on a un ensemble de sensations et de représentations très complexes qui y sont associées, par conséquent,
il est impossible d'expérimenter seulement sur les sensations
de mouvement; on aura dans chaque expérience une part
appartenant aux représentations surajoutées et les jugements
émis par le sujet dans les expériences pourront résulter soit de
la comparaison des sensations elles-mêmes, soit de celle des
représentations. C'est une observation générale que l'on doit
constamment se rappeler et qui pourtant n'a pas été mise suffisamment en lumière par les différents auteurs qui se sont
occupés de cette question.

Pour décider la question comment varient les sensations de
mouvement avec l'amplitude de déplacement d'un membre, on
peut produire des mouvements passifs de différentes amplitudes et faire comparer les sensations correspondantes. Une
pareille recherche n'a été faite que par un seul auteur, Joukowsky, au laboratoire de psychologie du professeur Bechterew
à Saint-Pétersbourg. L'auteur a étudié les mouvements d'extension et de flexion produits dans le coude. Le sujet était assis
près d'une table, tournant le côté droit vers la table, le bras
était appuyé dans une position presque verticale, l'avant-bras
et la main reposaient sur une planchette mobile dans le sens
horizontal, autour d'un axe qui se trouvait juste au-dessous du
coude, un cercle gradué permettait de lire l'amplitude du mouvement; enfin un fil attaché à l'extrémité de la planchette passait par une poulie et portait un poids, ce qui permettait d'équi-
librer l'avant-bras dans une position exactement horizontale et
surtout permettait de produire un mouvement sans aucun bruit
de frottement. L'expérimentateur déplaçait la planchette d'un
certain nombre de centimètres, on évitait ainsi les sensations
tactiles qui seraient produites par le contact des doigts si 'on
prenait directement la main. On cherchait le seuil de différence
par la méthode des cas vrais et faux; pour cela on produisait
un certain mouvement, par exemple de 30 centimètres, puis on
ramenait le bras dans la position initiale et on produisait un
second mouvement (par exemple de 31 centimètres); le sujet
devait dire si ce second mouvement lui semblait être égal ou
différent du premier. Les expériences faites sur deux sujets normaux ont montré que la plus petite différence perceptible
augmente avec l'amplitude du mouvement, mais cette augmentation n'est pas proportionnelle; de plus, le plus petit accroisse-

ment perceptible est inférieur à la plus petite diminution perceptible ; ainsi par exemple on sent beaucoup mieux la différence
entre un mouvement de 30 centimètres et celui de 32 centimètres qu'entre un mouvement de 30 centimètres et un autre
de 28 centimètres. Enfin Joukowsky a aussi étudié comment
varie le seuil de différence, lorsqu'on fait augmenter l'intervalle
de temps entre les deux mouvements à comparer ; il a étudié
les intervalles de vingt secondes, de une, deux, trois et cinq
minutes ; les nombres de réponses vraies montrent que la sensibilité de différence décroît surtout pour des intervalles supérieurs à deux minutes. Voici en effet les nombres de réponses
exactes obtenus pour trois amplitudes de mouvement différentes :

AMPLITUDE	IMMÉDIATEMENT	10 SECONDES	20 SECONDES	1 MINUTE	2 MINUTES	3 MINUTES	5 MINUTES
cm.							
10	83	»	»	70	80	40	33
30	75	73	74	75	60	41	46
50	82	85	80	80	60	44	41

On voit qu'après un intervalle de cinq minutes le nombre de
réponses exactes diminue de moitié. De plus, cette diminution
est la même pour les trois amplitudes étudiées.

Que peut-on tirer de ces expériences ? Le fait même relatif à
la finesse de perception de la différence de deux mouvements
passifs est intéressant, mais on se demande à quoi sont dus ces
résultats : est-ce surtout à une comparaison des sensations de
mouvement, ou bien est-ce en grande partie à une comparaison des représentations de l'amplitude du mouvement qu'on
doit rapporter ces résultats ? Nous ne pouvons pas décider à
l'époque présente cette question, il faudrait faire des expériences très variées pour éliminer les différentes représentations
étrangères ; ainsi, par exemple, on pourrait supposer que l'on
s'appuie dans la perception de la différence sur la durée du mouvement et que l'on compare les deux durées, il y aurait donc
lieu de déterminer le rôle de la durée et de la vitesse du mouvement ; de même, il faudrait analyser le processus psychologique pendant des expériences de ce genre en interrogeant les

sujets sur les représentations qu'ils ont, en leur demandant
s'ils ne se servent pas d'images particulières (visuelles, motrices ou autres) pendant la comparaison; ce n'est qu'en faisant
des expériences méthodiques avec beaucoup d'observations
internes que l'on arrivera à déterminer la part qui revient aux
sensations de mouvement. Il y a là toute une série d'expériences
intéressantes à faire, qui donneront certainement des résultats
importants au point de vue théorique.

3° *Représentations diverses auxquelles peuvent donner lieu
les sensations de mouvement passif.*

Lorsqu'un mouvement passif est produit on peut diriger son
attention de manières bien différentes :

a. On peut porter son attention sur le membre qui est
déplacé et se demander quel est ce membre ; on remarque
en effet constamment que l'on reconnaît immédiatement quel
est l'organe moteur qui est déplacé; on se demande donc pourquoi nous arrivons à reconnaître le membre qui est déplacé ; y
a-t-il là seulement les sensations de mouvement qui interviennent ou bien est-il nécessaire d'admettre l'adjonction d'autres
sensations ou représentations? Cette question n'a pas été étudiée
expérimentalement, elle est très difficile, et on ne peut rien
dire de certain avant d'avoir fait des expériences méthodiques
et rassemblé des observations de cas pathologiques ; il existe
en effet dans la pathologie nerveuse des exemples où le malade
sent le mouvement imprimé à un doigt, mais confond les
doigts. Nous ne nous arrêterons pas sur cette question qui
devrait être étudiée.

b. L'attention peut être portée sur la manière dont le mouvement passif est produit ; ainsi par exemple on peut produire un
mouvement d'un doigt en le fléchissant par une force extérieure, ou en excitant le muscle par un courant électrique ou
enfin en excitant le nerf moteur correspondant ; nous savons
que l'on peut facilement distinguer par l'introspection ces différents cas. On se demande si les sensations de mouvement sont
différentes dans tous ces cas. Nous avons déjà répondu en partie à cette question, il nous semble probable que les sensations
mêmes sont différentes puisque les muscles entrent en action
dans tous ces cas de manières très diverses ; il ne faudrait certainement pas se contenter de ces hypothèses, il faudrait faire
des expériences.

c. Nous pouvons diriger notre attention sur la manière dont nous nous comportons pendant un mouvement passif d'un de nos membres ; nous distinguons alors immédiatement si nous restons complètement inertes, passifs, ou si nous intervenons activement dans le mouvement, en s'y opposant ou en l'aidant. Je crois que la différence des deux cas repose surtout sur la présence d'images motrices diverses dans l'intervention active et puis sur une différence des sensations de mouvement, provoquées par la contration des muscles qui existe pendant l'intervention active et qui fait défaut pendant l'état inerte. Certains auteurs admettraient aussi la présence d'un sens d'innervation centrale ; nous reparlerons de cette question dans la suite. Il n'existe pas d'expériences sur cette question, ces expériences seraient en effet assez difficiles à faire, mais elles ne sont pas impossibles, en effet on peut se servir d'un détour : nous observons constamment que lorsque nous nous opposons à un mouvement passif, non seulement nous sentons cette résistance, mais nous pouvons aussi dire avec quelle force nous nous opposons au mouvement, et là on aurait toute une série d'expériences intéressantes à faire qui seraient pour ainsi dire l'inverse des expériences sur la perception des poids. Chacun peut facilement construire le plan de ces expériences, dans lesquelles le sujet devrait apprécier d'une part la force avec laquelle il s'oppose à un mouvement passif, et d'autre part la grandeur de la force extérieure qui produit le mouvement, cette dernière appréciation est un effet possible, comme j'ai pu m'en convaincre dans quelques expériences préliminaires.

d. Nous pouvons enfin diriger notre attention sur le côté spatial du mouvement, c'est-à-dire nous demander quelle est son étendue, sa direction et sa vitesse. Ces représentations sont certainement très complexes, comme chacun peut l'observer sur lui-même : on se demande quelle est la partie essentielle de ces représentations ; sont-elles fondées seulement sur les sensations de mouvement ; ou bien y a-t-il d'autres sensations qui interviennent nécessairement ? Pour décider cette question, on devrait faire des expériences dans lesquelles, on ferait varier la nature des représentations ou bien la nature des sensations. On peut en effet reconnaitre la précision avec laquelle on perçoit le côté spatial d'un mouvement par des procédés bien différents qui mettent en jeu des représentations très diverses ; ainsi, par exemple, après avoir fait subir à un membre un mouvement passif, on peut prier le sujet de refaire

le même mouvement activement, ou bien on peut prier le
sujet de faire un mouvement analogue avec le membre symétrique ; on peut aussi le prier de décrire le mouvement passif
en se servant de mots ou en indiquant par la vision l'amplitude
et la direction du déplacement. Plusieurs auteurs (Cremer,
Loeb, Ostermann, Delabarre) ont fait des expériences en faisant
reproduire activement un mouvement passif ; nous parlerons
de ces expériences plus loin en étudiant les mouvements actifs.
Toutes ces expériences ont en effet porté surtout sur les mouvements actifs.

Goldscheider défend l'hypothèse que les sensations de mouvement ne suffisent pas à elles seules pour provoquer la représentation de la direction d'un mouvement ; cette dernière ne
s'obtient que par suite de la comparaison des deux positions
limites occupées par le membre, c'est pour cela que le seuil
de mouvement avec reconnaissance de la direction serait supérieur au seuil du mouvement. C'est ainsi que, par exemple
pour le doigt, l'auteur trouve qu'un déplacement de 1°,26 est
ressenti très vaguement comme mouvement, qu'un déplacement
de 2°,32 donne une sensation de mouvement nette, avec direction inexacte et indéterminée, et qu'un déplacement de 2°,59
donne une sensation de mouvement avec direction exacte (p. 40).

Ce seul fait ne suffit certainement pas pour prouver que pour
reconnaître la direction d'un mouvement on fait une comparaison entre les deux positions limites du membre. Goldscheider rappelle pour défendre son hypothèse qu'il y a des tabétiques qui reconnaissent bien qu'il y a mouvement de leurs
membres, mais qui ne peuvent pas en indiquer la direction
(voy. Leyden). Cette preuve est aussi insuffisante. Il faudrait
faire des expériences méthodiques dans lesquelles on étudierait
d'une part la manière dont on se représente la position immobile d'un membre, et d'autre part comment on reconnaît la
direction d'un mouvement passif du même membre ; ce n'est
qu'ainsi que l'on arrivera à une solution de la question comment nous arrivons à nous représenter la direction d'un mouvement.

e. Dans toutes les expériences précédentes le mouvement
passif du membre est relativement simple ; c'est en général un
déplacement rectiligne dans lequel on fait varier soit la longueur, soit la direction, soit la vitesse, et l'observation du sujet
est dirigée sur ces propriétés simples du mouvement. Mais il
ne faudrait pas se contenter de ces cas élémentaires, comme on

le fait en général ; il faut aussi étudier comment se fait la synthèse de toutes ces perceptions élémentaires, comment on arrive à se représenter la forme d'un mouvement compliqué, quelle est la limite de complexité que l'on arrive à se représenter. Je m'explique en donnant un exemple : prenez le doigt droit de quelqu'un et tracez avec ce doigt une ligne, un cercle, un carré, un huit, une boucle compliquée, différentes lettres, différents mots et enfin des groupes de mots, et priez chaque fois le sujet de dire la forme du mouvement exécuté passivement avec sa main droite : vous verrez que les mouvements simples (ligne, cercle, carré, huit, boucle, quelques lettres) seront bien représentés : le sujet fera quelques erreurs, mais elles seront faibles ; au contraire, pour les mots et les groupes de mots, quand même l'amplitude des mouvements sera la même que celle pour les lettres isolées, le sujet aura beaucoup de difficultés ; il n'arrivera souvent pas à faire la synthèse de ces mouvements. Il y a, en somme, une limite de complexité qui peut être représentée, et c'est un processus différent de celui de la représentation d'un mouvement simple, les facteurs psychiques supérieurs y jouent probablement un rôle très important. La question devrait être étudiée méthodiquement.

On a souvent fait dans des cas de cécité verbale l'observation que le malade ne pouvait pas lire un mot écrit qu'on lui montrait et arrivait à lire ce même mot, lorsqu'on le faisait écrire à sa main ; c'est ainsi que déjà en 1874 Westphal (*Zeitschrift für Ethnologie*, vol. VI, 1879) rapporte le cas d'un malade qui pouvait parler couramment, qui écrivait bien sous dictée, mais qui ne pouvait pas lire les caractères écrits ou imprimés qu'on lui montrait ; ce n'est qu'avec un artifice qu'il arrivait à lire des mots écrits en gros caractères : il parcourait avec le doigt le contour de ces lettres et reconnaissait ainsi les lettres grâce au sens musculaire. On trouvera une analyse des cas de ce genre dans les livres de Kussmaul (*Die Störungen der Sprache* (2ᵉ édition, 1881, p. 180) et de Ballet (*Le langage intérieur*, 1888, p. 113). Dejerine a aussi décrit un cas de cécité verbale très typique, dont nous transcrivons un passage intéressant sur le sens musculaire : « En lui donnant le journal *le Matin* qu'il lisait souvent, le malade dit : C'est le *Matin*, je le reconnais à sa forme. Mais il ne peut lire aucune des lettres du titre. Si on lui donne le journal *l'Intransigeant* à lire, journal dont il ne connaît pas le format, M. C....., au bout de cinq minutes d'efforts, dit : C'est l'*International* ou l'*Estafette*.

Après une leçon d'épellation d'un quart d'heure, il arrive enfin à lire ce titre ; *mais pour se rappeler les lettres, il est obligé de dessiner leur forme du geste en quittant des yeux le journal.* » « Il écrit de mémoire ce qu'il veut, mais, que ce soit de son gré ou sous dictée, il ne peut jamais se relire ; même les lettres isolées sont mortes pour lui ; il ne peut les reconnaître qu'après un bon moment d'hésitation et toujours *en s'aidant du geste qui dessine les contours de la lettre.* C'est donc le sens musculaire qui réveille le nom de la lettre ; et la preuve, c'est qu'on peut lui faire dire un mot les yeux fermés, en conduisant sa main dans l'air pour lui faire exécuter les contours des lettres. » (*Société de Biologie* 1892, p. 65.)

Chez les hystériques, Binet, Féré, Janet, Pitres et d'autres auteurs ont étudié des phénomènes analogues : un mouvement passif exécuté avec la main de la malade évoque des représentations très diverses (visuelles, verbales, affectives, etc.). Pour pouvoir faire des déterminations plus précises, J.-B. Charcot a construit un appareil spécial qui permet de faire exécuter à la main des mouvements plus ou moins complexes ; cet appareil est très simple, « il se compose d'une tige de bois, longue de 50 centimètres environ, grosse comme un crayon ordinaire, taillée à l'extrémité inférieure, et percée dans son bout supérieur sur une longueur de 30 centimètres de trous à 5 centimètres d'intervalles les uns des autres. Suivant la longueur de la tige dont on veut se servir (longueur dont dépendra l'amplitude des mouvements imprimés à la main du sujet), on fait passer dans un de ces trous un axe en métal situé au centre d'une suspension à la Cardan, permettant ainsi des inclinaisons variées et en tous sens. La suspension est fixée elle-même sur deux montants verticaux de 18 centimètres. Ces montants sont plantés sur une petite table de 20 centimètres de hauteur ; ils sont écartés l'un de l'autre d'environ 15 centimètres ; parallèle à la ligne passant par le pied des deux montants et environ à 15 centimètres en avant d'eux une fente de 5 centimètres de largeur est coupée dans la table ; c'est par cette fente que passera l'extrémité inférieure de la tige crayon. La pointe de cette dernière reposera sur un pupitre en bois d'une obliquité variable à volonté. La partie de la table en avant de la fente empêche le sujet de voir les mouvements de la main de l'observateur. »

« Voici maintenant comment on se servira de cet appareil. Le malade est assis commodément, l'avant-bras droit reposant sur 'la petite table à expérience, la main passée entre les deux montants, tenant dans la position adoptée pour l'écriture habituelle la tige crayon, absolument comme si son extrémité se terminait au niveau de la petite table et qu'il faille écrire sur cette table. L'observateur, assis sur une chaise moins élevée que le malade, passe son bras sous la petite table et promène la pointe de la tige crayon sur un modèle d'écriture fixé au pupitre. » Le malade doit dire quelles sont les lettres et mots que l'on fait ainsi écrire à sa main. (Sur un appareil destiné à évoquer les images motrices graphiques, etc. *Société de Biologie*, 1892, p. 236, avec figure de l'appareil.) J.-B. Charcot a fait des expériences sur des personnes normales et des malades, il trouva que parmi les normaux il y a des différences individuelles très grandes ; les uns reconnaissent bien la forme des mouvements, c'est-à-dire arrivent bien à synthétiser les mouvements, tandis que les autres n'y arrivent pas.

Il faudrait reprendre ces expériences méthodiquement, elles apprendront certainement beaucoup de choses intéressantes relativement à la représentation de la forme des mouvements passifs compliqués.

On voit donc, en somme, qu'un mouvement passif d'un membre peut évoquer des représentations très diverses dépendant en grande partie de la manière dont le sujet dirige son attention ; nous n'avons pu, plus haut, qu'indiquer les questions qui se posent, nous nous sommes contenté d'énumérer les variétés de représentation qui se présentent, mais il nous a été impossible d'aborder la question de l'origine de ces représentations et d'étudier quel est le rôle des sensations de mouvement et quel est celui des représentations surajoutées par association ; il faut, avant de songer à la solution de ces questions importantes, faire beaucoup d'expériences sur des sujets normaux et sur des malades ; ces expériences doivent être faites méthodiquement, il faut commencer par les cas les plus élémentaires et remonter petit à petit jusqu'aux questions les plus compliquées ; une pareille étude sera intéressante, originale, et donnera sûrement des résultats importants pour la psychologie.

§ 2. — MOUVEMENTS ACTIFS LIBRES

Passons maintenant aux mouvements actifs, c'est-à-dire aux mouvements que le sujet produit lui-même ; ici, comme précé-

demment, nous aurons à étudier les différentes sensations qui
entrent en jeu pendant ce mouvement, ainsi que les représentations diverses qui sont évoquées. Nous insisterons surtout sur les
faits obtenus; mais nous serons obligés d'examiner d'abord
quelques questions théoriques relativement à la différence d'un
mouvement passif et actif.

Différences entre les mouvements actifs et passifs.

L'introspection nous apprend que pendant un mouvement
actif nous reconnaissons immédiatement si c'est nous-même
qui produisons le mouvement ou bien s'il y a une cause extérieure qui agit sur le membre et le déplace ; de plus, lorsque
notre attention est dirigée sur les mouvements que nous avons
l'intention de faire, nous savons d'avance quel sera le mouvement que nous exécuterons, nous pouvons nous représenter
d'avance ce mouvement. On se demande avant tout comment
nous arrivons à toutes ces représentations ? Quelles sont les différences entre un mouvement passif et un mouvement actif?
Y a-t-il entre ces deux genres de mouvements des différences
sensorielles, ou bien ne sont-ce là que des différences qui
tiennent à la présence de représentations diverses ? Toutes ces
questions sont difficiles à résoudre, elles ont soulevé un grand
nombre de discussions, pour la plupart théoriques ; je n'insis-
terai pas ici sur l'historique de ces discussions ; je me contenterai de présenter brièvement les différents arguments qui
ont été apportés comme preuve pour l'une ou l'autre des hypothèses défendues.

Si nous comparons un mouvement actif d'un membre à un
mouvement passif, que voyons-nous ? Par exemple, fléchissez le
bras dans le coude et étendez-le, soit activement, soit passivement, en priant quelqu'un de faire ce mouvement avec votre
bras, quelles sont les différences que l'on aperçoit? D'abord
au point de vue physiologique, en examinant l'action des
muscles on aperçoit une différence très grande : dans un
mouvement actif les différents muscles se contractent dans un
ordre bien déterminé avec une certaine force et nous savons
que dans un mouvement d'extension non seulement les muscles
extenseurs se contractent, mais aussi il se produit des modifications (contraction ou relâchement) des muscles fléchisseurs, de
même que pendant un mouvement de flexion les fléchisseurs se
contractent et les muscles extenseurs entrent aussi en jeu. Dans

un mouvement passif. au contraire. on a un raccourcissement de certains muscles, et une traction d'autres muscles. mais pendant ces actions la tonicité musculaire change beaucoup moins que dans le mouvement actif. et pour ne donner qu'une preuve que chacun peut facilement contrôler sur lui-même : tâtez avec les doigts les muscles du bras. vous sentirez nettement que pendant le mouvement actif ils durcissent c'est-à-dire leur tonicité augmente). tandis que pendant le mouvement passif. si on laisse le membre relâché. les muscles ne durcissent presque pas. Cette différence a été rarement mise en lumière ; dans un travail récent de Claparède sur le sens musculaire, l'auteur insiste avec raison sur cette différence voy. pages 48 et 49. On se demande si à cette première différence dans la manière dont se comportent les muscles du membre déplacé ne correspond pas une différence de sensations liées au mouvement? Si on se rapporte à ce qui a été dit plus haut relativement aux sensations de mouvement passif, on verra que très probablement il y a des différences de sensations provoquées par cette cause. Goldscheider a pensé apporter une critique de cette théorie en signalant le fait que l'électrisation d'une articulation diminue la sensibilité aussi bien pour les mouvements actifs que pour les mouvements passifs ; mais il est clair que cet argument ne suffit pas ; en effet, la sensation de mouvement actif peut se produire en grande partie dans l'articulation et il est certain que pendant un mouvement actif les surfaces articulaires appuient plus l'une contre l'autre que pendant un mouvement passif.

Une deuxième différence purement physiologique que l'on constate facilement, surtout dans les cas où les mouvements sont assez amples. c'est la participation d'autres muscles étrangers au mouvement même du membre ; ainsi. si vous rapprochez le bras de votre corps et que vous l'étendiez horizontalement, non seulement les muscles de l'épaule. du bras, et de l'avant-bras entreront en jeu, mais vous observerez aussi une réaction des muscles de la respiration ; quelquefois vous verrez les muscles de l'autre bras se contracter aussi un peu, les muscles de la face entreront aussi en jeu. enfin vous observerez des modifications de la circulation du sang, etc. Pendant un mouvement passif, ces différents muscles étrangers n'entreront pas en jeu. ou au moins ils le feront dans une mesure beaucoup plus faible. Nous apercevons en étudiant différents mouvements que ces réactions simultanées des muscles étrangers sont d'autant plus

fortes et d'autant plus généralisées que le mouvement est plus
ample et qu'il se fait avec beaucoup plus d'énergie; par exemple,
si on soulève un poids, elles sont plus fortes que si on soulève le
bras libre. W. James a fait ressortir cette action synergique
des différents muscles et il s'en est servi pour démontrer que le
sentiment de l'effort n'était pas un sentiment d'origine centrale,
mais un sentiment lié à l'action de tous ces muscles. Cette
théorie de James a été bien souvent répétée par d'autres
auteurs et elle a été généralement admise comme exacte. Quelle
est donc la conclusion que nous pourrons tirer de cette action
simultanée d'un grand nombre de muscles hétérogènes qui se
produit pendant un mouvement actif et qui fait défaut dans
un mouvement passif? Deux sortes de conclusions peuvent être
tirées de ces faits : 1° au point de vue des sensations d'un mouvement actif nous pouvons en conclure que ces sensations
seront différentes de celles d'un mouvement passif : en effet tous
ces mouvements synergiques des autres organes moteurs
évoquent des sensations particulières, auxquelles ordinairement nous ne faisons pas attention, que nous ne remarquons
pas, mais qui en s'unissant aux sensations provoquées dans le
membre déplacé activement forment un ensemble complexe ;
ces sensations surajoutées seront d'autant plus intenses que
le mouvement sera plus énergique et plus ample ; pendant un
mouvement passif, ces sensations feront défaut. Voilà donc déjà
une seconde différence au point de vue des sensations entre un
mouvement actif et un mouvement passif ; 2° mais ces faits permettent de tirer une autre conclusion relativement à l'action
de l'impulsion nerveuse qui produit le mouvement volontaire.
Il est incontestable, en raison des expériences physiologiques
et des observations pathologiques, qu'un mouvement actif est
provoqué par une certaine impulsion nerveuse, dont nous ne
connaissons pas du tout la nature, mais pour laquelle nous
savons qu'elle est d'origine centrale, c'est-à-dire qu'elle se propage dans le sens centripète, des centres à la périphérie. Je
n'affirme pas du tout que cette impulsion ne se produit pas à la
suite d'autre impulsion nerveuse venant peut-être de la périphérie ; c'est là une question d'une autre nature que je laisse de
côté. Les faits précédents nous montrent que cette impulsion
nerveuse centripète s'irradie, elle ne se limite pas aux muscles
du membre déplacé, elle influe aussi sur une quantité d'autres
muscles ; il y a, en somme, irradiation de l'impulsion nerveuse
centripète. Cette conclusion a une certaine importance ; en effet,

elle nous permet de comprendre ces cas pathologiques très nombreux, où le malade, voulant mouvoir un membre paralysé, déplace le membre sain de l'autre côté. De même cette conclusion se trouve en rapport avec les observations nombreuses d'irradiation centrale de l'impulsion nerveuse motrice, dont les meilleurs exemples sont donnés par l'épilepsie jacksonienne, où quelquefois une excitation mécanique d'un point de l'écorce cérébrale provoque d'abord un mouvement dans un doigt seulement ; ce mouvement se communique à la main, puis au bras, à la jambe ou à l'autre bras, et enfin devient général, embrassant tout le corps. (Voy. à ce sujet les recherches expérimentales de François-Franck, rapportées dans son livre *Leçons sur les fonctions motrices du cerveau.*)

Voyons maintenant ce que la pathologie et la physiologie nous apprennent sur les sensations de mouvements actifs. Le nombre d'observations est immense ; il s'agit de les grouper suivant les questions auxquelles elles se rattachent.

a. Les sensations correspondant à un mouvement actif sont-elles nécessairement provoquées dans l'organe déplacé où elles sont produites par l'excitation des différentes terminaisons nerveuses sensitives se trouvant dans les muscles, les tendons, les surfaces articulaires, la peau, etc., ou bien peuvent-elles être provoquées dans les nerfs ou les centres nerveux ? Les observations des amputés nous donnent les meilleurs exemples ; la plupart des amputés peuvent imprimer à leur membre fantôme des mouvements très divers, ils affirment avoir une sensation nette de mouvement, d'où il résulterait que les sensations de mouvement ne sont pas nécessairement provoquées dans le membre déplacé. Weir Mitchell et Pitres ont fait des expériences très instructives : si on fait passer un courant électrique par le moignon, on évoque chez le sujet des sensations de mouvement très nettes, le sujet dit : « Maintenant ma main se fléchit », ou bien : « Maintenant les doigts s'écartent », et ceci se produit dans des cas où le malade avant l'électrisation avait perdu l'illusion de l'existence du membre amputé. Au contraire, si chez un amputé qui a des illusions très intenses et qui peut à volonté déplacer son membre absent on fait une injection de cocaïne dans le moignon, le malade perd absolument toute notion du membre amputé ; il ne peut plus le mouvoir, quelque effort qu'il fasse, il ne peut plus y évoquer aucune sensation (voy. Pitres et Abbatucci). Enfin il y a des amputés qui n'ont pas d'illusions, qui ne sentent pas leur

mais une force constante (poids attaché à une ficelle) s'opposait au mouvement de l'avant-bras. Un seul sujet servait pour ces expériences. Il y aurait beaucoup de critiques à faire relativement à la méthode employée par Falk ; je n'insiste ici que sur les points principaux : d'abord le mouvement choisi est beaucoup trop compliqué ; il se produit dans deux articulations, celle du coude et celle de l'humérus avec l'omoplate ; c'est un mouvement dans lequel intervient toute une quantité de muscles ; il y a pourtant intérêt de choisir pour ces expériences des mouvements aussi simples que possible, ce n'est qu'à cette condition que l'on arrivera à une analyse du processus. De plus, le mouvement est limité par le choc du charriot contre une vis ; or, ce choc produit certainement une sensation particulière dans l'avant-bras et le bras, et cette sensation agit peut-être sur les résultats ; il est possible que l'on se fonde en partie dans le jugement précisément sur cette sensation de choc ; l'auteur n'a pas rapporté les observations internes, il ne dit pas dans quelle mesure on ressentait le choc ; il remarque seulement à la page 48 que quelquefois ce choc était assez intense, de sorte que le bras revenait même un peu en arrière ; il y a donc là deux erreurs : l'une concerne l'appareil qui produit des sensations de choc, l'autre concerne la méthode d'expérimentation : c'est le défaut des observations internes, l'auteur ne dit pas sur quoi l'attention du sujet était dirigée, s'il avait des représentations visuelles, ou autres, à quoi il pensait pendant les expériences, comment arrivait-il au jugement, immédiatement ou bien se servait-il de signes quelconques, etc. ? Voilà des questions qui devraient être résolues, puisque sans elles nous ne savons pas du tout ce que signifient les nombres rapportés par l'auteur. Les résultats expérimentaux de ce travail n'ont donc pas d'intérêt général, elles n'avancent en rien la question de la perception des mouvements actifs. L'auteur trouve que le seuil relatif est d'autant plus faible que le mouvement est plus ample ; il trouve que la vitesse du mouvement et la résistance n'ont pas d'influence nette sur le seuil, etc. ; nous ne donnons pas ici les nombres obtenus pour les raisons exposées plus haut.

Le travail de Segsworth (107) est meilleur au point de vue méthodique, il a été fait au laboratoire de Leipzig sous la direction de Külpe. L'auteur détermine les valeurs du seuil de différence pour les mouvements du bras entier déplacé dans le sens vertical de haut en bas ou de bas en haut, de sorte que le mouvement se produit dans l'articulation scapulo-humérale. Le

rait rapporter beaucoup d'observations analogues où le malade croit exécuter un mouvement, où il a la sensation d'avoir exécuté un mouvement, et en réalité le membre est resté immobile.

La conclusion qui résulte de tous ces faits est qu'il n'est pas nécessaire que le membre soit déplacé pour qu'on ait la sensation d'un mouvement actif de ce membre. Évidemment, on ne peut pas affirmer que les sensations provoquées chez l'amputé ou chez le malade précédent sont absolument identiques à celles que l'on aurait si le membre était normal et s'il se déplaçait, l'observation interne de ces cas pathologiques n'est jamais assez fine et précise pour permettre de résoudre une question aussi compliquée.

b. Lorsqu'un organe moteur est déplacé volontairement, doit-on admettre que l'intensité de la sensation de mouvement correspond à la grandeur du mouvement? Nous aurons à analyser plus loin des expériences relatives à cette question, ici nous ne signalons que les cas pathologiques, puisqu'ils ont été évoqués par différents auteurs pour défendre certaines théories. Dans un grand nombre de parésies le malade a des illusions assez fortes relativement à l'amplitude d'un mouvement qu'il a exécuté ; ainsi dans les parésies de différents muscles des yeux le malade croit avoir déplacé son œil d'un angle assez grand, tandis qu'en réalité l'œil a à peine bougé ; de même dans les parésies des membres le malade se trompe dans l'évaluation d'un mouvement qu'il fait avec un membre. Par conséquent, dans certains cas la sensation de mouvement ne correspond pas au mouvement exécuté, d'où résultent certaines illusions.

c. Un troisième groupe de faits pathologiques et physiologiques est relatif au rapport entre le mouvement et la sensation de ce mouvement. Il existe beaucoup d'exemples où le malade ne sent pas un ou plusieurs membres, mais où il peut les déplacer volontairement, et dans ces cas on observe que le mouvement exécuté n'est pas aussi précis que chez un sujet normal ; il se produit des incoordinations de mouvement. Un grand nombre de physiologistes ont fait des expériences sur différents animaux dans lesquelles par la section de nerfs sensitifs purs ils rendaient insensibles certains membres et où ils observaient les troubles des mouvements qui survenaient après cette anesthésie artificielle. Nous reviendrons encore plus loin sur ces expériences, qui nous montrent que la sensation de

faites par Segsworth, dans lesquelles un mouvement actif
était comparé à un mouvement passif; nous renvoyons pour les
détails au travail original.

On voit donc en somme que les expériences faites jusqu'ici
sur le seuil de différence ne constituent qu'un commencement;
il faut reprendre la question dans son ensemble, comme nous
l'avons indiqué plus haut.

La question à laquelle nous arrivons maintenant est la détermination de la précision ou de l'exactitude avec laquelle un
certain mouvement est exécuté. On indique au sujet un certain
mouvement à faire, et on détermine comment il arrive à l'exécuter. Cette question est très vaste : en effet, on peut indiquer
un mouvement de manières bien différentes, et dans chaque
cas on aura à étudier l'influence d'une foule de facteurs divers.
Pour indiquer le mouvement à faire, on peut se servir soit des
sensations de mouvement, le sujet aura, par exemple, à répéter
de mémoire un certain mouvement exécuté avec le même membre ou avec le membre symétrique, soit d'indications visuelles;
le sujet regarde d'abord le genre de mouvement qu'il devra
faire, puis ferme les yeux et exécute ce mouvement, soit enfin
l'indication peut être donnée verbalement; on dira, par exemple,
au sujet : Déplacez votre bras d'un angle droit, ou bien : Approchez votre index droit du nez sans le toucher, ou encore : Faites
un mouvement d'extension avec votre bras aussi rapide que possible, etc. On voit donc que ces indications peuvent varier
indéfiniment; elles peuvent être plus ou moins précises, elles
peuvent faire ressortir des représentations très diverses; en
somme, la question est très complexe et il est difficile de systématiser les différents points qui doivent être étudiés, d'autant
plus qu'on n'a pas encore fait de systématisation pareille et
même il y a très peu d'auteurs qui se sont rendus compte
de cette variété immense des cas.

Si nous plaçons en face de cette quantité énorme de questions
à étudier, les travaux expérimentaux qui ont été faits, nous
voyons que le terrain est encore presque complètement à
déblayer; il y a là tout un ensemble de recherches expérimentales qui sont à faire, qui présentent un grand intérêt, vu
qu'elles se rattachent à des questions générales de la psychologie. Indiquons brièvement ce qui a été fait jusqu'ici; la place
nous manque pour rapporter complètement ces études.

a. *Indication motrice.* — La plupart des recherches ont été
faites dans le but de déterminer la précision avec laquelle on

Lotze, Wundt jusqu'en 1892, etc., etc.), et quelques philosophes français adeptes de Maine de Biran. Les discussions relatives à l'existence ou à l'absence du sens de l'innervation sont très nombreuses, et ce qui est très curieux, c'est que les partisans des deux camps se sont servi absolument des mêmes faits pour défendre leurs théories et on peut dire que quelquefois ces discussions sont très fines ; ce seul point prouve déjà que les observations rapportées plus haut ne suffisent pas pour décider la question présente, que l'admission d'un sens d'innervation central ou sa réfutation sont des choses purement hypothétiques, subjectives, indiquant simplement la préférence de l'auteur. Il est certain qu'on peut expliquer tous les faits précédents sans être obligé d'admettre de sensations spéciales d'innervation, mais il est tout aussi certain qu'il n'existe pas d'observations à l'époque présente qui prouve l'impossibilité de l'existence d'un pareil sens. Or, comme la plupart des auteurs ont une tendance à admettre la théorie qui nécessite le moins de processus hypothétiques, il est naturel de voir le camp de ceux qui n'admettent pas l'existence du sens de l'innervation augmenter de plus en plus et le camp adverse diminuer. Nous ne nous arrêterons pas plus longuement sur ces discussions purement théoriques ; il faut maintenant chercher des faits nouveaux, faire beaucoup d'expériences méthodiques, analyser les cas pathologiques ; ce n'est qu'ainsi que l'on pourra espérer arriver à une solution plus certaine de ces questions générales que l'on ne doit pas perdre de vue, mais que l'on doit laisser de côté et patienter jusqu'à ce que l'expérience permette de faire un nouveau pas dans l'analyse psychologique de ce que nous appelons action volontaire ou mouvement actif.

Quelle que soit la théorie que l'on admette relativement à la différence entre les sensations d'un mouvement actif et celles d'un mouvement passif, on est conduit à étudier de plus près les mouvements actifs ; passons donc à cette étude, en nous arrêtant surtout sur les faits et sur les problèmes qui se posent. Lorsqu'on produit un mouvement actif, quelles sont les différentes questions que l'on peut se poser ? Deux genres de questions générales se présentent à l'esprit : 1° On se demande quelle est la précision, la finesse et l'exactitude du mouvement actif ; et on aura à considérer ces différentes qualités dans des conditions très diverses ; en effet, le mouvement actif que l'on

faire intervenir un déplacement au moins dans deux articulations différentes (le coude et l'épaule), ce qui complique l'interprétations des résultats.

On doit donner la préférence aux méthodes expérimentales dans lesquelles le mouvement est limité à une articulation, telles sont les expériences de Schönig, Schneider et Segsworth où la main décrit une courbe ; un crayon placé entre les doigts ou attaché à la planchette mobile sur laquelle repose la main (Schneider) inscrit sur un papier l'amplitude et la forme du mouvement. Ce dispositif permet de déterminer les erreurs que l'on commet lorsqu'on reproduit un mouvement simple dans différentes conditions.

Lorsque, au contraire, il s'agit d'étudier la précision dans la production d'un mouvement compliqué, tel que le dessin d'une figure géométrique, il ne faut pas songer d'isoler les mouvements d'une seule articulation, on aura des mouvements d'ensemble de toute la main et du bras, et alors le plus simple est de faire dessiner avec un crayon sur une feuille de papier ; c'est ainsi qu'Ostermann (97) a opéré dans l'étude des mouvements symétriques des deux mains : le sujet était placé devant un carton blanc vertical, il tenait dans chaque main un crayon, on prenait la main gauche et on traçait avec elle une figure géométrique plus ou moins compliquée ; le sujet devait tracer avec la main droite la figure symétrique.

Indiquons maintenant brièvement les principaux résultats obtenus dans ces recherches. Cremer et Loeb ont trouvé les faits suivants :

Lorsque les deux mains sont déplacées simultanément le long du fil dans des sens contraires, à partir du point médian, il existe chez toute personne une tendance de faire le mouvement plus grand avec l'une des mains ; il semble que les droitiers font le mouvement de la main gauche trop grand, et les trois gauchers qui servaient aux expériences ont exagéré le mouvement de la main droite. Cette tendance persiste lorsqu'on limite par une pince le mouvement de l'une des mains ; enfin elle existe aussi lorsque l'une des mains est déplacée passivement et l'autre activement. Donnons quelques résultats numériques comme exemple ; les nombres du tableau sont les longueurs des mouvements en millimètres :

avant tout de dégager ces sensations, de les séparer des mouvements mêmes et des représentations ; en effet, lorsque nous exécutons un mouvement actif quelconque, nous mettons en jeu tout un groupe de muscles ; ces contractions musculaires sont produites par une impulsion nerveuse centripète et nous n'avons pas à considérer ici les lois suivant lesquelles se produisent ces actions motrices ; nous devrons considérer le côté sensitif du mouvement. Mais une pareille séparation est extrêmement difficile ; lorsque nous faisons un mouvement, par exemple une extension du bras, et que quelque temps après nous essayons de répéter le même mouvement, comment y arriverons-nous ? Nous servirons-nous des sensations et représentations liées au premier mouvement, ou bien pourrons-nous supposer l'existence d'un certain automatisme moteur sans intermédiaire des sensations ? La question ne peut être résolue directement ; il faut faire des expériences dans lesquelles on étudierait l'influence des différentes sensations, provoquées dans le membre déplacé, sur la justesse du mouvement. Tel est le genre de questions que l'on a constamment à résoudre ; je l'ai indiqué ici seulement pour montrer combien le problème est compliqué et que la séparation de ce qui appartient aux sensations et de ce qui appartient aux mouvements est très difficile. Evidemment dans une étude méthodique du sens musculaire, on devrait classer les questions d'après la part que les différentes sensations prennent dans les mouvements, mais nous ne pouvons pas suivre ce plan logique, vu qu'il manque encore un bon nombre de recherches expérimentales ; nous serons donc obligés de suivre une voie différente qui nous est fournie par les études expérimentales faites jusqu'ici.

Lorsqu'on exécute un certain mouvement, on se demande avant tout quelle est la limite minimum de l'amplitude du mouvement que l'on peut exécuter intentionnellement, c'est-à-dire quel est le seuil d'un mouvement actif ? Nous avons montré plus haut comment Goldscheider avait déterminé le seuil des mouvements passifs ; le même procédé a été employé par lui pour déterminer la finesse des mouvements actifs. (Voy. *Gesammelte Abhandlungen*, p. 67, 33.) Il trouve, dans les quelques expériences qu'il a faites, que le seuil d'un mouvement actif est un peu plus faible que celui des mouvements passifs ; ainsi on sent un mouvement actif dans la première articulation interphalangienne lorsque ce mouvement est égal à 1°,27 ; dans une autre série, le seuil trouvé est de 1°,61, tandis que, pour le mou-

firmées ; il trouve seulement que pour les longueurs faibles la tendance précédente n'existe pas (p. 96).

Cremer trouva qu'il y avait une différence suivant la manière dont le sujet portait son attention : ainsi dans un cas (p. 32) le sujet faisait avec la main droite deux mouvements successifs de gauche à droite, se trouvant l'un dans le prolongement de l'autre, en essayant de faire les deux mouvements de même étendue, il faisait les mouvements suivants, qui lui paraissaient égaux :

DISTANCE GAUCHE, MÉDIANE	DISTANCE DROITE, LATÉRALE
170 millimètres.	140 millimètres.
210 —	183 —
210 —	145 —
210 —	160 —

Dans ces expériences le sujet apprécie les longueurs d'après l'impression immédiate ; puis on dit au sujet de porter l'attention sur la durée du mouvement et de chercher à rendre les deux mouvements de même amplitude en essayant de les rendre égaux comme durée, il fait dans ces conditions les mouvements suivants :

DISTANCE GAUCHE MÉDIANE	DISTANCE DROITE LATÉRALE
205 millimètres.	205 millimètres.
170 —	175 —

On voit donc que les erreurs sont beaucoup moindres.

Loeb explique tous ces résultats en admettant que la même impulsion motrice volontaire (Willensimpuls), appliquée à un groupe de muscles, produit des mouvements du membre différents suivant le degré de raccourcissement des muscles. L'auteur défend la théorie, que l'on juge deux mouvements comme ayant la même amplitude, lorsque la durée et l'impulsion motrice volontaire sont égales pour ces deux mouvements. Nous n'entrerons pas dans la discussion de cette théorie qui admet

férence. Comme dans chaque mouvement on peut distinguer l'amplitude, la direction et la vitesse, on a à étudier trois sensibilités différentielles : celles pour l'amplitude, pour la direction et pour la vitesse ; il faudra donc faire varier isolément chacune de ces trois propriétés d'un mouvement actif. On n'a fait jusqu'ici des expériences que sur la sensibilité différentielle pour l'amplitude des mouvements ; il serait très intéressant de la déterminer aussi pour la direction et la vitesse et de voir surtout dans quel rapport ces trois sensibilités différentielles se trouvent entre elles, comment elles s'influencent mutuellement et comment elles sont modifiées par différentes causes étrangères ; c'est un sujet d'étude qui donnera certainement des résultats importants pour l'analyse des sensations de mouvements actifs, et si on fait les expériences en rassemblant méthodiquement les observations internes, on arrivera peut-être, par ces expériences, à éclaircir certains points relatifs à la perception de l'espace par les mouvements. Les méthodes à employer dans la détermination de la sensibilité différentielle sont tout indiquées : ou bien on procédera par la méthode des variations minima, ou bien par celle des cas vrais et faux ; dans tous les cas, on fera exécuter au sujet deux mouvements successifs, qui différeront entre eux, soit seulement par l'amplitude, soit seulement par la direction, soit enfin seulement par la vitesse.

Relativement à la sensibilité différentielle pour l'amplitude des mouvements actifs nous avons les expériences de Falk (76) et celles de Segsworth (107). Dans les expériences de Falk l'avant-bras et la main, dirigés dans le sens perpendiculaire au plan frontal (sens sagittal), reposaient sur un modèle négatif en plâtre, placé sur un chariot horizontal mobile dans le sens sagittal. Le sujet devait déplacer l'avant-bras avec le chariot dans un sens perpendiculaire au plan frontal, jusqu'à ce que le chariot butte contre une vis, puis il ramenait l'avant-bras avec le chariot vers le corps dans la position initiale ; l'expérimentateur déplaçait pendant ce temps la vis limite, et le sujet faisait le second mouvement ; il devait dire alors si ce second mouvement était plus grand ou plus petit que le premier. Le mouvement avait été produit avec une certaine vitesse, déterminée par les battements d'un métronome ; quatre vitesses différentes avaient été choisies. Le seuil a été étudié pour plusieurs distances, égales à 1, 2 et demi, 5, 10 et 20 centimètres. Enfin une série a été faite dans laquelle le mouvement n'était pas libre,

mais une force constante (poids attaché à une ficelle) s'opposait
au mouvement de l'avant-bras. Un seul sujet servait pour ces
expériences. Il y aurait beaucoup de critiques à faire relativement à la méthode employée par Falk ; je n'insiste ici que sur
les points principaux : d'abord le mouvement choisi est beaucoup trop compliqué ; il se produit dans deux articulations.
celle du coude et celle de l'humérus avec l'omoplate ; c'est un
mouvement dans lequel intervient toute une quantité de muscles ; il y a pourtant intérêt de choisir pour ces expériences des
mouvements aussi simples que possible, ce n'est qu'à cette condition que l'on arrivera à une analyse du processus. De plus, le
mouvement est limité par le choc du charriot contre une vis ;
or, ce choc produit certainement une sensation particulière dans
l'avant-bras et le bras, et cette sensation agit peut-être sur les
résultats ; il est possible que l'on se fonde en partie dans le
jugement précisément sur cette sensation de choc ; l'auteur
n'a pas rapporté les observations internes, il ne dit pas dans
quelle mesure on ressentait le choc ; il remarque seulement à la
page 48 que quelquefois ce choc était assez intense, de sorte
que le bras revenait même un peu en arrière ; il y a donc là
deux erreurs : l'une concerne l'appareil qui produit des sensations de choc, l'autre concerne la méthode d'expérimentation :
c'est le défaut des observations internes, l'auteur ne dit pas
sur quoi l'attention du sujet était dirigée, s'il avait des représentations visuelles, ou autres, à quoi il pensait pendant les
expériences, comment arrivait-il au jugement, immédiatement
ou bien se servait-il de signes quelconques, etc.? Voilà des
questions qui devraient être résolues, puisque sans elles nous
ne savons pas du tout ce que signifient les nombres rapportés
par l'auteur. Les résultats expérimentaux de ce travail n'ont
donc pas d'intérêt général, elles n'avancent en rien la question
de la perception des mouvements actifs. L'auteur trouve que le
seuil relatif est d'autant plus faible que le mouvement est plus
ample ; il trouve que la vitesse du mouvement et la résistance
n'ont pas d'influence nette sur le seuil, etc. ; nous ne donnons pas
ici les nombres obtenus pour les raisons exposées plus haut.

Le travail de Segsworth (107) est meilleur au point de vue
méthodique, il a été fait au laboratoire de Leipzig sous la direction de Külpe. L'auteur détermine les valeurs du seuil de différence pour les mouvements du bras entier déplacé dans le sens
vertical de haut en bas ou de bas en haut, de sorte que le mouvement se produit dans l'articulation scapulo-humérale. Le

sujet est assis; son épaule se trouve au centre d'un demi-cercle de 68 centimètres de rayon, sur les bords duquel sont percés des trous à la distance de un quart de degré l'un de l'autre; des tiges que l'on enfonce dans ces trous permettent de limiter le mouvement. L'auteur détermine la valeur du seuil par la méthode des variations minima; il étudie l'influence de l'amplitude du mouvement, celle de la vitesse, et puis l'influence de la position du bras et du sens dans lequel il est déplacé. Ce qui manque dans ce travail, c'est l'analyse psychologique, il n'y a pas d'observations internes, on ne sait pas comment le sujet se comportait pendant ces expériences et comment il arrivait à émettre le jugement; ce sont des questions qui auraient beaucoup éclairé les résultats numériques rapportés par l'auteur. Ces résultats nous montrent que la sensibilité de différence pour les mouvements de 15, 30 et 60 degrés est plus fine lorsque le mouvement est plus lent que lorsqu'il est plus rapide; le seuil de différence augmente avec la grandeur de l'angle, mais cette augmentation ne se fait pas proportionnellement à l'angle du mouvement; ainsi la valeur relative du seuil est plus petite pour un angle de 60° que pour un angle de 30° et ici elle est plus petite que pour un angle de 15 degrés. La différence entre un mouvement ascendant et un mouvement descendant est faible; il y a à ce point de vue des variations individuelles assez considérables. Ainsi, par exemple, chez un sujet l'auteur trouve les valeurs du seuil indiquées dans le tableau suivant. La première colonne indique l'amplitude du mouvement; dans les autres colonnes sont indiquées la valeur du seuil de différence; la vitesse est indiquée par le nombre de battements du métronome. Le tableau nous montre combien les valeurs du seuil de différence sont faibles; on distingue par exemple un mouvement de 15° d'un autre de 15°, 34.

AMPLITUDE	ASCENDANT Vitesse 60.	ASCENDANT Vitesse 120.	DESCENDANT Vitesse 120.
15°	0°,34	0°,94	0°,81
30°	0°,48	0°,72	1°,05
60°	0°,65	1°,25	1°,31

Nous n'insistons pas ici sur les détails des autres expériences faites par Segsworth, dans lesquelles un mouvement actif était comparé à un mouvement passif; nous renvoyons pour les détails au travail original.

On voit donc en somme que les expériences faites jusqu'ici sur le seuil de différence ne constituent qu'un commencement; il faut reprendre la question dans son ensemble, comme nous l'avons indiqué plus haut.

La question à laquelle nous arrivons maintenant est la détermination de la précision ou de l'exactitude avec laquelle un certain mouvement est exécuté. On indique au sujet un certain mouvement à faire, et on détermine comment il arrive à l'exécuter. Cette question est très vaste : en effet, on peut indiquer un mouvement de manières bien différentes, et dans chaque cas on aura à étudier l'influence d'une foule de facteurs divers. Pour indiquer le mouvement à faire, on peut se servir soit des sensations de mouvement, le sujet aura, par exemple, à répéter de mémoire un certain mouvement exécuté avec le même membre ou avec le membre symétrique, soit d'indications visuelles; le sujet regarde d'abord le genre de mouvement qu'il devra faire, puis ferme les yeux et exécute ce mouvement, soit enfin l'indication peut être donnée verbalement; on dira, par exemple, au sujet : Déplacez votre bras d'un angle droit, ou bien : Approchez votre index droit du nez sans le toucher, ou encore : Faites un mouvement d'extension avec votre bras aussi rapide que possible, etc. On voit donc que ces indications peuvent varier indéfiniment; elles peuvent être plus ou moins précises, elles peuvent faire ressortir des représentations très diverses; en somme, la question est très complexe et il est difficile de systématiser les différents points qui doivent être étudiés, d'autant plus qu'on n'a pas encore fait de systématisation pareille et même il y a très peu d'auteurs qui se sont rendus compte de cette variété immense des cas.

Si nous plaçons en face de cette quantité énorme de questions à étudier, les travaux expérimentaux qui ont été faits, nous voyons que le terrain est encore presque complètement à déblayer; il y a là tout un ensemble de recherches expérimentales qui sont à faire, qui présentent un grand intérêt, vu qu'elles se rattachent à des questions générales de la psychologie. Indiquons brièvement ce qui a été fait jusqu'ici; la place nous manque pour rapporter complètement ces études.

a. *Indication motrice.* — La plupart des recherches ont été faites dans le but de déterminer la précision avec laquelle on peut régler un mouvement fait avec le même membre et avec le membre symétrique. Le sont les études expérimentales de Cramer [3], Liewl [4], Isermann [5], Jeulaume [6], Schulze [7], Sommeuur [8], Sergueiel [9], Fennus [10], etc.

Les premières expériences sont celles de Cramer et de Liewl : le dispositif expérimental est très simple — un fil est tendu horizontalement parallèlement au plan frontal du sujet qui est assis. Sur ce fil on marque les points de départ et d'arrée par de petites pinces que l'on peut fixer aux différents endroits du fil. Leurs certaines séries le sujet faisait le mouvement avec les deux mains . Il prenait avec chacune des mains et il serre le pouce et l'index et puis devait déplacer ses mains le long du fil sur deux des sens contraires, soit dans le même sens, simultanément ou successivement l'une après l'autre. Pour l'une des mains le mouvement était limité par une pince placée en un certain point du fil, tandis que l'autre main devait être déplacée de la même longueur dans d'autres séries, les deux mouvements étaient produits avec la même main . Le sujet déplaçait la main droite et jusqu'à ce fil sur une distance de 15 centimètres par exemple, puis en enlevant les marques, et il devait refaire avec la même main un mouvement de même grandeur ; dans ce second mouvement le point de départ coïncidait avec celui du premier mouvement ou bien il en différait. Enfin dans une série le premier mouvement n'était pas produit activement mais passivement — l'expérimentateur déplace la main du sujet et puis demande au sujet de refaire le même mouvement activement.

Les mêmes questions ont été étudiées par d'autres auteurs ; les expériences les plus nombreuses sont celles de Jeulaume [6].

Le dispositif expérimental employé par Jeulaume en diffère un peu de précédent — la main est déplacée avec un chariot qui roule le long d'une rainure, on peut facilement incliner la rainure et modifier ainsi la direction du mouvement, enfin on peut par des poids élevant une certaine sur le chariot et opposer ainsi une résistance au mouvement ou modifiera dans le travail de refaire une figure déterminée. Le défaut de ces différentes méthodes est que le mouvement est enregistré . Si le l'amplitude en est limitée de façon que les différents actes de la main n'ont pas été rendu identiques ... ils très rare que les différentes en effet — le sujet ne les a pas à mesure, ... sont bien établir que refaire ainsi ... ... de sorte que on ne mouvement est à la ... ...

faire intervenir un déplacement au moins dans deux articulations différentes (le coude et l'épaule), ce qui complique l'interprétations des résultats.

On doit donner la préférence aux méthodes expérimentales
dans lesquelles le mouvement est limité à une articulation, telles
sont les expériences de Schönig, Schneider et Segsworth où la
main décrit une courbe ; un crayon placé entre les doigts ou
attaché à la planchette mobile sur laquelle repose la main
(Schneider) inscrit sur un papier l'amplitude et la forme du
mouvement. Ce dispositif permet de déterminer les erreurs que
l'on commet lorsqu'on reproduit un mouvement simple dans
différentes conditions.

Lorsque, au contraire, il s'agit d'étudier la précision dans la
production d'un mouvement compliqué, tel que le dessin d'une
figure géométrique, il ne faut pas songer d'isoler les mouvements
d'une seule articulation, on aura des mouvements d'ensemble
de toute la main et du bras, et alors le plus simple est de faire
dessiner avec un crayon sur une feuille de papier ; c'est ainsi
qu'Ostermann (97) a opéré dans l'étude des mouvements
symétriques des deux mains : le sujet était placé devant un
carton blanc vertical, il tenait dans chaque main un crayon, on
prenait la main gauche et on traçait avec elle une figure géométrique plus ou moins compliquée ; le sujet devait tracer avec
la main droite la figure symétrique.

Indiquons maintenant brièvement les principaux résultats
obtenus dans ces recherches. Cremer et Loeb ont trouvé les
faits suivants :

Lorsque les deux mains sont déplacées simultanément le long
du fil dans des sens contraires, à partir du point médian, il
existe chez toute personne une tendance de faire le mouvement

Les deux mains déplacées librement, sans marque.		Le mouvement de la main gauche limité par une marque.		Le mouvement de la main droite limité par une marque.		Main droite passivement.		Main gauche passivement.	
GAUCHE	DROITE	GAUCHE	DROITE	GAUCHE	DROITE	GAUCHE	DROITE	GAUCHE	DROITE
mm.	mm.	mm.	mm.	mm.	mm.	mm.	mm.	mm.	mm.
175	215	220	350	135	180	190	220	210	250
135	210	150	215	105	150	150	200	220	230
165	222	200	255	120	170	140	215	120	130
95	140	135	185	150	220	80	150	190	210
130	180	125	165	165	235	110	190	195	245

Si après chaque expérience on indique au sujet son erreur, il arrive après quelques séries à se corriger, mais après un repos de quelques jours il refait les expériences avec la même tendance.

Ces résultats ont été confirmés en grande partie par d'autres auteurs, surtout par Delabarre; quelques-uns d'entre eux par Ostermann, Falk et Schönig.

Lorsque les deux mains se déplacent dans le même sens, par exemple les deux mains sont déplacées de droite à gauche à partir de deux points symétriques, le mouvement qui est le plus rapproché du plan médian est exagéré; ainsi dans le cas précédent la main droite se déplacera plus que la main gauche.

Cette tendance persiste lorsque les deux mouvements sont produits avec une main. Donnons des exemples. Les deux mains se déplacent à partir de deux points symétriques soit de gauche à droite, soit de droite à gauche. Ces nombres se rapportent au même sujet que ceux du tableau précédent.

DÉPLACEMENT DE GAUCHE A DROITE		DÉPLACEMENT DE DROITE A GAUCHE	
GAUCHE	DROITE	GAUCHE	DROITE
mm.	mm.	mm.	mm.
235	190	170	270
210	180	150	220
120	95	210	295
195	205	100	190
175	140	160	250

Delabarre a repris ces expériences, et il les a en général confirmées ; il trouve seulement que pour les longueurs faibles la tendance précédente n'existe pas (p. 96).

Cremer trouva qu'il y avait une différence suivant la manière dont le sujet portait son attention : ainsi dans un cas (p. 32) le sujet faisait avec la main droite deux mouvements successifs de gauche à droite, se trouvant l'un dans le prolongement de l'autre, en essayant de faire les deux mouvements de même étendue, il faisait les mouvements suivants, qui lui paraissaient égaux :

DISTANCE GAUCHE, MÉDIANE	DISTANCE DROITE, LATÉRALE
170 millimètres.	140 millimètres.
210　—	183　—
210　—	145　—
210　—	160　—

Dans ces expériences le sujet apprécie les longueurs d'après l'impression immédiate ; puis on dit au sujet de porter l'attention sur la durée du mouvement et de chercher à rendre les deux mouvements de même amplitude en essayant de les rendre égaux comme durée, il fait dans ces conditions les mouvements suivants :

DISTANCE GAUCHE MÉDIANE	DISTANCE DROITE LATÉRALE
205 millimètres.	205 millimètres.
170　—	175　—

On voit donc que les erreurs sont beaucoup moindres.

Loeb explique tous ces résultats en admettant que la même impulsion motrice volontaire (Willensimpuls), appliquée à un groupe de muscles, produit des mouvements du membre différents suivant le degré de raccourcissement des muscles. L'auteur défend la théorie, que l'on juge deux mouvements comme ayant la même amplitude, lorsque la durée et l'impulsion motrice volontaire sont égales pour ces deux mouvements. Nous n'entrerons pas dans la discussion de cette théorie qui admet l'existence d'un sens d'innervation centrale et qui a été souvent critiquée par beaucoup d'auteurs, entre autres par Delabarre.

Delabarre a déterminé comment se fait la reproduction d'un mouvement avec une main ; on déplace la main droite entre deux limites, on ramène la main à la position initiale et le sujet cherche à la déplacer de mémoire de la même grandeur. L'auteur trouve que les courtes distances (au-dessous de 70 millimètres) sont agrandies dans la reproduction, les longueurs dépassant 200 millimètres sont en général reproduites trop petites. Ces tendances ne sont pas très constantes, il y a des variations individuelles et puis la position du bras a une influence, de sorte que l'on ne peut pas dire qu'il existe un point d'indifférence bien déterminé. Le même résultat est obtenu pour la main gauche avec cette différence que l'on n'apprécie pas aussi bien les distances avec la main gauche, les erreurs sont ici plus fortes que pour la main droite. L'auteur dit trouver la même différence entre la reproduction des distances courtes et celle des distances longues, lorsque le premier mouvement est fait passivement ; mais ce fait ne ressort pas des nombres donnés par l'auteur, le nombre d'expériences est beaucoup trop faible.

Nous avons déjà indiqué plus haut les résultats relatifs à l'influence de la direction du mouvement ; ajoutons encore que Delabarre confirme les résultats de Loeb relatifs à la comparaison des mouvements verticaux et horizontaux ; ainsi en comparant un mouvement de haut en bas avec un mouvement de sens contraire, on a une tendance a faire le mouvement descendant plus petit que le mouvement ascendant : enfin Delabarre confirme aussi ce résultat de Loeb que si on cherche à faire un mouvement vertical descendant égal à un mouvement horizontal, on commet une erreur qui varie suivant la position occupée par le bras ; si celui-ci est étendu assez haut, le mouvement vertical sera trop grand ; s'il est plus bas, on aura l'erreur contraire.

Les expériences dans lesquelles on s'opposait au mouvement en attachant un certain poids ont montré à Delabarre ainsi qu'à Schönig (215) qu'il n'y avait pas d'influence nette produite par la résistance ; Segsworth (107) a pourtant observé une influence produite par le poids ; mais ses expériences sont trop peu nombreuses.

L'influence de l'intervalle de temps entre les deux mouvements, celui qui est indiqué et la reproduction de mémoire, a

été étudiée par Schneider (104) et Beaunis (5). Schneider
trouve une augmentation de l'erreur avec la durée de l'intervalle ; voici, en effet, les valeurs des erreurs commises pour des
distances de 70 à 100 millimètres, produites en déplaçant horizontalement l'avant-bras, le bras restant immobile ; ce sont les
valeurs relatives, c'est-à-dire c'est le rapport de l'erreur à la
grandeur du mouvement, qui sont indiquées dans le tableau suivant. L'intervalle variait de 1/2 à 15 minutes.

	INTERVALLES EN MINUTES							
	1/2	1	2	4	6	8	10	15
1er sujet . . .	$\frac{1}{35}$	$\frac{1}{33}$	$\frac{1}{35}$	$\frac{1}{32}$	$\frac{1}{29}$	$\frac{1}{28}$	$\frac{1}{24}$	$\frac{1}{20}$
2e sujet. . . .	$\frac{1}{29}$	$\frac{1}{29}$	$\frac{1}{30}$	$\frac{1}{26}$	$\frac{1}{25}$	$\frac{1}{22}$	$\frac{1}{18}$	$\frac{1}{17}$
3e sujet. . . .	$\frac{1}{29}$	$\frac{1}{27}$	$\frac{1}{28}$	$\frac{1}{26}$	$\frac{1}{21}$	$\frac{1}{22}$	$\frac{1}{21}$	$\frac{1}{17}$

Beaunis (*Sensations internes* p. 133-138) a fait quelques
expériences dans lesquelles il traçait une ligne sur une feuille
de papier et quelque temps après cherchait à reproduire le
même mouvement. Les indications données par Beaunis sont
très brèves; il ne dit pas quelles étaient les images qu'il avait
et quels sont les résultats numériques obtenus ; il dit seulement
que « le souvenir d'une ligne ou d'un angle déterminés ne s'affaiblit pas peu à peu par dégradations successives ; ce souvenir
s'évanouit brusquement, tout d'un coup ; il fait, pour ainsi dire,
qu'on me passe l'expression, le *plongeon* dans la conscience.
Il y a sous ce rapport une corrélation remarquable avec ce qui
se passe dans l'acte inverse, c'est-à-dire quand un mot ou un
nom oubliés reparaissent dans le souvenir » (p. 135). Il manque
dans cette description l'indication précise jusqu'à quel point le
souvenir d'un mouvement disparaît de la conscience. Lorsqu'on
produit un certain mouvement et qu'on le reproduit quelques
secondes après, on se demande quelle est l'importance des sensations de mouvement pour l'exactitude de cette reproduction.
La question envisagée dans son ensemble est difficile; en effet,
il aurait fallu éliminer ce qui appartient aux représentations et
de plus chercher à isoler l'action motrice en abolissant autant

que possible les sensations de mouvement. Certaines indications relatives à cette question sont données dans le travail de Schönig (215). L'auteur étudie les mouvements d'un doigt et puis ceux de la main autour de l'articulation du poignet. La main du sujet repose immobile, à l'extrémité du doigt est attachée une ficelle qui passe autour d'une poulie et porte une plume inscriptrice, laquelle trace sur un cylindre rotatif les mouvements exécutés. A un signal donné le sujet fait un mouvement lentement ou brusquement, puis ramène le membre à la position initiale et deux ou trois secondes après refait le même mouvement. On fait ainsi 30 à 50 expériences successives et on obtient d'une part la grandeur moyenne de l'excursion et puis la valeur moyenne de l'erreur commise. Le mouvement était produit lentement ou brusquement, ce qui modifie les éléments sensoriels ; les erreurs sont plus fortes pour les mouvements rapides que pour les mouvements lents ; ainsi, par exemple, pour une excursion du doigt égale environ à 30 millimètres l'erreur pour les mouvements rapides est égale à 9,3 p. 100 et pour les mouvements lents à 6,4 p. 100. L'erreur est relativement d'autant plus forte que le mouvement est plus faible. Voici les nombres obtenus dans cinq séries pour le doigt et dans cinq séries pour la main ; dans ce tableau nous indiquons la grandeur moyenne de l'excursion, la valeur de l'erreur commise et le rapport de cette erreur à l'excursion.

DOIGT			MAIN		
Excursion.	Erreur.	Rapport.	Excursion.	Erreur.	Rapport.
mm.	mm.	p. 100	mm.	mm.	p. 100
4,8	0,6	12,7	59,3	1,4	2,5
16,2	1,0	6,2	34,4	2,5	7,3
41,0	2,2	5,4	8,6	1,3	15,5
19,4	1,2	6,2	32,6	2,1	6,6
7,4	1,1	14,8	55,4	1,3	2,5

Des expériences où on attachait un poids à la ficelle pour produire une résistance ont montré que cette résistan··· çait pas d'influence nette sur la valeur de l'erreu··· Enfin pour éliminer en partie le facteur senso··· cherché à abolir la sensibilité soit en plongea··· la main dans de l'eau froide à 7°, soit en

rant électrique par l'articulation, comme le faisait Goldscheider. Dans tous ces cas, l'auteur trouve une augmentation de l'erreur accompagnant l'abolition de la sensibilité. Par exemple, dans une série, l'auteur trouve comme erreur relative dans l'eau à 33 degrés 4,5 p. 100 et dans l'eau à 7 degrés 14,5 p. 100. De même dans cinq séries faites avec ou sans faradisation du doigt les valeurs de l'erreur ont été les suivantes :

	EXCURSION	ERREUR	RAPPORT
	mm.	mm.	p. 100
Avec courant. . .	11,2	1,8	16,1
Sans courant. . .	8,5	0,75	8,8
Avec courant. . .	11,1	1,3	12,9
Sans courant. . .	9,9	1,0	9,8
Avec courant. . .	12,5	1,3	10,1

Ces résultats nous montrent que la sensibilité de l'organe moteur influe considérablement sur l'exactitude de la reproduction d'un mouvement. Nous verrons plus loin comment cette abolition de la sensibilité modifie la forme du mouvement.

Dans tous les travaux que nous avons signalés plus haut les auteurs ont étudié la précision avec laquelle était reproduite l'amplitude d'un mouvement, il aurait été intéressant de reprendre des recherches sur l'exactitude de la reproduction de la direction et de la vitesse d'un mouvement. Relativement à la direction nous ne trouvons que quelques remarques isolées; ainsi par exemple Ostermann (97) dit que l'erreur de direction est plus faible que l'erreur d'amplitude (p. 3), mais ce ne sont que des indications générales; il aurait fallu étudier la question à fond. De même aussi il manque une étude sur la reproduction de mouvements compliqués, tels que des dessins géométriques ; une pareille étude est intéressante à plusieurs points de vue ; elle peut en effet donner des indications précieuses relativement à l'importance des différentes représentations pour l'exactitude des mouvements et puis elle peut nous renseigner sur la question comment nous arrivons à nous senter la forme d'un mouvement un peu compliqué. Il l par exemple tracer avec la main du sujet différentes t triangles, carrés, polygones, boucles, etc., — puis prie de refaire le mouvement les yeux restant fermés ou bien les yeux étant ouverts pour décider l'importance des représentations visuelles ; on interrogerait le sujet sur les images qu'il a eues, sur la manière dont il a porté son attention pendant le mouvement passif et puis sur les procédés qu'il a employés pendant la reproduction du mouvement ; il serait par exemple intéressant de savoir si la reproduction d'un mouvement compliqué peut être faite sans que le sujet se représente visuellement la forme de la figure tracée, etc. On voit que la question est intéressante et chacun peut facilement développer lui-même le plan d'une pareille recherche, qui sera surtout qualitative et où les mesures occuperont une place secondaire.

Relativement au tracé de figures compliquées on trouvera quelques indications générales dans le travail d'Ostermann (97) (p. 3 et 4); le sujet faisait des mouvements symétriques avec les deux mains ; si le mouvement était compliqué, quelquefois le sujet se trompait et commençait à mouvoir les deux mains dans le même sens.

b. *Indication visuelle.* — Il n'existe pas de recherche méthodique sur les mouvements exécutés d'après des indications visuelles, c'est-à-dire dans lesquels on montre au sujet visuellement le mouvement qu'il devra faire, par exemple on lui montre un point qu'il devra toucher ou bien on lui montre une distance qu'il devra ensuite parcourir avec les bras ou encore on lui montre une figure qu'il devra dessiner de mémoire les yeux fermés, etc. ; il y a là toute une série de questions à étudier qui donnerait des résultats intéressants. Dans la littérature on rencontre seulement quelques indications isolées sur des expériences de ce genre ; ainsi, par exemple, *Blix* (68) faisait toucher un point d'un tableau que le sujet avait regardé avant, et il se servait de cette expérience pour déterminer la finesse du sens musculaire dans les cas pathologiques ; Bowditch et Southard (71) ont fait des expériences analogues en se servant de petites plaques métalliques que le sujet doit placer à un certain endroit d'une table horizontale. Jastrow (88) fait comparer une distance perçue visuellement avec une longueur parcourue par la main ; il trouve que le mouvement est beaucoup trop ample et que l'appréciation d'une distance par le mouvement moins bien que par la vision. Enfin quelques expériences où le longueur que l'on

montre. Mais ce ne sont là que des ébauches ; il y aurait lieu
d'aborder cette question encore complètement neuve.

J'ai fait un certain nombre d'expériences d'un genre un peu
différent, mais qui sont dans un rapport étroit avec ces questions. Voici de quoi il s'agit : on sait que lorsque nous voyons
un objet quelconque nous pouvons presque machinalement le
prendre, de même si nous voyons une ligne ou une figure quelconque, rien ne nous est plus facile que de parcourir cette
ligne ou cette figure avec notre doigt, ou bien de dessiner sur
un papier un ligne parallèle à celle que nous voyons ; il y a
donc entre nos mouvements et nos perceptions visuelles une
association très étroite qui a été acquise dans le courant de
notre vie ; on se demande naturellement comment a lieu cette
association ? Existe-t-il une association directement entre les
perceptions visuelles et les impulsions motrices, comme semblent le supposer G.-E. Müller et Schumann (135) (p. 91, en
bas), ou bien doit-on admettre que les perceptions visuelles
sont associées aux sensations et représentations musculaires et
que c'est seulement par l'intermédiaire de ces sensations et
représentations que le mouvement se produit, comme le pense
par exemple Bastian (Brain, 1887 avril, p. 36). La question
est difficile, elle a été beaucoup débattue, surtout au sujet de
ces cas pathologiques de « perte de conscience musculaire »,
d'après la désignation de Duchenne de Boulogne ; ce sont des
malades (hystériques) qui ont une anesthésie complète, superficielle et profonde d'un membre, qui peuvent exécuter tous
les mouvements avec ce membre, lorsqu'ils le regardent et
qui sont incapables de le déplacer dès qu'ils ne le voient plus.
Le nombre de ces cas pathologiques est très grand, ils ont été
étudiés par beaucoup d'auteurs entre lesquels nous signalons
surtout Pick (316), Binet (268), et Pitres (317) ; comme il
s'agit dans ces cas d'hystériques, la perte du sens musculaire
ne peut pas être considérée comme absolue, ainsi que nous le
prouvent les expériences nombreuses de Binet, Féré et Janet
sur l'écriture inconsciente ; on ne sait donc pas comment interpréter ces faits : faut-il admettre que la vision évoque directement l'impulsion motrice, ou bien y a-t-il lieu de supposer
que la perception visuelle évoque des images et sensations
motrices, lesquelles servent à produire le mouvement, comme
l'admet par exemple Binet (*Altérations de la personnalité*,
p. 155) : « il n'est pas vrai que les malades anesthésiques
perdent le bénéfice des sensations kinesthésiques ; ces sensa-

tions appartiennent à une seconde conscience, qui peut collaborer avec la conscience normale. En résumé, tout s'explique par : 1° la conservation d'une bonne mémoire visuelle ; 2° la survivance des sensations et images motrices dans une conscience séparée. »

On ne peut donc pas s'appuyer sur ces cas pathologiques pour décider la question qui nous occupe ; il faut s'adresser à des expériences de laboratoire. Goldscheider a montré dans des expériences sur la faradisation d'un doigt, que la vision permettait de régulariser le mouvement du doigt rendu insensible par le courant électrique. Lorsque le sujet ne regarde pas son doigt et qu'il veut le déplacer dans un certain sens, le mouvement est irrégulier, il est saccadé, le sujet le fait trop rapidement, il l'exagère, en somme il présente tous les caractères de l'ataxie ; au contraire, si le sujet regarde son doigt, le mouvement devient régulier et il ne diffère que très peu du mouvement exécuté avec le même doigt sans passage du courant électrique. Ce résultat peut certainement être interprété, en disant que la vision évoque par association l'image motrice et que celle-ci provoque ensuite l'impulsion motrice et sert ainsi à la régularisation constante de cette impulsion.

Il fallait donc chercher des cas de dissociation de la vision et des mouvements ; les cas pathologiques de parésies des muscles oculaires nous en donnent des exemples nombreux ; on sait qu'un malade ayant une parésie d'un ou de plusieurs muscles, localise inexactement un objet ; ainsi si on dit au malade de toucher rapidement avec sa main un objet, que l'on tient devant lui et qu'il regarde avec l'œil malade, il commet une erreur qui atteint quelquefois 10 à 20 centimètres. Sachs (101) a donné une analyse détaillée de cette expérience employée constamment en clinique et que l'on appelle *Tastversuch*. Helmholtz, en portant pendant quelque temps des lunettes prismatiques qui déplaçaient le champ visuel latéralement, a remarqué la même erreur de mouvement lorsqu'il voulait toucher un objet quelconque ; après un certain intervalle de temps, il s'était habitué aux lunettes prismatiques, de sorte qu'il touchait exactement les objets environnants ; mais, après les avoir enlevées, il observa l'erreur de sens contraire. Toutes ces expériences nous montrent combien l'association entre la vision et les mouvements de la main   tes, et elles nous indiquent aussi que p   ver à modifier ces associations. Mais e   interprétées aussi bien par l'une que par l'autre des deux hypothèses relatives à la nature de l'association entre les perceptions visuelles et les mouvements.

Il faut essayer d'analyser de plus près les différents cas dans lesquels on a une dissociation entre les perceptions visuelles et les mouvements, c'est-à-dire dans lesquels on rompt l'association habituelle. Un procédé commode pour produire cette dissociation consiste dans l'expérience suivante : Le sujet est assis devant une table ; sur la table en face du sujet, à une distance d'environ 30 centimètres est placé un miroir presque verticalement ; un carton incliné réunit le bord de la table au bord supérieur de la glace ; une ouverture carrée faite dans ce carton presque à la hauteur des yeux du sujet permet au sujet de voir par réflexion dans la glace la portion de la table comprise entre le sujet et le bord inférieur de la glace ; cette partie de la table ne peut pas être vue directement, puisque le carton la cache. Une feuille de papier est placée sur la table, le sujet tient un crayon dans sa main droite ; sur la feuille de papier est tracée une ligne droite (ou une figure quelconque) et le sujet doit, en regardant cette ligne et sa main par réflexion dans la glace, tracer avec le crayon une ligne parallèle à celle qui se trouve sur la feuille de papier. Comme dans la glace, toute direction est vue dans le sens symétrique, il en résulte une dissociation entre le mouvement et la perception visuelle : ainsi si la ligne tracée sur le papier va de gauche à droite en *descendant* sous un angle de 45°, la ligne que l'on verra par reflexion dans la glace sera dirigée de gauche à droite dans le sens *ascendant* sous un angle de 45° ; par conséquent lorsqu'on regardera cette direction et que l'on se proposera de tracer une parallèle à la ligne dessinée sur le papier, la direction du mouvement à faire sera symétrique de la direction de la ligne vue par réflexion dans la glace ; il y a donc désaccord.

Lorsque l'on commence à faire ces expériences pour la première fois, on trace d'abord une ligne qui est parallèle à l'image vue dans la glace, et qui est par conséquent presque perpendiculaire à la ligne tracée sur le papier ; on s'aperçoit immédiatement de son erreur ; on veut se corriger, mais on n'y arrive pas facilement ; en effet, on voit sa main par réflexion dans la glace et il y a un désaccord entre les mouvements réels de la main et ceux que l'on voit dans la glace ; ainsi, si on fait avec la main droite un mouvement d'extension, en la déplaçant de gauche à droite dans le sens ascendant, on voit dans la glace la main faire

un mouvement descendant de gauche à droite. Ce désaccord entre
la perception visuelle et le mouvement de la main est tel qu'on
ne devient plus maître de sa main, on ne sait pas comment il
faut la déplacer pour arriver à tracer la ligne parallèle demandée, on trace des lignes en zigzag dans toutes les directions
possibles, on se trouve dans un état complètement désorienté.
J'ai fait cette expérience sur un grand nombre de personnes,
toutes sans exception étaient perdues la première fois ; elles

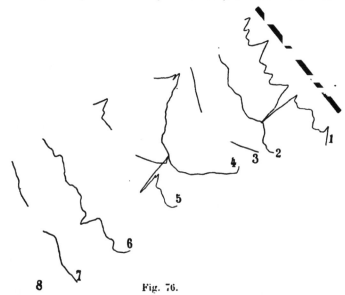

Fig. 76.

disaient ne pas savoir comment diriger leur main ; certaines
personnes n'arrivaient pas après 20 ou même 30 essais à tracer
une ligne qui s'approchât même un peu de la direction demandée. Les lignes sont courbes, en zigzag, plus encore que ne
le montre la figure 76. Dans le livre *Ueber die Raumwahrnehmungen des Tastsinnes* (p. 140), j'ai donné une reproduction d'une expérience de ce genre. Sur deux sujets et sur
moi-même j'ai fait des expériences suivies sur le tracé de
lignes parallèles avec la méthode précédente. Le sujet devait
tracer des lignes parallèles à la direction indiquée jusqu'à ce
qu'il arrivât à les faire correctement. Différentes direr
été étudiées. Comme ces expériences ne sont pas enc
nées, je ne rapporte ici que les résultats générau·
figures 76 et 77 indiquent le genre de l'

dans ces expériences. Le sujet devait tracer des parallèles à la
ligne marquée en noir, pendant qu'il la regarde par réflexion
dans la glace ; il trace dans les premières expériences les
lignes1, 2,... 8 de la figure 76. On voit que ces lignes sont très
ondulées, elles sont très irrégulières, on n'arrive pas à faire
une ligne droite malgré tous les efforts, les mouvements sont
lents et quelquefois saccadés. Lorsque le sujet trace une ligne
telle que la ligne 5 par exemple, qui au début coïncide à peu

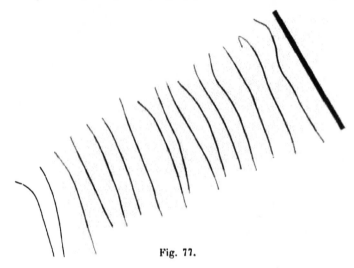

Fig. 77.

près avec la direction demandée, il arrive quelquefois que
brusquement la main se déplace dans le sens symétrique (par
rapport à l'horizontale) et on remarque une irrégularité pareille
à celle des lignes 5, 1, 6. Le tracé de ces lignes est très difficile ;
il faut une fixation de l'attention très forte ; mais après
quelques essais l'épreuve devient plus facile ; dès que le sujet
tombe sur la bonne direction, après avoir beaucoup tâtonné, et
souvent il tombe sur cette direction involontairement, il essaie
de maintenir cette direction et de la faire aussi automatiquement que possible. Voici en effet les observations internes
données par les sujets : Premier sujet. « Lorsque après plusieurs
essais je tombe par hasard sur la bonne direction, j'essaie de
ramener automatiquement la main à la position initiale et à
répéter automatiquement le mouvement qui avait été bon. Ce
sont des répétitions automatiques ; le sujet ne pense pas du
tout quelle est la direction du mouvement qu'il doit donner à

sa main; il ne se rend même pas exactement compte de la direction des mouvements de sa main. C'est ainsi que l'on remarque, que le sujet arrivait vers la fin de chaque feuille à bien faire la direction parallèle et à la feuille suivante les hésitations et les tâtonuements recommençaient. Le sujet remarque tout de même que vers la fin de la série les mouvements deviennent plus faciles qu'au commencement. » (Expérience du 28 mars 1898.) De même pour le deuxième sujet l'observation recueillie est la suivante : « Sur la première feuille tâtonne beaucoup, et n'arrive pas du tout au mouvement demandé ; sur la deuxième feuille la première ligne tracée par le sujet tombe à peu près dans la direction cherchée, le sujet continue le mouvement *automatiquement*, sans y penser, et après quelques feuilles arrive très facilement à faire le mouvement demandé ; mais le sujet dit qu'il ne pense pas au mouvement, il le fait automatiquement. » Remarquons que pour ne pas embrouiller les tracés, je mettais une nouvelle feuille de papier avec la même ligne directrice toutes les 10 à 20 expériences. Voici enfin mon observation personnelle, qui correspoud aux figures données plus haut : « D'abord les mouvements sont très incoordonnés, je n'arrive pas à faire une ligne droite ; malgré toute ma volonté, je trace toujours des zigzags. Mais déjà à la deuxième feuille cela s'améliore, les zigzags sont moindres et quelquefois il y a des lignes droites. Quelques feuilles plus tard, j'arrive avec beaucoup d'attention à tracer des lignes parallèles (la figure 77 représente le résultat obtenu à la dixième feuille, c'est-à-dire à peu près après 200 essais successifs). Dans ces lignes je remarque la particularité suivante : souvent la ligne que je trace commence par un petit crochet, que la main corrige d'elle-même sans que je le veuille. Si au contraire j'essaie de corriger ce crochet par la volonté, ou bien si la ligne que je commence à tracer me paraît ne pas être tout à fait parallèle à la ligne demandée, je fais des zigzags, la correction volontaire de la direction ne réussit pas, les lignes deviennent ondulées et courbées. L'état d'esprit pendant ces expériences est très curieux : je ne me rends pas exactement compte de la nature des mouvements que je fais ; après avoir porté mon attention sur ce point pendant que je traçais des lignes, je sens bien que c'est un mouvement de gauche à droite et de haut en bas, mais pendant que je pense à ces mouvements je trace des lignes très ondulées et qui ne sont pas parallèles à la ligne demandée. Je reste plutôt

comme un automate, la main trace elle-même les lignes parallèles et celles-ci réussissent le mieux si je n'y pense pas ; on
dirait que ma main est animée d'un mouvement que je ne sens
pas, je regarde dans la glace la main se mouvoir et cette main
me semble presque être une main d'un autre, que je ne déplace
pas volontairement. » (Expériences du 1er avril 1898.)

J'ai répété souvent cette expérience, en apportant des modifications diverses, en essayant d'agir sur les mouvements par différents moyens, par exemple en traçant avant les expériences
des lignes de certaines directions, etc. Je ne rapporte pas ici les
résultats de ces expériences, qui ne sont pas encore terminées,
l'observation générale est toujours la même : on ne se rend pas
bien compte du mouvement de sa main, on ne la sent pas bien,
on essaie de ne pas tenir compte des sensations qui émanent
de la main et on cherche à faire le mouvement aussi automatiquement que possible. Il est même arrivé plusieurs fois que le
sujet, interrogé après les expériences sur la direction du mouvement qu'il faisait, se trompe ; ainsi le mouvement était descendant de gauche à droite ⬍, et le sujet dit avoir fait un
mouvement ascendant de gauche à droite ⬈ ; il fait même ce
dernier mouvement avec sa main et dit que c'est ainsi qu'il a
déplacé son bras. Cette illusion est intéressante, elle est difficile à expliquer si on admet que la notion de direction d'un
mouvement est produite par les sensations de mouvement
venant de la périphérie ; je ne veux pas donner d'explication
ici ; il faut rassembler d'autres observations, sans quoi mon
explication serait trop hypothétique.

Quant à la question du rapport entre les perceptions visuelles
et les mouvements, il me semble que les faits précédents tendent à montrer l'existence d'une association directe sans intermédiaire des sensations de mouvement ; c'est la perception
visuelle qui évoque *directement* l'impulsion motrice ; voilà
pourquoi, dans les cas précédents, le mouvement nous paraît
automatique, nous ne sentons pas la main et même nous ne
voulons pas la sentir. Il est évident que cette théorie ne peut pas
être considérée comme prouvée ; il faudrait d'autres expériences
méthodiques, c'est ce que j'espère apporter prochainement.

c. *Indication verbale.* — Nous avons à étudier maintenant
avec quelle précision on exécute un mouvement, lorsque celui-
ci nous est indiqué verbalement, et il faudra certainement s'arrêter ici plus longuement sur l'importance que jouent les sensa-

tions sur les mouvements. La question est ici peut-être encore plus compliquée que dans les cas précédents ; en effet, l'indication verbale d'un mouvement à faire peut évoquer des représentations très diverses (visuelles, motrices, tactiles, etc.), ces représentations varieront d'un sujet à l'autre et puis elles seront différentes suivant la manière dont l'indication verbale est donnée. Il y aurait une étude très longue et en même temps très intéressante à faire sur ces différents cas ; ici nous ne ferons qu'indiquer quelques points relatifs à cette question.

Remarquons d'abord que cette méthode est celle qui est constamment employée en clinique ; lorsque l'on veut déterminer l'état du sens musculaire d'un malade, très souvent on lui dit d'exécuter avec un membre un mouvement déterminé, par exemple toucher le bout du nez, porter la main à l'oreille, faire un mouvement de 20 centimètres les yeux étant fermés, etc., etc. ; nous en avons des exemples innombrables dans l'étude des ataxiques.

Lorsqu'on donne verbalement l'indication d'un mouvement à faire, on provoque par cette indication verbale une série de représentations, et en modifiant le genre de l'indication, on pourra faire apparaître plus fortement telle ou telle autre représentation ; l'analyse des différents cas est difficile, on est obligé de se lier à l'observation interne et cette dernière est souvent assez délicate. Cette méthode doit donc surtout servir pour étudier l'influence des différentes représentations sur la précision des mouvements ; elle servira aussi dans quelques cas à faire la part de ce qui revient aux sensations de mouvement et de ce qui appartient aux impulsions motrices pures ; ce sont les cas pathologiques dans lesquels le malade a perdu la sensibilité d'un membre et où on observe avec quelle précision il exécute un mouvement qu'on lui dit de faire.

Je ne donnerai ici que des exemples, la place me manque pour analyser complètement d'une manière systématique les différents cas qui se présentent.

- Le premier exemple se rapporte aux mouvements de localisation : on dit au sujet de porter son index droit à un point déterminé du corps en se gardant de ne pas toucher la peau, c'est-à-dire en se servant simplement des mouvements et des sensations qui les accompagnent. Des expériences de ce genre ont été faites par moi en 1894 et elles ont été répétées par Parrish (98) ; je ne les rapporterai pas ici [1], elles ont eu pour but

_____
(1) Elles sont longuement exposées dans mon livre *Ueber die Raumwahrnehmungen des Tastsinnes*, p. 100-102 et 107-117.

de déterminer la précision avec laquelle se fait la localisation avec le mouvement tout seul; c'est une question qui fait surtout partie du problème de la localisation des sensations tactiles.

Un autre exemple est donné par les expériences de Goldscheider sur la régularité des mouvements. Le sujet cherche à faire un mouvement de flexion et d'extension avec un doigt d'une manière uniforme; une ficelle attachée à l'extrémité du doigt passe par une poulie et porte une plume qui écrit sur un cylindre, le sujet doit chercher à mouvoir le doigt de façon que sur le cylindre on obtienne une courbe représentée par une ligne droite d'abord ascendante, puis descendante. Goldscheider (voy. *Gesammelte Abhandlungen*, p. 6, 7, 57-75) a étudié comment variait la précision de ce mouvement, lorsqu'on abaissait la sensibilité en faisant passer un courant électrique par l'articulation dans laquelle se produisait le mouvement; ces expériences sont importantes pour la théorie de l'ataxie et pour la question du rapport entre les sensations de mouvement et la précision de ce mouvement. L'auteur trouve que pendant la faradisation du doigt les mouvements sont modifiés : au lieu d'être uniformes, ils sont saccadés, ils sont irréguliers; le sujet les exécute beaucoup plus rapidement qu'à l'état normal (presque deux fois plus rapidement), la grandeur du mouvement est exagérée, le sujet déplace son doigt plus loin que dans les conditions normales; en somme, on a tous les symptômes des mouvements ataxiques; il semble pourtant au sujet que le doigt est déplacé plus lentement et sur une moindre amplitude pendant la faradisation que sans elle. Enfin remarquons encore que toutes ces irrégularités disparaissent, lorsque le sujet regarde le doigt; il arrive dans ces cas à corriger le mouvement par la vision. On trouvera dans le travail de Goldscheider les figures qui représentent toutes ces irrégularités.

Il aurait fallu étudier de près le processus qui relie l'indication verbale d'un mouvement à l'exécution même de ce mouvement; on se pose à ce sujet une série de questions générales. Ainsi, par exemple, si vous dites à quelqu'un : « Fléchissez votre index gauche d'un angle droit, » que se passe-t-il dans l'esprit du sujet entre le moment où il entend vos paroles et le mouvement exécuté ? Quelles sont les représentations qui sont évoquées et quelle part joue chacune de ces représentations ? On admet en général que les paroles entendues évoquent une image motrice, accompagnée souvent d'une image visuelle et que c'est cette image motrice qui provoque l'impulsion motrice; mais certainement ce n'est pas tout; les sensations de mouvement venant de la périphérie entrent aussi en jeu, elles corrigent le mouvement et le régularisent; comment se fait cette correction? nous ne le savons pas ; du reste, toutes ces questions sont très obscures et on est loin de leur solution précise ; il faut rassembler beaucoup de faits, faire des expériences sur les sujets normaux, observer les cas pathologiques dans lesquels on a des troubles. de la sensibilité ou différentes formes de cécités (aphasie, agraphie, ataxie, etc.), et enfin faire des expériences physiologiques sur des animaux.

Une des questions les plus importantes consiste à savoir comment les sensations provoquées dans le membre mobile arrivent à régulariser le mouvement de ce membre. Pour résoudre cette question, on peut s'adresser à la physiologie. On a fait un grand nombre de recherches physiologiques, dans lesquelles on observait les troubles de mouvements produits par la section des racines postérieures (c'est-à dire sensitives), ou aussi par la section de différents nerfs sensitifs purs. Déjà Ch. Bell en 1822 avait fait des expériences de ce genre sur des ânes auxquels il sectionnait le nerf maxillaire supérieur et qui, après cette section, pouvaient mouvoir les lèvres, mais ne pouvaient pas saisir la nourriture (*Exposition du système naturel des nerfs du corps humain*, trad. française, 1825; p. 63, description de l'expérience; p. 72 et 73, *explication des troubles*). Magendie faisait à peu près à la même époque aussi des expériences sur différents animaux (ânes et lapins) et trouve encore le même résultat; depuis, presque tous les physiologistes ont refait les expériences sur des lapins, des chiens, des grenouilles, des chats, des singes, des ânes et des chevaux; on observa chez ces animaux les troubles de mouvements après la section des racines postérieures d'un ou de plusieurs membres et on rapprocha ces troubles des cas pathologiques sur l'ataxie locomotrice. Voici comment Longet s'exprimait en 1842 sur la question qui nous occupe maintenant : « A n'en pas douter, la condition première de l'harmonie dans les mouvements se trouve dans la sensation même de leur accomplissement. En effet, comment voudrait-on qu'un homme ou un animal qui a perdu la sensation des mouvements exécutés par ses membres, qui ne peut plus juger de leur attitude, de leurs rapports avec les objets extérieurs, qui ne sait même pas, pour ainsi dire, s'ils existent, qui enfin ne sent plus, avec ses membres, le sol sur lequel il pose, pût marcher régulièrement, conserver son équilibre et faire agir ceux-ci

BIBLIOGRAPHIE DU SENS MUSCULAIRE

Pour former cette bibliographie je me suis en partie servi de la bibliographie réunie par Claparède dans son livre sur le sens musculaire. Pour un certain nombre de travaux j'ai indiqué en quelques mots les points principaux qui y sont contenus ; il serait à désirer qu'une pareille indication soit donnée par les autres auteurs qui font des bibliographies ; elle peut souvent rendre de grands services. La bibliographie suivante présente certainement beaucoup de lacunes, puisque le sujet est extrèmement vaste.

I. — ÉTUDES D'ENSEMBLE SUR LE SENS MUSCULAIRE. THÉORIES.

1. BAIN, A. — **Moral and mental science.** Londres, 1868.

2. BAIN. — **The senses and the intellect.** 4ᵉ éd., 1894.

Voir l'étude d'ensemble du sens musculaire sur les pages 73 à 100.

3. BASTIAN, Cu. — **Le cerveau, organe de la pensée.** t. II. — Paris, 1882. Voir l'Appendice : « Opinions relatives à l'existence et à la nature du sens musculaire. »

4. BASTIAN. — **The muscular sense ; its nature and cortical localisation.** Brain, avril 1887, p. 1-89.

Etude d'ensemble sur le sens musculaire ; l'auteur examine les différentes questions sur le sens musculaire, il rapporte les faits physiologiques, pathologiques et discute les différentes théories présentées par différents auteurs ; c'est en somme une étude intéressante, condensée, dans laquelle il y a un défaut, c'est le manque d'ob-

servations sur les sujets normaux. A la suite de ce travail vient une
discussion très longue par Ferrier (p.89-96), Sully p. 96), Ross (96-
103), Crichton-Browne (103-107), Hughlings-Jackson (107-109),
Horsley (109-111), Haycraft (111-113), Mercier 113-115, Watteville
115-119), et enfin une réplique de Bastian p. 119-137.

5. BEAUNIS. — **Les sensations internes.** Paris, 1889.

On trouvera une étude d'ensemble sur le sens musculaire dans les
chapitres VII à XIV, p. 61-146. L'auteur étudie longuement les différentes
questions relatives au sens musculaire, il rapporte les observations
physiologiques et pathologiques, indique un certain nombre d'observations sur les sujets normaux, quoique dans cette dernière partie
il y ait beaucoup de lacunes ; il passe en revue les théories et incline
lui-même vers la théorie de l'existence d'un sens de l'innervation
centrale (p. 109-145).

6. BECHTEREW. — **Importance des organes de l'équilibre dans la
formation de la représentation de l'espace.** (En russe), 1896, 52 p.

Etude surtout théorique sur l'importance des organes d'équilibre
pour la représentation de la position du corps et des membres surtout page 44). L'auteur discute aussi longuement la théorie du vertige.

7. BELFIELD-LEFEVRE. — **Recherches sur la nature, la distribution
et l'organe du sens tactile.** Thèse méd. Paris, 1837.

Cité d'après le travail de Hoffmann p. 32).

8. BELL. — **The hand. its mechanism and vital endowments as
evincing design.** ch. IX, p. 189. Londres, 1833.

9. BELL. — **Exposition du système naturel des nerfs.** Traduct. de
Genest, 1825. Voir pages 9, 24, 63-73.

10. BELL. — **On the nervous circle which connects the voluntary
muscles with the brain.** Royal Society, 1826.

11. BERNHARDT. — **Die Erkrankungen der peripherischen Nerven.**
Wien, 1895. Voir pages 110-113.

Un court résumé sur le sens musculaire avec l'indication des
méthodes employées en clinique pour déterminer les anomalies de
ce sens ; on trouvera les figures des appareils de Goldscheider pour
la détermination de la perception des mouvements passifs et de
Bernhardt pour la perception ·

13. BERNHARDT. — **Le** **r. — Archiv.**
Psychiatrie. 1872, III,

14. BERNSTEIN. — **Les sens.** Paris, 1893.

15. BERTRAND (Alexis). — **La psychologie de l'effort.** — Paris, Alcan, 1889.

Étude purement théorique dans laquelle l'auteur expose longuement les théories de Maine de Biran : voir surtout les chapitres III et IV relatifs à l'effort musculaire, p. 66-125 ; la théorie de Biran relative à l'effort musculaire se trouve résumée dans les pages 90-93.

16. BICHAT. — **Anatomie générale appliquée à la physiologie et à la médecine.** Paris, 2ᵉ éd., 1812 ; voir le 2ᵉ volume, système musculaire, article troisième, § II, sur la sensibilité musculaire, p. 263 à 266.

17. BROWN. — **Lectures on the philosophy of the human mind.** vol. I, 1820, p. 487-587.

18. CHERECHEWSKI. — **Le sens musculaire et le sens des attitudes.** Thèse méd. de Paris, 1897.

19. CLAPARÈDE. — **Du sens musculaire, à propos de quelques cas d'hémiataxie posthémiplégique.** Genève, 1897, 147 p.

Dans la première partie (p. 11-80) l'auteur étudie dans son ensemble les différentes questions relatives au sens musculaire ; l'analyse de ces questions est souvent très fine, nous en avons donné des exemples dans notre travail. Un chapitre spécial (p. 59-80) est consacré à l'étude du « rôle du sens musculaire dans la genèse, la coordination et l'exécution des mouvements » ; l'exposition est claire, mais on y trouve un défaut : c'est l'abondance de schémas qui peuvent facilement induire en erreur. Dans la deuxième partie (p. 81-131), l'auteur étudie l'hémiataxie posthémiplégique : il donne beaucoup d'observations cliniques et étudie le rôle que le sens musculaire avait dans la production de l'ataxie des hémiplégiques. Enfin un index bibliographique contenant 204 numéros se trouve à la fin de ce travail.

20. CONGRÈS DE PSYCHOLOGIE. — **Le sens musculaire,** p. 65. Paris, 1889.

21. DESCARTES. — **Traité de l'homme,** ch. LXXVII.

« En quoy consiste l'idée du mouvement des membres, et que sa seule idée le peut causer. »

22. DESCARTES. — **La dioptrique.** Voir surtout les discours premier et sixième.

23. DUBUISSON. — **Quelques considérations sur les quatre sens du toucher en général et sur la musculature ou sens musculaire en particulier.** Thèse de Paris, 1874.

24. FINZI. — **I fenomeni e le doctrine del senso muscolare.** Rivista sperimentale di freniatria, vol. XXIII, p. 201.

25. FUNKE. — **Der Muskelsinn.** Hermann's Handbuch d. Physiologie, t. III, 1879, p. 359-374.

Etude d'ensemble sur le sens musculaire.

26. GEORGE. — **Der Muskelsinn.** Arch. f. Anatom. u. Physiol. 1870, p. 251.

27. HALL (St.). — **The muscular perception of space.** Mind III, p. 433-450.

28. HALL (St.) et HARTWELL. — **Bilateral asymetry of function.** Mind, XXXIII.

29. HAMILTON. — **Lectures on Metaphysics and Logic,** vol. II. London, 1870.

30. HAMILTON. W. — **Notes et dissertation sur Reid.**

31. HELMHOLTZ. — **Die Thatsachen in der Wahrnehmung.** Rede g. in Berlin, 1879, p. 14 et suiv.

32. HELMHOLTZ. — **Handbuch der physiologischen Optik,** 2e éd., 1896.

Voir pour la théorie de Helmholtz sur la nature du sens musculaire les pages 742 à 747.

33. HERING. — **Beiträge zur Physiologie;** surtout p. 323-329, 1864.

34. HERING. — **Der Raumsinn und die Bewegungen des Auges.** In Hermann's Handb. für Physiol. 1879, vol. III, p. 343-601.

Voir pour le sens musculaire les pages 545-548.

35. JAMES. — **Principles of psychology,** II. New-York, 1890, p. 189-203.

36. JAMES. — **Le sentiment de l'effort** (The feeling of effort). Trad. dans la Critique philos. de Renouvier, 9e année, 1880, II, p. 123, 124, 200, 204, 220, 226, 290.

37. JOLY. — **Sensibilité et mouvement.** Revue philos., 1886, II, p. 125.

38. KERSCHNER. — **Zur Theorie der Innervationsgefühle.** Bericht d. naturwiss. med. Vereins in Innsbruck, XXIII, 1897, 43 p.

Etude historique sur le sens musculaire; l'auteur rapporte b ment les théories et expériences des différents auteurs et i surtout sur les nombreuses expériences physiologiques relatives au sens musculaire; travail contenant peu de considérations originales.

39. LAMACQ. — **Etude critique du sens musculaire**. Thèse méd. de Bordeaux, 1891, 83 p.

Historique des théories du sens musculaire; analyse des sensations musculaires d'après Pitres: pression, contraction, fatigue. Défend l'existence d'un sens d'innervation centrale. Etude des mouvements actifs et passifs, de la perception de résistance; quelques cas pathologiques; peu d'observations originales. Localisation cérébrale du sens musculaire, deux observations personnelles: 1° anesthésie généralisée, 2° ataxie. A la fin bibliographie, pas très complète.

40. LANDRY. **Traité des paralysies. I, 1859.**

41. LEWES (G.-H.). — **Exposé de la théorie sur le sens musculaire.** Revue philos., 1878, VI, p. 63.

42. LOTZE. — **Medicinische Psychologie.** Leipzig, 1852.

43. LOTZE. **De la formation de la notion d'espace.** Revue philos., 1877, vol. IV, p. 345-365.

44. MILL (James). **Analysis on the phenomena of the human mind.** édit. 1869, vol. II, p. 142-163.

On y trouvera des notes intéressantes relatives au sens musculaire faites par Bain et J.-St. Mill.

45. MILL. J. St. **An examination of sir W. Hamilton's philosophy.** 6e édit. 1889, p. 187-313.

Voir surtout les pages 269 et 273 contenant la théorie de Hamilton sur le sens musculaire.

46. MULLER (Johannes). **Handbuch der Physiologie. I. II. p. 94, 499. 500, Coblence, 1840.**

47. MUNSTERBERG. **Die Willenshandlung,** Freiburg, 1888, 163 p. Voir surtout les pages 75 à 100 où l'auteur expose sa théorie du sens musculaire.

48. MUNSTERBERG. **Beitrage zur experimentellen Psychologie.** Freiburg, 1889-1892, 4 fascicules.

Voir dans le fascicule 1 la théorie des sensations de mouvement de Munsterberg (p. 23-27). Dans le fascicule 3 la théorie que toute **mesure des processus psychiques repose avant tout sur les sensations musculaires,** théorie très critiquable. Dans le même fascicule **(p. 67 à 91** quelques expériences faites avec trop peu de précision

et avec des erreurs de méthode graves sur la perception de l'amplitude des mouvements du bras et sur la perception des poids. Dans
le fascicule 4 les expériences sur les mouvements simultanés, on y
trouvera quelques expériences intéressantes qui devraient être
reprises avec plus de méthode (p. 192-211 . Tous ces travaux de Münsterberg ont été vivement critiqués par G.-E. Müller dans le Göttin-
gische gelehrte Anzeiger, juin 1891, p. 393-429.

49. PHILIPPI. — **Ueber Bewegungswahrnehmungen.** Philosophische
Monatshefte, 1883, p. 175-186.

Etude théorique, ne présentant pas beaucoup d'originalité, sur la
perception du mouvement par la vue, par le toucher passif et actif.
Pas d'expériences ; pas d'historique.

50. RIBOT. — **Les mouvements et leur importance psychologique.**
Revue philos., 1889, II.

51. RICHET (Ch.). — **Recherches expérimentales et cliniques sur la
sensibilité.** Paris, Masson, 1877.

52. RICHET (Ch.). — **De l'influence des mouvements sur les idées.**
Revue philos., 1879, II. p. 610.

53. ROBERTSON. — **Münsterberg on muscular sense and time sense.**
Mind. XV, 1890, p. 524-536.

54. SCHIFF (M.). — **Lehrbuch der Physiologie des Menschen,** I, p. 156-
159. Lahr, 1858.

55. SOLLIER. — **Le sens musculaire.** revue critique. Arch. de Neurologie, 1887, XIV, p. 81.

56. SPENCER (H.). — **Our space-consciousness.** Mind. XV, 1890, p. 305-
324.

57. STEINBUCH. — **Beitrag zur Physiologie der Sinne.** Nürnberg,
1811, 312 p.

C'est un des premiers auteurs qui aient développé longuement la
théorie du sens de l'innervation ; voir surtout les pages 30 à 76.

58. STRICKER. — **Studien über die Bewegungsvorstellungen.** Wien.
1882.

59. STUMPF. — **Ueber den Psychologischen Ursprung der Raumvors-
tellung.** Leipzig, 1873, p. 100-112 et 272-314.

60. VINAY. — **La psychologie du nouveau-né.** Semaine méd., 3 février
1897, p. 33-36.

61. WEBER (E. H. . — **Ueber die Tastorgane als die allein fahigen. um**

uns die Empfindung von Wärme, Kälte und Druck zu Verschaffen.
Ber. d. Sächs. Ges. d. Wiss., 1847, p. 358.

62. WUNDT (W.). — **Ueber den Gefühlsinn, mit besonderer Rücksicht auf dessen räumliche Wahrnehmungen.** Beiträge zur Theorie der Sinneswahrnehmungen, 1862, p. 1-65.

63. WUNDT (W.). — **Ueber die Entstehung räumlicher Gesichtswahrnehmungen.** Philos. Monatsch., vol. III.

64. WUNDT. — **Grundzüge der physiologischen Psychologie.**

Voir dans le tome I, p. 420 à 438 de la 4e édition (1893) où l'auteur réfute l'existence d'un sens de l'innervation centrale (surtout p. 425) et le tome I, p. 403 et 404 de la 3e édition (1887) où l'auteur défend l'existence du sens de l'innervation centrale.

.

II. — RECHERCHES EXPÉRIMENTALES SUR LE SENS MUSCULAIRE CHEZ DES SUJETS NORMAUX. PERCEPTION DE POSITION ET DE MOUVEMENT DES MEMBRES ET DU CORPS.

65. ARRER. — **Ueber die Bedeutung der Convergenz und Accommodationsbewegungen für die Tiefenwahrnehmung.** Philosoph. Studien, XIII, 1896, 130 p.

Expériences montrant le rôle des sensations musculaires des yeux pour la perception de profondeur; beaucoup d'indications bibliographiques relatives aux sensations musculaires des yeux.

66. AUBERT. — **Die Bewegungsempfindung.** Pflüger's Archiv., 1886, XXXIX, p. 347.

67. BINET (A.). — **Recherches sur les mouvements chez les enfants.** Revue philos., 1890, I, p. 297.

68. BLIX. — **Ett enkelt faerfaringsaett att baestaemma muskelsinnets skaerpa.** Upsala lækarefœren. Fœrh., 1884, XIX, p. 123.

On trouvera une analyse de ce travail dans le *Neurologisches Centralblatt*, 1884, 4. L'auteur détermine la finesse du sens musculaire par l'expérience suivante : le sujet est devant un tableau, il marque les yeux ouverts avec un crayon un point du tableau, puis ferme les yeux et cherche à toucher le même point. L'erreur commise indique la finesse du sens musculaire.

69. BLOCH. — **Expériences sur les sensations de contraction musculaire.** Comptes rendus de la Société de Biologie, 1884.

70. BLOCH. — **Expérience relative à la notion de position.** Comptes rendus de la Société de Biologie, 1896, III, p. 81.

71. BOWDITSCH and SOUTHARD. — **A comparaison of Sight and Touch**. Journal of Physiol., III, 1880, p. 232.

72. CHARCOT (J.-B.). — **Sur un appareil destiné à évoquer les images motrices graphiques chez les sujets atteints de cécité verbale**. Comptes rendus et mémoires de la Société de Biologie, 1892, p. 235-241.

Appareil permettant de faire mouvoir passivement la main du sujet dans n'importe quel sens; il y a une figure de l'appareil, nous avons reproduit plus haut sa description. Observations de malades et de normaux qui perçoivent bien les lettres et mots écrits passivement avec leurs mains, et de ceux qui ne les perçoivent pas.

73. CREMER. — **Über das Schätzen von Distanzen bei Bewegung von Arm und Hand**. Dissert. med. Würzburg, 1887, 36 p.

Premières expériences faites sur la précision des mouvements actifs. L'auteur rapporte longuement les résultats des expériences faites sur la comparaison des mouvements symétriques ou non symétriques exécutés avec les deux mains et sur la reproduction d'un mouvement avec la même main.

74. DELABARRE. — **Ueber Bewegungsempfindungen**. Dissert. philos. Freiburg., 1891, 111 p.

Etude expérimentale et en partie aussi théorique sur les sensations de mouvement. L'auteur commence par une étude critique du sens de l'innervation centrale, dans laquelle il examine successivement les différents arguments présentés par différents auteurs en faveur du sens de l'innervation et montre que tous ces arguments ne conduisent pas nécessairement à l'existence d'un pareil sens (p. 10-31). Analyse des sensations de mouvement (p. 32-62), l'auteur étudie le rôle des sensations cutanées, musculaires et articulaires. Pages 74 à 111, description des expériences originales faites sur la précision de reproduction de différents mouvements du bras ; étude de l'influence de nombreux facteurs : amplitude, vitesse, direction, position plus ou moins élevée du bras, résistance, mouvements symétriques ou asymétriques des deux bras, comparaison du bras gauche au bras droit, influence de la fatigue, etc. A la fin, figure de l'appareil employé.

75. DRESSLAR. — **A New Illusion for Touch and an Explanation for the Illusion of Displacement of certain Cross Lines in Vision**. Amer. Journ. of Psych., VI, p. 274.

76. FALK. — **Versuche über die Raumschätzung Armbewegungen**. Dissert. méd. Dorpat, 1890, 59

Expériences sur la comparaison des mouvem cription de l'appareil employé (avec figure)

sensibilité différentielle par la méthode des cas vrais et faux; influence
de l'amplitude du mouvement, de la vitesse, de la résistance et de la
direction. L'auteur a inscrit sur un cylindre rotatif la courbe du
mouvement; il décrit cette courbe à la page 47.

77. FÉRÉ. — **Expériences relatives à la notion de position.** Comptes
rendus de la Société de Biologie, 1896, II, p. 61.

78. GLEY. — **Le « sens musculaire » et les sensations musculaires.**
Revue philos., 1885, II, p. 601.

79. GLEY et MARILLIER. — **Expériences sur le sens musculaire.**
Revue philos., 1887, I, 441.

80. GLEY et MARILLIER. — **Le sens musculaire.** Réponse à M. Fouillée.
Revue philos., 1890, I, p. 184.

81. GOLDSCHEIDER. — **Gesammelte Abhandlungen.** II. Physiologie
des Muskelsinnes. Leipzig, 1898, 323 p.

Treize mémoires de Goldscheider sur le sens musculaire ont été
réunis dans ce volume. Ces mémoires avaient été publiés précédemment de 1887 à 1893 dans différents recueils. Voici ces mémoires :

1° *Ueber die Grenzen der Wahrnehmung passiver Bewegungen.*
Centralblatt für Physiologie, 1887, 3 p. Premières expériences sur le
seuil des mouvements passifs; indication de la méthode et de quelques
résultats numériques.

2° *Ueber Ataxie und Muskelsinn.* Verhandlungen der physiolog.
Gesellsch. zu Berlin, 1887, 5 p. Influence de la faradisation d'un doigt
sur le seuil des mouvements passifs de ce doigt et sur la régularité
des mouvements.

3° *Ueber den Muskelsinn und die Theorie der Ataxie.* Zeitschr. f.
Klin. Medicin, XV, 1888, 81 p. Etude d'ensemble sur le sens musculaire; p. 9-19, courte étude historique et position des différentes
questions, que l'auteur divise en quatre groupes : perception des
mouvements passifs, perception des mouvements actifs, perception de
la position des membres, perception des poids et de la résistance.
Pages 19 à 32, études sur la perception des mouvements passifs; l'auteur rapporte beaucoup d'expériences sur le seuil et sur la modification de ce seuil produite par une électrisation des différentes parties
des membres déplacés (voy. surtout p. 24 à 28); il montre l'importance des sensations articulaires. Pages 32 à 40, étude de la perception des mouvements actifs. Pages 40-55, étude détaillée sur la perception de la position des membres: l'auteur donne une analyse de
l'importance des différents facteurs; il rapporte les expériences sur
l'influence de la faradisation et les observations pathologiques.
Pages 55 à 75, étude expérimentale sur l'ataxie; l'auteur rapporte
les expériences nombreuses faites sur la modification de la forme
des mouvements produite par une faradisation du membre amenant

une abolition de la sensibilité articulaire ; on trouvera beaucoup de
graphiques intéressants montrant que les mouvements deviennent
plus rapides et saccadés ; voir surtout les graphiques des pages 70 à
74. Dans la dernière partie (p. 76-89), l'auteur expose une théorie
sensorielle de l'ataxie.

4° *Ueber paradoxe Widerstandsempfindung*. Centralblatt f. Physiologie, 1889, 2 p. L'auteur rapporte le fait que lorsqu'on tient un
poids suspendu à une ficelle et qu'on abaisse le bras, au moment où
le poids vient se poser sur un support placé en dessous, on a une
sensation nette de résistance.

5° *Ueber den Muskelsinn*. Verhandlungen d. Physiolog. Gesellsch.
zu Berlin, 1889, 4 p. Note résumant les résultats des recherches sur
le sens musculaire publiées dans le mémoire suivant.

6° *Untersuchungen über den Muskelsinn*. Archiv f. Anatomie und
Physiologie, physiologische Abtheil. 1889, 104 p. I. *Ueber die Bewegungsempfindung*. Etude très complète sur la perception des mouvements passifs ; l'auteur rapporte sur les pages 99 à 187 les résultats
des déterminations expérimentales du seuil des mouvements pour
les différents membres ; tous ces résultats sont résumés sur les
pages 182 à 187. Un dernier paragraphe (p. 187-200) est consacré à
l'étude de la nature des sensations de mouvement ; c'est là que l'auteur étudie en détail le rôle que les sensations cutanées, musculaires,
articulaires et tendineuses jouent dans la perception des mouvements.

7° *Untersuchungen über den Muskelsinn*. II. *Ueber die Empfindung der Schwere und des Widerstandes*. Archiv. f. Anat. u. Physiol.
Physiolog. Abtheil, 1888, supplem., 81 p. Etude expérimentale
sur la perception des poids et de la résistance. Dans les pages 205 à
225, l'auteur rapporte un grand nombre d'expériences servant
à analyser la perception des poids. Pages 225 à 237 expériences
sur la perception de résistance. Pages 237 à 238, étude comparative sur la perception des poids et de la résistance, analyse de
chacune de ces perceptions. Pages 238 à 268, étude surtout théorique sur la perception de position des membres, peu d'expériences
sur cette question. Pages 268 à 281, étude sur la perception des
mouvements actifs ; expériences sur le seuil ; critique du sens de
l'innervation centrale.

8° *Ueber die Empfindlichkeit der gelenkenden*. Verhandlungen
der Physiolog. Gesellsch zu Berlin, 1890, 6 pages. Expériences sur
les lapins, chez lesquels l'excitation d'une surface articulaire produit une réaction nette de la respiration ; nous avons critiqué dans
ce travail la signification de ces expériences.

9° *Ein Bewegungsmesser*. Berliner klin. Wochenschr., 1890,
8 pages. Description d'un appareil permettant de déterminer en
clinique la sensibilité pour les mouvements passifs ; une figure de
l'appareil se trouve à la page 292.

10° *Ueber einen Fall von tabischer Ataxie mit scheinbar intacter Sensibilität.* Berliner klin. Wochenschr. 1890, 7 pages. Observation d'un tabétique ayant une ataxie et percevant bien les mouvements des membres; ce n'est que la détermination précise des seuils de sentation du mouvement qui a relevé une abolition de la sensibilité pour les mouvements, le seuil était égal à 4 degrés, tandis que chez les normaux il est dans les mêmes conditions égal à 0°,5.

11° *Muskelsinnstörung bei Bulbäraffection.* Zeitsch. f. klin. Medic., vol. XVII, 1890, 3 pages.

12° *Untersuchungen über den Muskelsinn der Blinden.* Vortrag am psychol. Congress zu London, 1892, 3 pages. Résumé des expériences de Hocheisen, faites sur le sens musculaire chez les aveugles.

13° *Versuche über die Empfindung des Widerstandes* (en collaboration avec Blecher). Arch. f. Anatom. u. Physiol. Physiol. Abtheil., 1893, 15 pages. Etude expérimentale sur le seuil de la sensation de résistance pour les différentes articulations.

82. HALL et DONALDSON. — **Motor sensations on the Skin.** Mind. X, 1885, p. 557.

83. HENRI (V.). — **La localisation des sensations tactiles.** Année psychol., vol. II, p. 168-193.

83 *bis.* HENRI (V.). — **Ueber die Raumwahrnehmungen des Tastsinnes.** Berlin, 1898, 228 p.

84. HITZIG. — **Ein Kinesthaesiometer, nebst einigen Bemerkungen über den Muskelsinn.** Neurol. Centralblatt, 1888.

85. HITZIG. — **Der Schwindel,** 1 vol. in-8°, Wien, 1898.

Etude détaillée sur la physiologie et la pathologie du vertige, suivie d'une bibliographie assez complète de la question du vertige.

86. HOCHEISEN. — **Der Muskelsinn Blinder.** Zeitsch., f. Psychol. u. Physiol. der Sinnesorg. V, p. 239, 1893, aussi Dissert., Berlin, 1892, 38 p.

Expériences servant à déterminer le seuil pour la perception des mouvements passifs chez huit aveugles et quatre normaux. Les résultats sont résumés sur les pages 25 et 38.

87. JANET (PIERRE). — **Sur un nouvel appareil destiné à l'étude des sensations kinesthésiques.** — Revue philos., 1892, II, p. 506-509. Description de l'appareil de J.-B. Charcot que nous avons décrit dans notre travail.

88. JASTROW. — **The perception of space by disparate senses.** Mind. XI, 1886, p. 539-554.

Comparaison des différents moyens de perception de la distance :
par la vision, le toucher passif, les mouvements des mains, etc.
Etude expérimentale faite sur des sujets normaux et sur un aveugle.

89. KALISCHER. — **Ueber Poliencephalomyelitis und Muskelermüd-barkeit** (Myasthenia . Zeitsch. f. klin. Medicin., vol. XXXI, 1896,
p. 93-112.

90. LANGLOIS et RICHET. — **De la sensibilité musculaire de la res-piration.** Revue philos. 1890, I. p. 557-559.

Expériences servant à déterminer la résistance minimum que l'on
perçoit pendant l'expiration; résultat : une augmentation de la pression à vaincre égale à 1 millimètre de mercure est déjà sensible ; la
pression maximum pouvant être surmontée est de 100 à 120 millimètres.

91. LOEB. — **Untersuchungen über den Fühlraum der Hand.** Pflüg.
Arch. f. Physiol., vol. XLI, 1887, p. 107-127.

Expériences sur la perception des mouvements actifs; l'auteur
arrive à la théorie que l'impulsion centrale et la durée du mouvement sont les deux facteurs qui servent à la perception d'un mouvement actif (p. 123 ; cette théorie ne peut pas être admise, comme
nous l'avons montré dans notre travail.

92. LOEB. — **Untersuchungen über die Orientierung im Fühlraum
der Hand und im Blickraum.** Pflüg. Arch., 46, 1889, p. 1-46.

93. LOEB et KORANYI. — **Ueber den Einfluss der Schwerkraft auf
den Zeitlichen Verlauf der geradlinigen Willkürbewegungen un-
seres Armes.** Pflüg. Arch., 46, 1889, p. 101-114.

94. MACH. — **Grundlinien der Lehre von den Bewegungsempfindungen.** Leipzig, 1875, 127 p.

Etude approfondie de la perception du mouvement de tout le
corps. Expériences faites sur l'homme et sur les animaux (section
des canaux semi-circulaires); ces expériences sont décrites dans les
pages 22 à 54. L'auteur étudie ensuite (p. 65-96) le rôle des différents
facteurs dans la perception des mouvements du corps; il fait un
grand nombre d'expériences très originales; celles qui concernent
le sens musculaire sont décrites dans les pages 69 à 73. Enfin (p. 97-
124), théorie de la perception des mouvements du corps et du sens
statique.

95. MOSSO. — **Ueber die Gesetze der Ermudung** Untersuchungen au
Muskeln des Menschen. Arch. f. Anat. u. Physiol., 1890, p. 89-
168.

Expériences avec l'ergographe sur la fatigue musculaire. Il tra vail n'a pas de rapport direct avec le sens musculaire, mais on y trouve quelques remarques relativement au sens de fatigue; je note entre autres l'observation de la page 118 qu'un poids soulevé paraît d'autant plus lourd que l'on est plus fatigué.

96. MOSSO. — Der Mensch auf den Hochalpen, 1 vol. in-8°, 1899, 583 p.

On trouve dans cet ouvrage beaucoup d'observations sur les sensations de fatigue ressenties pendant l'ascension des montagnes; voir surtout le chapitre vi, pages 110-139. L'auteur insiste sur l'importance que la fixation de l'attention joue dans la production de la fatigue (p. 113).

97. OSTERMANN. — Die Symmetrie im Fühlraum der Hand. Dissert. med. Würzburg, 1888, 28 p.

Expériences sur le tracé de lignes simples ou compliquées simultanément avec les deux mains, de façon à obtenir des figures symétriques. On trouvera dans les pages 3, 4 et 5 une analyse assez fine du processus et une description de la manière dont on se comporte pendant ces expériences.

98. PARRISH. — Localisation of Cutaneous Impressions by Arm movement without Pressure upon the Skin. Amer. Journ. of Psych., vol. VIII, 1897, p. 250-268.

Expériences sur la localisation des sensations tactiles par le mouvement seul; intéressant pour l'étude de la représentation de position relative des membres.

99. PARRISH. — The Cutaneous Estimation of Open and Filled space. Amer. Journ. of Psych., VI, p. 514.

100. POUCHET. — Note sur le sens musculaire. Revue philos., VI, p. 504, 1878.

101. SACHS (M.). — Zur Analyse des Tastversuchs. Arch. für Augenheilkunde, XXXIII, 1896, p. 111-124.

Analyse de l'expérience consistant à faire toucher un point du champ visuel à un malade ayant une parésie de certains muscles oculaires; deux observations nouvelles sont données.

102. SCHAEFER. — Ueber die Wahrnehmung eigener passiver Bewegungen durch den Muskelsinn. Pflüger's Archiv., 1887, XLI, p. 566.

Etude sur les perceptions de déplacement de tout le corps; expériences et théorie dans laquelle il ramène au sens musculaire la perception du mouvement du corps entier. Un résumé de ce travail est publié sous le titre suivant :

103. SCHAEFER. — **Die Erklärung der Bewegungsempfindungen durch den Muskelsinn.** Dissert. med. Iéna, 1889, 37 p.

L'auteur critique dans ce travail les théories du sens statique de Mach et Delage.

104. SCHNEIDER. — **La mémoire des mouvements actifs. Étude de psychologie expérimentale.** En russe. Dissert. med. Juriew. 1894, 38 p.

Expériences faites sur la mémoire des mouvements actifs de l'avant-bras. Étude de l'influence de la durée de l'intervalle entre le mouvement indiqué et le mouvement reproduit; méthode des erreurs moyennes. Résultats montrant que l'exactitude de la reproduction diminue à mesure que l'intervalle augmente ; cette diminution est faible pour des intervalles au-dessous de deux minutes, elle est plus forte pour les intervalles de deux à quinze minutes.

105. SCHREUDER. — **Die electro-musculare Sensibilität.** Dissert. med. Freiburg, 1892, 31 p.

Expériences faites sur plusieurs personnes normales et sur des malades, dans lesquelles l'auteur détermine le seuil d'excitation électrique qui provoque une sensation particulière (électro-musculaire); cette excitation minimum est chez les normaux souvent inférieure à l'excitation électrique minimum qui provoque une contraction musculaire; par exemple, dans un cas, la sensation est provoquée par un courant de 2 milliampères et la première contraction apparente est produite seulement par un courant de 7 milliampères.

106. SCRIPTURE, COOKE and WARREN. — **Researches on memory for arm-movements.** Stud. fr. the Yale Psychol. Laboratory, V, 1897, p. 90-92.

Résultats de quelques expériences sur la mémoire des mouvements actifs des bras ; étude de l'influence de l'intervalle et de l'amplitude des mouvements.

107. SEGSWORTH. — **On the difference sensibility for the valuation of space distances with the help of arm-movements.** Amer. Journ. of Psychol., VI, 1894, p. 369-407.

Expériences nombreuses sur la sensibilité différentielle dans la perception des mouvements actifs du bras ; étude de l'influence de différents facteurs, dont nous avons parlé dans notre travail ; résumés aux pages 384, 393 et 405.

108. STERN (W.). — **Die We**   **en vermittelst**
des Auges. Zeitsch. f. Psyc   894, p. 32*
386.

109. STERNBERG. — Zur Lehre von den Vorstellungen über die Lage unserer Glieder. Pflüger's Archiv., 1885. XXXVII. p. 1-5.

L'auteur rapporte une expérience avec l'index, que nous avons décrite dans notre travail, dans laquelle on croit déplacer son index lorsqu'en réalité il n'y a eu aucun mouvement; l'auteur en tire un argument pour la théorie du sens de l'innervation centrale, cet argument doit être critiqué.

110 STERNBERG. — Die Sehnenreflexe und ihre Bedeutung für die Pathologie des Nervensystems. 1 vol. in-8°. Wien. Deuticke. 1893. 328 p.

111. VIERORDT. — Die Bewegungsempfindung. Zeitschrift für Biologie. 1876, XII, p. 226-240.

Étude sur la perception du mouvement des objets externes par la vue ou par le toucher, l'auteur défend l'existence de sensations de mouvement spécifiques.

112. VIERORDT. — Zeitsinn. Tübingen, 1868, p. 118-123.

113. WALLER. — The sense of effort : an objective study. Brain. 1891, p. 179 et 432.

Étude expérimentale sur la fatigue musculaire faite avec un dynamographe; l'auteur étudie l'influence de différents facteurs : fatigue volontaire et fatigue dans les contractions produites par le courant électrique; en se fondant sur ces expériences, l'auteur construit une théorie du sens musculaire. Ces expériences et la théorie de Waller ont été critiquées avec beaucoup de soin par G.-E. Muller dans une analyse très intéressante publiée dans la *Zeitschr. f. Psychol.*, IV, 1893, p. 122-138.

114. WARREN. — Sensations of rotation. Psychological Review. vol. II, 1895, p. 273-276.

Quelques expériences sur la sensation de rotation du corps entier.

115. WOOD. — The haunted swing illusion. Psychological Review. vol. II, 1895, p. 277.

Observation sur l'illusion de mouvement du propre corps obtenues en faisant mouvoir tous les objets environnants, c'est-à-dire toute la chambre dans laquelle on se trouve.

116. ZERNIAL. — Experimentalbeitrage zur Kenntniss des Muskelsinns. Archiv d. Heilkunde, V, p. 540-549.

Quelques expériences faites sur la perception de la longueur d'une tige que l'on tient entre les doigts et avec laquelle on appuie contre une surface fixe.

III. — Recherches expérimentales sur la perception des poids

117. Von BIERVLIET. — **La mesure des illusions de poids.** Année psychologique, II, p. 79-86.

Expériences sur l'illusion des poids ; théorie psychologique ; cette dernière a été critiquée par Claparède (121).

118. BOLTON. — **A contribution to the study of illusions, with special reference to the effect of size upon estimation of Weight.** Amer. Journ. of Psychology, IX, 1898, p. 167-178.

Expériences sur l'illusion des poids, influence de la manière dont le poids est soulevé.

119. CHARPENTIER. — **Analyse de quelques éléments de la sensation de poids.** Arch. de Physiologie, 1891, p. 27.

L'auteur rapporte un certain nombre d'expériences sur la perception des poids, d'après lesquelles il cherche à montrer que les sensations cutanées jouent le rôle principal. C'est lui qui signale le premier l'illusion bien connue que de deux objets de même poids, mais de volumes différents, le plus petit paraît être le plus lourd, et il cherche à expliquer cette illusion par les sensations cutanées.

120. CHAVET. — **Recherches sur le sens de la force.** Thèse de Lyon (avant 1888).

121. CLAPARÈDE. — **Les illusions des poids chez quelques malades hypokinesthésiques.** Comptes rendus Soc. de Biologie, février 1899.

Expériences sur l'illusion des poids chez trois malades ayant des troubles du sens musculaire dans l'un des bras ; du côté malade, les objets petits et gros de poids réel égal paraissent aussi être du même poids, au contraire du côté sain l'objet le plus petit semble être le plus lourd ; conclusion : l'illusion des poids tient aux sensations kinesthésiques et non à une association psychique, comme l'a, par exemple, supposé van Biervliet.

122. DRESSLAR. — **Studies in the Psychology of Touch.** Amer. Journ. of Psych., VI, 1894, p. 313-368.

Voir, pages 363-363, expériences sur l'   des poids **en rapport avec le volume** des corps so   nbreuses faites **dans les** écoles ; résultats   première étude méthodique sur l'il

uns die Empfindung von Wärme, Kalte und Druck zu Verschaffen.
Ber. d. Sächs. Ges. d. Wiss., 1847, p. 358.

62. WUNDT (W.). — Ueber den Gefühlsinn, mit besonderer Rücksicht
auf dessen räumliche Wahrnehmungen. Beiträge zur Theorie der
Sinneswahrnehmungen, 1862, p. 1-65.

63. WUNDT (W.). — Ueber die Entstehung räumlicher Gesichtswahrnehmungen. Philos. Monatsch., vol. III.

64. WUNDT. — Grundzüge der physiologischen Psychologie.

Voir dans le tome I, p. 420 à 438 de la 4ᵉ édition (1893) où l'auteur
réfute l'existence d'un sens de l'innervation centrale (surtout p. 425)
et le tome I, p. 403 et 404 de la 3ᵉ édition (1887) où l'auteur défend
l'existence du sens de l'innervation centrale.

II. — Recherches expérimentales sur le sens musculaire chez
des sujets normaux. Perception de position et de mouvement
des membres et du corps.

65. ARRER. — Ueber die Bedeutung der Convergenz und Accommodationsbewegungen für die Tiefenwahrnehmung. Philosoph.
Studien, XIII, 1896, 130 p.

Expériences montrant le rôle des sensations musculaires des yeux
pour la perception de profondeur; beaucoup d'indications bibliographiques relatives aux sensations musculaires des yeux.

66. AUBERT. — Die Bewegungsempfindung. Pflüger's Archiv., 1886,
XXXIX, p. 347.

67. BINET (A.). — Recherches sur les mouvements chez les enfants.
Revue philos., 1890, I, p. 297.

68. BLIX. — Ett enkelt faerfaringsaett att baestaemma muskelsinnets
skaerpa. Upsala läkarefören. Faerh., 1884, XIX, p. 123.

On trouvera une analyse de ce travail dans le *Neurologisches Centralblatt*, 1884, 4. L'auteur détermine la finesse du sens musculaire
par l'expérience suivante : le sujet est devant un tableau, il marque
les yeux ouverts avec un crayon un point du tableau, puis ferme
les yeux et cherche à toucher le même point. L'erreur commise
indique la finesse du sens musculaire.

69. BLOCH. — Expériences sur les sensations de contraction musculaire. Comptes rendus de la Société de Biologie, 1884.

70. BLOCH. — Expérience relative à la notion de position. Comptes
rendus de la Société de Biologie, 1896, III, p. 81.

seuil en rapport avec la grandeur du poids soulevé, et puis la vitesse
de soulèvement (p. 78-98). Il arrive à une théorie très analogue à
celle de Müller et Schumann, qu'il méconnaît du reste complètement; la figure 7 de la page 79 est très significative pour cette théorie. Les résultats obtenus par l'auteur sont résumés à la page 99.

131. LEWINSKI. — **Ueber den Kraftsinn**. Verchow's Arch, 1879,
LXXVII, p. 142.

132. LOMBARD. — **Some of the influences which affect the power
of voluntary muscular contractions**. Journal of physiolog., XIII,
1892, p. 1.

133. MARTIN und G.-E. MÜLLER. — **Zur Analyse der Unterschiedsempfindlichkeit**. Experimentelle Beiträge. Leipzig, 1899, 233 p.

Etude très intéressante sur la perception des poids et sur différentes questions théoriques de la sensibilité différentielle. Au point
de vue de la perception des poids, les nombreuses expériences et
observations confirment la théorie de Müller-Schumann (135).

134. MÜLLER (G.-E.). — **Zur Grundlegung der Psychophysik**, 1878.

Pages 189 à 205, exposition critique des expériences sur la comparaison des poids faites par Weber, Fechner et les élèves de Hering.
Pages 311 à 334, discussion de l'application de la loi de Weber au sens
musculaire; l'auteur étudie brièvement le sens musculaire dans son
ensemble.

135. MÜLLER (G.-E.) et SCHUMANN. — **Ueber die psychologischen
Grundlagen der Vergleichung gehobener Gewichte**. Pflüger's,
Archiv., 1889, XLV, p. 37-112.

Etude très importante dans laquelle les auteurs donnent une analyse expérimentale du processus psychologique de la comparaison
des poids. Ils ont fait un grand nombre d'expériences originales
montrant l'importance de l'adaptation motrice par la comparaison
des poids. La théorie développée par les auteurs (p. 55-63) se résume
de la manière suivante : lorsque nous soulevons deux poids dans le
but de les comparer, nous exerçons la même impulsion motrice pour
les deux poids et nous comparons les effets résultant de cette application d'une impulsion motrice égale, c'est-à-dire, d'une manière
générale, nous comparons les vitesses de soulèvement et, par suite
d'une expérience acquise, nous jugeons le poids soulevé plus rapidement comme étant le plus léger. Le travail est aussi important pour
la description de la méthode expérimentale qu'il faut suivre dans
l'étude de la perception des poids. Les auteurs critiquent soigneusement la théorie du sens de l'innervation centrale (p. 80-91).

136. PIERCE and JASTROW. — **On small difference of sensation**.

sensibilité différentielle par la méthode des cas vrais et faux ; influence de l'amplitude du mouvement, de la vitesse, de la résistance et de la direction. L'auteur a inscrit sur un cylindre rotatif la courbe du mouvement ; il décrit cette courbe à la page 47.

77. FÉRÉ. — **Expériences relatives à la notion de position**. Comptes rendus de la Société de Biologie, 1896, II, p. 61.

78. GLEY. — **Le « sens musculaire » et les sensations musculaires**. Revue philos., 1885, II. p. 601.

79. GLEY et MARILLIER. — **Expériences sur le sens musculaire**. Revue philos., 1887, I, 441.

80. GLEY et MARILLIER. — **Le sens musculaire**. Réponse à M. Fouillée. Revue philos., 1890, I, p. 184.

81. GOLDSCHEIDER. — **Gesammelte Abhandlungen. II. Physiologie des Muskelsinnes**. Leipzig, 1898, 323 p.

Treize mémoires de Goldscheider sur le sens musculaire ont été réunis dans ce volume. Ces mémoires avaient été publiés précédemment de 1887 à 1893 dans différents recueils. Voici ces mémoires :

1° *Ueber die Grenzen der Wahrnehmung passiver Bewegungen*. Centralblatt für Physiologie, 1887, 3 p. Premières expériences sur le seuil des mouvements passifs ; indication de la méthode et de quelques résultats numériques.

2° *Ueber Ataxie und Muskelsinn*. Verhandlungen der physiolog. Gesellsch. zu Berlin, 1887, 5 p. Influence de la faradisation d'un doigt sur le seuil des mouvements passifs de ce doigt et sur la régularité des mouvements.

3° *Ueber den Muskelsinn und die Theorie der Ataxie*. Zeitschr. f. Klin. Medicin, XV, 1888, 81 p. Etude d'ensemble sur le sens musculaire ; p. 9-19, courte étude historique et position des différentes questions, que l'auteur divise en quatre groupes : perception des mouvements passifs, perception des mouvements actifs, perception de la position des membres, perception des poids et de la résistance. Pages 19 à 32, études sur la perception des mouvements passifs ; l'auteur rapporte beaucoup d'expériences sur le seuil et sur la modification de ce seuil produite par une électrisation des différentes parties des membres déplacés (voy. surtout p. 24 à 28) ; il montre l'importance des sensations articulaires. Pages 32 à 40, étude de la perception des mouvements actifs. Pages 40-55, étude détaillée sur la perception de la position des membres ; l'auteur donne une analyse de l'importance des différents facteurs ; il rapporte les expériences sur l'influence de la faradisation et les observations pathologiques. Pages 55 à 75, étude expérimentale sur l'ataxie ; l'auteur rapporte les expériences nombreuses faites sur la modification de la forme des mouvements produite par une faradisation du membre amenant

une abolition de la sensibilité articulaire; on trouvera beaucoup de
graphiques intéressants montrant que les mouvements deviennent
plus rapides et saccadés; voir surtout les graphiques des pages 70 à
74. Dans la dernière partie (p. 76-89), l'auteur expose une théorie
sensorielle de l'ataxie.

4° *Ueber paradoxe Widerstandsempfindung.* Centralblatt f. Physiologie, 1889, 2 p. L'auteur rapporte le fait que lorsqu'on tient un
poids suspendu à une ficelle et qu'on abaisse le bras, au moment où
le poids vient se poser sur un support placé en dessous, on a une
sensation nette de résistance.

5° *Ueber den Muskelsinn.* Verhandlungen d. Physiolog Gesellsch.
zu Berlin, 1889, 4 p. Note résumant les résultats des recherches sur
le sens musculaire publiées dans le mémoire suivant.

6° *Untersuchungen über den Muskelsinn.* Archiv f. Anatomie und
Physiologie, physiologische Abtheil. 1889, 104 p. I. *Ueber die Bewegungsempfindung.* Etude très complète sur la perception des mouvements passifs; l'auteur rapporte sur les pages 99 à 187 les résultats
des déterminations expérimentales du seuil des mouvements pour
les différents membres; tous ces résultats sont résumés sur les
pages 182 à 187. Un dernier paragraphe (p. 187-200) est consacré à
l'étude de la nature des sensations de mouvement; c'est là que l'auteur étudie en détail le rôle que les sensations cutanées, musculaires,
articulaires et tendineuses jouent dans la perception des mouvements.

7° *Untersuchungen über den Muskelsinn.* II. *Ueber die Empfindung der Schwere und des Widerstandes.* Archiv. f. Anat. u. Physiol.
Physiolog. Abtheil. 1888, supplem., 81 p. Etude expérimentale
sur la perception des poids et de la résistance. Dans les pages 204 à
225, l'auteur rapporte un grand nombre d'expériences servant
à analyser la perception des poids. Pages 225 à 237 expériences
sur la perception de résistance. Pages 237 à 258, étude comparative sur la perception des poids et de la résistance, analyse de
chacune de ces perceptions. Pages 258 à 268, étude surtout théorique sur la perception de position des membres, peu d'expériences
sur cette question. Pages 268 à 281, étude sur la perception des
mouvements actifs; expériences sur le seuil; critique du sens de
l'innervation centrale.

8° *Ueber die Empfindlichkeit der gelenkenden.* Verhandlungen
der Physiolog. Gesellsch zu Berlin, 1886, 6 pages. [illegible]

IV. — Observations sur les sensations illusoires des amputés

149. ABBATUCCI. — **Étude psychologique sur les hallucinations des amputés.** Thèse de Bordeaux, 1894, 81 p.

Étude très détaillée suivie de 18 observations des hallucinations des amputés ; expériences avec l'électrisation et avec la cocaïnisation du moignon.

150. BALL. — **Leçons sur les maladies mentales, 1880-1883.** Amputés.

160. BIZET. — **Sur une hallucination du toucher propre aux amputés.** Gaz. méd. de Paris, 1861.

161. CASTEL. — **De la douleur rapportée aux extrémités après qu'elles ont été séparées du membre.** Bull. de l'Acad. Royal. Méd. de Paris, 1838.

162. CHARCOT. — **Leçon sur les illusions des amputés.** Leçons du mardi, 1887.

163. GUÉNIOT. — **D'une hallucination du toucher ou hétérotopie subjective des extrémités particulière à certains amputés.** Journal de Physiol., 1861, vol. IV, p. 416-430.

164. LEMOS. — **Dissertatio quæ dolorem membri amputati remanentem explicat.** Hallæ, 1798.

165. PITRES. — **Étude sur les sensations illusoires des amputés.** Annales médico-psychol. 1897, p. 5-19, et 177 à 192.

Voir relativement aux sensations musculaires les pages 13 et 187-189 ; l'auteur montre que les sensations illusoires des amputés parlent pour la théorie périphérique du sens musculaire et non pour la théorie centrale.

166. RHONE. — **De sensuum mendacio apud eos homines quibus membrum aliquod amputatum est.** Halle, 1842.

V. — Coordination des mouvements, expériences physiologiques. Action des muscles antagonistes. Mouvements associés. Influence de la sensibilité sur la régularité des mouvements.

167. ARNOLD. — **Die Verrichtungen der Wurzeln der Rückenmarksnerven.** Heidelberg, 1844.

Expériences physiologiques sur des grenouilles pour établir le rapport entre la sensibilité et la coordination des mouvements.

168. BEAUNIS. — Recherches physiologiques sur la contraction simultanée des muscles antagonistes, avec quelques applications à la pathologie. Arch. de Physiologie, 1889, p. 55-69.

L'auteur a étudié chez la grenouille, le cobaye, le lapin et le chien la contraction des muscles antagonistes pendant les mouvements réflexes ou volontaires ; il donne quelques tracés myographiques montrant que les deux muscles antagonistes se contractent en général simultanément, mais présentent des différences au point de vue de la forme de la contraction. L'auteur a oublié de signaler à quels mouvements des membres correspondent ces contractions, sont-ce des extensions ou des flexions?

169. BECHTEREW. — Ueber die Erscheinungen, welche die Durchschneidung der Hinterstrange des Rückenmarkes bei Thieren herbeiführt, und über die Beziehung dieser Strange zur Gleichgewichtsfunktion. Arch. f. Anatomie u. Physiologie, physiol. Abtheil. 1890, p. 489-504.

170. BEEVOR. — On Some points in the action of muscles. Brain, 1891, p. 51.

Travail intéressant pour la question de l'action des muscles antagonistes ; l'auteur nie la contraction simultanée des muscles antagonistes dans les mouvements rapides et intenses.

171. BELMONDO e ODDI. — Ricerche sperimentali intorno all'influenza della radici spinali posteriori sull'eccitabilita della anteriori. Riv. Sperim di Freniatria, XVI, 1890, et Arch. ital. de Biol., XV, 1891, p. 17-33.

171 bis. BERNARD (CLAUDE). — Leçons sur la physiologie et la pathologie du système nerveux. Paris, 1858.

Voir la 14e leçon (p. 246-266) sur le sens musculaire; c'est là que l'auteur décrit ses expériences faites sur les grenouilles afin de déterminer les rapports de la sensibilité et de la coordination des mouvements.

172. BICKEL. — Ueber den Einfluss der sensiblen Nerven und der Labyrinthe auf die Bewegungen der Thiere. Mit einen Nachworte von Ewald. Pflüg. Arch., LXVII, 1897.

Observation des troubles moteurs à la suite de la section des racines postérieures et après la destruction du labyrinthe chez les grenouilles et chez les chiens. Expériences faites avec beaucoup de soin, confirmant en somme la théorie de H.-E. Hering.

173. BRÜCKE. — **Ueber willkürliche und krampfhafte Bewegungen.** Sitzungsber. d. Wiener Akadem. III Abtheil., 1877, 43 p.

L'auteur défend la théorie de l'action simultanée des muscles antagonistes (p. 24-26 du tirage à part), qui servent, d'après lui, à rendre les mouvements plus réguliers et plus sûrs.

174. CAMUS. — **Des mouvements involontaires dans les membres paralysés.** Thèse méd. Bordeaux, 1885.

Six observations d'hémiplégiques ayant des mouvements associés divers.

175. CHAUVEAU. — **Sur le circuit sensitivo-moteur des muscles.** Comptes rendus de la Société de Biologie, décembre 1891, III, 34.

176. CYON. — **Sur la secousse musculaire produite par l'excitation des racines de la moelle épinière.** Soc. de Biologie, 1876, p. 134.

177. DAMSCH. — **Ueber Mitbewegungen in symmetrischen Muskeln in nicht gelahmten Gliedern.** Zeit. f. klin. Medic., vol. XIX, suppl., 1891.

178. DEMENY. — **Du rôle mécanique des muscles antagonistes dans les actes de locomotion.** Arch. de Physiologie, 1890, p. 747.

Expériences faites au moyen du myographe sur l'homme afin de déterminer l'action des muscles antagonistes ; l'auteur arrive à la conclusion que les muscles antagonistes se contractent simultanément avec les muscles directs.

179. EXNER (Sigm). — **Ueber Sensomobilität.** Pflügers Archiv. 1891. XLVIII. p. 592-613.

180. EXNER. — **Entwurf zu einer physiologischen Erklärung der psychischen Erscheinungen..** 1894, un vol. in-8°, 380 p.

Voir surtout les pages 123-140 où l'auteur expose les faits relatifs à la sensomobilité.

181. FILCHNE. — **Irigeminus und Gesichtsausdruck.** Archiv. für Physiolog. de Du Bois-Reymond, 1886.

182. GAD. — **Ueber einige Bezieungen zwischen Nerv, Muskel und Centrum.** Würzburger Festschr. z. III Säcularfeier, Leipzig 1882, vol. II.

Travail important pour l'étude de la coordination des mouvements ; l'auteur admet une relation entre les centres des groupes de muscles qui présentent une parenté fonctionnelle.

182 bis. GAD. — **Einiges über Centren und Leitungsbahnen im Rücken-**

mark des Frosches. Verrandlungen de physik.-med. Gesellsch zu Würzburg, XVIII, 1884, 50 p.

L'auteur montre que le centre pour la flexion des pattes est différent du centre pour l'extension.

183. GREIDENBERG. — **Ueber die posthemiplegischen Bewegungsstörungen.** Archiv f. Psychiatr., vol. XVII, 1886.

Deux observations d'hémiplégiques ayant des mouvements associés très divers.

184. GUTZMANN. — **Ueber Mitbewegungen.** Der Aerzliche Praktiker, IV, 1891, p. 329-337.

Etude sur les mouvements associés dans la parole.

185. HALLER. **Elementa physiologiæ,** t. IV, 1762, p. 507.

Action simultanée des muscles directs et des muscles antagonistes ; il y a dans tout mouvement équilibre de ces deux genres de muscles.   ♪

186. HERING (H.-E.). — **Ueber die nach Durchschneidung der hinteren Wurzeln auftredende Bewegungslosigkeit des Rückenmarksfrosches.** — Arch. f. Physiologie de Pflüger, vol. 1893.

Observation des grenouilles ayant les centres nerveux supérieurs détruits, mais la moelle intacte, auxquelles on a sectionné toutes les racines sensitives; ces grenouilles n'ont jamais de mouvements spontanés ; conclusion : la moelle n'a pas d'automatisme, tous les mouvements sont réflexes.

187. HERING (H.-E). — **Beitrag zur Frage der gleichzeitigen Thatigkeit antagonistisch wirkender Muskeln.** Zeitsch. f. Hleilkunde, XVI, 1895, 14 p.

L'auteur rapporte l'observation d'un malade chez lequel, pendant l'exécution de différents mouvements, les muscles antagonistes ne se contractaient pas. Il critique ensuite les expériences des autres auteurs, il oublie de parler des expériences de Rollett, qui sont très importantes pour la question de l'action des muscles antagonistes et il arrive à la conclusion que les muscles antagonistes ont un rôle purement passif pendant l'exécution d'un mouvement.

188. HERING (H.-E.). — **Ueber centripetale Ataxie.** Prager medic. Wochen schrift, 1896.

189. HERING (H.-E.). — **Ueber Bewegungstorungen nach centripetaler Lahmung.** Arch. f. experim. Pathol. u. Pharmakol.. XXXVIII, 1896, p. 266.

190. HERING (H.-E.). — **Das Hebelphanomen beim Frosch und seine**

Erklärung durch den Ausfall der reflectorischen antagonistischen Muskelspannung. Pflüg. Arch., LXVIII., 1897, p. 1-31.

Expériences sur les grenouilles; observation des troubles moteurs à la suite de la section des racines postérieures; l'auteur explique ces troubles par une diminution de la tension des muscles antagonistes. Travail important pour l'étude de la relation des sensations et de la régularité des mouvements.

191. H.-E. HERING. — Ueber die Wirkung zweigelenkiger Muskeln auf drei Gelenke und über pseudoantagonistische Synergie. Pflüg. Arch., LXV, 1897.

192. H.-E. HERING und SHERRINGTON. — Ueber Hemmung der contraction willkürlicher Muskeln bei elektrischer Reizung der Grosshirnrinde. Pflüg. Arch., LXVIII, 1897.

Expériences sur des singes montrant que l'excitation de certains points de l'écorce cérébrale produit une contraction de certains muscles et un relâchement des muscles antagonistes.

193. H.-E. HERING. — Ueber centripetale Ataxie beim Menschen und beim Affen. Neurolog., Centralbl., 1897, p. 1077-1094.

Observations des troubles moteurs chez les singes et les chiens à la suite de la section des racines postérieures; théorie de l'ataxie fondée sur ces observations; courte bibliographie à la fin.

194. H.-E. HERING. — Beitrag zur experimentellen Analyse coordinirter Bewegungen. Pflüg. Arch., vol. LXX, 1898, p. 559-623.

Étude méthodique sur la coordination des mouvements; l'auteur rapporte principalement les expériences faites sur les mouvements de la main chez le singe et il étudie successivement le rôle des muscles, des nerfs, des racines, des voies nerveuses dans la moelle et des régions corticales sur la coordination des mouvements. Enfin il expose une théorie de la coordination des mouvements et de ses troubles (p. 600-620). Une littérature se trouve à la fin.

195. HEYD. — Der Tastsinn der Fussohle als Aequilibrierungsmittel des Körpers beim Stehen. Dissert. Tübingen, 1862.

196. KOENIG. — Ueber Mitbewegungen bei gelähmten und nicht gelähmten Idioten. Deutsche Zeit. f. Nervenheilkunde, vol. IX 1897, p. 373-396.

197. KORNILOFF. — Ueber die Veränderungen der motorischen Funktionen bei Störungen der Sensibilität. Deutsche Zeitschf. Nervenheilk, XII, 1898. p. 199-214.

Observations de troubles moteurs chez les chiens auxquels on a sectionné des racines postérieures.

198. KRAUS. — Physiologische Mitbewegungen des paretischen obern Lides. Dissert. med. Göttingen, 1891.

199. LIÉGEOIS. — Sur le rôle des sensations sur les mouvements. Gazette méd., 1860, p. 4.

200. LONGET. — Anatomie et physiologie du système nerveux de l'homme et des animaux vertébrés. Paris, 1842.

Voir, tome I, pages 326 à 364, étude de la question du rapport entre la sensibilité et la coordination des mouvements; consulter la bibliographie ancienne concernant la physiologie et l'anatomie de la moelle épinière aux pages 365-367.

201. MAGENDIE. — Sur le siège du mouvement et du sentiment dans la moelle. Journal de physiologie expérim., 1823, t. III, p. 53.

202. MAGENDIE. — Leçons sur les fonctions et les maladies du système nerveux, 1839, t. II. Expériences sur la sensomobilité.

203. MOT AND SHERRINGTON. On the Influence of Sensory Nerves upon Movement and nutrition of the limbs. Proceedings of the Royal Society, 1895, p. 481.

204. MULHENS. — Gelenksensibilität und Koordinationsstörungen. Dissert. méd. Bonn, 1898, 35 p.

Critique de la théorie de l'ataxie de Frenkel ; observation de deux malades : l'un n'ayant pas de troubles du sens articulaire, mais présentant de l'ataxie, l'autre ayant des troubles du sens articulaire, mais n'ayant pas d'ataxie. L'auteur a fait sur ces malades des expériences consistant à abaisser la main d'un mouvement régulier, lequel était inscrit sur un cylindre vertical ; deux planches indiquent le dispositif des expériences et les courbes obtenues chez les deux malades.

205. NOTHNAGEL. — Ueber centrale Irradiation des Willensimpulses. Archiv f. Psychiatr., 1872.

Observation d'un malade ayant des mouvements associés, qui déplace les deux bras simultanément lorsqu'il n'en veut déplacer qu'un seul.

206. ONIMUS. — Gazette médicale, 27 septembre 1873.

Observation très détaillée d'une hémiplégique, qui ne pouvait pas déplacer son membre paralysé sans faire en même temps de mouvement avec le membre sain de l'autre côté.

207. PINELES. — Ueber lahmungsartige Erscheinungen nach Durchschneidung sensorischer Nerven. Centralblatt für Physiologie, IV. p. 741.

Répétition des expériences de Ch. Bell sur la section des nerfs sous-orbitaires chez les chevaux, les chiens et les lapins ; la section des nerfs purement sensitifs produit des incoordinations de mouvement de la lèvre supérieure et des narines.

208. PITSCHPATSCH. — Ueber motorische Reizerscheinungen bei cerebraler Hemiplegie. Dissert. med. Breslau, 1877.

Observation de mouvements associés chez un malade atteint de paralysie cérébrale infantile.

209. POLIAKOFF. — Étude des phénomènes sensomoteurs (en russe). Archives de psychiatrie de Kowalewsky, 1891, p. 63-91.

Revue d'ensemble des différents travaux physiologiques faits sur .es troubles moteurs observés après la section de nerfs sensitifs purs. Peu de vues originales. L'auteur a aussi fait quelques expériences sur les chevaux, les moutons et les chiens, chez lesquels il sectionnait soit le nerf sous-orbitaire, soit les nerfs lingual et glosso-pharyngien.

210. RACHLMANN et WITKOWSKI. — Ueber atypische Augenbewegungen. Archiv für Anatomie und Physiologie, 1877, p. 462.

211. ROLLETT. — Ueber die verschiedene Erregbarkeit funktionnell verschiedener Nerwenmuskelapparate. Sitzungsber. d. Wiener Akad. III Abtheil., vol. LXX, 1874, p. 7-60 ; vol. LXXI, 1875, p. 33-80 ; vol. LXXII, 1876, p. 349-391.

Etude importante, qu'en général l'on ne cite pas, sur l'action des muscles antagonistes.

212. ROMBERG. — Klinische Ergebnisse, 1846 ; Anaesthesie im Gebiete des Quintus, 1838.

L'auteur insiste sur les incoordinations des muscles de la face, qui se produisent dans les cas où il y a perte de sensibilité de ces parties de la face. Faits intéressants pour le rapport entre la sensibilité et la régularité des mouvements.

213. ROSENBACH. — Beitrag zur Lehre von den Regulationsstörungen der Muskelthätigkeit bei Taubstummen. Centralbl. f. Nervenheilk. u. Psychiatrie, 1893.

Intéressant pour la question de la coordination des mouvements.

214. SANDER. — Ueber Mitbewegungen an gelähmten Körperteilen. Dissert. med. Halle, 1894, 39 p.

Littérature assez détaillée de la question des mouvements associés, l'auteur résume les différentes observations publiées par d'autres auteurs. Il donne ensuite une observation originale d'un hémiplé-

gique, paralysé du côté gauche, qui écarte les doigts de la main
droite (saine). Deux photographies montrent l'intensité du phénomène. L'auteur termine par la défense de la théorie de *Hitzig* que les
mouvements associés des parties paralysées sont dues à une excitabilité exagérée des cornes antérieures de la moelle.

215. SCHÖNIG. — **Zur Lehre von der Regulierung der willkürlichen
Bewegungen.** Dissert. méd. Freiburg, 1892, 47 p.

Court historique de la question de coordination des mouvements
(p. 5-17); puis description des expériences faites par l'auteur (p. 17-
37), dans lesquelles il détermine l'erreur moyenne commise dans la
répétition des mouvements actifs de la main et des doigts ; l'auteur
étudie l'influence de la vitesse du mouvement, de l'amplitude, de la
résistance, et enfin de la diminution de sensibilité articulaire produite par la faradisation ou par le froid. Un résumé des résultats
se trouve à la page 36. La dernière partie (p. 38-47) est consacrée à
l'étude de l'ataxie, l'auteur penche vers la théorie sensitive.

216. SENATOR. — **Ueber Mitbewegungen und Ersatzbewegungen
bei Gelähmten.** Berliner Klinische Wochenschr.

Classification des différentes formes de mouvements associés se
produisant dans les cas pathologiques ; l'auteur distingue trois
groupes : 1° le malade veut déplacer un membre paralysé et il
déplace involontairement un membre sain ; 2° le malade déplace
volontairement un membre sain et il fait simultanément sans le
vouloir un mouvement avec un membre malade ; 3° un mouvement
involontaire (réflexe) d'un membre est accompagné d'un mouvement involontaire d'un autre membre.

217. SHERRINGTON. — **On the Distribution of the sixth lumbar
nerve of Macacus.** Journ. of Anat., vol. XXIX.

218. SHERRINGTON. — **Notes on the arrangement of some motor
fibres in the lumbo-sacral plexus.** Journal of Physiology, vol. XIII
1892, p. 621-773.

Travail très complet sur la distribution des nerfs moteurs du
plexus sacro-lombaire chez le singe ; plusieurs figures résument les
résultats importants au point de vue physiologique.

219. SHERRINGTON. — **Experiments in examination of the peripheral Distribution of the Fibres of the posterior Roots of some
spinal Nerves.** Philos. Transact. of the Royal Society, vol. CLXXXV,
1897.

220. SHERRINGTON. — **Note on the Knee-jerk and the correlation
of action of antagonistic muscles.** Proc. Royal Soc. 1893.

221. SHERRINGTON. — **Further experimental note on the c**

tion of action antagonistic muscles. Proc. Royal Society, april 1893.

222. SHERRINGTON. — On reciprocal innervation of antagonistic muscles. Royal Soc., 1897.

223. SINGER. — Zur Kenntniss der motorischen Funktionen des Lendenmarkes der Taube. Wiener Sitzungsberichte, LXXXIX. Abth. III, p. 167.

Expériences sur les pigeons montrant qu'il existe dans la moelle des centres de coordination des mouvements.

224. TALMA. — Eine psychische Funktion des Rückenmarks. Pflüg. Arch., vol. XXXVII, 1885, p. 617-623.

Expériences physiologiques sur des grenouilles : après avoir coupé les racines postérieures d'une des pattes postérieures, on observe que les mouvements réflexes de cette patte sont incoordonnés, tandis que les mouvements réflexes de la patte de l'autre côté sont coordonnés. Observations importantes pour la question de l'influence des sensations sur la régularité des mouvements. L'auteur conclut de ces expériences l'existence d'une fonction psychique de la moelle.

225. TARCHANOFF. — Ueber automatische Bewegungen bei enthaupteten Enten. Pflüg. Arch. f. Physiolog., vol. XXXIII.

Expériences sur les canards décapités montrant qu'il existe des centres de coordination dans la moelle.

226. TSCHIRIEW. — Etude sur la physiologie des nerfs, des muscles striés. Arch. de Physiologie, 1879, p. 295-329.

227. TSCHIRIEW. — Ursprung und Bedeutung des Kniephänomens und verwandter Erscheinungen. Archiv. für Psychiatrie, VIII, 1878.

228. TUCKER. — Comparative observations on the involuntary movements of adults and children. Amer. Journ. of Psychol., VIII, 1897, p. 394-404.

229. WEDENSKI. — Les relations réciproques des centres psychomoteurs. (En russe.) Ochranenie Narodnago Zdravia, 1897, 12 p.

Expériences faites sur des chiens ; détermination de l'excitabilité de différents points de l'écorce cérébrale ; l'auteur trouve que l'excitation du centre des mouvements adducteurs influe sur l'excitabilité du centre des mouvements antagonistes (abducteurs), et réciproquement ; expériences importantes pour la théorie de la coordination des mouvements.

230. WESTPHAL. — **Ueber eine besondere Form von Mitbewegung nach Hemiplegien.** Arch. f. Psychiatr. vol., IV.

VI. — Observations et théories de l'ataxie

231. BAEUMLER. — **Ataxie inhérente à des troubles prononcés de la sensibilité.** Arch. de Neurologie, janvier 1891, XXI, p. 133.

232. CYON. — **Zur Lehre von der Tabes dorsalis.** Virchow's Arch., XLI, p. 353-384.

233. DEBOVE et BOUDET DE PARIS. — **Recherches sur l'incoordination motrice des ataxiques.** — Arch. de Neurologie, 1880, I, p. 39.

234. DUCHENNE (de Boulogne). — **De l'ataxie locomotrice progressive.** Arch. gén. de Méd., 1858 et 1859.

235. ERB. — **Contribution à la théorie de l'ataxie spinale.** Neurol. Centralblatt, 1885, anal. in Arch. de Neurologie, 1886, XII, p. 215.

236. FRENKEL et FAURE. — **Des attitudes anormales dans le tabès,** etc. Nouv. Iconographie de la Salpêtrière, 1896, n° 4.

237. FRENKEL. — **Die Ursachen der Ataxie bei der Tabes dorsalis.** Neurolog. Centralbl., 1897, p. 688-693 et 734-739.

Théorie de l'ataxie d'après laquelle elle serait due à une perte du sens des articulations, l'ataxie est plus forte pour les articulations où la sensibilité est la plus abolie ; cette théorie a été critiquée par Mülhens et par H.-E. Hering.

238. FRENKEL. — **Ueber Muskelschlaffheit (Hypotonie) bei der Tabes dorsalis.** Neurolog. Centralbl., 1896, p. 355-360.

239. FRENKEL. — **Behandlung der Ataxie der oberen Extremitäten.** Zeitsch. f. Klin. Medic., XXVIII, 1895. Traitement de l'ataxie par la rééducation des mouvements.

240. FRIEDREICH. — **Ueber Ataxie mit besonderer Berücksichtigung der hereditären Formen.** Virchow's Archiv., vol. LXVIII, 1876.

241. GRASSET. — **Du vertige des ataxiques.** Arch. de Neurologie, 1893, XXV.

242. HERTZBERG. — **Beiträge zur Kenntnis der Sensibilitätstörungen bei Tabes dorsalis.** Iéna. 1875.

243. JACCOUD. — **Les paraplégies et l'ataxie du mouvement.** — Paris, 1864.

Beau... qui discutait les sur ces troubles du mouvement et du sens musculaires expriment ne sur la perception des poids chez les ataxiques ; Beller et wol. analyse des sensations de mouvement.

244. LASÈGUE. — **Ataxie hysterique**. — Arch. gen. de Méd., 1864.

245. LASÈGUE. — **Anesthesie et ataxie hystériques**. — Etudes méd... ..., II, p. 25.

246. LEUBE. — **Ueber Storungen der Bewegungsempfindungen bei Kranken**. Centralblatt für med. Wissenschaft, 1876.

247. LEYDEN. — **Ueber Muskelsinn und Ataxie**. — Virchow's Archiv, 1869, XLVII, p. 321-352.

L'auteur examine un certain nombre de questions du sens musculaire, en particulier la perception des poids et la représentation de position des membres ; il rapporte des expériences sur des tabétiques qui perçoivent les poids, quoique ayant perdu la sensibilité électromusculaire ; observation analogue dans un cas d'atrophie des extenseurs de l'avant-bras, p. 330 ; l'auteur en conclut l'importance des sensations articulaires. Pages 331-336, étude de la coordination des mouvements et de l'importance des sensations pour la coordination. Page 342, expériences sur la représentation de position des membres ; observation de sept tabétiques ayant des troubles plus ou moins forts de la sensation de position des membres.

248. MADER. — **Zur Theorie der tabischen Bewegungsstörungen**. — Wiener Klin. Wochenschrift, III, 1890, p. 357-383.

249. MARIE. — **Leçons sur les maladies de la moelle**. Paris, 1892.

Voir une bonne description des troubles du sens musculaire se produisant dans le tabès, p. 166-174.

250. MULLER (K.). — **Ueber Sensibilitat bei Tabes dorsalis**. Dissert. Berlin, 1889.

251. RUMPF. — **Sensibilitatsstorungen und Ataxie**. — D. Archiv für Klin. Med., 1890, XLVI, p. 35.

252. RUTIMEYER. — **Ueber heriditare Ataxie**. Virchow's Archiv, vol. XCI.

253. SCHOEPFER. — **Considérations sur un cas d'hémianesthésie avec mouvements ataxiques**. Thèse de Paris, 1876.

254. STERN. — **Die Anomalien der Empfindung und ihre Beziehungen zur Ataxie bei Tabes dorsalis**. Arch. f. Psychiatrie, XVII, 1886, p. 485.

255. TABACS. — **Eine neue Theorie der Ataxie locomotrix**. Archiv für Psychiatrie, IX, 1878.

A consulter pour l'étude de la question de relation entre les sensations et la justesse des mouvements.

256. TAKACZ. — **Eine neue Theorie der Ataxia locomotrix**. — Centralblatt für med. Wissensch., 1878, XVI, p. 897.

257. THOMAS. — **Ataxie**. Dictionnaire de physiologie de Richet, t. I, p. 805-813.

Etude d'ensemble sur l'ataxie et la théorie physiologique de l'incoordination des mouvements. A la fin courte bibliographie.

258. TOPINARD. — **De l'ataxie locomotrice et en particulier de la maladie appelée ataxie locomotrice progressive**. Paris, 1864, 574 p.

Etude classique sur l'ataxie locomotrice contenant un grand nombre d'observations pathologiques ; voir en particulier les pages 247 à 267 sur l'état de la force musculaire chez les ataxiques ; les pages 482-502 sur le sens musculaire, l'auteur passe en revue les expériences physiologiques faites sur les grenouilles par Cl. Bernard, Leyden et Rosenthal, puis il donne un historique du sens musculaire (p. 488) et enfin rappelle les résultats de l'étude pathologique. Une bibliographie se trouve à la fin.

259. TROUSSEAU. — **Cliniques (leçons sur l'ataxie locomotrice)**, t. II.

260. WAGNER. — **Ueber die Beziehungen der Bewegungsempfindungen zur Ataxie bei Tabikern**. Dissert. Berlin, 1891.

VII. — OBSERVATIONS PATHOLOGIQUES SUR LES TROUBLES DU SENS MUSCULAIRE

261. ABA. — **Etude clinique des troubles de la sensibilité générale, des sens musculaire et stéréognostique, dans les hémiplégies de cause cérébrale**. Thèse de Paris, 1896, 108 p.

Court historique de la question. Dix observations détaillées d'hémiplégiques ayant des troubles sensitifs, avec le résultat de l'autopsie. Puis quelques observations brèves d'hémiplégiques n'ayant pas de troubles. A la fin bibliographie.

262. BALLET G. — **Recherches anatomiques et cliniques sur le faisceau sensitif et les troubles de la sensibilité dans les lésions du cerveau**. Thèse de Paris, 1881.

263. BALLET. — **Le langage intérieur et les diverses formes de l'aphasie.** Paris, 1888.

On trouve dans ce livre beaucoup d'observations relatives aux représentations motrices soit des mouvements du langage, soit de l'écriture; voir surtout les chapitres ιν sur les images verbales motrices (p. 46-58); viii, sur la cécité verbale (p. 102-115), surtout les observations de la page 113 concernant les malades qui arrivent à lire en évoquant l'image motrice graphique. Nous avons parlé de ces observations dans notre travail; ix et x, sur l'aphasie motrice et l'agraphie (p. 116-138).

264. BERKLEY. — **Two Cases of general Cutaneous and Sensory Anaesthesies, without marked psychical Implication.** Brain, vol. XIV, 1891, p. 441.

265. BERNHARDT. — **Beiträge zur Symptomatologie und Diagnose der Hirngeschwülste.** Berlin, 1881.

266. BERNHARDT. — **Troubles sensitifs d'origine cérébrale.** Arch. für Psychiatrie, XII.

267. BINET (A.). — **Le problème du sens musculaire d'après les travaux récents sur l'hystérie.** Revue philos., 1888, I, p. 465.

268. BINET (A.). — **Les altérations de la personnalité,** Paris, 1892. Voir le chapitre ii sur l'insensibilité des hystériques où l'auteur étudie la catalepsie partielle; page 100-102, absence du sens de fatigue musculaire. Chapitre vi, sur les actions volontaires et inconscientes (p. 140-169), contenant beaucoup de considérations sur le sens musculaire et sur la conscience musculaire; rapport entre la représentation visuelle et la perception des mouvements et des attitudes des membres (p. 142).

269. BINET et FÉRÉ. — **Recherches expérimentales sur la physiologie des mouvements chez les hystériques.** Arch. de physiol., 1887.

270. BOURDICAUD DUMAY. — **Recherches cliniques sur les troubles de la sensibilité générale du sens musculaire et du sens stéréognostique dans les hémiplégies de cause cérébrale.** Thèse de méd. de Paris, 1897, 67 p.

L'auteur rapporte douze observations originales d'hémiplégies dans lesquelles les malades ont des troubles plus ou moins prononcés du sens musculaire; il donne aussi un résumé des observations de Dubbers et Wernicke.

271. BRISSAUD. — **Des troubles de la sensibilité dans les hémi-**

plégies d'origine corticale. Leçons sur les maladies nerveuses, XXVI° leçon, p. 539. Paris, 1895.

272. BRISSAUD. — **Sur l'abolition du sens musculaire et sur le signe de Romberg.** Leçons, etc., XIII° leçon, p. 272.

273. CRAMER. — **Die Hallucinationen im Muskelsinne bei Geistes Kranken.** Freiburg. Mohr, 1889.

274. DARKSCHEWITSCH. — **Zur Frage von den Sensibilitätsstörungen bei Herderkrankungen des Gehirns.** Neurol. Centralbl., IX.

275. DÉJERINE. — **Un cas d'hémiplégie avec perte du sens musculaire.** Revue neurol.. 1893, nos 3 et 4.

276. DÉJERINE. — **Contribution à l'étude anatomo-pathologique et clinique des différentes variétés de cécité verbale.** — I. *Cécité verbale avec agraphie ou troubles très marqués de l'écriture.* — II. *Cécité verbale pure avec intégrité de l'écriture spontanée et sous dictée.* Comptes rendus et mémoires de la Société de Biologie. 1892, p. 61-90.

L'auteur cherche à établir l'existence de deux variétés principales de cécités verbales, suivant qu'il y a des troubles de l'écriture ou qu'il n'y en a pas Observation très détaillée suivie pendant quatre ans, avec l'étude des lésions cérébrales après la mort ; beaucoup d'exemples d'écriture du malade ; relativement au sens musculaire, voir page 66 : perception de l'écriture par le mouvement seul. Résumé, p. 90.

277. DESCUBES. — **Étude sur les contractures provoquées chez les hystériques à l'état de veille.** Thèse de Bordeaux, 1885, 90 p.

Observations sur les contractures; on trouve quelques remarques intéressantes sur les sensations désagréables se produisant dans les membres contracturés (voy. p. 24.

279. DROSDOF. — **Sensibilité électro-musculaire.** Arch. de physiologie, 1879.

280. DUBBERS. — **Ein Fall von Tastlähmung.** Neurologisches Centralblatt, 1897. p. 61-63.

Observation très intéressante de perte de sens stéréognostique ; voir surtout les nombreuses expériences faites sur le malade, rapportées à la page 64, dans lesquelles il devait reconnaître, par le toucher seulement, la nature de différents objets.

281. DUCHENNE. — **Recherches sur l'état de la contractilité et de la sensibilité électro-musculaires dans les paralysies du membre**

supérieur, étudiées à l'aide de l'électrisation localisée. Mémoire
présenté à l'Académie en 1850. Archives génér. de méd., 1850.

282. DUCHENNE. — Recherches sur une nouvelle propriété démontrée par la pathologie, l'aptitude motrice indépendante de la vue,
appelée par l'auteur conscience musculaire. Mémoire adressé à
l'Académie, 1833.

283. DUCHENNE (de Boulogne). — De l'électrisation localisée.
3e éd., 1872.

Ce volume de plus de mille pages contient un grand nombre de
faits et de considérations théoriques relatifs au sens musculaire.
Voir en particulier le chapitre xii, « Paralysie de la sensibilité musculaire ». (p. 389-403) ; le chapitre xiv sur la paralysie de la conscience musculaire (p. 424-437) ; le chapitre xvi sur l'ataxie locomotrice, partie correspondante à la paralysie de la sensibilité musculaire, p. 580-595.

284. FERRIER. — De l'hémianesthésie cérébrale, Semaine médicale,
1887, p. 476.

285. Von FRANKL-HOCHWART. — Zur Kenntniss der cerebralen
Anästhesie. Intern. Klin. Rundschau, 1893.

286. FRAENKEL. — Fehlen des Ermüdungsgefühls bei einem Tabiker.
Neurolog. Centralblatt, 1893, p. 434.

Observation d'un malade n'ayant pas de sensation de fatigue
dans le bras ; nous avons décrit ce cas dans notre travail.

287. FREUND. — Ueber das Vorkommen von Sensibilitätsstörungen
bei multipler Herdsklerose. Arch. f. Psychiatr., vol. XXII.

288. GASNE. — Sens stéréognostique et centres d'association. Iconographie de la Salpêtrière, 1898, p. 46.

289. GERDY. — Des différents modes de sensations. Académie de
Méd. Bulletin, 1837-38, t. II, p. 43-48.

290. GERDY. — De la sensation du tact et des sensations cutanées.
Académie de Méd. Bulletin, 1841-42, t. VII, p. 884-935.

291. GERDY. — Physiologie philosophique des sensations et de l'intelligence Paris, 1846.

292. GRASSET. — Maladies du système nerveux, 4e édit., I, p. 193,
271, etc. Paris 1894.

293. HAMAIDE. — Etude clinique des anesthésies par lésion en foyer
de l'écorce cérébrale. Thèse de Paris, 1888.

294. HITZIG. — Ueber die Auffassung einiger Anomalien der Muskel-innervation. Arch. f. Psychiatrie, vol. III, 1872, p. 312-330 et 601 à 618.

Explication des contractures des hémiplégiques par la théorie des mouvements associés.

295. HOFFMANN. — Stereognostische Versuche, angestellt zur Ermit-telung der Elemente des gefühlssinns, aus denen die Vorstellun-gen der Körper im Raume gebildet werden. — Deutsches Archiv für klin. Med., 1884, XXXV, et 1885, XXXVI. Aussi Dissert. Strass-burg, 1883, 152 p.

Pages 1-40, historique assez complet des études diverses sur le sens stéréognostique. Page 41-49, description des méthodes expérimen-tales employées par l'auteur pour déterminer les différents genres de sensibilités (toucher, douleur, température, sens du lieu, percep-tion des mouvements passifs et actifs, appréciation des poids, per-ception de la position des membres). Les méthodes d'étude du sens musculaire sont décrites dans les pages 44 et 45.

Pages 50-136, description très détaillée des expériences faites sur 16 malades différents présentant des troubles de sensibilité plus ou moins forts. Ces descriptions sont très claires et on trouvera des résumés et des analyses de ces expériences faites avec beaucoup de soin. Dans le résumé du travail (p. 137-152) l'auteur étudie dans quels rapports se trouvent entre elles les différentes sensibilités étu-diées.

296. JACOB. — Ueber einen Fall von Hemiplegie und Hemianesthesie mit gekreuzter Oculomotoriuslahmung bei einseitiger Zerstorung des Thalamus, des hintersten Theiles der Capsula interna. etc. Deutsche Zeitschr. f. Nervenheilkunde, 1894. Anal. Neurol. Cbl., 1895, p. 176.

297. JANET (PIERRE). — L'automatisme psychologique, 2ᵉ édition. p. 348, 349, 350, etc. Paris, 1894.

298. (JANET PIERRE). — Etat mental des hystériques ; les stigmates mentaux, p. 167. Paris.

299. JÉRUSALEM (W.). — Laura Bridgman, Erziehung einer Taub-stumm Blinden. Jahresbericht Staatsgymnas. Wien 1890. p. 46·
300. KUSSMAUL. — Die Störungen der Sprache. Leipzig, 1881.

Etude très complète sur la physiologie et la pathologie du lan-gage ; on trouve dans cette étude un grand nombre d'observations montrant l'importance des sensations musculaires pour la coordi-nation des mouvements en particulier chap. XI, XX, XX, XXII, puis des observations sur la localisation des centres pour les images

motrices (chap. xxi, xxii et xxiii), enfin une étude méthodique des
cas de l'aphasie ataxique et de l'agraphie (chap. xxiv).

301. LAEHR (M.). — Ueber Sensibilitätsstörungen bei Tabes dorsalis und ihre Lokalisation. Arch. f. Psychiatr., vol. XXVII 1895,
p. 688-756.

Étude très complète sur les troubles de la sensibilité surtout cutanée dans le tabès ; 60 observations originales ; beaucoup de figures.

302. LAEHR (M.). Ueber Störungen der Schmerz und Temperaturemp-
findung infolge von Erkrankungen des Rückenmarks. Arch. f.
Psychiatr., vol. XXVIII, 1896, p. 773-874. Mit guter Litteratur.

303. LANDRY. — Recherches physiologiques et pathologiques sur les
sensations tactiles. — Arch. gén. de Méd., juillet 1852, p. 237-275,
et t. XXX, p. 28-56 (septembre 1852).

304. LANDRY. — Traité complet des paralysies, vol. I., Paris, 1859.

305. LANDRY. — Sur la paralysie du sentiment d'activité musculaire.
— Gazette des Hôpitaux, 1855, p. 262, 269, 282, 318-334.

306. LEGROUX et DE BRUN. — Etat de la sensibilité dans l'hémiplégie cérébrale. — Encéphale, 1884, p. 263-403.

307. LETIÉVANT. — Traité des sections nerveuses. — Paris, 1873,
p. 548.

308. LEYDEN. — Lehrbuch der Rückenmarkhskrankeiten, Berlin,
1874. Voir surtout vol. I, p. 57, 112; 141.

309. LEYDEN. — Untersuchungen über die Sensibilität im gesunden
und kranken Zustande. Virchow's Arch. XXXI, 1864, p., 1-34.

310. LEYDEN und GOLDSCHEIDER. — Die Erkrankungen des
Rückenmarks und der Medulla oblongata. Wien, A. Hölder, 1895.

Voir p. 40-47 étude anatomique des voies nerveuses pour les différentes sensations, en particulier aussi pour le sens musculaire ;
pages 137-140, un court résumé sur le sens musculaire ; pages 145-
151, 406-409, 524-529 et 598-601, études sur l'ataxie : on y trouvera
des considérations intéressantes sur les rapports du sens musculaire avec la régularité des mouvements.

311. MADDEN. — Tumeur de l'écorce produisant une perte du sens
musculaire. — Journal of nerv. and mental dis., p. 125 à 128. —
New-York, 1893.

312. MARCÉ. — Des altérations de la sensibilité. Thèse de concours
d'agrégation, Paris, 1860.

313. MÖBIUS. — **Ueber Akinesia algera**. Neurolog. Beiträge, fasc. II, Leipzig, 1894, p. 1-61.

314. NOTHNAGEL. — **Topische Diagnostik der Gehirnkrankheiten**. 1879. Résumé in Grasset. Localisations.

315. OPPENHEIM. — **Ueber eine durch eine klinisch bisher nicht-verwertete Untersuchungsmethode ermittelte Form der Sensibili-tätsstörung**. Neurol. Centralblatt, 1885, p. 529.

316. PICK (A.). — **Ueber die sogenannte Conscience musculaire** (Duchenne). Zeitschrift für Psychologie u. Physiologie der Sines-organe, 1893. IV, p. 161-210.

Étude détaillée sur la conscience musculaire; l'auteur expose l'historique, discute les différentes théories et rapporte une observation originale.

317. PITRES. — **Leçons cliniques sur l'hystérie et l'hypnotisme**. Paris, 1891.

Voir pour le sens musculaire le 1er vol., p. 109 à 123.

318. PITRES. — **Note sur l'état des forces chez les hémiplégiques**. Arch. de Neurologie, 1882.

319. PUCHELT. — **Ueber partielle Empfindungslähmung**. Medicinische Analen, vol. X. fasc. IV, Heidelberg, 1844.

L'auteur rapporte plusieurs observations pathologiques de perte partielle des différentes sensibilités. Quelques-unes de ces observations sont résumées dans le travail de Hoffmann, p. 38-40.

320. RAYMOND. — **Anesthésie cutanée et musculaire dans ses rapports avec les troubles du mouvement**. Revue de Méd., 1891, mai-juin.

321. RAYMOND. — **Maladies du système nerveux; scléroses systé-matiques de la moelle**, 1894.

322. RAYMOND. — **Clinique des maladies du système nerveux**.

Voir le tome III (1898). pages 508-561, observations cliniques avec déductions physiologiques de cas d'hémisection de la moelle; tome III, pages 266-268, localisation corticale du sens musculaire, dans l'aire du lobe pariétal, fondée sur des observations de tumeurs cérébrales; tome II, pages 581 à 624, la description détaillée du traitement de l'incoordination motrice du tabès par la rééducation des mouvements; l'analyse de la méthode se trouve surtout dans les pages 611 à 621.

323. REDLICH. — Ueber Störungen des Muskelsinnes bei der cerebralen Hemiplegie. Wiener Klin. Wochenschrift, 1893, p. 429-552 (avec index bibliogr.).

324. SCHIPILOFF. — Influence de la sensibilité générale sur quelques fonctions de l'organisme. Arch. des sciences physiques et nat.. Genève, 1891, XXV, n° 7.

325. SCHÜPPEL. — Ueber einen Fall von allgemeiner Anästhesie. Archiv der Heilkunde, 1874, XV, p. 44.

326. SEGUIN. — Hémianopsie corticale. Arch. de Neurologie, 1886, XI, p. 176.

327. SELLIER. — De l'anesthésie musculaire. Thèse de Strasbourg, 1860.

328. STRÜMPELL. — Beobachtungen über ausgebreitete Anästhesien und deren Folgen für die willkürliche Bewegung und das Bewusstsein. Archiv für Klin. Med., 1878, XXII. p. 321.

Observations et expériences sur un malade ayant une anesthésie totale : l'observation est importante pour l'étude de la question du rapport entre la sensibilité et la précision des mouvements volontaires.

329. VEYSSIÈRE. — Recherches expérimentales et cliniques sur les hémianesthésies de cause cérébrale. Thèse de Paris, 1874.

330. VORSTER. — Ueber einen Fall von cerebraler Hémianesthesie. Anal. Neurol. Cbl., 1891., p. 739.

331. WEIR MITCHELL. — Injuries of nerves and their consequences, 1872.

332. WITTE. — Ein Fall von totaler Anästhesie mit besonderer Berück-sichtigung der Bewegunsstörungen und der dabei zu beobach-tenden Schlafzustände. Dissert., Leipzig, 1894, 39 p.

VIII. — ÉTUDES ANATOMIQUES ET PSYCHOLOGIQUES SERVANT A DÉTERMINER LES TERMINAISONS NERVEUSES SENSITIVES DANS LES MUSCLES ET TENDONS. LES VOIES NERVEUSES DU SENS MUSCU-LAIRE ET LA LOCALISATION CÉRÉBRALE DE CE SENS.

333. ANTON. — Beiträge zur klinischen Beurtheilung und zur Localisation des Muskelsinnsstörungen im Grosshirne. Zeitschrif f. Heilk, 1893, p. 313. Analyse Neurolog. Centralbl., 1893, p. 73.-

334. BASTIAN. — **On the relation of sensory impressions and sensory centres to voluntary movements.** Brain., vol. XVIII. p. 615.

335. BECHTEREW. — **Ueber die Lokalisation der Hautsensibilitat und des Muskelsinnes an der Oberflache der Grosshirn Hemispharen.** Neurol. Centralblatt, 1883, p. 409.

336. BROWN-SÉQUARD. — **Nouvelles recherches sur la physiologie de la moelle épinière.** Journal de Physiol., vol. I, 1858, p. 139.

337. BROWN-SÉQUARD. — **Expériences nouvelles sur la transmission des impressions sensitives.** Journ. de Physiol., II, 1859, p. 65.

338. BROWN-SÉQUARD. — **Recherches sur la transmission des impressions de tact, de chatouillement, de douleur, de température et de contraction (sens musculaire) dans la moelle épinière.** Journ. de Physiol., vol. VI, 1863, p. 124-145, 232-248, 581-646. Voir surtout les observations des pages 238, 246 et 584.

339. BROWN-SÉQUARD. — **Production d'ataxie musculaire par l'irritation d'une petite portion de la moelle épinière chez les oiseaux.** Journ. de physiologie, VI, 1863, p. 701-703.

340. BROWN-SÉQUARD. — **Théorie des mouvements involontaires coordonnés des membres et du tronc chez l'homme et les animaux.** Archv. de Physiol., 1890, p. 411-425,

341. CATTANEO. — **Organes nerveux terminaux musculo-tendineux, leurs considérations normales et leur manière de se comporter.** Arch. ital. de Biol., t. X, 1888.

Travail histologique contenant des considérations physiologiques sur la manière dont se produisent les sensations musculaires.

342. CHARCOT et PITRES. — **Les centres moteurs corticaux.** Paris, 1895.

Voir surtout le chapitre vii sur les troubles de la sensibilité produits par des lésions de la zone motrice corticale, pages 154-163 ; on y trouvera la réunion d'un grand nombre de cas pathologiques.

343. CHARCOT et PITRES. — **Sur quelques controverses de la doctrine des localisations cérébrales.** Arch. clin. de Bordeaux, septembre 1894.

344. CIACCIO. — **Intorno alle piastre nervose finali nei tendini dei vertebrati.** Mem. de R. Accad. d. Sc. dell'instituto di Bologna, t. X, 1889.

345. DANA. — **Localisation corticale des sensations cutanées.** Semaine méd., 1894, p. 175.

346. DANA. — On the localisation of cutaneous and muscular Sensation and memories. Journ. of Nervous and Mental Disease, 1894. Brain. 1896., vol. XIX, p. 132-152.

347. DANA. — The cortical representation of the cutaneous Sensations. Journ. of Nerv. and Ment. Disease, 1888.

348. DÉJERINE. — Anatomie des centres nerveux. I, p. 229, 1895.

349. EDINGER. — Vorlesungen überden Bau der nervösen Central-organe, 5e édit., p. 31-41, 332 et suiv. Leipzig, 1896.

350. ENDERLEN. — Stichverletzung des Rückenmarks. Deutsch. Zeitsch. f. Chirurg., vol. XL, p. 201 (67, beschriebene Fälle).

351. FERRIER. — Fonctions du cerveau (trad. de Varigny). Paris, 1878.

352. FERRIER. — The croonian lectures of the localisations cere-brales (trad. Sorel). Arch. de Neurologie, 1891, XXI, p. 260, 261, etc.

353. FLECHSIG. — Die Lokalisation der geistigen Vorgänge. Leipzig, 1896.

354. GOLGI. — Sui nervi dei tendini dell' uomo e di altri verte-brati e di un nuovo organo nervoso terminale musculo-tendineo. Mem. de R. Accad. Sc. Torino, t. XXXII, 1880.

355. GRASSET. — Localisations cérébrales, 1880.

256. HOMEIDE. — Etude clinique des anesthésies par lésion en foyer de l'écorce cérébrale. Thèse de Paris, 1888.

357. HORSLEY. — La chirurgie du cerveau. Anal. in Arch. de Neu-rologie., 1886, p. 397.

358. HUGHLINGS (Jackson). — Clinical and physiolog. researches on the nervous system, 1876.

359. KALLIUS (E.). — Endigungen sensibler Nerven bei Wirbeltieren. Ergebnisse d. Anat. u. Entwickelungsgesch., vol. V, 1895, p. 55-94. Avec une littérature très complète (185 Nummern).

360. VAN KEMPEN. — Expériences physiologiques sur la transmis-sion de la sensibilité et du mouvement dans la moelle. Journ. de Physiol., II, p. 517.

361. KOCHER. — I. Die Verletzungen der Wirbelsäule zugleich als Beitrag zur Physiologie des menschlichen Rückenmarks. — II. Die Läsionen des Rückenmarks bei Verletzungen der Wirbelsäule. Mit-teilungen aus d. Greuzgebieten der Medicin und Chirurgie, vol. I, fasc. IV, 1896, p. 415-660.

Etude très détaillée sur la physiologie de la moelle fondée sur les observations de lésions traumatiques de la moelle ; un grand nombre d'observations sont rapportées dans ce livre ; voir (p. 531) description très complète des symptômes de l'hémisection de la moelle. Travail important pour la question des voies nerveuses du sens musculaire et des autres sensations. Beaucoup d'indications bibliographiques.

362. LAFFORGUE. — **Etude sur les couches optiques.** — Thèse de Paris, 1877.

363. LISSO. — **Zur Lehre von der Lokalisation des gefühls in der Grosshirnrinde.** Dissert. Berlin, 1882, 40 p. avec 4 figures.

L'auteur a réuni dans la littérature 88 observations pathologiques de troubles de la sensibilité tactile et du sens musculaire survenant à la suite de lésions diverses de l'écorce cérébrale. Sur 4 figures il indique les endroits de lésions correspondant aux observations pathologiques.

363. LONG. — **Les voies centrales de la sensibilité générale** (Etude anatomo-clinique). 1 vol. in-8°, 1899, 280 p.

Dans la première partie (p. 13-120) l'auteur étudie les voies de transmission de la sensibilité cutanée dans la moelle, le bulbe, la couche optique, etc., jusqu'à l'écorce cérébrale ; il donne à propos de chaque question un historique et rapporte beaucoup d'observations physiologiques et cliniques. La deuxième partie (p. 125-273) contient de nombreuses observations personnelles de l'auteur, relatives pour la plupart à des cas de troubles de sensibilité dans l'hémiplégie. L'auteur porte beaucoup plus son attention sur l'anatomie que sur l'étude des sensibilités différentes ; l'examen de ces dernières est souvent trop superficiel.

364. MARCACCI. — **Influence des racines sensitives sur l'excitabilité des racines motrices.** Soc. de Biologie. 1880, p. 397.

365. MAZZONI. — **Osservazioni microscopiche sopra i cosi detti corpuscoli terminali dei tendini dell' uomo.** Mem. d. R. Accad. d. Sc. dell' instituto di Bologna, t. I, 1891.

366. MOTT. — **The sensory motor functions of the central convolutions of the cerebral cortex.** Journal of Physiol., XV, 1893, p. 464-488.

367. MOTT. — **Results of hemisection of the spinal cord in monkeys.** Philosoph. Transact. of the Royal Soc., vol. CLXXXIII, 1892.

Important pour l'anatomie des voies nerveuses musculaire.

368. PETRINA. — Ueber Sensibilitätsstörungen bei Hirnrindenläsionen. Zeitsch. f. Heilk., vol. II, 1881. p. 375-398.

369. PINELES. — Die Degeneration der Kehlkopfmuskeln beim Pferde nach Durchschneidung des nervus laryngeus superior und inferior. Arch. f. Physiologie de Pflüger, 1891, vol. XLVIII, p. 17.

370. POLOUMORDWINOFF. — La morphologie des terminaisons nerveuses dans les muscles volontaires. Nevrologistcheski Wiestnik, VII, 1899, p. 52-58.

371. RAUBER. — Vater'sche Korper der Bänder und Periostnerven und ihre Beziehung zum Sogenannten Muskelsinn. München, 1865.

372. RUFFINI. — Di una particolare reticella nervosa e di alcuni corpuscoli del Pacini che si trovano, etc. Rendic. d. R. Accad. dei Lincei, 1892 ; aussi Brain, autumn, 1897.

373. RUFFINI. — Terminaisons nerveuses sensitives dans les muscles. Intermédiaire des Biologistes, 1898, p. 295.

374. SACHS. — Physiologische und anatomische Untersuchungen über die sensiblen Nerven der Muskeln. Dubois' Archiv. 1874, p. 175, etc.

L'auteur défend cette théorie que la contraction des muscles produit des pressions mécaniques des nerfs sensitifs qui se terminent dans ces muscles et que c'est cette excitation mécanique qui provoque les sensations musculaires nécessaires pour la perception de poids. Cette théorie est critiquée par G.-E. Müller. *Grundlegung Psychophysik*, p. 332, note.

375. SACHS. — Die Nerven der Sehnen. Archiv für mikroskop. Anatomie, 1875.

376. SCHMALTZ. — Ueber die sensorielle Funktion des Grosshirns. Deutsches Archiv für Klin. Medizin, 1878, XXII, p. 321.

377. SIZARET. — De la nature et du siège de certaines paralysies isolées de la sensibilité. Thèse méd. de Strasbourg, 1860.

378. SOURY. — La localisation cérébrale de la sensibilité générale. Revue gén. des Sciences, avril 1894.

379. SPIESS. — Physiologie des Nervensystems, p. 76, pas de sens musculaire.

380. STARR (ALLEN). — Cortical lesions of the brain. Amer. Journal of the med. Sciences, juillet 1884.

381. STARR (ALLEN). — On localisation of muscular sense. Amer. Journal of the med. Sciences, 1894, p. 517-520.

382. STARR. — The muscular sense and its location in the brain cortex. Psychological Review, II, 1895, p. 33-36.

Observation d'un malade qui à la suite d'une chute sur la tête a des attaques fréquentes; trépanation : on trouve une petite tumeur vasculaire que l'on enlève; les attaques disparaissent, mais il y a perte du sens musculaire dans la main et l'avant-bras droit ; impossibilité de placer le bras et la main dans une position indiquée, trouble dans la perception des poids, etc.

383· TOMASINI. — **L'eccitabilita della zona motrice dopo la recisione della radici spinali posteriori.** — La Sperimentale, 1894, p. 295-315 et Arch. Ital. de Biologie, XXIII, 1895, p. 35-40.

384. TRIPIER. — **De l'anesthésie produite par les lésions des circonvolutions cérébrales.** — Revue mens. de Médecine et de Chirurgie, 1880, p. 181.

385. TRIPIER. — **Ablation d'une portion des gyrus sigmoïde.** — Comptes rendus du Congrès de Genève (1877), p. 654.

386· TSCHIRIEW. — **Sur les terminaisons nerveuses des muscles striés.** Arch. de Physiologie, 1879, p. 89-116.

387. VULPIAN. — Article « **Moelle** » du Dictionnaire encyclopédique des sciences médicales de Dechambre, 1874, p. 345-604.

On trouvera beaucoup de faits physiologiques et pathologiques relatifs à la transmission des impressions sensitives dans la moelle sur les pages 367 à 424 ; l'auteur discute la question de savoir si les différentes modalités des sensations cutanées suivent les mêmes voies ou non ; relativement au sens musculaire, il nie son existence (p. 422).

388. WERNICKE. — **Zwei Falle von Rindenlasion.** Arbeiten der Psychiat. Klinik in Breslau. Heft II, 1895, p. 33-53.

Deux observations très intéressantes de malades, ayant des lésions localisées de la couche corticale, présentant des troubles du sens musculaire et du sens stéréognostique. L'auteur décrit avec beaucoup de détails toutes les expériences faites sur ces malades dans le but de déterminer les troubles sensitifs.

389. WERNICKE et HAHN. — **Idiopatischer Abscess des Occipitallapens.** Virchow's Archiv, LXXXVII, p. 335.

390. WESTPHAL. — **Zur Lokalisation der Hemianopsie und des Muskelgefühls beim Menschen.** Charité Annalen, 1882, VII, p. 466.

391. WHITE. (H.). — **On the exacte Sensory Defects produced by a localised Lesion of the spinal Cord.** Brain, XVI, 1893, p. 375.

Victor H

XIX

APERÇU DE CÉPHALOMÉTRIE ANTHROPOLOGIQU

L'anthropométrie ne constitue point par elle-même
science. C'est l'ensemble des procédés au moyen desque
recueille sur le corps humain des données numériques et
d'une description précise; c'est en même temps l'ensembl
données numériques obtenues par ces procédés convenable
définis.

La technique de l'anthropométrie varie suivant le but c
se propose : habillement, identification, peinture et sculp
recrutement, pédagogie et hygiène, clinique médicale et
rurgicale, ethnologie, anatomie et physiologie. Elle doit
basée sur la connaissance anatomique et physiologique
diverses parties du corps, plus ou moins strictement, suiva
but poursuivi. La mesure des variations fonctionnelles,
Quételet englobait dans l'anthropométrie, en peut être dist
dans la mesure où l'anatomie est séparable de la physiol
Si l'on veut distinguer à part de l'organométrie une physi
trie ou ergométrie dont la psychométrie serait une divi
alors l'anthropométrie se rattacherait exclusivement à l
tomie anthropologique.

Mais ces distinctions usuelles ne répondent guère qu'à
commodités pratiques et à des divisions du travail. La m
du corps et de ses divers organes s'inspire nécessairement
physiologie en même temps qu'elle concourt au progrè
celle-ci. Même au point de vue purement technique, le
des parties à mesurer et des points de repère à adopter re
sur des données physiologiques autant qu'anatomiques.
thropométrie sert principalement à noter et à décrire avec
cision des différences, des variations dont l'interprétatio
du ressort de l'anatomie comparative ou explicative,

repose le plus souvent sur des considérations physiologiques. Les variations organiques étant, pour la plupart, corrélatives à des variations fonctionnelles, la technique anthropométrique est nécessairement influencée par la connaissance de cette corrélation.

En ce qui concerne les variations morphologiques du crâne et du cerveau, cette connaissance est des plus rudimentaires. C'est pourquoi, de toutes les parties de l'anthropométrie la plus sujette aux modifications est sans doute celle dont je vais, sur la proposition du directeur de cette revue, donner un aperçu sommaire : la céphalométrie.

Le mot *céphalométrie*, communément usité, désigne la mesure de la tête sur le vivant ou le cadavre ; le mot *craniométrie* désigne plus spécialement la mesure du squelette de la tête.

La céphalométrie est moins étendue que la craniométrie, parce que le crâne sec est beaucoup plus accessible aux mensurations et à l'étude des corrélations anatomiques avec l'encéphale. La craniologie tient en grande partie sous sa dépendance la céphalométrie, la puissance d'analyse de celle-ci étant beaucoup plus restreinte ; mais la céphalométrie présente le grand avantage d'opérer sur des matériaux en nombre presque illimité, sur des sujets plus complets et physiologiquement observables.

La description de l'outillage anthropométrique et son histoire exigeraient un volume, et la seule description des instruments céphalométriques actuellement en usage dépasserait de beaucoup, à elle seule, les limites de cet article. Il ne peut s'agir ici de donner un enseignement technique à proprement parler : une technique ne peut être apprise que pratiquement, dans un laboratoire. Il s'agit seulement d'indiquer l'existence de cette technique et sa nécessité, de dire en quoi elle consiste, de désigner les variations céphaliques dont la mensuration est possible avec une précision suffisante, de faire apercevoir l'intérêt anatomique ou physiologique de ces variations et de donner une idée des moyens employés pour les mesurer, pour éviter les causes d'erreur et assurer la parfaite comparabilité des chiffres recueillis par un même observateur ou par des observateurs différents.

Les difficultés de la technique anthropométriq·
sité d'un apprentissage spécial en cette ma
généralement incomprises. Très nombreux s

les ethnographes explorateurs, les maitres d'école, les pi
logistes, qui ont acheté des instruments d'anthropométri-
songer qu'il y a une infinité de manières de s'en servir.
coup de mensurations ont été effectuées sur des sau
des écoliers, des malades, etc., beaucoup de chiffres o
publiés ainsi à peu près inutilement parce que chaque in
gateur s'est servi de ces instruments à sa façon, changean
fois ses procédés au cours de ses recherches sans même
apercevoir, adoptant des mesures condamnées par l'expér
en négligeant d'autres indispensables, et comparant ses
fres avec ceux d'autres observateurs sans se douter que,
la plupart des cas, les dimensions inscrites sous une i
rubrique n'avaient entre elles qu'une homologie pure
nominale. La longueur d'une même tête, par exemple, me
par deux médecins opérant avec le même compas, mais cl
à sa manière, pourra être de 190 millimètres pour l'un
250 millimètres pour l'autre, si le premier a mesuré le
mètre occipito-frontal et l'autre le diamètre occipito-me
nier qui, sur le fœtus, est intéressant pour les accouchau

Les discordances de ce genre sont généralement recor
sables d'après l'énormité des écarts de chiffres qu'elles e
nent. Il n'en est pas de même des discordances relative
légères, et pour cela beaucoup plus dangereuses, des me
peu différentes entre elles, mais assez différentes cepen
pour entraîner des différences de chiffres qui ont l'air
primer des variations anatomiques réelles et intéressa
alors qu'elles résultent simplement de divergences dans la
nique des mensurations. Il y a, par exemple, des différe
entre diverses façons de mesurer la longueur occipito-fro
de la tête, qui peuvent faire varier cette longueur de δ,
20 millimètres, c'est-à-dire d'une quantité supérieure
moyenne des différences réelles représentant les variations
tomiques que l'on se propose de mesurer. Et cela, alors q
mesure de la longueur de la tête peut et doit être effectuée
une approximation allant jusqu'au millimètre, sur le viva
au demi-millimètre sur le squelette, si chaque opérateur se
forme à une technique parfaitement spécifiée.

La lecture, même attentive, d'un manuel opératoire ne
point, il faut bien le savoir, pour éviter des divergences pl
moins graves. Par exemple, un opérateur qui a mis le
grand soin à apprendre le procédé de cubage du crâne dai
instructions craniologiques de Broca, obtiendra comme

cité cubique d'un crâne quelconque, 1.400, 1.500 centimètres
cubes, alors que la capacité réelle de ce crâne mesurée correctement et mesurable à 5 centimètres cubes près par des observateurs différents, atteint 1.600 centimètres cubes. L'erreur, en
ce cas, dépassera la différence moyenne qui existe entre les
nègres en général et les Européens. Or des divergences, légères
en apparence, dans la façon de mesurer les diamètres céphaliques entraineront des erreurs non moins énormes dans l'évaluation de la capacité cranienne. Quelques millimètres d'écart
pour chacun des diamètres peuvent correspondre à des différences *artificielles* de 100 grammes et plus, de poids encéphalique; une erreur en plus de quelques millimètres dans la
mesure d'une dimension et une erreur en moins dans la mesure
d'une dimension rapportée à la première suffiront pour renverser le rapport, c'est-à-dire pour faire passer une tête de la
catégorie des brachycéphales dans celle des dolichocéphales,
une face allongée dans la catégorie des faces courtes, etc., etc.

Ce ne sont point là des exemples purement théoriques : les
erreurs du genre en question ne sont que trop fréquentes, à tel
point qu'il est imprudent d'utiliser des chiffres anthropométriques recueillis par des observateurs dont on ne connaît pas *de
visu* le mode opératoire, à moins que l'on ne sache qu'ils ont
fait un apprentissage pratique dans un laboratoire ou auprès
d'un maître dont la méthode est connue, ou bien encore à
moins qu'ils n'aient minutieusement décrit leur façon d'opérer.
Pas plus que la technique histologique ou embryologique, pas
plus que celle des vivisections physiologiques ou des diverses
branches de la physique et de la chimie, la technique anthropométrique ne s'apprend dans les livres.

On peut très utilement exposer dans un livre des procédés
anthropométriques, pour les justifier, pour les soumettre à la
critique, pour faciliter les comparaisons avec des procédés
différents, usités par d'autres techniciens. Le débutant pourra
lire ce livre avec beaucoup de profit à divers points de vue;
mais il devra faire, je le répète, un apprentissage pratique, s'il
veut pratiquer et obtenir des chiffres susceptibles d'être mis
en ligne avec ceux acquis d'ailleurs selon la technique même
qu'il aura adoptée et suivie. Cet apprentissage est du reste
aussi rapide que la lecture d'un livre, puisqu'il
ment de voir pratiquer un petit nombre d
ples et de les répéter exactement une o
s'acquiert ensuite par la pratique pers

apprentissage des procédés de mensuration n'exige pas plus de deux heures s'il n'est question que de céphalométrie, et quatre ou cinq séances de deux heures chacune avec modèles, suffisent à l'enseignement complet de l'anthropométrie courante, comprenant 75 mesures environ. Je dois ajouter pourtant que cette évaluation, basée sur une expérience de dix-huit années, s'applique à des débutants du genre de ceux qui sont venus s'initier auprès de moi à l'anthropométrie anatomique, c'est-à-dire à des médecins presque exclusivement. J'ajoute aussi que les recherches anthropométriques sont très généralement destinées à élucider des questions par trop épineuses, en vérité, pour des chercheurs étrangers à l'anatomie et à la physiologie.

Terminons ici ce préambule, qui m'a paru devoir précéder cet aperçu céphalométrique.

Des *instructions craniologiques et craniométriques* ont été publiées par Broca en 1875 dans les *Mémoires de la Société d'Anthropologie* et forment un volume que l'on peut acquérir séparément. La lecture de cet ouvrage peut servir de préparation à l'étude de la céphalométrie. Broca a publié aussi, en 1864, des *Instructions générales pour les recherches et observations anthropologiques à faire sur le vivant* (2e édition en 1879, librairie Masson). Ces instructions étaient destinées principalement aux voyageurs ethnographes.

Il n'y avait alors aucun laboratoire d'anthropologie. La Société d'anthropologie n'existait elle-même que depuis trois ans ; et il était parfaitement indiqué de publier un manuel destiné à provoquer et à guider des recherches anthropométriques dans tous les pays.

Les instructions de Broca atteignirent ce but aussi bien que possible. Quoique de nombreuses modifications y puissent être introduites, je crois qu'aucune méthode anthropométrique n'est préférable, encore aujourd'hui, à celle que l'on y trouve exposée. En ce qui concerne les dimensions longitudinales du tronc et des membres, j'enseigne toujours, comme Broca, la mesure de la hauteur en projection au-dessus du sol d'un certain nombre de points de repère.

En ce qui concerne la céphalométrie, Broca s'est toujours placé au double point de vue de la pure description des caractères anatomiques suivant les races, les sexes et les âges ; mais le choix de ses mesures et de ses points de repère a été déterminé, autant que le permettaient les nécessités pratiques, par des données et des vues physiologiques jusqu'à présent confirmées.

Le psychologue actuel désireux d'étudier le volume et la forme de la tête dans des catégories psychologiquement établies, a donc encore tout avantage à utiliser la céphalométrie de Broca. Je ne l'ai pas enseignée pendant dix-huit ans sans y introduire quelques modifications ; j'en ai projeté d'autres plus profondes inspirées par mes recherches sur la morphologie crânienne et cérébrale. La réalisation de ces projets demande encore quelque temps parce qu'il me reste certains points à élucider et quelques perfectionnements d'outillage à accomplir.

Voici, en attendant, l'indication des mesures céphaliques actuellement usitées au laboratoire d'Anthropologie de l'école des Hautes-Études, qui est probablement celui dont l'enseignement anthropométrique a été, jusqu'à présent, le plus répandu.

DIAMÈTRES CRANIENS

La mesure des diamètres craniens est destinée à fournir des données numériques plus ou moins approchées, préférables en tout cas à l'évaluation à vue de nez, sur le volume et la forme du cerveau.

L'intérêt principal du volume du crâne résulte de la relation trouvée entre le volume du cerveau et l'intelligence, indépendamment de la relation de ce volume avec la taille. Il n'est pas possible de rappeler ici les nombreux faits qui ont établi l'existence de cette double relation. Elle n'implique pas que le degré d'intelligence puisse être évalué d'après le volume du cerveau.

Ce volume, d'ailleurs, n'est point en relation avec toutes les qualités intellectuelles que l'analyse psychologique peut distinguer. Cette distinction donne précisément lieu à une extension des recherches à faire sur le volume du cerveau comparé dans diverses catégories d'individus. On peut lire, à ce sujet, l'article *Cerveau* (morphologie générale, etc.) du *Dictionnaire de Physiologie* de Ch. Richet, où j'ai résumé mes travaux sur la question.

Lorsqu'on mesure la tête des gens, ce n'est point dans le but de mesurer leur intelligence : c'est pour étudier les relations dont il s'agit et pour contribuer ainsi aux progrès de la Physiologie psychologique.

Les principales dimensions craniennes à mesurer sur le vivant sont les suivantes :

1° *Diamètre antéro-postérieur maximum*. — Une pointe du

compas d'épaisseur est placée sur le point le plus proé
de la *glabelle*, saillie médiane située à la partie inférie
front, immédiatement au-dessus de la racine du nez.
pointe étant maintenue en place avec la main gauche, o
mène l'autre pointe sur la ligne médiane de la région occ
de façon à obtenir le maximum d'écartement que l'on co
sur la tige graduée. S'il s'agit du crâne sec, on n'a qu'à
chiffre correspondant. Mais, sur le vivant, une précautio
absolument indispensable. Lorsqu'on a obtenu le max
d'écartement des branches du compas, on serre la vis e
vérifie la mesure. Si le compas maintenu en avant pas
arrière sur la ligne médiane avec un frottement qui doi
assez fort pour être nettement perçu par la main qui ti
compas, la mesure est bonne. Si la branche droite du co
ne peut point passer ou bien si elle passe sans frottemen
desserre la vis et on rectifie puis on vérifie de nouveau. M
nant cette précaution, qui est à prendre pour chaque dia
mesuré, on obtient des chiffres toujours exacts à $0^m,001$ p

Chez quelques hommes, chez la plupart des femmes et
les enfants, il n'y a pas de glabelle saillante. Le point de r
antérieur reste alors le même, comme s'il y avait une gla

2° *Diamètre antéro-postérieur métopique.* — Le dia
précédent, qui est utilisé depuis plus de trente ans par pr
tous les anthropologistes et qui a été mesuré sur de noml
milliers d'individus, est celui que l'on est convenu de com
au diamètre transverse maximum dans le calcul de l'i
céphalique très important dans la caractérisation des
humaines (V. plus loin).

Mais ce diamètre présente de grands inconvénients au
de vue de l'évaluation du volume cérébral à cause de l'ab
fréquente et de la saillie très variable de la glabelle, en ra
avec le sinus frontal, et aussi à cause de l'inclinaison trè
riable du front.

C'est pourquoi j'ai institué une autre mesure de la long
du crâne, en transportant le point de repère antérieur ve
milieu du front, en un point médian situé au niveau de la p
inférieure des bosses frontales, c'est-à-dire en un point o
sinus frontaux n'exercent plus d'influence sensible sur la
gueur du crâne, même lorsqu'ils sont très développés.
chant en arrière le point occipital le plus éloigné
métopique, de la même manière que ci-dessus,
diamètre antéro-postérieur métopique, qui m

grande longueur du cerveau autant qu'elle peut être mesurée sur le crâne ou sur le vivant.

Ce diamètre métopique est utilement comparé au diamètre antéro-postérieur maximum, car il est d'autant plus grand par rapport à ce dernier que le front est plus vertical ou plus bombé. C'est ainsi que chez les enfants et chez beaucoup de femmes il est aussi long et même plus long que le diamètre antéro-postérieur dit *maximum*, tandis que chez les individus dont le front est fuyant, il est beaucoup plus court. La différence en + ou en — ne mesure pas exactement les degrés d'inclinaison ou de proéminence du front, mais elle les exprime sans écart sensible en général.

Chez les sujets dont les muscles de la nuque sont très développés et dont la protubérance occipitale externe est située très haut, il arrive que la pointe du compas qui cherche en arrière le point le plus éloigné du point frontal rencontre cette protubérance. En ce cas la pointe du compas doit être arrêtée au-dessus. En franchissant la crête occipitale, le chiffre de la longueur irait en diminuant.

Ce diamètre métopique est préférable au diamètre iniaque de Broca dont la comparaison avec le diamètre antéro-postérieur maximum devait servir à indiquer si le cerveau dépassait plus ou moins en arrière le cervelet. Outre que la situation de l'inion ne peut être précisée sur le vivant, l'expérience craniologique montre que le recouvrement du cervelet par le cerveau dans l'espèce humaine existe dans toutes les races et que les variations de ce caractère sont surtout influencées par la forme plus ou moins allongée du crâne. Il perd en ce cas sa signification hierarchique.

3° *Diamètre transverse maximum*. — Ce diamètre est cherché en promenant les pointes du compas d'épaisseur dans tous les sens, au-dessus et en arrière des oreilles, jusqu'à ce que l'on ait obtenu le maximum d'écartement. On vérifie ensuite comme pour les autres diamètres.

Il faut se placer devant le sujet et non derrière afin que l'on puisse se guider sur la ligne des yeux pour maintenir le compas bien horizontalement.

On doit éviter de placer les pointes du compas sur les crêtes sus-mastoïdiennes extrêmement épaisses chez certains hommes ......oraux puissants. On conçoit que ces crêtes ..... le diamètre transversal du crâne.

...i le diamètr.... ....sverse maximum a été

rencontré plus ou moins haut sur la voûte cranienne, un
caractère important. Chez les enfants, ce diamètre est
ordinairement très haut, au voisinage des bosses pari
tandis que chez les hommes de forte taille dont la voû
nienne est relativement peu développée en général par r
à la base, et chez les microcéphales, c'est au voisinage de
physes mastoïdes que se rencontre le plus grand di
transverse. Ce dernier caractère est en corrélation direct
un faible volume relatif du cerveau. C'est donc un trait
deur et d'infériorité d'autant plus certainement que la ta
plus faible, car le poids relatif du cerveau doit être plu
chez les individus de petite taille, chez les femmes et ch
enfants. J'ai indiqué ce fait et en ai donné les raisons ph
giques dans mon mémoire sur l'interprétation de la qu
dans l'encéphale (*Mém. soc. d'Anthr.*, 2° série, t. III). Tou
le caractère en question pourrait provenir, chez certains en
d'un développement supérieur de la base du crâne en r
avec une forte taille future, en raison de la précocité du
loppement cérébral et cranien relativement au reste du
On peut présager ainsi chez des adolescents une forte s
mais non avec certitude, car la croissance peut rencontr
obstacles. En ce cas, le sujet possédera, avec une taille mo
ou médiocre, des caractère craniens régulièrement liés
forte taille. Le fait n'est point rare et il m'est arrivé souv
diagnostiquer avec succès, d'après le développement rela
la base du crâne, d'après la forte saillie des arcades s
lières, des crêtes occipitales et sus-mastoïdiennes, ch
personnes de médiocre stature, qu'elles avaient des p
(pères ou grands-pères) d'une taille beaucoup plus forte
leur.

4° *Le diamètre bi-auriculaire.* — Ce diamètre donne
sément la largeur de la base du crâne qu'il est intéress
comparer à diverses dimensions de la voûte cranienne et
face. Les pointes du compas sont appliquées symétriqu
en avant et en haut du tragus, en avant et en bas de l'in
antérieure du pavillon de l'oreille. Ce point correspo
racine de l'arcade zygomatique.

Il faut appuyer la pointe du compas de façon à déprim
tement la peau et de façon à ne pas déprimer, ni même to
le tragus.

5° *Le diamètre vertical sus-auriculaire.* — La mesur
diamètre ne peut être prise avec autant de précisio

vivant que celle des diamètres précédents, du moins sans un appareil spécial.

Lorsqu'on fait l'anthropométrie complète d'un sujet, on mesure la hauteur en projection au-dessus du sol d'un certain nombre de points de repère parmi lesquels sont le vertex et le conduit auditif. La différence de hauteur de ces deux points est le diamètre sus-auriculaire.

On peut mesurer ce diamètre au moyen du compas-glissière, pourvu que les branches de ce compas aient une longueur supérieure à la demi-largeur de la tête. On enlève la branche mobile ; le reste de l'instrument constitue alors une équerre.

On place la tige graduée du compas, tenu de façon à ce que l'ongle du pouce puisse servir de curseur, sur le côté de la tête au niveau du conduit auditif, et l'on place la branche sur le sommet de la tête aussi horizontalement que possible, ce qui peut être réalisé assez approximativement si cette branche est tenue parallèlement à la ligne des yeux. La distance de cette ligne à celle du compas est assez faible pour que l'on ne puisse guère se tromper sur leur parallélisme. Quand celui-ci est obtenu, on fait glisser l'ongle du pouce sur la tige graduée jusqu'au niveau de la pointe ou du milieu du tragus et on lit le chiffre correspondant. L'erreur possible peut aller jusqu'à trois et quatre millimètres avec un opérateur assez exercé, mais elle ne rend pas inutile la mesure du diamètre vertical, dont les variations individuelles atteignent normalement vingt-cinq millimètres et plus.

Les risques d'erreurs sont accrus chez les femmes dont les cheveux sont plaqués sur le sommet de la tête, et chez les individus dont les cheveux à direction verticale sont assez longs pour cacher la branche horizontale du compas équerre à l'œil de l'opérateur. Dans le premier cas, celui-ci peut déduire au jugé, un ou deux millimètres de la longueur obtenue. Dans le second cas, il peut démasquer son compas en abaissant les cheveux avec sa main gauche. Le perfectionnement instrumental en préparation fera disparaître complètement ces causes d'erreur. On peut, du reste, éviter les causes d'erreur inhérentes au procédé que nous venons d'indiquer en se munissant d'un compas glissière à branches graduées d'une longueur de cent cinquante à cent soixante millimètres. Alors c'est la tige de l'instrument qui est placée sur le vertex sans qu'il soit néces-
.sai   zontale, car la hauteur du crâne est
                        x chiffres lus sur chaque branche

La mesure de la hauteur du crâne est très importante.
variations de cette hauteur impriment à la physionomie
variations considérables, et fournissent des caractères ethni
et sexuels assez tranchés, mais avec de grandes différe
individuelles.

Pour une même surface de base du crâne, ce sont les va
tions de la largeur et de la hauteur du crâne qui sont
étroitement liées avec le volume relatif du cerveau.

Ces deux dimensions peuvent être l'une et l'autre supérie
chez un même individu ; mais souvent elles sont en ra
inverse l'une de l'autre, parce que dans le cours de la croissa
du cerveau, la forme de celui-ci est influencée par le degr
résistance latérale que lui opposent les parois du crâne
masse cérébrale, par son propre poids, tend à s'élargir. S
résistance des parois latérales du crâne est trop faible relai
ment à la pression du cerveau, soit par faiblesse absolue
contenant, soit par excès absolu du contenu, soit par suit
ces deux causes réunies, alors la largeur du crâne est ac
aux dépens de sa hauteur (b, fig. 78 et 79). Si au contraire,
parois latérales du crâne sont très résistantes, le cerveau, m
tenu latéralement, réalisera en hauteur son accroissement
fig. 1 et 2).

Le premier cas s'observe chez les hydrocéphales, chez
enfants normaux du premier âge et chez les nains non mi
céphales dont le poids cérébral relatif reste très élevé en rai
de leur taille exiguë.

La faible hauteur relative du crâne par rapport à la larg
n'est pas toujours un effet de l'affaissement mécanique dor
est question ci-dessus. Quand elle est un effet de cet affai
ment, la largeur de la voûte cranienne est grande relativem
à la base du crâne; on a la forme évasée d'un pot de fle
debout (b, fig. 78).

Quand la faible hauteur du crâne, par rapport à sa larg
n'est pas un effet de l'affaissement ou du refoulement lat
des parois du crâne, alors la largeur de la voûte du crâne
faible relativement à la largeur de la base ; on a la forme d
pot de fleurs *renversé*. C'est l'indice d'un faible poids relatif
cerveau, caractère dénotant en général soit une forte taille,
un faible développement intellectuel : une forte taille si
volume du cerveau est absolument grand (h, fig. 78), un fa
développement intellectuel si le cerveau est absolument p
(m, fig. 78).

Ces indications sommaires suffiront pour montrer l'intérêt que peut avoir la mesure des diamètres du crâne et le seus général des, interprétations anatomo-physiologiques auxquelles se prête la céphalométrie.

6° *La largeur frontale minimum.* — Cette largeur se mesure sur la ligne sus-orbitaire, ligne fictive qui sépare le front en deux parties : l'une inférieure ou orbitaire appartenant à la face, l'autre supérieure qui est le front proprement dit et qui recouvre la portion antérieure du cerveau. La ligne sus-orbitaire limite un plan tangent à la portion antérieure de la voûte des orbites. Ordinairement elle est comprise entre les deux points des lignes courbes temporales les plus rapprochés de la ligne médiane, et c'est entre ces deux points qu'on la mesure, à moins qu'il ne soit évident que ces points de repère sont situés dans un plan horizontal notablement plus élevé que le plan tangent aux voûtes orbitaires, comme il arrive chez les individus dont les lignes courbes temporales se rapprochent beaucoup de la ligne médiane. Mais ce cas est rare chez les peuples européens et ne se rencontre que chez des hommes adultes pourvus de mâchoires extraordinairement volumineuses, ou bien chez des microcéphales.

La largeur frontale minimum est un trait fort important de la physionomie. Comparée, soit à la plus grande largeur du crâne, soit à la plus grande largeur de la face ou largeur bizygomatique (v. plus loin), elle représente en partie le développement relatif de la région antérieure du crâne. Son importance dans nos appréciations esthétiques résulte en partie de ce que le front est la portion du crâne la plus en vue sur le vivant.

On considère très généralement un front large et élevé comme un caractère de beauté dénotant une certaine supériorité intellectuelle et même une certaine noblesse de caractère. Cette opinion est justifiée dans une certaine mesure par l'anatomie comparative :

Il est notoire que le front humain présente un développement remarquable.

Gratiolet et Broca ont considéré le lobe frontal comme une caractéristique du cerveau des primates. Gratiolet distinguait, dans l'humanité, des races frontales et occipitales. Cette distinction, basée sur quelques observations, était surtout théorique. La dignité supérieure du **lobe frontal** parut être confirmée   ·nctionnelle, découverte **par Broca,**

dr   tale et par le fait que **cette** cir-

convolution n'existe, chez les anthropoïdes, qu'à l'état rudi:
taire. A cela s'ajoutèrent des faits craniologiques d'autant
nombreux que l'on, mit un soin particulier à recherche:
caractères craniens susceptibles d'indiquer la grandeur rel:
de la région frontale et ses variations ethniques, sexue
individuelles. La moitié, peut-être, de la craniométrie, n'a
eu d'autre but. Il semblait aller de soi que l'agrandisser
de l'os frontal était en corrélation avec un agrandisser
parallèle du lobe frontal, tout au moins de sa portion a
rieure, car on sait depuis longtemps que le lobe frontal dép
notablement en arrière les limites de l'os frontal et qu'il
dépasse d'une quantité très variable.

Mais des recherches récentes que j'ai faites au moyen
registres de pesées cérébrales de Broca, en établissant
groupes de cas d'après les données issues de mes recher:
antérieures, m'ont montré que le poids relatif du lobe fro
ne varie pas suivant le sexe, ni suivant la taille, ni suiva:
poids relatif de l'ensemble du cerveau. Et comme, suivant
vues, ce dernier poids devait être en relation avec le déve
pement intellectuel, j'ai commencé à peser comparativen
les divers lobes de cerveaux de sauvages, de Français d'
intelligence inférieure et médiocre, et d'hommes éminents.
résultats que j'ai obtenus semblent indiquer que le dévelo
ment des lobes frontaux est à peu près proportionnel à c
des autres lobes et que les faibles variations existantes ne :
pas en rapport avec le degré de l'intelligence.

En présence de ce résultat négatif, j'ai été obligé de modi
mon opinion au sujet de l'influence du développement rel
des divers lobes cérébraux sur la forme générale du cervea:

Cette forme générale, en rapport avec celle du crâne et :
sidérée indépendamment des divisions lobaires, présente, :
des variations liées aux variations intellectuelles. Ce résu
craniologique reste intact, et il est paradoxal de voir que
proportions du contenant passif possèdent une significa:
physiologique que ne possèdent pas les proportions du c
tenu actif dont, au surplus, la forme générale est en étr
corrélation avec celle de l'enveloppe cranienne.

Le paradoxe disparaît si l'on admet que les variations d:
forme générale du crâne et du cerveau sont liées, les unes
les autres, aux variations d'une qualité du cerveau possé:
une valeur physiologique. Cette qualité, c'est le poids o:
volume relatif du cerveau, par rapport à la masse active

reste de l'organisme. Si ce volume relatif s'accroît, il grandit aussi par rapport à la base du crâne. De là résultent les variations morphologiques du crâne en rapport avec le développement intellectuel. Cette relation générale n'est que l'expression squelettique de celle qui existe entre le poids relatif du cerveau et l'intelligence.

Les variations morphologiques ici en question portent sur l'étendue de la voûte du crâne par rapport à sa base, sur l'accentuation des courbures antéro-postérieures et latérales des pariétaux, du frontal et de l'occipital.

L'agrandissement de l'os frontal en hauteur et en largeur est en corrélation évidente avec l'accroissement du poids relatif du cerveau et non, comme on l'a supposé pendant longtemps, avec un agrandissement spécial des lobes frontaux. Ces lobes participent à l'accroissement général du cerveau, et c'est en vertu de la situation plus en vue de l'os frontal, que le développement de celui-ci a plus spécialement attiré l'attention.

Un front très développé est, en général, l'indice d'un développement cérébral supérieur relativement à la base du crâne et relativement au reste du corps, parce que l'agrandissement de la loge frontale du crâne est plus difficile à réaliser par la poussée du cerveau, que celui des autres régions du crâne. Mais cette proposition comporte des réserves assez nombreuses qu'il n'est pas possible d'introduire ici.

La hauteur du front dépend en partie de celle du crâne ; sa largeur et sa profondeur d'avant en arrière, ainsi que son évasement transversal sont, en partie, sous la dépendance du développement relatif de l'ensemble du crâne en largeur par rapport à la longueur (brachycéphalie et dolichocéphalie). Une grande hauteur frontale peut aussi constituer une simple compensation de son étroitesse transversale ; comme aussi une grande largeur frontale peut être une simple compensation d'une hauteur diminuée. Ces faits et d'autres encore, dont plusieurs sont fréquents, rendent assez complexes, comme on voit, l'interprétation des dimensions frontales dans les cas individuels. Toujours est-il, qu'en général, un grand développement frontal est un caractère de supériorité morphologique en rapport avec le volume relatif du cerveau. Ce qui complique la question, c'est l'influence réciproque du crâne sur le cerveau durant le cours du développement de l'un et de l'au⸱⸱⸱⸱⸱ qui donne lieu à de nombreuses combin⸱⸱⸱⸱

Je dois me bo⸱⸱⸱⸱⸱ nécessaires.

pour faire connaître la signification générale des mesure
niennes en question dans cet article. Les questions d'anat
et de physiologie cranio-cérébrales effleurées ci-dessus ne
vent être traitées que dans les mémoires spéciaux assez éter

7° *Évaluation de la capacité cranienne.* — Il est impos
de mesurer exactement la capacité cranienne sur le vivai
est seulement possible d'obtenir une évaluation approxima
très imparfaite il est vrai, mais infiniment moins tromp
qu'une simple évaluation à l'œil dont on ne saurait tro
défier.

Un observateur très exercé peut se tromper de 200 cent
tres cubes et plus sur la capacité d'un crâne qu'il tient dar
main, qu'il peut examiner en tout sens et dont il peut cons
l'épaisseur des os. L'erreur pourrait atteindre certainer
300 centimètres cubes sur le vivant. L'évaluation en ce cas
se borner à un classement en trois catégories : crânes gra
petits et moyens, et non sans risques d'erreur.

La capacité des crânes dont on a mesuré les diamètres
être évaluée avec une approximation satisfaisante par le
cédé de l'*indice cubique* (Broca). Ce procédé consiste à di
le demi-produit des trois diamètres par un nombre empiri
ment connu qui, pour les crânes européens adultes, en gén
est 1. 13 (hommes) ou 1. 08 (femmes). Cet indice cubique
sente des variations individuelles très étendues : c'est pour
l'évaluation de la capacité d'un crâne isolé avec l'indice m
expose à des erreurs qui peuvent dépasser 100 centimè
cubes. Mais si l'on opère sur des groupes de crânes même
faibles, on obtient leur capacité moyenne à 20 ou 30 cent
tres cubes près.

On peut avoir recours au procédé de l'indice cubique
l'évaluation de la capacité cranienne sur le vivant, mais avec
risques d'erreur beaucoup plus considérables parce que l'in
cubique n'a été étudié jusqu'à présent que sur des crânes s
Or, cet indice est évidemment augmenté par l'épaisseur
téguments. De plus, le diamètre vertical du crâne (du basio
bregma) est remplacé, sur le vivant, par un diamètre ver
assez différent et mesuré avec moins de précision. J'ai fait q
ques recherches à ce sujet sur des têtes de suppliciés, ma
ne suis pas encore en mesure de donner un indice cub
moyen pour le vivant.

Il est pourtant possible d'évaluer la capacité cranienne
vivant avec une approximation dont l'indétermination ne

pas effrayer outre mesure. Si le procédé de l'indice cubique ne peut donner la capacité réelle, il peut fournir un nombre à peu près proportionnel à cette capacité avec un degré d'approxima-

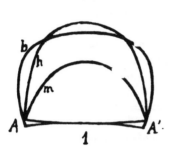
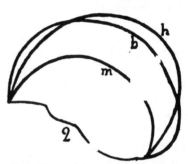

Fig. 78. — Schéma de la coupe transversale des types de la forme générale du crâne déterminés par le développement relatif plus ou moins grand du cerveau par rapport au reste du corps et par le développement corrélatif plus ou moins grand de la voûte cranienne par rapport à la base du crâne. — *m*, faible développement absolu et relatif du cerveau relativement au corps et, consécutivement, de la voûte relativement à la base du crâne (*Type microcéphalique*). — *b* et *h*, développement normal absolu et relatif du cerveau et de la voûte du crâne. — *h*, type surélevé à parois latérales disposées verticalement ou inclinées en dedans. — *b*, type abaissé, élargi aux dépens de la hauteur et à parois latérales obliques en dehors par suite de la moindre résistance de ces parois à la pression du cerveau. Le type *h*, à égalité de volume cérébral, indique en général un développement squelettique supérieur. Le volume cérébral relatif est, en général, supérieur dans le type *b*.

Fig. 79. — Schéma de la coupe médiane antéro-postérieure des mêmes types désignés par les mêmes lettres. En même temps que le front est plus bombé dans le type *b*, la région occipitale inférieure ou cérébelleuse présente aussi un renflement qui, avec les renflements frontal et temporal, compense la diminution de la hauteur.

Entre ces trois types existent des formes intermédiaires, comme aussi l'on peut rencontrer des exagérations de chacun d'eux. La question a été simplifiée ici en supposant une même étendue de la base cranienne, corrélative (schématiquement) à une égalité de masse squelettique.

Dans la figure 1 on voit la base du crâne A A' s'infléchir sur les côtés, en haut sur les types *m* et *h*, en bas sur le type *b*. Ce dernier fait, indiquant l'influence du poids relatif du cerveau sur la base du crâne elle-même, résulte de récentes recherches du Dr Papillault (*Bull. soc. d'Anthr.* Paris, 1898).

tion suffisant pour permettre d'établir utilement des groupes d'individus d'après leur volume céphalique, et même pour classer à ce point de vue nombre de cas individuels.

En attendant des indications plus précises, «
le produit des trois diamètres antéro-post«

transverse maximum et vertical sus-auriculaire, divise
duit par 2 et diviser par les nombres 1,20 pour les ho
1,15 pour les femmes. Il ne s'agit que des adultes. Si 1
rait sur des enfants, ces indices seraient trop élevés e
raient des capacités trop faibles à cause de la moindr
seur des parois du crâne et des téguments. Puisque
cherche que des nombres approximativement propo
à la capacité réelle, j'estime que l'on peut adopter pr
ment comme indice cubique des enfants 1,05 au-des
5 ans, 1,06 de 5 à 10 ans, 1,07 de 10 à 15 ans pour 1
sexes. De 16 à 20 ans on prendrait comme indice cubi
pour les filles et 1,10 pour les garçons; de 20 à 25, 1,
les femmes et 1,15 pour les hommes; au-dessus de 25 a
pour les femmes et 1,20 pour les hommes.

Ces indices ou diviseurs du demi-produit des trois di
ne sont que provisoires et ne peuvent fournir que des c
cubiques tout au plus proportionnelles, en moyen
volumes réels, avec des risques d'erreur très considérab
les cas individuels.

Nous avons indiqué les principales mesures cépha
prendre sur le vivant pour évaluer approximativement l
de l'encéphale et pour décrire avec précision la forme
du cerveau.

En ce qui concerne le volume cérébral, dont les va
paraissent le plus certainement liées à des variations
psychologiques, je crois devoir insister sur la compl
cette relation et sur la nécessité d'une analyse préala
difficile, tant psychologique qu'anatomique, pour app
des cas individuels les notions acquises sur la signifi
la supériorité ou de l'infériorité du poids de l'encépha
une question déjà fort complexe lorsqu'on l'envisage
tement et qui demande à être étudiée à fond pour po
prêter à des applications particulières.

Du côté anatomique il importe de ne point perdre
l'incertitude de la mesure du volume de l'encéphal
vivant et de la masse active du corps qui, indépendam
perfectionnement intellectuel, est en relation certaine
poids du cerveau.

Il ne faut pas oublier non plus que cette relation n'es
que d'une façon très générale et n'est que très vague
Inable dans les séries expérimentalement formées, e
dans les cas individuels, où les causes d'erreur

on peut tenir compte jusqu'à un certain point, peuvent être compliquées de causes d'erreur totalement ignorées.

Du côté psychologique, il faut tenir compte de la distinction que j'ai faite : 1° entre les qualités intellectuelles directement résultantes de la conformation et l'intelligence réalisée par l'acquis, le dressage, l'entrainement ; 2° entre les qualités intellectuelles que l'analyse nous fait considérer comme étant en rapport avec le développement cérébral en volume et complexité, et les qualités intellectuelles visiblement indépendantes de ce volume, mais plutôt liées à des conditions de circulation, de neurosthénie, de tempérament [1].

En ce qui concerne la forme du crâne, j'ai donné plus haut quelques indications suffisantes pour montrer la multiplicité des causes de ses variations et la difficulté de rattacher celles-ci à des variations de l'intelligence ou du caractère.

Il y a lieu de croire qu'un anatomiste psychologue spécialement expérimenté en la matière pourrait s'essayer, avec un succès relatif, à diagnostiquer ces dernières variations d'après des caractères craniens. Mais en l'état actuel de la science, il s'agit bien moins de chercher à connaitre la valeur psychologique et morale des gens d'après leur conformation cranienne que de faire le travail inverse, c'est-à-dire de contrôler préalablement par cette valeur même, directement constatée, celle attribuée plus ou moins hypothétiquement à certains caractères anatomiques.

Nous avons parlé de l'évaluation du volume du cerveau d'après les mesures de la tête ; ces mêmes mesures servent également à déterminer la forme générale du crâne.

COMPARAISONS ENTRE LES DIVERSES MESURES CRANIENNES
MÉTHODE DES INDICES

Les caractères morphologiques du crâne peuvent souvent être représentés par des rapports numériques que l'on nomme *indices*.

Soient A et B, deux dimensions quelconques dont on veut calculer le rapport entre elles. On multiplie A par 100,et l'on divise par B. Le quotient ou indice exprime la dimension A en centièmes de la dimension B. F   est la plus

[1] *Essai sur les qualités intellect*   *a supé-*
riorité cérébrale quantitative. (R.

faible, l'indice sera inférieur à 100. Il sera supérieur dans l(
contraire. Il faut évidemment que, dans le calcul de ch(
indice, ce soit toujours la même dimension qui serve de (
dende pour que les indices soient comparables entre eux
est convenu (Broca) de choisir comme dividende, dans le c(
de chaque indice usuel, celle des deux mesures qui est ordi
rement la plus petite.

Les indices usités, calculables au moyen des mesures pi
demment énumérées, sont les suivants :

Indice céphalique : Diamètre antéro-postérieur *maxin*
$\times$ 100 et divisé par le transverse maximum.

C'est cet indice qui exprime la *brachycéphalie* et la *doli*
céphalie, c'est-à-dire la largeur plus ou moins grande du c(
relativement à sa longueur. L'importance ethnographiqu(
ces variations a conduit à des excès dans leur nomenclature
distinction de mésaticéphales, de sous-dolichocéphales e(
sous-brachycéphales faite par Broca, est bonne à conserver (
la commodité du langage. Mais divers auteurs, soit par an
de la symétrie, soit par amour des nombres ronds, un peu a
par amour-propre, ont voulu modifier les limites primitiven
proposées. Il en est résulté une véritable logomachie qi
rempli bien des pages inutilement.

L'échelle des variations de l'indice céphalique est ■
divisée (Broca) :

Jusqu'à 77,77 : dolichocéphalie ;

De 77,78 à 80,00 : mésaticéphalie ;

Au-dessus de 80,00 : brachycépalie.

Si l'on veut parler de sous-dolichocéphalie et de sous-bra(
céphalie, on peut placer la première entre 75,01 et 77,77,
seconde entre 80,01 et 83,33 (Broca).

Si l'on peut citer des indices chiffrés, il est inutile d'erg(
sur les appellations qui n'y changent rien et ne doivent ex■
aucune influence sur les groupements de chiffres dont l'uti
peut apparaître dans l'étude de telle ou telle question.

Si l'on ne peut citer des indices chiffrés, les appellatio■
représentent plus que des estimations et ne sauraient prét■
à l'exactitude, car on ne distingue pas à l'œil un indice
80, par exemple, d'un indice de 78 ou de 82.

L'indice céphalique peut descendre au-dessous de 70
s'élever au-dessus de 90 sur des crânes normaux. On doit, ■
tefois, examiner avec soin ces cas exceptionnels et les signa
à part. L'extrême dolichocéphalie peut être parfois le fait d'(

déformation pathologique ; la scaphocéphalie, ou de déformations artificielles. L'extrême brachycéphalie peut résulter de
l'hydrocéphalie, de l'acrocéphalie ou de déformations artificielles.

Pour être comparable aux indices calculés d'après des
mesures prises sur le crâne sec, l'indice céphalique du sujet
vivant doit être diminué en moyenne de deux centièmes.
Ainsi 84,6 devient 82,6. La nécessité de cette réduction a été
reconnue empiriquement (Broca, Houzé). Elle est due à ce que
le diamètre transverse est plus accru sur le vivant que l'antéro-
postérieur, à cause des muscles temporaux.

L'indice céphalique ne représentant autre chose que le rapport de deux diamètres n'exprime que la forme du crâne vu
d'en haut (*norma verticalis*) et nullement le volume.

Quelques écrivains ont cru trouver dans les variations de
l'indice céphalique la base d'une sorte de phrénologie des races,
mais cette nouveauté, qui n'a pas manqué de faire un certain
bruit dans le monde, est un pur égarement. Aucun fait biologique ne la justifie. Il y a tout lieu de croire, au contraire, que
les variations de l'indice céphalique sont des plus insignifiantes
au point de vue physiologique.

Dans la brachycéphalie le crâne gagne en largeur ce qu'il
perd en longueur ; inversement dans la dolichocéphalie.

Indice vertical ou de hauteur. — Il y a deux indices de hauteur, car le diamètre vertical peut être comparé soit à la longueur du crâne, soit à sa largeur, et l'on conçoit que, la longueur étant avantagée par la dolichocéphalie, la largeur par la
brachycéphalie, chacun des deux indices considéré séparément
représente très imparfaitement le développement relatif en
hauteur qu'il s'agit de représenter numériquement. C'est pourquoi l'on calcule, en général, l'indice de hauteur-largeur (diamètre vertical transverse maximum $\times$ 100 divisé par le diamètre vertical) et l'indice de hauteur-longueur (diamètre vertical $\times$ 100 divisé par le diamètre antéro-postérieur maximum);
puis l'on prend, pour représenter la hauteur du crâne, la
moyenne de ces deux indices. Cette moyenne constitue l'indice
vertical mixte.

On peut aussi calculer cet indice mixte en multipliant par 100
le diamètre vertical et en divisant par la ·   · ·
diamètres antéro-postérieur maximum et tr

Les indices au moyen desquels on pot
degré de renversement en dehors de l'é·

degré d'évasement des régions latérales de la voûte d
auraient pour principal numérateur le diamètre biauri
Mais ces indices ne pourraient, sur le vivant, représente
façon suffisamment exacte, les caractères importants d
été question plus haut, à propos du diamètre biauricul
compte obtenir prochainement cette représentation au
de procédés graphiques exigeant l'emploi d'un apparei
cable au sujet vivant. On obtiendra, au moyen de cet a
des courbes céphaliques antéro-postérieures et transv
actuellement obtenues au moyen du céphalomètre d'An
instrument très bon, mais que la lenteur et la difficulté
application rendent peu pratique.

Indice frontal. — D. frontal minimum $\times$ 100 divisé
D. transverse maximum. Cet indice a paru devoir four
données très intéressantes sur la largeur relative di
par rapport à la plus grande largeur du crâne, mais, en
il est à peu près insignifiant au point de vue physiol
D'abord, il est fortement influencé par l'indice céph
la dolichocéphalie tend à l'élever par simple diminut
diamètre transverse maximum, et la brachycéphalie
l'abaisser. Pour éviter cette influence, on pourrait comp
frontal minimum à la demi-somme des diamètres trar
maximum et antéro-postérieur; mais la signification pl
gique de cet indice serait encore troublée par le fait
diminution de la largeur frontale peut être compensée
développement supérieur du front en longueur et en h

D'ailleurs, les récentes constatations que j'ai faites en
les lobes cérébraux ne confirment pas, comme je l'ai di
portance physiologique attribuée aux variations du dév
ment relatif de la région frontale.

Il est certain qu'un front large, *toutes choses égales d'ai*
est un caractère de beauté auquel se rattache en géné
supériorité intellectuelle, mais ce peut être simplemen
que ce caractère est l'indice d'un développement relati
rieur de l'ensemble du cerveau. Considérées isolém
variations normales de la largeur du front sont dépo
d'intérêt physiologique. L'indice frontal défini ci-dessu
précise pas moins un trait saillant de la physionomie
donc pas sans intérêt de le calculer.

MESURES FACIALES ET COMPARAISON DES DIMENSIONS DU CRANE A CELLES DE LA FACE

1. — *La largeur frontale minimum*, dont nous avons déjà parlé, constitue à la fois une dimension du crâne et de la face. Mais comme elle mesure, en somme, la partie antérieure de la base du cerveau et qu'elle peut être faible, nonobstant une largeur excessive des mâchoires ; comme elle peut être grande, au contraire, quand les maxillaires sont étroits, on peut considérer le rapport de cette largeur frontale minimum aux largeurs faciales proprement dites, comme ayant un intérêt esthétique et, jusqu'à un certain point, physiologique.

2. — La largeur de la face au niveau des orbites dépend trop directement de la largeur frontale minimum et de la largeur bizygomatique pour que ses rapports avec l'une ou l'autre soient intéressants à calculer. Il n'en est pas de même du rapport de la largeur bizygomatique maximum, car bien que celle-ci n'appartienne pas au maxillaire supérieur, elle mesure mieux que toute autre dimension le développement de la région maxillaire, parce qu'elle est fortement influencée par l'épaisseur du plus volumineux des muscles masticateurs : le temporal. On voit des crânes dont, malgré l'étroitesse frontale, la largeur bizygomatique est très grande, de sorte que, si on les regarde d'en haut, les arcades zygomatiques ne sont pas cachées par la voûte cranienne qu'elles débordent plus ou moins en dehors. Ce sont ces crânes que Busk avait appelés *phénozyges ;* les autres étaient nommés *cryptozyges.*

Le développement relatif du crâne par rapport à la face, ayant toujours occupé beaucoup, à juste titre, les craniologistes, et la célébrité du fameux angle facial au moyen duquel Camper figurait ce développement relatif ayant mis à la mode l'expression des caractères craniens par des angles, de Quatrefages avait inventé un goniomètre spécial pour mesurer la phénozygie et la cryptozygie. Cet instrument ingénieux, quoique embarrassant, est devenu complètement inutile. Les variations morphologiques qu'il servait à me   mesurées tout aussi exactement et beaucou   nent par le simple rapport d'un diamètre   zygoma-tique. M. Topinard comparait   nt' dostérieur (Indice fronto-zyg

désigné avec plus de précision par le nom de stéphano
matique, le diamètre frontal adopté étant le *stépha*
mesuré sur la suture coronale.

J'ai adopté un autre indice *fronto-zygomatique* ayant
signification : le rapport du diamètre frontal minimu
bizygomatique maximum = 100. Cet indice mesure
façon satisfaisante la largeur relative du front comparée
de la face, et il exprime en même temps l'un des traits le
saillants de la physionomie : l'obliquité de la ligne squele
qui joint le front à l'arcade zygomatique. La valeur esth
de ce trait est justifiée anatomiquement et physiologiqu
par l'opposition qui existe entre le développement du c
et celui de l'appareil masticateur. Cette opposition se t
par de nombreux caractères craniologiques dont l'énumé
n'est pas possible ici. Parmi tous ces caractères, celu
mesure l'indice fronto-zygomatique est le plus apparent
sujet vu de face.

Un caractère de même ordre et de même signification
rait sur le profil : c'est le *prognathisme*, qui est la proémi
de la face en avant du cerveau, dans la position horizont
crâne. Les degrés du prognathisme dans la série des Ma
fères jusqu'à l'Homme inclusivement ont été figurés par C
au moyen de son angle facial que Cuvier, Jacquart, Cl
Broca, etc., cherchèrent à modifier de façon à lui faire
senter les variations relativement légères, quoique très pr
cées, du prognathisme dans l'espèce humaine.

Mais les variations de l'angle facial ne dépendent pas
sivement du degré de la proéminence maxillaire ; elles d
dent aussi des variations propres de situation d'un po
repère frontal et d'un point de repère auriculaire mobile
le sens horizontal et dans le sens vertical, enfin de la h
verticale de la face. De plus, on est obligé de considérer
rément la proéminence frontale, nasale, sous-nasale, den
si bien que la nécessité d'analyser les variations trop sy
quement et insuffisamment représentées par les angles f
a entraîné l'abandon de ces angles en craniologie.

Malheureusement, les procédés d'analyse applicables au
lette et au moyen desquels j'ai pu expliquer les varia
sexuelles du prognathisme, ne sont pas applicables s
vivant, de sorte que l'on est obligé, en céphalométri
recourir à la mesure de l'angle facial ou à d'autres pro
plus ou moins défectueux de mensuration du prognathis

l'on n'arrive pas à exprimer ainsi numériquement les variations
légères du prognathisme proprement dit, que l'œil, au contraire, perçoit assez délicatement, parce qu'il saisit de très faibles différences d'inclinaison des diverses parties du profil de
la face par rapport à la verticale. Mais on obtient des chiffres
dont la défectuosité analytique, inhérente à tous les angles
faciaux, est compensée par la valeur synthétique de ces mêmes
angles.

Or cette valeur synthétique n'est pas à dédaigner, car si l'on
parvient à exprimer numériquement les variations de situation
d'un point frontal marquant la limite antérieure du cerveau,
d'un point facial marquant la limite antérieure du maxillaire
supérieur et d'un point auriculaire dépendant du conduit auditif,
ces trois points étant considérés l'un par rapport aux autres, on
n'exprime pas, il est vrai, le prognathisme seul, comme je l'ai
dit plus haut, mais on exprime en même temps des variations
sensiblement parallèles, comme celles du prognathisme, aux
variations du volume relatif du cerveau, c'est-à-dire du caractère
le plus dominateur en morphologie cranienne, parce qu'il possède la plus grande importance physiologique.

Est-ce à dire que la mesure de ces variations pourra servir à
apprécier la valeur psychologique des individus? Nullement,
puisque cette valeur n'est que partiellement en relation avec le
développement relatif du cerveau; puisqu'elle dépend d'autres
conditions complètement étrangères à la supériorité cérébrale
quantitative, même convenablement analysée, puisque les
variations dont il s'agit ne peuvent représenter que très imparfaitement les variations du poids relatif du cerveau; puisqu'enfin elles ne sont pas mesurables elles-mêmes avec précision. Il n'en est pas moins vrai que la diminution de l'angle
facial considérée d'une façon suffisamment générale possède
une signification désavantageuse établie par l'anatomie comparative et qu'il est intéressant, par suite, de rechercher jusqu'à
quel point cette diminution caractérise la conformation céphalique des individus notoirement inférieurs psychologiquement.

Voici, en résumé, les indications techniques qui résultent de
mes recherches sur le prognathisme.

La proéminence de la face en avant du crâne doit être considérée à partir d'un plan VV' tangent à l'extrémité antérieure
du cerveau et perpendiculair   plan du regard. Ce dernier

orbites. Cette définition et la figure 80 montrent que ni
belle, G, ni l'ophryon C, ne doivent être pris comme p
repère dans la mesure du prognathisme. En effet, on v
la projection totale de la face sur le plan horizontal HH'
lèle à OO') étant s V', la majeure partie de cette projec
celle de la région frontale inférieure Fn, la projectio
région nasale nn' étant ia et celle de la région maxillai

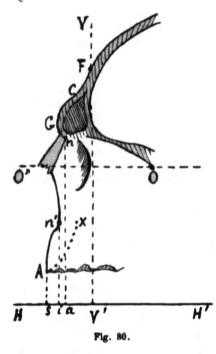

nasale étant is. (
donc dire que :
jeure partie de l
nécessaire à la m
en avant du pla
c'est-à-dire la n
partie du prognal
a été assurée
proéminence fr
Fn, et que si l'on
rait le progna
seulement en av
l'ophryon ou de
belle ou de la ra
nez, on n'en mes
qu'une portion.
crâne où cette p
nence frontale /
est un véritable p
thisme frontal,
terait pas, l'os
laire s'articulera
l'os frontal en arr

Fig. 80.

point n; la ligne faciale serait reculée d'autant, le p
serait situé en un point postérieur x; mais alors si, par
thèse, la mâchoire avait besoin d'une place aussi gran
dans le cas précédent, la ligne faciale devrait se re
brusquement et prendre la direction $x A$, formant ai
prognathisme égal au précédent, s V', mais réalisé prese
tièrement par la région sous-nasale au lieu de l'être on n
partie par la région sus-nasale.

Tel est, précisément, le cas des Femmes compare
Hommes en général, et c'est pour cela que les Femmes
moyenne, un prognathisme sous-nasal supérieur à ce
Hommes, bien que, dans son ensemble (Topinard), le

thisme féminin soit inférieur au masculin. (Voir fig. 81, n°° 7 et 8.)

C'est donc le point métopique F, au niveau du bord inférieur des bosses frontales, qui doit être pris comme point de repère frontal pour la mesure du prognathisme. Le point facial inférieur doit être le point alvéolaire A, si l'on veut négliger le prognathisme trop spécial des incisives.

Si l'on veut analyser le prognathisme, les deux autres points de repère à adopter sont le point n (articulation de l'os maxillaire avec l'os frontal) et le point n' qui est située, non pas sur l'épine nasale, mais sur la partie la plus reculée du bord de l'échancrure nasale : c'est, en effet, à partir de ce point que la proéminence maxillaire cesse de concerner la région nasale et subit plus directement l'influence propre des besoins du développement alvéolo-dentaire.

Quant au prognathisme mandibulaire (menton fuyant), il est une conséquence du prognathisme de la mâchoire supérieure et du développement excessif de la région alvéolo-dentaire de la mandibule relativement à la portion de cet os située au-dessous des trous mentonniers, portion dont le développement est plus directement lié à celui de l'ensemble du squelette.

C'est ainsi que j'ai montré et expliqué la relation existante, en général, entre le prognathisme supérieur ou inférieur et le développement dentaire comparé à la masse squelettique, puis entre le prognathisme et le poids relatif du cerveau. Cette dernière relation a été corroborée en 1897 par les recherches de M. Grant Mac Curdy, faites d'après mes indications, sur les indices crânio-mandibulaire et cérébro-mandibulaire.

On peut voir par ces détails un peu longs, mais pourtant fort incomplets, combien la question du prognathisme et de son analyse est importante au point de vue de l'interprétation des nombreux traits de la physionomie qui dépendent de l'inclinaison des diverses parties du profil facial, depuis le front jusqu'au menton. La figure 81 donnera une idée des principales variations qui peuvent être notées à ce point de vue.

Il serait trop long d'interpréter anatomiquement ces diverses variétés de prognathisme dont chacune comporte des cas divers. La variété 5 et 6 me parait correspondre très généralement à une infériorité cérébrale plus ou moins grave. La variété 2, très fréquente chez nous et plus particulièrement, je crois, parmi les Israélites, n'est pas incompatible avec un assez grand développement céré[...] [...]riété 3, plus fréquente dans le sexe féminin, est gé[...] [...] rapport avec une [...]ture peu

vigoureuse, parfois avec le rachitisme et le crétinisme. I
Beethoven, pourtant, dont j'ai vu le crâne à Vienne, la
tait à un degré très accentué. La variété 4, au ce
annonce en général une complexion très vigoureuse ;
qualités et défauts ordinairement associés à une gran
physique. La variété 7 est en rapport constant, sem
avec une haute stature. Elle est déterminée, du reste,
grand développement des sinus frontaux qui supprime,
je l'ai expliqué plus haut, la raison d'être du progn

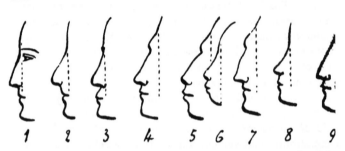

Fig. 81. — 1. Face orthognathe. — 2. Prognathisme limité à la régio
— 3. Prognathisme limité à la région sous-nasale. — 4. Progr
total, portant sur les trois régions nasale, sus et sous-nasale. —
gnathisme total exagéré accompagné de prognathisme mandibu
6. Même cas chez un enfant. — 7. Prognathisme assez fort, ma
rement réalisé par la proéminence de la région sus-nasale, d'o
rence orthognate (type masculin de haute taille). — 8. Variété
à la précédente : prognathisme assez fort réalisé sans particip
la région sus-nasale (type féminin). — 9. Profil grec mal com
nant lieu à un prognathisme considérable. — 10. Profil grec
c'est-à-dire conforme à celui des belles statues grecques et i
tible avec le prognathisme.

naso-alvéolaire. Et c'est ainsi que la moyenne du progna
sous-nasal est moins élevée chez les Hommes que c
Femmes. En réalité, le prognathisme si apparent de la va
n'est pas plus fort que celui de la variété 7 réalisé par l
minence de la portion frontale de la face.

La variété 9 représente l'affreuse caricature par laqu
trop nombreux artistes modernes ont cru reproduire l
grec classique, sans se douter qu'ils en dénaturaient cor
ment l'anatomie, la signification physiologique et, par
la valeur esthétique. Le dessin n° 9 ci-dessus reproduit
grossièrement la principale altération dont il s'agit. F
de ce que l'artiste, considérant trop simplement c

grec, la continuité des lignes frontale et nasale dans une
même direction, reproduit cette particularité sans comprendre
que les conséquences en sont complètement différentes suivant
qu'elle est réalisée en faisant dépendre la direction frontale de
la direction du nez, ou en faisant l'inverse. Dans le premier
cas, la région frontale se trouve placée en retrait derrière une
face dont la totalité proémine ainsi en avant du cerveau ; il en
résulte donc un prognathisme inévitable et considérable, tandis
que si c'est la ligne frontale, plus ou moins verticalement
dirigée, qui commande la direction de la ligne nasale, le prognathisme est rendu impossible. Cette disposition suppose anatomiquement l'existence d'un sinus frontal assez développé,
mais elle dissimule la proéminence déjà très faible de la région
naso-maxillaire en la mettant, pour ainsi dire, au compte de
la région frontale, ce qui arrive d'ailleurs, comme on l'a vu
plus haut, dans la variété de prognathisme n° 6.

Dans un essai d'anthropologie artistique sur le profil grec
(Matér. p. l'Hist. nat. et prim. de l'homme, 1885), j'ai cherché à
montrer que ce profil donne à la physionomie trois caractères
principaux : calme, noblesse et douceur.

Les Praxitèle et les Phidias, les Michel-Ange et les Léonard,
beaucoup de modernes aussi, ont utilisé avec bonheur cette conception que je crois être issue primitivement de l'art hiératique
égyptien. Mais il suffit d'un changement fort léger, insignifiant
en apparence, pour remplacer les caractères ci-dessus par la
stupidité, la grossièreté et la brutalité, si bien que beaucoup
de figures destinées à symboliser la République ou d'autres
choses des plus respectables expriment en réalité par leur
forme, maladroitement imitée de statues antiques, tout le contraire de ce qu'elles devraient exprimer. Et ces figures, pour la
plupart, se voient sur des médailles, des timbres officiels et
autres objets dont l'exécution a dû être confiée par des « sommités » administratives à des sommités artistiques !

Il me reste à donner quelques indications sur la mesure du
prognathisme.

Tandis que, sur le crâne, le procédé de l'angle facial a dû
être remplacé par des procédés plus analytiques, il n'est pas
~~irrationnel,~~ au contraire, de mesurer cet angle sur le vivant
puisqu'il exprime synthétiquement, en somme, le développe-
~~mon~~   · cérébral et du crâne facial.

'r cela, du goniomètre facial médian de
'nit adapter   ·cherches céphalo-

métriques. Mais cet instrument dont les parties latéral
vent être enfoncées dans les oreilles, tandis que la parti
rieure est mise en contact avec les dents, les lèvres et l
cives, est toujours répugnant pour le sujet, même si l'op
s'astreint, comme c'est indispensable, à prendre de minu
précautions hygiéniques.

La figure 83 montre les diverses causes de diminu
l'angle facial FMA. Le point frontal F recule, par exen
devient F' ; le point maxillaire M s'avance en M' ou s'abz
M″ ; le point auriculaire A s'élève en A'.

On voit que chacun de ces changements, qui peuven
lieu isolément ou ensemble, tend à diminuer l'angle l
que celui-ci peut devenir F′M′A′. Le chiffre obtenu ne
ce qui s'est produit ; il n'analyse pas, mais il exprime le
général.

On peut avoir recours, en céphalométrie, à un autre
imaginé par sir W.-H. Flower pour la craniométrie
nécessitant pas l'emploi d'un autre instrument que le
compas. Flower mesure la distance du basion (point ı
du bord antérieur du trou occipital) à un point frontal
point maxillaire. Le rapport centésimal de la 2ᵉ dimensi
première constitue un indice du prognathisme.

Sur le vivant, le point de repère du trou occipital étar
cessible peut être remplacé par un point auriculaire A (
que je place derrière l'attache antérieure du pavillon de l'
On peut mesurer facilement la distance de ce point au
métopique d'une part et au point maxillaire, entre les in
médianes supérieures.

Il est vrai que ces deux distances entre un point ext
deux points médians sont mesurées dans un plan obli
influencées par la largeur du crâne ; mais comme cette l
influe également sur les deux distances mesurées, peu
rentes entre elles, la signification du rapport de l'une à
(indice du prognathisme) n'en est pas sensiblement tr

La figure 82, qui reproduit les divers changements pré
ment notés (fig. 83) à propos de l'angle facial, montre
diverses causes de diminution de cet angle tendent à augı
aussi la distance faciale AM par rapport à la distance fı
AF. On voit, par exemple, que l'indice du prognathisʋ

beaucoup plus faible que l'indice du prognathismᵉ

Ce procédé permet donc de mesurer tout.⁻

variations du prognathisme, et il n'y a pas lieu de s'occuper des faibles variations, surtout lorsqu'elles ne sont pas analysées. Bien sujettes à caution seraient les indications que l'on en voudrait tirer au point de vue physiologique.

Le point M″ dans les figures 5 et 6 représente l'allongement de la face dans le sens vertical exclusivement. Cet allongement tend évidemment à diminuer l'angle facial et à élever dans

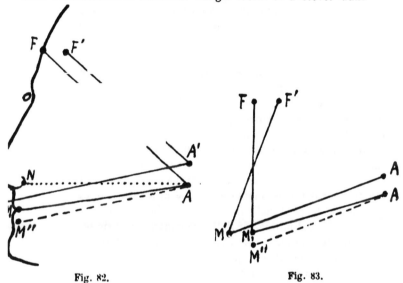

Fig. 82.   Fig. 83.

une faible mesure l'indice du prognathisme. Il contribue à la caractérisation des types ethniques.

Ainsi la face est plus haute, en moyenne, chez les dolichocéphales du nord de l'Europe que chez les brachycéphales, tandis que ces derniers ont généralement une face plus large, comme si, pour la face aussi bien que pour le crâne, l'excès de développement dans un sens était compensé par une diminution dans l'autre sens.

La différence de hauteur peut porter sur l'ensemble de la face ou sur chacune de ses trois régions, frontale, nasale et sous-nasale séparément, sans parler de la mandibule.

Les variations de physionomie qui en résultent sont importantes, mais leur interprétation anatomo-physiologique est
insuffisante. La hauteur absolue de la face et de
ties, mandibule comprise, me paraît être en

Cette relation est même assez étroite pour la région su
et pour le menton.

Un rapport extrêmement variable, c'est celui de la
du nez à la hauteur de la région sous-nasale. La distan
sous-cloison des narines à la bouche est parfois très
(type du président Grévy), et parfois très courte. Le
cas est certainement plus fréquent chez les individus de
taille ; il est très commun en Angleterre. Le second c
serve surtout dans le type dolichocéphale méditerrai
chose très intéressante il constitue l'un des caractèri
figure grecque classique.

Tout cela est, du reste, facilement mesurable, mais a
peu étudié jusqu'à présent.

Ces variations me paraissent être liées à celles de l
mais pas assez étroitement pour que l'on puisse tirer
relation une interprétation suffisante.

Elles ne sont pas étrangères à la question du prognai
car pour un degré de proéminence donné de la face, o
de ses parties, l'inclinaison doit être d'autant plus forte
région considérée est moins haute. Le prognathisme a
qui est un degré d'inclinaison plutôt qu'un degré de
nence est donc diminué par l'allongement vertical de la
sorte que la diminution de l'angle facial ou l'augmenta
l'indice du prognathisme par suite de l'abaissement d
M en M'', n'introduit pas une cause d'erreur dans la me
prognathisme par les deux procédés indiqués.

J'ai déjà parlé, à propos du crâne, d'un instrument en
ration au moyen duquel il sera possible d'appliquer à la
lométrie les principaux procédés d'analyse de la crani
avec une précision satisfaisante. Cet instrument perme
représenter graphiquement et de mesurer séparément
gnathisme de chaque région de la face en prenant
points de repère le point métopique F, le point nasal su
O, à défaut du point N' le point nasal inférieur N et l
maxillaire M.

Le point N, situé dans le sillon qui limite l'aile du nez (
correspond au point n' de la figure 4, en avant duquel l
minence faciale me paraît ne plus appartenir à la région
et devoir être mise tout entière au compte de la mâchoi

Malheureusement, il est à prévoir que l'instrument
tion sera d'un prix assez élevé. C'est pourquoi l'or
le plus souvent, de s'en tenir à l'indice du progni

Mesures du visage.

Il n'a été question, jusqu'ici, que des mesures et des indices propres à exprimer le développement absolu et relatif ainsi que la forme générale du crâne et de la face, car l'étude, même détaillée, du prognathisme, entre dans ce chapitre.

Pour compléter notre aperçu de céphalométrie, il reste à indiquer les mesures du visage les plus communément usitées en dehors de celles qui se trouvent comprises dans le cadre précédent.

1. La longueur totale du visage : du bord antérieur de la chevelure à la pointe du menton.

2. La distance de l'ophryon (point médian d'une ligne tangente au bord supérieur des sourcils) au point alvéolaire représenté sur le vivant par le point médian situé entre les deux incisives supérieures médianes, au niveau des gencives. On peut très bien éviter le contact du compas avec les lèvres et les gencives.

C'est cette dimension qui doit être rapportée à la largeur bizygomatique = 100 pour le calcul de l'*indice facial*.

3. La distance de l'ophryon au point nasal (médian sur la racine du nez).

4. La hauteur du nez ; du point nasal au point sous-nasal situé à la rencontre de la cloison des narines avec la lèvre supérieure — sans déprimer la peau.

5. La distance du point sous-nasal à la fente buccale. C'est la hauteur de la lèvre supérieure.

6. La hauteur de la muqueuse bilabiale, c'est-à-dire la hauteur de la partie rouge des lèvres, qui peut être mesurée séparément pour chaque lèvre.

7. La distance de la fente buccale au point médian du pli qui limite en bas la lèvre inférieure et indique le commencement du menton.

8. La distance de ce pli à la pointe du menton.

9. La largeur interoculaire, d'une caroncule à l'autre. Il faut approcher le compas des caroncules sans les toucher.

10. La largeur bioculaire externe : entre les extrémités externes des deux plis palpébraux. (Ces deux dernières mesures ne doivent jamais être prises avec les branches pointues du com-
lents.)

'x mesures représente suffisamment
fente   le.

11. La largeur du nez : maxima sur les ailes du nez. —
rapport de cette largeur à la hauteur du nez $\equiv$ 100 cons
l'*indice nasal*.

12. La longueur de la fente buccale, d'une commissu
l'autre.

Cette dimension correspond généralement à la largeur
mâchoires.

13. La largeur mandibulaire : entre les angles postérieur
la mandibule, c'est-à-dire d'un gonion à l'autre. Ces deux an
sont parfois très saillants en dehors, ce qui donne un cer
caractère de dureté à la physionomie.

14. La longueur du grand axe de l'oreille.

15. La largeur maxima de l'oreille (perpendiculaire au gr
axe). Ces deux dernières mesures doivent être prises en évit
de déprimer le lobule et le bord du pavillon.

16. Largeur des quatre incisives supérieures et des deux i
dianes, au niveau de leur bord libre. On note si les deux in
sives latérales sont notablement plus courtes que les médian

Toutes ces mesures sont très insuffisantes pour une descr
tion complète du visage où tant de détails sont intéressant
divers points de vue.

Mais beaucoup de ces détails, sans pouvoir être mesurés a
une précision suffisante pour être exprimés en millimèt
peuvent être décrits assez exactement et de façon à se prêter
calcul des moyennes grâce au procédé des notations chiffré

Ce procédé, employé par Broca pour la description de p
sieurs caractères craniologiques, peut trouver, en céphalom
trie, une application beaucoup plus large. Il consiste à rep
senter le degré de développement général ou dans un s
donné d'une partie du corps par les chiffres 0, 1, 2, 3. au ju
ou 0 à 5, ou même 0 à 7 suivant la grandeur des différen
individuelles que l'on peut apprécier. Des exemples de ce m
de notation se trouvent à la fin des Instructions craniologiq
de Broca. En additionnant les chiffres qui se rapportent à
même caractère dans une série, et en divisant le total pa
nombre des cas, on obtient la moyenne de ce caractère dans
série.

On peut ainsi représenter, par exemple, l'abondance
la chevelure et de la barbe, la longueur des cils, la gross
de la partie supérieure du nez, la saillie des a
l'épaisseur des lèvres, la profondeur des ride
naso-labial, etc., etc.

On peut donner aussi beaucoup d'exactitude aux descriptions
en s'aidant d'une nomenclature soigneusement établie, comme
celle dont s'est servi M. Alphonse Bertillon pour l'identification
judiciaire. Cette nomenclature permet de décrire en quelques
lignes un visage de façon à ce qu'il soit reconnu parmi des centaines d'autres. Il est possible de lui donner une plus grande
précision et de l'adapter à l'étude des moyennes en la combinant avec la notation chiffrée dont je viens de parler et avec
les mesures prises au compas. L'emploi de ces divers moyens
combinés, sur lesquels je ne puis insister davantage dans ce
simple aperçu, permet d'atteindre un degré de précision vraiment scientifique dans la description des variations innombrables, toutes intéressantes, de la tête humaine.

L. MANOUVRIER.

DEUXIÈME PARTIE

ANALYSES

ANATOMIE ET PHYSIOLOGIE DU SYSTÈME NERVEUX

1° E. DUBOIS. — **Sur le rapport du poids de l'encéphale avec la grandeur du corps chez les mammifères.** *Bullet. de la Société d'Anthropologie,* 1897. p. 337-376.

2° Ch. DHÉRE. — **Recherches sur la variation des centres nerveux en fonction de la taille.** *Thèse de méd. de Paris,* 1898, 68 p. (Jouve et Royer, éd.).

3° A. BRANDT. — **Des Hirngewicht und die Zahl der peripherischen Nenvenfasern in ihrer Beziehung zur Körpergrösse.** (*Le poids du cerveau et le nombre des fibres nerveuses périphériques dans leur rapport avec la grandeur du corps.*) Biologisch. Centralbl. 1 Juli 1898, p. 475-488.

Un grand nombre d'auteurs se sont préoccupés de la question du rapport entre le développement intellectuel d'un animal et le poids du système nerveux central, en particulier de l'encéphale; on a émis à ce sujet un grand nombre d'hypothèses très diverses : les uns disent que le rapport du poids de l'encéphale au poids du corps exprimait approximativement le degré de développement intellectuel de l'animal; ainsi on trouvait que ce rapport est maximum $\left(\text{égal à } \frac{1}{45}\right)$ chez l'homme ; il est trois fois plus faible chez les grands singes anthropoïdes, chez le chien il est environ dix fois plus faible, etc.

teurs ont admis que c'est le rapport du poids de l'encéphale . moelle qui indique le degré de développement intellectuel. Mais on s'aperçut qu'en comparant des mammifères se ressemblant, mais de taille très différente, par exemple un chat et un tigre, l'animal le plus petit avait relativement plus d'encéphale que le grand ; cette loi générale avait déjà été signalée au dernier siècle par Haller, et on a proposé de l'appeler du nom de ce savant physiologiste. Il était donc naturel de se demander comment cette nouvelle loi se trouve en rapport avec la loi supposée de la dépendance du développement intellectuel de la grandeur de l'encéphale ; ainsi, par exemple, chez le lion le rapport du poids de l'encéphale au poids du corps est $\frac{1}{546}$ et chez le chat ce rapport est de $\frac{1}{105}$, c'est-à-dire cinq fois plus grand, devrait-on en conclure que le chat est plus développé intellectuellement que le lion ? Il est évident qu'une pareille conclusion est fausse, donc on en déduit que l'on ne peut pas juger du degré de développement intellectuel d'un animal par le rapport du poids de l'encéphale au poids du corps. Cette conclusion rejette donc un grand nombre de théories.

Quelques auteurs s'étant préoccupés de la variation du poids de l'encéphale avec la grandeur du corps chez des animaux semblables ont émis l'hypothèse que l'encéphale doit croître non pas comme le poids du corps, mais comme la surface du corps ; en effet ils disaient que la perte de chaleur par rayonnement se fait proportionnellement à la surface, or une des fonctions principales de l'organisme, c'est la calorification. Donc la partie du système nerveux qui est en rapport avec la production de chaleur de l'organisme doit croître comme la surface du corps. D'autre part, les nerfs sensitifs qui se rendent à la peau ne sont pas en rapport avec le poids du corps ; ils sont plutôt, comme on supposait, en rapport avec la surface du corps. En somme, il semblait se dégager une loi hypothétique que le poids de l'encéphale doit varier chez les mammifères semblables, non pas comme le poids du corps, mais comme la surface du corps, c'est-à-dire comme la puissance $\frac{2}{3}$ du poids du corps : cette hypothèse a été nettement formulée, surtout par Snell (*Archiv. für Psychiatrie*, 1891, vol. XXIII, p. 436-446).

Dubois, après avoir exposé avec beaucoup de détails les faits et les théories précédentes, s'est proposé d'étudier comment varie le poids de l'encéphale avec le poids du corps pour des espèces animales voisines. Il s'est servi dans cette étude des nombres donnés par Max Weber (*Vorstudien über das Hirngewicht der Säugethiere*, Festschrift für C. Gegenbaur, Leipzig, 1896). Si on représente par E et e les poids de l'encéphale chez les deux animaux à comparer et par P et p les poids du corps de ces mêmes animaux, on devra chercher à quelle puissance du rapport $\frac{P}{p}$ est égal le rapport $\frac{E}{e}$; représentons par r cette puissance, on pourra alors dire que le poids de l'encéphale varie chez ces animaux comme la puissance r

du poids du corps. En déterminant cette puissance *r*, Dubois trouve
la série suivante :

ANIMAUX COMPARÉS	*r.*	ANIMAUX COMPARÉS	*r.*
Simia satyrus et Hylobates syndactylus	0,549	Felis leo et Felis domestica.	0,544
Simia satyrus et Hylobates leuciscus.	0,585	Mus decumanus et Mus musculus.	0,556
Oryx beisa et Cephalophus maxwelli.	0,576	Sciurus bicolor et Sciurus vulgaris	0,541
Felis concolor et Felis domestica	0,575	Moyenne.	0,561

La constance de la puissance *r* est très grande, vu le nombre faible
d'observations; on peut donc conclure approximativement que pour
des espèces voisines le poids de l'encéphale varie comme la puissance 0,56 ou environ comme la puissance 5,9 du poids du corps. On
voit que ce nombre est voisin des 2/3, qui est la puissance exigée
par l'hypothèse de Snell.

Mais hâtons-nous de dire que ce n'est là qu'une loi très approxi-
mative, et il ne faudrait pas se contenter de ces chiffres pour en
déduire des conclusions théoriques; il faut attendre que d'autres
déterminations plus nombreuses soient faites.

Dhéré a repris la question du rapport existant entre le développement du système nerveux central et le poids du corps; les déterminations ont été faites seulement sur une espèce, le chien, qui a cet avantage de présenter des variations de poids entre des limites très larges.
Déjà en 1895 Ch. Richet avait étudié comment varie le poids du cerveau chez les chiens de différentes tailles[1], il fait dans ce travail l'hypothèse que le cerveau des différents chiens contient une masse constante correspondant à l'intelligence du chien. Voici en effet les paroles
mêmes de Richet : « Avec le cerveau un nouvel élément entre en jeu :
c'est l'élément intellectuel qui est évidemment le même chez les gros
chiens et les petits chiens. » « Tout se passe comme s'il y avait dans
le cerveau des chiens un élément fixe, invariable, servant à l'intelligence, et un autre élément variable avec le poids ou la surface de
l'animal (p. 163). » A un autre endroit (*Société de Biologie*, 1891,
p. 413), Richet précise un peu plus cette affirmation : « Le cerveau
prend une quantité variable et une quantité constante qui ne
modifier avec la taille ou le poids; c'est la quantité de

_____

« du cerveau, du foie et de la rate. Travaux du labo-
- **p. 163.**

cerveau qui sert à l'intelligence. En effet, qu'il s'agisse d'u
ou d'un petit chien, il s'agit toujours d'une intelligence égale
s'en faut ; et il est bien permis de faire cette hypothèse que
tité de substance nécessaire pour les phénomènes intellec
l'un et de l'autre est la même. » Dhéré se contente
ces passages, ainsi que quelques-uns de Manouvrier da
quels aussi le facteur i (= intelligence) est mis à côté de
organique m, mais il ne les critique pas, il se contente
remarque que Manouvrier et Richet « semblent prendre l
intelligence dans une acception très compréhensive, corres
au degré d'évolution psychique, au *psychisme* de l'être »
y aurait pourtant lieu, je crois, de faire à cet endroit une
sévère des affirmations relatives à la constance du facteur d
ligence ; il me semble que le terme « intelligence » est loi
compréhensif ; on ne peut pas dire que l'intelligence est un
quelque chose qui pourrait être pris en bloc comme un er
terme intelligence est un concept qui est très commode pou
gage, mais qui représente l'ensemble d'un grand nombre d'é
très divers, dans lequel les sensations, les mouvements, le
ments, les associations multiples entre ces fonctions, entren
citement sans qu'on puisse isoler d'une part ce qui revi
sensations et aux mouvements et d'autre part ce qui revient à
gence ; l'hypothèse de Richet relative à la constance du facteu
gence manque donc complètement de précision, puisque
n'a pas analysé ce qu'il appelle intelligence et comment il s
sente la constance de ce facteur ; il suffirait pourtant d'e
des cas élémentaires pour montrer l'impossibilité de la th
Richet ; ainsi par exemple l'association entre différentes imag
tule est certainement un facteur de l'intelligence ; cette asso
se fait très probablement grâce aux fibres d'association du c
il est évident que ces fibres d'association seront plus longues
cerveau grand que dans un cerveau petit, donc il est impossib
mettre que « la quantité de substance nécessaire pour les
mènes intellectuels » est la même dans les deux cerveaux.

Dhéré a étudié comment varie le poids de l'encéphale, de l'
du cervelet et de la moelle avec la grandeur du corps des
adultes ; ces études ont été faites en partie en collaboratic
Lapicque, maître de conférences de physiologie à la Sorbon
statistique publiée par Richet permettait de comparer le p
l'encéphale au poids du corps chez 188 chiens dont le poids
1ᵏ,6 à 38 kilogrammes ; les calculs montrent que le poids de
phale varie comme la racine quatrième du poids du corps.
dire que si un chien est 32 fois plus lourd qu'un autre, l'en
du premier sera deux fois plus lourd que celui du second. Le
faites par Dhéré sur 42 chiens dont le poids variait de
51 kilogrammes ont montré que les poids de l'encéphale, de l'i

du cervelet varient comme la racine quatrième du poids du corps.
C'est donc une loi qui paraît assez certaine puisqu'elle a été obtenue
sur un nombre assez grand d'observations. Cette loi de la variation
du poids du cerveau chez le chien ne correspond pas à celle qui a
été trouvée par Dubois dans la comparaison des cerveaux d'animaux
appartenant à des espèces voisines ; Dubois, ayant trouvé une puissance voisine de 2/3, avait rapproché ses résultats de la théorie de
Snell, d'après laquelle c'est la surface du corps qui détermine la grandeur du cerveau ; or, si cette dernière théorie était exacte, elle s'appli-
querait à fortiori dans une même espèce, telle que le chien ; les
résultats trouvés par Dhéré étant complètement différents, il en
résulte que toutes les suppositions théoriques faites par Snell et par
d'autres auteurs sont inexactes. Voilà une conclusion directe qui ressort des mesures de Dhéré, mais que l'auteur n'a pas tirée et n'a pas
développée ; il y avait pourtant lieu de faire ici une critique de ces
vues théoriques qui sont trop souvent émises par les anthropologistes.

La variation de la moelle a moins attiré l'attention des auteurs
anciens que celle de l'encépale ; Dhéré a étudié comment varie la
moelle en rapport avec le poids du corps et il trouve que cette variation n'est pas la même que pour l'encéphale : le rapport du poids de
la moelle à la racine quatrième du poids du corps n'est pas constant ;
d'autre part, le rapport du poids du corps à la troisième puissance de
la longueur.du corps n'est pas constant non plus ; l'auteur en conclut
que le poids de la moelle est fonction à la fois de la masse et de la
longueur du corps. Pourtant si on compare.le poids de la moelle à la
longueur du corps, on trouve qu'il varie comme la puissance $\frac{3}{2}$ de
la longueur du corps ; j'ai fait ces calculs pour les groupes de chiens
observés par l'auteur ; on trouve les nombres contenus dans la 6ᵉ colonne du tableau suivant. L'auteur n'a pas remarqué cette relation
qui est très constante. De même l'auteur compare la section moyenne
de la moelle à la racine quatrième du poids du corps ; il trouve que
le rapport varie peu ; il y avait lieu de comparer la longueur de la
moelle à la racine quatrième du poids du corps ; on trouve en effet
que ce dernier rapport est plus constant ; il est donné dans la 7ᵉ colonne du tableau qui suit. L'auteur n'a pas non plus fait cette comparaison. Il arrive à la conclusion que « le poids de la moelle est fonction
à la fois de la longueur et de la masse du corps. Si l'on divise le poids
de la moelle par sa longueur, on élimine l'élément longueur ; on
obtient ainsi la section moyenne de la moelle, dont les accroisse-
ments semblent être sensiblement proportionnels à la racine quatrième du poids du corps » (p. 64). Cette conclusion devrait être
modifiée ; on peut en effet dire, d'après les calculs que j'ai faits sur
les nombres rapportés par l'auteur, que le poids de la moelle varie
propo   issance 3/2 de la longueur du corps, et
qu   moelle varie proportionnellement à la

racine quatrième du poids du corps, c'est-à-dire que la longu‹
la moelle varie d'après la même loi que le poids du cerve‹
tableau suivant contient les résultats de ces calculs, ✻ indi‹
poids de la moelle, L est la longueur du corps, *l* la longueur
moelle et P le poids du corps :

NOMBRE de sujets.	POIDS moyen.	LONGUEUR moyenne.	POIDS de la moelle.	LONGUEUR de la moelle.	RAPPORT $m : L^{\frac{3}{2}}$	RA‹ $l :$
	kg	cm.	gr.	mm.		
4	4.21	55,5	10,37	35,1	25,00	2
6	6,71	68,1	14,40	39,7	25,35	2
5	9,88	77,4	17,60	44,2	25,46	2
4	12,45	87,5	21,00	48,0	25,80	2
4	15,58	93,5	23,70	52,5	26,65	2
6	23,45	102,6	27,66	57,1	25,57	2
7	36,25	119,7	34,20	64,9	25,76	2

Les variations sont ici plus faibles que les variations du rappe
poids du cerveau à la racine quatrième du poids du corps ; si
l'auteur a trouvé ces dernières variations suffisamment faibles
en tirer la loi de la variation du poids de l'encéphale, il doit à fo
considérer que les lois de la variation de la masse et de la lon‹
de la moelle énoncées plus haut sont aussi exactes.

Dans une deuxième partie de son travail Dhéré a mesuré le
férents diamètres des encéphales des chiens de différentes tail‹
trouve que « la forme de l'encéphale du chien et particulière‹
du cerveau, se modifie d'une façon systématique avec la tai‹
l'animal. Les variations de la cavité cranienne sont indépend‹
de l'aspect de la tête qui est dû surtout au développement rela‹
la face ».

Nous ne nous arrêterons pas sur ce résultat, puisqu'il ne pré‹
pas d'intérêt général pour la psychologie. Transcrivons donc ‹
ment les conclusions de l'auteur : « Chez le chien le degré de ‹
ment de l'écorce cérébrale est influencé, d'une manière appré‹
par le volume du cerveau. Le cervelet est d'autant plus recouve‹
le lobe occipital que les encéphales envisagés sont plus gros. »

Enfin l'auteur a fait avec Lapicque des analyses chimiques ‹
masse cérébrale ; ces analyses consistaient à déterminer la p‹
tion en eau et puis à doser la quantité de myéline par l'e‹
éthéré ; il trouve que la richesse en myéline augmente en g‹
en même temps que la masse du cerveau, résultat auquel on s'‹
dait puisque la quantité de substance blanche augmen‹
de la plus grande longueur des fibres nerveuses.

En résumé, le travail de Dhéré prouve que le poid‹

veux central ne représente pas des valeurs physiologiques identiques pour des animaux de différente taille. C'est là un résultat important puisqu'il sert de critique générale à un nombre immense de travaux faits par des anthropologistes, des physiologistes et des philosophes dans lesquels on avait admis cette idée, démontrée maintenant fausse, que le poids du cerveau pouvait représenter le degré de développement intellectuel des animaux.

Nous ne nous arrêterons pas longuement sur le travail de Brandt qui se rattache à la même question et qui contient en plus des déterminations du nombre de fibres nerveuses dans le nerf sciatique et dans le nerf médian de différents animaux de même espèce, mais de taille différente. L'auteur trouve que chez un chien adulte de 10 kilos il y a 26.340 fibres nerveuses dans le nerf sciatique et 7.050 fibres dans le nerf médian, et chez un chien de poids double (20 kilogrammes), il y a 50.822 fibres dans le sciatique et 10.370 dans le médian. Je ne rapporte pas ici les nombres relatifs à d'autres espèces animales qui ont été obtenus par Brandt et par son élève Waszkiewicz. Ce qui est certain, c'est que le nombre de fibres d'un même nerf augmente avec la taille, mais les observations sont encore en trop petit nombre pour qu'on puisse indiquer la loi suivant laquelle marche cette augmentation, qui du reste paraît être différente pour les différents nerfs. Il y a là une question intéressante à étudier.

. Victor Henri.

II

SENSATIONS VISUELLES

M.-L. ASHLEY. — **Concerning the Significance of Intensity of Light in Visual Estimates of Depth**. (*Psychological Review*, November, 1898, p. 595-615.)

L'auteur communique les résultats d'expériences monoculaires et d'expériences binoculaires.

Le dispositif employé dans les premières a été le suivant : L'observateur regardait à travers un tube une feuille de papier verticale ; à quelque distance que cette feuille fût placée, il apercevait ainsi toujours un objet rond qui paraissait rester constant en grandeur. Cette feuille était à des distances telles que 6, 11, 18 pouces de l'observateur ; elle était éclairée par une lampe à gaz placée derrière et pourvue d'un index qui permettait de connaître en bougies l'intensité lumineuse employée.

L'expérience a permis de constater que généralement l'objet paraissait se rapprocher quand il devenait plus brillant et se reculer quand sa clarté diminuait. Dans quelques cas, la feuille de papier a été approchée de la lampe et éloignée de l'observateur, qui a cru alors qu'elle se rapprochait de lui ; dans le cas du mouvement inverse, il a cru au contraire qu'elle s'éloignait. Le changement d'intensité était en général plus tôt remarqué que le changement apparent de distance. Les observateurs étaient d'ailleurs laissés dans l'ignorance de ce qui se passait réellement.

Une partie des expériences binoculaires ont été faites avec un dispositif qui était essentiellement le même que le précédent. Dans d'autres, la feuille de papier servant d'objet a été remplacée par un bâton vertical, ayant à peu près la grosseur d'un crayon et que l'expérimentateur faisait mouvoir de 20 à 40 pouces de l'observateur ; ce bâton était éclairé par la lampe placée latéralement en

Dans d'autres expériences encore, l'objet a été en

fente pratiquée dans une boîte et recouve

éclairé par la lampe placée dans la boîte. Enfin, dans quelques expériences il a été employé deux objets.

Les résultats obtenus dans ces expériences sont un peu confus, comme on pouvait s'y attendre d'après la complexité des conditions qui y interviennent (intensité, convergence, grandeur des images rétiniennes, parallaxe binoculaire dans le cas de deux objets ; néanmoins ils révèlent encore, dans leur ensemble, une tendance à estimer les objets plus près ou plus loin, lorsqu'ils deviennent simplement plus brillants ou moins brillants. La conclusion de l'auteur à cet égard est la suivante : L'intensité de la lumière « a été trouvée, en règle générale, d'une importance marquée, même là où l'accommodation, la convergence, la grandeur de l'image rétinienne et la différence entre les images rétiniennes pouvaient entrer en lutte avec elle ; et, même avec les petites distances employées et alors qu'on aurait cru les autres facteurs au plus haut degré efficaces, on a vu qu'elle équivaut dans quelques cas à une certaine quantité de changement réel de distance. » (P. 164.)

B. BOURDON.

G. BASSI. — **Sulla sede equalità dell'imagine oftalmoscopica**, dans Rivista scientifica, anno XXX, nᵒ 6-7. Florence.

L'auteur étudie le phénomène de la vision chez l'observateur qui examine avec l'ophtalmoscope l'œil d'un sujet : 1ᵒ dans le cas où on obtient de la rétine une image droite ; 2ᵒ dans le cas où le fond de l'œil donne une image renversée. C'est ce dernier cas qui l'intéresse surtout. M. Bassi affirme que tous les auteurs y compris Helmholtz, enseignent que dans l'ophtalmoscopie à image renversée, ce que l'observateur regarde, ce pourquoi il accommode son œil, c'est l'image réelle renversée du fond de l'œil observé, et non ce fond lui-même. M. Bassi prétend, lui, que ce n'est pas l'image réelle que nous fixons mais l'objet lui-même, le fond de l'œil, et il entreprend de le démontrer ; voici comment. Quand nous regardons un objet directement sans qu'il y ait de lentille interposée, dit-il, il se forme dans les centres visuels une image psychique de cet objet, image dont les dimensions sont les mêmes que celles de l'objet. L'image et l'objet se superposent parfaitement. Dans le cas de l'examen ophtalmoscopique à image renversée, l'objet regardé serait, d'après les auteurs, l'image réelle renversée située entre l'ophtalmoscope et l'œil de l'observateur, donc vue par l'observateur directement et sans intermédiaires. L'image psychique correspondant à cette image réelle doit avoir la même grandeur qu'elle. Or il n'en est pas ainsi. Bassi a fait construire un œil artificiel portant en avant une lentille convexe dont la distance focale est de 10 centimètres. Un verre dépoli représente la rétine ; ce disque est placé au foyer de la lentille ; il porte inscrit le nom : « Helmholtz. » L'inté-

rieur de cet œil artificiel est éclairé par une lampe plu
le verre dépoli ; en avant de cet œil à 15 centimètres
servant de cristallin, est placée une seconde lentille
(36 centimètres) ; enfin en avant de cette seconde lentill
un écran translucide dans sa moitié droite (par rappor
teur), perforé dans sa moitié gauche.

L'observateur voit la moitié de l'image renversée
Helmholtz sur la moitié translucide de l'écran, l'aut
niveau de la partie gauche perforée de l'écran. Or les l
tées sur la partie droite sont plus petites que celles qui
niveau de la partie gauche de l'écran. L'image vue
est plus grande que l'image réelle renversée projetée su

Enfin l'image vue directement s'agrandit ou diminue
suivant que l'observateur s'approche ou s'éloigne de
long foyer ; l'image réelle renversée projetée sur l'écr
constante.

VAN BIERVL

B. BOURDON. — La perception monoculaire de la
(*Rev. philos.*, août 1898 ; p. 124-145.)

Les expériences ont été faites dans l'obscurité, avec
Il a été employé soit un, soit deux points lumineux. L
été produits dans certaines séries d'expériences par le
bobine d'induction, dans les autres par un courant
avaient dans ce dernier cas un diamètre apparent s
étaient obtenus en effet au moyen d'ouvertures rondes
millimètres de diamètre faites à l'emporte-pièce dans d
recouvertes de papier transparent et éclairées par des
triques ; ces lampes étaient placées dans de petites boît
des côtés de ces boîtes se trouvaient les points lumineu

Expériences la tête immobile. — Deux points ont é
Le plus éloigné a été placé dans la plupart de ces e
5 ou 6 mètres de l'observateur. Quant au plus rap
été placé dans une première série à 2 mètres de
et dans une seconde à 1 mètre. En outre les deux p
produits dans certaines expériences l'un après l'autre
taines autres simultanément.

Les résultats ont été les suivants :

Que les points soient successifs ou simultanés, en
avec l'œil ou distants angulairement, comme il est arri
taines expériences, de 6°, l'appréciation de leur différé
fondeur est très imparfaite. Lorsque les deux points s
et que le premier apparu est le plus rapproché, les esti
presque toujours douteuses ou incorrectes, même da
l'un des points est à 1 mètre de l'observateur. Il y a plus

correctes quand c'est le point le plus éloigné qui apparaît d'abord ; mais ces réponses ne sont, pour une part au moins, correctes qu'en apparence ; en effet, des observations qui ont porté spécialement sur le rôle de l'intensité ont prouvé que le point qui apparaît second tend, par suite d'un accroissement apparent d'intensité, à paraître plus près que le premier (l'observateur fermait les yeux pendant deux secondes environ avant de regarder le second point). Cet accroissement apparent d'intensité ne suffit cependant pas à expliquer complètement que le nombre des réponses correctes soit plus grand quand le regard passe de loin à près que quand il passe de près à loin.

Avec deux points simultanés placés en général l'un à 1 mètre et l'autre à 5 mètres de l'observateur, les estimations tendent à être toutes correctes si par exemple le point le plus éloigné est le plus haut, et à être toutes incorrectes dans le cas contraire. Ce fait s'explique par une nouvelle illusion qui consiste en ce que le point le plus élevé par exemple est toujours vu plus éloigné que le plus bas. Des illusions analogues se constatent quand l'un des points est à droite de l'autre et à la même hauteur que lui. L'origine de ces illusions doit être sans doute cherchée dans le fait que les objets que nous apercevons devant nous vont d'ordinaire en s'élevant les uns par rapport aux autres s'ils sont plus bas que nos yeux, ou en s'abaissant s'ils sont plus haut, etc.

On réussit quelquefois à éliminer l'illusion précédente ; mais il faut pour cela un effort d'attention considérable et qui souvent doit être prolongé pendant environ une demi-minute ou peut-être même plus.

Expériences avec mouvements de la tête. — La tendance instinctive est de mouvoir la tête latéralement, lorsqu'on veut percevoir avec un œil la profondeur relative de deux objets. Cette profondeur est beaucoup mieux perçue dans ce cas que lorsque la tête reste immobile : avec un effort modéré d'attention on peut reconnaître alors exactement la position de points placés l'un à 4 mètres et l'autre à 6 mètres de l'observateur. L'illusion qui fait voir plus éloigné par exemple le point le plus élevé agit d'ailleurs ici comme précédemment.

Profondeur absolue d'un point unique. — Il s'agissait d'avancer vers un cercle de 10 millimètres de diamètre jusqu'à ce qu'on s'en crût assez près pour pouvoir le toucher avec le bout de l'index en allongeant le bras. Pour l'un des observateurs, qui ignorait non seulement la distance du cercle, mais son intensité et sa grandeur réelles, l'erreur moyenne commise, d'après quarante-deux observations, a été de 47 centimètres, c'est-à-dire qu'il a cru pouvoir toucher le cercle alors que le bout de son doigt en était encore éloigné en moyenne de 47 centimètres.

La principale conclusion de la présente étude est
ception monoculaire de la profondeur relative d'objets
fait surtout par le moyen des mouvements de la tête ;
changements rétiniens qui en résultent (parallaxe m
Quand la tête est immobile, la perception très rudime
profondeur qui se constate alors serait due en partie à d
confuses de convergence associées d'une manière lâche
ments d'accommodation, en partie à la parallaxe de la visi
c'est-à-dire aux changements rétiniens résultant des mou
yeux et associés aux sensations tactiles-musculaires pi
ces mouvements ; ce dernier moyen en effet doit opére
forme réduite, de la même manière que la parallaxe m

B. Bou

J. BREUER et A. KREIDL. — Ueber die scheinbare Drehu
chtsfeldes während der Einwirkung einer Centrifugalk
*rotation apparente du champ visuel pendant l'action
centrifuge*). Pflüger's Archiv. f. Physiologie, vol. LXX,

Nous avons, dans le deuxième volume de l'*Année p*
(p. 659), analysé une série de travaux sur la physiologie du
concernant surtout les rapports du labyrinthe avec le v
perception du mouvement du corps. Une expérience
appartenant à Purkinje et à Mach avait été faite par *Kr*
sourds-muets et des normaux ; c'est le déplacement ap
verticale : on place un sujet sur une plate-forme tourna
paravents on empêche le sujet de voir les objets envir
sujet a devant lui une tige mobile autour d'un point ; il
que la plate-forme tourne, placer cette tige dans une
lui semble être verticale ; le sujet place cette tige dans u
oblique telle que le prolongement de la tige rencontre
l'axe de rotation de la plate-forme. Les sourds-muets n'o
illusion (voy. *Année psychol.*, t. II, p. 660).

Breuer et Kreidl ont repris ces expériences au lab
physiologie de Vienne, pour arriver à donner une explic
déplacement apparent de la verticale. Lorsqu'on se tr
plate-forme et qu'on tient la tête immobile dans la posi
au commencement du mouvement de rotation on le s
en même temps un nystagmus horizontal des yeux ; mai
vement est constant, on finit par ne plus le sentir, on a
la perception que le plancher est un peu incliné et si oi
moment la tige dans la position verticale apparente,
l'erreur décrite plus haut. L'explication à laquelle on
rellement, c'est la présence dans les yeux de mouvement
inconscients analogues à ceux qui se produisent lors
tête de côté. Les auteurs ont pu prouver qu'en et

tion il y a une torsion des yeux qui n'est pas perçue par le sujet
lui-même. Voici comment on le démontre. Devant le sujet est tendu
un fil de platine dans le sens vertical; avant la rotation on fait passer
un courant électrique par ce fil qui devient incandescent, le sujet
le fixe, puis on interrompt le courant et on fait tourner la plate-
forme, une image consécutive du fil se développe, et le sujet, en
plaçant la tige dans la position verticale, s'aperçoit que cette image
consécutive est parallèle à la position apparente de la verticale,
c'est-à-dire que les yeux ont subi un mouvement de torsion qui
modifie la position du champ visuel. L'explication du phénomène
de déplacement de la verticale est donc trouvée.

Les auteurs observent aussi que si le sujet, au lieu de tenir sa tête
droite, l'incline vers l'axe de rotation d'un certain angle, l'illusion
disparaît, il place pendant la rotation la tige exactement dans la
position verticale.

Cette torsion des yeux qui se produit sous l'influence de la rotation est due à l'action réflexe provenant d'une excitation du labyrinthe; il existe une différence entre cette torsion et celle qui se
produit lorsqu'on incline la tête de côté; en effet, la première est
constante, la seconde varie constamment, la première serait due,
d'après les auteurs, à une modification constante de la tonicité de
certains muscles, tandis que la seconde serait due à une action des
muscles antagonistes; le lieu dans lequel l'excitation déterminante
de ces mouvements se produirait serait aussi différent dans les deux
cas, la première serait due à une excitation dans les canaux semi-
circulaires et la seconde à une excitation dans les ampoules. Ce sont
là des hypothèses qui demanderaient encore à être prouvées.

                                                        VICTOR HENRI.

S. GARTEN. — Zur Kenntniss des zeitlichen Ablaufes der Lidschläge.
(*Étude de la durée des clignements des paupières.*) Pflüger's Arch.
f. Physiologie, vol. LXXI, p. 477-491.

Le clignement des paupières a une importance plus grande qu'on
ne le pense en général, le rôle qu'il joue pour la vision est du reste
encore imparfaitement connu; on sait bien qu'il sert à enlever les
poussières qui se déposent sur les yeux, qu'il sert à humecter constamment le globe oculaire, mais on ne sait pas jusqu'à quel point il
sert au repos de l'œil; on a bien supposé qu'il avait pour effet de
produire un repos en obscurcissant la rétine (Hering), ou en chas-
sant d'une manière mécanique le sang des veines (Fick), mais ce
sont des hypothèses qui demandent à être prouvées.

Ce qui est certain, c'est que le nombre de clignements augmente
ment lorsque l'œil est fatigué et quelques auteurs ont
méthode de l'enregistrement des clignements pour
de fatigue de l'œil. Il y aurait certainement des

observations intéressantes à faire sur les clignements, j'a
en effet que les différentes personnes clignent de manière
les unes clignent souvent, d'autres rarement, les unes e
groupes une dizaine de fois de suite et puis restent pendant
temps sans cligner, d'autres clignent régulièrement une
ment ; les effets de fatigue se manifestent très fortem
nombre de clignements, mais un autre fait important que j
pu observer, c'est que le clignement est modifié par l
lorsque l'attention est fortement concentrée sur une ima
ou même sur une impression d'un autre sens ou sur une
conque on ne cligne pas, ou plutôt on cligne plus rare
l'ordinaire, mais en revanche dès que l'état de concentrat
tention cesse, vient une série de clignements rapprochés ; t
faits grossiers que j'ai pu souvent noter en observant pe
cours les yeux du professeur ou des auditeurs. L'étude du c
présente donc un intérêt non seulement pour le physi
l'ophtalmologue, mais aussi pour le psychologue ; il est de
tant pour le psychologue de connaître les méthodes emplo
l'étude du clignement et les résultats obtenus par ces mét

Le clignement des paupières a été étudié surtout par tro
Exner[1], Franck[2] et Mayhew[3], qui ont déterminé la durée
de clignement ; mais la forme même du mouvement des
la durée pendant laquelle l'œil reste fermé n'a pas é
jusqu'ici. C'est cette dernière question qui a surtout été étu
le travail analysé ici.

Garten a employé la méthode d'enregistrement photog
Sur la paupière supérieure et quelquefois sur la paupière
on colle une très petite bande de papier blanc très fin, on
çoit au début, mais bientôt on devient tellement habitué
fait plus attention. L'œil est éclairé par une source lumia
forte, remarquons que c'est là un défaut de la méthode q
peut-être un peu les résultats. Devant l'œil est placé un obj
tographique qui projette l'image de l'œil sur la surface d'un
sur ce cylindre est collée une feuille de papier photograpl
sible ; on inscrit en même temps sur ce cylindre les t
obtient ainsi un trait blanc correspondant à la feuille de pa
collée sur le bord de la paupière supérieure, de plus on
nettement un trait sombre correspondant à la pupille,
sombre correspondant au sourcil, et dans le cas où u

(1) P. Exner. *Experimentelle Untersuchungen der einfachst
schen Processe.* 2 Theil Abhandl. ueber Reflexzeit und Rückenmu
Pflüger's Arch. vol. VIII. 1874.

(2) C. Franck. *Ueber die zeitlichen Verhältnisse des reflector
willkürlichen Lidschlusses.* Dissertation. Königsberg, 1889.

(3) P. Mayhew. *On the time of reflexe winking.* Jour""
med., vol. II, 1897, p. 35.

de papier était collée aussi sur la partie inférieure on a un deuxième trait blanc correspondant à cette paupière. Le clignement est marqué par une courbe du trait blanc correspondant à la paupière supérieure.

La paupière descend brusquement et très rapidement, puis elle reste un certain temps en bas, sur cette partie de la couche on voit quelquefois des oscillations, enfin la paupière remonte et elle le fait beaucoup plus lentement qu'elle n'était tombée. L'auteur n'a pas suffisamment analysé au point de vue physiologique cette courbe de contraction musculaire ; il a mesuré seulement les durées des différentes phases du clignement ; il trouve ainsi que la première phase (abaissement de la paupière), a une durée moyenne de $0^{sec},075$, à $0^{sec},094$; la deuxième phase pendant laquelle l'œil reste fermé est très variable, les durées les plus courtes sont de $0^{sec},13$ chez un sujet et $0^{sec},17$ chez un autre. Enfin la troisième phase de relèvement de la paupière dure environ $0^{sec},17$, de sorte que la durée totale d'un clignement est en moyenne $0^{sec},40$. Il aurait été intéressant de rapprocher de ces nombres les durées des obscurcissements du champ visuel qui ne gênent pas la vision distincte, il y a peut-être un rapport entre ces durées et le temps pendant lequel l'œil reste fermé pendant le clignement ; nous savons en effet que le clignement ne gêne pas la vision distincte ; remarquons encore que la durée de $0^{sec},17$ est supérieure à la durée de réaction motrice de l'œil, pendant un clignement l'œil n'aurait donc pas le temps de se déplacer, il reste en place, fixé sur le même point de l'espace malgré cet obscurcissement pendant $0^{sec},17$; ce sont là des faits que l'auteur aurait dû rapprocher de ses observations.

Un deuxième ordre d'observations a été fait par l'auteur sur la durée des temps de réaction par le clignement. On excitait un point de la peau de la paupière et on mesurait la durée entre le moment de cette excitation et le début du clignement, cette durée est égale à $0^{sec},04$ en moyenne. Un autre genre de réactions qui ont été étudiées sont les réactions à une impression visuelle : devant les yeux du sujet on fait apparaître une forte étincelle électrique, le sujet cligne, le temps entre l'excitation visuelle et le début du mouvement est égal en moyenne à $0^{sec},080$, il est donc de 4 centièmes de seconde plus long que le précédent temps de réaction ; cette différence tient probablement à la durée du processus physiologique dans l'organe visuel. VICTOR HENRI.

ROBERT MÜLLER. — Ueber Raumwahrnehmung beim monocularen indirecten Sehen. *Philos. Studien*, Bd. XIV, 3. Heft, 1898; — 402-470.)

s'est proposé de contrôler expérimentalement la théorie
in sur le rôle de la parallaxe de la vision indirecte dans

la perception musculaire de la profondeur. L'expérience
à fixer à travers un tube, un grain de plomb suspendu à
placé à la hauteur de l'œil et à observer la profondeur r
petites boules que l'expérimentateur laissait tomber latéra
à des profondeurs diverses par rapport à l'objet fixé.

Dans les résultats rapportés, deux angles de la ligne
principale et de la ligne de visée indirecte sont considéré d
10°, l'autre de 15°. Les distances du point fixé à l'observ
varié entre 105 et 225 centimètres.

Dans un certain nombre d'expériences, l'état de l'accom
et le diamètre de la pupille ont été modifiés au moyen de

Le résultat général de ces diverses expériences est le
aussi bien dans l'œil accommodé que dans l'œil privé d'acc
tion, et quels que soient la distance du point fixé et l'angle form
deux lignes de visée, les boules sont jugées à la même dist
le point fixé lorsqu'elles tombent à environ 190 centimètre
servateur. L'erreur est par conséquent considérable lorsqu
tance du point fixé n'est que de 105 centimètres : on voi
résultats communiqués (pp. 436, 437) que, dans ce dernie
boule est régulièrement jugée tomber plus près que le p
alors qu'elle tombe en réalité à des distances de l'observate
que 149, 161 et même 186 centimètres.

L'auteur remarque lui-même que, dans l'expérience, la ₄
visibilité de la boule qui tombe est trop courte pour que l'a₄
dation puisse se modifier pendant cette durée; les yeux n'o
temps non plus de se mouvoir du point fixé à la boule. On d
conclure, je crois, qu'en réalité les expériences considérées
vent rien ni positivement ni négativement par rapport à
laxe de la vision indirecte.

B. BOURDON.

R. SEYFERT. — Ueber die Auffassung einfachster Raum
(Sur la perception des formes géométriques simples.) Pl
Stud., XIV, p. 550-566.

L'auteur a voulu étudier comment se fait la perception
des formes simples, en particulier il s'est posé la question : c
jouent les sensations musculaires des mouvements des yeu:
est le rôle des images rétiniennes. Les expériences ont été
laboratoire de Wundt sur 9 sujets. L'auteur a choisi une seu
géométrique — le triangle. On présentait au sujet un trian
devait observer dans certaines conditions que nous préciser
loin, et puis il devait reproduire ce triangle de mémoire u
cette reproduction on donnait au sujet une feuille ₄
laquelle était tracée une ligne avec deux points, c'ét
du triangle et le sujet devait de mémoir

sentait le troisième sommet du triangle; par conséquent dans la
reproduction le triangle était représenté par un sommet et le côté
opposé, le triangle présenté au sujet se composant toujours de trois
côtés on peut affirmer d'avance qu'il doit en résulter des erreurs de
jugement variables suivant les cas; que chacun compare un triangle
tracé complètement avec un triangle de même grandeur, mais dont
seulement un sommet est marqué et le côté opposé est tracé, on
verra immédiatement que ce sont deux impressions complètement
différentes, et si on donne à une personne à comparer ces deux
triangles, elle se servira de différents moyens secondaires, en comparant les hauteurs ou les angles des deux triangles; dans cette
comparaison elle commettra certaines erreurs, comme on peut
l'affirmer, même sans avoir fait d'expériences, en se fondant seulement sur ce qui a été fait sur les différentes illusions visuelles. En
somme, si on veut étudier la précision de la reproduction de mémoire
d'une impression, par exemple d'un triangle, il faut faire reproduire une impression du même genre, c'est-à-dire un triangle entier
se composant de trois côtés, c'est là une règle générale des méthodes
employées pour l'étude de la mémoire; l'auteur n'a pas suivi cette
règle, c'est donc une erreur de méthode.

Pour se rendre compte combien le triangle reproduit différait du
triangle montré, l'auteur compare les trois angles et indique les écarts
obtenus sur chacun des trois angles. C'est là certainement un moyen
de calcul possible, mais il fallait en essayer aussi d'autres, il fallait
surtout comparer la hauteur du triangle reproduit avec celle du
triangle montré; il est possible que cette comparaison aurait appris
quelque chose de nouveau, surtout si on avait pris quelques observations internes. Non seulement l'auteur n'a pas essayé ces différents
moyens de calcul, mais même pour celui des angles il se contente
de donner la somme des erreurs commises sur les trois angles. Ainsi,
par exemple, si les trois angles du triangle montré étaient 90°, 30°
et 60° et que les angles du triangle reproduit fussent égaux à 92°, 36°
et 52°, l'auteur donne comme nombre exprimant l'erreur commise la
somme suivante : $2 + 6 + 8 = 16°$. Il aurait fallu étudier plus en
détail le genre des erreurs, voir comment elles varient suivant la
forme du triangle, voir comment elles varient suivant les angles du
triangle, en somme, faire une étude détaillée des résultats, ce n'est qu'à
cette condition que l'on pourrait peut-être admettre que la méthode
de calcul des erreurs employée par l'auteur exprime bien la grandeur des erreurs commises et peut servir d'indication de la précision
de la reproduction. L'auteur ne l'a pas fait, nous ne savons donc pas
exactement ce que signifient les nombres qu'il donne, nous ne pouvons pas les interpréter; c'est une lacune grave qui nous rend très
que sur la signification des résultats numériques obtenus par

nière critique s'adressant à la manière générale de faire

les expériences, doit être faite : l'auteur n'a pas pris
observation interne, il n'a pas demandé aux sujets s'il
pas observé quelque chose, il n'a pas observé comment l
comportaient pendant les expériences, et il aurait si fac
prendre de bonnes observations internes puisqu'il a
sujets des préparateurs et des élèves du laboratoire de W
là une erreur que je considère comme très importante, q
tient pas seulement à ce travail, mais qui est commise da
de recherches faites au laboratoire de Wundt; j'ai sou
sur l'importance des observations internes (V. par exem
lyses de travaux sur le sens du temps, *Année psychol.*
reviendrai donc pas ici.

Six séries d'expériences ont été faites :

1° Au milieu du triangle montré se trouve un petit poi
doit fixer ce point et percevoir ainsi la forme de triangl
de mouvements avec les yeux. La durée d'exposition
douze à quatre secondes. Il est certainement importa
perception de ce genre de considérer la grandeur
présenté et la distance à laquelle on le regarde, pour
conclure l'angle visuel sous lequel on voit ainsi ce triangl
n'a probablement pas pensé à l'importance de ces qu
effet, non seulement il n'en tient aucun compte, mais mé
de dire, quelle était la grandeur du triangle et à quelle
le regardait. Si on ne fait pas attention à ces facteurs, on p
tout ce que l'on veut, puisque tout dépend ici de la g
l'angle visuel ! Cette erreur de méthode ne permet donc
cher une importance quelconque aux expériences de cet

2° On dessine sur un fond blanc un triangle avec des l
mement fins que le sujet ne voit pas et qui sont vus se
l'expérimentateur; l'expérimentateur promène le long d
un petit disque noir, et le sujet doit suivre avec ses yeux
le triangle est donc parcouru avec les yeux ; c'est une
fondée surtout sur les sensations de mouvement des ye
veau l'auteur ne donne aucune dimension, il dit seulem
triangles doivent être dessinés grands, afin que les mouv
yeux soient très forts (*recht ausgaebig*) ; nous en concluo
ces triangles étaient vus sous un angle visuel grand ; de
l'une : ou bien dans la série précédente le triangle était
grandeur, ce qui est exigé par la méthode, et alors il est
grand angle visuel, par conséquent on peut dire d'avance
ception par la vision indirecte doit être peu précise, ou l
série précédente le triangle était plus petit et était vu so
angle, alors on n'a aucun droit de comparer les deux sé
déduire le rôle joué par les sensations musculaires des y

3° Le sujet a les yeux fermés, on lui présente un trian
des baguettes, il doit avec le doigt parcourir les côtés du

puis reproduire ce triangle comme dans les séries précédentes. Rien n'est dit sur la grandeur du triangle et sur les conditions exactes de l'expérience ; étaient-elles bien comparables aux conditions des deux premières séries ?

4° Mêmes expériences que dans la deuxième série, seulement le triangle est tracé avec des traits forts, de sorte que le sujet les voit.

5° Même expérience que dans la deuxième série, seulement en suivant le disque noir avec les yeux, le sujet dessine avec le crayon un triangle.

6° Même expérience que dans la quatrième série, seulement, en plus, le sujet parcourt avec la main un triangle.

Il est évident que ces six séries forment un plan méthodique, et qu'avec ce plan on pourrait obtenir des résultats intéressants, à condition de faire les expériences dans des conditions comparables, de bien étudier les résultats et d'interroger le sujet sur ce qu'il observe. L'auteur n'a rien fait de tout cela ; son travail est donc complètement à refaire. Avant de comparer les différentes série entre elles, il devrait montrer qu'il a le droit de les comparer.

En comparant ses différentes séries, l'auteur trouve des résultats qui s'accordent très bien avec les théories de Wundt ; c'est que les expériences, dans lesquelles les mouvements des yeux interviennent, donnent des résultats meilleurs, que les expériences sans mouvement des yeux. Ces résultats obtenus pour la perception d'une seule forme géométrique étudiée par une seule méthode permettent à l'auteur de conclure d'une manière générale que le facteur principal, permettant la perception exacte des formes simples, n'est pas l'image rétinienne, mais que ce sont les sensations musculaires de yeux. Cette conclusion est évidemment beaucoup trop générale, elle ne correspond pas du tout aux expériences faites.

En résumé, le présent travail contient beaucoup d'erreurs et de lacunes, les résultats obtenus ne peuvent donc pas être considérés comme certains, c'est pour cette raison que nous ne les avons pas transcrits. Le plan du travail est bon, mais son exécution est à reprendre complètement. J'ai tenu à faire une aussi longue analyse de ce travail parce que la question soulevée par l'auteur est très importante et parce que je voulais montrer qu'on ne peut arriver à une solution de cette question qu'en faisant bien attention aux conditions exactes dans lesquelles sont faites les expériences.

VICTOR HENRI.

G. M. STRATTON. — **A. Mirror pseudoscope and the Limit of visible Depth.** (*Psychol. Review*, novembre 1898 ; p. 632-638.

..cope (fig. 8) comprend deux miroirs M et N inclinés horizo par rapport à la ligne visuelle. Le miroir M est tourné le miroir N vers la gauche. Ces miroirs sont placés dans une boîte pourvue sur une de ses faces d'ouvertures pour les yeux et ouverte du côté opposé. L'œil gauche (G) **regarde directement** l'objet dont on veut renverser le relief, tandis que l'œil droit (D) reçoit, après double réflexion, une image qui vient d'une région située *à gauche* de l'œil gauche; dans ces conditions il peut se produire un effet pseudoscopique très marqué. En modifiant la distance entre les miroirs ou en plaçant le miroir N devant l'œil gauche, on

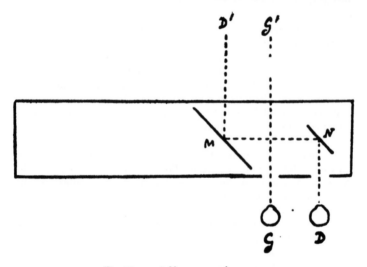

Fig. 84. — A Mirror pseudoscope.

peut soit varier l'effet pseudoscopique, soit transformer le pseudoscope en un téléstéréoscope.

Avec l'instrument employé comme pseudoscope, si la distance entre D' et G' est égale à la distance interoculaire, la différence de parallaxe pour des objets situés à diverses profondeurs reste la même que dans la vision normale; il y a simplement alors renversement du relief. Stratton a utilisé l'instrument ainsi disposé pour déterminer la limite de la profondeur visible. En le plaçant devant les yeux puis l'ôtant alternativement, on constate qu'il existe une zone extrême où l'action pseudoscopique se révèle encore par la suppression de l'effet stéréoscopique ordinaire; au delà de cette zone, toutes profondeurs deviennent binoculairement indifférentes. Des déterminations qu'il a faites, Stratton conclut que pour des objets situés à 580 mètres, un effet pseudoscopique, tel que celui qui vient d'être décrit, peut encore se constater. Cette profondeur correspond à une différence de 24" entre les images de chacun yeux. Ce dernier chiffre est inférieur à la limite de l'acuité par conséquent, cette limite ne doit pas être prise pour base d'un calcul de la limite de l'effet stéréoscopique binoculaire.

B. BOURDON.

1° H. VOESTE. — **Messende Versuche über die Qualitätsänderungen der Spectralfarben in Folge von Ermüdung der Netzhaut** (*Déterminations quantitatives des changements qualitatifs des couleurs sous l'influence de la fatigue de la rétine*). Zeit. f. Psych. u. Phys· de Sinn., XVIII, p. 257-268.

2° TSCHERMAK. — **Ueber die Bedeutung der Lichtstärke und des Zustandes des Sehorgans für farblose optische Gleichungen** (*Importance de l'intensité lumineuse et de l'état de l'organe visuel sur les équations optiques incolores*). Pflüger's Archiv. f. Physiologie, vol. LXX, p. 297-329.

3° HESS und HERING. — **Untersuchungen an total Farbenblinden** (*Recherches sur des cas de cécité totale des couleurs*). Pflüger's Arch. f. Physiol., vol. LXXV, p. 105-128.

4° J. v. KRIES. — **Kritische Bemerkungen zur Farbentheorie** (*Remarques critiques sur la théorie des couleurs*). Zeit. f. Psych. u. Phys· de Sinn., XIX, p. 175-192.

5° J. v. KRIES. — **Ueber die anomalen trichromatischen Farbensysteme** (*Sur les systèmes trichromatiques anormaux*). Zeit. f. Psych. u. Phys. de Sinn. XIX, p. 63-70.

6° H. PARINAUD. — **Les fonctions de la rétine** (*Revue générale des Sciences*, 15 avril 1898, 267-282).

7° CHARPENTIER. — **L'origine et le mécanisme des différentes espèces de sensations lumineuses** (*Revue générale des Sciences*, juillet, 1898, p. 530-536).

Les études sur les sensations visuelles que nous analysons cette année forment une suite naturelle de celles que nous avons analysées l'année dernière (voy. *Année psychologique*, IV, p. 467 : les cinq premiers travaux sortent de trois laboratoires différents, le premier a été fait chez Kœnig à Berlin, c'est une étude expérimentale sans dé... les deux suivants (2° et 3°) appartiennent au ...eipzig, ce sont des études qui ont été ...ux critiques adressées par Kries à la théorie de Hering ; enfin le 4° et le 5° sont des **travaux de Kries;** nous avons donc, cette année, des études appartenant aux **trois labo**ratoires d'Allemagne dans lesquels on s'occupe spécialement de l'étude des sensations visuelles. Les deux dernières recherches (6° et 7°), ont été faites par deux savants Français qui s'occupent depuis environ vingt ans de l'étude des sensations visuelles et qui ont développé des théories originales, dont l'une (celle de **Parinaud**) ressemble beaucoup à la théorie que Kries a émise postérieurement à Parinaud sans le savoir.

Voeste (1°) a fait des déterminations quantitatives des changements des couleurs spectrales produits par la fatigue de la rétine; les expériences ont été faites avec le spectroscope double de Helmholtz. On sait que quand on regarde par l'oculaire de ce spectroscope on voit un petit cercle divisé en deux parties égales par un diamètre vertical, chacune de ces parties est éclairée par des couleurs spectrales que l'on peut faire varier indépendamment l'une de l'autre. Le sujet regardait par l'oculaire en fixant le centre du petit cercle, on n'éclairait qu'une seule moitié du cercle par une certaine couleur spectrale, cette fixation durait dix secondes, puis on éclairait aussi l'autre moitié du cercle et le sujet devait la faire varier jusqu'à ce qu'elle lui paraisse égale à la première moitié, on comparait donc une couleur spectrale vue avec une partie de la rétine fatiguée, avec une autre couleur spectrale vue avec une partie de la rétine non fatiguée, et de la différence des deux couleurs on déduisait l'influence de la fatigue. Lorsqu'on regarde une couleur spectrale avec une partie de la rétine fatiguée, la couleur est changée dans sa qualité, dans son intensité et dans sa saturation, les changements de la saturation n'ont pas été mesurés, l'auteur n'a déterminé que les deux autres changements. Les résultats principaux sont contenus dans le tableau suivant; la première colonne indique les couleurs présentées avec leur longueur d'onde; dans la seconde colonne sont données les différences de longueur d'onde des deux couleurs qui paraissent égales dans les conditions décrites plus haut, cette colonne indique donc les changements qualitatifs produits par la fatigue; enfin dans la troisième colonne sont indiqués les changements de l'intensité; l'intensité de la couleur spectrale qui produit la fatigue est représentée chaque fois par 100, la colonne contient les valeurs de l'intensité de la couleur comparée.

En examinant les nombres du tableau, on voit que pour la couleur jaune de 560 μμ comme longueur d'onde il n'y a pas de changement produit par la fatigue de la rétine. Pour toutes les couleurs comprises entre le rouge extrême et ce jaune, la couleur vue par la partie fatiguée de la rétine paraît trop rouge; les couleurs comprises entre ce jaune et le vert bleu de 490 μμ sont modifiées par la fatigue dans le sens opposé, elles paraissent plus vertes fatigue ; pour le vert-bleu (490 et 480 μμ), il semble de m avoir une région d'indifférence, enfin les couleurs bleues sont aussi perçues par la rétine fatiguée comme trop bleues.

COULEURS PRODUISANT LA FATIGUE	CHANGEMENTS QUALITATIFS EN μμ	INTENSITÉ CORRESPONDANTE
Rouge . . $\begin{cases} 660 \ \mu\mu \\ 640 \quad » \end{cases}$	— 41,1 — 23,8	» »
Orangé. . $\begin{cases} 620 \ \mu\mu \\ 600 \quad » \end{cases}$	— 14,7 — 7,1	33,3 p. 100 50,0 »
Jaune . . $\begin{cases} 580 \ \mu\mu \\ 570 \quad » \\ 560 \quad » \\ 550 \quad » \end{cases}$	— 3,2 — 1,7 0 + 2,4	80, . 100 76,6 » » » 80,8 »
Vert . . . $\begin{cases} 530 \ \mu\mu \\ 510 \quad » \\ 500 \quad » \end{cases}$	+ 7,6 + 7,9 + 4,0	62,5 p. 100 66,6 » 62,5 »
Vert-bleu. $\begin{cases} 490 \ \mu\mu \\ 480 \quad » \end{cases}$	— 0,4 — 0,9	66,6 p. 100 83,3 »
Bleu . . . $\begin{cases} 470 \ \mu\mu \\ 450 \quad » \end{cases}$	+ 1,6 + 3,7	» »

Les changements de l'intensité produits par la fatigue de la rétine sont très variables suivant les couleurs : le changement est le plus fort pour l'orangé de 620 $\mu\mu$; en effet, après une fixation de cette couleur pendant dix secondes, son intensité apparente diminue de $\frac{2}{3}$.

Il est certain que ces résultats sont d'une certaine valeur pour la théorie de la vision des couleurs, il faudrait seulement avant de les interpréter étudier les changements produits par une fatigue plus forte.

Une question très importante pour la théorie de la vision des couleurs, est de savoir si la loi de Newton est exacte ou non; lorsque le mélange de deux couleurs paraît égal à une troisième couleur, l'égalité subsistera-t-elle si on ajoute aux deux membres de l'équation colorée une même quantité de blanc? On sait que beaucoup en particulier Hering, ont trouvé que l'égalité subsiste, que la loi de Newton est exacte; d'autres auteurs (Kœnig, t trouvé au contraire que l'égalité ne persiste pas après l'addition du blanc. Nous avons analysé dans le 3e volume de l'*Année psychologique*, p. 372, le travail de Kries dans lequel il montrait que l'équation colorée n'est pas modifiée par l'addition du blanc dans les cas où on regarde seulement avec la *fovea centralis* et que cette équation est modifiée dans la vision indirecte ; nous avons vu que ce résultat se trouve en parfait accord avec la théorie de Kries, mais qu'elle se trouve en contradiction avec la théorie de Hering. *Tschermak* (2°) a repris la question au laboratoire de Hering et il est arrivé à des résultats différents de ceux de Kries. En faisant les expériences avec beaucoup de précautions, de façon à être sûr que le sujet regarde les mélanges des couleurs avec le même état d'adaptation de l'œil, l'auteur a trouvé que l'addition du blanc à une équation colorée ne modifie pas cette équation, et ce résultat est le même et pour la vision avec la *fovea centralis* et avec les parties périphériques de la rétine. Au contraire, si on établit une certaine équation colorée avec un état d'adaptation des yeux déterminé, qu'ensuite on change l'adaptation des yeux et qu'on regarde l'équation, elle ne paraît plus exacte ; ainsi, par exemple, si on cherche les proportions de jaune et de bleu qui, mélangées entre elles, donnent une nuance identique à un blanc d'une certaine intensité lorsque les yeux sont adaptés pour la clarté, c'est-à-dire lorsqu'on fait les expériences dans une pièce où les volets sont ouverts et qu'ensuite on ferme les volets et qu'après être resté dans l'obscurité pendant vingt minutes environ on regarde de nouveau les deux champs lumineux qui avaient paru égaux, on trouve une différence notable entre ces deux champs, cette différence est surtout forte dans la vision indirecte, elle est plus faible pour la vision avec la *fovea centralis*. En résumé : la loi de Newton est exacte lorsqu'on regarde toujours avec le même état d'adaptation des yeux, mais une équation colorée établie pour un certain état d'adaptation n'est plus exacte pour un autre état d'adaptation. Ce résultat est aussi en contradiction avec la théorie de Hering, comme le remarque Kries (4°) dans sa réponse à Tschermak ; en effet, d'après Hering l'état d'adaptation des yeux ne devrait pas influer sur les équations colorées.

Tschermak explique la divergence de ses résultats avec ceux de Kœnig et de Kries en disant que probablement ces auteurs ne faisaient pas attention à une constance absolue de l'état d'adaptation des yeux. Kries (4°) répond à ce travail que ces résultats sont importants, mais que l'on n'a pas encore le droit d'en conclure quoi que ce soit avant qu'on ait fait des observations sur des sujets ayant une cécité partielle des couleurs.

D'après la théorie de *Kries* et de *Kœnig*, les cas de ~~................~~ couleurs sont expliqués par une absence de la fon chez ces sujets seulement les bâtonnets exerceri d'où il résulte que ces sujets voient n qu'avec un éclairage fort, et surtout qu'il existe chez ces sujets une petite portion du champ visuel correspondant à la fovea centralis c'est-à-dire au point de fixation qui est complètement aveugle; cette dernière conclusion était une pure hypothèse, il était donc important de la soumettre à une épreuve; c'est cette épreuve qui a été faite par *Hess* et *Hering* (3°). Ces auteurs ont fait des expériences très nombreuses sur une femme de 30 ans ayant une cécité totale des couleurs. Les résultats obtenus sont en contradiction avec les hypothèses de Kries. Le sujet étudié par les auteurs peut très bien fixer un point de l'espace, en mesurant la distance du point de fixation à la tache aveugle du champ visuel, les auteurs trouvent que cette distance est la même que chez un individu normal. La recherche d'un point aveugle central qui correspondrait à la fovea n'a donné aucun résultat, il n'existe pas de région aveugle, comme le dit la théorie de Kries. En étudiant la sensibilité lumineuse des différents points de la rétine dans les cas de l'adaptation à l'obscurité, les auteurs trouvent qu'il existe une région centrale correspondant exactement au point de fixation pour laquelle la sensibilité lumineuse est inférieure à celle des régions environnantes de la rétine, c'est donc un résultat identique à ceux que l'on trouve chez un individu normal. Au moyen des images entoptiques le sujet arrive à voir la tache jaune comme un sujet normal, et cette tache jaune apparaît au sujet correspondant exactement au point de fixation, c'est un résultat qui est en contradiction avec l'hypothèse de Kœnig qui disait qu'un sujet ayant une cécité totale pour les couleurs, fixe avec des points environants de la tache jaune.

L'étude de l'acuité visuelle a montré qu'elle diminue successivement depuis la tache jaune vers la périphérie. Les images consécutives produites par un point lumineux qui se déplace très vite sont les mêmes que chez un sujet normal; de nouveau un résultat qui est en contradiction avec l'hypothèse de Kries qui fait jouer aux bâtonnets et aux cônes des rôles différents dans la production de ces images consécutives (vey. *Année psychologique*, t. III, p. 373).

Enfin les auteurs ont déterminé la sensibilité différentielle pour les clartés et les effets de contraste et ont trouvé que les résultats ne diffèrent pas de ceux qui ont été obtenus sur des sujets normaux.

On voit donc que la plupart de ces résultats sont en contradiction avec la théorie de *Kries*; ce dernier auteur répond dans le travail 4° aux différentes critiques qui lui ont été adressées, il essaye d'expliquer les faits trouvés par Hess et Hering par sa théorie de l'action exclusive des bâtonnets; nous n'entrerons pas dans les détails de cette discussion qui nous entrainerait trop loin; disons seulement que les explications de Kries nous paraissent quelque-artificielles [1].

observations intéressantes à faire sur les clignements, j'ai
en effet que les différentes personnes clignent de manière
les unes clignent souvent, d'autres rarement, les unes el
groupes une dizaine de fois de suite et puis restent pendant
temps sans cligner, d'autres clignent régulièrement une
ment ; les effets de fatigue se manifestent très forteme
nombre de clignements, mais un autre fait important que j'
pu observer, c'est que le clignement est modifié par l'a
lorsque l'attention est fortement concentrée sur une imag
ou même sur une impression d'un autre sens ou sur une
conque on ne cligne pas, ou plutôt on cligne plus rarei
l'ordinaire, mais en revanche dès que l'état de concentrati
tention cesse, vient une série de clignements rapprochés ; b
faits grossiers que j'ai pu souvent noter en observant pe
cours les yeux du professeur on des auditeurs. L'étude du c
présente donc un intérêt non seulement pour le physic
l'ophtalmologue, mais aussi pour le psychologue ; il est do
tant pour le psychologue de connaître les méthodes emplo
l'étude du clignement et les résultats obtenus par ces mét

Le clignement des paupières a été étudié surtout par tro
Exner[1], Franck[2] et Mayhew[3], qui ont déterminé la durée
de clignement ; mais la forme même du mouvement des j
la durée pendant laquelle l'œil reste fermé n'a pas é
jusqu'ici. C'est cette dernière question qui a surtout été éti
le travail analysé ici.

Garten a employé la méthode d'enregistrement photog
Sur la paupière supérieure et quelquefois sur la paupière
on colle une très petite bande de papier blanc très fin, on
çoit au début, mais bientôt on devient tellement habitué
fait plus attention. L'œil est éclairé par une source lumin
forte, remarquons que c'est là un défaut de la méthode q
peut-être un peu les résultats. Devant l'œil est placé un obj
tographique qui projette l'image de l'œil sur la surface d'un
sur ce cylindre est collée une feuille de papier photographi
sible ; on inscrit en même temps sur ce cylindre les t
obtient ainsi un trait blanc correspondant à la feuille de pa
collée sur le bord de la paupière supérieure, de plus on
nettement un trait sombre correspondant à la pupille,
sombre correspondant au sourcil. et dans le cas où u

(1) P. Exner. *Experimentelle Untersuchungen der einfachei*
achen Processe. 2 Theil Abhandl. ueber Reflexzeit und Reaction
Pflüger's Arch. vol. VIII, 1874.

(2) C. Franck. *Ueber die zeitlichen Verhältnisse des reflector*
willkürlichen Lidschlusses, Dissertation. Königsberg, 1889.

(3) P. Mayhew. *On the time of reflexe winking.* Journal o
med., vol. II, 1897, p. 35.

de papier était collée aussi sur la partie inférieure on a un deuxième trait blanc correspondant à cette paupière. Le clignement est marqué par une courbe du trait blanc correspondant à la paupière supérieure.

La paupière descend brusquement et très rapidement, puis elle reste un certain temps en bas, sur cette partie de la courbe on voit quelquefois des oscillations, enfin la paupière remonte et elle le fait beaucoup plus lentement qu'elle n'était tombée. L'auteur n'a pas suffisamment analysé au point de vue physiologique cette courbe de contraction musculaire ; il a mesuré seulement les durées des différentes phases du clignement : il trouve ainsi que la première phase abaissement de la paupière, a une durée moyenne de 0sec,075, à 0sec,091 ; la deuxième phase pendant laquelle l'œil reste fermé est très variable, les durées les plus courtes sont de 0sec,13 chez un sujet et 0sec,17 chez un autre. Enfin la troisième phase de relèvement de la paupière dure environ 0sec,17, de sorte que la durée totale d'un clignement est en moyenne 0sec,40. Il aurait été intéressant de rapprocher de ces nombres les durées des obscurcissements du champ visuel qui ne gênent pas la vision distincte, il y a peut-être un rapport entre ces durées et le temps pendant lequel l'œil reste fermé pendant le clignement ; nous savons en effet que le clignement ne gêne pas la vision distincte ; remarquons encore que la durée de 0sec,17 est supérieure à la durée de réaction motrice de l'œil, pendant un clignement l'œil n'aurait donc pas le temps de se déplacer, il reste en place, fixé sur le même point de l'espace malgré cet obscurcissement pendant 0sec,17 ; ce sont là des faits que l'auteur aurait dû rapprocher de ses observations.

Un deuxième ordre d'observations a été fait par l'auteur sur la durée des temps de réaction par le clignement. On excitait un point de la peau de la paupière et on mesurait la durée entre le moment de cette excitation et le début du clignement, cette durée est égale à 0sec,04 en moyenne. Un autre genre de réactions qui ont été étudiées sont les réactions à une impression visuelle : devant les yeux du sujet on fait apparaître une forte étincelle électrique, le sujet cligne, le temps entre l'excitation visuelle et le début du mouvement est égal en moyenne à 0sec,080, il est donc de 4 centièmes de seconde plus long que le précédent temps de réaction ; cette différence tient probablement à la durée du processus physiologique dans l'organe visuel. Victor Henri.

Robert MÜLLER. — Ueber Raumwahrnehmung beim monocularen indirecten Sehen. *Philos. Studien*, Bd. XIV, 3. Heft, 1898; p. 402-470.

L'auteur s'est proposé de contrôler expérimentalement la théorie de Kirschmann sur le rôle de la parallaxe de la vision indirecte dans la perception musculaire de la profondeur. L'expérience a consisté à fixer à travers un tube, un grain de plomb suspendu à un fil et placé à la hauteur de l'œil et à observer la profondeur relative de petites boules que l'expérimentateur laissait tomber latéralement et à des profondeurs diverses par rapport à l'objet fixé.

Dans les résultats rapportés, deux angles de la ligne de visée principale et de la ligne de visée indirecte sont considérés, l'un de 10°, l'autre de 15°. Les distances du point fixé à l'observateur ont varié entre 105 et 225 centimètres.

Dans un certain nombre d'expériences, l'état de l'accommodation et le diamètre de la pupille ont été modifiés au moyen de poisons.

Le résultat général de ces diverses expériences est le suivant : aussi bien dans l'œil accommodé que dans l'œil privé d'accommodation, et quelsque soient la distance du point fixé et l'angle formé par les deux lignes de visée, les boules sont jugées à la même distance que le point fixé lorsqu'elles tombent à environ 190 centimètres de l'observateur. L'erreur est par conséquent considérable lorsque la distance du point fixé n'est que de 105 centimètres : on voit par les résultats communiqués pp. 436, 437) que, dans ce dernier cas, la boule est régulièrement jugée tomber plus près que le point fixé alors qu'elle tombe en réalité à des distances de l'observateur telles que 149, 161 et même 186 centimètres.

L'auteur remarque lui-même que, dans l'expérience, la durée de visibilité de la boule qui tombe est trop courte pour que l'accommodation puisse se modifier pendant cette durée; les yeux n'ont pas le temps non plus de se mouvoir du point fixé à la boule. On doit donc conclure, je crois, qu'en réalité les expériences considérées ne prouvent rien ni positivement ni négativement par rapport à la parallaxe de la vision indirecte.

B. BOURDON.

R. SEYFERT. — **Ueber die Auffassung einfachster Raumformen.** *Sur la perception des formes géométriques simples.*) Philosoph. Stud., XIV, p. 550-566.

L'auteur a voulu étudier comment se fait la perception visuelle des formes simples, en particulier il s'est posé la question : quel rôle jouent les sensations musculaires des mouvements des yeux et quel est le rôle des images rétiniennes. Les expériences ont été faites au laboratoire de Wundt sur 9 sujets. L'auteur a choisi une seule forme géométrique — le triangle. On présentait au sujet un triangle qu'il devait observer dans certaines conditions que nous préciserons plus loin, et puis il devait reproduire ce triangle de mémoire; pour cette reproduction on donnait au sujet une feuille de laquelle était tracée une ligne avec deux points, c'est du triangle et le sujet devait de mémoire placer u

sentait le troisième sommet du triangle; par conséquent dans la reproduction le triangle était représenté par un sommet et le côté opposé, le triangle présenté au sujet se composant toujours de trois côtés on peut affirmer d'avance qu'il doit en résulter des erreurs de jugement variables suivant les cas; que chacun compare un triangle tracé complètement avec un triangle de même grandeur, mais dont seulement un sommet est marqué et le côté opposé est tracé, on verra immédiatement que ce sont deux impressions complètement différentes, et si on donne à une personne à comparer ces deux triangles, elle se servira de différents moyens secondaires, en comparant les hauteurs ou les angles des deux triangles; dans cette comparaison elle commettra certaines erreurs, comme on peut l'affirmer, même sans avoir fait d'expériences, en se fondant seulement sur ce qui a été fait sur les différentes illusions visuelles. En somme, si on veut étudier la précision de la reproduction de mémoire d'une impression, par exemple d'un triangle, il faut faire reproduire une impression du même genre, c'est-à-dire un triangle entier se composant de trois côtés, c'est là une règle générale des méthodes employées pour l'étude de la mémoire; l'auteur n'a pas suivi cette règle, c'est donc une erreur de méthode.

Pour se rendre compte combien le triangle reproduit différait du triangle montré, l'auteur compare les trois angles et indique les écarts obtenus sur chacun des trois angles. C'est là certainement un moyen de calcul possible, mais il fallait en essayer aussi d'autres, il fallait surtout comparer la hauteur du triangle reproduit avec celle du triangle montré; il est possible que cette comparaison aurait appris quelque chose de nouveau, surtout si on avait pris quelques observations internes. Non seulement l'auteur n'a pas essayé ces différents moyens de calcul, mais même pour celui des angles il se contente de donner la somme des erreurs commises sur les trois angles Ainsi, par exemple, si les trois angles du triangle montré étaient 90°, 30° et 60° et que les angles du triangle reproduit fussent égaux à 92°, 36° et 52°, l'auteur donne comme nombre exprimant l'erreur commise la somme suivante : 2 + 6 + 8 = 16°. Il aurait fallu étudier plus en détail le genre des erreurs, voir comment elles varient suivant la forme du triangle, voir comment elles varient suivant les angles du triangle, en somme, faire une étude détaillée des résultats, ce n'est qu'à cette condition que l'on pourrait peut-être admettre que la méthode de calcul des erreurs employée par l'auteur exprime bien la grandeur des erreurs commises et peut servir d'indication de la précision de la reproduction. L'auteur ne l'a pas fait, nous ne savons donc pas exactement ce que signifient les nombres qu'il donne, nous ne pou-

ter; c'est une lacune grave qui nous rend très

tion des résultats numériques obtenus par

manière générale de faire

39

les expériences, doit être faite : l'auteur n'a pas pris u**r**
observation interne, il n'a pas demandé aux sujets s'ils n
pas observé quelque chose, il n'a pas observé comment les **s**
comportaient pendant les expériences, et il aurait si facile**r**
prendre de bonnes observations internes puisqu'il avait
sujets des préparateurs et des élèves du laboratoire de W**um**
là une erreur que je considère comme très importante, qui **t**
tient pas seulement à ce travail, mais qui est commise dans **b**
de recherches faites au laboratoire de Wundt; j'ai souvent
sur l'importance des observations internes (V. par exemple **l**
lyses de travaux sur le sens du temps, *Année psychol.*, V)
reviendrai donc pas ici.

Six séries d'expériences ont été faites :

1° Au milieu du triangle montré se trouve un petit point,
doit fixer ce point et percevoir ainsi la forme de triangle sa
de mouvements avec les yeux. La durée d'exposition va
douze à quatre secondes. Il est certainement important p**o**
perception de ce genre de considérer la grandeur du **t**
présenté et la distance à laquelle on le regarde, pour pou
conclure l'angle visuel sous lequel on voit ainsi ce triangle. L
n'a probablement pas pensé à l'importance de ces questi**e**
effet, non seulement il n'en tient aucun compte, mais même i
de dire, quelle était la grandeur du triangle et à quelle dist**u**
le regardait. Si on ne fait pas attention à ces facteurs, on peut
tout ce que l'on veut, puisque tout dépend ici de la grand
l'angle visuel! Cette erreur de méthode ne permet donc pas
cher une importance quelconque aux expériences de cette s**e**

2° On dessine sur un fond blanc un triangle avec des trait**s**
mement fins que le sujet ne voit pas et qui sont vus seulen
l'expérimentateur; l'expérimentateur promène le long de ce
un petit disque noir, et le sujet doit suivre avec ses yeux ce
le triangle est donc parcouru avec les yeux ; c'est une per
fondée surtout sur les sensations de mouvement des yeux. I
veau l'auteur ne donne aucune dimension, il dit seulement
triangles doivent être dessinés grands, afin que les mouveme
yeux soient très forts (*recht ausgaebig*) ; nous en concluons do
ces triangles étaient vus sous un angle visuel grand ; de deux
l'une : ou bien dans la série précédente le triangle était de la
grandeur, ce qui est exigé par la méthode, et alors il est vu **s**
grand angle visuel, par conséquent on peut dire d'avance que
ception par la vision indirecte doit être peu précise, **ou** bien **t**
série précédente le triangle était plus petit et était vu sous u**n**
angle, alors on n'a aucun droit de comparer les deux séries
déduire le rôle joué par les sensations musculaires des yeux.

3° Le sujet a les yeux fermés, on lui présente un triangle f**t**
des baguettes, il doit avec le doigt parcourir les côtés du tri**u**

puis reproduire ce triangle comme dans les séries précédentes. Rien n'est dit sur la grandeur du triangle et sur les conditions exactes de l'expérience ; étaient-elles bien comparables aux conditions des deux premières séries ?

4° Mêmes expériences que dans la deuxième série, seulement le triangle est tracé avec des traits forts, de sorte que le sujet les voit.

5° Même expérience que dans la deuxième série, seulement en suivant le disque noir avec les yeux, le sujet dessine avec le crayon un triangle.

6° Même expérience que dans la quatrième série, seulement, en plus, le sujet parcourt avec la main un triangle.

Il est évident que ces six séries forment un plan méthodique, et qu'avec ce plan on pourrait obtenir des résultats intéressants, à condition de faire les expériences dans des conditions comparables, de bien étudier les résultats et d'interroger le sujet sur ce qu'il observe. L'auteur n'a rien fait de tout cela ; son travail est donc complètement à refaire. Avant de comparer les différentes série entre elles, il devrait montrer qu'il a le droit de les comparer.

En comparant ses différentes séries, l'auteur trouve des résultats qui s'accordent très bien avec les théories de Wundt ; c'est que les expériences, dans lesquelles les mouvements des yeux interviennent, donnent des résultats meilleurs, que les expériences sans mouvement des yeux. Ces résultats obtenus pour la perception d'une seule forme géométrique étudiée par une seule méthode permettent à l'auteur de conclure d'une manière générale que le facteur principal, permettant la perception exacte des formes simples, n'est pas l'image rétinienne, mais que ce sont les sensations musculaires de yeux. Cette conclusion est évidemment beaucoup trop générale, elle ne correspond pas du tout aux expériences faites.

En résumé, le présent travail contient beaucoup d'erreurs et de lacunes, les résultats obtenus ne peuvent donc pas être considérés comme certains, c'est pour cette raison que nous ne les avons pas transcrits. Le plan du travail est bon, mais son exécution est à reprendre complètement. J'ai tenu à faire une aussi longue analyse de ce travail parce que la question soulevée par l'auteur est très importante et parce que je voulais montrer qu'on ne peut arriver à une solution de cette question qu'en faisant bien attention aux conditions exactes dans lesquelles sont faites les expériences.

VICTOR HENRI.

G. M. STRATTON. — A. Mirror pseudoscope and the Limit of visible Depth. (*Psychol., Review*, novembre, 1898 ; p. 632-638.)

perceptible. Il faut tenir compte aussi des **différences de clarté** qui s'associent aux différences de grosseur **apparente**.

Si on admet que les différences constatées par **Wundt et par Aitter** ont été en réalité des différences de grosseur, on s'expliquera alors sans difficulté que le minimum de différence de profondeur qui ait pu être remarqué entre les deux fils dont ils se servaient ait été une fraction constante de la distance qui séparait le fil fixe de l'observateur.

III. Les illusions géométrico-optiques. — **Wundt** relève parmi les illusions en question un certain nombre d'exemples **typiques** qui lui paraissent particulièrement propres à démontrer les **conditions** de ces illusions et les processus associatifs qui s'y produisent. Il propose en outre une classification de ces illusions. Il en distingue quatre groupes : 1° *les illusions perspectives renversables* : par exemple cette figure bien connue qui représente à volonté soit un **escalier**, soit le même objet renversé ; 2° *les illusions variables de longueur et de direction (et d'angle) avec représentations perspectives accessoires univoques* : par exemple les lignes qui paraissent plus longues quand elles sont **divisées** que quand elles sont pleines ; 3° *les illusions constantes de longueur et de direction* : par exemple la sur-estimation régulière des droites verticales comparativement aux **droits horizontales** ; 4° *les illusions d'association* : par exemple deux longueurs de même grandeur intercalées l'une entre deux longueurs légèrement **plus** grandes, l'autre entre deux longueurs légèrement plus **petites** s'assimileront chacune aux longueurs entre lesquelles elles se trouveront placées et en conséquence paraîtront inégales

Dans l'étude de ces diverses classes d'illusions, **Wundt** relève l'influence des mouvements des yeux, les associations psychologiques et les interprétations perspectives. Suivant lui, des représentations de profondeur s'ajouteraient, pour certaines figures, à l'illusion de grandeur : ainsi une ligne qui, par suite d'illusion paraît plus petite qu'une autre qui lui est en réalité égale, paraîtrait en même temps, dans certains cas, plus près que cette autre. Pour pouvoir constater facilement ces illusions de profondeur, **Wundt** recommande de regarder fixement avec un œil ; parfois l'illusion de profondeur entraînerait des illusions secondaires de grandeur ; ainsi (fig. 1, les divisions égales de c b paraîtraient aller s'élargissant à partir de c, parce que b, d'après **Wundt**, paraît plus éloigné que c.

Les 4° et 5° parties de cette étude sont consacrées à des remarques critiques sur le nativisme et l'empirisme.

Dans la 6°, **Wundt** expose sa théorie des signes locaux **complexes**. Cette théorie consiste à admettre que les signes locaux **visuels sont** déterminés à la fois par des sensations rétiniennes et par **des sensations tactiles-musculaires** produites par les mouvements **des yeux**.

B. Bourdon.

III

REVUE GÉNÉRALE DES TRAVAUX RÉCENTS
SUR LES SENSATIONS AUDITIVES

9° R. SCHULZE. — **Ueber Klanganalyse** (*Sur l'analyse* ⟨
Philosoph. Stud., vol. XIV, p. 471-489.

10° C. STUMPF. — **Konsonanz und Dissonanz** (*Consonanc*
sonance). Beiträge z. Akustik u. Musikwissensch. fasc.
p. 108.

11° Th. LIPPS. — **Tonverwandschaft und Tonverschmelzur**
telé des sons et leur fusion). Zeit. f. Ps. u. Ph. d. Sinn.,
p. 1-41.

12° M. MEYER. — **Ueber Kombinationstöne und einige**
Beziehung stehende akustische Erscheinungen (*Sur le*
combinaison et quelques phénomènes acoustiques qui s'y ra
Zeit. f. Ps. u. Ph. d. Sinn., vol. XI, 177-229.

13° M. MEYER. — **Zur Theorie der Differenztöne und de**
empfindungen überhaupt (*La théorie des sons de différe*
sensations auditives en général). Zeit. f. Psych. u. Ph.
vol. XVI, p. 1-35.

14° M. MEYER. — **Ueber die Intensität der Einzeltöne zu**
gesetzter Klänge (*Sur l'intensité des sons isolés de sons c*
Zeit. f. Ps. u. Ph. d. Sinn., vol. XVII, p. 1-15.

15° M. MEYER. — **Ueber die Unterschiedsempfindlichkeit**
höhen nebst einigen Bemerkungen über die **Methode der**
änderungen (*Sur la sensibilité différentielle pour les hau*
sons). Zeit. f. Ps. u. Ph. d. Sinn., vol. XVIII, p. 352-373.

16° O. ABRAHAM und L. BRUHL. — **Wahrnehmung Kürzer**
und Geräusche (*Perception des sons et des bruits très cou*
f. Ps. u. Ph. d. Sinn., vol. XVIII, p. 177-224.

L'étude des sensations auditives est beaucoup plus difficl
que celle des sensations visuelles; en effet, pour faire des ex[
sur les sensations auditives il faut avoir une oreille music
loppée, il faut connaître la musique théoriquement et prati
voici des conditions qui sont rarement remplies par des psycl
Les études des sensations auditives sont rendues aussi très
par les différences individuelles; lorsque l'on mélange deux
et qu'on les montre dans des conditions déterminées à un :
mal il verra une couleur qui variera peu d'un sujet à l'aut
plus, par comparaison, par juxtaposition, on pourra facile
surer ces différences; au contraire, lorsqu'on fait entendre ⟨
simultanés, il y a des sujets qui entendront seulement un s
tant, d'autres en entendront deux, d'autres enfin en enten
plus grand nombre, les différences individuelles seront el
très considérables, de plus il sera très difficile de les mesurer

ne peut pas faire entendre simultanément les deux sons qu'il s'agit de comparer, il faudra les faire entendre successivement. Le maniement des appareils d'acoustique est aussi plus difficile que celui des appareils d'optique, il faut tenir compte des réflexions des ondes sonores sur les parois des tubes et des pièces dans lesquelles on fait les expériences. Enfin, si on compare la structure anatomique de l'oreille à celle de l'œil, on voit que la première est de beaucoup plus compliquée. Toutes ces conditions montrent nettement combien il est plus difficile d'étudier les sensations auditives que les sensations visuelles.

Les théories des sensations visuelles ont été développées en grande partie à la suite des études faites sur les mélanges des couleurs, il est certain que pour les sensations auditives, l'étude des sensations qui résultent du mélange de plusieurs sons simultanés doit jouer le même rôle important; mais ici nous avons encore un fait qui n'existe pas dans la vision des couleurs, c'est l'importance pratique pour la musique des sensations provoquées par plusieurs sons simultanés : toute la théorie de la consonance et de la dissonance des intervalles musicaux y est comprise, par conséquent l'étude des sensations provoquées par les sons simultanés doit occuper une large part dans les recherches faites sur les sensations auditives. Nous voyons en effet que la plupart des travaux que nous analysons ici se rapportent à cette question générale.

Toutes les conditions que nous avons mentionnées plus haut comme nécessaires pour l'étude des sensations auditives sont réalisées d'une manière parfaite au laboratoire de psychologie de Stumpf, à Berlin ; l'installation au point de vue des appareils d'acoustique y est très complète; de plus, Stumpf est lui-même un musicien de premier ordre et il a une oreille musicale très développée ; son élève Meyer, qui a travaillé dans ce laboratoire pendant quatre années, a aussi beaucoup de capacités pour la musique. On sait que Stumpf s'est spécialisé dans l'étude de la psychologie des sensations auditives, il a commencé la publication d'un grand traité, *Tonpsychologie*, dont deux volumes ont été publiés, l'un en 1883 (de 425 pages), le second en 1890 (de 582 pages), un grand nombre de questions nouvelles sont soulevées et résolues dans ces deux volumes, depuis 1890 Stumpf a continué à étudier expérimentalement et théoriquement les sensations auditives ; il a dirigé une série de recherches qui ont toutes l'avantage d'être en rapport les unes avec les autres et de se rattacher à différents points théoriques. Dans d'autres laboratoires on a aussi essayé d'étudier certaines questions sur l'audition, ces études ont été entreprises sous l'influence des recherches de Stumpf; nous voyons que dans la présente revue générale il n'y a que quatre travaux sur seize qui ne sortent pas du laboratoire de Stumpf. En somme, le laboratoire de Stumpf à Berlin s'est spécialisé surtout pour l'étude des sensations auditives, et toute personne qui voudrait faire des

recherches sérieuses sur cette partie de la psychologie
bien aller travailler dans ce laboratoire, ou au moins étu[?]
son installation . Les laboratoires allemands ont cette [?]
spécialisation qui n'existe pas en France; pour les sensation[?]
ce sont les laboratoires de Hering à Leipzig, Kœnig à Ber
à Freiburg qui sont les mieux installés; pour l'étude des
questions de psychologie individuelle sur le travail ps
physique, on a le laboratoire de Kraepelin à Heidelberg; d
ratoire de G.-E. Müller à Göttingue on fait surtout des
sur des questions de psychophysique pure, sur la mémoir
associations; cette spécialisation a de grands avantages
permet de faire des installations excellentes qui ne pou
être réalisées sans cela; de plus, comme dans chaque
on travaille surtout sur un certain groupe de questions,
à les approfondir beaucoup plus, il se produit ainsi un
du travail qui fait avancer la science plus rapidement et
ment.

Passons à l'analyse des différents travaux récents sur les
auditives. On sait que l'explication de la consonance et d
nance des sons a soulevé un grand nombre de discussion
ramène ces phénomènes à la fusion des sons (Tonverse
simultanés, cette fusion rend l'analyse d'un ensemble de s
tanés plus ou moins difficile suivant le degré de fusion. [?]
quent il est intéressant pour la théorie de la consonance
déterminer les degrés de fusion des différents sons si
cette détermination a été tentée par plusieurs auteurs et
duit à des discussions assez vives.

L'une des méthodes proposées par Stumpf, pour déte
degré de fusion de deux sons simultanés consiste à faire
différents sujets ces deux sons simultanément et à leur
s'ils entendent un ou deux sons. Une personne musicale
facilement, en raison de l'habitude, l'intervalle musical qu'
sente, le jugement de cette personne sera influencé par
par conséquent il faudra faire des expériences sur des
non exercées, c'est-à-dire sur des personnes non musicie
méthode a été employée par Faist (1°) au laboratoire de p
de Graz. Les expériences ont été faites sur 12 élèves des
nières classes d'un lycée, on leur faisait entendre deux s
tanés produits par un orgue avec une intensité moye
devaient dire s'ils entendaient un son ou deux sons. [?]
réponses « un son » ont été considérées comme fausses,
ainsi pour chaque intervalle un certain nombre
et d'après l'hypothèse de Stumpf, plus ce nomb
fusion des deux sons sera forte. *Faist* obtien'
série suivante :

Octave	319 rép. fausses.	Tierce majeure . .	87	rép. fausses.
Quinte	195 —	Sexte majeure. . .	79	—
Duodécime . . .	167 —	Tritonus.	76	—
Octave double. .	157 —	Septime mineure .	56	—
Quarte	97 —	Tierce mineure . .	55	—
Décime majeure.	94 —	Undécime.	54	—
Sexte mineure. .	90 --	Seconde majeure .	42	—

L'auteur discute longuement la place de chacun de ces intervalles, cette discussion est d'abord très spéciale et puis elle est très fortement critiquée par Stumpf dans le travail (3°); nous passons aussi sur la discussion des lois de la fusion des sons énoncées par Stumpf et que l'auteur examine en se fondant sur les résultats de ses expériences. Stumpf a montré dans une réponse à Faist (3°) que cette critique repose en général sur des malentendus ou sur des nombres trop faibles d'expériences. Un fait doit être mis en lumière, c'est la place de la quarte entre la quinte et la tierce, c'est un résultat qui confirme ceux qui avaient été obtenus par Stumpf et il est important, puisqu'il existe un grand nombre de discussions relativement à la place que doit occuper la quarte, ces discussions ont, comme on sait, joué un grand rôle dans l'histoire de la musique.

Meinong et *Wilassek* (2°) ont fait dans le même laboratoire des expériences très analogues aux précédentes; les sons étaient produits soit avec un violon, soit surtout avec un appareil spécial de Stumpf « Intervallaparat », les expériences étaient faites sur les auteurs eux-mêmes : on produisait successivement deux intervalles différents et le sujet jugeait lequel de ces intervalles lui semblait être plus fusionné, on obtenait de cette manière directement une classification de différents intervalles d'après leur degré de fusion. Les résultats obtenus sont analogues à ceux de Faist, les auteurs rattachent ces résultats à une théorie nouvelle développée par Ebbinghaus dans le premier fascicule de sa psychologie et qui est une modification de la théorie de Helmholz. Nous ne nous arrêterons pas sur ces discussions, qui sont très spéciales.

Stumpf (3°) reprend point par point les résultats obtenus par les trois auteurs précédents, il discute la valeur de ces résultats, montre que les critiques adressées par eux aux lois de la fusion des sons, que Stumpf avait formulées dans le second volume de sa psychologie des sons, ne sont pas assez fondées et enfin arrive à la conclusion que l'étude de la fusion pour un aussi grand nombre d'intervalles n'a qu'un intérêt très secondaire, elle ne trouve son application ni dans la musique ni dans la psychologie.

Le travail de *Meyer* (4°) est surtout une étude critique de la méthode qu'il faut employer pour déterminer les degrés de fusion de deux simultanés. Jusqu'ici les auteurs avaient, suivant le conseil de fait des expériences sur des personnes non musiciennes; il ux, dit Meyer de résoudre les questions les plus impor-

tantes de la musique en se fondant sur des observations
par des personnes non musiciennes. La méthode consista
entendre deux sons simultanés et à demander au sujet con
sons il entend est aussi défectueuse, puisqu'une personne
dans l'analyse des sons distingue, en plus des deux sons c
une série de sons de différence et d'harmoniques; ces
sons doivent certainement influer sur le jugement des p
non musiciennes, de sorte que l'on n'étudie pas du tout le deg
sion de deux sons. L'auteur a essayé deux méthodes nouvell
disons-le tout de suite, il n'est pas arrivé à des résultats satis

La première méthode essayée par Meyer est celle des t
réaction. On fait entendre un ou deux sons et au moment r
les sons sont produits, un courant électrique est interro
sorte que le chronoscope de Hipp se met en marche; le s
décider si c'est un ou plusieurs sons qu'il entend, et il ferm
rant lorsque son jugement est prêt. Les résultats ont été ab
négatifs; d'abord les variations d'une expérience à l'autre s
fortes, et puis on comprend très bien que si la consonance
faite le sujet répondra très vite « un son », de même si la fu
deux sons est très faible, il répondra aussi très vite « deu
par conséquent, dans les deux cas extrêmes on aura les
temps de réaction; on aurait donc pu déjà *a priori* affirme
méthode des temps de réactions sera insuffisante pour déc
degrés de fusion de différents sons simultanés. Les exp
faites par l'auteur devraient par exemple entraîner la conclu
dans l'intervalle 4 : 7, les sons sont mieux fusionnés ensem
dans les intervalles 4 : 5, 5 : 8 ou 5 : 6, ce qui est contraire
les observations journalières.

La deuxième méthode consiste à diminuer la durée des d
simultanés et à prier le sujet de dire s'il entend un son d
Les expériences faites sur une personne musicienne ont d
résultats inattendus; voici en effet les nombres des répon
son » et « deux sons » obtenues par les différents inter
durée des sons étant réduite à un quart de seconde :

RÉPONSES	OCTAVE 1 : 2	QUINTE 2 : 3	QUARTE 3 : 4	TIERCE MAJEURE 4 : 5	TRITONS 18 : 25
Un son . .	2	10	16	13	22
Deux sons.	40	31	25	28	20

Le sujet a dit d'autant plus souvent « de
fusion a été grand, en entendant l'octave

et en entendant la quarte il ne dit que 25 fois « deux sons »; ce
sujet dit qu'il a répondu « deux sons » toutes les fois que les sons
produisaient sur lui une impression harmonique. Il est intéressant
qu'un son simple a été jugé 16 fois sur 70 comme « deux sons ».
En résumé le résultat obtenu avec cette méthode chez les personnes
musiciennes est aussi très incertain.

L'auteur a fait aussi quelques expériences sur des personnes non
musiciennes, seulement il a employé un dispositif spécial, consistant
à faire arriver des sons différents aux deux oreilles, de façon à éviter
la production des sons de différence et des battements qui peuvent
gêner l'expérience. Les résultats obtenus sur un sujet sont les suivants :

RÉPONSES	1 : 2	6 : 11	2 : 3	8 : 11
Un son.	51	35	56	32
Deux sons	8	26	7	26
Indéterminé . . .	1	2	»	5

On voit bien que l'octave et la quinte sont jugées plus souvent
comme un son que les intervalles aussi dissonants que 6 : 11 et 8 : 11;
mais il n'y a pas de différence entre la quinte et l'octave. L'auteur conclut dans ce travail, ainsi que dans le travail 6°, que cette
méthode employée avec les précautions nécessaires sur des personnes non musiciennes peut donner des résultats satisfaisants. Voilà
une conclusion qui se trouve en contradiction avec ce que l'auteur
dit au commencement de son travail 4°.

Après ces expériences vient une discussion très longue des résultats obtenus par les différents auteurs. Meyer discute longuement
la définition des personnes non musiciennes; il discute ici et surtout
dans le travail 6° ce que l'on appelle analyse d'un ensemble de sons
et essaye de montrer qu'il n'est pas du tout prouvé que la fusion
des sons rend leur analyse plus difficile, comme le veut Stumpf,
que même au contraire plus la fusion de deux sons est forte, plus
leur analyse sera facile. Ce sont des discussions sur lesquelles nous
ne pouvons pas entrer ici par manque de place, puisqu'on ne peut
les rapporter qu'en les suivant de très près et en examinant chaque
point. Stumpf répond dans deux articles (5° et 7°) à cette critique
de Meyer; nous passons sur cette critique qui est intéressante pour
les spécialistes.

Les expériences faites par *Schulze* (9°) au laboratoire de Wundt
*chent de très près de celles de Meyer; ces expériences ont
1892 et elles sont rapportées maintenant par l'auteur
étendue aux expériences publiées par d'autres
riences ont *ites avec des diapasons devant

lesquels se trouvaient des résonnateurs en carton qui étaient ı
par un tube en caoutchouc à un tube métallique ; sur ce tul
trouvait un robinet que l'on pouvait ouvrir pour un temps pl
moins court en faisant balancer un pendule ; ce tube passait
une pièce voisine où se trouvait le sujet. On faisait résonner u
plusieurs diapasons, on donnait un signal au sujet ; celui-ci pı
son attention ; deux secondes après le signal, on ouvrait le roı
pour deux secondes, et le sujet devait téléphoner à l'expériı
tateur s'il a entendu un son ou plusieurs et dans quelques e
riences, le sujet chantait les sons dont, il pensait, qu'étaient coı
sés les intervalles entendus. Six diapasons ont été employés
la première série d'expériences ; les nombres de vibrations dı
diapasons étaient : 1 = A = 108 vibrations à la seconde, 2 =
216, 3 = e' = 324, 4 = a' = 432, 5 = cis' = 540, 6 = e² = 648

Les expériences ont été faites avec trois sujets, dont l'un B.
un très bon musicien, l'autre A savait un peu la musique, poı
chanter, enfin C ne savait que très peu de musique, mais poı
aussi chanter. Si nous considérons d'abord les résultats obtı
avec deux sons simultanés, nous voyons que sur 60 expérie
faites avec chacun des intervalles, le sujet n'est pas arrivé à anal
l'intervalle des nombres de fois très variables ; ces nombres sont
tenus dans le tableau suivant ; ce sont en somme les nombre
réponses, « un son ».

INTERVALLES ÉTUDIÉS		SUJET A	SUJET B	SUJET (
Aa.	1 : 2	60	55	45
Ae'	1 : 3	50	52	49
Aa'	1 : 4	44	21	33
Acis'.	1 : 5	32	16	42
Ae²	1 : 6	22	2	27
ae'	2 : 3	0	5	43
aa'	2 : 4	57	51	47
acis'	2 : 5	28	9	38
ae²	2 : 6	51	30	47
e'a'	3 : 4	0	0	20
e'cis'.	3 : 5	0	0	27
e'e²	3 : 6	54	46	43
a'cis'	4 : 5	0	0	34
a'e²	4 : 6	29	2	36
cis'e²	5 : 6	0	0	41

Si on compare les résultats de ce tableau avec ceux qui ont
obtenus par les différents auteurs, dont nous avons analysé les ı
vaux plus haut, on voit qu'il y a des différences très grandes. J
nons quelques intervalles principaux : l'octave 1 :
la quarte 3 : 4 et la tierce majeure 4 : 5 ; nous
qui est très musicien, a dit pour ces différents

réponses « un son » ; le sujet A, moins musicien, a eu dans ces cas 60, 0, 0, 0 réponses un son, enfin le sujet C, qui n'est pas musicien, en a eu : 45, 43, 26 et 31. La différence de ces trois sujets saute aux yeux : la quarte et la tierce majeure sont toujours analysées par les deux premiers sujets et au contraire elles ne sont analysées que dans la moitié des cas par le sujet C ; c'est là un résultat analogue à celui qui a été obtenu par Meyer lorsqu'il a comparé les réponses données par une personne musicienne et celles d'un sujet non musicien, comme nous l'avons indiqué plus haut.

Mais si maintenant nous prenons un intervalle tel que 2 : 5 qui certainement doit être placé après la quinte au point de vue de la fusion des sons, nous voyons que les sujets ne l'ont pas analysé dans 9 (B), 28 (A) et 38 (C) cas sur 60. Faut-il en conclure que la fusion des sons pour cet intervalle est plus forte que pour la quinte, ou bien faut-il conclure que cette méthode ne permet pas de déterminer le degré de fusion des deux sons ? Telle est la question qui se pose, nous ne pouvons pas y donner de réponse, puisqu'il n'y a que l'expérience qui doit répondre à ces questions. Remarquons seulement que les intervalles pour lesquels les deux sujets musiciens ne se sont jamais trompés sont des intervalles qu'ils sont habitués à entendre et à employer constamment, l'exception est donnée par l'octave qui présente un degré de consonance très fort. Puisque c'est surtout pour ces intervalles (2 : 3, 3 : 4, 3 : 5, 4 : 5, 5 : 6) très employés que la différence est très forte entre les deux personnes musiciennes (A et B) et la personne non musicienne (C), ne pourrait-on pas en tenir compte pour expliquer ces différences ? C'est une hypothèse que j'émets, mais pour laquelle il faudrait d'autres observations.

En examinant les nombres du tableau précédent, l'auteur déduit les lois suivantes : 1° plus deux sons de parenté musicale égale sont éloignés l'un de l'autre, plus l'analyse de leur ensemble est facile. Ainsi il est plus facile d'analyser l'intervalle 1 : 4 que l'intervalle 1 : 2 ; il est plus facile d'analyser l'intervalle 1 : 6 que l'intervalle 1 : 3 ; on peut s'en convaincre en se reportant aux nombres du tableau précédent.

2° Un même intervalle est plus facile à analyser dans la région des sons hauts que dans la région des sons bas ; ainsi l'analyse de l'octave e^1 e^2 (3 : 6) est plus facile que celle de l'octave a a^1 (2 : 4), laquelle est plus facile que pour l'octave A a (1 : 2) ; de même l'analyse de la quinte a^1 e^2 (4 : 6) est plus facile que celle de la quinte ae^1 (2 : 3), enfin l'analyse de la duodécime ae^2 (2 : 6) est plus facile que celle de Ae^1 (1 : 3). Ce résultat est important, il est en contra-   les idées professées par tous les psychologues et les

us en faisant entendre un ensemble d'un plus
sont aussi intéressants ; en comparant les

nombres de réponses « un son » pour différentes com
teur trouve que ces combinaisons se rangent d'après l
lyse dans l'ordre suivant, en commençant par la comi
la plus difficile à analyser :

A	1
Aa	1 : 2
Aae'	1:2:3
Aae'a'	1 : 2 : 3
Aae'a'cis'	1 : 2 : 3
Aae'a'cis'e'	1 : 2 : 3
Ae'a'cis'e'	1 : 3 : 4
Aa'cis'e'	1 : 4 : 5
Acis'e'	1 : 5 : 6
Ae'	1 : 6
ae'a'cis'e'	2 : 3 : 4
e'a'cis'e'	3 : 4 : 5
a'cis'e'	4 : 5 : 6
cis'e'	5 : 6

Les lettres de ce tableau indiquent les notes musicale!
représentent les rapports des nombres de vibration!
respondants. On aperçoit une régularité parfaite. S
un son quelconque et qu'on représente par 1 le nombi
tions par seconde, les harmoniques de ce son auront c
de vibrations 1, 2, 4, 5, 6, etc. On voit d'abord qu'en p
simultanés qui appartiennent à la série des har
exemple 1 : 2 : 3 au 1 : 2 : 3 : 4 : 5, l'analyse de cet
d'autant plus facile que le nombre de ces sons se
Ensuite, lorsque l'on prend un ensemble de sons qui
posés en une série harmonique, par exemple si on pr
1 : 5 : 6 ou l'ensemble 1 : 3 : 4 : 5 : 6, l'analyse ser
facile qu'il manquera plus de termes nécessaires poi
série des harmoniques; dans les deux exemples précéd
ensemble auquel il aurait fallu ajouter les trois term
compléter la série harmonique sera plus facile à a
second ensemble dans lequel il ne manque qu'un so

D'une manière générale, l'auteur énonce cette loi !
facilité d'analyse d'un ensemble de sons simultanés
par le degré de ressemblance de cet ensemble avec l
moniques. Cette loi ne peut être considérée encore q
bable et non pas comme démontrée ; il faudrait éti
trouve dans un accord avec les faits connus en musi
sonance et la dissonance des sons ; mais dans tous
intéressante par sa généralité et puis parce qu'elle pi
tachée à des problèmes de psychologie généraux.

Pour étudier comment se comporte l'analyse des s
pour d'autres intervalles intermédiaires à une octave
une nouvelle série d'expériences sur un sujet qui éta

sicien et avait une grande habitude dans l'analyse des intervalles musicaux. On faisait entendre les deux sons simultanés pendant un temps très court (de $0^{sec},14$ à $0^{sec},004$) ; six diapasons étaient employés, ils avaient comme nombres de vibrations : $c^1 = 264, d^1 = 297, e^1 = 330, f^1 = 352, h^1 = 495, c^2 = 528$; douze intervalles différents ont été étudiés. Les expériences ont montré que lorsque la durée des sons est très courte l'analyse est d'autant plus difficile que les sons sont plus voisins ; exemples : en ordonnant suivant la difficulté d'analyse, on a la série : cd, ce, cf, ch, et cc^1, dans cette série les premiers intervalles sont plus difficiles à analyser que les derniers, c'est-à-dire que dans ces conditions une octave est plus facile à analyser qu'une seconde majeure (cd). On obtient encore le même résultat en cherchant pour chaque intervalle la durée minimum pour laquelle il peut encore être analysé ; ainsi cette durée minimum est pour la seconde mineure (ef) égale à $0^{sec},140$, pour la seconde majeure (cd) elle est égale à $0^{sec},037$, pour la tierce mineure (df) elle est de $0^{sec},024$, etc. ; elle est égale à $0^{sec},007$ pour l'octave (cc^1). Ce résultat est très important, mais il n'a été obtenu que sur un seul sujet, et il présente certaines variations ; il faudrait reprendre la question, l'étudier chez plusieurs sujets différents et surtout chercher la durée minimum pour des sons graves et pour des sons hauts ; on trouvera peut-être des résultats nouveaux importants pour la théorie.

Enfin les quelques expériences, dans lesquelles le sujet, après avoir dit que l'intervalle se composait de deux sons, chantait les deux sons dont il pensait être composé l'intervalle, ont montré que l'analyse exacte des dissonances est plus difficile que l'analyse des consonances ; probablement ce résultat est en rapport avec l'exercice, d'autant plus qu'il n'a été obtenu que sur un seul sujet très bon musicien, sur lequel on avait fait ces expériences.

En résumé, ce travail complète les précédents ; l'auteur donne des méthodes nouvelles qui ont donné des résultats importants et qui permettront peut-être de mesurer d'une manière plus précise le degré de fusion des sons.

Passons maintenant à un genre différent de recherches ; ce sont celles de *Stumpf* et *Meyer* (8°) sur la sensibilité pour la pureté des intervalles musicaux ; si on prend un certain intervalle, la tierce mineure par exemple, dans laquelle le rapport des deux sons doit être 5 : 6 et qu'on fasse entendre les deux sons successivement l'un après l'autre, on peut se demander quel est le degré de sensibilité pour cet intervalle, c'est-à-dire de combien peut-on modifier l'un quelconque de ces sons sans que le sujet s'aperçoive de cette modification de l'intervalle ? Les expériences consistaient donc à faire entendre différents intervalles ainsi plus ou moins modifiés et à demander au sujet, si l'intervalle lui parait pur ou bien s'il est modifié et, dans ce cas, dans quel sens a lieu cette modification. Les auteurs ont ainsi étudié la tierce mineure, la tierce majeure, la quinte et l'octave ; pour ces trois derniers intervalles on a étudié le cas où les sons étaient très purs et le cas où les sons étaient riches en harmoniques. La méthode employée est celle des cas vrais et faux ; les expériences ont été faites sur des personnes musiciennes habituées depuis plusieurs années à entendre les différents intervalles musicaux.

Avec la tierce mineure et la tierce majeure, les expériences faites avec des sons produits par l'appareil d'Appun *Tonmesser* ont donné les résultats suivants :

1° Pour la tierce mineure, les sujets considèrent comme intervalle pur un intervalle un peu plus faible que 5 : 6 ; dans la région moyenne (soit de 400 à 600 vibrations), cette diminution est environ d'une vibration et demie.

2° Pour la tierce majeure le contraire a lieu, c'est-à-dire le sujet préfère un intervalle un peu plus grand que 4 : 5 ; la différence est d'une vibration environ.

3° Il existe des variations individuelles dans ces écarts, mais leur sens est le même chez tous les sujets étudiés.

De plus, lorsque l'on fait des expériences suivies avec la tierce majeure et qu'on commence ensuite l'étude de la tierce mineure, il se produit un changement dans les jugements relatifs à la tierce mineure ; le sujet a une tendance à préférer les intervalles trop grands, mais cette tendance disparaît ensuite. Les expériences montrent aussi que l'ordre dans lequel on fait suivre les différents intervalles dans une même série a une influence sur le jugement par suite des actions de contraste.

De nombreuses expériences ont été ensuite faites sur la tierce majeure, la quinte et l'octave avec des sons purs donnés par le diapason et avec des sons riches en harmoniques ; elles ont été faites sur les auteurs eux-mêmes, et sur des professeurs de musique. Voici les résultats :

1° Dans tous les cas les sujets préfèrent un intervalle un peu trop grand et le considèrent comme pur.

2° Cette tendance à l'augmentation de l'intervalle est la plus forte pour l'octave, elle est plus faible pour la quinte et elle est encore plus faible pour la tierce majeure ; il est très intéressant de voir que pour un intervalle aussi fixe et aussi important que l'octave, des musiciens de profession considèrent un intervalle plus grand que l'octave comme étant l'octave pure ; Stumpf a vérifié ce résultat sur 18 professeurs de musique et a toujours trouvé cette tendance, qui pour l'intervalle 300 : 600 atteint environ 2 vibrations, c'est-à-dire que ces personnes considèrent en moyenne l'intervalle 300 : 602 comme étant l'octave pure et la vraie octave 300 : 600 est considérée comme plus petite que l'octave. Cette tendance paraît être plus pour les violonistes.

3° Des expériences faites avec des intervalles produits par des sons simultanés ont montré que le jugement était dans ce cas beaucoup plus difficile que dans le cas des sons successifs ; mais l'augmentation de l'intervalle considéré comme pur a lieu ici de la même manière que précédemment.

4° En comparant les résultats fournis par les sons purs avec ceux qui ont été obtenus avec des sons riches en harmoniques, on trouve que pour ces derniers les intervalles sont moins bien appréciés que dans le premier cas ; les illusions décrites précédemment persistent ici aussi.

5° On admet en général que la sensibilité est plus forte pour les intervalles consonants et qu'elle est moins forte pour les intervalles moins consonants, ainsi la sensibilité serait plus grande pour l'octave que pour la quinte, et pour celle-ci plus forte que pour la tierce ; des expériences faites sur cette question montrent qu'il n'y a pas de différence entre les différents intervalles au point de vue de la sensibilité.

Dans toutes ces expériences, les auteurs ne se sont pas contentés de rassembler des nombres, ils ont aussi tenu compte des observations internes ; ces dernières sont intéressantes. Quelques sujets ont dit qu'après avoir entendu un son ils se représentent dans leur fantaisie le son qui doit former l'intervalle demandé et lorsque le second son est produit, ils le comparent à cette image. Plusieurs fois le sujet percevait que l'intervalle n'était pas exact, qu'il était modifié, mais il ne pouvait pas dire le sens de ce changement. D'une manière générale l'attention du sujet était dirigée sur l'intervalle lui-même, les sons qui le composaient n'attiraient pas l'attention du sujet. Souvent, surtout lorsque l'intervalle est diminué, le sujet a l'impression que l'intervalle a été modifié dans le sens d'un intervalle musical plus petit. Il était subjectivement plus difficile d'apprécier un intervalle lorsque les sons se suivaient dans l'ordre descendant que s'ils étaient disposés dans l'ordre ascendant. Dans les cas des intervalles formés par des sons simultanés le sujet ne cherche pas du tout à les transformer dans son imagination en sons successifs, l'intervalle est jugé tel quel. Dans ce cas des sons simultanés quelquefois les sujets portaient leur attention sur les battements et sur les sons de différence, mais leur appréciation n'était pas rendue plus exacte.

Tous ces faits montrent que l'appréciation des différents intervalles se fait avec une précision très grande ; déjà pour une fraction d'une vibration le sujet s'aperçoit que l'intervalle a été modifié ; de plus l'intervalle subjectif ne correspond pas tout à fait à l'intervalle physique. On se demande naturellement comment expliquer cette finesse de perception, et d'une manière générale comment expl   les faits rapportés plus haut ? Ce sont ces questions
         impf dans le dernier chapitre du travail

Chaque intervalle est caractérisé pour notre
propriétés principales : le degré de fusion des deux son
de ces sons. Or si on examine chacune de ces deux pro
voit qu'aucune des deux ne peut expliquer l'appréciation
de la pureté d'un intervalle ; en effet, la fusion des so
propriété qui est trop incertaine et qui varie peu dans
aussi faibles ; il suffit de se rappeler qu'on ne peut pas dé
précision si cette fusion est plus forte pour la tierce m
pour la tierce mineure ; de même encore la sensibilité p
cier l'écart de deux sons au point de vue de la diff
nombre de vibrations est très mal développée ; on sera, pou
miner, très embarrassé de dire si l'écart entre les sons
est plus grand ou plus petit que celui entre 480 et 596,
nous percevons le premier intervalle comme une tierce
second intervalle comme un peu inférieur à une tierce.
sensations musculaires qui accompagnent les tendances
duire par le chant les deux sons ne sont pas non plu
d'expliquer ce degré de finesse dans la perception de
d'un intervalle. Si on s'observe pendant ces expériences, on
que toutes les fois que l'intervalle apparaît trop petit ou t
un sentiment désagréable accompagne ces jugements, ce
est exprimé en disant que l'intervalle est trop aigu (*sch*
est accentué (*überreizt*) ou au contraire qu'il est obtus
qu'il est amolli (*matt*), etc. Il y a un sentiment spécial qui
appelé « sentiment de pureté » (*Reinheitsgefühl*), qui est
pour les différents intervalles et qui détermine chez nou
ment ; c'est donc ce sentiment qui est primitif, et le jug
résulte, tel est le résultat principal auquel arrive St
sentiment n'est pas quelque chose d'hypothétique ; il
par toute personne qui se soumet aux expériences ; il est
général comme un certain contentement que l'on reçoi
l'intervalle paraît être pur. Ce sentiment est différent du
spécifique des différents intervalles, mais il peut être infl
celui-ci et il en résulte des modifications analogues à celle
été décrites plus haut. Stumpf admet que le « sentiment de
est inné, il s'est développé dans le courant des siècles et à s
il a été produit par des effets secondaires ; à l'origine c'est
des sons qui détermine si les intervalles sont purs ou n
fusion entraîne un jugement et en dernière ligne un certa
qui se traduit par un sentiment ; telle serait la marche du
pement.

Le résultat que la tierce mineure subjective est plus petite
et que la tierce majeure est plus grande que 4 : 5 est exp
Stumpf par une loi générale de l'esthétique d'après laqu
toute impression esthétique, on préfère celle qui exprime
ce qui la caractérise ; ainsi on a une tendance à préférer

valle voisin de la tierce mineure qui exprime bien ce caractère de
« petit » intervalle et le caractère contraire a lieu pour la tierce majeure. Cette explication nous paraît bien hypothétique. L'explication
des autres faits se déduit facilement de la théorie de l'auteur; nous ne
nous y arrêtons donc pas. On voit en somme que l'étude de la finesse de
perception de la pureté des intervalles entraîne des conclusions très
générales relativement à la perception des intervalles musicaux; la
théorie proposée par Stumpf ne peut certainement pas être considérée
comme définitive, il faut de nouvelles observations pour la développer; un fait intéressant à signaler est que Stumpf s'est trouvé obligé
de renoncer ici à son principe d'explication générale, qui repose sur
la fusion des sons et qui lui permet d'expliquer la consonance et la
dissonance des sons; il s'est décidé à admettre l'existence de sentiments spéciaux pour la pureté des intervalles; cette modification de
sa théorie est importante.

Dans un travail purement théorique (10°) *Stumpf* critique les différentes théories qui ont été proposées pour expliquer la consonance
et la dissonance des sons; ce sont les théories de Helmholtz fondées
sur les battements et sur la coïncidence des harmoniques; les théories de Leibniz, Euler et Lipps sur la numération inconsciente du
nombre de vibrations, etc., ensuite l'auteur développe très longuement sa propre théorie qui ramène la consonance et la dissonance
à la plus ou moins grande fusion des sons; il montre comment ce
terme de fusion peut s'appliquer aussi aux sons successifs en raison
des représentations. Nous ne nous arrêterons pas sur l'analyse de ce
travail théorique ainsi que sur celle du travail de Lipps (11°), qui est
une réponse aux critiques adressées par Stumpf à sa théorie; ce sont
des études qui ne peuvent être analysées que longuement, et de plus
elles intéressent surtout les spécialistes; le psychologue doit surtout
savoir le principe sur lequel reposent les explications proposées par
différents auteurs de la consonance et de la dissonance des sons,
les points de détails intéressent surtout celui qui s'occupe de la théorie de la musique; or, les principes des explications de Stumpf
ressortent, je crois, suffisamment de ce qui précède.

Jusqu'ici nous avons analysé les travaux dans lesquels l'attention
des auteurs était attirée par la fusion des sons, sur la facilité avec
laquelle deux ou un plus grand nombre de sons simultanés peuvent
être analysés, et puis sur la perception des intervalles musicaux. Mais
lorsque deux sons simultanés sont produits, on peut aussi se demander quels sont les sons que le sujet entend. Entend-il les deux sons
produits, en entend-il d'autres et quels sont-ils? Ces questions sont
très importantes pour la théorie des sensations auditives; nous verrons ces questions d'une façon méthodique
ne peuvent pas du tout s'expliquer par
Helmholtz; ces résultats ont donc

conduit Meyer à développer une nouvelle théorie des se
auditives. Passons à l'analyse de ses recherches.

Lorsqu'on fait résonner simultanément deux sons, on en
plus de ces deux sons un ou plusieurs *sons de différence ;* il
pas de formule générale qui permette de dire dans un ca
conque quels seront ces sons de différence, puisque leur no
leur nature dépendent des deux sons que l'on fait résonner
tanément. L'auteur ayant fait des études nombreuses avec d
simples, est arrivé aux règles suivantes : lorsque la différe
deux sons est égale à un demi-ton, ou est plus petite, on en
seul son de différence qui est représenté par la différence du
de vibrations des deux sons ; ainsi pour les deux sons 19 e
entendra le son 1.

Lorsque la différence des deux sons est supérieure à un de
mais inférieure à une octave et que de plus la différence e
nombres qui expriment le rapport des vibrations des deux s
égale à 1, comme dans les exemples suivants : 5,6, 6,7, 7,
on entend à côté du son 1 aussi une série d'autres sons ; par e
dans le cas 8,9 on entendra les sons 1, 7, 6 et 5 ; dans le cas
sons 1, 5 et 4, etc. Si la différence entre les nombres qui exp
le rapport des sons est supérieure à un, on entend tro
différentiels ; ainsi si *h* et *t* sont les nombres de vibrations de
sons, on entendra les trois sons différentiels *h-t*, 2*t-h* et
exemple : pour l'intervalle 5,8 on entend les sons 3, 2 et
son 2 est le plus intense des trois.

Pour des intervalles supérieurs à une octave on entendra
différentiel, ainsi pour l'intervalle 4,9 on entend le son 1, po
tervalle 4,11 de nouveau le son 1, etc.

On voit donc quelle complexité est obtenue déjà avec deu
cette complexité s'accroît beaucoup lorsque l'on prend tr
quatre sons simultanés ; par exemple avec trois sons 10, 12,
entend *huit* sons différentiels : 1, 2, 3, 5, 6, 7, 8 et 9.

Ces sons différentiels peuvent à leur tour donner lieu à d
veaux sons différentiels ; ainsi l'auteur produit les trois sons d
1920 et 1707 vibrations ; on entend un son différentiel de 128
tions qui est bien la différence 2048—1920 ; ensuite on entend
de 213 vibrations, c'est la différence 1920-1707 et on entend a
son de 341 vibrations ; différence 2048—1707, mais de plus on
un son bien plus grave et on trouve par comparaison que c'
son de 85 vibrations, c'est-à-dire c'est un son différentiel de
sons différentiels 213 et 128.

Les sons différentiels peuvent donner lieu à des battement
même manière que des sons ordinaires ; ainsi l'auteur fait en
les deux sons 1920 et 1707, on entend un son différentiel de 213
tions ; à ce moment on fait résonner un diapason de 200 vib
et on perçoit nettement 13 battements par seconde.

En étudiant l'intervalle 4,5, l'auteur a remarqué que le son primaire 4 et le son différentiel 3 se succèdent; le sujet entend alternativement tantôt l'un, tantôt l'autre à des intervalles irréguliers d'une seconde environ ; la même chose a été observée pour l'intervalle 5,6. C'est là un fait qui joue un grand rôle dans la théorie de l'auteur.

Tels sont les principaux résultats obtenus par Meyer dans l'étude des sons différentiels; ce ne sont pas les seuls résultats, l'auteur en a trouvé encore un grand nombre d'autres, mais nous les laissons de côté. On voit nettement que la théorie des résonnateurs de Helmholtz ne peut pas expliquer la production de ces sons différentiels, à moins qu'on ne suppose que dans le limaçon les ondes sonores donnent lieu, en raison des réflexions multiples contre les parois, à des ondes dont la périodicité corresponde exactement aux différents sons différentiels observés par l'auteur; mais Meyer rejette cette hypothèse; pourquoi, nous ne le savons pas. Exposons brièvement les points principaux de la nouvelle théorie développée par l'auteur.

La théorie des résonnateurs exige de la membrane de Corti une tension très inégale aux différents endroits; or les anatomistes n'ont pas observé cette inégalité dans la tension de la membrane de Corti; bien au contraire, elle est trouvée assez molle et flexible. Il est plus simple, d'après l'auteur, d'admettre que sous l'influence d'une excitation auditive les vibrations se propagent dans le liquide du limaçon et provoquent ainsi des mouvements de toute la membrane; ces vibrations sont les plus fortes au commencement du limaçon et elles se propagent d'autant plus loin que l'intensité du son est plus forte; l'auteur fait ici une hypothèse que l'intensité des sensations auditives dépend de la longueur suivant laquelle se propagent les vibrations le long de la membrane de Corti, c'est-à-dire dépend du nombre des terminaisons nerveuses qui sont excitées. Cette hypothèse nous paraît peu probable; elle est en effet en contradiction avec tout ce que nous savons relativement aux autres sens, et pour pouvoir l'admettre il aurait fallu donner des raisons fondées sur des expériences et non des suppositions théoriques absolument arbitraires.

C'est la forme et surtout le nombre de ces déformations de la membrane de Corti qui agissent comme excitants sur les terminaisons nerveuses et déterminent ainsi le processus physiologique qui correspond aux différentes sensations auditives. Cette hypothèse est très peu probable; en effet, la structure histologique de l'organe de Corti est aussi compliquée que celle de la rétine, elle a certainement une raison d'être, et il faut absolument dans une théorie complète tenir compte de cette complexité de structure; on doit, dans la construction d'une théorie des sensations auditives, suivre le même

Pour expliquer la production des sons différentiels, l'aute
que l'ensemble des vibrations des deux sons forme une
vibrations irrégulières facile à se représenter, mais que c
peut être considérée comme composée de plusieurs séries
tions qui se succèdent et dont chacune est périodique, p
quent dont chacune donne lieu à des sensations de sons n
Il construit des schémas pour les différents intervalles et ti
concordance entre ces schémas et les résultats expérimente
ne pouvons pas donner plus de détails ici puisque dans
nous faudrait donner beaucoup de figures, ce qui allongera
dérablement notre analyse. Disons seulement que l'hypo
Meyer est intéressante, mais elle est absolument arbitrair
tient aucun compte de la structure compliquée de l'o
Corti, elle ne tient pas compte de la forme particulière qui
le limaçon, et pourtant ce dernier point aurait dû être exi
près; il faudrait étudier au point de vue physique quelle es
pagation des ondes sonores dans un tube qui aurait la fo
limaçon, il faudrait faire des expériences de physique pure
tubes qui auraient cette forme, et ce n'est qu'alors qu'o
espérer arriver à des théories plus sûres; avant cette époqu
tera dans des suppositions gratuites et arbitraires. Le r
Meyer est non pas d'avoir construit une nouvelle théo
d'avoir montré qu'il existe toute une série de faits qui ne
pas être expliqués par la théorie des résonnateurs de t
qu'il faut chercher une autre explication, ce sont là des
importants.

L'étude de la sensibilité différentielle pour des hautours
une importance à différents points de vue; d'abord la the
sensations auditives doit tenir compte de cette sensibilité
tielle, ensuite au point de vue psychologique cette étude peu
des résultats intéressants pour le problème général de la
raison; enfin pour la psychophysique cette étude est par
ment intéressante, puisque les sensations auditives constit
exception parmi toutes les autres sensations; en effet, ici d'
recherches faites jusqu'ici, ce n'est pas la loi de différenc
(loi de Weber) qui s'applique, mais au contraire ce sera
différence absolue de deux sons que l'on apprécie. Mey
déterminé la sensibilité différentielle pour des sons purs
avec des diapasons et variant de 100 à 1 200 vibrations pa
Pour pouvoir produire des variations extrêmement faibles
teurs de sons, dans l'une des branches des diapasons éta
une vis micrométrique; on pouvait donc, en la tournant
déterminer des variations de la hauteur du son très faibl
mesurer avec la précision d'un centième de vibration. La
employée était celle des cas vrais et faux; l'auteur a au

expériences par la méthode des variations minima et il s'est convaincu que cette méthode présente de grands défauts et que si on veut en obtenir des résultats aussi exacts qu'avec la méthode des cas vrais et faux, il faut faire un nombre beaucoup plus grand d'expériences.

Les résultats sont intéressants : pour les sons de 200, 400 et 600 vibrations, la sensibilité différentielle est environ la même en valeur absolue, la variation d'un tiers de vibration est reconnue exactement dans 80 cas sur 100, la variation de deux tiers de vibration est reconnue dans 90 cas sur 100. Pour les sons de 100 et de 1.200 vibrations la sensibilité différentielle est un peu plus faible, ainsi une variation d'un tiers de vibration est reconnue dans 70 cas sur 100 et une variation de deux tiers de vibration est reconnue dans 73 cas. On se demande donc naturellement comment il se fait qu'un son de 400 vibrations peut être distingué d'un son de 400 + 1/3 de vibration ; la théorie des résonnateurs de Helmholtz semble ne pas donner de réponse suffisante à cette question. L'auteur ne s'arrête pas sur cette explication ; il examine en détails une autre question d'ordre général : quelques auteurs ont trouvé qu'on pouvait percevoir une différence sans pouvoir indiquer le sens dans lequel a lieu cette différence. Meyer critique cette observation, il arrive même à affirmer qu'un pareil fait ne se produit pour aucune sensation ; une pareille affirmation est impossible à l'époque présente ; en effet, il existe un grand nombre d'observations pour les sensations de pression et pour les sensations visuelles où le sujet perçoit une différence, mais il ne perçoit pas encore le sens dans lequel a lieu cette différence ; nous rappelons même que dans un travail fait par Stumpf et Meyer en commun (8°) et que nous avons analysé plus haut, des faits analogues ont été observés dans la perception des intervalles musicaux.

Il est intéressant pour la théorie des sensations auditives de savoir quel temps minimum doit durer un son pour qu'il soit reconnu par le sujet, c'est-à-dire quel est le nombre minimum de vibrations sonores qui doivent arriver à l'oreille pour provoquer encore une sensation auditive déterminée. Les expériences sur cette question ont été faites par *Abraham* et *Brüh* (16°) au laboratoire de Berlin. Les sons étaient produits par une sirène qui se composait d'un disque en métal de 80 centimètres de diamètre ; près des bords étaient faites des ouvertures circulaires de 2 millimètres à des distances de 2 millimètres l'une de l'autre ; la vitesse de rotation étant connue, on pouvait facilement calculer la hauteur du son obtenu en faisant passer un courant d'air par les ouvertures de la sirène ; en fermant

nombre de vibrations arrivent à l'oreille que dans le c
moins hauts. Voici du reste les nombres :

   2 vibrations suffisent pour reconnaître un son au-
3.168 vibrations;

   3 vibrations suffisent pour reconnaître un son au-
3.960 vibrations;

   4 vibrations suffisent pour reconnaître un son au-
5.020 vibrations;

   5 vibrations suffisent pour reconnaître un son au-c
6.000 vibrations;

  10 vibrations suffisent pour reconnaître un son au-
7.040 vibrations.

   Avec ces données on peut facilement déterminer le t
mum que doit durer un son pour qu'il soit encore per
ment; cette durée minimum est égale à $0^{sec},00063$ pou
3.168 vibrations; pour les autres sons, elle est plus grand

   Lorsqu'on écoute un son très court, dont seulemen
nombre de vibrations arrivent à l'oreille, on entend en m
un bruit plus ou moins fort et puis on se trompe sou
octave; si la sirène n'a qu'une seule ouverture, c'est-à-dir
qu'une seule vibration sonore qui arrive à l'oreille, on
simple bruit plus ou moins sec qui semble être plus haut,
vitesse de rotation de la sirène est plus grande. Enfin i
ressant que l'intensité du son est d'autant plus grand
nombre de vibrations qui arrivent à l'oreille est plus gra
par exemple, si on fait tourner une sirène avec une certa
et qu'on ne laisse que trois ouvertures, le son sera plus fai
on en laisse 10; c'est là un phénomène de sommation des e

   Nous avons terminé l'analyse des principaux travaux qui
dans ces deux dernières années sur les sensations auditive
que la plupart de ces recherches sortent du laboratoire de
Berlin; elles ont l'avantage de se rattacher à des questions t
importantes et de se trouver en rapport les unes avec les
chapitre des sensations auditives est un domaine qui e
trop négligé par les psychologues; pourtant, dans cette pa
psychologie, on trouve des indications précieuses pour
tions les plus générales de la psychologie. En étudiant les
générales sur la comparaison, sur la mesure, sur l'espace et
etc., les psychologues ont trop souvent négligé de considé
façon tout à fait spéciale les sensations auditives; on a tro
eu recours aux observations faites sur les sensations visuel
les sensations tactiles; je prends, par exemple, la quest
mesure et de la comparaison; on trouve presque chez tous le
cette idée générale que les mesures directes se rapportent
rement aux sensations visuelles, tactiles et musculaires, q
les autres mesures sont indirectes puisqu'elles sont en dern

ramenées aux mesures directes, c'est-à-dire à des comparaisons
d'éléments de l'espace visuel ou tactile. Or, si on envisage les sensations auditives, il est facile de s'apercevoir que là aussi nous pouvons
trouver des mesures directes, c'est la perception et la comparaison
immédiate des intervalles musicaux; les expériences de Stumpf
et Meyer nous ont montré combien cette appréciation directe des
intervalles musicaux est précise; c'est donc là un nouveau système
de mesures directes dont on ne fait pas emploi dans la pratique, puisqu'il n'est pas aussi commode que le système des mesures directes,
visuelles ou tactiles, mais ici nous sommes sur un domaine psychologique et nous discutons seulement la possibilité des mesures directes
autres que celles de la vision et du toucher; je ne vais pas m'arrêter
plus longtemps sur cette question générale qui entre dans le problème de la psychologie de la comparaison; je n'ai cité cet exemple
que pour montrer comment il faut toujours tenir compte, dans les
questions générales de psychologie, des faits observés par les sensations auditives.

VICTOR HENRI.

M. GUIBAUD. — **Contribution à l'étude expérimentale de l'influence
de la musique sur la circulation et la respiration.** Bordeaux, 1898.

Dans cette thèse, faite sous la direction du professeur Pachon,
l'auteur a étudié un sujet sur lequel j'ai publié, en collaboration
avec J. Courtier, un ensemble de recherches. Voici comment l'auteur
résume ses résultats :

« Tout d'abord, il est à remarquer que tous les individus sont loin
de réagir d'une façon absolue à chacune des diverses excitations
que nous avons examinées. L'état absolument réfractaire à toutes les
excitations ne paraît toutefois pas exister. Mais, à côté d'individus
donnés réagissant aux excitations de tout ordre, il en est qui ne
présentent de réactions qu'à certaines d'entre elles.

« La nature des sons musicaux auxquels nous avons soumis nos
sujets était, en effet, variable. Il s'est agi successivement de sons
simples, d'accords, de gammes et de morceaux de musique. Or,
nous voyons que la moyenne des réactions n'est pas la même dans
tous les cas. Tel sujet qui réagit très nettement à telle catégorie de
sons n'a qu'une réaction faible ou nulle à telle autre.

« A ce point de vue, nous pouvons tout d'abord diviser les sons
musicaux d'après leur nature en deux catégories : les sons *consonants* et les sons *dissonants*. Nous avons trouvé pour les accords
dissonants des réactions en général plus m~~...~~ ~~...~~ om-
breuses. Il y a peu de sujets qui ne se ~~...~~
à de tels sons. Il est pourtant remarq~~...~~
fait suivant. Certains individus, préc~~...~~
éducation musicale, habitués p~~...~~

moderne à *certaines* dissonances, ne ressentant~~ pas qu'il~~
telles et dès lors n'y réagissant que faiblement, ~~ou vu~~
~~tout.~~

« Si l'on passe maintenant aux *sons simples*, on voit qu
a, pour déterminer la grandeur et la fréquence des ré
influence manifeste. Les sons graves impressionnent u
nombre de sujets que les sons aigus.

« Pour les *accords*, il faut prendre en considération le 1
ou mineur : les accords mineurs (tierce mineure, ac
mineur) provoquent des réactions plus nombreuses et p
Ces résultats concordent avec l'opinion émise par He
cf. p. 397), que « la consonnance des accords mineurs
lement moins satisfaisante que celle des accords majeu1
mode mineur convient surtout « aux sentiments sombr
inexpliqués, à l'expression de l'étrangeté, de l'horreur,
ou du mysticisme, de l'âpreté sauvage », en un mot à
d'émotions fortes.

« Pour les *gammes*, les réactions sont, en général, peu
c'est encore la gamme mineure qui en provoque le
nombre, sans qu'elles soient le plus souvent très intens

« Ainsi la fréquence des réactions est soumise aux dive
des sons musicaux : à leur nature (sons discordants, s
dants), à leur hauteur (sons graves, sons aigus), à leur
mineur, mode majeur).

« Ceci s'applique dans sa généralité aussi bien en ce q
fréquence de la réaction respiratoire que celle de la ré
latoire.

« Que si l'on envisage maintenant pour leur propre c
les cas où elles se manifestent, l'une ou l'autre de ces 1
voit que chacune d'elles, considérée isolément, prêt
manifestations, à l'analyse suivante.

« Soit d'abord ce qui concerne la respiration. On ve
pas de type unique et uniforme de modifications respi1
seulement pour toutes les catégories d'excitations prise
mais encore pour chacune de ces catégories. Le rythu
accéléré, tantôt ralenti, sans qu'il paraisse possible d'
loi au sens de ces variations. Ce que l'on peut dire, c'
un même sujet ce sens est toujours le même. Tel indiv
respiration dont les variations dans le rythme se tradu
l'accélération, quand elles existent. C'est ce que MM. Bi
tier ont constaté chez le sujet qui a fait l'objet de leu
expérimentant sur une collectivité, il nous a été permi
si le sens de réaction respiratoire est constant chez le
vidu, il n'en est pas de même chez les divers individu
en groupe. L'amplitude de la respiration est ou n'est p
Lorsqu'elle l'est, c'est ordinairement dans le sens d'une

profondeur, mais ce n'est pas une règle absolue, et certains sujets présentent une diminution d'amplitude.

« Si l'on passe maintenant à ce qui concerne la circulation, on voit que toute modification de cette fonction exige, pour apparaître nettement, tout d'abord une première qualité graphique du pouls. Il est nécessaire que la forme de ce pouls soit suffisamment nette et caractérisée à l'état normal. On sait qu'il s'agit ici du « pouls total » des organes (tracés pléthysmographiques et non sphygmographiques). Or, le pouls total est loin, on le sait, de présenter chez tous les individus une netteté suffisante. Dans les cas où cette netteté est telle qu'on peut soumettre le pouls à l'analyse, l'étude de la réaction circulatoire, quand elle se manifeste, prête aux remarques suivantes.

« Dans les cas où le sujet réagit par son appareil vasculaire, le sens de réaction est constamment marqué par une chute du tracé en vaso-constriction. Ce qui permet de reconnaître dans cette chute de tracé l'intervention d'un phénomène nerveux vaso-moteur, c'est-à-dire une vaso-constriction proprement dite, c'est le caractère de pouls à forte tension que présente au même moment le tracé de la pulsation par rapport aux pulsations antérieures. L'amplitude du pouls est diminuée, le sommet est arrondi, les détails sont moins apparents. Le rythme cardiaque est en général accéléré, mais le plus souvent d'une faible quantité, juste appréciable si l'on mesure au compas la longueur d'une dizaine de pulsations avant et pendant l'expérience. Le phénomène de vaso-constriction est plus ou moins intense, suivant la nature de l'excitation (sons simples, accords, gammes) et aussi suivant les sujets. La chute du tracé pléthysmographique se produit en somme quand il y a émotion. Si l'émotion est forte, le phénomène est très marqué; dans le cas contraire, on constate seulement une légère modification dans l'état de la pulsation. L'individualité du sujet joue donc le plus grand rôle dans l'intensité de réaction vasculaire — comme, du reste, respiratoire — à telle ou telle catégorie de sons. On peut se rendre compte de ce fait en comparant particulièrement les tracés I et III, pris sur le même sujet, M. P. M...

« Que si, poussant plus loin l'analyse, l'on vient maintenant à comparer entre eux les phénomènes réactionnels, c'est-à-dire les modifications circulatoires et respiratoires, au point de vue de leurs rapports réciproques, on est amené à des constatations intéressantes. Tout d'abord, pour ce qui concerne l'intervalle de temps auquel elles se manifestent par rapport au début de l'excitation, quand ces réactions se manifestent toutes deux, on voit que la réaction respiratoire est la première à se produire. L'antériorité de cette réaction paraît être du reste une règle générale dans les phénomènes réactionnels organiques d'ordre émotif ou intellectuel. Elle a été déjà

cas de réaction respiratoire concomitante avec la réaction
motrice, la réaction respiratoire se produit la première, elle [
la réaction vaso-motrice et persiste plus longtemps. »

« La circulation ne présente de modifications appréciable[
à-dire la vaso-constriction ne se manifeste qu'après un temp[
variant de trois à quatre secondes. L'antériorité de la réacti[
piratoire peut même, dans une certaine mesure, masquer, au
le sens réel de la réaction pléthysmographique. La respiratio[
seule, surtout quand elle est profonde, peut, on le sait, rete[
le tracé pléthysmographique. C'est ainsi qu'au moment mê[
se manifeste la réaction respiratoire, quand elle se traduit p
augmentation d'amplitude, ce tracé peut immédiatement, sou
influence, présenter une ascension après laquelle seulement
raîtra la réaction circulatoire d'ordre émotif proprement
vaso-constriction. C'est donc là un point sur lequel il est néc
d'être averti et qui nous amène, on le voit, à considérer l'étu
rapports réciproques des phénomènes réactionnels respirato
circulatoires sous l'influence de la musique.

« Jusqu'à présent, nous avons envisagé surtout dans ces co
rations générales ce qui se rapporte aux sons simples, au
gammes. Il est nécessaire d'étudier à part les réactions vasc
et respiratoires provoquées par l'audition de phrases musical[
prement dites, de morceaux de musique. Dans ce cas, le sens
réactions est loin de rester le même, de continuer par exem
qu'il a été au début, tout le temps de l'audition. Il y a alors
les phénomènes réactionnels, comme une évolution que l'on
nettement suivre, pour un individu tonné, parallèlement en qu
sorte à l'évolution même de la mélodie. Il est quelques rema
générales que l'on peut, à ce propos, indiquer.

« La réaction respiratoire passe dans le cours du morceau p
phases diverses. La respiration est régulière quand la mélo[
calme, et devient au contraire irrégulière, tantôt profonde,
superficielle, quand le rythme ou l'intensité se modifie. De [
fait particulièrement intéressant — le rythme de la respiratio[
à s'adapter au rythme du morceau, surtout lorsque celui-ci se r
sensiblement.

« En ce qui concerne la réaction circulatoire, dès le début d[
ceau, surtout si l'attaque est faite avec brusquerie, il se p
constamment un phénomène de vaso-contriction périphé
L'intensité de ce phénomène est surtout fonction de l'impre
nabilité individuelle. Puis, si la mélodie se poursuit suiv[
rythme qui se continue sans variations très sensibles, la
du tracé pléthysmographique remonte peu à peu. Le poul
pendant la vaso-constriction avait diminué d'amplitude ju
perdre quelquefois une forme nette, reprend peu à peu son a
tude normale. Mais alors, survient-il une variation acce

dans le rythme ou dans l'intensité de la mélodie, aussitôt nouveau phénomène de vaso-constriction, c'est-à-dire chute du tracé avec diminution d'amplitude du pouls. Et ainsi, durant le cours du morceau, le tracé présentera un véritable caractère oscillatoire dû à ces alternatives de vaso-constriction et de retour à l'état normal. Si bien qu'il semble que l'on puisse formuler cette loi, que la cause déterminante des réactions vaso-motrices suscitées par l'audition d'une œuvre musicale, est constituée non pas par la continuité même de la mélodie, ce que l'on eût pu croire de prime abord, mais bien par chacune des variations du rythme, du mode ou de l'intensité de cette mélodie.

« On nous permettra de faire remarquer que la constance du sens de la réaction vasculaire en vaso-constriction constatée dans nos expériences, s'accorde on ne peut mieux avec la sensation particulière qu'éprouvent les personnes vivement émues par l'audition d'une œuvre musicale. Dans un concert, dans un théâtre, à certains passages de l'œuvre exécutée, on sent « sur soi passer un frisson ». Ce frisson, cette impression de froid trouve son explication naturelle dans la production du phénomène de vaso-constriction périphérique enregistré par nos pléthysmogrammes. »

Les tracés qui accompagnent ce travail justifient pleinement ces conclusions : celles-ci sont du reste d'accord avec les nôtres. L'auteur, pas plus que nous, n'a observé de cas net de ralentissement du cœur sous l'influence de la musique. Je puis, provisoirement, poser en principe que toutes les excitations émotionnelles qu'on provoque dans un laboratoire produisent de l'accélération cardiaque.

A. BINET.

IV

SENSATIONS DU TOUCHER, DU GOUT ET DE L'ODORAT

CRAWFORD. — **A Study of the temperature sense.** (*Étude sur le sens thermique.*) Psycholog. Review, 1898. p. 63-67.

Expériences faites sur six sujets avec une méthode **analogue à** celle de Goldscheider dans le but de déterminer la topographie **du** sens thermique de la peau. L'auteur trouve un résultat complète- ment contradictoire avec celui des auteurs qui ont étudié cette ques- tion : il n'existe pas, d'après lui, de points thermiques isolés, **mais** il y a des petites surfaces de la peau sensibles au froid ou au chaud. C'est une note préliminaire, il faut attendre le travail complet.

Victor Henri.

F. KIESOW. — **Zur Psychologie der Mundhöhle** (*La psychophysiologie de la cavité buccale*). Philosoph. Studien, XIV, p. 567-589.

F. KIESOW. — **Ein einfacher Apparat zur Bestimmung der Empfind- lichkeit von Temperaturpunkten** (*Un appareil simple pour la déter- mination de la sensibilité des points thermiques*). Philos. Stud., XIV, p. 589-591.

Nous avons analysé dans les années précédentes les recherches de v. Frey, Kiesow, Porter, Alrütz, qui montrent toutes que le sens de douleur doit être distingué du sens du toucher et du sens thermique et qu'il existe pour le sens de douleur des nerfs spéciaux. Kiesow apporte de nouvelles données qui confirment cette conclusion; ce sont les déterminations de la sensibilité à la douleur, au toucher et aux excitations thermiques faites sur la muqueuse des joues à l'intérieur de la bouche. Il existe une certaine région qui se **trouve** un peu en arrière de l'angle de la bouche, en face des **molaires, sur** laquelle on ne sent pas la douleur. Pour le démontrer, **Kiesow a** piqué cette région avec des aiguilles très fines; on peut, en **procédant** avec précaution, enfoncer une aiguille sans que le **sujet sente de**

douleur, il ne sent qu'un simple contact : sur les autres parties de la
portion interne des joues on sent très bien une douleur. L'étude de
la sensibilité au contact a été faite par la méthode de Frey en touchant différents points avec des cheveux plus ou moins résistants
(voy. analyse de v. Frey, *Année psychologique*, III, p. 416). Kiesow
trouve que la sensibilité au contact est sur la région de la joue un
peu inférieure à la sensibilité sur la pulpe des doigts, et elle est
environ huit fois plus faible que sur la pointe de la langue. Les mêmes
résultats ont été obtenus en excitant différents points de cette région
par un courant induit, on peut appliquer un courant très intense qui
fait contracter tous les muscles environnants, qui se propage même
jusqu'au nerf optique sans qu'on ressente une douleur ; au contraire,
sur les autres points un courant dix fois plus faible provoque déjà
une douleur. Si avec le courant électrique on cherche la sensibilité
au contact, on trouve de nouveau que sur la région en question la
sensibilité est un peu plus inférieure que sur la pulpe des doigts et
qu'elle est 18 à 23 fois inférieure sur la pointe de la langue. La concordance des résultats obtenus par ces deux méthodes différentes
(excitation mécanique et électrique) montre nettement que ce sont
des propriétés tenant à l'organe ; elles démontrent de nouveau nettement qu'on doit distinguer la sensibilité à la douleur et la sensibilité au contact.

La sensibilité thermique de la région étudiée n'est pas normale non
plus, elle est surtout abaissée pour la chaleur. En appliquant des
cylindres qui avaient été chauffés à 45°, on avait à peine une sensation de chaleur ; à la température de 50° on sent bien la chaleur,
mais l'impression n'est pas douloureuse, tandis que sur les autres
parties de la joue ou sur la langue le même cylindre provoque de la
douleur. Il faut élever la température à 53 ou 54° pour que la sensation de chaleur devienne douloureuse, et on remarque que la sensation devient douloureuse un moment après l'application du cylindre,
de sorte que l'auteur suppose que cette sensation douloureuse est
due à une dispersion de l'excitation sur les régions environnantes.

La sensibilité au froid est mieux développée sur la région étudiée ;
déjà pour une température de 33 à 34° (la température de la bouche
= 37°) le sujet a une sensation de froid nette.

Il est à désirer que cette région soit étudiée histologiquement ; il
y a peut-être des particularités de la distribution des terminaisons
nerveuses qui peuvent être mises en rapport avec les résultats intéressants que nous venons de rapporter.

Dans le deuxième travail Kiesow décrit l'appareil dont il se sert pour
produire des excitations thermiques. C'est un vase conique en métal
de 4 centimètres de hauteur et dont la base a 4 centimètres comme
diamètre ; on fait passer un cou   dans ce vase, enfin un

entouré en dehors par une membrane de caoutchouc, de s
seulement la pointe reste libre. C'est, en somme, un apparei
ressemblant à celui de Blix employé dans beaucoup de labo

Victor Henri

F. KIESOW. — **Schmeckversuche an einzelnen Papillen** (*Ex*
sur le sens du goût faites sur des papilles isolées). Philosop!
XIV, p. 591-615.

On sait que Oehrwall (*Untersuchungen über den Geschma*
Skandinav. Archiv. f. Physiologie II), a fait de nombreuses exp
sur le goût dans lesquelles il excitait différentes papilles de la
Kiesow a repris ces expériences; on choisissait un certain
de papilles de la pointe ou des bords de la langue, le sujet r
sa langue dans un miroir concave, l'expérimentateur lui dor
petit pinceau trempé dans une solution que le sujet ne cor
pas, le sujet touchait avec la pointe de ce pinceau une pap
disait la sensation qu'il avait perçue; après chaque expérienc
çait sa bouche avec de l'eau pure; toutes les cinq expérie
faisait une pose cinq minutes. Quatre solutions différentes
employées : solutions concentrées de sucre, sel marin et su
quinine et solution à 2 p. 100 d'acide chlorhydrique; de cette i
on était sûr d'avoir des solutions suffisamment fortes.
Les résultats ont été très variables. Sur les 39 papilles étudi
2 sujets il n'y a eu que 4 qui étaient insensibles à toutes les
tions employées, 18 papilles ont réagi exactement au sel
c'est-à-dire qu'en les touchant avec la solution de sel marin
avait une sensation de salé; sur ces 18 papilles 3 ont réag
ment au sel, elles étaient insensibles pour les autres so
26 papilles ont bien réagi au sucré et 7 d'entre elles seulen
sucre. 18 ont réagi à l'acide et 3 seulement à l'acide; enfin
bien réagi à l'amer, il n'y a pas eu de papille qui ait été :
seulement à l'amer. En somme, la variété est très grande. Ce
certain, c'est qu'il y a des papilles qui semblent réagir seulen
sucré et qui ne réagissent pas aux autres solutions; pour le:
sensations gustatives on ne peut pas faire la même con
puisque les nombres d'expériences sont trop faibles.
Un fait qui s'est dégagé des expériences, c'est la confusion
et de l'acide, souvent en touchant avec une solution de sel
disait acide. De plus, en touchant avec la solution d'acide on c
souvent une sensation tactile de picotement.
L'auteur avait voulu aussi étudier si, en excitant mécaniq
une papille, on n'obtenait pas de sensation gustative; les expé
consistaient à toucher les différentes papilles avec une po
résultat a été négatif; pas une seule fois le sujet n'a eu une
tion gustative accompagnant l'excitation tactile. L'auteur re

que pendant l'excitation d'une papille le sujet peut avoir quatre sensations différentes sur la même papille : contact, douleur, température et goût, c'est un quatrion, comme le dit v. Frey.

En résumé, ce travail est intéressant puisqu'il confirme un travail
de Oehrwall qui était unique et dans lequel le sujet savait la solution
avec laquelle on touchait les papilles, par conséquent dans lequel on
aurait pu penser à l'influence de la suggestion. Ici cette suggestion
est écartée.

VICTOR HENRI.

MAJOR. — **Cutaneous perception of form.** (*Perception cutanée des
formes.*) Amer. Journ. of Psych., X, p. 143-147.

Expériences sur le seuil de perception des formes simples par la
pointe de la langue, la pulpe des doigts et les lèvres. Les formes
employées étaient des angles, des triangles et des cercles, ces derniers
pleins (disques circulaires) ou vides (bords d'un tube). La sensibilité
est la plus fine sur la langue, puis vient la pulpe de l'index et en
dernière ligne les lèvres. Le seuil est le plus faible pour la circonférence (tubes), il est plus grand pour des angles et encore plus grand
pour des circonférences pleines.

VICTOR HENRI.

J. SAILER. — **A contribution to the Knowledge of the stereognostic
sense.** (*Journ. of nervous and ment. dis.*, march, 1899, p. 161.)

Notre travail d'ensemble sur la perception stéréognostique était
déjà sous presse lorsque a paru l'article de Sailer; nous l'analyserons
donc ici.

L'auteur publie l'observation d'un malade atteint d'hémiplégie
gauche. La sensibilité au *contact* est parfaitement normale ; celle à
la douleur est émoussée ; le *sens musculaire* est aboli à la main.
Aucune perception de la forme des objets.

Sailer insiste sur le rôle prépondérant joué par les sensations tactiles dans la perception stéréognostique; la présence du sens musculaire serait infiniment moins indispensable. A l'appui de cette opinion, il cite, outre son observation personnelle, celles publiées par
Burr (*Jour. of. n. and ment. dis.*, 1898) et par Olmsted (*ibid.*, nov.
1898), ainsi qu'une série d'*expériences* entreprises sur des sujets normaux.

Voici le dispositif de ces expériences : 1° le sujet plaçait la main à
plat sur une table, le dos en dessous ; on posait alors sur la paume
de la main et sur les doigts divers objets, que l'on pressait afin de
rendre le contact plus distinct. D   que tous les cas (une dizaine)
la dimension de l'objet était   ent désignée, et même sa
nature exacte était   on était mieux reconnue

lorsque l'objet était placé sur les doigts que sur la paume); 2° les autres doigts étaient refermés sur l'objet, et l'on priait le sujet d'estimer la dimension de celui-ci. Or cette grandeur était désignée avec une plus grande exactitude, *mais jamais plus grande que lorsque l'objet était posé simplement sur la main étendue.* Sailer en conclut que le sens du tact (contact-sense) — dans lequel il fait rentrer les sensations de pression, de contact et de localisation — est considérablement plus exact que le sens musculaire.

L'auteur ne dit pas s'il permettait à ses sujets, lorsqu'ils avaient refermé la main, de faire des mouvements *actifs* de palpation; il ne décrit pas non plus les objets employés par l'expérience. Le danger inhérent à de telles expériences — nous l'avons signalé plus haut — est que le sujet ne devine d'emblée quel est l'objet qu'on lui place dans la main, et n'arrive ainsi que secondairement à la connaissance de ses dimensions; c'est ce qui a lieu presque toujours pour les *objets usuels* : il semble qu'on puisse les percevoir d'un seul coup : tels ces aphasiques qui lisent un mot qu'ils sont incapables d'épeler. Il faudrait, pour de telles expériences, se servir de simples formes géométriques dont on n'aurait qu'à déterminer les dimensions, les valeurs des angles, etc.

Nous ne pouvons d'ailleurs souscrire à cette conclusion, que le sens musculaire ne joue qu'un rôle secondaire dans la perception des formes, ayant vu plusieurs malades à sensibilité cutanée intacte être atteints d'absolue stéréo-agnosie, par suite de l'insuffisance de leur sens musculaire. La vérité est probablement que chacune de ces modalités de sensations est plus ou moins nécessaire, suivant les cas.

La seconde partie de l'article de Sailer est consacrée à montrer l'intégrité des centres cérébraux pour la perception de la forme. L'auteur cite deux observations qui peuvent être ajoutées à celles que nous avons réunies : l'une personnelle, concerne un patient, privé subitement du sens stéréognostique dans un bras dont la sensibilité est parfaite; l'autre, emprunté à Burr (*J. of nerv. and ment. dis.* 1897), se rapporte à un cas du même genre. Pas d'autopsies.

ED. CLAPARÈDE.

V

SENS DU TEMPS

1° MEUMANN. Beiträge zur Psychologie des Zeitbewusstseins (*Contribution à la psychologie de la conscience du temps*). Philosoph. Stud. XII, p. 127-255.

2° SCHUMANN. Ein Contactapparat zur Auslösung elektrischer Signale in varierbaren Intervallen (*Un appareil à contacts pour l'obtention de signaux électriques à des intervalles variables*). Zeit. f. Psych. u. Phys. d. Sinn. XVII, p. 253-271.

3° SCHUMANN. Zur Psychologie der Zeitanschauung (*La psychologie de la perception du temps*). Zeit. f. Psych. u. Phys. d. Sinn. XVII, p. 106-149.

4° SCHUMANN. Zur Schatzung leerer, von einfachen Schalleindrücken begrenzter Zeiten (*L'appréciation des intervalles de temps vides limités par des bruits simples*). Zeit. f. Psych. u. Phys. d. Sinn. XVIII, p. 1-48.

Deux psychologues, Meumann, ancien préparateur de Wundt et privatdocent à Leipzig, maintenant professeur à Zürich, et Schumann, ancien préparateur de G.-E. Müller et privatdocent à Göttingue, actuellement préparateur de Stumpf et privatdocent à Berlin, ont entrepris il y a environ sept ans l'étude de la perception du temps. C'est là un des problèmes les plus généraux, mais en même temps aussi un des plus difficiles de la psychologie ; on est ici, en effet, en présence d'un cas dans lequel le processus étudié ne peut pas être isolé et séparé d'une quantité d'autres processus hétérogènes qui l'accompagnent nécessairement. Nous trouvons des cas analogues dans l'étude de l'attention et de l'espace ; en effet nous ne pouvons pas étudier l'attention pour elle-même, nous ne pouvons pas la séparer de l'impression ou de la représentation sur laquelle l'attention est dirigée ; de même nous ne pouvons pas en étudiant l'espace,

même pas décider expérimentalement si en dehors de
sions il existe quelque chose qui correspondrait à ce qui
lons espace; le même cas se présente pour la perceptior
nous pouvons tous comparer la durée d'une impressic
sentation avec la durée d'une autre, nous pouvons compa
d'un intervalle limité par deux impressions avec la
second intervalle semblable, nous pouvons enfin compa
d'une série d'impressions avec la durée d'une autre séri
toutes ces appréciations, que nous rapportons à la durée,
simultanément dans la conscience les impressions ou rep
qui limitent ou embrassent ces durées, nous ne sauro
directement dans quelle mesure ces appréciations sont
par les impressions qui limitent et comprennent les du
quelle mesure il existe une appréciation immédiate e
la durée elle-même. Pour répondre à ces questions dif
s'ingénier à trouver des artifices expérimentaux qui pe
tirer une conclusion sinon certaine, tout au moins pi
méthodes psychologiques que l'on emploie pour étudie
tions (attention, espace, temps), diffèrent de celles q
ployées pour l'étude des processus psychiques que l'on
dérer isolément, telles sont les études des différentes se
la mémoire, des émotions, etc., et on doit, je crois,
étude sur les méthodes psychologiques, insister sur cett
des deux groupes de méthodes; je compte revenir sur ce
dans une étude sur les méthodes psychologiques.

Dès le début de leurs études sur la perception du temp
et Schumann se trouvèrent dans un désaccord comple
l'autre; le premier affirmait qu'il existe une appréciatior
des durées, tandis que le second disait que tous les c
nous conduisent à admettre que l'appréciation des dur
diate, qu'il y a d'autre facteurs entre lesquels se trouve e
ligne l'adaptation de l'attention qui déterminent cette a
De cette contradiction dans les points les plus généra
études est née une polémique très aiguë et très personne
trerai pas dans les détails de cette polémique que j'ai
soin, je dirai seulement que les critiques de Meumann
coup trop sévères, la moindre erreur devient une fau
puis le côté personnel, qui devrait faire défaut dans une
scientifique, a été introduit d'abord par Meumann.

Nous avons analysé dans le premier volume de l'Anne
gique (p. 365) les deux premières recherches de Meumann
ception du temps; dans la troisième recherche que nou
maintenant l'auteur rapporte les expériences relatives e
raison des intervalles de temps remplis soit avec des i
continues (diapason), soit avec des impressions discon
enfin avec une acte complexe, tel que la lecture. Dans se

recherches Meumann avait été conduit à admettre que l'appréciation
des intervalles courts (au-dessous de 0^{sec},5) est d'une nature bien
différente de celle des intervalles moyens et longs. Dans les premiers
les impressions qui limitent l'intervalle influent très fortement sur
le jugement, tandis que dans les derniers c'est surtout la manière
dont l'intervalle est rempli qui influe : la perception des intervalles
courts est surtout une perception de la vitesse de succession des
impressions qui servent à limiter les intervalles, celle des intervalles
longs est une perception de la durée de l'intervalle lui-même. Cette
perception des intervalles courts n'a lieu que dans les cas où l'intervalle est limité par deux impressions ; on peut pourtant obtenir
une perception de la durée elle-même aussi pour les temps très
courts, lorsqu'on produit ces temps par une impression continue, par
exemple un son continu, une impression visuelle ou tactile. L'auteur
rapporte quelques résultats expérimentaux nouveaux qui démontrent
la nécessité de la séparation des intervalles courts des intervalles
moyens et longs. L'appréciation des intervalles très courts (au-dessous de 0^{sec},5) limités avec deux impressions varie avec la qualité de
ces impressions, avec leur intensité et avec le degré de concentration
de l'attention ; ainsi, lorsque l'intensité des impressions est très
faible: un intervalle limité par deux bruits d'étincelles paraît plus
court qu'un intervalle limité par deux étincelles que l'on voit, et il
paraît plus long qu'un intervalle limité par deux excitations tactiles.
Ces différences tiennent probablement, d'après l'auteur, à des particularités de l'organe sensoriel. C'est encore la particularité de l'organe sensoriel qui explique l'observation intéressante que les intervalles limités par des étincelles électriques que l'on voit par la vision
indirecte paraissent plus longs que les mêmes intervalles obtenus
par la vision directe. Si on limite un intervalle court par deux
impressions de différents sens, par exemple par une impression
visuelle et une impression tactile, cet intervalle paraît plus long
qu'un intervalle égal limité par deux impressions visuelles ou tactiles ; cette illusion tient probablement à une occupation plus forte
de l'attention dans le premier cas. Enfin une dernière observation se
rapportant à la même question est que deux bruits rapprochés de
moins de 0^{sec},5 paraissent se suivre plus lentement que quatre, six
ou un plus grand nombre de bruits équidistants comprenant le
même intervalle de temps ; l'auteur explique ce fait par un effet de
la sommation des impressions et de leur fusion qui se produit dans
le cas d'une série de bruits ; en même temps l'attention doit jouer
un certain rôle dans cette illusion. Ce fait est nié par Schumann
comme nous le verrons plus loin.

Passons maintenant au but principal   mann : la
comparaison des intervalles remp   expériences ont été faites sur la com   vec
les intervalles vides ; c'est l'i

expérience à l'autre et le sujet devait indiquer non seules
intervalle lui paraissait plus long ou plus court que l'inter
pli, mais aussi quel était le degré de sûreté de ce jugement
mentateur et le sujet se trouvaient dans deux pièces diff
ils communiquaient par des signaux électriques convenus
le sujet se trouvait dans une pièce presque complètemen
La méthode employée est celle des variations minima ; pou
teur a apporté un grand nombre de modifications à la ma
tuelle que l'on suit dans cette méthode ; ainsi les vari
suivent pas un ordre déterminé, de façon à ne pas h
sujet et à ne pas l'influencer ; on commence par l'intervall
paraît égal à l'intervalle rempli ; on prend comme mesure
petite différence perceptible la différence à partir de laquel
ment conserve toujours son sens, c'est-à-dire est toujou
petit » ou « plus grand », etc. ; nous ne pouvons pas énu
toutes les modifications apportées par l'auteur, disons
que tout expérimentateur qui aura à faire des expérienc
méthode des variations minima, dans n'importe quel doma
étudier avec soin les pages 152 à 162 du travail de Meuman
ficulté qui se présentait dans les expériences, c'était le ch
pause qu'il faut intercaler entre les deux intervalles qui do
comparés ; à la suite d'un grand nombre d'expériences fait
lement à ce sujet, l'auteur est arrivé à choisir pour les inte
$0^{m}, 2$ à 1 seconde des pauses de $1^{m}, 2$ à 2 secondes, pour
valles de 1 à 6 secondes des pauses de 2 à 3 secondes, et
les intervalles encore plus longs des pauses de 3 à 5 sec
séries d'expériences ont été faites par l'auteur ; nous exa
les points principaux qui ressortent de ces expériences.

Première série. — Comparaison d'un intervalle limité
bruits avec un intervalle rempli par plusieurs bruits équ
Le résultat général de cette série est que lorsque l'interva
est le premier et que l'intervalle vide vient ensuite, ce der
plus court que le premier pour des durées faibles, et au
l'intervalle vide paraît plus long pour les durées dépassan
taine limite. Cette sus ou sous-estimation de l'intervalle re
suivant le nombre d'impressions qui servent à le remplir ; e
influe surtout sur la position de la zone d'indifférence, pou
il n'y a pas de sens déterminé pour l'erreur d'appréciation
quelques exemples : le premier tableau contient les résulta
cas dans lequel le premier intervalle se compose de tr
équidistants et le second intervalle est limité par deux br
la première colonne du tableau sont indiquées les durées
valle rempli, qui reste invariable pendant chaque détermi
seuil ; la seconde colonne contient les valeurs des plus pet
rences pour lesquelles le second intervalle (vide) paraît

que le premier, la troisième colonne contient les valeurs des plus petites différences en plus, pour lesquelles le second intervalle paraît plus long. Tous les chiffres sont des secondes.

DURÉE DE L'INTERVALLE	PLUS PETITE DIFFÉRENCE perceptible en moins.	PLUS PETITE DIFFÉRENCE perceptible en plus.
0,1 seconde.	0	+ 0,211 seconde.
0,2 »	0	+ 0,288 »
0,3 »	0	+ 0,611 »
0,5 »	0	+ 0,316 »
0,8 »	— 0,038 seconde.	+ 0,311 »
1,2 »	— 0,055 »	+ 0,411 »
1,8 »	— 0,144 »	+ 0,177 »
2,5 »	— 0,288 »	+ 0,055 »
3,0 »	— 0,377 »	+ 0,11 »

On voit que pour les durées au-dessous de 1ᵉᶜ,8 l'intervalle vide paraît plus court que l'intervalle rempli et cette illusion est très forte dans le cas des intervalles très courts; ainsi pour que l'intervalle vide paraisse plus long que l'intervalle rempli qui a une durée de 0ᵉᶜ,1, il faut que cet intervalle vide ait une durée de 0ᵉᶜ,311, c'est-à-dire qu'il soit *trois* fois plus long que l'intervalle rempli. Pour les durées plus longues que deux secondes, l'illusion inverse se produit : l'intervalle vide paraît plus long que l'intervalle rempli.

Le second exemple se rapporte au cas où l'intervalle rempli se compose de cinq bruits équidistants et le second intervalle est vide. Ce sont des chiffres pour le même sujet que précédemment.

DURÉE DE L'INTERVALLE	PLUS PETITE DIFFÉRENCE perceptible en moins.	PLUS PETITE DIFFÉRENCE perceptible en plus.
0,2 seconde.	— 0,028 seconde.	+ 0,105 seconde.
0,25 »	— 0,028 »	+ 0,055 »
0,3 »	— 0,028 »	+ 0,11 »
0,5 »	— 0,028 »	+ 0,138 »
1,2 »	— 0,005 »	+ 0,15 »
1,5 »	— 0,208 »	+ 0,11 »
5,5 »	— 0,333 »	+ 0,11 »

On voit nettement que la même inversion de l'i[...] aussi dans ce cas; de plus, la zone d'indif[...]

ce deuxième cas pour des durées plus longues que dan
mier cas.

Les observations internes des sujets, que l'auteur a recue
un grand soin, ont montré que d'une manière générale l;
« plus court » est plus facile à donner que la réponse « pl
la réponse « égal » est en général très incertaine. La con
d'un intervalle vide avec un intervalle rempli ne ressemble
comparaison quantitative, c'est avant tout une comparaisor
intervalles qui diffèrent entre eux qualitativement : l'interv
pli paraît plus « riche en impressions », et lorsqu'on ch·
une variation de l'intervalle vide à établir l'égalité apparent
n'est pas contenté puisque toujours les deux intervalles re:
litativement différents. Ces observations expliquent très
certitude des réponses « égal » ou « plus grand ».

Deuxième série. — Influence des différents facteurs se·
sur la comparaison des intervalles vides et remplis. Plusiei
ont la tendance au début des expériences à faire des mo·
rythmiques pendant les intervalles et à s'aider de ces mo·
dans la comparaison des intervalles; les différents mouvem·
des mouvements avec le doigt ou avec la langue ou les m·
larynx ou enfin des mouvements accélérés de la respiration
il existe un certain nombre d'auteurs qui affirment que not
ciation du temps repose en grande partie sur des sensation
laires rythmiques, il était important d'étudier de plus près
ment les mouvements rythmiques peuvent venir en a
l'appréciation des durées. L'auteur a fait plusieurs séri■

CONDITIONS D'EXPÉRIENCES	PLUS PETITE DIFFÉRENCE perceptible en moins.	PLUS PETITE ■ perceptible ■
Sans mouvements, conditions normales. . .	— 0,027 seconde.	+ 0,33 ■
Mouvements des doigts dans le premier intervalle	0	+ 0,14
Mouvements des doigts dans les deux intervalles	— 0,027 »	+ 0,416
Mouvements de respiration dans les deux intervalles.	— 0,083 »	+ 0,33

riences dans lesquelles il priait les sujets de s'aider intent
ment de mouvements des doigts ou de la respiration accél

résultat obtenu a été négatif, non seulement la comparaison ne devient pas plus exacte, mais dans quelques cas même elle est rendue plus difficile et les valeurs du seuil sont augmentées. Nous donnerons un exemple : le premier intervalle de 1 seconde se compose de 10 bruits équidistants, le second intervalle est vide et il est limité par deux bruits ; c'est ce second intervalle qui est variable ; les valeurs du seuil sont indiquées dans le tableau ci-dessus.

Le résultat que l'on peut tirer de ces expériences est qu'il n'est pas possible de défendre que l'appréciation des durées repose sur les sensations musculaires qui accompagnent les mouvements rythmés, comme le veut par exemple la théorie de Münsterberg.

Troisième série. — Les illusions dans la comparaison des intervalles remplis et limités par des impressions sensorielles appartiennent à d'autres sens. L'auteur a fait des expériences dans lesquelles les intervalles étaient limités soit par des impressions visuelles momentanées (étincelles électriques en chambre noire), soit par des impressions tactiles courtes. Le résultat général est le même que pour les sensations auditives : l'intervalle rempli paraît plus grand que l'intervalle vide lorsque la durée est faible, et le contraire a lieu pour des durées plus longues. L'illusion paraît être d'autant plus forte que le nombre d'impressions qui remplissent l'intervalle est plus grand et enfin la zone d'indifférence se trouve d'autant plus loin que le nombre d'impressions de l'intervalle rempli est plus grand.

Quatrième série. — Comparaison d'un intervalle vide avec un intervalle rempli avec des impressions continues. En remplissant un intervalle avec un bruit continu obtenu par le marteau de Wagner d'un appareil à induction ou par le son d'un diapason, l'auteur a pu étudier la comparaison de ces intervalles avec des intervalles vides. Il trouve en somme les mêmes résultats que lorsque les intervalles sont remplis par une série d'impressions discontinues, c'est-à-dire l'intervalle rempli paraît plus long lorsque les durées sont faibles ; cette illusion diminue à mesure que la durée de l'intervalle diminue et enfin pour des intervalles de dix secondes environ il n'existe pas de sens particulier dans lequel l'illusion ait lieu, c'est une zone d'indifférence ; puisque les réponses des sujets deviennent très incertaines et très variables avec les intervalles longs, l'auteur n'a pas fait d'expériences avec des intervalles plus longs, de sorte qu'il n'a pas trouvé de sous-estimation des intervalles remplis. Si on compare ces résultats avec ceux qui ont été obtenus avec les intervalles remplis par des impressions discontinues, on voit que l'illusion e   éral plus faible pour les intervalles remplis par   "s. De plus, si au lieu de remplir le pre   'e second intervalle vide, on renverse l   'ur et quelque fois même elle ch   es-

	Secondes.
1° *t*, trois coups de marteau . . . . *t₁*, deux coups de marteau. . . .	0
2° *t*, six coups de marteau . . . . . *t₁*, deux coups de marteau. . . .	+ 0,055
3° *t*, six coups rythmés (1--2-3, 4,5,6). *t₁*, deux coups de marteau. . .	+ 0,055
4° *t*, trois excitations tactiles. . . . . *t₁*, deux excitations tactiles . . .	0
5° *t*, trois impressions visuelles. . . . *t₁*, deux impressions visuelles. . .	+ 0,055
6° *t*, six impressions visuelles. . . . *t₁*, deux impressions visuelles. . .	+ 0,055
7° *t*, huit impressions visuelles. . . . *t₁*, deux impressions visuelles . . .	+ 0,055
8° *t*, bruit du marteau de Wagner. *t₁*, deux bruits du téléphone. . .	+ 0,055
9° Même cas, dans l'ordre renversé.	
10° *t*, son de diapason. . . . . *t₁*, deux bruits du téléphone. . .	0
11° Même cas, dans l'ordre renversé.	

il y a une tendance très nette à la sus-estimat
rempli et il fait avec cette durée des expérienc

lesquelles le moyen employé pour remplir l'intervalle est changé ; de cette manière on obtient une étude sur l'influence que produit le mode de remplissage de l'intervalle sur son appréciation. Donnons d'abord les résultats relatifs à un sujet ; nous discuterons ensuite les résultats en nous appuyant sur ces résultats. Le tableau ci-dessus contient les valeurs du seuil pour une même durée de l'intervalle fondamental, qui est égale à $0^{sec},4$. Les nombres de ce tableau correspondent à des secondes ; dans la première colonne sont indiquées les conditions dans lesquelles la comparaison a eu lieu. Il y a, comme on voit, onze séries différentes. Nous désignons par t le premier intervalle et par t' le second intervalle ; c'est sur ce second intervalle que porte le jugement.

On voit que l'intervalle rempli paraît toujours plus long que l'intervalle vide de même grandeur objectivement ; en comparant la première et la deuxième série d'expériences, on voit que l'illusion est plus forte lorsque le premier intervalle est rempli avec six coups de marteau que lorsqu'il n'est rempli qu'avec trois coups seulement. Si les six coups de marteau qui remplissent l'intervalle, au lieu d'être équidistants, sont rythmés, suivant le rythme suivant : 1-2-3, 4, 5, 6, l'illusion diminue de grandeur. L'examen des séries 8, 9, 10 et 11 montre que l'illusion est plus faible lorsque l'intervalle est rempli par un son continu que lorsqu'il est rempli avec une série de bruits discontinus ; de plus l'illusion est plus faible lorsque l'intervalle rempli est le second (9e et 11e séries) que lorsque c'est le premier intervalle qui est rempli (8e et 10e séries). La comparaison des séries 1, 4 et 5 montre que la sus-estimation de l'intervalle est la plus forte lorsqu'il est rempli par des impressions tactiles ; elle est plus faible pour les impressions visuelles et enfin elle est la plus faible pour les impressions auditives.

L'auteur s'arrête longuement sur l'influence que le rythme exerce sur l'appréciation des durées ; on a vu que l'illusion dans la *troisième série* est plus faible que dans la deuxième ; il fait des expériences dans lesquelles différents rythmes sont étudiés et il trouve que la disposition rythmée des impressions qui remplissent l'intervalle diminue l'illusion et cette diminution est d'autant plus forte que le rythme est plus agréable et qu'il est plus accéléré ; la disposition rythmée des impressions permet de les saisir en un tout, les différentes impressions paraissent moins arrachées l'une de l'autre, c'est là la cause principale de ce changement produit par le rythme dans l'appréciation des intervalles remplis.

Sixième série. — Appréciation de la durée des int
avec un travail psychique simple. L'auteur rappor
riences qu'il a faites avec des intervalles rempli
lettres et la combinaison de ces lettres de fac
Sur une feuille de papier sont écrites u

vingt-cinq par exemple, sur une colonne verticale à des dist
un centimètre l'une de l'autre; quatre ou cinq lettres su
forment un mot et ces groupes de lettres sont séparés par
noirs. La feuille de papier est collée sur un cylindre horiz
tourne avec une vitesse régulière de façon que ces vingt-cin
passent devant une petite fente pendant cinq secondes. Le s
lire les lettres successives à haute voix et toutes les fois que l
de lettres correspondant à un mot se termine, il doit pron
mot; c'est un travail psychique complexe, puisque le sujet d
part lire les lettres qui passent devant la fente et d'autre pa
faire un effort de mémoire et combiner les lettres lues
former des mots. Dès que la série se termine, le sujet ferme
et indique le moment où il croit que le temps écoulé depu
de la lecture est égal à la durée de la lecture ; on obtient
première appréciation de la durée de l'intervalle rempli ; pui
lit de nouveau la même série, et l'expérience recommence
à vingt fois jusqu'à ce que le sujet soit complètement fami
la série et la lise sans erreur d'une manière courante. I
d'abord un exemple des résultats obtenus ; dans le tableau
sont indiquées les appréciations des durées d'un même i
rempli de 5 secondes pendant les dix lectures successives :

LECTURES	APPRÉCIATION	LECTURES	APPRÉCIAT
1re	4,48 secondes.	6e	4,50 seco
2e	4,80 »	7e	4,90
3e	4,86 »	8e	4,80
4e	4,90 »	9e	4,52
5e	5,30 »	10e	4,44

On voit que dans toutes les lectures, excepté la cinquième
valle rempli par la lecture est sous-estimé; si on suit la ma
degré de cette sous-estimation, on remarque qu'elle est très
début, puis elle diminue, passe par un minimum et puis de
nouveau plus forte. C'est un résultat général qui s'est retrou
toutes les séries d'expériences faites par l'auteur. Si on
l'état mental dans lequel se trouve le sujet pendant ces expé
on trouve qu'au début le travail de lecture et de combinaiso
très difficile, il est obligé de concentrer très fortement son a
il se trompe souvent et en somme il se trouve dans un état
sion général. Puis environ vers la cinquième lecture il devi
sûr, les lectures sont déjà beaucoup plus faciles et il n'a pa
de tendre son attention si fortement qu'auparavant. Enfin a
sept ou huit premières lectures, le travail psychique lui pa

très facile, et cette facilité est accompagnée d'un sentiment agréable de joie. La forte sous-estimation dans les premières lectures est expliquée par l'auteur par la forte concentration de l'attention et dans les dernières lectures cette sous-estimation non moins considérable est expliquée par l'influence que produit le sentiment de joie; ce sont donc deux influences d'un ordre complètement différent qui viennent modifier l'appréciation des intervalles remplis par un travail psychique pareil au précédent.

Nous avons terminé l'analyse du travail de Meumann, il nous a été impossible, par manque de place, de rapporter absolument toutes les observations de l'auteur, nous avons signalé seulement celles qui nous ont paru être les plus importantes. Disons en terminant que l'auteur ne se contente pas de faire des déterminations numériques, il a pris avec soin les observations internes des sujets et dans toutes les explications il tient compte de ces observations internes; enfin on remarque dans l'ordre des expériences et dans le choix des conditions une logique parfaite, on comprend constamment pourquoi l'auteur a fait telle expérience et non une autre; c'est là un avantage que l'on ne trouve malheureusement pas souvent dans les recherches de psychologie expérimentale et pourtant, je crois, que ce ne sont que ces recherches qui peuvent avoir une certaine valeur générale.

Passons aux études de *Schumann;* nous rencontrons ici aussi une logique très fine, une suite méthodique de raisonnements et d'expériences, une utilisation systématique des données fournies par les observations internes des sujets, une discussion sérieuse des arguments fournis par une expérience pour ou contre une certaine théorie et enfin une critique très approfondie des résultats et des théories des autres.

Dans le premier travail Schumann décrit l'appareil qui lui a servi pour les expériences sur la perception du temps. Comme dans ces expériences, surtout dans celles qui concernent la mesure de la sensibilité différentielle, on est obligé d'avoir des intervalles de temps bien constants et qu'on est obligé de les faire varier de quantités extrêmement faibles, il est nécessaire d'avoir un appareil qui permette de produire des fermetures de courant avec une grande régularité. L'appareil de Schumann se compose d'un grand cercle horizontal de 42 centimètres de diamètre, ce cercle est gradué en demi-degrés; sur les bords de ce cercle peuvent être fixés des contacts métalliques que l'on peut facilement déplacer le long des bords de ce cercle ; au-dessus de ce cercle se trouve une tige horizontale de 47 centimètres qui tourne autour d'un arc passe
cercle; sur les extrémités de cette tige méta
courtes lames verticales, légèrement recou
ce sont ces lames qui viennent frotter

long du pourtour du cercle gradué. Le mou........
cette tige est obtenu au moyen d'une tran.........
cercle mobile fixé sur l'axe de rotation avec le mo......
Helmholtz; ce moteur est muni d'un régulateur auto...
marche avec une grande constance.

Pour donner une idée du degré de précision de so...
l'auteur rapporte quelques séries d'expériences qu'il a f...
seuil de différence; la durée des intervalles fournis pa...
était mesurée au moyen d'un chronographe sur lequel on...
simultanément les vibrations d'un diapason donnant 250...
à la seconde; il résulte de ces expériences, de contrôle qu...
obtenir des intervalles très différents avec une erreur m...
dépassant pas $\frac{1}{800}$; ainsi, par exemple, la variation moy...
intervalle de 0...,3 était 0...,0004, celle d'un intervalle ...
était égale à 0...,0009, etc.

Dans ses deux autres mémoires *Schumann* expose d'a...
beaucoup de netteté et de précision le point de vue géné...
il se place dans l'étude de la question de la perception d...
ce propos il expose ses idées sur les problèmes les plus gé...
la psychologie tels que la psychologie de la comparaison...
du jugement, la formation des concepts, etc., etc. Ensuite...
aux critiques qui lui ont été adressées par différents auteu...
par Meumann, et enfin il rapporte les expériences faites s...
paraison des intervalles vides limités par des bruits simple...
de plus près chacune des parties.

L'auteur étant un élève de G.-E. Müller et ayant commen...
de la perception du temps sous son inspiration, comm...
exposer les idées de G.-E. Müller sur les principes de la...
de la représentation du temps; ce sont les paroles mêm...
fesseur du Göttingue qui sont citées et qui composent les...
mières pages de l'étude de Schumann. Dans ces citations G...
défend l'idée que la représentation du temps se forme d...
manière, par le même processus que les représentations ...
et de qualité d'une sensation, c'est-à-dire c'est en dernière...
« distinctio rationis ». On devrait d'après Müller, et Sch...
du même avis, développer une théorie de la perception...
en partant de ces principes élémentaires; mais il est évid...
ne peut pas, avec les connaissances que nous possédons m...
mener à bout une pareille théorie, il faut donc se conté...
certain nombre de points qui sont les plus facilement ab...
l'époque actuelle. L'auteur cherche donc seulement à e...
idées sur quelques processus généraux, tels que la comp...
jugement, la formation des complexes, etc. Dans ces dévelo...
Schumann se distingue par une clarté et une précision p...
qui provient de ce qu'il a pris pour principe, que dans l'e...
des problèmes psychologiques il est toujours bon de pre...

point de départ les suppositions les plus simples possible, et de plus il ne faut se fonder que sur de tels éléments psychiques qui peuvent être constatés *avec sûreté* par l'introspection (p. 113). C'est une règle générale qui exclut tous les raisonnements métaphysiques et abstraits, si fréquents en psychologie, dans lesquels on fait appel à des facultés ou éléments psychiques les plus divers inventés seulement pour prouver une certaine théorie construite arbitrairement; il serait bien à souhaiter que les psychologues suivent ce principe le plus souvent possible; il existe en effet en psychologie une tendance bien fâcheuse à vouloir tout expliquer, à se contenter d'un petit nombre d'observations pour construire des théories en se fondant sur des raisonnements abstraits. Ce n'est qu'en suivant le principe précédent que l'on pourra se sentir sur un terrain solide et sûr.

La première question générale que l'auteur aborde est la psychologie de la *comparaison*; c'est une question très importante, encore trop peu étudiée expérimentalement, pour laquelle l'auteur nous promet une étude expérimentale qui certainement ne manquera pas d'être intéressante. Lorsqu'on a deux sensations, par exemple deux bruits s_1 et s_2, d'intensités différentes et qu'on doit les comparer entre elles, trois sortes de jugements peuvent être émis : 1° s_1 est plus intense que s_2; 2° s_2 est plus intense que s_1; 3° s_1 et s_2 sont égaux. Dans ces trois jugements l'intensité isolée de chacune des deux sensations n'intervient pas, ce n'est que la relation des deux intensités s_1 et s_2 qui intervient; on peut donc dire que les deux sensations forment pour notre conscience un « ensemble uniforme » (*Einheitliches Ganzes*) $(s_1 + s_2)$, et c'est lui qui provoque comme un ensemble, comme un tout, l'un des trois jugements précédents ; par conséquent avec deux sensations s_1 et s_2 trois ensembles différents sont possibles. Mais l'impression d'un tout ou d'un ensemble uniforme peut être produite aussi par un plus grand nombre de sensations; ainsi, par exemple, si on a deux paires de sensations, *a*, *b*, A, B, et qu'on doit comparer la différence entre les deux premières avec la différence entre les deux dernières, ce seront les quatre sensations qui apparaîtront dans notre conscience comme un ensemble uniforme de degrés supérieur au précédent que l'on peut schématiser ainsi :

$(a+b) + (A + B)$; cet ensemble provoque comme tel un certain jugement et ce jugement ne dépend pas de l'intensité isolée de chacune des quatre sensations, il ne dépend pas non plus de l'intensité relative des sensations *a* et *b* ou des sensations A et B; il ne dépend que de la relation des deux intensités relatives *a* par rapport à *b* et A par rapport à B ; le cas est, comme on voit, beaucoup plus compliqué; mais on peut facilement ⸱⸱ représenter des cas où l'ensemble uniforme sera encore plu⸱ ⸱⸱

Beaucoup d'auteurs ont admi⸱ ⸱⸱il ⸱⸱⸱ ⸱⸱ psychique spéciale qui est la faculté d⸱ ⸱ ⸱⸱ intervien-

drait dans toute comparaison de deux sensations ou de de
plexes ; mais déjà Stumpf (*Tonpsychologie*, vol. 1, 1883, p
remarqué que l'introspection ne nous révèle pas une
faculté spéciale ; le plus souvent le jugement est émis imr
ment, il apparaît de lui-même à notre conscience, et ce n
dans les cas où la différence entre les sensations est faible
est obligé de faire un certain effort que l'on perçoit très bie
cet effort ne constitue pas une faculté spéciale de compar
est simplement dû à une plus forte concentration de l'at
Schumann accepte complètement cette théorie et affirme pa
quent qu'il n'existe pas de faculté psychique spéciale corres
à la comparaison.

Une deuxième question générale sur laquelle l'auteur
est relative aux conditions dans lesquelles un complexe de
tions nous apparaît comme un ensemble, comme un tout.
que plusieurs auteurs, et Stumpf parmi eux, ont affirmé
sieurs sensations ne peuvent apparaître comme un tout
conscience qu'à la condition que ces sensations existent da
conscience simultanément. Si on admet, dit l'auteur, que l
ments (*Urtheile*) forment une classe spéciale de phén
psychiques et que ce sont des actes psychiques qui comp
en eux les phénomènes sur lesquels ils sont émis, alors
nement on doit accepter la théorie de Stumpf ; mais il n'y a
raisons suffisantes qui nous fassent admettre que tout ju
contient en lui, au moment où il est émis, les phénomènes a
il se rapporte ; l'auteur ne s'étend pas plus longuement
nature psychologique du jugement, il dit que c'est une in
qu'il laisse pour le moment de côté et il se contente d'a
l'état mental tel qu'il est donné par l'introspection. Lorsqu
entendons deux bruits s_1 et s_2, nous avons dans notre con
les deux sensations auditives et le jugement émis sur elles ; c
ment est déterminé par le complexe de ces deux sensatio
tainement lorsque s_2 apparaît il reste encore une trace de s
il n'est pas nécessaire d'admettre que cette trace soit une re
tation consciente de s_1 ; nous pouvons par exemple suppose
tence d'une trace physiologique ; les observations internes
sieurs sujets montrent qu'ils n'ont souvent pas conscie
l'existence d'une pareille trace. De tout ceci il résulte qu'
pas du tout nécessaire que plusieurs sensations soient pr
simultanément dans la conscience pour apparaître com
ensemble uniforme, c'est-à-dire pour provoquer comme en
un jugement, un sentiment ou une sensation quelconque
fluence d'un pareil ensemble n'est pas du tout égale à la
des influences des différentes sensations séparées, elle a q
chose de spécifique qui dépend de la relation entre les élém
l'ensemble.

Ces idées directrices sont appliquées par l'auteur à la comparaison des durées ; si nous avions la faculté de pouvoir comparer *immédiatement* deux sons successifs au point de vue de leurs durées, nous pourrions dire que les deux sensations auditives forment un ensemble uniforme qui provoque un certain jugement, lequel est déterminé seulement par les durées relatives des deux sensations. Le même raisonnement peut être fait pour la comparaison des intervalles de temps. Il est donc très important de décider la question si le jugement est émis immédiatement ou bien s'il est médiat *(mittelbar)*, c'est-à-dire s'il est déterminé par des facteurs étrangers autres que les durées relatives des deux sensations ou des deux intervalles. Les expériences, que l'auteur avait publiées précédemment, ainsi que celles qui sont publiées dans le troisième mémoire de l'auteur et que nous analyserons plus loin, montrent toutes que le jugement sur la durée relative de deux sensations ou de deux intervalles n'est pas immédiat, il y a toujours des facteurs intermédiaires qui interviennent. C'est dans ce point capital que les deux psychologues Meumann et Schumann ne sont pas d'accord.

Nous passons sur les discussions de l'auteur relatives aux théories de Ehrenfels, Meinong, Witassek et Stern sur les complexes psychiques et sur l'idée du présent; nous ne nous arrêterons pas non plus sur les réponses aux critiques de Wundt ainsi qu'à celles de Meumann, que l'auteur reprend point par point et analyse avec beaucoup de soin ; remarquons seulement qu'après avoir examiné les critiques de Meumann et après avoir étudié ses expériences, Schumann arrive à la conclusion que Meumann, après avoir affirmé la possibilité de l'appréciation immédiate des intervalles de temps, a toujours apporté des faits dans lesquels il montre l'importance que les facteurs intermédiaires jouent dans les jugements sur les durées, il a donc en réalité toujours plaidé pour l'existence de jugements médiats.

Dans son troisième travail *Schumann* rapporte les résultats des expériences sur la comparaison des intervalles vides, limités chacun par deux bruits simples. La conclusion générale à laquelle l'auteur est arrivé après ces expériences est qu'au moins pour un jugement précis l'appréciation de la durée est médiate et que le facteur principal qui entre en jeu dans cette appréciation est l'adaptation de l'attention. Avant de décrire les expériences, l'auteur expose les points principaux de sa théorie; voyons-les de plus près.

Lorsqu'on dit au sujet qu'on lui donnera trois signaux successifs et qu'il devra comparer l'intervalle entre le deuxième et le troisième avec l'intervalle entre le premier et le deuxième, le sujet attend d'abord avec une forte concentration d'attention le premier signal; après ce signal, dans les cas où les intervalles ne sont pas très courts la concentration de l'attention diminue d'abord un peu et puis croit de plus en plus. Deux cas peuvent se présenter : 1° le second signal

arrive pendant la période de décroissance de l'atten
sujet éprouve un sentiment de surprise au moment où
ce sentiment a pour effet de faire apparaître l'interval
qu'il ne l'est en réalité; 2° le second signal peut arrive
période de croissance de l'attention, alors le sujet é
sentiment d'*attente* et ce sentiment sera d'autant plus
l'attention a été concentrée plus longuement; dans ce c
paraîtra trop long. Après le second signal, de nouveau
tion de l'attention diminue et elle augmente ensuite
manière que dans le premier intervalle. Au moment d
du troisième signal le sujet éprouvera de nouveau soit
de surprise soit celui d'attente, et ces sentiments influe
tement sur le jugement du sujet. Lorsque dans une
riences le premier intervalle reste constant et qu'on s
varier le second, l'attention du sujet s'adapte au premi
c'est-à-dire les oscillations de la concentration de l'a
telles que le premier et le second signal arrivent aux m
forte concentration de l'attention; dans ces cas on s
même adaptation de l'attention aussi au second inte
jugera ce dernier comme étant plus court que le premi
un sentiment de surprise, et au contraire comme plus
eu un sentiment d'attente au moment de l'apparition
signal. On voit que l'adaptation de l'attention joue, d'ap
un rôle très important dans l'appréciation de la durée d
de temps; mais remarquons que l'auteur ne prétend
que ce soit là le seul facteur sur lequel soit fondée
ciation.

Cette théorie avait été très sévèrement critiquée pa
Schumann répond longuement à chaque point de cette
faut dire que cette défense est menée avec beaucoup d
sorte que tous les arguments présentés par Meumann te
ne nous arrêterons pas sur cette discussion ainsi que su
de Schumann à Wundt et Külpe qui avaient compris
Schumann dans ce sens que l'adaptation est le seul
détermine le jugement sur la durée des intervalles de te
aux expériences de l'auteur.

1° Déjà Herbart a observé qu'une série de bruits peu
lents, rapides ou « commodes » (*bequem*), et que ces cas d
sentiment de l'attente ou de l'excitation que l'on épro
tant cette série. De très nombreuses observations fait
mann sur beaucoup de personnes, dont les unes conn
autres ne connaissaient pas sa théorie, ont montré
donne trois signaux, le troisième signal diffère par sa qua
premiers; il est ou bien attendu ou bien il provoque
surprise; de plus, quelquefois il semble être plus sec ou
que les deux premiers.

2º La théorie de l'auteur exige que lorsque par un artifice quelconque on provoque au moment du troisième signal un sentiment de surprise, le second intervalle doit paraître plus court que le premier; on peut provoquer ce sentiment de surprise en rendant de temps en temps le troisième signal plus intense que les deux premiers. Meumann avait trouvé précédemment que lorsque le troisième signal est plus intense, le second intervalle paraît plus long ; mais les sujets de Meumann savaient d'avance que le troisième signal serait plus intense; de plus, ils avaient une tendance générale à percevoir les bruits rythmiquement, de sorte que les expériences de Meumann sont sujettes à des critiques de méthode sur ce point. Schumann a fait des expériences dans lesquelles le sujet ne savait pas d'avance que le troisième signal serait plus intense; ces expériences ont montré qu'on peut diviser les sujets en deux groupes : les uns ont un sentiment de surprise au moment du troisième signal et dans ces cas le deuxième intervalle leur paraît plus court que le premier; les autres perçoivent les trois bruits d'une manière rythmée et pour eux le deuxième intervalle est plus long que le premier.

3º Lorsque la durée des intervalles est assez grande, le second intervalle est souvent surestimé ; les observations internes recueillies avec soin montrent que cette illusion repose sur le sentiment d'attente que l'on éprouve dans ces cas.

4º En analysant le travail de Meumann nous avons indiqué ce résultat qu'une série de bruits équidistants paraît être composée d'intervalles plus courts que deux ou trois bruits qui se suivent avec la même vitesse. Schumann a refait les expériences et il trouve que pour des intervalles de $0^{sec},4$ et de $0^{sec},3$ l'illusion précédente n'a pas lieu, le sujet porte dans ces cas l'attention sur le premier intervalle de la série, et dans les cas où il cherche volontairement à porter son attention sur toute la série, il sent que son attention oscille, c'est-à-dire que pour chaque intervalle de la série l'attention est concentrée séparément. Au contraire, lorsque l'intervalle est plus petit, égal à $0^{sec},2$, l'attention ne peut plus suivre isolément chaque signal et dans ces cas l'illusion signalée par Meumann a lieu; par conséquent, ce fait confirme aussi la théorie de l'auteur.

5º Meumann avait trouvé que lorsqu'on compare un intervalle limité par deux bruits forts avec un intervalle limité par deux bruits faibles, le premier intervalle paraît plus court. Schumam a refait les expériences et il arrive à des résultats absolument contraires, l'intervalle limité par les bruits forts paraît plus long que l'intervalle limité par les bruits faibles. Les sujets expliquent cette illusion en disant que chaque signal intense   être plus long qu'un signal faible, de sorte   n intervalle limité

formé par les deux bruits limitant et l'intervalle compris. Ce n'est là certainement qu'une ébauche d'explication.

En terminant cette analyse qui présente des lacunes, dans laquelle je n'ai voulu que donner les faits principaux contenus dans les travaux de Meumann et Schumann, je citerai les paroles de Schumann, qui se trouvent à la page 28 de son troisième travail, dans lesquelles il résume très nettement l'esprit général de son étude : « Les expériences dans lesquelles on cherche simplement à obtenir des résultats numériques et dans lesquelles on détermine seulement chez un petit nombre de sujets l'influence produite par différentes conditions externes, ont peu de valeur, puisque l'influence des conditions externes est complètement différente suivant l'état psychique du sujet. Ce qui est toujours le plus important, c'est l'observation interne ; cette dernière ne peut être obtenue que de certains sujets choisis avec soin, puisque beaucoup de personnes ne peuvent pas bien s'observer. Des séries d'expériences courtes avec des sujets bien choisis donnent en général des résultats beaucoup plus importants que des expériences nombreuses, que l'on fait avec un sujet quelconque. » Nous n'avons qu'à souhaiter une chose, c'est que de pareilles idées se répandent le plus parmi les psychologues, et alors on verra la plupart des problèmes de psychologie apparaître sous un jour tout nouveau et on approchera beaucoup plus vite de la solution des questions générales de la psychologie.

VICTOR HENRI.

VI

ATTENTION, PERCEPTION, RAISONNEMENT

B. ERDMANN und R. DODGE. — **Psychologische Untersuchungen über das Lesen auf experimenteller Grundlage** (*Recherches psychologiques sur la lecture fondées sur des expériences*). 1 vol. in-8°, 360 p., 1898, Halle, Niemeyer.

Le processus psychologique de la lecture est extrêmement compliqué, il nécessite l'intervention d'une quantité d'actes psychiques différents; en effet, en schématisant autant que possible ce processus, nous y trouvons déjà trois moments différents : 1° le symbole écrit ou imprimé est perçu par la vision, donc ici on se demande comment ce symbole est perçu et il y aura certainement lieu de distinguer les cas où on aura des lettres isolées, ou des syllabes, des mots, des phrases ou enfin des pages entières de texte plus ou moins connu; 2° cette perception visuelle évoque en raison des associations acquises la représentation du son qui est symbolisé par les signes marqués sur le papier; ici encore les mêmes cas doivent être examinés ; 3° Ces représentations des sons évoquent à leur tour par association cet ensemble de représentations que l'on appelle le sens ou la signification des mots, phrases ou passages. Voici donc trois étapes qui se trouvent d'après les auteurs toutes les fois que nous lisons quelque chose, telle est au moins l'affirmation qu'ils font dans la préface à la page 5 ; cette affirmation ne me paraît pourtant pas évidente, je crois qu'il y a des cas dans lesquels le second moment manque complètement et où on passe directement de la perception visuelle à la signification des mots écrits.

Cette complexité extrême du processus de la lecture permet donc d'étudier toute une série d'actes psychiques en faisant des recherches sur la lecture ; on a donc là un moyen précieux pour étudier différents phénomènes de la vie psychique d'un individu, phénom¹ aux perceptions et à l'acte de pensée ¹ qui contient en lui les associations ...ention, l'imagination, etc., etc.,

43

en somme, on retrouve en étudiant la lecture s
abrégée la vie psychique d'une personne. La lectu
avantage énorme : c'est un acte courant pour ch
instruite; donc les effets d'exercice ne se feront pas l
l'expérimentation est très facile, l'impression exteri
modifiée à volonté, et enfin il est facile de faire de
rassembler des observations précises sur les que
diverses de la lecture.

Si on passe en revue la littérature psychologie
font les auteurs dans leur introduction, on voit ι
a été à peine effleurée jusqu'ici; on a déterminé l
sition minimum nécessaire pour lire un mot ou μ
déterminé la vitesse de lecture et de perception d
mots (expériences de Donders, Cattell, etc.), et c'est
ce qui a été étudié jusqu'ici. Les aliénistes ont de
l'attention sur les anomalies pathologiques qui se pι
des aphasiques, telles sont les recherches de Gras
Psychiatrie, XVI, 1885), de Wernicke, Charcot, Kuss
surtout de Goldscheider et Fr. Müller (*Zur Physiol
logie des Lesens*. Zeitsch. f. klinische Medecin, X.
auteurs ont fait quelques expériences sur des mal
maux tendant surtout à décider si le malade compr
prend pas le sens de ce qu'il lit, recherchant la ι
d'exposition nécessaire pour la lecture et étudian
dans la lecture les lettres sont perçues successi
groupes simultanément. Mais ces études des alié
d'être complètes et elles ne soulèvent qu'une fa
questions à étudier dans le processus de lecture.

Le travail considérable de Erdmann et Dodge a po
la lecture dans son ensemble en commençant par l
plus élémentaires et terminant par les plus généra
tance de ces recherches pour toute la psychologie,
une analyse assez longue en essayant de rapporter
paux obtenus par les auteurs.

Quelles sont les conditions nécessaires pour la perce
symboles écrits ? Telle est la première question qui
deux conditions principales qui doivent être étudié
lit un texte, les yeux se déplacent, on se demande de
fait le mouvement des yeux et quel est le but de ι
faut-il admettre, comme l'ont fait Helmholtz, Auber
ders et Listing, que la vision dans la lecture ne se
fovea centralis, c'est-à-dire que le sujet déplace so
tion continuellement et que ce sont les lettres fixée
cues successivement l'une après l'autre, ou bien ne
admettre que les yeux se déplacent par saccades et
on perçoit non seulement les lettres sur lesquelles

de fixation, mais aussi des lettres voisines, la perception se faisant donc simultanément pour un groupe de lettres ? 2° puisque dans tous les cas on fait des mouvements avec les yeux pour lire différentes parties du mot ou de la ligne, on se demande si la perception se fait pendant le déplacement des yeux ou dans les pauses de repos. Ces deux questions sont examinées dans le premier chapitre.

Les premières observations avaient pour but de déterminer le genre de déplacement des yeux pendant la lecture ; l'observation du sujet lui-même peut rarement donner des renseignements pour cette question ; les auteurs plaçaient un miroir de façon qu'on pouvait facilement observer dans ce miroir les déplacements de l'œil droit du sujet ; au début le miroir gêne un peu, mais on s'y habitue très vite et le sujet n'y fait pas attention. Il est très facile de compter les nombres de déplacements des yeux du sujet pendant la lecture ; on voit en effet comment ses yeux se déplacent par saccades depuis le commencement de chaque ligne jusqu'à la fin ; une condition nécessaire pour faire ces observations est de maintenir dans l'immobilité la tête, ce que l'on obtient facilement en faisant reposer la tête sur une main. Le sujet est prié de lire comme d'habitude en faisant attention au sens des passages qu'il lit. Chacun peut facilement refaire l'expérience, il faut seulement avoir soin de ne pas dire à la personne sur laquelle on fait l'expérience ce que l'on veut observer, on se rend compte beaucoup mieux de la nature des expériences et des résultats signalés plus loin en refaisant une ou deux fois l'expérience qu'en lisant les descriptions.

Le nombre de déplacements des yeux pour chaque ligne varie suivant les conditions, mais il est de beaucoup inférieur au nombre de lettres, ainsi il est de 7 chez le sujet E, pour une ligne de 12 cm. 2 de longueur ayant 63 lettres, et de 5 pour le sujet D dans une ligne de 8 cm. 3 de longueur ayant 47 lettres ; à chaque position de repos des yeux correspondent donc en moyenne chez E 9 lettres et chez D 9, 4 lettres ; ces cas se rapportent à des textes très faciles, écrits dans la langue maternelle du sujet et qu'il lisait pour la première fois. Si on compte le nombre de saccades pour les différentes lignes successives, on voit que ce nombre varie très peu d'une ligne à l'autre. Des expériences comparatives faites sur un texte facile lu pour la première fois et sur un texte analogue qui avait été lu par le sujet plusieurs fois de suite avant l'expérience montrent que le nombre de déplacements des yeux est un peu plus faible dans le second cas ; mais la différence est petite.

Il était important d'étudier comment se font les mouvements des yeux lorsque le sujet porte son attention non pas sur le sens du texte, mais sur l'orthographe, c'est-à-dire sur les signes mêmes ; cette condition est réalisée en partie dans la lecture des épreuves. Des

des yeux, c'est-à-dire qu'à chaque déplacement corr
4 lettres. Un autre moyen d'étudier les cas où l'attentio
sur le signe était d'observer les mouvements des yeux penc
ture; dans ces cas, le nombre de déplacements des yeux
encore, pour 36 lettres le sujet D a eu 16 déplacements, pou
De a eu 24 déplacements et enfin pour 43 lettres E en a
conséquent, en moyenne il y a un déplacement pour de
écrites; les expériences étaient faites sur des passages qu
écrivait de mémoire sans difficulté aucune. Enfin en obs
mouvements des yeux chez un jeune garçon qui avait ap
depuis un an, on trouve que le nombre de mouvements de
chez lui plus grand que chez l'adulte qui sait lire couramm
sultat a été le même en comparant chez l'adulte la lecture
de sa langue maternelle avec celle d'un texte d'une langue

Une question importante se pose : les mouvements des
dant la lecture sont saccadés, c'est-à-dire qu'ils se comp
pauses de repos successives séparées par des déplacement
de gauche à droite : que percevons-nous pendant le déplac
yeux? Est-ce pendant que l'œil se déplace ou est-ce pe
pauses d'arrêt que se fait la lecture? La littérature de l'op
siologique ne contient que des données vagues sur cette
qui pourtant mériterait d'être étudiée spécialement puisqu
sente un intérêt pour la perception visuelle de l'espace; o
fait d'expériences qui permettent de dire ce que l'on pe
dant que les yeux se déplacent continuellement d'un point
visuel à l'autre. Les auteurs cherchent à répondre par u
artifice à la question posée.

Ils ont d'abord déterminé la vitesse de lecture d'une ligne
lire des passages connus ou inconnus du sujet pendant 10
condes et en comptant le nombre de lignes lues ainsi. Conn
nombre de lettres par ligne, on en déduit par division le tem
nécessaire pour la lecture d'une lettre. Voici les nombres

SUJETS	TEXTES	DURÉE MOYENNE par ligne.	NOMBRE de lettres par ligne.	DURÉE D d'un
D.	H. inconnu.	2,96 secondes.	63 lettres.	0,047 s
Dt. . . .	H. inconnu.	2,19 »	63 »	0,034
E.	H. inconnu.	1,40 »	63 »	0,02
D.	H. connu. .	2,46 »	63 »	0,03
Dt. . . .	H. connu. .	2,05 »	63 »	0,03
E. . . .	H. connu. .	1,32 »	63 »	0,00
D.	L. inconnu.	1,63 »	47 »	0,0
E. . . .	L. inconnu.	2 »	47 »	0,0
D.	L. connu. .	1,43 »	47 »	0,0
E.	L. connu. .	1,69 »	47 »	0,0
E. . . .	F. connu. .	0,9 »	47 »	0,0
E.	Épreuves H.	4,07 »	63 »	0,0

H. signifie un texte de l'optique physiologique de Helmholtz,
2ᵉ édition allemande ; L. est un texte anglais de Locke ; parmi les
trois sujets, pour l'un D, la langue anglaise est la langue maternelle,
les deux autres sont des Allemands. Le tableau précédent nous montre
donc que la lecture d'un passage connu se fait plus rapidement que
celle d'un texte inconnu, la lecture des épreuves prend le plus de
temps. La durée moyenne pour la lecture d'une lettre est environ
de 3 centièmes de seconde par lettre.

L'observation des mouvements des yeux pendant la lecture
montre que d'abord les yeux sont fixés sur le commencement de la
ligne, puis ils se déplacent un peu vers la droite, restent en repos
un certain temps, se déplacent de nouveau et ainsi de suite jusqu'à
ce qu'ils soient fixés sur la fin de la ligne ; par conséquent, chaque
ligne commence et finit par une pause d'arrêt des yeux.

Pour pouvoir décider si le sujet perçoit les lettres aussi pendant
le mouvement des yeux, il faut déterminer la vitesse de ces mouvements ; si on divise le déplacement angulaire correspondant à une
ligne entière par le nombre de déplacements des yeux pendant la
lecture, on obtient la grandeur moyenne des déplacements angulaires
des yeux ; ces nombres sont contenus dans la quatrième colonne du
tableau suivant. Les expériences de Lamansky (*Ueber die Winkel-
geschwindigkeit der Blickbewegung*, Plüg. Arch., II, 1869) montrent
qu'un déplacement de 6 degrés dure en moyenne un centième de
seconde ; Dodge a déterminé de son côté la durée des déplacements
angulaires des yeux, et trouve que pour des déplacements de 3 à
10 degrés la durée est inférieure à deux centièmes de seconde. On
fera donc une erreur en plus lorsqu'on supposera que ces déplacements durent 0ˢᵉᶜ,02. Avec ces données on peut calculer pour chaque
ligne la durée totale des pauses d'arrêt et la somme des durées des
déplacements des yeux ; on obtient ainsi les nombres contenus dans
la cinquième et la sixième colonne du tableau suivant :

SUJETS	TEXTES	NOMBRE de déplace-ments par ligne.	GRANDEUR angulaire des dépla-cements.	DURÉE TOTALE des arrêts.	DURÉE TOTALE des déplacements.
D.. .	H. inconnu.	5,64	3°,51'	2,817 secondes.	0,113 secondes.
Dt. .	H. inconnu.	5,55	3°,58'	2,08 »	0,11 »
E.. .	H. inconnu.	5,68	4°,56'	1,286 »	0,114 »
D.. .	H. connu. .	5,07	4°,20'	2,350 »	0,101 »
Dt. .	H. connu. .	5,20	4°,14'	1,918 »	0,102 »

Ce tableau nous apprend que pendant la lecture ce
yeux restent immobiles pendant un temps qui est de là
long que la durée totale des mouvements successifs de
en conclut déjà que la lecture doit se faire en grande par
périodes d'arrêt des yeux; reste à savoir si pendant le mo
perçoit une partie des caractères. Des expériences ont é
les auteurs; on faisait passer une ligne imprimée devar
avec une vitesse de 1 centimètre en 0ᵐᵉ,01, c'est la v
laquelle notre regard se déplace d'un point du papier à l'au
la lecture; le résultat a été très instructif; on ne perço
samment pour lire, on voit des traînées grises sur fond bl
n'arrive pas à distinguer les caractères. Donc conclusios
pendant la lecture courante notre regard se déplace d'i
la ligne à l'autre par saccades, pour chaque texte le non
saccades est fixe, il est de beaucoup inférieur au nombre
y a 5 saccades pour une ligne moyenne de 47 lettres), l'
ture se fait seulement pendant ces moments d'arrêt de not
au contraire nous ne faisons pas attention aux sensations
duisent pendant les mouvements des yeux, puisque si n
attention à ces sensations nous devrions voir des traînée
gêneraient la lecture; lorsque l'attention est fixée sur
tères plus que sur le sens du texte le nombre de sac
mente.

Quelle est la grandeur des champs de lecture et quels soi
que nous fixons pendant les arrêts successifs des yeux? On
on fixe un certain point de l'espace et qu'on porte l'atten
sensations dans la vision indirecte, l'acuité visuelle dimi
ment à partir du point fixé : ainsi elle n'est plus égale q
une distance angulaire de 5°, les expériences ont été
Wertheim (voir l'analyse dans l'*Année psychologique*, t.
mais ces déterminations ne peuvent être appliquées ic
pour reconnaître une lettre il ne faut pas voir netteme
détails, il suffit le plus souvent d'en voir quelques traits
tiques, par exemple la barre d'un *t*, le point sur l'*i*, etc. l
ont déterminé avec les mêmes textes que précédemme
de lettres ils pouvaient reconnaître exactement à droite
de la lettre fixée; en répétant ces expériences, on arrive
fixer une lettre et à dire toutes les lettres que l'on rec
faire de mouvements avec les yeux; de cette manière
diviser chaque ligne en segments tels qu'en fixant leu
sujet reconnaissait sans déplacer les yeux toutes les lett
ment correspondant. C'est ainsi que pour E., une ligne
se trouvait divisée en 6,37 segments et pour D. une lig
L, se composait de 5,49 segments en moyenne; or les m
lus couramment nécessitent pour E. 5,68 arrêts et pou

ment 4 arrêts. D'autre part, nous pouvons supposer comme très probable que le champ de la reconnaissance des lettres est plus petit pendant la lecture que dans les conditions où on faisait les expériences, d'où cette conclusion importante : lorsque nous lisons un texte facile, les champs que notre regard embrasse pendant chaque arrêt sont plus grands que les champs de perception nette; cette

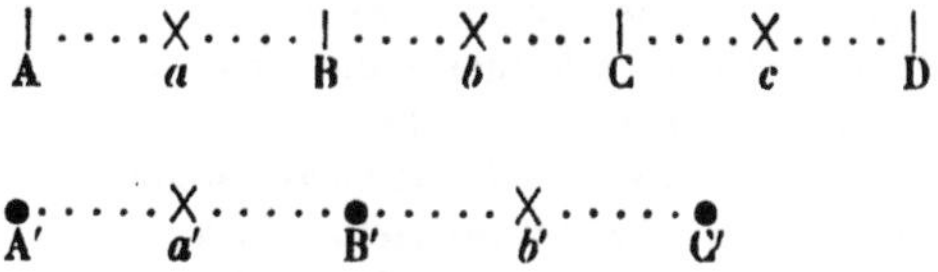

Fig. 85.

formule étant assez obscure, je crois utile de l'expliquer en donnant un schéma, puisque le résultat annoncé est de grande importance. Représentons sur la figure 85 par des croix les points qui sont fixés successivement sur la ligne; nous voyons que lorsqu'on fixe un point a on arrive à distinguer toutes les lettres comprises entre les traits A et B, de même en fixant b on distingue toutes les lettres entre B et C, etc.; ceci est déterminé dans les premières expériences; les distances A — B, B — C, C — D, etc. sont les champs de reconnaissance de la vision immobile. Pendant la lecture le sujet fixe son regard sur un certain point a' et embrasse par son regard l'espace A' — B', puis il déplace rapidement son regard sur le point b' et embrasse l'espace B' — C'; eh bien, les expériences montrent que ces espaces embrassés dans la lecture, ces « champs de lecture », sont plus grands que les champs de reconnaissance. Nous ne lisons donc pas toutes les lettres, nous en sautons un certain nombre sans les percevoir nettement, puisque probablement le sens nous permet de les deviner et que nous n'avons pas besoin de les regarder.

Pour vérifier encore ce résultat et puis pour déterminer quels sont exactement les points que nous fixons par notre regard lorsque nous lisons, les auteurs ont observé les mouvements des yeux au moyen d'une lunette munie d'une division micrométrique du champ; la lunette était placée de telle façon que lorsque le sujet fixait la première lettre d'une ligne, le bord de la pupille coïncidait avec le premier trait de la division micrométrique, de même lorsqu'il fixait la dernière lettre le bord de la pupille coïncidait avec la dernière division micrométrique: on notait pour chaque ligne les écarts de ces positions limites. Les expériences ont montré que presque toujours la position des yeux au commencement des lignes ne correspondait pas à la première lettre; lorsqu'on lit première lettre des lignes, mais on fixe un ce du
commencement, de même les yeux n

lettre des lignes ; arrivés à une certaine distance de la fin de
on passe à la ligne suivante ; l'écart à la fin des lignes
grand qu'au commencement, la différence est dans certain
simple au triple ; les écarts sont plus grands lorsqu'on lit
connu, que lorsque le texte est inconnu ; dans le cas d'
connu c'est surtout l'écart de la fin qui augmente considéra
Si on compare ces écarts avec les champs de reconnaissan
on voit que pour un texte inconnu les écarts du comme
sont en général inférieurs à la moitié du champ de reconn
(c'est-à-dire inférieure à 1 centimètre) ; si nous nous repo
schéma de la figure 1, et si ce schéma correspondait au co
ment des lignes, l'écart $a'A'$ est inférieur à l'écart aA ; en l
texte on fixe au commencement de chaque ligne un poin
d'un peu moins de 1 centimètre du bord. Si le texte est conn
du commencement est quelquefois supérieur à la moitié du
de reconnaissance nette. Au contraire, à la fin de chaque
dernier point de la ligne que l'on fixe est distant de la fin de
de plus de la moitié du champ de reconnaissance ; donc si d
expérience spéciale on donnait au sujet à fixer ce même
ne pourrait pas par son acuité visuelle distinguer les d
lettres de la ligne. Par conséquent nécessairement on ne li
dernières lettres des lignes, on les devine.

Mais ne pourrait-on pas par un moyen quelconque rec
quels sont les points de la ligne que nous fixons successiven
notre regard ? En observant les mouvements de l'œil, soit dire
soit avec une lunette, les auteurs n'ont rien obtenu, puisque
vements sont trop rapides ; mais ils ont eu recours à un proc
ingénieux qui a donné une solution de la question posée ; c'
ploi des images consécutives : on prend un carton noir et o
tique une ouverture triangulaire de la grandeur d'une m
imprimée ; cette ouverture est fermée par un papier rouge
rent, on éclaire par derrière et on fixe le sommet du tri
certain temps ; puis on commence la lecture comme d'ordin
aperçoit alors sur le texte qu'on lit une image consécuti
qui se déplace d'un point de la ligne à un autre, on ne peut p
ces points avec le crayon ou les dire puisque cela trouble c
ment la lecture, mais on peut, en répétant l'expérience u
nombre de fois, observer les points sur lesquels se place su
ment le sommet du triangle vert de l'image consécutive ; ce
vations ne sont pas des mesures, elles sont assez approxi
les auteurs trouvent que le point fixé est toujours placé sur d
jamais sur les intervalles entre les mots, ordinairement i
milieu des mots et cela a surtout lieu pour les mots longs.
de fixation se trouve tantôt sur une lettre tantôt entre deu
d'un mot.

Nous voyons donc comment par des procédés ingénieux et

par une analyse très logique des expériences les auteurs sont arrivés à se faire une idée très précise de la première partie de l'acte de la lecture, c'est-à-dire de la vision des caractères pendant la lecture. Ce processus habituel, qui nous apparaît dans notre conscience comme très simple et élémentaire est en réalité extrêmement complexe ; nous voyons que les mouvements des yeux obéissent aux moindres influences de l'attention et de la perception ; ils sont réglés d'une manière inconsciente par les perceptions et les représentations que nous avons, et cela d'une façon continue sans que nous nous en doutions. Les résultats précédents sont intéressants non seulement pour l'acte de la lecture dont ils donnent une analyse très fine, mais aussi pour l'étude des mouvements des yeux sur laquelle ils jettent un jour nouveau en montrant combien il y a encore de choses nouvelles à trouver dans cette question des mouvements des yeux qui a été étudiée un nombre immense de fois.

Appareil employé dans les expériences de lecture. — Pour continuer l'analyse du processus de la lecture, il faut maintenant isoler une quelconque des conditions nombreuses qui ont été trouvées plus haut et l'étudier à part, la perception se faisant par groupes ; il faudra étudier spécialement comment se fait la lecture lorsqu'on expose pendant un temps plus ou moins long un certain groupe de lettres ou de mots ; c'est ainsi que l'on pourra arriver à analyser ce qui se passe pendant chaque moment d'arrêt de notre regard, la lecture se composant d'une série de moments d'arrêt de ce genre comme nous l'avons montré plus haut.

Pour étudier cette question il faut faire des expériences, il faut donc employer un appareil spécial. Il n'existe pas d'appareil qui soit satisfaisant, en effet un pareil appareil doit répondre aux conditions suivantes :

1° Les lettres ou mots doivent être présentés simultanément et non successivement l'une après l'autre ;

2° Ces lettres doivent être de la même grandeur et de la même forme que les caractères imprimés des livres ;

3° On doit pouvoir présenter ces lettres dans différents endroits du champ visuel ;

4° Le champ visuel sur lequel apparaissent les lettres doit être un peu éclairé, de façon que le sujet puisse fixer d'avance un certain point de ce champ ;

5° L'appareil doit permettre la vision binoculaire, puisque c'est celle-là que nous employons toujours dans la lecture ;

6° La durée de l'exposition doit être réglable et on doit pouvoir la mesurer avec précision ;

7° On doit pouvoir modifier l'intensité de l'éclairage et la grandeur des caractères sans en modifi[er] ... géométrique.

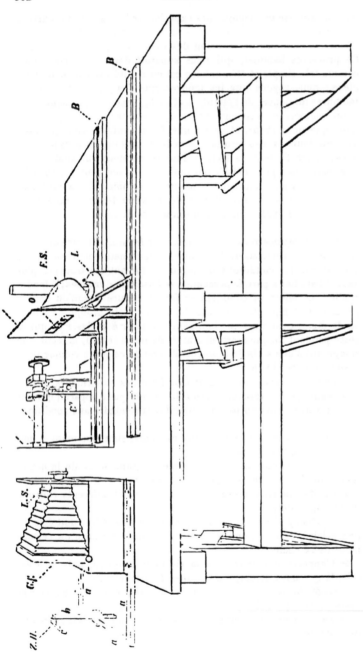

rents auteurs (pendules, projections, éclairages par des étincelles électriques, etc.), ne répondent pas aux conditions précédentes. Les auteurs ont construit un appareil qui est relativement simple et qui peut être employé dans toutes les expériences où on a besoin d'exposer un texte ou une figure pour un temps plus ou moins long, c'est donc un appareil qui peut être très utile dans une foule de recherches psychologiques.

L'appareil se compose d'un appareil photographique G.f., L.S., ordinaire avec un verre dépoli de 16 × 20 centimètres; la tête du sujet est immobilisée par le support abc, le sujet prenant entre les dents la plaque Z.H. Le verre dépoli est éclairé du côté du sujet par une lampe (non représentée sur la figure), de sorte que le sujet peut facilement fixer un certain point déterminé du verre dépoli. Les lettres que l'on veut exposer sont placées dans un cadre OT en O, ce sont des lettres en papier collées sur des plaques de verre, de sorte qu'on peut facilement les enlever et les placer dans un ordre quelconque. Pour régler la durée de l'exposition, un grand disque métallique US tournant autour d'un axe W est muni d'une ouverture dont on peut varier la grandeur; lorsque le disque tourne on a des durées d'expositions plus ou moins longues suivant la vitesse de rotation du disque; pour produire une seule exposition d'une durée déterminée l'axe W porte un contact C'; lorsque l'ouverture du disque a passé devant la lentille, ce contact butte contre un ressort et fait tomber un écran FS qui masque ainsi le passage des rayons lumineux et empêche la production d'une seconde exposition. Avec cet appareil les auteurs ont facilement obtenu des expositions variant de 0^{sec},01 à 0^{sec},00025; ces durées ont été mesurées avec un chronographe. Pour des durées plus grandes les auteurs ont employé un système d'écrans tombant lorsqu'on interrompait un courant électrique; nous passons sur les détails.

Détermination de la rapidité des mouvements des yeux comme limite supérieure pour la durée de l'exposition. — Puisque les expériences doivent donner une analyse des processus pendant la vision avec l'œil immobile, il faut que la durée de l'exposition des lettres et des mots ne dépasse pas une certaine limite pour que le sujet n'ait pas le temps de les lire en deux fois après avoir déplacé les yeux; il faut donc déterminer la vitesse maximum avec laquelle le sujet peut déplacer son regard d'un point de l'espace vers un point voisin. La méthode employée est très ingénieuse. Le sujet fixe un certain point de la surface dépolie; à un moment donné on fait apparaître un peu à droite de ce point une lettre c et en même temps une autre lettre O est projetée sur le verre dépoli, seulement elle n'est pas vue du sujet puisqu'elle tombe exactement sur la tache aveugle de l'œil droit avec lequel le sujet regarde. La distance de c à O est choisie telle que lorsque le sujet arrivera à fixer la lett...   Il apercevra la lettre O qui ne sera plus sur la tache aveugle   ... il essayer de fixer

le plus vite possible la lettre c. Si on diminue la durée (
tion, on arrivera à déterminer facilement la vitesse du (
des yeux. Le résultat trouvé est que l'œil se déplace 0ᵐˢ,(
début de l'exposition. c'est là la durée des temps de réa
le mouvement des yeux. En se fondant sur ce résultat,
ont réduit la durée d'exposition à un dixième de seconde
être sûr que pour cette durée les yeux restent immobi
dire que les résultats trouvés plus bas sont bien relatifs
avec les yeux immobiles.

Lecture des groupes de lettres. — Deux cas sont à considé
que les lettres que l'on fait apparaître sur le verre dép
un mot ou n'en forment pas ; ces deux cas ont été étu(
auteurs : on exposait pour des durées très différentes
à 1/10 de seconde) des groupes plus ou moins grands de
sujet devait dire les lettres qu'il avait vues avec leur ord(
la durée d'exposition est égale à 1/400 de seconde, on re(
jours trois lettres, quatre lettres sont reconnues dans la
cas, cinq lettres ne sont jamais reconnues. Lorsque la du
sition est supérieure à 1/400, mais inférieure à 0ᵐˢ,1, o(
toujours quatre lettres et souvent cinq ; tels sont les résult
avec des groupes de lettres qui ne forment pas de mot. I
où on fait apparaître un mot, le nombre de lettres reco(
tement monte à 16, il devient donc quatre fois plus gra(
clusion qui ressort de ce fait est que le mot est perçu
tout (Gauzes), mais là se pose la question : Que veut dire
comme un tout? Ne pourrait-on pas analyser cette perce(
cette question qui est étudiée par les auteurs dans le cha

Reconnaissance des mots imprimés. — Dans les expérie(
dentes le sujet devait répéter les lettres qui étaient expo(
même ordre ; on se demande naturellement si le nombr
que le sujet a pu répéter exactement indique bien le
lettres qu'il a lu pendant l'exposition. Les expériences s
l'analyse détaillée des erreurs commises dans les expérie(
dentes montrent que cela n'a pas lieu. On présentait a(
le verre dépoli de l'appareil une série de 19 lettres que l'(
pendant plusieurs secondes ; le sujet devait fixer une de
et dire les lettres qu'il voyait distinctement des deux (
lettre fixée sans, bien entendu, faire de mouvements ave
il arrivait dans les conditions de l'expérience à recon(
sept lettres. Ceci étant, on formait des séries de six à se(
on les exposait pendant un dixième de seconde, le sujet é
ne pas dire toutes les lettres, mais de nommer les lettr(
de ces séries; or le sujet arrivait très bien à nommer les lett(
de ces groupes de six ou sept lettres. Conclusion : le su
lire six à sept lettres simultanément, mais il n'arrive qu'à
exactement quatre à cinq. Si on examine les erreurs co(

les sujets dans la répétition des lettres exposées pendant 0°°,1, on voit que le sujet se trompe le plus souvent sur les dernières lettres des séries, souvent il dit qu'au moment de l'exposition il a lu la lettre, il l'a bien reconnue, mais qu'en répétant les premières lettres de la série, il l'a complètement oubliée. La perception visuelle des lettres d'une série se fait simultanément pour toutes les lettres, tandis que leur répétition se fait successivement; il peut donc en résulter des erreurs de mémoire. Cette observation est très intéressante, nous avons pu la faire aussi en 1893, lorsque nous faisions quelques expériences sur la lecture de séries de lettres et de chiffres vues pendant un temps très court, on a un sentiment très curieux qui n'est pas décrit par les auteurs : on sent très bien au moment de l'exposition qu'on a bien vu toute la série, puis on la répète et pour mieux réussir on se presse le plus possible. Arrivé à un certain moment, on s'aperçoit que la mémoire fait défaut, on ne sait plus les lettres ou chiffres que l'on avait bien vus; l'expérience est surtout très nette si on expose des séries de lettres ou de chiffres écrits avec des couleurs différentes et qu'on prie le sujet de remarquer et les lettres et les couleurs; si le sujet commence par nommer les lettres, il oublie les couleurs; s'il commence par nommer les couleurs, il oublie les lettres; c'est une preuve certaine que la répétition ne donne pas du tout l'idée de la quantité de lettres qui avaient été perçues exactement; ces expériences, faites au laboratoire de la Sorbonne, n'avaient pas été publiées puisqu'elles n'étaient pas menées à bout; il y a pourtant dans cette question beaucoup de points à étudier et il faut porter son attention dans cette étude plus sur les observations internes des sujets que sur les chiffres. On sait que Wundt considère l'expérience avec exposition très courte d'une série de lettres comme donnant l'amplitude (*Umfang*) de la conscience, c'est-à-dire comme permettant de déterminer le nombre d'impressions que l'on peut saisir simultanément par la conscience. Les résultats que nous venons de citer montrent nettement que cette expérience ne donne pas de mesure de l'amplitude de la conscience.

On peut maintenant aborder la question de la perception des mots. Cattell et quelques autres auteurs ont conclu que le mot était perçu comme un tout, mais ces auteurs n'ont pas cherché à expliquer ce qu'ils voulaient désigner par ce terme vague; en effet, si on prend un mot on a à considérer la forme optique qu'il présente, c'est-à-dire la représentation visuelle, puis la série des images motrices et auditives correspondant à la prononciation du mot et enfin toutes les associations qui sont liées au sens du mot et que l'on désigne par ce terme de signification du mot. Lequel de ces facteurs doit être considéré ici? En vertu duquel des facteurs précéde   ire que dans la lecture d'un mot exposé penda   ' se présente comme un tout? *Erdmann et D*   question; voici les expériences qui don   it une

certaine grandeur de lettres (la lettre H avait 12 milli[...]
teur), on détermine pour chaque sujet la distance po[...]
sujet ne peut plus distinguer les lettres, cette distance [...]
pour E. et de 11 mètres pour D.; on expose ensuite [...]
tance des mots écrits avec les lettres choisies et le suje[...]
naître ces mots; il ne peut donc pas distinguer les l[...]
juger seulement d'après la configuration générale du m[...]
riences montrent que sur 26 mots inconnus, D. en reco[...]
ment 12, et sur 22 mots E. en reconnaît aussi 12. Ces m[...]
exactement étaient pour D. : Gras, Huhn, Chlor, Au[...]
Streit, Schall, Sprung, Physiologie, Gravitation, Tage[...]
E. : Schloss, Tisch, Spind, Spruch, Christ, Aufzug, Tha[...]
Grasrand, Gefühl, Grundsatz, Verstand. Les mots qui [...]
reconnus du tout sont pour D. : Viel, Knalleffect; po[...]
Berg, Stein, Kind, Spind. Enfin les erreurs commises [...]
vantes :

Viel	au lieu de	voll.		Vase	au lieu de [...]
Huhn	—	Hase.		Gras	—
Gedicht	—	Gefühl.		Graben	—
Geflecht	—	Gefühl.		Schnaubst	—
Gedicht	—	Gesicht.		Spind	
Gestalt	—	Gericht.		That	
Grab	—	Hund.		Hummer	

On voit nettement que dans ces erreurs la configurat[...]
des mots reste la même, la longueur est conservée,[...]
lettres se trouvent à la même place, ou à peu près, le n[...]
longues lettres est environ le même. Dans ces expérie[...]
pouvait regardér les mots pendant un temps voulu. Il éta[...]
d'étudier les cas d'une exposition très courte. Les exp[...]
été faites avec l'appareil photographique décrit plus ha[...]
sissait une grandeur de caractères qui n'étaient pas rec[...]
lorsqu'ils étaient exposés longtemps; puis on a formé 26[...]
nombre que celui des lettres de l'alphabet; ces mots[...]
connus des sujets, les auteurs ne les indiquent malh[...]
pas, et on a fait des expériences de lecture, avec ces mo[...]
d'exposition étant égales à 0ᵐᵐ,1. Le sujet D. a recon[...]
conditions tous les 26 mots, E. en a reconnu exactement[...]
sion générale : nous pouvons reconnaître les mots cou[...]
leur configuration générale sans percevoir nettemen[...]
isolées de ces mots. On comprend donc maintenant très[...]
quoi dans les expériences avec exposition de courte dur[...]
à percevoir exactement des mots de 16 lettres, tandis qu[...]
pas à reconnaître 6 ou 7 lettres isolées ne formant pas [...]
    Il reste à savoir maintenant par quel moyen la config[...]
rale des mots permet leur reconnaissance et puis surto[...]

jouent ces conditions de reconnaissance d'après la configuration générale dans la lecture ordinaire.

Lecture des séries de mots. — Quand on lit un livre quelconque, les mots ne sont pas isolés, ils forment des phrases, ils sont reliés entre eux et par le sens et par des relations grammaticales ; il est donc important d'étudier comment se fait la lecture d'une série de mots, qui forment une phrase. Les expériences ont été faites en exposant pour un dixième de seconde des phrases plus ou moins longues comprenant de 4 à 8 mots et 16 à 39 lettres; la longueur de ces phrases atteignait dans les derniers cas une ligne entière grandeur in-8°. Les caractères avec lesquels étaient écrits les mots étaient choisis tels que le sujet pouvait les distinguer nettement dans la vision directe, mais qu'il ne les reconnaissait pas dans la vision indirecte; le sujet fixait un point qui tombait environ au milieu de la phrase exposée. Les expériences montrent que le sujet E arrive facilement à lire quatre et souvent même cinq mots qui contiennent en tout jusqu'à 20 lettres, les mots étant séparés l'un de l'autre par de petits espaces comme dans un livre quelconque; il est certain qu'au commencement et à la fin de ces phrases le sujet ne pouvait pas distinguer les lettres, il ne voyait que la configuration générale des mots. Pour des phrases plus longues, le sujet fait souvent des erreurs, ce sont surtout des substitutions, un certain mot est substitué au mot exact, ces substitutions se trouvent en général au commencement et à la fin des phrases; les omissions de mots sont beaucoup plus rares que les substitutions. En examinant les erreurs commises, on voit que les substitutions sont d'une part conformes au sens de la phrase et d'autre part ils ressemblent par leur configuration générale au mot qui se trouvait dans la phrase; ainsi, par exemple, on a les substitutions suivantes :

Lohn	au lieu de *London.*	*Theater*	au lieu de *Themse.*
Mittheilungen	— *Meldungen*	*lebt*	— *strebt.*
Krümmungen	— *Erscheinungen.*	*Verhindert*	— *verschwunden*, etc.

Une phrase : « *Das lässt mich tief blicken* »,
Est lue comme : « *Das darf mich nicht stören* ».

Dans tous ces cas, les phrases exposées n'étaient pas connues des sujets. Dans des expériences où les phrases étaient connues des sujets, la reconnaissance exacte avait lieu chaque fois.

Enfin les auteurs ont fait des expériences avec des phrases connues des sujets, mais qui étaient exposées avec des caractères si petits que même les mots isolés ne pouvaient plus être reconnus par le sujet; le but de ces expériences était de savoir, si une phrase peut aussi comme telle avoir une certaine configuration générale indépendante de la configuration des mots et si la re-naissance peut se faire rien que par la configuration générale phrase. Le résultat a été négatif, le sujet D. ne reconnais-

12 phrases qu'une seule et E. en a reconnu plusieu
des erreurs de mots.

Nous voyons donc, en somme, que dans la lecture
configuration générale des mots joue un rôle importan
lire dans des conditions où on ne peut pas distinguer
différentes lettres isolées; une dernière question reste
par quoi est déterminée cette configuration générale d
auteurs analysent longuement cette question; nous ne
entrer dans les détails de cette discussion psycholoç
seulement les points principaux. Le sujet a le sentim
expériences de reconnaître nettement les lettres lorsq
les conditions sont telles qu'il ne reconnaît pas les lettr
isolément; il se produit donc un effet de renforceme
d' « aperception », comme disent certains psycholoç
perçoit un mot, certaines parties de ce mot ne sont pa
ment, mais le sujet en voit tout de même quelque chose,
ception consiste donc à compléter la forme indéterminée
et à les faire apparaître distinctes. Cet effet se produit
raison de certains caractères marquant des lettres iso
plus long que le *e*, l'*y* a un prolongement en bas de la
en a un en haut, le *m* est plus large que le *n*, etc.; d'
partie du mot qui est vue nettement exerce une influ
parties qui ne sont pas distinctes. Ces différentes influe
se produire simultanément; quelquefois c'est l'une d'e
domine, tout dépend des cas particuliers. Les auteurs d
coup d'exemples sur lesquels nous ne nous arrêterons

Différences entre le mot prononcé et le mot écrit.
auteurs, surtout Goldscheider, Fr. Müller et beaucoup
ont soutenu que dans la lecture la perception des dif
ties constituantes des mots se fait successivement, on
des expériences dans lesquelles on présentait successive
férentes lettres d'un mot en pensant réaliser par cela m
ditions de la lecture normale. Les expériences précéden
nettement que la lecture des mots se fait simultanémen
les lettres, le mot est perçu visuellement en bloc, com
le mot n'est pas épelé. D'autre part, en prononçant le m
suite de sensations auditives et motrices, donc à une
visuelle correspond une *succession* auditivo-motrice, c'e
clusion importante au point de vue psychologique. Si o
corrélation entre le mot écrit et le mot prononcé,
cette corrélation est absolument factice; elle n'est que
dans le mot prononcé nous avons les sensations auditive
correspondant aux différentes lettres du mot; ces sensat
quelque sorte représentées symboliquement par les cara
mais d'autre part nous avons une série de sensations m
respondant aux transitions d'une lettre à la suivante; ce

de passage ne sont pas du tout représentées sur le papier; voilà donc une nouvelle différence importante entre le mot écrit et le mot prononcé.

On peut affirmer encore plus : non seulement la vision du mot ne se fait pas successivement pour les différentes lettres de ce mot, mais elle ne peut pas se faire successivement; en effet, en présentant d'abord une lettre, le *g* par exemple, on ne sait pas encore comment il faudra le prononcer, la lettre suivante, par exemple *e*, n'indique pas non plus comment doit se faire la prononciation, puisqu'une même lettre peut être prononcée de différentes manières et que le mode de prononciation est indiqué seulement lorsque le mot entier a été lu visuellement; il faut donc absolument que le mot soit perçu visuellement comme tout, simultanément pour ses différentes parties et ce n'est qu'à cette condition que la prononciation exacte du mot est possible. Cette discussion peut facilement être étendue à une phrase entière où nous aurons affaire à l'intonation générale; très souvent la vraie intonation avec laquelle une phrase doit être lue ne peut être obtenue que lorsque nous avons perçu visuellement d'une façon générale cette phrase. Nous ne nous arrêterons pas sur ces discussions que chacun peut facilement faire lui-même.

Dans leur discussion sur les relations entre le mot écrit et le mot prononcé, les auteurs ont supposé que toujours, lorsque nous lisons, la perception visuelle évoque une image auditive ou motrice, nous prononçons dans le langage intérieur les mots que nous lisons; ils admettent de plus que c'est cet ensemble de sensations auditivo-motrices qui évoque les associations multiples désignées par le terme significatif au sens du mot. Nous avons déjà critiqué cette vue dans l'introduction, ici nous croyons devoir y revenir encore une fois. Les auteurs ont fait leurs expériences sur trois sujets et des résultats obtenus ils déduisent des conclusions générales s'appliquant à tout le monde; il existe partout certainement des personnes qui lisent seulement avec les yeux, c'est-à-dire chez lesquelles le mot écrit est perçu sous forme visuelle et est compris par cette perception visuelle sans évoquer de représentations auditivo-motrices; j'affirme ce fait puisque je l'ai souvent observé sur moi-même. Lorsque je lis lentement je prononce toujours les mots, j'ai des images auditivo-motrices, mais si je lis très vite et surtout si je parcours les pages d'un livre, les images auditivo-motrices disparaissent complètement, je ne perçois plus que visuellement et je comprends directement le sens des mots sans avoir d'images auditivo-motrices. Il y aurait lieu d'étudier expérimentalement ces cas qui permettront probablement de trouver des résultats intéressants pour la psychologie des images mentales.

Détermination de la vitesse de per   On
a fait beaucoup d'expériences dan·   la
durée des temps de·réactions con

une lettre, un mot ou une couleur. Les meilleures travaux
cette question appartiennent à Cattell; cet auteur en a
durée des actes psychiques de discernement, de reconna
de choix ; les nombres trouvés dans ces recherches son
classiques et ont été souvent reproduits dans les traités d
logie. Erdmann et Dodge commencent par critiquer avec
de soin les méthodes de calculs employées par Cattell p
miner la durée des actes de discernement et de choix ; nou
rons pas dans le détail de cette critique, disons seuleme
ressemble beaucoup à celles qui ont été faites par N. Lan
(voy. *Année psychologique*, t. I, p. 378) et par Külpe dans
logie (voy. *Année psychologique*, t. I, p. 513) les auteurs
livre auraient dû citer au moins ces critiques. Passons aux e
originales.

Dans la première série on faisait apparaître sur la plaqu
dépoli une lettre, un mot ou simplement un carré éclairé
d'exposition était comme toujours égale à 0°°,1 , et
devait lire aussi vite que possible les caractères qu'il v
appareil spécial, analogue à celui qui était employé par Ca
mettait d'enregistrer le moment où le sujet prononçait le
pouvait donc lire sur le chronoscope de Hipp la durée de la
Voici d'abord les nombres obtenus ; ce sont les moyennes
périences pour chaque cas ; les mots présentés étaient c
sujets, leur ordre seul restait indéterminé.

IMPRESSION à laquelle on réagit.	SUJET D			SUJET		
	Moyenne.	Valeur minimum.	Variation moyenne.	Moyenne.	Valeur	
Lumière	222,5	126	18,6	189,9		
Lettres isolées .	434,3	328,5	26,4	366,5		
Mots de 4 lettres.	430,6	351	23,8	341,8		
Mots de 8 lettres.	449,5	352	30,2	389		
Mots de 12 lettres.	543	364,5	25,9	392,7		
Mots de 16 lettres.	509,6	374	39,6	436,5		

Les nombres de ce tableau sont des millièmes de sec
voit d'abord que les réactions à une simple lumière sont
deux fois plus courtes que les réactions à une lettre ou à
La comparaison de la durée des réactions dans lesquelles
lire une lettre et de celles où on avait à lire un mot de
(choisi parmi 26 mots connus du sujet) est très intéressant
que la durée de lecture d'une lettre est même un peu plu
que la durée de lecture d'un mot. Voilà donc une preuve
que la lecture ne se fait pas successivement, mais que c'es

mot entier qui est lu d'un bloc, simultanément pour ses différentes
parties ; en effet, si la lecture d'un mot se faisait en épelant successivement les différentes lettres, elle devrait prendre un temps supérieur à celui de la lecture d'une lettre isolée. La durée de lecture
augmente un peu pour les mots longs, mais cette augmentation est
faible ; elle n'est pas du tout en rapport avec la longueur du mot.

La grande différence entre la durée des réactions à la lumière et
des réactions de lecture d'une lettre montre que très probablement
la première est un processus automatique ne nécessitant pas l'intervention de centres corticaux supérieurs, tandis que la seconde
nécessite l'intervention de ces centres. Lorsqu'on lit un mot, on
peut se demander si le sens de ce mot n'influe pas sur la durée de
lecture, les expériences précédentes montrent que le mot est lu de
la même manière qu'une lettre, c'est-à-dire qu'il est perçu comme
une impression sensorielle sans que la signification du mot y
intervienne. Remarquons pourtant ici que cette dernière conclusion
est relative aux conditions spéciales de cette expérience ; il ne faudrait pas en conclure que dans la lecture normale d'un livre les
mots sont aussi perçus de la même manière ; très probablement
lorsqu'on lit une phrase la perception des mots est déterminée par
le sens de ces mots, les expériences des auteurs que nous avons
mentionnées plus haut nous autorisent à faire une pareille supposition.

Comment expliquer ce résultat que la durée de lecture d'un mot
augmente avec la longueur du mot, lorsque ce mot est exposé dans
les mêmes conditions pour 0sec,1, et que par conséquent les mouvements des yeux sont rendus impossibles ? Deux facteurs expliquent
cette différence : d'abord les mouvements de prononciation des
mots sont d'autant plus compliqués que le mot est plus long; or il
est probable que la durée de préparation d'une série de mouvements est d'autant plus longue que les mouvements sont plus compliqués, les auteurs le présentent comme une supposition ; des
déterminations expérimentales se rapportant à cette question ont
été faites par Binet et moi en 1894 (Les mouvements d'arrêt dans
les phénomènes de la parole, *Revue philosophique*, juin 1894) : nous
avons trouvé que la durée d'une réaction verbale simple est plus
grande lorsque le sujet doit à un signal donné réagir en prononçant
la série 1, 2, 3, 4, 5, 6, que s'il doit réagir au même signal par la
prononciation du seul mot *un*. Mais cette différence dans les phénomènes moteurs de la prononciation n'est pas le seul facteur qui
intervient ; le facteur sensoriel agit aussi; notre organe visuel est
tel que le temps de perception d'un mot de 10 lettres est plus grand
que le temps de perception d'un mot de 4 lettres. Les expériences
suivantes le démontrent. Le sujet fixe, jusqu'à un certain point, on fait appa-

meute avec la distance de la lettre exposée au point fixé ; voici les nombres :

	DISTANCE DE LA LETTRE AU POINT FIXÉ				
	0	0 cm. 45	0 cm. 90	1 cm. 35	1 cm. 8
Durée des réactions pour D. .	461.5	481,3	505,9	554,8	555,9
Durée des réactions pour E. .	365,7	403,8	442,6	473,8	492,4

Le sujet regardait les lettres à une distance de 31 centimètres; il est évident que la lecture se faisait par la vision indirecte et que le sujet n'avait pas le temps de faire des mouvements avec les yeux.

Dans une autre série d'expériences faites avec des mots de 16 lettres, le mot était exposé de façon que tantôt c'était sa troisième lettre qui coïncidait avec le point de fixation, tantôt sa huitième et tantôt sa treizième lettre. Le sujet remarque qu'il est beaucoup plus facile de lire le mot (exposé pendant 0ᵐᶜ,1) lorsque c'est la troisième lettre qui est fixée que lorsque le point de fixation tombe sur le milieu ou sur la fin du mot ; de plus, dans les cas où la treizième lettre était fixée le sujet n'arrivait pas toujours à lire le mot, ainsi E. n'a lu que 15 mots sur 26 et D. n'en a lu que 18. Les durées des lectures dans ces trois conditions différentes donnent les mêmes résultats, voici ces durées :

	SUJET D	SUJET E
Fixation du commencement	428,5	402,7
Fixation du milieu	509,6	428,5
Fixation de la fin	683,1	577,6

Ces résultats sont très intéressants, il y a là une indication d'un sujet d'étude à faire.

Dans une dernière série les auteurs ont fait des expériences avec des mots qui n'étaient pas connus du sujet ; les résultats obtenus ont été les mêmes que précédemment, seulement comme on pouvait s'y attendre, la durée des lectures est un peu plus grande dans ce cas, et de plus la durée de lecture des mots inconnus de quatre lettres n'est pas inférieure à la durée de lecture des lettres isolées, comme cela a été trouvé dans les expériences décrites plus haut.

La conclusion générale qui ressort de ces expériences temps de réaction est donc la suivante : la lecture d'un mot

simultanément pour les différentes parties du mot, cette lecture se compose d'un facteur purement sensoriel et d'un facteur moteur, le facteur psychique n'y intervient pas. On sait que Donders, Cattell, Wundt, Kries, Auerbach et beaucoup d'autres auteurs admettent que dans les expériences des temps de lecture des mots interviennent des fonctions psychiques supérieures de *discernement* et de *choix*. Cette opinion est vivement critiquée par Erdmann et Dodge ; ils rapportent longuement les observations internes des sujets, rassemblées pendant les expériences et qui montrent que jamais le sujet n'avait conscience d'avoir fait un discernement ou un choix ; que de plus, dans les cas où le sujet avait lu un mot ressemblant au mot exposé le temps n'était pas augmenté ; en somme, ces fonctions psychiques supérieures n'interviennent pas dans ces expériences et elles ne peuvent donc pas servir pour déterminer la durée des actes de discernement et de choix, comme l'affirment presque tous les psychologues après Donders. Nous n'entrerons pas ici sur les détails de cette discussion qui mériterait certainement une étude spéciale ; on devrait complètement reprendre l'étude psychologique des questions de discernement et de choix ; ce sont là de grands problèmes qui peuvent être facilement abordés par les expériences et sur lesquels on a encore très peu travaillé ; ce qui a été fait sur ces questions se réduit à très peu de chose, puisqu'on a voulu mesurer quantitativement les durées de ces actes et non pas en faire une analyse qualitative ; ce sont là, en somme, deux sujets de thèses magnifiques.

Nous avons terminé l'analyse du livre de Erdmann et Dodge ; on a l'impression qu'il n'est pas fini, il manque au moins un chapitre qui devrait résumer tout et montrer les relations qui existent entre les études de la lecture telles qu'elles ont été faites au début sur le sujet lisant un texte et les expériences sur les temps de réaction pour la lecture de mots isolés. Certainement quand on a lu attentivement tout le livre, on voit nettement qu'il y a une relation ; on peut soi-même faire cette comparaison des deux parties du livre, mais il aurait été bien préférable que les auteurs ajoutent un chapitre de conclusion, sans cela cette impression d'ensemble, d'un tout que l'on est habitué d'avoir d'un livre, fait défaut.

Il est inutile de faire l'éloge de ce travail ; on a pu se convaincre par la quantité de données nouvelles qu'il contient, par l'analyse méthodique des résultats expérimentaux, par la suite logique de ses raisonnements et des expériences, par le soin avec lequel les auteurs ont recueilli les observations internes et enfin par l'élégance avec laquelle ils ont fait certaines expériences, que ce travail est de premier ordre ; c'est certaine   il psychologique paru dans le courant de l   nbreux résultats nouveaux il contient   s et indiquées qu'il faudrait étudi un vrai plaisir lorsqu'on le lit. Mais il ne faudrait pas croire que ce travail puisse être considéré comme une étude complète du processus de la lecture, ce n'est qu'un commencement, il faudrait absolument continuer l'étude de la lecture dans le même sens, aller plus loin, étudier comment se fait la lecture d'un ensemble de mots reliés entre eux par le sens et formant une phrase, analyser le phénomène de la fusion qui est si marqué dans la lecture, puisque, quand on lit une série de mots formant une phrase, les sens des différents mots se fusionnent entre eux et donnent lieu à ce que l'on appelle le sens de la phrase, il faudrait étudier les rapports qui existent entre les sens des différents mots isolés et le sens général de la phrase qu'ils composent. Etudier les effets de l'attention, des représentations diverses, des associations et des états affectifs sur la lecture, voilà les questions qu'il reste à résoudre ; on voit que le champ est encore vaste, mais le premier pas est fait ; il n'y a plus qu'à suivre et à prolonger la voie tracée par Erdmann et Dodge.

Victor Henri.

LE TRAVAIL INTELLECTUEL ET DIVERSES QUESTIONS
PÉDAGOGIQUES

IGNATIEFF. — **Influence des examens et des travaux pendant les vacances sur l'état de santé des élèves de l'institut d'arpentage de Constantin** (*en russe*) ; une brochure, 18 p. Moscou, 1898.

Le présent travail est d'un grand intérêt pour l'étude de la question du surmenage intellectuel, puisqu'il montre que sous l'influence du travail-intellectuel intense durant de trois à sept semaines, le poids du corps des élèves diminue. Les observations ont été faites sur 244 élèves de l'institut d'arpentage de Moscou ; c'est une école de Gouvernement avec internat, se trouvant sous la dépendance du ministère de la guerre, dans laquelle par conséquent la vie des élève est rendue plus régulière et plus homogène que dans d'autres écoles. Les observations ont été faites par le docteur *Ignatieff*, qui est le médecin de cet institut et qui l'habite constamment, qui peut par conséquent observer de très près les élèves. Quelques jours avant l'époque des examens, c'est-à-dire vers le 20 mars pour les classes supérieures et vers le 20 avril pour les classes inférieures, tous les élèves ont été pesés ; on avait pesé les élèves toujours dans les mêmes conditions, le matin, avant le déjeuner, en uniforme. Après les examens les mêmes élèves ont de nouveau été pesés, la durée des examens était de 26 jours pour les classes inférieures et de 55 jours pour les classes supérieures.

La majorité des élèves ont diminué de poids, et cette perte a été quelquefois très forte, atteignant 4.500 et 5.000 grammes dans quelques cas ; voici du reste les nombres trouvés, nous indiquons dans ce tableau le nombre d'élèves qui ont perdu de poids (ce nombre est rapporté à 100), et puis de combien en moyenne les élèves ont diminué pendant l'époque des examens ; ces derniers nombres sont les rap-

CLASSES	NOMBRE D'ÉLÈVES ayant diminué de poids.	PERTE DE POIDS moyenne.
1re élémentaire.	91,2 p. 100.	2,37 p. 100 de leur corps.
1re supérieure, 1re division .	90,9 »	1.67 » »
1re supérieure, 2e division .	81,9 »	2,50 » »
2e classe.	87,1 »	2,01 » »
3e classe.	89,7 »	2,63 » »
4e classe.	85,6 »	2,15 » »
1re classe d'arpentage. . . .	91,7 »	2,31 » »
2e » »	85,6 »	2,78 » »
3e » »	100 »	3,54 » »
1re classe d'ingénieurs . . .	100 »	2,09 » »
2e » » . . .	100 »	3,76 » »

On voit donc qu'en moyenne les neuf dixièmes des élèves ont perdu environ deux centièmes du poids de leur corps pendant l'époque des examens. Les conditions de nourriture et de vie restant les mêmes, on en conclut que cette perte notable du poids doit être attribuée à l'influence funeste du travail intellectuel trop intense nécessité par les examens.

Ce travail est donc très important puisqu'il montre d'une façon très nette, combien le travail intellectuel influe sur les principales fonctions de l'organisme; il vient confirmer les résultats de l'enquête faite par Binet sur la consommation du pain dont les résultats ont été communiqués l'année dernière, qui avait montré que la quantité de pain consommée par les élèves diminue sous l'influence du travail intellectuel.

VICTOR HENRI.

1° SCHILLER. — Der Stundenplan. Ein Kapitel aus der pædagogischen Psychologie und Physiologie (Le plan d'études. Un chapitre de psychologie et physiologie pédagogiques). Sammlung von Abhandlungen aus d. Gebiete der pädagogischen Psychologie u. Physiologie, vol. I, fasc. 1, 1897, 70 p.

2° KEMSIES. — Arbeitshygiene der Schule auf Grund von Ermüdungsmessungen (Hygiène de travail à l'école fondée sur les mesures de la fatigue). Même série, vol. II, fasc. 1, 1898, 64 p.

3° WAGNER. — Unterricht und Ermüdung. Ermüdungsmessungen an Schülern des neuen Gymnasiums in Darmstadt (Instruction et fatigue. Mesures de la fatigue sur des enfants du nouveau lycée de Darmstadt). Même série, vol. I, fasc. 4, 1898, 134 p.

4° GUTZMANN. — Die praktische Anwendung der Sprachphysiologie beim ersten Lesenunterricht (Application pratique de la physiologie *du langage dans les premières leçons de lecture*). Même série, vol. I, fasc. 2, 52 p.

5° ZIEHEN. **Die Ideenassoziation des Kindes. Erste Abhandlung** (*Les associations des idées chez l'enfant. Premier travail*). Même série, vol. I, fasc. 6, 1898, 66 p.

6° FAUTH. — **Das Gedæchtnis** (*La mémoire*). Même série, vol. I, fasc. 5, 1898, 88 p.

7° BAUMANN. — **Ueber Willens-und Charakterbildung auf physiologisch-psychologischer Grundlage** (*La formation de la volonté et du caractère fondée sur la psychologie physiologique*). Même série, vol. I, fasc. 3, 1898, 86 p.

8° CORDES. — **Psychologische Analyse der Thatsache der Selbsterziehung** (*Analyse psychologique du fait de l'éducation de soi-même*). Même série, vol. II, fasc. 2, 1898, 54 p.

L'application de la méthode expérimentale à la résolution des questions de pédagogie a fait de grands progrès dans ces dernières années ; on voit dans tous les pays paraître des recherches expérimentales faites sur des élèves ; le nombre de ces recherches augmente d'année en année et on peut dire que maintenant il y a un mouvement général dans ce sens. En Allemagne quelques psychologues se sont occupés de questions de pédagogie et inversement des pédagogues ont appris les méthodes de la psychologie expérimentale et s'en sont servi dans un certain nombre de recherches ; il y a un peu plus d'un an, un psychologue allemand *Ziehen*, connu par ses recherches sur la psychiatrie, sur la physiologie du système nerveux, sur diverses questions de psychologie et par son manuel de psychologie expérimentale, et un pédagogue *Schiller*, connu par ses études de pédagogie, ont fondé une nouvelle bibliothèque consacrée à des monographies sur des questions de psychologie pédagogique au bout de moins d'une année, huit monographies avaient été publiées dans cette bibliothèque sur des questions très différentes ; faites par des psychologues et des pédagogues ; de plus, ils annoncent l'apparition d'une cinquantaine d'autres monographies déjà promises par différents professeurs de philosophie et par des pédagogues ; dans le programme général publié au commencement de la bibliothèque, Ziehen et Schiller expliquent que le but général est de faire pénétrer les données et les méthodes de la psychologie et de la physiologie dans la pédagogie, que c'est là un moyen de rendre la **pédagogie scientifique et rationnelle. Une** pareille union **entre un pédagogue et un psychologue-psych**iâtre pour f ' ine **et s'entr'aider est un fait très** important ; ',. **habitués à voir les pédagog**ues tournés sur **phie et méconnaître** presque complète

Les trois premières monographies sont relatives à
fatigue intellectuelle des élèves produite par les class
déjà dans les années précédantes analysé les recher
rich, Griessbach, Vannod et Ebbinghaus sur la fatig
cette année, trois nouvelles études allemandes sont
même sujet; les questions de l'hygiène de l'esprit, d
des élèves, de la distribution rationnelle des leçons
des questions qui intéressent vivement chaque pédag
ce sont des questions que l'on sait étudier maint
méthode expérimentale [1]; on comprend donc très l
sur cette question le nombre de recherches est plus
que sur d'autres sujets de la pédagogie.

L'étude de *Schiller* (1°) a pour but surtout de montre
d'une distribution rationnelle des leçons; cette distri
ordinairement par le directeur de l'école et on tient
coup plus des commodités des maîtres que des avantag
raient pour les élèves de la fixation des leçons dans u
miné. La question devrait pourtant être étudiée expé
et il est important d'intéresser les pédagogues à ces so
puisqu'une personne étrangère qui ne connaît pas b
tions de la vie des élèves à l'école, qui n'est pas habitu
ver journellement est trop facilement induite à raison
ment, à faire des suppositions qui ne répondent pas à
est ainsi conduite à faire à l'école des expériences qui
point de vue théorique, donnent des résultats intéres
ne donnent pas de réponses pratiques pour les pé
qu'elles sont faites dans des conditions trop artifici
critique ainsi très vivement, et il a bien raison de b
les expériences de Kraepelin et de différents auteurs q
expériences dans les écoles en plaçant les élèves dans
exceptionnelles; jamais à l'école pratiquement on n
élèves à faire des additions très monotones pendant
jamais on ne leur donne à apprendre par cœur des
labes n'ayant aucun sens, telles que *bim, rof, ler, lomi,*
par conséquent, après avoir fait des expériences de m
élèves ou sur des adultes et après avoir constaté q
d'erreurs augmente au bout d'une heure, on n'a pas d
d'en tirer des conclusions pratiques pour l'école; te
dire, comme le font Kraepelin, Burgerstein et beau
qu'il faut réduire la durée des leçons, qu'il ne faut p
dure plus de 30 ou 40 minutes, qu'il faut augme
entre les classes, etc., etc.: toutes ces conclusions n
et chaque pédagogue, en les examinant de près comp

(1) Ces méthodes ont été longuement décrites dans la [...]
Binet : La fatigue intellectuelle. 1898.

combien elles sont factices; il peut en résulter une influence défavorable, il peut arriver que des pédagogues voyant ces résultats insuffisants, en concluent que la méthode expérimentale ne peut pas donner de résultats pratiques. Schiller critique longuement les méthodes employées jusqu'ici pour constater la fatigue intellectuelle des élèves, mais il ne se contente pas de cette critique; il expose longuement comment il faut faire les expériences pour arriver à des résultats pratiques; c'est ainsi qu'il montre que pour décider si les élèves se fatiguent pendant les classes et pour déterminer le degré de cette fatigue, il faut choisir des épreuves qui soient habituelles aux élèves; on prendra par exemple des dictées, des traductions, des calculs, etc.; il est, de plus, important d'intéresser des maîtres à ce genre de recherches, de façon qu'ils en prennent eux-mêmes l'initiative, Schiller a très bien remarqué qu'il n'est pas utile de donner à faire des expériences à des maîtres lorsque ceux-ci ne sont pas intéressés par le résultat de ces études, puisque dans ces cas ils les font comme un devoir ou comme une complaisance.

D'une manière générale l'étude de Schiller est pleine de conseils pratiques, la plupart très justes, adressés aux personnes qui voudraient faire des expériences dans les écoles. Il y a pourtant dans la monographie présente de graves lacunes; l'auteur n'appuie pas sur l'importance que la suggestion a dans ces recherches; quelquefois une simple remarque, un mot de trop de la part de l'expérimentateur modifient complètement les résultats; il faut que l'expérimentateur fasse attention à tout ce qu'il dit aux élèves; il faut, de plus, qu'il se débarrasse de toutes les idées préconçues, qui sont un ennemi des recherches précises et exactes, et qui peuvent involontairement influencer les résultats. De plus, l'auteur n'appuie pas assez sur l'importance des observations faites sur les élèves pendant les expériences; il semble que l'on ne doive tenir compte que des nombres d'erreurs que les élèves ont commises avant et après les classes; pourtant, quand on fait des expériences dans les écoles, il faut tout le temps observer les élèves, il faut noter tous les mouvements, toutes les hésitations, tous les signes extérieurs que l'on aperçoit et en général un seul expérimentateur n'arrive pas à faire de bonnes observations, il faut être plusieurs. Ces observations paraissent souvent insignifiantes et tout à fait secondaires au moment où on les prend, et pourtant après, quand on étudie les résultats, souvent elles expliquent certains faits et elles complètent beaucoup les données numériques; nous rappelons ici comme exemple les nombreuses observations que MM. Binet et Vaschide ont pu faire pendant des expériences aussi simples que celles de la mesure de la force musculaire avec le dynamomètre (voy. *Année psychologique*, t. IV). Enfin dans les conseils d'expériences à faire sur la fatigue intellectuelle des élèves, Schiller se borne presque exclusivement aux expériences qui permettent d'évaluer *numériquement* les nombres d'erreurs et les vitesses de travail ; c'est là une tendance répandue d'une manière générale en Allemagne, de vouloir tout mesurer et exprimer par des nombres et de négliger les études qualitatives : pourtant il nous semble que souvent l'étude qualitative doit être préférée à l'étude quantitative, la première nous donne des renseignements plus généraux et plus variés; elle nous permet souvent d'analyser plus profondément l'état d'esprit des sujets; un exemple suffira : si on emploie la méthode des dictées, on peut compter le nombre de fautes commises par les élèves avant et après les classes, comme l'a fait par exemple Friedrich (voy. *Année psychologique*, t. III); on verra que le nombre d'erreurs augmente plus ou moins après les différentes leçons; on peut, d'autre part, faire une analyse psychologique des erreurs commises, comme l'ont fait Sikorsky et Höpfner, et alors on verra que non seulement le nombre d'erreurs varie, mais aussi leur nature change; on arrive à déduire de ces modifications, quels sont les changements psychologiques qui ont été produits par la leçon; l'étude devient ainsi beaucoup plus riche et beaucoup plus instructive. Il est vrai qu'il est beaucoup plus difficile de faire une étude qualitative des réponses que de compter simplement le nombre de fautes.

Nous ne nous arrêterons pas sur les développements de l'auteur relatifs à l'organisation du plan d'étude, l'auteur discute à quelle heure il faut que les classes commencent, à quelle heure elles doivent finir et quel est l'ordre à donner aux différentes leçons; ce sont là des questions d'un intérêt purement pédagogique et leur discussion nous entraînerait trop loin.

Passons à l'analyse du travail de *Kemsies* (2°) ; c'est une étude expérimentale faite sur la fatigue intellectuelle chez les élèves d'une école communale de Berlin ; les expériences ont été faites sur une classe de 55 élèves dont l'âge moyen était de 10 ans et demi. Deux sortes d'expériences ont été faites : calcul mental et expériences avec l'ergographe de Mosso.

Calcul mental. — Aux différentes heures de la journée on donnait aux élèves à faire des calculs de tête du genre de ceux que voici :

417 + 338 ;	231 + 592 ;	315 + 479 ;
563 — 328 ;	725 — 153 ;	843 — 658 ;
74 × 8 ;	139 × 5 ;	247 × 3 ;
291 : 7 ;	385 : 8 ;	476 : 6.

On disait aux élèves le problème à résoudre, ils devaient le répéter tous ensemble deux fois, ensuite faire le calcul et écrire le résultat, tous ces actes prenaient 60 secondes ; de cette manière la résolution des 12 problèmes prenait 12 minutes. Dans quelques expériences on donnait aux élèves plus de temps pour la solution.

Ces expériences ont été faites dans une même classe 28 fois pendant 11 jours différents ; l'auteur rapporte les nombres d'erreurs

commises aux différentes heures par les élèves. Si on examine les
moyennes générales pour tous les élèves, on voit que le nombre
d'erreurs augmente depuis la première jusqu'à la cinquième leçon
du matin ; cette augmentation n'est pourtant pas très forte, elle
atteint environ 15 à 20 p. 100 ; à certains jours elle est plus faible
qu'à d'autres. L'auteur compare entre eux les différents jours de la
semaine, mais il nous semble qu'une pareille comparaison ne peut
pas être faite, vu le nombre trop faible d'expériences ; nous ne
comprenons pas du tout comment l'auteur arrive à la conclusion
que le lundi et le mardi les élèves travaillent mieux que les autres
jours de la semaine. En somme, l'étude des moyennes générales
n'apprend rien de nouveau ; on savait déjà très bien que le nombre
d'erreurs doit augmenter de la première leçon à la dernière, le travail présent n'apporte à ce point de vue rien de nouveau.

L'étude des résultats individuels est beaucoup plus intéressante ;
l'auteur examine séparément les résultats fournis par 24 élèves ; il
trouve qu'au point de vue de l'exactitude et du travail, les élèves se
distinguent les uns des autres ; il y a en somme quatre types différents :

1° Chez quelques élèves le nombre d'erreurs diminue de la première à la dernière leçon ; par exemple chez un élève on trouve aux
différentes heures de la matinée les nombres d'erreurs suivants,
rapportés à 100 :

8 h. 30 ;	9 h. 30 ;	10 h. 30 :	11 h. 30.	midi 30.
40 ;	29,2 ;	27,5 :	28,3 ;	23,3.

Cet élève travaille de mieux en mieux.

2° C'est le type contraire, l'élève fait de plus en plus d'erreurs
depuis la première jusqu'à la dernière leçon ; par exemple, un élève
a fait pendant la matinée les nombres d'erreurs suivants :

$$30 ; \quad 24,2 ; \quad 33,3 : \quad 55 ; \quad 50.$$

3° Chez ces élèves le nombre d'erreurs atteint un minimum à un
certain moment de la matinée ; il diminue d'abord et puis augmente ;
exemple :

$$57,5 ; \quad 48,3 : \quad 45,8 ; \quad 57,5 ; \quad 66,7.$$

4° Cas inverse du précédent, c'est-à-dire le nombre d'erreurs
augmente d'abord jusqu'à un certain maximum qui se produit à
une certaine heure de la matinée et puis il diminue ; exemple :

$$60,8 ; \quad 70,8 : \quad 83,3 : \quad 75 ; \quad 69,2.$$

On comprend maintenant pourquoi, en examinant les m
générales, on obtient des résultats qui ne sont ni nets ni

L'existence de ces types d'individus différents est très vaste
qui mérite d'être étudié ; peut-être trouvera-t-on des an
entre les résultats fournis par des expériences sur les fo
psychiques, telles que le calcul mental et les résultats
en étudiant la fatigue physique des élèves ; nous rappelons
Binet et Vaschide ont trouvé l'existence absolument des
types d'individus en examinant les données des expérience
sur la force musculaire au moyen du dynamomètre ; Kr
avait aussi, dans certains de ses travaux, indiqué la prése
ces différents types et il avait affirmé que c'était là une
tout à fait générale de l'individu qui se traduit toutes les f
l'individu fait un travail quelconque, physique ou intellectu
a là un sujet très intéressant pour un travail facile à faire
dans tous les cas donnera des résultats importants.

Des résultats intéressants sont obtenus par l'auteur en co
combien d'élèves ont à une heure donnée de la matinée c
leur optimum de travail, combien d'entre eux ne l'ont pas
atteint et enfin combien d'entre eux ont dépassé un premi
mum et tendent vers un second optimum. Voici d'abord les no

	A 10 HEURES	A 11 HEURES	A
Ont dépassé leur optimum de travail.	8	10	1
N'ont pas encore atteint l'optimum	6	4	
Sont en train de tendre vers un second optimum.	7	7	

Nous voyons, par exemple, qu'à 10 heures 8 élèves ont d
leur optimum de travail, c'est-à-dire que c'est avant 10
qu'ils ont fait les meilleurs calculs de toute la matinée ; 6
ont fait les meilleurs calculs après 10 heures, et enfin 7 élè
fait de bons calculs avant 10 heures, mais ils en ont aussi fait
bons après 10 heures. On voit donc que les classes du mati
mençant à huit heures, après deux heures de classes un ti
élèves a déjà atteint un certain état de fatigue, qui ne leur j
pas de travailler aussi bien après 10 heures qu'avant ; à 11 l
c'est-à-dire après trois leçons, la moitié des élèves se tr
dans cet état de fatigue, et enfin à midi ce sont les deux ti
sont fatigués. Ces résultats ne peuvent pas être considérés c
définitifs ; ils doivent surtout servir d'exemple pour des rech
ultérieures, ils montrent qu'il y a là des points importan
lesquels il faudra porter spécialement son attention lorsqu'o
dra étudier la fatigue des élèves.

Quelques expériences ont été faites par l'auteur dans lesquelles il a déterminé la vitesse des calculs mentaux aux différents moments de la leçon ; ces expériences ont été faites seulement sur quatre élèves et n'ont pas donné de résultats importants ; nous passons sur les détails.

La deuxième méthode employée par Kemsies est la *méthode ergographique*. Les expériences ont été faites avec l'ergographe de Mosso sur une dizaine d'élèves avant et après différentes classes. On compte la quantité totale de travail fourni à l'ergographe ; cette quantité est exprimée en kilogrammètres. On voit en examinant les résultats rapportés par l'auteur que très souvent la quantité de travail baisse après une leçon ; cette baisse est surtout forte lorsque la leçon a été difficile ; telles sont par exemple les leçons de mathématiques ; de plus, on observe une diminution du travail après une leçon de gymnastique qui produit une fatigue musculaire générale. Cette méthode ergographique n'ayant pas été employée jusqu'ici d'une manière systématique, il est intéressant de rapporter les résultats numériques obtenus par l'auteur. Dans le tableau suivant nous avons essayé de réunir les résultats obtenus ; ces résultats sont rapportés par l'auteur sous une forme plus claire.

SUJETS	GYMNASTIQUE		MATHÉMATIQUES		ALLEMAND		FRANÇAIS		SCIENCES NATURELLES		CHANT ET DESSIN	
	Avant.	Après.	Avant.	Après.	Avant.	Après.	Avant.	Après.	Avant.	Après.	Avant.	Après.
Hin. . . .	0.911	0.735	2.263	1.617	1.000	1.088	0.958	0.911	1.764	1.882	1.470	0.958
	0.911	0.823	1.910	1.529	1.499	1.882	1.411	1.264	1.617	1.646	2.381	2.499
	1.264	1.000	»	»	»	»	1.676	1.519	»	»	1.646	2.234
	2.264	1.823	»	»	»	»	1.529	1.764	»	»	1.882	1.499
Hart. . .	1.148	0.434	1.444	1.199	0.867	0.927	1.301	1.224	1.020	1.326	0.959	0.841
	1.224	0.867	»	»	0.561	0.816	1.020	0.812	»	»	1.326	0.561
Ben. . .	0.580	0.490	0.570	0.610	0.610	0.6.0	»	»	0.610	0.580	»	»
	1.326	1.352	1.275	1.199	0.434	1.097	»	»	1.734	1.451	»	»
	»	»	1.097	0.842	0.993	1.148	»	»	»	»	»	»
Zig. . .	0.714	0.765	1.046	1.021	0.765	0.689	»	»	0.703	0.714	1.097	1.071
	1.118	0.867	0.842	0.745	0.867	0.740	»	»	»	»	»	»

Les nombres du tableau précédent frappent d'abord par leur variabilité : nous voyons qu'un même élève fait quelquefois un travail dépassant deux kilogrammètres et à un autre jour il donne seulement 0^{kgm},80 ; il est très difficile de décider à quoi tiennent ces variations ; quelquefois on voit que le maximum de travail est fourni le dimanche ou le lundi, mais ce n'est pas là une règle générale ; en somme, ce sont des différences qui se produisent et dont il faut encore rechercher la cause dans un nouveau travail. Si on compare ensuite les résultats obtenus avant et après les différentes leçons, on voit qu'il y a quelquefois des différences très nettes ; elles le sont surtout après les leçons de gymnastique et de mathématiques. Nous voyons, en effet, que sur 11 déterminations avant et après la gymnastique il y a eu 9 fois baisse de travail et 2 fois seulement une légère augmentation après la gymnastique. Sur 11 déterminations, faites avant et après les mathématiques il y a eu 10 fois baisse de travail et 1 fois légère augmentation ; sur 11 mesures relatives à la leçon d'allemand il y a eu seulement 2 fois diminution de travail, 2 fois il est resté stationnaire et 7 fois il a augmenté. Pour le français sur 6 expériences il y a eu 5 fois baisse et 1 fois augmentation de travail. Pour les sciences naturelles sur 8 cas il y a 3 fois baisse, 1 fois pas de changement et 4 fois augmentation. Enfin pour le chant et le dessin il y a eu sur 10 cas 8 fois baisse, et 2 fois augmentation du travail. Sur 11 expériences faites avant et après la leçon de religion (non mentionnées dans le tableau précédent). il y a eu 3 fois baisse, 1 fois pas de changement, et 7 fois augmentation du travail. Ces résultats indiquent nettement que les différentes leçons ont une influence bien différente sur la quantité de travail fourni à l'ergographe.

En résumé, ces expériences par la méthode ergographique ont montré que cette méthode est digne de mérite, qu'elle indique des variations produites par le travail intellectuel ; mais hâtons-nous de dire que la cause de ces variations n'est pas encore décelée ; il faut encore la rechercher par des études plus nombreuses faites sur un plus grand nombre de sujets.

Le travail de *Wagner* (3°) est aussi une étude expérimentale sur la fatigue intellectuelle des élèves produite par différentes leçons ; cette recherche contient des expériences nombreuses faites sur 200 élèves, mais malgré ce nombre considérable d'expériences, elle est beaucoup inférieure à l'étude de Kemsies qui contenait bien moins d'expériences. Wagner a repris les expériences de Griessbach et Vannod (voy. *Année psychologique*, t. III) sur l'influence que la fatigue intellectuelle a sur le seuil du sens du lieu , il a refait ces expériences sur 200 élèves san des observations nouvelles et à dévelop le Griessbach. Les expériences étaient

le seuil était déterminé sur un seul endroit de la peau, la paume
mette; pour déterminer la valeur du seuil, l'auteur dit, qu'
avec des distances très différentes en alternant ces dista
ordre déterminé; l'auteur ne décrit pas plus longuement
il a procédé; c'est pourtant là un point tout à fait capital;
riences sont très délicates et très difficiles à faire : j'ai fait
d'expériences de ce genre et dans les écoles et dans des la
de psychologie, et je suis devenu très sceptique pour toute
dans laquelle l'auteur ne décrit pas très exactement com
procédé; en effet il est important de savoir l'ordre dans le
appliquées les différentes distances ; il faut savoir ce qu
sait sur les expériences que l'on fait, il faut que l'expéri
fasse bien attention à toutes les explications qu'il donne a
il faut enfin dire comment on a calculé la valeur du seuil
lorsqu'on touche avec une série de distances (par exempl
distances : 3, 5, 7, 9, 11, 13, 15, 17 millimètres), en généra
à partir de laquelle on commence à sentir deux points
déterminée très nettement, le sujet dira par exemple « deu
pour 9 millimètres, puis « un point » pour 11 millimèt
point » pour 13 millimètres, « deux points » pour 15 mi
« un point » pour 17 millimètres, etc. En conclura-t-on qu
est égal à 9 millimètres, ou bien qu'il est égal à 15 millimèt
le temps on a à se poser des questions de ce genre et il fau
exactement comment on a procédé pour décider la valeur
L'auteur ne discute aucune de ces questions, il n'a prob
pas remarqué ces difficultés puisqu'il faisait les détermin
rapidement. Toutes ces raisons nous conduisent à douter
titude des résultats observés ; d'autant plus que nous avo
d'appliquer la méthode du sens du lieu de la peau dans l
nous avons fait, par exemple, des déterminations du seui
élèves de l'École normale des Instituteurs de Versailles avar
une composition française difficile, qui avait duré trois l
nous n'avons pas trouvé de différence nette entre les valeur
obtenues avant et après la composition. Nous sommes d
point de vue en contradiction avec Griessbach, Vannod et
mais ces auteurs ne décrivent pas avec détails comment il
cédé, ils n'indiquent pas jusqu'à quel point les réponses
étaient variables, ils ne disent même pas si toutes les rép
sujets étaient notées ou si on s'était contenté de les écouter e
cher en tâtonnant la valeur du seuil, comme l'ont par ex
plusieurs auteurs anciens. Si on ne prend pas toutes ces pr
on peut facilement modifier les résultats sans s'en ape
sans le vouloir; je rappelle ici ce fait remarquable qu
de quarante ans on a toujours trouvé que sous l'influe
le seuil du sens du lieu de la peau diminue, puisqu
ont employé la même méthode et que seulem

Tawney en appliquant une nouvelle méthode et en étudiant avec soin la question a montré que cette influence de l'exercice ne se produit pas toujours, qu'elle se produit surtout lorsque le sujet sait que l'on étudie l'influence de l'exercice, et que d'une manière générale toutes les déterminations de seuil sont influencées fortement par les connaissances que le sujet a de ce que l'on fait. (Voy. analyse dans l'*Année psychologique*, t. IV, p. 514.)

Wagner rapporte toutes les déterminations du seuil qu'il a faites sur 200 élèves avant et après chaque classe ; il trouve une augmentation de la valeur du seuil après les classes, cette augmentation est variable d'un sujet à l'autre ; l'auteur a voulu expliquer ces variations individuelles et il indique en quelques mots si le sujet est nerveux ou non, s'il se sent fatigué, s'il travaille bien et s'il est attentif ; mais ces observations sont beaucoup trop courtes et trop générales, il aurait fallu les préciser et les développer. Les relations, que l'auteur pense trouver entre l'état de nervosité et de fatigue du sujet et les modifications que subit le seuil après les classes, ne sont pas du tout nettes. En somme, le travail présent a nécessité une grande patience de la part de l'auteur, mais les résultats ne sont pas certains, puisque les expériences n'ont pas été faites avec toutes les précautions nécessaires. D'une manière générale l'étude de la fatigue intellectuelle avec le compas de Weber, c'est-à-dire en déterminant le seuil du sens du lieu de la peau, ne peut pas encore être considérée comme absolument démontrée ; tous les trois auteurs (Griessbach, Vannod et Wagner) qui se sont servi de cette méthode ont commis les mêmes erreurs, et n'ont pas tenu compte des précautions à prendre ; il faudrait faire des expériences nouvelles, et on n'a pas besoin de prendre 200 élèves, 20 suffisent pleinement ; seulement on aura soin de tenir compte de toutes les difficultés et on devra noter exactement toutes les réponses des sujets.

La partie générale du travail de Wagner contient des discussions purement théoriques sur le surmenage, et les moyens de le combattre, sur la durée du sommeil, l'influence de l'alcool, la nervosité des élèves, l'heure à laquelle doivent commencer les classes du matin, la distribution et la durée des récréations, l'influence de la gymnastique et des jeux, la valeur des leçons de l'après-midi, etc. ; pour quelques-unes de ces questions l'auteur cherche des points d'appui dans les expériences précédentes, mais il procède presque toujours par supposition, ainsi par exemple du seul fait que le matin un élève a déjà avant les classes une valeur du seuil très élevée, il conclut que cet élève est surmené. Ces différentes questions généralités trop brièvement telles occupent toutes à peine ont complètement de précision, nous ne nous

différent des employées pour

apprendre à lire aux enfants; il critique ces méthodes, l
montre en quoi la physiologie de la parole peut être uti
blissement d'une méthode rationnelle. La manière dont
à lire aux enfants est une chose beaucoup plus importa
le pense ordinairement; le but que l'on poursuit en géné
prendre à lire en un temps minimum, or les statistiqu
qu'entre six et sept ans, c'est-à-dire à l'époque où on appi
nombre d'enfants qui bégayent augmente plus du double, il
de croire que cette augmentation se trouve en rapport av
l'on apprend à lire : ceci ne doit pas nous étonner; en
on écoute un enfant au moment où il commence à li
souvent l'impression du bégayement, il y a certainemen
entre le fait d'épeler un mot à haute voix et le béga
conséquent les enfants qui ont une prédisposition pou
ment peuvent être entraînés à bégayer fortement après l
leçons de lecture. L'auteur dit qu'il ne faut pas chercher
à lire en un temps minimum; il vaut mieux procéder le
faisant attention en même temps à la prononciation exac
il ne suffit pas que l'enfant reconnaisse les différentes le
aussi qu'il sache les prononcer exactement; en somm
de lecture doivent être en même temps des leçons de
tion. Pour apprendre la prononciation exacte il faut
l'enfant comment il doit placer sa langue, comment il do
lèvres, etc.; ces notions élémentaires ne sont pourtant j
connues des maîtres eux-mêmes, il est donc important
un enseignement spécial sur ce sujet dans les écoles n
instituteurs. Nous ne nous attarderons pas plus longte
points intéressants, puisqu'ils appartiennent au domaine
gogie. Disons seulement en terminant cette courte an
psychologie de la parole devrait aussi être considérée c
gnement de la lecture; l'auteur semble voir surtout le cô
gique de la question, il y a pourtant toute une sé
importants d'ordre psychologique, dont on doit tenir c
a certainement une quantité d'observations psychologiq
santes à faire, lorsqu'on observe les enfants qui appren
on trouve bien dans la littérature pédagogique des obse
ce genre, mais elles sont faites trop superficiellement; il
un sujet d'étude intéressant qui pourrait donner des résu
tants pour la pratique.

Ziehen (5°) a fait un grand nombre d'expériences sur
tions des idées chez les enfants des écoles; jusqu'ici i
qu'une partie de ses recherches. Les expériences étaie
chaque élève séparément; on disait à l'élève un mot et
de dire ce qui lui venait à l'esprit à la suite de ce mot;
c'était la seule explication que l'on donnait et l'élève cor

quoi il était question. La réponse de l'enfant était notée très soigneusement, on ne laissait échapper aucun mot; après chaque association l'expérimentateur interrogeait l'enfant s'il avait pensé à un objet particulier ou non. Les expériences étaient faites toujours à la même heure (de **9 à 11 heures du matin**), elles étaient faites dans la même chambre et dans les mêmes conditions extérieures; chaque expérience durait en général de dix à quinze minutes. Dans le protocole l'auteur notait chaque fois l'âge de l'enfant, la profession de ses parents, pour désigner le milieu dans lequel l'enfant se trouve à la maison, l'application de l'enfant, enfin les leçons que l'enfant avait eues avant l'expérience et ce que l'on avait fait pendant ces leçons. Toutes ces données sont certainement très utiles, mais elles sont encore trop insuffisantes. L'auteur nous donne l'exemple d'un protocole d'expérience; je transcris le commencement pour en donner une idée :

O. G., douze ans, neuf mois. Père tailleur. Application à l'école très variable, moyenne. 7, III, 9 heures du matin. Avant l'expérience, une heure de leçon (lecture et explication d'une poésie de Hameln sur l'attrapeur des rats).

MOTS DITS A L'ENFANT :	RÉPONSES :
Bateau.	*Chemin de fer.* (A pensé à un bateau, qu'il avait vu il y a quelques années sur l'Unstrunt, en répondant a pensé aux wagons dans une gare de Jena.)
Or.	*Argent.* (« Là, où nous étions l'année dernière dans la hutte d'argent. »)
Lit.	*Table.* (A pensé à son lit propre; en disant table, pense à la table sur laquelle j'écris.)
Vert.	*Bleu.* (A pensé à la table verte sur laquelle j'écris, et la couverture bleue de ses cahiers.)

Nous ne transcrivons pas la suite qui contient encore 45 associations analogues aux précédentes. Quand on lit un pareil protocole, on ne se représente pas du tout l'état mental de l'enfant, on ne se représente pas comment l'enfant **répondait**, s'il répondait immédiatement où s'il hésitait, si **dans ses** explications **il les donnait** de lui-même ou bien s'il **fallait l'interroger**, s'il était attentif aux expériences; **s'il y prenait intérêt** ou s'il restait indifférent. Il est certain que l'on **disait quelque chose** pendant ces expériences; il est probable que l'**on faisait des** remarques; eh bien, on les cherche .... dans le pro-**tocole** précédent. C'est là un défaut, qui .... ences est certainement considérable. Un v ....ux dans

condition principale pour savoir comment il faudrait
il faudrait, je crois, que les psychologues prisset
publier comme exemple une page quelconque de
cela vaut mieux que des explications très longues
trouve dans les meilleurs travaux. Pour ce qui conc
Ziehen, le protocole précédent nous montre que l'a
les expériences d'une manière trop schématique ; il
ment observé les élèves pendant les expériences, il
rendu compte de l'état d'esprit dans lequel se trou
pendant ces expériences.

J'ai essayé plusieurs fois de faire des expérien
ciations, et j'ai été toujours étonné de la comple:
expériences ; d'autant plus que quand on lit les a
riences sur les associations sont rapportées co
simples et très faciles ; en réalité, il faut bien fair
ce que le sujet pense, à la manière dont il se con
expériences, il faut exactement savoir comment l
le but et le sens des expériences. Quand on dit au
vous dire un mot, vous l'écouterez avec attention
direz la première idée ou le premier mot ou la pr
tation qui vous viendra à l'esprit, » chaque sujet c
rience à sa façon ; les uns s'imaginent qu'il faut s
état de tension générale et chercher à avoir une
conque au mot, d'autres comprennent qu'il faut éco
le mot, ne faire aucun effort pour évoquer intenti
association et simplement attendre que l'association
même ; entre ces deux cas extrêmes, on a toute un
intermédiaires. Il est vrai que pour ce point on pe
les expériences uniformes en donnant des explicatio
aux sujets ; on dira par exemple : « Vous écouterez p
ne ferez aucun effort pour évoquer intentionnellem
tion, etc. » ; ou bien on dira : « Vous chercherez à a
tion, faites un effort, etc. » ; et dans ces deux ca
résultats absolument différents ; il arrive par exe
premier cas le sujet n'ait aucune association p
minutes, c'est seulement le mot qu'il vient d'enten
à l'esprit. Mais ce ne sont pas là les seules difficultés ;
qui proviennent de l'état d'esprit général dans le
sujet dans ces expériences ; on remarque souvent q
tendance à dire des qualités des objets dont on lu
dira par exemple « table — ronde », « ciel — bleu », «
« livre — gros », etc., ou bien il aura une tendance
tions d'action, par exemple : « lettre — écrire »,
« table — essuyer », etc., il peut avoir une tendance
sentimentales ou affectives, exemples : « lettre — de
— mystérieux », « forêt — chant du rossignol », e

observer aussi des tendances à se rappeler des faits précis, à faire
des rimes, etc., etc. Ces tendances sont quelquefois involontaires ; elles
embrassent trois, quatre, quelquefois même toute une série d'associations ; quelquefois au contraire le sujet en a conscience, mais
puisqu'on lui a dit de ne faire aucun effort, il ne s'y oppose pas, d'autant plus que ces associations en série lui sont en général plus faciles.
En somme, on voit combien ces expériences sont compliquées et il y
aurait lieu de reprendre complètement toute l'étude des associations
en se plaçant à ce point de vue d'observation. J'ai insisté sur tous
ces faits pour justifier ma critique des expériences de Ziehen ; nous
ne savons pas comment les élèves se comportaient dans ses expériences, nous sommes donc réduits à examiner avec l'auteur les différents genres d'associations qui se sont produites.

L'année dernière, nous avons donné la classification des associations
d'Aschaffenbourg, maintenant Ziehen en propose une toute différente ; examinons-la de plus près. Toutes les associations sont, d'après
l'auteur, divisées en deux groupes, suivant que le mot associé est
relié par un verbe au mot entendu ou qu'il est dit séparément ;
exemple, en entendant le mot « rose » le sujet peut associer dans un
cas « rouge », dans un autre cas « est rouge » ; le premier cas constitue « une association disjointe » (*springende Association*), le second
cas présente « une association par jugement » (*Urtheilsassocia-
tion*).

Ces deux formes d'associations diffèrent, d'après l'auteur, par trois
caractères :

1° L'association par jugement est continue ; la représentation V_1
n'a pas encore disparu de l'esprit lorsque V_2 apparaît.

2° L'association par jugement repose sur une relation de simultanéité plus étroite.

3° Les coefficients individuels relatifs à l'espace et au temps sont
les mêmes pour le mot entendu et le mot associé dans une association par jugement, tandis que dans une association disjointe jamais
cela ne se produit.

Je passe à la critique. Il me semble tout d'abord que la division
proposée par Ziehen est en général factice ; si, par exemple, au mot
« rose » le sujet associe « rouge », il peut très bien arriver que le
sujet a pensé que la « rose est rouge », mais ce mot *est* a été pour
ainsi dire subconscient, le sujet n'y a pas fait attention, puisque son
attention a été attirée par le mot « rouge » qu'il dit dans un cas
aussi bien, que dans un autre cas il dira « est rouge », il n'y a pas là
de différence nette au point de vue psychologique ; dans l'association « rose-rouge », la représentation « rouge » pourra se rapporter
à la mêm   porter de la même manière que
dans l   on examine les différents
c   je crois, impossible de
                                                   mple l'au-

teur appelle « association par jugement » celle-ci : « gât
bon », et il appelle « association disjointe » la suivante :
ville universitaire » (p. 60) ; où peut-on trouver là les tr
tères que l'auteur signale ?

A propos de ces caractères différentiels remarquons er
dans le premier l'auteur admet que lorsque deux repré
sont reliées par un jugement, ces deux représentations s
simultanément dans la conscience, il aurait fallu dire qu
une hypothèse qui n'est pas du tout prouvée ; or une hyp
devrait pas servir pour établir des caractères différentiels.

Toutes les associations peuvent ensuite être distinguée
l'auteur, suivant qu'elles sont de nature purement verba
consonnances, etc.) ou que ce sont des associations de
tation à représentation ; dans le premier cas, le mot que l
sujet agit seulement comme son, le sens de ce mot imp
dans le second cas ce mot évoque d'abord une représent
certain objet, et c'est à cette représentation que se joint l'at
Ce sont ces associations de représentation à représentatior
teur considère surtout et qu'il subdivise encore en qu
groupes, suivant que les représentations sont générales
duelles ; on obtient ainsi les quatre sous-groupes suivants.

a. Une représentation individuelle évoque une représent
viduelle ; exemple : « table... bois », le sujet ayant pensé
en bois dans sa cuisine.

b. Une représentation individuelle évoque une repr
générale ; exemple : « livre... papier », le sujet a pensé
particulier sur la guerre de 1870, en disant papier n'a pe
un papier spécial.

c. Une représentation générale évoque une représentati
duelle ; exemple : « viande... gigot » ; « nous en avons mar
j'y ai pensé, » dit le sujet.

d. Une représentation générale évoque une représenta
rale ; exemple : « pain... farine », le sujet l'a dit d'une
générale sans avoir pensé à un cas particulier quelconque

Une représentation individuelle peut être simple, lors
comprend qu'un seul genre de sensations, ou bien comp
qu'elle résulte de sensations disparates ; par exemple, l'a
« ciel... bleu » se compose de deux représentations visu
ples ; au contraire, dans l'association « gare... partir », le m
évoque une représentation complexe visuelle, auditive e

En se basant sur cette distinction on obtient de nou
série de subdivisions différentes des associations suiva
représentation individuelle simple évoque une représentat
duelle simple ou complexe, appartenant au même sens ou
différent, etc. ; je ne m'arrête pas sur ces différents cas
peut facilement construire lui-même. Enfin l'auteur disti

les représentations complexes dans lesquelles il y a une certaine succession des parties constituantes de la représentation, exemple « orage », et les représentations complexes dans lesquelles ces différentes parties apparaissent simultanément. Il mentionne aussi l'existence de représentations de relation, comme par exemple : égal, semblable, plus grand, causalité, etc.

On voit en somme que le principe de classification des associations est complètement différent chez Ziehen que chez d'autres auteurs ; Ziehen classe les associations en se fondant sur les représensations et les sensations qui sont évoquées par les mots et qui entrent en jeu dans l'association ; Aschaffenbourg, au contraire, donne une classification logique, fondée sur le rapport logique des mots associés, il porte son attention surtout sur le sens des mots associés. Il est certain que ces deux modes de classifications ont des avantages et des défauts et il faudrait développer un système de classification dans lequel les deux modes entrent simultanément en jeu ; je ne m'arrêterai pas maintenant sur une pareille classification, mais je compte y revenir plus tard.

Passons aux résultats obtenus par l'auteur. L'étude des associations disjointes et des associations par jugement lui montre que leur nombre varie beaucoup avec les circonstances, il dépend de la façon dont le sujet a compris les explications données par l'expérimentateur ; il dépend enfin de la tendance que l'élève a quelquefois à répéter un certain genre d'association plusieurs fois de suite. On voit que l'auteur a bien vu d'une façon générale quelles sont les causes qui influent sur ces deux genres d'associations, mais il est à regretter qu'il n'ait pas observé de plus près les élèves, qu'il n'ait pas cherché à analyser plus profondément l'état mental du sujet pendant ces expériences.

Les associations verbales sont chez les élèves très rares, il n'y a qu'un élève qui en a eu 24 sur 100 associations ; cet élève a été plusieurs années dans une école communale où on faisait beaucoup attention à l'orthographe, on voit que dans les associations cet élève a plusieurs fois indiqué comment le mot s'écrivait : exemples : « *Bell* — s'écrit avec deux *l* », « *ähnlich* — on l'écrit avec une minuscule et avec une *h* », etc. Les autres élèves ont eu en moyenne 2 p. 100 d'associations verbales. Chez l'adulte le nombre de ces associations est beaucoup plus grand. (Voy. par exemple le travail d'Aschaffenbourg, *Année psychologique*, t. IV, p. 554.)

En étudiant les nombres d'associations individuelles et générales, on trouve que chez l'adulte il y a en moyenne 80 p. 100 d'associations dans lesquelles une représentation générale évoque une autre représentation générale ; puis viennent les associations de l'individuel à l'individuel et enfin en dernière ligne, celles de l'individuel au général ou du général à l'individuel. Chez l'enfant (de neuf à douze ans) les

sont celles de l'individuel à l'individuel, le mot que l'on d
évoque chez lui une représentation d'un objet particulier;
sentation évoque par association aussi une représenta
duelle se rapportant à tel objet ou à telle circonstance; à
l'enfant grandit les associations générales augmentent
Il est important de voir que l'étude des associations fait
thode présente a donné des résultats qui confirment ce qu
tion journalière avait appris : l'enfant emploie beaucou
son langage des représentations particulières que ne le 1

Il y a des différences très fortes d'un élève à l'autre p
portions de ces associations individuelles; cette proport
45 à 95 p. 100. Pour qu'il n'y ait pas de malentendu
l'auteur donne beaucoup d'exemples qui montrent nett
ment il a fait les calculs; nous passons sur ces exemp
très utiles et qui doivent être consultés par toute pe
voudrait étudier les associations.

L'étude des associations simples et complexes chez
donné les résultats suivants :

1, *a*) Une représentation simple évoque une autre rej
simple appartenant aux mêmes sensations (exemple
dans 3,

1, *b*) Une représentation simple évoque une autre rej
simple appartenant à un autre sens (rouge-sucré) dans .

2, *a*) Une représentation simple évoque une représen
plexe dont elle fait partie (exemple vert-prairie) dans .

2, *b*) Une représentation simple évoque une représen
plexe dont elle ne fait pas partie (vert-sucre) dans . . .

3, *a*) Une représentation complexe évoque une rej
simple, qui est comprise dans la première (exemple p
dans . . . .

3, *b*) Une représentation complexe évoque une
tion simple qui n'en fait pas partie (sucre-noir) dans. .

4, *a*) Une représentation complexe évoque une autre
tion complexe d'ordre inférieur comprise dans la premi
fleur) dans . . . .

4, *b*) Une représentation complexe évoque une au
supérieur qui comprend la première (fleur-prairie) dans

4, *c*) Une représentation complexe évoque une autre
tion indépendante (prairie-ville) dans. . . . .

Ces nombres sont relatifs à 26 élèves sur lesquels on a
riences avec les mêmes mots. Ces résultats sont très ii
ils montrent qu'une représentation simple (vert, sucré,
évoque trois fois plus souvent une représentation comp
autre représentation simple (cas 1 et 2). De même une re
complexe (sucre, prairie, fleur, maison, etc.) évoque
souvent une autre représentation complexe qu'une

simple. Il y aurait lieu de poursuivre des recherches plus nombreuses dans ce sens, elles permettraient certainement d'obtenir des données nouvelles sur les lois des associations, qui sont encore très mal connues.

Ce qui manque dans le travail de l'auteur, c'est l'étude logique, approfondie des associations; il a envisagé la question d'une façon trop schématique. Nous voyons, par exemple, que dans la moitié des cas une représentation complexe évoque une autre représentation complexe de même ordre, on ne peut pas se contenter d'une pareille indication; ce n'est là que le point de départ d'une étude qui devrait être faite; il est évident que cette étude est beaucoup plus difficile que celle qui a été faite par l'auteur; il est bien plus difficile d'établir une subdivision logique des associations, de tenir compte des idées qui ont été suggérées par les différentes représentations, mais ce n'est pas une raison pour ne pas faire une pareille étude.

Notons en terminant cette analyse que l'auteur a employé des signes particuliers pour désigner les différents cas, ces signes sont très commodes et facilitent beaucoup la lecture des tables; mais il faut, je crois, être très prudent dans l'emploi de ces signes schématiques, puisqu'ils conduisent trop facilement à une schématisation générale des expériences; c'est ce qui est arrivé dans le travail de Ziehen.

La monographie de *Fauth* (6°) sur la mémoire est destinée surtout aux pédagogues; elle se compose de deux parties, l'une théorique sur la psychologie de la mémoire (50 pages) et l'autre pratique sur les moyens de cultiver et de développer la mémoire à l'école (38 pages). Je ne ferai pas d'analyse longue de cette monographie; elle est trop théorique; l'auteur parle en termes vagues sur le rôle du système nerveux dans la vie psychique, sur la mémoire des nerfs sensitifs, sur la mémoire des nerfs moteurs; il mentionne les recherches de Flechsig sur le cerveau et essaye d'en tirer parti; il étudie la mémoire comme on le fait dans les psychologies anciennes où on ne tient pas compte des expériences où les idées de la psychologie expérimentales n'ont pas encore pénétré. De pareilles études paraissent à l'époque présente beaucoup trop vagues et trop générales; il existe maintenant une quantité de recherches expérimentales, allemandes, américaines et françaises,

faible, on voit que l'auteur ne connaît pas très bien l
expérimentales faites sur la mémoire.

Nous ne ferons pas ici l'analyse des deux dernières mon
celle de Baumann sur la formation du caractère et de la
celle de Cordes sur l'éducation de soi-même. Ce sont des
phies purement pédagogiques, la partie psychologique y es
des raisonnements théoriques du genre de ceux que l'
chez les philosophes classiques; nous n'avons pas à entr
cussion avec ces théories qui sont condamnées à dispara
qu'elles ont été formées non pas après des études expér
méthodiques, poursuivies avec patience comme on le fait n
dans les laboratoires de psychologie, mais puisqu'elles so
sur quelques observations et surtout sur des raisonnem
traits.

Victor Henr

G. von VOOS. — Ueber die Schwankungen der geistigen A
tung (*Les oscillations de la faculté de travail psychique*). l
Arbeiten de Kraepelin, II, p. 399-450.

Dans toutes les recherches expérimentales faites au l
de Kraepelin, le travail psychique continu consistait à
additions simples sans s'interrompre pendant un temp
moins long. Le sujet a devant lui un cahier, sur chaque
imprimées six colonnes de chiffres et le sujet doit additio
vite que possible les chiffres placés au-dessous les uns d
On comptait toujours la quantité de travail fait chaque cin
et on voyait que cette quantité varie continuellement ; il
intéressant d'étudier de plus près ces variations, de voir
elles se produisent afin d'arriver ainsi à obtenir une idée
plète de l'état mental dans lequel le sujet se trouve p
expériences. Le travail présent devrait donner une répo
questions importantes ; je dis devrait, puisqu'en réalité
atteint le but poursuivi et que les résultats définitifs
maigres, en comparaison surtout avec la quantité énorme d
et de calculs qui ont été exécutés par l'auteur. Je montre
de cette analyse quelle est la cause principale de cet éch
nons d'abord la méthode employée et les résultats obtenu
Le sujet avait dans sa main une plume spéciale, constru
façon que toutes les fois qu'on appuie contre le papier, il
une fermeture de courant électrique ; ce courant passe
signal électrique permet donc d'enregistrer sur un cyli
les moments auxquels la plume a été appuyée contre le
sujet marque avec sa plume un trait dès qu'il a terminé
tion, cette dernière consiste à additionner un chiffre à
de deux chiffres.

Les expériences ont été faites sur trois sujets, chacun d'eux devait faire des additions pendant une heure sans interruption ; l'un des sujets a calculé ainsi pendant huit séances et les deux autres pendant quatre séances chacun. Les séances avaient toujours lieu à la même heure, de 8 à 9 heures du matin ; avant les expériences les sujets s'abstenaient d'alcool et de café, ils menaient une vie aussi régulière que possible ; on voit donc combien de précautions « extérieures » avaient été prises pour que le sujet se trouvât toujours dans le même état et qu'aucune cause étrangère ne vînt troubler les résultats ; une chose seulement avait été oubliée, l'auteur n'en parle pas du tout : on a oublié d'interroger le sujet sur son état mental ; on ne l'a pas interrogé comment il se sentait, ce qu'il pensait en faisant ces expériences, se sentait-il fatigué ou non ? était-il bien en train ou bien se comportait-il d'une manière indifférente ? était-il, en somme, bien disposé ou non ? Toutes ces questions n'ont pas été posées et c'est là, je crois, un très grand défaut non seulement du travail présent, mais de la plupart des recherches qui ont été faites chez Kraepelin. J'insiste exprès sur ce défaut, puisque d'une manière générale on ne le trouve pas mentionné dans les analyses faites de ces travaux ; je ne crois pas que l'on puisse dire quelque chose de certain relativement aux états de fatigue, d'entrain, d'exercice, d'ennui, de verve, de lassitude (Müdigkeit), etc., dans lesquels se trouvent les sujets du laboratoire de Heidelberg, si on n'a pas pris très soigneusement les observations internes de ces sujets ; la seule inspection des chiffres et quelques remarques générales faites par ces sujets sont loin de suffire pour des conclusions générales relatives à des états mentaux aussi complexes que les précédents. Nous verrons dans la suite des exemples de ces conclusions déduites de l'examen des résultats numériques, dans des cas où l'introspection *seule* pourrait nous renseigner.

L'auteur commence par examiner la durée des additions isolées, il compte combien dans chaque cinq minutes il y a eu d'additions ayant duré 0sec,4, 0sec,6, 0sec,8, 1 sec., 1sec,2 et au-dessus de 1sec,2 ; il obtient ainsi des tableaux très compliqués, difficiles à étudier. Tous

	INTERVALLES DE 5 MINUTES											
	1er	2e	3e	4e	5e	6e	7e	8e	9e	10e	11e	12e
0,4 seconde	2	4,5	7	4	3	4	10	7,5	10,5	4,5	5	4,5
0,6	62	71,5	65	67	69	72,5	62,5	63,5	61,5	61,5	61,5	60,5
0,8	12	11,5	8,5	13,1	14,3	12,5	12,5	11,5	14	16	10	12
1	6	4,5	5,5	4	4	4,5	-	7,5	3,5	5	6	7
1,2	4	3,2	4	8	1	4	-	4,5	4,5	3	6,5	5,4
Au-dessous de 1 sec, 2.	8	4,6	7	6 0	2 4				0	10	11	9,5

les résultats numériques sont rapportés et chaque séance
est discutée à part. Donnons plusieurs exemples qui ne
à montrer en détail la méthode de raisonnement e
l'auteur. Le premier tableau contient les résultats rela
sième séance du sujet V. ; les nombres du tableau indi
combien d'additions d'une certaine durée ont été fa
chacun des 12 intervalles de cinq minutes; on voit par
pendant les premières cinq minutes il y a eu deux additi
68 additions ont duré 0sec,6, 12 additions étaient de 0sec,

Que pourrait-on conclure de ces chiffres? On voit
presque les deux tiers des additions durent 6 dixièmes
plus d'un dixième des additions durent 0sec,8 ; quant
durées d'addition, elles sont beaucoup moins fréquentes
parc entre eux les différents intervalles de cinq mint
qu'il y a des variations très irrégulières ; le seul change
paraît assez net, c'est que après le sixième intervalle le n
ditions de 0sec,6 a diminué, mais en revanche le nombr
de 0sec,4 a un peu augmenté. Je ne crois pas que l'on a
tirer d'autres conclusions de ces nombres qui présen
variations irrégulières. L'auteur en tire pourtant des
beaucoup plus générales que je vais indiquer. Il trouve
le nombre d'additions de 0sec,6 augmente du premie
intervalle ; ces nombres sont 68,0, 71,5, 68,0, 67,0, 69,0 e
vois pas d'augmentation dans cette série ; cette augme
l'auteur trouve, est attribuée par lui à un effet de l'exerc
du septième intervalle, dit l'auteur, le nombre de c
diminue progressivement et on peut admettre que c'es
de la fatigue ; c'est là une hypothèse qui n'est pas du t
Les nombres d'additions de 1sec,2 se comportent, d'ap
d'une manière inverse aux précédents. L'auteur porte s
sur l'augmentation du nombre d'additions de 0sec,4 du
9° intervalle. « Que la fatigue, dit l'auteur, se faisait déjà
le 7° intervalle, doit être conclu de la diminution du no
tions de 0sec,6 et de l'augmentation du nombre d'additio
de 1sec,2 dans le septième intervalle ; évidemment le
conscience de cette baisse dans le travail, et la suite du
ment (*Wiederanspannung*) des forces, qui vient après c
de lassitude, c'est l'amélioration temporaire du travail.
a appelé ce phénomène *Müdigkeitsantrieb* (verve d
(p. 404) ; que d'hypothèses sont faites dans ces quelq
Comme on voit nettement par ce seul exemple que les r
été examinés avec des idées préconçues, voulant part
l'influence des différents facteurs admis par Kraepelin.
que le sujet a fait dans le 6° intervalle de cinq minutes 39
dans le 7° intervalle il en a fait 398 ; il semblerait que
constance qui ne révèle pas du tout l'existence d'une fati

7ᵉ intervalle ; de plus, si le sujet avait conscience de l'état de fatigue comme le conclut l'auteur des chiffres précédents, il n'y a qu'un moyen unique de le vérifier, c'est l'introspection qui devait avoir lieu au moment même de l'expérience ; enfin la « lassitude » et cette « verve de lassitude » que l'auteur veut introduire avec Kraepelin, il faut au moins que son existence soit prouvée par des observations internes ! Je m'arrête aussi longuement sur cet exemple puisqu'il n'est pas unique ; tout le travail de Voss est rempli de raisonnements pareils au précédent et, de plus, dans beaucoup de recherches faites chez Kraepelin, ce genre de raisonnements se rencontre : on examine les résultats numériques, on n'interroge pas le sujet et on fait des conclusions sur l'état mental du sujet ; il faut, je crois, protester très énergiquement contre une pareille méthode, qui n'est pas du tout psychologique.

Nous ne nous arrêterons pas sur les autres séries d'expériences faites chez ce sujet ; les résultats obtenus varient beaucoup d'une séance à l'autre ; le nombre d'additions de 0ˢᵉᶜ,6 reste toujours très élevé ; quant aux variations de ce nombre, elles sont très irrégulières et il est impossible de tirer aucune conclusion certaine de ces variations. L'auteur arrive pourtant à déduire des conclusions très générales. Il considère comme démontré que sous l'influence de l'exercice le nombre d'additions de 0ˢᵉᶜ,6 augmente ; cette conclusion ne ressort pas du tout des expériences de l'auteur. De plus, en se fondant sur quelques coïncidences de l'augmentation du nombre d'additions de 0ˢᵉᶜ,4 et de l'augmentation du nombre des additions faites pendant les premières et les dernières cinq minutes, l'auteur conclut que l'effet de la « verve » (Antrieb), c'est-à-dire de cet état particulier d'excitation du début et de la fin, se traduit par une augmentation des additions de 0ˢᵉᶜ,4 ; en examinant seulement les résultats numériques, l'auteur conclut que le sujet V. a été dans la cinquième séance dans un état de verve (Antriebswirkung), et que le sujet K. était dans la quatrième séance « beaucoup plus mal disposé qu'aux jours précédents et qu'il avait la tendance de réparer cette baisse par des effets de verve (Antriebswirkung) » (p. 412) ; je remarque encore une fois que le sujet n'avait pas été interrogé et que cette conclusion sur son état mental n'est tirée que des nombres obtenus ; ce n'est donc qu'une hypothèse arbitraire. L'auteur ne remarque pas qu'il fait des hypothèses ; il considère ces conclusions comme certaines et il affirme comme démontré que sous l'influence de la verve le nombre d'additions de 0ˢᵉᶜ,4 est augmenté.

L'auteur étudie ensuite le degré de régularité des durées des additions ; il examine pour cela comment s'écartent les durées de leur moyenne de cinq secondes en cinq secondes. Il trouve ainsi par des raisonnements pareils aux précédents que sous l'influence de l'exercice les additions sont plus régulières, que la fatigue produit des écarts et les

conclusions qui ne peuvent pas être admises co
, Enfin l'auteur étudie aussi les oscillations de:
tions, et pour mesurer ces oscillations il prend la
maximum successifs. On obtient ainsi des oscillat
$1^{sec},4$ à 5 secondes. Les oscillations de $1^{sec},4$ à 3 :
nombreuses que les oscillations de 3 à 5 secondes
tions des nombres d'oscillations de durées différe
faibles pour qu'on puisse en tirer quoi que ce soi

En résumé, le travail de Voss est intéressant pa
périmentation ; il montre que dans une série d'a
que l'on fait aussi vite que possible la durée de:
sives varie constamment ; il y a des oscillations
oscillations de l'attention et que chacun a pu obs-
pendant des calculs longs ; la durée des additi
$0^{sec},4$ à $1^{sec},2$ et même plus ; chez deux des sujet:
additions ont une durée de $0^{sec},6$. Tous ces faits
dans cette méthode d'expérimentation une sou
des expériences sur l'attention et sur les effets
rentes causes. Il y a seulement un défaut : les vari
obtenus en comparant entre eux des intervalles de
trop faibles ; il serait peut-être plus avantageux d
rations plus complexes qui ont une durée plus l
vue de l'influence des différents facteurs tels
fatigue, la verve, la disposition générale, etc., le
n'apporte rien de certain ; toutes les conclusions fo
par l'auteur reposent sur des hypothèses, puisqu'
contrôlées et confirmées par les observations in
cette absence d'observations internes est un défau
travail.

VIII

ÉMOTIONS

HAMON. — **Déterminisme et responsabilité**. *Bibliothèque internationale des sciences sociologiques*. 1 vol. in-18°, p. 240. Paris, Reinwald, 1898.

Ce livre, qui est en partie un compte rendu de leçons faites par l'auteur à l'Université nouvelle de Bruxelles sur la criminologie, traite de trois questions importantes : le libre arbitre, la définition du crime, la base de la responsabilité. Ces trois questions sont étudiées au point de vue sociologique, avec beaucoup d'exemples empruntés à la sociologie.

La première question (1-63), celle du libre arbitre, n'est guère nouvelle pour nous ; car c'est une question à la fois philosophique et psychologique, qui a déjà donné lieu à bien des analyses et à des controverses ; l'auteur ne la rajeunit point ; il insiste surtout sur ce fait que notre libre arbitre repose, comme principal argument, sur la conscience que nous avons d'être libre. « Voilà, dit-il, le raisonnement des défenseurs du libre arbitre. Or la conscience qu'on peut avoir d'un phénomène n'en prouve pas l'existence. Tous nous avons conscience que le soleil va de l'est à l'ouest. Ce serait cependant errer grandement que d'en déduire : donc le soleil va réellement de l'est à l'ouest, tournant autour de la terre. » Nous citons cet exemple, qui montre bien la manière de l'auteur[1] ; il est probable que son argumentation ne convaincra pas les partisans du libre arbitre. Plus loin, il croit démontrer le déterminisme en faisant une description détaillée de l'opération physiologique qui constitue l'acte réflexe[2].

La question de la définition du crime nous retiendra plus longtemps. L'auteur cite, discute et réfute à peu près toutes les définitions qu'on a données du crime, et ensuite il donne et développe la sienne. Il nous paraît intéressant de reproduire intégralement ces diverses définitions, avec les noms de leurs auteurs. Nous dirons ensuite ce que nous en pensons nous-même.

(1) *Op. cit.*, p. 8.
(2) *Op. cit.*, p. 17.

Garofalo (*Criminologie*, p. 5, et p. 45. Paris, 1888), définit
en recourant aux deux sentiments de pitié et de probi
offense à ces sentiments est crime.

Morasso dit que le crime est la dissolution spéciale de
produit social qu'on appelle le sens moral.

M. Tarde propose cette définition : « L'idée du crime
essentiellement, naturellement, celle d'un droit ou d'u
violé. » (*Philosophie pénale*, Paris, 1891.)

Dans un ouvrage sur la *Division du travail social*, M. Em
heim définit ainsi le crime : « Tout acte qui à un degré qu
détermine contre son auteur cette réaction caractéristiq
nomme la peine. Le crime froisse des sentiments qui,
même type social, se retrouvent dans toutes les consciences

Selon le Dʳ Gouyer, « est qualifié crime ou délit, suivant
tout acte dissonant pour la société qu'il intéresse ».

Pour M. Henri Mazel, crime-délit s'entend de tout acte
nuisible à la société ; — ou encore, le crime est tout ce qui
tégrité de l'individu.

Pour M. Corre, le crime-délit s'entend de l'attentat contre
des autres, qui se résume dans la liberté d'être et d'agir sui
taines modalités conventionnelles pour les individus et le
tivités. — Est crime, dit encore cet auteur, tout acte à la
altruiste et antisolidaire ou antisocial.

M. Colajanni dit : Sont des actions punissables celles déf
par des motifs individuels et antisocianx qui troublent l
tions d'existence et offensent la moralité moyenne d'un pe
moment donné.

Selon le Dʳ Cabadé, « l'idée de crime ne saurait se con
dehors de la vie en commun ; le crime, c'est tout acte qi
rendre difficile ou impossible la vie en société. C'est un ac
perpétration tend à l'annihilation de la société. Il est bien
la société ne saurait subsister si chacun de ses membres
pouvait être perpétuellement lésé : 1° dans son existence
sa propriété, 3° dans ses sentiments intimes. »

D'après Blocq et Onanoff, il y a crime chaque fois qu'un
connaissance des attributs des choses, aura dérivé des for
profit personnel, et n'y sera parvenu qu'en diminuant, par
acte, les forces vives terrestres, utilisables.

Enfin, d'après Hamon, le crime est tout acte conscient q
liberté d'agir d'un individu de même espèce que l'auteur

Si on veut bien parcourir toutes ces définitions, on voit q
ressemblent beaucoup dans le fond ; elles expriment soit k
soit simultanément, deux idées fondamentales : l'un
d'une atteinte portée aux sentiments moraux, à la pr
au sens moral, atteinte qui détermine de la part
individus une réprobation ; c'est l'idée sentime

est utilitaire; elle exprime un tort fait, soit à un individu en particulier, soit au corps social tout entier, une nuisance physique ou
morale, un dommage enfin; ce dommage est indiqué par chaque
auteur suivant son éducation, de sorte que des auteurs d'éducation
différente expriment parfois la même idée en employant des mots
qui n'ont rien de commun; c'est ainsi que M. Tarde, le juriste,
parle d'une atteinte portée à l'exercice d'un droit ou d'un devoir,
tandis que Blocq et Onanoff, qui étaient habitués à penser physiologiquement, parlent d'une diminution de la force vive utilisable;
mais au fond, je crois bien qu'ils veulent dire la même chose.

Il me semble donc que toutes ces définitions se valent; elles sont
plus ou moins heureuses comme forme, plus ou moins claires, plus
ou moins complètes, les unes faisant surtout valoir l'élément sen-
timental du crime, les autres surtout l'élément utilitaire; la meilleure et la plus complète, à mon goût, serait celle de Colajanni. Celle
de Hamon ne diffère pas des autres autant qu'il le croit, puisqu'en
somme elle exprime l'idée de dommage; elle est un peu vague;
appeler crime un acte qui lèse la liberté d'agir d'un autre individu,
c'est oublier que du moment que nous sommes en société, la plus
grande partie de notre liberté est perdue, et par conséquent lésée,
et toute lésion de cette liberté ne peut être considérée comme un
crime. Le principal désir de Hamon semble avoir été de donner une
définition absolue du crime, une définition qui fût indépendante du
temps et de l'espace, comme il le dit lui-même, et qui fût assez
exacte pour empêcher de considérer un acte comme criminel pour
tel pays et non criminel pour un autre. En effet, l'auteur reproche
aux autres criminologistes d'avoir trouvé seulement des définitions
relatives : ce qui nuit à la société, dit-il à peu près, n'est point une
bonne définition; car tel acte nuit à telle société et non à telle autre;
« la notion de nuisance sociale est variable avec les individus dans
un même temps et dans un même lieu; elle varie de même avec les
époques, avec les régions. » C'est vrai; aussi pensons-nous que le
crime est, dans une large mesure, une notion relative. L'auteur n'a
réussi à en faire une notion en apparence absolue qu'en restant dans
des termes extrêmement vagues : si au lieu de se contenter de dire :
lésion à la liberté d'agir, ce qui est tellement vaste que cela ne
signifie rien, il avait précisé la nature des lésions qui seules sont
criminelles, il serait tombé dans les distinctions toutes relatives

toutes les difficultés qu'elle fait surgir ; il a accordé une [...]
attention aux travaux des contemporains cherchant à [...]
fondement à la responsabilité morale. Il y aurait beauco[...]
quer dans ses assertions, et on remarque sans peine que [...]
ces questions qui, avant d'être sociales, sont surtout psycl[...]
Hamon aurait dû s'enquérir des travaux des psycholo[...]
commis notamment deux erreurs fondamentales. La pr[...]
dans sa manière de concevoir le déterminisme ; bien qu'il [...]
pas clairement cette manière, beaucoup des express[...]
emploie trahissent sa pensée ; ainsi, il dit que l'individu [...]
ne pas faire ce qu'il fait, que l'individu est *obligé* par sa c[...]
mentale d'agir dans un certain sens ; il montre ainsi qu'il [...]
doctrine du déterminisme avec celle de la nécessité, bien [...]
Mill, que probablement il n'a pas suffisamment lu, ait fa[...]
tinction profonde entre les deux doctrines.

D'autre part, et c'est là sa seconde erreur fondamental[...]
comme un axiome évident par lui-même que le libre arbitr[...]
la responsabilité morale ; ce n'est cependant qu'une idé[...]
cielle, une sorte de vérité verbale ; si on examine les chos[...]
on s'aperçoit facilement que c'est complètement faux [...]
arbitre, tel que l'entend l'école, est la possibilité de se [...]
dehors de tout mobile ; c'est un véritable coup de hasai[...]
fonde aucune espèce de responsabilité morale. M. Fouillée[...]
semble, victorieusement démontré ; et j'ai moi-même re[...]
démonstration dans un article que M. Hamon veut bie[...]
point de départ de toute sa discussion me paraît donc ine[...]
un travail à reprendre.

Citons maintenant, d'après l'auteur, les principales th[...]
ont été imaginées dans ces dernières années pour fonder[...]
sabilité morale sur un autre principe que le libre arbitre.

Les codes pénaux de Zurich, de Hongrie, d'Espagn[...]
déclarent : pour qu'il y ait imputabilité, il faut que l'a[...]
commis volontairement.

Les criminalistes allemands abandonnent ce criterium[...]
dent la responsabilité sur la liberté de l'intelligence. Ains[...]
ner écrit : « Pour qu'il y ait imputabilité, c'est-à-dire resp[...]
pénale, on doit avoir la conscience de soi-même, la cons[...]
monde extérieur et la conscience développée du devoir ».

Le Dr Dubuisson fonde la légitimité de la peine sur l'int[...]
qui peut exercer une influence salutaire, même dans l'[...]
déterministe.

M. Poletti soutient que « pour être responsable de son c[...]
teur doit présenter un maximum de cet état que la scienc[...]
comme nécessaire pour constituer l'homme [...]

« Tout homme, dit Magri, reçoit du mi[...]
bons et mauvais, moraux et immoraux. De[...]

la personnalité de tout homme ; il sera honnête ou criminel suivant la prédominance des éléments sociaux ou antisociaux. Or, si l'individu ne peut rien lorsque sa personnalité est déjà formée, il peut, au contraire, et il doit contribuer à sa formation en donnant la prévalence aux éléments moraux. S'il ne le fait pas et devient criminel, il est moralement responsable. » M. Lévy-Bruhl écrit : « L'homme est moralement responsable parce qu'il est l'origine première de son progrès ou de sa décadence au point de vue de la perfection. C'est à lui, considéré dans l'essence de sa personnalité, que les décisions doivent être rapportées. En un mot, la notion de responsabilité morale suppose celle de liberté. »

M. Binet cherche le fondement de la responsabilité morale dans un duel entre les sentiments de pitié et d'indignation.

M. Tarde fonde la responsabilité sur deux conditions : l'identité individuelle, et la similitude sociale. Qu'est-ce que l'identité individuelle ? C'est la permanence de la personne, c'est la personnalité envisagée sous le rapport de sa durée. Son fondement est la mémoire et l'habitude. Pour qu'il y ait responsabilité, il faut identité entre celui qui a commis l'acte et celui qui est chargé d'en répondre.

Les critiques que M. Hamon adresse à ces différentes conceptions ne sont pas toujours les nôtres. Il y a, ce nous semble, plusieurs distinctions à faire. Tout d'abord, il faudrait définir ce qu'on entend par responsabilité morale ; on éviterait ainsi quelques erreurs et quelques confusions. Quant à nous, nous appelons responsabilité morale l'application méritée des peines ; il y a responsabilité morale lorsqu'on reporte sur l'agent la conséquence juridique de son acte, et que cette application paraît juste, méritée, n'offense pas nos sentiments de moralité, mais, au contraire, leur donne satisfaction ; c'est en ce sens que la responsabilité morale se distingue d'une institution purement utilitaire, par exemple, d'un mode de répression qui serait inspiré uniquement par les besoins de défense sociale et qui chercherait à satisfaire ce besoin sans se préoccuper des questions d'équité. La responsabilité morale n'est autre chose que l'introduction de la notion de justice dans l'application des peines. Si on a cette idée présente à l'esprit, on ne peut qu'écarter péremptoirement la prétendue solution de Dubuisson, qui fonde la responsabilité morale sur l'intimidation ; intimider pour prévenir le crime, c'est faire de l'utilitarisme, ce n'est pas le moins du monde organiser une responsabilité morale.

Parmi les autres définitions qui ont été citées plus haut, la plupart reviennent à admettre comme condition nécessaire de la responsabilité morale le libre arbitre. Il est clair que lorsqu'on subordonne la responsabilité à l'acte volontaire, on sous-entend que cet acte doit être libre, et si, comme Maggi et Lévy-Bruhl, on fait naître la responsabilité de l'idée de personnalité, c'est parce

que l'on suppose que la personnalité est le résultat d'un
volontaire et libre. Toutes ces définitions, par conséqu
d'autres définitions qu'Hamon n'a pas citées, ne so
variantes de cette formule très simple : le libre arbitre
tion nécessaire de la responsabilité morale.

La théorie de Tarde est, d'après l'auteur, la plus inç
ait encore vu le jour. Tarde, nous venons de le voir, l
ponsabilité morale sur l'identité personnelle. Hamon n'a
cette solution, mais son argumentation m'a paru bien é
contente de nier l'existence de cette identité personnelle
que nous sommes dans un perpétuel changement. Ce
fallu répondre à Tarde, à mon avis, c'est que même et
l'identité personnelle — qui existe du reste dans la mer
est nécessaire en pratique — on ne comprend pas ce
identité personnelle fonde la responsabilité morale. Je s
aujourd'hui qu'hier, soit ; hier, j'ai commis un crime
répondre aujourd'hui, comme j'aurais dû en répc
puisque je suis resté identique en moi-même ; soit e
que prouve ce raisonnement ? C'est que si j'ai été hier
moralement de mon crime, j'en suis également respons
d'hui. L'identité personnelle prouve la continuité, la
de la responsabilité morale ; mais elle n'en fonde pas
il faudrait d'abord démontrer que hier même ma re
morale a existé, car pour continuer, il faut d'abord qu
naissance. Or, ceci, M. Tarde ne l'explique pas, et c'es
singulière que ni lui ni Hamon ne se soient aperçu
lacune. C'est un très curieux exemple d'illusion psychol

J'en viens maintenant à ma théorie personnelle, c
repousse, mais sans l'avoir bien comprise. Je prends l
remettre les choses au point. J'admets comme exacte
déterministe ; c'est une hypothèse, il faut d'abord l'a
rien, aucune expérience ne l'a directement démontrée
paraît être très vraisemblable, grâce à beaucoup d'argu
rects. Je l'admets donc, dans le sens de Stuart Mill ; no
pensées, non seulement sont déterminés, dirai-je ave
ils ne sont point nécessités ; ils sont le résultat de cau
logiques et autres, dont nous n'avons pas conscience,
conséquent il est inexact de dire que nous subissons la
L'idée qu'une personne, parce qu'elle est déterminée l
titution mentale à agir d'une certaine manière, se sent
trainte d'agir de cette manière, est une idée puérile ;
est démentie par le témoignage de notre conscience ;
lieu, l'absence de contrainte résulte de l'éta
comment se sentirait-on contraint par des é
l'on ne connaît pas ? Ceci est important à n
un pas plus loin.

En second lieu, je critique la formule célèbre : pour avoir une responsabilité morale, il faut être doué de libre arbitre. Cette formule, confessons-le, est acceptée comme vraie par tous les hommes de bon sens ; ceci démontre qu'elle est vraie, dira-t-on, soit ; mais à la condition de savoir comment chacun la comprend. Il y a deux interprétations possibles, celle de l'école, et celle des ignorants ; celle de l'école est la mauvaise, et ce sont les ignorants qui ont raison. L'école, j'entends par là les philosophes, donnent du libre arbitre une explication telle que le libre arbitre devient synonyme de hasard ; et un des leurs a bien montré que le libre arbitre ainsi entendu ne peut conduire à aucune espèce de responsabilité morale. Au contraire, la masse des ignorants entend par libre arbitre tout autre chose ; elle ne se préoccupe pas de questions métaphysiques ; elle ne se demande pas si un acte libre est sans cause, sans antécédents : elle prend la question sous une forme toute pratique ; un acte libre est celui qui a été conçu, préparé, exécuté sans contrainte physique ou morale, celui qui est la vraie expression de la personnalité de l'agent ; si on force ma main à donner une signature, ou si par terreur ou suggestion, on m'oblige à commettre un acte coupable, on substitue alors une autre volonté à la mienne, on me fait subir une contrainte, et je ne suis pas libre. Voilà dans quel sens pratique la masse des gens comprend l'expression de libre arbitre ; et on ne peut pas s'empêcher de reconnaître que cette distinction entre les actes libres et ceux qui ne le sont pas présente en pratique une importance énorme. Mais cette distinction n'est pas du tout celle des philosophes, elle n'a rien de commun avec leur métaphysique. D'autre part, cette distinction est parfaitement d'accord avec la thèse déterministe, qui tout en admettant que tous nos actes sont déterminés, peut accepter la distinction entre les actes qui représentent exactement notre caractère, notre personnalité morale, et les actes qui nous sont arrachés par la surprise, par la peur ou par une violence physique. Je soutiens que c'est dans le sens précité qu'il faut entendre la célèbre formule : le libre arbitre est la condition nécessaire de la responsabilité morale.

Maintenant que veut dire exactement cette formule ? Est-ce là quelque chose de comparable à un axiome de géométrie, est-ce un rapport affirmé entre deux faits, est-ce une vérité d'ordre intellectuel ? Nullement : c'est une vérité morale, c'est un jugement moral. Lorsqu'on dit que le libre arbitre est la condition nécessaire de la responsabilité morale, on veut dire que le châtiment est juste, mérité, lorsque l'agent a agi librement ; on exprime, dans une forme précise, que lorsque tel fait se produit après tel autre fait, on éprouve un sentiment moral d'approbation. Et alors, ceci étant ... , il n'y a plus qu'à rechercher pourquoi ce sentiment moral ... tion s'élève chez nous tous, à l'époque actuelle, quand les

deux faits indiqués se succèdent. Pourquoi sommes-nous
satisfaits par la punition d'un malfaiteur qui a agi ▆▆▆
Pourquoi sommes-nous blessés moralement par le chà
individu qui aurait commis un crime sous l'influenc
trainte et n'aurait été qu'un instrument ? Je crois qu▆
sible de poser le problème sous une forme plus précise.

Ce que nous appelons aujourd'hui notre distinction d
mal, notre notion du mérite et du démérite, n'est que ▆
rieure d'une activité psychique qui s'est lentement
Dernièrement Ribot a insisté sur cette genèse; il a m▆
notion intellectuelle du mérite et du démérite n'a été d'
sentiment moral; l'acte de jugement a d'abord été une
de sensibilité, et il n'est que cela du reste chez bien des
enfants et chez la plupart des individus, même les plus
sorte que lorsqu'on dit qu'une personne mérite son châtiè
mule simplement l'état de sensibilité qu'on éprouve vis-à
personne : désapprobation, indignation, dégoût, haine,
variables à l'infini. Or, ces sentiments ne se font jour q▆
du délit a agi sans contrainte et librement, dans le sens
mot; car c'est seulement dans ce cas que la personnalit
est en harmonie avec son acte et inspire les mêmes
que l'acte lui-même; dans le cas contraire, si l'indivi
simple instrument, sa personnalité est étrangère à l'▆
elle ne provoque pas chez les autres individus le mê▆
d'indignation ; des distinctions se produisent, distincti▆
plus fines que l'acte est jugé par une société plus avancé
longuement (*Revue philosophique*, 1888) les conséquen▆
interprétation, et montré combien de faits elle explique
ans que je l'ai écrite, et bien souvent j'y suis revenu po
ter ; je persiste à croire qu'elle est la seule vraie.

A. Bix▆

IX

SOMMEIL, RÊVES ET CAS PATHOLOGIQUES

E. BERNARD - LEROY. — **L'illusion de fausse reconnaissance.**
Paris, Alcan, 1898, 250 p.

Il existe un certain nombre de phénomènes psychologiques anormaux qui ont récemment attiré l'attention des observateurs; on publie
à leur sujet d'abord des observations isolées, puis un jour paraît
un traité complet. C'est ce qui est arrivé pour l'audition colorée;
c'est maintenant le tour de l'illusion de fausse reconnaissance[1]. Le
livre de Bernard-Leroy, fait avec les résultats d'une enquête par
questionnaire, résume tout ce que nous savons de la question et y
ajoute quelques traits nouveaux. Le plus bel éloge qu'on puisse
adresser à ce livre est qu'il est un des bien rares ouvrages de psychologie expérimentale qui aient paru en France pendant l'année 1898.
Il se divise en deux parties : la première est une analyse de l'illusion
et la seconde est la collection de toutes les observations publiées
jusqu'à ce jour. Nous trouvons utile de reproduire ici un bon nombre
de ces observations.

Observation de Wigan (1844). — « Le cas le plus intense de cette
illusion que j'aie observé sur moi-même, survint à l'occasion des
funérailles de la princesse Charlotte[2]. Les circonstances qui accom-
pagnèrent cet événement constitueraient à tous les points de vue
une curiosité physiologique des plus extraordinaires, un exemple
instructif d'impressions morales envahissant une nation entière et
se montrant sans crainte ni dissimulation. Il n'y a peut-être pas
dans l'histoire d'exemple d'une sympathie aussi intense et aussi
universelle..... Personne, parmi les gens âgés de moins de trente-

---

(1) **Je signale** en passant un phénomène anormal qui est, je crois, tout
.... nt que les précédents : c'est le *vertige de direction*. J'en ai
... es exemples. Ce phénomène pourrait être l'objet d'une
nographie.

rlotte d'Angleterre, princesse de Galles, et héritière
couches en 1817.

cinq ou quarante ans, ne peut se faire idée de l'universel paroxysme de chagrin qui annula alors tout autre sentiment.

« J'avais obtenu la permission d'assister aux funérailles comme étant de la suite de Lord Chamberlain. Les jours qui avaient précédé la cérémonie, j'avais passé plusieurs nuits troublées, et, pendant la dernière nuit, je ne m'étais pour ainsi dire pas reposé du tout, ce qui avait mis mon esprit dans un état d'extrême irritabilité nerveuse (*hysterical irritability*) encore augmentée par l'affliction, et par l'épuisement provenant du manque de nourriture (car depuis le déjeuner, jusqu'à minuit, heure de l'enterrement, il régna dans la ville de Windsor une confusion telle qu'à aucun prix on ne pouvait trouver à se restaurer).

« J'étais resté debout pendant quatre heures, et lorsque je pris ma place à côté du cercueil, dans la chapelle Saint-George, ce fut uniquement l'intérêt du spectacle qui empêcha que je ne m'évanouisse... Soudain, le pathétique « Miserere » de Mozart cessa, et un silence absolu régna. Le cercueil, qui était placé sur une sorte d'autel recouvert d'un drap noir (réuni à celui qui couvrait le sol) s'enfonçait à travers le plancher, si doucement qu'on ne pouvait s'apercevoir du mouvement qu'en prenant comme point de repère quelque objet brillant du voisinage.

« J'étais tombé dans une sorte de rêverie torpide, lorsque je fus rappelé à la conscience par un paroxysme de violent chagrin qui prima le mari au moment où il s'aperçut que le cercueil s'enfonçait dans la tombe..... A cet instant, j'eus, non pas seulement l'impression, mais la *conviction* que j'avais déjà assisté à toute cette scène dans quelque occasion antérieure, même que j'avais entendu exactement les paroles que m'adressa Sir George Naylor. »

Observation de Sander, sur P... N... H. Âgé, de vingt-cinq ans. Epileptique depuis l'âge de treize ans.

Ce malade décrivit un jour spontanément à Sander l'état extraordinaire dans lequel il s'était trouvé quelque temps auparavant, état qui s'était déjà dissipé quand il fit son récit. Voici ses propres paroles :

« Lorsque je causais avec quelqu'un, ou que je voyais quelque
« chose, il me semblait que je l'avais vu déjà une fois : Tu as déjà
« (se disait-il à lui-même) vu, ou entendu, ou plus souvent encore
« fait cela. Cela me rendait anxieux au point que je n'osais plus
« parler, car je croyais que tout cela était déjà arrivé une fois. Mais
« maintenant, je me suis convaincu que cela ne peut pas être, de
« sorte que j'ai recommencé à parler comme il convient.

« Par exemple, causant avec quelqu'un d'une chose
dans le journal, relativement à la guerre, ou à l'impres
pression d'avoir déjà lu la même chose une fois dans
nal, les circonstances me semblent les mêmes, j'ai

une fois. » Il cite encore l'exemple suivant : « J'étais couché, lorsqu'on vint me dire : « K., Muller est mort ». « Muller est mort! Seigneur Jésus! Mais il ne peut pas être mort une seconde fois! » Il lui semblait en effet qu'il avait déjà vécu la même situation ; que la même personne lui avait annoncé la même nouvelle dans les mêmes circonstances.

Observation de Pick sur E. S... (H), né en 1845. — Dès le deuxième jour de son internement, il croit s'être trouvé déjà une fois dans le même asile (se croit emprisonné par ses ennemis). A la première visite de Pick, il se figure avoir été déjà soigné par lui. Dans une sorte de journal relatif à ce qu'il appelle sa « vie double » ; il écrit ce qui suit : « Déjà pendant ma jeunesse, j'avais souvent l'impression d'avoir déjà vécu une fois les faits qui se passaient; ensuite, en réfléchissant bien, je voyais que je m'étais trompé. Mais le même phénomène s'étant répété plus tard et d'une façon plus précise, je fus amené à y réfléchir plus sérieusement. Ces réflexions me conduisirent à cette conclusion que je devais avoir une existence double, de telle façon que ma vie se partageait en périodes récurrentes formées d'événements semblables. »

Le malade était naturellement forcé d'admettre en même temps le renouvellement des événements extérieurs, etc., mais seulement des faits qui avaient quelque rapport avec sa vie à lui. Car il considère son cas comme unique, quelque répugnance que son esprit eût d'abord à accepter une pareille hypothèse dont il n'avait, comme il le dit, jamais entendu parler, et qu'il n'avait trouvé mentionnée dans aucun livre. « Mais, dit-il, je me croyais justifié par le *souvenir clair de presque chaque fait que j'ai vécu...* »

« Ce fut, dit-il, en automne 1868, à Saint-Pétersbourg, que j'eus pour la première fois la connaissance claire de ma double existence. Mais cela n'arrivait que par occasion, par exemple, lorsque je visitais des lieux de plaisir, ou de grandes fêtes, ou lorsque je me rencontrais avec plusieurs personnes, les circonstances environnantes me paraissaient tellement connues, que je croyais fermement m'être trouvé déjà au même endroit et y avoir rencontré les mêmes personnes exactement dans les mêmes circonstances, à la même époque de l'année, par le même temps, les gens se trouvant aux mêmes places exactement de la même manière. C'était tout à fait la même conversation qui avait été tenue. Cette impression, je l'éprouvais dès le jour même, mais elle devenait plus claire le lendemain,

de cette même impression. L'impression survenait soit au m
même de la perception, soit quelques minutes ou quelques l
après, souvent le lendemain. »

Observation de Anjel sur C... (H.), trente-huit ans, fonctiol
d'État. — C... ayant eu à jouer un rôle actif dans un procès il
à une grande maison de banque, s'était soumis, pendant t
temps qu'avaient duré les débats qui furent fort longs, à un s
nage intellectuel intense (notamment il avait dû se mettre al
rant de sciences qui jusqu'alors lui étaient complètement
gères).

Le malade présenta alors le tableau complet de ce que l'on a
sous le nom de neurasthénie cérébrale[1] : sommeil troublé,
tions mauvaises, vertiges, sentiment de pesanteur dans la
mouches volantes :

Entre dans un établissement hydrothérapique pour s'y fail
gner et là il raconte les faits suivants :

« Trois jours avant la fin du procès, au moment où le défe
lui adressait une question sans grande importance, il eut l
coup l'impression d'avoir déjà vu toutes les personnes qui se
vaient dans la salle dans les mêmes situations, tandis qu'on lui
sait la même question, dans les mêmes circonstances. Le n
eut alors une telle impression de terreur, que la sueur lui pel
le front, et qu'il dut demander une suspension d'audience.

« La même chose lui arriva le dernier jour, lorsque, aprè
terminé son discours, il écoutait celui du défenseur. Cette fo
état dura plus longtemps, et s'accompagna d'un vague seni
d'angoisse. »

Il éprouva encore le même phénomène plusieurs fois, notal
dans des réunions amicales. Toujours à ce moment, sa face
naît extrêmement pâle, et il était obligé de s'éloigner.

Ne pouvant s'expliquer ce phénomène, il craignit que ce ne
prodrome d'une maladie mentale.

C... se rétablit vite, grâce au repos intellectuel complet, et ¿
lement, il a repris ses fonctions.

De temps en temps, encore, quand il est fatigué, il éprouv
pression de fausse reconnaissance, mais sans angoisse, et il r
tourmente plus.

Observation d'Anjel sur lui-même. — Anjel a éprouvé lui-
cette impression, mais exclusivement en voyage, notamment lo
récemment arrivé dans une ville, il sort le matin de bonne
et va marcher sans but et sans guide. « Dans ces
duraient plusieurs heures, dit-il, en regardant un

[1] *Archiv. f. Psychiatrie.* T. VI, fasc. 3.

place, la façade d'un palais, j'eus souvent l'impression d'avoir déjà
vu et regardé la même chose dans des circonstances analogues.
Cette impression s'accompagnait d'un sentiment de malaise vite
dissipé...

Un jour, à Venise, dans la galerie de l'Académie, après avoir
visité avec attention la troisième et la quatrième salle, il entra
dans la cinquième (*pinacotheca Contarini*) et examina les tableaux
qui s'y trouvaient. « J'eus alors, dit-il, devant chaque tableau, l'impression de l'avoir vu déjà étant dans la même salle, entouré des
mêmes tableaux, mais je savais parfaitement qu'en réalité il n'en
était rien ; j'entrai dans la salle suivante, et la même impression
persista. » Sentiment de malaise. Il rentra chez lui, et ne retourna
au musée que deux jours après. Après avoir passé quatre ou cinq
heures dans le musée, il éprouva encore la même impression, mais
cela cessa aussitôt qu'il eut mangé quelques provisions qu'il avait
emportées.

Observation de Forel sur D... (H), né le 7 août 1856, commerçant,
célibataire.

Le 18 décembre 1879, il entre à l'asile de Burghozli. Aussitôt qu'il
y fut, *il soutint qu'il y avait déjà été un an auparavant ;* « il reconnaissait tout : c'était la même chambre, la même nourriture, le
même directeur, les mêmes malades, qui avaient tenu, mot pour
mot, les mêmes propos. Faisant une promenade avec un autre
malade, il vit clairement qu'il était déjà allé autrefois sur la même
route, avec cette même personne, et le gardien. »

Les situations tout entières, les positions et les paroles de
ses compagnons lui apparaissaient comme la reproduction exacte
jusque dans ses détails d'un original ancien. Ce fait engendrait
chez le malade l'idée qu'il avait réellement vécu déjà toutes les
situations présentes, qu'il avait déjà notamment fait un séjour
dans l'asile, mais qu'à sa sortie, après ce premier séjour, *on l'avait
abruti pour lui voler le souvenir de ce qui s'était passé*, ce qui
fait qu'il ne se l'était rappelé qu'en voyant les événements se reproduire.

Il concluait en outre de là que l'on était à l'année suivante, et
écrivait avec persistance 1880 au lieu de 1879.

Les idées de persécutions coexistaient d'ailleurs avec ces illusions :
le malade se plaignait notamment qu'on lui fît respirer des gaz
nuisibles, surtout du *gaz des marais*, de mots obscènes qu'on lui disait
par des tuyaux acoustiques, de tentatives faites pour engourdir sa
pensée, et effacer le souvenir du passé.

\... quitta Burghozli. Plus tard, il rencontra
t lui adressa la parole pour lui dire que
·lité et   ·ette année-là pour la
                ınée précédente de

la même façon, et que les gens y avaient patiné, par le m
de brouillard.

Observation de Kraepelin sur lui-même. — Description
pelin fait du phénomène, d'après ce qu'il a éprouvé lui-m

Kraepelin a observé le phénomène surtout lorsque, a
au milieu de personnes qui l'intéressaient peu, son a
détournait pour quelques moments de ce qui se passait
lui pour se reporter sur son propre état intérieur ; à c
tout ce qui l'entoure lui apparaît comme quelque chose
et qui ne le regarde nullement, et tout à coup, le phé
fausse reconnaissance se produit.

Il est accompagné d'une impression de prévision et
ment de malaise qui persiste après la disparition de la fai
naissance.

En outre, la réalité cesse de lui apparaître avec la clarté
et semble un rêve, une ombre. A ce point de vue, l'é
rappelle ce qui se passe à l'occasion d'un phénomène tou
c'est-à-dire lorsqu'on perd le fil de ce que l'on dit, dans u
public : ici aussi, l'entourage nous apparaît comme éloig
couvert par un voile.

Enfin, s'ajoute à tout cela l'effort que le sujet fait
prendre distinctement des choses qui semblent toujours
ce qui produit une impression de vanité intellectuelle.

Auto-observation de F. Bonatelli (fragment).

« La nuit dernière, je rêvai que j'occupais avec ma f
partie d'une certaine maison située dans je ne sais quel
discutais avec ma femme la disposition des meubles et l'
à différents usages, des chambres de ce nouveau logem
souvenais très nettement d'avoir habité le même appart
sieurs années auparavant et d'avoir dit de même où s
notre lit, où serait la salle d'étude, et ainsi de suite.
je me rappelai très nettement mon rêve, et je comme
demander à quelle époque de ma vie j'avais occupé une t
dans une telle ville. L'énergie du souvenir était telle
à l'état de veille, je n'eus d'abord pas le moindre doute qu
rappelé une chose qui était réellement arrivée.

Observation de A. Lalande sur Bo... H.. — Paramnési
quentes. En éprouve un sentiment d'ennui, et trouve fa
revivre toujours les mêmes sensations.

« Faisant souvent des paramnésies visuelles, ce qui e
la catégorie d'images dominantes. En passant devant une
coin de rue, je pense y avoir déjà passé à la même he
même temps, et surtout sous l'influence de sentiments i

ceux que j'éprouve actuellement : j'ai notamment *reconnu* Amsterdam, en y allant pour la première fois.

« Mais voici le fait de fausse mémoire le plus complet et le plus énergique que j'ai éprouvé : en passant rue Vavin, je vois venir une femme, dans l'éloignement, sur le même trottoir que moi. Avant de pouvoir distinguer ses traits, car je suis assez myope, je reçois le choc, et je sens que je l'ai déjà vue, je ne puis comparer ce que j'ai ressenti qu'à la brusque fermeture d'une sonnerie électrique, j'ai éprouvé un sentiment d'attente très troublant jusqu'au moment où j'ai pu distinguer ses traits et sa toilette, qui m'ont semblé parfaitement connus, je vois encore le chapeau et cette robe, je l'ai regardée d'un œil tellement troublé qu'elle a dû me prendre pour un fou ; je me suis retourné pour la voir, toujours sous les mêmes impressions, j'y ai songé toute la journée, avec un sentiment très pénible qui s'est renouvelé plusieurs fois pendant un mois.

Depuis, en y songeant, je pense l'avoir vue en rêve, car je suis absolument sûr que je la rencontrais ce jour-là pour la première fois.

Observation de A. Lalande sur T... H. — Se trouvait en chemin de fer, lisant un roman qu'il ne connaissait pas auparavant : « Tout à coup, dit-il, je fus saisi par l'idée que je l'avais déjà lu, et en même temps il se produisit dans mon esprit un tel tourbillon de souvenirs et d'images que j'ai cru devenir fou. Cela a duré cinq minutes pendant lesquelles j'ai horriblement souffert. Le même phénomène s'est produit plusieurs fois, sans que je me souvienne bien à quel propos, mais toujours accompagné d'une grande souffrance. »

Observation de Lalande sur S. H., physicien. — Paramnésies très fréquentes, « surtout quand il est un peu excité par la fatigue ».

« Assistant pour la première fois à la représentation de *Ruy Blas* qu'il n'avait même jamais lu, il reconnaissait tous les détails, tous les jeux de scène, et même il sentait quelques minutes d'avance les péripéties qui allaient s'accomplir.

« Il se rappelait ce qui devait suivre « comme on se rappelle un « nom qui est sur le bord de la mémoire ». L'illusion a duré tout le temps de la pièce. »

Observation de A. Lalande sur L.... H., médecin. — Bon observateur et très psychologue.

« Il était 2 heures du matin, raconte-t-il, je jouais aux cartes ; c'était une partie de poker qui durait depuis longtemps déjà. Un de mes partenaires joue et dit : « Cinq plus cinq ». A ce moment, malgré la banalité de la formule, je sens subitement que je la lui ai déjà entendu prononcer, assistant au même coup, au même endroit, avec le ?su total des mêmes sensations. Un autre joueur

réplique : « Tenu plus de cinq ». L'impression que je ressent
centue, et je *prévois*, avec un sentiment d'angoisse, que le tr
partenaire va répondre : « Ah ! il a le full des as ? » Et en
peine avais-je fini de penser cette phrase, qu'il s'écrie : « ..
le full des as ! » précisément avec le ton, le timbre de voix
pression que j'avais imaginés. J'ai remarqué tout cela imn
ment, et avec une impression pénible qui s'est rapidement d
Je ne puis dire à quel moment le phénomène s'est terminé.

Observation de Lalande sur J... H., médecin militaire. —
nésies très fréquentes. Parfois deux ou trois dans la mêm
née.

« Etant un jour au théâtre, où l'on donnait *Ferdinand le*
il sentit qu'il reconnaissait la pièce, et comme l'acteur com
une tirade, il en dit immédiatement les premières phrases à
qui était avec lui et s'écria : « Tu as donc déjà vu jouer la p
Mais, en réalité, il ne « la connaissait pas du tout auparava

Observation de Dugas sur A... H.. — « Il m'est arrivé u
me promenant à la campagne, de m'arrêter stupéfait en coi
que j'avais déjà *vécu identiquement* l'instant qui venait de s'é
Même paysage autour de moi, même heure de la journée, mê
d'esprit. Notez bien qu'il ne s'agit pas d'un ressouvenir, d'une a
avec une situation où on se serait déjà trouvé : c'est une i
et je ne saurais trop le souligner. » (P. 35.)

« L'effort que je fis pour fixer la date du souvenir chassa l'
nation, qui d'ailleurs ne dure jamais qu'une fraction de sec
(P. 42.)

Observation de L. Dugas sur C... H.. — Pendant qu'il a
une conversation à laquelle il prend part, a « conscience
entendu déjà cette conversation dans les mêmes circonstance
les mêmes personnes, débitée du même ton, etc. ».

« A son examen d'histoire, au baccalauréat, il lui sembla
entendu poser déjà les mêmes questions, par le même prof
parlant dans la même salle, avec la même voix. Ses propres ré
il lui semblait qu'il les avait déjà faites, et se réentendait lui-n

« C'est au cours des entretiens que la fausse mémoire com
produit le plus souvent. Chez C.., l'illusion dure à peu pr
minutes.

« Le même sujet raconte qu'invité à dîner chez **une** pers
eut la sensation très nette de reconnaître la maison, où il
jamais entré, le couloir qui accède au salon, avec **sa table**
et ses livres posés dessus, et de réentendre la c
tint là.

C... s'exprime à peu près   mentan'

mémoire à l'examen : « J'écoutais ma voix comme j'aurais écouté
celle d'une personne étrangère, mais en même temps, je la reconnaissais comme mienne, je savais que c'était moi qui parlais, mais
ce moi qui parlait me faisait l'effet d'un moi perdu, très ancien, et
soudainement retrouvé. »

Observation de Bernard-Leroy sur A... C. H,. — Médecin qui a
éprouvé le phénomène une demi-douzaine de fois. Ordinairement
dans un état d'excitation légère, par exemple, discutant avec des
amis, après un repas copieux. L'impression me paraît bien difficile
à décrire : elle est, à proprement parler, *inintelligible*. Elle survient
chez moi brusquement, sans aucune espèce de prodromes, et sans
cause apparente, au milieu d'une phrase et d'un geste. Elle consiste,
en ce que pendant un temps très court, l'ensemble de mes états de
conscience est accompagné du sentiment particulier et indéfinissable
que donnent d'ordinaire seulement les choses anormales ou les choses
dont nous n'avons jamais rencontré l'analogue ; ma voix me fait alors
la même impression que si je ne l'avais jamais entendue auparavant,
mes raisonnements et mes pensées me paraissent inattendus, le
monde extérieur est lointain et étrange, je me parais à moi-même
étrange et *étranger* à moi-même autant (et même plus en un certain sens) que si j'étais un autre. Cela peut durer, il me semble, de
30 secondes à une minute.

I. — 5 décembre 1896. — État physique et état mental absolument normaux et ne présentant rien de spécial. J'étais dans une
maison où je me trouvais pour la première fois (nouvellement construite d'ailleurs), dînant avec trois personnes que j'avais vues pour
la première fois environ une heure auparavant, et dans des circonstances qui étaient pour moi d'un genre tout à fait nouveau. La conversation était assez peu animée ; on parlait depuis quelques minutes
de villégiatures, et quelqu'un ayant parlé de Cabourg, je commençai
à raconter diverses choses, assez banales, d'ailleurs, et peu intéressantes sur ce pays ; je parlais ainsi depuis une minute peut-être,
quand soudain j'eus, d'une façon extrêmement intense, l'impression
d'avoir dit exactement les mêmes choses dans les mêmes circonstances, — notamment dans le même décor, — la même suspension
à gaz en simili-bronze, dont la structure prétentieuse et inharmo-
nique me causait une impression de gêne permanente, répandant sa
lumière jaune sur la figure de la personne qui me faisait vis-à-vis,
ayant devant moi dans la même assiette blanche le même morceau
de veau que je mangeais sans sauce et sans pain, par très petites
bouchées. Cette impression dura environ une minute. Personne
autour de moi ne s'aperçut de quoi que ce soit. (Rédigé d'après
des notes prises trois heures après.)

II. — 16 mars 1898. — Entre 8 heures 1 2 et 9 heures du matin.
olument normal. Circonstances banales (j'étais en tramway)

et habituelles, car je faisais le même trajet de la
presque tous les matins depuis six semaines. J
l'*Écho de Paris* le compte rendu de la dernière
Chambre. Je lisais vite, mais avec assez de soin,
lisamment absorbé pour ne prêter aucune attention
vait se passer autour de moi. Comme toujours, lors
dialogue, j'entendais intérieurement chacun des
avec une voix différente : « M. le ministre des (
gères. Les choses s'arrangeraient sans nous assurémen
des affaires de Crète). Mais elles s'arrangeraient sûr
vous. (Nouveau bruit sur les mêmes bancs). Je me de
ici une majorité, en présence d'une difficulté d'ordre
restreint, alors que toutes les puissances sont d'accord
subordonnons toujours notre adhésion à leur accord n
entendant ce dernier fragment de phrase, ici mis en
l'impression soudaine de l'avoir déjà *entendu intérie*
époque indéterminée, exactement dans les mêmes ter
même timbre, ayant sous les yeux le même journal. L'ill
pas sur le « décor » (c'est-à-dire lieu où je me trouv
qui m'entouraient, etc.). Cela tient uniquement, je c
ce moment, ce décor *n'existait pas* pour moi, toute (
étant absorbée par la lecture du journal. Je n'in
ma lecture ; les dix lignes suivantes furent rapidem
incident, mais la fausse reconnaissance recommença
suivant : « *Dans un langage très correct, sans viser à e*
de tribune, il a très habilement cherché à établir qu'on
dans le concert européen... » Là, elle cessa définitiv
dupe de cette illusion, quelques secondes seulement.

III. — Mercredi 18 mai 1897, 4 heures 15 de l'a
(Rédigé d'après des notes prises le soir même, vers 9

Le 17 mai 1897, j'avais fait visiter à mon camarade
où je travaille, à la Salpêtrière. Arrivé à l'entrée d'
laquelle se trouvait couchée une malade intéressant
délire de persécutions), j'avais arrêté H... pour lui e
avant de nous rendre auprès d'elle. Le lendemain,
Mlle T... de cette même malade, je voulus raconter l
lui avais faite la veille : cherchant à me rappeler,
ricurement le tableau de ce qui s'était passé et notam
tion avec H... sur le pas de la porte. J'eus tout à cou
d'avoir eu exactement les mêmes souvenirs. Je ne (
avoir déjà eus *dans les* mêmes circonstances, parce q
absorbé à ce moment-là dans ma recherche, je reviv
dire mes souvenirs, tandis que les circonstances mê
taient pour ainsi dire plus pour moi. Cette
qu'un instant (au plus trois secondes), mais (
suffisamment profonde pour ... me dem.

les quelques minutes qui suivirent, si la situation de la veille n'avait pas été réellement la répétition d'une situation antérieure...

Observation de Bernard-Leroy sur A. L.... II, élève à l'École polytechnique. — « Il y a de cela deux ans, j'étais en mathématiques spéciales. C'était un soir que je venais de faire une visite à mon professeur de physique, du côté de la rue de Courcelles, et je rentrais à la maison à pied, marchant vite, selon mon habitude, à travers les rues déjà sombres ; j'habitais non loin de l'Arc de Triomphe. Je passai à côté d'une voie de chemin de fer, il y avait partout de petites lumières... et le ciel était d'une belle couleur de coucher de soleil. Il me semblait que j'avais vu tout cela à une époque très lointaine ; je ne reconnaissais pas Paris, et je croyais être dans une autre ville que j'avais connue autrefois, mais cette impression était un peu vague... ; j'étais, non pas oppressé, mais impressionné ; la lune était pleine ; je me retournai plusieurs fois pour la regarder. Enfin, j'arrivai à la maison, je montai les quatre étages, et j'entrai dans l'antichambre. C'est à ce moment que j'éprouvai le sentiment de fausse reconnaissance de la façon la plus intense : je remarquai particulièrement le lustre, dont un bec était allumé à peine ; il n'y avait personne à la maison, la salle était sombre : je regardai, et je trouvai tous les objets étranges. Il me semblait que j'entrais pour la première fois dans cette maison, que je connaissais pourtant depuis bien des années, et je l'examinais comme si j'avais été en voyage, mais avec une insistance particulière ; j'éprouvais une espèce de serrement de cœur, et il me semblait que j'avais vu tout cela en un temps très ancien, et il me semblait que je m'étais étonné autrefois, comme ce jour même de ne pas reconnaître des objets que je connaissais.

« J'assistais en même temps à mes mouvements et à mes pensées ; je m'analysais et je trouvais mes impressions étranges, et je crois pourtant qu'elles ont persisté une dizaine de minutes en s'affaiblissant. J'avais regardé machinalement ma montre en entrant ; je la regardai de nouveau, et c'est ainsi que je me rendis compte de la durée du phénomène...

« Rien ne m'avait particulièrement frappé dans la journée, et je n'étais ce soir-là ni gai ni triste, mais dans un état d'esprit normal. »

II. — « J'ai éprouvé l'impression de fausse reconnaissance deux fois, dans une certaine région du boulevard Haussmann, entre l'avenue Friedland et la place Shakespeare :

« La première fois, c'était il y a deux ans, j'allais passer dans quelques mois les examens d'admission à l'École polytechnique. J'avais peut-être l'esprit un peu fatigué ce jour là. Il me semblait que j'avais passé en cet endroit plusieurs siècles auparavant... même temps cette impression qui s'affaiblit

beaucoup, mais tant qu'elle dura, j'eus le ~~sentiment que~~
à mes actions commises ; elles étaient inévitables, et, ~~i~~
vague que je prévoyais ce qui allait arriver, mais sans qu
précis se présentât à ma pensée.

« Une autre fois, au même endroit, j'eus les mêmes i~~t~~
mais considérablement affaiblies. C'était l'année suivante,
dans les mêmes conditions.

Les observations précédentes permettent de se fair~~e~~
claire de l'illusion de fausse reconnaissance. Elle porte, ~~i~~
objet isolé, mais sur un total de perceptions, qui donne~~r~~
sion du déjà vu et du déjà senti. L'illusion se produit br
et en général, elle dure peu, quelques secondes à peine,
phénomènes accessoires, comme l'oppression, une inquiét
du vertige, et l'illusion que les objets sont irréels et étr~~i~~
gués, ou l'impression de *dépersonnalisation* [1], ou l'illu
prévoit ce qui va se passer, si c'est un événement qui don~~i~~
fausse reconnaissance ; il est bien entendu que cette pré~~v~~
pas réelle, et que souvent même le sujet constate qu'elle
tie par les faits.

La proportion de personnes sujettes à la fausse reco
serait de 50 p. 100 selon les uns, de 30 p. 100 selon les
phénomène est fréquent chez les enfants ; il paraît déter
plusieurs cas par de l'excitation intellectuelle ou du surm
l'a décrit parfois comme faisant partie de l'*aura* épileptiq

Les explications données sont nombreuses : Bourd~~e~~
Sander, Ribot admettent que le phénomène est le résu
erreur de jugement ; on croit reconnaître le lieu ou l'
parce qu'en réalité ils ressemblent un peu à des lieux
événements antérieurement perçus. Boirac ajoute à cette
le retour d'un état émotionnel antérieur ; la perception,
accompagnée de la même émotion qui était associée à
sentation antérieure. Bernard-Leroy repousse ces explica
les raisons qu'il donne sont tellement faibles qu'il n'y a
les reproduire. Passons sur l'hypothèse de la dualité cér
à Wigan et sur celle de la télépathie, due à Lalande ; cett
est tellement bizarre qu'on ne s'explique pas qu'elle ait
duire de notre temps. Il faut s'arrêter plus longuement s
cation d'Angel, qui se trouve fortifiée aujourd'hui par les

---

(1) L'auteur combat l'idée de Dugas, à savoir que si le suj
dédoubler, c'est qu'il se dédouble en réalité ; Bernard-Leroy
dans un dédoublement de conscience, on n'a point conscie~~n~~
dédoublement : l'existence de l'*autre* ne serait révélée que pa
extérieurs. C'est une erreur, bien démontrée p~~ar~~   ~~leurs~~
les expériences de Solomons et Stein. Voir da~~ns~~   ~~son~~
étude sur la suggestibilité.

Pierre Janet et par les expériences de Bourdon. Voici, ce me semble,
ce qu'on peut admettre de plus probable. La reconnaissance d'un
souvenir n'est point un acte de comparaison. Rien de moins exact
que cette phrase de Fouillée : « Reconnaître son souvenir, c'est
superposer les deux images comme un géomètre superpose deux
figures, et avoir conscience de leur identité. » Cette description ne
s'applique qu'à la vérification d'une ressemblance, et non à la
reconnaissance ; celle-ci est un sentiment qui se produit spontanément : « Au moment où on reconnaît une chose, dit Bourdon, on
ne la connaît qu'une fois ; on n'a pas alors deux perceptions ou
représentations simultanées, on n'en a qu'une seule, mais on sent
néanmoins quelque chose de particulier, qui n'existe pas là où il n'y
a pas de reconnaissance. » J'ai moi-même très clairement constaté
ce fait, au cours d'expériences sur la mémoire. La reconnaissance
n'est donc pas une opération logique ; c'est un sentiment intellectuel, analogue à la surprise, à l'étonnement. La fausse reconnaissance exige — comme la reconnaissance vraie — un état antérieur
quelconque qui pour une raison ou une autre se trouve restauré et
se fusionne avec l'état actuel, et il faut bien admettre en outre que
cette fusion se fait à tort, et ne correspond pas à la réalité ; mais
quand même les événements qu'on confond seraient distincts, il est
possible que ces événements aient quelques points communs, comme
des mots à sens différents qui contiennent une ou deux lettres communes. Dans le train de la vie normale, quand une fausse reconnaissance se produit et n'est pas vérifiée, on arrive à restaurer d'une
manière complète son souvenir ancien, à le dater, à le localiser ; ce
travail s'accompagne de ce sentiment de sincérité qui pour nous est
la base de la vie normale. Ce sentiment fait défaut dans l'illusion de
fausse reconnaissance ; on a, au contraire, la conviction qu'il se
passe quelque chose d'étrange, qu'on rêve, qu'on n'est plus le
même ; ces impressions bizarres supposent une condition particulière de l'esprit ; les auteurs l'ont compris, et ils ont imaginé que
l'état restauré avait certaines qualités spéciales qui expliqueraient
l'accueil qu'on lui fait. Anjel et Dugas ont admis que cet état restauré pouvait, au moment de sa première perception, avoir été mal
perçu, et ensuite complètement oublié : ce qui expliquerait bien
comment, la seconde fois qu'il se présente, on a de la peine à le
localiser. Anjel suppose — mais ce n'est pas très clair — que cet
état antérieur n'a été que sensation et non perception : il veut dire
probablement que cet état a été enregistré automatiquement et
presque sans conscience. Dugas écrit : Soit un paysage qu'on
regarde sans voir, son image flottante traverse l'esprit sans laisser de
traces. On ne l'entrevoit que pour l'oublier. Mais il n'y a pas
d'oubli absolu... Supposons que l'esprit s'éveille de sa torpeur ; le
paysage que tout à l'heure on percevait sans l'apercevoir, mainte-
l'aperçoit en éprouvant la sensation étrange de l'avoir déjà

perçu. » Au lieu de cette description un peu vague, il faut employer
les termes techniques de division de conscience et de synthèse mentale, dont M. Pierre Janet a donné le sens et montré toute la valeur.
Il faut supposer que le souvenir restauré a fait partie d'un autre
groupement de conscience au moment où il a été emmagasiné, du
groupement *a*, alors que le sujet, dans le moment actuel, se trouve
dans le groupement *b*. Par suite de l'analogie, la perception antérieure *a* se trouve fusionnée avec la perception actuelle *b* : les deux
synthèses se choquent. Le groupe *a* tend à se réveiller plus ou
moins, malgré l'antagonisme du groupe *b* ; il y a du tiraillement,
qu'on me passe le mot, une concurrence entre des groupements
différents ; d'où malaise, sensation de dédoublement, de dépersonnalisation ; on se sent autre, changé, parce que le groupe *a*. oublié,
entre en activité, et cherche à supplanter le groupe *b* actuel. Je force
un peu l'explication, et je la schématise, pour mieux me faire comprendre. Cette explication me paraît être celle de Bernard-Leroy,
quoique je l'aie arrangée à ma manière ; en tout cas, c'est celle qui
est, jusqu'à preuve du contraire, la plus satisfaisante.

                                        A. BINET.

X

PSYCHOLOGIE INDIVIDUELLE ET CARACTÈRE

I.-V. LABORDE. — **Léon Gambetta, bibliographie psychologique. Le cerveau, la parole, la fonction et l'organe, histoire authentique de la maladie et de la mort.** In-8°, 162 pages. 10 gravures. Paris, Schleicher, 1898.

Ce livre est surtout populaire; il s'adresse aux lecteurs qui ne sont pas au courant des recherches d'anatomie et de physiologie, et il est destiné à leur faire connaître, à leur expliquer les constatations qui ont été faites sur le cerveau de Gambetta. C'est là la partie essentielle du livre. Elle est précédée par quelques chapitres portant des titres psychologiques, sur les antécédents de Gambetta, sur sa mémoire, sur ses dons d'improvisation et sur ses facultés d'orateur. Rien de ce qui touche à une si belle mémoire ne peut nous laisser indifférent; mais nous regrettons de ne guère trouver dans ces pages que des lieux communs et des anecdotes dont la plupart sont dépourvues de signification; pour faire une véritable analyse psychologique de l'organisation intellectuelle de Gambetta, il aurait fallu ne pas attendre sa mort, il aurait fallu l'interroger, lui poser des questions précises. C'est dire une chose banale que de considérer Gambetta comme un moteur verbal; et quand on ajoute qu'il avait une très grande mémoire visuelle on fait une assertion gratuite, car une grande mémoire n'est pas nécessairement visuelle. Il paraît que Gambetta avait un jour, pendant un de ses discours, sous les yeux un petit papier divisé en quatre carrés, dans chacun desquels il y avait des hiéroglyphes sous forme de lignes ondulées; une ligne dans le premier carré, deux dans le second, trois dans le troisième, quatre dans le quatrième. M. Laborde pense que cette **figure** représentait le canevas du discours, mais cela n'est pas **prouvé**, et l'observation est rapportée avec trop peu de détails pour —'on ait le droit de l'interpréter. Il nous a semblé, à plusieurs s, que l'auteur n'a pas dit sur Gambetta tout ce qu'il savait. ᵈuit longuement les détails de la maladie de Gambetta et nnos de l'autopsie du cerveau, il relève les trois

faits suivants : 1° le cerveau de Gambetta avait des circonvolutions
dont la forme présente un caractère de beauté ; 2° la troisième frontale gauche (siège de la fonction du langage parlé) présentait un
développement inusité ; le cap de cette circonvolution était doublé ;
3° le poids du cerveau était inférieur à la moyenne ; il était de
1 kg. 246 (après corrections diverses), alors que le poids moyen du
cerveau adulte est de 1 kg. 390. Cette infériorité de poids n'a pas
laissé d'étonner les premiers observateurs ; et au moment même de
l'autopsie, quand on eut pesé le cerveau de Gambetta dans une
balance, on crut à une erreur, et on fit une seconde pesée. Manouvrier, qui a longuement étudié le cerveau de Gambetta pour le
comparer à celui de Bertillon, a admis (avec beaucoup de prudence
et de réserves, mais enfin il a admis) que l'infériorité de poids constitue une infériorité intellectuelle, et il n'a pas été bien loin de
conclure que Gambetta était moins bien doué, cérébralement, que
Bertillon. Nous avons été curieux de nous reporter à l'étude de
Manouvrier, et nous y avons relevé la phrase suivante : « Je ne veux
pas conclure, du reste, de l'infériorité du poids cérébral de Gambetta
que celui-ci était d'une intelligence au-dessous de la moyenne ; le
poids n'est pas tout dans le cerveau. Gambetta pouvait avoir et avait
certainement de nombreuses qualités cérébrales qui lui conféraient
une supériorité physiologique à certains égards, mais il n'est pas
moins évident qu'il manquait d'une qualité cérébrale dont peu
d'hommes remarquables sont dépourvus, et que ce défaut devait
correspondre de son côté à une certaine infériorité psychologique [1]. »
Tout autre est l'interprétation de Laborde, s'appliquant à ce même
fait : « Dès le moment que le poids de la matière, la quantité et le
volume ont atteint un degré suffisant, au-dessus de ceux qui ne
permettent pas l'existence et l'exercice de véritables facultés psychiques ou intellectuelles, l'on peut se trouver, grâce à la qualité
structurale de la substance organique et à certaines prédominances
localisatrices, dans les conditions, non pas seulement de véritables
attributs fonctionnels de l'intelligence, mais, de plus, dans des conditions de supériorité, même exceptionnelle, de ces attributs. Tel
est précisément le cas de Gambetta : étant donnée la moyenne du
poids cérébral pour laquelle, nous l'avons vu, on peut adopter le
chiffre de 1.360 grammes, le chiffre présumé du poids du cerveau de
Gambetta soit 1.246 grammes, s'en trouve-t-elle suffisamment jus-
justifiée — grâce aux qualités *crâniennes* exceptionnelles *pour*

1. B.... de l. S..... ... ... p. 2.. ... ...
: IV.

2. Le mot ... ... Nous ... ...
... ... l'expression ... ... **intéressant** ...
... ... qui   **ment** ... ...
... ...   **incidentes, et**
une ... ... :   **au hasard**

présentées et que nous allons faire connaître — sa réelle supériorité fonctionnelle. »

On voit que cette seconde interprétation diffère un peu de la première. Il nous semble que la question soulevée est la suivante : l'infériorité de poids peut-elle être compensée, et dans quelle mesure, par une supériorité structurale? Mais nous ne pouvons rien dire de ce problème, puisque jusqu'ici il n'a pas été abordé expérimentalement, et que du reste il présente bien des difficultés.

Le livre du Dr Laborde est d'une lecture facile et fort attrayante ; il a été écrit avec une expression de chaude amitié pour la mémoire du grand tribun, et il fait grand honneur aux sentiments de l'auteur.

A. BINET.

quelques-unes de ces répétitions parasites, en les soulignant : il nous est *permis et facile* de prouver... il n'est pas *inutile et sans intérêt*... il a *présenté et possédait* un cerveau... Gambetta *eut* et *montra* pour la science... Tous ces exemples sont pris dans une seule page.

APPENDICE

QUELQUES EXPÉRIENCES

SUR LES REPRÉSENTATIONS VISUELLES PENDANT LE RÊVE

Réponse à M. le Docteur Victor Henri

Monsieur,

Dans la dernière *Année psychologique*, pages 668-69, vous m'avez fait l'honneur d'analyser mon mémoire *Einige Experimente über Gesichtsbilder im Traüm*, imprimé dans le *Zeitschrift für Psychologie*, vol. XIII.

Dans votre critique vous dites : « L'analyse des réponses données par les sujets n'est pas suffisante. »

« L'auteur n'a pas interrogé les sujets sur les idées qu'ils ont eues en fixant l'objet, ou sur les événements du jour qui avaient pu aussi influencer le rêve. » « Il aurait fallu noter aussi les cas négatifs et examiner si, dans les cas où le sujet n'était pas en expérience, où on ne lui avait pas donné d'objet à regarder le soir, il n'avait pas dans ses rêves les mêmes couleurs que lorsqu'il était en expérience. »

Permettez-moi, Monsieur, de vous dire que votre critique sur ces points-là me semble n'être pas tout à fait juste.

Car toutes les sortes de recherches que vous demandez à propos des expériences, je les ai en réalité exécutées, d'une autre, et je les ai accompagnées en partie par d? ficatrices. Aussi j'ai indiqué les points en **questi** discuté (p. 67-68) et dans mon traité **français** j'ai cité au commencement de cel?? ??

J'admets que dans le **mémoire** des différents côtés de **la méth**?

pas très développée. Mais je vous prie de remarquer qu'à *l'excep-tion des deux dernières pages que les vingt minutes accordées au con-férencier ne m'ont pas permis de lire, mon mémoire n'est que la reproduction exacte d'une conférence faite au Congrès psychologique de Munich.*

Il me semble que ce fait explique suffisamment le caractère som-maire de mon mémoire.

Veuillez agréer, Monsieur le Docteur, l'assurance de ma haute considération.

J. MOURLY-VOLD,
Docteur en philosophie.
Professeur aux Facultés de Christiania.

Christiania, le 24 février 1899.

TROISIEME PARTIE

TABLE BIBLIOGRAPHIQUE

PAR H.-C. WARREN

AVEC LA COLLABORATION DE BORCHARDT, VASCHIDE ET WOODWORTH

I. — Généralités.

A. — MANUELS ET TRAITÉS SYSTÉMATIQUES

1. AMO Y AGREDA, M. DEL. *Elementos de psicologia, logica y etica.* Madrid, Sáenz de Jubera, 1897.
2. BALDWIN (J.-M.). *The Story of the Mind.* (Libr. of Useful Stories.) New-York, Appleton, 1898, 232 p.
3. BEATO (D.-B.). *Elementos de psicologia, logica y etica para los alumnos de segunda enseñanza.* Santiago, Impr. del Sem. Conciliar Central, 1897.
4. CUSANO (N.). *Elementi di psicologia, logica, morale.* 3 vol. 2d ed. Sansevero, G. Morrico, 1897.
5. DROBISCH (M.-W.). *Empirische Psychologie nach naturwissenschaftlicher Methode.* 2te Aufl. Hamburg et Leipzig, L. Voss, 1898, XVI + 355 p.
6. DUBOT (Abbé). *Psychologie.* Paris, Retaux, 1898.
7. GOBTSCHANSKI (I.). [Psychologie empirique en deux parties.] St. Petersburg, K.-L. Rikker, 1898, IX + 256 p.
8. LADD (G.-T.). *Outlines of Descriptive Psychology.* New-York, Scribners, 1898, XI + 428 p.
9. MORANDO (G.). *Corso elementare di filosofia. I. Psicologia.* Milan, Cogliati, 1898, LV + 631 p.
10. MORGAN (G.-L.). *Psychology for Teachers.* Pref. by H.-W. Jameson, New-York, Scribners, 1898, XI + 236 p.
**. PUGLIA (F.). *Principi di psicologia.* Messina, Trimarchi, 1898.

... ble paraît à la fois dans *Psychological Review*, *l'Année Psycho-le* *Zeitschrift für Psychologie der Sinnesorgane.*

12. Raaf (H. de). *Die Elemente der Psychologie, anschaulich entwickelt und auf die Pädagogik angewandt.* Langensalza. Beyer, 189⁻, 118 p.

13. Sanford (E.-C.). *A Course in Experimental Psychology.* Part I. Sensation and Perception. Boston, Heath and Co, 1898. 449 p.

14. Schuchter (J.). *Empirische Psychologie, vom standpunkte seelischer Zielstrebigkeit aus bearbeitet.* Brixen, Vincent, 1897. 269 p.

15. Spencer (H.). *La Psicologia.* (Trans.) Turin. Unione Tip. Edit., 1898.

16. Titchener (E.-B.). *An Outline of Psychology.* 2d ed., rev. and enl.; 3d ed. unchanged. London and New-York. Macmillan Co: 1897. xiv + 352 p.

17. Titchener (E.-B.). *A Primer of Psychology.* New-York and London. Macmillan Co. 1898. xvi + 314 p.

18. Urraburu (J.-J.). *Institutiones philosophicæ.* II. Psychologiæ. Paris. Lethielleux, 1898.

19. Wundt (W.). *Vorlesungen über die Menschen und Thierseele.* 3te umgearb. Aufl. Hamburg. Voss. 1897. xii + 519 p.

20. Ziehen (T.). *Leitfaden der physiologischen Psychologie.* 4. Aufl. verbes. u. vergr. Jena. Fischer. 1898. 263 p.

B. — Ouvrages et articles systématiques et critiques

21. Allievo (G.). *La psicologia di H. Spencer.* Turin. Unione Tip. Edit., 1898.

22. Billia (L.-M.). *Sulle dottrine psicofisiche di Platone.* Mem. R. Accad. Sc. Modena. III S.. 1898, I. 2)4-213.

23. Caldwell (W.). *Professor Titchener's View of the Self.* Psychol. Rev., 1898. V. 401-408.

24. Carus (P.). *The Unmateriality of Soul and God.* Monist. 1898. VIII. 413-445.

25. Davies (H.). *« Trans-subjective » as Psychological Fact.* Psychol. Rev.. 1898. V. 183-194.

26. Dentler (E.). *Der Noüç nach Anaxagoras.* Philos. Jahrb.. 1898. XI. 52-64. 166-181. 305-313.

27. Ermoni (V.). *Le Thomisme et les résultats de la psychologie expérimentale.* Rev. Néo-Scol.. 1898. V. 105-120.

28. Giuffrida-Ruggeri (V.). *Il valore psicologico dell' indovinello.* Riv. Quind. di Psicol.. 1898. II. 1-4.

29. Gror (N. von). *Die Begriffe der Seele und der psychischen Energie in der Psychologie.* Arch. f. syst. Phil.. 1898. IV. 237-335.

30. Gutberlet (C.). *Die « Krisis in der Psychologie ».* Philos. ----- ·· 1898. XI. 1-19. 121-146.

31. Jacobskotter (A.). *Die Psychologie Dietrich T⁶* Erlangen, 1898, 137 p.

32. James (W.). *Human Immortality; Two Supposed Objections to the Doctrine.* Boston and New York, Houghton, Mifflin et Co. 1898, 70 p.

33. Kramar (J.-U.). *Die Hypothese der Seele.* 2 vol. Leipzig. Duncker et Humblot, 1898, x + 845, 524 p.

34. Lloyd (A.-H.). *Dynamic Idealism; An Elementary Course in the Metaphysic of Psychology.* Chicago, Mc Clurg et Co. 1898, vii + 248 p.

35. Marchesini (G.). *Oggetto e suggetto della sensazione.* Riv. Ital. di Filos., 1898, XII (I), 235-242.

36. Mercier (D.). *La psychologie de Descartes et l'anthropologie scolastique.* (Suite et fin.) Rev. Néo-Scol., 1898, V, 193-199.

37. Nolte (F.). *Ueber das Verhältnis von Sinnlichkeit und Denken in Kants Terminologie.* (Prog.) Northeim, 1898, 10 p.

38. Pace (E.-A.). *The Soul in the System of St. Thomas.* Cathol. Univ. Bull., 1898, IV, 50-61.

39. Pesch (T.). *Institutiones psychologiæ secundum principia S. Thomæ Aquinatis.* Volumen II. Freiburg i. B., Herder, 1898, 421 p.

40. Piat (C.). *Destinée de l'homme.* Paris, Alcan, 1898, 244 p.

41. Scheele (F. von). *Det menskliga sjaelslifvet.* Stockholm, 1896, 408 p.

42. Schmid (F.). *Das Erkennen der Menschenseele im Zustande der Leiblosigkeit.* Ztsch. f. kathol. Theol., 1898, XXII, 31.

43. Singer (E.-A.). *Sensation and the Datum of Science.* Philos. Rev., 1898, VII, 485-504.

44. Svorcik (C.). *Uebersichtliche Darstellung und Prüfung der philosophischen Beweise für die Geistigkeit und die Unsterblichkeit der menschlichen Seele.* Philos. Jahrb., 1898, XI, 265-284.

45. Thorndike (E.). *What is a Psychical Fact?* Psychol. Rev., 1898, V, 645-650.

46. Titchener (E.-B.). *The Postulates of a Structural Psychology.* Philos. Rev., 1898, VII, 449-465.

47. Wahle (R.). *Ueber den gegenwärtigen Zustand der Psychologie.* Ztsch. f. Psychol., 1898, XVI, 241-263.

48. Zehender (W. von). *Vernunft, Verstandt und Wille.* Ztsch. f. Psych., 1898, XIX, 192-202.

[Voir aussi Vj.]

C. — Méthode, but et relations de la psychologie

49. Binet (A.). *La mesure en **psychologie** individuelle.* Rev. Phil., 1898, XLVI, 113-123.

50. Bliss (C.-D.)   r *Münsterberg's Attack on Experimental Psychology* I   . ., XXV, 214-223.

51. Bruns (H.). *Zur Collectiv-Masslehre*. Philos. Stud., 1898. XIV. 339-375.

52. Burckhardt (F.). *Psychologische Skizzen zur Einführung in die Psychologie*. 2. Aufl. Löbau, J.-G. Walde, 1898, VI + 319 p.

53. Caldwell (W.). *Philosophy and the Activity-Experience*. Int. J. of Ethics, 1898, VIII, 460-480.

54. Cattell (J.-M.). *Professor Münsterberg on « The Danger from Experimental Psychology »*. Psychol. Rev., 1898, V, 411-413.

55. Cattell (J.-M.). *The Psychological Laboratory*. Psychol. Rev., 1898, V, 655-658.

56. Favre (L.). *Contribution à l'étude de la méthode dans les sciences expérimentales*. Paris, Schleicher, 1893, XXV + 470 p.

57. French (F.-C.). *The Place of Experimental Psychology in the Undergraduate Course*. Psychol. Rev., 1898, V, 510-512.

58. Goblot (E.). *Essai sur la classification des sciences*. Paris, Alcan, 1898, 296 p.

59. Jastrow (J.), Baldwin (J.-M.) and Cattell (J.-M.). *Physical and Mental Tests*. Psychol. Rev., 1898, V, 172-179.

60. Kadis (J.). [*La destinée biologique de la psychologie*. Przeglad Filoz., 1898, II.

61. Lalande (A.). *Le langage philosophique et l'unité de la philosophie*. Rev. de Mét. et de Mor., 1898, VI, 566-588.

62. Lipps (G.-F.). *Ueber Fechner's Collectirmasslehre und die Vertheilungsgesetze der Collectirgegenstände*. Philos. Stud., 1898, XIII. 579-612.

63. Logan J.-D.. *Psychology and the Argument from Design*. Philos. Rev., 1898, VII, 604-614.

64. McDougall (W.). *A Contribution towards an Improvement in Psychological Method*. Mind, N. S., 1898, VII, 15-33, 159-178, 364-387.

65. Mills C.-K. *Suggestions regarding a Laboratory of Neurology and Psychology at the University of Pennsylvania*. Univ. Med Mag., 1898, XI, 65-69.

66. Münsterberg (H.). *Psychology and Art*. Atlantic Mo., 1898. LXXXII. 632-644.

67. Münsterberg (H.). *Psychology and the Real Life*. Atlantic Mo., 1898, LXXXI, 602-613.

68. Münsterberg H.. *The Danger from Experimental Psychology*. Atlantic Mo., 1898, LXXXI, 159-167.

69. Münsterberg (H.. *The Teacher and the Laboratory*. Atlantic Mo., 1898, LXXXI, 824-829.

70. Naville A.) *Le principe général de la classification des sciences*. Arch. f. syst. Phil., 1898, IV, 364-384.

71. Royce J. *The New Psychology and the Consulting Psychologist* Forum, 1898. XXVI. 80-96. Addr. et Pr   Educ. Ass., 1898. 554-570.

72. SCRIPTURE (E.-W.). *Elementary Course in Psychological Measurements*. Stud. fr. Yale Psychol. Lab., 1896 (1897), IV, 89-139.

73. SCRIPTURE (E.-W.). *Principles of Laboratory Economy*. Stud. fr. Yale Psychol. Lab., 1897 (1898), V, 93-103.

74. STANLEY (H.-M.); SCRIPTURE (W.-E.) *Remarks on the Method of the « New Psychology » with Memory*. Science, N. S., 1898, VII, 713-714, 750-751.

75. TITCHENER (E.-B.). *A Psychological Laboratory*. Mind, N. S., 1898, VII, 311-331.

76. TITCHENER (E.-B.). *The English of the Psychophysical Methods*. Amer. J. of Psychol., 1898, IX, 327-331.

77. VASCHIDE (N.). *Un laboratoire de Psychologie à Paris*. Rev. d. Rev., 1898, XXIV, 249-258.

78. VILLA (G.). *La psicologia e le scienze morali*. Riv. Ital. di Sociol., 1898. II, 600-632.

79. WADSWORTH (W.-S.). *Psychology in the Medical School*. Univ. Med. Mag., 1898, XI, 138-141.

80. WEINMANN (R.). *Die erkenntnisstheoretische Stellung des Psychologen*. Ztsch. f. Psychol., 1898, XVII, 215-252.

D. — ÉTUDES HISTORIQUES ET BIBLIOGRAPHIQUES

81. BACH (J.). *Zur Geschichte der Schätzung der lebenden Kräfte.* (Forts.) Philos. Jahrb., 1898. XI, 65-76.

82. CATTELL (J.-M.). *The Advance of Psychology*. Science. N. S., 1898, VIII, 533-541. Proc. Amer. Ass. Adv. Sc., 1898, XLVII, 441-453.

83. CODARA (A.). *Seneca filosofo e San Paolo*. Riv. Ital. di Filos., 1897, XII (II), 339-362 ; 1898, XIII (I), 26-41, 179-190.

84. DE WULF (M.). *Les récents travaux sur l'histoire de la philosophie médiévale*. Rev. Néo.-Scol., 1898, V, 67-93.

85. FAIRBANKS (A.). *The First Philosophers of Greece*. New-York, Scripners. 1898. xvii + 299 p.

86. FALCKENBERG (R.). *Geschichte der neueren Philosophie*. verb. 3. u. vern. Aufl. Liepzip, Veit, 1898, xii + 563 p.

87 FECHTNER (E.). *John Locke, ein Bild aus den geistigen Kämpfen Englands im 17. Jahrhundert*. Stuttgart, F. Frommann, 1898, p. xi + 298.

88. FERRI (L.). *L'evoluzione filosofica*. Riv. Ital. di filos., 1898, XIII (I), 4-25.

89. FRASER (A.-C.). *Thomas Reid Edinburgh and London, Anderson et Ferier*, 1898 160 p.

90. GOLDSCHMIDT (L.). *Kant und Helmholtz, populärwissenschaftliche Studie*. Hambourg, Voss. 1898. xvi + 135 p.

91. LAUDOWICZ (F.). *Wesen und Ursprung der Lehre von der Präexis-*

lenz der Seele und von der Seelenwanderung in der griechischen
Philosophie. Berlin F. Laudowicz. (1898, ?) 113 p.

92. Lévy-Bruhl (L.). *Nicolas Malebranche.* Open Court, 1898, XII.
543-566.

93. Marx (M.-C.-G.) *Leroy und seine « Lettres Philosophiques ».* Ein
Beitrag zur Geschichte der vergleichenden Psychologie des XVIII.
Jahrhunderts. (Diss.) Würzburg. 1898, 97 p.

94. Menzer (P.). *Die Entwickelungsgang der Kantischen Ethik in den*
Jahren. 1760-1785. Kantstud., 1898, III, 41-104.

95. Mercier (D.). *Les origines de la psychologie contemporaine. Paris.*
Alcan, 1898. Louvain, *Inst. Sup. de Phil.,* 1897, XII + 286 p.

96. Paulsen (F.). *Immanuel Kant, sein Leben und seine Lehre.* Stuttgart, *Frommanns.* 1898, XII + 396, p.

97. Pietropaolo (F.). *L'Anima nel mondo greco e romano, nel medio*
evo e nella filosofia moderna. Rome. Frat. Capaccini, 1898.
p. VII + 279.

98. Riehl (A.-Fr.). *Nietzsche, der Künstler und der Denker.* Stuttgart,
Hauff, 1898, 132 p.

99. Rosenblüth (S.). *Der Seelenbegriff im Alten Testament.* (Bern.
Stud. z. Phil., X) Bern, Steiger et Co. 1898. 62 p.

100. Schurman (J.-G. . *The Genesis of the Critical Philosophy.* Philos.
Rev., 1898, VII, 1-22, 135-161, 225-247.

101. Seailles (G.). *Un philosophe inconnu : Jules Lequier.* Rev. Philos.,
1898. XLV, 120-150.

102. Seebach (E.). *Die Lehre von der bedingten Unsterblichkeit in ihrer*
Entstehung und geschichtlichen Entwickelung. (Diss.) Giessen.
1898. 87 p.

103. Siebert O.. *Geschichte der neueren deutschen Philosophie seit*
Hegel. Gottingen. Vandenhoeck et Ruprecht. 1898. VIII — 486 p.

104. Spitta J.. *Remacks Ent. Kampf für eine deutsche Psychologie des*
vorigen Jahrhunderts. Forts. Arch. f. Gesch. d. Phil., 1898. XI.
181-212.

105. Stein L.. *Die Continuität der antischen Philosophie in der*
Gesellschaftslehre Augustins. Arch. f. Gesch. d. Phil., 1898. XI.
314-334.

106. Tausch S.-N. *P . . . .* Vapr si philos.
1898. IX. N.

107. Wiley N. M . . . . . . F . . T . . Mind. N. S.
1898. VII. 213-2

108. Zeben T . Ar. t. P . . . . Ueber. s. Lit der . . .
Neueren Psy . . . . N . . . . N.S. 217-272 p.

. . . . F . . . . Metz . . N . . . . 1898.

E. — COLLECTIONS. RECHERCHES. DESCRIPTIONS. BIBLIOGRAPHIES

110. ARDY (L.-F.). *Nuovo saggio di temi di psicologia, logica ed etica.* Udine. Del Bianco, 1898.

111. BALDWIN (J.-M.). *Recent Work in the Princeton Psychological Laboratory.* Scient. Amer. Suppl., 1898, XLV, 18693-18696.

112. BERKELEY (G.). (SAMPSON, G., Ed'r.) *The Works of George Berkeley, D. D., Bishop of Cloyne,* vol. II. London, G. Bell et Sons, 1898, VI + 515 p.

113. *Bibliographie der gesamten philosophischen Literatur,* 1897 (2306 titles.) Arch. f. syst. Phil., 1898, IV, 529-624.

114. *Bibliographie der psycho-physiologischen Litteratur des Jahres,* 1896. Ztsch. f. Psychol., 1898, XV, 355-481.

115. BINET (A.). *L'Année psychologique,* 4ᵉ année, 1897. Paris, Schleicher Fr., 1898. 849 p.

116. BOSANQUET (B.). *Philosophy in the United Kingdom in 1897.* Arch. f. syst. Philos., 1898, V, 124-132.

117. BROCHARD (V.). *Compte rendu des ouvrages philosophiques publiés en France pendant l'année 1896.* Arch. f. syst. Phil., 1898, IV, 507-525.

118. BUSSE (L.). *Jahresbericht über die Erscheinungen der anglo-amerikanischen Literatur der Jahre,* 1893-94. Ztsch. f. Philos. u. ph. Kr., 1898, CXI, 205-213.

119. CATTELL (J.-M.) and OTHERS. *The Biological Problems of To-day. Discussion before the American Society of Naturalists.* Science, N. S., 1898, VII, 145-161.

120. COUSIN (V.). (WYZEWA, T. DE, Ed'r.). *Pages choisies de Victor Cousin.* Paris, Libr. Acad. Perrin, 1898.

121. DELAGE (Y.). and POIRAULT (G.). *L'Année biologique.* 2ᵉ année, 1896. Paris, Schleicher Fr., 1898, p. XXXVI + 808.

122. DE SARLO (F.). *Metafisica, Scienza e Moralità.* Rome, G. Balbi, 1898, XLVII 143+77 p.

123. DILTHEY (W.), HEUBAUM (A.) and SCHMEKEL (A.). *Jahresbericht über die nachkantische Philosophie.* Arch. f. Gesch. d. Phil., 1898, XI, 531-586.

124. DUNAN (C.). *Essais de philosophie générale,* 2ᵉ fasc. Paris, Delagrave, 1898, 237-651 p.

125. DWELSHAUVERS (G.). *Nouvelles notes de psychologie expérimentale.* Rev. de l'Univ. de Brux., 1898, IV, 173-196.

126. EICHTHAL (E. D.). *John Stuart Mill, correspondance inédite avec Gustave d'Eichthal.* Paris, Alcan, 1898, XVII + 238 p.

127. ELLIS (H.). *Affirmations.* London, W. Scott, 1898, VII + 248 p.

128. FALCKENBERG (R.). *Aus Hermann Lotzes Briefen an Theodor und Clara Fechner.* Ztsch. f. Philos. u. ph. Kr., 1898, CXI, 177-190.

129. Farrand (L.) Sixth Annual Meeting of the American Psychological Association. Science. N. S.. 1898, VII, 450-452.

130. Farrand (L.) and Warren (H.-C.). The Psychological Index. No 4 (1897). New-York and London. Macmillan Co. 1898, 164 p. Année Psychol.. 1898, IV, 699-842

131. Henri (V.). Revue générale de psychophysique. Rev. Philos.. 1898. XLVI. 163-175.

132. Herchenrath (C.-R.-C.) Problèmes d'esthétique et de morale. Paris, Alcan, 1898, 164 p.

133. Huxley (T.-H.), Foster (M.) and Lankester (R.). Ed'rs.). The Scientific Memoirs of T.-H. Huxley. vol. 1. London, Macmillan: New-York, Appleton, 1898, 621 p.

134. Joël (K.). Bericht über die deutsche Literatur zur nacharistotelischer Philosophie. 1891-1896. Arch. f. Gesch. d. Phil.. 1898, XI. 281-309.

135. Lagneau (J.). Fragments. Rev. de Mét. et de Mor.. 1898. VI. 123-169.

136. Lasson (A.). Jahresbericht über Erscheinungen der philosophischen Litteratur in Frankreich aus den Jahren 1894-1895. Ztsch. f. Philos. u. ph. Kr.. 1898. CXIII. 65-110.

137. Leibniz (Latta, R.. Ed'r.). The Monadology and Other Philosophical Writings. Tr. w. Int. and Notes. by R. Latta. Oxford. Clarendon Press, 1898. XII + 437. p.

138. Lourié (O.). Pensées de Tolstoï d'après les textes russes. Paris, Alcan, 1898. xx + 179. p.

139. Lüdemann H.). Jahresbericht über die Kirchenväter und ihr Verhältniss zur Philosophie. 1893-1896. Arch. f. Gesch. d. Phil.. 1898. XI. 519-550.

140. Lukens H.-T.. Notes About On Psychologists and their Laboratories. Courses. etc.. Pedag. Sem.. 1898. VI. 114-125.

141. M... Studies from the Psychological Laboratory of Cornell University. Amer. J. of Psychol.. 1898. IX. 342-345 ; X. 143-147.

142. Nettleship R.-L., Bradley A.-C.. and Benson G.-R.. Ed'rs Philosophical Lectures and Remains of Richard Lewis Nettleship 2 v. New-York and London. Macmillan Co. 1898. LVI — 394 ; XII — 364.

143. P... F. L'I... . S... ...as. 1897. Paris. Alcan 1898. 312 .

144. P... ... . N... t. M... ... A ... P... Ass... ... . New-York. December 1897. Psychol. Rev.. 1898. V. 1-3-57.

145. R... ... ... P ... . III ... ... D. ... ... IN S. 43 ;

146. S... ... A. ... ... les P... ... . Ap... ... ...

147. *Studies from the Harvard Psychological Laboratory*. X. Psychol. Rev., 1898, V. 55-62.

148. *Studies from the Princeton Psychological Laboratory*. VIII. Psychol. Rev., 1898, V. 63-67.

149. *Studies from the Psychological Laboratory of the University of Chicago*. Psychol. Rev., 1898, V. 579-615.

150. Stumpf (C. Ed'r). *Beiträge zur Akustik und Musikwissenschaft*. Hefte I. II. Leipzig. Barth. 1898. 103-170 p.

151. Thiéry (A.). *Bulletin psychologique*. Rev. Néo-Scol., 1898, V, 204-227.

152. Zeller (E.). *Die deutsche Literatur über die sokratische, platonische und aristotelische Philosophie*. 1895. Arch. f. Gesch. d. Phil., 1898, XI, 435-456.

II. — Psychogenèse, Psychologie individuelle et comparée.

A. — Développement mental. Théorie de l'évolution. Hérédité

153. Allin (A.). *Extra-Organic Evolution*. Science. N. S., 1898, VII, 267-269.

154. Baldwin (J.-M.). *On Selective Thinking*. Psychol. Rev., 1898. V, 1-25. Princeton Contrib. to Psychol., 1898, II, 145-168.

155. Brinton (D.-G.). *The Factors of Heredity and Environment in Man*. Amer. Anthropol., 1898, XI, 271-277.

156. Bulman (G.-W.). *On some Suggested Improvements in the Theory of Natural Selection*. Westminster Rev., 1898, CL, 688-696.

157. Bulman (G.-W.). *Protective Characters and Natural Selection*. Westminster Rev., 1898, CXLIX, 428-439.

158. Carter (M.-H.). *Darwin's Idea of Mental Development*. Amer. J. of Psychol., 1898, IX, 534-559.

159. Casamajor (Abbé de). *Hétérogénie, transformisme et darwinisme*. Bar-le-Duc, L'Œuvre de Saint-Paul, 1898, 248 p.

160. Castets (J.), Poulton (E.-B.). *Protective Mimicry*. Nature, 1898, LVIII, 223.

161. Cunningham (D.-J.). *The Significance of Anatomical Variations*. J. of Anat. et Physiol., 1898, XXXIII, 1-9.

162. Cunningham D.-J.) and Others. *A Discussion on the Significance of Anatomical Variations*. Brit. Med. J., 1898 (II), 694-698.

163. Cunningham (J.-T.). *The Species, the Sex, and the Individual*. Natural Sci., 1898, XIII, 184-192, 233-239)

164. Cunningham J.-T., Henslow G.), Weldon W.-F.-R.. *Organic Variations and their Interpretations*. Nature, 1898, LVIII, 394-396.

165. Daniels (W.-M.). *The Bearing of the Doctrine of Selection upon the Social Problem*. Int. J. of Ethics, 1898, VIII, 203-214.

166. DELAGE (Y.) et POIRAULT (G.). *La Variation*. Année biol. 1896. (1898). II. 466-469.

167. DELAGE (Y.) et POIRAULT (G.). *L'Hérédité*. Année biol.. 1896 (1898). II. 444-446.

168. DELAGE (Y.) et POIRAULT (G.). *L'origine des especes*. Année biol.. 1896 (1898). II. 492-500.

169. DONATH (J.). *Die Anfänge des menschlichen Geistes* (Fest-Vortr.). Stuttgart. Enke. 1898. Pp. 47.

170. EIMER (T.). *On Orthogenesis and the Impotence of Natural Selection in Species-Formation*. Chicago. Open Court Publ. Co.. 1898. 56 p.

171. ETERNOD (A.-C.-F.). *Les sources de la vie*. Paris. Fischbacher. 1898. 82 p.

172. FARGES (A.). *L'évolution et les évolutions; l'origine de l'homme*. II Ann. de Philos. Chrét.. 1898. XXXVII. 401-421.

173. FAWCETT (C.-D.). *Mathematical Contributions to the Theory of Evolution. On the Inheritance of the Cephalic Index*. Proc. Roy. Soc.. 1898. LXII. 413-417.

174. FILADELFEO (A.). *L'uomo scimia degenerata*. (Trad. française par S. Buin.) Naples. Melfi et Ioele. 1898. 148 p.

175. FINN (F.). *On some Noteworthy Indian Birds. Contributions to the Theory of Warning Colours and Mimicry*. J. of the Asiatic Soc.. Calcutta. 1897. LXVI. Pt. II, No. 2.

176. GALTON (F.). *A Diagram of Heredity*. Nature, 1898, LVII, 293.

177. GALTON (F.). *The Distribution of Prepotency*. Nature, 1898. LVIII. 246-247.

178. HARRACA (J.-M.). *Contribution a l'etude de l'heredité et des principes de la formation des races*. Paris. Alcan. 1898, 172 p.

179. HARTOG (M.-M.). *Grundzüge der Vererbungstheorie*. Biol. Centralbl.. 1898. XVIII. 817-836.

180. HENSLOW (G.). *The Study of Variations*. Natural Sc.. 1898. XII. 313-315.

181. HERMANN (G.). *Naturgeschichte der Geschlechtsliebe*. I. Bd. Leipzig. A. Strauch. 1898. XI + 116 p.

182. HERRERA (A.-L.). *Sur la demonstration de quelques faits interessant l'heredité et la consanguinite*. Bull. Soc. Zool. de France. 1898. XXIII. 78-81.

183. HIRTH (G.). *Energetische Epigenesis und epigenetische Energieformen, insbesondere Merksysteme und plastische Spiegelungen*. Munich and Leipzig. G. Hirth. 1898. 218 p.

184. HUTCHINSON (W.). *Love as a Factor in Evolution*. Monist., 1898. VIII, 205-229.

185. HUTCHINSON (W.). *The Gospel according to Dar · · · — · · e, Open Court Publ. Co: London. Kegan. Paul: 4'

186. HUTTON (F.-W.). COCKERELL (T.-' tinct. Nature. 1898. LVIII, 411

187. Hutton (F.-W.), Williams (H.-S.), Baldwin(J.-M.). *Isolation and Selection.* Science. N. S., 1898, VII, 570-571, 637-640.

188. Irwell (L.). *General Evolution and Natural Selection as Exemplified by Man.* Med. Record, 1898, LIV, 86-88.

189. Jordan (D.-S.). *The Elements of Organic Evolution.* Arena. 1898, XIX, 752-769.

190. Jordan (D.-S.). *The Evolution of the Mind.* Pop. Sci. Mo., 1898, LII, 433-445.

191. Jordan (D.-S.) and Others. *Foot-Notes to Evolution.* New-York, Appleton and Co, 1898, xviii + 392 p.

192. Jordan (K.). *Reproductive Divergence Not a Factor in the Evolution of New Species.* Natural Sci., 1898, XII, 45-47.

193. Kirwan (C. de). *De l'évolution progressive de la connaissance.* Rev. des Quest. Scient., 1898, XLIII, 5.

194. Klaatsch. *Das Problem der Vererbung mit Rücksicht auf die Pathologie.* München. med. Wochensch.. 1898, XLV, 413-446.

195. Kohlbrugge (I.-H.-F.). *Der Atavismus.* Utrecht. Scrinerius, 1897, 31 p.

196. Le Dantec (F.). *Évolution individuelle et hérédité.* (Bibl. Scient. Internat.) Paris, Alcan, 1897. 308 p.

197. Le Dantec (F.). *L'individualité et l'erreur individualiste.* Paris, Alcan, 1898. 175 p.

198. Le Dantec (F.). *Mimétisme et imitation.* Rev. Philos., 1898, XLVI, 336-398.

199. Letourneau (C.). *La synthèse de l'évolution mentale.* Rev. mens. de l'Ecole d'Anthr., 1898, VIII, 333-352.

200. Liétard. *De la résistance des types anthropologiques aux influences des milieux.* Bull. de l'Acad. de Méd., 1898, XXXIX, 5,9-551.

201. Loeb (J.). *Assimilation and Heredity.* Monist, 1898, VIII, 547-555.

202. Lombroso (C.). *Regressive Phenomena in Evolution.* Monist, 1898, VIII, 377-383.

203. Macloskie (G.). *Theistic Evolution.* Presb. and Ref. Rev.. 1898, IX, 1-22.

204. Macrez (L.). *L'hérédité physiologique et pathologique.* (Thèse.) Lille, Bigot, 1897. 123 p.

205. Mivart (St. G.). *L'utilité explique-t-elle les caractères spécifiques?* Rev. Néo-Scol.. 1898, V, 405-409.

206. Morgan (C.-L.). *Mr. Herbert Spencer's Biology.* Natural Sci., 1898, XIII, 377-383.

207. Morgan (C.-L.). *The Philosophy of Evolution.* Monist, 1898, VIII, 481-501.

. (C. von). *A Mechanico-Physiological Theory of Organi...* Chicago, Open Court Publ. Co. 1898. 53 p.

L. *Estudios biologicos.* Madrid. 1898.

...al Contributions to the Theory of Evolu-

tion. On the Law of Ancestral Heredity. Proc. Roy. Soc., 1898, LXII, 386-413.

211. PEARSON (K.). *Mathematical Contributions to the Theory of Evolution.* V. Proc. Roy. Soc., 1898, LXIII, 417-420.

212. PEARSON (K.). *On the Law of Ancestral Heredity.* Science, N. S., 1898, VII, 3 7-339.

213. PIERRET. *Eredità psicologica.* Rome, Capaccini, 1898.

214. POTTER (H.-P.). *Some Aspects of Heredity.* West. London Med. J., 1898, III, 1-16.

215. POULTON (E.-B.). *Protective Mimicry and Common Warning Colours.* Nature, 1898, LVII, 389.

216. QUERTON (L.) and ENSCH N.). *La plasticité des organismes et l'hérédité.* Rev. de l'Univ. de Brux., 1828, III, 621-630, 679-688.

217. REID (G.-A.). *A Theory of Retrogression.* Natural Sci., 1898, XIII, 396-403.

218. RICHET (C.). *L'effort vers la vie et la theorie des causes finales.* Rev. Scient., 4° S., 1898, X, 1-7.

219. ROMANES (G.-J.). *Darwin und nach Darwin.* Bd. III. (Uebers. v. B. Nöldecke.) Leipzig, Engelmann, 1897. 212 p.

220. STAGER R.). *Schutzfarben der Thiere bei Nacht.* Natur u. Offenb., 1898, XXIV, 552.

221. TALBOT (E.-S.). *Heredity and Atavism.* Alien. et Neurol., 1898, XIX, 628-658.

222. TAYLER (J.-L.). *The Study of Variations.* Natural Sc., 1895, XII, 231-238, 393-396.

223. TRIMEN (R.). *Mimicry in Insects.* Science, N. S., 1898, VII, 433-447. Nature, 1898, LVII, 304-307.

224. TÜMLER R.. *Die Tatsa ... ... Thierwelt.* Natur u. Offenb. 1898, XXIV, 354-420.

225. VRIES H. de. *L'acut ... ... rittes — Comité ... sur Ph... .* Rev. de l'Univ. de Brux., 1898, III, 484-498

226. WEISS G.. *Cas ... ...* C. R. S ... b. Biol., 10° S., 1898, V, 84-82.

227. WEISS G.. *L' ... ...* ... C. R. S ... b. Biol., 10° S., 1898, V, 8-84.

228. WILSY A.. *W ... ...* Nature, 1898, LVIII, 390.

229. WILLIAMS H.-S.. *V ... ... Heredity.* Amer. Natural, 1898, XXXII, 824-842.

230. WOLFF G.. *Bei ... .* Leipzig, ... 1898, ...

...

S — P... ... N° ... ...

... ...
... ... 1898 ...

232. Beer (T.). *Vergleichend-physiologische Studien zur Statocysten Function.* I. *Ueber den angeblichen Gehörsinn und das angebliche Gehörorgan der Crustaceen.* Arch. f. d. ges. Physiol. (Pfluger's). 1898, LXXIII, 1-41.

233. Bethe (A.). *Dürfen wir den Ameisen und Bienen psychische Qualitäten zuschreiben?* Arch. f. d. ges. Physiol. (Pfluger's), 1898, LXX, 15-100.

234. Bickel (A.). *Ueber die Bedeutung der Sensibilität für den thierischen Organismus.* Münch. med. Wochen, 1898, XLV, 172-174.

235. Binet (A.). *Un projet d'expérience sur le sens de l'orientation chez le chien.* Interméd. d. Biol., 1898, I, 251.

236. Bolsche (W.). *Das Liebesleben in der Natur.* Leipzig, 1898, 402 p.

237. Bonnier (P.). *Le sens de l'orientation chez les animaux.* Interméd. d. Biol., 1898, I, 127.

238. Bonnier (P.). *Le « sixième sens ».* Rev. Scient., 4ᵉ S., 1898, IX, 589-594.

239. Cuénot (L.). *Les moyens de défense chez les animaux.* Rev. Scient., 4ᵉ S., 1898, IX, 449-458.

240. Evans (E.-P.). *Evolution Ethics and Animal Psychology.* New-York, Appleton and Co, 1898, 386 p.

241. Féré (C.). *Expériences relatives à l'instinct sexuel chez le bombyx du mûrier.* C. R. Soc. de Biol., 10ᵉ S., 1898, V, 845-847.

242. Féré (C.). *Expériences relatives aux rapports homosexuels chez les hannetons.* C. R. Soc. de Biol., 10ᵉ S., 1898, V, 549-551.

243. Forel (A.). *Sur les mœurs des fourmis de l'Amérique tropicale.* Annales Soc. Entomol. de Belg., 1898, 329-332.

244. Groos (K.). *The Play of Animals.* (Tr. by E. L. Baldwin, w. Pref. by J. M. Baldwin.) New York, Appletons ; London, Chapman et Hall ; 1898, 23 + 341. p.

245. Hesse (R.). *Die Lichtempfindung des Amphioxus.* Anat. Anz., 1898 XIV, 556-557.

246. Janet (C.). *Études sur les fourmis, les guêpes et les abeilles. Appareils pour l'observation* Mém. Soc. Zool. de France, 1897, X, 302-323.

247. Joannis (de). *Les leçons de l'entomologie. — L'instinct.* Ét. publ. p. Pères Comp. de Jésus, 1898, LXXIV, 82-110, 460-486.

248. Kline (L.-W.). *The Migratory Impulse vs. Love of Home.* Amer. J. of Psychol., 1898, X, 1-81.

249. Krause (W.). *Die Farbenempfindung des Amphioxus.* Zool. Anz., 1897, XX, 513-515.

250. Krause (W.). *Die Lichtempfindung des Amphioxus.* Anat. Anz., 1898, XIV, 470-471.

251. Letourneau (C.). *Education in the Animal Kingdom.* Pop. Sci. Mo., 1898, LII, 527-534.

252. Marchi (E.). *La delinquenza negli animali*. Arch. di Psichiat.. 1898, XIX, 145-154.

253. Mc Intosh (W.-C.). *Note on the Memory of Fishes*. J. of Mental Sci., 1898, XLIV, 231-234.

254. Mezes (S.-G.). *The Essential Differences between Man and Other Animals*. Texas Acad. of Sci.. 1898, 22-37.

255. Mills (W.). *The Nature and Development of Animal Intelligence*. New-York. Macmillan Co, 1898. xii + 307. p.

256. Morgan (C.-L.). *Animal Intelligence*. Natural Sci., 1898, XIII, 265-272.

257. Morgan (C.-L.). *Animal Intelligence : An Experimental Study*. Nature. 1898, LVIII, 249-250.

258. Morgan (C. L.). *Instinct and Intelligence in Animals*. Nature. 1898, LVII, 326-330.

259. Nagel (W.-A.). *Notiz, betreffend den Lichtsinn augenloser Thiere*. Arch. f. d. ges. Physiol. (Pfluger's), 1897. LXIX, 137-140.

260. Neuville (H.). *L'instinct du jeu chez les Requins*. Interméd. de Biol., 1898, I, 85.

261. Peckham (G.-W. and E.-G.). *On the Instincts and Habits of the Solitary Wasps*. Wisc. Geol. et Nat. Hist. Survey Bull.. No 2. 1898, 245. p.

262. Plateau (H.). *Le sentiment esthétique chez les insectes*. Interméd. d. Biol.. 1898, I, 130-132.

263. Reynaud (G.). *Le sens de l'orientation chez les animaux*. Rev. d. Deux-Mondes, 1898, CXLVI, 380-402.

264. Reynaud (G.). *Théorie de l'instinct d'orientation des animaux*. Comp. Rend. Ac. d. Sc.. 1897, CXXV, 1191-1194.

265. Soury (J.). *Vie psychique des fourmis et des abeilles. Automate et esprit*. Interméd. d. Biol., 1898. I. 310-319.

266. Thauziès (A.). *L'orientation*. Rev. Scient., 4ᵉ S.. 1898, IX. 392-397.

267. Thorndike (E.-L.). *Animal Intelligence*. Psychol. Rev. Monograph Suppl. No 8. New-York and London. Macmillan Co, 1898, 109 p.

268. Thorndike (E.). *Some Experiments on Animal Intelligence*. Science, N. S., 1898, VII, 818-826.

269. Uexküll (J. von). *Ueber Reflexe bei den Seeigeln*. Ztsch. f. Biol.. N. F.. 1897, XVI, 298-318.

270. Uexküll (J. von). *Vergleichend sinnesphysiologische Untersuchungen. II. Der Schatten als Reiz für Centrostephanus longispinus*. Ztsch. f. Biol., N. F., 1897, XVI. 318-339.

271. Wasmann (E.). *Eine neue Reflextheorie des Ameisenlebens*. Biol. Centralbl., 1898, XVIII. 578-590.

272. Wegener (H.). *Das Weber'sche Gesetz und seine Bedeutung für die Biologie*. Naturw. Wochensch., 1897, XII, 397-401.

C. — PSYCHOLOGIE DES ENFANTS

273. ANDERSEN (H.). — *Sur la croissance de la taille et le dérangement mental dans l'enfance.* Nordiskt Med. Arkiv., 1898. XXXI, N'r 2. 39. p.

274. ALLPORT (F.). *A New Combination Chart for the Examination of School Children's Eyes and Ears by Teachers.* J. of Amer. Med. Ass., 1898, XXX, 1510-1511. Amer. J. of Ophtal.. 1898. XV. 225-230.

275. ALLPORT (F.). *Report of Eye Examinations in the Minneapolis Public Schools.* J. of Amer. Med. Ass., 1898, XXX, 207-211.

276. BALDWIN (J.-M.). *Die Entwickelung des Geistes beim Kinde und bei der Rasse.* (Uebers. v. A.-E. Ortmann.) Berlin, Reuther et Reichard. 1898, xv + 470. p.

277. BERGEN (F.-D.). *Notes on the Theological Development of a Child.* Arena, 1898, XIX, 254-266.

278. BINET (A.). and VASCHIDE (N.). *La psychologie à l'école primaire. — Expériences de force musculaire et de fond chez les jeunes garçons. — Épreuves de vitesse chez les jeunes garçons. — Expériences sur la respiration et la circulation du sang chez les jeunes garçons. — Mesures anatomiques chez 40 jeunes garçons. — Échelle des indications données par les différents tests. — Corrélation des épreuves physiques. — La mesure de la force musculaire chez les jeunes gens. — La force de pression de la main, la traction, la corde lisse, le saut. — Expériences de vitesse chez les jeunes gens. — Données anatomiques, capacité vitale et vitesse du cœur chez 40 jeunes gens. — Échelle des indications données par les tests. — Corrélation des tests de force physique.* Année psychol.. 1897 (1898). IV. 1-244.

279. BLUM (E.). *Le mouvement pédologique et pédagogique.* Rev. Philos., 1898. XLVI, 504-518.

280. BOHANNON. (E.-W.). *The Only Child in a Family.* Pedag. Sem. 1898, V, 475-496.

281. BOLTON (T.-L.) and HASKELL (E.-M.). *Knowledge from the Stand point of Association.* Educ. Rev., 1898, XV, 474-499.

282. BURK (F.). *From Fundamental to Accessory in the Development of the Nervous System and of Movements.* Pedag. Sem.;-1898, VI, 5-64.

283. BURK (F.). *Growth of Children in Height and Weight.* Amer. J. of Psychol., 1898, IX, 253-326.

284. BURKHARD (P.).. *Die Fehler der Kinder.* Karlsruhe, Namnich. 1898.

285. CHRISMAN (O.). *Paidology. the Science of the Child.* Educ. Rev., 1898, XV, 269-283.

286. CHRISMAN (O.). *[...] Periods of Child-Growth.* Educ. Rev.,

332. Woods (A.). *Child Study. J. of Educ.*, 1898, ~~~

333. Ziehen (T.). *Die Ideenassoziation des Kindes. 1. (Sa*
     n. d. Geb. d. päd. Psychol. u. Physiol.) Berlin, Re
     chard. 1898, 66 p.

D. — PÉDAGOGIE

334. Baker (S.). *Fatigue in School Children*. Educ. Rev
     34-39.

335. Baldwin (J.-M.). *Language Study*. Science. N. S.
     94-96.

336. Barr (M.-W.). *Defective Children : Their Needs and*
     Int. J. of Ethics, 1898, VIII, 481-490.

337. Barr (M.-W.). *The Training of Mentally Deficient C*
     Sci. Mo., 1898, LIII, 531-535.

338. Bertrand (A.). *L'enseignement intégral*. Paris, .
     313 p.

339. Binet (A.). *La question des études classiques d'après l*
     expérimentale. Rev. d. Rev., 1898, XXVIII. 461-470.

340. Colozza (G.-A.). *Del potere di Inibizione : nota d*
     Rome, Paravia, 1898, 128 p.

341. Compayré (G.). *L'enseignement intégral d'apres un*
     Rev. Philos., 1898, XLVI, 19-44.

342. Cordes (G.) *Psychologische Analyse der Thatsache*
     ziehung. (Samml. v. Abh. a. d. Geb. d. päd. Psy
     Berlin, Reuther u. Reichard, 1898, 54 p.

343. Dodd (C.-I.). *Introduction to Herbartian Principles*
     London, Sonnenschein ; New-York, Macmillan
     198.

344. Drury (F.-M.) and Folsom (C.-F.). *Effects of the Stud*
     nations on the Nervous and Mental Conditions of Fem
     (Stud. fr. Harvard Psychol. Lab.) Psychol. Rev., 18

345. Dutton (C.-F.). *Management of Precocious Childre*
     Med. Mag., 1898, XIII, 143-151.

346. Ely (T.-C.). *The Importance of Training the Special*
     Education of Youth. Bull. Amer. Acad. Med., 1898,
     Internat. Med. Mag., 1898, VII, 375-381.

347. Ferrand. *Éducation physiologique du caractère*. Bul
     de Méd., 1898, XL, 135-142. Ann. de Philos. C
     XXXIV, 277-285.

348. Groszmann (M.-P.-E.). *Language Teaching from a*
     Point of View. Child-Study Mo., 1898, IV, 266-278.

349. Gutberlet (C.). *Die experimentelle Psychologie* ~~
     Päd. Monatsh., 1898, IV.

350. Harris (W.-T.). *Psychologic Found*
     York, Appleton et Co, 1898, xxxv ·

351. Harris (W.-T.). *Rational Psychology for Teachers*. Addr. et Proc. Nat. Educ. Ass., 1898, 570-574.

352. Harris (W.-T.). *Report of the Commissioner of Education for the Year*, 1896-1897. 2 vols. Washington, Government Printing Office, 1898, vii + 1136, 1137-2390 p.

353. Hecke (G.). *Systematisch-kritische Darstellung der Pädagogik Lockes*. Gotha, Perthes, 1898.

354. Herbart (J.-F.) (Mullinger B.-C., Ed'r.). *The Application of Psychology to the Science of Education*. (Trans. and ed'd by B.-C. Mullinger, w. pref. by D. Beale.) New-York, Scribners (Imported), 1898, cxxv + 226 p.

355. Holl (M.). *Ueber Gesichtsbildung*. Vienna, Hölder, 1898, 44 p.

356. Hugh (D.-D.). *Formal Education from the Standpoint of Physiological Psychology*. Pedag. Sem., 1898, V, 599-605.

357. Hunt (R.). *Influence of the Mint upon the Body and its Relation to Education*. J. of Amer. Med. Ass., 1898, XXXI, 1464-1465.

358. Kappes (M.). *Lehrbuch der Geschichte der Pädagogik*. Bd. I. Münster, Aschendorff, 1898.

359. Kemsies (F.). *Arbeitshygiene der Schule*. (Samml. v. Abh. a. d. päd. Psychol., II, I). Berlin, Reuther and Reichard, 1898. 64 p.

360. Krohn (W.-O.). *Minor Mental Abnormalities in Children as Occasioned by certain School Methods*. Addr. and Proc. Nat. Educ. Ass., 1898, 162-172.

361. Ley. *Les enfants arriérés, leur traitement éducatif*. Antwerp., Buschmann, 1898, 16 p.

362. Liebmann (A.). *Die Untersuchung und Behandlung geistig zurückgebliebener Kinder*. Berlin, Berlinische Verlagsanstalt, 1898, 36 p.

363. Lukens (H.-T.). *The School-Fatigue Question in Germany*. Educ. Rev., 1898, XV, 246-254.

364. Mackenzie (J.-S.). *The Bearings of Philosophy on Education*. Int. J. of Ethics, 1898, VIII, 423-438.

365. Makuen (G.-H.). *The Training of Speech as a Factor in Mental Development*. Bull. Amer. Acad. Med., 1898, III, 501-505.

366. Martinazzoli (A.) and Credaro (L). *Dizionario illustrato di Pedagogia*, vol. II, fasc. 36-39. Milan, Vallardi, 1898.

367. McIntyre (J.-L.). *Kant's Theory of Education*. Educ. Rev., 1898, XVI, 313-327.

368. Munsterberg (H.). *Psychology and Education*. Psychol. Rev., 1898, V, 500-503.

369. Munsterberg (H.). *Psychology and Education*. Educ. Rev., 1898, XVI, 105-132.

w (D.). *Das Aktivitätsprincip in der Pädagogik J.-J. Roussipzig*, Schmidt, 1898, 160 p.

V. *Profili di Educazione estetica*. Asti, Brignoli, 1898.

Die *...ung. Ein Capitel aus einer zukünftigen*

psychologischen Einleitung in die Pädagogik. Berlin, Reuther et Reichard, 1898, 112 p.

373. SCHUBERT (R.). *Herbarts didaktetische Anschauungen und die Interpretationen der Konzentrationsidee.* (Diss.) Leipzig, 1898, 62 p.

374. STANLEY (H.-M.). *The Teaching of Psychology.* Educ. Rev., 1898, XVI, 177-184.

375. SZENTESY (B.). *Die geistige Ueberanstrengungen des Kindes.* (Deutsch v. E. Löbl und H. Ehrenhaft.) Budapest, Pester Buchdruckerei, 1898. xv + 123 p.

376. TAYLOR (J.-L.). *The Amount of Work the Growing Brain should Undertake.* Bull. Amer. Acad. Med., 1898, III, 469-482.

377. TOMPKINS (A.). *Herbart's Philosophy and His Educational Theory.* Educ. Rev., 1898, XVI, 233-234.

378. VANDEWALKER (N.-C.). *Some Demands of Education upon Anthropology.* Amer. J. of Sociol., 1898, IV, 69-78.

379. VECCHIA (P.). *La pedagogia nei suoi rapporti con le scienze* Naples, L. Pierro, 1898.

380. VIDARI (G.). *Le scuole secondarie e la società presente.* Riv. Ital. di Filos., 1898, XIII (1 , 286-317.

381. VINCENT (G.-E.). *The social Mind and Education.* New-York and London, Macmillan Co, 1898, IX + 155 p.

382. WAGNER (L.). *Unterricht und Ermüdung. Ermüdungsmessungen an Schülern des neuen Gymnasiums in Darmstadt.* (Samml. v. Abh. d. päd. Psychol., I, 4.) Berlin, Reuther and Reichard, 1898, 134 p.

383. WAITZ (T. WILLMANN, O., Ed'r.) *Theodor Waitz' Allgemeine Pädagogik.* 4. verm. Aufl. Brunswick, Vieweg and Sohn, 1898, 552 p.

384. WILKE (G.). *Die Hauptberührungs- und Unterscheidungspunkte der Erziehungsgedanken John Locke's und Jean Jacques Rousseau's.* Diss.) Erlangen, 1898, 65 p.

E. — LA PSYCHOLOGIE DES INDIVIDUS, DES SEXES ET DES CLASSES

385. ALTAMIRA (R.). *Observations sur le problème de l'homme de génie et de la collectivité en histoire.* Repr. fr. Rev. Int. de Sociol. Paris, Giard et Brière, 1898, 16 p.

386. ANTONINI G. *Psicopatia di Vittorio Alfieri.* Arch. di Psichiat., 1898, XIX, 177-232.

387. ANTONINI G. and COGNETTI DE MARTIIS L., *Vittorio Alfieri. Studio psi pat i ..* Turin, Frat. Bocca, 1898, XV + 154 p.

388 BAGLIONI B., *La ...* Perugia, 1898.

389. BARINE A. *Névrosés H ... Q ... .* E'jre Paris, G. de V. ... Paris, Ha ... 1898.

390. BELTRAMI P. G. *... Alessandro Manzoni.* Milan, Cogliati, 1898, 251 ..

391. BERTILLON (A.). *La comparaison des écritures et l'identification graphique*. II. Rev. Scient., 4ᵉ S., 1898, IX, 1-9.

392. CARAMANNA (G.). *I giuocatori in rapporto alla psicologia ed alla psichiatria*. Palermo, Reber, 1898.

393. CRÉPIEUX-JAMIN (J.). *Traité pratique de Graphologie*, 8ᵒ éd. Paris, Flammarion, 1898, x + 276 p.

394. DAVIES (H.). *The Psychology of Temperament and its Epistemological Applications*. Philos. Rev., 1898, VII, 162-180.

395. DEL GRECO (F.). *Sulla psicologia tella individualità*. Atti Soc. Rom. di Antrop., 1898, V, fasc. 3, 20 p.

396. DEL GRECO (F.). *Temperamento e carattere*. Il Manicomio Mod., 1898, XIV, No. 2, 91. p.

397. DOREL (N.). *Différences sexuelles de la mentalité*. Paris, 1898.

398. DUMAS (G.). *L'état mental d'Auguste Comte*. Rev. Philos., 1898, XLV, 30-60, 151-180, 387-414.

399. FERRAI (C.). *Gergo e fordi in giuocatori d'azzardo*. Arch. di Psichiat., 1898, XIX, 374-381.

400. FERRARI (G.-C.). *Ricerche ergografiche nella donna*. Riv. Sperim. di Freniat., 1898, XXIV, 61-85.

401. FRATI (L.). *La lonna italiana secondo i più recenti studi*. Turin Bocca, 1898.

402. GILL (F.). *Aspects of Personality*. New-World, 1898, VII, 229-237.

403. GRAF (A.). *Foscolo, Manzoni, Leopardi*. Turin, 1898.

404. GUICCIARDI (C.) and FERRARI (G.-C.). *Il lettore del pensiero « John Dalton »*. Riv. Sperim. di Freniat., 1898, XXIV, 185-238.

405. GÜNTHER (R.). *Weib und Sittlichkeit*. Berlin, C. Duncker, 1898. VII + 261 p.

406. KELLOR (F.-A.). *Sex in Crime*. Int. J. of Ethics, 1898, IX, 74-85.

407. LABORDE (J.-V.). *Léon Gambetta*. Biographie psychologique. Paris, Reinwald, 1898. XII + 162 p.

408. LABORRE (J. V.). *Biographie psychologique de Léon Gambetta*. C. R. Soc. de Biol., 10ᵉ S., 1898, V, 1070-1072.

409. LAUPTS. *Eine Enquete über Selbstmord*. Ztsch. f. Criminal-Anthrop., 1897, I, 75-84.

410. LOMBROSO (C.). *Genio e Degenerazione*. Palermo, Sandron, 1898.

411. MAC DONALD (A.). *Émile Zola*. Open Court, 1898, XII, 467-484.

412. MALAPERT (P.). *Les éléments du caractère*. Paris, Alcan, 1898. XVI + 302. p.

413. MANOUVRIER (L.). *Caractérisation physiologique des tempéraments et homologation des tempéraments classiques*. Rev. Mens. de l'école d'Anthrop., 1898, VIII, 169-191.

414. MARTIN (H.. *Névrose et poesie*. Et publ. par Peres Comp. de Jésus, 1898, LXXIV, 145-167, 338-361.

415. MORASSO (M.). *Caratteri sessuali. — Femminilita e Mascolinita nel destrismo e mancinismo*. Venice, 1898.

416. Ottolenghi (S.). *La sensibilità e la condizione sociale* Psichiat., 1898, XIX, 101-104.

417. Ottolenghi (S.). *L'olfatto nella donna.* Riv. Quind. 1898, II, 122-125.

418. Papillault (G.). *Essai d'étude anthropologique sur V.* de Psychiat., N. S., 1898, 39-52.

419. Paulhan (F.). *Le développement de l'invention.* Rev. Ph XLVI, 569-606.

420. Paulhan (F.). *Travaux récents sur la personnalité et le* Rev. Philos., 1898, XLVI, 66-79.

421. Regnard (A.). *Génie et folie.* Ann. Méd.-Psychol., 8ᵉ S., 16-34, 177-195. 353-370 ; VIII, 5-25. 204-228.

422. Regnault (F.). *Sur une classification naturelle des carac* de l'Hypnot., 1898. XII. 250-254.

423. Renooz (C.). *Psychologie comparée de l'homme et de* Paris. 1898, 580 p.

424. Robertson (J.-M.). *The Economics of Genius.* Forum, 1 178-190.

425. Ryckère (R. de). *La femme en prison et devant la m* Storck, 1898, xi + 249 p.

426. Safford (T.-H.). *A Century of Personal Equations.* Scie 1898, VIII, 727-732.

427. Schirmacher (K.). *Le féminisme aux États-Unis, en Fr la Grande-Bretagne, en Suède et en Russie.* Paris, Colli

428. Schirmacher (K.). *Le féminisme en Allemagne.* Rev. de l' V, 152-178.

429. Sighele (S.). *Psychologie des sectes.* (Trad.) Paris. Giard 1898, 231 p.

430. Stoppoloni (A.). *Le donne nella vita di Gian Giacomo* Rome, Soc. Ed. Dante Alighieri. 1898, 204 p.

431. Tardieu (E.). *Psychologie du malade.* Rev. Philos., 1 561-583.

432. Tardieu (E.). *Psychologie militaire.* Brussels, P. Weis 1898.

433. Türck (H.). *Der geniale Mensch.* 3. stark verm. Aufl. Ber mler, 1898, 378. p.

434. Viazzi (P.). *I limiti del pudore nell' uomo e nella donna,* 1 di Psich. Forens. Antrop. Crim., 1897, I, 164-175.

F. — ANTHROPOLOGIE. ETHNOLOGIE

435. *Abstracts of Papers Read ; Section H (Anthropol* Ass. Adv. Sc., 1897 (1898), XLVI, 325-383.

436. Allen (G.). *The Evolution of the   God Origins of Religion.* New-York.

437. Angus (H.-C.). *A Year in Azimba and Chipetaland : the Customs and Superstitions of the People.* J. Anthrop. Instit., 1898, XXVII, 316-325.

438. Arréat (L.). *Les croyances de demain.* (Bib. de Philos. Cont.) Paris, Alcan, 1898, 178 p.

439. Bahlmann (P.). *Münsterländische Märchen, Sagen, Lieder und Gebräuche.* Munster i. W., I. Seiling, 1898.

440. Baker (F.). *Primitive Man.* Amer. Anthrop., 1898, XI, 357-366.

441. Bielti (A.). *Su alcune particolarità di conformazione dell' occhio e sulla funzione visiva in varie razze umane.* Annali di Otol., 1898, XXVII, 407-440.

442. Boas (F.). *The Mythology of the Bella Coola Indians.* Mem. Amer. Mus. of Nat. Hist., N.-Y., 1898, II, 25-127.

443. Boas (F.). *The Social Organization and the Secret Societies of the Kwakiutl Indians.* Washington, Govt. Print. Office, 1898, 426 p.

444. Boas (F.). *Traditions of the Tillamook Indians.* J. Amer. Folklore, 1898, XI, 23-38, 133-150.

445. Boas (F.) and Farrand (L.). *The Northwestern Tribes of Canada.* 12th (Final) Rep. of Comm. of Brit. Ass., 1898, 61 p.

446. Bolton (H.-C.). *A Relic of Astrology.* J. Amer. Folk-lore, 1898, XI, 113-125.

447. Boselli (E.). *L'affinità elettiva sessuale nell' uomo bianco.* Leghorn, G. Fabreschi, 1897, XIV + 114 p.

448. Brabrook (E.-W.). *Address to the Anthropological Section (H. British Association.* Rep. Brit. Ass. Adv. Sc., 1898, 1-12 p. Nature, 1898, LVIII, 527-532.

449. Bréal (M.). *The Significance of Language.* (Tr. fr. Rev. Scient.) Pop. Sci. Mo., 1898, LII, 832-837.

450 Chantavoine (H.). *L'âme française : l'esprit français.* Correspondant, 1898, CXCI, 173-181.

451. Cohx (H.). *Examen de la force visuelle des Égyptiens.* Rev. Gén. d'Ophtal., 1898, XVII, 337-350.

452. Cohn (H.). *Untersuchung über die Sehleistungen der Aegypter.* Berlin, klin. Wochensch., 1898, XXXV, 453-455, 479-480, 500-502.

453. Culin (F.). *American Indian Games.* J. Amer. Folk-lore, 1898, XI, 245-252.

454. Daffner (F.). *Das Wachstum des Menschen. Anthropologische Studien.* Leipzig, Engelmann, 1897, 135 p.

455. De Lantsheere (L.). *L'évolution moderne du droit naturel.* Rev. Néo-Scol., 1878, V, 45-59.

456. Deniker (J.). *Les races de l'Europe.* L'Anthropol., 1898, IX, 113-134.

...man (R.-P.). *Ignorance A Study of the Causes and Effects of ... Thought,* etc. London, Kegan Paul, 1898, XX + 328 p.

(G.-A.). *A Bibliography of the Anthropology of Peru.* — Anthrop. Ser., 1898, II, 55-206.

459. Dugas (L.). *La dissolution de la foi.* Rev. Philos..
     225-252.

460. Evans (E.-P.). *Superstition and Crime.* Pop. Sci. Mo
     206-221.

461.'Evanl (E.-P.). *Witchcraft in Bararia.* Pop. Sci. Mo
     30-47.

462. Ferri (E.). *La Justice pénale. Son évolution*, etc. B
     cier, 1898, 90 p.

463. Fewkes (J.-W.). *The Growth of the Hopi Ritual.* J.
     lore. 1898, XI, 173-194.

464. Finck (H.-T.). *The Utility of Music.* Forum. 1898
     318.

465. Fletcher (A.-C.). *Indian Songs and Music.* J. Ame
     1898, XI, 85-104.

466. Fletcher (A.-C.). *The Import of the Totem.* Science.
     VII, 296-304.

467. Fletcher (A.-C.). *The Significance of the Scalplock.*
     Instit., 1898, XXVII, 436-450.

468. Fouillée (A.). *Le peuple grec. — Esquisse psychologi*
     Deux-Mondes, 1898, CXLVII, 46-76.

469. Fouillée (A.). *Les facteurs des caractères nationaux.*
     1898, XLV, 1-29.

470. Fouillée (A.). *L'individualisme et le sentiment soci*
     terre. Rev. d. Deux-Mondes. 1898, CXLIX, 524-555.

471. Fouillée (A.). *Psychologie du peuple français.* Pe
     1898. 391 p.

472. Frazer (J.-G.). *Le Totémisme.* (Tr. de l'anglais). Pe
     cher, 1898, 140 p.

473. Frey (J.). *Tod, Seelenglaube und Seelenkult im*
     Leipzig. A. Deichert, 1898, VIII + 244 p.

474. Haddom (A.-C.). *The Study of Man.* New-York, Putna
     Bliss, Sands and Co. ; 1898. xxxi + 512 p.

475. Haeckel (E.). *Ueber unsere gegenwärtige Kenntniss vo*
     des Menschen. Deutsche Rdschau, 1898, XCVII. 179-1!

476. Henning (C.-L.). *On the Origin of Religion.* Amer. Ant
     XI, 373-382.

477. Holmes (T.-V.). *On the Evidence for the Efficacy of*
     and his Rod in the Search for Water. J. Anthrop. I
     XXVII. 233-259.

478. Hodlicka (A.). *Physical Differences between White*
     Children, of the Sames Sexe and the Same Ages. P
     Ass. Adv. Sc., 1898, XLVII. 475-476.

479. Hutchinson (H.-N.). *The Human Race : A Histor*
     Mankind. London, Hutchinson and Co., 1898.

480. Junod (H. A.). *Les Ba-ronga. Étude ethnor*
     gènes de la Baie de Delagoa. Neuch

481. KLUGMANN (N.). *Vergleichende Stulien zur Stellung der Frau im Alterthum.* I. *Die Frau im Talmud.* Vienna, 1898, v. + 87 p.

482. KOHLBRUGGE (H.-F.). *L'anthropologie des tenggerois inIonésiens — montagnarts de Java.* L'Anthropol., 1898, IX, 1-26.

483. LANG (A.). *The Making of Religion.* London, New-York and Bombay, Longmans, Green, 1898, 380 p.

484. LECLÈRE (A.). *La livination chez les Cambodgiens.* Rev. Scient. 4ᵉ S., 1898, X, 547-558, 585-588.

485. LEHMANN (A.). *Aberglaube und Zäuberei von den ältesten Zeiten bis in die Gegenwart.* (Deutsch v. Petersen.) Lfg. 1-6. Stuttgart, Enke, 1898, 96 p. (+ ?)

486. LETOURNEAU (C.). *L'évolution de l'éducation lans les liverses races humaines.* (Bibl. Anthrop.) Paris, Vigot, 1899. Pp. XVIII + 625.

487. LETOURNEAU (C.). *Un fait de psychologie primitive.* Bull. Soc. d'Anthrop., 1898, IX, 321-329.

488. LIVI (R.). *La distribuzione geografica dei caratteri antropologici in Italia.* Riv. Ital. di Sociol., 1898, II, 415-433.

489. LOCH (C.-S.). *Poor Relief in Scotland : its Statistics and Development,* 1791-1891. J. Roy. Satist. Soc., 1898, LXI, 273-365.

490. LOMBROSO (C.). *Sociological and Ethnical Sources of the Greatness of Venice,* Forum, 1898, XXVI, 485-501.

491. MAKAREWICZ (J.). *Évolution de la peine.* Arch. d'Anthrop. Crim., 1898, XIII, 129-177.

492. MARCH (H.-C.). *The Mythology of Wise Birds.* J. Anthrop. Instit., 1898, XXVII, 209-232.

493. MATHEWS (R.-H.). *Initiation Ceremonies of Australian Tribes.* Proc. Amer. Philos. Soc., 1898, XXXVII, 54-72.

494. MATIGNON (J.-J.). *L'auto-crémation des prêtres bouddhistes.* Rev. Scient., 4j S., 1898, IX, 397-399.

495. MATIGNON (J.-J.). *Note complémentaire sur l'infanticide en Chine.* Arch. d'Anthrop. Crim., 1898, XIII, 262-269.

496. MATTHEWS (W.). *Ichthyophobia.* J. Amer. Folk-lore, 1898, XI, 105-112.

497. Mc GEE (J-.W.). *Anthropology et Ithaca.* Amer. Anthropol., 1898, XI, 15-21.

498. Mc GEE (W.-J.). *Piratical Acculturation.* Amer. Anthropol., 1898, XI, 243-251.

499. Mc GEE (W.-J.). *The Course of Human Development.* Forum, 1898, XXVI, 57-65.

500. Mc GEE (W.-J.). *The Science of Humanity.* (Vice-President's Address, Sec. Anthropology.) Proc. Amer. Ass. Adv. Sc., 1897 (1898), I, 293-324.

USE (G.-W.). *Bits of Medical Folk-lore.* Boston Med et ?, CXXXVIII, 201-202.

chheitsieden in ihrer geschichtlichen Lut-

wickelung and praktischen Bedeutung. Mayence. F. Kirchheim, 1897.

503. Nash (H.-S.). *The Genesis of the Occidental Nature-Sense.* New World. 1898, VII, 248-263.

504. Niciforo (A.). *I codici ed i reati sessuali.* Arch. di Psichiat., 1898, XIX, 35-49.

505. Ochorowicz (J.). *Les traditions inconscientes de l'humanité. Etude sur la psychologie de l'histoire.* Warsaw, 1898, 230 p.

506. Penta (P.). *Sulla origine e sulla evoluzione tella danza e della musica.* Naples, 1897, 32 p.

507. Pergens (E.). *Les yeux et les fonctions visuelles des Congolais.* Janus, 1898. II, 459-463.

508. Petrie (W.-M.-F.). *Religion and Conscience in Ancient Egyp.* London, Methuen and Co. 1898, 180 p.

509. Pfeil Graf von. *Duk Duk and Other Customs as Forms of Expression of the Melanesians' Intellectual Life.* J. Anthrop. Instit.. 1898, XXVII, 181-191.

510. Pietropaolo (F.). *Genesi ed evoluzione del Diritto.* Milan. Soc. Edit. Libr., 1898.

511. Platz (B.). *Der Mensch, sein Ursprung, seine Rassen, und sein Alter.* 3. verb. Aufl. Wurzburg and Leipzig, Wörls, 1898, xviii + 476 p.

512. Powell (J.-W.). *The Evolution of Religion.* Monist, 1898. VIII. 183-204.

513. Quantz (J.-O.). *Dendro-Psychoses.* Amer. J. of Psychol., 1898, IX, 449-506.

514. Regnaud (P.). *Comment naissent les mythes.* Paris, Alcan. 1898. xx + 249 p.

515. Regnauld (F.). *L'imitation dans l'art.* Rev. Scient.. 4° S.. 1898. X, 335-336.

516. Russell (F.). *Myths of the Jicarilla Apaches.* J. Amer. Folk-lore. 1898. XI, 253-271.

517. Sikorsky. *Quelques traits de la psychologie des Slaves.* Rev. philos., 1898. XLV. 625-635.

518. Spencer (B.). *Some Aboriginal Ceremonies.* J. Anthrop. Instit.. 1898. XXVII, 131-135.

519. Stanley H.-M.. *On the Psychology of Religion.* Psychol. Rev.. 1898, V. 254-278.

520. Talko-Hryncewicz (J.). *Contributions a l'anthropologie de la grande Russie. Les sectaires adherant aux anciens rites de la region Transbaicale.* Tomsk. 1898. 62 p.

521. Tarde (G.). *Les transformations de l'impunité.* Arch. d'Anthrop. Crim.. 1898. XIII, 615-631.

522. Teit (J.). *Traditions of the Thompson River Indian Columbia.* W. Introd.. by F. Boas. (Me Soc.. VI.) Boston, Houghton, Mifflin and

523. Thorburn (J.). *Counting and Time Reckoning.* Trans. Canad. Inst., 1896-97 (1898), V. 311-324.

524. Thurston (E.). *Anthropology in Madras.* Nature, 1898, LVIII, 82-84.

525. Timmermans (A.). *Comment se forme une phrase.* Rev. Scient., 4° S., 1898, X, 428-435.

526. Troubetzkoi (S.-N.). [*L'idéal juif de la religion.*] Voprosi Philos. 1898, IX, 659-695.

527. Vandewalker (N.-C.). *The Culture-Epoch Theory from an Anthropological Standpoint.* Educ. Rev.. 1898, XV, 374-391.

528. Vierkandt (A.). *Philologie und Völkerpsychologie.* Arch. f. Religionswiss., 1898, I, 97.

529. Vitali (V.). *Elementi etnici e storici del carattere legli Italiani.* Riv. Ital. di Sociol., 1898. II, 734-763.

530. Vitali (V.). *Stuli antropologici in servizio lella pedagogia,* vol. II. *Le Romagnole.* Turin, 1898. 130 p.

531. Weiss (B.). *Die Zukunft der Menschheit.* Leipzig. Weber, 1898. 16 p.

532. Wilson (T.). *Art in Prehistoric Times.* Proc. Amer. Ass. Adv. Sc., 1898, XLVII, 456-464.

533. Winternitz (M.). *Folk-Medicine in Ancient India.* Nature, 1898, LVIII, 233-235.

534. Zichy (T.). *Familientypus und Familienähnlichkeiten.* Corresp. Bl. d. deutsch. anthrop. Gesell., 1898, XXIX. 41-44, 51-54.

G. — Sociology

535. Abramowski (E.). *Le matérialisme historique et le principe du phénomene social.* Paris, Giard et Brière, 1898, 41 p.

536. Abramowski (E.). *Les bases psychologiques de la sociologie.* Paris, Giard et Brière, 1898, 54 p.

537. Ammon (O.). *Histoire d'une idee. L'anthropo-sociologie.* (Tr. avec int. par H. Muffang.) Paris, Giard et Brière, 1898, 38 p.

538. *Annales de l'Institut international de Sociologie.* III. Travaux de l'année 1896. Paris, Giard et Brière. 1897.

539. Ardy (L.-F.). *Dante e la moderna Filosophia sociale.* Riv. Ital. di Filos., 1898, XIII (I). 318-338.

540. Baldwin (J.-M.). « *Social Interpretations.* » Psychol. Rev., 1898, VII, 624-630.

541. Baldwin (J.-M.), Dewey (J.). *Social Interpretations.* Philos. Rev., 1898, V, 409-411.

   Die Philosophie der Geschichte als Sociologie. I. sicht. Leipzig. Reisland, 1898, VIII + 396 p.

   Geburtstage Auguste Comte's. Allg. h. 69-189.

544. Benini (R.). *La combinazioni simpatiche in demografi* di Sociol., 1898, II, 152-171.

545. Blondel (G.). *Trois congrès sociaux.* Rev. de l'Enseig XXVI, 225-237.

546. Bos (C.). *La portée sociale de la croyance.* Rev. Ph XLVI, 293-302.

547. Bosanquet (B.). *Hegel's Theory of the Political Orga* N. S., 1898, VII, 1-14.

548. Caldwell (W.). *Philosophy and the Newer Sociology* Rev., 1898, LXXIV, 411-425.

549. Cavaglieri (G.). *Svolgimenti e forme dell' azione col* Ital. di Sociol., 1898, II, 34-450.

550. Chiappelli (A.). *Sul metolo delle scienze sociali.* R Sociol., 1898, II, 559-568.

551. Crowell (J.-F.). *The Logical Process of Social Develoj* York, Holt and Co, 1898, IX + 358 p.

552. Dapert (L.). *L'enfant et l'adolescent dans la societ* Paris, Lib. illustrée, 1898.

553. Darlu. *L'état actuel et la méthole des sciences so* Pédag., 1898, XLI, 392-414.

554. Dewey (J.). *Social and Ethical Interpretations in Men* ment. New World, 1898, VII, 504-522.

555. Diall (G.-H.). *The Psychology of the Aggregate* Audience. Terre Haute (Ind.), The Inland Publ. Co, 11

556. Durkheim (E.). *L'Année sociologique.* 1ro année, 18 Alcan, 1898, 563 p.

557. Durkheim (E.). *L'individualisme et les intellectuels.* 4e S., 1898, X, 7-13.

558. Durkheim (E.). *Représentations individuelles et rej* collectives. Rev. de Mét. et de Mor., 1898, VI, 273-302

559. Giddings (F.-H.). *Elements of Sociology.* New-York n Macmillan Co, 1898, XI + 353 p.

560. Grasserie (R. de la). *Definizione e classificazione della* lelle scienze sociali. Riv. Ital. di Sociol., 1898, II, 172

561. Gumplowicz (L.). *Sociol o gie et politique.* Paris, Giar 1898, 302 p.

562. Henderson (C.-R.). *Social Elements, Institutions,* Progress. New-York, Scribners, 1898, VI + 405 p.

563. Izoulet (J.). *Les quatre problèmes sociaux.* Rev. Bl 1898, IX, 33-47.

564. Jones (H.). *Social and Individual Evolution.* New W VII, 453-469.

565. Karejef (H.-J.). *[Introduction à l'étude de la* St-Pétersbourg, 1897, p. XVI + 418.

566. Lampérière (A.). *Le rôle social de la femme* Contemp.) Paris, Alcan, 1898, 175 p.

567. LAPOUGE (G.-V. DE). *Fundamental Laws of Anthropo-Sociology.* J. of Polit. Econ., 1897, VI, 54-92.

568. LE BON (G.). *Psychologie du socialisme.* (Bibl. de Phil. Cont.) Paris, Alcan, 1898.

569. LE BON (G.). *The Psychology of Peoples.* (Tr. by R. Derechef.) London, Unwin ; New-York. Macmillan Co ; 1898, xii + 236 p.

570. LECRAND (L.). *L'ilée de Patrie.* Paris, Hachette, 1898, p. 335.

571. *Les bases psychologiques de la sociologie. Principe du phénomène social.* Beaugency. Laffray (1898), 54 p. (See Nos. 535, 536.)

572. LOMBARDI (G.). *Il dinamismo economico-psichico.* Naples, 1898. p. 136.

573. LOMBROSO (C). *Les races et le milieu ambiant.* Rev. Scient., 4ᵉ S., 1898, IX, 513-516.

574. LOMBROSO (C.). *Why Homicide has Increased in the Unitel States.* North Amer. Rev., 1898, CLXVI, 1-11.

575. MAC KECHNIE (W.-S.). *The State and the Individual.* Glasgow, Mac Lehose et Sons, 1898, 451 p.

576. MALLOCK (W.-H.). *Mr. Herbert Spencer in Self-Defence.* Nineteenth Cent., 1892, XLV, 314-327.

577. MIKHAILOWSKY (N.). *Qu'est-ce que le progrès ?* (Trad. du russe par Paul Louis.) Paris. Alcan, 1897, 200 p.

578. MISMER (C.). *Principes sociologiques,* 2ᵉ éd., rev. et augm. Paris, Alcan, 1898, 287 p.

579. MONDAINI (G.). *La filosofia lella storia quale sociologia.* Riv. Ital. di Sociol., 1898, II, 324-339.

580. MORSELLI (E.). *Elementi di sociologia generale.* Milan, Hoepli, 1898, p. 182.

581. NOBLE (E.). *Suggestion as a Factor in Social Progress.* Int. J. of Ethics, 1898, VIII, 214-228.

582. NORDAU (M.). *Psychologie de la blague.* Rev. d. Rev., 1898, XXV, 1-7.

583. OBICI (G.). and MARCHESINI (G.) and MORSELLI (E.). *Le « amicizie » di Collegio. — Ricerche sulle prime manifestazioni lell' amore sessuale.* (Pref. by E. Morselli.) Rome, Soc. Ed. Dante Alighieri, 1898, xxxiv + p.

584. POBÉDONOSTZEFF (C.). *La societe et le sentiment religieux.* Rev. d. Rev., 1898, XXIV, 14-16.

585. PROAL (L.). *Political Crime* (W. Int. by F.-H. Giddings.) New-York Appleton and Co, 1898, xxii + 355 p.

586. RATZENHOFER (G.). *Die sociologische Erkenntnis.* Leipzig. F.-A. Brockhaus, 1898, 372 p.

587. RICHARD (G.). *Les causes actuelles en sociologie genetique.* Rev. Philos., 1898 XLV, 508-542.

' ROBERTY (E. DE). *L'idee d'evolution et l'hypothese du psychisme u.* Rev. Philos., 1898, XLVI, 1-18.

129. FARRAND (L.. Sixth Annual Meeting of the American Psychological Association, Science, N. S., 1898, VII, 350-352.

130. FARRAND (L.) and WARREN (H.-C.. The Psychological Index. No 4 (1897), New-York and London, Macmillan Co., 1898, 164 p. Année Psychol., 1898, IV, 699-842

131. HENRI (V.. Revue générale de psychophysique. Rev. Philos., 1898, XLVI, 162-175.

132. HERCHENRATH (C.-R.-C. Problèmes d'esthetique et de morale. Paris, Alcan, 1898, 164 p.

133. HUXLEY (T.-H.. FOSTER (M. and LANKESTER (R.. Ed'rs.. The Scientific Memoirs of T.-H. Huxley, vol. I, London, Macmillan; New-York, Appleton, 1898, 621 p.

134. JOEL (K.. Bericht über die deutsche Literatur zur nacharistotelischer Philosophie, 1891-1896, Arch. f. Gesch. d. Phil., 1898, XI, 281-309.

135. LAGNEAU (J.), Fragments, Rev. de Mét. et de Mor., 1898, VI, 123-169.

136. LASSON (A.). Jahresbericht über Erscheinungen der philosophischen Litteratur in Frankreich aus den Jahren 1894-1895, Ztsch. f. Philos. u. ph. Kr., 1898, CXIII, 65-110.

137. LEIBNIZ (LATTA, R., Ed'r.). The Monadology and Other Philosophical Writings. Tr. w. Int. and Notes, by R. Latta.; Oxford, Clarendon Press, 1898, XII + 437. p.

138. LOURIE (O.). Pensées de Tolstoï d'après les textes russes, Paris, Alcan, 1898, XX + 179. p.

139. LUDEMANN (H.). Jahresbericht über die Kirchenväter und ihr Verhältniss zur Philosophie, 1893-1896, Arch. f. Gesch. d. Phil., 1898, XI, 519-550.

140. LUKENS (H.-T.. Notes Abroad (On Psychologists and their Laboratories, Courses, etc.), Pedag. Sem., 1898, VI, 114-125.

141. Minor Studies from the Psychological Laboratory of Cornell University, Amer. J. of Psychol., 1898, IX, 332-345 ; X, 143-147.

142. NETTLESHIP (R.-L.), BRADLEY (A.-C.) and BENSON (G.-R., Ed'rs. Philosophical Lectures and Remains of Richard Lewis Nettleship. 2 vol, New York and London, Macmillan Co, 1898, LVI + 394 p. XII + 364

143. PILON F. L'Année philosophique, 8 année, 1897, Paris, Alcan, 1898, 312 p

144. Proceedings of the Sixth Annual Meeting of the American Psychological Association Ithaca, New-York, december 1897, Psychol. Rev., 1898, V, 145-171.

145. RICHET (C.). and OTHERS Dictionnaire de Physiologie, t. III, fasc. 1 à 4. Paris, Alcan 1898, 948 p.

146. SCHWEGLER A. J. Geschichte des Professoren Arch. f. Gesch. d. Philos., 1898, XII, 89-143

612. Tosti (G.). *Suicide in the Light of Recent Studies*. Amer. J. of Sociol., 1898, III, 464-478.

613. Tosti (G.). *The Delusions of Durkheim's Sociological Objectivism*. Amer. J. of Sociol., 1898, IV, 171-177.

614. Tubianla (H.). *Le peuple juif* (étude sociologique). Paris, Challamel, 1898, 20 p.

615. Tufts (J.-H.) and Thompson H.-B.). *The Individual and His Relation to Society*. (Univ. of Chicago Contrib. to Philos., No. V.) Chicago, Univ. of Chicago Press, 1898, 53 p.

616. Vaccaro (M.-A.). *Les bases sociologiques du Droit et de l'État*. (Trad. par J. Gaure.) Paris, Giard et Briere, 1898, LXI + 480 p.

617. Veblen (T.). *The Instinct of Workmanship, and the Irksomeness of Labor*. Amer. J. of Social., 1898, IV, 187-201.

618. Ward (L.-F.). *The Essential Nature of Religion*. Int. J. of Ethics, 1898, VIII, 169-192.

619. Ward (L.-F.). *Outlines of Sociology*. New-York and London. Macmillan and Co, 1898, XII + 301 p.

620. Wixiarski (L.). *Essai sur la mécanique sociale*. Rev. Philos., 1898, XLV, 351-386.

II. — CRIMINOLOGIE

621. Angiolella (G.). *Manuale di Antropologia criminale*. Milan, F. Vallardi, 1898, VIII + 328 p.

622. Becker (W.-F.). *Limited Criminal Responsability*. Alien. and Neurol., 1898, XIX, 573-582.

623. Benedikt (M.). *Die Zurechnungsfähigkeit und die Kriminal-Anthropologie in der Kunst und in der Wissenschaft*. Deutsche Rev., 1898, XXIII (Feb.).

624. Bérard (A.). *Le vagabondage en France*. Arch. d'Anthrop. Crim., 1898, XIII, 601-614.

625. Bruni (G.). *La delinquenza e l'educazione nei minorenni*. Arch. di Psichiat., 1898, XIX, 169-176.

626. Calmon du Pin y Almeida (M.-B.). *Degenerados criminosos*. estado. Bahia, 1898, 135 p.

627. Colin (H.). *Les aliénés criminels*. Rev. de Psychiat., N. S., 1898, 75-83.

628. Cosentino (P.). *I Delinquenti*. Palermo, 1898, 135 p.

629. Eyman (H.-G.). *The Segregation of the Criminal Insane*. Cleveland Med. Gaz., 1898, XIII, 573-583.

630. Ferriani (L.). *Entartete Mutter*. (Deutsch v. A. Ruhemann. Berlin, S. Cronbach, 1897, 196 p.

631. Fleury (M. de). *L'âme du criminel*. Paris, Alcan, 1898, XVI + 192 p.

632. Foard (J.). *The Criminal. Is he Produced by Environment or Atavism?* Westminster Rev., 1898, CL, 90-103.

633. GROSS (H.). *Criminalpsychologie*. Gratz, Leuschner bensky, 1898, XII + 721 p.

634. JASINSKI. *Degenerierte Verbrecher und die menschliche Ge*: Wien. med. Wochensch., 1898, XLVIII, 1465-1467.

635. KIERNAN (J.-G.). *Degeneracy Stigmata as Basis of Mor*: *cion*. Alien, and Neurol., 1898, XIX, 40-53, 447-456, 58!

636. KURÉ (S.). *Ueber Tätowirung bei Verbrechern*. Friedr f. gerichtl. Med., 1898, XLIX, 205-218.

637. LEGGIARDI-LAURA (C.). *I criminali in A. Manzoni*. Arcl chiat., 1898, XIX, 349-373.

638. LEMESLE (H.). *Les précurseurs de Lombroso; Gratarol de* Rev. de l'Hypnot., 1898, XIII, 152-154.

639. LOMBROSO (C.). *Le crime de Luccheni*. Rev. d. Res XXNII, 240-249.

640. MAGRI (F.). *Degenerazione sociale*. Rome, Capaccini, 18

641. MANTY (J.). *Recherches statistiques sur le développement des délinquants*. Arch. d'Anthrop. Crim., 1898, XIII, 17(

642. MC CASSY (J.-H.). *How to Limit the Over-production of and Criminals*. J. of Amer. Med. Ass., 1898, XXXI, 1343-

643. MÜNCHHEIMER. *Die Prostitutionsfrage in der Literatur d* 1896. Ztsch. f. Criminal-Anthrop., 1897, I, 53-74.

644. NACKE (P.). *Bericht über den 4. internationalen Kongres minal-Anthropologie in Genf*. Ztsch. f. Criminal-Anthro I, 85-88.

645. NINA-RODRIGUEZ. *Les conditions psychologiques du dépu minel*. Arch. d'Anthrop. Crim., 1898, XIII, 5-33.

646. ORCHANSKY (J.). *Les criminels russes et la théorie de C. I* Arch. di Psichiat., 1898, XIX, 1-27.

647. OTTOLENGHI (S.) and ROSSI (V.). *Duecento criminali e j studiate nei laboratori di clinica psichiatrica di Torin(* Bocca, 1898, 316 p.

648. PANIZZA. *Psicopathia criminalis*, Zurich, 1898.

649. PELAÉZ (P.). *Los estigmas de degeneration*. Granada, Lop

650. PELI (G.). *Sul tipo progenco nei sani di mento, negli nei criminali*. Arch. di Psichiat., 1898, XIX, 61-69.

651. PERRIER (C.). *Les criminels*. Arch. d'Anthrop. Crim. 18 524-535.

652. PERRIER (C.). *Tatouage chez les criminels*. Lyons, Storck

653. PEZZINI (A.). *Delle condizioni d'Italia in rapporto alla cri* Arch. di Psichiat., 1898, XIX, 159-169.

654. PROFETA (G.). *Sulla prostituzione*. Palermo, 1898.

655. QUIROS (C.-B. DE). *Las nuevas teorias de la criminalidad*. 1898. 537 p.

656. RAMADIER (J.) and FENAYROU (A.). *De la — chez nés du département de l'Aveyron*. Ann. Mé 8ᵉ VII, 63-76, 233-251, 402-414.

657. Reid (T.-J.). *Congenital Criminality and Its Relation to Insanity.* Northwest. Lancet, 1898, XVIII, 110-113.

658. Snell (O.). *Tätowirte Corrigendinnen in Hannover.* Centralbl. f. Nervenh. u. Psychiat., N. F., 1898, IX, 193-195.

659. Talbot (E -S.). *A Study of the Stigmata of Degeneracy among the American Criminal Youth.* J. of Amer. Med. Ass., 1898, XXX, 849-856.

660. Talbot (E.-S.). *Degeneracy; Its Causes, Signs and Results.* New-York, Scribners, 1898.

661. Tarde (G.). *Problèmes de criminalité.* Arch. d'Anthrop. Crim., 1898, XIII, 369-409.

662. Tarde (G.). *Qu'est-ce que le crime?* Rev. Philos., 1898, XLVI, 337-355.

663. Tarnowski (E.) (Tarnowsky). *La delinquenza e la vita sociale in Russia.* Riv. Ital. di Sociol., 1898, II, 486-499.

664. Tarnowsky (E.). *Le mouvement de la criminalité en Russie (1874-1894).* Arch. d'Anthrop. Crim., 1898, XIII, 501-523.

665. Toulouse (E.). *Le rapport des médecins experts sur Vacher.* Rev. de Psychiat., N. S., 1898, 325-328.

666. Zimmern (H.). *Criminal Anthropology in Italy.* Pop. Sci. Mo., 1898, LII, 743-759.

667. Zuccarelli (A.). *Die Beziehungen zwischen Kriminel-Anthropologie, gerichtlicher Medizin und Pychiatrie.* Centrabll. f. Anthrop., 1898, III, 193-195.

[Voir aussi VII d, VIII f, VIII g.]

III. — Anatomie et Physiologie du Système nerveux.

A. — Généralités. Relations de l'esprit et du corps

668. Adamkiewicz (A.). *Ueber die sog. « Bahnung ». Ein Beitrag zur Lehre von den Gleichgewichsstörungen in der Thätigkeit der Nerven.* Ztsch. f. klin. Med., 1898, XXXIV, 338-352.

669. Allievo (G.). *Il sistema telle potenze umane ed il loro rapporto coll'anima.* Asti, 1898.

670. Ameline (M.). *Energie, entropie, pensée. Essai de psychophysique générale basee sur la thermodynamique.* (Thèse Fac. de Méd.) Paris, Carré, 1898, 135 p.

671. Andres (A.). *La interpretazzione meccanica della vita.* Riv. Ital. di Filos., 1898, XIII (I), 257-285.

672. Barker (L.-F.) *The Anatomy and Physiology of the Nervous System and its Constituent Neurones, as revealed by Recent Investigations.* New York Med. J., 1898, LXVII, 104-109, 241-246, 521-526, 737-743; LXVIII, 75-80, 399-403, 907-912.

673. BEALE (L.-S.). *Vitality.* Lancet, 1898 (I), 1048-1050, 1613-1615.

674. BECK (A.). *Zur Untersuchung der Erregbarkeit der Nerven.* Arch. f. d. ges. Physiol. (PFLÜGER's), 1898, LXXII, 352-359.

675. BENEDIKT (M.). *Quelques considérations sur la propagation des excitations dans le système nerveux.* Bull. de l'Acad. de Méd., 1898, XXXIX, 14-21.

676. BERGMANN (J.). *Seele und Leib.* Arch. f. Syst. Phil., 1898, IV, 401-437 ; V, 25-68.

677. BERNSTEIN (J.). *Ueber reflectorische negative Schwankung des Nervenstroms und die Reizleitung im Reflexbogen.* Arch. f. d. ges. Physiol. (PFLÜGER's), 1898, LXXIII, 374-380.

678. RETHE (A.). *Die anatomische Elemente des Nervensystems und ihre physiologische Bedeutung.* Biol. Centralbl., 1898, XVIII, 843-574.

679. BIEDERMANN (W.). *Electro-Physiology.* (Trans. by Frances A. Welby.) Vol. II, Nerve. London, Macmillan, 1898.

680. *Biological Lectures Delivered at the Marine Biological Laboratory of Wood's Holl, 1896-1897.* Boston, Ginn and Co., 1898. 242 p.

681. BOARI (E.). *Elementi di anatomia, semiologia e diagnostica del sistema nervoso.* Bologna, Garaguani, 1898, 200 p.

682. BOMBARDA (M.). *Los neurones y la vida psíquica.* (Tr.) Gac. Méd. Catalana, 1898, XXI, 620-624, 665-667, 690-695, 722-728, 748-751.

683. BORUTTAU (H.). *La nature de l'influx nerveux.* Interméd. d. Biol. 1898, I, 248.

684. BRANDT (A.). *Das Hirngewicht und die Zahl der peripherischen Nervenfasern in ihrer Beziehung zur Körpergrösse.* Biol. Centralbl., 1898, XVIII, 475-488.

685. BREELY (E.). *Assimilation de la conductibilité nerveuse à la conductibilité électrique discontinue.* Rev. de l'hypnot., 1898, XII, 229-233.

686. CLARKE (A.-P.). *Development of the Vital Force.* J. of Amer. Med. Ass., 1898, XXXI, 1525-1527.

687. COMBY (J.). *L'excitation cérébrale chez les enfants.* Méd. Mod., 1898, IX, 273-274.

688. CONGER (M.-G.). *The Sympathetic Nervous System in Infancy.* J. of Orific. Surg., 1898, VI, 337-343.

689. COPPEZ (H.). *Quelques considérations sur les noyaux des nerfs moteurs de l'œil.* Rev. Gén. d'Ophtal., 1898, XVII, 49-56.

690. DANILEWSKY (B.). *Wersuche über die Interferenze kinetischen Einwirkungen an Nerven.* Centralbl. f. P XII, 281-291.

691. DELAGE (Y.), SZCZAWINSKA (W.), et POINA nerveux et fonctions mentales. A' ée Biol., 18 625.

692. DONALDSON (H.-H.). *Observati Central Nervous System and o Sizes.* J. of Comp. Neurol., 18

meyer, 1898· viii + 360 p.

694. Farges (A.). *Il cervello, l'anima e le facoltà.* (Trad. di. S. Monaci.) Siena, S. Bernardino, 1897. xvi + 400 p.

695. Foster (M.). *A Text-book of Physiology.* 7ᵉ ed. Part III. *The Nervous System.* London, Macmillan, 1898, 915-1252 p.

696. Foster (M.). *On the Physical Basis of Psychical Events.* Manchester, 1898.

697. Fusari (R.). *Sistema nervoso centrale.* Modena, 1898, 256 p.

698. Girxut (P.). *Ueber Resultate der Nervennakt mit besonderer Berücksichtigung der Nervenplastik.* (Diss.) Berlin, 1898, 27 p.

699. Gotch (F.) and Burch (G.-J.). *The Electrical Response of Nerve to a Single Stimulus investigated with the Capillary Electrometer.* (Prelim. Commun.) Proc. Roy. Soc., 1898, LXIII, 300-311.

700. Graupinger (R.). *Beiträge zur normalen und pathologischen Anatomie des sympathischen Nervensystems.* Beitr. z. Pathol. Anat., 1898, XXIV, 255-303.

701. Greene (C.-W.). *On the Relation between the External Stimulus Applied to a Nerve and the Resulting Nerve Impulse as Measured by the Action Current.* Amer. J. of Physiol., 1898, I, 104-116.

702. Gutberlet (C.). *Der psychophysische Parallelismus.* Philos. Jahrb., 1898, XI, 369-396.

703. Hall (H.-L.). *What is the Connection between Sensation or Psychical States and the Physical and Neural Changes wich Excite Them?* Toledo Med. and Surg. Rep'r, 1898, 600-603, 670-673.

704. Henri (V.). *Influence du travail cérébral sur les sécrétions.* Interméd. d. Biol., 1898, I, 366-369.

705. Herdman (W.-J.). *Neural Dynamics.* J. of Amer. Med. Ass., 1898, XXXI, 1211-1214.

706. Hermann (E.). *Ueber einige neuere Arbeiten aus dem Gebiete der Histologie des Centralnervensystems.* Fortsch. d. Med., 1898, XVI, 923-934.

707. Herrera (A.-L.). *Artificial Formation of a Rudimentary Nervous System.* Natural Sc., 1898, XIII. 333-339, 384-389.

708. Herrick (C.-A.). *Psychological Corollaries of the Equilibrium Theory of Nervous Action and Control.* J. of Comp. Neurol., 1898, VIII, 21-31.

709. Herrick (C.-L.). *The Vital Equilibrium and the Nervous System.* Science, N. S., 1898, VII, 813-818.

710. S......... (C.-L.) and Coghill (G.-E.). *The Somatic Equilibrium and .... in the Sh........* omp. Neurol., 1898, VIII, 32-56.
.... que des nerfs. Interméd. d.

.... Ztsch. f. Psychol., 1898,

wickelung und praktischen Bedeutung. Mayence. F. Kirchheim, 1897.

503. NASH (H.-S.). *The Genesis of the Occidental Nature-Sense.* New World. 1898, VII, 248-263.

504. NICIFORO (A.). *I codici ed i reati sessuali.* Arch. di Psichiat., 1898, XIX, 35-49.

505. OCHOROWICZ (J.). *Les traditions inconscientes de l'humanité. Etude sur la psychologie de l'histoire.* Warsaw, 1898, 230 p.

506. PENTA (P.). *Sulla origine e sulla evoluzione della danza e della musica.* Naples, 1897, 32 p.

507. PERGENS (E.). *Les yeux et les fonctions visuelles des Congolais.* Janus, 1898, II, 459-463.

508. PETRIK (W.-M.-F.). *Religion and Conscience in Ancient Egyp.* London, Methuen and Co. 1898, 180 p.

509. PFEIL GRAF VON. *Duk Duk and Other Customs as Forms of Expression of the Melanesians' Intellectual Life.* J. Anthrop. Instit.. 1898. XXVII, 181-191.

510. PIETROPAOLO (F.). *Genesi ed evoluzione del Diritto.* Milan, Soc. Edit. Libr., 1898.

511. PLATZ (B.). *Der Mensch, sein Ursprung, seine Rassen, und sein Alter.* 3. verb. Aufl. Wurzburg and Leipzig, Wörls, 1898, XVIII + 476 p.

512. POWELL (J.-W.). *The Evolution of Religion.* Monist. 1898. VIII. 183-204.

513. QUANTZ (J.-O.). *Dendro-Psychoses.* Amer. J. of Psychol., 1898, IX, 449-506.

514. REGNAUD (P.). *Comment naissent les mythes.* Paris, Alcan. 1898, XX + 249 p.

515. REGNAULD (F.). *L'imitation dans l'art.* Rev. Scient.. 4ᵉ S.. 1898. X. 335-336.

516. RUSSELL (F.). *Myths of the Jicarilla Apaches.* J. Amer. Folk-lore, 1898. XI, 253-271.

517. SIKORSKY. *Quelques traits de la psychologie des Slaves.* Rev. philos., 1898, XLV. 625-635.

518. SPENCER (B.). *Some Aboriginal Ceremonies.* J. Anthrop. Instit., 1898. XXVII, 131-135.

519. STANLEY (H.-M.). *On the Psychology of Religion.* Psychol. Rev.. 1898, V. 254-278.

520. TALKO-HRYNCEWICZ (J.). *Contributions a l'anthropologie de la grande Russie. Les sectaires adhérant aux anciens rites de la région Transbaicale.* Tomsk, 1898, 62 p.

521. TARDE (G.). *Les transformations de l'impunité.* Arch. d'Anthrop. Crim.. 1898. XIII. 615-631.

522. TEIT (J.). *Traditions of the Thompson River Indians of British Columbia.* W. Introd.. by F. Boas. (Mem. Amer. Folk-lore Soc., VI.) Boston, Houghton, Mifflin and Co. 1898, x + 137 p.

523. Thorburn (J.). *Counting and Time Reckoning.* Trans. Canad. Inst., 1896-97 (1898), V. 311-324.

524. Thurston (E.). *Anthropology in Madras.* Nature, 1898, LVIII, 82-84.

525. Timmermans (A.). *Comment se forme une phrase.* Rev. Scient., 4° S., 1898, X, 428-435.

526. Troubetzkoi (S.-N.). [L'idéal juif de la religion.] Voprosi Philos, 1898, IX, 659-693.

527. Vandewalker (N.-C.). *The Culture-Epoch Theory from an Anthropological Standpoint.* Educ. Rev., 1898, XV, 374-391.

528. Vierkandt (A.). *Philologie und Völkerpsychologie.* Arch. f. Religionswiss., 1898, I, 97.

529. Vitali (V.). *Elementi etnici e storici del carattere degli Italiani.* Riv. Ital. di Sociol., 1898, II, 734-763.

530. Vitali (V.). *Studi antropologici in servizio della pedagogia.* vol. II. *Le Romagnole.* Turin, 1898, 130 p.

531. Weiss (B.). *Die Zukunft der Menschheit.* Leipzig, Weber, 1898, 16 p.

532. Wilson (T.). *Art in Prehistoric Times.* Proc. Amer. Ass. Adv. Sc., 1898, XLVII, 456-464.

533. Winternitz (M.). *Folk-Medicine in Ancient India.* Nature, 1898, LVIII, 233-235.

534. Zichy (T.). *Familientypus und Familienähnlichkeiten.* Corresp. Bl. d. deutsch. anthrop. Gesell., 1898, XXIX, 41-44, 51-54.

G. — Sociology

535. Abramowski (E.). *Le matérialisme historique et le principe du phénomène social.* Paris, Giard et Brière, 1898, 41 p.

536. Abramowski (E.). *Les bases psychologiques de la sociologie.* Paris, Giard et Brière, 1898, 54 p.

537. Ammon (O.). *Histoire d'une idée. L'anthropo-sociologie.* (Tr. int. par H. Muffang.) Paris, Giard et Brière, 1898, 38 p.

538. *Annales de l'Institut international de Sociologie.* III. Tome de l'année 1896, Paris, Giard et Brière, 1897.

539. Ardy (L.-F.). *Dante e la moderna Filosofia sociale.* Riv. Ital. di Filos., 1898, XIII (I), 318-338.

540. Baldwin (J.-M.). « Social Interpretations. » Psychol. Rev., 1898, VII, 621-630.

541. Baldwin (J.-M.), Dewey (J.). *Social Interpretations.* Psychol. Rev., 1898, V, 409-411.

542. Barth (P.). *Die Philosophie der Geschichte...* Teil. u. Krit. Uebersicht. Leipzig, ...

543. Barth (P.). *Zum 100. Geburtst...* f. wiss. Philos., 1898, XXII, 169-17?

544. BENINI (R.). *La combinazioni simpatiche in demografia*. Riv. Ital. di Sociol.. 1898. II. 152-171.

545. BLONDEL (G.). *Trois congrès sociaux*. Rev. de l'Enseignem.. 1898. XXVI. 225-237.

546. Bos (C.). *La portée sociale de la croyance*. Rev. Philos.. 1898. XLVI. 293-302.

547. BOSANQUET (B.). *Hegel's Theory of the Political Organism*. Mind. N. S , 1898, VII, 1-14.

548. CALDWELL (W.). *Philosophy and the Newer Sociology*. Contemp. Rev., 1898. LXXIV, 411-425.

549. CAVAGLIERI (G.). *Svolgimenti e forme dell' azione collettiva*. Riv. Ital. di Sociol., 1898, II, 34-450.

550. CHIAPPELLI (A.). *Sul metodo delle scienze sociali*. Riv. Ital. di Sociol., 1898, II, 559-568.

551. CROWELL (J.-F.). *The Logical Process of Social Development*. New-York. Holt and Co, 1898, IX + 358 p.

552. DAFERT (L.). *L'enfant et l'adolescent dans la société moderne*. Paris. Lib. illustrée, 1898.

553. DARLU. *L'état actuel et la méthode des sciences sociales*. Rev. Pédag., 1898, XLI, 392-414.

554. DEWEY (J.). *Social and Ethical Interpretations in Mental Development*. New World, 1898. VII, 504-522.

555. DIALL (G.-H.). *The Psychology of the Aggregate Mind of an Audience*. Terre Haute (Ind.). The Inland Publ. Co, 1897, 81 p.

556. DURKHEIM (E.). *L'Année sociologique*. 1er année, 1896-7. Paris. Alcan, 1898. 563 p.

557. DURKHEIM (E.). *L'individualisme et les intellectuels*. Rev. Bleue. 4e S., 1898, X, 7-13.

558. DURKHEIM (E.). *Représentations individuelles et représentations collectives*. Rev. de Mét. et de Mor.. 1898, VI, 273-302.

559. GIDDINGS (F.-H.). *Elements of Sociology*. New-York and London. Macmillan Co, 1898. XI + 353 p.

560. GRASSERIE (R. DE LA). *Definizione e classificazione della sociologia e delle scienze sociali*. Riv. Ital. di Sociol.. 1898, II, 172-186.

561. GUMPLOWICZ (L.). *Sociologie et politique*. Paris, Giard et Brière. 1898. 302 p.

562. HENDERSON (C.-R.). *Social Elements. Institutions, Character. Progress*. New-York, Scribners, 1898. XI + 405 p.

563. IZOULET (J. . *Les quatre problèmes sociaux*. Rev. Bleue. 4 S., 1898. IX, 39-47.

564. JONES (H.). *Social and Individual Evolution*. New World, 1898, VII. 453-469.

565. KAREIEF (H.-J.). *Introduction à l'étude de la sociologie*. St-Pétersbourg. 1897, p. XXI – 418.

566. LAMPERIERE (A.). *Le rôle social de la femme*. (Bibl. de Philos. Contemp.) Paris. Alcan. 1898, 175 p.

567. LAPOUGE (G.-V. DE). *Fundamental Laws of Anthropo-Sociology.* J. of Polit. Econ., 1897, VI, 54-92.

568. LE BON (G.). *Psychologie du socialisme.* (Bibl. de Phil. Cont.) Paris, Alcan, 1898.

569. LE BON (G.). *The Psychology of Peoples.* (Tr. by R. Derechef.) London, Unwin ; New-York, Macmillan Co ; 1898, XII + 236 p.

570. LEGRAND (L.). *L'idée de Patrie.* Paris, Hachette, 1898, p. 335.

571. *Les bases psychologiques de la sociologie. Principe du phénomène social.* Beaugency, Laffray (1898), 54 p. (See Nos. 535, 536.)

572. LOMBARDI (G.). *Il dinamismo economico-psichico.* Naples, 1898, p. 136.

573. LOMBROSO (C.). *Les races et le milieu ambiant.* Rev. Scient., 4ᵉ S., 1898, IX, 513-516.

574. LOMBROSO (C.). *Why Homicide has Increased in the United States.* North Amer. Rev., 1898, CLXVI, 1-11.

575. MAC KECHNIE (W.-S.). *The State and the Individual.* Glasgow, Mac Lehose et Sons, 1898, 451 p.

576. MALLOCK (W.-H.). *Mr. Herbert Spencer in Self-Defence.* Nineteenth Cent., 1893, XLV, 314-327.

577. MIKHAILOWSKY (N.). *Qu'est-ce que le progrès ?* (Trad. du russe par Paul Louis.) Paris, Alcan, 1897, 200 p.

578. MISMER (C.). *Principes sociologiques,* 2ᵉ éd., rev. et augm. Paris, Alcan, 1898, 287 p.

579. MONDAINI (G.). *La filosofia della storia quale sociologia.* Riv. Ital. di Sociol., 1898, II, 324-339.

580. MORSELLI (E.). *Elementi di sociologia generale.* Milan, Hœpli, 1898, p. 182.

581. NOBLE (E.). *Suggestion as a Factor in Social Progress.* Int. J. of Ethics, 1898, VIII, 214-228.

582. NORDAU (M.). *Psychologie de la blague.* Rev. d. Rev., 1898, XXV, 1-7.

583. OMICI (G.), and MARCHESINI (G.) and MORSELLI (E.). *Le « amicizie » di Collegio. — Ricerche sulle prime manifestazioni dell' amore sessuale.* (Pref. by E. Morselli.) Rome, Soc. Ed. Dante Alighieri, 1898, XXXIV + p.

584. POBEDONOSTZEFF (C.). *La société et le sentiment religieux.* Rev. d. Rev., 1898, XXIV, 14-16.

585. PROAL (L.). *Political Crime* (W. Int. by F.-H. Giddings.) New-York Appleton and Co, 1898, XXII + 355 p.

586. RATZENHOFER (G.). *Die sociologische Erkenntnis.* Leipzig. F.-A. Brockhaus, 1898. 372 p.

587. RICHARD (G.). *Les causes actuelles en sociologie génitique.* Rev.

589. Ross (E.-A.). *Social Control*. Amer. J. of Sociol., **1898**, III, 502-519, 649-661, 809-828.

590. Rossi (P.). *L'animo della folla*. Cosenza, A. Riccio, **1898**. XII + 286 p.

591. Royce (J.). *The Social Basis of Conscience*. (Abstract and Discussion.) Addr. and Proc. Nat. Educ. Ass., **1898**, 196-205.

592. Sanz y Escartin (E.). *L'Individu et la réforme sociale*. (Tr. fr. Spanish by A. Dietrich.) Paris, Alcan, **1898**. VIII + 398 p.

593. Sibbald (I.). *Recherches sur le suicide en Grande-Bretagne*. Arch. de Neurol., 2ᵉ S., **1898**, VI, 391-400.

594. Simmel (G.). *The Persistence of Social Groups*. Amer. J. of Sociol., **1898**, III, 662-698, 829-836 ; IV, 35-50.

595. Small (A.-W.). *Methodology of the Social Problem*. Amer. J. of Sociol., **1898**, IV, 235-256, 380-394.

596. Solotaroff (H. . *On the Origin of the Family*. Amer. Anthropol., **1898**, XI, 229-242.

597. Spencer. (H.). *What is Social Evolution ?* Nineteenth Cent., **1898**, XLIV, 348-358, Pop. Sci. Mo., **1898**, LIV, 35-46.

598. Starcke (C.-N.). *La famille dans les différentes sociétés*. Paris, Giard et Brière, **1898**, 278 p.

599. Starcke (C.-N.). *Quelques questions sur la méthode de la Sociologie*. (Repr. fr. Rev. Intern. de Sociol.) Paris, Giard et Brière. **1898**. 18 p.

600. Stein (L.). *Wesen und Aufgabe der Sociologie*. Arch. f. syst. Phil., **1898**, IV, 191-228.

601. Stuckenberg (J.-H.-W.). *Introduction to the Study et Sociology*. New York, **1898**, 336 p.

602. Tarde (G.). *Études de psychologie sociale*. (Bib. Soc. Intern., XIV.) Paris, Giard et Brière, **1898**, VIII + 326 p.

603. Tarde (G.). *Le public et la foule*. Rev. de Paris, **1898**, V, 615-636.

604. Tarde (G.). *Les lois sociales*. Paris, Alcan, **1898**, 172 p.

605. Tarde (G.). *Les lois sociales*. Rev. de Mét. et de Mor., **1898**, VI, 14-37, 202-229, 329-353.

606. Thomas (F.). *La famille*. Geneva, J.-H. Icheber, **1898**, 326 p.

607. Thomas (W.-I.). *The Relation of Sex to Primitive Social Control*. Amer. J. of Sociol., **1898**, 754-776.

608. Tillie (L.) *Le mariage : sa genèse, son évolution*. Paris, Soc. d'Ed. Scient., **1898**, 318 p.

609. Tönnies (F.). *Jahresbericht über Erscheinungen der Sociologie aus den Jahren 1895 und 1896*. Arch. f. syst. Philos., **1898**, IV, 229-249, 483-506.

610. Topinard (P.). *The Social Problem*. Monist, **1898**, VIII, 356-595; IX, 63-100.

611. Tosti (G.). *Social Psychology and Sociology*. Psychol. Rev., **1898**, V, 347-361.

612. Tosti (G.). *Suicide in the Light of Recent Studies*. Amer. J. of Sociol.. 1898. III, 464-478.

613. Tosti (G.). *The Delusions of Durkheim's Sociological Objectivism*. Amer. J. of Sociol.. 1898. IV, 171-177.

614. Tubianla (H.). *Le peuple juif* (étude sociologique). Paris, Challamel, 1898, 20 p.

615. Tufts (J.-H.) and Thompson (H.-B.). *The Individual and His Relation to Society*. (Univ. of Chicago Contrib. to Philos.. No. V.) Chicago, Univ. of Chicago Press. 1898. 53 p.

616. Vaccaro (M.-A.). *Les bases sociologiques du Droit et de l'État*. (Trad. par J. Gaure.) Paris, Giard et Briere. 1898. LXI + 480 p.

617. Veblen (T.). *The Instinct of Workmanship, and the Irksomeness of Labor*. Amer. J. of Social.. 1898. IV, 187-201.

618. Ward (L.-F.). *The Essential Nature of Religion*. Int. J. of Ethics. 1898, VIII, 169-192.

619. Ward (L.-F.). *Outlines of Sociology*. New-York and London. Macmillan and Co, 1898. XII + 301 p.

620. Wixiarski (L.). *Essai sur la mecanique sociale*. Rev. Philos.. 1898, XLV, 354-386.

II. — CRIMINOLOGIE

621. Angiolella (G.). *Manuale di Antropologia criminale*. Milan. F. Vallardi, 1898, VIII + 328 p.

622. Becker (W.-F.). *Limited Criminal Responsability*. Alien. and Neurol.. 1898. XIX, 573-582.

623. Benedikt (M.). *Die Zurechnungsfähigkeit und die Kriminal-Anthropologie in der Kunst und in der Wissenschaft*. Deutsche Rev.. 1898. XXIII (Feb. .

624. Bérard (A.). *Le vagabondage en France*. Arch. d'Anthrop. Crim., 1898, XIII. 601-614.

625. Bruni (G.). *La delinquenza e l'educazione nei minorenni*. Arch. di Psichiat.. 1898, XIX, 169-176.

626. Calmon du Pin y Almeida (M.-B.). *Degenerados criminosos. estado*. Bahia, 1898. 135 p.

627. Colin (H.). *Les alienés criminels*. Rev. de Psychiat., N. S.. 1898, 75-83.

628. Cosentino (P.). *I Delinquenti*. Palermo. 1898. 135 p.

629. Eyman (H.-C.). *The Segregation of the Criminal Insane*. Cleveland Med. Gaz.. 1898, XIII, 573-583.

630. Ferriani (L.). *Entartete Mütter*. (Deutsch v. A. Ruhemann.) Berlin, S. Cronbach, 1897

631. Fleury (M. de). *L'â   *   ᴺᵑ, 1898. XVI + 192 p.

632. Foard (I.). *The Cr   Ironment or Atavism ?* Wesmin⸱

633. GROSS (H.). *Criminalpsychologie*. Gratz, Leuschner and
    bensky, 1898, XII + 721 p.

634. JASINSKI. *Degenerierte Verbrecher und die menschliche Gesellsel*
    Wien. med. Wochensch., 1898, XLVIII, 1465-1467.

635. KIERNAN (J.-G.). *Degeneracy Stigmata as Basis of Morbid Si
    cion*. Alien, and Neurol., 1898, XIX, 40-55, 447-456. 589-596.

636. KURÉ (S.). *Ueber Tätowirung bei Verbrechern*. Friedreich's
    f. gerichtl. Med., 1898, XLIX, 205-218.

637. LEGGIARDI-LAURA (C.). *I criminali in A. Manzoni*. Arch. di
    chiat., 1898, XIX, 349-373.

638. LEMESLE (H.). *Les précurseurs de Lombroso; Gratarol de Berg*
    Rev. de l'Hypnot., 1898, XIII, 152-154.

639. LOMBROSO (C.). *Le crime de Luccheni*. Rev. d. Rev., 1
    XXXII, 240-249.

640. MAGRI (F.). *Degenerazione sociale*. Rome, Capaccini, 1898, 11

641. MARTY (J.). *Recherches statistiques sur le développement phy*
    des délinquants. Arch. d'Anthrop. Crim., 1898, XIII, 170-195

642. MC CASSY (J.-H.). *How to Limit the Over-production of Defec*
    and Criminals. J. of Amer. Med. Ass., 1898, XXXI, 1363-1367.

643. MÜNCHHEIMER. *Die Prostitutionsfrage in der Literatur des Ja*
    1896. Ztsch. f. Criminal-Anthrop., 1897, I, 53-74.

644. NACKE (P.). *Bericht über den 4. internationalen Kongress für*
    minal-Anthropologie in Genf. Ztsch. f. Criminal-Anthrop., I
    I, 85-88.

645. NIXA-RODRIGUEZ. *Les conditions psychologiques du dépeçage*
    minel. Arch. d'Anthrop. Crim., 1898, XIII, 5-33.

646. ORCHANSKY (J.). *Les criminels russes et la théorie de C. Lombr*
    Arch. di Psichiat., 1898, XIX, 1-27.

647. OTTOLENGHI (S.) and ROSSI (V.). *Duecento criminali e prosti*
    studiate nei laboratori di clinica psichiatrica di Torino. Tu
    Bocca, 1898, 316 p.

648. PANIZZA. *Psicopathia criminalis*, Zurich, 1898.

649. PELAÉZ (P.). *Los estigmas de degeneracion*. Granada, Lopez, 11

650. PELI (G.). *Sul tipo progeneo nei sani di mento, negli aliena*
    nei criminali. Arch. di Psichiat., 1898, XIX, 61-69.

651. PERRIER (C.). *Les criminels*. Arch. d'Anthrop. Crim. 1898, 1
    524-535.

652. PERRIER (C.). *Tatouage chez les criminels*. Lyons, Storck. 189

653. PEZZINI (A.). *Delle condizioni d'Italia in rapporto alla criminal*
    Arch. di Psichiat., 1898, XIX, 159-169.

654. PROFETA (G.). *Sulla prostituzione*. Palermo, 1898.

655. QUIROS (C.-B. DE). *Las nuevas teorias de la criminalidad*. Madi
    1898. 537 p.

656. RAMADIER (J.) and FENAYROU (A.). *De la criminalité ches le*
    nés du département de l'Aveyron. Ann. Méd. Psy
    VII, 63-76. 233-251, 402-414.

657. REID (T.-J.). *Congenital Criminality and Its Relation to Insanity.* Northwest. Lancet, 1898, XVIII, 110-113.

658. SNELL (O.). *Tätowirte Corrigendinnen in Hannover.* Centralbl. f. Nervenh. u. Psychiat., N. F., 1898, IX, 193-195.

659. TALBOT (E -S.). *A Stuly of the Stigmata of Degeneracy among the American Criminal Youth.* J. of Amer. Med. Ass., 1898, XXX, 849-856.

660. TALBOT (E.-S.). *Degeneracy; Its Causes, Signs and Results.* New-York, Scribners, 1898.

661. TARDE (G.). *Problemes de criminalité.* Arch. d'Anthrop. Crim., 1898, XIII, 369-409.

662. TARDE (G.). *Qu'est-ce que le crime?* Rev. Philos., 1898, XLVI, 337-355.

663. TARNOWSKI (E.) (TARNOWSKY). *La lelinquenza e la vita sociale in Russia.* Riv. Ital. di Sociol., 1898, II, 486-499.

664. TARNOWSKY (E.). *Le mouvement de la criminalité en Russie (1874-1894).* Arch. d'Anthrop. Crim., 1898, XIII, 501-523.

665. TOULOUSE (E.). *Le rapport des médecins experts sur Vacher.* Rev. de Psychiat., N. S., 1898, 325-328.

666. ZIMMERN (II.). *Criminal Anthropology in Italy.* Pop. Sci. Mo., 1898, LII, 743-759.

667. ZUCCARELLI (A.). *Die Beziehungen zwischen Kriminel-Anthropologie, gerichtlicher Medizin und Pychiatrie.* Centrabll. f. Anthrop., 1898, III, 193-195.

[Voir aussi VII d, VIII f, VIII g.]

III. — Anatomie et Physiologie du Système nerveux.

A. — GÉNÉRALITÉS. RELATIONS DE L'ESPRIT ET DU CORPS

668. ADAMKIEWICZ (A.). *Ueber die sog. « Bahnung ». Ein Beitrag zur Lehre von den Gleichgewichsstörungen in der Thätigkeit der Nerven.* Ztsch. f. klin. Med., 1898, XXXIV, 338-352.

669. ALLIEVO (G.). *Il sistema delle potenze umane ed il loro rapporto coll'anima.* Asti, 1898.

670. AMELINE (M.). *Energie, entropie, pensée. Essai de psychophysique générale basée sur la thermodynamique.* (Thèse Fac. de Méd.) Paris, Carré, 1898, 135 p.

671. ANDRES (A.). *La interpretazzione meccanica della vita.* Riv. Ital. di Filos., 1898, XIII (I), 257-285.

672. BARKER (L.-F.) *The Anatomy and Physiology of the Nervous System and its Constituent Neurones, as revealed by Recent Inves-* New York Med. J., 1898, LXVII, 104-109, 241-246, 521-; LXVIII, 75-80, 399-403, 907-912.

673. BEALE (L.-S.). *Vitality.* Lancet, 1898 (I), 1048-1050,

674. BECK (A.). *Zur Untersuchung der Erregbarkeit der Ne*
f. d. ges. Physiol. (PFLÜGER's). 1898, LXXII, 352-359.

675. BENEDIKT (M.). *Quelques considérations sur la propi*
excitations dans le système nerveux. Bull. de l'Acad
1898, XXXIX, 14-21.

676. BERGMANN (J.). *Seele und Leib.* Arch. f. Syst. Phil., 18V
437 ; V, 25-68.

677. BERNSTEIN (J.). *Ueber reflectorische negative Schwanku*
renstroms und die Reizleitung im Reflexbogen. Arch. f. A
siol. (PFLÜGER's), 1898, LXXIII. 374-380.

678. BETHE (A.). *Die anatomische Elemente des Nervensysten*
physiologische Bedeutung. Biol. Centralbl., 1898, XVII

679. BIEDERMANN (W.). *Electro-Physiology.* (Trans. by I
Welby.) Vol. II, Nerve. London, Macmillan, 1898.

680. *Biological Lectures Delivered at the Marine Biological I
of Wool's Holl,* 1896-1897. Boston, Ginn and Co, 1898

681. BOARI (E.). *Elementi di anatomia, semiologia e diagn
sistema nervoso.* Bologna, Garagnani, 1898, 200 p.

682. BOMBARDA (M.). *Los neurones y la vida psíquica.* (Tr.)
Catalana, 1898, XXI, 620-624, 665-667, 690-695, 723-72

683. BORUTTAU (H.). *La nature de l'influx nerveux.* Interméd
1898, 1, 248.

684. BRANDT (A.). *Das Hirngewicht und die Zahl der peri
Nervenfasern in ihrer Beziehung zur Körpergrösse.* Biol. C
1898, XVIII, 475-488.

685. BREELY (E.). *Assimilation de la conductibilité nerveuse
ductibilité électrique discontinue.* Rev. de l'hypnot., 1898
233.

686. CLARKE (A.-P.). *Development of the Vital Force.* J.
Med. Ass., 1898, XXXI, 1325-1327.

687. COMBY (J.). *L'excitation cérébrale chez les enfants.* M
1898, IX, 273-274.

688. CONGER (M.-G.). *The Sympathetic Nervous System in l
of Orific. Surg., 1898, VI, 337-343.

689. COPPEZ (H.). *Quelques considérations sur les noyaux
moteurs de l'œil.* Rev. Gén. d'Ophtal., 1898, XVII, 49-5(

690. DANILEWSKY (B.). *Versuche über die Interferenzo de
kinetischen Einwirkungen an Nerven.* Centralbl. f. Phys
XII, 281-291.

691. DELAGE (Y.), SZCZAWINSKA (W.), et POIRAULT (G.).
nerveux et fonctions mentales. Année Biol., 1896 (1898)
625.

692. DONALDSON (H.-H.). *Observations on the Weight and Len
Central Nervous System and of the Legs, in Bull-frogs of
Sizes.* J. of Comp. Neurol., 1898, VIII, 314-335.

693. ERDMANN (B.). und DODGE (R.). *Psychologische Untersuchungen über das Leben auf experimenteller Grundlage.* Halle n. S.. Niemeyer. 1898, VIII + 360 p.

694. FARGES (A.). *Il cervello, l'anima e le facoltà.* (Trad. di. S. Mouaci.) Siena, S. Bernardino, 1897. XVI + 400 p.

695. FOSTER (M.). *A Text-book of Physiology.* 7º ed. Part III. *The Nervous System.* London, Macmillan, 1898, 915-1252 p.

696. FOSTER (M.). *On the Physical Basis of Psychical Events.* Manchester, 1898.

697. FUSARI (R.). *Sistema nervoso centrale.* Modena, 1898, 256 p.

698. GIRNDT (P.). *Ueber Resultate der Nervennaht mit besonderer Berücksichtigung der Nervenplastik.* (Diss.) Berlin, 1898, 27 p.

699. GOTCH (F.) and BURCH (G.-J.). *The Electrical Response of Nerve to a Single Stimulus investigated with the Capillary Electrometer.* (Prelim. Commun.) Proc. Roy. Soc., 1898, LXIII, 300-311.

700. GRAUPINGER (R.). *Beiträge zur normalen und pathologischen Anatomie des sympathischen Nervensystems.* Beitr. z. Pathol. Anat., 1898, XXIV, 255-303.

701. GREENE (C.-W.). *On the Relation between the External Stimulus Applied to a Nerve and the Resulting Nerve Impulse as Measured by the Action Current.* Amer. J. of Physiol., 1898, I. 104-116.

702. GUTBERLET (C.). *Der psychophysische Parallelismus.* Philos. Jahrb., 1898, XI, 369-396.

703. HALL (H.-L.). *What is the Connection between Sensation or Psychical States and the Physical and Neural Changes wich Excite Them?* Toledo Med. and Surg. Rep'r, 1898, 600-603, 670-673.

704. HENRI (V.). *Influence du travail cérébral sur les sécrétions.* Interméd. d. Biol., 1898. I, 366-369.

705. HERDMAN (W.-J.). *Neural Dynamics.* J. of Amer. Med. Ass., 1898, XXXI, 1211-1214.

706. HERMANN (E.). *Ueber einige neuere Arbeiten aus dem Gebiete der Histologie des Centralnervensystems.* Fortsch. d. Med., 1898, XVI, 923-931.

707. HERRERA (A.-L.). *Artificial Formation of a Rudimentary Nervous System.* Natural Sc., 1898, XIII, 333-339, 384-389.

708. HERRICK (C.-L.). *Psychological Corollaries of the Equilibrium Theory of Nervous Action and Control.* J. of Comp. Neurol.. 1898. VIII, 21-31.

709. HERRICK (C.-L.). *The Vital Equilibrium and the Nervous System.* Science, N. S.. 1898. VII, 813-818.

710. HERRICK (C.-L.) and GOOHILL (G.-E.). *The Somatic Equilibrium and the Nerve Endings in the Skin.* J. of Comp. Neurol.. 1898, VIII, 32-56.

711. HERZEN (A.), BORUTTAU (H.). *Fatigue des nerfs.* Interméd. d. Biol., 1898, I, 98-100, 146, 212-246.

712. HEYMANS (G.). *Zur Parallelismusfrage.* Zisch. f. Psychol., 1898,

713. Hochfeldt (H.). *Psychologisches und Physiologisches* deutschen Schweiz. Leipzig, Wigand, 1898.

714. Hughes (C.-H.). *Progress in Neurology.* Alien. and Neuro XIX, 436-446.

715. Jackson (J.-H.). *The Relations of Different Divisions of tral Nervous System to One Another and to Parts of th* Lancet, 1898 (I), 79-87. Brit. Med. J., 1898 (I), 65-69.

716. Kassowitz (M.). *Die Einheit der Lebenserscheinungen.* Wi Wochensch., 1898. XLVIII, 2265-2270, 2325 2332, 23

717. Kennedy (R.). *On the Regeneration of Nerves.* Phil. Tr. R 1897, CLXXXVIII, 257-300.

718. Kries (J.) von). *Ueber die materiellen Grundlagen der* seins-Erscheinungen. (Festsch.) Freiburg, 1898, 71 p.

719. Külpe (O.). *Ueber die Beziehungen zwischen körperlichen* lischen-Vorgängen. Ztsch. f. Hypnot., 1898, VII, 97-120.

720. Lasson (A.). *Der Leib.* Berlin, Gaertner, 1898, 88 p.

721. Lord (J.-R.). *A New Nissl Method.* J. of Mental Sc., 1898 693-699.

722. Mackenzie (J.-N.). *The Physiological and Pathological* between the Nose and the Sexual Apparatus of Man. J. of gol., Rhinol. and Otol., 1898, XIII, 109-124.

723. Meyer (A.). *Critical Review of the Data and General* and Deductions of Modern Neurology. J. of Comp. Neurol VIII, 113-148, 249-313.

724. Michel (A.). *Sur l'origine du systeme nerveux dans le b* de régénération caudale des Annélides. C. R. Soc. de Biol. 1898, V, 339-342.

725. Michelis (A.). *Ueber den Zusammenhang von Materie und* stsein in Zeit und Raum. (Prog.) Könisberg, 1898. 14 p.

726. Morat (J.-P.). *Sur le pouvoir transformateur des cellules* à l'égard des excitations. Arch. de Physiol. Norm. et 1898, XXX, 278-288.

727. Morenghi (G.). *La regénération des fibres nerveuses à la* la section des nerfs. Arch. Ital. de Biol., 1898, XXIX, 388-

728. Morrill (A.-D.) (and Others). *A Report of the Neurologi* nar of the Marine Biological Laboratory, Wood's Holl. Ma son of 1898. J. of Comp. Neurol., 1898, VIII, 149-257.

729. Mosso (A.). *Fisiologia tell' uomo sulle Alpi.* Studii monte Rosa. Milan, Treves, 1897, 374 p.

730. Mul (P.). *Les idées de Descartes sur la physiologie du* nerveux. (Thèse.) Bordeaux, Cassignol, 1896, 55 p.

731. Munk (I.) und Schultz (P.). *Die Reizbarkeit des Nerven* schiedenen Stellen seines Verlaufes. Arch. f. Anat. u. Abth., 1898, 297-316.

732. Neumann (E.). *Einige Versuche über Nerventransplantati* f. Entwickelungsmech, 1898, VI, 526-536.

733. Nissl (F.). *Nervenzellen und graue Substanz.* Münch. med. Wochensh., XLV, 988-992, 1023-1029, 1060-1063.

734. Orshanski (I.-G.) (Orchansky). [*Mécanisme des processus nerveux.*] St. Petersburg, Glanzinoff, 1898, 599 p.

735. Panizza (M.). *1 nuovi elementi della Psicofisiologia.* Rome, E. Loescher, 1898, 140 p.

736. Paton (S.). *Brain Anatomy and Psychology.* New-York Med. J., 1898. LXVIII, 325-330.

737. Pawinski (J.). *Ueber paroxysmale Polypnoe (Tachypnoe) vom klinischen Standpunkte aus.* Ztsch. f. klin. Med., 1898, XXXIV, 89-128.

738. Peebles (F.). *Some Experiments on the Primitive Streak of the Chick.* Arch. f. Entwickelungsmech., 1898, VII, 405-429.

739. Plettenberg (P.). *Neuere Arbeiten über das Verhältniss zwischen Leib und Seele.* Ztsch. f. Hypnot., 1898. VIII, 103-124.

740. Pollack (B.). *Die Färbetechnique des Nervensystems.* 2. Aufl. Berlin, Karger. 1898, 177 p.

741. Pollack (B.). *Methods of Staining the Nervous System.* (Transl. fr. 2. German ed. by W. R. Jack.) Glasgow, F. Bauermeister, 1898, 143 p.

742. Ramon y Cajal (S.). *El Sistema nervioso del hombre y de los vertebrados.* Madrid, 1897-98, 464 p.

743. Rehmke (J.). *Aussenwelt und Innenwelt, Leib und Seele.* (Rektoratsrede.) Greifswaldt, J. Abel. 1898. 48 p.

744. Reinke (J.). *Leben und Reizbarkeit.* Deutsche Rdeshau, 1898, XCIV. 189-204.

745. Rhumbler (L.). *Physikalische Analyse von Lebenserscheinungen der Zelle.* I. Arch. f. Entwickelungsmech.. 1898, VII, 103-198, 199-350.

746. Richet (C.). *Physiologie générale du cerveau; excitabilité dynamique cérébrale ; processus psychiques.* (Dans son Dict. de physiol.. t. III.) Paris. Alcan, 1897. 1-48 p.

747. Schakppi (T.). *Untersuchungen über das Nervensystem der Liphonophoren.* Jenai'sche Ztsch. f. Naturwiss., 1898, XXXII, 483-550.

748. Schaper (A.). *Experimentelle Studien an Amphibienlarven. I. Mitt. : Haben künstlich angelegte Defekte des Centralnervensystems oder vollstandige Elimination desselben einen nachweisbaren Einfluss auf die Entwicklung des Gesamtorganismus junger Froschlarven ?* Archiv. f. Entwicklungsmech., 1898. VI. 151-197.

749. Schwarz (H.). *Das Verhältniss von Leib und Seele.* Berlin. R. Gärtner, 1897, 20 p.

750. Spamer (P.). *Des terminaisons nerveuses dans les glandes sudorifères de l'Homme.* Arch. d. l. IX. 373-379.

751. Sacks (J.). *Brain Weight and Int.* 1898, LIV, 243-255.

752. ΣΚΛΑΒΟΥΝΟΣ, Γ Περὶ τῆς ὁφῆς τοῦ κεντρικοῦ νευρικοῦ σ Athénes, 1897, 220 p.

753. Starke (J.). Ueber den Einfluss des Centralnervensystei Erregbarkeii des motorischen Nerven. Centralbl. f. Phy XII, 596-599.

754. Steiner (S.). Die Functionen des Centralnervensystem Phylogenese. 3. Abth. : Die wirbellosen Thiere. I Vieweg, 1898, x + 154 p.

755. Tuke (D.-H.). Illustrations of the Influence of the Mi Body in Health and Disease. Designed to Elucidate the the Imagination. 2. ed. London, 1898.

756. Waller (A.-D.). Observations on Isolated Nerve. Phil Soc., 1897, CLXXXVIII B, 1-102.

757. Weiss (O.). Untersuchungen über die « Erregbarkeit » ei an verschiedenen Stellen seines Verlaufes. Archiv. f. d. ge Nerv. e Ment., 1898, III, 360-363.

758. Witte (M.-E.). Influence of Body on Mind. Iowa Med. IV, 263-272.

759. Worcester (W.-L.). Regeneration of Nerve Fibres in t Nervous System. J. of Exper. Med., 1898, III, 579-584.

760. Ziehen (H.). Kritische Bericht über wichtigere Arbeiter Gebiete der Physiologie des Centralnervensystems der Wi Ztsch. f. Psychol., 1898, XIX, 203-221.

[Voir aussi III, VI, VII.]

B. — Neurone et éléments nerveux

761. Althaus (J.). Is the Work of the Neuron of an Electrica Edinburgh Med. J., N.-S., 1898, III, 570-585. Amer.) Bull., 1898, XII, 806-814.

762. Anglade (D.). Sur les altérations des cellules nerveu cellule pyramidale en particulier, dans la paralysie géné Méd.-Psych., 8e S., 1898, VIII, 40-46.

763. Apathy (S.). Bemerkungen zu Garbowski's Darstellun Lehre von den leitenden Nervenelemente. Biol. Central XVIII, 704-713.

764. Apathy (S.). The Conducting Element of the Nervous S its Topographical Relation to the Cells. Amer. J. of Insi LV, 51-54.

765. Auerbach (L.). Ueber die protoplasmatische Grundsul Nervenzelle und insbesondere der Spinalganglionzelle. M f. Psychiat. u. Neurol., 1898, IV, 31-44.

766. Barbes (V.). Ueber den Einfluss der verschiedenen Infect die Nervenzellen des Rückenmarks. Berlin, klin. W(1898, XXXV, 6-10. 36-39, 56-59.

523. Thorburn (J.). *Counting and Time Reckoning.* Trans. Canad. Inst., 1896-97 (1898), V, 311-324.

524. Thurston (E.). *Anthropology in Madras.* Nature, 1898, LVIII, 82-84.

525. Timmermans (A.). *Comment se forme une phrase.* Rev. Scient., 4° S., 1898, X, 428-435.

526. Thouretzkoi (S.-N.). [*L'idéal juif de la religion.*] Voprosi Philos. 1898, IX, 659-695.

527. Vandewalker (N.-C.). *The Culture-Epoch Theory from an Anthropological Standpoint.* Educ. Rev., 1898, XV, 374-391.

528. Vierkandt (A.). *Philologie und Völkerpsychologie.* Arch. f. Religionswiss., 1898, I, 97.

529. Vitali (V.). *Elementi etnici e storici del carattere degli Italiani.* Riv. Ital. di Sociol., 1898, II, 734-763.

530. Vitali (V.). *Studi antropologici in servizio lella pedagogia,* vol. II. *Le Romagnole.* Turin, 1898, 130 p.

531. Weiss (B.). *Die Zukunft der Menschheit.* Leipzig, Weber, 1898, 16 p.

532. Wilson (T.). *Art in Prehistoric Times.* Proc. Amer. Ass. Adv. Sc., 1898, XLVII, 456-464.

533. Winternitz (M.). *Folk-Medicine in Ancient India.* Nature, 1898, LVIII, 233-235.

534. Zickt (T.). *Familientypus und Familienähnlichkeiten.* Corresp. Bl. d. deutsch. anthrop. Gesell., 1898, XXIX, 41-44, 51-54.

G. — Sociology

535. Abramowski (E.). *Le matérialisme historique et le principe du phénomène social.* Paris, Giard et Brière, 1898, 41 p.

536. Abramowski (E.). *Les bases psychologiques de la sociologie.* Paris, Giard et Brière, 1898, 54 p.

537. Ammon (O.). *Histoire d'une idée. L'anthropo-sociologie.* (Tr. avec int. par H. Muffang.) Paris, Giard et Brière, 1898, 38 p.

538. *Annales de l'Institut international de Sociologie.* III. Travaux de l'année 1896, Paris, Giard et Brière, 1897.

539. Aaby (L.-F.). *Dante e la moderna Filosophia sociale.* Riv. Ital. di Filos., 1898, XIII (I), 318-338.

540. Baldwin (J.-M.). « *Social Interpretations.* » Psychol. Rev., 1898, VII, 621-630.

541. Baldwin (J.-M.), Dewey (J.). *Social Interpretations.* Philos. Rev., 1898, V, 409-411.

542. Barth (P.). *Die Philosophie der Geschichte als Sociologie.* I. Teil. u. Krit. Uebersicht. Leipzig, Reisland, 1898, viii + 396 p.

543. Barth (P.). *Zum 100. Geburtstage Auguste Comte's.* Vtljsch. f. wiss. Philos., 1898, XXII, 169-189.

785. EURICH (F.-W.). *Contributions to the Comparative*
Neuroglia. J. of Anat. et Physiol.. 1898. XXXII, 688-

786. EWING (J.). *Studies on Ganglion Cells; A Prelimina*
tion. Med. Rec.. 1898. LIII. 513-517.

787. FARMER (J.-B.) and WALLER (A.-D.). *Observations o*
of Anæsthetics on Vegetable and Animal Protoplasm
Soc.. 1898, LXIII, 213-217.

788. FISH (P. A.). *The Nerve Cell as a Unit.* J. of Comp. N
VIII. 99-110.

789. FLEMMING (W.). *La chromatolyse à l'état normal.* I
Biol., 1898, I, 526.

790. FRANKEL (A.). *Die wirkung der Narcotica auf die*
Vorderhornzelle des Rückenmarks. (Diss.) Berlin, 18¦

791. GAD (J.). *Nerv.* (Art. in EULENBERG's Realencyclope
Heilkunde, Bd. 16.)

792. GARBOWSKI (T.). *Apathy's Lehre von den leitende*
menten. Biol. Centralbl.. 1898, XVIII, 488-507, 536-5

793. GIBSON (I. VAN) and SIMS (B.). *Neuron Energy and i*
tor Manifestations. Arch. of Neurol. and Psychopath
5-25.

794. GOLDSCHEIDER (A.) und FLATAU (E.). *Normale und ¡*
(PFLUGER's). 1898, LXXII, 15-50.

795. GOLDSCHEIDER und FLATAU (E.). *Ueber die Ziele d*
Nervenzellenforschungen. Deutsche med. Wochensch..
165-167.

796. GOLGI (C.). *Intorno alla struttura delle cellule nervos*
Med.-Chir. di Pavia, 1898 (Apr. 19).

797. GOLGI (C.). *Sulla struttura lelle cellule nervose dei g¦*
Boll. Soc. Med.-Chir. di Pavia. 1898 (July 13).

798. GUERRINI (G.). *Contributo allo conoscenza dell' anat*
dei nervi. Anat. Anz., 1898, XV, 17-30.

799. HEIMANN (E.). *Beiträge zur Kenntniss der feineren*
Spinalganglien, Arch. f. pathol. Anat., 1898, CLII, ¦

800. HEIMANN (E.). *Ueber die feinere Structur der Spinalga*
Fortschr. d. Med.. 1898, XVI, 331-340.

801. HEIMANN (E.). *Ueber die Structur der Spinalganglien*
rol. Centralbl., 1898, XVII, 797-800.

802. HELLWIG (L.). *Ueber den Axialström des Nerven und sei*
zum Neuron. Arch. f. Anat. u. Physiol. — Physiol. ¡
239-259.

803. HOCH (A.). *Nerve-Cell Changes in Somatic Diseases.*
Insan., 1898, LV, 231-240.

804. HOCH (A.). *On Changes in the Nerve Cells of the Cort*
of Acute Delirium and a Case of Delirium Tremens.
Insan.. 1898. LIV, 589-606.

805. JACOTTET. *Recherches expérimentales sur la dé¦*

lules nerveuses sous l'influence de certains poisons. (Thèse.) Lausanne, 1897.

806. JULIUSBURGER (O.). und MEYER (E.). *Beitrag zur Pathologie der Ganglienzelle.* Monatssch. f. Psychiat. u. Neurol. 1898, III, 316-341.

807. JULIUSBURGER (O.) und MEYER (E.). *Beitrag zur Pathologie der Spinalganglien.* Neurol. Centralbl., 1898, XVII, 151-158.

808. KOELLIKER (A.). *Gegen die Annahme von Axencylindertropfen.* Anat. Anz., 1898, XIV, 616-618.

809. LEVI (G.). *Alterazioni cadaveriche lella cellula nervosa studiate col metodo di Nissl.* Riv. di Patol. Nerv. e Ment., 1898, III, 18-20.

810. LEVI (G.). *Considerazioni sulla struttura del nucleo lelle cellule nervose.* Riv. di Patol. Nerv. e. Ment., 1898, III, 289-295.

811. LEVI (G.). *Sulla cariocinesi lelle cellule nervose.* Riv. di Patol. Nerv. e Ment., 1898, III, 97-112.

812. LEVI (G.). *Sulle modificazioni morfologiche lelle cellule nervose di animali a sangue frele lurante l'ibernazione.* Riv. di Patol. Nerv. e Ment., 1898, III, 443-459.

813. LUGARO (E.). *A proposito di un presunto rivestimento isolatore della cellula nervosa.* Riv. di Patol. Nerv. e Ment., 1898, III, 265-271.

814. LUGARO (E.). *Questioni spicciole sulla patologia lella cellula nervosa.* Riv. di Patol. Nerv. e Ment., 1898, III, 125-130.

815. LUGARO (E.). *Sulle alterazioni delle cellule nervose nell' ipertermia sperimentale.* Riv. di Patol. Nerv. e Ment., 1898, III, 193-209.

816. LUGARO (E.). *Sulle modificazioni morfologiche funzionali dei dentriti lelle cellule nervose.* Riv. di Patol. I Nerv. e Ment., 1898, III, 337-359.

817. LUGARO (E.). *Sulla struttura lelle cellule dei gangli spinali nel cane.* Riv. di Patol. Nerv. e Ment., 1898, III, 433-443.

818. MANN. *Zur Physiologie und Pathologie der motorischen Neurone.* Wien. med. Wochensch., 1898, XLVIII, 2146-2147.

819. MANOUÉLIAN (Y). *Sur un nouveau type de neurone olfactif central.* C. R. Soc. de Biol., 10ᵉ S., 1898, VI, 230-233.

820. MARINESCO (G.). *Recherches sur l'histologie fine des cellules du système sympathique.* Rev. Neurol., 1898, V, 615.

821. MARINESCO (G.). *Sur la chromatolyse de la cellule nerveuse.* Interméd. d. Biol., 1898, I, 321, 514-525.

822. MATHIAS-DUVAL. *L'amœboisme des cellules nerveuses. La théorie histologique du sommeil ; les nervi-nervorum.* Rev. scient., 4ᵉ S., 1898, IX, 321-331.

823. MC CLURE (C.-F.-W.). *The Finer Structure of the Nerve Cells of Invertebrates.* 1. Gastropoda. Zool. Jahrb., 1897, XI, 13-60.

824. MIRTO (D.). *Sulle alterazioni degli elementi nervosi nel latirismo sperimentale acuto.* Gior. di Patol. Nerv. e Ment., 1897, XVIII, fasc. 2.

MONTI (A.). *Contribution a l'histologie pathologique de la cellule ve.* Arch. Ital. de Biol., 1898, XXIX, 307-314.

785. EURICH (F.-W.). *Contributions to the Comparati*
Neuroglia. J. of Anat. et Physiol., 1898, XXXII, 6⟨

786. EWING (J.). *Studies on Ganglion Cells; A Prelimi*
tion. Med. Rec., 1898, LIII, 513-517.

787. FARMER (J.-B.) and WALLER (A.-D.). *Observation*
of Anæsthetics on Vegetable and Animal Protopla
Soc., 1898, LXIII, 213-217.

788. FISH (P. A.). *The Nerve Cell as a Unit.* J. of Comp.
VIII, 99-110.

789. FLEMMING (W.). *La chromatolyse à l'état normal*
Biol., 1898, 1, 526.

790. FRANKEL (A.). *Die wirkung der Narcotica auf* ⟨
Vorderhornzelle des Rückenmarks. (Diss.) Berlin, ⟨

791. GAD (J.). *Nerv.* (Art. in EULENBERG's Realencych
Heilkunde, Bd. 16.)

792. GARBOWSKI (T.). *Apathy's Lehre von den leiten*
menten. Biol. Centralbl., 1898, XVIII, 488-507. 53⟨

793. GIESON (I. VAN) and SIDIS (B.). *Neuron Energy an*⟨
tor Manifestations. Arch. of Neurol. and Psychop⟨
5-25.

794. GOLDSCHEIDER (A.) und FLATAU (E.). *Normale un*⟨
(PFLUGER'S). 1898, LXXII, 15-50.

795. GOLDSCHEIDER und FLATAU (E.). *Ueber die Ziele*
Nervenzellenforschungen. Deutsche med. Wochensc⟨
165-167.

796. GOLGI (C.). *Intorno alla struttura lelle cellule ner*⟨
Med.-Chir. di Pavia, 1898 (Apr. 19).

797. GOLGI (C.). *Sulla struttura delle cellule nervose dei*
Boll. Soc. Med.-Chir. di Pavia, 1898 (July 15).

798. GUERRINI (G.). *Contributo allo conoscenza dell' a*⟨
dei nervi. Anat. Anz., 1898, XV, 17-30.

799. HEIMANN (E.). *Beiträge zur Kenntniss der feinere*
Spinalganglien. Arch. f. pathol. Anat., 1898, CLI

800. HEIMANN (E.). *Ueber die feinere Structur der Spinal*
Fortschr. d. Med., 1898, XVI, 331-340.

801. HEIMANN (E.). *Ueber die Structur der Spinalgangl*
rol. Centralbl., 1898, XVII, 797-800.

802. HELLWIG (L.). *Ueber den Axialström des Nerven und* ⟨
zum Neuron. Arch. f. Anat. u. Physiol. — Physio⟨
239-250.

803. HOCH (A.). *Nerve-Cell Changes in Somatic Diseas*⟨
Insan., 1898, LV, 231-240.

804. HOCH (A.). *On Changes in the Nerve Cells of the C*
of Acute Delirium and a Case of Delirium Tremen
Insan., 1898, LIV, 589-606.

805. JACOTTET. *Recherches expérimentales sur la dégéné*⟨

lules nerveuses sous l'influence le certains poisons. (Thèse.) Lausanne, 1897.

806. JULIUSBURGER (O.). und MEYER (E.). *Beitrag zur Pathologie der Ganglienzelle.* Monatssch. f. Psychiat. u. Neurol. 1898, III, 316-341.

807. JULIUSBURGER (O.) und MEYER (E.). *Beitrag zur Pathologie der Spinalganglien.* Neurol. Centralbl., 1898, XVII, 151-158.

808. KOELLIKER (A.). *Gegen die Annahme von Axencylindertropfen.* Anat. Anz., 1898, XIV, 616-618.

809. LEVI (G.). *Alterazioni cadaverichi lella cellula nervosa studiate col metodo di Nissl.* Riv. di Patol. Nerv. e Ment., 1898, III, 18-20.

810. LEVI (G.). *Considerazioni sulla struttura del nucleo lelle cellule nervose.* Riv. di Patol. Nerv. e. Ment., 1898, III, 289-295.

811. LEVI (G.). *Sulla cariocinesi lelle cellule nervose.* Riv. di Patol. Nerv. e Ment., 1898, III, 97-112.

812. LEVI (G.). *Sulle modificazioni morfologiche lelle cellule nervose di animali a sangue frede lurante l'ibernazione.* Riv. di Patol. Nerv. e Ment., 1898, III, 443-459.

813. LUGARO (E.). *A proposito di un presunto rivestimento isolatore lella cellula nervosa.* Riv. di Patol. Nerv. e Ment., 1898, III, 265-271.

814. LUGARO (E.). *Questioni spicciole sulla patologia lella cellula nervosa.* Riv. di Patol. Nerv. e Ment., 1898, III, 125-130.

815. LUGARO (E.). *Sulle alterazioni delle cellule nervose nell' ipertermia sperimentale.* Riv. di Patol. Nerv. e Ment., 1898, III, 193-209.

816. LUGARO (E.). *Sulle modificazioni morfologiche funzionali dei dentriti lelle cellule nervose.* Riv. di Patol. I Nerv. e Ment., 1898, III, 337-359.

817. LUGARO (E.). *Sulla struttura lelle cellule dei gangli spinali nel cane.* Riv. di Patol. Nerv. e Ment., 1898, III, 433-443.

818. MANN. *Zur Physiologie und Pathologie der motorischen Neurone.* Wien. med. Wochensch., 1898, XLVIII, 2116-2117.

819. MAXOUÉLIAN (V). *Sur un nouveau type de neurone olfactif central.* C. R. Soc. de Biol., 10e S., 1898, VI, 230-235.

820. MARINESCO (G.). *Recherches sur l'histologie fine des cellules du système sympathique.* Rev. Neurol., 1898, V, 615.

821. MARINESCO (G.). *Sur la chromatolyse de la cellule nerveuse.* Interméd. d. Biol., 1898, I, 321, 514-525.

822. MATHIAS-DUVAL. *L'amœboisme des cellules nerveuses. La théorie histologique du sommeil ; les nervi-nervorum.* Rev. scient., 4e S., 1898, IX, 321-331.

823. Mc CLURE (C.-F.-W.). *The Finer Structure of the Nerve Cells of Invertebrates.* I. *Gastropoda.* Zool. Jahrb., 1897, XI, 13-60.

824. MIRTO (D.). *Sulle alterazioni degli elementi nervosi nel tatanismo sperimentale acuto.* Gior. di Patol. Nerv. e Ment., 1897, XVIII, fasc. 2.

825. MONTI (A.). *Contribution a l'histologie pathologique de la cellule nerveuse.* Arch. Ital. de Biol., 1898, XXIX, 307-314.

826. Moon (de). *Sur les Neurones olfactifs.* Bull. Soc. Roy. d. Sci
et Nat. de Brux. ; 7 mars. 1898

827. Neumann (E.). *Nervenmark-und Axencylindertropfen.* Ar
Pathol. Anat., 1898, CLII, 241-260.

828. Obregia et Besnea. *Alterationes cellulæ nervoæ conæc
excitationis electricæ.* Spitalul, 1898, XVIII, 296-303.

829. Orregia et Tatusescu. *Asupra naturei aa zisului pigm
celulei nervoase.* Spitalul, 1898, XVIII, 537-543.

830. Odier (R.). *Recherches expérimentales sur les mouvements de
l'île nerveuse de la moelle épinière.* Rev. Méd. de la Suisse Rom
1898, XVIII, 59, 143.

831. Paludino (G.). *Sur la constitution morphologique du protop
des cellules nerveuses dans la moelle épinière.* Arch. Ital. de
1898, XXIX, 60-64.

832. Philippe (C.) et Gothard (de). *État des cellules nerveuses
moelle épinière chez l'homme, après autopsie (méthode de Nis
R. Soc. de Biol., 10° S., 1898, V, 809-812.

833. Pick (F.). *Ueber morphologische Differenzen zwischen ruhende
erregten Ganglienzellen.* Deutsche med. Wochensch., 1898,
341-342.

834. Pugnat (C.-A.) *De la destruction des cellules nerveuses par l
cocytes chez les animaux âgés.* C. R. Soc. de Biol., 10e S.,
V, 242.

835. Pugnat (C.-A.). *Des modifications histologiques de la cellule ne
dans ses divers états fonctionnels.* Bibliog. Anat., 1898, VI,

836. Pugnat (C.-A.). *De l'importance fonctionnelle du corps cellule
Neurone.* Rev. Neurol., 1898, VI, 158-166.

837. Querton (L.). *Le sommeil hibernal et les modifications des ne
cérébraux.* Ann. Soc. Roy. d. Sc. Méd. et Nat. de Brux.,
1898, VII, fasc. 2.

838. Radl (E.). *Sur quelques éléments des ganglions optiques d
Décapodes.* Arch. d'Anat. Micr., 1898, II, 373-418.

839. Ramon y Cajal (S.). *La celulas de cilindro—ejo corto de l
molecular del cerebro.* Revista Trimest. Micrg., 1897, II, fasc

840. Retzius (G.). *Was ist die Henle'sche Scheide der Nervenfa
Anat. Anz., 1898, XV, 140-146.

841. Robertson (W.-F.) and Orr (D.). *The Normal Histology and
logy of the Cortical Nerve-cells.* J. of Mental Sc., 1898, XLIV, 71

842. Schaffer (K.). *Ueber Nervenzellveranderungen des Vorde
bei Tabes.* Monatsssch. f. Psychiat. u. Neurol., 1898, III, 61-

843. Schlapp (M.). *Der Zellenleben der Grosshirnrinde des Affen (M
Cynomolgus).* Arch. f. Psychiat. u. Nervenh., 1898, XXX, 55

844. Soukhanoff. *Contribution à l'étude des modifications que su
les prolongements dendritiques des cellules   ves sous l'inf
des narcotiques.* Cellule, 1898, XIV, 387

845. Soukhanoff (S.). *L'anatomie pathol   U₅

en rapport avec l'atrophie variqueuse des dendrites de l'écorce céré-brale. Cellule, 1898, XIV, 399-415.

846. Soury (J.). *Études sur le cerveau : La théorie des neurones.* I. Ann. de Phil. chrét., 1898, XXXVIII, 381-412.

847. Soury (J.). *Théorie des neurones.* Arch. de Neurol., 2ᵉ S., 1898, V, 371-389.

848. Stefani (A.). *Sur la propriété qu'ont les fibres nerveuses de main-tenir isolés leurs moignons centraux.* Arch. Ital. de Biol., 1897, XXVII, 305-313.

849. Timofeew (D.). *Beobachtungen über den Bau der Nervenzellen der Spinalganglien und des Sympathicus beim Vogel.* Int. Monatssch. f. Anat. u. Physiol., 1898, XV, 259-268, 273-284.

850. Turner (J.). *Remarks on the Giant-cells of the Motor Cortex in the Insane, examined in a Fresh State, etc.* J. of Mental Sc., 1898, XLIV, 507-525.

851. Van Gehuchten (A.). *Chromatolyse centrale et chromatolyse péri-phérique.* Bibliogr. Anat., 1897, V, 254-259.

852. Van Gehuchten (A.). *L'anatomie fine de la cellule nerveuse.* Rap-au XIIᵉ Congrès international de Médecine. La Cellule, 1897, XIII, 315-387.

853. Van Gehuchten (A.) and Nelis (C.). *Quelques points concernant la structure des cellules des ganglions spinaux.* Bull. de l'Acad. Roy. de Méd. de Belg., 4ᵉ S., 1898, XII. Cellule, 1898, XIV, 373-384.

854. Veratti (E.). *Ueber die feinere Structur der Ganglienzellen des Sympathicus.* Anat. Anz., 1898, XV, 190-195.

855. Warrington (W.-B.). *On the Structural Alterations observed in Nerve Cells.* J. of Physiol., 1898, XXIII, 112-129.

856. Whitwell (J.-R.). *The Structure of the Neuroglia.* Brit. Med. J., 1898 (I), 681-683.

857. Wright (H.-K.). *The cerebral Cortical Cell unler the Influence of Poisoning Doses of Potassii Bromitum.* Brain, 1898, XXI, 186-223.

C. — Moelle et nerfs

858. Athias (M.). *Structure histologique de la moelle épinière du Tétard de la Grenouille.* Bibliog. Anat., 1897, V, 58-89.

859. Bikeles (G.). *Die Phylogenèse des Pyramidenvorderstranges.* Neu-rol. Centralbl., 1898, XVII, 999-1000.

860. Bikeles (G.) und Jasinski (A.). *Zur Frage der trophischen Ner-ven.* Centralbl. f. Physiol., 1898, XII, 345-350.

861. Bottazzi (F.). *La fisiologia del simpatico secondo le ricerche di J. N. Langley e dei suoi collaboratori.* Riv. di Patol. Nerv. e Ment., III, 145-178.

      —.) et Bonne (C.). *Recherches sur le trajet intramedul-mérieures.* Rev. Neurol., 1898, VI, 310-326.

673. BEALE (L.-S.). *Vitality.* Lancet, 1898 (I), 10·

674. BECK (A.). *Zur Untersuchung der Erreybarkei*
f. d. ges. Physiol. (PFLÜGER's), 1898, LXXII, ;

675. BENEDIKT (M.). *Quelques considérations sur*
excitations dans le système nerveux. Bull. d
1898, XXXIX, 14-21.

676. BERGMANN (J.). *Seele und Leib.* Arch. f. Syst. I
437 ; V, 25-68.

677. BERNSTEIN (J.). *Ueber reflectorische negative S·*
venstroms und die Reizleitung im Reflexbogen. A
siol. (PFLÜGER's), 1898, LXXIII, 374-380.

678. BETHE (A.). *Die anatomische Elemente des Ner·*
physiologische Bedeutung. Biol. Centralbl., 18!

679. BIEDERMANN (W.). *Electro-Physiology.* (Tra·
Welby.) Vol. II, Nerve. London. Macmillan, (

680. *Biological Lectures Delivered at the Marine Bio*
of Wood's Holl, 1896-1897. Boston, Ginn and (

681. BOARI (E.). *Elementi di anatomia, semiologia*
sistema nervoso. Bologna, Garagunni, 1898, 200

682. BOMBARDA (M.). *Los neurones y la vida psiqui·*
Catalana, 1898, XXI, 620-624, 665-667, 690-69!

683. BORUTTAU (H.). *La nature de l'influx nerveux.* I
1898, I, 248.

684. BRANDT (A.). *Das Hirngewicht und die Zahl*
Nervenfasern in ihrer Beziehung zur Körpergröss·
1898, XVIII, 475-488.

685. BREELY (E.). *Assimilation de la conductibilité*
ductibilité électrique discontinue. Rev. de l'hypn·
233.

686. CLARKE (A.-P.). *Development of the Vital F*
Med. Ass., 1898, XXXI, 1325-1327.

687. COMBY (J.). *L'excitation cérébrale chez les en·*
1898, IX, 273-274.

688. CONGER (M.-G.). *The Sympathetic Nervous Sys·*
of Orific. Surg., 1898, VI, 337-343.

689. COPPEZ (H.). *Quelques considerations sur les*
moteurs de l'œil. Rev. Gén. d'Ophtal., 1898, XV

690. DANILEWSKY (B.). *Wersuche über die Interfe·*
kinetischen Einwirkungen an Nerven. Centralbl.
XII, 281-291.

691. DELAGE (Y.), SZCZAWINSKA (W.), et POIRAU·
nerveux et fonctions mentales. Année Biol., 18!
625.

692. DONALDSON (H.-H.). *Observations on the Weight*
Central Nervous System and of the Legs, in Bull·
Sizes. J. of Comp. Neurol., 1898, VIII, 314-335.

untersten Rückenmarksabschnittes. Deutsche Ztsch. f. Nervenh., 1898. XIV, 1-92.

881. OEHL (S.). *Du mole différentiel de se comporter des fibres nerveuses motrices et des fibres nerveuses sensitives sous une excitation électrique d'égale intensité.* Arch. Ital. de Biol., 1898, XXIX, 259-266.

882. OXOM (A.). *Die respiratorischen und phonatorischen Nervenbündel des Kehlkopfes.* Arch. f. Laryngol. u. Rhinol., 1898, VII, 425-438.

883. ONUF (B.). (ONUFROWICZ), and COLLINS (J.). *Experimental Researches on the Localization of the Sympathetic Nerve in the Spinal Cord and Brain,* etc. J. Nerv. and Ment. Dis., 1898, XXV, 661-678.

884. PACE (D.). *Sulla degenerazione e rigenerazione lelle fibre nervose midollari periferiche.* Bol. d. Soc. di Natural. in Napoli, 1897, X. 114-178.

885. RÉTHI (L.). *Experimentelle Untersuchungen über die centripetale Leitung des N. laryngeus inferior.* Stzgsb. k. Akad. Wiss. Wien. — Math.-Naturw. Cl. (Abth. III), 1898, CVII, 15-32.

886. RUSSELL (J.-S.-R.). *Contributions to the Study of the Afferent and Efferent Tracts in the Spinal Cord.* Brain, 1898, XXI, 145-179.

887. SCHAFFER (K.). *Beitrag zum Faserverlaufe der Hinterwurzeln im Cervicalmarke des Menschen.* Neurol. Centralbl., 1898, XVII, 434-445.

888. SCHREIBER (W.). *Noch ein Wort über das peripherische sensible Nervensystem bei den Crustaceen.* Anat. Anz., 1898, XIV, 273-277.

889. SHERRINGTON (C.-S.). *Experiments in the Examination of the Peripheral Distribution of the Fibres of the Posterior Roots of Some Spinal Nerves.* Philos. Trans. Roy. Soc., 1898, CXC, B., 142. p.

890. SHERRINGTON (C.-S.). *Further Note on the Sensory Nerves of the Eye-Muscles.* Proc. Roy. Soc., 1898, LXIV, 120-121.

891. SLUDER (G.). *Die physiologische Rolle der Anastomose zwischen N. laryngeus superior und N. laryngeus inferior.* Stzgsb. k. Akad. d. Wiss. Wien. — Math.-Naturw. Cl. (Abth. III), 1898, CVII, 7-14.

892. SOUKAANOFF (S.). *Contribution a l'étude des dégénérescences secondaires dans la moelle épinière.* J. de Neurol., 1898, III, 2-13.

893. TONKOFF (W.). *Ueber anomale Anordnung der Hautnerven auf dem Handrücken des Menschen, verglichen mit dem normalen Verhalten bei den Affen.* Int. Monatssch. f. Anat. u. Physiol., 1898, XV, 156-160. Vrach, August, 1897 (in Russian).

894. TREPENSKI. *Die embryonalen Fasersysteme in den Hintersträngen und ihre Degeneration bei Tabes dorsalis.* Arch. f. Psychiat. u. Nervenh., 1898, XXX, 54-81.

895. TSCHERMAK (A.). *Ueber den centralen Verlauf der aufsteigenden Hinterstrangbahnen und deren Beziehungen zu den Bahnen im Vorderseitenstrang.* Arch. f. Anat. u. Physiol. — Anat. Abth., 1898, 291-400.

896. VAN GEHUCHTEN (A.). *Recherches sur l'origine réelle des nerfs craniens. 1° Les nerfs moteurs oculaires. 2° Nerf facial. 3° Le nerf*

glossopharyngien et le nerf vague. J. de Neurol., **1898**, III, 114-128; — 273-283, 293-302; — 433-447, 457-466, 493-509.

897. VAN GEHUCHTEN (A.)., et DE BUCK (D.). *Contribution à l'étude de localisations des noyaux moteurs dans la moelle lombo-sacrée et de la vacuolisation des cellules nerveuses.* Rev. Neurol., **1898**, VI. 510-519.

898. VAN GEHUCHTEN (A.). et DE BUCK (D.). *La chromatolyse dans les cornes antérieures de la moelle, après désarticulation de la jambe, et ses rapports avec les localisations motrices.* J. de Neurol., **1898**, III. 94-104.

899. VOGT (H.). *Ueber die Folgen der Durchschneidung des N. splanchnicus.* Arch. f. Anat. u. Physiol. — Physiol. Abt., **1898**, 399-408.

900. WANA (J.). *Ueber abnormen Verlauf einzelner motorischer Nervenfasern im Wurzelgebiet.* Arch. f. d. ges. Physiol. (PFLÜGER's), **1898**. LXXI, 555-559.

D. — LE CERVEAU

901. AUERBACH (L.). *Nervenendigung in den Centralorganen.* Neurol-Centralbl., **1898**, XVII, 445-451, 734-736.

902. BECHTEREW (W. von). *Die Leitungsbahnen im Gehirn und Rückenmark.* (Deutsch v. R. Weinberg.) 2. Aufl. Leipzig, Georgi, **1898** XI + 692. p.

903. BECHTEREW (W. von). *Die partielle Kreuzung der Sehnerven in dem Chiasma höherer Saugethiere.* Neurol. Centralbl., **1898**, XVII, 199-203.

904. BECHTEREW. *Fibres acoustiques directes.* Interméd. d. Biol., **1898**, I, 545.

905. BECHTEREW (von). [*Sur l'entre-croisement incomplet des nerfs optiques dans le chiasma des mammifères supérieurs.*] Rev. de Psychiat., de Neurol. et de Psychol. Expér., **1897**, II, 744-747.

906. BECHTEREW (W. von). *Ueber die Erregbarkeit der Grosshirn-rinde neugeborener Thiere.* Neurol. Centralbl., **1898**, XVII, 148-150.

907. BERNHEIMER (S.). *Die Reflexbahn der Pupillarreaction.* Arch. f. Ophtal. (v. GRAEFE's), **1898**, XLVII, 1-49.

908. BERNHEIMER (S.). *Experimentelle Untersuchungen über die Bahnen der Pupillarreaction.* Sitzgsb. k. Akad. Wiss. Wien. — Math.-Naturw. Cl. (Abth. III), **1898**, CVII, 98-114.

909. BERTACCHINI (P.). *Descrizione di un giovanissimo embrione umano con speciale riguardo allo sviluppo dei centri nervosi.* Int. Monatssch. f. Anat. u. Physiol., **1898**, XV, 1-24.

910. BERTACCHINI. *Intorno alla structura anatomica dei centri un embrioni umano lungo 4, 5 mm.* Int. Monatssch. f. siol., **1897**, XIV. 217-246.

911. BIANCHI (S.). *Contributo clinico alla fisio-patolog*

osservazioni sulle critiche del Thomas alla dottrina del Luciani. Riv. Sperim. di Freniat., 1898, XXIV, 386-399.

912. BIEDL (A.). und REINER (M.). *Studien über Hirncirculation und Hirnœdem.* I. Arch. f. d. ges. Physiol. (PFLÜGER'S), 1898, LXXIII, 385-402.

913. BONNIER (P.). *Schéma des voies labyrinthiques.* Arch. Int. de Laryng. et d'Otol., 1898, XI, 112-114. C. R. Soc. de Biol., 10ᵉ S., 1898, V. 155-157.

914. BOURNEVILLE. *Inegalité de poils des hémisphères cérébraux.* Progrès Méd., 1898, VII, 248.

915. BOYCE (R.). *A Contribution to the Study of : I. Some of the Decussating Tract of the Mid-and Inter-Brain, and II. of the Pyramidal System in the Mesencephalon and Bulb.* Phil. Tr. Roy. Soc.. 1897. CLXXXVIII B. 211-222.

916. BROWNING (W.). *The Normal and Pathological Circulation in the Central Nervous System. Original Studies.* Phila., Lippincott, 1897, 171 p.

917. BRUCE (A.). *Notes on the Upper Terminations of the Direct Cerebellar and Ascending Antero-Lateral Tracts.* Brain. 1898, XXXI, 374-382.

918. BRUCE (A.). *On the Dorsal or so-called Sensory Nucleus of the Glosso-pharyngeal Nerve and on the Nuclei of Origin of the Trigeminal Nerve.* Brain. 1898, XXI, 383-387.

919. CENI (C.). *Studio delle vie cerebro-bulbare e cerebro-cerebellari in un caso di lesione della calotta del peduncolo cerebrale.* Riv. Sperim. di Freniat., 1898, XXIV, 126-161.

920. COLLINA (M.). *Ricerche sull'origine e considerazioni sul significato della ghiandola pituitaria.* Riv. Sperim. di Freniat., 1898, XXIV, 553-576.

921. COLUCCI (C.). *Contributo all'anatomia dei centri visivi.* Commun. all'Acc. Medico-Chir. di Napoli, 1898. Accad. R. Med.-Chir. di Ferrare, 1898.

922. CRAMER (A.). *Beitrag zur Kenntnis der Opticuskreuzung im Chiasma und des Verhaltens der optischen Centren bei einseitiger Bulbusatrophie.* Anat. Hefte. 1898, X. 415-484.

923. DEJERINE (J.) et LONG (E.). *Sur quelques dégénérescences secondaires du tronc encéphalique de l'homme étudiées par la methode de Marchi,* etc. C. R. Soc. de Biol., 10ᵉ S., 1898, V. 864-867.

924. DE SANCTIS (S.). *Ricerche sulla struttura e sulla mielinizzazione del Cervelletto umano.* Riv. Quind. di Psicol., 1898, II, 117-122.

925. DE SANCTIS (S.). *Untersuchungen über den Bau und die Markscheidenbildung des menschlichen Kleinhirns.* Monatssch. f. Psychiat. u. Neurol., 1898, IV, 237-246. 271-284.

Leitungsbahn im Thiergehirn. Neurol
6.

centri nervosi nell'intossicazione

difterica sperimentale. Riv. di Patol. Nerv. e Ment., 1898. III.
247-248.

928. Dubois (E.). *Ueber die Abhängigkeit des Hirngewichtes von der
Körpergrösse bei den Säugethieren.* Brunswick, 1897, 28 p.

929. Enriquez and Hallion. *Sur les altérations des centres nerveux
engendrées par les toxines microbiennes.* C. R. Soc. de Biol., 10e
S., 1898, V, 33-37, 59-60.

930. Ferrier (D.), and Turner (W.-A.). *An Experimental Research
upon Cerebro-Cortical Afferent and Efferent Tracts.* Philos. Trans.
Roy. Soc., 1898, CXC B, 44 p.

931. Fieschi (D.). *Ricerche sperimentali sui processi da embolismo
infettante nei centri nervosi e sulla genesi degli ascessi cerebrale.*
Riv. di Patol. Nerv. e Ment., 1898, III, 13-18.

932. Flechsig (P.). *Neue Untersuchungen über die Markbildung in den
menschlichen Grosshirnlappen.* Neurol. Centralbl., 1898, XVII.
977-996.

933. Friedlander (A.). *Untersuchungen über das Rückenmark und das
Kleinhirn der Vögel.* Neurol. Centralbl., 1898, XVII, 331-359,
397-400.

934. Gellé. *Le chemin des ébranlements labyrinthiques dans l'audition.*
C. R. Soc. de Biol., 10e S., 1898, V, 933-937.

935. Gley (E.). *Nerfs vaso-moteurs du cerveau.* Intermed. H. Biol.,
1898, I, 230.

936. Hellendall (H.), Hansemann (D.). *Ein Beitrag zu der Frage der
Kreuzung der Sehnerven.* Arch. f. Anat. u. Physiol. — Physiol.
Abth., 1897, 497-512.

937. Hochstetter (F.). *Beiträge zur Entwickelungsgeschichte des Gehirns.* Stuttgart, Nägele, 1898, 26 p.

938. Juliusburger (O.) and Meyer (E.). *Veränderungen im Kern eus
Gehirnnerven nach einer Läsion an der Périphérie.* Monatsch. f.
Psychiat. u. Neurol., 1898, IV, 378-387, 459-467.

939. Kaes (T.). *Ueber den Markfasergehalt der Hirnrinde bei pathologischen Gehirnen.* Deutsche med. Wochensch., 1898, XXIV, 156-
158, 173-174.

940. Klippel (M.). *La non-équivalence des deux hémisphères cérébraux.*
Presse Méd. (Paris), 1898 (I), 58-59.

941. Mahaim (A.). *Les progrès réalisés en anatomie du cerveau par la
méthode expérimentale.* J. de Neurol., 1898, III. 253-260.

942. Manouélian (Y.). *Contribution à l'étude du bulbe olfactif : hypothèse des nervi-nervorum.* C. R. Soc. de Biol., 10e S., 1898. V,
194-195.

943. Manouvrier (L.). *Le cerveau : Morphologie générale. Anatomie
comparée.* (In : Richet's Dict. de physiology, t. II, 670-7

944. Mc Carthy (J.-G.). *A New Dissection showing the Int.
Anatomy of the Hippocampus Major.* J. of Anat. and Phy
XXXIII, 76-81.

945. Mendelssohn (M.). *Physiologie du cervelet.* (In : Richet's Dict. de physiol., t. III.) Paris. Alcan, 1898, 57-72 p.

946. Monakow C. (von). *Zur Anatomie und Physiologie des unteren Scheitelläppchens.* Arch. f. Psychiat. u. Nervenh., 1898, XXXI, 1-73.

947. Münzer (E.) und Wiener (H.). *Beiträge zur Anatomie und Physiologie des Centralnervensystems der Taube.* Monatsschr. f. Psychiat. u. Neurol., 1898, III, 379-406.

948. Nebelthau (E.). *Gehirndurchschnitte zur Erläuterung des Faserverlaufs.* Wiesbaden, Bergmann, 1898, 81 p.

949. Ophüls (W.). *Zur Aetiologie der « zapfenförmigen Fortsätze » am Kleinhirn.* Arch. f. pathol. Ana., 1898, CLI, 513-537.

950. Ramon y Cajal (S.). *Algunos detalles mas sobre la anatomia del puento de Varolio y consideraciones acerca del funcionalismo de la duble via motriz.* Revista Trimest. Microg.. 1898, III, 85-97.

951. Ramon y Cajal (S.). *Estructura del kiasma optico y theoria general de los entrecruzamientos de las vias nerviosas.* Revista Trimest. Microg.. 1898, III, 15-66.

952. Ramon y Cajal (S.). *Nueva contribution al estudio de bulbo raguidea.* Revista Trimest. Microg, 1897, II, fasc. 2.

953. Richet (C.). *Circulation cérébrale.* (In : Dict. de physiol., t. II.) Paris. Alcan, 1897, 745-788 p.

954. Rossilimo (G.-J.). *Ueber den centralen Verlauf des Gower'schen Bündels.* Neurol. Centralbl., 1898, XVII, 935-940.

955. Sivén (V.-O.). *Beitrag zur Kenntniss des normalen intracraniellen Druckes.* Skand. Arch. f. Physiol., 1898, VIII, 347-362.

956. Smith (G.-E.). *Further Observations upon the Fornix,* etc. J. o. Anat. et Physiol., 1898, XXXII, 231-246.

957. Sölder (F. von). *Zur Anatomie des Chiasma opticum beim Menschen.* Wien. klin. Wochensch.. 1898, XI, 996-999.

958. Soukhanoff (S.). *Contribution à l'étude des modifications des cellules nerveuses de l'écorce cérébrale dans l'anémie expérimentale.* J. de Neurol., 1898, III, 173-179.

959. Soury (J.). *Fonctions conductrices du cerveau.* Dict. de physiol.. de Richet t. II.) Paris, Alcan, 1897, 952-976 p.

960. Staupitz (von). *La décussation du chiasme optique.* Interméd. d. Biol.. 1898, I, 105-109.

961. Taylor (E.-W.). *The Minute Anatomy of the Oblongata and Pons of the Chimpanzee with Special Reference to their Homologies with Man.* J. Boston Soc. Med. Sc., 1898, III, 1-36.

962. Thomas (A.). *Sur les rapports anatomiques et fonctionnels entre le*

785. EURICH (F.-W.). *Contributions to the Compar*
      Neuroglia. J. of Anat. et Physiol., 1898, XXXII,

786. EWING (J.). *Studies on Ganglion Cells; A Prel*
      tion. Med. Rec., 1898. LIII. 513-517.

787. FARMER (J.-B.) and WALLER (A.-D.). *Observati*
      of Anæsthetics on Vegetable and Animal Proto
      Soc., 1898, LXIII. 213-217.

788. FISH (P. A.). *The Nerve Cell as a Unit.* J. of Com
      VIII. 99-110.

789. FLEMMING (W.). *La chromatolyse à l'état norm*
      Biol., 1898, 1, 526.

790. FRANKEL (A.). *Die wirkung der Narcotica au*
      Vorderhornzelle des Rückenmarks. (Diss.) Berlin

791. GAD (J.). *Nerv.* (Art. in EULENBERG's Realency
      Heilkunde, Bd. 16.)

792. GARBOWSKI (T.). *Apathy's Lehre von den lei*
      menten. Biol. Centralbl., 1898, XVIII. 488-507,

793. GIESON (I. VAN) and SIDIS (B.). *Neuron Energy*
      tor Manifestations. Arch. of Neurol. and Psych
      5-25.

794. GOLDSCHEIDER (A.) und FLATAU (E.). *Normale*
      (PFLUGER's), 1898, LXXII. 15-50.

795. GOLDSCHRIDER und FLATAU (E.). *Ueber die Zi*
      Nervenzellenforschungen. Deutsche med. Wocher
      165-167.

796. GOLGI (G.). *Intorno alla struttura delle cellule n*
      Med -Chir. di Pavia, 1898 (Apr. 19).

797. GOLGI (C.). *Sulla struttura lelle cellule nervose*
      Boll. Soc. Med.-Chir. di Pavia. 1898 (July 15).

798. GUERRINI (G.). *Contributo alla conoscenza dell'*
      dei nervi. Anat. Anz., 1898. XV. 17-30.

799. HEIMANN (E.). *Beiträge zur Kenntniss der fein*
      Spinalganglien. Arch. f. pathol. Anat., 1898, C

800. HEIMANN (E.). *Ueber die feinere Structur der Spi*
      Fortschr. d. Med., 1898, XVI. 331-340.

801. HEIMANN (E.). *Ueber die Structur der Spinalgai*
      rol. Centralbl., 1898, XVII, 797-800.

802. HELLWIG (L.). *Ueber den Axialström des Nerven u*
      zum Neuron. Arch. f. Anat. u. Physiol. — Phy:
      239-259.

803. HOCH (A.). *Nerve-Cell Changes in Somatic Dise*
      Insan., 1898. LV. 231-240.

804. HOCH (A.). *On Changes in the Nerve Cells of the*
      of Acute Delirium and a Case of Delirium Tren
      Insan., 1898, LIV, 589-606.

805. JACOTTET. *Recherches expérimentales sur la dégé*

hules nerveuses sous l'influence de certains poisons. (Thèse.) Lausanne, 1897.

806. JULIUSBURGER (O.). und MEYER (E.). *Beitrag zur Pathologie der Ganglienzelle.* Monatsseh. f. Psychiat. u. Neurol. 1898, III, 316-341.

807. JULIUSBURGER (O.) und MEYER (E.). *Beitrag zur Pathologie der Spinalganglien.* Neurol. Centralbl., 1898, XVII, 151-158.

808. KOELLIKER (A.). *Gegen die Annahme von Axencylindertropfen.* Anat. Anz., 1898, XIV. 616-618.

809. LEVI (G.). *Alterazioni cadaveriche lella cellula nervosa studiate col metodo di Nissl.* Riv. di Patol. Nerv. e Ment., 1898, III, 18-20.

810. LEVI (G.). *Considerazioni sulla struttura del nucleo delle cellule nervose.* Riv. di Patol. Nerv. e. Ment., 1898, III, 289-295.

811. LEVI (G.). *Sulla cariocinesi delle cellule nervose.* Riv. di Patol. Nerv. e Ment., 1898, III, 97-112.

812. LEVI (G.). *Sulle modificazioni morfologiche lelle cellule nervose di animali a sangue frele turante l'ibernazione.* Riv. di Patol. Nerv. e Ment., 1898, III, 443-459.

813. LUGARO (E.). *A proposito di un presunto rivestimento isolatore della cellula nervosa.* Riv. di Patol. Nerv. e Ment., 1898, III, 265-271.

814. LUGARO (E.). *Questioni spicciole sulla patologia lella cellula nervosa.* Riv. di Patol. Nerv. e Ment., 1898, III, 125-130.

815. LUGARO (E.). *Sulle alterazioni delle cellule nervose nell' ipertermia sperimentale.* Riv. di Patol. Nerv. e Ment., 1898, III, 193-209.

816. LUGARO (E.). *Sulle modificazioni morfologiche funzionali dei dentriti delle cellule nervose.* Riv. di Patol. I Nerv. e Ment., 1898, III, 337-359.

817. LUGARO (E.). *Sulla struttura delle cellule dei gangli spinali nel cane.* Riv. di Patol. Nerv. e Ment., 1898, III, 433-443.

818. MANN. *Zur Physiologie und Pathologie der motorischen Neurone.* Wien. med. Wochensch., 1898, XLVIII, 2116-2117.

819. MANOUÉLIAN (Y). *Sur un nouveau type de neurone olfactif central.* C. R. Soc. de Biol., 10° S., 1898, VI, 230-235.

820. MARINESCO (G.). *Recherches sur l'histologie fine des cellules du système sympathique.* Rev. Neurol., 1898. V, 615.

821. MARINESCO (G.). *Sur la chromatolyse de la cellule nerveuse.* Intermed. d. Biol., 1898, I, 321, 514-525.

822. MATHIAS-DUVAL. *L'amœboisme des cellules nerveuses. La théorie histologique du sommeil ; les nervi-nervorum.* Rev. scient., 1898, IX, 321-331.

823. Mc CLURE (C.-F.-W.). *The Finer Structure of the Nerve Cells of Invertebrates.* I. *Gastropoda.* Zool. Jahrb., 1897, XI, 13-60.

824. MINTO (D.). *Sulle alterazioni degli elementi nervosi sperimentale acuto.* Gior. di Patol. Nerv. e Ment., fasc. 2.

825. MONTI (A.). *Contribution a l'histologie path. [...] nerveuse.* Arch. Ital. de Biol., 1898, XXIX, 26-50.

826. Moor (de). *Sur les Neurones olfactifs.* Bull. Soc. Biol. et Nat. de Brux. ; 7 mars. 1898

827. Neumann (E.). *Nervenmark-und Axencylindertropf* Pathol. Anat., 1898, CLII, 241–260.

828. Obregia et Besnea. *Alterationes cellulæ nervosæ excitationis electricæ.* Spitalul, 1898, XVIII, 296-303.

829. Obregia et Tatusescu. *Asupra naturei ana zisului celulei nervoase.* Spitalul, 1898, XVIII, 537-545.

830. Odier (R.). *Recherches expérimentales sur les mouveme lule nerveuse de la moelle épinière.* Rev. Méd. de la Suis 1898, XVIII, 59, 143.

831. Paludino (G.). *Sur la constitution morphologique du des cellules nerveuses dans la moelle épinière.* Arch. 1898, XXIX, 60-64.

832. Philippe (C.) et Gothard (de). *État des cellules nei moelle épinière chez l'homme, après autopsie (méthode* R. Soc. de Biol., 10ᵉ S., 1898, V, 809-812.

833. Pick (F.). *Ueber morphologische Differenzen zwischen errégten Ganglienzellen.* Deutsche med. Wochensch., 341-342.

834. Pugnat (C.-A.) *De la destruction des cellules nerveuse cocytes chez les animaux âgés.* C. R. Soc. de Biol., V, 242.

835. Pugnat (C.-A.). *Des modifications histologiques de la ce dans ses divers états fonctionnels.* Bibliog. Anat., 189

836. Pugnat (C.-A.). *De l'importance fonctionnelle du corps Neurone.* Rev. Neurol., 1898, VI, 158-166.

837. Querton (L.). *Le sommeil hibernal et les modification cérébraux.* Ann. Soc. Roy. d. Sc. Méd. et Nat. de l 1898, VII, fasc. 2.

838. Radl (E.). *Sur quelques éléments des ganglions opt Décapodes.* Arch. d'Anat. Micr., 1898, II, 373-418.

839. Ramon y Cajal (S.). *La celulas de cilindro—ejo cor molecular del cerebro.* Revista Trimest. Micrg., 1897.

840. Retzius (G.). *Was ist die Henle'sche Scheide der N Anat. Anz., 1898, XV, 140-146.

841. Robertson (W.-F.) and Orr (D.). *The Normal Histolo logy of the Cortical Nerve-cells.* J. of Mental Sc., 1898, X

842. Schaffer (K.). *Ueber Nervenzellveranderungen des bei Tabes.* Monatsschr. f. Psychiat. u. Neurol., 1898.

843. Schlapp (M.). *Der Zellenleben der Grosshirnrinde des Cynomolgus).* Arch. f. Psychiat. u. Nervenh., 1898, S

844. Soukhanoff. *Contribution à l'étude des modifications les prolongements dendritiques des cellules nerveuses so des narcotiques.* Cellule, 1898, XIV, 387-393.

845. Soukhanoff (S.). *L'anatomie pathologique de la ce*

*en rapport avec l'atrophie variqueuse des dendrites de l'écorce céré-
brale.* Cellule, 1898, XIV, 399-415.

846. Soury (J.). *Études sur le cerveau : La théorie des neurones.* I. Ann.
de Phil. chrét., 1898, XXXVIII, 381-412.

847. Soury (J.). *Théorie des neurones.* Arch. de Neurol., 2ᵉ S., 1898,
V. 371-389.

848. Stefani (A.). *Sur la propriété qu'ont les fibres nerveuses de maintenir isolés leurs moignons centraux.* Arch. Ital. de Biol., 1897,
XXVII, 305-313.

849. Timofeew (D.). *Beobachtungen über den Bau der Nervenzellen der
Spinalganglien und des Sympathicus beim Vogel.* Int. Monatssch.
f. Anat. u. Physiol., 1898, XV, 259-268, 273-281.

850. Turner (J.). *Remarks on the Giant-cells of the Motor Cortex in the
Insane, examined in a Fresh State, etc.* J. of Mental Sc., 1898,
XLIV. 507-523.

851. Van Gehuchten (A.). *Chromatolyse centrale et chromatolyse périphérique.* Bibliogr. Anat., 1897, V. 251-259.

852. Van Gehuchten (A.). *L'anatomie fine de la cellule nerveuse.* Rap-
au XIIᵉ Congrès international de Médecine. La Cellule, 1897,
XIII, 315-387.

853. Van Gehuchten (A.) and Nelis (C.). *Quelques points concernant la
structure des cellules des ganglions spinaux.* Bull. de l'Acad. Roy.
de Méd. de Belg., 4ᵉ S., 1898, XII. Cellule, 1898, XIV, 373-384.

854. Veratti (E.). *Ueber die feinere Structur der Ganglienzellen des
Sympathicus.* Anat. Anz., 1898, XV, 190-195.

855. Warrington (W.-B.). *On the Structural Alterations observed in
Nerve Cells.* J. of Physiol., 1898, XXIII, 112-129.

856. Whitwell (J.-R.). *The Structure of the Neuroglia.* Brit. Med. J.,
1898 (I), 681-683.

857. Wright (H.-K.). *The cerebral Cortical Cell under the Influence of
Poisoning Doses of Potassii Bromidum.* Brain, 1898, XXI, 186-223.

C. — Moelle et nerfs

858. Athias (M.). *Structure histologique de la moelle épinière du Têtard
de la Grenouille.* Bibliog. Anat., 1897, V, 58-89.

859. Bikeles (G.). *Die Phylogenèse des Pyramidenvorderstranges.* Neurol. Centralbl., 1898, XVII, 999-1000.

860. Bikeles (G.) und Jasinski (A.). *Zur Frage der trophischen Nerven.* Centralbl. f. Physiol., 1898, XII, 345-350.

861. Bottazzi (F.). *La fisiologia del simpatico secondo le ricerche di J.
N. Langley e dei suoi collaboratori.* Riv. di Patol. Nerv. e Ment.,

863. Cavazzani (E.). *Sur les ganglions spinaux.* Arch. Ital. de Biol. 1897, XXVIII, 50-60.

864. Disse (J.). *Die Erste Entwicklung der Riechnerven.* Wiesbaden. Anat. Hefte, 1897, VII, 46. p.

865. Dogiel (A.-S.). *Zur Frage über den Bau der Spinalganglien beim Menschen und bei den Säugetieren.* Int. Monatssch. f. Anat. u. Physiol., 1898, XV, 345-352.

866. Egger (M.). *Les voies conductrices de l'irritant sonore, frappant le nerfs de la sensibilité générale.* C. R. Soc. de Biol., 10e S., 1898. V, 817-819.

867. Forssmann (J.). *Ueber die Ursachen, welche die Wachstumsrichtung der peripheren Nervenfasern bei der Regeneration bestimmen.* Beitr. z. pathol. Anat., 1898, XXIV, 56-100.

868. Frohse (F.). *Ueber die Verzweigung der Nerven zu und in den menschlichen Muskeln.* Anat. Anz., 1898, XIV, 321-343.

869. Guizet (E.). *Sur ce qu'on appelle « le champ ovale » (de Flechsig) dans le renflement lombaire de la moelle épinière.* Rev. de Psychiat. de Neurol. et de Psychol. Expér., 1897, II, 751-757.

870. Hoche (A). *Beiträge zur Anatomie der Pyramidenbahn und der oberen Schleife.* Arch. f. Psychiat. u. Nervenh., 1898, XXX, 103-136.

871. Jacobsohn (L.). *Ein Solitärtuberkel des Linsenkerns und des Kleinhirns, nebst Bemerkungen zur Theorie der Entstehung der Stauungspapillen und zum Verlaufe der sensiblen Bahnen.* Arch. f. Psychiat. u. Nervenh., 1898, XXX, 843-863.

872. Lambotte (A.), et Sano (F.). *Section ancienne du nerf médian. Suture. Prétendu retour immédiat de la sensibilité.* J. de Neurol. 1898, III, 333-341.

873. Langendorff (O.). *Zur Kenntniss der sensiblen Leitungsbahnen im Rückenmark.* Arch. f. d. ges. Physiol. (Pflüger's), 1898, LXXI. 401-411.

874. Macdonald (J.-S.). and Reid (E.-W.). *Electromotive Changes in the Phrenic Nerve. A Method of Investigating the Action of the Respiratory Centre.* J. of Physiol., 1898, XXIII, 100-111.

875. Mackintosh (A.-W.). *Remarks on the Distribution of certain Sensory Spinal Roots.* Brit. Med. J., 1898 (I), 478-481.

876. Marinesco (G.). *Contribution à l'étude des localisations des noyaux moteurs dans la moelle épinière.* Rev. Neurol., 1898, VI, 463-470.

877. Marinesco (G.). *L'origine du facial supérieur.* Rev. Neurol., 1898. VI, 30-33.

878. May (W.-P.). *Investigations into the Segmental Representation of Movements in the Lumbar Region of the Mammalian Spinal Cord.* Phil. Tr. Roy. Soc., 1897, CLXXXVIII B, 191-210.

879. Mott (F.-W.). *Unilateral Descending Atrophy of the Fillet, Arciform Fibres and Posterior Column Nuclei resulting from an Experimental Lesion in a Monkey.* Brain, 1898, XXI, 180-186.

880. Müller (L.). *Untersuchungen über die Anatomie und Pathologie des*

untersten [Rückenmarksabschnittes. Deutsche Ztsch. f. Nervenh., 1898, XIV, 1-92.

881. Okhl (S.). *Du mode différentiel de se comporter des fibres nerveuses motrices et des fibres nerveuses sensitives sous une excitation électrique d'égale intensité.* Arch. Ital. de Biol., 1898, XXIX, 239-266.

882. Onodi (A.). *Die respiratorischen und phonatorischen Nervenbündel des Kehlkopfes.* Arch. f. Laryngol. u. Rhinol., 1898, VII, 425-438.

883. Oxur (B.). (Oxufrowicz), and Collins (J.). *Experimental Researches on the Localization of the Sympathetic Nerve in the Spinal Cord and Brain,* etc. J. Nerv. and Ment. Dis., 1898, XXV, 661-678.

884. Pace (D.). *Sulla degenerazione e rigenerazione delle fibre nervose midollari periferiche.* Bol. d. Soc. di Natural. in Napoli, 1897, X, 114-178.

885. Rèthi (L.). *Experimentelle Untersuchungen über die centripetale Leitung des N. laryngeus inferior.* Stzgsb. k. Akad. Wiss. Wien. — Math.-Naturw. Cl. (Abth. III), 1898, CVII, 15-32.

886. Russell (J.-S.-R.). *Contributions to the Study of the Afferent and Efferent Tracts in the Spinal Cord.* Brain, 1898, XXI, 145-179.

887. Schaffer (K.). *Beitrag zum Faserverlaufe der Hinterwurzeln im Cervicalmarke des Menschen.* Neurol. Centralbl., 1898, XVII, 434-443.

888. Schreiber (W.). *Noch ein Wort über das peripherische sensible Nervensystem bei den Crustaceen.* Anat. Anz., 1898, XIV, 273-277.

889. Sherrington (C.-S.). *Experiments in the Examination of the Peripheral Distribution of the Fibres of the Posterior Roots of Some Spinal Nerves.* Philos. Trans. Roy. Soc., 1898, CXC, B., 142. p.

890. Sherrington (C.-S.). *Further Note on the Sensory Nerves of the Eye-Muscles.* Proc. Roy. Soc., 1898, LXIV, 120-121.

891. Sluder (G.). *Die physiologische Rolle der Anastomose zwischen N. laryngeus superior und N. laryngeus inferior.* Stzgsb. k. Akad. d. Wiss. Wien. — Math.-Naturw. Cl. (Abth. III), 1898, CVII, 7-14.

892. Soukaanoff (S.). *Contribution à l'étude des dégénérescences secondaires dans la moelle épinière.* J. de Neurol., 1898, III, 2-13.

893. Tonkoff (W.). *Ueber anomale Anordnung der Hautnerven auf dem Handrücken des Menschen, verglichen mit dem normalen Verhalten bei den Affen.* Int. Monatssch. f. Anat. u. Physiol., 1898, XV, 156-160. Vrach, August, 1897 (in Russian).

894. Trepenski. *Die embryonalen Fasersysteme in den Hintersträngen und ihre Degeneration bei Tabes dorsalis.* Arch. f. Psychiat. u. Nervenh., 1898, XXX, 54-81.

895. Tschermak (A.). *Ueber den centralen Verlauf der aufsteigenden Hinterstrangbahnen und deren Beziehungen* Vorderseitenstrang. Arch. f. Anat. u. [ ] 14. 291-400.

896. Van Gehuchten (A.). *Recherch* *...nes. 1° Les* nerfs moteur

glossopharyngien et le nerf vague. J. de Neurol., 1898, III, 114-
128; — 273-283, 293-302 : — 433-447, 457-466, 493-509.

897. Van Gehuchten (A.)., et De Buck (D.). *Contribution à l'étude des
localisations des noyaux moteurs dans la moelle lombo-sacrée et de
la vacuolisation des cellules nerveuses.* Rev. Neurol., 1898, VI.
510-519.

898. Van Gehuchten (A.). et De Buck (D.). *La chromatolyse dans les
cornes antérieures de la moelle, après désarticulation de la jambe, et
ses rapports avec les localisations motrices.* J. de Neurol., 1898, III.
94-104.

899. Vogt (H.). *Ueber die Folgen der Durchschneidung des N. splanchnicus.* Arch. f. Anat. u. Physiol. — Physiol. Abt., 1898, 399-408.

900. Wana (J.). *Ueber abnormen Verlauf einzelner motorischer Nervenfasern im Wurzelgebiet.* Arch. f. d. ges. Physiol. (Pflüger's). 1898.
LXXI, 553-559.

D. — LE CERVEAU

901. Auerbach (L.). *Nervenendigung in den Centralorganen.* Neurol-
Centralbl., 1898, XVII, 445-454, 734-736.

902. Bechterew (W. von). *Die Leitungsbahnen im Gehirn und Rückenmark.* (Deutsch v. R. Weinberg.) 2. Aufl. Leipzig, Georgi, 1898.
XI + 692. p.

903. Bechterew (W. von). *Die partielle Kreuzung der Sehnerven in dem
Chiasma höherer Saugethiere.* Neurol. Centralbl., 1898, XVII. 199-
203.

904. Bechterew. *Fibres acoustiques directes.* Interméd. d. Biol., 1898.
I, 545.

905. Bechterew (von). [*Sur l'entre-croisement incomplet des nerfs optiques dans le chiasma des mammifères supérieurs.*] Rev. de Psychiat.,
de Neurol. et de Psychol. Expér., 1897, II, 744-747.

906. Bechterew (W. von). *Ueber die Erregbarkeit der Grosshirn-rinde
neugeborener Thiere.* Neurol. Centralbl., 1898, XVII, 148-150.

907. Bernheimer (S.). *Die Reflexbahn der Pupillarreaction.* Arch. f.
Ophtal. (v. Graefe's), 1898. XLVII, 1-49.

908. Bernheimer (S.). *Experimentelle Untersuchungen über die Bahnen
der Pupillarreaction.* Stzgsb. k. Akad. Wiss. Wien. — Math.-
Naturw. Cl. (Abth. III), 1898, CVII, 98-114.

909. Bertacchini (P.). *Descrizione di un giovanissimo embrione umano
con speciale riguardo allo sviluppo dei centri nervosi.* Int.
Monatssch. f. Anat. u. Physiol., 1898, XV, 1-24.

910. Bertacchini. *Intorno alla struttura anatomica dei centri nervosi di
un embrioni umano lungo 4, 5 mm.* Int. Monatssch. f. Anat. u. Phy.-
siol., 1897, XIV, 217-246.

911. Bianchi (S.). *Contributo clinico alla fisio-patologia cerebellare e*

osservazioni sulle critiche del Thomas alla dottrina del Luciani. Riv.
Sperim. di Freniat., 1898, XXIV, 386-399.

912. BIEDL (A.). und REINER (M.). *Studien über Hirncirculation und
Hirnödem.* I. Arch. f. d. ges. Physiol. (PFLÜGER'S). 1898, LXXIII,
385-402.

913. BONNIER(P.). *Schéma des voies labyrinthiques.* Arch. Int. de Laryng.
et d'Otol., 1898, XI, 112-114. C. R. Soc. de Biol., 10° S., 1898, V,
155-157.

914. BOURNEVILLE. *Inegalité de poids des hémisphères cérébraux.* Progrés
Méd., 1898, VII, 248.

915. BOYCE (R.). *A Contribution to the Study of :* I. *Some of the
Decussating Tract of the Mid-and Inter-Brain, and* II.*of the Pyramidal System in the Mesencephalon and Bulb.* Phil. Tr. Roy. Soc.,
1897, CLXXXVIII B. 211-222.

916. BROWNING (W.). *The Normal and Pathological Circulation in
the Central Nervous System. Original Studies.* Phila., Lippincott,
1897, 171 p.

917. BRUCE (A.). *Notes on the Upper Terminations of the Direct Cerebellar and Ascending Antero-Lateral Tracts.* Brain. 1898, XXXI,
374-382.

918. BRUCE (A.). *On the Dorsal or so-called Sensory Nucleus of the
Glosso-pharyngeal Nerve and on the Nuclei of Origin of the Trigeminal Nerve.* Brain, 1898, XXI, 383-387.

919. CENI (C.). *Stulio lelle vie cerebro-bulbare e cerebro-cerebellari
in un caso di lesione della calotta del peduncolo cerebrale.* Riv.
Sperim. di Freniat., 1898, XXIV, 126-161.

920. COLLINA (M.). *Ricerche sull'origine e considerazioni sul significato
della ghiandola pituitaria.* Riv. Sperim. di Freniat., 1898, XXIV,
553-576.

921. COLUCCI (C.). *Contributo all'anatomia dei centri visivi.* Commun.
all'Acc. Medico-Chir. di Napoli, 1898. Accad. R. Med.-Chir. di
Ferrare, 1898.

922. CRAMER (A.). *Beitrag zur Kenntnis der Opticuskreuzung im
Chiasma und des Verhaltens der optischen Centren bei einseitiger
Bulbusatrophie.* Anat. Hefte. 1898, X. 415-484.

923. DEJERINE (J.) et LONG (E.). *Sur quelques dégénérescences secondaires du tronc encéphalique de l'homme étudiées par la méthode
de Marchi, etc.* C. R. Soc. de Biol., 10° S., 1898. V, 864-867.

924. DE SANCTIS (S.). *Ricerche sulla struttura e sulla mielinizzazione
del Cervelletto umano.* Riv. Quind. di Psicol., 1898, II, 117-122.

925. DE SANCTIS (S.). *Untersuchungen über den Bau und die Markscheidenbildung des menschlichen Kleinhirns.* Monatsssch. f. Psychiat. u. Neurol., 1898, IV, 237-246; 271-284.

926. DÖLLKEN. *Die Reifung der Leitungsbahn im Thiergehirn.* Neurol.

difterica sperimentale. Riv. di Patol. Nerv. e Me
247-248.

928. Dubois (E.). *Ueber die Abhängigkeit des Hirngewi
Körpergrösse bei den Säugethieren.* Brunswick, 189?

929. Enriquez and Hallion. *Sur les altérations des ce
engendrées par les toxines microbiennes.* C. R. Soc.
S., 1898, V, 35-37, 59-60.

930. Ferrier (D.), and Turner (W.-A.). *An Experime
upon Cerebro-Cortical Afferent and Efferent Tracts.*
Roy. Soc., 1898, CXC B, 44 p.

931. Firschi (D.). *Ricerche sperimentali sui processi i
infettante nei centri nervosi e sulla genesi degli as
Riv. di Patol. Nerv. e Ment., 1898, III, 13-18.

932. Flechsig (P.). *Neue Untersuchungen über die Mark
menschlichen Grosshirnlappen.* Neurol. Centralbl.,
977-996.

933. Friedlander (A.). *Untersuchungen über das Rücken
Kleinhirn der Vögel.* Neurol. Centralbl., 1898, ?
397-409.

934. Gellé. *Le chemin des ebranlements labyrinthiques d
C. R. Soc. de Biol., 10ᵉ S., 1898, V, 933-937.

935. Gley (E.). *Nerfs vaso-moteurs du cerveau.* Intern
1898, I, 230.

936. Hellendall (H.). Hansemann (D.). *Ein Beitrag zu
Kreuzung der Sehnerven.* Arch. f. Anat. u. Physic
Abth., 1897, 497-512.

937. Hochstetter (F.). *Beiträge zur Entwickelungsges
hirns.* Stuttgart, Nägele, 1898, 26 p.

938. Juliusburger (O.) and Meyer (E.). *Veränderunge
Gehirnnerven nach einer Läsion an der Péripherie.*
Psychiat. u. Neurol., 1898, IV, 378-387, 459-467.

939. Kaes (T.). *Ueber den Markfasergehalt der Hirurin
gischen Gehirnen.* Deutsche med. Wochensch., 189
158, 173-174.

940. Klippel (M.). *La non-équivalence des deux hémisph
Presse Méd. (Paris), 1898 (I), 58-59.

941. Mahaim (A.). *Les progrès réalisés en anatomie du
méthode expérimentale.* J. de Neurol., 1898, III, 25?

942. Manouélian (Y.). *Contribution à l'étude du bulbe c
thèse des nerni-nervorum.* C. R. Soc. de Biol., 10ᵉ
194-195.

943. Manouvrier (L.). *Le cerveau : Morphologie géné
comparée.* (In : Richet's Dict. de physiology, t. II, 6

944. Mc Carthy (J.-G.). *A New Dissection showing the
Anatomy of the Hippocampus Major.* J. of Anat. and !
XXXIII, 76-81.

945. MENDELSSOHN (M.). *Physiologie du cervelet*. (In : Richet's Dict. de physiol., t. III.) Paris, Alcan, 1898, 57-72 p.

946. MONAKOW C. (von). *Zur Anatomie und Physiologie des unteren Scheitelläppchens*. Arch. f. Psychiat. u. Nervenh., 1898, XXXI, 1-73.

947. MÜNZER (E.) und WIENER (H.). *Beiträge zur Anatomie und Physiologie des Centralnervensystems der Taube*. Monatssch. f. Psychiat. u. Neurol., 1898, III, 379-406.

948. NEBELTHAU (E.). *Gehirndurchschnitte zur Erläuterung des Faserverlaufs*. Wiesbaden, Bergmann, 1898, 81 p.

949. OPHÜLS (W.). *Zur Aetiologie der « zapfenförmigen Fortsätze » am Kleinhirn*. Arch. f. pathol. Ana., 1898, CLI, 513-537.

950. RAMON Y CAJAL (S.). *Algunos detalles mas sobre la anatomia del puento de Varolio y consideraciones acerca del funcionalismo de la doble via motriz*. Revista Trimest. Microg., 1898, III, 85-97.

951. RAMON Y CAJAL (S.). *Estructura del kiasma optico y theoria general de los entrecruzamientos de las vias nerviosas*. Revista Trimest. Microg., 1898, III, 15-66.

952. RAMON Y CAJAL (S.). *Nueva contribution al estudio de bulbo ragnidea*. Revista Trimest. Microg, 1897, II, fasc. 2.

953. RICHET (C.). *Circulation cérébrale*. (In : Dict. de physiol., t. II.) Paris. Alcan, 1897, 745-788 p.

954. ROSSILIMO (G.-J.). *Ueber den centralen Verlauf des Gower'schen Bündels*. Neurol. Centralbl., 1898, XVII, 935-940.

955. SIVÉN (V.-O.). *Beitrag zur Kenntniss des normalen intracraniellen Druckes*. Skand. Arch. f. Physiol., 1898, VIII, 347-362.

956. SMITH (G.-E.). *Further Observations upon the Fornix*, etc. J. o. Anat. et Physiol., 1898, XXXII, 231-246.

957. SÖLDER (F. von.). *Zur Anatomie des Chiasma opticum beim Menschen*. Wien. klin. Wochensch., 1898, XI, 906-999.

958. SOUKHANOFF (S.). *Contribution à l'étude des modifications des cellules nerveuses de l'écorce cérébrale dans l'anémie expérimentale*. J. de Neurol., 1898, III, 173-179.

959. SOURY (J.). *Fonctions conductrices du cerveau*. Dict. de physiol. de RICHET t. II.) Paris, Alcan, 1897, 952-976 p.

960. STAUPITZ (von). *La décussation du chiasme optique*. Interméd. d. Biol., 1898, I, 105-109.

961. TAYLOR (E.-W.). *The Minute Anatomy of the Oblongata and Pons of the Chimpanzee with Special Reference to their Homologies with Man*. J. Boston Soc. Med. Sc., 1898, III, 1-24.

962. THOMAS (A.). *Sur les rapports anatomiques et fonctionnels entre le labyrinthe et le cervelet*. C. R. Soc. de Biol., 10ᵉ S., 1898, V, 725-727.

963. TRIEPEL (H.). *Die Struktur der Gehirnnerven und die Blutcirculation in der Schädelhöhle*. Anat. Hefte, 1898, XI, 287-338.

964. TSCHERMAK (A.). *Notiz betreffs des Rindenfeldes des Hinterstrangbahnen*. Neurol. Centralbl., 1898, XVII, 159-163.

965. Vaschide (N.). *Cite-va diu contribuțiunele psihologice.* idei asupra structurei sistemului nervos central. Spital. XVIII, 129-131, 155-159, 188-190, 265-271, 291-296, 316-

966. Villa (La J.). *Algunos detalles concernientes a la oliva y focos acusticos.* Revista Trimest. Microg., 1898, III, 75

967. Vogt (O.). *Sur la myelinisation de l'hémisphère cérébral de* R. Soc. de Biol., 10ᵉ S., 1898, V, 54-56.

968. Vogt (O.). *Sur un faisceau septo-thalamique.* C. R. Soc. 10ᵉ S., 1898, V, 206-207.

969. Wallenberg (A.). *Das mediale Opticusbündel der Taube.* Centralbl., 1898, XVII, 532-536.

970. Wallenberg (A.). *Die secundäre Acusticusbahn der Tau* Anz., 1898, XIV, 353-369.

971. Westphal (K.). *Ueber Akusticus, Mittel-Zwischenhirn d* (Diss.) Berlin, 1898, 28 p.

972. Wieting (J.). *Zur Anatomie des menschlichen Chiasma.* Ophthal. (v. Graefe's), 1898, XLV, 75-89.

973. Wood (W.). *A New Method in Brain Study.* New-York 1898, LXVII, 601-602.

974. Zingerle (H.). *Ueber die Bedeutung des Balkenmangels im* chen Grosshirn. Arch. f. Psychiat. u. Nervenh., 1898, XXX.

E. — Localisation des fonctions

975. Acquisto (V.) et Pusateri (F.). *Sul centro motore corti aorto inferiore nell' uomo.* Gior. di Pat. Nerv. e Men XVIII, fasc. 2.

976. Bary (A.). *Ueber die Entwickelung der Rindencentren.* Anat. u. Physiol. — Physiol. Abth., 1898, 341-360.

977. Bechterew (W. von). *Bewusstsein und Gehirnlocalisation.* von R. Weinberg.) Leipzig, Georgi. 1898. 50 p.

978. Bernaheo (G.). *Le cause predisponenti alle localizzazioni nel cervello.* Boll. Soc. di Natural in Napoli, 1897, X, 54

979. Bernheimer (S.). *Ein Beitrag zur Kenntniss der Bez zwischen dem Ganglion ciliare und der Pupillarreaction.* Ophthal. (v. Graefe's), 1897, XLIV, 526-538.

980. Bickel (A.). *Zur vergleichenden Physiologie des Grosshirn* f. d. ges. Physiol. (Pflüger's), 1898, LXXII, 190-215.

981. Bonhoeffer (K.); Likpmann (H.). *Casuistische Beiträge s chirurgie und Hirnlocalisation.* Monatssch. f. Psychiat. u. 1898, III, 297-315, 407-413.

982. Brissaud (E.). *Le centre de l'agraphie et la surdi-mutiti* Méd. (Paris), 1898 (I), 25-26.

983. Clapham (C.). *Intellectual Value of the Frontal Lobes.* J. o Sc., 1898, XLIV, 290-294.

984. Cunningham (R.-H.). *The Cortical Motor Centres of the Opossum, Dilelphys Virginiana.* J. of Physiol., 1898, XXII, 264-269.

985. Cunningham (R.-H.). *The Restoration of Co-ordinated Volitional Movement after Nerve « Crossing ».* Amer. J. of. Physiol., 1898, I, 239-254.

986. Cyon (E. de). *Sur les fonctions de l'hypophyse cérébrale.* Comp. Rend. Ac. de Sc., 1898, I, CXXVI, 1157-1160.

987. Dejerine J., et Long (E.). *Sur la localisation de la lesion lans l'hémianesthesie lite capsulaire.* C. R. Soc. de Biol., 10° S., 1898, V, 11.4-1177.

988. Dejerine (J.) et Long (E.). *Sur les connexions de la couche optique avec la corticalité cérébrale.* C. R. Soc. de Biol., 10° S., 1898, V, 1131-1134.

989. Dor. *Centre cortical de la vision.* Lyon Méd., 1898, LXXXVII, 235.

990. Eckhard (C.). *Das sogenannte Rindenfeld des Facialis in seiner Beziehung zu den Blinzbewegungen.* Centralbl. f. Physiol., 1898, XII, 4-5.

991. Flechsig (P.). *Études sur le cerveau.* (Trad. par L. Levi.) Paris, Vigot. 1898, 224 p.

992. Fuller (W.). *A Comparison of the Anatomy and the Functions of the Cerebrum and the Cerebellum.* J. of Amer. Med. Ass., 1898, XXX, 354-355.

993. Guldberg (G.). *Om den Gall'ske laere og lidt om de psykiske funktioners lokalisation för og nu.* Norsk Mag. f. Laegevid., 1898, LIX, 569-617.

994. Henschen (S.-E.). *Ueber Localisation innerhalb der äusseren Kniegangliens.* Neurol. Centralbl., 1898, XVII, 194-199.

995. Herrick (C.-L.). *The Cortical Motor Centres in Lower Mammals.* J. of Comp. Neurol., 1898, VIII, 92-98.

996. Hurd (E.-P.). *Recent Progress in Mental Physiology.* J. of Amer. Med. Ass., 1898, XXX, 348-353.

997. Ireland (W.-W.). *Flechsig on the Localisation of Mental Processes in the Brain.* J. of Mental Sc., 1898, XLIV, 1-16.

998. Lamacq. *Les centres moteurs corticaux du cerveau humain léte minés d'après les effets de l'excitation faradique des hémisphères cérébraux de l'homme.* Annales d'Electrobiol., 1898, I, 224-256. Arch. Clin. de Bordeaux, 1897, VI, 491.

999. Lo Monaco (D.). *Sur la physiologie du corps calleux et sur les moyens de recherche pour l'etude de la fonction des ganglions de la base.* Arch. Ital. de Biol., 1897, XXVII, 296-304.

1000. Manouvrier (L.). *Le cerveau d'un sourd-muet.* Bull. Soc. d'Anthrop. de Paris, 1898, IX, 305-311.

1001. Marina (A.). *Il neurone del ganglio ciliare ed i centri dei movimenti pupillari.* Riv. di Patol. Nerv. e Ment., 1898, III, 529-546.

Marinesco (G.). *Sur les phenomenes de reparation dans les centres nerveux après la section des nerfs périphériques.* Presse Méd. (Paris). 1898 (II). 201-206.

1003. MARINESCO (G.). *Veränderungen der Nervencentren nach Aufreissung der Nerven. mit einigen Erwägungen betreffs ihrer Natur.* Neurol. Centralbl.. 1898, XVII, 882-890.

1004. MARTIN (G.-J.). *Cortical Localisation in Ornithorhyncus.* J. of Physiol., 1898. XXIII, 383-385

1005. MILLS (W.). *Cortical Cerebral Localisation with Special Reference to Rodents and Birds.* Trans. Roy. Soc. of Canada. sec. IV, 1897. II, 25.

1006. MILLS (W.). *The Functional Development of the Cerebral Cortex in Different Groups of Animals.* Trans. Roy. Soc. Canada, sec. IV, 1897, II, 3.

1007. MURATOW (W.). *Zur localisation des Muskelbewusstseins auf Grund eines Falles von traumatischer Kopfverletzung.* Neurol. Centralbl., 1898, XVII, 59-67.

1008. NEGRO and OLIVA. *Coesistono centri sensitivi e centri motori nella Zona rolandica corticale de cervello umano?* Boll. d. Policlin. Gen. di Torino, 1897, 31 dec. Riv. Icon. Polic. Gen. di Torino, 1898, 44.

1009. OTUSZEWSKI (W.). *Von der Bedeutung der Associationscentren von Flechsig zur Erforschung der Entwickelung des Geistes, der Sprache, der Psychologie der Sprache, wie auch der Lehre von der Sprachlosigkeit.* Neurol. Centralbl., 1898, XVII, 163-170.

1010. PANEGROSSI (G.). *Contributo allo studio anatomo-fisiologico dei centri dei nervi oculomotori dell'uomo.* Rome, Pallotta. 1898. 53 p.

1011. PUGLIESE (V.). *Sul centro psico-motore dei muscoli superiori della faccia.* Riv. di Patol. Nerv. e Ment., 1898, III, 49-55.

1012. RAMON Y CAJAL (S.), et OLOREZ (F.). *Los ganglios sensitivos craneales de los mamíferes.* Revista Trimest. Microg.. 1897, II, fasc. 3, 4.

1013. RICHET (C.). *Physiologie du cerveau : résumé général.* (In his Dict. de physiol., t. III.) Paris, Alcan, 1898, 48-57 p.

1014. ROSA (J.). *Die Centra und Bahnen der Sprache und Schrift.* Centralbl. f. Nervenh. u. Psychiat., N. F., 1898, IX, 65-80.

1015. RUSSELL (J.-S.-R.). *Cerebellar Localisation.* Clin. J., 1898, XIII, 5-15.

1016. RUSSELL (J.-S.-R.). *Phenomena resulting from Interruption of Afferent and Efferent Tracts of the Cerebellum.* Phil. Tr. Roy. Soc. 1897, CLXXXVIII B, 103-134.

1017. SANDER (M.). *Ein pathologisch-anatomischer Beitrag zur Function des Kleinhirns.* Deutsche Ztsch. f. Nervenh.. 1898, XII

1018. SCHAFER (E.-A.). *On the Alleged Sensory Functi Cortex Cerebri.* J. of Physiol., 1898, XXIII, 31

1019. SELLIER (J.) et VERGER (H.). *Recherches*

physiologie de la couche optique. Arch. de Physiol. Norm. et
Pathol., 1898, XXX, 706-713. C. R. Soc. de Biol., 1898, 10⁰ S., V,
822-824.

020. STEINBAUM (E.). *Ueber Markscheidenentwickelung des Gehirns und
ihre Bedeutung für die Localisation.* Berlin. klin. Wochensch.,
1898, XXXV, 1033-1037.

021. SOURY (J.). *Centres de l'écorce cérébrale.* (In : RICHET's Dict. de
physiol., T. II.) Paris, Alcan, 1897, 837-852 p.

022. SOURY (J.). *Physiologie du cerveau : historique.* (In RICHET's
Dict. de physiol., t. II.) Paris, Alcan, 1897, 547-670 p.

023. SOURY (J.). *Rôle de l'écorce cérébrale en général. Psychologie
comparée.* (In : RICHET's Dict. de physiol., t. II.) Paris, Alcan, 1897,
789-837 p.

024. STEINACH (E.). *Ueber die viscero-motorischen Functionen der
Hinterwurzeln und über die tonische Hemmungswirkung der Medulla
oblongata auf den Darm des Frosches.* Arch. f. d. ges. Physiol.
(PFLUGER's), 1898, LXXI, 523-554.

025. TONNINI (S.). *I fenomeni residuali e la loro natura psichica nelle
relative localizzazioni dirette e comparate, in rapporto con le diverse
mutilazioni corticali del cane.* Riv. Sperim. di Frenial., 1898, XXIV,
700-764.

026. TOPOLANSKI (A.). *Das Verhalten der Augenmuskeln bei centraler
Reizung. Das Coordinationscentrum und die Bahnen für coordinirte
Augenbewegungen.* Arch. f. Ophthal. (v. GRAEFE's), 1898, XLVI,
452-472.

027. VERGER (T.). *Des anesthésies consécutives aux lésions de la zone
motrice.* (Thèse.) Bordeaux, Cadoret, 1897, 88 p.

[Voir aussi VIII, etc.]

F. — ORGANES DES SENS ET DU MOUVEMENT

028. ABELSDORFF (G.). *Physiologische Beobachtungen am Auge der Kro-
kodile.* Arch. f. Anat. u. Physiol. — Physiol. Abth., 1898, 155-167.

029. AGABABOW. *Les terminaisons nerveuses dans le corps ciliaire chez
les mammifères et chez l'homme.* Rec. d'Ophtal., 3º S., 1898, XX,
500-507.

030. ANDROGSKY (N.). *Ueber das Verhalten des Sehpurpurs bei der
Netzhautablösung.* Arch. f. Ophthal. (v. GRAEFE s), 1897, XLIV,
404-442.

031. ANTONELLI (A.). *A proposito dello Oftalmometro Javal-Schiötz
modello recente.* Annali di Ottal., 1898, XXVII, 17-24.

032. BALLOWICZ (E.). *Die Nervenendigungen in dem elektrischen Organ
des afrikanischen Zitterwelses (Malopterus electricus Lacép).* Anat.
Anz., 1898, XV, 85-92.

033. BAMBERGER (C.). *Besteht freie Communication zwischen vorderer

und hinterer Augenkammer? Centralbl. f. prakt. Augenh., **1898**. XXII, 225-236.

1034. BANISTER (J.-M.). *A Contribution to the Study of the Dynamics of the Ocular Muscles.* Ann. of Ophtal., 1898, VII, 17-32.

1035. BATTEN (F.-E.). *Experimental Observations on the Early Degenerative Changes in the Sensory End Organs of Muscles.* Brain, 1898, XXI, 388-404. Proc. Roy. Soc., 1898, LXIII, 61-62.

1036. BEER (T.). *Die Accommodation des Auges bei den Reptilien.* Arch. f. d. ges. Physiol. (PFLUGER's), 1898, LXIX, 507-568.

1037. BEER (T.). *Die Accommodation des Auges in der Thierreihe.* Wien klin. Wochensch., 1898, XI, 942-953.

1038. BERNHEIMER (S.). *Experimentelle Studien zur Kenntniss der Innervation der inneren und äusseren Oculomotorius versorgten Muskeln des Auges.* Arch. f. Ophthal. (v. GRAEFE's), 1897, XLIV, 491-533.

1039. BROOM (R.). *A Contribution to the Comparative Anatomy of the Mammalian Organ of Jacobson.* Trans. Roy. Soc. Edinburgh, 1898, XXXIX, Pt. I, 231-255.

1040. BRUHL (G.). *Das menschilchde Gehörorgan in 8 topographischen Bildern mit erläuternden Texte.* Munich. Lehmann, 1898, 11 p.

1041. BRUNN (A. VON). *Sinnesorgane.* I. Abth. Haut. (In KAH's Handb. d. Anat. d. Mensch., 5. Bd.) Jena, Fischer, 1897. 109 p.

1042. BRUNN (A. VON), SCHWALBE (G.)., SIEBENMANN (F.), und KUHNT Anatomie der Sinnesorgane des Menschen. Jena, 1898, 324 p.

1043. CARAZZI (D.). *Sulle funzioni dei canali semicircolari, del vestibolo e del nervo vestibolare.* Riv. di. Patol. Nerv. e Ment., 1898, III, 300-306.

1044. CIPPELONE (L.-T.). *Nuove recerche sul fuso neuro-muscolare.* Turin, Rosenberg and Sellier, 1898, 56 p.

1045. COLE (W.-F.). *A Discovery in the Physiology of the Ear.* Laryng., 1898, IV, 291-299 ; V, 162-163.

1046. CULBERTSON (L.-R.). *Rotation of Axis of Astigmatism during Ophthalmometric Examinations.* Amer. J. of Ophthal., 1898, XV, 111-114.

1047. CZINNER (H.-I.) und HAMMERSCHLAG (V.). *Beitrag zur Entwickelungsgeschichte der Cortischen Membran.* Arch. f. Ohrenheilk., 1897, XLIV, 50-88.

1048. DOR (L.). *Contraction de cônes rétiniens sous l'influence de la lumière.* Interméd. d. Biol., 1898, I, 249.

1049. DRUAULT (A.). *Note sur la situation des images rétiniennes formées par les rayons très obliques sur l'axe optique.* Arch. d'Ophtal., 1898, XVIII, 685-691.

1050. EGGER (M.). *Contribution à la physiologie et à la physiologie pathologique du labyrinthe de l'homme.* Arch. de Physiol. Norm. et Pathol., 1898, XXX, 774-789.

1051. FICK (A.-E.). *Die Entwickelung des Auges.* Breslau, Ker. 9 Tafeln mit Text.

1052. Frost (W.-A.). *The Fundus Oculi, with an Ophthalmoscopic Atlas.* 2 vols. London and Edinburgh, Pentland (1898). 1124 p.

1053. Gatti (A.). *Sur la régénération de la pourpre et sur la manière dont se comporte l'épithélium pigmentaire dans la rétine exposée aux rayons Röntgen.* Arch. Ital. de Biol.. 1897, XXVIII, 47-49.

1054. Goldscheider (A.). *Gesammelte Abhandlungen. I. Bd. Hautsinn-nerven. II. Bd. Muskelsinn.* Leipzig. Barth, 1898, x + 432, vi + 232 p.

1055. Goldstein (M.-A.). *Fallacies in the Physiology and Functions of the Ear.* Laryng.. 1898, V, 155-161.

1056. Goldstein (M.-A.). *Fallacies in the Physiology and Functions of the Labyrinth.* J. of Amer. Med. Ass., 1898. XXX, 1458-1460.

1057. Graberg (J.). *Beiträge zur Genese des Geschmacksorgans des Menschen.* Morphol.·Arb. (Schwalbe's), 1898, VIII, 117-134.

1058. Greeff (R.). *S. Ramon y Cajal's neuere Beiträge zur Histologie der Retina.* Ztsch. f. Psychol.. 1898, XVI, 161-187.

1059. Guillery. *Accommodation und Gesichtsfeld.* Arch. f. Augenheilk.. 1898, XXXVI, 272-300.

1060. Heine (L.). *Beiträge zur Physiologie und Pathologie der Linse.* Arch. f. Ophthal (v. Graefe's). 1898, XLVI. 525-552.

1061. Heine (L.). *Das Verhalten des intraocularen Druckes bei Accommodation.* Centralbl. f. Physiol., 1898, XII, 417-422.

1062. Heine (L.). *Physiologisch-anatomische Untersuchungen über die Accommodation des Vogelauges.* Arch. f. Ophthal. (v. Graefe's), 1898, XLV, 469-496.

1063. Henckel (F.). *Beitrag zur Entwickelungschichte des menschlichen Auges.* Anat. Hefte (Wiesbaden), 1898. X. 485-510.

1064. Hering (H.-E.). *Das Verhalten der langen Bahnen des centralen Nervensystems nach Anaemisirung.* Centralbl. f. Physiol., 1898. XII, 313-317.

1065. Hess (C.). *Bemerkungen zur Accommodationslehre.* Arch. f. Ophthal. (v. (Graefe's). 1898, XLVI, 440-451.

1066. Hess (C.). *Ueber den Einfluss den der Brechungsindex des Kammerwassers auf die Gesammtrefraction des Auges hat.* Klin. Monatsbl. f. Augenh., 1898. XXXVI, 274-280.

1067. Hess (C.) und Heine (L.). *Arbeiten aus dem Gebiete der Accommodationslehre. IV.* Arch. f. Ophthal. (v. Graefe's), 1898, XLVI, 243-276.

1068. Ischreyt (G.). *Zur Mechanik der Sklera.* Arb. f. Ophthal. (v. Graefe's), 1898. XLVI. 677-704.

1069. Kikugori (K.). *Ueber das elastische Geirels ... u Auge. nebst Bemerkungen über den Macnl dilata ... f. Augenheilk., 1898, XXXVIII*

1070. Kosten (W.). *Bemerkungen ... Accommodation s. Erwiderun ... 1898, XLVII. 242-243.*

1071. Kosten (W.). *Une méthode de détermination du p*
de l'œil. Arch. Néerland. d. Sc. Exact. et Natur., 1
386.

1072. Lesten (J.-C.) and Gomez (V.). *Observations Ma*
of the New East River Bridge as to the Effects of
upon the Human Ear. Arch. of Otol., 1898. XXVII

1073. Leydig (F.). *Einige Bemerkungen über das Stäbch*
haut. Arch. f. Anat. u. Physiol. — Anat. Abth., 18

1074. Lohnstein (T.). *Ueber den Brechungsindex d*
Hornhaut. Arch. f. d. ges. Physiol. (Pfluger's), 18
214.

1075. Lovrland (A.-E.). *Study of the Organ of Taste*
Microsc. Soc., 1898, XIX.

1076. Lugaro (E.). *Sulle funzioni dei canale semicircola*
Neva. e Ment., 1898, III, 306-313.

1077. Maddox (E.-E.). *Texts and Studies of the Ocular A*
J. Wright and Co, 1898, 442 p.

1078. Matte (F.). *Beiträge zur experimentellen Pathok*
rinthes. Arch. f. Ohrenheilk., 1898, XLIV, 249-262

1079. Meinong (A.). *Ueber Raddrehung, Rollung und Ab*
f. Psychol., 1898, XVII, 164-205.

1080. Ostmann. *Ueber die Reflexerregbarkeit des Muscu*
panidurch Schallwellen und ihre Bedeutung für den
Anat. u. Physiol. Physiol. Abth.. 1898, 75-123.

1081. Pagano (G.). *Sur les voies associatives périphé*
optique. Arch. ital. de Biol., 1897, XXVII, 392-394

1082. Parken (G.-H.). *Photomechanical Changes in the*
Cells of Palaomonetes and their Relation to the Centr
tem. Bull. Museum Comp. Zool. Harvard College. 1

1083. Pergens (E.). *Das Verhalten der Retina bei A*
Röntgen-Strahlen. Klin. Monastbl. f. Augenheilk.,
354-356.

1084. Politzer (A.). *La dissection anatomique et histolog*
auditif de l'homme. (Trad. de F. Schiffers.) Liège
282 p.

1085. Pratt (F.-P.). *The Rods and Epithelial Pigmen*
Human Retina considered as a Photo-Chemical or
Med. Record, 1898, LIV, 301-303.

1086. Ramon y Cajal (S.). *Terminaciones nerviosas de li*
lares de la rana. Revista Trimest. Microg.. 1897, II

1087. Reddingius (R.-A.). *Das sensomotorische Werkzeug.*
mann, 1898, 138 p.

1088. Reddingius (R.-A.). *L'origine de la vue envisage*
d'organes sensitivo-moteurs. Annales d'Ocul., 1898, 1

1089. Rollet et Jacqueau. *Anatomie topographique*
Annales d'Ocul., 1898, CXIX, 431-438.

1090. Roux (J.). *Réflexes rétino-rétiniens.* Arch. d'Ophtal., 1898.XVIII, 395-398.

1091. Ruffini (A.). *On the Minute Anatomy of the Neuro-muscular Spindles of the Cat, and on their Physiological Significance.* J. of Physiol., 1898, XXIII, 190-208.

1092. Ruffini (A.). Lenhossék (M. von). *Terminaisons nerveuses dans les muscles.* Interméd. d. Biol., 1898, I, 295 ; 332.

1093. Rumbold (T.-F.). *The Functions of the Tensor Tympani and Stapedius Muscles.* Laryng., 1897, III, 168-177.

1094. Salomonsohn (II.). *Ueber Lichtbeugung an Hornhaut und Linse.* Arch. f. Anat. u. Physiol. — Physiol. Abth., 1898, 187-238.

1095. Schirmer (O.). *Ueber die Function der sogenannten « parareticulären » oder « amakrinen » Zellen in der Retina.* Ber. über d. 26. Versamml. d. Ophthal. Ges. Heidelberg. 1897, 146-151 p.

1096. Schirmer (O.). *Untersuchungen zur Pathologie der Pupillenweite und der centripetalen Pupillarfasern.* Arch. f. Ophthal. (v. Graefe's), 1897, XLIV, 358-403.

1097. Schneller. *Anatomische-physiologische Untersuchungen über die Augenmuskeln Neugeborener.* Arch. f. Ophthal. (v. Graefe's), 1898, XLVII, 178-226.

1098. Schoen (W.). *Der Akkommodationsmechanismus im menschlichen Auge.* Fortsch. d. Med., 1898, XVI, 614-629.

1099. Stevens (G.). *The Directions of the Apparent Vertical and Horizontal Meridians of the Retina and their Modification from Physiological and Pathological Causes, with a Description of a Clinoscope.* Arch. of Ophthal., 1897, XXVI, 181-203.

1100. Strahl (H.). *Zur Entwickelung des menschlichen Auges.* Anat. Anz., 1898, XIV, 298-301.

1101. Terrien (F.). *Recherches sur la structure de la rétine ciliaire et l'origine des fibres de la zonule de Zinn.* Arch. d'Ophtal., 1898, XVIII, 555-580.

1102. Toulouse (E.). *Pupillomètre clinique.* C. R. Soc. de Biol., 10ᵉ S., 1898, V, 334-335.

1103. Tscherning (M.). *Optique physiologique.* Paris, Carré et Naud, 1898, 335 p.

1104. Tumianzew (N.). *Beiträge zur Erforoshung des Sympathicuseinflusses auf die contralaterale Pupille.* Arch. f. d. ges. Physiol. (Pflüger's), 1897, LXIX, 199-248.

1105. Wetterwal (F.). *La commotion du labyrinthe.* (These.) Paris, Jouve, 1898, 85 p.

1106. Woodruff (T.-A.). *The De Zeng Refractometer.* Amer. J. of Ophthal., 1898, XV, 200-201.

[Voir aussi VIII b, VIII d.

IV. — Sensation.

A. — GÉNÉRALITÉS. SYNESTHÉSIE

1107. BIERVLIET (J.-J. VAN.). *Inégalité dans l'acuité des sens du côté droit et du côté gauche du corps.* Interméd. d. Biol., 1898. I. 461.

1108. COLMAN (W.-S.). *Further Remarks on « Colour Hearing ».* Lancet. 1898 (I). 21-24.

1109. D'ALFONSO (N.-R.). *Sensazioni vibratorie.* Rome. Soc. Edit. Dnael Alighieri, 1897, 26 p.

1110. EDERSON (M.). *Ueber colorirten Geschmack.* Wien. med. Presse. 1897, XXXVIII, N° 49.

1111. FLOURNOY (T.) *L'audition colorée et la suggestion.* Interméd. d. Biol., 1898, I, 110.

1112. GRAFÉ. *Sur un cas à rattacher à ceux d'audition colorée.* Rev. de Méd., S., 1898, XVIII. 225-228.

1113. MOCH (G.). *Le calcul et la réalisation des auditions colorées.* Rev. Scient., 4° S., 1898, X, 225-230.

1114. PARRA (P.). *Enumeracion y classificacion de las formas de la sensibilidad.* Grac. Méd. (Mexico), 1898, XXXV, 357-373.

1115. PRZIBRAM (W.). *Versuch einer Darstellung der Empfindungen.* Vienna, A. Hölder, 1898. 28 p.

[Voir aussi II b.]

B. — VISION

1116. BLOOM (S.) und GARTEN (S.). *Vergleichende Untersuchung der Sehschärfe des hell und des dunkeladaptirten Auges.* Arch. f. d. ges. Physiol. (PFLÜGER'S), 1898. LXXII. 372-408.

1117. BOURDON (B.). *Phénomènes lumineux produits par le pouls entoptique.* Interméd. d. Biol., 1898, I, 221-223.

1118. BRANDES (G.) und DORN (E.). *Ueber die Sichtbarkeit der Röntgenstrahlen.* Ann. d. Physik u. Chemie (WIEDEMANN's). 1897. LX. 478-490.

1119. BROCCHI (A.). *Sur le sens de la couleur.* Rev. Scient., 4° S., 1898, IX, 270-271.

1120. CHARPENTIER (A.). *Visibilité de la tache aveugle.* Comp. Rend. Ac. de Sc., 1898. CXXVI. 1634-1637.

1121. CHARPENTIER (A.). *Vision entoptique et sensibilité dans la tache jaune.* Comp. rend. Ac. de Sc., 1898, CXXVI, 1711-1714.

1122. CORDEIRO (F.-J.-B.). *Color Perception.* New-York Med. J., 1898 LXVII. 712-714.

1123. COWL (W.) and LEVY-DORN (M.). *Ueber die Sichtbarkeit der Röntgenstrahlen.* Verh. d. Berlin Physiol. Ges., 1897, 55-60.

1124. Gowl. (W.) und Levy-Dorn (M.). *Ueber die functionelle Ein-wirkung der Röntgenstrahlen auf die Netzhaut der Augen.* Verh. d. Berlin. Physiol. Ges., 1897, 91-93.

1125. Dorn (E.). *Ueber die Sichtbarkeit der Röntgenstrahlen für vollstän-dig Farbenblinde.* Ann. d. Physik u. Chemie (Wiedemann's), 1898, LXVIII, 1171-1176.

1126. Druault (A.). *Surl la production des anneaux colorés autour des flammes, description d'un anneau physiologique.* Arch. d'Ophtal., 1898, XVIII, 312-320.

1127. Everett (J.-D.). *On Dynamical Illustrations of certain Optical Phenomena.* Philos. Mag., 1898, XLVI, 227-242.

1128. Exner (S.). *Studien auf dem Grenzgebiete des localisirten Sehens.* Arch. f. d. ges. Physiol. (Pflüger's), 1898, LXXIII, 117-171.

1129. Franklin (C.-L.). *Color Vision.* Science, N. S., 1898, VII. 773-776.

1130. Franklin (C.-L.). *The Extended Purkinje Phenomenon* (for Gray Lights). Psychol. Rev., 1898, V, 309-312.

1131. Fridenberg (P.). *Ueber die Wahrnehmung der Farben.* New-York. Med. Monatssch., 1898, X, 123-129.

1132. Galezowski. *Du planimetre et de l'examen du champ visuel a l'aide de cet appareil.* Rec. d'Ophtal., 3ᵉ S., 1898, XX, 507-510.

1133. Gomez Ocaña (S.). *Bosquejo de nueva teoria de la vision.* Revista Trimest. Micrograph., 1897, II, fasc. 3, 4.

1134. Grünbuam (O.-F.-F.). *On Intermittent Stimulation of the Retina.* II. J. of Physiol., 1898, XXII, 433-450.

1135. Guillery. *Bemerkungen uber Raumund Lichtsinn.* Ztsch. f. Psychol, 1898, XVI, 264-274.

1136. Guillery. *Messende Untersuchungen über den Lichtsinn bei Dun-kel- und Helladaptation.* Arch. f. d. Ges. Physiol. (Pflüger's), 1898, LXX, 450-472.

1137. Guillery. *Ueber intermittirende Netzhautreizung bei bewegtem Auge.* Arch. f. d. ges. Physiol. (Pflüger's), 1898, LXXI, 607-638.

1138. Hirschberg (J.). *Die Optik der alten Griechen.* Ztsch. f. Psychol., 1898, XVI, 321-351.

1139. Holden (W.-A.). *The Fluttering Produced by the Juxtaposition of Certain Colors, and of Black and White* Arch. of Ophthal., 1898, XXVII, 1-16.

1140. Holden (W.-A.). *Ueber die Entstehung des « Flatterns » durch Nebeneinanderstellen bestimmter Farben und von Weiss und Schwarz.* Arch. f. Augenheilk., 1898, XXXVIII, 77-73.

1141. Hoppe. *Ueber eine Farbenerscheinung und deren Nachbild bei angeschauter Bewegung.* Klin. Monatsbl. f. Augenh., 1898, XXXVI, 408-409.

1142. Kirschmann (A.). *The Function of Indirect Vision.* Trans. Can. Inst., 1896-97 (1898), V, 305-310.

1143. Kirschmann (A.). *The Representation of Tints and Shades of Colors*

by Means of Rotating Discs. Amer. J. of Psychol., 1
346-350.

1144. KNIES (M.). *Das Chromoscop, ein bequemes Instrument zu
suchung des Farbenvermögens der Macula lutea und deren
lien.* Arch. f. Augenheilk., 1898, XXXVII, 225-233.

1145. KOSTER (W.,GZX). *Bemerkungen zu dem Aufsatze von
« Entoptische Beobachtunng der Linseverschiebungen bei der
modation ».* Arch. f. Ophthal. (V. GRAEFE's), 1898, XLV.

1146. KNIES (J. VON.). *Kritische Bemerkungen zur Farbentheorie*
f. Psychol., 1898, XIX, 175-191.

1147. KNIES (J. VON). *Ueber die absolute Empfindlichkeit der
deuen Netzhautteile im dunkeladaptierten 'Auge. Ztsch.*
chol, 1898, XV, 327-351.

1148. LUMMER (O.). *Ueber Graugluth und Rothgluth.* Ann. d.
u. Chemie (WIEDEMANN's), 1897, LXII, 14-29.

1149. MENTZ (P.). *Untersuchungen zur Psychophysik der Farbe
dungen am Spectrum.* Philos. Stud., 1898, XIII, 481-578.

1150. MINOR (J.-L.). *Learning to See at Forty : First with One ,
Later with Both.* New-York Med. J., 1898, LXVIII, 666-66

1151. OVIO (G.). *Sugli occhiali colorati.* Annali di Ottal., 1898,
317-374.

1152. PARINAUD (H.). *La vision* (Étude physiologique). Paris, (
1898, 218 p.

1153. PARINAUD (H.). *The Functional Relations of the Two Eyes
taneous Vision, Binocular Vision and Alternate Vision.* J.
thal., Otol. and Laryngol., 1898, X, 37-69, 101-118.

1154. PATTEN (W.). *A Basis for a Theory of Color Vision.*
Natural, 1898, XXXII, 833-854.

1155. PORTER (T.-C.). *Contributions to the Study of « Flicker.*
Roy. Soc., 1898, LXIII, 347-356.

1156. PORTER (T.-C.). *On a Method of Viewington, New's Re*
los. Mag., 1898, XLVI, 245-252.

1157. REDDINGIUS (R.-A.). *Der Akkommodationsfleck.* Ztsch. f. P
1898, XVI, 188-189.

1158. REZNIKOW (M.-M.). [*Nouveau périmètre pour l'explore
champ visuel.*] Vrach, 1898, XIX, 1079-1080.

1159. ROOD (O.-N.). *On a Flicker Photometer.* Science, N. S
VII, 757-759.

1160. SCRIPTURE (E.-W.). *Cerebral Light.* Stud. fr. Yale Psych
1897 (1898), V, 88-89.

1161. STANLEY (H.-M.). *A Curious Optical Phenomenon.* P
Mo., 1898, LII, 412.

1162. STEVENS (W. LE C.). *Color-Vision.* Science, N. S., 18
513-520, 677-678.

1163. STOHR (A.). *Zur Hypothese der Sehstoffe und Grundfarben*
and Vienna, Deuticke, 1898, 103 p.

1164. TITCHENER (E.-B.). *Color Vision.* Science, N. S., 1898, VII, 603-605, 832-834.

1165. TSCHERMAK (A.). *Ueber die Bedeutung der Lichtstärke und des Zustantes des Sehorganes für farblose optische Gleichungen.* Arch. f. d. ges. Physiol. (PFLÜGER's), 1898, LXX, 297-328.

1166. TURNER (D.-F.-D.). *Experiments on the Production of Complementary Colour Sensations.* Brit. Med. J., 1898 (II), 777-778.

1167. VOESTE (H.). *Messende Versuche über die Qualitätsänderungen der Spectralfarben in Folge von Ermüdung der Netzhaut.* Ztsch. f. Psychol., 1898, XVIII, 257-267.

1168. WHITMAN (F.-P.). *Color-Vision.* Science, N. S., 1898, VIII, 305-316.

1169. WHITMAN (F.-P.). *La vision des couleurs.* (Tr.) Rev. Scient., 4°S., 1898, X, 577-585.

1170. WHITMAN (F.-P.). *The Flicker Photometer* Science, N. S., 1898, VIII, 11-13.

1171. WILLIAMS (C.-H.). *A New Perimeter.* J. of Amer. Med. Ass., 1898, XXXI, 767.

1172. ZOTH (O.). *Eine neue Methode zur Mischung objectiv dargestellter Spectralfarben. Schistoshop für objective Darstellung. Stroboskop für objective Darstellung.* Arch. f. d. ges. Physiol. (PFLÜGER's), 1898, LXX, 1-14.

[Voir aussi V f, V g, VIII b.]

C. — AUDITION

1173. BARUS (C.). *The Combination Tones of the Siren and a Pipe Organ.* Amer. J. of Sci., 4th S., 1898, V, 88-92.

1174. BEZOLD (F.). *Ueber die functionelle Prüfung des menschlichen Gehörorgans.* (Gesammelte Abh. u. Vortr.) Wiesbaden, J.-F. Bergmann, 1897, 240 p.

1175. BEZOLD (F.) und EDELMANN. *Ein Apparat zum Aufschreiben der Stimmgabelschwingungen und Bestimmung der Hörschärfe nach richtigen Proportionen mit Hulfe desselben.* Ztsch. f. Ohrenheilk., 1898, XXXIII, 174-184.

1176. BLOCH (E.). *Ueber einheitliche Bezeichnungen der otologischen Functionsprüfungsmethoden und ihrer Resultate.* Ztsch. f. Ohrenheilk., 1898, XXXIII. 203-223.

1177. BONNIER (P.). *Du rôle de l'ébranlement moléculaire et de l'ébranlement molaire dans l'audition.* C. R. Soc. de Biol., 10° S., 1898, V, 965-967.

1178. DENNERT (H.). *Akustische Untersuchungen* iologischer und praktischer otologischer 1898, XLV, 27-38.

1179. DENNERT (H.). *Zur Prüfung der* f. Ohrenheilk., 1897, XLIII,

1180. Egger (M.). *La perception de l'irritant sonore par les nerfs de la sensibilité générale.* C. R. Soc. de Biol., 10ᵉ S., 1898, V, 815-817.

1181. Eschweiler. *Die Funktionsprüfung des Gehörgans.* Münch. med. Wochensch., 1898, XLV, 1077-1081.

1182. Forsyth (R.-W.), and Sowter (R.-J.). *On Photographic Evidence of the Objective Reality of Combination Tones.* Proc. Roy. Soc. 1898, LXIII, 396-400.

1183. Gellé. *Constitution de la période sonore.* C. R. Soc. d. Biol., 10ᵉ S., 1898, V, 983-984.

1184. Grant (D.). *A Rapid Method of Making Graphic Charts of Hearing Power for Various Tones.* Laryng., 1898, IV, 102-106.

1185. Grant (D.). *Demonstration of a Short Process for Making Charts of Hearing Power for Various Tuning-Forks, according to Hartmann's Method.* Brit. Med. J., 1898 (II), 1239-1240.

1186. Guillemin (A.). *Sur les sons des cordes.* Comp. rend. Acad. d. Sc., 1898, CXXVII, 611-613.

1187. Hennig (R.). *Die Characteristik der Tonarten.* Berlin, Dümmler, 1897, 131 p.

1188. Knapp (H.). *On the Functional Examination of the Ear. With an Exhibition of Bezold's Continuous-Tone Series.* Arch. of Otol., 1898, XXVII, 325-314.

1189. Lipps (T.). *Tonverwandtschaft und Tonverschmelzung.* Ztsch. f. Psychol., 1898, XIX, 1-40.

1190. Melde (F.). *Ueber einen neuesten A. Appunn'schen Hörprüfungsapparat.* Arch. f. d. ges. Physiol. (Pflüger's). 1898, LXXI, 441-456.

1191. Melde (F.), Stumpf (C.) und Meyer, (M.). *Erwiderungen gegen Ant. Appunn's Abhandlung « Ueber Schwingungszahlenbestimmungen bei sehr hohen Tönen ».* Ann. f. Physik u. Chemie (Wiedemann's), 1898, LXV, 641-644 : 645-647.

1192. Meyer (M.). *Ueber Tonverschmelzung und die Theorie der Consonanz.* Ztsch. Psychol., 1898, XVII, 401-421.

1193. Meyer (M). *Zu Ebbinghaus' « Bemerkung ».* Ztsch. f. Psychol., 1898, XVI, 196-197.

1194. Meyer (M.). *Zur Theorie der Differenztöne und der Gehörsempfindungen überhaupt.* Beitr. z. Ak. u. Musikwiss., 1898, II, 25-65.

1195. Meyer (M.), (Stumpf C.), *Nachtrag zu meiner Abhandlung « Ueber Tonverschmelzung und die Theorie der Konsonanz ». (und :) Erwiderung, by C. Stumpf.* Ztsch. f. Psychol., 1898, XVIII, 274-295-302.

1196. Nagel (W.-A.) und Samojloff (A.). *Einige Versuche über die Uebertragung von Schallschwingungen auf das Mittelohr.* Arch. f. Anat. u. Physiol. — Physiol. Abt. 1898, 505-511.

1197. Oesch (R.). *Was können wir ohne Schnecke hören?* Basel, Schwalbe, 1898, VII + 66 p.

1198. Schulze (R.). *Ueber Klanganalyse.* Philos. Stud., 1898, XIV, 471-489.

1199. Somers (L.-S.). *Entotical Sound Perceptions.* Medicine, 1898, IV. 986-993.

1200. Stumpf (C.). *Die Unmusikalischen und die Tonverschmelzung.* Ztsch. f. Psychol., 1898, XVII, 422-435.

1201. Stumpf (C.). *Konsonanz und Dissonanz.* Beitr. z. Ak. und Musikwiss., 1898, I, 1-108.

1202. Stumpf (C.). *Neueres über Tonverschmelzung.* Beitr. z. Ak. u. Musikwiss., 1898, II, 1-24.

1203. Stumpf (C.). *Zum Einfluss der Klangfarbe auf die Analyse von Zusammenklängen.* Beitr. z. Ak. u. Musikwiss., 1898, II, 168-170. [Voir aussi Vf, VIe, VIIIb.]

D. — AUTRES SENSATIONS

1204. Alrutz (S.). *The sensation « Hot ».* Mind, N. S., 1898, VII, 141-144.

1205. Bechterew (W. von). *Das elektrische Trichoästhesiometer und die sog. Haarempfindlichkeit des Körpers.* Neurol. Centralbl., 1898, XVII, 1032-1035.

1206. Bonnier (P.). *A propos du soi-lisant « sens musculaire ».* Rev. Neurol., 1898, VI, 97-101.

1207. Clark (G.-P.). *On Certain Characteristics of the Pressure Sensations of the Human Skin.* Amer. J. of Physiol., 1898, I, 346-358.

1208. Crawford (J.-F.). *A Study of the Temperature Sense.* (Stud. fr. Princeton Psychol. Lab.) Psychol. Rev., 1898, V, 63-67. Princeton Contrib. to Psychol., 1898, II, 169-173.

1209. Cyon (E. von). *Die Functionen des Ohrlabyrinths.* Arch. f. d. ges. Physiol. (Pflüger's), 898, LXXI, 172-104.

1210. Höber (R.) und Kiesow (F.). *Ueber den Geschmack von Salzen und Laugen.* Ztsch. f. physikal. Chemie, 1898, XVII, 601-616.

1211. Khalenberg (L.). *The Action of Solutions on the Sense of Taste.* Bull. Univ. of Wisc., 1898, No. 25, 31 p.

1212. Kiesow (F.). *Ein einfacher Apparat zur Bestimmung der Empfindlichkeit von Temperaturpunkten.* Philos. Stud., 1898, XIV, 598-591.

1213. Kiesow (F.). *Schmeckversuche an einzelnen Papillen.* Philos. Stud., 1898, XIV, 591-615.

1214. Kiesow (F.). *Zur Psychophysiologie der Mundhöhle.* Philos. Stud. 1898, XIV, 567-588.

1215. Macha (E.). *Ueber Orientirungsempfindungen.* Vortr. d. Ver. z. Verbr. naturw. Kenntn., 1897, XXXVII, II. 12.

1216. Stern (L.-W.), Bonnier (P.), Knentl (A.). *Fourt^* semi-circulaires. Interméd. de Biol., 189^ 1, 1^-1^

1217. Treitel. *Ueber das Vibrationsgefähl.* 1897, XXIX, 633-640.

1218. Zeynek (R. von). *Ueber den elektrischen Geschmack.* Centralbl. f.
Physiol., 1898, XII, 617-621.
[Voir aussi Vf, Vg.]

V. — Conscience, Attention et Intellect.

A. — Généralités. Travail psychique. Fatigue Contraste

1219. Ardigò (R.). *L'unità lella coscienza.* (Opere, Vol. VII.) Padua,
1897, p. 531.
1220. Armstrong (A.-C.). Jr. *Consciousnes and the Unconscious.* Psychol.
Rev., 1898, V, 650-652.
1221. Béranger (A.). *Considérations psychologiques sur l'agonie.* Lyons,
Storck, 1898, p. 66.
1222. Binet (A.). *La consommation du pain pendant une année scolaire*
Année psychol , 1897 (1898). IV, 337-355.
1223. Binet (A. et Henri (V.). *La fatigue intellectuelle.* (Bibl.
de Péd. et de Psych.) Paris, Schleicher Fr., 1898, p. 338.
1224. Dissart. *Les synergies visuelles et l'unité de conscience.* Rev.
Philos., 1898, XLV, 303-309.
1225. Féré (C.). *Les troubles mentaux de la fatigue.* Méd. Mod., 1898.
IX, 625-627.
1226. Féré (C.). *L'état mental des mourants : nouveaux documents.*
Rev. Philos., 1898, XLV, 296-302.
1227. Giessler (C.-M.). *Die Atmung im Dienste der vorstellenden Thätigkeit.* Leipzig, C.-E.-M. Pfeffer, 1898, p. 32.
1228. James (W.). *Conciousness under Nitrous Oxide.* Psychol. Rev.,
1898, V, 194-196.
1229. Maggiora (A.). *L'influence de l'âge sur quelques phenomenes de la
fatigue.* Arch. Ital. de Biol., 1898, XXXIX, 267-286.
1230. Maggiora (A.). *Sopra l'influenza dell'eta su di alcuni fenomeni
della fatica.* Modena, 1897.
1231. Mariscal y Garcia, (N.). *Ensayo de una hygiene de la intelligen-
cia.* Madrid, 1898.
1232. Ovio (G.). *Fenomeni della fatica oculare.* Arch. di Ottal. 1897,
IV, 277-296, 360-382.
1233. Rehmke (J.). *Die Bewusstseinsfrage in der Psychologie.* Ztsch. f.
imman. Philos., 1897, II, 346-369.
1234. Shaw (E.-R.). *Fatigue.* Addr. and Proc. Nat. Educ. Ass., 1898,
550-554.
1235. Tümpel (R.). *Ueber die Versuche, geistige Ermüdung durch
mechanische Messungen zu untersuchen.* (Schluss.) Ztsch. f. Phil.
u. Päd., 1898, V, 31, 108-114, 195.
1236. Vaschide (N.). *Influence du travail intellectuel prolongé sur la
vitesse du pouls.* Année Psychol., 1897 (1898). IV, **356 368.**

1237. Volkelt (J.). *Beiträge zur Analyse des Bewusstseins.* Ztsch. f. Philos. u. ph. Kr., 1898, CXII, 217-239.

1238. Welch (J.-C.). *On the Measurement of Mental Activity through Muscular Activity and the Determination of a Constant of Attention.* Amer. J. of Physiol., 1888, I, 293-306.

1239. Wirth (W.). *Vorstellungs- und Gefuhlscontrast.* (Diss.) Munich. 1898, p. 42. Ztsch. f. Psychol., 1898, XVIII, 49-90.

B. — Recherches psychiques

1240. Adriani. *Telepathie, suggestie en hallucinaties.* Groningen, Noordhoff, 1898.

1241. Bertin-Sans, Grasset, Guibal et Meslin. *Rapports de la Commission de l'Académie des Sciences et Lettres de Montpellier, sur la vue à travers les corps opaques.* Ann. d. Sc. Psych., 1898, VIII, 6-24 ; Semaine méd., 1898, XVIII, 18-20.

1242. Bois (J.). *Evocation des morts.* Rev. Encyclop., 1898, VIII, 1026-1030.

1243. Bois (J.). *Le satanisme et la magie.* Paris, Chailley, 1898.

1244. Crocq (J.), fils. *L'occultisme scientifique.* J. de Neurol., 1898, III, 373-387.

1245. Dupouy (E.). *Sciences occultes et physiologie psychique.* Paris, Soc. d'Éd. Scient., 1898, p. 320.

1246. Flower (B.-O.). *Science and Psychical Research.* Arena, 1898, XX, 87-104.

1247. Fontenay (G. de). *A propos d'Eusapia Paladino. — Compte rendu des séances de Montfort-l'Amaury,* etc. Paris, 1898.

1248. Giacchi (O.). *La psicotelegrafia.* Forli. 1898.

1249. Hodgson (R.). *A Further Record of Observations of Certain Phenomena of Trance.* Proc. Soc. Psy. Res., 1898, XIII (Pt. XXXIII), 284-582.

1250. Hyslop (J.-H.). *Psychical Research and Coincidences.* Psychol. Rev., 1898, V, 362-387.

1251. Hyslop (J.-H.). *The Problems of Immortality : Some Recent Mediumistic Phenomena.* Forum, 1898, XXV, 736-748.

1252. Lang (A.). *Les visions dans le cristal.* (Tr. par E. Lefébure.) Ann. d. Sc. Psych., 1898, VIII, 129-147.

1253. Lang (A.). *Second Sight.* Caledon. Med. J., 1898, III, 178-183.

1254. Magnix (M.). *Compte rendu analytique des expériences de M. Richard Hodgson avec Mme Piper.* Ann. d. Sc. Psych., 1898, VIII, 228-254.

1255. Myers (F.-W.-H.). *De la conscience* ....tle. Ann. d. Sc. Psych., 1898, VIII, 88-126, 170-185, I

1256. Myers (F.-W.-H.). *On* V. . . . . . . .National. Rev., 1898, XXXII, 230-242.

1257. Newbold (W.-R.). *A Further Record of Observations o Phenomena of Trance.* Part II, Proc. Soc. Psy. Res., 1 (Pt. XXXIV), 6-49.

1258. Pappalardo (A.). *Spiritismo.* Milan, Hoepli, 1898.

1259. Podmore (F.). *Discussion of the Trance-Phenomena of M* Proc. Soc. Psy. Res., 1898, XIV (Pt. XXXIV), 50-78.

1260. Podmore (F.). *Esprits tapageurs.* (Tr. par H. de Rhod clusion.) Ann. d. Sc. Psych., 1898, VIII, 25-44.

1261. Prince (M.). *An Experimental Study of Visions.* (Abstr ton Soc. Med. Sc., 1898, III, 47-50.

1262. Robinson (W.-E.). *Spirit Slate-Writing and Kindred Ph* New York, Munn and Co, 1898, 155 p.

1263. Scotti (G.). *Lo spiritismo e i nuovi studi psichici.* | Conti, 1898, 82 p.

1264. Surbled (G.). *Spiritualisme et spiritisme.* Paris, Téqui.

1265. Titchener (E.-B.). *The « Feeling of Being Stared At ».* N. S., 1898, VIII, 895-897.

1266. Vesme (C.). *L'ipotesi telepatica e la spiritica nelle nuove lell' Hodgson.* Arch. di Psichiat., 1898, XIX, 259-264.

[Voir aussi VIII b, VIII i.]

C. — Sommeil. Rêves. Subconscience

1267. Agostini (C.). *Sui disturbi psichici e sulle alterazioni d nervoso centrale per l'insonnia assoluta.* Riv. Sperim. di 1898, XXIV, 113-125.

1268. Benini (V.). *La memoria e la lurata dei sogni.* Riv. Ital. 1898, XIII (I), 149-178.

1269. Benjamin (R.). *Ueber den physiologischen und patho Schlaf.* Allg. Ztsch. f. Psychiat., 1898, LIV, 1061-1688.

1270. Berger (E.) and Lœwy (R.). *L'état des yeux pendan meil et la théorie du sommeil.* J. de l'Anat. et de la Physi XXXIV, 364-418. C. R. Soc. de Biol., 10° S., 1898, V. Interméd. d. Biol., 1898, I, 527-531.

1271. Chabaneix (A.-P.). *Essai sur le subconscient dans les l'esprit et chez les auteurs.* (Thèse.) Bordeaux, 1898.

1272. Chabaneix (P.). *Le subconscient chez les artistes, les les écrivains.* Paris, Baillière, 1898, 126 p.

1273. Daddi (L.). *Sulle alterazioni degli elementi del sistem centrale nell' insonnia sperimentale.* Riv. di Patol. Nerv. 1898, III, 1-12.

1274. Daddi (L.). *Sulle alterazioni del sistema nervoso cent inanizione.* Riv. di Patol. Nerv. e Ment., 1898, III, 295-

1275. De Sanctis (S.). *I sogni dei neuropatici e dei pazzi.* Psichiat., 1898, XIX, 382-408.

1276. Durand (J.-P.). *Psychologie et morale de la subconscience.* I. Congrès Internat. de Neurol., 1897 (1898), Communic., 199-201.

1277. Egger (V.). *Le souvenir dans le rêve.* Rev. Philos., 1898, XLVI, 154-157.

1278. Gernet (R.). *Das Verhalten der Augen im Schlaf.* (Diss.) Berlin, 1898, 28 p.

1279. Gley (É.), Vaschide (N.). *Appréciation du temps pendant le sommeil.* Interméd. d. Biol., 1898, I, 228, 419-421.

1280. H., L. *Sleep and the Theory of its Cause,* Nature, 1898, LVIII, 8-10.

1281. Kühner (A.). *Schlaf, Schlaflosigkeit, und Schlafmittel.* Leipzig, Verlag v. Kunst und Wissenschaft, 1898.

1282. Mélinand (C.). *Dream and Reality.* (Tr. fr. Rev. des Deux-Mondes.) Pop. Sci. Mo., 1898, LIV, 96-102.

1283. Mélinand (C.). *Le Rêve et la Réalité.* Rev. d. Deux-Mondes, 1898, CXLV, 424-442.

1284. Monroe (G.-J.). *Sleep.* Cincinnati Lancet-Clinic, 1898, XL, 389-392.

1285. Rose (A.). *Ueber nicht-medicamentöse Schlafmittel.* (Diss.) Berlin, 1898.

1286. Schatalow (N.). [*Activité psychique inconsciente, et son rôle dans la vie humaine.*] Voprosi Philos., 1898, IX, 169-186.

1287. Schleich (C.-L.). *Schmerzlose Operationem. Oertliche Betäubung mit indifferenten Flüssigkeiten. Psychophysik des natürlichen und künstlichen Schlafes.* 2te verb. und. verm. Aufl. Berlin, J. Springer, 1897. 3te verb. u. verm. Aufl., 1898, 276 P.

1288. Schofield (A.-T.). *The Unconscious Mind.* London, Hodder and Stoughton, 1898, vii + 436 p.

1289. Schubert-Soldern (R. von). *Ueber das Unbewusste im Bewusstsein.* Vtljsch. f. wiss. Philos., 1898, XXII, 393-408.

1290. Stinzig (R.). *Schlaf und Schlaflosigkeit.* Erfurt, Villaret, 1898.

1291. Tannery (P.). *Sur la mémoire dans le rêve.* Rev. Philos., 1898, XLV, 636-640.

1292. Tannery (P.). *Sur la paramnésie dans le rêve.* Rev. Philos., 1898, XLVI, 420-423.

1293. Tissié (P.). *Les rêves (Psychologie et physiologie).* 2e éd., rev. et aug. (Bibl. de Phil. Cont.) Paris, Alcan, 1898.

1294. Vaschide (N.). *Influenza dell'attenzione durante il sonno.* Riv Sperim. di Freniat., 1898, XXIV, 20-42.

[Voir aussi VIII i.]

D. — Attention

1295. Angell (J.-R.). *Habit and Attention.* Psychol. Rev., 1898, V, 179-183.

1296. Darlington (L.) and Talbot (E.-B.). *A Study of Certain* M *of Distracting the Attention.* III. *Distraction of Musical Sounds The Effects of Pitch upon Attention.* (Minor Stud. fr. Cornell Psychol. Lab.) Amer. J. of Psychol., 1898, IX, 332-345.

1297. De Sanctis (S.). *Studien uber die Aufmerksamkeit.* Ztsch. f. Psychol.. 1898, XVII, 205-214.

1298. Geyser (J.). *Ueber den Einfluss der Aufmerksamkeit auf die Intensität der Empfindung.* Munich. Seyfried, 1897.

1299. Grasso (D.). *Stulio sull'attenzione.* Riv. Ital. di Filos., 1897, XII, (II), 363-402.

1300. Hylan (J.-P.) *The Fluctuation of Attention.* Psychol. Rev. Monograph Suppl.. n° 6. New-York and London. Macmilan, 1898, 78, p.

1301. Jones (E.-E.-C.). *An Aspect of Attention.* Monist, 1898, VIII, 356-377.

1302. Kerrl (T.). *Zur Lehre von der Aufmerksamkeit* (Diss.) Greifswald, 1898, 113, p.

1303. Roux (J.). *Mécanisme anatomique de l'attention.* Arch. de Neurol.. 1898, VI, 456-467.

1304. Stein (G.). *Cultivated Motor Automatism ; A Stuly of Character in its Relation to Attention.* Psychol. Rev., 1898, V, 295-306.

[Voir aussi n° 1238.]

E. — Mémoire. Recognition. Images. Association

1305. Ambrosi (L.). *La psicologia dell'immaginazione nella storia della filosofia.* Rome. Societa Dante, 1898, xxv + 562, p.

1306. Bassi (G.). *Sulla sede e qualita dell'immagine oftalmoscopica.* Rivista Scient.. 1898, XXX. N°° 6. 7, 10 p.

1307. Bassi (G... *Sur le siege et la nature de l'image ophtalmoscopique.* Rec. d'Ophtal., 1898, XX, 616-627.

1308. Benthall (W.). *Memory.* Quart. Med. J., 1898, VI, 219-235.

1309. Calkins (M.-W.). *Short Studies in Memory and in Association from the Wellesley College Laboratory.* Psychol. Rev.. 1898, V, 451-463.

1310. Dearborn (G.-V.). *A Study of Imaginations.* Amer. J. of Psychol., 1898, IX, 183-190.

1311. Deffner (K.). *Die Aehnlichkeitsassociation.* (Diss.) Munich, 1898. 28 p. Ztsch. f. Psychol., 1898, XXVIII, 224-249.

1312. Fauth (F.). *Das Gedächtnis.* (Samml. a. d. Geb. d. pad. Psych. u. Physiol.) Berlin. Reuther und Richard, 1898, 88 p.

1313. Frenzel (B.). *Der Associationsbegriff bei Leibnitz.* Leipzig, Fock. 1898, 108 p.

1314. Freud (S.). *Zum psychischen Mechanismus der Vergesslichkeit.* Monatssch. f. Psychiat. u. Neurol.. 1898. IV, 436-442.

1315. Fuller (H.-N.). *The Art of Memory* St. Paul. National Publ. Co, 1898, ix + 481 p.

1316. Garrzzo (G.). *L'arte di ricordare esposta con metodo curiosissimo ed efficacissimo.* Mondovi, Blengini, 1898.

1317. Goblot (E.). *Sur la théorie physiologique de l'association.* Rev. Philos., 1898, XLVI, 487-503.

1318. Gredt (J.). *Das Erkennen.* Jahrb. f. Phil. u. Spec. Theol., 1898, XII, 408.

1319. Jastrow (J.). *The Psychology of Invention.* Psychol. Rev., 1898, V, 307-309.

1320. Kennedy (F.). *On the Experimental Investigation of Memory* Psychol. Rev., 1898, V, 477-499.

1321. Kirkpatrick (E.-A.). *Memory and Association.* Psychol. Rev., 1898, V, 654-655.

1322. Krejci (F.). *Auszug aus der Abhandlung : « Ueber das Assoziationsgesetz ».* Schr. d. Böhm. K. Franz Josef-Acad., I. Kl., 1897, 22 p.

1323. Lay (W.). *Mental Imagery.* Psychol. Rev. Monograph Suppl., n° 7. New York and London, Macmillan Co. 1898, 59 p.

1324. Loisette (A.). *Assimilative Memory, or How to Attend and Never Forget.* New York, Funk and Wagnalls Co., 1898, 170 p.

1325. Mac Dougal (R.). *Music Imagery : A Confession of Experience.* Psychol. Rev., 1898, V, 463-476.

1326. Malapert (P.). *La perception de la Ressemblance.* Rev. Philos., 1898, XLV, 61-75.

1327. Paulhan (F.). *L'invention.* Rev. Philos.. 1898, XLV, 225-238.

1328. Pötsch (A.). *Ueber Farbenvorstellungen Blinder.* Ztsch. f. Psychol., 1898, XIX, 47-62.

1329. Rouaix (P.). *Dictionnaire-manuel illustré des idées suggérées par les mots.* Paris, Collin et Cie, 1898, 538 p.

1330. Royce (J.). *The Psychology of Invention.* Psychol. Rev., 1898, V, 113-144.

1331. Ruths (C.). *Inductive Untersuchungen über die Fundamentalgesetze der psychischen Phänomene. — Allgem. Einleitung : Eine neue Forschungs methode. Bd. I. : Experimental-Untersuchungen über Musikphantome und ein daraus erschlosenes Grundegsetz der Entstehung der Wiedergabe und der Aufnahme von Tonwerken.* Darmstadt, Schlapp, H.-L. 1898. 43, 455 p.

1332. Scripture (E.-W.), Cooke (W.-C.) and Warren (C.-M.). *Researches on Memory for Arm-Movements.* Stud. fr. Yale. Psychol. Lab., 1897 (1898), VI, 90-92.

1333. Sergi (G.). *Intorno alla supposta « Imagine visiva cerebrale ».* Riv. Quind. di Psicol., 1898, II, 85-93.

1334. Vizioli. *L'immagine visiva cerebrale.* Annali di Neurol., 1898, XVI, 7-27.

1335. Wolff (G.). *Zur Psychologie des Erkennens.* Leipzig, Engelmann, 1898, 34 p.

[Voir aussi IV n.]

F. — DURÉE. INTENSITÉ. ÉTENDUE

1336. ABRAHAM (O.) und BRÜHL (L.-J.). *Wahrnehmung*
und Geräusche. Ztsch. f. Psychol., 1898, XVIII, 17

1337. ALBEK (A.). *Ein Apparat zur Auslösung optische*
Psychiat. u. Nervenh., 1898, XXX, 641-645.

1338. BERNSTEIN (J.). *Gegenbemerkung zu der Engelmann*
lung : « Ueber den Einfluss der Reizstärke, u. s. c
ges. Physiol. (PFLUGER'S), 1898, LXX, 367-370.

1339. BRUZDEWSKI (G. DE.). *L'influence de l'éclairage sur*
pour les objets colorés. Arch. d'Ophtal., 1898, XVII

1340. CASSLANT. *La loi psycho-physique.* Rev. Scient.. (
171-176.

1341. CATTELL (J.-M.). *The reaction-time of Counting.*
1898, V, 70-71.

1342. DE SANCTIS (S.) et VESPA (B.). *Modificazioni c*
visive sotto l'influenza di sensazioni gustative simu
Psicol., Psichiat. e Neuropat., 1898, fasc. 24, 12 p

1343. FICK (A.-E.). *Ueber Stäbchensehschärfe und Za*
Arch. f. Ophthal. (v. GRAEFE'S), 1898, XLV, 336-34

1344. GAMBLE (E.-A.-M.). *The Application of Weber's*
Amer. J. of Psychol., 1898, X, 82-142.

1345. GUILLERY. *Bemerkungen über centrale Sehschärfe.* .
heilk., 1898, XXXVII, 153-158.

1346. (H. VON). *Zur Frage der Wahrenhmung rascher V*
f. Krim.-Anthrop., 1898, I, 123-125.

1347 HALÉVY (E.). *Quelques remarques sur la notion d'i*
chologie. Rev. de Mét. et de Mor., 1898, VI, 589-60

1348. HUEY (E.-B.). *Preliminary Experiments in the I*
Psychology of Reading. Amer. J. of Psychol., 1891

1349. HUMMELSHEIM (E.). *Ueber den Einfluss der Pupille*
Sehschärfe bei verchiedener Intensität der Beleug
Ophthal. (v. GRAEFE'S), 1898, XLV, 357-373.

1350. JASTROW (J.). *A Sorting Apparatus for the Stuc*
Times. Psychol. Rev., 1898, V, 279-285.

1351. LANE (W.-B.). *Space-Threshold of Colours and its*
Contrast Phenomena. Univ. of Soronto Stud. —
1898, no. 1, 1-85.

1352. LANE (W.-B.). *Spatial Threshold of Colours.* Trai
1896-97 (1898), V, 225-242.

1353. MEYER (M.). *Ueber die Intensität der Einzeltöne zusa*
Klänge. Ztsch. f. Psychol., 1898, XVII, 1-14.

1354. MEYER (M.). *Ueber die Unterschiedsempfindlichkeit*
nebst einigen Bemerkungen über die Methode der

rungen. Ztsch. f. Psychol., 1898, XVI, 352-372. Beitr. z. Ak. u. Musikwiss., 1898, II, 66-83.

1355. Mosch (E.). *Zur Methode der richtigen und falschen Fälle im Gebiete der Schallempfindungen*. Philos. Stud., 1898, XIV, 491-549.

1356. Panse (R.). *Ein objectives Tonmaass*. Arch. f. Ohrenheilk., 1897, XLIII, 251-256.

1357. Pergens (E.). *Le chaos lumineux de la rétine et ses relations avec le seuil de l'excitabilité rétinienne*. Annales d'Ocul., 1898, CXX, 98-113.

1358. Pertz (A.). *Photometrische Untersuchungen über die Schwellenwerthe der Lichtreize*. (Diss.) Friburg, 1896, 39 p.

1359. Rrche. *Einige Bemerkungen zur Messung der Sehschärfe*. Arch. f. Augenheilk., 1897, XXXVI, 143-159.

1360. Richet (C.). *La forme et la durée de la vibration nerveuse et l'unité psychologique du temps*. Rev. Philos., 1898, XLV, 337-350.

1361. Sanford (E.-C.). *The Vernier Chronoscope*. Amer. J. of Psychol., 1898, IX, 191-197.

1362. Stumpf (C.) and Meyer (M.). *Maassbestimmungen über die Reinheit consonanter Intervalle*. Ztsch. f. Psychol., 1898, XVIII, 321-404. Beitr. z. Ak. u. Musikwiss., 1898, II, 84-167.

1363. Vintschgau (A. von) and Durio (A.). *Zeitmessende Versuche über die Unterscheidung zweier elektrischer Hautreize*. Arch. f. d. ges. Physiol. (Pfluger's), 1898, LXIX, 307-385.

1364. Weyrr (E.-M.). *Die Zeitschwellen gleichartiger und disparater Sinneseindrücke*. (Diss.) Leipzig, 1898, 97 p. Philos. Stud., 1898, XIV, 616-639.

1365. Wrkschnrr (A.). *Methodologische Beiträge zu psycho-physischen Messungen*. (Sch. d. Ges. f. psychol. Forsch., III, n.) Leipzig, Barth, 1898, VI + 238.

G. — Perception des objets. Espaces. Temps, etc.

1366. Abramowski (E.). [*Le caractere de dualité des perceptions.*] Przeglad Filoz., 1898, I, 45-64.

1367. Angell (J.-R.), Spray (J.-N.) and Mahood (E.-W.). *An Investigation of Certain Factors Affecting the Relations of Dermal and Optical Space*. Psychol. Rev., 1898, V, 579-594.

1368. Ashley (M.-L.). *Concerning the Significance of Intensity of Light in Visual Estimates of Depth*. Psychol. Rev., 1898, V, 595-615.

1369. Bernstein (A.-N.). [*New Trends in the Theory of Perception.*] Voprosi Philos., 1898, IX, n° 1.

1370. Bonnier (P.). *A propos de l'orientation auditive*, C. R. Soc. de Biol., 10e S., 1898, V, 913-916.

1371. Bonnier (P.). *L'orientation subjective directe*. C. R. Biol., 10e S., 1898, V, 653-656.

1372. Bonnier (P.). *Orientation objective et orientation subjective.* C. R. Soc. de Biol., 10ᵉ S., 1898, V, 821-827.

1373. Bourdon (B.). *La perception monoculaire de la profondeur.* Rev. Philos., 1898, XLVI, 124-145.

1374. Bourdon (B.). *Les résultats des travaux sur la perception de la profondeur.* Année Psychol., 1897 (1898), IV, 390-432.

1375. Bourdon (B.). *Sur les mouvements apparents des points lumineux isolés.* Interméd. d. Biol., 1898, I, 382-385.

1376. Breuer (J.) und Kreidl (A.). *Ueber die scheinbare Drehung des Gesichtsfeldes während der Einwirkung einer Centrifugalkraft.* Arch. f. d. ges. Physiol. (Pfluger's), 1898, LXX, 494-510.

1377. Claparède (E.). *La perception stéréognostique.* Interméd. d. Biol., 1898, I, 432-437.

1378. Clavière (J.). *Contribution à l'étude du sens de l'espace tactile.* Interméd. d. Biol., 1898, I, 406-417.

1379. Colardeau (E.). *L'évaluation sensorielle des longueurs.* Rev. Scient., 4ᵉ S., 1898, X, 97-104.

1380. Dandolo (G.). *Le integrazioni psichiche e la percezione esterna.* Padua, Draghi, 1898, xx + 114 p.

1381. Dewey (J.). *The Sense of Solidity.* Science, N. S., 1898, VIII, 675.

1382. Dubrecque (G.). *L'intuition motrice.* Rev. Philos., 1898, XLVI, 253-292.

1383. Dunn (J.). *Some Remarks upon Physiological Diplopia at a Distance at the Periphery of the Field.* Arch. of Ophthal., 1898, XXVII, 193-198.

1384. Dussaud. *Sur l'impression tactile due au contact d'une succession de reliefs représentant un objet mobile dans ses differentes positions.* Comp. Rend. Ac. de Sc., 1898, CXXVII (417-418), 489.

1385. Ebhardt (K.). *Zwei Beiträge zur Psychologie des Rhythmus und des Tempo.* (Diss.) Berlin, 1898, 56 p. Ztsch. f. Psychol., 1898, XVIII, 99-154.

1386. Egger (M.). *De l'orientation auditive.* C. R. Soc. de Biol., 1ᵉʳ S., 1898, V, 740-742, 854-856.

1387. Gasne (G.). *Sens stéréognostique et centres d'association.* Nouv. Icon. de la Salpêtrière, 1898, XI, 46-56.

1388. Goblot (E.). *La vision droite.* Rec. d'Ophtal., 3ᵉ S., 1898, XI, 1-11, 77-89.

1389. Guébhard (A.), Loiselle (A.), Lewis (R.-T.), Bourdon (B.). *Grandeur apparente de la lune.* Interméd. d. Biol., 1898, 351-352, 391-395.

1390. Henri (V.). *Ueber die Lokalisation der Tastempfindungen.* (Diss.) Göttingen, 1897, 73 p.

1391. Henri (V.). *Ueber die Raumwahrnehmungen des Tastsinnes.* Berlin, Reuther und Reichard, 1898, xii + 228 p.

1392. Ikenberry (L.-D.) and Shutt (C.-E.). *Experiments in Judging the Distance of Sound.* Kansas Univ. Qt. (Ser. A.), 1898, VII, 9-16.

1393. JASTROW (J.). *Some Aids to the Study of Stereoscopic Vision.* Science, N. S., 1898, VII, 615-622.

1394. JOIRE (P.). *De l'extériorisation de la sensibilité.* Rev. de l'Hypnot., 1898, XII, 193-203.

1395. JUDD (C.-H.). *Binocular Factors in Monocular Vision.* Science, N. S., 1898, VII, 269-271.

1396. JUDD (C.-H.). *Retinal Images and Binocular Vision.* Science, N. S., 1898, VII, 425-426.

1397. JUDD (C.-H.). *Visual Perception of the Third Dimension.* Psychol. Rev., 1898, V, 388-400.

1398. KATTWINKEL. *Die Schrift in die Hand.* Deutsch. Arch. f. klin. Med., 1898, LXI, 342-364.

1399. LANDOLT (E.). *La détermination de la « projection » ou « localisation » de l'œil.* Arch. d'Ophthal., 1898, XVIII, 273-275.

1400. LOEB (J.). *Ueber Kontrasterscheinungen in Gebiete der Raumempfindungen.* Ztsch. f. Psychol., 1898, XVI, 298-299.

1401. MAJOR (D.-R.). *Cutaneous Perception of Form.* (Minor Stud. fr. Cornell Psychol. Lab.) Amer. J. of Psychol., 1898, X. 143-147.

1402. MARBE (K.). *Die stroboskopischen Erscheinungen.* Philos. Stud., 1898, XIV, 376-401.

1403. MATSUMOTO (M.). *Researches on Acoustic Space.* Stud. fr. Yale Psychol. Lab., 1897 (1898), V, 1-76.

1404. MONTALTO. *L'intuizione nella vita psichica.* Turin, 1898.

1405. MULDER (M.-E.). *Unser Urtheil über Vertical bei Neigung des Kopfes nach Rechts oder Links.* Groningen, Noordhoff, 1898, 12 p.

1406. MULLER (R.). *Ueber Raumwahrnehmung beim monocularen indirecten Sehen.* Philos. Stud., 1898, XIV, 402-470.

1407. NYS (D.). *La notion de temps.* Louvain, Inst. Sup. de Philos., 1898, 232 p.

1408. OLIVER (C.-A.). *An Improved Form of Stereoscope.* Ophthal. Rec., N. S., 1898, VII, 22-24.

1409. POINCARÉ (H.). *La mesure du temps.* Rev. de Mét. et de Mor., 1898, VI, 1-13.

1410. RICHET (C.). *Réflexions à propos de l'observation de M. Capitan sur l'appréciation du temps.* C. R. Soc. de Biol., 10ᵉ S., 1898, V, 701-702.

1411. SACHS (M.). *Zur Erklärung der Mikropie (nebst Bemerkungen über die geschätse Grösse geschener Gegenstände.)* Arch. f. Ophthal. (v. GRAEFE's), 1897, XLIV, 87-126.

1412. SAVAGE (G.-C.). *The Field of Binocular Fixation or the Home of the Guiding Sensation of the Retina.* J. of Ame... .., 1898. XXXI, 844-846.

1413. SAVAGE (G.-C.). *Three Facts and T...* ... of *Direction.* Ophthal. Rec., N. S., 18...

1414. Schumann (F.). *Zur Psychologie der Zeitanschauung*. Ztsch. f. Psychol., 1898, XVII, 106-148.

1415. Schumann (F.). *Ein Contactapparat zur Auslösung elektrischer Signale in variirbaren Intervallen*. Ztsch. f. Psychol., 1899, XVII, 253-271.

1416. Schumann (F.). *Zur Schätzung leerer, von einfachen Schalleindrücken begrenzter Zeiten*. Ztsch. f. Psychol. 1898, XVIII, 1-48.

1417. Scripture (E.-W.). *On Binaural Space*. Stud. fr. Yale Psychol. Lab., 1897 (1898), V, 76-80.

1418. Seyfert (R.). *Ueber die Auffassung einfachster Raumformen*. Philos. Stud., 1898, XIV, 550-566.

1419. Shutt (C.-E.). *Experiments in Judging the Distance of Sound*. Kansas Univ. Qt. (Ser. A.), 1898, VII, 1-7.

1420. Stern(L.-W.). *Psychologie der Veränderungsauffassung*. Breslau, Preuss und Jünger, 1898, XII + 264 p.

1421. Stevens (W. le C.). *Muscular Disturbances in Monocular Vision*. Science, N. S., 1898, VII, 353-354.

1422. Stevenson (D.-W.). *Dr. Savage's Direction Theory*. Ophthal. Rec., N. S., 1898, VII, 112-116.

1423. Stratton (G.-M.). *A Mirror Pseudoscope and the Limit of Visible Depth*. Psychol. Rev., 1898, V, 633-638.

1424. Weiland (C.). *A Few Remarks as to the Laws of Visible Direction*. Ophthal. Rec., N. S., 1898, VII, 544-545.

1425. Wilson (H.). *The Laws of Visible Direction*. Ophthal. Rec., N. S., 1898, VII, 384-388.

1426. Wolfe, H. K. *Some Judgments on the Size of Familiar Objects*. Amer. J. of Psychol., 1898, IX, 137-166.

1427. Wundt (W.). *Zur theorie der räumlichen Gesichtswahrnehmungen*. Philos. Stud., 1898, XIV, 1-118.

[Voir aussi Vf, Vj.]

H. — ILLUSIONS NORMALES

1428. Bolton (F.-E.). *A Contribution to the Study of Illusions*. J. of Psychol., 1898, IX, 167-182.

1429. Einthoven (W.). *Eine einfache physiologische Erklärung für verchiedene geometrich-optische Täuschungen*. Arch. f. d. ges. Physiol. (Pflüger's), 1898, LXXI, 1-43.

1430. Filehne (W.). *Die geometrisch-optischen Täuschungen als Nachwirkungen der im körperlichen Sehen erworbenen Erfahrung* Ztsch. f. Psychol., 1898, XVII, 15-61.

1431. Grünbaum (O.-F.-F.). *Optical Illusions produced by Obs. of Rotating Disks*. Nature, 1898, LVII, 271.

1432. Heymans (G.) ; Wundt (W.). *Berichtigung*. Philos. S XIII, 613-615, 616-619.

1433. JUDD (C.-H.). *An Optical Illusion.* Psychol. Rev., 1898, V, 286-294.

1434. KENYON (F.-C.). *A Curious Optical Illusion connected with an Electric Fan.* Science, N. S., 1898, VIII, 371-372.

1435. LAUTENBACH (R.). *Die geometrisch-optischen Tauschungen und ihre psychologische Bedeutung. (Neuere Literatur.)* Ztsch. f. Hypnot., 1898, VIII, 28-39.

1436. LIPPS (T.). *Raumästhetik und geometrisch-optische Tauschungen.* Ztsch. f. Psychol., 1898, XVIII, 405-441.

1437. NAGEL (W.-A.). *Ueber das Aubert'sche Phänomen und verwandte Tauschungen über die vertikale Richtung.* Ztsch. f. Psychol., 1898, XVI, 373-398.

1438. PIERCE (A.-H.). *Geometrical Optical Illusions.* Science, N. S., 1898, VIII, 814-829.

1439. PIERCE (A.-H.). *The Illusion of the Kindergaten Patterns.* Psychol., Rev., 1898, V, 233-253.

1440. PIERCE (A.-H.), LE CONTE (J.). *The Windmill Illusion.* Science, N. S., 1898, VIII, 479-481.

1441. POWELL (J.-W.). *Fallacies of Perception.* Open Court, 1898, XII, 720-729.

1442. RICE (J.-F.). *The Size-Weight Illusion among the Blind.* Stud. fr. Yale Psychol. Lab., 1897 (1898), V, 81-87.

1443. SALOMONS (D.). *A New Single Picture Pseudoscope.* Nature, 1898, LVII, 317-318.

1444. WITASEK (S.). *Ueber die Natur der geometrisch-optischen Tauschungen.* Ztsch. f. Psychol., 1898, XIX, 81-174.

1445. WOLFE (H.-K.). *Some Effects of Size on Judgments of Weight.* Psychol. Rev., 1898, V, 26-54.

1446. WUNDT (W.). *Die geometrisch-optischen Tauschungen.* Abh. d. k. Sachs. Ges. d. Wiss. — Math.-phys. Cl., 1898, XXIV, 53-178.

1447. ZEHRNDER (W. VON). *Die geometrisch-optischen Tauschungen.* Klin. Monatsbl. f. Augenh., 1898, XXXVI, 410-412.

[Voir aussi Vg, VIc.]

I. — PROCESSUS LOGIQUE ET CROYANCE

1448. ADICKES (E.). *Wissen und Glauben.* Deutsche Rdschau., 1898, XCIV, 86-107.

1449. AMBROSI (L.). *I principii della Conoscenza e la loro prima radice.* Riv. Ital. di Filos., 1897, XII (II), 313-338.

1450. ANCIAUX (E.). *Bulletin de logique.* Rev. Néo-Scol., 1898, V, 456-461.

1451. BAILLIE (J.-B.). *Truth and History.* Mind, N. S., 1898, VII, 506-

1453. BIEGANSKI (L.). [*Pensée logique et association des idées.*] Przeglad
Filoz., 1898, I, 1-18.

1454. CREIGHTON (J.-E.). *An Introductory Logic.* New-York and London,
Macmillan Co., 1898, XIV + 392 p.

1455. DE BELLIS (L.). *L'organizzazione della Conoscenza.* Civitanova
Natalucci, 1898, 168 p.

1456. DELMŒUF (J.). *La géométrie euclidienne sans le postulatum d'Euclide.* Paris, Hermann, 1897, 117 p.

1457. DESCHAMPS (E.). *La science de l'ordre (Essai d'harmologie)* Rev.
Néo-Scol., 1898, V, 30-44.

1458. GALLARD (G.). *La recherche du particulier.* Rev. Philos., 1898,
XLVI, 146-153.

1459. GRASSERIE (R. DE LA). *La catégorie psychologique de la classification, révélée par le langage.* Rev. Philos., 1898, XLV, 594-624.

1460. JONES (E.-E.-C.). *The Paradox of Logical Inference.* Mind, N. S.,
1898, VII, 205-218.

1461. KLASSMANN (A.-O.). *Zeugung-Prüfung.* Arch. f. Krim.-Anthrop.,
1898, I, 39-60.

1462. LEUCKFELD (P.). *Zur logischen Lehre von der Induction.* Arch. f.
Gesch. d. Phil., 1898, XI, 372-390.

1463. MILHAUD (G.). *La certitude logique.* 2º éd. Paris, Alcan, 1898,
VIII + 204 p.

1464. MILHAUD (G.). *Le rationnel.* Paris, Alcan, 1898, 179 p.

1465. MORANDO (G.). *Corso elementare di filosofia. II. Elementi di Logica.*
Milan, Cogliati, 1898, 467 p.

1466. OWEN (G.-T). *The Meaning and Function of Thought-Connectives.*
(Repr. fr. Trans. Wisc. Acad. of Sci., XII), 1898, 48 p.

1467. PFEIFER (F.-X.). *Ueber den Begriff der Auslösung und dessen
Anwendung auf die Vorgänge der Erkenntniss.* (Schluss.) Philos.
Jahrb., 1898, XI, 40-51.

1468. RAECK (H.). *Der Begriff des Wirklichen. Eine psychologische
Untersuchung.* (Diss.) Breslau, 1898, 50 p.

1469. RAUH (F.). *La conscience du devenir.* (Suite et fin.) Rev. de Mét.
et de Mor., 1898, VI, 38-60.

1470. READ (C.). *Logic, Deductive and Inductive.* London, Grant
Richards, 1898, 323 p.

1471. ROBINS (E.-P.). *Modern Theories of Judgment.* Philos. Rev., 1898,
VII, 583-603.

1472. SCHIAVI (I.). *Logica ad uso degli studenti che s'iniziano alla filosofia.* Padua, 1898, 279 p.

1473. SCHMIDT (W.). *Fr. Bacos Theorie der Induktion.* Ztsch. f. Philos.
u. Ph. Kr., 1898, CXII, 42-73.

1474. SUMNER (F.-B.). *A Statistical Study of Belief.* Ps.
V, 616-632.

1475. TICHOMIROW (P.-V.). *The Logical Character
sitions.* Voprosi Philos., 1898, IX, 109-132.

1476. Vailati (G.). *Il metodo deduttivo come strumento di ricerca.* Turin, Roux, Frassati e Co., 1898, 44 p.

1477. Vailati (G.). *La méthode déductive comme instrument de recherche.* Rev. de Mét. et de Mor., 1898, VI, 667-703.

1478. Washburn (M.). *The Psychology of Deductive Logic.* Mind, N. S., 1898, VII, 523-530.

1479. Weber (L.). *La molalité du jugement par M. Léon Brunschwicg.* Rev. de Mét. et de Mor., 1898, VI, 474-504.

[Voir aussi Ve.]

J. — Conscience personnelle.
Théorie de la connaissance. Philosophie

1480. Andrade (J.). *Les idées directrices de la mécanique.* Rev. Philos., 1898, XLVI, 399-419.

1481. Bakewell (C.-M.). *Pluralism and the Credentials of Monism.* Philos. Rev., 1898, VII, 355-374.

1482. Barre (A. de la). *Certitudes scientifiques et certitudes philosoques.* Paris, Blond et Barral, 1897.

1483. Barre (A. de la). *Points de départ scientifiques et connexions logiques en physique et en métaphysique.* Ann. de Philos. Chrét., 1898, XXXVII, 369-386.

1484. Beaupuy. *Un essai de réhabilitation de Hegel.* Ét. publ. p. Pères Comp. de Jésus, 1898, LXXVI, 380-385.

1485. Benn (A.-W.). *The Philosophy of Greece.* London, G. Richards, 1898, x + 308 p.

1486 Bensow (O.). *Zu Fichtes Lehre vom Nicht-Ich.* (Bern. Stud. z. Philos. XII.) Bern, Steiger, 1898, 41 p.

1487. Bianchi (R.). *Il Naturalismo e la Filosofia di Diderot.* Riv. Ital. di Filos., 1898, XIII (II), 154-189.

1488. Bilharz (A.). *Metaphysik als Lehre vom Vorbewussten.* Bd. I. Wiesbaden, Bergmann (J.-F.), 1898, x + 430 p.

1489. Blondeau (C.). *L'Absolu et sa loi constitutive.* Paris, Alcan, 1898, xxv + 344 p.

1490. Blondel (M.). *L'illusion idéaliste.* Rev. de Mét. et de Mor., 1898, VI, 726-745.

1491. Bogli (H.). *Aphorismen uber den Idealismus auf der Grundlage der empirischen Psychologie.* Bern, Neukomm und Zimmermann,

La méthode expérimentale et les axiomes de la causa- 4° S., 1898, IX, 737-745.

, Ueber die Grenzen des Naturerkennens. 2 Veit et Co., 1898. 120 p.

Erkenntnistheorie und

1495. Börtger (R.). *Das Grundproblem der Schopenhauerschen Philosophie.* Greifswald, J. Abel. 1898. 42 p.

1496. Bowne (B.-P.). *Metaphysics.* 2° éd. New York and London, Harpers, 1898, ix + 429 p.

1497. Boyce (G.). *The Regulæ of Descartes.* Mind, N. S., 1898, VII, 145-158, 332-363.

1498. Brunschvicg (L.) *De quelques préjugés contre la philosophie.* Rev. de ét Mét. de Mor., 1898, VI, 401-421.

1499. Burckhardt (W.). *Kant's objectiver Idealismus.* (Diss.) Greifswald, 1898, 31 p.

1500. Calinon (A.). *Sur la définition des grandeurs.* Rev. Philos., 1898, XLV, 490-499.

1501. Carstanjen (F.). *Der Empiriokritizismus.* Vtljsch. f. wiss. Philos.. 1898. XXII, 45-95, 190-214, 267-293.

1502. Chartier (E.). *Commentaire aux fragments de Jules Lagneau.* Rev. de Mét. et de Mor., 1898, VI, 448-473, 529-565.

1503. Chevalier (L.). *Das Entstehen und Werden des Selbstbewusstseins.* 1. (Progr.) Prag, 1897, 43 p.

1504. Couturat (L.). *Essai sur les fondements de la géométrie.* Rev. de Mét. et de Mor., 1898, VI, 354-380.

1505. Couturat (L.). *Sur les rapports du nombre et de la grandeur.* Rev. de Mét. et de Mor., 1898, 422-447.

1506. Cutler (A.-A.). *The Aesthetical Factors in Kant's Theory of Knowledge* Kantstud., 1898, II, 419-439.

1507. De Craene (G.). *La croyance au monde extérieur.* Rev. Néo-Scol., 1898, V, 410-428.

1508. Delacroix (H.). *Avenarius. Esquisse de l'empiriocriticisme.* (Suite et fin.) Rev. de Mét. et de Mor., 1898, VI, 61-102.

1509. Denis (C.). *Esquisse d'une apologie philosophique du christianisme. Vérité et réalité,* etc. Ann. de Philos. Chrét., 1898, XXXVII, 435-477.

1510. De Wulf (M.). *Qu'est-ce que la philosophie scolastique?* Rev. Néo-Scol., 1898, V, 141-153, 282-286.

1511. Dunan (C.). *La nature des corps.* Rev. de Mét. et de Mor., 1898, VI, 303-328.

1512. Dunan (C.). *La philosophie spiritualiste.* Rev. Philos., 1898, XLV, 431-465.

1513. Edmunds (A.-J.). *Time and Space; Hints Given by Swedenborg to Kant.* New Church Rev., 1897, IV, 257-263.

1514. Eisler (R.). *Ueber Ursprung und Wesen des Glaubens an die Existenz der Aussenwelt.* Vtljsch. f. wiss. Philos., 1898, XXII, 408-426.

1515. Elbogen (J.). *Der Tractatus de intellectus emendatione und seine Stellung in der Philosophie Spinozas.* I. (Diss.) Breslau, 1898, 33 p.

1516. Evellin. *Philosophie et Mathématique : l'infini nouveau.* Rev. Philos., 1898, XLV, 113-119.

1517. Evellin (F.), and (Z.), *Philosophie et mathematique.* — *L'infini nouveau.* Rev. Philos., 1898, XLVI, 473-486.

1518. Flügel (O.). *Idealismus und Materialismus der Geschichte.* Ztsch. f. Philos. u. Päd., 1898, V, 1, 81, 161.

1519. Glawn (L.). *Die Untruglichkeit unserer Sinne.* 2 The. Leipzig, H. Haacke, 1898, VII + 116, 111 p. *

1520. Gottlieb (H.). *Das Erkenntnissproblem auf naturwissenschaftlicher Grundlage formulirt.* Stgzsb. d. k. Akad. Wiss. Wien. — Phil.-hist. Cl., 1898, CXXXIX, 1-28 p.

1521. Greene (W.-B, Jr.). *Metaphysics of Christian Apologetics.* Presb. and Ref. Rev., 1898, IX. 60-82, 261-288, 472-499, 659-694.

1522. Guastalla (C.). *Saggi sulla teoria della Conoscenza.* Palermo, Sandron, 1898, 575 p.

1523. Hartmann (E. von). *Die allotrope Causalität.* Arch. f. syst. Philos., 1898, V, 1-24.

1524. Hirben (J.-G.). *The Problems of Philosophy.* New York, Scribners, 1898, VI + 203 p.

1525. Hodgson (S.-H.). *The Metaphysic of Experience.* 4 vols. London, New York and Bombay, Longmans, Green and Co., 1898, XIX + 439, VIII + 403, VIII + 446, VIII + 503 p.

1526. Huit (C.). *La philosophie de M. Paul Janet.* Ann. de Philos. Chrét., 1898, XXXIX, 46-64.

1527. Huit (C.). *Le Platonisme pendant la renaissance.* XII. Ann. de Philos. Chrét., 1898, XXXVII, 421-435.

1528. Hyslop (J.-H.). *Kant's Doctrine of Time and Space.* Mind. N S., 1898, VII, 71-84.

1529. Jacob. *La philosophie d'hier et celle d'aujourd'hui.* Rev. de Mét. et de Mor., 1898, VI, 170-201.

1530. James (W.). *Philosophical Conceptions and Practical Results.* (Philos. Union, Univ. of Cal.) Univ. Chron., 1898, 24 p.

1531. Jerusalem (W.). *Wahrheit und Lüge.* Deutsche Rundschau, 1898, XCVII, 224-245.

1532. Kaufmann (N.). *Die Methode des mechanischen Monismus.* Philos. Jahrb., 1898, XI, 397-418.

1533. Kennedy (F.). *The Metaphysical Worth of the Atomic Theory.* (Diss.) Leipzig, 1898, 38 p.

1534. Knox (H.-V.). *Purpose in Nature.* Philos. Rev., 1898, VII, 286-294.

1535. Koch (E.). *Richard Avenarius' Kritik der reiner Erfahung.* (Forts.) Arch. f. syst. Phil., 1898, IV, 129-159, 336-363.

1536. Kowalewski (A.). *Prodromos einer Kritik der erkenntnisstheoretischen Vernunft.* Leipzig, O. Mutze, 1898, 30 p.

1537. Kowalewski (A.). *Ueber das Kausalitätsproblem.* Mutze, 1898, 121 p.

1538. L. (B.-L.). *The Doctrine of Energy.* Lon x + 108 p.

1539. LAISANT (C.-A.). *La Mathématique, philosophie, enseignement.* Paris, Carré et Naud., 1898 292 p.

1540. LECHALAS (G.). *Les fondemements de la géométrie d'apres M. Russell.* Ann. de Philos- Chrét., 1898, XXXVIII, 646, XXXIX 75-64.

1541. LEHMANN (F.). *Beitrag zur Geschichte und zur Kritik des Spinozismus.* (Progr.) Siegen, 1898, 37 p.

1542. LICHTENBERGER (H.). *La philosophie de Nietzsche.* Paris, Alcan, 1898, 186 p.

1543. LIND (P. VON). *Eine unsterbliche Entdeckung Kant's, oder die vermeintliche « Lücke » in Kant's System.* Leipzig, Haacke, 1898, IX + 62 p.

1544. LIPPS (G.-F.). *Untersuchungen über die Grundlagen der Mathematik,* Philos. Stud., 1898, XIV, 157-241.

1545. LLOYD (A.-H.). *Epistemology and Physical Science.* Philos. Rev., 1898, VII, 374-381.

1546 MAIER (H.). *Die Bedeutung der Erkenntnistheorie Kant's für die Philosophie der Gegenwart.* Kantstud., 1898, II, 389-418 ; III, 10-40.

1547. MARTIN (J.). *L'illusion des philosophes.* Rev. Philos., 1898, XLV, 466-489.

1548. MARTIN (W.-T.). *Die Giltigkeit unserer Erkenntnis der objektiven Welt.* (Diss.) Bonn, 1898, 31 p.

1549. MASSONIUS (M.). [*Le rationalisme dans la théorie de Kant sur la connaissance.*] Przeglad Filoz., 1898, I, 25-44.

1550. Mc GILVARY (E.-B.). *The Dialectical Method.* Mind, N. S., 1898, VII, 55-70, 233-342, 388-403.

1551. MEDICUS (F.). *Kant's transscendentale Aesthetik und die nichteuklidische Geometrie.* (Diss.) Jena, 1898, 40 p.

1552. MÉDIXAND (C.). *Un préjugé contre les sens,* Rev. d. Deux-Mondes. 1598, CXLIX, 435-452.

1553. MELLONE (S.-P.). *Studies in Philosophical Criticism and Construction* Edinburgh and London, Blackwood, 1897, XXII + 426 p.

1554. MERCIER (D.). *La philosophie de Herbert Spencer.* Rev. Néo-Scol., 1898, V, 5-29.

1555. MIVART (ST.-G.). *The Groundwork of Science.* (Sci. Ser.) New-York. Putmans ; London, Bliss, Sands and Co., 1898, XVIII + 328 p.

1556. MORGAN (C.-L.). *Causation, Physical and Metaphysical.* Monist. 1898, VIII, 230-249.

1557. MÜLLER (J.). *System der Philosophie.* Mayence, F. Kirchheim. 1898, VII + 372 p.

1558. NAGEL (F.). *Ueber den Begriff der Ursache bei Spinoza und Schopenhauers Kritik desselben.* Ztsch. f. Philos. u. ph. Kr., 1898, CXI, 252-266.

1559. NEF (W.). *Die Aesthetik als Wissenschaft der anschaulichen Erkenntnis* Leipzig, H. Haacke, 1898, 52 p.

1560. NOEL (G.). *La Philosophie de M. Lachelier.* Rev. de Mét. et de Mor., 1898, VI, 230-259.

1561. Oelzelt-Newim (A.). *Kosmodicee.* Leipzig et Vienne, F. Deuticke, 1897, 420 p.

1562. Paulsen (F.). *Einleitung in die Philosophie.* 5. Aufl. Berlin, W. Hertz, 1898, 444 p.

1563. Pennisi-Mauro (A.). *Conoscenza e Creazione.* Acireale, Tip. dell' Etna, 1898.

1564. Peterson (J.-B.). *The Empirical Theory of Causation.* Philos. Rev., 1898 VII⁴ 43-61.

1565. Philippow (M.-M.). [*Philosophie de la Réalité.*] Vol. II. St. Petersburg, 1897. XLIX + 417-1177 p.

1566. Pillox (F.). *La philosophie de Charles Secrétan.* Paris, Alcan, 1898, 197 p.

1567. Poincaré (H.). *On the Foundations of Geometry.* Monist, 1898, IX, 1-43.

1568. Poirsox (C.). *Le lynamisme absolu.* Paris, Masson, 1898, 381 p.

1569. Powell (J.-W.). *Intellections.* Open Court, 1898, XII, 641-652.

1570. Powell (J.-W.). *Truth and Error, or the Science of Intellection.* Chicago, Open Court. Publ. Co., 1878, 428 p.

1571. Récéjac (E.). *L'inconcevable.* Rev. Philos., 1898, XLVI, 45-65.

1572. Ribert (L.). *Essai d'une philosophie nouvelle suggérée par la science.* Paris, Alcan, 1898, 362 p.

1573. Ribert (L.). *L'empirisme, la science et la philosophie.* Rev. Scient., 4° S., 1898, X, 620-626.

1574. Richter (R.). *Die Methodik Spinozas.* Ztsch. f. Philos. u. ph. Kr., 1898, CXIII, 12-37.

1575. Ritchie (D.-G.). *The One and the Many.* Mind. N. S., 1898, VII, 449-476.

1576. Rogers (A.-K.). *Epistemology and Experience.* Philos. Rev., 1898, VII, 466-484.

1577. Rothexberger (C.). *Pestalozzi als Philosoph.* (Bern. Stud. z. Philos., XI.) Bern, Steiger und Co., 1898, 86 p.

1578. Russell (B.-A.-W.). *An Essay on the Foundations of Geometry.* Cambridge, Univ. Press, 1897, 202 p.

1579. Russell (B.-A.-W.). *Les axiomes propres à Euclide sont-ils empiriques?* Rev. de Mét. et de Mor., 1898, VI, 759-776.

1580. Russell (J.-E.), Tufts (J.-H.). *Epistemology and Mental States.* Philos. Rev., 1898, VII, 394-397.

1581. Sanz y Escartin (E.). *Nietzsche y el anarquismo Intelectual.* Madrid, Garcia, 1898, 53 p.

1582. Schadw (R.). *Kants Raumtheorie und die Physiologie.* (Diss.) Königsberg, 1898, 48 p.

1583. Scherer (K.-C.). *Das Thier in der Philosophie des Herrn Samuel Reimarius.* (Diss.) Würzburg, A. Gobel, 1898, 183 p.

1584. Schneider (E). *Begriff und Arten des Apriori in der the Philosophie Kants.* (Diss.) 1898, 34 p.

1585. Schulte-Tigges. *Philosophische Propädeutik a*

chaftlicher Grundlage. I. *Teil. Methodenlehre.* Berlin. Reimer, 1898, 80 p.

1586. SCHULZE (J.), (HAFFERBERG, Ed'r.). *Erläuterungen zu Kants Kritik der reinen Vernunft, von Joh. Schulze. Im Gewande der Gegenwart herausgegeben.* Jena, Haasmann, 1898, 222 p.

1587. SEELAND (N. VON.). *Zur Frage von dem Wesen des Raumes.* Philos. Jahrb., 1898, XI, 419-439.

1588. SEN (R.-C.). *An Essay on the Philosophy of Existence.* (W. Notes and Remarks by R.-N. Foster.) Banáres, Jaggeshar Press, 1898, 56 + VI + VII p.

1589. SEWALL (F.). *Philosophy as Affected by Nationality.* New World, 1898, VII, 102-112.

1590. SIGALL (E). *Platon und Leibniz über die angeborenen Ideen.* II. *Leibnizens Lehre über die angeborenen Ideen.* (Progr.) Czernowitz, 1898, 38 p.

1591. SOLOVIEFF (V.-S.). [*La Crédibilité de la raison.*] Voprosi Philos., 1898, IX, 385-405.

1592. SPICKER (G.). *Der Kampf zweier Weltanschauungen.* Stuttgart, Frommann, 1898, VIII + 302.

1593. STANLEY (H.-M.). *Space and Science.* Philos. Rev., 1898, VII, 615-620.

1594. STIRLING (J.-H.). *The Secret of Hegel.* New ed. rev. Edinburgh, Olivier and Boyd ; New York, Putnams ; 1898, LXIII + 751 p.

1595. STÖHR (A.). *Ursprung und Grenzen der menschlichen Erkenntniss.* (Prog. d. volksth. Univ.-Kurse, Wien.) Vienne, 1898.

1596. THIÉRY (A.). *Was soll Wundt für uns sein ?* Rev. Néo-Scol., 1898, V, 60-66.

1597. TSCHITSCH (W. VON.). *Warum sind-Raum und Zeitanschauungen beständig und unentbehrlich ?* Ztsch. f. Psychol., 1898, XVII, 368-382.

1598. TSCHITSCHERIN (B.-I.). [*Réalité et connaissance personnelle.*] Voprosi Philos., 1898, IX, 495-562.

1599. URBAN (W.-M.). *The History of the Principle of Sufficient Reason. Its Metaphysical and Logical Formulation.* Princeton Contrib. to Philos., 1898, I, 1-88.

1600. WERWORN (M.). *Filosofia generale. Saggio sulla teoria della vita.* Turin, Frat. Bocca, 1898.

1601. VORGES, DOMET (DE). *A propos des universaux.* Ann. de Philos. Chrét., 1898. XXXVII, 453-473.

1602. VORGES, DOMET (DE). *Les certitudes de l'expérience.* Paris, Roger et Chernowiz, 1898.

1603. VORGES, DOMET (DE). *Les certitudes de l'expérience.* II. Ann. de Philos. Chrét., 1898, XXXVII, 386-400.

1604. WARLENBERG (M.). *Kant's Theorie der Causalität.* (Diss). Jena, 1898, 91 p.

1605. WATSON (J.). *An Outline of Philosophy.* 2e ed. Glasgow. Maclehose and Sons. 1898. xxi + 489 p.

1606. WATSON (J.). *The Metaphysic of Aristotle.* Philos. Rev., 1898, VII, 23-42, 113-134, 248-275. 337-354.

1607. ZAHM (J.-A.). *Evolution and Teleology.* Pop. Sci. Mo., 1898, LII, 815-825.

1608. ZAHNFLEISCH (J.). *Ueber Analogie und Phantasie.* Arch. f. syst. Philos., 1898, IV, 160-190.

1609. ZEHENDER (W. VON). *Die unbeweisbaren Axiome.* Ztsch. f. Psychol., 1898, XIX, 41-46.

1610. ZEHENDER (W. VON). *Ueber die Entstehung des Raumbegriffes.* Zstch. f. Psychol., 1898, XVIII, 91-98.

1611. ZIEHEN (T.). *Psychophysiologische Erkenntnistheorie.* Jena, Fischer, 1898, 105 p.

[Voir aussi, VIIe.]

VI. — Sentiments.

A. — GÉNÉRALITÉS, PLAISIRS ET DOULEURS

1612. BALLAUF (F.). *Entstehung und Bedeutung des Gefühls im Leben der einheitlichen Seele mit besonderer Rücksicht auf die praktischen Ileen Herbarts.* (Diss.) Jena, 1898. 52 p.

1613. BILLIA (L.-M.). *Il lolore nell'educazione.* Nuov. Risorg., 1898, VIII, 187-193.

1614. DROUIN (M.). *Remarques sur les rapports de la représentation et du sentiment.* Rev. de Mét. et de Mor., 1898, VI, 103-112.

1615. EGGER (F.). *Ueber den Einfluss des Schmerzes auf lie Herzthätigkeit.* Arch. f. Psychiat. u. Nervenh., 1898, XXXI, 274-324.

1616. HUBENER (J.). *Das Gefühl in seiner Eigenart und Selbständigkeit, mit besonlerer Beziehung auf Herbart und Lotze.* Dresden, Bleyl, und Kämmerer, 1898. 139 p.

1617. MAC DONALD (A.). *A Temporal Algometer.* Psychol. Rev., 1898, V, 408-409.

1618. MARSHALL (H.-R.). *Mr. Stout's Algedonic Theory.* Mind, N. S., 1898, VII, 85-91.

1619. MOCZUTKOVSKY. *De la sensibilité louloureuse de la peau : algésimetrie.* Nouv. Icon. de la Salpêtrière, 1898, XI, 230-237.

1620. MONRO (T.-K.). *Sympathetic Pains : their Nature and Diagnc Value.* Glasgow Med. J., 1898 I., 1-12.

1621. SCHUPFER (F.). *Sui dolori di origine centrale.* Ri Freniat., 1898. XXIV. 582-604.

1622. SHAND (A.-F.). *Feeling and Thought.* Mind, N. S. 505.

B. — Emotion, Passion, Expression et Se

1623. Bikeles (G.). *Zwei philosophische Essais. I. Zur Gen
chtlichen Affecte.* Lemberg, G. Bikeles, 1897, 1-31 p.

1624. Dogel (I.-M.). [*Influence de la musique sur l'homm
mauv.*] 2° éd. Kasan, 1898, p. 147.

1625. Dugas (L.). *La timidité.* Paris, Alcan, 1898, vii + 1

1626. Féré (C.). *L'expression des cadavres.* Rev. Philos.,
303-311.

1627. Féré (C.). *Persistance d'une attitude passionnelle *
décapité. C. R. Soc. de Biol., 10° S., 1898, V, 5-7.

1628. Gnesotto (A.). *Interesse e disinteresse nei sentiment*
colare nei sentimenti morali. Riv. Ital. di Filos., 1§
106-103.

1629. Hutchinson (W.). « *Lebenslust.* » Monist, 1898, VIII

1630. Martinak (E.). *Zur Begriffsbestimmung der i*
Gefühle. Süddeutsche Bl. f. höh. Unterr., 1896, IV, 1

1631. Mélinand (C.). *The Psychological Cause of Laugl*
Rev. d. Deux-Mondes.) Pop. Sc. Mo., 1898, LIII, 398-

1632. Murisier (E.). *Le sentiment religieux dans l'extase. *
1898, XLVI, 449-472, 607-626.

1633. Piat (C.). *Les hypocrisies de la passion.* Ann. d. P
1898, XXXVIII, 427-434.

1634. Robinson (L.). *Eye Language.* Blackwood's Mag., 1
76-82. Pop. Sc. Mo., 1898, LIII, 364-371.

1635. Stanley (H.-M.). *Remarks on Tickling and Laughi*
of Psychol., 1898, IX, 235-240.

1636. Stanley (H.-M.). Irons (D.). *The Primary Emoti*
Rev., 1898, VII, 294-299.

1637. Volkelt (J.). *Die tragische Entladung der Affek*
Philos. u. ph. Kr., 1898, CXII, 1-16.

1638. Wilson (H.). *The Relation of Color to the Emotions.*
XIX, 810-827.

[Voir aussi II°, VII°.]

C. — Esthétique

1639. Dessoir (M.). *Beiträge zur Aesthetik.* Arch. f. syst. 1
V, 69-92.

1640. Dujardin. *Le clavecin oculaire.* Annales d'Ocul.,
25-29.

1641. Griveau (M.). *Esthétique nouvelle des figures.* Ai
Chrét., 1898, XXXVII, 139-154.

1642. Helwig (P.-J.). *Die combinatorisch-ästhetische Fun*

Formeln der symbolischen Logik. Arch. f. syst. Phil., 1898, IV, 438-454.

1643. HILDEBRAND (A.). *Das Problem der Form in der bildenlen Kunst.* 2ᵉ éd. Strassburg, Heitz, 1897.

1644. KALENOFF (P.-A.). [Beauté et Art.] Voprosi Philos., 1898, IX, 627-658.

1645. KRANTZ (E.). *Essai sur l'esthétique de Descartes.* 2⁰ éd. Paris. 1898, 376 p.

1646. LIPPS (T.). *Dritter aesthetischer Literaturbericht.* Arch. f. syst. Phfl., 1898, IV, 455-482 ; V, 93-123.

1647. LIPPS (T.). *Komik und Humor.* Hamburg und Leipzig, Voss, 1898, VII + 26. p,

1648. LOURBET (J.). *La forme et l'idée.* Rev. Encyclop.. 1898. VIII, 986-988.

1649. PEKAR (K.). *Positiv .Esthetika.* Budapest ,Hornyànszky V. Könyvnyomdàja, 1897, XIV + 672 p.

1650. PÉRÈS (J.). *L'Art et le Réel.* Paris, Alcan, 1898, XII + 208.

1651. PÉRÈS (J.). *Quæ sit loctrina apul Platonem de pulchro atque ingenuis artibus.* Gratianopoli, Allier Fr., 1898, 92 p.

1652. PRATT (A.-E.). *The Use of Color in the Verse of the Englisch Romantic Poets.* Chicago, Chicago Univ. Press, 1898, 118 p.

1653. PRÉVOST (G.). *Essai l'une nouvelle esthétique basée sur la physiologie.* Ann. de Philos. Chrét., 1898, XXXIV, 1-27.

1654. RIEHL (A.). *Bemerkungen zu dem Problem der Form in der Dichtkunst.* II. Vtljsch. f. wiss. Philos., 1898, XXII, 96-114.

1655. RUSKIN (J.). *Elementi del Disegna e lella Pittura.* (Tr. di E. Nicolello.) Turin, Bocca, 1898, XXXII + 259.

1656. STERN (P.). *Einfühlung und Association in der neueren Aesthetik ; ein Beitrag zur psychologischen Analyse der ästhetischen Anschaung,* (Beitrage z. Aesthetik, V.) Hamburg and Leipzig, Voss, 1898, 81 p.

1657. STUMPF (C.). *Die pseudo-aristotelischen Probleme übei Musik.* Berlin, G. Reimer, 1897, 85 p.

1658. TAPPENBECK (W.). *Die Religion der Schönheit. Ihr Fundament.* Leipzig, Haacke. 1898, 96 p.

1659. THIÉRY (A.). *Qu'est-ce que l'ait?* Rev. Néo-Scol., 1898, V, 297-304, 381-388.

1660. TOLSTOI (L.). *Qu'est-ce que l'art ?* (Tr. par T. de Wyzewa.) Paris, Perrin, 1898.

1661. UNRUH (F.). *Stulien zu der Entwickeluny. welche der Begriff des Erhabenen seit Kant genommen hat* (Progr.) Konigsberg. 1898. 33 p.

1662. VISCHER (F.-T). *Das Schöne und die Kunst.* 2. Aufl. Stuttgart, Cotta Nachf., 1898, XVII + 308 p.

[Voir aussi Vh '

VII. — Mouvement et Volition.

A. — GÉNÉRALITÉS. DYNAMOGÉNIE. MOUVEMEN
INHIBITION

1663. ATHANASIU (J.) et CARVALLO (J.). *Des modifications circu*
qui se produisent dans les membres en activité, étudiées a l'
pléthysmographe. (C. R.) Soc. de Biol., 10ᵉ S., 1898, V, 2

1664. ATHANASIU (J.) CARVALLO (J.). *Le travail musculaire et le*
du cœur. Arch. de Physiol. Norm. et Pathol., 1898, XX
362, 552-567.

1665. ATKINSON (E.-C.). *Some More Rowing Experiments.* Natu
1898, XIII, 89-102.

1666. BINET (A.). *Les temps de reaction du cœur, des nerf*
moteurs et de la pression sanguine. Ann. Psychol., 1897,
IV, 316-326.

1667. BINET (A.). *Quelques réflexions et une hypothèse sur le*
du pouls capillaire. Année psychol., 1897 (1898), IV, 327-

1668. BINET (A.) et HENRI (V.). *Courbe de vitesse du cœur.*
méd. d. Biol., 1898, I, 384-389.

1669. BINET (A.) et VASCHIDE (N.). *Critique du dynamomètre*
naire. Année Psychol., 1897 (1898), IV, 245-252.

1670. BINET (A.) et VASCHIDE (N.). *Examen critique de l'ergo*
de Mosso. Année Psychol., 1897 (1898), IV, 253-266.

1671. BINET (A.) et VASCHIDE (N.). *La physiologie du muscle d*
expériences de vitesse. Année Psychol., 1897 (1898), IV, 267-

1672. BINET (A.) et VASCHIDE (N.). *L'effort respiratoire pend*
expériences a l'ergographe. Année Psychol., 1897 (1898), IV
294.

1673. BINET (A.) et VASCHIDE (N.). *Réparation de la fatigue*
laire. Année Psychol., 1897 (1898), IV, 295-302.

1674. BINET (A.) et VASCHIDE (N.). *Un nouvel ergographe, di*
graphe à ressort. Année Psychol., 1897 (1898), IV, 303-315.
méd. d. Biol., 1898, I, 289-292.

1675. BROCA (A.) et RICHET (C.). *De l'influence de la fréquen*
mouvements et du poids soulevé sur la puissance maxim
muscle en régime régulier. Comp. Rend. Ac. de Sc., 1898, C
485-489.

1676. BROCA (A.) et RICHET (C.). *De l'influence des intermitten*
repos et de travail sur la puissance moyenne du muscle. Comp.
Ac. de Sc., 1898, CXXVI, 656-659.

1677. BROCA (A.) et RICHET (C.). *De quelques conditions du*
musculaire chez l'homme. Arch. de Physiol. Norm. et P
1898, XXX, 225-240.

1678. Broca (A.) et Richet (C.). *Expériences ergographiques pour mesurer la puissance maximum d'un muscle en régime régulier.* Comp. Rend. Ac. de Sc., 1898, CXXVI, 356-359.

1679. Carvallo (J.) et Weiss (G.). *Sur la force limite du muscle.* C. R. Soc. de Biol., 10e S., 1898, V, 690-691.

1680. Cleghorn (A.). *The Reinforcement of Voluntary Muscular Contractions.* Amer. J. of Physiol., 1898, I, 336-345.

1681. Curtin (R.-G.). *The influence of Respiration upon the Heart's Activity,* etc. Univ. Med. Mag., 1898, XI, 69-74.

1682. *Description du sphygmomètre de L. Hill.* Interméd. d. Biol., 1898,

1683. Destrée (E.). *Der Einfluss des Alkohols auf die Muskelthätigkeit.* Monatssch. f. Psychiat. u. Neurol., 1898, III, 98-100.

1684. Dubois (R.). *A propos d'une note de critique expérimentale sur les mouvements respiratoires chez les hivernants.* C. R. Soc. de Biol., 10e S., 1898, V, 179-180.

1685. Féré (C.). *Note sur le réflexe pilo-moteur.* C. R. Soc. de Biol., 10e S., 1898, V, 342-343.

1686. Ferrari (G.-C.). *Des altérations émotives de la respiration.* Interméd. d. Biol., 1898, I, 358-362.

1687. Fick (A.). *Ueber einen neuen Apparat zur Erzeugung summirter Zuckungen.* Arch. f. d. ges. Physiol. (Pflüger's), 1897, LXIX, 132-136.

1688. Gauthier (E.). *Des mouvements automatiques rythmiques.* (Thèse.) Paris, Bordier et Michelon, 1898, 43 p.

1689. Gross (H.). *Schrift und Ton.* Arch. f. Krim.-Anthrop., 1898, I, 118-120.

1690. Guillimet (E.). *Des effets psychophysiques de la bicyclette.* (Thèse.) Bordeaux, 1898.

1691. Gulick (L.). *Some Psychical Aspects of Muscular Exercise.* Pop. Sci. Mo., 1898, LIII, 793-805.

1692. Haycraft (J.-B.). *Upon the Production of Rapid Voluntary Movements.* J. of Physiol., 1898, XXIII, 1-9.

1693. Hering (H.-E.). *Beitrag zur experimentellen Analyse coordinirter Bewegungen.* Arch. f. d. ges. Physiol. (Pflüger's), 1898, LXX, 559-623.

1694. Hermann (L.). *Zur Messung der Muskelkraft am Menschen.* Arch. f. d. ges. Physiol. (Pflüger's), 1898, LXXIII, 429-437.

1695. Hill (L.). *On Rest, Slepp and Work and the Concomitant Changes in the Circulation of the Blood.* Lancet, 1898, (I), 282-285.

1696. Johannson (J.-E.). *Ueber die Tagesschwankungen des Stoffwechsels und der Körpertemperatur in nüchternem Zustande und vollständiger Muskelruhe.* Skand. Arch. f. Physiol., 1898, VIII, 85-112.

1697. Joteyko (J.). *La méthode graphi...* ... *la fatigue.* Rev. Scient., 4e S., 1898, X, 48...

1698. Kerschner (L.). *Zu* Ber. d. naturw.-med. Ver. h...

1699. LATIMER (C.-W.). *On the Modification of Rigor Mortis Resulting from Previous Fatigue of the Muscles in Cold-Blooted Animals.* Amer. J. of Physiol., 1898, II. 29-46.

1700. LAULANIÉ (F.). *Sur un appareil pour la mesure de la chaleur animale et des combustions respiratoires.* Arch. de Physiol. Norm. et Pathol., 1898, XXX, 538-551.

1701. LAULANIÉ (F.). *Sur un sphygmographe digital.* C. R. Soc. de Biol., 10e S., 1898, V, 961-962.

1702. LUGARO (E.). *Sui rapporti fra il tono muscolare, la contrattura e lo stato dei riflessi.* Riv. di Patol. Nerv. e Ment., 1898, III. 481-500

1703. MARCET (W.). *A Calorimeter for the Human Body.* Proc. Roy. Soc., 1898, LXIII, 232-242.

1704. MARCET (W.) and FLORIS (R.-B.). *An Experimental Enquiry into the Heat given out by the Human Body.* Proc. Roy. Soc., 1898, LXIII, 242-256.

1705. MASSARY (E. DE). *La théorie des réflexes.* Presse Méd. (Paris), 1898, 69-70.

1706. MEYER (E.). *Ueber den Einfluss der Spannungszunahme während der Zuckung auf die Arbeitsleistung des Muskels und den Verlauf der Curve.* Arch. f. d. ges. Physiol. (PFLÜGER's), 1898. LXIX, 593-612.

1707. MOSSÉ (A.). *Influence du suc thyroïdien sur l'énergie musculaire et la résistance à la fatigue.* Arch. de Physiol. Norm. et Pathol., 1898, XXX, 742-747.

1708. ODDI (R.). *L'inibizione dal punto di vista fisio-pathologico, psicologico e sociale.* Turin, Frat. Bocca, 1898. 166 p.

1709. PATRIZI (M.-L.). *Due sussidi di tecnica fisiologica e psicologica I. Pneumatometro a criterio acustico. II. Guanto volumetrico.* Riv. Sperim. di Freniat., 1898. XXIV, 686-691.

1710. PATRIZI (M.-L.). *Per lo studio dei rapporti fra i movimenti del respiro e la parola scritta o articolata.* Riv. Sperim. di Freniat., 1898, XXIV, 605-611.

1711. PLETTENBERG (P.). *Die neuesten Abhandlungen und Untersuchungen über die Ermüdung der Schuljugend.* Ztsch. f. Hypnot., 1898, VIII. 228-249

1712. REINEBOTH. *Diagnostische Schlüsse aus Puls und Pulscurven.* Deutsch. Arch. f. klin. Med., 1898, LX, 111-138.

1713. SAMOJLOFF (A.). *Ueber den untermaximalen Tetanus der quergestreiften Muskeln.* Arch. f. Anat. u. Physiol. — Physiol. Abt., 1898, 512-525.

1714. SCHULTZE (E.. *Ueber die Umwandlung willkürlicher Bewegungen in unwillkürliche.* (Diss.) Freiburg, 1897.

1715. SEHRWALD. *Der Kraftverbrauch beim Radfahren.* Arch. f. Hygiene, 1898, XXXII, 353-411.

1716. SHERRINGTON (C.-S.). *Decerebrate Rigidity. and **Reflex Coordination** of Movements.* J. of Physiol., 1898. XXII, 319-332.

1717. Sommer. *Un appareil nouveau pour l'étude du tremblement.* Le *psychographe.* Interméd. d. Biol., 1898, I, 176-179.

1718. Sommer (R.). *Dreidimensionale Analyse von Ausdrucksbewegungen.* Ztsch. f. Psychol., 1898, XVI, 275-297.

1719. Soulier (H.) et Guinard (L.). *Note sur les effets excito-moteurs et convulsivants de la cocaïne.* C. R. Soc. de Biol., 10e S., 1898, V, 800-802.

1720. Tangl (F.) und Zuntz (N.). *Ueber die Einwirkung der Muskelarbeit auf den Blutdruck.* Arch. f. d. ges. Physiol. (Pfluger's), 1898, LXX, 525-543.

1721. Tissié (P.), Vaschide (N.). *Comparaison entre la fatigue de la bicyclette et celle de la marche.* Interméd. d. Biol., 1898, I, 157-158.

1722. Treves (Z.). *Sur les lois du travail musculaire.* Arch. Ital. de Biol., 1898, XXIX, 157-179.

1723. Triplett (N.). *The Dynamogenic Factors in Pace-making and Competition* Amer. J. of Psychol., 1898, IX, 507-533.

1724. Tunnicliffe (F.-W.). *The Value of Exercise.* Nature, 1898, LIX, 150-152.

1725. Wenckebach (K.-F.). *Zur Analyse des unregelmässigen Pulses.* Ztsch. f. Biol., 1898, XXXVI, 181-199.

1726. Weygandt (W.). *Ueber die psychischen Wirkungen des Hungers.* Münch. med Wochensch., 1898, XLV, 385-389.

1727. Whipple (G.-M.). *The Influence of Forced Respiration on Psychical and Physical Activity.* Amer. J. of Psychol., 1898, IX, 560-571.

1728. Winkler (F.). *Ueber den Effect der reflectorischen Herzenrvenreizung unter dem Einfluss von Giften.* Ztsch. f. klin. Med., 1898, XXXVI, 138-151.

1729. Yearsley (M.). *Aural Reflexes.* J. of Laryngol., Rhinol. and Otol., 1898, XIII, 225-229.

[Voir aussi VIb.]

B. — Fonctions motrices particulières

1730. Bonnier (P.). *Remarques sur la phonation.* Arch. Int. de Laryng. et d'Otol., 1890, XI, 339-366.

1731. Bourdon (B.). *L'application de la méthode graphique à l'étude de l'intensité de la voix.* Année Psych., 1897 (1898), IV, 369-378.

1732. Brewer (E.-P.). *A Torsiometer : An Instrument for the Study of the Retinal Meridians.* Ophthal. Rec., N. S., 1898, VII, 235-238.

1733. Brewer (E.-P.). *Homonymous Torsion. — ... ion of the Retinal Meridians heretofore Unrecognized.* Ophth. ... S., 1898, VII, 448-451.

1734. Delabarre (E.-B). *A ... ments.* Amer. J. f Psychol., 1898. ...

1735. GARTEN (S.). *Zur Kenntniss des zeitlichen Ablaufes der Lidschläge.* Arch. f. d. ges. Physiol. (PFLÜGER's), 1898, LXXI, 477-491.

1736. GROSSMANN (M.). *Experimentelle Untersuchungen über die functionelle Ausschaltung einzelner Muskeln beziehungsweise Muskelgruppen des Kehlkopfes.* Arch. f. d. ges. Physiol. (PFLÜGER's), 1898, LXXIII, 184-218.

1737. GUILLERY. *Ueber die Schnelligkeit der Augenbewegungen.* Arch. f. d. ges. Physiol. (PFLÜGER's), 1898, LXXIII, 87-116.

1738. HIRSCHFELD (H.). *Ueber die Natur der Vocale.* Königsberg i. Pr., Krause et Ewerlein, 1898, 31 p.

1739. JACKSON (J.). *Left Hand Writing.* London, Sampson, Low, Marston and Co., 1897.

1740. KELLOGG (G.-M.). *The Physiology of Right and Left-Handedness.* J. of Amer. Med. Ass., 1898, XXX, 356-358.

1741. LAQUEUR (L.). *Beitrag zur Lehre von der Pupillenbewegung.* Arch. f. Augenheilk., 1898, XXXVIII, 135-143.

1742. MARAGE. *Contributions à l'étude des voyelles par la photographie des flammes manométriques.* Arch. Int. de Laryng. et d'Otol., 1898, XI, 3-30. J. de Physique, 3ᵉ S., 1898, VII, 449-454.

1743. MARAGE. *Etude des cornets acoustiques.* Arch. Int. de Laryng. et d'Otol., 1898, XI, 115-133. J. de Physique, 3ᵉ S., 1898, VII, 131-140.

1744. MAREY. *La chronophotographie appliquée à l'étude des actes musculaires dans la locomotion.* Comp. Rend. Ac. de Sc., 1898, CXXVI, 1467-1479.

1745. REGNAULT (F.). *Le langage par gestes.* La Nature, 1898, XXVI (II), 315-317.

1746. REGNAULT (F.) et RAOUL. *Comment on marche.* Paris, Lavauzelle, 1898, 188 p.

1747. RICHER (P.). *De quelques variétés de la marche et de la course.* Nouv. Icon. de la Salpêtrière, 1898, XI, 65-82.

1748. ROUSSELOT. *Principes de phonétique expérimentale.* Paris, Welter, 1897, 320 p.

1749. SANGER (M.). *Grundzüge der Mechanik der Konsonantbildung.* (In : Festschrift zur Feier des 15 jährigen Bestehens der Med. Ges. zu Magdeburg.) Magdeburg, 1898 Faber, 219-233 p.

1750. SCHWIDOP (O.). *Sprache, Stimme und Stimmbildung.* Karlsruhe, Müller und Griff, 1899, 40 p.

1751. THOMAS (A.). *Du rôle du nerf de la huitième paire dans le maintien de l'équilibre pendant les mouvements passifs.* C. R. Soc. de Biol., 10ᵉ S., 1898, V, 594-596.

1752. TIFFANY (F.-B.). *Dynamics of the Extrinsic Ocular Muscles.* J. of Amer. Med. Ass., 1898, XXXI, 846-847.

1753. WEGENER (H.). *Ueber recht-und rückläufige Stimmschrift.* Zeitschr. f. Psychol., 1898, XVI, 190-195.

1754. WEILAND (C.). *Are our Present Ideas about the Mechanism of the Eye-Movements Correct ?* Arch. of Ophthal., 1898, XXVII, 46-65.

1755. ZUCKERKANDL and ERBEN. *Zur Physiologie der Rumpfbewegungen.*
Wien. klin. Wochensch., 1898, XI, 979-981.
[Voir aussi II⁰.]

C. — INSTINCT. IMPULSION

1756. MARSHALL (H.-R.). *Instinct and Reason.* New York and London,
Macmillan Co., 1898, XIII + 574 p.
1757. ROUX (J.). *Psychologie de l'instinct sexuel.* Paris. Masson. 1898.
1758. SCHOBER (J.). *Der Instinkt.* Repertor. d. Päd., 1898, LII.
[Voir aussi IIᵇ.]

D. — VOLITION. ETHIQUE ET CONDUITE

1759. ALLIHN (F.-H.-T.) (FLÜGEL, O., Ed'r.). *Grundriss der Ethik.* Neu-
bearb. u. erweit. v. O. Flügel. Langensalza, Beyer (H.), 1890, XIII
+ 272 p.
1760. BAILLIE (J.-B.). *Theory and Practice.* Int. J. of Ethics, 1898, VIII,
291-316.
1761. BARTOLOMEI (A.). *I principi fondamentali dell'Etica di Roberto
Ardigò e le dottrine della filosofia scientifica.* Riv. Ital. di Filos.,
1898, XIII (II), 32-74, 190-208.
1762. BERZE (J.). *Unbewusste Bewegungen und Strafrecht.* Arch. f.
Krim.-Anthrop., 1898, I, 93-107.
1763. BETH (K.). *Die Grundanschauungen Schleiermachers in seinem
ersten Entwurf der philosophischen Sittenlehre.* (Diss.) Berlin,
1898, 63 p.
1764. BUSCAGI (D.). *Disputi odierne di psicologia morale.* Naples, 1898,
126 p.
1765. CIMBALI (G.). *La morale ed il diritto nell'esigenza teorica e nella
realtà pratica.* Rome, Frat. Bocca, 1898, XII + 193.
1766. DALLEMAGNE (J.). *Physiologie de la volonté.* Paris, Masson, 1898,
212 p.
1767. DEWEY (J.). *Evolution and Ethics.* Monist, 1898, VIII, 321-341.
1768. DIMITROFF (A.). *Die psychologischen Grundlagen der Ethik J.-G.
Fichte's, auf ihrem Gesamtcharacter entwickelt.* (Diss.) Jena, 1898,
187 p.
1769. DYDE (S.-W.). *Hegel's Conception of Crime and Punishment.* Philos. Rev., 1898, VII, 62-71.
1770. DYROFF (A.). *Zur Ethik der alten Stoa.* Arch. f. Gesch. d. Phil.,
1898, XI, 491-504; XII, 55-67.
1771. FARANTINO (G.). *Saggio sulla Volontà.* Naples, 1898.
1772. FONTANA (G.). *Il rimorso nel fatto morale.* Turin,
350 p.

1773. FRINS (V.). *De actibus humanis ontologice et psychologice conside-
ratis*. Freibug i. B., Herder, 1897, VIII + 442 p.

1774. FULLIQUET (G.). *Essai sur l'obligation morale*. Paris, Alcan, 1898.
454 p.

1775. GIDDINGS (F.-H.). *The Ethical Motive*. Int. J. of Ethics. 1898,
VIII, 316-327.

1776. GLASSENAPP (G. VON). *Duplicitat in dem Ursprung der Moral*.
Ztsch. f. Philos. u. ph. Kr., 1898, CXII, 240-265.

1777. GUYAU (M.). *Morality independent of Obligation or Sanction*. (Tr.
by G. Kapteyn.) London, Watts and Co., 1898, XII + 215 p.

1778. HANNEQUIN (A.). *Notre détresse morale et le problème de la moralité*.
Lyons, Storck, 1898, 20 p.

1779. HARTMANN (E. VON). *Ethische Studien*. Leipzig, Haacke, 1898.
V + 241 p.

1780. HEINZEL (G.). *Versuch einer Lösung des Willensproblems im An-
chluss an eine Darstellung und Kritik der Theorien von Münsterberg,
Wundt und Lipps*. (Diss.) Zurich, 1897, 79 p.

1781. HILL (C.-M.). *On Choice*. Amer. J. of Psychol., 1898, IX, 587-590.

1782. HOBBES (T.) (SNEATH (E.-H), Ed'r.). *The Ethics of Hobbes as
Contained in Selections from His Works*. (W. Int. by E.-H. Sneath.)
Boston, Ginn and Co., 1898, XVI + 377.

1783. JAEGER (J.). *Wille und Willensstörung*. Langensalza, Beyer and
S., 1897, 28 p.

1784. JODL (F.). *Jahresbericht über die Erscheinungen der Ethik aus dem
Jahre*, 1895. Arch. f. syst. Phil., 1898, IV, 385-396.

1785. MACMILLAN (M.). *Sidgwick and Schopenhauer on the Foundation
of Morality*. Int. J. of Ethics, 1898, VIII, 490-496.

1786. MARCHESINI (G.). *Il principio dell'utile nell'Etica sociale e nel
Diritto*. Milan, 1898.

1787. MÜNSTERBERG (H.).*The Psychology of the Will*. Psychol. Rev.,
1898, V, 639-645.

1788. NIKOLTSCHOFF (W.). *Das Problem des Bösen bei Fichte*. (Diss.)
Jena, 1898, 82 p.

1789. PFANDER (A.). *Das Bewusstsein des Wollens*. (Diss.) Munich. 1898.
46 p. Ztsch. f. Psychol., 1898, XVII, 321-367.

1790. POPOFF (I.). [*Loi morale naturelle*.] St. Petersburg (?), Sergieff,
1897, XIX + 597 p.

1791. POPOFF (I.-V.). [*Suicide : étule éthico-psychologique*.] St. Petersburg (?), Sergieff, 1898, 36 p.

1792. REMICK (M.-C.). *The Relation of Art to Morality*. Arena, 1898,
XIX, 483-495.

1793. RICHTER (R.). *Bl. Pascal's Moralphilosophie*. Arch. f. Gesch. d.
Phil., 1898, XII, 68-88.

1794. ROBERTY (E. DE). *Fondement de l'éthique*. (Bibl. de Phil. Contemp.) Paris, Alcan, 1898.

1795. ROYCE (J.). *Studies of Good and Evil*. New York, Appleton and Co., 1898, xvii + 384 p.

1796. SCHEIDEMANTEL (H.). *Die Grundprobleme der Ethik Spinozas*. Leipzig, H. Haacke, 1898. 36 p.

1797. SERGI (G.). *Le origine psicologiche lella pessimismo Leopardiano*. Rome, Forzani, 1898.

1798. SETH (J.). *A Study of Ethical Principles*. 3° ed., rev. and enl. New York, Scribners (Imported), 1898, xvi + 470 p.

1799. SETH (J.). *Scottish Moral Philosophy*. Philos. Rev., 1898, VII, 561-582.

1800. SETH (J.). *The Relation of Knowledge to Will and Conduct*. Fourth Year-Book National Herbart Soc.. 1898, 3-25 p.

1801. SETH (J.). *The Scottish Contribution to Moral Philosophy*. Edinburgh and London, Blackwood, 1898, 43 p.

1802. SHARP (F.-C.). *An Objective Study of Some Moral Judgments*. Amer. J. of Psychol., 1898, IX, 198-234.

1803. SIDGWICK (H.). *Practical Ethics*. London, Sonnenschein; New York, Macmillan Co., 1898, xvi + 260 p.

1804. SPENCER (H.). *Evolutionary Ethics*. Pop. Sci. Mo., 1898, LII, 497-503.

1805. STURT (H.). *Self-Realization as a Working Moral Principle*. Int. J. of Ethics, 1898, VIII, 328-345.

1806. SURBLED (G.). *La morale dans ses rapports avec la médecine et l'hygiène*. Paris, Retaux, 1898.

1807. SUTHERLAND (A.). *The Origin and Growth of the Moral Instinct*. 2 vol. London, Longmans, Green, 1898, xiii + 461, vi + 336 p.

1808. TAROZZI (G.). *Lezioni di filosofia*. III. Turin, Casanova, 1898.

1809. TEXICHEFF (W.). *L'activité de l'homme, besoins de l'homme*, etc. (Trad. du russe par l'auteur.) Paris, 1898, 260 p.

1810. WALL (W.-A.). *Deterrent Punishment*. Int. J. of Ethics, 1898, VIII, 157-168.

1811. WALLACE (CAIRD, W. E., Ed'r. *Lectures and Essays on Natural Theology and Ethics*. Oxford, Clarendon Press, 1898, xl + 566 p.

1812. WASHINGTON (W.-M.). *The formal and Material Elements of Kant's Ethics*. (Columbia Univ. Contr. to Philos., etc. III, 1.) New York, Macmillan Co., 1898, 67 p.

1813. WESTERMACK (E.). *The Essence of Revenge*. Mind (N.-S.), 1898. VII, 289-310.

1814. WILLARETH (O.). *Die Lehre vom Uebel bei Leibniz, seiner Schüle in Deutschland und bei Kant*. (Diss., Würzbvrg.) Strassburg torius, 1898, 409 p.

1815. WINTZER (W.). *Die natürliche Sittenlehre Lu* (Diss.) Leipzig, 1898, 40 p.

1816. WOLTMANN (L.). *System des moralischen Bew* H. Michel, 1898, 391 p.

1817. WOYXAR (K.). *Das Verhälten der p*

*baits zu den englischen Moralphilosophen Scl aftesbury, Hutcheson
und Hume, mit bes. Berücksicl tigung der ethischen Ideen des
Wohlwollens.* (Progr.) Neutitschein, 1898, 33 p.
1818. ZUCKERKANDL and ERBEN. *Zur Physiologie der willkürlichen
Bewegungen.* Wien. klin. Wochensch., 1898, XI, 1-8.
[Voir aussi IIg. IIb.]

E. — PHILOSOPHIE DE LA VOLONTÉ

1819. ALEXANDER (A.). *Theories of the Will in the History of Philosophy.* Now York, Scribners, 1898, x + 357 p.
1820. BAUMANN (J.). *Realwissenschaftliche Begründung der Moral, des
Rechts und der Gotteslehre.* Leipzig, Dieterich, 1898, 295 p.
1821. BERDYCZEWSKI (M.-J.). *Ueber den Zusammenhang zwischen Ethik
und Aesthetik.* (Bern. Stud. z. Phil. IX.) Bern, Steiger und Co.,
1897, 57 p.
1822. BON (F.). *Ueber das Sollen und das Gute, eine begriffsanalytische
Untersuchung.* Leipzig, Engelmann, 1898, vi + 188 p.
1823. CAILLARD (E.-M.). *The Relation of Choice to Freedom.* Contemp.
Rev., 1898, LXXIII, 439-449.
1824. COUAILHAC (M.). *La liberté et la conservation de l'énergie.* Paris,
V. Lecoffre, 1897.
1825. DAUBER (A.). *Lessings Freiheitsbegriff.* (Progr.) Helmstedt, 1898,
9 p.
1826. EHRENFELS (C. VON). *System der Werttheorie* Bd. II. Leipzig,
Reisland, 1898, viii + 270 p.
1827. ELEUTHEROPOLOS (A.). *Kritik der reinen rechtlich-gesetzgebenden
Vernunft oder Kants Rechtphilosophie.* 2 Aufl. Leipzig, Weber, (O.)
1898, 81 p.
1828. EVERETT (C.-C.). « Beyond Good and Evil. » *A Study of the Philosophy of Friedrich Nietzsche.* New World, 1898, VII, 684-703.
1829. EVERETT (W.-G.). *The Concept of the Good.* Philos. Rev., 1898,
VII, 505-517.
1830. EVERETT (W.-G.). *The Evaluation of Life.* Philos. Rev., 1898, VII,
382-393.
1831. FOERSTER (F.-W.) *Willensfreiheit und sittliche Verant wortlich-
keit.* (Hab.) Zürich, 1898, 54 p.
1832. GEISSLER (F.-J.-K.). *Ist die Einwirkung eines freien Willens
räumlich möglich ohne Widerspruch gegen die Arbeitserhaltung?*
(Diss.) Halle, 1898, 39 p.
1833. HAMON (A.). *Determinisme et responsibilite.* Paris, Schleicher,
1898, xv + 240 p.
1834. KIRN. *Ueber geminderte Zurechnungsfähigkeit.* Vtljsch. f. gerichtl.
Med., III. F., 1898, XVI, 266-291.
1835. KRUEGERS F.. *Der Begriff des absolut Wertvollen als Grundbe-

griff der Moralphilosophie. (Diss.. Leipzig. 41 p.) Leipzig, Teubner, 1898, 95 p.

1836. MACRÈS. *Conciliation du libre arbitre avec le déterminisme mécanique.* Paris, Vigot Fr., 1898, 38 p.

1837. MESSER (A.). *Die Behandlung des Freiheitsproblems bei John Locke.* Arch. f. Gesch. d. Phil.. 1898, XI, 404-434, 465-490.

1838. MONRAD (M.-J.). *Die Menschliche Willensfreiheit und das Böse.* (Tr. fr. Norwegian, by O. v. Harling.) Leipzig, A. Janssen, 1898, 64 p.

1830. MOORE (G.-E.). *Freedom.* Mind. N. S., 1898, VII, 179-204.

1840. MORIAUD (P.). *La question de la liberté et la conduite humaine.* Paris, 1898.

1841. NAVILLE (E.). *Le libre arbitre* (Bibl. de Philos. Contemp.), 2e éd. Bâle et Genève, Georg and Co. ; Paris, Alcan ; 1898, XIII + 311 p.

1842. NESSLER (G.). *Untersuchungen über die wichtigsten Versuche einer Metaphysik des Sittlichen.* I. (Diss.) Erlangen. 1898, 86 p.

1843. NIETZSCHE (F.). *Al di là del Bene e del Male.* (Tr.) Turin, Bocca, 1898, VIII + 232.

1844. PORTALIÉ (E.). *La liberté et la conservation de l'énergie.* Ét' publ. p. Pères Comp. de Jésus, 1898, LXXVI, 745-767.

1845. RICHTER (R.). *Der Willensbegriff in der Lehre Spinoza's* (Diss.) Leipzig. 1898, 136 p. Philos. Stud., 1898, XIV, 119-156, 242-338.

1846. SEITZ (A.). *Die Freiheitslehre der lutherischen Kirche in ihrer Beziehung zum Leibniz-Wolff'schen Determinismus.* Philos. Jahrb., 1898, XI, 285-304.

1847. SEITZ (A.). *Zusammenhang des Leibniz'schen Monadensystems mit dem Determinismus.* Philos. Jahrb., 1898, XI, 147-165.

1848. SIEBECK (H.). *Die Willenslehre bei Duns Scotus und seinen Nachfolgern.* Ztsch. f. Philos. u. ph. Kr., 1898, CXII, 179-216.

1849. STOCK (O.). *Psychologische und erkenntnistheoretische Begründung der Ethik.* Ztsch. f. Philos. u. ph. Kr. 1898, CXI, 190-205.

1830. TAYLOR (T.-W.). *The Law and Responsibility.* Philos. Rev., 1898, VII, 276-285.

1851. WACNER (F.). *Freiheit und Gesetzmässigkeit in den menschlichen Willensakten.* Tübingen, H. Laupp. 1898, 115 p.

[Voir aussi IIIa.]

VIII. — Psychologie anormale et pathologique.

A. — GÉNÉRALITÉS

1852. ADAMKIEWICZ (A.). *Die Functionsstörungen des P-* nover, Köllner, 1898, 242 p.

1853. ADAMKIEWICZ. *Die Kreislaufsstörungen in den Organen des Centralnervensystems.* Hanover, 1898.

1854. ALBRECHT (G.). *Bericht über das Jahr 1896 aus der Polyklinik für Sprachstörungen zu Berlin.* Monatssch. f. d. ges. Sprach-heilk., 1897, VII, 332-338.

1855. ALTHAUS (J.). *On Failure of Brain Power* (Encephalasthenia): *Its Nature and Treatment*, 5th ed. London, Longmans, Green and Co., 1898.

1856. ANDRÉ (G.). *Études neuropathologiques.* Paris, Doin, 1898. 160 p.

1857. BAILEY (P.). *Accident and Injury; Their Relations to Diseases of the Nervous System.* New York, Appleton, 1898, XII + 430 p.

1858. BEEVOR (C.-E.). *Diseases of the Nervous System.* London, Lewis, 1898, 447 p.

1859. *Bericht über die III. Versammlung der Vereinigung mitteldeutscher Psychiater und Neurologen in Jena am 1. mai 1898*, Arch. f. Psychiat. u. Nervenh., 1898, XXXI, 498-514.

1860. BONHOEFFER (K.). *Der Geisteszustand des Alcoholdelirienten.* (WERNICKE's Psychiat. Abh. 6.) Breslau. Franck und Weigert, 1898, 55 p.

1861. CHURCH (A.). *Nervous and Mental Diseases.* (In GOULD's Amer. Yearbook of Medicine and Surgery.) Philadelphia, Saunders, 1898.

1862. CHURCH (A.) and PETERSEN (F.). *Nervous and Mental Diseases.* Philadelphia, W.-B. Saunders, 1898.

1863. COLORIAN (P.). *Étude séméiologique de l'agitation.* Ann. Méd.-Psychol., 8° S., 1898, VIII, 47-61, 229-248, 373-396.

1864. *Compte rendu analytique du IX° Congrès des Médecins aliénistes et neurologistes.* Rev. Neurol., 1898, VI, 558-596.

1865. *Congrès International de Neurologie, de Psychiatrie, etc. 1. Session 1897. Fasc. 1-3, rapports, communications, résumés.* Paris, Alcan, 1898, 228, 236, 77 p.

1866. DENY (G.). *Congrès français des médecins aliénistes et neurologistes.* IX° session tenue à Angers, 1er-6 août 1898. Semaine Méd., 1898, XVIII, 322-324, 338-340, 346-349.

1867. DE SANCTIS (S.). *Contrasti psichici e inibizione cerebrale* Milan, 1898.

1868. DURANTE (G.). *Contribution à l'étude des dégénérescences propagées et en particulier des altérations des cordons postérieurs consécutives aux lésions en foyer de l'encéphale.* Rev. Neurol., 1898, VI, 390-402.

1869. ELZHOLZ (A.). *Ueber Psychosen bei Carcinomkachexie.* Jahrb. f. Psychiat. u. Neurol., 1898, XVII, 143-173.

1870. FARQUHARSON (W.-F.). *Heredity in Relation to Mental Disease.* J. of Mental Sc., 1898, XLIV, 538-554.

1871. FÉRÉ (C.). *La famille névropathique*, 2° éd. Paris, Alcan, 1898.

1872. Fernandez (M.). *Las neuroses del corazon.* Saragossa, 1898, 89 p.

1873. Flatau (E.). *Gesamtübersicht der polnischen und russischen Arbeiten aus dem Gebiete der Neurologie und Psychiatrie, II, III u. IV. Quartal 1897.*) Monatssch f. Psychiat., 1898, III, 275-287

1874. Fraenkel (E.). *Beitrag zur Lehre von den Erkrankungen des Centralnervensystems bei acuten Infectionskrankheiten.* Ztsch. f. Hygiene, 1898, XXVII, 315-346.

1875. Freud (S.). *Die infantile Cerebrallähmung* (In : Nothnagel's SpecielleTherapie. Bd. 9, Th. 2, Abth. 2.) Vienna, Hölder, 1897, 327 p.

1876. Gallois (P.). *L'état mental des ovariotomisées.* Bull. Méd., 1898, XII, 713-716.

1877. Gamblin (G.). *De la tarsalgie dans ses relations avec les troubles du système nerveux.* Paris, Steinheil, 1898, 63 p.

1878. Gerest (J.-M.). *Application de la théorie des neurones à l'etude des affections nerveuses systématiques.* Lyon, Rey, 1898, 355 p.

1879. Gerest (J.-M.). *Les affections nerveuses systématiques et la théorie des neurones.* Paris, Ballière, 1898, 255 p.

1880. Gianelli. *Gli effetti diretti ed indiretti dei neoplasmi encefalici sulla funzioni mentali.* Policlinico, 1897, 15 juillet.

1881. Gieson (I. van.). *Correlation of Sciences in the Investigation of Nervous and Mental Diseases.* Arch. of Neurol. and Psychopathol., 1898, I, 25-262.

1882. Giraud (A.). *Le Congrès des médecins aliénistes et neurologistes de France et des pays de langue française.* 9ᵉ session tenue à Angers. Ann. Méd.-Psychol., 8ᵉ S., 1898, VIII, 177-203.

1883. Goldscheider (A.). *Die Bedeutung der Reize für Pathologie und Therapie im Lichte der Neuronlehre.* Leipzig, Barth, 1898.

1884. Hanel (H.). *Die psychischen Wirkungen des Trionals.* (Dissert.) Heidelberg, 1897.

1885. Heilbronner (K.). *Rückenmarksveränderungen bei der multiplen Neuritis der Trinker.* Monatssch. f. Psychiat. u. Neurol., 1898, III, 459-490.

1886. Herzog. *Ueber die Abhängigkeit gewisser Neurosen und Psychosen von Erkrankungen des Magen-Darmtractatus.* Arch. f. Psychiat. u. Nervenh., 1898, XXXI, 170-205.

1887. Jacob (P.). *Bericht über die Vorträge aus dem Gebiete der Neurologie auf dem XVI. Congress für innere Medicin zu Wiesbaden vom 13 bis 16. April, 1898.* Monatssch. f. Psychiat., 1898, III, 433-438.

1888. *Jahresbericht über . . . . Neurologie und Psychiatrie.* Berlin, Karger, 1898, VIII + 1508 p.

1889. Jendrassik. *Ueber die Hemiatrophia faciei.* Deutsch. Arch. f. klin Med., 1897, LIX, 222-247.

1890. Jendrassik (E.). *Zweiter Beitrag zur Lehre von verr krankheiten.* Dtsch. Arch. f. klin. Med , 1898, LX

1891. Johnson (A.). *Concerning a Form of Dege* Sociol., 1898, IV, 326-334.

1892. KRAUSS (W.-C.). *Degeneracy.* Buffalo Med. J., N. S., 1898, XXX VIII, 241-250.

1893. KRAUSS (W.-C.). *The Stigmata of Degeneration.* Amer. J. of Insan., 1898, LV, 55-88.

1894. LAUDENHEIMER (R.). *Ueber nervöse und psychische Störung bei Gummiarbeitern (Schwefelkohlenstoffvergiftung).* Neurol. Centralbl. 1898, XVII, 681-691.

1895. LEVILLAIN (F.). *Neuropathologie viscérale, viscéropathies nerveuses, neuropathies d'origine viscérale.* Paris, Maloine, 1898, 53 p.

1896. LOCKWOOD (C.-E.). *A Study of Alcohol, Coffee, and Tea as Causative Factors in the Production of Nervous Disorders.* New-York Med. J., 1898, LXVIII, 13-18, 46-51.

1897. LOMBROSO (C.). *Caractères spéciaux de quelque dégénérescence.* Arch. di Psichiat., 1898, XIX, 233-237.

1898. LOOMIS (A.-L.), and THOMPSON (W.-G.). (Ed's). *A System of Practical Medicine.* vol. IV : *Diseases of the Nervous System and Mind.* New-York, Lea Bros., 1898, 1120 p.

1899. LOURIÉ (O.). *Le congrès de Moscou.* Rev. Philos., 1898, XLV, 76-80.

1900. MAXLEY (T.-H.). *Neural and Psychic Manifestations subsequent to Fractures or Dislocations.* New-York Med. J., 1898, LXVII, 187-188.

1901. MARIE (A.). et VIGOUROUX (A.). *Neuvième congrès des aliénés et neurologistes.* Rev. de Psychiat., N. S., 1898, 251-258.

1902. MILLIKIN (D.). *Inhibition in its Latter-Day Aspects.* Cincinnati Lancet-Clinic, 1898, XL, 47-53.

1903. MILL (C.-K.). *The Nervous System and its Diseases.* Philadelphia. Lippincott; London, Pentland, 1898, xxx + 1056. p.

1904. MILLS (C.-K.). *The Reclassification of some Organic Nervous Diseases on the Basis of the Neuron* (Abstr.) J. of Amer. Med. Ass., 1898, XXXI, 11-13.

1905. MÖBIUS (P.-J.). *Vermischte Aufsätze* (5. Heft der Neurologischen Beiträge.) Leipzig, Barth, 1898, 173 p.

1906. MONAKOW (C. VON). *Gehirnpathologie* (In : NOTHNAGEL's. *Specielle Pathologie und Therapie,* IX, Bd., I. Th.) Vienna, Hölder, 1897, x + 924. p.

1907. MONNIER (H.). *Ueber die Behandlung von Nervenkranken und Psychopathen durch nützliche Muskelbeschäftigung.* (Diss.) Zürich, 1898. p. 25. Ztsch. f. Hypnot., 1898, VII, 142-162.

1908. MORISON (A.). *On the Relation of the Nervous System to Disease and Disorder of the Viscera.* Edinburgh Med. J., N. S., 1898, III, 225-236, 374-387. Lancet, 1898, (I), 6-9, 89-95, 139-141 ; (II), 1612-1616, 1688-1692, 1751-1755.

1909. NEUBÜRGER (T.) and EDINGER (L.). *Einseitiger fast totaler Mangel des Cerebellums.* Berlin. klin. Wochenseh., 1898, XXXV, 69-73, 100-103.

1910. Nylander (E.). *Bidrag till kännedomen om den hereditära spinala progressiva muskelatrofien.* Hygeia, 1898, LX (I), 281-283.

1911. Oppenheim (H.). *Lehrbuch der Nervenkrankheiten für Aerzte und Studirende.* 2. Aufl. Berlin, Karger, 1898, 999 p.

1912. Patrick (H.-T.). *Reflex Neuroses and the Neuropath.* Annals of Otol., Rhin. and Laryng., 1898, VII., 257-263.

1913. Petrén (K. and G.). *Beiträge zur Kenntniss des Nervensystems und der Netzhaut bei Anencephalie und Amyelie.* Arch. f. pathol. Anat., 1898, CLI, 346-379, 438-470.

1914. Pick (A.). *Beiträge zur Pathologie und pathologische Anatomie des Centralnervensystems,* etc. Berlin, Karger, 1898, 332 p.

1915. Pilcz (A.). *Zasammenfassender Bericht über neuro-und psychopathologische Vorträge in ärztlichen Vereinen und Gesellschaften in Wien.* Monatssch. f. Psychiat., 1897, II, 242-246, 314-318; 1898, III, 129-136, 287-292.

1916. Prentick (C.). *Repression Treatment and Differential Test for Visual Nervous Strain.* New York Med. J., 1898, LXVIII, 289-293.

1917 Probst (M.). *Ueber die Folgen der spinalem Kinderlähmung auf die höher gelegenen Nervencentren.* Wien. klin. Wochensch., 1898, XI, 729-736.

1918. Pucci (P.). *Delle nevrosi nei militari.* Turin, 1897.

1919. *Quatrième congrès français de médecine interne tenu à Montpellier, du 12 au 17 avril 1898,* Presse Méd., 1898, 182, 188, 202, 209, 220, 231, 240, 247, 253-257.

1920. Reardon (J.-M.). *A Decade of Progress in Neurological Work.* Catholl. Univ. Bull., 1898, IV, 366-377.

1921. Renterghem (A.-W. van). *Internationaler Congress für Neurologie, Psychiatrie, Electrotherapie und Hypnologie zu Brüssel vom 14. bis 21. Sept. 1897.* Ztsch. f. Hypnot., 1898, VII, 163-171.

1922. Robin (A.). (Ed'r.) *Traité de thérapeutique appliqué.* Fasc. 14-18. Maladies du système nerveux, etc. Paris, Rueff, 1898, 1944 p.

1923. Scagliosi (G.). *Ueber die Gehirnerschütterung und die laturch im Gehirn und Rückenmark hervorgerufenen histologischen Veränderungen.* Arch. f. pathol. Anat., 1898, CLII, 487-524.

1924. Serrigny (R.). *Considérations sur la parenté des névroses et des psychoses.* Ann. Méd.-Psychol., 8e S., 1898, VII, 35-62, 227-232.

1925. Sommer (R.). *Lehrbruch der psychopatischen Untersuchung-methoden.* Berlin and Vienna, Urban and Schwarzenberg, 1898, 399 p.

1926. Spiller (W.-G.). *A Contribution to the Stuly of Secondary Degeneration following Cerebral Lesions.* J. Nerv. and Ment. Dis., 1898, XXV, 1-19 .

1927. Strümpell (A.). *Ueber die Westphal'sche Pseudosklerose und über diffuse Hirnsklerose insbesondere bei Kindern.* Deutsche Ztsch. f Nervenh., 1898, XII, 115-149.

1928. Thiemich (M.). *Ueber Rückenmarksdegeneratic Säuglingen.* Monatssch. f. Psychiat., 1898, III,

1929. Van Gehuchten (A.). *Travaux du laboratoire de neurologie.* Fasc. 1. Louvain, 1897.

1930. Van Gieson (I.). *The Correlation of Sciences in Psychiatric and Neurological Research.* J. of Mental Sc., 1898, XLIV. 754-810.

1931. Wollenberg (R.). *Weitere Bemerkungen über die bei wiederbelebten Erhängten auftretenden Krankheitserscheinungen.* Arch. f. Psychiat. u. Nervenh., 1898, XXXI, 241-257.

B. — Désordres de la Sensation et de la Perception.
Hallucinations

1932. Akimoff (N.). *Du scotome central dans les hémorragies rétiniennes au point de vue de la perception des couleurs.* (These Fac. de Méd.) Paris, Steinheil, 1898, 52 p.

1933. Alt (F.). *Ueber den Einfluss des gesteigerten intracraniellen Druckes auf den schallempfindenden Apparat.* Monatssch. f. Ohrenheilk., 1898, XXXII, 97-105.

1934. Alt (F.). *Zur Pathologie des corticalen Hörcentrums.* Wien. klin. Wochensch., 1898, XI, 229-232. Monatssch. f. Ohrenheilk., 1898, XXXII, 1-10.

1935. Antonelli (A.). *Die Amblyopie transitoire.* (Deutsch v. O. Vierer. Halle, Marhold, 1897, 119 p.

1936. Arondel (A.). *Sur les hallucinations des moignons* (These.) Paris, Jouve, 1898, 44 p.

1937. Asher (W.). *Monoculares und binoculares Blickfeld eines Myopen.* Arch. f. Ophthal. (v. Graefe's), 1898, XLVII, 318-338.

1938. Axenfeld (D.). *Schachbrettfigur durch Gitter her... abhängig von Astigmatismus des Auges.* Centralbl. f. Physiol., 1898, XII, 889-890.

1939. Baas K.. *Die Augenerscheinungen bes Tabes ... multiplen Sclerose.* Halle a. S. Marhold, 1898, 24 p.

1940. Baird J.-W. and Richardson R.-J.. *A ... Univ. of Toronto Stud. — Psychol. Ser., ...

1941. Barth F.. *... Archiv ... Physiol. Pflüger s., 1898, LXIX, 560-502.

1942. Bechterew W. von, *... H... Arch. f. Psychiat. u. Nervenh., 1898, XXX, 254-274.

1943. Berg A., *... kling. u. exp. ..., 1898.

1944. Bernheimer S., Berichte ... Graefe S. Haab ... und Nov P. S..., ... Progr. ... Fortg. ..., 1898, Ar... 1898, XX ...

1945. Bernheimer S., Berichte ... R. Haab ... und Nov P. S..., ... her ... 1898, ...

Fortschritte der Augenheilkunde ; 1 u. 2. *Quartal*, 1898. Arch. f
Augenheilk., 1898 (XXXVII, XXXVIII, Suppl.), 129 p.

1946. BERNHEIMER (S.), HORSTMANN (C.). and SILEX (P.). *Systematic
Report on the Progress of Ophthalmology in the Year* 1897.
Arch. of Ophthal., 1898, XXVII, 111-143, 215-237, 315-337, 410-
429, 560-579.

1947. BERNHEIMER (S.), HORSTMANN (C.) and SILEX (P.). *Systematischer
Bericht über die Leistungen und Fortschritte der Augenheilkunde ;*
1897. Arch. f. Augenheilk., 1898 (XXXVI and XXXVII, Suppl.),
316 p.

1948. BERRY (G.-A.). *Diseases of the Eye : A practical Treatise for
Students of Ophthalmology. Lonton and Edinburgh, Pentland.,*
1898, XVI + 676 p.

1949. BESSONET. *Essais sur les hallucinations conscientes.* (Thèse.) Paris,
Jouve, 1898, 86 p.

1950. BEZOLD (F.). *Nachprüfung der im Jahre 1893 untersuchten Taubstummen..* 1497, Ztsch. f. Ohrenheilk., XXX, 203-223.

1951. BEZOLD (F.). *Schema für die Gehörsprüfung des kranken Ohres.*
Ztsch. f. Ohrenheilk., 1898, XXX, 165-173.

1952. BEZOLD (F.). *The Determination of One-Sitel Deafness.* (Tr. by
A.-H. Knapp.) Arch. of Otol., 1898, XXVII, 158-178.

1953. *Bibliographia ophthalmologica.* Paris, Baillière (1898 ?), 32 p.

1954. BIELSCHOWSKY (A.). *Ueber monoculare Diplopie ohne physikalische
Grunllage nebst Bemerkungen über das Sehen Schielender.* Arch.
f. Ophthal. (v GRAEFE's), 1898, XLVI, 143-183.

1955. BIETTI (A.). *Di un nuovo metodo per riconoscere le alterazioni
del senso cromatico.* Annali di Ottal., 1897, XXVII,3-16.

1956. BLAU (L.). *Berich über die Leistungen in der Ohrenheilkunde während den Jahren,* 1895-6. Leipzig, Wigand, 1898, 227 p.

1957. BLOCH (A.-M.). *Expériences relatives à l'action que les trauma-
tismes produisent sur la circulation et la sensibilité de la peau.*
J. de l'Anat. et de la Physiol., 1898, XXXIV, 235-246.

1958. BONNIER (P.). *La paracousie : sur une forme particulière du signe
de Weber.* Arch. Int. de Laryng. et d'Otol., 1898, XI, 550-552.

1959. BONNIER (P.). *Sur diverses formes de paracousie.* C. R. Soc. de
Biol., 10ᵉ S., 1898, V, 851-854.

1960. BONNIER (P.). *Sur un caractère paraloxal de paracousie.* C. R.
Soc. de Biol., 10ᵉ S., 1898, V, 929-940.

1961. BONVECCHIATO (E.). *Analisi psicologica li un delirio allucinatorio.*
Turin, 1898.

1962. BOUCHARD (A.). *Étude sur les bourdonnements et bruits d'oreille.*
(Thèse.) Paris, Jouve, 1898, 93 p.

1963. BRUHL (G.). *Der Runne'sche und der Gellesche Versuch.* Ztsch. f.
Ohrenheilk., 1897, XXXII, 45-60.

1964. BUCK (A.-H.). *A Treatise on Disease of the Ear.* 3ᵉ éd. New
York, Wood, 1898, XVI + 592 p.

1965. Burch (G.-J.). *On Artificial Temporary Colour-blindness, with an Examination of the Colour Sensations of 109 Persons*. Proc. Roy. Soc., 1898, LXIII. 35-38.

1966. Burnett (S.-M.). *On Some Changes in Visual Sensations after Cataract Extraction and Especially Blue-Vision (Kyanopsia)*. Ophthal. Rec.. N. S., 1898, VII. 17-22.

1967. Claparade. *Du sens musculaire à propos de quelques cas d'hemiataxie post-hémiplégique*. (Thèse.) Geneva. 1897. 149 p.

1968. Collet (F.-J.). *Les troubles auditifs, les maladies nerveuses*. Paris, Masson. 1897. 184 p.

1969. Coronat (L.). *Hallucinations auditives lues à l'otite moyenne catarrhale et disparues avec celle-ci*. Arch. Gén. de Méd.. 1898.492.

1970. Cramer (A.). *Zur Theorie des Gedankenlautwerdens*. Arch. f. Psychiat. u. Nervenh., 1898, XXX, 646-647.

1971. Daae (A.). *Die Farbenblindheit und deren Erkennung*. (Deutsch v. M. Sänger). 3. Aufl. Berlin. Hirschwald. 1898. 9 p.

1972. Dana (C.-L.). *Psycho-Aesthesia (Cold Sensations) and Psycho-Algia (Cold Pains)*. Alien. and Neurol., 1898. XIX, 251-259. New-York Med. J.. 1898. LXVII. 273-276.

1973. Davidson (F.). *Sight Testing for the G. P.* London. La Rivière. 1898. 36 p.

1974. Dawson (W.-R.) and Rambaut (D.-F.). *Analysis of the Ocular Phenomena in Forty Cases of General Paralysis of the Insane*. Brit. Med. J., 1898. (II), 687-689.

1975. Droxot (E.). *La première éducation du sourd-muet, etc.* Paris. Hachette, 1898. 51 p.

1976. Edsall (D.-L.). *Dissociation of Sensation of the Syringomyelic Type*. J. Nerv. and Ment. Dis.. 1898, XXV, 257-263.

1977. Egger (M.). *Dissociations fonctionnelles dans deux cas d'affection du labyrinthe*. C. R. Soc. de Biol.. 10ᵉ S., 1898. V, 693-696.

1978. Evers. *Ein Beitrag zur Entstehung von regulärem Hornhaut-Astigmatismus*. Klin. Monatsbl. f. Augenh.. 1898, XXXVI, 240-253

1979. Feray (A.). *Séméiologie des hallucinations de la vue dans les psychoses* (Thèse). Bordeaux. Cassagnol. 1896. 76 p.

1980. Féré (C.). *Acces de surdité chez un épileptique*. C. R. Soc. de Biol., 10ᵉ S., 1898. V. 171-174.

1981. Foucher. *Troubles nerveux en rapport avec les maladies de l'oreille*. Montreal, 1897. 12 p.

1982. Francotte (X.). *Des hallucinations lites psychiques*. Bull. Soc. de Méd. Ment. de Belg.. 1898, 74-100.

1983. Franklin (C.-L.). *The New Cases of Total Color Blindness*. Psychol. Rev., 1898. V, 503-505.

1984. Gabrielidès (A.). *Hémianopsie tabétique*. Arch. d'Ophthal.. 1898. XVIII, 305-311.

1985. Gallaudet (E.-M.). *The Deaf and their Possibilities*. Addr. and Proc. Nat. Educ. Ass.. 1898. 207-214.

1986. Gallois (P.). *Fourmillement des mains (acroparesthésie)*. Bull. Méd., 1898, XII. 1109-1112.

1987. Gélineau. *Hygiène de l'oreille et des sourds*. Paris, Maloine, 1897, 127 p.

1988. Gellé. *Excitation motrice chez les souids-muets soumis aux exercices acoustiques*. C. R. Soc. de Biol., 10ᵉ S., 1898, V, 8-10.

1989. Golowin (S.-S.). *Uebei die Erblindungsursachen nach dem statistischen Material aus den Blindenanstalten Russlands*. Centralbl. f. prakt. Augenh., 1898, XXII, 39-45.

1990. Graefe (A.). *Erörterungen das Sehen der Schielenden betreffend*. Arch. f. Augenheilk., 1897, XXXVI, 30-34.

1991. Graefe (A)., and Saemisch (T.). *Hanlbuch der gesammten Augenheilkunde*. 2. umgearb. Aufl.. Lfgn. 1-3. Leipzig, Engelmann, 1898.

1992. Grand (F.). *De l'hemianopsie horizontale*. (Thèse.) Lille, Robbe, 1897, 71 p.

1993. Gutzmann (H.). *Zwei ältere Arbeiten über ärztliche Untersuchungen bei Taubstummen*. Monatsssch. f. d. ges. Sprachheilk., 1897, VII. 338-349.

1994. Hahn (F.). *Form und Ausbreitung der Sensibilitätsstörungen bei Syringomyelie*. Jahrb. f. Psychiat. u. Neurol., 1898, XVII, 54-86.

1995. Hartmann (A.). *Bericht übei die Leistungen und Fortschritte auf dem Gebiete der Ohrenheilkunde* : 1897, III, u. IV. Quartal ; 1898, I. u. II. Quartal. Ztsch. f. Ohrenheilk., 1898, XXXII, 172-204, 269-304 ; XXXIII, 60-93, 349-378.

1996. Hartmann (A.). *Systematic Report on the Progress of Otology in the Year* 1897 ; (and) 1898. First and Second Quarters. Arch. of Otol., 1898, XXVII. 93-107, 179-205, 266-296 ; 363-394, 544-570.

1997. Head (H.). *Die Sensibilitätsstörungen der Haut bei Visceralerkrankungen*. (Deutsch v. W. Seiffer.) Berlin, Hirschwald, 1898, xi + 350 p.

1998. Hess (C.). *Die Entwickelung und der gegenwärtige Stand der Lehre von der Kurzsichtigkeit*. (Program.) Marburg, 1898, 77 p.

1999. Hess (C.) und Hering (E.). *Untersuchungen an total Farbenblinden*. Arch. f. d. ges. Physiol. (Pflüger's), 1898, LXXI, 105-127.

2000. Higier (H.). *Wie verhalten sich die Specialsinne bei Anasthesie des Gesichtes ?* Deutsche Ztsch. f. Nervenh., 1898, XIII, 316-330.

2001. Hinshelwood (J.). *A Case of « Word » without « Letter » Blindness*. Lancet. 1898 (I), 422-425.

2002. Hitschmann (R.). *Augenuntersuchungen bei Cretinismus, Zwergwuchs und verwandten Zustanden*. Wien. klin. Wochensch., 1898, XI, 655-666.

2003. Joffroy (A.). *Syndrome temporaire de Weber avec hémiopie permanente*. Nouv. Icon. de la Salpêtrière, 1898, XI, 1-17.

2004. Juliusburger (O.). *Zur Lehre vom Gedankenlautwerden*. Allg. Ztsch. f. Psychiat., 1898, LV, 29-37.

2005. Kahn (M.). *Die Gewerbe- und Berufskrankheiten des Ohres.* Jena. Fischer, 1898, 26 p.

2006. Kirschmann (A.). *Remarks on Colour-Blindness.* Univ. of Toronto Stud. — Psychol. Ser., 1898, n° 1, 93-100.

2007. Knies (M.). *Ueber die Farbenstörung luich Santonin bei normalen und anomalen Farbenvermögen.* Arch. f. Augenheilk., 1898, XXXVII, 252-256.

2008. Knies (M.). *Ueber eine häufige, bisher nicht beachtete Form von angeborener Violettblindheit und über Farbenanomalien überhaupt.* Arch. f. Augenheilk., 1898, XXXVII, 234-251.

2009. Krause. *Ueber eine bisher weniger beachtete Form von Gesichtstäuschungen bei Geisteskranken.* Arch. f. Psychiat., 1897, XXV. 830-849.

2010. Kries (J. von). *Ueber die anomalen trichromatischen Farbensysteme.* Ztsch. f. Psychol., 1898, XIX, 6?-69.

2011. Laborde (J.-V.). *Le microphonographe et l'éducation chez le sourd-muet.* C. R. Soc. de Biol., 10° S., 1898, V, 82-86. Trib. Méd., 1898, XXXI, 67-69.

2012. Legay (R.). *Essai sur les rapports de l'organe auditif avec les hallucinations de l'ouïe.* (Thèse.) Paris, Steinheil, 1898, 64 p.

2013. Mac Lachlan (D.-A.). *Some Relations of the Eyes to Diseases of the Brain.* J. of Ophthal., Otol. und Laryngol., 1898, X, 203-217. Homœop. Eye, Ear und Throat J., 1898, IV. 135-152.

2014. Magnus (H.). *Die Untersuchung der optischen Dienstfähigkeit des Eisenbahn-Personals.* Breslau, J.-U. Kern, 1898, 116 p.

2015. Maljutin (E.-N.). *Drei Falle von mit Hilfe von Stimmgabeln geheilter völliger Aphonie.* Arch. f. Laryngol. u. Rhinol., 1898, VII, 450-454.

2016. Malliotis (D.). *Les troubles visuels graves après les pertes de sang.* (Thèse.) Paris, Jouve, 1898, 83 p.

2017. Manz (W.). *Zur Casuistik der doppelseitigen homonymen Hemianopsie.* Arch. f. Augenheilk., 1897, XXXVI, 35-45.

2018. Marandon de Montyel (E.). *Du sens algésique, étudié chez les mêmes malades aux trois périodes de la paralysie générale.* Bull. Soc. de Méd. Ment. de Belg., 1898. 227-252.

2019. Marandon de Montyel (E.). *Du sens tactile étudié chez les mêmes malades aux trois périodes de la paralysie générale.* Arch. de Neurol., 2° S., 1898, VI, 376-390.

2020. Mixor (L.). *Syringomyelitische Dissociation der Sensibilität bei transversalen Myelitiden.* Neurol. Centralbl., 1898, XVII, 537-539.

2021. Mooren (A.). *Die medicinische und operative Behandlung kurzsichtiger Störungen.* Wiesbaden, J.-F. Bergmann, 1897.

2022. Mooren (A.). *Gesichtsstörungen und Uterinleiden.* 2. Aufl. Wiesbaden, Bergmann, 1898.

2023. Moredo y Alvarino (R.). *La oftamia simpatica.* (Thesis.) Madrid, Langa, 1898, 40 p.

2024. NAGEL (W.-A.). *Beiträge zur Diagnostik, Symptomatologie und Statistik der angeborenen Farbenblindheit.* Arch. f. Augenheikl., 1898, XXXVIII, 31-67.

2025. NAGEL (W.-A.). *Tafeln zur Diagnose der Farbenblindheit.* Wiesbaden, Bergmann, 1898, 12 cards.

2026. NARTOWSKI (M. VON). *Ein Beitrag zur Kenntniss der Bernhard' schen Sensibilitätsstörungen.* Neurol. Centralbl., 1898, XVII, 1082-1088.

2027. NORRIS (W.-F.) and OLIVER (C.-A.). *System of Diseases of the Eye,* Vol. III, 1898, 962 p.

2028. PANAS et ROCHON-DUVIGNEAUD. *Recherches anatomiques et cliniques sur le glaucome et les néoplasmes intraoculaires.* Paris, Masson, 1898, 460 p.

2029. PANSE (R.). *La difficile audizione per rigidità delle finestre.* Jena, Fischer, 1897.

2030. PATRICK (H.-T.). *A Case of Syringomyelia and Two Cases of Tabes with Trunk Ansæthesia.* J. of Nerv. and Ment. Dis., 1898, XXV, 837-850.

2031. PEARCE (F.-S.). *A Study of the Blind.* Internat. Med. Mag., 1898, VII, 167-179.

2032. PEL (P.-K.). *Augenkrisen in Tabes dorsalis.* Berlin. klin. Wochensch., 1898, XXXV, 25-27.

2033. PERGENS (E.). *Contribution à la connaissance de la cyanopsie.* Annales d'Ocul., 1898, CXX, 114-119.

2034. PETERS (A.). *Ueber Kopfschmerzen in Folge von Augenstörungen.* Halle, Marhold, 1898, 22 p.

2035. PEYRE (J.). *Étude sur les hallucinations dans la paralysie générale progressive.* (Thèse.) Montpellier, 1896, 79 p.

2036. PFINGST (A.-O.). *Significance of Visual Disturbances during Nephritis.* Med. Age, 1898, XVI, 521-524.

2037. PICK (A.). *Ueber Hyperästhesie des Magens.* Wien. med. Wochensch., 1898, XLVIII, 1633-1638.

2038. REYNOLDS (D.-S.). *The Science of Ophthalmology.* Amer. J. of Ophthal., 1898, XV, 161-165.

2039. ROLLET (E.). *Traité d'ophtalmoscopie.* Paris, Masson, 1898, 388 p.

2040. ROOD (O.-N.). *On the Application of the Flicker Photometer to the Quantitative Study of Color Blindness.* Science, N. S., 1898, VII, 785-786.

2041. RUMBOLD (T.-F.). *Otomyasthenia-Muscle Deafness.* Laryng., 1898, IV, 34-38. Pacific Med. J., 1898, XLI, 70-74. J. of Eye, Ear and Throat Dis., 1898, III, 20-24. Cincinnati Lancet-Clinic, XL, 28-30.

2042. SALIS (A.). *Manuel pratique de l'astigmatisme, sa détermination et sa correction.* Paris, Maloine, 1898, 122 p.

2043. SCHLICHTING (H.). *Klinische Studien über die G* gen durch Zerstörung der Chorda tympani un nicus.* Ztsch. f. Ohrenheilk., 1898, XXXII, 3

2044. SCHMIDT-RIMPLER (H.). *Die Erkrankungen des Auges in Zusammenhang mit anderen Krankheiten*. (NOTHNAGEL's Specielle Therapie. Bd. XXI.) Vienna, Hölder, 1898. x + 566 p.

2045. SCHWARZ (O.). *Die Bedeutung der Augenstörung für die Diagnose der Hirn und Rückenmarkskrankeiten*. Berlin, Karger, 1898, 110 p.

2046. SEITZ (K.). *Sensibilitätsstörungen bei Tabes dorsalis*. (Diss.) Berlin, 1898, 32 p.

2047. SHORT (T.-S.). *On a Paræsthesia of the Legs, Characterized by a Subjective Feeling of Cold, with an Analysis of Nine Cases*. Birmingham Med. J., 1898, XLIII, 269-278.

2048. SILEX (P.). *Eigenartige Sehstörungen nach Blepharospasmus*. Arch. f. Psychiat. u. Nervenh., 1898, XXX, 270-283.

2049. SNELL (S.). *A Practical Guide to the Examination of the Eye*. London, Pentland, 1898, 177 p.

2050. SNELLEN (II.). *Erythropsie*. Arch. f. Ophthal. (v. GRAEFE's). 1897, XLIV, 19-25.

2051. *Société française d'ophtalmologie* : session de mai 1898. Rev. Gén. d'Ophtal., 1898, XVII, 241-288.

2052. STARK (II.). *Ein Beitrag zur Lehre von der Farbenblindheit*. (Diss.) Freiburg, 1897.

2053. STEIN (A.-E.). *Syringomyelie mit totaler Hemianästhesie nach peripherem Trauma*. Deutsch. Arch. f. klin. Med., 1897, LX, 21-46.

2054. STILLING (J.). *Grundzüge der Augenheilkunde*. Vienna und Leipzig, Urban und Schwarzenberg, 1897, 368 p.

2055. SUDECK (P.). *Ueber Localanästhesie*. Deutsche med. Wochensch., 1898, XXIV, 125-126.

2056. SULZER. *Contribution à l'etude du zona opthalmique*. Annales d'Ocul., 1898, CXIX, 401-423 ; CXX, 16-34.

2057. TREITEL. *Ueber das Wesen und den Wert der Hörübungen bei Taubstummen und hochgradig Schwerhörigen*. Klin. Vortr. a. d. Geb. d. Otol. u. Phar.-Rhin., 1898, II, 353-378, 28 p.

2058. URBANTSCHITSCH (V.). *The Hearing Capacity of Deaf Mutes* (Trans. by M. A. Goldstein.) Laryng., 1898, V, 224-227.

2059. URBANTSCHITSCH (V. I.). *Ueber Hördefecte bei Taubstummen.* — II. *Ueber praktische Durchführung der methodischen Hörübungen in Taubstummenschulen*. Ztsch. f. Ohrengeilk, 1898, XXXIII, 224-238, 238-243.

2060. WADSWORTH (W.-S.). *The pathology of Color Perception*. Proc. Path. Soc. of Phila., N. S., 1898, I.

2061. WEISS (L.). *Ueber das Vorkommen von scharf begrenzter Ectasion im Augengrunde und über partielle Farbenblindheit bei hochgradiger Myopie*. Wiesbaden, Bergmann, 1897, 72 p.

2062. WIDMARK (J.). (Herausgeber.) *Mittheilungen aus der Augenklinik des Carolinischen. . . . Institutes zu Stockholm*. Heft I. Jena, Fischer, 1898, 251 p.

2063. WOAKES (E.). *On Deafness, Giddiness, and Noises in the Head*
4. ed. Philadephia, Blakiston, 1897. 340 p.
[Voir aussi V^b, V^b.]

C. — Désordres de la Mémoire et de la Personnalité

2064. CORNING (J.-L.). *Changel Personality ; A Study on the Relation of the Emotions and Memory.* Med. Rec , 1898, LIII, 651-654.
2065. DRAYTON (H.-S.). *Alternating Personalities.* Med.-Leg. J., 1898, XVI, 59-62.
2066. DUGAS (L.). *Dépersonnalisation et fausse mémoire.* Rev. Philos. 1898, XLVI. 423-425.
2067. DUGAS (L.). *Un cas de dépersonnalisation.* Rev. Philos., 1898, XLV, 500-507.
2068. ELLIS Mescal : (H.). *A New Artificial Paradise.* Contemp. Rev., 1898, LXXIII, 130-141.
2069. FÉRÉ (C.). *La fausse reminiscence dans l'aura de la migraine.* J. de Neurol., 1898, III, 353-355.
2070. HIRSCH (W.). *The Physical Mechanism of Delusions.* J. Nerv. and Ment. Dis., 1898, XXV, 157-174.
2071. INGLIS (D.). *Remarkable Exaggeration of the Sense of Awe.* New-York Med. J., 1898, LXVII, 464.
2072. LAUPTS. *Les phénomènes de la l'istraction cérébrale et les etats l'its de l'éloublement de la personnalité.* Ann. Med.-Psychol., 8e S., 1898, VIII, 353-372.
2073. LEROY (E.-B.). *L'illusion de fausse reconnaissance.* (Thèse.) Paris, Jouve ; Paris, Alcan, 1898, 249 p.
2074. LEROY (E.-B.). *Sur l'illusion dite « dépersonnalisation ».* Rev. Philos., 1898,, XLVI, 157-162.
2075. OETIKER (F.). *Kasuistischer Beitrag zur Kenntniss der Erinnerungsfalschungen.* Allg. Ztsch. f. Psychiat., 1897, LIV, 149-177.
2076. PATRICK (G.-T.-W.). *Some Peculiarities of the Secondary Personality.* Psychol. Rev., 1898, V, 555-578.
2077. SLOSSON (E.-E.). *A Case of Retarded Paramnesia.* Psychol. Rev. 1898, V, 652-654.
2078. TILING (T.). *Ueber die Entwickelungen der Wahnideen und der Halluzinationen aus dem normalen Geistesleben.* Festsch. d. Ges. d. prakt. Aerzte zu Riga, 1897, 1-40 p.
2079. VANAUDENAEREN. *Contribution a la psychopathologie du moi.* Bull. Soc. de Méd. Ment. de Belg., 1998, 21-28.

D. — Désordres moteurs généraux

2080. AHLSTRÖM (G.). *Om den s. k. hemiopia*
Hygeia, 1898, LX (I), 311-319.

2081. ANTONELLI (A.). *La dissolution de la vision binoculaire chez quelques strabiques et quelques hystériques.* Résumés du 1er Congrès internat. de Neurol., 1897, (1898), 41-51 p.

2082. BACH (L.) *Zur Lehre von den Augenmuskellahmungen und den Störungen der Pupillenbewegungen.* I. Arch. f. Ophthal. (v. GRAEFE's), 1898, XLVII, 339-386.

2083. BALLET (V.). *De la paralysie bulbo-spinale asthénique.* (Thèse.) Paris, Carré, 1898, 92 p.

2084. BONHOEFFER (K.). *Ueber Abnahme des Muskeltonus bei der Chorea.* Monatssch. f. Psychiat., 1898, III, 239-241.

2085. BONNUS (G.). *Contribution à l'étude de la malatie de Friedreich à lébut tardif.* (Thèse.) Paris, Steinheil, 1898, 72 p.

2086. BRUDZEWSKI (K.). *Kilka slow o badaniu i leczeniu zeza towarzyszacego.* [Sur le Strabisme.] Przeglad Lekar., 1898, XXXVII, 291-293, 305-308, 319-320, 332-335.

2087. BYCHOWSKI (Z.). *Beiträge zur Nosographie der Parkinson'schen Krankheit* (Paralysis agitans). Arch. f. Psychiat. u. Nervenh., 1898, XXX, 722-765.

2088. CAMPOS (M.). *Interprétation d'un phénomène récemment lecrit dans la paralysie faciale périphérique.* Progrès Méd., 1898, VII, 97-99.

2089. COURMONT (J.), DOYON et PAVIOT. *La contracture tétanique n'est pas fonction l'une lésion appréciable des cellules nerveuses médullaires.* Arch. de Physiol. Norm. et Pathol., 1898, XXX, 154-159.

2090. DRANTZBURG (N.). *Ueber angeborene Beweglichkeitsdefecte des menschlichen Auges.* (Inaug.-Diss.) Griefswald, 1898.

2091. EDWARDS (F.-G.-H.). *Contribution a l'étude de la paralysie spin de aiguë de l'adulte, et de sa nature.* Paris, Carré et Naud, 1898, 81 p.

2092. FACKLAM (F.-C.). *Beiträge zur Lehre vom Wesen der Huntington'schen Chorea.* Arch. f. Psychiat. u. Nervenh., 1898, XXX, 137-204.

2093. FEINDEL (E.) and MEIGE (H.). *Tic ou spasme de la face.* Rev Neurol., 1898, VI, 126-133.

2094. FRAENKEL (J.). *Weiterer Beitrag zum Verhalten der Reflexe bei hohen Querschnittsmyelitiden.* Deutsche Ztsch. f. Nervenh., 1898, XIII, 274-286. New York. Med. Monatssch., 1898, X, 489-502.

2095. FRENKEL. *Die Behandlung der tabischen Ataxie lurch Wiedereinübung der Coordinationen.* Frankfurt a. M., J. Alt, 1898, 14 p.

2096. FRENKEL. *L'hypotonie musculaire dans le tabes.* Presse Méd., 1898 (II), 29-31.

2097. FRENKEL (H.). *Etude sur l'inégalité pupillaire dans les malades et chez les personnes saines.* (Suite.) Rev. de Méd., 1898, XVIII, 140-180, 196-508.

2098. FURSTNER. *Ueber multiple Sklerose und Paralysis agitans.* Arch. f. Psychiat. u. Nervenh., 1898, XXX, 1-17.

2099. Galezowski. *Du nystagmus et de sa valeur pathologique.* Rec. d'Ophtal., 3ᵉ S., 1898, XX, 390-398.

2100. Ganault (E.). *Contribution à l'étude de quelques réflexes dans l'hémiplégie d'origine organique.* (Thèse.) Paris, 1898, 128 p.

2101. Gaupp (O.). *Ueber Myoclonie.* (Inaug. Diss.) Tübingen, 1898.

2102. Gélineau. *Les déséquilibrés des jambes; étude psychologique et thérapeutique.* 1ʳᵉ série : Les astasiques. Paris, 1898, 119 p.

2103. Gerlach (F.). *Untersuchungen über Ganglienzellveranderungen der in der Medulla obl. Paralztyscher gelegenen Nervenkerne.* Brunswick, II. Bruhn, 1897,

2104. Giacometti (J.). *Valeur séméiologique de l'exagération des réflexes dans le mal de Pott.* (Thèse.) Paris, Jouve, 1898, 71 p.

2105. Goebel (W.). *Beitrag zur pathologischen Anatomie des Nervensystems bei Tetanus des Menschen.* Monatssch. f. Psychiat., 1898, III, 47-53.

2106. Grandclément. *Troubles moteurs des yeux dépendant des maladies fonctionnelles.* Lyon Méd., 1898, LXXXVII, 446.

2107. Guillemont (F.). *Locomotor Ataxia ; Its Recent Pathology and Treatment.* Buffalo Med. J., 1898, XXXVII, 904-908.

2108. Gumpertz (K.). *Hautnervenbefunde bei Tabes.* Ztsch. f. klin. Med., 1898, XXXV, 36-52.

2109. Hallock (F.-K.). *Equilibration and its Relation to Vertigo.* J. Nerv. and Ment. Dis., 1898, XXV, 175-188.

2110. Hitzig (E.). *Der Schwindel* (Vertigo). Nothnagel's Specielle Therapie, Bd.XVII, II. 2. Abth. 2.) Vienna, Hölder, 1898.

2111. Huyghe (I.-L.-M.). *L'ataxie aiguë.* Lille, 1898, 44 p.

2112. Javal. *Pathogénie et traitement du strabisme concomitant.* Bull. de l'Acad. de Méd., 1898, XL, 23-27.

2113. Klaas (W.). *Ueber konjugierte Augenablenkung bei Gehirnerkrankungen.* Marburg, Elevert, 1898, 41 p.

2114. Korniloff (A. von). *Ueber die Veranderungen der motorischen Functionen bei Störungen der Sensibilitat.* Deutsche Ztsch. f. Nervenh., 1898, XII, 199-214.

2115. Köster (G.). *Zur Kenntniss der Beschaftigungsneurosen.* Deutsch. Arch. f. klin. Med., 1898, LX, 447-473.

2116. Langdon (F.-W.). *Locomotor Ataxia in its Modern Aspect.* Med. Rec., 1898, LIII, 43-49.

2117. Lechner (C.-J.). *Abnorme willkürliche Augenbewegungen.* Arch. f. Ophthal. (v. Graefe's), 1897, XLIV, 596-613.

2118. Lermoyez (M.). *Les paralysies du voile du palais.* Presse Méd., 1898 (I), 241-243.

2119. Leszynsky (W.-M.). *Un* *Pupillary Light Reflex* (Reflex Iridoplegie* *d Significance.* New-York Med. J., 18

2120. Levinsohn (G *. z. Augenh.* (Deutschmann*

2121. LOEWENFELD (L.). *Tabes und körperliche Ueberanstrengung*. Centralbl. f. Nervenh. u. Psychiat., N. F., 1898, IX, 321-330.

2122. LORRAIN (M.). *Contribution à l'étude de la paraplégie spasmodique familiale*. (Thèse.) Paris, Steinheil, 1898, 135 p.

2123. MANN (L.). *Ueber das Wesen und die Entstehung der hemiplegischen Contractur*. Monatssch. f. Psychiat. u. Neurol., 1898, IV, 45-58, 123-141, 369-377.

2124. MARANDON DE MONTYEL (E.). *Du réflexe patellaire étudié chez les mêmes malades aux trois périodes de la paralysie générale*. Ann. Méd.-Psychol., 8° S., 1898, VII, 196-226.

2125. MARINESCO (G.). *Sur les paraplégies flasques par compression de la moelle*. Semaine Méd, 1898, XVIII, 153-157.

2126. MARTAUD (J.). *Etude sur le tic convulsif simple*. (Thèse.) Bordeaux, Cadoret, 1897, 101 p.

2127. MEILLON (A.). *Contribution à l'étude des paralysies du larynx d'origine centrale*. (Thèse.) Paris, Delmar, 1897, 55 p.

2128. METTLER (L.-H.). *The Newer Conception of Locomotor Ataxia : in the Light of the Neuron Theory*. Chicago Med. Rec'r, 1898, XV, 295-299.

2129. METTLER (L.-H.). *The Pathogenesis of Locomotor Ataxia*. J. of Amer. Med. Ass., 1898, XXX, 701-705.

2130 MILLS (C.-K.) and. SPILLER (W.-G.). *On Landry's Paralysis with the Report of a Case*. J. Nerv. and Ment. Dis., 1898, XXV, 365-391.

2131. MINGAZZINI (G.). *La paralisi recidivante del nervo oculomotorio*. Rome, 1898.

2132. MIRALLIÉ (C.). *Note sur l'état du moteur oculaire commun dans certains cas d'hémiplégie cérébrale*. C. R. Soc. de Biol., 10° S., 1898, V, 736-738.

2133. MORPURGO (B.). *Sur l'hypertrophie fonctionnelle des muscles volontaires*. Arch. Ital. de Biol., 1898, XXIX, 65-101.

2134. MUNHALL (J.-C.). *Laryngeal Vertigo*. Laryng., 1898, IV, 167-173.

2135. NYLANDER (E.) *Ett fall af astasi-abasi*. Hygeia, 1898, LX (II), 176-188.

2136. PACKARD (F.-R.). *Reflex Disturbances of Nasal Origin*. Phila. Med. J., 1898, II, 133-136.

2137. PANAS. *Pathogenie et traitement du strabisme fonctionnel du concomitant*. Bull. de l'Acad. de Méd., 1898, XXXIX, 770-783.

2138. PASMANIK. *Contribution à l'étude de la labyrinthite traumatique et des troubles de l'équilibre chez l'homme*. (Thèse.) Geneva, 1897.

2139. PELIZAEUS. *Ueber eine eigenartige familiäre Entwickelungshemmung vornehmlich auf motorischem Gebiet*. Arch. f. Psychiat. u. Nervenh., 1898, XXXI, 101-104.

2140. PHILIPPE (C.). *Le tabes dorsalis. Étude anatomo-clinique*. Paris Bailliere, 1897, 173 p.

2141. PHILIPPE C.) et DECROLY. *Integrité des fibres nerveuses myéli-

niques de l'écorce cérébrale lans trois cas de tabès dorsalis ancien.
C. R. Soc. de Biol., 10ᵉ S.. 1898, V, 524-527.

2142. PHOCAS (de Lille). *Paralysies post-opératoires* (dites paralysies post-anesthétiques). Rev. de Psychiat., N. S., 1898, 243-250.

2143. PROBST. (M.). *Zu den fortschreitenden Erkrankungen der motorischen Leitungsbahnen.* Arch. f. Psychiat. u. Nerveuh., 1898, XXX, 766-844.

2144. REDDINGIUS (R.-A.). *Erhöhte Erregbarkeit der Accommodation. Studie über musculäre Asthenopie.* Arch. f. Ophthal. (v. GRAEFE'S), 1898, XLV, 374-383.

2145. RILEY (W.-H.). *A Summary of the Symptoms in Sixty-one Cases of Locomotor Ataxia.* J. Nerv. and Ment. Dis., 1898, XXV, 679-697.

2146. SACHS (M.). *Klinische Beiträge zur Lehre von den Augenmuskellähmungen.* Arch. f. Augenheilk., 1898, XXXVII, 9-44.

2147. SANDER (M.). *Paralysis agitans und Senilität.* Monatssch. f. Psychiat. u. Neurol., 1898, III, 155-174.

2148. SANO (F.). *Le mecanisme des réflexes : abolition du réflexe rotulien malgré l'intégrité relative de la moelle lombo-sacree.* J. de Neurol., 1898, III, 313-326.

2149. SCHOUTE (G.-J.). *Abnorme Augenstellung bei excentrisch gelegener Pupille.* Ztsch. f. Psychol., 1898, XVIII, 268-273.

2150. SILVAGNI (L.). *Patogenesi e semeilogia tella vertigine.* Rome 1897.

2151. SINGER (H.). *Gleichgewichtssötrungen bei Stirnhirntumoren.* (Diss.) Breslau, Schletter. 1898. 25 p.

2152. SINKLER (W.). *Habit Chorea.* Philadelphia, 1897.

2153. SMITH (P.). *On the Etiology and Elucative Treatment of Strabismus.* Ophthal. Rev. 1898, XVII, 159-187.

2154. STEIN (O.-J.). *Vertigo ; Especially as Relatel to Nasal Diseases.* Laryng., 1898. V, 340-346. Chicago Med. Rec'r, 1898, XV, 287-294.

2155. TAYLOR (E.-W.). *Family Periodic Paralysis.* J. Nerv. and Ment. Dis., 1898, XXV, 637-660, 719 746.

2156. THOMAS (H.-M.). *Congenital Facial Paralysis.* J. Nerv. and Ment. Dis., 1898, XXV, 571-593.

2157. TRIBOULET (H.). *Chorée.* (In RICHET'S Dict. de physiol., t. III, 714-728 p.

2158. UGHETTI (C.-B.). *Il tremore essenziale ereditario.* Confer. Clin. Ital., 1898 ? S. i, I, Conf. 8.

2159. UNVERRICHT (H.). *Ueber krankhafte Muskelermüdbarkeit.* (Myasthenie.) (Festschrift zur Feier d. 15j. Besthens d. Med. Ges. zu Magdeburg.) Magdeburg, Faber, 1898, 65-82 p.

2160. VAN GEHUCHTEN (A.). *A propos de la contracture post-hemiplegique.* Rev. Neurol., 1898, VI, 2-7.

2161. VAN GEHUCHTEN (A.. *Etat des réflexes et anatomie pathologique de la moelle lombo-sacree dans les cas de paraplegie flasque; etc.* J. de Neurol., 1898, III, 233-251.

2162. Van Gehuchten. *L'etat des réflexes et la contracture dans l'hémiplégie organique.* Semaine Méd., 1898. XVIII, 307-309.

2163. Van Gehuchten (A.). *Pathogénie de la rigidité musculaire et de la contracture dans les affections du système nerveux.* I. Congrès. Internat. de Neurol., etc., 1897 (1898). Rapports, 93-113 p.

2164. Weiss (L.). *Ueber die Accommodation des Schielauges mit Berücksichtigung der Convergenzverhältnisse der Schielenden.* Klin. Monatsbl. f. Augenh., 1898, XXXVI, 443-448.

2165. Whyte (J.-M.). *Four cases of Friedreich's Ataxia, with a Critical Digest of Recent Literature on the Subject.* Brain, 1898, XXI, 72-137.

2166. Wiener (H.). *Erklärung der Umkehr des Muskelzuckungsgesetzes bei der Entartungsreaction auf experimenteller und klinischer Basis.* Deutsch. Archr. f. klin. Med., 1898, LX, 264-316.

2167. Wille (H.). *Ueber einen Fall von Maladie des Tics impulsifs.* Monatssch. f. Psychiat. u. Neurol., 1898. IV, 210-225.

2168. Wolff (J.). *On Paralysis of the Associated Lateral Movements of the Eyes with Preservation of the Power of Convergence.* Arch. of Ophthal., 1898, XXVII, 147-163.

2169. Wolff (J.). *Ueber Lähmung der associirten Seitenbewegungen der Augen mit Erhaltung des Convergenzvermögens.* Arch. f. Augenheilk., 1898, XXXVI, 257-271.

2170. Zehender (W. von). *Ein Goniometer zur exacten Bestimmung des Schielwinkels.* Klin. Monatsbl. f. Augenh., 1898, XXXVI, 157-167.

E. — Désordres de la parole et de l'écriture

2171. Albrecht (G.). *Bericht über das Jahr 1897 aus der Polyklinik für Sprachstörungen des Dr H. Gutzmann in Berlin.* Monatssch. f. d. ges. Sprachheilk., 1898, VIII, 65-81.

2172. Amice (T.). *Aphasie traumatique.* (These, Fac. de Méd.) Paris, Maloine, 1898, 42 p.

2173. Barr (M. W.). *Some Notes on Echolalia.* J. Nerv. and Ment. Dis., 1898, XXV, 20-30.

2174. Bastian (H.-C.). *Aphasia and other Speech Defects.* London, Lewis, 1898, IX + 314 p.

2175. Bellianine (C.). *Troubles de la parole dans l'hémiplégie infantile.* (These.) Paris, Maloine, 1898, 33 p.

2176. Bonnes (A.). *De la rhinolalie.* (These.) Lyons, 1897, p. 135.

2177. Bramwell (B.). *A Remarkable Case of Aphasia.* Brain, 1898, XXI, 343-373.

2178. Coen (R.). *Beobachtungen und Erfahrungen auf dem Gebiete der Sprachheilkunde.* Stuttgart, F. Enke, 1897, 66 p.

2179. Collins (J.). *The Genesis and Dissolution of the Faculty of Speech, a Clinical and Psychological Study of Aphasia.* New York, Macmillan, 1898, 432 p.

2180. Dejerine (J.) et Sérieux (P.). *Un cas de surdité verbale pure terminée par aphasie sensorielle.* Rev. de Psychiat , N. S., 1898, 7-11

2181. Frenzel (F.). *Zwei Falle von eigentümlichen Sprachkemmungen bei idiotischen Kindern.* Monatssch. f. d. ges. Sprachheilk., 1897, VII, 328-332.

2182. Garnot (P.). *Étude sur l'écriture ou langage écrit et sur les troubles au point de vue médico-légal,* etc. Lyon, 1898, p. 64.

2183. Grasset (J.). *Traitement de l'aphasie.* (In Robin's Traité de thérapeutique appliqué, fasc. 14, 179-195.) Paris, Rueff, 1898.

2184. Gutzmann (H.). *Das Stottern.* Frankfort-a.-M., Rosenheim, 1898, 467 p.

2185. Gutzmann (H.). *Die Vererbung organischer und functioneller Sprachstörung.* Deutsche méd. Wochensch.. 1898, XXIV, 453-457.

2186. Gutzmann (H.). *Ueber die Verhütung und Heilung der wichtigsten Sprachstörungen.* In Deutsche Praxis. Munich, Seit and Schauuer, 1898, 77 p.

2187. Gutzmann (H.). *Ueber Sprachhemmung und ihre Bedeutung für die geistige Entwickelungen bei Kindern.* Berlin. klin. Wochensch., 1898, XXXV, 279-282.

2188. Gutzmann (H.). *Zur Heilung der Aphonia spastica.* Monatssch. f. d. ges. Sprachheilk., 1898, VIII, 8-16.

2189. Hepp (O.-A.-E.). *Geistesstörung bei traumatischer Aphasie.* Tübingen, Pietzber, 1898, 42 p.

2190. Huschens (J.). *Die gewöhnlichen Sprachstörungen und ihre Bekämpfung durch Schule und Familie, in kurzer und populärer Weise dargestellt.* Zurich, Füssli, 1898.

2191. Idelsohn (H.). *Ueber einen Fall von isolirter motorischer Aphasie ohne Agraphie (subcorticale motorische Aphasie ?)* Deutsche Ztsch, f. Nervenb., 1898, XII, 324-332.

2192. Krause (H.). *Die Erkrankungen der Singstimme : ihre Ursachen und Behandlung.* Berlin, Hirschwald, 1898, 32 p.

2193. Liebmann (A.). *Vorlesungen über Sprachstörungen.* 3. Helft, Hörstummheit. Berlin, O. Koblentz, 1898, iv + 58 p.

2194. Makuen (G.-H.). *Some Defects of Speech ; Their Cause and Treatment, with Exhibition of Cases.* J. of Amer. Med. Ass.. 1898, XXX, 604-606.

2195. Mygind (H.). *On the Cause of Stuttering.* (Tr. by G. Morgenthau.) Annals of Otol., Rhin. and Laryng., 1898, VII, 688-697.

2196. Mygind (H.). *Ueber die Ursachen des Stotterns.* Arch. f. Laryng. u. Rhinol., 1898, VIII, 294-307.

2200. PITRES (A.). *L'aphasie amnésique et ses variétés cliniques.* Progrès Méd., 1898, VII, 321-324, 337-341, 369-372, 401-405.

2201. SANDOW (L.). *Mechanik des Stotterns,* etc. Nordhausen, 1898.

2202. SCHEPPEGRELL (W.). *Etiology and Treatment of Speech Defects.* New Orleans Med. and Surg. J., 1898, LI, 67-85.

2203. VORSTER (J.). *Beitrag zur Kenntnis der optischen und tactilen Aphasie.* Arch. f. Psychiat. u. Nervenh., 1898, XXX, 341-371.

2204. WESTERGAARD (II.). *Von der Häufigkeit der Sprachgebrechen.* Monatssch. f. d. ges. Sprachheilk., 1898, VIII, 1-8.

F. — DÉSORDRES DES ÉMOTIONS, DE L'INSTINCT, DE L'IMPULSION
ET DE LA VOLONTÉ

2205. ANTHONY (F.-W.). *The Question of Responsibility in Cases of Sexual Perversion.* Boston Med. and Surg. J., 1898, CXXXIX, 288-291.

2206. BALLET (G.). *Les astasies-abasies : abasies amnésiques, abasies par obsession et par idée fixe.* Semaine Méd., 1898, XVIII, 9-11.

2207. BANCROFT (C.-P.). *Subconscious Homicide and Suicide ; their Physiological Psychology.* Amer. J. of Insan., 1898, LV, 253-274.

2208. BONFIGLI (C.-J.). *Percertimenti sessuali.* Rome, Capaccini, 1897, 23 p.

2209. BRASHEAR (B.-B.). *Imperative Concept.* Cleveland Med. Gaz., 1898, XIII, 197-212.

2210. CARRARA (M.). *Un caso di feticismo masochistico psichico.* Arch. di Psichiat., 1898, XIX, 434-457.

2211. CROTHERS (T.-D.). *Inebriety and Insanity.* North Amer. Pract., 1898, X, 367-378.

2212. CROTHERS (T.-D.). *Moral Insanity in Inebriety.* J. of Amer. Med. Ass., 1898, XXXI, 1144-1148.

2213. ELLIS (H.). *Auto-Erotism.* Alien. and Neurol., 1898, XIX, 260-299.

2214. ELLIS (H.). *Studies in the Psychology of Sex.* Vol. I. *Sexual Inversion.* London, University Press, Watford, 1897, XVI + 204 p.

2215. FÉRÉ (C.). *Contribution à l'étude de la descendance des invertis.* Arch. de Neurol., 2ᵉ S., 1898, V, 273-288.

2216. FÉRÉ (C.). *La prédisposition et les agents provocateurs dans l'étiologie des perversions sexuelles.* Rev. de Méd., 1898, XVIII, 925-950.

2217. GADELIUS (B.). [*Obsessions et phénomènes analogues.*] Lund, H. Möller, 1896, 264 p.

2218. GÉLINEAU. *De l'acrophobie essentielle.* Rev. de l'Hypnot., 1898, XIII, 79-82.

2219. HARTENBERG (P.) and VALENTINE (P.). *Le rôle de l'émotion dans la pathogénie et la thérapeutique des aboulies.* I. Congrès internat. de Neurol., etc., 1897 (1898). Communic., 206-243.

2220. Howard (W.-L.). *The Pathological Impulse to Drink.* Quart. J. of Inebr., 1898, XX, 235-250.

2221. Hubbell (E.). *Sexual Neurasthenia.* J. of Orific. Surg., 1898, VII, 25-27.

2222. Imbert (J.). *Le télire de la jalousie affective.* (Thèse.) Bordeaux, 1897.

2223. Iscovescu (M.). *Contribution à l'étude des idées de la jalousie lans le télire alcoolique.* (Thèse.) Paris, Jouve, 1898, 44 p.

2224. Janet (P.). *Névroses et idées fixes.* I.*Troubles de la volonté, de l'attention, de la mémoire ; sur les émotions, les idées obsédantes et leur traitement.* Paris, Alcan. 1898, 492 p.

2225. Jones (R.). *A case of Agoraphobia, with Remarks upon Obsessions.* Lancet, 1898, (I), 568-570.

2226. Krafft-Ebing (R.) von. *L'inversione sessuale nell'uomo e nella donna.* Rome, Capaccini, 1897.

2227. Krafft-Ebing (R. von). *Psychopathia sexualis*, 10e verb. u. theilw. verm. Aufl. Stuttgart, F. Enke, 1898, 376 p.

2228. Krafft-Ebing (R. von). *Psychopathia sexualis : A Medico-Legal Study.* (Tr.) Philadelphia, F.-A. Davis Co. (1898 ?)

2229. Lannois (M.) et Tournier (C.). *Les lésions auriculaires sont une cause déterminante fréquente de l'agoraphobie.* Ann. d. Mal. de l'Oreille, 1898, XXIV (II), 286-301.

2230. Laurent (E.). *La folie du pouvoir.* Indépend. Méd., 1898, IV, 315.

2231. Laurent (G.-R.). *L'idée fixe et son rôle en pathologie mentale.* (Thèse.) Lille, Robbe, 1898. 126 p.

2232. Löwenfeld (L.). *Weitere Beitrage zur Lehre von den psychischen Zwangszustanden.* Arch. f. Psychiat. u. Nervenh., 1898, XXX, 679-721.

2233. Löwenfeld (L.). *Ueber die psychischen Zwangszustande.* Münch. med. Wochensch, 1898, XLV, 686-689, 719-721.

2234. Mendel (E.). *Moral Insanity* (Art. in Eulenberg's Realencycl. d. ges. Heilk. (Bd. 16).

2235. Mendel (E.). *Ueber Zwangsvorstellungen.* Feurol. Centralbl., 1898, XVII, 7-11.

2236. Mettler (L.-H.). *Aboulia in relation to Hysteria.* J. of Amer. Med. Ass., 1898, XXXI, 1200-1203.

2237. Moll (A.). *L'inversione sessuale.* Rome, 1898.

2238. Muller (E.). *Ueber « Morale Insanity ».* Ztsch f. Psychiat. u. Nervenh., 1898, XXXI, 325-377.

2239. Neale (J.-H.). *Agoraphobia.* Lancet, 1898 (II), 1323-4

2240. Pelopi. *De la précocité et des perversions de l'ins les enfants.* (Thèse.) Bordeaux, 1898.

2241. Petit (G.). *Fétichisme de la toilette, ƒ pend.* Méd., 1898, IV, 98.

2242. Prince (M.). *Sexual Perversion* or **V** 1898, XXV, 237-255.

2243. Puja and Bicuchi. *Degenerazione psico-sessuale*. Rome, Capaccini, 1898.

2244. Raymond (F.) et Janet (P.). *Névroses et idées fixes*. II.) Trav. du Lab. de Psychol. de la Clinique à la Salpétrière.) Paris, Alcan, 1898, 559 p.

2245. Raynauld. *Perversion du sens génital*. Rev. de Psychiat., N. S., 1898, 139-141.

2246. Schrenck-Notzing (von). *Beiträge zur forensischen Beurtheilung von Sittlichkeitsvergehen mit besonderer Berücksichtigung der Pathogenese psychosexuellen Anomalien*. Arch. f. Krim.-Anthrop., 1898, I, 5-25.

2247. Schrenck-Nozing, Freih (von). *Literaturzusammenstellung über die Psychologie und Psychopathologie der vita sexualis*. Ztsch. f. Hypnot., 1898, VII, 121-131 ; VIII, 40-53.

2248. Souleyre (C.). *Neurasthénie et génitopathies féminines*. Paris, Baillière, 1898, 212 p.

2249. Sullivan (W.-C.). *Alcoholism and Suicital Impulses*. J. of Mental Sc., 1898, XLIV, 259-270.

2250. Svetlin (W.). *Ueber Moral Insanity*. Wien. med. Wochensch., 1898, XLVIII, 1753-1756, 1810-1814.

2251. Thibierge (G.). *Les dermatophobies*. Presse Méd., 1898 (II), 13-16.

2252. Thoinot (L.). *Attentats aux mœurs et perversions du sens génital*. Paris, Doin, 1898, 519 p.

2253. Trénel. *Notes sur les idées de négation*. Arch. de Neurol., 2ᵉ S., 1898, VI, 23-40.

2254. Ullrich (von). *Homosexualität*. Die Kritik. 1898 (18 Jan.).

[Voir aussi IIᵇ.]

G. — Insanité. Idiotie et Imbécillité

2255. Anglade (D.). *Sur les lésions spinales de la paralysie générale*. Arch. de Neurol., 2ᵉ S., 1898, VI, 81-99.

2256. Ballet (G.) and Faure (M.). *Contribution à l'anatomie pathologique de la psychose polynévritique et de certaines formes de confusion mentale*. Presse Méd. (Paris), 1898 (II), 317-321.

2257. Beach (F.). *Insanity in Children*. J. of Mental Sc., 1898, XLIV, 459-473.

2258. Bechterew (W. von). *Ueber Faserdegeneration im verlangerten Marke bei der Dementia paralytica*. Centralbl. f. Nervenh. u. Psychiat., N. F., 1898, IX, 513-514.

2259. Beyer (E.). *Ueber Delirien bei Atropinvergiftung*. Centralbl. f. Nervenh. u. Psychiat., N. F., 1898, IX, 262-266.

2260. Bilharz. *Ueber die Natur und Eintheilung der Geisteskrankheiten*. Festschr. z. Jubelfeier des Furst-Karl-Landesspitals in Sigmaringen, 1898.

2261. BINSWANGER. *Beitrage zur Pathogenese und differentiellen Diagnose der progressiven Paralyse*. Arch. f. Pathol. Anat., 1898, CLIV, 389-465.

2262. BLACHFORD (J.-V.). *Analysis of Causes of Insanity in One Thousand Patients*. J. of Mental Sc., 1898, XLIV, 5000-506.

2263. BOETTIGER (A.). *Ueber die Hypochrondie*. Arch. f. Hsychiat. u. Nervenh., 1898, XXXI, 378-404.

2264. BOURNEVILLE. *Iliotie complète congénitale; amélioration considérable par le traitement médico-pédagogique*. Progrès Méd., 1898, VII, 225-230.

2265. BRESLER (J.). *Das Wesen der Paranoia — Verrücktheit*. Deutsche med. Wochensch., 1898, XXIV, 652-654.

2266. BURR (C.-B.). *Primer of Psychology and Mental Disease*, etc , 2e ed. Phila., Davis, 1898, 125 p.

2267. CENI (C.), and FERRARI (G.-C.). *Auto-Infezioni negli alienati*. Riv. Sperim. di Freniat., 1898, XXIV, 182-184.

2268. CLARK (A.-C.). *Clinicial Manual of Mental Diseases*. New York, Wood, 1898, 484 p.

2269. CLEVENGER (S.-V.). *Medical Jurisprudence of Insanity or Forensic Psychiatry*. With an Exhaustive Presentation of the Judicial Decisions upon the Subject, by F. H. Bowlby. 2 vol. Rochester and New York, 1898, 1423 p.

2270. CLOUSTON (T.-S.). *Clinical Lectures on Mental Diseases*. 5th ed. London, Churchill, 1898.

2271. COLOLIAN (P.). *Les troubles trophiques de la paralysie générale*. Arch. de Neurol., 2e S., 1898, V, 21-45, 177-200.

2272. CRISTIANI (A.). *L'anatomia patologica e la patogenesi del delirio acuto*. Riv. Quind. di Psicol , 1898, II, 53-59.

2273. CULLERRE (A.). *Hépatisme et Psychoses*. Arch, de Neurol., 2e S., 1898, VI, 353-375.

2274. DANIEL (F.-E.). *The Criminal Responsibility of the Insane*. Arena, 1898, XX, — 168-194.

2275. DEARBORN (G.-V.). *The Criteria of Mental Abnormality*. Psychol., Rev., 1898, V, 505-510.

2276. DELBRÜCK (A.). *Gerichtliche Psychopathologie*. Leipzig, Barth, 1897, 224 p.

2277. DEL GRECO (F.). *Sulle varie forme di confusione mentale*. Stunio clinico psicologico. Nocera Inferiore, 1897. Manicom. Mod., 1897, XIII, 241 ; 1878, XIV, 3.

2278. DE SANCTIS (S.). *Contributo alla conoscenza della processomania (storia di una famiglia degenerata)*. Riv. Sperim. di Freniat., 1898, XXIV, 350-374.

2279. DE SANCTIS (S.). *Psychoses et rêves*. I. Congrès Internat, de rol., 1897 (1898), Rapports, 137-160.

2280. DE SANCTIS (S.). *Sui rapporti etiologici tra son* 1898.

2281. De Sanctis (S.), et Mattoli (A.). *Primo contributo alla conoscenza lella evoluzione dei deliri, in rapporto specialmente agli inlebolimenti psichici consecutivi*. Riv. Quind. di Psicol., 1898, II, 176-184, 197-200.

2282. Dieckhoff (C.). *Die Psychosen bei psychopathisch Minderwertigen*. Allg. Ztsch. f. Psychiat., 1898, LV, 245-250.

2283. Doré. *La mort lans la paralysie générale*. (Thèse.) Paris, Carré et Naud, 1898, 53 p.

2284. Douglas (A.-R.). *Remarks upon the term « Weakmindedness », with Observations upon the neel of Definite Nomenclature for Cases of Congenital Mental Defect which are not certifiable as Imbecile or Insane*. J. of Mental Sc., 1898, XLIV, 535-537.

2285. Elliott (H.). *The Delirium of Insaniy*. Med. Record, 1898, LIV, 289-294.

2286. Faraboeuf (P.). *Contribution à l'étude de la physionomie chez les aliénés* (Thèse.) Paris, 1898, 94 p.

2287. Finkelnburg (K.). *Ausgewuhlte Abhandlungen und Vortrage aus den Gebieten der Hygiene und Psychiatrie*. Berlin, Hirschwald. 1898, 289 p.

2288. Fitch (S.). *Sanity, Insanity and Responsibility*. Medico-Leg. J., 1898, XVI, 37-40.

2289. Fowler (J.-A.). *A Manual of Mental Science*. London, 1898.

2290. François (E.). *Étule sur la lypémanie anxieuse*. (Thèse.) Paris, Carré and Naud. 1898, 74 p.

2291. Gianelli. *Simulazione lella paralisi progressivo per morfinismo*. Riforma Med., 1897, III, n°°. 16, 17.

2292. Giannelli (A.) *Sulla cosi detta paranoia acuta periodica*. Riv. Sperim. di Freniat., 1898, XXIV, 612-625.

2293. Giuffrida-Ruggeri (V.). *Un nuovo carattere pitecoide in 13 crani di alienati*. Riv. Sperim. di Freniat., 1898, XXIV, 107-112.

2294. Gombeault (G.). *De la confusion mentale*. (Thèse. Paris. H. Jouve, 1898, 117 p.

2295. Greidenberg (B.). *Ueber dieallgemeine progressive Paralyse der Irren bei Frauen*. Neurol. Centralbl., 1898, XVII, 341-351.

2296. Grigi (R.). *Le recidive de pazzia arrenute lopo lungo inter vallo di sanita mentale*. Manicom. Mod., 1898, XIV, 127.

2297. Guélon. *Des psychoses dans leurs rapports avec les affections des reins*. These.) Bordeaux, 1898.

2298. Guerver. *Sur l'application des preparations de la glande thyroïde lans les maladies mentales*. Rev. de Psychiat., de Neurol. et de Psychol. Expér., 1897, II, 831-842.

2299. Guthrie (L.-G. . *On Idioglossia*. Clin. J., 1898, XII, 342-349, 331-334.

2300. Guyot (C.). *Variations de l'état mental et respo- Bordeaux, Cassagnol, 1896, 364 p.

2301. HELLER (E.). *Die Wahnideen des Melancholiker.* (Dissert.) Marburg, Friedrich, 1898, 39 p.

2302. HELLSTRÖM (G.). *Om ilioti med myxödem och dess behandling med sköldkörtelpreparat.* Hygeia, 1898, LX (II), 235-304.

2303. HITZIG (E.). *Ueber die nosologische Auffraung und über die Therapie der periodischen Geistesstörungen.* Berlin. klin. Wochensch., 1898, XXXV, 1-4, 34-36, 53-56.

2304. HOCHE (A.). *The Milder Forms of Periodical Insanity.* Alien. and Neurol., 1898, XIX, 193-218.

2305. HOCHE (A.) *Ueber die leichteren Formen des periodischen Irreseins.* Halle, Marhold, 1897.

2306. HODGDON (A.). *A Glance at Psychiatry, as it Exists To-day, and in the Olden Times.* Maryland Med. J., 1898, XXXVIII, 218-222.

2307. IEBERG (G.). *Die Beleutung der Katatonie.* Allg. Ztsch. f. Psychiat., 1898, LV, 417-426.

2308. ILELAND (W.-W.). *The Mental Affections of Children, Idiocy, Imbecility and Insanity.* London. Churchill, 1898, 448 p.

2309. JAISSON (F.). *Les psychoses puerperales.* (Thèse.) Paris, Carré et Naud, 1898, 84 p.

2310. JOFFROY (A.). *Dégénérescence et paralysie générale* Rev. de Psychiat., N. S., 1898, 294-301.

2311. KLIPPEL (M.). *Les paralysies générales progressives.* Paris, Masson, 1898, 35 p.

2312. KÖPPEN (M.). *Ueber Gehirnkrankheiten der ersten Lebensperioden, ale Beitrag zur Lehre vom Idiotismus.* Arch. f. Psychiat. u. Nervenh., 1898, XXX, 896-906.

2313. KRAFFT-EBING (R.). VON. *Lehrbuch der Psychiatrie auf Klinischer Grundlage,* 6te verm. u. verb. Aufl. Stuttgart, Enke, 1897, XII + 634 p.

2314. KROHN (W.-O.). *Laboratory Psychology as Applicd to the Stuly of Insanity.* Psychiater (1808?), I, 49-66.

2315. KUHN. *Ueber psychische Störungen bei Diphterie.* Ztsch. f. Medicinalbeamte, 1898, XI, 37-44.

2316. LAEHR (H.). *Die Darstellung krankhafter Geisteszustände in Shakespeare's Dramen.* Stuttgart, P. Heff, 1898, 200 p.

2317. LALANNE (J.). *Contribution à l'étude des rapports de la melancolie et du lélire de persécution.* (Thèse.) Bordeaux, Durand, 1897, 141 p.

2318. LAUDENHEIMER (R.). *Diabetes und Geistesstörung.* Berlin. klin. Wochensch., 1898, XXXV, 463-466, 492-494, 532-535.

2319. LEHMANN (F.). *Zur Pathologie der katatonen Symptome.* Allg. Ztsch. f. Psychiat., 1898, LV, 276-301.

    **.*. *Du delire des actes dans la paralysie generale.* uve, 1898, 15 p.

    conquêtes récentes de la psychiatrie Turin,

2322. LOOP (R.-G.). *Paranoia.* New-York Med. J., 1898, LXVIII, 505-507.

2323. LOVELEND (B.-C.). *A Contribution to the Study of Melancholia.* New-York Med. J., 1898, LXVII, 881-884.

2324. MAGNAN (V.) et PRCHARMAN (A.). *Notions de pathologie et de thérapeutique générales dans les maladies mentales.* (In Raux's Traité de thérap. appliqué ; fasc. sur les maladies mentales. 1-69 p. Paris, Rueff, 1898.

2325. MAIRET et VIRES. *De la paralysie générale, étiologie, pathogénie, traitement.* Paris, Masson, 1898, 225 p.

2326. MARANDON DE MONTYEL (E.). *L'ivresse délirante.* Bull. Méd, 1898, XII, 517-522.

2327. MARGOLIÈS. *Troubles psychiques consécutifs aux opérations pratiquées sur l'appareil génital de la femme.* (Thèse.) Paris. Carré et Naud, 1898, 70 p.

2328. MATTEI (E. DI). *Studi sulla Rabbia. I. La rabbia sperimentale nel lupo.* Atti dell'Accademia Gioenia di Scienze Nat. in Catania. S. 4, 1897, IX.

2329. MATTOS (J. DE). *A paranoia.* Lisbon, Tavares Cardoso et Irmão, 1898, 190 p.

2330. MAURANGE (G.). *Les psychoses post-opératoires.* Gaz. Hebdom., 1898, 349.

2331. MAURIN (J.-B.). *La folie alcoolique à Marseille.* Toulouse, 1898. 50 p.

2332. MAX-SIMON (P.). *Les maladies de l'esprit.* Paris, Baillière, 1898. 319 p.

2333. MENDEL (E.). *Welche Aenderungen hat das klinische Bild der progressiven Paralyse der Irren in den letzten Decennien erfahren?* Neurol. Centralbl., 1898, XVII, 1035-1040.

2334. MEYER (E.). *Beitrag zur Lehre des inducirten Irreseins.* (Korsakoffsche Psychose.) Allg. Ztsch. f. Psychiat., 1898, LV, 268-275.

2335. MINGAZZINI (G.). *Ueber die infantil-juvenile (Früh-) Form der Dementia paralytica.* Monatssch. f. Psychiat. u. Neurol., 1898, III, 53-63.

2336. MÖBIUS (P.-J.). *Ueber das Pathologische bei Goethe.* Leipzig, J.-A. Barth, 1898, VIII + 205 p.

2337. MÖLLER (P.). *Ueber Intelligenzprüfungen. Ein Beitrag zur Diagnostik des Schwachsinns.* (Diss.) Berlin, 1897, 32 p.

2338. MURATOFF (W.). *Zur Pathogenese der Herderscheinungen bei der allgemeinen Paralyse der Irren.* Monatssch. f. Psychiat., 1898, III. 43-47.

2339. MURATOW (W.). *Zur Pathologie des Myxödems.* Neu tralbl., 1898, XVII, 930-934.

2340. NAEF (M.). *Zur neueren Literatur über die Psychopath Paranoia.* Ztsch. f. Hypnol., 1898, VIII, 84-106.

2341. NEFTEL (W.-B.). *On Remittent (Relapsing) Melancholia.* Med. Rec., 1898, LIII, 829-816.

2342. NEUMANN. *Ueber Psychosen nach Schreck* (Diss.) Königsberg, 1898.

2343. NISSL (F.). *Psychiatrie und Hirnanatomie.* Monatssch. f. Psychiat. u. Neurol., 1898, III, 141-154, 241-247.

2344. NORBURY (F.-P.). *Melancholia.* J. of Amer. Med. Ass., 1898, XXXI, 1339-1340.

2345. PARIS (A.). *La paralysie générale.* Arch. de Neurol., 2ᵉ S., 1898, V, 127-135.

2346. PASQUET. *Les aliénés dissimulateurs.* (Thèse.) Paris, Carré et Naud, 1898, 74 p.

2747. PETERSON (F.). *New Paths of Psychiatry.* J. Nerv. and Ment. Dis., 1898, XXV, 444-449.

2348. PICHON (A.). *Contribution à l'étude des délires oniriques ou délires de rêve. Délires infectieux et toxiques.* (Thèse.) Bordeaux, Cassignol, 1896, 103 p.

2349. PODSTATA (V.). *The Early Diagnosis of Paretic Dementia.* Psychiater (1898), I, 34-48.

2350. POIRSON (G.). *Du rôle de l'alcool dans l'étiologie de la folie.* Nancy, Gérardin et Nicolle, 1898, 99 p.

2351. POLLITZ (B.). *Ein Fall von traumatischer Psychose mit Sektionsbefund.* Ztsch. f. Medicinalbeamte, 1898, XI, 44-48.

2352. POULSEN (J.). *Studier om primar idiopathisk Amentia.* Copenhagen, 1897.

2353. PUTNAM (J.-J.). *On the Etiology and Pathogenesis of the Post-Traumatic Psychoses and Neuroses.* J. of Nerv. und Ment. Dis., 1898, XXV, 769-799.

2354. RABEAU (E.). *Des lésions spinales postérieures dans la paralysie générale.* (Thèse.) Paris, Carré et Naud, 1898, 112 p.

2355. RAYNEAU (A.-J.). *Les troubles psychiques post-opératoires.* Bull. Méd., 1898, XII, 751-754.

2356. REED (R.-H.). *Post-Operative Insanity.* J. of Amer. Med. Ass., 1898, XXXI, 447-450.

2357. REYNOLDS (D.-S.). *Mental Responsibility.* Amer. Pract. und News, 1898, XXVI, 201-205.

2358. RICHARDSON (G.-H.). *Some Observations of the Eye in Insanity.* Homœop. Eye, Ear and Throat J., 1898, IV, 133-152.

2359. RICHTER (R.). *Dementia paralytica, als Complication einer Paranoia hallucinatoria chronica.* Allg. Ztsch. f. Psychiat., 1898, LV, 19-28.

2360. ROCHA (F. DA). *Bemerkungen über das Vorkommen des Irreseins*

die Entstehung von Geisteskrankheiten. Friedreich's Bl. f. gerichtl. Med., 1897, XLVIII, 389-398. 406-456.

2363. Rückle (E.). *Ist die Melancholie ausschliesslich eine Psychose des Rückbildungsalters?* (Diss. Erlangen, 1898.

2364. Runge (E.-C.). *The Scientific Border-Line between Sanity and Insanity.* Amer. J. of Insan., 1898, LV, 219-230. New York Med. J., 1898, LXVIII, 480-485.

2365. Sachs (B.). *Die amaurotische familiare Idiotie.* Deutsche med. Wochensch., 1898, XXIV, 33-39.

2366. Sachs (B.). *The Early Recognition of General Paresis.* New-York Med. J., 1898, LXVIII. 7-11, 40-43.

2367. Schuchardt (F.). *Bericht über die psychiatrische Literatur im Jahre, 1897.* Allg. Ztsch. f. Psychiat., 1898, LV, 1-253.

2368. Schultze (E.). *Beitrag zur Lehre von den sogen. polyneuritischen Psychosen.* Berlin klin. Wochensch., 1898, XXXV, 526-528, 558-560.

2369. Schultze (E.). *Beitrag zur pathologischen Anatomie des Thalamus opticus bei der progressiven Paralyse.* Monatssch. f. Psychiat. u. Neurol., 1898, IV, 300-316.

2370. Siegenthaler (E). *Beitrag zu den Puerperalpsychosen.* Jahrb. f. Psychiat. u. Neurol., 1898, XVII, 87-142.

2371. Sölder (F. von). *Ueber acute Psychosen bei Koprostase.* Jahrb. f. Psychiat. u. Neurol., 1898, XVII, 174-206.

2372. Soucail (P.). *Contribution à l'étude des lesions spinales dans la paralysie générale.* Toulouse, 1898, 127. p.

2373. Spiller (W.-G.). *On Arrested Development and Little's Disease.* J. Nerv. and Ment. Dis., 1898, XXV, 81-108.

2374. Stewart (P.). *General Paralysis of the Insane.* Brain, 1898, XXI. 39-57.

2375. Telford-Smith (T.). *The paralytic Type of Idiocy and Imbecility.* Pediatrics, 1898, V, 541-549.

2376. Truelle (V.). *Sur les psychoses dites postopératoires.* Paris, 1898.

2377. Vallon (C.) and Marie (A.). *Le délire melancolique.* Arch. de Neurol., 2e S., 1898, V, 353-371, 456-479.

2378. Verger (M.). *Contribution à l'étude du delire de persecution à évolution systematique.* (These. Paris, 1898, 84 p.

2379. Villeneuve (G.). *Les alienes devant la loi.* II. Union Méd. de Canada, 1898, XXVII, 385-410, 449-471.

2380. Vivier (H.). *Sur l'infantilisme.* (These. Paris, Jouve, 1898, 58 p.

2381. Wideroe (J.). *Primaer pubertetsdemens* dementia praecox). Norsk. Mag. f. Laegevid., 1898, LIX, 367-389.

2382. Wille (W.). *Die Psychosen des Pubertätsalters.* Leipzig et Vienne, Deuticke, 1898, 218 p.

2383. Zeitlmann (L.). *Die Bestimmungen über Geisteskrankheiten welche in das neue bürgerliche Gesetzbuch gefunden haben.* Friedreich's Bl. f. gerichtl. Med., 1898, XLIX, 1-50.

2384. ZENNER (P.). *The Causes of Insanity*. Ohio Med. J., 1898, IX, 245-249.

2385. ZIEHEN (T.). *Eine neue Form der periodischen Psychosen.* Monatssch. f. Psychiat. u. Neurol., 1898; III, 30-39.

2386. ZIEHEN (T.). *The Diagnosis and Treatment of Melancholia.* Amer. J. of Insan., 1898, LIV, 543-587.

2387. ZIEM (P.). *Ueber die Beziehungen der Nasenkrankheiten zur Psychiatrie.* Monatssch. f. Obrenheilk., 1897, XXXI, 482-492, 529-536.

2388. ZUCCARELLI (A.). *Psichiatria e organo psichico.* Naples, Gambella, 1898. 63 p.

[Voir aussi II*, II*.]

H. — HYSTÉRIE. NEURASTHÉNIE. ÉPILEPSIE

2389. ALEXANDER (H.-C.-B.). *Hysteric Stigmatization.* Medicine, 1898, IV, 806-812.

2390. ALLEN (E.-T.). *Epilepsy and Ocular Reflexes.* J. of Ophtal., Otol. and Laryngol., 1898, X, 285-291.

2391. ARDIN-DELTEIL (P.). *L'épilepsie psychique dans ses rapports avec la criminalité et l'aliénation mentale.* Paris, 1898.

2392. ATTAL (J.). *Les troubles vaso-moteurs dans l'hystérie.* (Thèse, Fac. de Méd.) Paris, Jouve, 1898, 58 p.

2393. AUERBACH (H.). *Hysterische Hemiplegien.* (Dissert.) Würzburg, 1898.

2394. BALLET (G.). *Des causes occasionnelles de l'épilepsie.* Indépend. Méd., 1898, 121.

2395. BAUMSTOCK (R.). *Ueber Epilepsia procursiva.* (Dissert.) Freiburg. 1898.

2396. BECHTEREW (W. von.). *Epileptische und epileptoide Anfalle in Form von Angstzustanden.* Neurol. Centralbl., 1898, XVII, 1121-1124.

2397. BECHTEREW (W. von.). *Ueber Störungen des Stoffwechsels bei Neurasthenie.* Neurol. Centralbl., 1898, XVII, 1029-1032.

2398. BIERNACKI (E.). *Zur Aetiologie der functionellen Neurosen (Hysterie und Neurasthenie).* Neurol. Centralbl., 1898, XVII, 250-261.

2399. BINSWANGER. *Ueber einen eigenartigen hysterischen Dammerzustand* (Ganser). Monatssch. f. Psychiat. u. Neurol., 1898, III, 175-179.

2400. BLOK. *Paralysie de l'accommodation et mydriase d'origine hystérique.* Annales d'Ocul., 1898, CXIX, 193-201.

2401. BONFIGLI (C.). *Idee fisse e neurastenia.* Milan, Vallardi, 1898, 73 p.

2402. BOURNEVILLE. *Recherches sur l'epilepsie, l'hystérie et l'idiotie.*

2404. Bruns (L.). *Hysteria in Children.* Alien. and Neurol., 1898, XIX, 373-430.

2405. Chavez (J.). *Epilepsia de causa ocular.* Gac. Med. (Mexico), 1898, XXXV, 473-476.

2406. Chavez (L.). *Algunas consideraciones sobre la epilepsiaen sus relaciones con los vicios de refraccion y las heteroforias.* Gac. Med. (Mexico), 1898, XXXV, 279-284, 285-307.

2407. Cheinisse (L.). *Théories pathologiques de l'éclampsie.* Semaine Méd., 1898, XVIII, 249-254.

2408. Cramer (M.). *Ueber hysterisches Stottern.* (Dissert.) Wurzburg, 1898.

2409. Damsch (O) and Cramer (A.). *Ueber Catalepsie und Psychose bei Icterus.* Berlin. klin. Wochensch., 1898, XXXV, 277-279, 309-312.

2410. Decoopman. *Epilepsie et anémie.* (Thèse.) Lille, Robbe, 1898, 47 p.

2411. Dercum (F.-X.). *Neurasthenia Essentialis and Neurasthenia Symptomatica.* J. of Amer. Med. Ass., 1898, XXX, 827-831.

2412. Deutsch (M.). *Die Ursache und Heilung der Epilepsie.* 2. Aufl. Berlin, Steinitz, 1898, 131 p.

2413. Drey (W.). *Ueber hysterische Contracturen.* (Diss.) Munich, 1897, 40 p.

2414. Dunin (T.). *Ueber periodische, circulare und alternirende Neurasthenie.* Deutsche Ztsch. f. Nervenh , 1898, XIII, 147-163.

2415. Ellis (H.). *Hysteria in Relation to the Sexual Emotions.* Alien. and Neurol., 1898, XIX, 599-615.

2416. Erb (W.). *De la nervosité croissante de notre temps.* (Tr. par E. Eldin.) Rev. Scient., 4e S., 1898, IX, 417-430.

2417. Erben (S.). *Ueber ein Pulsphanomen bei Neurasthenikern.* Wien. klin. Wochensch., 1898, XI, 577-580.

2418. Eyrand (G.). *Contribution à l'étude de la simulation de l'hystério-neurasthénie traumatique.* Lyons, 1898, 51.

2419. Féré. *Impulsions inconscientes chez un neurasthénique.* Belg. Méd., 1898, n° 8.

2421. Féré (C.). *Note sur la narcolepsie épileptique.* Rev. de Méd., 1898, XVIII, 430-440.

2420. Féré (C.). *Traitement de l'épilepsie.* (In : Robin's *Traité de thérapeutique,* fasc. XV, 15-69.) Paris, Rueff. 1898.

2422. Forel (A.). *Rasches Weisswerden der Haare und schwarzer Nachwuchs.* Ztsch. f. Hypnol., 1898, VII, 140-141.

2423. Ganser. *Ueber einen eigenartigen hysterischen Dämmerzustand.* Arch. f. Psychiat. u. Nervenh., 1898, XXX, 633-640.

2424. Gattel (F.). *Ueber die sexuellen Ursachen der Neurasthenie und Angstneurose.* Berlin, Hirschwald, 1898, 72 p.

2425. Gélibert (A.). *De l'hémosiatémèse. Variété d'hématémèse hystérique.* Lyons, Bourgeon, 1898, 223 p.

2426. Gellé (G. fils). *A propos d'un cas curieux de surdité.* Arch. Int. de Laryng. et d'Otol., 1898, XI, 264-271.

2427. Gerest (J.-M.). *Monoplégie brachiale hystérique.* Lyon Méd., 1898, LXXXVII, 449.

2428. Guinard (L.). *Quelques remarques sur une hypothèse récemment émise à propos de la pathogénie du traitement des paralysies hystériques.* Rev. de Méd., 1898, XVIII, 734-740.

2429. Houssay (F.). *Des traditions et légendes relatives à l'imitation hystérique des cris d'animaux.* Rev. Mens. de l'École d'Anthrop.. 1898, VIII, 209-222.

2430. Jacovidès (G.-S.). *Un cas de mydriase hystérique alternante et intermittente.* Arch. d'Ophtal., 1898, XVIII, 645-652.

2431. Kann (A.). *Nervosität und Radfahren,* 2. and 3. Aufl. Berlin, Steinitz, 1898.

2432. Karplus (J.-P.). *Ueber Pupillenstarre in hysterischen Anfalle.* Jahrb. f. Psychiat. u. Neurol., 1898, XVII, 1-53.

2433. Kheifelz (S.). *Des fausses grossesses et fausses tumeurs hystériques.* (Thèse.) Paris, Jouve, 1898, 93 p.

2434. Kirkoff (N.). *Contribution à l'étude de l'hystérie dans ses rapports avec la syphilis acquise et héréditaire.* (Thèse.) Paris, Jouve, 1898, 173 p.

2435. Kunn (K.). *Ueber Augenmuskelkrämpfe. Ueber Augenmuskelstörungen bei Hysterie.* Beitr. z. Augenh. (Deutschmann's), 1898, III, 918-976.

2436. Laborde (J.-V.). *Sur la section du sympathique dans l'épilepsie expérimentale.* Bull. de l'Acad. de Méd., 1898, XL, 214-217, 263-264. Trib. Méd., 1898, XXXI, 790-791. C. R. Soc. de Biol., 10e S., 1898, V, 903-905.

2437. Lemos (M.). *Contribution à l'étude de l'épilepsie symptomatique des néoplasies corticales.* Nouv. Icon. de la Salpêtrière, 1898, XI, 20-33.

2438. Löwenfeld (L.). *Pathologie und Therapie der Neurasthenie und Hysterie.* Wiesbaden, Bergmann (1898 ?) 744 p.

2439. Lui (A.). *L'isterismo infantile.* Riv. Sperim. di Freniat., 1898, XXIV, 745-771.

2440. Margain (L.-A.). *L'énervement.* Bordeaux, 1897.

2441. Martin (G.). *Sur la neurasthénie et l'état mental des neurasthéniques.* (Thèse). Paris, 1898, 111 p.

2442. Mocquot (A.). *Hystérie intra-infectieuse.* (Thèse.) Montpellier, Firmin and Montave, 1897, 65 p.

2443. Moll (A.). *Das nervöse Weib.* Berlin, F. Fontane and Cie., 1898, 226 p.

2444. Neuschüler (A.). *Di un sintoma oculare nella Nev... . .* Annali di Ottal., 1898, XXVII, 44-49.

2445. Oordt van. *Tabes ohne Ataxie mit Hysterie.* M.... Nervenh., 1898, XIII, 163-180.

2446. Ots y Esquerda (V.). *La neurast...* 1898, 303 p.

874 TABLE BIBLIOGRAPHIQUE

2447. PICQUÉ (L.). *Que doit-on entendre par psychose post-épileptique?*
Bull. Méd., 1898, XII, 865-867.

2448. PRINCE (M.). *A Contribution to the Study of Hysteria and Hypno-
sis ; Being some Experiments on Two Cases of Hysteria, and a
Physiologico-Anatomical Theory of the Nature of these Neuroses.*
Proc. Soc. Psy. Res., 1898, XIV (Pt. XXXIV), 79-97.

2449. PRINCE (M.). *Fear Neuroses* Boston Med. and Surg. J., 1898.
CXXXIX. 613-616.

2450. PRINCE (M.). *Habit Neuroses as True Functional Diseases.* Boston.
Med. and Surg. J., 1898, CXXXIX, 589-592.

2451. PRINCE (M.). *Hysterical Neurasthenia.* Boston Med. and Surg. J.,
1898, CXXXIX, 652-655.

2452. PRINCE (M.). *The Elucational Treatment of Neurasthenia and Certain Hysterical Cases.* Boston Med. and Surg. J., 1898, CXXXIX.
332-338.

2453. PRINCE (M.). *The Pathology, Genesis and Development of some of
the More Important Symptoms in Traumatic Hysteria and Neurasthenia.* Boston Med. and Surg. J., 1898, CXXXVIII, 511-514, 536-
540, 560-562.

2454. PRUS (J.). *Ueber die Leitungsbahnen und Pathogenese der Rin-
denepilepsie.* Wien. klin. Wochensch, 1898, XI, 857-863.

2455. PUNTON (J.). *The Relation of Neurasthenia to Insanity.* J. of A mer
Med. Ass., 1898, XXXI, 1203-1305.

2456. QUACKENBOS (J.-D.). *Causes and Recent Treatment of Neurasthenia.* Med. Times, 1898, XXVI, 65-68.

2457. ROBERT (V.). *Contribution a l'etude des rapports de l'hysterie et
de la paralysie generale.* (These.) Bordeaux, Cadoret, 1897. 118 p.

2458. ROSSI (C.). *L'eccitabilita della corteccia cerebrale in rapporto
alla nuova terapia dell' epilessia.* Riv. Sperim. di Freniat., 1898,
XXIV. 429-444.

2459. ROZIER (V.). *L'epilepsie senile.* (These.) Paris, Jouve. 1898, 95 p.

2460. SALGE (B.). *Hysterie bei Kindern.* (Diss.) Berlin, 1898.

2461. SCHAPIRO (D.). *Étude sur l'epilepsie ; son traitement par la resec-
tion du grand sympathique.* (These.) Paris. Steinheil. 1898, 78 p.

2462. SHEFFIELD (H.-B.). *A Contribution to the Study of Hysteria in
Childhood as it Occurs in the United States of America.* New York
Med. J., 1898, LXVIII. 412-415, 433-437.

2463. SJOSTROM (A.). *Ein Fall von spontanem Somnambulismus auf
hysterischer Grundlage.* Ztsch. f. hypnol., 1898, VII. 263-265.

2464. SOLLIER (P.). *Ueber Natur und Entstehung der Hysterie.* Centralbl.
f. Nervenh. u. Psychiat., N. F., 1898, IX, 134-139.

2465. STADELMANN (H.). *Discrete Nervenschwäche.* Wurzburg, 1898, 68 p.

2466. STEWART SIR T.-G.) *Lectures on Giddiness and on Hysteria in the
Male.* 2e ed. London, Pentland, 1898, VIII + 89 p.

2467. TAYLOR (E.-W.). *Types of Habit Neuroses.* Boston Med. and
Surg. J., 1898, CXXXIX, 62-64.

2468. TOURETTE (G. DE LA). *Les états neurasthéniques.* Paris, Baillière, 1898, 92 p.

2469. TOURETTE (G. DE LA). *Revision nosographique des états neurasthéniques.* Semaine Méd., 1898, XVIII, 33-38.

2470. TOURETTE (G. DE LA). *Traitement de l'hystérie.* (In ROBIN's Traité de thérapeutique appliquée, fasc. 15.) Paris. Rueff. 1898, 85-139 p.

2471. VICENTE Y ESQUERDO. *La neurastenia.* Madrid, M. Tello, 1897, 150 p.

2472. VIGOUROUX (R.). *Zur Aetiologie der functionellen Neurosen (Hysterie und Neurasthenie).* Neurol. Centralbl., 1898, XVII, 338-341.

2473. VOGT (O.). *Normalpsychologische Einleitung in die Psychopathologie der Hysterie.* Ztsch. f. Hypnot., 1898, VIII, 208-227.

2474. VOGT (O.). *Zur Methodik der atiologischen Erforschungen der Hysterie.* Ztsch. f. Hypnot., 1898, VIII, 65-84.

2475. VOISIN (J.). *L'épilepsie.* Paris, Alcan, 1897, 420 p.

2476. WOOD (C.). *The Methods Employed in Examining the Eyes for the Detection of Hysteria.* J. of Amer. Med. Ass., 1898, XXXI, 1136-1138.

2477. ZENNER (P.). *Neurasthenia.* Cincinnati Lancet-Clinic, 1898, XL, 643-650.

2478. ZIEHEN (T.). *Neurasthenie.* Vienna, Urban und Schwarzenberg, 1898, 77 p.

2479. ZIEHEN (T.). *Tagesfragen : 1. Erregungsort der durch Reizung der Rinte hervorgerufenen experimentellen Krampfanfalle; 2. Reizungsort der gemeinen menschlichen Epilepsie. 3. Erregungsort derselben.* Berlin, 1898.

2480. *Zusammenstellung der Literatur über Hysterie aus den Jahren 1896, 1897, und 1898.* Ztsch. f. Hypnot., 1898, VII, 172-200, 342-357 ; VIII, 10-27.

I. — HYPNOTISME ET SUGGESTION

2481. ANTONINI (G.). *Contributo allo studio dell'automatismo psicologico per autosuggestione.* Riv. Sperim. di Freniat., 1898, XXIV, 626-654.

2482. BECHTEREW (W. VON). *Suggestion und ihre soziale Bedeutung.* Leipzig, Georgi, 1898, 84 p.

2483. BELFIOSK. *Magnetismo e ipnotismo.* Milan, Hœpli, 1898.

2484. BÉRILLON (E.). *De la suggestion hypnotique envisagée comme adjuvant à la correction paternelle.* Congrès Internat. d'Anthrop. Crim. à Genève, 1897, 226 p.

2485. BÉRILLON (E.). *La prise du regard dan* ... *ution.* Rev. de l'Hypnot., 1898, XII, 369-370.

2486. BÉRILLON (E.). *L'hypnotis* ... Mod., 1898, IX, 33-36, 41-43.

2487. BÉRILLON (E.). *Traitement psychothérapique des obsessions acciden-
telles.* Rev. de l'Hypnot., 1898, XIII, 13-14.

2488. BERNHEIM. *Entraînement suggestif actif ou dynamogénie psychique
contre les paralysies psychiques ou impotences fonctionnelles.* Rev.
de Méd., 1898, XVIII, 365-391.

2489. BERTSCHINGER (H.). *Ein Fall von Scorbut und ein Fall von Anaemie
durch Hypnotismus geheilt.* Ztsch. f. Hypnot., 1897, VI, 355-357.

2490. BINET-SANGLÉ (C.). *Histoire des suggestions religieuses dans la
famille Pascal.* Rev. de l'Hypnot., 1898, XII, 266-273, 302-311,
335-340, 362-369; XIII, 14-22, 83-87, 107-116.

2491. BOURDON (DE MÉRA). *La psychothérapie envisagée comme complément de la thérapeutique générale.* Rev. de l'Hypnot., 1898, XIII,
146-151.

2492. BRAMWELL (J.-M.). *James Braid et la suggestion.* Rev. de l'Hypnot., 1898, XII, 353-362.

2493. BRAMWELL (J.-M.). *La valeur thérapeutique de l'hypnotisme et de
la suggestion.* Résumés du 1. Cong. Internat. de Neurol., 1897
(1898), 27-34 p.

2494. BRAMWELL (J.-M.) and OTHERS. *A Discussion of the Phenomena
of Hypnotism and the Theories as to its Nature.* Brit. Med. J., 1898
(II), 669-678.

2495. BRODMANN (K.). *Zur Methodik der hypnotischen Behandlung.*
(Forts.) Ztsch. f. Hypnot., 1898, VII, 1-35, 228-246, 266-284.

2496. CASTELLAN (L.). *La suggestion de tous les jours et la puissance
physiologique de l'idée,* etc. 1. Congrès internat. de Neurol.,
1897 (1898). Communic., 213-224.

2497. COCONNIER (M.-T.). *L'hypnotisme franc.* Paris, Lecoffre, 1898,
430 p.

2498. CROCQ (J. FILS). *Les Suggestibilités.* Rev. de Psychol. Clin. et
Thérap., 1898, II, 199-212, 229-235.

2499. DELIUS (H.). *Erfolge der hypnotischen Suggestiv-Behandlung in der
Praxis.* II. Ztsch. f. Hypnot., 1898, VII, 36-51.

2500. DESFOSSÉS (E.-G.). *Magnétisme vital.* Paris, Soc. d'Ed. Scient.,
1898, XVIII + 335 p.

2501. DOT (J. DU). *Où en est l'Hypnotisme?* Paris, Blond, et Barral, 1897.

2502. FAREZ (P.). *De la suggestion pendant le sommeil naturel.* Rev. de
l'Hypnot., 1898, XII, 370-372.

2503. FAREZ (P.). *De la suggestion pendant le sommeil naturel dans
le traitement des maladies mentales.* Paris, Maloine, 1898, 16 p.

2504. FAREZ (P.). *De la sugestion pendant le sommeil normal, dans le
traitement des maladies mentales.* Rev. de l'hypnot., 1898, XII, 257-
266, 292-302, 324-335.

2505. FAREZ (P.). *Traitement psychologique du mal de mer et des vertiges
de la locomotion.* Rev. de l'Hypnot., 1898, XIII, 136-145.

2506. FOREL (A.). *Ueber suggestive Hauterscheinungen.* Ztsch. f. Hypnot., 1898, VII, 130-139.

2507. GERLING (R.). *Der praktische Hypnotiseur.* 5. Aufl. Berlin, Möller, 1898.

2508. HAMMELRATH (F.). *Der Heilmagnetismus und seine Stellung in der Naturheilweise* 2. Aufl. Chemnitz, M. Winter. 1898, 46 p.

2509. HARTENBERG (P.). *Essai l'une psychologie de la suggestion.* Rev. de Psychol. Clin. et Thérap., 1898, II, 264-278.

2510. HARTENBERG (P.). *Il n'y a pas d'hypnotisme.* Rev. de l'Hypnot., 1898, XII, 211-220.

2511. HOOD (C.-T.). *Habits and their Treatment by Suggestive Therapeutics.* J. of Orific. Surg., 1898, VI, 398-402.

2512. HUNT (R.). *The Psychology and Physiology of the Laying on of Hands and of Hypnotism.* J. of Amer. Med. Ass., 1898, XXX, 344-348.

2513. HUTER (C.). *Die neueste Heilwissenschaft oder die psycho physiologische Naturheilkunde.* Detmold, C. Huter, 1898. XII + 425 p.

2514. JACOBI (M.-P.). *A suggestion in regard to Suggestive Therapeutics.* New Nork Med. J., 1898, LXVII, 485-489.

2515. JANET (P). *Traitement psychologique de l'hystérie.* (In : ROBIN's. Traité de thérapeutique appliquée, fasc. 15, 140-216.) Paris, Rueff, 1898.

2516. JOIRE (P.). *De l'emploi de l'analgésie hypnotique dans les accouchements.* Rev. de l'Hypnot., 1898, XIII, 39-58.

2517. JOIRE (P.). *Étude médico légale de l'hypnotisme et de la suggestion.* 1. Congrès internat. de Neurol., 1897 (1898), Communic., 151-165.

2518. JOIRE (P.). *Les états médianiques de l'hypnose.* 1. Congrès internat. de Neurol., 1897 (1898), Communic., 166-196.

2519. JOIRE (P.). *Suggestion mentale.* Ann. d. Sc. Psych., 1898, VIII, 263-267.

2520. LÉVY (P.-E.). *Autothérapie psychique ; le recueillement, utilisation de l'élément affectif.* Presse Méd. (Paris), 1898 (II), 210-213.

2521. LÉVY (P.-E.). *L'éducation rationnelle de la volonté, son emploi thérapeutique.* (Préf. par Bernheim.) Paris, Alcan, 1898, v + 234.

2522. LÉVY (P.-E.). *Possibilité d'une auto-thérapie psychique.* Méd. Mod., 1898, IX, 609-610.

3523. LIÉBEAULT. *L'état de veille et les états d'hypnose.* Rev. de l'hypnot., 1898, XII, 321-324.

2524. LIÉGEOIS. *La question des suggestions criminelles, ses origines, son état actuel,* J. de Neurol., 1898, III, 22-48.

2525. LIÉGEOIS (J.), *Les suggestions hypnotiques criminelles : dangers et remèdes.* Rev. de l'hypnot, 1898, XII, 203-211, 236-243, 273-279, 311-318.

2526. LIÉGEOIS (J.). *L'hypotisme et les suggestio⋯   ⋯, Rapp. du 1er Congrès Internat. de Neu⋯   1597 ⋯   ⋯ aussi séparément. Bruxelles, 1898.

2527. LIPPS (T.). *Suggestion und Hypnose.* (Aus Sitzgsb. d. bayer. Akad. c. Wiss., 1897.) Munich) Straub, 1898, 391-522 p.

2528. MASON (R.-O.). *The Influence of Hypnotic Suggestion upon Physiological Processes.* J. of Amer. Med. Ass. 1898, XXX, 846-848.

2529. MASTIN (C.-H.). *Maternal Impressions and their Influence upon the Fetus in Utero.* Med. News, 1898, LXXII, 423-427.

2530. MEACHAM (L.-J.). *Lessons in Hypnotism.* Cincinnati, Bishop Pub. Co., 1898, IX + 159. p.

2531. MULLICK (S.-K.). *A Case of Hysterical Contraction of the Forearm Successfully Treated by Suggestion.* Lancet, 1898 (II), 983-984.

2532. NEUSCHÜLER (A.). *L'occhio nelle sue relazioni col sonno ipnotico.* Riv. Sperim. di Freniat., 1898, XXIV, 43-60.

2533. NINA-RODRIGUEZ. *Épilémie de folie au Brésil.* Ann. Méd.-Psychol., 8ᵉ S., 1898, VII, 371-392.

2534. PACKIEWICZ. *L'hypnotisme et la réglementation légale.* Rev. de l'Hypnot., 1898, XII, 234-235.

2535. PRATT (E.-H.). *Mental Healing.* J. of Orific. Surg., 1897-8, VI, 280-285, 324-331.

2536. RICOUX (G.). *Contribution à la généralisation du traitement moral de l'aliénation mentale.* Nancy, Gérardin et Nicolle, 1898, 120 p.

2537. RINGIER. *Eine praktische Suggestion à écheance.* Ztsch. f. Hypnot., 1898, VII, 224-227.

2538. SCHRENCK-NOTZING (A.). FREIH. VON. *Zur Frage der suggestiven Hauterscheinungen.* Ztsch. f. Hypnot., 1898, VII, 247-249.

2539. SCHROEDER (H.-R.-P.). *Geschichte des Lebensmagnetismus und Hypnotismus.* (In-12 Lieferungen :) I. Lfg. Leipzig, A. Strauch, 1898, 64 p.

2540. SEXTUS (C.). *Auto-Hypnotism, Self-Suggestion.* Med.-Leg. J., 1898, XVI, 43-58.

2541. SIDIS (B.). *The Psychology of Suggestion.* (Int. by W. James.) New-York, Appleton and Co., 1898, X + 286 p.

2542. SILBER (E.). *Hypnotismus und suggestion, ihre Bedeutung und Heilwirkung.* Dresden, Diatet. Heilanstalt, 1898, 48 p.

2543. SOMMER. *La mesure de la suggestibilité.* Interméd. d. Biol., 1898, I, 183-185.

2544. SURBLED (G.). *Puissance de l'imagination, sueur de sang et stigmates sacrés.* Rev. d. Quest. Scient., 1898.

2545. TATZEL. *Die suggestive Behandlung einzelner Formen der Paraesthesie der Geschlechtsempfindung.* Ztsch. f. Hypnot., 1898, VII, 257-262.

2546. TATZEL. *Hysterie und Suggestion.* Ztsch. f. Hypnot., 1898, VII, 249-256.

2547. TEUSCHER (H.). *Ueber suggestive Behandlung der Kinder.* Ztsch. f. Hypnot., 1898, VII, 321-328·

2548. VAN RENTERGHEM (A.-W.). *Dritter Bericht über die in der psychothe-*

rapeutischen Clinik in Amsterlam erhaltenen Resultate wahrent den Jahren, 1893-1897. Ztsch. f. Hypnot., 1898, VIII, 1-9.

2549. VAN RENTERGHEM (A.-W.). *Ein interessanter Fall von Spontanem Somnambulismus.* Ztsch. f. Hypnot., 1898, VII, 329-335.

2550. VAN RENTERGHEM (A.-W.). *Un cas de tic rotatoire* (spasmes idiopathiques des muscles du cou et de la nuque), etc., *guéri par la psychothérapie*. J. de Neurol.. 1898, III, 213-218.

2551. VERWORN (M.). *Beitrage zur Physiologie des Centralner vensystems.* I. Th. : Die sogenannte Hypnose der Thiere. Jena, Fischer, 1898, 92 p.

2552. VOGT (O.). *Spontane Somnambulie in der Hypnose.* (Schluss.) Ztsch. f. Hypnot.. 1898. VII, 285-314.

2553. VOGT (O.). *Ueber die Natur der suggestiven Anaesthesie.* Ztsch. f. Hypnot., 1898, VII, 336-341.

2554. WACHTELBORN (K.). *Der Hypnotismus, sein Wesen und sein Wert.* Leipzig, Friedrich. 1898.

2555. WAGNER. *Ueber das Wesen und die Beteutung des Hypnotismus vom sanitatspolizeilichen Standpunkte.* Vtljsch. f. gerichtl. Med., 3 F.. 1898, XVI, 321-367.

2556. WALKER (A.-S.). *On Hypnotism and Crime.* Edinburgh Med. J., N. S., 1898, III, 65-68.

2557. ZENNER (H.). *Psychic Treatment of Disease.* Med. Fortn., 1898, XIV, 373-376. 391-399. Ohio Med. J.. 1898, IX, 101-105. Cincinnati Lancet-Clinic, 1898, XL, 493-502.

2558. ZIEHEN (T.). *Psyhotherapie.* (From : Lehrbuch d. allgem. Therapie) Vienna, Urban und Schwarzenburg, 1898, 637-696 p.

[Voir aussi Vc.]

INDEX DES AUTEURS

TABLE.DES MATIÈRES

PREMIÈRE PARTIE

MÉMOIRES ORIGINAUX ET REVUES GÉNÉRALES

DEUXIÈME PARTIE

ANALYSES

Anatomie et physiologie du système nerveux.

II

Sensations visuelles.

III

Revue générale des travaux récents
sur les sensations auditives.

IV

Sensations du toucher, du goût et de l'odorat.

Sens des temps.

VI

Attention, perception, raisonnement.

VII

uel et diverses questions pédagogiques.

Lightning Source UK Ltd.
Milton Keynes UK
UKHW010908021118
331648UK00006B/170/P